JN170497

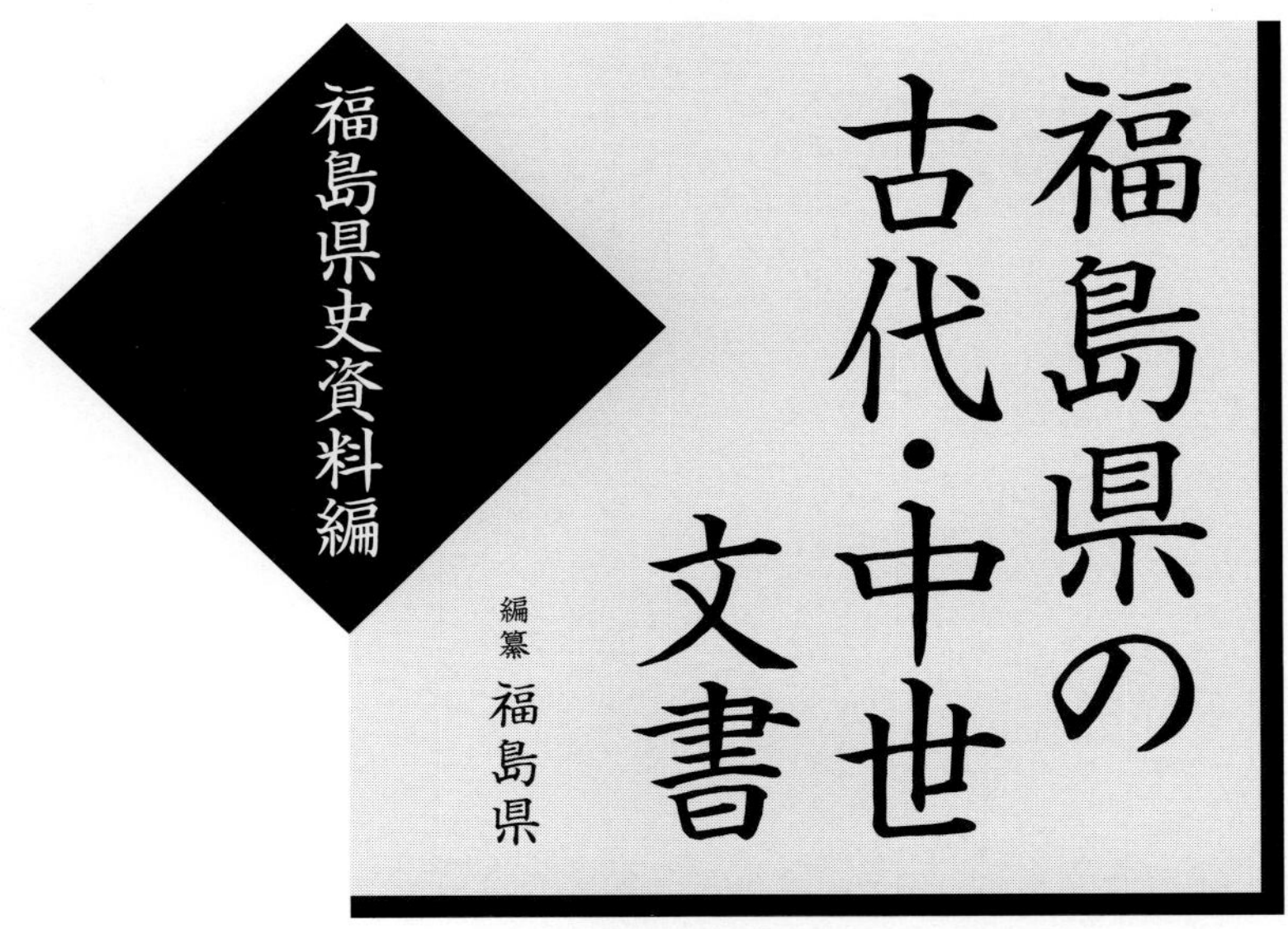
福島県の古代・中世文書
福島県史資料編
編纂 福島県

戎光祥出版

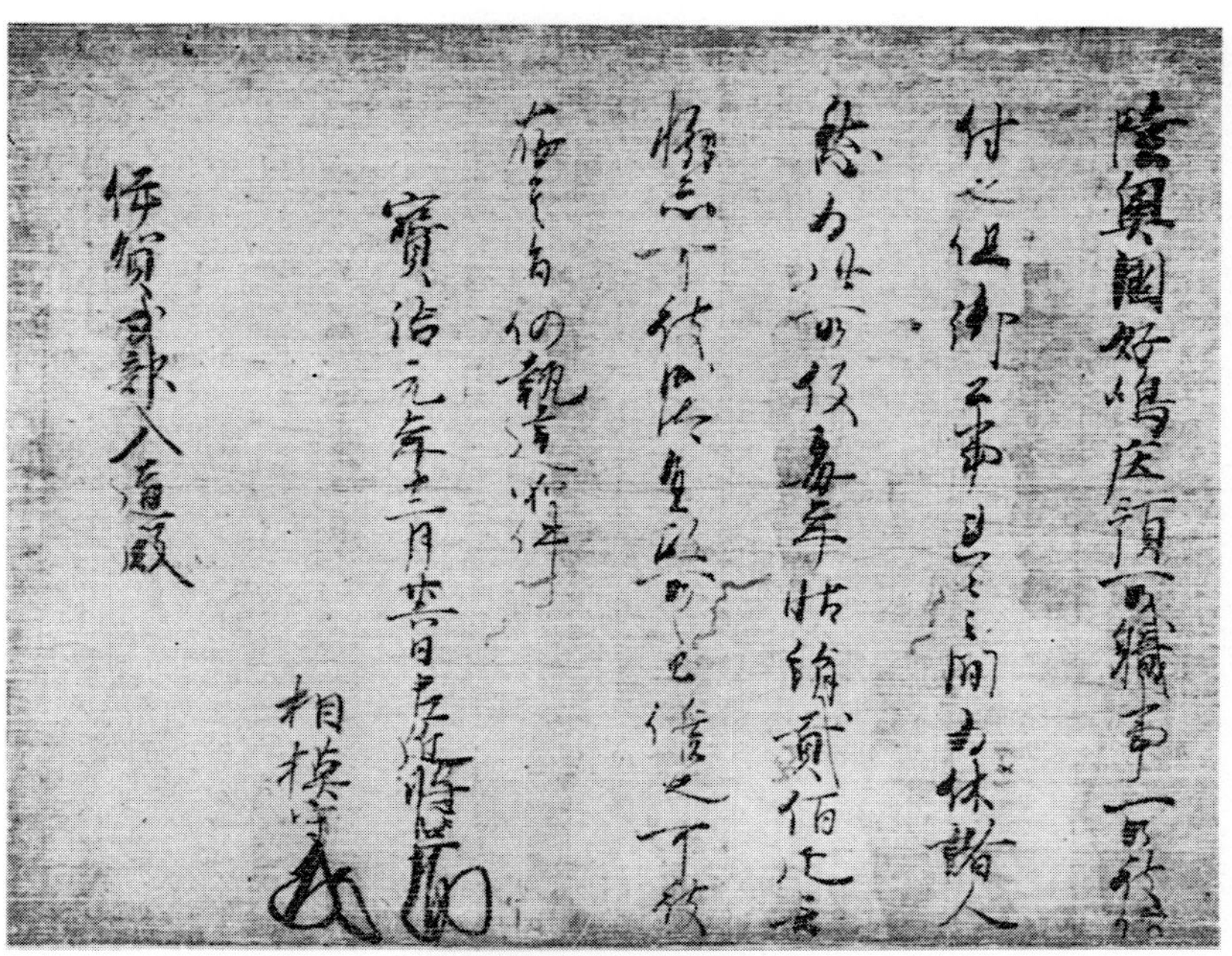

1　宝治元年12月26日　関東御教書（第２編６の５）

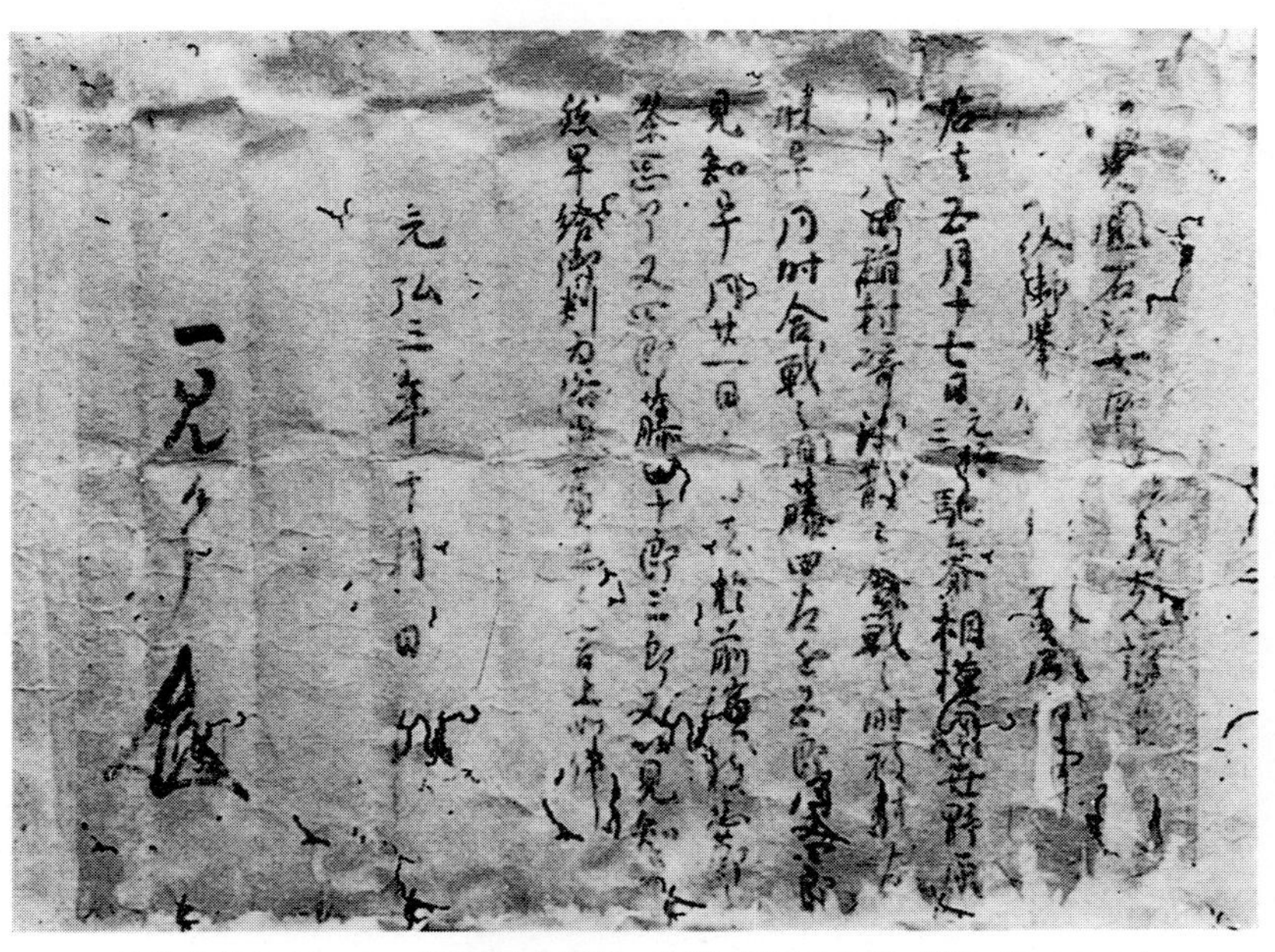

2　元弘３年10月　日　新田義貞證判　石川義光軍忠状（第２編61の１）

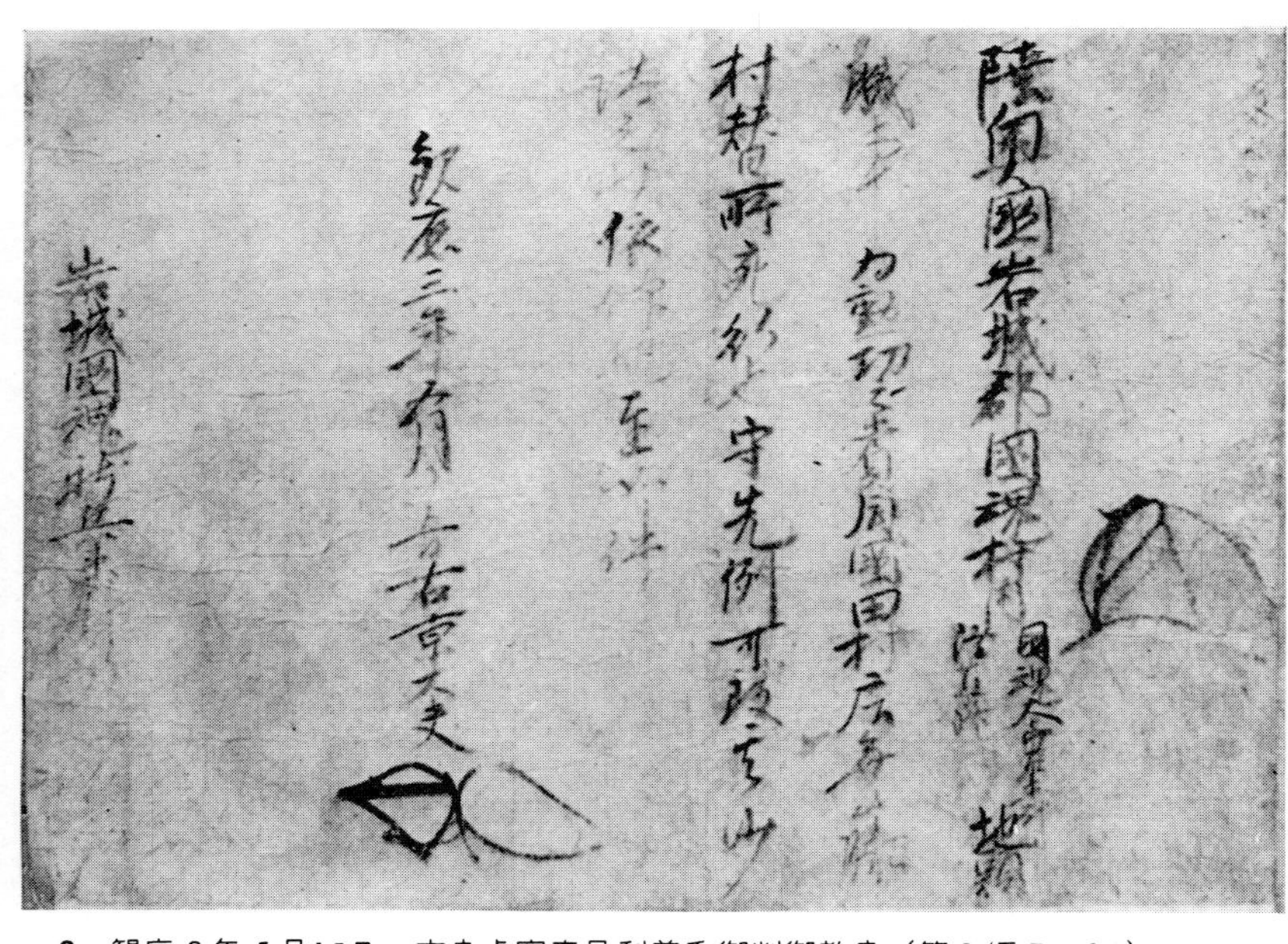

3　観応３年５月15日　吉良貞家奉足利尊氏御判御教書（第２編７の14）

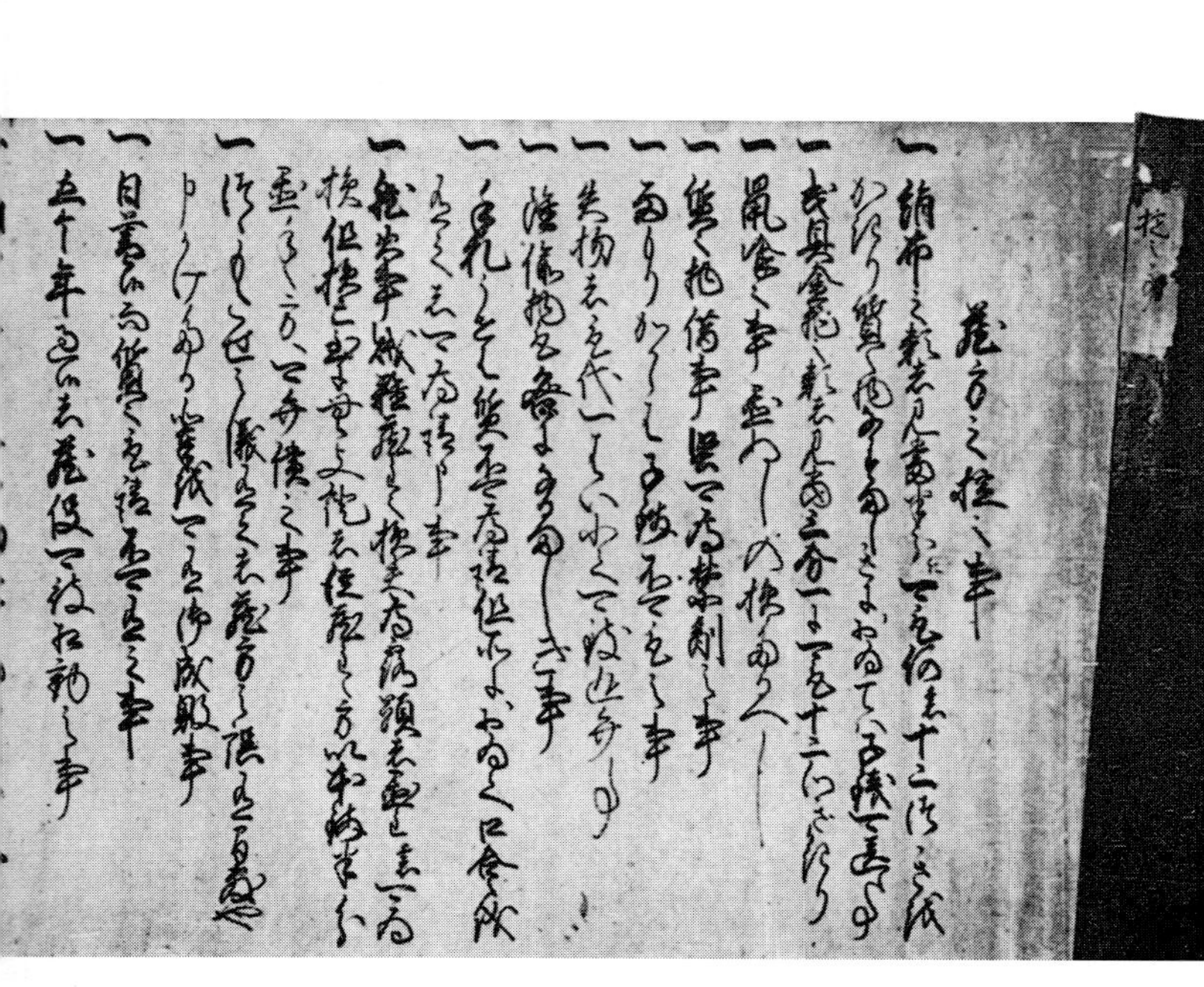

6　天文二年三月十三日　金沢宗朝外五人連署土倉条目（第二編99の六七）

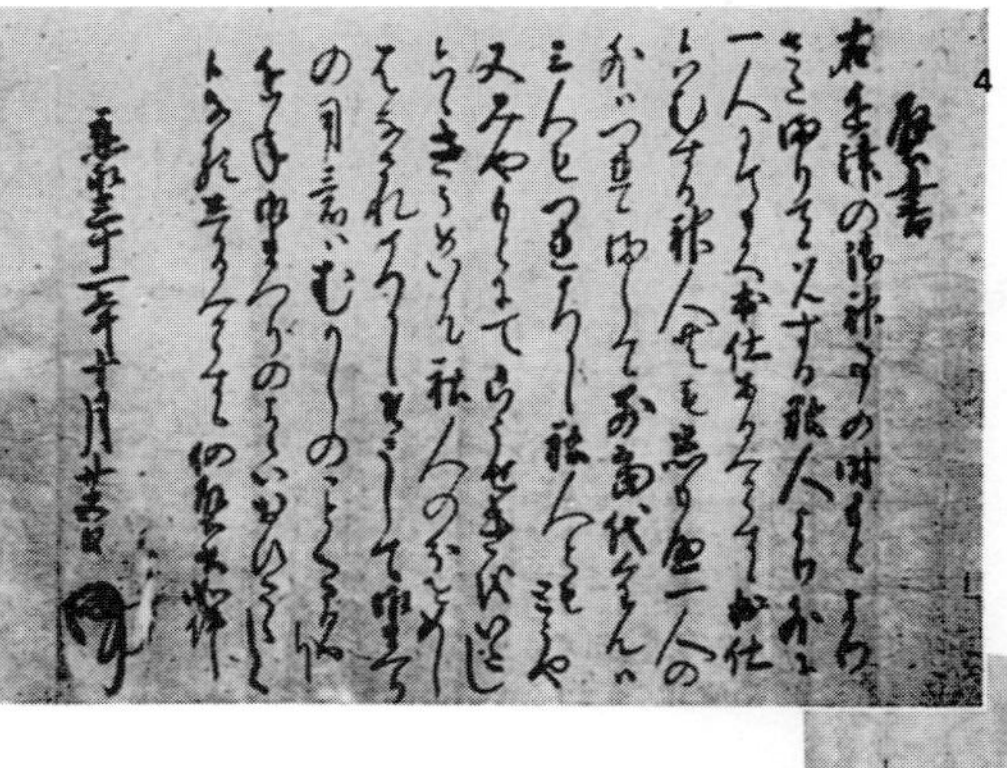

4　応永32年10月25日
結城白河氏朝壁書
（第２編35の14）

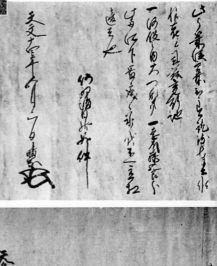

5　天文14年５月２日
伊達晴宗領知判物
（第２編93の１）

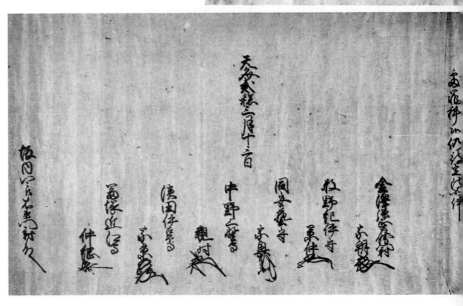

7　（年未詳）９月24日　足利義輝御内書（第２編99の105）

8　（年未詳）３月15日　田村清顕書状（第２編80の１）

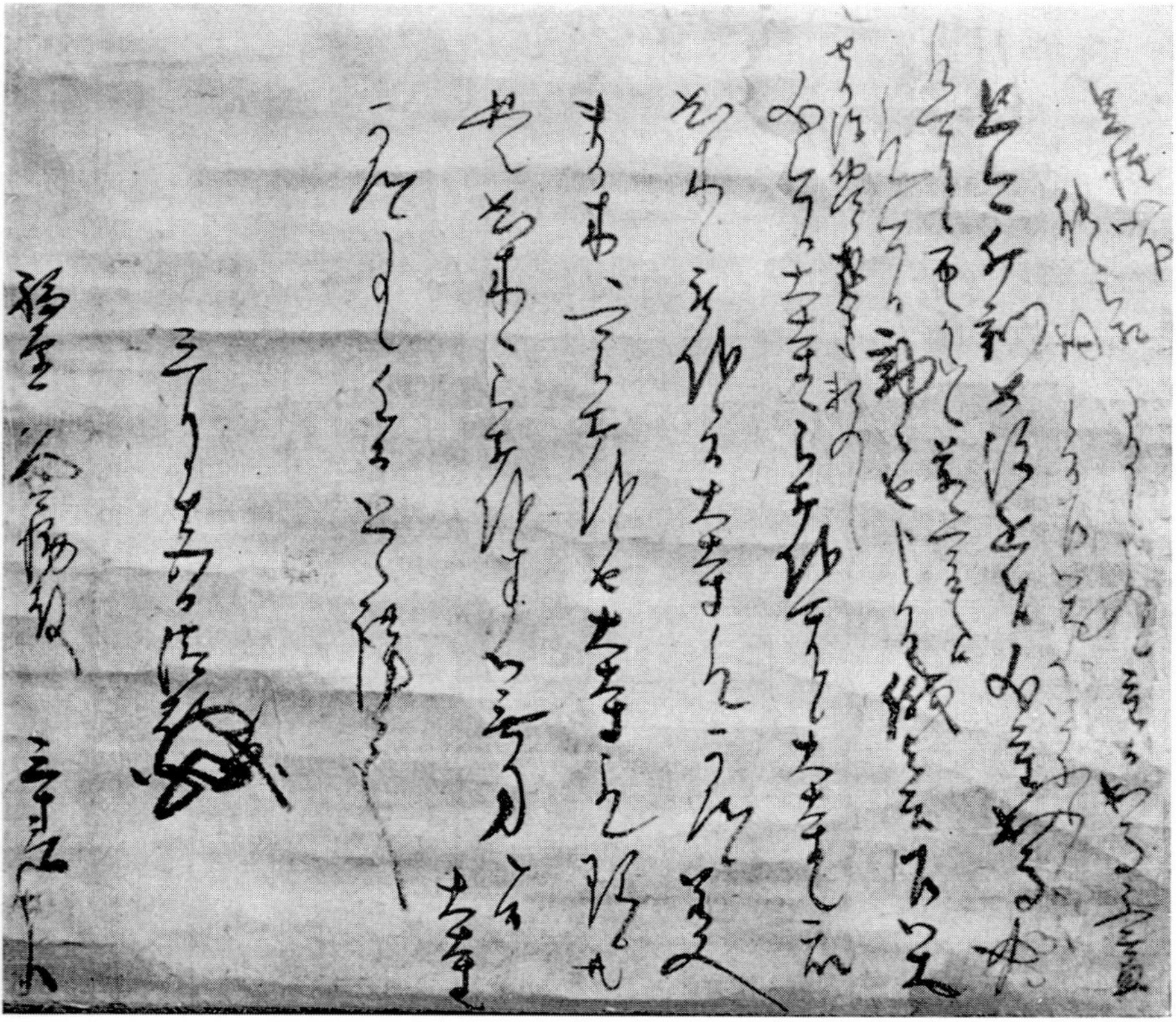

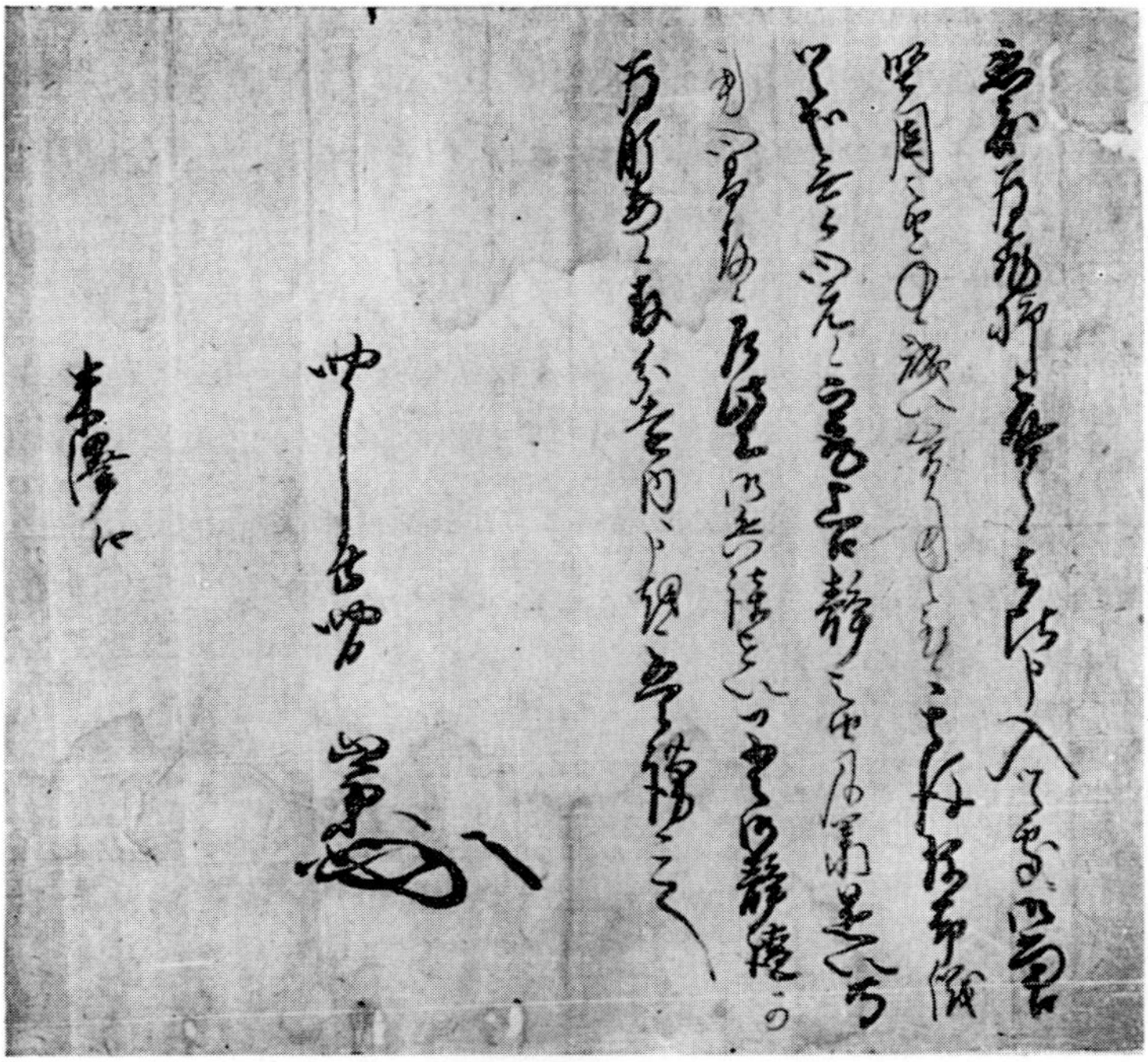

9 （天正二年ヵ）四月二十四日　芦名止々斎盛氏書状（第二編99の一一九）

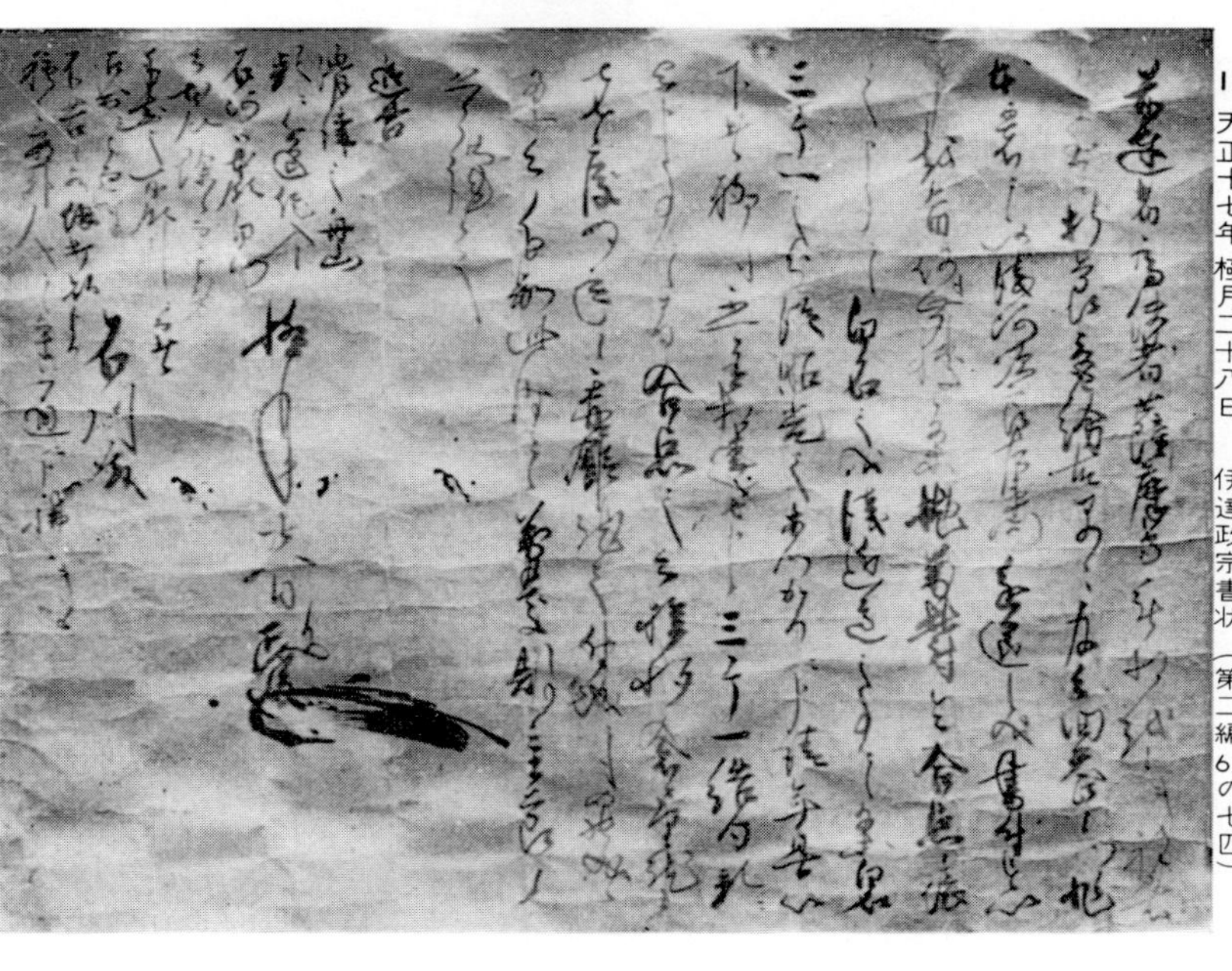

10 天正十七年極月二十八日　伊達政宗書状（第二編61の七四）

11　恵日寺鉄鉢銘（永享）（第３編675）耶麻郡磐梯町

12　安養寺供養塔銘（弘安８年）
（第３編５）石城郡小川町

13　惣善寺阿弥陀像膝裏銘（元徳～建武）
（第３編41）常磐市

14　平沢寺陶製経筒拓本（承安元年）（第３編95）伊達郡桑折町

16　馬場都々古別神社供養塔（建武５年）
『集古十種』（第３編377）東白川郡棚倉町

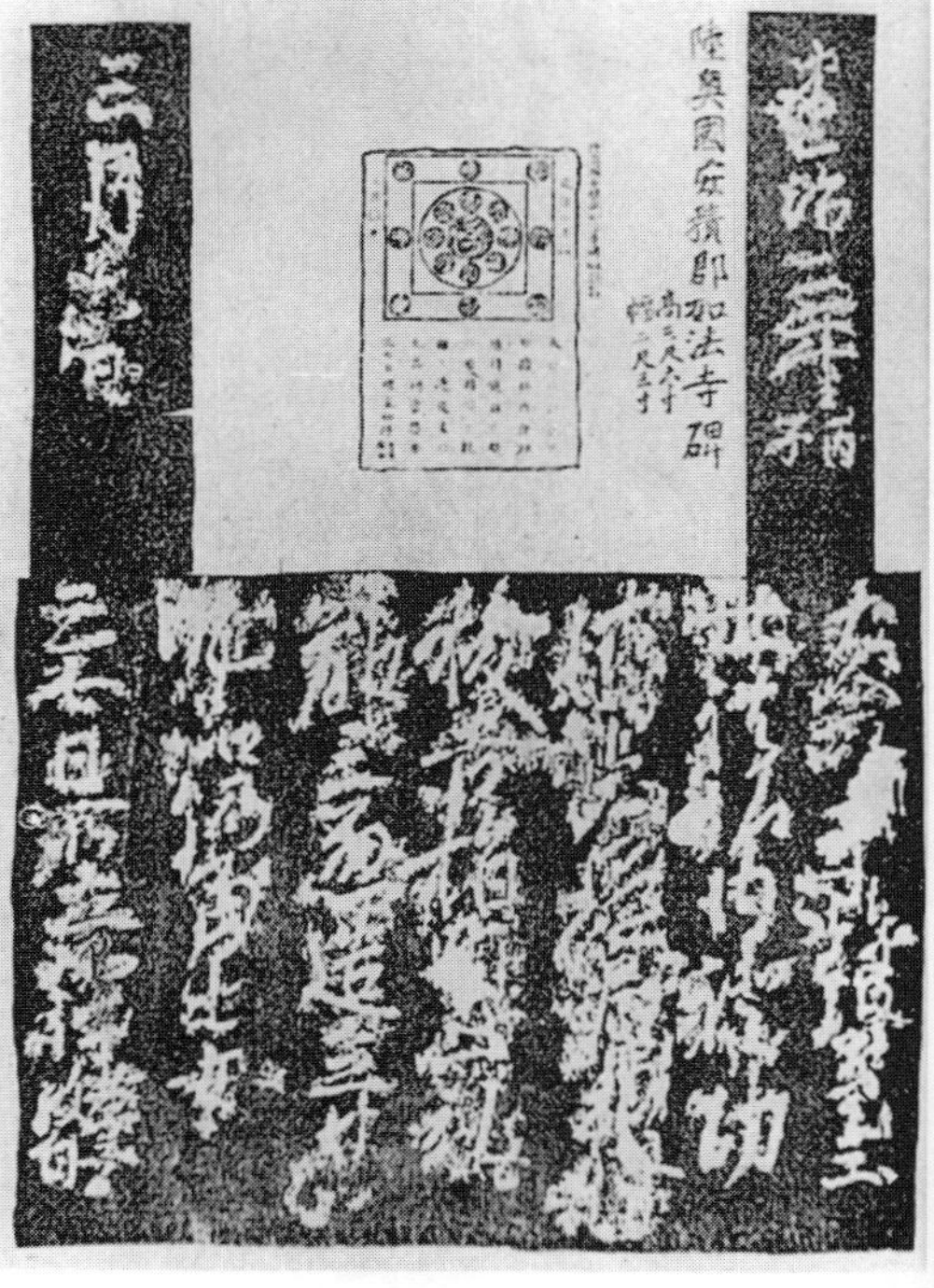

15　如法寺笠石塔婆（建治２年）『集古十種』
（第３編135）郡山市

『福島県の古代・中世文書―福島県史資料編―』復刊に際して

このたび、戎光祥出版から『福島県史　第7巻　資料編2　古代・中世資料』が復刊されることになった。同書は一九六六年に「福島県史」の一冊として、福島県から刊行されたものである。内容は、「第一編　記録」として古代関係史料を、「第二編　文書」として中世文書を、「第三編　金石文」として古代・中世関係史料を、それぞれ福島県域に関わる史料を集成したものである。

とりわけ注目されるのが、「第二編　文書」、すなわち中世文書の集成である。これは小林清治氏の編集により、家別（所蔵者別）で一六六件三一二五点が収録されている。しかも巻末には編年文書目録、さらには四五〇点の花押一覧も付されているという、念の入ったものになっている。福島県域、すなわち陸奥南部に関する中世文書を集成した史料集として、刊行後五〇年を経た現在においても、本書に代わるものはなく、いまだに重要史料集として存在し続けている。

ところが、自治体史による出版のため、長く入手不能の状態にあった。本書を入手しようとすれば、古書店から「福島県史」全巻セットの購入でもしないかぎり難しい状態が続いていた。かくいう私も所有できていなかった。しかし本書は、陸奥南部地域の、とくに室町・戦国・織豊期を研究しようとする際には、欠かすことができない史料集であった。そのため本書の入手困難な状況が、ある意味で同地域の研究の進展の困難さを生んでいたように思う。

しかし、今回その本書が復刊されることになった。これによって容易に本書を利用することができるようになり、これまでよりも多くの研究者が、同地域の研究に参加することが可能になるであろう。今後さらに、同地域の研究が進展することが期待される。

二〇一六年十二月

黒田基樹

凡例（新版）

一、本書は、昭和四一年に福島県により刊行された『福島県史　第7巻　資料編2　古代・中世資料』を復刊するものである。

一、今回の復刊にあたり、書名を『福島県の古代・中世文書—福島県史資料編—』と改めた。

一、元版での欠け字、あるいは明らかな誤植に限って、可能な限り差し替えを行った。

一、本書には現在、東日本大震災などで失われてしまった資料が収録されている。今回の復刊により、そのような資料も後世に永く残ることを願うものである。

凡　例

一、『福島県史 第七巻 古代・中世資料』は、第一編記録（古代）・第二編文書（中世）・第三編金石文を収録した。

二、「第一編記録」の編集は次によった。

1　時期は主として古代、すなわち大化前代から文治五年（一一八九）平泉藤原氏滅亡までを対象としたが、『吾妻鏡』については、文治以後の事項をも採録した。

2　底本として左記の諸本を用いた。

　　国史大系本　大日本古記録本　国文註釈全書本　群書類従本　大日本史料　岩波文庫本　その他

なお、東北大学東北文化研究会編『蝦夷史料』『奥州藤原史料』によって便宜をえたことを付記する。

3　登載は編年構成とし、各項の冒頭に資料番号と、表題として年月日を付した。年月日不明のものは、記録の内容をもとに編者において表題を付した。

4　出典は表題の下に〔　〕をもって掲げたが、当該史料を掲載する別の記録がある場合は、これを次に掲げた。なお、便宜上、左記の略記を用いた。

日本書紀〔書紀〕	三代実録〔三実〕	類聚三代格〔三代格〕
続日本紀〔続紀〕	類聚国史〔類史〕	政事要略〔要略〕
日本後紀〔後紀〕	日本紀略〔紀略〕	公卿補任〔補任〕
続日本後紀〔続後紀〕	日本逸史〔逸文〕	
文徳実録〔文実〕	扶桑略記〔略記〕	

三、「第二編文書」の編集は次によった。

1　時期は、主として中世、すなわち鎌倉時代から天正十八年（一五九〇）豊臣秀吉の奥羽支配開始までを対象としたが、古代に関する文書をも収録し、また収録した中世文書と一括保存され直接関連する近世文書をも収録した。
なお、花押一覧を付録とした。

2　収録は、所蔵家別構成とし、浜通り地方・中通り地方・会津地方・県外の順に編次し、各家ごとには、おおよその編年構成とした。ただし、その地域区分は、現在の所蔵ではなしに当該時代の所在によった。また家ごとの編年は、機械的な区分をさけ、関係文書は年月日に係わりなくまとめて収録した。

3　文書の採録は、本書（原本）によることを原則としたが、原本が失われるなどによって、これに就くことができなかったものは、写本または編纂物によった。写本は東京大学史料編纂所架蔵の影写本に依拠した。
また、他の家わけ文書あるいは編纂物に重複している文書は、善本と認められるものを採用した。相互に重複の多い伊勢結城文書・相良文書・有造館本結城古文書写・秋田藩家蔵文書白川文書には、それぞれ結・相・館・秋の略号によって、重複の旨を注記した。同一内容の文書の重複収録は、原則として避けたが、重複した場合もいくつかある。

4　1〜129の各文書は、伊達文書・伊佐早文書などを例外として、その中世関係の全部を収録することを原則としたが、129以下の県外所在文書のほとんどは、それぞれの一部を収録したものである。
家わけ文書の名称の下には、その所蔵者の住所氏名を記した。現蔵者が不明のものは、参考のために旧蔵者を旧住所名によって示した。

四、「第三編金石文」の編集は次によった。

1　金石文は便宜上、古代から慶長までを対象とし、これと関連するものは慶長以後のものもあわせて収録した。

2　収録の対象物件は、金文・石文を中心に、陶器・漆器の銘文、木簡・棟札・建築物の墨書・刻銘、さらに絵画・経文などの奥書類とし、亡失のものは、近世の編纂物からつとめて採録した。

3　登載は、浜通り地方・中通り地方・会津地方の三方部にわけ、各方部ごとに編年構成とした。ただし、一群をなしている磨崖供養塔や一括所在する棟札類は、初出の年代位置に一括収録した。
各資料には、番号と編者が作製した表題を付し、所在地または旧所在地を（　）内に示した。

表題は原則として社寺・地名を冠し主体を明らかにすることにつとめた。ただし、『集古十種』等に所載され、著名のものはその名称を踏襲した。

4　銘文の字体、物体の形態等は重要であるが、本編は文の内容に重点を置き、特殊なもののみ注記した。形態等で主要なものは『第6巻考古資料』を参照されたい。

五、各編の組版は次によった。

1　第一編の記録には句点および返点、第二編の文書には句点を付した。

2　異字異体文字は正字に改め、当用漢字のあるものはこれによった。また繰り返し記号〻は、すべて々とした。

3　文意の通じないものあるいは読み難いものには、その右側に（ママ）を付し、疑問の箇所には（カ）を付した。

4　塗抹あるいは書き改められたものは、■を以て示し、判読可能なものにはその左側に〻〻を付した。

5　磨滅・虫損は□あるいは［　］をもって示し、原字を明らかに推定し得るものには、右側に（　）内に傍注を施した。

6　本文に付属した部分には、上下に「　」を加え、たとえば（包紙）・（端裏書）などの注を付した。

7　編者が記入した注あるいは案文には、すべて（　）あるいは（〇　）（注　）を付して本文と区別した。花押・印章は、（花押）・（印）と表示した。

8　「第二編文書」の差出所・宛所および年月日の高さは、本書（原書）の位置をそのまま示す原則を採り、天（上部）を基準として位置を定めた。

目次

目　次

目　次

第一編　記録（古代）

一　神武天皇〔古事記〕

（前略）後其伊須気余理比売参二入宮内一之時、天皇御歌曰、阿斯波良能、志祁志岐袁夜邇、須賀多多美、伊夜佐夜斯岐弖、和賀布多理泥斯、然而阿礼坐之御子名、日子八井命、次神八井耳命、次神沼河耳命、三柱、（中略）神八井耳命者、（中略）道奥石城国造、（中略）等之祖也、（後略）

二　国造本紀〔先代旧事本紀一〇〕

（前略）

道奥菊多国造

軽嶋豊明御代、以二建許呂命児屋主乃祢一定二賜国造一、

道口岐閇国造

（応神）軽嶋豊明御世、建許呂命児宇佐比乃祢定二賜国造一、

阿尺国造

（成務）志賀高穴穂朝御世、阿岐閇国造同祖、天湯津彦命十世孫比止祢命定二賜国造一、

思国造

志賀高穴穂朝御世、阿岐閇国造同祖、十世孫志久麻彦定二賜国造一、

伊久国造

志賀高穴穂朝御世、阿岐国造同祖、十世孫豊島命定二賜国造一、

染羽国造

志賀高穴穂朝御世、阿岐国造同祖、十世孫足彦命定二賜国造一、

浮田国造

志賀高穴穂朝、（崇神）瑞籬朝五世孫賀我別王定二賜国造一、

信夫国造

志賀高穴穂朝御世、阿岐国造同祖、久志伊麻命孫久麻直定二賜国造一、

白河国造

志賀高穴穂朝御世、天降天山都彦命十一世塩伊乃己自直定二賜国造一、

石背国造

志賀高穴穂朝御世、以二建許侶命児建弥依米命一、定二賜国造一、

石城国造

志賀高穴穂朝御世、以二建許呂命一定二賜国造一、

（中略）

出羽国司

（元明）諸羅朝御世和銅五年、割二陸奥越後二国一始置二此国一也、

三　香島郡・多珂郡〔常陸国風土記〕

（前略）香島郡南廿里、浜里、以東松山之中、一大沼、謂二寒田一、可二四五里一、鯉鮒住之、之万軽野二里、所レ有田少潤之、軽野以東、大海浜辺、流着大船、長一十五丈、濶一丈余、朽摧埋レ砂、今猶遺之、（謂二淡海之世擬レ遣レ覓レ国令二陸奥国石城船造一、作二大船一至二于此一着レ岸即破之）

（中略）

多珂郡（東南竝大海、西北陸奥常陸国堺之高山）

古老曰、斯我高穴穂宮大八洲照臨天皇之世、以二建御狭日命一、任二多珂国造一、玆人初至、歴二験地体一、以為二峯険岳崇一、因名二多珂之国一（謂二建御狭日命一者、即是出雲臣同属、今多珂石城所レ謂是也、風俗説云二薦枕多珂之国一）、建御狭日命、当二所レ遣時一、以二久慈堺之助河一、為二道前一（去レ郡西南三十里、今猶称二道前里一）、陸奥国石城郡苦麻之村、為二道後一、其後、至二難波長柄豊前大宮臨軒天皇之世一、癸丑年、多珂国造石城直美夜部、石城評造部志許赤等、請二申惣領高向大夫一、以二所部遠隔、往来不レ便、分置二多珂石城二郡一（石城郡、今存二陸奥国堺内一）

（後略）

四 崇神天皇十年七月廿四日〔書紀・紀略・類史八八〕

詔二群卿一曰、導レ民之本、在二於教化一也、今既礼二神祇一、災害皆耗、然遠荒人等、猶不レ受二正朔一、是未レ習二王化一耳、其選二群卿一、遣二于四方一、令レ知二朕意一、

五 崇神天皇十年九月九日〔書紀〕

以二大彦命一遣二北陸一、武渟川別遣二東海一、吉備津彦遣二西道一、丹波道主命遣二丹波一、因以詔之曰、若有下不レ受レ教者上、乃挙レ兵伐之、既而共授二印綬一為二将軍一、

六 崇神天皇十年十月一日〔書紀・紀略〕

詔二群臣一曰、今返者悉伏レ誅、畿内無レ事、唯海外荒俗、騒動未レ止、其四道将軍等今忽発之、

七 崇神天皇十年十月廿二日〔書紀〕

将軍等共発路、

八 崇神天皇十一年四月廿八日〔書紀・紀略〕

四道将軍以下平二戎夷一之状上奏焉、

九 崇神天皇十一年〔書紀・紀略〕

異俗多帰、国内安寧、

一〇 崇神天皇〔古事記〕

又此之御世、大毗古命者、遣二高志道一、其子建沼河別命者、遣二東方十二道一而、令三和二平其麻都漏波奴（自レ麻下五字以レ音）人等一、又日子坐王者、遣二旦波国一令レ殺二玖賀耳之御笠一（此者人名也、玖賀二字以レ音也）（中略）

故大毗古命者、随二先命一而、罷二行高志国一、尓自二東方一所レ遣建沼河別与二其父大毗古一共往三遇于二相津一、故其地謂二相津一也、是以各和三平所レ遣之国政一而覆奏、

一一 景行天皇廿五年七月三日〔書紀・紀略〕

遣二武内宿祢一令レ察二北陸、及東方諸国之地形、且百姓之消息一也、

一二 景行天皇廿七年二月十二日〔書紀・紀略〕

武内宿祢自二東国一還之奏言、東夷之中、有二日高見国一、其国人、男女並椎結文レ身、為レ人勇悍、是摠曰二蝦夷一、亦土地沃壌而曠之、撃可レ取也、

一三 景行天皇四十年六月〔書紀・紀略〕

東夷多叛、辺境騒動

一四　景行天皇四十年七月十六日〔書紀・紀略・類史三六〕

天皇詔二群卿一曰、今東国不レ安、暴神多起、亦蝦夷悉叛、屢略二人民一、遣二誰人一以平二其乱一、羣臣皆不レ知二誰遣一也、日本武尊奏言、臣則先労二西征一、是役必大碓皇子之事矣、時大碓皇子愕然之、逃二隠草中一、則遣二使者一召来、爰天皇責曰、汝不レ欲矣、豈強遣耶、何未レ対レ賊、以予懼甚焉、因レ此遂封二美濃一、仍如二封地一、是身毛津君、守君、凡二族之始祖也、於レ是、日本武尊雄誥之曰、熊襲既平、未レ経二幾年一、今更東夷叛之、何日逮二于大平一矣、臣雖レ労之、頓平二其乱一、則天皇持二斧鉞一、以授二日本武尊一曰、朕聞、其東夷也、識性暴強、凌犯為レ宗、村之無レ長、邑之勿レ首、各貪二封堺一、並相盗略、亦山有二邪神一、郊有二姦鬼一、遮レ衢塞レ径、多令レ若レ人、其東夷之中、蝦夷是尤強焉、男女交居、父子無レ別、冬則宿レ穴、夏則住レ樔、衣レ毛飲レ血、昆弟相疑、登レ山如二飛禽一、行レ草如二走獣一、承レ恩則忘、見レ怨必報、是以箭蔵二頭髻一、刀佩二衣中一、或聚二党類一、而犯二辺界一、或伺二農桑一、以略二人民一、撃則隠レ草、追則入レ山、故往古以来、未レ染二王化一、（後略）

一五　景行天皇四十年十月二日〔書紀・紀略・類史三六〕

日本武尊発路之、

一六　景行天皇四十年十月七日〔書紀・紀略〕

枉レ道拝二伊勢神宮一、仍辞二于倭姫命一曰、今被二天皇之命一、而東征将レ誅二諸叛者一、故辞之、於レ是、倭姫命取二草薙剱一、授二日本武尊一曰、慎之莫レ怠也、

一七　景行天皇四十年〔書紀・紀略〕

日本武尊初至二駿河一、其処賊陽従之、欺曰、是野也麋鹿甚多、気如二朝霧一、足如二茂林一、臨而応レ狩、日本武尊信二其言一、入二野中一而覓レ獣、賊有二殺レ王之情一、王謂二日本武尊一也、放レ火焼二其野一、王知レ被レ欺、則以レ燧出レ火之、向焼而得レ免、一云、王所レ佩剱叢雲自抽之、薙二攘王之傍草一、因レ是得レ免、故号二其剱一曰二草薙一也、叢雲、此云二茂羅玖毛一、王曰、殆被レ欺、則悉焚二其賊衆一而滅之、故号二其処一曰二焼津一、亦進二相摸一、欲レ往二上総一、望レ海高言曰、是小海耳、可二立跳渡一、乃至二于海中一、暴風忽起、王船漂蕩而不レ可レ渡、時有二従レ王之妾一、曰二弟橘媛一、穂積氏忍山宿祢之女也、啓レ王曰、今風起浪泌、王船欲レ没、是必海神心也、願以二妾之身一、贖二王之命一而入レ海、言訖、乃披レ瀾入之、暴風即止、船得レ著レ岸、故時人号二其海一曰二馳水一也、爰日本武尊則従二上総一転入二陸奥国一、時大鏡懸二於王船一、従二海路一廻二於葦浦一、横渡二玉浦一至二蝦夷境一、蝦夷賊首嶋津神、国津神等、屯二於竹水門一而欲レ距、然遙視二王船一、予怖二其威勢一、而心裏知二之不可勝一、悉捨二弓矢一、望拝之曰、仰視二君容一、秀二於人倫一、若神之乎、欲レ知二姓名一、王対之曰、吾是現人神之子也、於レ是、蝦夷等悉慄、則褰レ裳披レ浪、自扶二王船一而着レ岸、仍面縛服罪、故免二其罪一、因以俘二其首帥一、而令レ従レ身也、蝦夷既平、自二日高見国一還之、（後略）

一八　景行天皇五十一年八月廿四日〔書紀〕

於レ是所レ献二神宮一蝦夷等、昼夜喧譁、出入無レ礼、時倭姫命曰、是

蝦夷等不レ可レ近二就於神宮一、則進二上於朝庭一、仍令レ安二置御諸山傍一、未レ経二幾時一、悉伐二神山樹一、叫二呼隣里一、而脅二人民一、天皇聞之詔二群卿一曰、其置二神山傍一之蝦夷、是本有二獣心一、難レ住二中国一、故随二其情願一、令レ班二邦畿之外一、是今播磨、讃岐、伊予、安芸、阿波、凡五国佐伯部之祖也、

一九　景行天皇五十五年二月五日〔書紀〕

以二彦狭嶋王一拝二東山道十五国都督一、是豊城命之孫也、然到二春日穴咋邑一、臥レ病而薨之、是時、東国百姓悲二其王不レ至、竊盗二王尸一、葬二於上野国一、

二〇　景行天皇五十六年八月〔書紀〕

詔二御諸別王一曰、汝父彦狭嶋王、不レ得レ向二任所一而早薨、故汝専領二東国一、是以御諸別王承二天皇命一、且欲レ成二父業一、則行治之早得二善政一、時蝦夷騒動、即挙レ兵而撃焉、時蝦夷首帥、足振辺、大羽振辺、遠津闇男辺等、叩頭而来之、頓首受レ罪、尽献二其地一、因以免二降者一而誅二不服一、是以東久之無レ事焉、由レ是其子孫於レ今在二東国一、

二一　応神天皇三年十月三日〔書紀・紀略・略記〕

東蝦夷悉朝貢、即役二蝦夷一而作二厩坂道一、

二二　仁徳天皇五十五年〔書紀・紀略・略記〕

蝦夷叛之、遣二田道一令レ撃、則為二蝦夷一所レ敗、以死二于伊寺水門一、時有二従者一、取二得田道之手纏一与二其妻一、乃抱二手纏一而縊死、時人聞之流涕矣、是後、蝦夷亦襲之略二人民一、因以掘二田道墓一、則有二大虵一発二瞋目一自レ墓出以咋、蝦夷悉被二虵毒一而多死亡、唯一二人得レ免耳、故時人云、田道雖二既亡一遂報レ讎、何死人之無レ知耶、

二三　雄略天皇廿三年八月七日〔書紀〕

（前略）是時、征二新羅一将軍吉備臣尾代行至二吉備国一過レ家、後所レ率五百蝦夷等聞二天皇崩一、乃相謂之曰、領二制吾国一天皇既崩、時不レ可レ失也、乃相聚結、侵二寇傍郡一、於レ是、屋代従レ家来、会二蝦夷於裟婆水門一、合戦而射二蝦夷等一、或踊或伏、能避二脱箭一、終不レ可レ射、是以尾代空二弾‐弓‐弦於海浜上一、射二死踊伏者二隊一、二嚢之箭既尽、即喚二船人一索レ箭、船人恐而自退、尾代乃立レ弓執レ末而歌曰、瀰致儞阿賦耶、嗚之慮能古、阿毎儞挙曾、枳挙曳儒阿羅毎、矩儞儞播、枳挙曳底那、唱訖自斬二数人一、更追至二丹波国浦掛水門一、尽逼殺之、

一本云、追至二浦掛一、遣レ人盡殺之、

二四　清寧天皇四年八月七日〔書紀〕

是日、蝦夷、隼人並内附、

二五　欽明天皇元年三月〔書紀・紀略〕

蝦夷、隼人、並率レ衆帰附、

二六　敏達天皇十年閏二月〔書紀・紀略〕

蝦夷数千寇二於辺境一、由レ是召二其魁帥綾糟等一、魁師者大毛人也、詔曰、惟儞蝦夷者、大足彦天皇之世合レ殺者斬、応レ原者赦、今朕遵二彼前例一欲レ誅二元悪一、於レ是綾糟等懼然恐懼、乃下二泊瀬中流一、面二三諸岳一漱レ水而盟曰、臣等蝦夷、自レ今以後子子孫孫、古語云、生児八十綿連、用二清明心一

事二奉天闕一、臣等若違レ盟者、天地諸神及天皇霊絶二滅臣種一矣、

二七　崇峻天皇二年七月一日〔書紀・紀略〕

遣二近江臣満於東山道一使レ観二蝦夷国境一、遣二完人臣鴈於東海道一使レ観二東方浜レ海諸国境一、遣二阿倍臣於北陸道一使レ観二越等諸国境一、

二八　推古天皇卅五年二月〔書紀・紀略〕

陸奥国有レ狢化レ人以歌之、

二九　舒明天皇九年〔書紀・紀略〕

是歳、蝦夷叛以不レ朝、即拝二大仁上毛野君形名一、為二将軍一令レ討、還為二蝦夷一見レ敗而走入レ塁、遂為レ賊所レ囲、軍衆悉漏城空之、将軍迷不レ知二所如一、時日暮踰レ垣欲レ逃、爰方名君妻歎曰、慷哉、為二蝦夷一将レ見レ殺、則謂レ夫曰、汝祖等、渡二蒼海一、跨二万里一、平二水表政一以二威武一伝二於後葉一、今汝頓屈二先祖之名一、必為二後世一見レ嗤、乃酌レ酒強之令レ飲レ夫、而親佩二夫之剱一、張二十弓一、令二女人数十一俾レ鳴レ弦、既而夫更起之、取二伏仗一而進之、蝦夷以為、軍衆猶多、而稍引退之、於レ是、散卒更聚、亦振旅焉、撃二蝦夷一大敗以悉虜、

三〇　皇極天皇元年九月廿一日〔書紀・紀略〕

越辺蝦夷数千内附、

三一　皇極天皇元年十月十二日〔書紀・紀略〕

饗二蝦夷於朝一、

三二　皇極天皇元年十月十五日〔書紀〕

蘇我大臣設二蝦夷於家一、而躬慰問、

三三　大化元年（六月十九日建元）八月五日〔書紀・紀略〕

拝二東国等国司一、仍詔二国司等一曰、（中略）又於二閑曠之所一、起二造兵庫一、収二聚国郡刀甲弓矢一、辺国近与二蝦夷一接レ境処者、可下尽数二集其兵一而猶仮中授本主上、（後略）

三四　大化二年正月〔書紀・紀略〕

蝦夷親附、

三五　斉明天皇元年七月十一日〔書紀・紀略〕

於二難波朝一饗二北〈越〉蝦夷九十九人、東〈陸奥〉蝦夷九十五人一、幷設二百済調使一百五十人一、仍授二柵養蝦夷九人、津刈蝦夷六人冠各二階一、

三六　斉明天皇元年〔書紀〕

蝦夷、隼人率レ衆内属、詣レ闕朝献、

三七　斉明天皇五年三月十七日〔書紀・紀略〕

甘檮丘東之川上、造二須弥山一而饗二陸奥与レ越蝦夷一、

三八　斉明天皇五年七月三日〔書紀〕

遣二小錦下坂合部連石布、大仙下津守連吉祥一、使二於唐国一、仍以二道奥蝦夷男女二人一示二唐天子一、

三九　斉明天皇五年七月三日〔伊吉連博徳書・書紀所収〕

同天皇之世、小錦下坂合部石布連、大山下津守吉祥連等二船、奉二使呉唐之路一、（中略）潤十月一日、行到二越州之底一、十月十五日乗レ駅入レ京、廿九日、馳到二東京一、天子在二東京一、卅日、天子相見問訊之、日本国天皇平安以不、使人謹答、天地合レ徳自得二平安一、天子問曰、

執レ事卿等好在以不、使人謹答、天皇憐重亦得二好在一、天子問曰、国内平不、使人謹答、治称二天地一、万民無レ事、天子問曰、此等蝦夷国有二何方一、使人謹答、国有二東北一、天子問曰、蝦夷幾種、使人謹答、類有二三種一、遠者名二都加留一、次者麁蝦夷、近者名二熟蝦夷一、今此熟蝦夷、毎レ歳入二貢本国之朝一、天子問曰、其国有二五穀一、使人謹答、無之、食レ肉存活、天子問曰、国有二屋舎一、使人謹答、無之、深山之中止二住樹本一、天子重曰、朕見二蝦夷身面之異一、極理喜怪、使人遠来辛苦、退在二館裏一、後更相見、(後略)

四〇　天智天皇七年七月〔書紀〕

饗レ夷、

四一　天智天皇十年八月十八日〔書紀・紀略〕

饗二賜蝦夷一、

四二　天武天皇五年正月廿五日〔書紀〕

詔曰、凡任二国司一者、除二畿内及陸奥、長門一、以外皆任二大山位以下人一、

四三　天武天皇十一年三月二日〔書紀〕

陸奥国蝦夷廿二人賜二爵位一、

四四　持統天皇二年十一月五日〔書紀〕

蝦夷百九十余人負二荷調賦一而誅焉、

四五　持統天皇二年十二月十二日〔書紀〕

饗二蝦夷男女二百一十三人於飛鳥寺西槻下一、仍授二冠位一賜レ物各有レ差、

四六　持統天皇二年十二月十二日〔略記〕

元年十二月・饗二蝦夷男女三百余人於飛鳥寺西槻下一、

四七　持統天皇三年正月三日〔書紀〕

詔曰務大肆陸奥国優嗜曇郡城養蝦夷脂利古男麻呂、与二鉄折一、請下剔二鬢髪一為中沙門上、詔曰、麻呂等少而閑雅寡レ欲、遂至二於此一蔬食持レ戒、可下随二所請一出家修道上、

四八　持統天皇三年正月九日〔書紀〕

是日、賜二越蝦夷沙門道信、仏像一軀、灌頂幡、鍾鉢各一口、五色綵各五尺、綿五屯、布一十端、鍬一十枚、鞍一具一、

四九　持統天皇三年七月一日〔書紀〕

付二賜陸奥蝦夷沙門自得所レ請金銅薬師仏像、観世音菩薩像、各一軀、鍾、娑羅、宝帳、香炉、幡等物一、

五〇　文武天皇元年十月十九日〔紀略〕

陸奥蝦夷貢二方物一、

五一　文武天皇二年十月廿三日〔紀略〕

陸奥蝦夷献二方物一、

五二　大宝元年三月十五日〔続紀・紀略〕

遣二追大肆凡海宿禰麁鎌于陸奥一治レ金、

五三　大宝二年四月十五日〔続紀・類史四〇〕

令下筑紫七国及越後国簡二点采女兵衛一貢上之、但陸奥国勿レ貢、

五四　和銅二年三月五日〔続紀・紀略〕

陸奥越後二国蝦夷、野心難レ馴、屢害二良民一、於レ是遣レ使徴二発遠江、駿河、甲斐、信濃、上野、越前、越中等国一、以二左大弁正四位下巨勢朝臣麻呂一為二陸奥鎮東将軍一、民部大輔正五位下佐伯宿禰石湯為二征越後蝦夷将軍一、内蔵頭従五位下紀朝臣諸人為二副将軍一、出レ自二両道一征伐、因授二節刀并軍令一、

五五　和銅二年九月廿六日〔続紀・紀略〕

遠江、駿河、甲斐、常陸、信濃、上野、陸奥、越前、越中、越後等国軍士、経二征役一五十日已上者、賜二復一年一、

五六　和銅三年正月一日〔続紀・紀略・類史七一〕

天皇御二大極殿一受レ朝、隼人蝦夷等亦在レ列、左将軍正五位上大伴宿禰旅人、副将軍従五位下穂積朝臣老、右将軍正五位下佐伯宿禰石湯、副将軍従五位下小野朝臣馬養等、於二皇城門外朱雀路東西一、分頭陳二列騎兵一、引二隼人蝦夷等一而進、

五七　和銅三年正月十六日〔続紀・類史七二〕

天皇御二重閣門一、賜二宴文武百官并隼人蝦夷一、奏二諸方楽一、従五位已上賜二衣一襲一、隼人蝦夷等亦授レ位賜レ禄、各有レ差、

五八　和銅三年四月廿日〔続紀〕

陸奥蝦夷等請下賜二君姓一同中於編戸上、許レ之、

五九　和銅五年十月一日〔紀略〕

割二陸奥国最上置賜二郡一隷二出羽国一焉、

六〇　和銅六年五月十一日〔続紀・紀略〕

(前略)又令三大倭参河並献二雲母一、(中略)陸奥白石英、雲母、石硫黄、(後略)

六一　霊亀元年正月一日〔続紀・紀略・類史七一・略記〕

天皇御二大極殿一受レ朝、皇太子始加二礼服一拝レ朝、陸奥出羽蝦夷并南嶋奄美、夜久、度感、信覚、球美等来朝、各貢二方物一、其儀、朱雀門左右、陣二列鼓吹騎兵一、元会之日、用二鉦鼓一自レ是始矣、

六二　霊亀元年正月十五日〔続紀・紀略〕

蝦夷及南嶋七十七人、授レ位有レ差、

六三　霊亀元年五月卅日〔続紀〕

移二相摸、上総、常陸、上野、武蔵、下野六国富民千戸一、配二陸奥一焉

六四　霊亀元年十月廿九日〔続紀・紀略〕

陸奥蝦夷第三等邑良志別君宇蘇弥奈等言、親族死亡子孫数人、常恐被二狄徒抄略一乎、請於二香河村一、造二建郡家一、為二編戸民一、永保二安堵一、又蝦夷須賀君古麻比留等言、先祖以来、貢二献昆布一、常採二此地一、年時不レ闕、今国府郭下、相去道遠、往還累レ旬、甚多二辛苦一、請於二閇村一、便建二郡家一、同二百姓一、共率二親族一、永不レ闕レ貢、並許レ之、

六五　養老二年五月二日〔続紀〕

(前略)割二陸奥国之石城、標葉、行方、宇太、曰(亘)理、常陸国之菊多六郡一、置二石城国一、割二白河、石背、会津、安積、信夫五郡一、置二石

背国一、割二常陸国多珂郡之郷二百一十烟一、名曰二菊多郡一、属二石背国一焉、

六六　養老二年五月二日〔略記〕

（前略）停二石背磐城等国一安二陸奥国一、

六七　養老二年五月十一日〔続紀〕

禁三三関及大宰陸奥等国司傔仗取二白丁一、

六八　養老律

衛禁律

越垣及城条

凡越二兵庫垣一、及筑紫城一、徒一年、陸奥越後出羽等柵亦同、（中略）即兵庫及城柵等門、応レ閉忘誤不レ下レ鍵、若応レ開毀二管鍵一而開者、各杖六十、錯下レ鍵、及不レ由レ鑰而開者、笞卌、余門各減二二等一、（後略）

縁辺城戍条

凡縁辺之城戍、有二外姦内入一、謂、衆不レ満二百人一者、内姦外出一、而候望者不レ覚、徒一年半、主司徒一年、謂、出入之路、関二於候望者一、其有二姦人入出一、力所レ不レ敵者、伝二告比近城戍国郡一、若不二速告一、及告而稽留、不二即共捕一、致レ失二姦寇一者、罪亦如レ之、

職制律

官人无故不上条

凡官人无レ故不レ上、及当レ番不レ到、若因レ仮而違者、一日笞廾、三日加二一等一、過二杖一百一、十日加二一等一、罪止二徒一年半一、辺要之官、加二一等一、

賊盗律

盗節刀条

凡盗二節刀一者、徒三年、宮殿門、庫蔵、及倉廩、筑紫城等鑰、徒一年、国郡倉庫、陸奥越後出羽等柵、及三関門鑰亦同、（後略）

六九　養老令（令義解・令集解の当該条および註文を収録した。）

職員令

玄蕃寮（令集解）

頭一人、掌仏寺、僧尼名籍、供済、蕃客辞見、讌饗送迎、及在京夷狄、釈云、謂二堕羅、舎衛、蝦夷之類一、除二朝聘一外、蕃人亦入二夷狄之例一、古記云、在京夷狄、謂二堕羅、舎衛、蝦夷等一、又説、除二朝聘一外、在京唐国人等、皆入二夷狄之例一、夷狄謂非二朝聘一来、皆是也、（後略）

大国（令義解）

守一人、（中略）其陸奥出羽越後等国、兼知二饗給、征討、斥候一、（後略）

戸令

新付条（令義解）

凡新附レ戸、皆取二保証一、本二問元由一、知レ非二逃亡詐冒一、然後聴之、其先有二両貫一者、従二本国一為レ定、唯大宰部内、及三越、陸奥、石城、石背等国者、従二見住一為レ定、若有二両貫一者、従二先貫一為レ定、其於レ法不レ合二分析一、而因二失郷一分レ貫、応レ合レ戸者、亦如之

籍送条（令集解）

凡籍、応レ送二太政官一者、附二当国調使一送、若調不レ入レ京、古記云、今陸奥国之類、専使送之、

賦役令

調庸物条（令集解）

凡調庸物、毎レ年八月中旬起輸、近国十月卅日、中国十一月卅日、遠国十二月卅日以前納訖、古記云、問、遠近程若為、答、依二民部省式一、（中略）遠国十六、上総、常陸、武蔵、下総、上野、下野、陸奥、佐渡、周房、石見、土左、越後、安芸、長門、隠岐、筑紫国也、其調糸、七月卅日以前輸訖、（後略）

辺遠国条（令集解）

凡辺遠国、有二夷人雑類一釈云、夷、東夷也、挙レ東而示レ余、推可レ知、雑類、謂二夷人之雑類一耳、之所、応レ輸二調役一者、随レ事斟量、不三必同二之華夏一、

選叙令

応叙条（令集解）

凡応レ叙者、（中略）本司量レ程申送集レ省、大宝元年十二月七日処分、陸奥越後国者其首長一二人集、但筑志不レ在二集限一也、（後略）

在官身死条（令集解）

凡在レ官身死、及解免者、皆則言上、其国司、大上国介以上、中国掾以上並闕、及下国守闕者、皆馳駅申二太政官一、（中略）古記云、問、多祢大隅薩摩及陸奥出羽等国若為処分、答、文不レ載者、皆言上耳、（後略）

考課令

増益条（令集解）

凡国郡以二戸口増益一、応二須進一レ考者、若是招慰、謂下不レ従二戸貫一而招慰得者上、義云、不レ従二戸貫一、謂二蝦夷之類一、問、棋役令云、辺遠国有二夷人雑類一之所、応レ輸二調役一者、随レ事斟量是歟、為当文称二招慰一、然則是附二戸貫一、全出二調庸一之色歟、（後略）

軍防令

帳内条（令義解）

凡帳内、取二六位以下子及庶人一為之、其資人、不レ得レ取二内八位以上子一、唯充二職分一者聴、並不レ得レ取二三関及大宰部内、陸奥、石城、石背、越中、越後国人一、

縁辺諸郡人居条（令義解）

凡縁二東辺北辺西辺一諸郡人居、皆於二城堡内一安置、其営田之所、唯置二庄舎一、至二農時一、堪二営作一者、出就二庄田一、収斂訖、勒還、其城堡崩頽者、役二当処居戸一、随レ閑修理、

営繕令

在京営造条（令集解）

凡在京営造、及貯備雑物、毎レ年、諸司摠二料来年所一レ須、申二太政官一付二主計一、預定二出所一科備、跡云、預定二出所一科備、謂銅科二長門一、水銀科二伊勢一、附子科二陸奥一合レ出之類、（後略）

公式令

諸国給鈴条（令義解）

凡諸国給レ鈴者、太宰府廿口、三関及陸奥国、各四口、大上国三口、

中下国二口、(後略)

朝集使条(令義解)

凡朝集使、東海道坂東、東山道山東、謂、信濃与二上野一界山也、北陸道神済以北、山陰道出雲以北、山陽道安芸以西、南海道土左等国、及西海道、皆乗二駅馬一、自余各乗二当国馬一、

仮寧令

官人遠任条(令集解)

凡官人、遠任及公使、父母喪応二解官一、无二人告一者、聴下家人経二所在官司一、陳牒告追上、若奉レ勅出レ使、及任居二辺要一古記云、及任居二辺要一、謂伊伎対島陸奥出羽是、(中略)者、申レ官処分、

関市令

弓箭条(令義解)

凡弓箭兵器、並不レ得下与二諸蕃一市易上、其東辺北辺、不レ得レ置二鉄冶一、

(令集解逸文)古記云、東辺北辺、謂陸奥出羽等国也、

七〇 養老三年閏七月廿一日〔続紀〕

石城国始置二駅家一十処一、

七一 養老四年九月廿八日〔続紀・紀略〕

陸奥国奏言、蝦夷反乱、殺二按察使正五位下上毛野朝臣広人一、

七二 養老四年九月廿九日〔続紀・紀略〕

以二播磨按察使正四位下多治比真人県守一為二持節征夷将軍一、左京亮従五位下下毛野朝臣石代為二副将軍一、軍監三人、軍曹二人、以二従五位上阿倍朝臣駿河一、為二持節鎮狄将軍一、軍監二人、軍曹二人、即日授二節刀一、

七三 養老四年十一月廿六日〔類史八三〕

勅、陸奥、石背、石城三国調庸并租、減□之、唯遠江、常陸、美濃、武蔵、越前、出羽六国者、免二征卒及廝馬従等調庸并房戸租一、

七四 養老五年四月九日〔続紀〕

征夷将軍正四位上多治比真人県守、鎮狄将軍従五位上阿倍朝臣駿河等還帰、

七五 養老五年六月十日〔続紀〕

詔曰、(中略)又陸奥筑紫辺塞之民、数遇二煙塵一、疚二労戎役一、加以父子死亡、室家離散、言念二於此一、深以矜懐、宜レ令レ免二当年調庸一、諸国軍衆、親帥二戦兵一、殺二獲逆賊一、乗レ勝追レ北者、賜二復二年一、冒二犯矢石一、身死去者、父子並復二一年一、如無レ子者、昭穆相当郷里者、議亦聴レ復之、(後略)

七六 養老五年八月十九日〔続紀・紀略〕

(前略)出羽隷二陸奥按察使一、佐渡隷二越前按察使一、(後略)

七七 陸奥国戸籍(紙面に「陸奥国印」がある)―正倉院文書(大日本古文書一)

(注　この戸籍の年月は不明であるが、大日本古文書の養老五年類載にならいここに収録する)

意弥子黒麻呂、年廿六、　残丁　和銅元年死

戸主占部加弖石、年卌四、　正丁　太宝二年籍、戸主占部古弖弥

戸、戸主子、今為戸主、

寄大伴部忍、年九、　小子　太宝二年籍後、移出里内戸主大
伴部意弥戸、戸主為甥、

次真忍、年七、　小子

従父弟丈麻呂、年廿三、　正丁

忍姉麻刀（自脱カ）、年十四、　小女　上件三人、忍従移往、

本戸主古弖弥、年六十七、　耆老

子甲、年卅八、　正丁

子東麻呂、年十四、　小子

寄大伴部意弥、年卌三、　正丁

甲妻同族黒、年卅八、　正女　上件五人、慶雲三年死、

意弥妻占部弥都、年卌八、　正女

児刀自、年廿五、　正女　上件二人、慶雲四年死、

戸主三枝部母知戸

戸主弟諸忍、年卅六、　正丁

戸主姑古奈、年六十三、　老女　上件二人、太宝二年死、

戸主君子部国忍戸

戸主弟古須児久波自、年廿一、　正女　太宝二年籍後、嫁出往郡内郡上
里戸主君子部波尼多戸、戸主同
族阿佐麻呂為妻、

戸主子金麻呂、年十九、　少丁

次身麻呂、年十四、　小子　上件二人、慶雲四年死、

戸主弟諸男、年卅三、　正丁　和銅元年死

戸主丸子部忍、年八十四、　耆老　太宝二年籍、里内戸主丸子部子（戸ヽ）
尻（カ）分折今移来、

子忍羽、年廿九、　正丁

次忍人、年廿一、　正丁

次子真人、年十九、　少丁

戸主妻同族古夜、年五十三、　正女

児刀自、年廿七、　正女

次乎刀自、年十、　小女　上件六人、忍従移来、

戸主大田部赤麻呂、年廿五、　正丁　太宝二年籍、郡内郡上里戸主大
田部伊須伎戸、戸主子、今為戸
主、全戸移来、

戸主叔父甲、年卅七、　正丁

子麻呂、年十八、　少丁

（注　紙面に「陸奥国印」の捺印あり）

戸主占部□（道）、年□八、　正丁　戸口十人、従道移来、

戸主大伴部久比、年卌九、　正丁　上件人、太宝二年籍、里内戸主
大伴部意弥戸、ヽ分折今移来、

子忍人、年十七、　少丁

戸主弟男、年卅一、　　正丁
戸主児尓志伎、年十一、　小女

七八　養老六年四月十六日〔続紀〕

征二討陸奥蝦夷、大隅薩摩隼人等一将軍已下及有功蝦夷、幷訳語人、授二勲位一各有レ差、

七九　養老六年閏四月廿五日〔続紀〕

太政官奏曰、廼者、辺郡人民、暴被二寇賊一、遂適二東西一、流離分散、若不レ加二矜恤一、恐貽二後患一、是以聖王立レ制、亦務実レ辺者、蓋以レ安二中国一也、望請、陸奥按察使管内、百姓庸調浸免、勧二課農桑一、教二習射騎一、更税助辺之資、使レ擬二賜レ夷之禄一、其税者、毎卒一人、輸レ布長一丈三尺、濶一尺八寸、三丁成レ端、其国授刀兵衛々士及位子帳内資人、幷防閤仕丁、采女仕女、如レ此之類、皆悉放還、各従二本色一、若有レ得レ考者、以二六年一為レ叙、一叙以後、自依二外考一、即他境之人、経レ年居住、准レ例徴レ税、以二見来占一、附二後一年一、而後依レ例、又食之為レ本、是民所レ天、随レ時設レ策、治国要政、望請、勧レ農積レ穀、以備二水旱一、仍委二所司一、差二発人夫一、開二墾膏腴之地良田一百万町一、其限レ役十日、便給二粮食一、所レ須調度、官物借レ之、秋収而後、即令二造備一、若有下国郡司詐二逗留一、不中肯開墾上、並即解却、雖レ経二恩赦一、不レ在二免限一、如部内百姓、荒野閑地、能加二功力一、収二獲雑穀一三千石已上、賜二勲六等一、一千石以上終レ身勿レ事、見帯二八位已上一加二勲一転一、即酬賞之後、稽遅不レ営、追奪二位記一、各還二本色一、又公私出挙、取レ利十分之三、又言、用レ兵之要、衣食為レ本、鎮無二儲粮一、何堪二固守一、募レ民出レ穀、運二輸鎮所一、可下程二道遠近一為上レ差、委輸以二遠二千斛、次三千斛、近四千斛一、授二外従五位下一、奏二可之一、其六位已下、至二八位已上一、随二程遠近一運レ穀多少、亦各有レ差、語具二格中一、

八〇　養老六年八月廿九日〔続紀〕

令下諸国司簡二点柵戸一千人一、配中陸奥鎮所上焉、

八一　養老七年二月十三日〔続紀〕

常陸国那賀郡大領外正七位上、宇治部直荒山、以二私穀三千斛一、献二陸奥国鎮所一、授二外従五位下一、

八二　神亀元年二月廿二日〔続紀〕

（前略）従七位下大伴直南淵麻呂、従八位下錦部安麻呂、无位烏安麻呂、外従七位上角山君内麻呂、外従八位下大伴直国持、外正八位上壬生直国依、外正八位下日下部使主荒熊、外従七位上香取連五百嶋、外正八位下大生部直三穂麻呂、外従八位上君子部立花、外正八位上史部虫麻呂、外従八位上大伴直宮足等、献二私穀於陸奥国鎮所一、並授二外従五位下一、

八三　神亀元年二月廿五日〔続紀〕

陸奥国鎮守軍卒等、願下除二己本籍一便貫二比部一、率二父母妻子一共同中生業上、許レ之、

八四　神亀元年三月廿五日〔続紀・紀略〕

陸奥国言、海道蝦夷反、殺二大掾従六位上佐伯宿禰児屋麻呂一、

八五　神亀元年四月一日〔続紀〕

令三七道諸国造二軍器幕釜等一有レ数、

八六　神亀元年四月三日〔続紀〕

陸奥国大掾佐伯宿禰児屋麻呂贈二従五位下一、賻二絁一十疋、布二十端、田四町一、為二其死レ事也、

八七　神亀元年四月七日〔続紀・紀略〕

以二式部卿正四位上藤原朝臣宇合一為二持節大将軍一、宮内大輔従五位上高橋朝臣安麻呂為二副将軍一、判官八人、主典八人、為レ征二海道蝦夷一也、

八八　神亀元年十一月廿九日〔続紀・紀略〕

征夷持節大使正四位上藤原朝臣宇合、鎮狄将軍従五位上小野朝臣牛養等来帰、

八九　神亀二年閏正月四日〔続紀・紀略〕

陸奥国俘囚百卌四人配二于伊予国一、五百七十八人配二于筑紫一、十五人配二于和泉監一焉、

九〇　神亀二年閏正月廿二日〔続紀・紀略〕

天皇臨レ朝、詔叙二征夷将軍已下一千六百九十六人勲位一各有レ差、授二正四位上藤原朝臣宇合従三位勲二等、従五位上大野朝臣東人従四位下勲四等、従五位上高橋朝臣安麻呂正五位下勲五等、従五位下中臣朝臣広見従五位上勲五等、従七位下後部王起、正八位上佐伯宿禰首麻呂、五百原君虫麻呂、従七位下君子竜麻呂、従八位上出部直佩刀、少初位上紀朝臣牟良自、正八位上田辺史難波、従六位下坂下朝臣宇頭麻佐、外従六位上丸子大国、外従八位上国覔忌寸勝麻呂等一十人並勲六等一、賜二田二町一、

九一　神亀五年三月廿八日〔続紀〕

勅、補二事業位分資人一者、依二養老三年十二月七日格一更無二改張一、雖レ然、資人考選者、廻聴下待レ満二八考一始選中当色上、外位資人十考成選、並任二主情願一、通二取散位勲位位子及庶人一、簡試後請、請後犯レ罪者、披二陳所司一、推問得レ実、決杖一百、追二奪位記一、却二還本色一、其三関、筑紫、飛驒、陸奥、出羽国人、不レ得二補充一、余依レ令、

九二　神亀五年四月十一日〔続紀〕

陸奥国請下新置二白河軍団一、又改二丹取軍団一為中玉作軍団上、並許レ之、

九三　天平元年八月五日〔続紀〕

天皇御二大極殿一、詔曰、（中略）又陸奥鎮守兵及三関兵士、簡二定三等一、具録下進退如レ法臨レ敵振レ威、向二冒万死一、不レ顧二一生一之状、并姓名年紀居貫軍役之年上、便差二専使一、上奏、其諸衛府内武芸可レ称者、亦以レ名奏聞、（後略）

九四　天平元年九月十四日〔続紀〕

陸奥鎮守将軍従四位下大野朝臣東人等言、在二鎮兵人勤功可レ録、請授二官位一勧二其後人一、勅、宜三一列卅人各進二一級一、二列七十四人

各一級、三列九十六人各布十常、

九五　天平三年正月廿七日〔補任天平十一年・続紀〕

参議従四位上大野朝臣東人、天平三年正月日従四上、官至陸奥出羽按察使兼大養徳守、

九六　天平六年十二月廿四日〔正倉院文書（大日本古文書一）〕

尾張国正税帳

（継目裏書）尾張国収納正税帳天平六年十二月史生従八位上丹比新家連石麻呂

（前略）

（中略）

自陸奥国進上御馬肆匹飼糠米弐斛壱斗玖升参合三日、々別馬別一斗八升三合、穎稲参拾陸束陸把束別六升

（中略）

（後略）

九七　天平八年四月廿九日〔続紀〕

賜陸奥出羽二国有功郡司、及俘囚廿七人爵各有差、

九八　天平十年四月〔正倉院文書（大日本古文書二四補遺一）〕

上階官人歴名（注　この断簡の年月は不明であるが、大日本古文書（続紀）にならい、ここに収録する。）

式部大丞大伴犬甘　（中略）

上野介使主于太万呂　下野目葛野河内　陸奥介百済敬福

（中略）

鎮守判余足人　越前守藤原乙万呂　介大伴首名

駿河国正税帳―正倉院文書（大日本古文書二）

（継目裏書）駿河国正税帳天平十年目正八位上川原田宿祢忍国

（前略）

従陸奥国進上御馬部領使国画工大初位下奈気私造石嶋上一口従二口

六郡別一日食為単壱拾捌日上六口従十二口

（中略）

従陸奥国送摂津職俘囚部領使相模国余綾団大毅大初位下丈部小山上一口従二口三郡別一日食為単陸日上三口従三口

俘囚部領大住団少毅大初位下当麻部国勝上一口従二口三郡別一日食為単陸日上三口従三口

当国俘囚部領使史生従八位上岸田朝臣継手上一口従二口三郡別一日食為単陸日上三口従三口

俘囚部領安倍団少毅従八位上有度部黒背上一口従二口三郡別一日食為単陸日上三口従三口

（後略）

（中略）

（前略）

従陸奥国送摂津職俘囚壱伯壱拾伍人従六郡別半日食為単参伯肆拾伍日従

（後略）

筑後国正税帳―正倉院文書（大日本古文書二）

（継目裏書）
筑紫国天平十年正税目録帳従七位下行目津東真麻

（前略）

浮囚陸拾弐人（卅八人、起天平十年四月廿六日盡十二月卅日、并二百七十日、三人、起四月廿六日盡十二月三日、并二百卅三日、七人、起四月廿六日盡十一月九日、并二百廿日、四人、起四月廿六日盡十一月二日、并二百十三日、）惣単壱万陸仟捌拾壱人、食稲参仟弐伯壱拾陸束弐把、（人別二把）

買料木塩壱拾陸斛捌升壱合（人別一合）直稲壱伯陸拾束捌把壱分（以一束充一斗）

（後略）

九九　天平十一年四月廿一日〔続紀〕

陸奥国按察使兼鎮守府将軍大養徳守従四位上勲四等大野朝臣東人、（中略）為二参議一、

一〇〇　天平十五年六月三十日〔続紀〕

従五位下百済王敬福為二陸奥守一、

一〇一　天平十八年十二月十五日〔三代格一八〕

太政官謹奏

諸国軍毅兵士事

陸奥国団六院　大毅六人　少毅六人［　　］（兵士六）

［　　］国団一院　毅二人　兵士二百人

（此間闕）［　　　　］院［　　　　　　　　］

謹奏、

天平十八年十二月十五日

奉レ勅、依レ奏、

一〇二　天平二十一年二月廿二日〔続紀・紀略〕

陸奥国始貢二黄金一、於レ是、奉レ幣以告二畿内七道諸社一、

一〇三　天平感宝元年四月廿二日〔続紀・紀略〕

陸奥守従三位百済王敬福貢二黄金九百両一、

一〇四　天平感宝元年〔万葉集〕

（次の七首、年月不明であるが、ここに収録する）

（万葉集巻三）譬喩歌

笠女郎贈二大伴宿禰家持一歌三首（二首略す）

陸奥之眞野乃草原雖遠面影為而所見云物乎

（万葉集巻七）譬喩歌

寄レ弓

陸奥之吾田多良眞弓著絃而引者香人之吾乎事将成

（万葉集巻十四）東歌

安比豆禰能久爾乎佐杼抱美安波奈波婆斯努比爾勢牟等比毛牟須婆左

禰

筑紫奈留爾抱布児由恵爾美知能久乃可刀利乎登女乃由比思比毛等久

禰

安太多良乃禰爾布須思之能安里都都毛安礼波伊多良牟禰度奈佐利曾

禰

右三首陸奥国歌

譬喩歌

美知乃久能安太多良末由美波自伎於伎氏西良思馬伎那婆都良波可馬可毛

右一首陸奥国歌

（万葉集巻十六）有二由縁一并雑歌

安積香山影副所見山井之浅心乎吾念莫国

右歌伝云、葛城王遣二于陸奥国一之時、国司祇承緩怠異甚、於レ時王意不レ悦怒色顕レ面、雖レ設二飲饌一不二肯宴楽一、於レ是有二前采女一、風流娘子、左手捧レ觴右手持レ水、撃二之王膝一、而詠二其歌一、爾乃王意解脱、楽飲終レ日

一〇五 天平感宝元年五月廿七日〔続紀・紀略〕

鰥寡孤独及疾疹之徒、不レ能二自存一者給二穀五斗一、孝子順孫、義夫節婦、表二其門閭一、終レ身勿レ事、力田人者、无位叙二位一階一、陸奥国者免二三年調庸一、小田郡者永免、其年限者待二後勅一、自余諸国者、国別一年免二一郡調庸一、毎年相替周盡二諸郡一、又咸免二天下今年田租一、

一〇六 天平勝宝四年二月十八日〔続紀・紀略〕

陸奥国調庸者、多賀以北諸郡令レ輸二黄金一、其法、正丁四人一両、以南諸郡依レ旧輸レ布、

一〇七 天平宝字三年七月廿三日〔三代格六〕

乾政官謹奏

陸奥国鎮守府給二公廨事力一事

将軍准レ守　将監准レ像　将曹准レ目　若帯レ国者不レ須二兼給一

右件府官人、離レ家遠任、理須二矜恤一、伏請、自今以後、准レ件並給、臣等商量如レ前、伏聴二勅裁一、謹以申聞、謹奏、奉レ勅、依レ奏、

天平宝字三年七月廿三日

一〇八 天平宝字五年十月廿二日〔続紀〕

以二従四位下藤原恵美朝臣朝獦一為二仁部卿一、陸奥出羽按察使如レ故、

一〇九 造寺雑物請用帳〔正倉院文書（大日本古文書一二五）〕

（前略）

（中略）

調布二百卅二端（十一端望陀　一端細布　四端相模貲　二百十六端凡布）

卅一端自内裏給出

三端細布宝字三年八月十五日

卅八端国交凡布四年四月廿三日

一百端陸奥自東花苑請三年五月十二日

八十三端自安殿西尼師院請三年五月十三日

十一端望陁　四端相摸貲

三端上総調　六十端常陸調

五端陸奥調

六端自院中請

一端常陸四年三月三日　五端国交同月十八日
二端阿刀内侍所進一端下総一端常陸三年九月十日
「三」
用一百端九十七端
百卅九端売料　　価銭卅二貫五百五十文
八端望陀　　直銭三貫二百文別四百文
卅二端常陸　　直銭九貫九百廿文別三百十文
四端相摸貲　　直銭一貫八十文別二百七十文
百五端陸奥　　直銭廿八貫三百五十文別二百七十文

（後略）

一一〇　天平宝字六年正月七日〔正倉院文書（大日本古文書五）〕

六人部荒角解
　謹解　中進上物事
　鉄拾廷　　鍬拾口
　右、依牒旨進上如件、

一買柒四斗
一陸奥殿柒者、価四百五十文、自此者一文（不）減者、
一司中政无異、又御曹司令守舎人一人
　　　　天平宝字六年正月七日六人部荒角

一一一　天平宝字六年正月十四日〔正倉院文書（大日本古文書五）〕

六人部荒角解
謹解　中進上物事
合鉄参拾廷　　鍬弐拾口
右、依不得雇人、如数不堪進上、但依葛井判官宣、去月美作国作宮司借充鉄廿廷重六十九斤八両、若是令進者、彼此可无相運功、仍具状、謹解、
一買漆二石八斗二升、充直銭七十貫九百卅文
陸奥上野二国上品柒一升二百六十文中二百五十文
越国一升二百卅文
一請百貫連署次官
以前三条事、具注附廻使止利帯万呂申送、謹解、
　　　　天平宝字六年正月十四日六人部荒角

一一二　天平宝字六年五月十七日〔正倉院文書（大日本古文書五・十五）〕

造石山院所公文案

（前略）
造石山（院脱カ）所解　申請禄事
合調布参拾弐端
　請留七端三端給主典安都雄足 四端給長上船木宿奈万呂
　見進上廿五端三端信濃 十一端越後 九端陸奥 三端佐土
　　右禄布、附阿刀乙万呂、進上如件、
一請鋸一柄大　砥一顆
右、為作仏堂戸井板敷、即便附阿刀乙万呂、所請如件、

以前条物等、具件申送如前、以解、

六年五月十七日案主下

主典安都宿禰

（後略）

一一三　天平宝字六年八月十九日〔続紀・類史一七三〕

陸奥国疫、賑二給之一、

一一四　天平宝字六年十二月一日〔続紀〕

従四位下藤原恵美朝臣朝獦為二参議一、

一一五　天平宝字六年閏十二月十三日〔続紀〕

配二乞索児一百人於陸奥国一、便即占著、

一一六　天平宝字七年四月十三日〔続紀・紀略〕

陸奥国飢、賑二給之一、

一一七　天平宝字七年七月十四日〔続紀・補任天平神護二年〕

従五位上藤原朝臣田麻呂為二陸奥出羽按察使一、

一一八　天平神護元年十二月十三日〔続紀〕

授二従六位下道嶋宿禰三山外従五位下一、

一一九　天平神護二年四月八日〔続紀〕

大宰府言、防レ賊戍レ辺、本資二東国之軍一、持レ衆宣レ威、非二是筑紫之兵一、今割二筑前等六国兵士一以為二防人一、以二其所レ遺分二番上下一、人非二勇健一、防守難レ済、望請、東国防人依レ旧配レ戍、」勅、修二理陸奥城柵一、多興二東国力役一、事須二彼此通融各得二其宜一、今聞、東国防人多留二筑紫一、宜下加二撿括一、且以配上レ戍、即随二其数一簡二却六国所レ点防人一、具レ状奏来、計二其所レ欠、差二点東人一、以塡二三千一、斯乃東国労軽、西辺兵足、

一二〇　天平神護二年六月廿八日〔続紀・略記〕

刑部卿従三位百済王敬福薨、（中略）天平年中、仕至二従五位上陸奥守一、時聖武皇帝造二盧舎那銅像一、冶鋳云畢、塗金不レ足、而陸奥国馳レ駅、貢二小田郡所レ出黄金九百両一、我国家黄金従レ此始出焉、聖武皇帝甚以嘉尚、授二従三位一、（後略）

一二一　天平神護二年十一月七日〔続紀〕

以二陸奥国磐城、宮城二郡稲穀一万六千四百余斛一、賑二給貧民一、

一二二　神護景雲元年正月十一日〔補任宝亀九年〕

参議従四位下石川名足五十一　三年正月十一日陸奥守、鎮守府将軍、

一二三　神護景雲元年正月廿八日〔三代格六〕

勅、大宰陸奥出羽等官人位禄者、自今以後、宜下改二元格一、准二諸国例一給中於当所上、若有二絁布等類一、従レ願便給、但五畿内者正税減少、所レ用過多、宜下准二内官一給中於京庫上、

天平神護三年正月廿八日

一二四　神護景雲元年七月三日〔続紀〕

従五位下道嶋宿禰三山為二陸奥少掾一、

一二五　神護景雲元年七月十日〔続紀〕

備前守正五位下石川朝臣名足為二兼陸奥鎮守副将軍一、

一二六　神護景雲元年七月十九日〔続紀〕
陸奥国宇多郡人外正六位上勲十等吉弥侯部石麻呂賜二姓上毛野陸奥公一、

一二七　神護景雲元年十二月八日〔続紀〕
（前略）正四位上道嶋宿禰嶋足為二陸奥国大国造一、従五位上道嶋宿禰三山為二国造一、

一二八　神護景雲二年二月十八日〔続紀〕
陸奥介従五位下田口朝臣安麻呂為二兼鎮守副将軍一、大掾従五位上道嶋宿禰三山為二兼軍監一、

一二九　神護景雲二年九月四日〔続紀〕
大和守正五位上石川朝臣名足為二兼陸奥鎮守将軍一、

一三〇　神護景雲二年九月廿二日〔続紀〕
陸奥国言、兵士之設機要是待、対レ敵臨レ難、不レ惜二生命一、習レ戦奮レ勇、必争二先鋒一、而比年、諸国発入鎮兵、路間逃亡、又当国春下運二年粮一料稲卅六万余束上、徒費二官物一、弥致二民困一、今撿二旧例一、前守従三位百済王敬福之時、停二止他国鎮兵一、点二加当国兵士一、望請、依二此旧例一点二加兵士四千人一、以停二他国鎮兵二千五百人一、又此地祁寒、積雪難レ消、僅入二初夏一、運調上道、梯レ山帆レ海、艱辛備至、季秋之月、乃還二本郷一、妨二民之産一、莫レ過二於此一、望請、所レ輸調庸、収二置於国一、十年一度、進二納京庫一、許レ之、

一三一　神護景雲二年十二月十六日〔続紀〕
勅、陸奥国管内及他国百姓、楽レ住二伊治桃生一者、宜下任二情願一、随レ到安置、依レ法給上レ復、

一三二　神護景雲三年二月五日〔続紀〕
以二従五位上道嶋宿禰三山一為二陸奥員外介一、

一三三　神護景雲三年三月十三日〔続紀〕
陸奥国白河郡人外正七位上丈部子老、賀美郡人丈部国益、標葉郡人正六位上丈部賀例努等十人、賜二姓阿倍陸奥臣一、安積郡人外従七位下丈部直継足阿倍安積臣、信夫郡人外正六位上丈部大庭等阿倍信夫臣、柴田郡人外正六位上丈部嶋足安倍柴田臣、会津郡人外正八位下丈部庭虫等二人阿倍会津臣、磐城郡人外正六位上丈部山際於保磐城臣、牡鹿郡人外正八位下春日部奥麻呂等三人武射臣、曰理郡人外従七位上宗何部池守等三人湯坐曰理連、白河郡人外正七位下靱大伴部継人、黒川郡人外従六位下靱大伴部弟虫等八人、靱大伴連、行方郡人外正六位下大伴部三田等四人大伴行方連、苅田郡人外正六位上大伴部人足大伴苅田臣、柴田郡人外従八位下大伴部福麻呂大伴柴田臣、磐瀬郡人外正六位上吉弥侯部人上磐瀬朝臣、宇多郡人外正六位下吉弥侯部文知上毛野陸奥公、名取郡人外正七位下吉弥侯部老人、賀美郡人外正七位下吉弥侯部大成等九人上毛野名取朝臣、信夫郡人外従八位下吉弥侯部足山守等七人上毛野鍬山公、新田郡人外大初位上吉弥侯部豊庭上毛野中村公、信夫郡人外少初位上吉弥侯部広国下毛野静戸公、玉造郡人外正七位上吉弥侯部念丸等七人下毛野俯見

公、並是大国造道嶋宿禰嶋足之所レ請也、

一三四　神護景雲三年四月七日〔続紀〕

陸奥国行方郡人外正七位下下毛野公田主等四人賜二姓朝臣一、

一三五　神護景雲三年八月十九日〔続紀〕

正五位上石川朝臣名足為二陸奥守一、

一三六　神護景雲三年十月〔正倉院文書（大日本古文書五）〕

仏事捧物歴名

（大日本古文書はこの資料を神護景雲三年十月以降宝亀元年十月以前のものとし三年十月においている。これにならいここに収録する。）

（吉備真吉備）右大臣　油一升　花一樻　米六斗
（中略）
民部卿従三位藤原朝臣縄麻呂　油一升　花一樻
（中略）
近衛中将正四位上道嶋宿禰嶋足　油一升　香一裹
（後略）

一三七　宝亀元年九月十六日〔続紀〕

正四位下坂上大忌寸苅田麻呂為二陸奥鎮守将軍一、

一三八　宝亀元年九月十六日〔補任延暦四年〕

（正四位坂上大忌寸苅田麻呂）（前略）宝亀初加正四位下、出為陸奥鎮守将軍、居無幾徴入歴近衛員外中将」（後略）

一三九　宝亀二年閏三月一日〔補任延暦四年〕

参議従四位上紀古佐美、（中略）宝亀二年壬三月戊子朔兵部少輔（征夷副使イ）、（後略）（注　続紀は従五位下、紀朝臣古佐美為二少輔一）

一四〇　宝亀二年閏三月十五日〔続紀〕

始免二陸奥国司戸内雑徭一、

一四一　宝亀三年四月廿日〔続紀〕

従五位下粟田朝臣鷹主為二陸奥員外介一、

一四二　宝亀三年七月十七日〔続紀〕

陸奥国安積郡人丈部継守等十三人賜二姓阿部安積臣一、

一四三　宝亀三年九月廿九日〔続紀〕

（前略）従四位下大伴宿禰駿河麻呂為二陸奥按察使一、仍勅、今聞、汝駿河麻呂宿禰辞、年老身衰、不レ堪二仕奉一、然此国者、元来択レ人、以授二其任一、駿河麻呂宿禰、唯称二朕心一、是以任為二按察使一、宜レ知之、即日授二正四位下一、

一四四　宝亀三年十月十一日〔続紀〕

下野国言、管内百姓、逃二入陸奥国一者、彼国被二官符一、随至随附、因レ玆、奸偽之徒、争避二課役一、前後逃入者惣八百七十人、国司禁レ之、終不レ能レ止、遣レ使令レ認、彼土近レ夷、民情険悪、遁相容隠、猶不二肯出一、於レ是官判、陸奥国司共二下野国使一、存レ意撿括、還二却本郷一、

一四五　宝亀四年七月廿一日〔続紀〕

以二正四位下大伴宿禰駿河麻呂一為二陸奥国鎮守将軍一、按察使及守

如レ故、

一四六　宝亀五年七月廿日〔続紀・紀略・類史一七三〕

陸奥国行方郡災、焼二穀穎二万五千四百余斛一、

一四七　宝亀五年七月廿三日〔続紀〕

以二河内守従五位上紀朝臣広純一為二兼鎮守副将軍一、勅二陸奥国按察使兼守鎮守将軍正四位下大伴宿禰駿河麻呂等一曰、将軍等、前日奏二征夷便宜一、以為、一者不レ可レ伐、一者必当レ伐、朕為二其労一レ民、且事二含弘一、今得二将軍等奏一、蠢彼蝦狄、不レ悛二野心一、屢侵二辺境一、敢拒二王命一、事不レ獲レ已、一依二来奏一、宜二早発レ軍応レ時討滅一、

一四八　宝亀六年三月二日〔続紀・紀略〕

始置二伊勢少目二員一、（中略）陸奥越前少目二員、

（後略）

一四九　宝亀六年三月廿三日〔続紀〕

陸奥蝦賊騒動、自レ夏渉レ秋、民皆保レ塞、田疇荒廃、詔復二当年課役田租一、

一五〇　宝亀六年九月十三日〔続紀〕

従五位上紀朝臣広純為二陸奥介一、鎮守副将軍如レ故、

一五一　宝亀七年五月十二日〔続紀〕

以二近江介従五位上佐伯宿禰久良麻呂一為二兼陸奥鎮守権副将軍一、

一五二　宝亀七年七月七日〔続紀・紀略〕

参議正四位上陸奥按察使兼鎮守将軍勲三等大伴宿禰駿河麻呂卒、贈二従三位一、賻二絁卅疋、布一百端一、

一五三　宝亀七年七月七日〔補任宝亀七年〕

参議大伴駿河麿、陸奥出羽按察使、鎮守府将軍、勲三等、於任所三（二イ）月壬辰日薨、（ある本「八年七月五日壬辰卒、」）

一五四　宝亀七年七月十四日〔続紀・紀略〕

令レ造二安房、上総、下総、常陸四国船五十隻一、置二陸奥国一以備二不虞一、

一五五　宝亀七年十月十一日〔続紀・紀略〕

陸奥国頻経二征戦一、百姓彫弊、免二当年田租一、

一五六　宝亀七年十一月廿六日〔続紀〕

発二陸奥軍三千人一伐二胆沢賊一、

一五七　宝亀七年十二月十四日〔続紀〕

募下陸奥国諸郡百姓戍二奥郡一者上、便即占著、給二復三年一、

一五八　宝亀八年五月廿七日〔続紀〕

陸奥守正五位下紀朝臣広純為二兼按察使一、

一五九　宝亀八年九月十五日〔続紀・紀略〕

陸奥国言、今年四月、挙レ国発レ軍、以討二山海両賊一、国中忩劇、百姓艱辛、望請復二当年調庸幷田租一、以息二百姓一、許レ之、

一六〇　宝亀九年六月廿五日〔続紀・紀略〕

賜二陸奥出羽国司已下、征戦有レ功者二千二百六十七人爵一、授二按察使正五位下勲五等紀朝臣広純従四位下勲四等、鎮守権副将軍従

五位上勲七等佐伯宿禰久良麻呂正五位下勲五等、外正六位上吉弥侯伊佐西古、第二等伊治公呰麻呂並外従五位下、勲六等百済王俊哲勲五等一、自余各有レ差、其不レ預レ賜レ爵者禄亦有レ差、戦死父子亦依レ例叙焉、

一六一　宝亀十一年二月一日〔続紀〕

以二（中略）陸奥按察使兼鎮守副将軍従四位下紀朝臣広純一、並為二参議一、

一六二　宝亀十一年三月廿二日〔続紀・紀略〕

陸奥国上治郡大領外従五位下伊治公呰麻呂反、率二徒衆一殺二按察使参議従四位下紀朝臣広純於伊治城一、広純大納言兼中務卿正三位麻呂之孫、左衛士督従四位下宇美之子也、宝亀中出為二陸奥守一、尋転二按察使一、在レ職視レ事、見レ称二幹済一、伊治呰麻呂、本是夷俘之種也、初縁レ事有レ嫌、而呰麻呂匿レ怨、陽媚二事之一、広純甚信用、殊不レ介レ意、又牡鹿郡大領道嶋大楯、毎凌二侮呰麻呂一、以二夷俘一遇焉、呰麻呂深銜レ之、時広純建レ議造二覚鱉柵一、以遠二戍候一、因率二俘軍一入、大楯呰麻呂並従、至レ是呰麻呂自為二内応一、唱二誘俘軍一而反、先殺二大楯一、率レ衆囲二按察使広純一、攻而害レ之、独呼二介大伴宿禰真綱一開二囲一角一而出、護送二多賀城一、其城久年国司治所兵厳粮蓄不レ可二勝計一、城下百姓競入欲レ保二城中一、而介真綱、掾石川浄足、潜出二後門一而走、百姓遂無レ所レ拠、一時散去、後数日、賊徒乃至、争取二府庫之物一、盡レ重而去、其所レ遺者放火而焼焉、

一六三　宝亀十一年三月廿二日〔補任〕

参議従四位下紀広純（中略）天平神護元年二月左降薩摩守、後陸奥守、宝亀十一年二月授従四位下、任（参議）三月廿四日被殺畢、三月廿四日丁亥陸奥伊治郡大領外従五位下伊治公呰麿及率従衆殺按察使広純於伊治城、（中略）受領補任云、宝亀八年五月以按察使兼任常陸（陸奥くイ）守、正五下、尋転按察使、在職中視事見称幹済、

一六四　宝亀十一年三月廿八日〔続紀・紀略・補任宝亀十一年延暦四年〕

以二中納言従三位藤原朝臣継縄一為二征東大使一、正五位上大伴宿禰益立、従五位上紀朝臣古佐美為二副使一、判官主典各四人、

一六五　宝亀十一年三月廿九日〔続紀・紀略〕

以二従五位下大伴宿禰真綱一為二陸奥鎮守副将軍一、従五位上安倍朝臣家麻呂為二出羽鎮狄将軍一、軍監軍曹各二人、以二征東副使正五位上大伴宿禰益立一為二兼陸奥守一、

一六六　宝亀十一年四月四日〔続紀・紀略〕

授二征東副使正五位上大伴宿禰益立従四位下一、

一六七　宝亀十一年五月十四日〔続紀〕

勅曰、機要之備不レ可二闕乏一、宜下仰二坂東諸国及能登、越中、越後一、令上備二糒三万斛一、炊曝有レ数、勿レ致二損失一、

一六八　宝亀十一年六月八日〔続紀〕

従五位上百済王俊哲為二陸奥鎮守副将軍一、従五位下多治比真人宇

佐美為二陸奥介一、

一六九　宝亀十一年六月廿八日〔続紀〕

勅二陸奥持節副将軍大伴宿禰益立等一、将軍等去五月八日奏書云、且備二兵粮一、且伺二賊機一、方以二今月下旬一進入二国府一、然後候レ機乗レ変、恭行二天誅一者、既経二二月一、計レ日准レ程、佇待レ献レ俘、其出レ軍討レ賊、国之大事、進退動静、続合二奏聞一、何経二数旬一絶無二消息一、宜レ申二委曲一、如書不レ尽レ意者、差二軍監已下堪レ弁者一人一、馳レ駅申上、

一七〇　宝亀十一年七月廿一日〔続紀〕

征東使請二甲一千領一、仰二尾張参河等五国一、令レ運二軍所一、

一七一　宝亀十一年七月廿二日〔続紀〕

征東使請二襖四千領一、仰二東海東山諸国一、便造二送之一、勅曰、今為レ討二逆虜一、調二発坂東軍士一、限二来九月五日一、並赴二集陸奥国多賀城一、其所レ須軍粮、宜二申レ官送一、兵集有レ期、粮餽難レ継、仍量二路便近一、割二下総国糒六千斛、常陸国一万斛一、限二来八月廿日以前一、運二輸軍所一、

一七二　宝亀十一年九月廿三日〔続紀・補任宝亀十一年〕

授二従四位上藤原朝臣小黒麻呂正四位下一、為二持節征東大使一、

一七三　宝亀十一年十二月廿七日〔続紀・紀略〕

陸奥鎮守副将軍従五位上百済王俊哲等言、己等為レ賊被レ囲、兵疲矢尽、而祈二桃生白河等郡神一十一社一、乃得レ潰レ囲、自レ非二神力一、何存二軍士一、請預二幣社一、許レ之、

一七四　天応元年正月一日〔続紀〕

詔曰、（中略）又如有下百姓為二呰麻呂等一被二詿誤一、而能弁レ賊来者上、給二復三年一、其従レ軍入二陸奥出羽一諸国百姓、久疲二兵役一、多破二家産一、宜レ免二当戸今年田租一、如無二種子一者、所司量貸、（後略）

一七五　天応元年正月十日〔続紀〕

参議正四位下藤原朝臣小黒麻呂為二兼陸奥按察使一、右衛士督常陸守如レ故、

一七六　天応元年二月三十日〔続紀・紀略〕

穀一十万斛仰二相摸、武蔵、安房、上総、下総、常陸等国一、令レ漕二送陸奥軍所一、

一七七　天応元年五月七日〔続紀〕

参議陸奥按察使正四位下藤原朝臣小黒麻呂為二兼兵部卿一、

一七八　天応元年七月十日〔続紀〕

正四位下藤原朝臣小黒麻呂為二民部卿一、陸奥按察使如レ故、

一七九　天応元年八月廿五日〔続紀〕

陸奥按察使正四位下藤原朝臣小黒麻呂、征伐事畢入朝、特授二正三位一、

一八〇　天応元年八月廿六日〔補任宝亀十二年〕

八月廿六日征伐事畢入朝、叙正三位（小黒麻呂征伐史）

一八一　天応元年十二月一日〔続紀〕

陸奥守正五位上内蔵忌寸全成為二兼鎮守副将軍一、

一八二　延暦元年　二月七日〔続紀〕

民部卿正三位藤原朝臣小黒麻呂為二兼陸奥按察使一、

一八三　延暦元年五月三日〔続紀〕

授二従五位下海上真人三狩従五位上一、又下野国安蘇郡主帳外正六位下若麻続部牛養、陸奥国人外大初位下安倍信夫臣東麻呂等献二軍粮一、並授二外従五位下一、

一八四　延暦元年五月十二日〔続紀〕

陸奥国頃年兵乱、奥郡百姓並未二来集一、勅給二復三年一、

一八五　延暦元年五月廿日〔続紀〕

陸奥国言、祈二祷鹿嶋神一、討二撥凶賊一、神験非レ虚、望賽二位封一、勅奉レ授二勲五等封二戸一、

一八六　延暦元年六月十七日〔続紀・紀略・補任天応二年〕

春宮大夫従三位大伴宿禰家持為二兼陸奥按察使鎮守将軍一、外従五位下入間宿禰広成為レ介、外従五位下安倍猨嶋臣墨縄為二権副将軍一、

一八七　延暦二年三月十九日〔続紀・紀略〕

右大臣従二位兼行近衛大将皇太子伝藤原朝臣田麻呂薨、(中略)宝字中授二従五位下一為二南海道節度使副一、歴二美濃守、陸奥按察使一、稍遷、神護初授二従四位下一、拝二参議一、(後略)

一八八　延暦二年十一月十二日〔続紀〕

常陸介従五位上大伴宿禰弟麻呂為二兼征東副将軍一、

一八九　延暦三年二月〔続紀・紀略・補任延暦三年〕

従三位大伴宿禰家持為二持節征東将軍一、従五位上文室真人与企為二副将軍一、外従五位下入間宿禰広成、外従五位下阿倍猨嶋臣墨縄、並為二軍監一、(注　この条、続紀は己丑おくが二月に己丑がない、紀略も同、補任ばかりが家持の任将軍を二月としている、大系本続紀題註は己巳(廿八日)にしているが日を決定できない)

一九〇　延暦四年二月十二日〔続紀〕

従五位上多治比真人宇美為二陸奥按察使兼鎮守副将軍一、国守如レ故、

一九一　延暦四年三月九日〔続紀・類史七六〕

授二陸奥按察使従五位上多治比真人宇美正五位下一、又賜二彩帛十疋、絁十疋、綿二百屯一、

一九二　延暦三年四月七日〔続紀〕

中納言従三位兼春宮大夫陸奥按察使鎮守将軍大伴宿禰家持等言、名取以南一十四郡、僻在二山海一、去レ塞懸遠、属レ有二徴発一、不レ会二機急一、由レ是権置二多賀、階上二郡一、募二集百姓一、足二人兵於国府一、設二防禦於東西一、誠是備二預不虞一、推二鋒万里一者也、但以、徒有二開設之名一、未レ任二統領之人一、百姓顧望、無レ所レ係レ心、望請、建為二真郡一、備二置官員一、然則民知二統摂之帰一、賊絶二窺窬之望一、許レ之、

一九三　延暦四年八月廿八日〔続紀・紀略・類史八七〕

中納言従三位大伴宿禰家持死、(中略)出為二陸奥按察使一、居無レ幾拝二中納言一、(後略)

一九四　延暦四年八月廿八日〔補任延暦四年〕

中納言従三位兼行春宮大夫、陸奥按察使、鎮守府将軍、在陸奥

一九五　延暦五年正月七日〔続紀〕
左京大夫従三位兼右衛士督下総守坂上大宿禰苅田麻呂薨、（中略）
宝亀初、加二正四位下一、出為二陸奥鎮守将軍一、居無レ幾、徴入歴二近衛
員外中将丹波伊予等国守一、（後略）

一九六　延暦五年四月十九日〔三代格七〕
太政官謹奏
一撫育有レ方戸口増益　一勧二課農桑一積二実倉庫一
一貢二進雑物一依レ限送納　一粛二清所部一盗賊不レ起
一剖断合レ理獄訟無レ冤　一在レ職公平立レ身清慎
一且守且耕軍粮有レ儲　一辺境清粛城隍修理
右国宰郡司鎮将辺要等官、到レ任三年之内、政治灼然、当二前件二
条已上一者、伏望、五位已上者量レ事進レ階、六位已下者擢二之不次一
授以二五位一、（中略）
伏奉二今月十一日　勅一、諸国調庸支度等物、毎レ有二未納一交闕二国
用一、又群官政績多乖二朝委一、雖レ加二戒諭一曾無二改革一、如不二黜陟一何
以勧阻、所司宜下作二条例一奏聞上者、臣等商量所レ定具如二前件一、謹録
二事状一伏、聴二天裁一、謹以申聞、謹奏、奉　レ勅、依レ奏、
延暦五年四月十九日

一九七　延暦六年正月廿一日〔三代格一九〕
太政官符
応下陸奥按察使禁中‐断王臣百姓与二夷俘一交関上事
右被二右大臣宣一偁、奉　レ勅、如聞、王臣及国司等争買二狄馬及俘奴
婢一、所以弘羊之徒苟貪二利潤一略レ良竊レ馬、相賊日深、加以無知百姓
不レ畏二憲章一、売二此国家之貨一買二彼夷俘之物一、綿既着二賊襖一冑鉄亦
造二敵農器一、於レ理商量、為レ害極深、自今以後、宜二厳禁断一、如有三
王臣及国司違二犯此制一者、物即没レ官、仍注レ名申上、其百姓者一依二
故按察使従三位大野朝臣東人制法一随レ事推決、
延暦六年正月廿一日

補一九七　延暦六年二月五日〔続紀〕
（前略）従五位下佐伯宿禰葛城為二陸奥介一、（中略）陸奥介従五位下佐
伯宿禰葛城為二兼鎮守副将軍一、

一九八　延暦六年二月廿五日〔続紀〕
従五位下佐伯宿禰葛城為二下野守一、従五位下藤原朝臣葛野麻呂為二
陸奥介一、従五位下池田朝臣真枚為二鎮守副将軍一、

一九九　延暦六年閏五月五日〔続紀・紀略〕
陸奥鎮守将軍正五位上百済王俊哲坐レ事左二降日向権介一、

二〇〇　延暦六年十二月一日〔続紀〕
授二外正七位下朝倉公家長外従五位下一、以レ進二軍粮於陸奥国一也、

二〇一　延暦七年二月廿八日〔続紀〕
（前略）陸奥按察使守正五位下多治比真人宇美為二兼鎮守将軍一、外
従五位下安倍猨嶋臣墨縄為二副将軍一、

二〇二　延暦七年三月二日〔続紀・紀略〕

軍粮三万五千余斛仰ニ下陸奥国一、運ニ収多賀城一、又粮二万三千余斛并塩、仰ニ東海、東山、北陸等国一、限ニ七月以前一、転ニ運陸奥国一、並為ニ来年征ニ蝦夷一也、

二〇三　延暦七年三月三日〔続紀・紀略〕

下レ勅、調ニ発東海、東山、坂東諸国歩騎五万二千八百余人一、限ニ来年三月一、会ニ於陸奥国多賀城一、其点レ兵者、先尽ニ前般入レ軍経レ戦叙レ勲者、及常陸国神賤一、然後簡ニ点余人堪ニ弓馬一者上、仍勅、比年国司等無レ心ニ奉公一、毎事闕怠、屢沮ニ成謀一、苟曰ニ司存一、豈応レ如レ此、若有ニ更然一、必以レ乏ニ軍興一従レ事矣、

二〇四　延暦七年三月廿一日〔続紀〕

従五位上多治比真人浜成、従五位下紀朝臣真人、佐伯宿禰葛城、外従五位下入間宿禰広成並為ニ征東副使一、

二〇五　延暦七年七月六日〔続紀・紀略〕

以ニ参議左大弁正四位下兼春宮大夫中衛中将紀朝臣古佐美一為ニ征東大使一、「補任延暦七年、三日為征夷将（大将ヵ）軍」

二〇六　延暦八年三月九日〔続紀・紀略〕

諸国之軍会ニ於陸奥多賀城一、分レ道入ニ賊地一、

二〇七　延暦八年五月十二日〔続紀〕

勅ニ征東将軍一曰、省ニ此来奏状一、知ニ官軍不レ進猶滞一、衣川一以去四月六日奏偁、三月廿八日、官軍渡レ河置ニ営三処一、其勢如ニ鼎足一者、自レ尓以還、経ニ卅余日一、未審、縁ニ何事故一致ニ此留連一、居而不レ進、未レ見ニ其理一、夫兵貴ニ拙速一、未レ聞ニ巧遅一、又六七月者計応ニ極熱一、如今不入、恐失ニ其時一、悔何所レ及、（後略）

二〇八　延暦八年六月三日〔続紀・紀略〕

征東将軍奏、副将軍外従五位下入間宿禰広成、左中軍別将従五位下池田朝臣真枚、与ニ前軍別将外従五位下安倍猨嶋臣墨縄等一議、三軍同レ謀并レ力、渡レ河討レ賊、約期已畢、由レ是抽ニ出中後軍各二千人一、同共凌渡、比レ至ニ賊帥夷阿弖流為之居一、有ニ賊徒三百許人一、迎逢相戦、官軍勢強、賊衆引遁、官軍且戦且焼至ニ巣伏村一、将下与ニ前軍一合上レ勢、而前軍為レ賊被レ拒不レ得ニ進渡一、於レ是、賊衆八百許人、更来拒戦、其力太強、官軍稍退、賊徒直衝、更有ニ賊四百許人一、出レ自ニ東山一絶ニ官軍後一、前後受レ敵、賊衆奮撃、官軍被レ排、別将丈部善理、進士高田道成、会津壮麻呂、安宿戸吉足、大伴五百継等並戦死、総焼ニ亡賊居一、十四村、宅八百許烟、器械雑物如レ別、官軍戦死廿五人、中レ矢二百卌五人、投レ河溺死一千卌六人、裸身游来一千二百五十七人、別将出雲諸上、道嶋御楯等、引ニ余衆一還来、於レ是、勅ニ征東将軍一曰、省ニ比来奏一云、胆沢之賊総集ニ河東一、先征ニ此地一後謀ニ深入一者、然則軍監已上率レ兵、張ニ其形勢一、厳ニ其威容一、前後相続、可ニ以薄伐一、而軍少将卑、還致ニ敗績一、是則其道副将等計策之所レ失也、至ニ於善理等戦亡及士衆溺死者一、惻怛之情、有レ切ニ于懐一、

二〇九　延暦八年八月三十日〔続紀〕

勅、陸奥国入軍人等、今年田租、宜ニ皆免一レ之、兼給ニ復二年一、其

牡鹿、小田、新田、長岡、志太、玉造、富田、色麻、賀美、黒川等一十箇郡、与レ賊接レ居、不レ可二同等一、故特延二復年一、

二一〇　延暦八年九月八日〔続紀・紀略〕

持節征東大将軍紀朝臣古佐美、至レ自二陸奥一、進二節刀一、

二一一　延暦九年三月十日〔続紀〕

従五位上多治比真人浜成為二陸奥按察使兼守一、

二一二　延暦九年閏三月四日〔続紀・紀略〕

勅為レ征二蝦夷一、仰二下諸国一令レ造二革甲二千領一、東海道駿河以東、東山道信濃以東、国別有レ数、限二三箇年一並令二造訖一、

二一三　延暦九年十月十九日〔続紀・紀略〕

征二蝦夷一有レ功者四千八百卌余人、随二労軽重一、授レ勲進レ階、並依二天応元年例一行レ之、

二一四　延暦九年十月廿一日〔続紀〕

太政官奏言、蝦夷干紀久逋二王誅一、大軍奮撃、余孽未レ絶、当今坂東之国、久疲二戎場一、強壮者以二筋力一供レ軍、貧弱者以二転餉一赴レ役、而富饒之輩、頗免二此苦一、前後之戦、未レ見二其労一、又諸国百姓、元離二軍役一、徴発之時、一無レ所レ預、計二其労逸一、不レ可レ同レ日、普天之下、同曰二皇民一、至二於挙レ事、何無二倶労一、請仰二左右京、五畿内、七道諸国司等一、不レ論二土人浪人及王臣佃使一、検二録財堪レ造レ甲者一、副二其所レ蓄物数及郷里姓名一、限二今年内一、令二以申訖一、又応レ造之数、各令二親申一、臣等職参二枢要一、不レ能二黙爾一、敢陳二愚管一、以煩二天聴一、奏可之、

二一五　延暦九年十一月廿七日〔続紀〕

坂東諸国、頻属二軍役一、因以二疫旱一、詔免二今年田租一、

二一六　延暦十年正月十八日〔続紀・紀略〕

遣二正五位上百済王俊哲、従五位下坂上大宿禰田村麻呂於東海道、従五位下藤原朝臣真鷲於東山道一、簡二閲軍士一兼検二戎具一、為レ征二蝦夷一也、

二一七　延暦十年二月五日〔続紀〕

授二外正六位上大伴直奈良麻呂、外正八位下遠田臣押人並外従五位下一、外従七位下丈部善理贈二外従五位下一、善理陸奥国磐城郡人也、八年従二官軍一至二胆沢一、率レ師渡レ河、官軍失レ利、奮而戦死、故有二此贈一焉、

二一八　延暦十年七月十三日〔続紀・紀略〕

従四位下大伴宿禰弟麻呂為二征夷大使一、正五位上百済王俊哲、従五位上多治比真人浜成、従五位下坂上大宿禰田村麻呂、従五位下巨勢朝臣野足並為二副使一、

二一九　延暦十年九月五日〔続紀〕

授二陸奥国安積郡大領外正八位上阿倍安積臣継守外従五位下一、以レ進二軍粮一也、

二二〇　延暦十年九月廿二日〔続紀〕

下野守正五位上百済王俊哲為二兼陸奥鎮守将軍一、

二二一　延暦十年十月廿五日〔続紀・紀略〕
仰二東海、東山二道諸国一、令レ作二征箭三万四千五百余具一、

二二二　延暦十年十一月三日〔続紀・紀略〕
更仰二坂東諸国一、弁二備軍粮糒十二万余斛一、

二二三　延暦十一年閏十一月廿八日〔紀略・逸史〕
征東大使大伴乙麿辞見、

二二四　延暦十二年二月十七日〔紀略・逸史〕
改二征東使一為二征夷使一、

二二五　延暦十二年二月廿一日〔紀略・逸史〕
征夷副使近衛少将坂上田村麿辞見、

二二六　延暦十三年正月一日〔紀略・逸史〕
賜二征夷大将軍大伴弟麿節刀一、

二二七　延暦十三年六月十三日〔紀略・逸史〕
副将軍坂上大宿禰田村麿已下征二蝦夷一、

二二八　延暦十四年二月七日〔紀略・逸史〕
詔曰、云々、征夷大将軍以下加二爵級一、

二二九　延暦十五年正月廿五日〔補任延暦廿四年・逸史〕
参議従三位坂上田村麿四十八 十五年正月廿五日任陸奥出羽按察使、
兼陸奥守、

二三〇　延暦十五年十月廿七日〔後紀・逸史・補任延暦廿四年〕
（前略）近衛少将従四位下坂上大宿禰田村麻呂為二兼鎮守将軍一、
□為二軍監一、

二三一　延暦十五年十二月廿八日〔三代格一五〕
太政官符
応レ輸二陸奥国屯田地子一事
右被二大納言正三位紀朝臣古佐美宣一偁、奉レ勅、屯田地子、自今以後、宜下町別准二稲廿束一令上レ輸、
延暦十五年十二月廿八日

二三二　延暦十六年正月十三日〔後紀〕
陸奥国白川郡人外□八位□大伴部足猪等賜二大伴白河連一、曰理郡人五百木部黒人大伴曰理連、黒河郡人外少初位上大伴部真守、行方郡人外少初位上大伴部兄人等大伴行方連、安積郡人外少初位上丸子部古佐美、大田部山前、富田郡人丸子部佐美、小田郡人丸子部稲麻呂等大伴安積連、遠田郡人外大初位上丸子部八千代大伴山田連、磐瀬郡人□大伴宮城連、

二三三　延暦十六年十一月五日〔紀略・逸史・補任延暦廿四年〕
従四位下坂上大宿禰田村麿為二征夷大将軍一、有二副将軍等一、

二三四　延暦十七年四月十六日〔三代格一七〕
太政官符
応レ免二俘囚調庸一事
右得二大宰府解一偁、所管諸国解偁、件俘囚等、恒存二旧俗一、未レ改二野心一、狩漁為レ業、不レ知二養蚕一、加以居住不レ定、浮遊如レ雲、至レ徴二

調庸一、逃二散山野一、未進之累、職此之由、望請、免レ徴二正身一、至二于蕃息一、始徴二課役一、然則俘囚漸習二花俗一、国司永絶二後煩一者、府加二覆撿一、所レ陳有レ理、謹請二官裁一者、大納言従三位神王宣、奉レ勅、依レ請者、諸国准レ此、

延暦十七年四月十六日

二三五　延暦十七年六月廿八日〔三代格五・逸史〕

太政官謹奏

定二陸奥国官員一事

按察使一人　記事一人　守一人

介一人　大掾一人　少掾一人

大目一人　少目二人　博士一人

医師一人　史生五人　守傔仗二人

右上件官員、臣等商量レ定如レ右、伏聴二天裁一、謹以申聞、謹奏、聞、

延暦十七年六月廿八日

二三六　延暦十九年十一月六日〔類史一九〇・紀略・逸史〕

遣下征夷大将軍近衛権中将陸奥出羽按察使従四位上兼行陸奥守鎮守将軍坂上大宿禰田村麻呂一、撿中挍諸国夷俘上、

二三七　延暦廿年二月十四日〔紀略・逸史〕

征夷大将軍坂上田村麿賜二節刀一、

二三八　延暦廿年九月廿七日〔紀略・逸史〕

征夷大将軍坂上宿禰田村麿等言、臣聞、云々、討二伏夷賊一、

二三九　延暦廿一年正月九日〔紀略・逸史〕

遣下従三位坂上大宿禰田村麿一造中陸奥国胆沢城上、

二四〇　延暦廿一年十二月八日〔類史一九・逸史〕

鎮守軍監外従五位下道島宿禰御楯為二陸奥国大国造一、

二四一　延暦廿二年正月〔補任天長八年〕

参議従四位下清原長谷五十八、（中略）廿二年正月任陸奥大掾、

二四二　延暦廿三年正月十九日〔後紀〕

運二武蔵、上総、下総、常陸、上野、下野、陸奥等国、糒一万四千三百十五斛、米九千六百八十五斛、於陸奥国小田郡中山柵一、為レ征二蝦夷一、

二四三　延暦廿三年正月廿八日〔後紀・紀略・逸史〕

刑部卿陸奥出羽按察使従三位坂上大宿禰田村麻呂為二征夷大将軍一、正五位下百済王教雲、従五位下佐伯宿禰社屋、従五位下道嶋宿禰御楯為レ副、軍監八人、軍曹廿四人、

二四四　延暦廿四年十一月十三日〔後紀〕

停二陸奥国部内海道諸郡伝馬一、以レ不レ要也、

二四五　大同元年十月十二日〔三代格七・逸史〕

太政官符

聴三陸奥出羽両国正員之外擬二任郡司軍毅一事

右中納言征夷大将軍従三位兼行中衛大将陸奥出羽按察使陸奥守勲二等坂上大宿禰田村麻呂起請偁、郡司之任職員有レ限、而辺要之事頗

異二中国一、望請、擬レ任幹了勇敢之人一、宜レ為二防守警備之儲一者、右
大臣宣、奉レ勅、依レ請、
大同元年十月十二日

二四六　大同元年〔新抄格勅符抄一〇〕

神事諸家封戸　大同元年牒

神封部

合四千八百七十六戸

（中略）

鹿嶋神　二戸 陸奥国延暦元年五月廿四日符　伊波刀和気神　二戸 同国宝亀四年九月符　白河神　二戸 同国同年十月廿日符　苅田神二戸
伊具波夜別神　二戸 同国同日符　月山神二戸 出羽国同年同月符

（後略）

二四七　大同三年五月廿八日〔後紀〕

従四位上藤原朝臣緒嗣為二東山道観察使一、（注　このこと、〔補任〕は大同三年五月八日とし、〔逸史〕は六月九日としている、次号参照）

従四位上藤原朝臣緒嗣為二陸奥出羽按察使一、東山道観察使右衛士督如レ故、従五位下坂上大宿禰大野為二陸奥鎮守副将軍一、

二四八　大同三年六月九日〔後紀〕

鎮守将軍従五位下百済王教俊為二兼陸奥介一、従五位下坂上大宿祢大野為二権介一、（中略）外従五位下道嶋宿禰御楯為二陸奥鎮守副将軍一、

二四九　大同三年十二月十七日〔後紀〕

東山道観察使正四位下兼行右衛士督陸奥出羽按察使臣藤原朝臣緒嗣言、臣以二空虚一、謬叨二非拠一、司帯二両使一、封食二二百一、兼復預二武禁一、寄備二宿衛一、苟レ恩則丘山非レ重、議レ労則涓塵未レ効、心□神飛、罔レ知レ所レ厝、臣聞、択レ才官レ人、聖上之宏規、量レ力取レ進、臣下之恒分、故名器無レ濫、授受惟宜、臣前数言、陸奥之国、事難二成熟一、至二于今日一、用レ臣委レ彼、退慮二前言一、益知レ不レ堪、加以今聞、国中患レ疫、民庶死尽、鎮守之兵、無レ人二差発一、又狂賊無レ病、強勇如レ常、降者之徒、叛端既見、因レ玆奥郡庶民、出走数度、黨乗レ隙作レ梗、何以支擬、臣生年未レ幾、眼精稍暗、復患二脚気一、発動無レ期、此病歳積、兼乏二韜略一、若不レ許二賤臣一、猶任二其事一、縦令万一有レ失、非二只臣身之伏レ誅、還累二天下之大事一、然則上損二朝庭之威一、下敗二先人之名一、伏願皇帝陛下、更簡二良材一、以代二愚臣一、方隅之鎮、速寄二其人一、臣生二長京華一、未レ閑レ宣レ風、望請、咸返二進所レ帯封職一、被レ任二熟国長官一、且問二百姓之苦一、且療二一身之病一、雖三製錦之誠慙二於前古一、特願天鑒紆レ光、曲賜二矜允一、無レ任二競懼悚懇之至一、謹奉表以聞、経二黷厳扆一、伏深戦越、有レ勅不レ許、

二五〇　大同四年五月十一日〔三代格一五・要略五三〕

太政官符

応レ給二軍毅職田一事

大毅四人　小毅八人　主帳四人

右得二東山道観察使正四位下兼行陸奥出羽按察使藤原朝臣緒継解一

備、陸奥国四団軍毅十二人、常直二城中一不レ顧二私業一、既備二機速一、曾
無二微禄一、准二其勤労一理須二優済一、今見二国内一、乗田数多、佃食者少、
伏請、准二郡司一将レ給二職田一者、右大臣宣、奉レ勅、依レ請、

大同四年五月十一日

二五一　大同五年二月廿三日〔三代格八・逸史〕

太政官符

応下陸奥国浮浪人調庸准二土人一輸中狭布上事

右当道観察使正四位下兼陸奥出羽按察使藤原朝臣緒嗣奏状称、陸奥
守従五位上勲七等佐伯宿禰清峯等申云、件浮浪人共款云、土人調庸
全輸二狭布一、至二于浪人一特進二広布一、織作之労、難易不レ同、斉民之
貢彼此各異、望請、一准二土人一同進二狭布一者、国司撿察、所レ申有
レ実、但黒川以北奥郡浮浪人、元来不レ在二差科之限一者、臣商量、此
国地広人稀、辺寇惟防、不レ務二懐集一、何備二非常一、伏望令二依レ件進一
者、被二右大臣宣一称、奉レ勅、依レ請、

大同五年二月廿三日

二五二　大同五年五月十一日〔三代格一八〕

太政官符

一応レ給二健児馬子一事〈二箇条内〉

右得二東山道観察使正四位下兼行陸奥出羽按察使藤原朝臣緒嗣解一
称、天平五年十一月十四日勅符称、兵士三百人以為二健児一者、自
レ尓已来、以二中男二人一、宛二健児一人馬子一、雖レ有二国例一、未レ見二格
式一、然不虞之支擬唯在二健児一、養レ兵之道不レ可レ不レ優、請依レ旧給
レ之者、被二右大臣宣一称、奉レ勅、依レ請、

大同五年五月十一日

二五三　大同五年五月十一日〔三代格六・逸史・類史八四〕

太政官符

一応レ舂二運按察使并国司鎮官年粮一事

右得二東山道観察使正四位下兼行陸奥出羽按察使藤原朝臣緒嗣解一
称、陸奥国、元来国司鎮官等各以二公廨一作レ差、令レ舂二米四千余斛一
雇レ人運送、以宛二年粮一、雖二因循年久一、於レ法無レ拠、然辺要之事頗
異二中国一、何者苅田以北近郡稲支二軍粮一、信夫以南遠郡稲給二公廨一、
計二其行程一、於二国府一二三百里、於二城柵一七八百里、事力之力不レ可二
舂運一、若勘当停止、必致二飢餓一、請給二舂運功一為レ例行レ之者、依
レ請、

一応レ加二給担夫運粮賃乗一事

右同前解称、太政官去大同元年十月十八日符称、陸奥出羽按察使起
請称、計二陸路程一、給二運粮賃一、而国司等候二海晏隟一、時用二船漕一、儻
有二漂損一、国司塡償、得二平達一者、賃粁頗遺、若事覚被二勘問一者、
恐致二罪於遺賃一、望請、不レ勘二遺賃一勿レ免二浮損一者、右大臣宣、奉
レ勅、依レ請者、而今国内百姓、皆疲二運粮一、請補二彼年中漂損一之
外、所レ遺賃乗加二給担夫一、以済二窮弊一者、依レ請、
以前被二右大臣宣一称、奉レ勅、如レ右、

大同五年五月十一日

（注　この条、〔類史〕〔逸史〕共に十三日とある）

二五四　弘仁元年五月十二日〔類史八四・逸史〕

東山道観察使正四位下兼陸奥出羽按察使藤原朝臣緒嗣言云々、国以レ民為レ本、民以レ食為レ命、而鎮兵三千八百人、一年粮料五十余万束、因レ此百姓窶弊、倉廩空虚、如無二蓄積一、何防二非常一、加以往年毎レ有二征伐一、必仰二軍粮於坂東国一、伏請以二坂東官稲一充二陸奥公廨一、以二陸奥公廨一留収二官庫一、然則公私得レ所、実惬二便宜一、並許レ之、

二五五　弘仁元年九月廿三日〔後紀・類史八三・逸史〕

制、諸国出挙官稲、率二十束一収二利三束一、但陸奥出羽二国、不レ在二此限一、

二五六　弘仁二年正月廿九日〔後紀〕

又陸奥出羽両国、土地曠遠、民居稀少、百姓浪人、随レ便開墾、国司巡撿、随即収公、是以人民散走、無レ有二静心一、宜下両国開田、雖レ无二公験一、不上レ得二収公一、

二五七　弘仁二年正月廿九日〔三代格一五後紀〕

太政官符

不レ可レ収二百姓墾田一事陸奥出羽

右大納言正三位兼行皇太弟傅民部卿勲五等藤原朝臣園人奏状称、陸奥出羽両国為レ体、北方蕃屏勢居二辺要一、人物是湏、今聞、百姓之間土人浪人随レ便墾レ田、国司巡撿皆悉収レ公、黎庶嗷々向レ隅且多、愚臣商量、天地之利不レ如二人和一、百姓離レ心何守二辺隅一、望請、伴国開田者、雖レ無二公験一特蒙二聴許一、又依二天平十五年五月廿七日格一、任為二私財一永年莫レ取、庶令三餌下集レ魚、賞上進レ士、安レ辺禦レ侮、見レ利留レ跡者、右大臣宣、奉　レ勅、依レ奏、

弘仁二年正月廿九日

二五八　弘仁二年四月十七日〔後紀〕

正四位上文室朝臣綿麻呂為二征夷将軍一、従五位下大伴宿禰今人、佐伯宿禰耳麻呂、坂上大宿禰鷹養為レ副、

二五九　弘仁二年四月廿二日〔後紀〕

廃二陸奥国海道十駅一、更於下通二常陸一道上、置二長有、高野二駅一、為レ告二機急一也、

二六〇　弘仁二年五月廿三日〔後紀・紀略・逸史〕

大納言正三位兼右近衛大将兵部卿坂上大宿禰田村麻呂薨、正四位上犬養之孫、従三位苅田麻呂之子也、其先阿智使主、後漢霊帝之曾孫也、漢祚遷レ魏、避二国帯方一、誉田天皇之代、率二部落一内附、家世尚レ武、調レ鷹相レ馬、子孫伝レ業、相次不レ絶、田村麻呂、赤面黄鬚、勇力過レ人、有二将帥之量一、帝壮レ之、延暦廿三年拝二征夷大将軍一、以レ功叙二従三位一、但往還之間、従者無レ限、人馬難レ給、累路多レ費、大同五年転二大納言一、兼二右近衛大将一、頻将二辺兵一、毎レ出有レ功、寛容待レ士、能得二死力一、薨二于粟田別業一、贈二従二位一、時年五十四、

二六一　弘仁二年閏十二月十一日〔後紀〕

征夷将軍参議従三位行大蔵卿兼陸奥出羽按察使文室朝臣綿麻呂奏言、今官軍一挙、寇賊無レ遺、事須下悉廃二鎮兵一、永安中百姓上、而城柵等所レ納器仗軍粮、其数不レ少、迄二于遷納一、不レ可レ廃レ衛、伏望置二一千人一充二其守衛一、其志波城、近二于河浜一、屢被二水害一、須下去二其処一、遷中立便地上、伏望置二二千人一、蹔充二守衛一、遷二其城一訖、則留二千人一、永為二鎮戍一、自余悉従二解却一、又兵士之設、為レ備二非常一、既無二遺寇一、何置二兵士一、但辺国之守、不レ可二卒停一、伏望置二二千人一、其余解却、又自二宝亀五年一、至二于当年一、惣卅八歳、辺寇屢動、警□無レ絶、丁壮老弱、或疲二於征戍一、或倦二於転運一、百姓窮弊、未レ得二休息一、伏望給二復四年一、殊休二疲弊一、其鎮兵者、以レ次差点、輪転復免者、並許レ之、

二六二　弘仁三年正月廿六日〔後紀・紀略〕

制、陸奥出羽按察使正五位上官、今改為二従四位下官一、

二六三　弘仁三年正月廿六日〔三代格五・逸史・令集解一官位令〕

太政官謹奏

応レ増二陸奥出羽両国按察使位階一事

右謹検二案内一、去養老五年六月十日奏、用二件官品一准二正五位上一、尒来流行以至二今日一、臣等商量、方面之任、威風所レ存、夷囚之侶、瞻仰是頼、然則職重階軽、管大勢少、伏望、増二階品一為二従四位下官一、将下優二辺守一且鎮中物情上、臣等商量具レ件如レ前、伏聴二天裁一、謹以申聞、謹奏、聞、

弘仁三年正月廿六日

二六四　弘仁三年二月二日〔後紀〕

陸奥国言、慶雲三年格云、身役二十日以上一免レ庸、廿日以上庸調倶免者、今征夷軍士役二卅日以上一也、伏請准二格并延暦廿一年例一、免二除去年調庸一者、許レ之、

二六五　弘仁三年二月十日〔後紀〕

外従五位上物部迩蹉連足継為二鎮守将軍一、

二六六　弘仁三年四月二日〔後紀〕

定二鎮守官員一、将軍一員、軍監一員、軍曹二員、医師弩師各一員也、

二六七　弘仁三年四月二日〔三代格五・逸史〕

太政官符

定二鎮守府官員一事

将軍一員　軍監一員　軍曹二員

医師弩師各一員

右被二右大臣宣一称、奉レ勅、鎮兵之数減定已訖、其鎮官員数宜レ依二前件一、

弘仁三年四月二日

二六八　弘仁三年四月七日〔三代格五・逸史〕

太政官符

加二減傔仗員一事

陸奥出羽按察使傔仗四人元三人今加二一人一
鎮守将軍傔仗三人減二一人一定二三人一
右被右大臣宣一称、奉レ勅、傔仗之数依レ件加減、
弘仁川年四月七日

二六九　弘仁三年九月三日〔後紀〕

陸奥国遠田郡人勲七等竹城公金弓等三百九十六人言、己等未レ脱二田夷之姓一、永貽二子孫之耻一、伏請改二本姓一為二公民一、被レ停レ給レ禄、永奉二課役一者、勅可、唯卒従二課役一、難レ勧二遺類一、宜レ免二一身之役一、仍賜二勲七等竹城公金弓、勲八等黒田竹城公継足、勲九等白石公真山等男女一百廿二人陸奥磐井臣、勲八等竹城公多知麻呂、勲八等荒山花麻呂等八十八人陸奥高城連、勲九等小倉公真禰麻呂等十七人陸奥小倉連、勲八等石原公多気志等十五人陸奥石原連、勲八等柏原公広足等十三人椋椅連、遠田公五月等六十九人遠田連、勲八等意薩公持麻呂等六人意薩連、小田郡人意薩公継麻呂、遠田公浄継等六十六人陸奥意薩連一、

二七〇　弘仁四年五月卅日〔紀略・逸史〕

従三位文室朝臣綿麿為二征夷将軍一、云々、

二七一　弘仁四年九月廿七日〔類史八三・逸史〕

勅、辺要之地、外寇是防、不虞之儲、以レ粮為レ重、今大軍頻出、儲粮悉罄、遺寇猶在、非常難レ測、若無二貯蓄一、如二機急一何、宜下陸奥出羽両国公廨、混二合正税一、毎年相換、給中於信濃越後二国上、但年穀不レ登、無二物混一レ税、并有下不レ可レ得二公廨一之人上、合二随レ状移送、依レ実相換、停止之事、宜レ待二後勅一、

二七二　弘仁五年正月十五日〔三代格　六〕

太政官符

一応レ給二健児百人粮一事

年中料稲一万一千三百廿八束　人別日三把二分

右得二征夷将軍参議従三位左衛門督兼陸奥出羽按察使勲四等文室朝臣綿麿解一称、出羽国司解称、依二民部省延暦廿年六月廿九日符旨一、准二射田数一、割二置乗田一、以二其地子一可レ給二粮料一、而依レ無二射田一不レ得二宛行一、望請、用二申レ官乗稲三万七千五百束之内一、毎年出挙、以二其利息一准二陸奥国健児一、永給二件粮一者、使加二覆勘一、所レ申有レ実者、依レ請、

以前被二右大臣宣一称、奉レ勅、如レ件、

弘仁五年正月十五日

二七三　弘仁五年正月十五日〔三代格一五・要略五三・逸史〕

太政官符

応レ給二軍毅職田一事

大毅一人田六町　小毅二人田各四町

右得二征夷将軍参議従三位左衛門督兼陸奥出羽按察使勲四等文室朝臣綿麿解一称、出羽国司解称、件軍毅等常直二軍団一不レ顧二私業一、量二其勤労一実須二優恤一、望請、以二挍出公田一、准二陸奥国軍毅一、給二件職

田一者、使加二覆勘一所レ申有レ実者、被二右大臣宣一称、奉レ勅、宜二依
レ件給一、

弘仁五年正月十五日

二七四　弘仁六年三月廿日〔後紀・類史七九・逸史〕

勅、軍用之要、以レ馬為レ先、今聞、権貴之家、富豪之輩、通二使
於辺邑一、求二馬於夷狄一、部内由レ其不レ粛、兵馬所以闕乏、宜下依二延
暦六年格一、禁上レ買二陸奥出羽両国馬一、若有二犯違一、寘以二厳科一、物即没
官、但駄馬之色不レ在二禁限一、

二七五　弘仁六年三月廿日〔三代格　一九〕

太政官符

禁二断出レ馬事

右中納言兼右近衛大将従三位行陸奥出羽按察使勲三等巨勢朝臣野足
奏状称、軍団之用莫レ先二於馬一、而権貴之使豪富之民、互相往来、捜
求無レ絶、遂則託二煩吏民一犯二強夷獠一、国内不レ粛大略由レ之、非二唯
馬直踊貴一兼復兵馬難レ得、仍去延暦六年下二騰勅符一特立二科条一、
而年久世移、狎習不レ遵、望請、新下二厳制一更増二禁断一者、被二右大
臣宣一称、奉レ勅、宜下強壮之馬堪レ充二軍用一者勿上レ出二国堺一、若違二此
制一者罪依二先符一、物則没レ官、但駄馬者不レ在二禁限一、其出羽国宜レ准
レ此、

弘仁六年三月廿日

二七六　弘仁六年八月廿三日〔三代格　一八〕

太政官符

一分レ番令レ守二城塞一事

兵士六千人 並勲九等已上白丁已上

旧数二千人 名取団一千人 玉造団一千人

今請二加四千人一 白川団一千人 安積団一千人 行方団一千人 小田団一千人

右此国鎮兵之外、更点二兵士一、多則一万、少則二千、応レ機随レ変、
無レ有二定例一、伏請、更加二四千人一、通レ前六千人、分結二六番一、以レ旬
相代、同二循前例一、可レ食二私粮一、唯勲位者免二夫妻口分租一、示レ別二白
丁一、

健士二千人 勲八等已上千五百人 勲九等已上五百人

右分結二四番一、毎一月為レ番、唯屢経二戦場一被レ蒙二勲叙一、若同二白丁一何
以励レ後、伏請、在レ戍之間、特免二夫妻口分田租一、□
誘二士心一、

一停二止鎮兵一事

合壱仟人 膽沢城五百人 徳丹城五百人

右得二管諸郡司解一称、百姓苦レ役無レ過二鎮兵一、当レ戍之年妻子共赴、
絶レ隣在レ遠無レ所二乞貸一、身迫二公役一不レ遑二耕作一、尽売二衣物一僅資二
妻子一、帰レ郷之日裸身露頂、道程僻遠復無二路粮一、望二其旧居一応レ无二
所処一、因レ斯規レ留二奥地一、長絶二帰情一、山川迂遠無レ由二撿括一、奥地米
宛慰郡先竭、職此之由、若停二鎮兵一加二兵士一、民無二弊苦一、兵得二強
練一者、臣等議量、良有二道理一、何者番上之役、兵士六十日、調庸半

輪、以レ旬相替、無レ妨二家業一、健士九十日、各食二公粮一、夫婦免レ租、
課役全脱、兼預二考例一、一日為レ番、無二長戍之憂一、此民之安也、今
見定課丁、三万三千二百九十人、勲七等以下五千六十四人、就レ中
簡三点丁壮家業稍可者一、令二馬兵倶備一□兵
士、勒二彼鎮兵一、論二其強弱一、猶三婦女与二丈夫一、此兵之強也、前番後
更、往来相代之間、兵常一倍、隊伍既定、戎具復備、縦有二機急一、
応レ声可レ致、此兵之威也、今停二鎮兵一、徴二兵士一、相三折用度一、年中
所レ剰四千一百余束、此用之足也、安レ民足レ用、強レ兵威レ敵、臣等
管見不二敢不一レ奏、

一分配番上兵士一千五百人（兵士一千人 健士五百人）

胆沢城七百人（兵士四百人 健士三百人）

玉造塞三百人（兵士百人 健士二百人）

多賀城五百人（並兵士）

右城塞等、四道集衢、制レ敵唯領、儻允二臣等所一レ議、伏望、依レ件分
配、

以前奉レ勅、陸奥国司奏状如レ前、具任レ所レ請、逾勤二兵権一、不レ
可二簡略一、

弘仁六年八月廿三日

二七七 弘仁十一年四月廿一日〔弘仁式 主税〕

陸奥国、正税六十万三千束、公廨六十万八千二百束、（国司粁五十一万一千二百束、鎮官粁九万七千束）祭塩竈神粁一万束、国分寺粁六万束、学生粁四千束、

（中略）

凡国司処三分公廨一差法者、大上国長官六分、次官四分、判官三分、
主典二分、史生一分、中国无レ介則長官五分、下国无レ掾則長官四
分、員外司者各准二当員一、其国博士医師准二史生一、但陸奥国博士医師
陰陽師並准レ目、鎮守将軍准レ守、副将軍准レ介、軍監准レ掾、軍曹准
レ目、医師弩師准二史生一、若帯レ国者、不レ須二両給一、

（中略）

凡陸奥国司鎮官并出羽国司公廨利稲、割三収当国一以儲二軍粮一、其代
以二他国正税一給レ之、（其国及稲数臨時処分、）

（中略）

凡五畿内伊賀等国地子混三合正税一、其陸奥充二儲糒并兵粮一、出羽狄
禄、大宰所管諸国充二対馬多褹二嶋公廨一、余国交三易軽貨一送二太政
官一、但随近及縁海国舂レ米運漕、其功賃便用二数内一、

駅馬直法

陸奥国、上馬六百束、中馬五百束、下馬三百束、

二七八 弘仁十二年二月五日〔補任弘仁十二年・逸史〕

中納言従三位良峯安世（三十七）二月五日兼按察使、

二七九 弘仁十三年正月三日〔類史八四・逸史〕

大納言正三位兼民部卿藤原朝臣緒嗣奏言、昔忝二陸奥出羽按察使一、
往三還遠路一、略知二人苦一、民之重役莫レ過二駅子一、畏景揚炎、則向二長
坂一而飲レ汗、厳冬□烈、則被二短褐一而履レ氷、不レ顧二生業一、常疲二送

迎一、伏望諸国駅子、准二書生例一、毎レ戸量給二借貸稲二百束一、兼択二駅下好田一、混授二一処一、許レ之、

（この条、三代格は五日とす）

二八〇　弘仁十三年正月五日〔三代格　一四・類史八四〕

太政官符

　応下駅戸給二借貸一并口分田授中一処上事

右撿二大納言正三位兼行民部卿藤原朝臣緒嗣奏状一称、昔任二陸奥出羽按察使一日、道経二東山一、略問二百姓之苦一、天下重役莫レ過二駅戸一、夏月飲レ河不レ顧二産業一、冬日履レ霜常事二逓送一、雖レ寛二免其庸傜一、勤苦倍二於平民一、伏望、諸国駅子准二書生例一、毎レ戸量二給借貸二百束一、兼択二駅家近側好田一混二授一処一、縦令雖レ有二雑田一、換二充寛村一、然則零落駅丁有レ便二会集一、上下公使無レ煩二稽滞一、臣之管見不レ可二敢不一レ奏、謹録二事状一伏聴二天裁一者、右大臣宣、奉レ勅、宜レ依二奏状一者、仍須下有二駅馬十疋已上一駅家之戸、戸別給二二百束一、不レ満二十疋一者戸別百束、其田者除二百姓要地一之外、随二駅子願一授中於一処上、

　弘仁十三年正月五日

二八一　天長元年五月十一日〔類史一五九・逸史〕

　新羅人辛良、金貴賀、良水白等五十四人、安二置陸奥国一、依レ法給レ復、兼以二乗田一充二口分一、

二八二　天長二年正月十一日〔補任天長二年・逸史〕

　参議従四位下大伴国道五十八　正月七日従四上、十一日兼按察使武蔵守等、

二八三　天長三年正月廿三日〔類史九九・逸史〕

　授二外従五位下遠田臣人綱、上毛野賀茂公宗継外正五位下一、外正六位上磐城臣藤成、上毛野陸奥公吉身外従五位下、

二八四　天長五年閏三月九日〔類史六六・紀略・逸史〕

　右兵衛督従四位下勲七等坂上大宿禰広野卒、大納言贈従二位田村麻呂第二子也、弘仁初叙二従五位下一、（中略）出羽陸奥守、秩満任二右兵衛督一、（後略）

二八五　天長五年十一月十二日〔補任天長五年・逸史〕

　参議従四位上大伴国道六十　今年復兼按察使、為レ関二辺機一尋赴二於任所一、十一月十二日卒、

二八六　天長七年四月廿六日〔類史一七三・紀略・逸史〕

　大宰管内及陸奥出羽等国疫癘流行、夭死稍多、令下五畿内七道諸国、簡二精進僧廿已上一、各於二国分寺一、三箇日転中読金剛般若経上、以除二不祥一、已事之間、殺生禁断、

二八七　天長七年四月廿九日〔三代格　一七〕

太政官符

応下養二活疫病百姓一者預二出身一叙中位階上事

右得二陸奥出羽両国解一称、自二去年十一月一、所部之内、疫病流行、或挙レ家死去、無レ由二葬斂一、或駢レ頭痛苦、無レ人二看養一、雖レ勤二鎮謝一、有レ益無レ損、仍馳レ駅言上者、被二左近衛大将従三位兼守権大納

言行民部卿清原真人夏野宣称、奉勅、如聞、郷閭之間、疫病発動、則称染着、曾不至問、回兹富豪之家積穀猶餓、况乎貧乏之輩有何生理、夫死生有命、脩短稟天、嫌避而求生、触就以致死者、事無所拠、仁靡不酬、徳必有報、豈行仁徳、還罹其咎、黎民之愚遂致斯惑、宜仰国司、重加誨諭、勤令医療、酬彼労効、其養活病者卅人以上、白丁者預於内考、自入色至初位、毎十人加一階、初位至八位已上、毎廿人加一階、外考入内考者減半、若養越此法者録名言上、量其形迹授以五位、但養二等以上親者不在此限、若富豪之室、異輸私物施飢病人、亦同報酬、其法白丁輸稲一千束者預入於内考、入色至初位、毎階二百束、初位至八位已上、毎階四百束、外考入内考者減半、若費養之物越此法者、量其形迹、授以五位者、仍須差専当官精加採訪、療養既訖具録言上、至於仲秋、惣従停止、

天長七年四月廿九日

二八八　天長七年八月四日〔補任天長八年・逸史〕
参議従四位下清原長谷(五十八)七年八月四日兼按察使、

二八九　天長七年十月十九日〔類史一八〇・紀略・逸史〕
山階寺僧智興、造建陸奥信夫郡寺一区、名菩提寺、預定額寺例、

二九〇　天長八年五月廿三日〔類史八四・逸史〕
加挙陸奥国公廨稲一十三万束、優辺吏也、

二九一　承和元年五月十九日〔続後紀・類史九九〕
授主殿允正六位上物部匝瑳連熊猪外従五位下、為鎮守将軍、

二九二　承和二年十二月三日〔三代格一八〕
太政官符
応准長門国関勘過白河菊多両剗事
右得陸奥国解称、撿旧記、置剗以来、于今四百余歳矣、至有越度、重以決罸、謹撿格律、無見件剗、然則雖有所犯不可輙勘、而此国俘囚多数、出入任意、若不勘過、何用為固、加以進官雑物触色有数、商旅之輩竊買将去、望請、勘過之事、一同長門、謹請官裁者、権中納言従三位兼行左兵衛督藤原朝臣良房宣、奉勅、依請、
承和二年十二月三日

二九三　承和二年十二月四日〔続後紀・類史一九〇〕
夷俘出境、禁制已久、而頃年任意、入京有徒、仍下官符、譴責陸奥出羽按察使幷国司鎮守府等、

二九四　承和三年正月廿五日〔続後紀・紀略〕
詔奉充陸奥国白河郡従五位下勲十等八溝黄金神封戸二烟、以応国司之祷、令採得砂金、其数倍常能助遣唐之資也、

二九五　承和三年四月十八日〔続後紀〕
散位従四位下甘南備真人高直卒、(中略)弘仁之初、頻遷左右近衛将監、六年叙従五位下、累任陸奥上野介、

天長三年除二常陸守一、（後略）〔紀略・類史六六〕

二九六　承和四年八月廿九日〔続後紀〕

勅、陸奥国課丁三千二百六十九人給二復五年一、安二慰其情一、以二国司言一也、

二九七　承和六年正月十一日〔続後紀・補任承和六年〕

権中納言従三位藤原朝臣良房為二陸奥出羽按察使一、左兵衛督如レ故、

二九八　承和六年三月四日〔続後紀〕

陸奥国百姓三万八百五十八人給二復三年一、為レ済二窮弊一也、

二九九　承和七年正月三十日〔続後紀〕

従五位下御春朝臣浜主為二鎮守将軍一、従五位上藤原朝臣宮房為二出羽守一、

三〇〇　承和七年二月十六日〔続後紀〕

陸奥国柴田郡権大領丈部豊主、伊具郡擬大毅陸奥真成等二烟、賜二姓阿倍陸奥臣一、同国人丈部継成等卅六人賜二姓下毛野陸奥公一、

三〇一　承和七年三月四日〔続後紀〕

陸奥国耶磨郡大領外正八位上勲八等丈部人麿戸一烟、賜二姓上毛野陸奥公一、

三〇二　承和七年三月十二日〔続後紀・類史〕

俘夷物部斯波連宇賀奴、不レ従二逆類一、久効二功勲一、因授二外従五位下一、陸奥国磐城郡大領外正六位上勲八等磐城臣雄公、遄即二戎途一、忘レ身決レ勝、居レ職以来、勤修二大橋廿四処、溝池堰廿六処、官舎正倉一百九十字一、宮城郡権大領外従六位上勲七等物部已波美、造二私池一溉二公田八十余町一、輸二私稲一万一千束一賑二公民一、依二此公平一、並仮二外従五位下一、

三〇三　承和八年正月廿二日〔続後紀〕

奉レ授下坐二陸奥国白河郡一勲十等都々古和気神従五位下上、余如レ故、

（この事続後紀三月廿二日条にも見える）

三〇四　承和九年五月十一日〔補任承和十四年〕

参議従四位下小野篁四十六　九五十一陸奥守、

三〇五　承和九年八月十一日〔続後紀〕

従五位下藤原朝臣大津為二陸奥守一、

三〇六　承和九年九月五日〔続後紀〕

勅令下二相模、武蔵、常陸、上野、下野、陸奥等国一写中進三史上、

三〇七　承和九年九月十四日〔補任嘉祥四年〕

参議従四位下藤氏宗四十二　同九十四クシ任陸奥守、止弁、五日従五上（赴任賞）、

三〇八　承和十年四月十九日〔続後紀〕

陸奥国言、諸団軍毅等款云、兵士年役、六十箇日、分結二六番一、以レ旬相代、口食二私粮一、身直二城塞一、而道路遼遠、鎮疲二往還一、家居少レ日、何済二産業一、因レ玆逃散者多、民不レ安レ堵、望請、更加二一千人一、与レ本幷八千人、分結二八番一、延二彼番程一、以息二弊兵一、唯不二更

置レ団、周加二諸団一者、許レ之、（中略）陸奥鎮守将軍従五位下御春朝臣浜主言、健士元勲位人也、既脱二調庸一、亦無二課役一、承前之例、撰二其武芸一、特号二健士一、給レ粮免レ租、結レ番直戍、而勲位悉尽、無二人充行一、仍任二格旨一、差二行白丁一、全給二公粮一、兼免二調庸一、人同役異也、請射下健士、准二兵士下兵一、同令レ役レ修二理城隍一、許レ之、

三〇九　承和十年四月廿八日〔三代格一二続後紀〕

太政官符

応三陸奥出羽国浮浪人送二附本貫一事

右倉稟宛実事由レ富レ国、ゝゝ足レ用寔縁二民力一、是以前格立レ制、務実二辺稟一者、蓋所三以安レ国化レ狄備二於兵革一也、頃年辺郡黎甿習俗澆醨、好逋二課賦一多入二奥地一、又陸奥人民既宕二出羽一、ゝゝ百姓還匿二陸奥一、去就無レ定、奸遁多レ綺、遂令下課賦之民脱二於籍帳一、調庸之物欠中於官庫上、斯則国司等无レ心二督察一所レ致之怠也、被二大納言正三位兼行右近衛大将民部卿陸奥出羽按察使藤原朝臣良房宣一称、宜下下二符両国一所有浪人尋二其本郡一、差レ使勒レ状、依レ実送付上、如有下許二容一人一為レ他被中告者上、依レ法科処、

承和十年四月廿八日

三一〇　承和十年六月廿五日〔続後紀〕

伊賀、尾張、参河、武蔵、安房、上総、下総、近江、上野、陸奥、越前、加賀、丹後、因幡、伯耆、出雲、伊予、周防等十八国飢、勅加二賑恤一、

三一一　承和十年九月五日〔続後紀〕

奉レ授二陸奥国従五位下多久都神正五位下一、勲九等伊波止和気天神、无位玉造温泉神、无位伊佐酒美神並従五位下、

三一二　承和十年十一月十五日〔続後紀〕

陸奥国磐城郡大領借外従五位下勲八等磐城臣雄公、「書生」黒川郡大領外従五位下勲八等觀伴連黒成、並授二従五位下一、褒二公勤一也、

三一三　承和十年十一月十六日〔続後紀〕

陸奥国白河郡百姓外従八位上勲九等狛造智成戸一烟、改レ姓為二陸奥白河連一、同国安積郡百姓外少初位下狛造子押麻呂戸一烟、改レ姓為二陸奥安達連一、

三一四　承和十一年正月八日〔続後紀〕

陸奥国磐城郡大領外従五位下勲八等磐城臣雄公戸口廿四人、男十四人、女十人、磐城臣貞道戸口十人、男七人、女三人、磐城臣弟成戸四人、男三人、女一人、磐城臣秋生戸口三人、男二人、女一人、賜二姓阿倍磐城臣一、

三一五　承和十一年九月八日〔三代格　六〕

太政官符

応下以二論定利稲一加中給国司鎮官公廨上事

合公廨本稲七十五万三千三百七十八束

国司料六十四万一千二百束　鎮官料十一万二千七十八束

利稲廿二万五千九百八十三束四把小利

国司斬十九万二千三百六十束
　相二折大利一所レ減十二万八千二百卌束
鎮官斬三万三千六百廿三束四把
　相二折大利一所レ減二万二千四百十五束六把
今応レ加二給減分斬十五万六百五十五束六把一
右得二陸奥国解一称、辺城之吏、事在二勤王一、遠辞二郷国一、資糧難レ給、専頼二公倖一、更無二支用一、而所レ給公廨在昔大利之時、率一分之人、五千三百廿束、当今少利之日、率一分之人、二千八百八十束、依レ斯減折、難二以終レ歳、況警国之事、昼夜不レ休、夷狄之情、貪慾為レ業、長吏遂無二潤沢一、何以食二餌彼類一、此国年中所レ収息利、調庸祖地子等、積貯特多、無レ処二納置一、因レ斯年別造二加屋倉一、徒有二民弊一、還煩二宰吏一、望請、用二彼利稲一、加二賜公廨一、所レ残年別依レ数糙納、亦例用之外、特有二公用一、先支二其斬一、後宛二公廨一、謹請二官裁一者、左大臣宣、奉レ勅、依レ請、
　承和十一年九月八日

三一六　承和十二年正月廿五日〔続後紀〕
　美濃国言、凡上下諸使、随二其位階一、乗二用人馬一、灼立二条章一、而貢二御鹿尾熊膏昆布幷沙金薬草等一使、或以二遷替之国司一、便宛二綱領一、或差二浮遊之輩一、令レ得二公乗一、而公物有レ限、私荷無レ数、使等偏仮二威勢一、不レ憚二憲法一、駅子無レ由二告訴一、運二送山谷一、人馬斃亡、職此之由、望請、除レ非下貢二御鷹馬一幷四度使上之外諸使等、以二初位已下子弟一、被レ差二宛之一者、勅、依レ請、宜下仰二陸奥出羽両国及東山道諸国一、令上レ知二此制一、

三一七　承和十二年正月廿五日〔三代格　一二・要略五六〕
太政官符
　応下陸奥出羽両国貢上雑物使等以二初位已下子弟一差宛進上上事
右得二美濃国解一称、凡上下之使、随二其位階一乗二用人馬一、詳立二条章一、而件両国貢二雑物一使等、或以二遷替之国司一便差二宛綱領一、或差二遊蕩之輩一量令レ得二公乗一、曰レ此偏仮二使威一不レ憚二憲法一、駅子苦二於重担一、伝馬疲二於過程一、積習為レ例経レ代不レ停、人馬費亡不レ可二更論一、望請、下二符彼両国一、除二貢御鷹幷四度使一之外諸使、以二初位已下子弟一令二差宛一、然則貢御之事無レ怠、路次之費永絶、謹請二官裁一者、大納言正三位兼行右近衛大将民部卿陸奥出羽按察使藤原朝臣良房宣、依レ請、

三一八　承和十三年二月十一日〔続後紀〕
　従五位下陸奥介坂上大宿禰正宗為二兼鎮守将軍一、

三一九　承和十三年七月廿七日〔続後紀〕
　従四位下藤原朝臣富士麻呂為二陸奥出羽按察使一、

三二〇　承和十四年十一月四日〔続後紀〕
　奉レ授二陸奥国无位宇奈己呂別神従五位下一、

三二一　嘉祥元年二月廿二日〔続後紀〕
　陸奥国磐瀬郡権大領外従七位上丈部宗成等特給二職田一、以レ視レ民

有㆑方公勤匪㆑懈也、

三二二　嘉祥元年五月十三日〔続後紀〕
奉㆑授㆓陸奥国従五位下勲九等刈田嶺名神正五位下㆒、余如㆑故、」陸奥国白河郡大領外正七位上奈須直赤竜、磐瀬郡権大領外従七位上勲九等丈部宗成、磐城団擬少毅陸奥丈部臣継嶋、権主政外従七位下丈部本成、信夫郡擬主帳大田部月麻呂、標葉郡擬少領陸奥標葉臣高生、伊具郡麻続郡戸主磐城団擬主帳陸奥臣善福、色麻郡少領外正七位上勲八等同姓千継等八烟賜㆓姓阿倍陸奥臣㆒、

三二三　嘉祥元年九月廿五日〔続後紀〕
従五位下坂上大宿禰当宗為㆓陸奥介㆒、鎮守将軍如㆑故、

三二四　嘉祥二年二月六日〔続後紀・紀略・類史六六〕
散位従四位上藤原朝臣長岡卒、（中略）大同二年任㆓陸奥大掾㆒、于㆑時年廿一、（中略）弘仁二年除㆓出羽介㆒、不㆑之㆑国留㆑京、（後略）

三二五　嘉祥二年五月〔補任嘉祥三年〕
参議従四位下藤原良相三十三　五月兼按察使、

三二六　嘉祥二年六月廿八日〔続後紀・紀略・類史六六〕
越前守従四位下良岑朝臣木連卒（中略）、承和三年除㆓従五位上㆒、拝㆓陸奥守㆒、五年三月叙㆓正五位下㆒、八年正月除㆓左中弁㆒、（後略）

三二七　嘉祥三年二月十六日〔続後紀・紀略・類史六六〕
陸奥出羽按察使従四位下藤原朝臣富士麻呂卒、（後略）

三二八　仁寿元年正月十一日〔文実〕
従五位下伴宿弥三宗為㆓下野権介㆒鎮守将軍如㆑故、

三二九　仁寿二年十二月廿二日〔文実・紀略・類史六一〕
参議左大弁従三位小野朝臣篁薨、篁、参議正四位下岑守長子也、岑守、弘仁之初為㆓陸奥守㆒、篁随㆑父客遊、便㆓於拠鞍㆒、後帰㆓京師㆒、（中略）（永和）九年夏六月為㆓陸奥守㆒、（後略）

三三〇　仁寿三年五月四日〔文実・紀略〕
詔㆓相模、上総、下総、常陸、上野、陸奥等六国㆒、写㆓一切経㆒、六国各分㆓部帙㆒、写得上㆑之、

三三一　仁寿三年七月廿一日〔文実〕
従五位下和気朝臣巨範為㆓陸奥権介㆒、

三三二　仁寿三年十二月廿一日〔文実〕
相模権介従五位上山田宿禰古嗣卒、（中略）天長三年為㆓陸奥按察使記事㆒、五年為㆓少内記㆒、（後略）

三三三　斉衡元年四月廿八日〔文実〕
陸奥国奏曰、去年不㆑登、百姓困窮、兵士逃亡、已乏㆓屯戍㆒、今虎狼之類、争事㆓強盗㆒、逆乱之萠、近在㆓目前㆒、請発㆓援兵二千人㆒、以備㆓不虞㆒、勅許㆑発㆓一千人㆒、

三三四　斉衡元年五月十五日〔文実〕
勅㆓陸奥国㆒、以㆓穀一万石㆒、賑㆓給俘夷㆒、

三三五　仁寿四年八月一日〔三代格五〕

太政官符
応レ加ニ置陸奥国少掾一員一事
右得ニ彼国守従五位下藤原朝臣興世解一称、此国所部多レ道、有司少レ員、春挙秋収、事難ニ兼済一、望請、加ニ掾一人一以済ニ庶務一者、右大臣宣、奉レ勅、依レ請、
仁寿四年八月一日

三三六　斉衡元年八月十七日〔文実・類史九九〕
授ニ右近衛将監正六位上文室朝臣道世従五位下一、拝ニ陸奥鎮守将軍一、

三三七　斉衡元年九月廿九日〔文実〕
陸奥国百姓復ニ二年一、

三三八　斉衡元年十月九日〔文実〕
正五位下備前守藤原朝臣大津卒、（中略）（承和）九年為ニ陸奥守一、留為ニ左衛門佐一、十一年為ニ伊予守一、（後略）

三三九　斉衡二年正月十五日〔文実・補任斉衡二年〕
中納言正三位安倍朝臣安仁為ニ陸奥出羽按察使一、民部卿如レ故、（中略）従五位下文室朝臣道世為ニ下野権介一、鎮守将軍如レ故、

三四〇　斉衡二年正月廿七日〔文実〕
陸奥国飛駅奏、請レ加ニ発援兵二千人一、勅曰、夫辺要之寄、安危攸レ繋、慎レ微慮レ萌、理固宜レ然、但時臨ニ農要一、人競ニ耕稼一、而多動ニ士衆一、遠行屯戍、恐懐ニ患役之嗟一、終乏ニ如帰之志一、凡用レ兵之道、未ニ必貴レ多、苟奮ニ其力一、一以当レ千、宜下便簡ニ抜近城兵一千人一、和ニ誘其心一、精ニ練其武一、能守ニ衝要一、以備中機急上、又知ニ騒擾之由一、発ニ於飢困一、故賜ニ賑給糇一万斛一、事須下不レ論ニ民俘一、務加ニ優恤一、開以ニ恩恵一、慰中其窮窘上、

三四一　斉衡二年正月廿八日〔文実・類史一四〕
加ニ陸奥国石椅神従四位下一、

三四二　斉衡二年二月三日〔文実〕
以ニ陸奥国永倉神一列ニ於官社一、

三四三　斉衡三年二月八日〔文実〕
文室朝臣有真為ニ陸奥守一、和気朝臣巨範為レ介、小野朝臣春枝為ニ鎮守将軍一、

三四四　斉衡三年三月八日〔三代格一二・要略五七〕
太政官符
応レ勘ニ陸奥出羽両国用度帳一事
右得ニ民部省解一称、主計寮解称、撿ニ案内一、寮去嘉祥二年十一月一日申レ省解称、検ニ承前例一、件両国調帳并用度帳、便附ニ朝集使一進レ之、勘ニ両帳一訖、乃従ニ放還一、至レ有ニ勘出一、具載ニ返抄一、而去天長元年以降、只勘ニ調帳一不レ労ニ返抄一、所レ用調庸理非難レ弁、因レ玆頃年雖ニ勘発一、而使等偏称ニ前例一、無レ意ニ勘労一、是請ニ朝集返抄一、即得ニ帰去一之所レ致也、望請、雖レ済ニ朝集事一无ニ調返抄一者、専従ニ勘留一不レ許ニ放還一、然則所司存レ例勾勘得レ的者、而未レ蒙ニ裁下一、然今撿仁寿

三年以往頻経二恩蕩一不レ可二更勘一、但自二斉衡元季一勘二件帳一以申二返
抄一、謹請二官裁一者、右大臣宣、依レ請、
　斉衡三年三月八日

三四五　貞観元年正月十六日〔三実〕

従五位下行陸奥守坂上大宿禰当道為二鎮守府将軍一、

三四六　貞観元年四月七日〔三実〕

武蔵国去秋水潦、下野国大風、陸奥国洪水、出羽国霜雹、加賀国
水旱、出雲国秋寒、並賑二給之一、

三四七　貞観元年十二月廿一日〔三実・補任天安三年〕

正三位行権中納言平朝臣高棟加二陸奥出羽按察使一、

三四八　貞観二年二月十四日〔三実〕

鎮守将軍従五位上坂上大宿禰当道為二権介一、（中略）従五位下小野
朝臣春枝為二鎮守将軍一、

三四九　貞観二年五月十八日〔三実・紀略〕

散位従五位上小野朝臣恒柯卒、恒柯者、右京人也、祖征夷副将軍
従五位下永見、父出羽守正五位下滝雄、

三五〇　貞観二年九月廿七日〔三実・類史八四〕

正三位行中納言兼陸奥出羽按察使平朝臣高棟奏、鎮守府上言、辺
垂之吏、去レ郷遼遠、公廨之外、無二復資粮一、而至レ有二未納一、抑而不
レ行、請准大宰府司公廨一、雖レ有二未納一、以二正税一給レ之、永為二恒
例一、詔許レ之、

三五一　貞観二年九月廿七日〔三代格六〕

太政官符
　応下准二大宰府一全給中鎮守府公廨上事
右得二正三位行中納言兼陸奥出羽按察使平朝臣高棟解一称、鎮守府解
称、辺垂之吏去レ郷遼遠、公廨之外無二復資粮一、而至レ有二未納一、抑而
不レ行、今案二去承和五年六月廿一日格一称、大宰府司公廨雖レ有二未
納一、以二正税一、全給者、商二量事由一、陸奥大宰、東西雖レ殊、辺戍警
備、労苦是一、望請、准二彼府例一、以被二全給一其代令二当国徴塡一者、
右大臣宣、奉レ勅、依レ請、
　貞観二年九月廿七日

三五二　貞観三年三月廿五日〔三実〕

禁三陸奥国出二境内之馬一、

三五三　貞観三年三月廿五日〔三代格一九〕

太政官符
　応レ禁三断出レ馬事
右得二陸奥国解一称、検二案内一、太政官去弘仁六年三月廿日符称、中
納言兼右近衛大将従三位行陸奥出羽按察使勲三等巨勢朝臣野足奏状
称、軍団之用莫レ先二於馬一、而権貴之使、豪富之民、互相往来、捜求
無レ絶、遂則託二煩吏民一、犯二強夷獠一、国内不レ粛大略由レ之、非二唯馬
直踊貴一、兼復兵馬難レ得、仍去延暦六年下二騰勅符一特立二科条一、而年
久世移、狎習不レ遵、望請、新下二厳制一、更増二禁断一者、右大臣宣、

奉レ勅、宜下強壮之馬堪レ充二軍用一者勿上レ出二国堺一、若違二此制一者罪依二先符一、物則没レ官、但駄馬者不レ在二禁限一者、然則禁断之制自レ昔成レ例、如今年世移久、制法弛紊、儻有二機急一難レ可二亦支禦一、望請、新増二厳制一、堪二軍用一者不レ論二牝牡一皆咸禁断、以備二警固一、謹請二官裁一者、右大臣宣、奉レ勅、依レ請、若違二制旨一者罪准二先格一、物亦如レ之、

貞観三年三月廿五日

三五四　貞観三年十月十六日〔三実〕

陸奥国石瀬郡大領外従五位下石瀬朝臣富主授二借外従五位上一、

三五五　貞観五年四月廿一日〔三実〕

是日、制、准二陸奥国例一、給二出羽国司交替新夫馬一、

三五六　貞観五年十月廿九日〔三実〕

陸奥国勲九等飯大嶋神、勲十等阿福麻水神、无位八牡姫、小結、温泉神等並授二従五位下一、

三五七　貞観五年十二月十六日〔三実〕

陸奥国磐瀬郡人正六位上勲九等吉弥侯部豊野賜二姓陸奥磐瀬臣一、其先、天津彦根命之後也、

三五八　貞観六年三月八日〔三実・補任貞観六年〕

正三位行中納言源朝臣融加二陸奥出羽按察使一、本官如レ故、

三五九　貞観六年七月十五日〔三実〕

陸奥国磐瀬郡権大領外正六位上磐瀬朝臣長宗借二叙外従五位下一、

三六〇　貞観七年十一月二日〔三実〕

陸奥国磐瀬郡大領借外従五位下磐瀬朝臣富主授二外従五位下一、

三六一　貞観八年正月七日〔三実〕

陸奥権介御春朝臣峯能、大膳大進佐伯宿弥正雄等授二従五位下一、

三六二　貞観八年正月廿日〔三実〕

先レ是、常陸国鹿嶋神宮司言、大神之苗裔神卅八社在二陸奥国一、菊多郡一、磐城郡十一、標葉郡二、行方郡一、宇多郡七、伊具郡一、曰理郡二、宮城郡三、黒河郡一、色麻郡三、志太郡一、小田郡四、牡鹿郡一、聞二之古老一云、延暦以往、割二大神封物一、奉二幣彼諸神社一、弘仁而還、絶而不レ奉、由レ是、諸神為レ祟、物恠寔繁、嘉祥元年、請二当国移状一、奉レ幣向レ彼、而陸奥国、称レ无二旧例一、不レ聴レ入レ関、宮司等於二関外河辺一、祓二弃幣物一而帰、自後神祟不レ止、境内旱疫、望請、下二知彼国一、聴レ出二入関一、奉二幣諸社一、以解二神怒一、其幣新用二大神封物一、（中略）太政官処分、並依レ請、

三六三　貞観八年正月廿日〔三代格一〕

太政官符

応レ聴下奉二諸神社一幣帛使出中入陸奥国関上事

菊田郡一前　　磐城郡十一前

標葉郡二前　　行方郡一前

宇多郡七前　　伊具郡一前

曰理郡二前　　宮城郡三前

黒河郡一前　色麻郡三前
志太郡一前　小田郡四前
牡鹿郡一前
右得二鹿嶋神宮司解一称、禰宜外正六位上中臣部道継解称、大神苗裔之神在二陸奥国一、古老伝云、延暦以往割二大神封物一宛二幣帛料一奉二件諸神一、弘仁以来止而不レ奉、因レ玆諸神成レ祟、物恠頻示、仍去嘉祥元年弁二備幣帛一、請二当国移文一向二於彼国一、而称レ無二旧例一不レ聴レ通レ関、爰道継身留二関下一、不レ得レ向レ社、所レ齎幣物祓二棄河頭一空以廻来者、頃年夏月寒風秋稼不レ稔、部内疫癘連年有レ聞、宮司卜筮、件神成レ祟、仍可レ奉二幣帛一之状、祷祈已畢、望請、下二知彼国一、奉二件幣帛一、但其料用二大神宮封物一、謹請二官裁一者、右大臣宣、依レ請、

貞観八年正月廿日

三六四　貞観八年十二月五日〔三代格五〕

太政官符

応二鎮守府医師秩六年為一レ限事

右先例以二五年一為レ限、今被二右大臣宣一称、奉レ勅、宜下改二彼例一六年為上レ限、

貞観八年十二月五日

三六五　貞観九年十月十日〔三実・紀略〕

右大臣正二位藤原朝臣良相薨、贈二正一位一（中略）三年授二従四位上一、数月加二正四位下一、尋領二陸奥出羽按察使一、未レ幾遷二左大弁兼春宮大夫一（後略）

三六六　貞観十年正月十六日〔三実〕

従五位下御春朝臣岑能為二鎮守将軍一、

三六七　貞観十年六月廿八日〔三代格六〕

太政官符

応下国司兼二両国一其公廨従二多処一給上事

右撰格所起請称、天長元年六月廿日正三位行中納言兼右近衛大将春宮大夫陸奥出羽按察使良峯朝臣安世奏状称、令三一良守兼二帯数国一、其公廨者摂国之中択二愍阜一、以二一守分一給者、今案二禄令一、一人帯二数官一者、禄従二多処一給、又式部式云、一人帯二数官一、若高官上日不レ足、而卑官上日満レ限者、禄従レ多給者、拠レ此見レ之、一身帯二数官一猶従二一官一給、而或国宰兼二二国一、同費二其俸一、論二之法式一、甚乖二公平一、伏望、停レ食二両処公廨一、一従二多処一給、其不レ給公廨、混二合正税一、至レ有レ損之年一、不三必拘二多処一、但陸奥国守兼二任中国一者、特優二其身一不レ在二此限一者、中納言兼左近衛大将従三位藤原朝臣基経宣、奉レ勅、依レ請、

貞観十年六月廿八日

三六八　貞観十一年正月十三日〔三実・補任〕

中納言兼左近衛大将従三位藤原朝臣基経加二陸奥出羽按察使一、余官如レ故、

三六九　貞観十一年二月廿日〔三実・紀略〕

勅賜二鎮守府掌々二人職田各二町一、

三七〇　貞観十一年二月廿日〔三代格一五〕

太政官符

応レ給二鎮守府府掌二人職田各二町一事

右得二陸奥国解一称、鎮守府牒称、検二案内一、依二太政官去承和十年九月十九日符一、准レ国置二府掌二員一、夫府掌之職府国惟同、而久経二年祀一未レ給二職田一、望請、准レ国被レ給二件田一者、国依二牒状一、謹請二官裁一者、中納言兼左近衛大将従三位行陸奥出羽按察使藤原朝臣基経宣、奉レ勅、依レ請、

貞観十一年二月廿日

三七一　貞観十一年三月十二日〔三実・類史一六〕

授二陸奥国従五位上宇奈己呂別神正五位下一、従五位下大高山神従五位上一、（後略）

三七二　貞観十一年三月十六日〔三実・紀略〕

新鋳二銅印一面一、賜二陸奥国一、前印刓也、

三七三　貞観十一年五月廿六日〔三実・紀略・類史一七一〕

陸奥国地大震動、流光如レ昼隠映、頃之、人民叫呼、伏不レ能レ起、或屋仆圧死、或地裂埋殪、馬牛駭奔、或相昇踏、城墎倉庫、門櫓墻壁、頽落顚覆、不レ知二其数一、海口哮吼、声似二雷霆一、驚濤涌潮、泝洄漲長、忽至二城下一、去レ海数十百里、浩々不レ弁二其涯涘一、原野道路、惣為二滄溟一、乗レ船不レ遑、登レ山難レ及、溺死者千許、資産苗稼、殆無二孑遺一焉、

三七四　貞観十一年十月十三日〔三実・類史一七一〕

詔曰、（中略）如レ聞、陸奥国境、地震尤甚、或海水暴溢而為レ患、或城宇頽圧而レ殃、百姓何辜、罹二斯禍毒一、憮然媿懼、責深在レ予、今遣下二使者一、就布中恩煦上、使与二国司一、不レ論二民夷一、勤自臨撫、既死者尽加二収殯一、其存者詳崇二振恤一、其被レ害太甚者、勿レ輸二租調一、鰥寡孤独、窮不レ能二自立一者、在所斟量、厚宜二支済一、務尽二矜恤之旨一、俾レ若二朕親覿一焉、

三七五　貞観十二年三月廿七日〔三実〕

従五位上行陸奥介小野朝臣春枝為二権守一、鎮守将軍従五位下御春朝臣峯能為レ介、将軍如レ故、

三七六　貞観十二年六月二日〔三実〕

陸奥国菊多郡人丈部継麿、丈部浜成等男女廿一人、賜二姓湯坐菊多臣一、

三七七　貞観十二年九月十五日〔三実〕

遣下二新羅人廿人一、配中置諸国上、清倍、鳥昌、南巻、安長、全連五人於武蔵国、僧香嵩、沙弥伝僧、関解、元昌、巻才、五人於上総国、潤清、果才、甘参、長焉、才長、真平、長清、大存、倍陳、連哀十人於陸奥国、勅、潤清等処下於彼国人椋二取貢綿一之嫌疑上、須下加二重譴一以粛中後来上、然肆レ眚宥レ過、先王之義典、宜下特加二優恤一、安二置彼国沃壌之地一、令上レ得二穏便一、給二口分田営種料一、并須三其等事一依二

先例一、至二三千種蒔秋獲一、並給二公粮一、僧沙弥等安二置有供定額寺一、令二レ其供給一、路次諸国、並給二食馬随身雑物一、充二人夫運送一」、勤存二仁恕一、莫レ致二窘苦一』太政官宣久、新羅人大宰府乃貢綿乎盗取礼利、潤清等廿人同久此疑爾処世利、須久波其由乎責勘天、法乃任爾罪奈倍給倍久有礼止毛、罪乎免之給比、身乎矜給比天、安可留へ支所止量給天、清倍等五人乎波武蔵国爾、元昌等五人乎波上総国爾、潤清等十人乎波陸奥国爾退給波久止宣、』潤清、長焉、真平等、才長二於造瓦一、預二陸奥国修理府新造瓦事一、令下長二其道一者相従伝習上、

三七八　貞観十二年十二月二日〔三実〕

太政官下二符上総国司一、令レ教二喩夷種一曰、折二取夷種一、散二居中国一、縦有二盗賊一、令二其防禦一、而今有レ聞、彼国夷俘等、猶挟二野心一、未レ染二華風一、或行レ火焼二民室一、或持レ兵掠二人財物一、凡群盗之徒、自レ此而起、今不二禁遏一、如二後害一何、宜下勤加二捉搦一改中其賊心上、若有下革レ面向二皇化一者上、殊加二優恤一、習二其性一背二吏教一者、追二入奥地一、莫レ使下二獫狁之輩一侵中于柔良之民上、

三七九　貞観十二年十二月九日〔三実〕

陸奥国安積郡人矢田部今継、丈部清吉等十七人、賜二姓阿倍陸奥臣一、

三八〇　貞観十三年九月八日〔三代格二〕

太政官符

応レ安二置一万三千画仏像七十二鋪一事

各広六幅　高一丈六尺

太政官一鋪　図書寮一鋪　五畿内五鋪
東海道十五鋪　東山道八鋪　北陸道七鋪
山陰道八鋪　山陽道八鋪　南海道六鋪
西海道十一鋪　太宰観音寺一鋪　八幡神宮寺一鋪

右得二元興寺伝燈大法師位賢護牒一称、（中略）望請、分二置内裏并諸国一、永付二公帳一、毎レ至二御願懺悔之会一、即便修二此像前一、但内裏新納二図書寮一、然則国家安楽、祉祚延長、謹請二官裁一者、従三位守大納言兼左近衛大将行陸奥出羽按察使藤原朝臣基経宣、依レ請、

貞観十三年九月八日

三八一　貞観十五年正月十三日〔補任貞観十五年〕

大納言従三位藤常行三十八　正月十三日兼按察使、

三八二　貞観十五年三月廿日〔三実・紀略〕

陸奥国頻年不レ登、賑二給之一、

三八三　貞観十五年九月廿三日〔三代格一四〕

太政官符

応下以レ致二虚納欠損一国司公廨上先補中所レ欠事

右得二陸奥守正五位下安倍朝臣貞行解状一称、国中之政莫レ重二収納一、然則分配之吏可レ勤二其事一、而任用之官不二必其人一、或被レ誘二郡司税長一、以レ藁為レ稲、或見レ賂二富饒百姓一、以レ虚為レ実、徒有二入札之名一、遂致二欠負之弊一、須三依レ格科レ罪以期二懲革一、而偏貪二俸料一、不レ畏二憲法一、望請、至二如レ此類一、先奪二公廨一、然後科坐、若欠物居多公廨数

少、長官已下相共塡納、謹請二官裁一者、右大臣宣、依レ請、諸国准レ此、

貞観十五年九月廿三日

三八四　貞観十五年十二月七日〔三実〕

先レ是、陸奥国言、俘夷満レ境、動事二叛逆一、吏民恐懼、如レ見二虎狼一、望請准二武蔵国例一、奉レ造二五大菩薩像一、安二置国分寺一、粛二蛮夷之野心一、安二吏民怖意一、至レ是許レ之、

三八五　貞観十五年十二月廿日〔三代格六〕

太政官符

応三在前春二送国司鎮官年粮一事

右得二陸奥国解一称、検二去大同五年五月十一日格一、此国元来国司鎮官等、各以二公廨一作レ差、令レ舂二米四千余斛一、雇レ人運送以宛二年粮一者、因二修是格一、承前国司、当年収納之時、予留二出挙稲一、令レ舂二公廨半分一、至レ時宛用、行来為レ例、今商二量事意一、在前春三用官稲一、曾無レ所レ拠、若停而不二春送一、遠郷之吏無レ隣二乞貸一、望請、減三省往年之数一、在前令レ舂二五分之一一、然則吏無二飢餓之苦一、民少二舂運之煩一、謹請二官裁一者、右大臣宣、奉　レ勅、依レ請、

貞観十五年十二月廿日

三八六　貞観十五年十二月廿三日〔三実〕

正五位下行陸奥守安倍朝臣貞行起二請三事一、其一事曰、爵禄之興、為レ優二功績一、然則授叙之事、当レ必二其人一、而比年国司不レ依二労効一、任レ意授レ爵、由レ是預レ禄者衆、調物減耗、所司勘出、歴代不レ絶、望請夷俘位階、毎年立二叙法一、選二有功之胤一、随二年死之闕一、叙二補廿人已下一、其二事曰、国中之政、莫レ重二収納一、然則分配之吏、可レ勤二其事一、而任用之官、未二必其人一、或被レ誘二郡司税長一、納レ藁為レ稲、或見レ賂二富饒酋豪一、以レ虚為レ実、須下拠二格旨一必科中其罪上、而「倫」偏貪二俸新一、不レ畏二有罪一、望請奪下致二虚納欠損一国司之公廨上、先補レ所レ欠、然後科責、若欠物巨多、公廨数少、長官已下相共塡納、太政官処分、依レ請、

三八七　貞観十七年二月廿七日〔補任〕

大納言正三位源多四十五　二月廿七日兼按察使、

三八八　貞観十八年六月十九日〔三代格二・要略五五〕

太政官符

応レ令下鎮守府講二最勝王経一并修中吉祥悔過上事

一　講二読最勝王経一僧廿二口

右僧布施供養准二国例一宛行、

一　修二吉祥天悔過一僧七口

右僧法服布施供養、同准二国例一宛行、

以前得二陸奥国解一称、鎮守府牒称、検二案内一、府去貞観十四年三月卅日申レ官解云、件法会諸国依レ格、各於二国庁一講修、而此府未レ有二其例一、夫辺城為レ体、依レ養二夷俘一、常事二殺生一、加以正月五月二節、為レ用二俘饗一、狩漁之類、不レ可二勝計一、殺生之甚、啻在二此府一、因レ斯雖レ未二裁下一、承前鎮将引二唱僚下一、於二鎮守府庁一、修来年久、然而依

レ無二析物一、毎事闕乏、望請、官裁准二諸国例一、将下修二件法一為中滅罪之業上者、而于レ今未レ蒙二報裁一、重被二言上一者、国司覆審、所レ陳最実、望請、早被二裁許一脱二殺生報一、謹請二 官裁一者、右大臣宣、奉レ勅、依レ請、宜下請二精行僧一、正月七箇日間、准二国府例一、依レ件講修上、其析、同用二正税一、

貞観十八年六月十九日

三八九 元慶四年正月十一日〔補任〕

中納言正三位藤良世五十九 正月十一日（二日く）兼按察使、

三九〇 元慶四年九月五日〔三代格一八〕

太政官符

応レ禁三断諸人濫入二関門一事

右得二陸奥守従五位上小野朝臣後生解状一称、検二案内一、関門有レ禁、其来久矣、而頃年遊蕩之輩往還任レ情、煩二擾吏民一、雖レ加二厳制一、習俗難レ革、望請、官裁、内外官人及諸司諸家雑色等、非レ就二公事一、犯レ法濫入者、禁三固其身一、即将言上、但毎レ月結番、差二一分一人一、令レ守二関門一、若致二脱漏一者、解三却見任一、以懲二将来一者、従二位行大納言兼左近衛大将源朝臣多宣、奉レ勅、依レ請、

元慶四年九月五日

三九一 元慶五年十一月九日〔三実・類史一七〇〕

以二陸奥国安積郡弘隆寺一為二天台別院一、

三九二 元慶六年正月七日〔三実〕

〔授〕鎮守将軍兼相模権介小野朝臣春風、（中略）左近衛権少将兼陸奥守平朝臣季長並従五位上、

三九三 元慶　年　月　日〔三代格一八〕

太政官符

応レ給二七団軍毅主帳卅五人粮米一事

国府廿人　鎮守府十五人

右得二陸奥国解一称、件軍毅等不レ顧二私業一、昼夜勤戍、辺要之備啻在二伊人一、方今健士兵士等全食二官粮一結番直任、至二于軍毅一□団□常苦二粮食一、望請、［　　　　］人粮准二大宰府統領一、以二正税一被二宛給一、謹請二 官裁一者、正三位行中納言兼民部卿藤原朝臣冬緒宣、奉 レ勅、宜二正任［　　］依レ請、

元慶　年　月　日

三九四 元慶六年九月廿九日〔三代格五〕

太政官符

応レ置二鎮守府陰陽師一事

右得二陸奥国解一称、鎮守府牒称、軍団之用卜筮尤要、漏剋之調亦在二其人一、而自レ昔此府無二陰陽師一、毎レ有二恠異一向レ国令レ占、往還十日僅決二吉凶一、若有二機急一何知二物変一、請被二言上一将レ置二件職一者、国加二覆覈一事誠可レ然、望請、始置二其員一令レ備二占決一、謹請二 官裁一者、大納言正三位兼行民部卿藤原朝臣冬緒宣、奉 レ勅、依レ請、

元慶六年九月廿九日

三九五　元慶八年三月九日〔三実〕

従五位上行左馬助安倍朝臣三寅為二鎮守将軍一、

三九六　仁和元年二月廿日〔三実・補任元慶九年〕

正三位行中納言兼民部卿在原朝臣行平為二陸奥出羽按察使一、余官如レ故、

三九七　仁和元年三月五日〔三実〕

先レ是陸奥国解称、国司事力、須下依二国例一載二大帳一、立丁見中不輸色上、而此傜丁宛二給例用一之外、猶有下留郡之丁称二不輸一者上、即此公損也、事力立丁為二民之重役一、黔首不レ堪二其苦一、流二離他境一、雖レ加二撫育一、去多帰少、望請准二畿内例一、差二宛単傜一、以慰二窮弊一、至レ是、太政官処分、依レ請、

三九八　仁和元年七月三日〔類聚符宣抄八〕

中納言従三位兼左衛門督源朝臣能有宣、奉　レ勅、鎮守府権任官人籤符、宜レ令レ注二替人之姓名一、自今以後、立為二恒例一者、

仁和元年七月三日　　大外記大蔵善行奉

三九九　仁和三年五月〔補任〕

参議正四位下源是忠三十　五月―兼按察使、

四〇〇　寛平二年閏九月十五日〔紀略〕

陸奥国正六位上勲九等黒沼神、正六位上安達嶺神、正六位上□

四〇一　寛平二年閏九月十五日〔補任〕

中納言従三位源能有　按察使、

（注　補注任同五年に「寛平五年正月十一日兼按察使」の項もある。）

四〇二　寛平三年〔天台宗延暦寺座主円珍和尚伝〕

寛平三年春、藤大夫（佐世）鏑二奥州刺史一、（三善）清行且左二遷備州長吏一

四〇三　寛平五年七月十九日〔三代格一二〕

太政官符

応下捜二括逃人一還中向本郷上事

右得二陸奥国解一称、撿二案内一、被下太政官去天応二年閏正月廿六日下二左右京職一符上称、陸奥出羽人在レ京者不レ別二雑色一、皆還二本郷一、寔是豊二辺戍一、備二外禦一之術也、此事中停不レ用有レ日、輿二言於今一理尤可レ行、職宜下承知、自今以後、両国人任二王臣家□一及浮二宕京内一、能加二捜括一、随レ得且申上、若有二脱漏及相匿一者、不レ論二多少一科二違勅罪一者、今此国部内曠遠、戸口希少、巡二検部内一、邑無二居人一、尋二求其由一、為レ避二課役一逃入二他郷一、若加二捜括一、必得二来集一、望請、殊蒙二官裁一、回二准故実一、下二符京畿七道一、依レ数捜括、其来還者厚加二優復一継二其産業一、然則辺戍無レ乏荒田還開者、大納言正三位兼行左近衛大将皇太子傅陸奥出羽按察使源朝臣能有宣、奉　レ勅、依レ請、若不レ慎二符旨一、令レ隠二住閭里一者、重加二譴責一、一如二先符一、

寛平五年七月十九日

四〇四　寛平六年二月二日〔台記　康治二年五月一四日〕

於二大納言伊通卿一送レ練、為レ借二古今集註孝経一（為書写）付レ便被レ送

之、佐世我朝博士所ㇾ選也、九巻、其七巻佐世草本也皆了、有ㇾ点也、世之宝物如ㇾ之、第九巻奥、以ㇾ朱書云、寛平六年二月二日、一勘了、于ㇾ時、鎬在二陸奥多賀国府一、

四〇五　寛平六年四月廿日〔紀略〕

仰下陸奥出羽可二警固一之由上、

四〇六　寛平七年二月十一日〔補任延喜九年〕

参議従四位下藤定方三十五　同七年二月十一日陸奥権少掾（春宮御給）、

四〇七　寛平朝〔明文抄五〕

見在書目録一万八千六百十八巻

正五位下行陸奥守藤原朝臣佐世奉　勅撰、

四〇八　寛平七年十一月七日〔三代格五〕

太政官符

応ㇾ停三止遙授陸奥出羽按察使太宰帥等傔仗一事

右中納言兼右近衛大将従三位行春宮大夫藤原朝臣時平宣、奉ㇾ勅、遙授官員不ㇾ赴二州府一、凡其傔仗於ㇾ事無ㇾ益、自今以後、宜ㇾ従二停止一、

寛平七年十一月七日

四〇九　寛平九年四月七日〔紀略〕

陸奥国進三上異瑞解文一、

四一〇　寛文九年六月十九日〔補任〕

権大納言従三位源光五十三　六月十九日任、兼按察使、

四一一　寛文九年七月廿二日〔紀略〕

陸奥国言、安積郡所ㇾ産小児、額生二一角一、々亦有二一目一、

四一二　寛文九年九月七日〔紀略〕

授二陸奥国坐正六位上飯豊別神、安積郡（式）安達嶺禰宜大刀自神、安達嶺飯津売神並正五位上、従五位下小陽日温泉神正五位下、甲斐国正六位上広神従五位下一、

四一三　年次不詳〔東大寺要録巻第六〕

甲斐国封五十戸　武蔵国五十戸

佐渡国五十戸　陸奥国通三宝

已上四箇国在二官符宣旨等一、而不ㇾ入二此注文一如何、（下略）

（注　これは年次不詳。しかし関係しているところは平安初期のものであろう。）

四一四　延喜元年九月廿二日〔菅家後集〕

哭奥州藤使君〔延喜元年〕九月廿二日、卅韻、五言　滋実

家書告二君喪一、約略寄二行李一、病源不ㇾ可ㇾ医、被二人厭魅一死、曾経二共侍中一、了知二心表裏一、雖ㇾ有二過直失一、矯曲孰相比、東涯第一州、分ㇾ憂為二刺史一、盈口含二氷雪一、繞身帯二弦矢一、僚属銅臭多、鑠ㇾ人煎二骨髄一、土風絁布悪、慇懃責二細美一、兼金又重裘、鷹馬相共市、市得二於何処一、多是出二辺鄙一、辺鄙最狢俗、為ㇾ性皆狼子、価直甚蚩眩、弊

衣朱与レ紫、分寸皆平商、野心勃然起、自レ古夷民変、交関成二不軌一、邂逅当二無事一、兼贏如レ意指、惣領走二京都一、予前顔色喜、便是買官者、秩不レ知二年幾一、有司記二暦注一、細書三四紙、帰来連二座席一公堂偷二眼視一、欲レ酬二他日費一、求レ利失二綱紀一、官長有二剛腸一、不レ能レ不二切歯一、定二応明糺察一、屈二彼無二廉恥一、盗人憎二主人一、致レ死識二所以一、
（後略）

四一五　延喜二年二月廿五日〔補任〕

大納言従三位藤定国三十六　二月廿五（廿三イ）日兼按察使、

四一六　延喜五年六月廿八日〔三代格　一八〕

太政官符

応レ禁二断国司叙二位俘囚一事

右左大臣宣、奉レ勅、陸奥出羽等国俘囚、承前之例国司叙レ位触レ類多レ数、非レ無二濫行一、宜下自今以後一切禁断一、若有二功績必可一レ優奨一、先具レ状経二言上一、待二其報符一叙上レ之、

延喜五年六月廿八日

四一七　延喜六年正月廿日〔延喜式巻二二〕

陸奥国大、管、白河、磐瀬、会津、耶麻、安積、安達、（後略）

（頭注）　延喜六年正月廿日、分二安積郡一置二安達郡一

（注　類聚には二七日になっている。大日本史料一の三参照。）

四一八　延喜七年正月十三日〔補任〕

大納言正三位藤国経八十　正月十三日兼按察使、

四一九　延喜九年正月十一日〔補任〕

中納言従三位源湛　正月十一日兼陸奥出羽按察使、

四二〇　延喜十三年四月十五日〔補任〕

参議正三位藤有実　四月十五日兼按察使、

四二一　延喜十四年四月廿八日〔三善清行意見十二箇条〕

一請レ置二諸国勘籍人定数一事

右謹検二案内一、三宮舎人、諸親王帳内資人、諸大夫命婦位分資人、諸司勘籍人、諸衛府舎人、式兵二省載二季符一者、一年四季之内、稍及二三千人一、又略々計二本朝課丁一、除二五畿内陸奥出羽両国及太宰九箇国一之外不レ満二卅万人一、就中大半是無レ有二其身一、然則見課丁纔有二十余万人一（中略）

一請下停二以二贖労人一補中任諸国検非違使及弩師上事

（前略）陸奥出羽両国、動有二蝦夷之乱一、大宰管内九国、常有二新羅之警一、（中略）而今件弩師、皆充二年給一、許令二斥売一、唯論二価直之高下一、不レ問二才伎之長短一、故所二充任一者、未レ知二軍器之有一レ弩、況暁二機弦之所一レ用乎、仮令天下太平、四方無レ虞、猶宜下安不レ忘レ危、日慎中一日上、況万分之一、若有二隣寇挑一レ死者一、空懐二此器一、孰人施用乎、伏望、令三六衛府宿衛等、練二習弩射之術一、試二其才伎一、随二其功労一、充二任件国弩師一、然則人才適レ名、城成易レ守、（後略）

四二二　延喜十四年十月十四日〔補任〕

中納言従三位藤清貫四十八　十月十四日兼按察使、

四二三　延喜十四年〔侍中群要九受領罷申事〕

鎮守府将軍利平（藤原）、令レ奏二罷レ府之由一、召二階下一給レ禄云々、先例給二褂衣一、諸国牧宰有レ給レ衾、而将軍給二褂衣一、依レ有二物煩一、蔵人左近少将兼輔奏二此由一、依二仰事一今亦給二支子染褂一領一、一方之鎮、其寄二事重一歟云云 真材記、

（注　大日本史料編者によると利平は利仁のことだろうという。尊卑分脈、系図纂要では利仁は延喜十五（四カ）年将軍宣旨を拝したとある。）

四二四　延喜十六年三月五日〔紀略〕

天皇御二南殿一、覧二陸奥国交易進御馬五十疋一、法皇御賀料也、

四二五　延喜十九年正月廿八日〔補任〕

中納言従三位藤定方四十五　正月廿八日兼按察使、

四二六　延喜廿一年正月廿五日〔延喜交替式〕

内外官交替式（陸奥出羽関係のみ）

凡国司歴二四年一為レ限、但陸奥出羽両国、大宰府幷管内諸国、五年為レ限、

凡諸国博士医師任定二六年一、遙任幷非業者四年為レ限、但陸奥出羽両国、大宰府幷管内諸国、五年為レ限、

凡鎮守府官人弩師等任限、一同二国司一、但医師者六年為レ限、

凡鎮守府権任官人、待二代人到一、乃従二解任一、

凡被官寮司、交替延期状、不レ改二本解一、惣省押署、陸奥押二署鎮守府延期状一、太宰府押二署管内諸国延期状一、准レ此、

凡被管諸司、解由与不之状、惣官押署、陸奥国押二署鎮守府一、太宰府押二署管内諸国一状准レ此、

凡出羽国狄徒禄調狭布、以二一万端一定為二年料一、若調狭布不レ足、以二正税一買宛、但過行以二国司公廨一塡納、

凡鋳銭司、鎮守府官人已下、到レ任之日、准二国司一給二四分之一借貸一、塡納之法一同二国司一、

四二七　延長三年十一月十五日〔類聚符宣抄八〕

散位藤原朝臣忠舒 元陸奥権介

右被二左大臣（忠平）宣一称、件人身不レ向二任国一、不レ可レ責二本任放還一者、

延長三年十一月十五日　勘解由次官兼大外記伴宿禰久永奉

四二八　延長五年十二月廿六日〔延喜式〕

〔巻三　神祇三　臨時祭〕（注　享保八年板本によりカナを付した）

名神祭二百八十五座

都都古和気神社一座　苅田嶺（カムタミネ）神社一座

志波彦（ヒコノ）神社一座　鼻節（ハナフシ）神社一座

忠波姫神社一座　伊達（イタテノ）神社一座

東屋沼（アツマヤクニノ）神社一座　「川田神社二座」

「御上神社一座」　零羊崎（ヒツチサキ）神社一座

拝幣志（ヲグミノ）神社一座　計仙麻（ケセマ）神社一座

多珂（タカノ）神社一座　伊佐須美神社一座

宇奈己呂（ウナコロ）和気神社一座　大高山神社一座

子負嶺神社一座（已上陸奥国）
大物忌神社一座　月山神社一座（已上出羽国）
（川田神社御上神社、神名帳共に近江国にあり、宜削）

【巻十　神祇十　神名下】

東山道神三百八十二座
大卌二座（就中五座、預二月次、新嘗祭案上一）
小三百卌座
陸奥国一百座（大十五座　小八十五座）
白河郡七座（大一座　小六座）
都都古和気神社（名神大）　伊波止和気神社
白河神社　八溝嶺神社
飯豊比売神社　永倉神社
石都都古和気神社
苅田郡一座（大）
苅田嶺神社（名神大）
名取郡二座（並小）
多加神社　佐具叡神社
宮城郡四座（大二座　小二座）
伊豆佐売神社　志波彦神社（名神大）
鼻節神社（名神大）　多賀神社
黒川郡四座（並小）
須伎神社　石神山精神社
鹿嶋天足別神社　行神社
賀美郡二座（並小）
飯豊神社　賀美石神社
色麻郡一座（大）
伊達神社（名神大）
玉造郡三座（並小）
温泉神社　荒雄河神社
温泉石神社
曰理郡四座（並小）
鹿嶋伊都乃比気神社　鹿嶋緒名太神社
安福河伯神社　鹿嶋天足和気神社
信夫郡五座（大一座　小四座）
鹿嶋神社　黒沼神社
東屋沼神社（名神大）　東屋国神社
白和瀬神社
志太郡一座（小）
敷玉早御玉神社
磐城郡七座（並小）
大国魂神社　二俣神社
温泉神社　佐麻久嶺神社

住吉（スミヨシ）神社　鹿嶋（カシマノ）神社
子鍬倉（コクハクラ）神社
標葉（シネハノ）郡一座小
苣野（クサノノ）神社
牡鹿郡十座大二座小八座
零羊埼神社名神大　香取伊豆乃御子神社
伊去波夜和気命神社　曾波神社
拝幣志神社名神大　鳥屋神社
大嶋神社　鹿嶋御児神社
久集比奈神社　計仙麻神社
桃生郡六座大一座小五座
飯野山神社　日高見神社
二俣神社　石神社
計仙麻大嶋神社名神大　小鋭神社
行方（ナメカタノ）郡八座大一座小七座
高座（タカクラ）神社　日祭（ヒマツリノ）神社
冠嶺（ミネノ）神社　御刀（ミトノ）神社
鹿嶋御子（カシマミコノ）神社　益多嶺（マスタミネノ）神社
多珂（タカノ）神社名神大　押雄（オシオノ）神社
栗原郡七座大一座小六座
表刀神社　志波姫神社名神大

雄鋭神社　駒形根神社
和我神社　香取御児神社
遠流志別石神社
胆沢郡七座並小
磐神社　駒形神社
和我叡登挙神社　石手堰神社
胆沢川神社　止止井神社
於呂閇志神社
新田郡一座小
子松神社
磐瀬（イワセノ）郡一座小
桙衝（ツキノ）神社
会津（アヒツ）郡二座大一座小一座
伊佐須美（イサスミノ）神社名神大　蚕養（コカキ）国神社
小田郡一座小
黄金山神社
耶磨（ヤマノ）郡一座小
磐椅（イハキ）神社
斯波郡一座小
志賀理和気神社
気仙郡三座並小

理訓許段神社　　登奈孝志神社

衣太手神社

安積郡三座大一座小二座

宇奈己呂和気神社名神大　飯豊和気神社

隠津嶋神社

柴田郡一座大

大高山神社名神大

宇多郡一座大

子負嶺神社名神大

（後略）

〔巻十八　式部上〕

〔補雑色〕

凡飛驒、陸奥、出羽及太宰府所管諸国人、皆不レ得レ補二帳内職分位分資人一、亦陸奥人不レ聴レ補二雑色一、

〔郡司〕

凡郡司者、一郡不レ得レ併二用同姓一、若他姓中無レ人レ可レ用者、雖二同姓一除二同門一外聴レ任、神郡、陸奥縁レ辺郡、大隅馭謨、能毛等郡者、不レ在二制限一、謂伊勢国飯野、度会、多気、安房国安房、下総国香取、常陸国香取、出雲国意宇、紀伊国名草、筑前国宗形、等郡為二神郡一、

凡郡司有レ闕、国司銓二擬歴名一、附二朝集使一申上、其身正月内集レ省、若二月以後参者随二返却一、厥後擬文者、四月廿日以前奏聞、但陸奥、出羽及太宰管内唯進二歴名一、若以二白丁一銓擬、副二勘籍簿一、其病患年老及二致仕一者、国司解却、具レ状申レ官、更不レ責二手実一、

〔傔仗〕

凡太宰帥、大弐幷陸奥出羽按察使及守等傔仗者、申二太政官一補之、不レ得三輙取二白丁一、若情願二以レ子補一之者、聴レ取二一人一、但身不レ赴レ任者不レ給之、

〔任限〕

凡諸国非業博士医師、以二四年一為二秩限一、但出羽、太宰管内諸国、五年為レ限、

〔諸国蔭子孫〕

凡陸奥、出羽、太宰管内諸国蔭子孫位子、雖レ不レ向レ省、聴レ預二出身一、

〔巻十九　式部下〕

〔試郡司〕

試二諸国郡司主帳以上一、

諸国銓擬申上大少領幷主政帳等、毎年正月卅日以前集二於省一、預差二丞録史生省掌一専二当其事一、訖設二輔以下座於省内便処一、令三史生勘二造其簿一、具顕二功過一、写二其名簿一、以授二省掌一、（中略）毎二一道訖一、他省掌遁引進如二前儀一、諸道已訖、省掌進執下盛二試状一筥上、置二丞座傍一退出、聚二其状書一、卿自臨判二等第一、随レ状黜陟、陸奥、出羽、西海道等郡司不レ在二集限一、依二府国解一定二其等第一、但主政、主帳者、卿以下唱試二其身一、不レ召二国司一、

〔巻二十一　治部省〕

〔賻物〕

凡陸奥、出羽鎮守府史生傔仗、博士、医師、陰陽師、弩師、太宰府傔仗、史生幷管国史生等賻物、並以二当国物一給之、

〔巻二十二　民部上〕

東山道

陸興国大管

白河(シラカハ)　磐瀬(イハセ)　会津(アヒツ)　耶麻(ヤマ)　安積(アサカ)　安達(アタチ)　信夫(シノフ)　刈田(カリタ)　柴田(シハタ)　名取(ナトリ)
菊多(キクタ)　磐城(イハキ)　標葉(シネハ)　行方(ナメカタ)　宇多(ウタ)　伊具(イグ)　曰理(ワタリ)　宮城(ミヤギ)　黒川(クロカハ)　賀美(カミ)
色麻(シカマ)　玉造　志太(シダ)　栗原(クリハラ)　磐井　江刺　胆沢　長岡　新田　小田
遠田　登米　桃生　気仙　牡鹿

右為二遠国一

陸奥国、出羽国、佐渡国、隠岐国、壱岐嶋、対馬嶋、

右四国二嶋為二辺要一

〔貢限〕

凡諸国貢調庸者、越後、佐渡、隠岐三国、並限二明年七月一、長門国限二四月一、伊予国限二二月一、但宇和、喜多両郡限二三月一、土佐国限二二月一納訖、自余如レ令、其陸奥、出羽両国、便納二当国一、西海道納二太宰府一、(其出納帳並附二正税帳使一申送、)

〔朝集使〕

凡陸奥、出羽両国朝集使、雖レ済二朝集政一、無二調返抄一者、不レ移二式部省一、

〔免除徭役〕

凡太宰及陸奥国漏刻守辰丁各六人、課役倶免、毎年相替、

凡諸国健児、皆免二徭役一、唯志摩、駿河、武蔵、飛驒、上野、下野、佐渡、播磨、長門、阿波、讃岐等国免レ徭、畿内免二課役一、其食、畿内用二乗田地子一、余以二国営健児田一充之、出羽国出挙給之、隠岐国以二国造田三町地子一充之、

〔点仕丁〕

凡点二仕丁一者、毎二五十戸一二人、(釆女採薪守舎不レ入二此数一、)不レ点二廝丁一、其大替前年四月、省預勘二録応レ点人数一申レ官、下二符国司一、計帳之日点定、十二月下旬以前附レ綱送レ省、月内相替、令レ得レ給レ粮、其名簿、先附二大帳使一進レ省、但志摩、飛驒、陸奥、出羽、佐渡、隠岐、長門、太宰管内、並不レ在二点限一、近国者十月中旬、中国者十一月、遠国者十二月下旬以前所レ貢、

〔点女丁〕

凡点二女丁一者、惣二計諸国一、不レ得レ過二九十人一、但志摩、飛驒、陸奥、出羽、佐渡、隠岐乃太宰管内、並不レ在二点限一、

〔職田〕

凡陸奥鎮守、太宰等府国、府掌各二人、毎レ人給二職田二町一、

〔巻二十三　民部下〕

〔計帳〕

凡計帳者、陸奥、出羽両国、太宰府、九月卅日以前申送、余国如レ令、

〔年料別貢雑物〕

陸奥国筆一百管、零羊角四具、

出羽国零羊角十具、紙麻一百斤、

右別貢雑物並依二前件一、自余雑薬見二典薬式一、其運送傜夫各給二路粮一、

〔交易雑物〕

陸奥国葦鹿皮、独犴皮数随レ得、砂金三百五十両、昆布六百斤、索昆布六百斤、細昆布一千斤、

右以二正税一交易進、其運功食並用二正税一、但下野国砂金者、使二傜夫採一、食亦充二正税一、其太宰雑油卅石、中男作物若満二此数一、更不二交易一、

〔巻二十四　主計上・中男作物〕

凡中男一人輸作物、飛驒、陸奥、出羽、壱岐、対馬等国嶋不レ輸、（後略）

〔調庸〕

東山道

陸奥国行程上五十日、下廿五日、

調、広布廿三端、自余輸二狩布、米、穀一、

庸、広布十端、自余輸二狩布、米一、

〔巻二十五　主計下〕

〔勘大帳〕

凡勘二大帳一者、皆拠二去年帳一、勘二其出入一、（略）其依レ符所レ免為二符損一、八位蔭子、四位孫、大舎人、三宮舎人、諸司史生、事業、薬生、歌儛、琴鼓吹生、諸司雑部、番工、左右近衛、兵衛、門部、主政帳、軍毅、帯刀、帳内資人、神主、祢宜、祝部、陵戸、太宰厨戸、吉野国栖、得度、並為二不課一、朝集税帳雑掌、衛士、仕丁、事力、軍士、鎮兵、釆女守廬、採廬、復人、流人、徒人、美濃国坂本駅戸、信濃国阿知駅戸、太宰陸奥漏刻守辰丁為二見不輸一、初位位子、学生、典薬生、価長、坊郷牧長帳、駅長、駅子、蜂長、渡子、兵子、為二半輸之類二其遷二就畿内一不レ復、

〔帳除〕

凡大帳六年一除、調庸死亡、俘囚、隠首、季帳及「調」諸司返上等帳者、三年一除、雑任帳一年一除、

〔巻二十六　主税上〕

〔勘税帳〕

凡勘二税帳一者、先拠二去年帳一、勘ヨ会今年帳一、次計ヨ会出挙、租地子、駅伝馬、池溝、救急、公廨、夷俘、在路飢病、及倉附等帳一、（後略）

〔諸国出挙正税公廨雑稲〕

伊勢国正税、公廨各卅万束、俘囚料一千束、（外省略以下同）

遠江国正税、公廨各廿八万束、夷俘料二万六千八百束、

駿河国正税廿三万束、公廨廿五万束、俘囚料二百束、

甲斐国正税、公廨各廿四万束、俘囚料五万束、

相摸国正税、公廨各卅万束、鎮守府公廨五万四千卅七束、俘囚料二万八千六百束、

武蔵国正税、公廨卌万束、俘囚料三万束、

上総国正税、公廨各卌万束、俘囚料二万五千束、

下総国正税、公廨各卌万束、俘囚料二万束、

常陸国正税、公廨各五十万束、俘囚料十万束、

近江国正税、公廨各卌万束、俘囚料十万五千束、

美濃国正税、公廨各卅万束、俘囚料四万一千束、

信濃国正税、公廨各卅五万束、俘囚料三千束、
上野国正税、公廨各卅万束、俘囚料一万束、
下野国正税、公廨各卅万束、俘囚十万束、
陸奥国正税六十万三千束、公廨八十万三千七百十五束、国司料六十四万一千二百束、鎮官料十六万二千五百十五束、祭塩竈神料一万束、国分寺料四万束、学生料四千束、文殊会料二千束、救急料十二万束、
出羽国正税廿五万束、公廨卅四万束、月山大物忌神祭料二千束、文殊会料二千束、神宮寺料一千束、五大尊常燈節供料五千三百束、四天王修法僧供養幷法服料二千六百八十束、健児粮料五万八千四百十二束、修理官舎料十万束、池溝料三万束、救急料八万束、国学生食料二千束、
越前国正税、公廨各卌万束、俘囚料一万束、
加賀国正税、公廨各卅万束、俘囚料五千束、
越中国正税、公廨各卅万束、俘囚料一万三千四百卅三束、
越後国正税、公廨各卅三万束、俘囚料九千束、
佐渡国正税、三万八千束、公廨八万束、俘囚料二千束、
因幡国正税、公廨各卅万束、俘囚料六千束、
伯耆国正税、公廨各廿五万束、俘囚料一万三千束、
出雲国正税、廿六万束、公廨卅万束、俘囚一万三千束、
播磨国正税、公廨各卌四万束、俘囚料七万五千束、
美作国正税、公廨各卅万束、俘囚料一万束、
備前国正税、公廨各卅八万一千一百五十束、俘囚料四千三百卌束、
備中国正税、公廨各卅万束、俘囚料三千束、
讃岐国正税、公廨各卅五万束、俘囚料一万束、
伊予国正税、公廨各卅万束、俘囚料二万束、
土佐国正税、公廨各廿万束、俘囚料三万二千六百八十八束、
筑前国正税、公廨各廿万束、俘囚料五万七千三百七十束、
筑後国正税、公廨各廿万束、俘囚料四万四千八十二束、
肥前国正税、公廨各廿万束、俘囚料一万三千九十束、
肥後国正税、公廨各卌万束、俘囚料十七万三千四百卅五束、
豊後国正税、公廨各廿万束、俘囚料三万九千三百七十束、
日向国正税、公廨各十五万束、俘囚料一千一百一束、

〔俘囚料〕

凡俘囚料稲、置二三年儲一之外、混二合正税一、

〔処分公廨〕

凡国司処二分公廨一差法者、大上国長官六分、次官四分、判官三分、主典二分、史生一分、中国無レ介則長官五分、下国無レ掾則長官四分、員外司者、各准二当員一、其国博士、医師准二史生一、但陸奥国博士、医師、陰陽師並准レ目、鎮守府将軍准レ守、軍監准レ掾、軍曹准レ目、医師、弩師准二史生一、若帯レ国者、不レ須二両給一、其按察使准二当国守一、記事准レ掾、

凡鎮守府公廨、給二当国幷相摸国一、

〔地子〕
凡五畿内伊賀等国地子、混二合正税一、其陸奥充二儲糒幷鎮兵粮一、
〔損不摂佚〕
凡検損幷不堪佃田賑給疫死等使程限、（中略）出羽等国、損田百廿日、不堪佃田百日、（中略）陸奥国損田二百日、不堪佃田百六十日、（後略）
〔按察使季禄〕
凡按察使及記事季禄、衣服、断丁衣服、以二陸奥国正税一交易充之、遥授之人不レ在二給限一、
〔兵士食〕
凡陸奥国兵士間食料米二千八百八十斛、人別日八合、割二年中所レ輸租穀内一、毎年充之、
〔兵粮〕
凡陸奥国七団軍毅、主帳卅五人粮米、准二太宰府統領一以二正税一給之、
〔禄物価法〕
陸奥国（稲）絹（一疋）百六十束、綿（一屯）十三束、糸（一絇）十五束、調布（一端）五十束、庸布（一段）卅束、鐵（一廷）十四束、
〔位禄賃〕
凡五位已上位禄、給二諸国一者、東海道駿河以東、東山道信濃以東、北陸道能登以北、山陰道伯耆以西、給二運賃一、自余諸国及在国司者、不レ在二此限一、
〔駅馬直法〕
陸奥国、上馬六百束、中馬五百束、下馬三百束、
〔駅馬死損〕
志摩、武蔵、下総、常陸、陸奥国（中略）等十三国、十分許二損一分一、
〔諸国運二漕雑物一功賃〕
東山道
陸奥国、二百十束、出羽国、百卅一束、
右運漕、功賃並依二前件一、其路粮者各准レ程給、上人日米二升、塩二勺、下人減レ半、
〔巻二十八　兵部省〕
〔鎮守官人〕
凡鎮守府官人、不レ得レ任二陸奥国人一、
凡鎮守府陰陽師、医師、待二彼道博士及侍医等挙状一補之、
凡鎮守府権任官人、待二代人到一乃従二解任一、其補任帳、具注二替人姓名一、
凡鎮守将軍傔仗二人、並補二入色人一、若願レ将レ子者聴二一人一、
〔国国帯仗〕
凡太宰府官幷品官、史生、使部、得考書生、及所部国嶋、武蔵、安房、上総、下総、常陸、上野、下野、陸奥、出羽、越後、佐渡、因幡、伯耆、出雲、石見、隠岐、長門等国郡司、書生等、並聴レ帯レ仗、
〔諸国健児〕
陸奥国三百廿四人、出羽国一百人、
〔鎮兵〕

凡鎮兵、陸奥国五百人、出羽国六百五十人、

〔諸国器仗〕

陸奥国甲六領、横刀廿口、弓六十張、征箭六十具、胡簶六十具、

右毎年所レ造具依二前件一、其様仗者、色別一箇附二朝集使一進之、

〔諸国駅伝馬〕

東山道

陸奥国駅馬雄野、松田、磐瀬（イハセ）、葦屋、安達、湯日、岑越（ミネコシ）、伊達（イタチ）、篤借（アツカシ）、柴田、小野各十疋、名取、玉前（サイ）、栖屋（スネヤ）、黒川、色麻（シカマ）、玉造、栗原、磐井、白鳥、胆沢（イサワ）、磐基（イワキ）各五疋、長有、高野各二疋、

伝馬白河、安積（アサカ）、信夫（シノフ）、刈田、柴田、宮城郡各五疋、

〔巻三十　大蔵省〕

〔諸使給法〕

征夷使

大将軍絁五十疋、綿一百五十屯、細布十端、布卅端、副将軍絁廿疋、綿六十屯、布廿端、軍監絁八疋、綿卅屯、布十五端、軍曹絁四疋、綿十二屯、布六端、明法師、医師、陰陽師、中臣、忌部各絁三疋、綿八屯、布四端、大将軍已下傔従、各絁二疋、綿四屯、布四端、

〔巻三十一　宮内省・諸国例貢御贄〕

陸奥、昆布、縒昆布、（中略）

右諸国御贄、並依二前件一、省即撿領、各付二所司一、例貢御贄、直進二内裏一、（後略）

〔第三十七　典薬寮〕

〔諸国進年料雑薬〕

東山道

陸奥国六種

甘草十斤、秦膠卅斤、大黄百卅斤、石斛八十斤、人参卅五斤、附子百廿斤、猪脂二斗、

右依二前件一附二貢調使一送レ寮、撿収訖即与二返抄一、其太宰便附二別貢使一、

〔巻三十九　内膳司〕

〔年料〕

陸奥国、索昆布卌二斤、「調」細昆布一百廿斤、広昆布卅斤、

右諸国所レ貢、並依二前件一、仍収二贄殿一、以擬二供御一、但腹赤魚牧二司家一、

〔巻五十　雑式〕

〔国司給夫馬〕

凡陸奥出羽両国、国司并鎮守府官人已下給二遷替料夫馬一、但延任之輩、不レ在二此限一、

四二九　雑公文事　〔要略　五七〕（注　年月不明につき ここに収録する）

公文（中略）

大帳八月卅日以前申二送於官一、

陸奥　出羽九月卅日以前（他略）

調帳

陸奥　出羽已上十二月（他略）

税帳

陸奥已上四月　（他略）

出羽已上五月　（他略）

四三〇　承平四年閏正月十五日〔紀略〕

陸奥国々分寺七重塔為二雷火一被レ焼了、

四三一　天慶元年六月廿六日〔北山抄巻第六　神位記等事〕

（前略）天慶元年（九一本）六月廿六日、内印次請二印神位記僧位記一、令レ持二内記二人一、付二内侍一奏レ之、神位記捺印畢返上後、給二僧位記一、陸奥郡司位記一巻相二加之一、（後略）

四三二　天慶二年五月十五日〔貞信公記抄〕

奉幣諸社使立、祈二軍賊事一也、（後略）

四三三　天慶二年六月廿日〔本朝世紀〕

是日、陸奥言二上奏状一、依二日暮一納レ局、

四三四　天慶二年六月廿一日〔本朝世紀〕

（前略）又上卿奏二陸奥解状一、今年四月出羽国有二俘囚乱一、仍馳駅言二上解文一、出羽移二陸奥一、告下可レ起二送兵士一之由上、爰陸奥准二延喜三年例一、進二上奏状一、

四三五　天慶二年八月十七日〔貞信公記抄〕

往二白江家一餞二陸奥守維扶（平）朝臣一、卿有二管絃之興一、又賜レ禄有レ差、

四三六　天慶二年〔将門記〕

（前略）厥内介良兼朝臣以二六月上旬一逝去、沈吟之間、陸奥守平維扶朝臣以二同年冬十月一擬レ就二任国一之次、自二山道一到二著於下野之府一、貞盛与二彼太守一依レ有二知音之心一、相共欲レ入二於奥州一、令レ聞二事由一甚以可也、乃擬二首途一之間、亦将門伺レ隙追来、固二前後之陣一、狩レ山而尋レ身、踏レ野而求レ蹤、貞盛有二天力一、而如レ風徹、如レ雲隠、大守思煩、棄而入二任国一也、（後略）

（注　将門記では維扶の入部が天慶元年のようになっているが、二年のことであろう。）

四三七　天応三年二月一四日〔今昔物語〕

陸奥国女人依地蔵助得活語第廿九

今昔、陸奥国ニ恵日寺ト云フ寺有リ、此レハ興福寺ノ前ノ入唐ノ僧得一菩薩ト云フ人ノ建タル寺也、其ノ寺ノ傍ニ一人ノ尼有リ、此レハ平ノ将行（門）ト云ケル者ノ第三ノ女子也、（中略）心ヲ一ニシテ地蔵菩薩ヲ念シ奉ル、此ノ故ニ世人、此ノ尼ヲ地蔵尼君ト云フ（後略）

四三八　天慶三年二月廿六日〔貞信公記抄〕

陸奥飛駅来、（後略）

四三九　天慶三年二月廿七日〔政事要略〕

中納言藤原師輔卿、参議同元方朝臣聴レ政、此日大内記三善文明草二陸奥飛驛（駅カ）勅符一、先令レ覧二式御曹司一、覧了返給、（中略）上日、賜二陸奥国一、少納言称レ唯、還レ座唱二主鈴名一、主鈴称唯、少納言後、以レ函授二主鈴一、主鈴還又立二前所一、少納言仰云、賜二陸奥国一飛駅函給レ之、主鈴称唯、鳴レ鈴走出、仰二事由一給レ使、

四四〇　天慶三年三月五日〔貞信公記抄〕
(前略)陸奥飛駅来、常陸下野等任、甲斐解文信濃解文秀郷申文来、将門殺状右大将(藤原実頼)奏聞、

四四一　天慶三年四月十二日〔師守記貞和三年十二月十七日裏書〕
今日常陸国飛駅参上云、賊首故平将門弟将種、為二陸奥権介伴有梁之聟一居二住彼国一、仍将種与二有梁一共成二謀反一云々、

四四二　天慶八年正月十九日〔僧綱補任三〕
権律師寛鑒　承平五年十月十二日任、法相宗、東大寺、已講労、陸奥国人、坂上氏「六十五」天慶三年十二月十四日転レ正「六十九」同八年正月十九日入滅「七十五」、

四四三　天暦元年二月十八日〔紀略〕
右大臣著二宜陽殿一、相定云、鎮守府将軍貞盛朝臣申使並茂(高カ)、為二狄坂丸等一被二撃殺一、其員十三人、件坂丸等徴二発軍士一、春二運兵粮一、将二以討滅一云々、先差二遣国使於賊地一、可レ令二勘糺一之由、給二官符一、

四四四　天暦元年三月三日〔紀略〕
(前略)此日、貞盛朝臣所レ進馬奉レ院、

四四五　天暦四年七月廿六日〔別聚符宣抄〕
右中弁藤原朝臣有相伝宣、右大臣(師輔)宣、奉レ勅、諸国受領之吏過レ限不レ赴二任国一之徒、新立下可レ科二罪之制上、載在二去延喜廿二年二月、同年八月廿五日両度宣旨一、雖二陸奥出羽遠国官長一、而懲粛之法、無レ有二分別一、而出羽守藤原朝臣令問、寄レ事、有レ所二申請一、過レ限不レ向二任所一、須下依二彼両度宣旨一神中責之上、然而依レ有レ所レ申、此度殊免、但自今以後、諸国長吏、若過二其限一、不二早赴向一、依二先宣旨一、必処二科罪一、不二曾寛宥一者、

天暦四年七月廿六日　左大史海宿禰業恒奉

四四六　天暦七年十一月二日〔西宮記五〕
天暦七年十一月二日、於二仁寿殿一覧二陸奥臨時交易御馬一、天暦七年十一月二日御記云、右大将令三有相朝臣奏二陸奥臨時交易御馬十九疋解文一、(昨日付令奏之)於二仁寿殿一覧、中宮大夫藤原朝臣候二御前一、令二左右次将分取一了、先以二二疋一賜二東宮厩一、還二清涼殿一、

四四七　天暦八年〔魚魯愚鈔六〕
(天暦八)鎮守府権軍監正六位上坂上大宿禰冬行(停斎院天慶四年禊、祭料壬生時禰改任)

四四八　天暦八年〔魚魯愚鈔八〕
(天暦八)陸奥権少掾正六位上多治真人敏平(斎院当年禊斎料)

四四九　加賀守重文申云〔北山抄巻第十〕
加賀守重文申云、別功新委不動万余石、新司令尹陳二不レ可レ付レ帳之由一、不レ定二与不一云々、(中略)但滋茂倫寧等愁二申陸奥国官物事一之時、滋茂所二新度委一不動、依二任中一不レ付レ帳言上、不レ可レ為二不動一之由、被レ定已畢(後略)、

四五〇　天暦之間〔北山抄巻第十〕
(前略)天暦之間、被レ定二彼国旧吏滋茂倫寧等愁申官物有無一之時、未二実録一物付二収納帳一、負名全者可レ令三後司受領二之由諸卿定申、随

給㆘可㆓放還㆒官符㆖畢、是則依㆓勘判大意㆒、為㆑不㆑失㆓官物㆒、所㆓定申㆒歟、倫寧得替交替之日、同以㆓名帳㆒分付、即陳云、依㆓勅之所㆑指難㆑避、以㆓無実㆓所㆓受領㆒也、仍不㆑能㆓廻成㆒、以㆓名帳㆒分付者、公家以㆑之不㆑被㆑為㆑過云々、此例尤可㆓相准㆒歟、

（注　これらにより、倫寧の前任者が滋茂であったことがわかる。）

四五一　天暦御時〔魚魯愚鈔四〕

陸奥国司紀氏不任（天暦御時有沙汰云々、守介掾目等云々、）

四五二　天徳三年九月廿三日〔清慎公集〕

天徳三年九月二十三日、召㆓鎮守府将軍仲（伴カ）舒朝臣㆒、賜㆓小禄及馬種々物㆒、（中略）手書和歌一首、

雲に入つはさはのへにおほくともこころうつりて我をわするな

四五三　天徳四年十二月三日〔西宮記臨時八〕

天徳四年十二三、廃務、出羽守在滋申㆓罷由㆒、禄給之、著任三日卒、

四五四　天徳五年正月十七日〔花鳥余情〕

村上天皇御記、天徳五年正月十七日、召㆓陸奥所㆑進鷹犬於侍所㆒覧㆑之、（助信申之）朝忠朝臣令㆑申云、故御春武中遭㆑喪之間、以㆓源教権㆒為㆓御鷹飼㆒、以㆓件例㆒左近府生公用遭㆑喪之間、以㆓源撰㆒被㆑補㆓御鷹飼㆒、仍便令㆑補㆑撰、撰此故済男也、

四五五　応和四年五月二日〔西宮記五〕

応和四年五月二日、蔵人付㆓典侍（藤原灌子）㆒、三位奏㆓臨時交易御馬解文㆒、（師尹）（右大将依仰賜左右馬寮、（安子）中宮崩時也、）

四五六　応和四年五月二日〔北山抄第二〕

不㆑視㆑事間奏㆓解文㆒、及分㆓給馬寮㆒令㆑飼例、（応和四年五月二日、蔵人輔成令典侍藤原朝臣、奏陸奥国進臨時交易御馬解文、仰右大臣藤原朝臣、令分取左右馬寮、九日、藤原朝臣令申御馬可分取事、仰云、今日在不視事限内、明日可令、分取之）

四五七　応徳二年十二月四日〔為房御記〕

応徳二年十二月四日、甲子、右近府生下毛野重季陸奥交易御馬卅匹、今日持参、（中略）（但交易御馬多経叡覧、而予承仰、不経御覧之例相尋之処、応和四年五月十四日御記、令済時賜右大将藤原朝臣解文二枚、令仰可令分取陸奥馬事云、於中重分取者、外記日記如駒牽儀者、今案、依中宮崩御不御覧歟、）

四五八　康保二年五月廿五日〔朝野群載二二〕

太政官符　陸奥国司幷鎮守府

正六位上文屋真人季延

正六位上道公方行

右去四月十九日任㆓鎮守府将軍従五位下源朝臣信孝傔仗㆒畢、国府宜承知、符到奉行、

右中弁源朝臣保光　　　　左少史吉志宿禰

康保二年五月廿五日

四五九　安和二年十月廿六日〔紀略〕

陸奥国飛駅使到来、彼国守致正与㆓権守貞茂㆒訴訟之事、（後略）

四六〇　天禄二年七月十九日〔別聚符宣抄〕

（前略）陸奥国絹三千疋十一月以前出羽国絹千疋十一月以前（後略）

四六一　貞元元年一月二日〔紀略〕

今日陸奥・郡不動穀倉廿一字、為㆓神火㆒焼亡、

四六二　天元五年三月廿六日〔小右記〕

（前略）唐人来着之後已及二三年一、早給二答金一可従帰□□金非二他所土産一、唯従二奥州一貢献、又々遣二愷使一可レ令二催進上一者、（後略）

四六三　交替使〔西宮記七〕

一申二交替使一返事、（中略）下二陸奥一交易沙金文、（後略）

四六四　議宣旨〔西宮記十三〕

諸宣旨

（中略）

下二兵部省一宣旨、武官除目、（中略）陸奥将軍傔仗事

（中略）

大宰陸奥傔仗上卿奉勅、賜官符式部、式部申補任府、給任符云々、

陸奥鎮守府賜二兵部一城介同之

出羽城介城務事、賜官符可行秋田城事由、賜所御牒云々、可尋、

帥随身（注略）

四六五　兵部省〔西宮記十五〕

兵部省

（中略）

武官復任事 陸奥将軍傔仗事

（中略）

議国検非違使事 太宰陸奥依宣旨給官符於式部、鎮守府、給兵部、（儀仗）

四六六　永観三年四月廿四日〔小右記〕

陸奥守為長貢二御馬一疋一、解文中載二四疋一、而於二上野国一為二強盗一被レ射二殺二疋一、今一疋盗執、今日有下可二御覧一之仰上、下官令レ奏云、警固之間未レ見二覧御馬一之事、今日解陣之後御覧如何、仰云、猶可二御覧一者、又覧二左右馬寮一疋等一、陸奥国司貢馬叡覧之後、給二左馬寮一、未時許罷出、依レ召参レ院、（後略）

四六七　永観三年四月廿五日〔小右記〕

奉二二箇日仮文一、依レ召参レ殿、被レ仰二雑事一之次、令レ問二昨日貢馬事等一、被レ命云、陸奥国司貢馬、延喜天暦御時不二令レ留給一云々者、式部承為時云、前日依レ有二御気色一、仰二遣此由一、仍所二貢進一者、（後略）

四六八　寛和三年正月廿四日〔続左丞抄第一〕

太政官符　近江美濃等国司

応レ令レ運二上延暦寺一、散位従五位下平朝臣繁盛奉二書写一金泥大般若経一部六百巻事、

右得二彼寺今月五日奏状一偁、繁盛去寛和二年十一月八日解状偁、謹撿二案内一、奉公之勤、古今未レ倦、至二于老後一、猶含二忠節一、況坂東大乱之時、故秀郷朝臣、貞盛朝臣、与二繁盛等一、共竭二筋骨一、入二万死一出二一生一、□天下之騒動也、依二其勲功一、秀郷貞盛各関二恩賞一、拝二分憂職一、繁盛独漏二朝恩一、未レ慰二夕鵬一、毎レ思二鴻涙之難一レ通、猶歎二鳳徳之不一レ周、涯分之不レ及、方今所レ存也、然而及二于白髪之時一、偏懐二皇道之節一、仍奉二為聖朝安穏鎮護国家一、以二金泥一奉レ写二大般若経一部

六百巻一、為レ表二丹誠一、負二之白馬一、欲レ令レ運二上天台一、揚二題名一之間、陸奥介平忠頼、忠光等、移二住武蔵国一、引二率伴類一、運上之際、可レ致二事煩一之由、普告二隣国一、連日不レ絶、件忠光等、依二所犯明白一、奏二聞公家一、随即可二追捕一之官符、被レ下二於東海東山両道一也、爰諸国司等、任二官符旨一、欲二追捕一間、去年八月九日、被レ下下可二停止一之官符上、因レ玆忠光等暴逆弥倍、奸謀尤甚、為レ遂二彼旧敵一、欲レ断二此善根一、爰一泣二本願之徒止一、一歎二奉公之欲レ廃、繁盛従二幼若時一、奉二仕故九条右大臣（師輔）一、独戴二殊恩一、尤在二此時一矣、望請、政所恩裁、被レ奏二聞公家一、賜二官符於路次国々一、省二途中之危一、期二運上之計一者、依二解状一案二事情一、事是善根、為レ公無レ損、為レ寺有レ益、望請、蒙二天裁一、被レ賜二官符件等国々一、運二上件大般若経一、且遂二繁盛之大願一、且為二寺家之法宝一者、正三位行権中納言藤原朝臣道兼宣、奉レ勅宜下仰二彼国々一令上レ運二上件経一者、国宜二承知依レ宣行一レ之、符到奉行、

従四位下行右中弁兼文章博士菅原朝臣（資忠）　　右少史海宿禰

寛和三年正月廿四日

四六九　永延二年二月十三日〔類聚符宣抄第八〕

太政官符陸奥出羽等国司幷鎮守府 内印

正二位行大納言兼左近衛大将春宮大夫藤原朝臣朝光

右去正月廿九日兼二任陸奥出羽等国按察使一畢、国（府）符承知、符到奉行、

弁　　史

永延二年二月十三日

四七〇　永延二年九月十五日〔本朝世紀〕

（前略）陸奥守藤原朝臣国用蒙二去永延二年九月十五日官符一、交コ易、貢二進御馬十疋一、但官符廿疋中、

四七一　永延二年十月三日〔小右記〕

今日直物、又有二小除目一、（中略）鎮守将軍藤文条、選敷、件文条摂政御賀料、皇太后宮被納任料云々、（後略）

四七二　正暦元年八月五日〔本朝世紀〕

（前略）又上卿着二長楽門東廊庄子座一、差二左右近中将、左右馬頭助等一、令レ択下取陸奥守藤原朝臣国用、蒙二去永延二年九月十五日官符一交易貢進御馬十疋上、但官符廿疋内、

四七三　陸奥国神、報守平維思語〔今昔物語巻一九の三二〕

今昔、陸奥ノ守トシテ平ノ維叙ト云フ者有ケリ、貞盛ノ朝臣ノ子也、任国ニ始テ下テ、神拝ト云フ事ストテ、国ノ内ノ所々ノ社ニ参リ行キケルニ、□ノ郡ニ道辺ニ木三四本許有ル所ニ小サキ仁祠有リ、人ノ寄着タル気无シ、

守此レヲ見テ、共ニ有ル国ノ人々ニ、「此ニハ神ノ御スルカ」ト問ケルニ、国ノ人ノ中ニ年老テ「旧キ事ナド思ユラムカシ」ト見ユル庁官ノ云ク、此ニハ止事无キ神ノ御マシケルヲ、昔シ田村将軍ノ此ノ国ノ守ニテ在シケル時ニ、社ノ禰宜、祝ノ中ヨリ思ヒ不レ懸ヌ事出来テ、事大ニ罷成テ、公ケニ被レ奏ナドシテ、神拝モ浮カシ、朔

幣ナドモ被レ止テ後、社モ倒レ失テ、人参ル事モ絶テ久ク罷成ニタル也ト、祖父ニ侍シ者ノ八十許ニテ侍シガ、然ナム聞シト申シ侍シ也、此レヲ思フニ、二百年許ニ罷成タル事ニコソ侍メレト語レバ、此守此レヲ聞テ、極テ不便也ケル事カナ、神ノ御錯ニハ非ジ物ヲ、此ノ神、本ノ如ク崇メ奉ラムト云テ、其ニ暫ク留テ、藪切リ揮ハセナドシテ、其ノ郡ニ仰セテ忽ニ社ヲ大キニ造ラセテ、朔幣ニ参リ、神名帳ニ入レ奉リナドシケリ、此ノ様ニ被レ崇レバ、神定メテ喜ビ給ラムト思テ過レドモ、任ノ程其ノ事ト云験モ不レ見ヘズ、夢ナドニモ見ユル事モ无カリケリ、

而ル間、守既ニ任畢テ京上シヌ、国ノ館ヲ出デ、二三日許ニ成ル程ニ、其ノ神ノ御有様、守ニ申シ上シ庁官ノ夢ニ、誰トモ不レ知ヌ者忽ニ家ノ中ニ入リ来テ云ク、此ノ門ノ外ニ御マシテ召有リ、疾ク参レト、庁官、(中略)恐レツツ参リ寄タルニ(中略)我ハ此年来被レ棄テ有ツル其ノ神也(中略)、此ク崇メ立タレバ、其ノ喜ビニ京上スル送リニ上ル也、須クハ京ニ送リ着ケテハ、立チ可レ返シト云ヘドモ、亦受領ニ構ヘ成シテ後ニ返リ来ラムト為(中略)仰セ給テ、京ニ上リ給ヒヌト見テ、汗水ニ成テ夢覚ヌ、早ウ夢也ケリト思フニ、此ノ神ノ御心極テ忝ク貴クテ、其ノ後、人ニ此ノ夢ヲ語レバ、聞ク人皆哀レニ貴ビ奉ル、

而ル間、実方ノ中将ト云フ人ノ此ノ国ノ守ニ成テ下ケル程ニ、其ノ騒ギニ此ノ夢ノ事モ忘ニケリ、年月ヲ経テ思ヒ不レ懸ヌ程ニ(中略)京ヨリ除目ノ書ヲ持下タリ、見レバ此ノ国ノ前司既ニ常陸ノ守ニ成ニケリ、(後略)

大間書

(中略)

四七四 長徳二年正月廿五日〔長徳二年大間書〕

陸奥国

按察使、従二位藤原朝臣顕光兼

記事

権少目

博士

権博士

医師

権医師

陰陽師

出羽国

掾

権掾　正六位上藤原朝臣時頼、太皇太后宮内監籍、

大目　正六位上播磨宿禰豊成、停中納言源朝臣正暦五年給備後大目清額改任、

権大目

少目

(中略)

鎮守府
軍監
権軍監
権軍曹
権軍曹
長徳二年正月廿五日

四七五　長保元年五月八日〔御堂関白記〕
於㆓馬場㆒見㆓陸奥交易御馬㆒、是参内次、（後略）

四七六　長保元年五月九日〔御堂関白記〕
参内、着㆓陣座㆒、道方朝臣下㆓交（マヽ）交易御馬解文㆒、可㆑出㆓御南殿㆒者、御装束了御出、引㆑馬後、召㆓右（左）近中将経房朝臣、馬頭相尹朝臣、右近中将実成朝臣、馬助孝義㆒、令㆑取㆓御馬㆒、共取後、左右各置㆑鞍馳、入㆑夜入御、御馬廿疋、

四七七　長保元年五月九日〔紀略〕
奏㆓陸奥交易御馬廿四疋解文㆒、天皇出御㆓覧之㆒、

四七八　長保元年五月九日〔樗嚢抄〕
陸奥交易
長保元五九、廿疋出御（後略）

四七九　長保元年七月廿日〔権記〕
（前略）以㆓穀倉院納紀伊国当年租白米代絹十疋㆒、依㆓宣旨㆒付㆓民部典侍㆒、令㆑給㆓右近蔵人㆒、故良典侍法事料也、又以㆓出羽所㆑進臨時交易絹㆒、可㆑給㆓女房㆒之由、奉㆓勅命㆒、（後略）

四八〇　長保元年七月廿一日〔権記〕
早朝参内、以㆓交易絹㆒、支㆓配女房㆒、三位六疋、民部大輔、衛門、宮内各五疋、以上御乳母四人、進兵衛、右近、源掌侍、靫負掌侍、前掌侍、少将掌侍、馬左京、侍従、右京、駿河、武蔵、左衛門、左近、少納言、少輔、内膳、今十九人各四疋、中務、右近、各三疋、女史、命婦二疋、得選二人各二疋、上刀自一人一疋、（後略）

四八一　長保元年七月廿二日〔権記〕
参内、以㆓交易絹㆒、支㆓配㆒給女房㆒、

四八二　長保元年七月廿三日〔権記〕
日出参内、与㆓権中将㆒、相共詣㆓左府㆒、義理所㆑送馬二疋令㆑覧、一鹿毛即奉献、（後略）

四八三　長保二年十二月十一日〔権記〕
早朝奏㆓東宮被㆑申陸奥絹百疋事㆒、仰云、可㆑給、幷内蔵寮申二百疋者、半分可㆑給□

四八四　長保二年十二月十八日〔権記〕
参内、御仏名導師等事、奉㆑勅書下、（細注略）次参㆓藤壺㆒、御読経結願、仰㆘出納如時陸奥絹六疋可㆑宛㆓御簾料㆒、之由㆖、（後略）

四八五　長保二年十二月廿一日〔権記〕
（前略）亦被㆑仰㆘可㆑奉㆑遣㆓御葬料㆒由㆖、先日左大臣有㆑令㆑申、其数問㆓

大臣ニ可ニ申行一□(者カ)、即被レ奏云、絹百疋、布三百端、米百石儲候之、被レ仰云、以ニ件物一自ニ蔵人所一可レ令レ送ニ彼宮一、又仰ニ左衛門尉忠親一、御葬送日雑事等、能可ニ奉仕一之由者、即差ニ小舎人一令レ召、又米百石宣旨申ニ左大臣一仰ニ奉親宿禰一、仰ニ蔵人所出納如時一、可レ用ニ陸奥交易絹布三百端之中一、百端仰ニ穀倉院一令レ儲、〈奉親宿禰儲之〉、二百端以ニ所牒一召ニ上野国麻布二百端一、(後略)

四八六　長保二年十二月廿七日〔権記〕

臨時御読経結願、依レ仰向ニ南殿一、令ニ出□(居カ)一、左近中将経房朝臣仰ニ度者一事、陸奥臨時交易□(絹カ)十疋給ニ右衛門典侍一、〈仰蔵人則隆〉、等第絹事、仰ニ出納如時一、(後略)

四八七　長保三年十二月廿九日〔権記〕

従二位行中宮大夫兼陸奥出羽按察使源時中依レ病剃髪、今夕入滅、前左大臣源朝臣第一息也、

四八八　長保六年三月十八日〔御堂関白記〕

陸奥守道貞(橘)申ニ赴任由一、賜ニ盃酌一、次有ニ和奇(哥)事一、賜ニ直装束、野剣、胡録、弓、馬、鞍等一、上卿四人被レ座、(後略)

四八九　長保六年三月十八日〔権記〕

左相府餞ニ陸奥守道貞朝臣一云々、雖レ有レ召不レ参、

四九〇　寛弘元年十月廿一日〔御堂関白記〕

早朝修理大夫(平親信)献ニ重義馬一、随身来、前将軍(兼光)馬三疋献、(後略)

四九一　寛弘元年十二月十五日〔御堂関白記〕

(前略)陸奥交易御馬廿疋入レ自ニ月華門一、(後略)

四九二　寛弘二年一月十四日〔御堂関白記〕

(前略)陸奥臨時交易渡ニ行事所一、(後略)

四九三　寛弘三年三月九日〔類聚符宣抄七〕

○押領使

太政官符陸奥国司外

応下以ニ正六位上平朝臣八生一補中任押領使職上事

右得ニ被国去長保五年三月十日解状一偁、謹撿ニ案内一、此国北接ニ蛮夷一南承ニ中国一、奸犯之者、動以劫盗、仍試以ニ件八生一為ニ国押領使一令レ行ニ追捕事一、凶賊漸以刊レ跡、部内自以粛清、見ニ其勤公一、最足ニ採用一、抑八生、故武蔵守従五佐上平朝臣雅弟、同公基男也、門風所レ扇、雄武抜レ群、望請官裁、以ニ件八生一、被レ補ニ任押領使一、将下励ニ翹勇之心一、弥領中狼戻之俗上者従二位行権中納言兼中宮大夫右衛門督藤原朝臣斉信宣、依レ請者、国宜ニ承知依レ宣行一レ之、符到奉行、

右少弁(広業)　　　　左少史

寛弘三年三月九日

四九四　寛弘五年一月四日〔御堂関白記〕

(前略)前将軍兼光(藤原)馬五疋献(後略)

四九五　寛弘五年正月廿六日〔除目大成抄〕

寛弘五　陸奥大掾正六位上矢田部宿禰久安〈停皇太后長徳元年御給物部利胤改任、〉

可ニ勘合一否〈件職長徳元年御給、寛弘二年十二月以物部利胤任陸奥大掾、而任符未出、〉

皇太后宮職
正六位上矢田部宿禰久安
右長徳元年御給、寛弘二年十二月、以二物部利胤一任二陸奥大掾一、而依二身病一不レ給二任符一、仍以二件久安一可レ被レ任之状、所レ請如レ件
寛弘五年正月廿六日　従二位行中納言兼大夫左衛門督藤原朝臣公任

四九六　寛弘五年十二月四日〔権記〕

参二結政一、有二中文一、出羽訟使返事、此次申二日上源中納言一、南中文着政、参内、陸奥国交易馬廿疋、今日御覧、於二南殿一有二此儀一、主上出二御南殿一、階以二西第（空字）間一立二大床子一、御後施二屛風一帖一、二帖可立也、蔵人少将候御剣置レ之、左大臣為二日上一、御覧了置レ鞍東上西馳、

四九七　寛弘六年八月廿三日〔御堂関白記〕

後夜後、従レ寺帰来、宇佐使為理罷申、衣装束、馬給、参二太（大）内一、退出後、参二東宮一、被レ定二殿上一、季随朝臣、少納言守隆、少将定頼、受領播磨守生昌、大和守輔尹等也、陸奥守済（藤原）家罷申、賜二女装束、下襲、表袴、馬、其妾乗鞍一具、又女騎料馬、二人鞍笠、行騰装束二具等給レ之、

四九八　寛弘六年十二月二日〔御堂関白記〕

（前略）読書広業、史記五帝本紀帝堯篇、多為忠、左伝荘公卅一年伝、従二太（大）内一有二御産養事一、御使左近少将忠経、御前物、上達部、侍従饗、大褂十七、白絹百二十疋、綿五百屯（ママ）、濃信布五百端、紙六百帖、屯倉廿具、右大臣、内大臣以下悉参入、事儀如二夜（部カ）一、・（侍）渡二殿座一、賜レ禄、
二日、（裏書）（中略）召二読書者等一、忠経賜二女装束一、（博脱）士三人賜レ禄、数献後置レ紙、公（弘）紙甚依二下品一、給二陸奥紙一、上達（部脱）・殿上人有二擁事一、公大褂給、次従二女方一賜レ禄、大臣女装束加褂、大納言織物褂、袴、中納言綾褂、袴、宰相小褂、袴、殿上人例禄、諸大夫疋見、主殿立明者皆疋見、諸司女方、釆女方賜レ絹、有二各差一、絹五百疋許、権大夫献盃有、令二勘解由長官書一レ之、

四九九　寛弘七年十一月廿八日〔御堂関白記〕

（前略）此日早朝陸奥（守脱）済家献二馬廿疋一、此中若宮二疋、左衛門督、権中将各二疋、

五〇〇　寛弘九年六月四日〔小右記〕

（前略）左中弁見二陸奥進絹五十疋解文一、左中弁見二同国解文一、絹数如二悠紀一、（後略）

五〇一　長和元年閏十月十二日〔御堂関白記〕

（前略）従二陸奥守済家許一、献二□（馬カ）二疋一、是依二先日仰遣一所レ奉、

五〇二　長和元年閏十月廿一日〔御堂関白記〕

将軍兼（藤原）光朝臣献二馬二疋、鵰羽一、参二大内幷皇太后宮一、入レ夜退出、

五〇三　長和元年閏十月廿三日〔御堂関白記〕

（前略）依二昨日出羽□（守カ）（源）親平一献二馬六疋一、（後略）

五〇四　長和元年十一月十七日〔御堂関白記〕

（前略）此間陸奥臨時交易御馬参来、外記実国申二御馬解文候由一、召レ之奏聞、即下給、仰下可レ有レ御二出南殿一由上、（後略）

五〇五　長和三年二月七日〔小右記〕

今日将軍維良自二奥州一参上、所レ貢二左府一之物、馬廿疋、（十二疋置調鞍、今二疋不鞍置、今八疋貢家子達）故鞍、鷲羽、沙金、絹、綿布等、其数尤多、為レ預二将軍任符一、随二身数万物一詣二蓮府一、道路成レ市、見レ之巨万云々、件維良初蒙二追捕官符一、不レ経レ幾関二栄爵一、又任二将軍一、財貨之力也、外士狼戻輩弥濫貯二財宝一、企レ買二官爵一之計歟、悲代也々々々、

五〇六　長和三年十二月廿二日〔小右記〕

前陸奥守済家、并按察（隆家）俸料、絹卅疋、別檀紙十帖、絹給二人々一、又給二檜皮工一疋一、

五〇七　長和四年七月十五日〔御堂関白記〕

唐僧念救帰朝、従二唐天台山一所レ求作料物送レ之、斉（済）家朝臣母馬廿疋献、（中略）

施　送

（中略）

奥州貂裘参領（長二領 一領）

（後略）

五〇八　長和四年十一月三日〔御堂関白記〕

（前略）将軍維能（良）献二馬十疋一、

五〇九　長和五年七月十日〔御堂関白記〕

（前略）在別紙候レ内、年物等令レ献レ宮、沙金百両、檀紙五十帖、色紙五十巻、犬頭糸五十約（絇）、丹波糸百約（絇）、入二陸奥唐櫃二合一、（後略）

五一〇　長和五年七月十三日〔御堂関白記〕

召二陸奥臨時交易絹一、可レ給二女房一由、仰二資平朝臣一可候、

五一一　長和五年十月廿二日〔御堂関白記〕

（前略）陸奥守（藤原）貞仲貢馬十疋、

五一二　長和五年十一月六日〔御堂関白記〕

（前略）其小（駒）馬間、引出馬二疋志、是今朝（鎮守府）将軍（平）維良奉馬五疋内、

五一三　寛仁元年九月十八日〔御堂関白記〕

前陸奥守済（家）献二馬二疋一、

五一四　寛仁元年十一月九日〔小右記〕

又行事所申請陸奥絹百疋、依レ請宣下了者、

五一五　寛仁元年十一月十日〔小右記〕

余答云、只今絹不足、不レ可レ度、陸奥太宰等絹、多以進二納行事所一、請二申彼絹一更度二蔵人所一、可レ有二物煩一、以二此趣一可レ申二摂政一之由、相示了、

五一六　寛仁元年十一月十五日〔御堂関白記〕

出羽守（大中臣）宣茂進二馬十疋一、（後略）

五一七　寛仁元年十二月三日〔御堂関白記〕

（前略）御馬交易使清（日下部）武随二身馬一来、仰下可レ候二便所一由上、又貞仲貢二

馬四疋、

五一八　寛仁元年十二月五日（御堂関白記）

清武献葦毛一、参二大内一、於二南殿一御二覧交易御馬一、（後略）

五一九　寛仁元年十二月五日（小右記）

御二覧陸奥交易御馬廿疋一云々、（後略）

五二〇　寛仁元年十二月六日（小右記）

早旦見二交易御馬八疋一、（後略）

五二一　寛仁元年十二月八日（江家次第巻第十九）

御二覧陸奥交易御馬一事

（中略）

一条院寛仁元十二八

（後略）

五二二　寛仁二年五月十四日（小右記）

（前略）一日差二光忠一仰遣、其返事云、陸奥交易御馬能通給二允為政、忠兼等一、申二御馬散用一之間、摂政聞食、有下可二取返一之仰上、仍所二取遣一、至二忠兼一乍レ承二此由一、罷二下美乃国一、仍差レ使取遣了者、余仰云、件交易馬給二允延利一了云々、（中略）又今朝為政申云、召二返御馬一、今夕輔公返送云、摂政殿仰云、如レ元労飼、十箇日内令二肥満一可レ奉者、（後略）

五二三　寛仁三年三月五日（小右記）

早朝宰相来云、左府及諸卿、定二申常陸陸奥石見等国司申請雑事一、

（後略）

五二四　寛仁三年六月廿九日（小右記）

（前略）定二国々司、并将軍永盛等申請雑事一、和泉、伊勢、志摩、遠江、近江、陸奥（後略）

五二五　寛仁三年十二月七日（除目申文抄）

任符、

大政官符陸奥国司

正六位上於保宿禰公親

右去正月廿三日任二彼国権少掾一了、国宜承知、至即任国符到奉行、

正四位下行左京大夫兼左中弁藤原朝臣在判

正五位下左史兼播磨介朝臣在判

寛仁三年十二月七日

伝符一枚、師封

五二六　治安二年十月廿日（左経記）

（前略）

（十月）二十日、陸奥交易御馬御覧事

（後略）

五二七　治安二年十月廿日（左経記）

（前略）陸奥国御馬交易使左馬允藤原行則、交二易―進御馬廿疋一、依二今明御物忌一、吉夕籠宿、但於二解文一者、付二大夫史公親朝臣一了云々、有レ仰先於二清涼東殿一御覧関白殿候御簾中、右少将頼基候御前（後略）

五二八　万寿二年十月廿八日（小右記）

貢馬
陸奥守孝義志二馬二疋一、（鴾毛、栗毛駮、）（後略）

五二九　万寿二年十月廿九日〔小右記〕

（前略）宰相来語次云、陸奥守孝義貢馬四箇所、（禅閤、関白、下官、内府、）後聞、馬二疋志二権大納言一云々、可二代下一也、国々司禅閤家子等皆志、而孝義不レ然、有レ所レ案歟、（後略）

五三〇　万寿二年十一月廿九日〔小右記〕

（前略）右頭中将下二給宣旨二枚一、（摂津申拒捍使事、将軍頼行申交替事、）（後略）

五三一　万寿三年十一月廿八日〔紀略〕

天皇出御、覧二陸奥交易御馬一、

五三二　万寿三年十一月廿八日〔左経記〕

（前略）交易陸奥国御馬廿疋入京、先参レ宮、是依二入道殿御座一也、於二西中門外一覧二御馬一、（後略）

五三三　万寿三年十一月廿九日〔左経記〕

（前略）有レ次奉レ問下昨日御馬解文外記返之由、并上卿給二外記一之由等上、仰云、臨時交易御馬解文、猶自二官方一可レ奉也、又上卿覧二御馬一之後、猶召レ弁可レ賜二解文一也、（後略）

五三四　万寿四年十二月十一日〔小右記〕

（前略）将軍頼行朝臣貢馬二疋、（鹿毛、鼠毛、）是軍監頼贖（マヽ）労料、

五三五　長元元年九月六日〔左経記〕

（前略）又六奥守孝義愁申前司則光任終年沙金事、前年上達部有レ定、其事等被二一定一、仍也（マヽ）被レ申二其案内一、御報云、爵事可レ被二申請一也、沙金事追可レ聞也者、（後略）

五三六　長元元年九月六日〔小右記〕

（前略）其次達二前日奥州沙金事一、少時返来伝二御報一、左中弁経頼来、（陸奥貢金定事、）付二陸奥守孝義申前司則光任終金定文、并本解文一、件定文内有二国々定一、彼間定文也、仍不二切留一、事之子細相二示大納言斉信一、故中納言公信、故参議広業定云、可レ被レ許二計歴一、又任終年金後司孝義可レ済、先日仰云、定下申可レ被レ許二計歴一由上、更又定二前司任終年金可レ弁由一、彼時可二同（問カ）仰一、公信已薨、広業云、可レ有（有可カ）二弁之理一、可レ下二遣前司則光一者、其後広業又薨、至二斉信卿一、未レ仰二此由一、定日申若有二可レ弁之理一、罷下可二沙汰一由、仍所レ不レ仰也、至レ今可レ在二勅定一歟、随二此度仰一可レ有二一定一、（中略）奥州定文給留可二見給一者、気色可レ有二前司之弁一歟云々、

五三七　長元二年八月二日〔朝野群載第廿六〕

為レ勤二交替一申二前司一

従四位下行陸奥守藤原朝臣朝元誠惶誠恐謹言

請レ被下殊蒙二天裁一、下二遣前司従四位上平朝臣孝義一、令上レ勤二仕交替政一状

右朝元、謹検二案内一、交替之政、前吏為レ本、分付官物、文書為レ先、朝元正月廿四日拝任、七月十四日首途、孝義朝臣同月廿六日参洛已了、朝元早随二着任一、相二会誰人一、検二知官物一、沙二汰公文一哉、望請、天裁被レ下二遣孝義朝臣一、令レ勤二仕交替政一、将レ令レ分二付官物一、朝元

誠惶誠恐謹言、

長元二年八月二日　従四位上行陸奥守藤原朝臣国元

（注　朝元（国元）は長元四年一月十日死んでいる。）

五三八　長元二年九月五日〔小右記〕

（前略）前陸奥（守脱カ）孝義志二沙金十両一、金粒太大、不レ似二例金一、加二鷲尾一、々々随二身壺胡簶料一也、孝義云、此砂金者異二例金一、不レ可レ被レ宛二用雑之事一、若有二御用一者、今十両可レ志者、（後略）

五三九　長元四年二月廿三日〔小右記〕

（前略）又命云、陸奥守貞仲時、砂金以二色代一可二進済一之由、去年除目以二諸卿一定申、（砂金事）満正任（時カ）、以二絹一疋一宛二砂金一両一進済、貞仲申下請以二二疋一宛二一両一可レ済由法令上、定下申可レ有二裁許一由上、依レ不レ注二定文一、惜所レ不レ覚者報、云、諸卿多申下可レ被二裁許一由上、有二前例一之上、一疋倍二満正例一、就中雖レ有下可レ進二見金一之貢上、難二進納一歟、

（後略）

五四〇　長元四年十二月十八日〔樗嚢抄〕

陸奥交易、（中略）長元四十二十八、出御、（後略）

五四一　長元五年八月廿五日〔小右記〕

（前略）召二主税助雅頼一、同（間カ）二陸奥砂金事一、可レ逢レ詔哉否事也、申云、彼国百姓狭布、皆是調庸徭丁之之所レ弁、至二狭布一依二詔文一所レ被レ免也、至レ金者以二彼調庸徭丁一、給レ食所レ令二掘進一、不レ可レ調下免二調庸等一之詔上、調庸等丁其数多々、然者所謂砂金可レ及二数千両一只是年料所レ被二定置一也、一切不レ可レ被レ免者、唯対馬嶋銀者、有二所レ被レ定之丁数一、仍可レ霑二詔書一歟、余仰云、水銀者付（如何カ）、雅頼云、惜不レ覚者、仰云、件三色事、尋勘可レ進之由、召二仰之一、雅頼云、滋望倫寧之時、天暦御宇不レ被レ免事也、倫寧全勤二五ヶ年料金一了、年々遺金三千余両又弁進者、件事見二故殿御日記一、与レ所レ申無二相違一、

五四二　長元七年十一月十一日〔左経記〕

（前略）陸奥守兼貞馬十疋貢者、則於二南庭一覧レ之、（後略）

五四三　長元七年十一月廿九日〔左経記〕

（前略）

（十一月）廿九日、武蔵御馬事、出羽臨時交易絹事、（中略）

五四四　長元七年十二月十四日〔左経記〕

入レ夜大夫史義賢朝臣来向云、左大弁御消息云、陸奥去今年料絹解文依二今日物忌一不レ能レ下、可レ然可レ申者、即相示云、僕又今明物忌也、雖レ然共称二物忌一空不レ可レ経レ日者、今日為二申日一之内已及二暗夜一、明日仰二可レ申之由一取二解文一了、義賢申云、件解文長元六年料載二絹数一、今年料不レ載、仍問二其旨一之処、綱丁申云、所レ進之絹千二百疋也、而先例所レ進陸奥絹三百、他国絹三百也、是彼国絹難レ得也、仍半分以二代物一路次之間交易備也、為二代之例一、而此度絹彼国絹三百、他国九百疋也、若依レ違二先例一不レ注二絹数一歟者、以二此旨一可レ申者、

五四五　長元七年十二月十五日〔左経記〕

（十二月）十五日、陸奥所㆑進絹事、依㆓虹立㆒外記庁有㆓仁王会㆒事、

（後略）

五四六　長元七年十二月十五日〔左経記〕

天晴、参㆑殿令㆑申㆓陸奥去今両年絹解文㆒、（年別六百疋、八月廿五日解、綱丁従七位上白河団擬矢八占部宿禰安信）即令㆑申云、綱丁安信申云、彼国依㆓絹難㆑得、左右相構当国絹三百疋奉㆑之、遣九百疋交㆓易隣国㆒所㆑奉也者、仰、解文付㆓頭弁㆒可㆑令㆑奏、但於㆑絹者雖㆓当国絹㆒疎悪者可㆓返給㆒也、雖㆓他国㆒於㆑宜者可㆑納也者、（後略）

五四七　長元七年十二月十六日〔左経記〕

（前略）又昨日陸奥解文送㆓頭左中弁御許㆒、（中略）及㆓晩景㆒陸奥絹解文自㆓頭弁許㆒奏聞了送云、令㆓検納㆒者、即送㆓義賢朝臣許㆒云、慥加㆓検索㆒、不㆑論㆓当他国㆒、有㆓疎悪絹㆒者可㆓択返㆒者、

五四八　長元八年五月十六日〔左経記〕

（前略）内府以下上達部皆以参入、（是依有歌合戯也、）（中略）陸奥前守孝義朝臣進㆓簾下㆒、取㆓山吹織物褂一領㆒、授㆓判者㆒、（後略）

五四九　長暦三年閏十二月廿五日〔江家次第巻第十九〕

御㆓覧陸奥交易御馬㆒事

（中略）

京極殿（長暦三閏十二廿五）（後略）

五五〇　長暦三年十二月廿六日〔樗嚢抄〕

陸奥交易（中略）長暦三十二廿六、（卅疋出御南殿）（後略）

（注　藤原公任は長久二年に没しているので、北山抄の年次不詳関係記事をここに一括掲載する。）

五五一　臨時小除目〔北山抄第三および第六〕

臨時小除目於㆓御前㆒書者、不㆑書㆓太政官謹奏文㆒

（中略）

按察使書㆓於陸奥国㆒、不㆑載㆓出羽国㆒、「給㆓任符両国㆒」

五五二　定受領功過事〔北山抄巻第三〕

定㆓受領功過㆒事

人名「国名」「不㆑書㆓国字㆒、四位加㆓朝臣㆒」

請調庸物返抄四箇年、「合格」「陸奥、出羽、西海道、五ケ年、重任延任者、随㆓其年限㆒、可㆑称㆓合格㆒」

（頭注）「陸奥出羽両国勘済用途帳云々」

（中略）

率分「無缺」

陸奥出羽西海無㆓率分勘文㆒、

（頭注）「志摩飛驒出羽陸奥佐渡隠岐西海道以上国当斎院禊祭料、陸奥無率分云云、而大膳職有昆布率分、有缺可尋也」

（中略）

裡書

（中略）

請調庸物返抄〔陸奥、出羽、勘済用途帳〕

五五三　不堪国々〔北山抄巻第三〕

不堪国々（卅五箇国）

伊賀　伊勢　尾張　遠江　駿河　相模　武蔵　安房　上総
下総　常陸　近江　信乃　上野　下野　陸奥　越前　加賀
能登　越中　越後　但馬　因幡　伯耆　出雲　石見　播磨
〔不言上〕　備前　備後　安木　長門　淡路　阿波　讃岐
土佐

五五四　請外印事〔北山抄巻第七〕

請二外印一雑事

（中略）

下陸奥国符交易進沙金事

（後略）

五五五　除信濃御馬〔北山抄巻第九裏書〕

（以也本書入之朱）除二信濃御馬一外、近代皆絶無下覧二御馬一之儀上、唯陸奥御馬所レ覧也、
近例雖二信乃御馬一猶無二御出一、

五五六　永承四年十二月八日〔樗嚢抄〕

陸奥交易（中略）永承四十二八、（使右近番長下公武（後略）出御南殿、卅疋、）

五五七　六箇郡之司〔陸奥話記〕

六箇郡之司有二安倍頼良者一、是同忠良子也、父祖忠頼東夷酋長、威風大振、村落皆服、横二行六郡一劫二略人民一、子孫尤滋蔓、漸出二衣川外一、不レ輸二賦貢一無レ勤二徭役一代代驕奢、誰人敢不レ能レ制レ之、永承之頃、太守藤原朝臣登任発二数千兵一攻レ之、出羽秋田城介平朝臣重成為二前鋒一、太守率二夫士一為レ後、頼良以二諸部俘囚一拒レ之、大戦二于鬼切部一、太守軍敗績、死者甚多、於レ是朝廷有レ議、択二追討将軍一、衆議所レ帰独在二源（朝脱カ）臣頼義一、（中略）忽応二朝選一専二征伐将帥之任一、拝為二陸奥守一、兼二鎮守府将軍一、令レ討二頼良一、（中略）入レ境著レ任之初、俄有二天下大赦一、頼良大喜、改レ名称二頼時一、（同太守名有禁之故也）委レ身帰服、境内両清、一任無事、（後略）

五五八　天喜四年八月三日〔帝王編年記〕

前陸奥守兼鎮守府将軍源頼義可レ追二討安倍頼時一之由、被レ下二宣旨一合戦、

五五九　天喜四年八月三日〔十三代要略巻二〕

（天喜）四年
（中略）八月三日、陸奥守源頼義、与二俘囚安部頼時一合戦、頼時敗、

五六〇　天喜四年十二月廿九日〔百錬抄〕

源頼義更任二陸奥守一、為二征夷一也、陸奥守良綱遷二任兵部大輔一、

五六一　天喜四年〔陸奥話記〕

（前略）（天喜四年）今年朝廷雖レ補二新司（良綱）一、聞二合戦一告二辞退一不レ赴レ任、因レ之更重二任頼義朝臣一、今年騒動、而国内飢餓、粮食不レ給、大衆一散、忽迫二再会出謀一之間、漸送二年序一、（後略）

五六二　天喜五年八月十日〔帝王編年記〕

前陸奥守頼義可レ追二討頼時一之由、被レ下二官符一、

五六三　天喜五年八月廿日〔十三代要略巻二〕

（前略）（天喜五年）八月廿日、陸奥解状云、俘囚頼時依二官符一殺戮云々、

五六四　天喜五年八月十日〔扶桑略記〕

前陸奥守源頼義襲二討俘囚安倍頼時一之間、給二官符東山東海両道諸国一、可レ運二充兵粮一之事、公卿定申、又下二遣官使太政官史生紀成任、左弁官史生惟宗資行等一、

五六五　康平五年十月〔諸道勘文〕

同(康平)五年十月、前陸奥守頼義言下上虜二夷賊貞任等一、状上、

(中略)

五六六　康平五年十月廿九日〔十三代要略巻二〕

(康平)五年

十月廿九日、前陸奥守頼義言下上斬二賊貞任等一之状上、

五六七　康平五年十月廿九日〔康平記〕

左大弁被レ覧下前将軍頼義朝臣与二俘囚貞任宗任等一合戦由文上、即付二蔵人弁一令レ奏給、

五六八　康平六年二月廿五日〔陸奥話記〕

(前略)同(康平六年二月)廿五日、除目之間、賞二勲功一、拝二頼義朝臣一為二正四位下伊予守一、太郎義家為二従五位下出羽守一、次郎義綱為二左衛門尉一、武則為二従五位下鎮守府将軍一、献レ首使者藤原秀俊(季カ)為二右(左カ)馬允一、物部長頼為二陸奥大目一、勲賞之新、天下為レ栄矣(後略)

五六九　康平七年三月廿九日〔朝野群載第十一〕

太政官符　伊予国司

応レ安二置便所一、帰降俘囚安倍宗任、同正任、同貞任(ママ)、同家任、沙弥良増等五人、従類参拾弐人事

宗任従類大男七人

正任従類廿人大男八人小男六人女六人

貞任従類大男一人

家任従類三人大男一人小男一人

沙弥良増従類一人

部領使正六位上行鎮守府将軍監藤原朝臣則経従類三人

右得二正四位下行伊予守源朝臣頼義、去月廿二日解状一称、謹検二案内一、帰降之者、先日注二交名一、早経二言上一、随則被レ下二給官符一称、件人等可レ随二後仰一者、於二陸奥国一、雖レ待二裁下一、既無二左右一、仍抽二為レ宗故俘囚首安倍頼時男五人一、随身所二参上一也、抑宗任破二衣河関一之日、去二鳥海之楯一籠二兄貞任嫗戸之楯一、相共合戦、然而貞任等被二誅戮一間、被レ疵迯脱、其後棄二抛兵仗一、合掌請レ降、即跪二陣前一悔二前悪一、正任被レ落二衣川関一、迯二小松楯一之刻、相二具伯父僧良昭一、逃二走出羽国一、守源朝臣斉頼、聞二此由一、囲二在所一之間、迯二入狄地一、去年五月称レ奉二命於公家一、所二出来一也、貞任合戦之間、依レ有二身病一、不レ与二今度之軍一云々、然而被レ落二所々楯一之由、依レ無レ所レ遁レ身、請レ降出来、沙弥良僧俗名則任、従二最初戦之庭一、被二追散一之後、為レ助二身命一忽出家、即以レ母為レ先合掌出来、家任籠二嫗戸之楯一、為レ兄共合戦、而貞任重経清被二誅殺一之際、交二歩兵之中一迯脱、経二一両日一之後、東レ手露レ身出二来軍中一者、正二位行権中納言兼宮内

卿源朝臣経長宣、奉レ勅、件宗任等忽悔二旧悪一、已為二降虜一、推二其情趣一、何不二矜憐一、宜仰二被同党類一、相共移二住便所一、永為二皇民一、支二給衣粮一者、国宜二承知依レ宣行一レ之、路次之国、宜レ給二食馬一、符到奉行、

右大史小槻宿禰孝信

左中弁藤原朝臣泰憲

康平七年三月廿九日

五七〇　康平七年四月十三日〔樗嚢抄〕

陸奥交易

（中略）

康平七四十三、伊予守頼義貢陸奥交易御馬、出御南殿、

五七一　治暦二年十二月十六日〔江家次第第十九〕

御二覧陸奥交易御馬一事

（中略）

治暦二年高陽院十二月十六日

（後略）

五七二　延久元年十二月十九日〔江家次第巻第十九〕

御二覧陸奥交易御馬一事

（中略）

延久元年高陽院十二月十九日

（後略）

五七三　承保二年二月六日〔江家次第巻第十九〕

御二覧陸奥交易御馬一事

（中略）

高陽院承保二二六

（後略）

五七四　承保三年二月六日〔水左記〕

（前略）今日御二覧交易御馬一、（中略）下二御馬卅疋解文一、（後略）

五七五　十一月七日白川のせきを〔橘為仲朝臣集〕

十一月七日白川のせきを過侍しに雪ふり侍しかは人つてに聞渡りしを年ふりてけふ雪すきぬしら川の関

五七六　承暦四年十月十九日〔水左記〕

（前略）又下二官前日所レ給文二通一、陸奥国司申条々事、一請以会津耶磨郡為一国事、一請按察公廨分附出羽国事、一請年貢沙金内百五十両分附下野国事、一当国犯人越渡他国事、子細之旨在二定文一、（後略）

五七七　文安元年閏六月廿五日〔康富記〕

（前略）太守（義家）之郡使合二力成衡一有二合戦一、城中頗危、寄手清衡家衡得レ利之間、太守義家朝臣自率二利兵一有二発向一、被レ扶二成衡一、先レ之遣二使於清衡家衡一仰云、可レ退歟、尚可レ戦歟也、清衡家衡申二可レ退之由一欲レ避之処、清衡之親族重光申云、雖二一天之君一不レ可レ恐、況於二一国之刺史一哉、既対レ楯交レ刃之間、可レ戦之由申レ之、与二太守官軍一及二合戦一、重光被レ誅了、清衡家衡両人跨二一馬一没落了、此間真衡於二出羽発向之路中一侵レ病頓死了、此後清衡家衡対二太守一不レ存二野心一、死亡之重光為二逆臣一之由陳之、請レ降之間、太守免二許之一、六郡割分各三郡充（宛カ）被レ補二清衡家衡一処、家衡雖レ讒二申兄清衡一、太守不レ

許也、剰清衡有二抽賞一之間、家衡令レ同二居清衡館一之時、密謀二青侍一、〻〻欲レ害二清衡一、〻〻先知レ之、隠二居叢中一処、家衡放レ火焼二払清衡宿所一、忽殺二害清衡妻子眷属一了、清衡参二太守一、此歎訴申之間、自率二数千騎一発二向家衡城沼柵一、送二数月一、遇二大雪一、官軍失二闘利一、及二飢寒一、軍兵多寒死飢死、或切二食馬肉一、或太守懐レ人令レ得レ温令二蘇生一、如レ此之後、重率二大軍一欲二進発一之、太守義家之弟義光於二京都一聞二此大乱一、雖レ申レ暇無二勅許一之間、辞二官職一逃下、属二太守一攻レ敵了、此後家衡打二越伯父武衡館一相二談此之一、武衡申云、太守者天下之名将也、已得二勝軍之名一、非二高運一乎、可レ楯二金沢城一之由誘也、武衡同所二籠入一也、（後略）

（注　奥州後三年絵詞を中原康富が伏見殿において見て内容を摘録したもの。現存の後三年記にちょうど欠けている部分を引いた。）

五七八　応徳二年十二月四日〔為房卿記〕

右近府生下毛野重季陸奥交易御馬卅疋今日持参、（後略）

（注　後略分は応和四年五月十四日条参照。）

五七九　寛治四年十二月七日〔後二条師通記〕

（前略）以二随身一令レ垂（乗カ）二爽馬一見レ之、興言甚美也、件馬黒毛、自二殿下一被レ給云々、此〇（之）次陸奥貢馬所レ見、件馬字謂二之織物一、（後略）

五八〇　義光〔佐竹系図続群書類従巻第百二十〕

義光（ママ）
義家三男、新羅三郎、六条修理大夫顕季卿、在由緒、東国菊田庄義光被進也、奥州貞任宗任御退治附也、（後略）

五八一　寛治七年二月廿日〔江家次第巻第十九〕

御二覧陸奥交易御馬一事

（中略）

堀河院寛治七二廿

（後略）

五八二　寛治七年六月〔朝野群載巻廿六〕

勘解由使

勘二相模国解文一事

（中略）

一出挙、正税、雑稲、本穎、借貸無実事

式数八十六万八千廿束九把五分

（中略）

鎮守宮公廨二万束（中略）

定挙七十八万三千六百九十八束九把五分

（中略）

鎮守宮三万四千卅七束九把五分

（後略）

（注　大日本史料三の二は、鎮守宮を鎮守官と読んでいる。延喜主税式には当該分は鎮守府公廨五万四千卅七束とある。）

五八三　寛治八年二月廿二日〔柳原家記録四十六除目大間書〕

（前略）

陸奥国

按察使

権守
介
大掾
権介
少掾
少掾
少目
陰陽師
医師
弩師
出羽国
守従五位上藤原朝臣季仲
介
権介
大掾
掾
少掾
大目
小目
（後略）

五八四　寛治八年八月廿八日〔中右記〕

（前略）依レ可レ有二陣定一、左大臣以下公卿済々参仕有二陣定一、延暦寺中庄園事、美濃国申事、陸奥幷出羽条事等云々、（後略）

五八五　嘉保三年三月廿五日〔後二条師通記〕

（前略）民部卿来、為二殿御使一申云、従レ院被レ仰云、御随身近末、（下毛野）陸奥御馬使以二件人一可レ遣二差之一、令レ奏二事由一可二下知一、

五八六　嘉保三年三月廿九日〔右少弁平時範記〕

（前略）今日宣二下中宮大夫一云、以二右近将曹下毛野近末一、可レ為二陸奥国御馬交易使一者、上卿直被レ仰二下官一、々々仰二左大史成俊一了

五八七　嘉保三年十二月十五日〔中右記〕

末時許参二殿下一、付二有信一内二覧文一、（細注略）以レ詞申事、砂金従二蔵人所先例二下給、而近日金不レ候云々如何、仰云、前陸奥守義家朝臣砂金有二未進一云々、早相尋可レ申者、（後略）

五八八　永長二年閏正月廿八日〔中右記〕

（前略）今日陸奥臨時交易御馬被二相分一、給二馬寮使右近将曹下毛野近末一（去年向彼国、令上洛時父左近将監敦末卒、依遭喪以代官進上云々、）解文、左大弁申二関白殿一、則殿下付二蔵人弁時範一被二奏聞一也、右大将、（雅）右兵衛督、（雅）晩頭参二仗座一、蔵人弁時範下二御馬解文一、（卅疋）仰下可二推分給一由上歟、是於二南殿一依レ無二御覧儀一也、東中門東庭所司装束、（如八月、駒牽儀）（後略）

五八九　永長二年閏正月廿八日〔長秋記〕

交易御馬事、御馬乗事、
御馬取儀、宿々御覧

五九〇　永長二年二月廿五日〔中右記〕

（前略）又従二蔵人所一沙金不レ下給一、其直法為二行事一所レ不レ定也、可レ被レ賜二栄爵一人一事早可レ申二大殿一者、則参二京極殿一、付二尾張守一令レ申、仰云、前陸奥守義家合戦之間、不レ貢金一、彼年有二行幸一者、尋二件年例一可レ申者、（後略）

五九一　承徳二年十一月七日〔中右記〕

（前略）有二陣定一、左大臣、右衛門督、源中納言、左大弁、源宰相、伊勢外宮事、太宰府解唐人来着事、陸奥国司申貢金并条事等、左大弁且諸且書、（読カ）（後略）

五九二　凡勅任者〔江家次第巻第四〕

凡勅任者

（中略）

太宰帥　六衛府督

至二大間一者、無二差別一皆書入、（清書時用黄紙）太宰陸奥一分以上、雖レ載二大間一久不レ被任、

出羽城介（先任介、後給官符於脱田城）（アイク）

鎮守府将軍

（後略）

五九三　直物〔江家次第巻第四〕

直物

（中略）国替未給、（注略）参議先置二名替申文於座左一（（注中略）始自当年申文、置比五年以上申文、是陸奥出羽太宰諸国等、以五年為年限、仍至干当年、猶任限内也、依申請可替也、（注後略））（後略）

五九四　上野御馬御覧装束〔江家次第巻第八〕

上野御馬御覧装束

（中略）陸奥交易御馬御覧又用二此儀一、

五九五　御覧陸奥交易御馬事〔江家次第巻第十九〕

御二覧陸奥交易御馬一事

使入京後、国解文付レ官、大夫取レ之付二大弁一、々々申二執政一付二蔵人一被レ奏、暫候二御所一、

或本奉二宣旨一弁申二上卿一、々々付二職人一令二内覧一奏聞、

当日御装束、（其儀同上野御馬儀、南殿不懸御簾、懸御帳帷如常、）南廂西第四間（西宮記第三間、）鋪二満広筵二枚一、其北辺立二巨太宋御屏風二帖一、（西宮記馬影御障子立、）其前鋪二毯代一置二鎮子一、（記文不見、）其上立二大床子二脚一、（平文）其上鋪二菅円座一為二御座一、第三間簀子西柱下鋪二小筵一枚一為二上卿座一、（南北妻、）母屋第二間副二北障子一立二廻御屏風一、其中立二赤漆倚子一為二御装物所一、如二恒儀一、近例不三必設二関白座於此所一、（近代不必設之、依不参入給也、依牽分之間、若可下殿取之者、可有事煩歟、若参入給者可敷円座一枚於御座乾方歟、）上卿（用多大納言、大臣例万寿三年〔内大臣〕中納言例、〔天喜三年兼頼〕）依レ召着二仗座一、蔵人頭以二解文一下レ之、兼告下可レ有二御出一由上、（上卿付件蔵人可被引分事気色、）上卿移二着外座一、（令敷膝突、或有乍在奥座被行之人、）召二外記一問二諸司具否一、（左右将、左右馬頭、若助、左将監、左右馬乗等也、）又仰曰、可レ令レ入二御馬一由（可入自春華宣陽門等、）時刻出御、（御直衣、御挿鞋、）近衛将一人取二御剣一前行、（不帯剣、）御座定後、即置二大床子一、（西妻、北栖西又、）即向レ陣召二上卿一、（入自宣仁門可着膝突、上卿若在奥座者可昇歟、）上卿起座、経二軒廊并階下一登レ自二西階一着座、（以解文副笏、北山抄可令持近衛官人云々、故後家公令持外記、到西階下）

（取之、人為不可、）左近将監取版位、（帯弓箭出自本陣、）如恒、帰入本陣、右御馬乗十五
人、渡階下向日華門、（冠緌褐衣布帯白袴藁履持藤鞭、左亦准之、）次左右御馬乗卅人、（各十五人）
（内十人御馬乗、五人府番長以下、）引御馬入自日華門、（此間上卿開解文置前、）（中略）馬訖之後、上
卿退下、主上入御、上卿於仗座召外記筥入解文、下於外記
而退出、（或下官、是件解文依立用料、而近代多下外記云々、）自殿上差次将三人被奉一院春
宮執柄如恒、若無御覧時於大庭分取、如他駒牽時、里内之
時、無走御馬之儀、仗座雖在西供西方、四条大納言羽林抄之
心也、依上卿可渡御前也、（無階下之故也、）而猶又供東方之例多有之、
一条院（寛仁元十二八）
京極殿（長暦三閏十二廿五永承四十二八）
高陽院（承保二二六）
堀河院（寛治七二廿）
右仗時供西例
延久元年（高陽院十二月十九日）
治暦二年（高陽院十二月十六日）
陸奥臨時交易御馬無御覧准駒牽儀
解文自官奏聞（暫（留カ）召御所）
上卿依召参入候陣、
他駒引時、外記先申解文候由、
上卿着外座、外記進解文、（入筥）
上卿見畢進御所奏之、（返給時仰可分取申也）

蔵人下解文（仰曰依例令分取）
　四条記曰、仰詞中無依例字者引分事、関白可令案内歟、
上卿着外座、召官人令敷膝突、
召外記給解文、
次問左右次将左右馬寮頭等参否、
召弁仰可令奉仕建礼門前装束由、
　雨儀時、於中隔令取、御里内時、或於車宿廊令分取、
　立床子等、
上卿以下就中隔床子、
外記置解文筥於上卿前案、
引御馬
第一御馬髪有礼（或撤之、或不撤之、）
左右番長以下引之、
三廻訖、御馬至上卿前、
上宣騎（礼）
舎人等共跪抜鞭貫平案之、七八廻後上宣於利、並下、
次整立御馬於座前、（去上卿前三許丈可到）
先引分令鞴人引出之、
上宣近衛司（左次将起座称唯立）
上宣馬司（左頭若助称唯）
上宣近衛司（右次将称唯）

上宣馬司（右頭若助称唯）
上宣御馬取（礼同音称唯）
左次将先経二下臈前一、且見而渡二御馬一之後過二半間一、右次将等直西渡交代又行過、（欲取之度右御馬方左過）各立二東西一如レ此両三度、然後令レ牽二所レ取御馬一、自二其跡一進出（故実置桧扇有所執者、叩笏令驚声、）向二上卿前一奏二印名一、左方先可取レ之、還入牽二立本方一（左東、右西、）次又進取如レ先、至二于後々一不二必毎レ度見一、
左右取畢、
次上卿召二外記一令レ取二解文一次退出、
若当日不二分取一、預二給左右馬司一令レ飼レ之、
寮頭助不レ参者、左右共止、令三次将分二取之一、
次将不レ具令二馬寮分取一、
所々引分使次将自二蔵人所一催歟、

五九六　康和三年正月〔朝野群載巻第四〕

闕官寄物

闕官

（中略）

鎮守（軍監 軍曹）　陸奥（陰陽師 医師）

（中略）

康和三年正月　日

五九七　康和四年二月三日〔殿暦〕

（前略）午剋許長門牛牧牛将来、六頭也、其外一頭、威徳料一頭、西剋許陸奥守（藤原）実宗送二馬四匹一、又義光（刑部丞也）馬進、是去年差二使者一所二取遣一也、義光二疋、

五九八　康和五年六月十日〔朝野群載巻第六神祇官〕

神祇官謹奏

天皇（我）御体乃御卜二、率二卜部等一天、太兆仁卜供奉留状奏、（中略）
又坐二陸奥国一都々古和気神、苅田嶺神、多加神、鼻節神、鹿島大足別神、東屋沼神、伊佐須美神、大高山神、志波姫神、（中略）
以前太兆（爾）卜供奉留、御体御卜、如レ件、謹以申聞奏、
康和五年六月十日　宮主従五位下行少祐卜部宿禰兼良
中臣従五位上行権少副大中臣朝臣輔清

五九九　康和五年九月廿一日〔殿暦〕

陸奥かとりの解文為隆に付了、件解文去月所レ付也而、思わすれて于レ今不レ付也、件解文久絶事也、而此任進レ之也、大略勤レ事歟、陸百疋云々、

六〇〇　康和五年十月廿九日〔中右記〕

依二除目事一従二今朝一三ケ度往二反院一、（中略）武蔵守事、陸奥事、大史事、（後略）

六〇一　康和五年十一月一日〔中右記〕

朝間為二御使一参二入院一、除目之間事度々依二申合御一也、（中略）于レ時申二受領之申文等一下給、至二末座宰相許一令二選申一、（陸奥、武蔵両国闕也、）（中

略）因幡守時範与ニ近江守隆時一相博時範朝臣依可作新御願御堂二宇也、藤基頼任ニ陸奥守一、神社功、源顕俊（守カ）任ニ武蔵一、左衛門督子、本功之上依可作御願寺也、藤敦宗朝臣任ニ東宮学士一、（後略）

六〇二　康和五年十二月廿二日〔本朝世紀〕

（前略）大納言俊明以下参入、被レ定下申去九月伊世太神宮言上、服織麻績御衣祭式日延引被レ勘ニ問大宮司宣孝以下一子細、幷近江陸奥国司申請事等上、

六〇三　長治元年七月十六日〔殿暦〕

（前略）今夜陸奥男清衡馬二疋を志也

六〇四　長治元年七月十七日〔殿暦〕

（前略）昨日陸奥馬今日能見也、止了、

六〇五　嘉永元年七月十六日〔中右記〕

（前略）一日比陸奥前司源義家朝臣卒去、義家者故頼義長男、経ニ下野陸奥国等一、位至ニ正下四位一、誠是足ニ大将軍一者也、（後略）

（注　義家の死没年代については諸書に異同があるが、これが最も信ずべき条であろう。なお中右記目録には十五日の条にかけている。）

六〇六　嘉承元年十一月九日〔中右記〕

（前略）

所国所課（中略）上野、被物三重、為忠、下野、依新任不宛、陸奥、布十段、出羽、不宛、若狭、依新任不宛、（後略）

六〇七　嘉承元年十二月十九日〔殿暦〕

（前略）申剋許左大弁来、交易馬解文持来、余取レ之付ニ頭弁一奏レ之、余今日不ニ出行一、交易御馬御覧延引、

六〇八　嘉承元年十二月廿一日〔永昌記〕

天晴、今日有ニ陸奥国交易御馬御覧事一、上卿右大将左馬権頭盛家、右馬頭兼実朝臣、近将宗輔師重朝臣等参候、主上出ニ御紫宸殿一、御装束幷今日儀如レ例云々、但御馬可レ馳レ西者、今度馳レ東、（後略）

六〇九　俊明卿造仏之時〔古事談第二〕

（俊明）同卿造仏之時、丈六云々薄料ニトテ清衡令レ献ニ砂金一云々、彼卿不レ請レ之、即返ニ遣之一云々、人問ニ子細一、答曰、清衡令レ押ニ領王地一、只今可ニ謀反一者、其時ハ可レ遣ニ追討使一之由可ニ定申一也、仍不レ可レ請レ之云々、

六一〇　天仁元年十二月廿九日〔中右記〕

（前略）陸奥守基頼蒙ニ重任宣旨一也、殊近代不レ見、但橘為仲延任云々、此外不レ見歟、就中基頼去年秋上道了、近有ニ此恩一、可レ謂ニ不次之賞一歟、

六一一　天永二年十月廿八日〔殿暦〕

（前略）陸奥住人清衡馬三疋献レ之、一疋中納言（忠通）料、件三疋上馬也、仍引ニ入廐一見レ之、

六一二　天永二年十二月十七日〔永昌記〕

（前略）寒月競馬（中略）

一番　左府生下野厚利　皷勝　内裏鹿毛
　　　右府生秦包久　（黒）同仁毛
（中略）
二番　左府生秦公種　勝　苔畳
　　　右府生秦行利　遠江栗毛
（中略）

三番左番長下毛野末利　鼓勝　花薄
　　右府生中臣包近　　　　　気仙

（中略）

四番左府生中臣包重　勝　陸奥一黒
　　右番長下毛野武正　　　成田葦毛

（中略）

五番
　　左番長下毛野厚清　鼓勝　義光黒
　　右近衛下野忠助　（下カ）　予野栗毛

（中略）

六番左近衛下毛厚忠　　院葦毛
　　右近衛秦包行　鼓勝　播摩葦毛

（中略）

七番左近衛秦敬弘　　唐猫
　　右近衛秦兼弘　鼓　龍子

（中略）

八番左近衛秦公方　勝　遠江駮
　　右近衛播磨貞重　　宰相殿鹿毛

（中略）

九番左近衛秦近種　　荒了
　　右近衛中臣武光　勝　多部味栗毛

（中略）

十番左府生下野忠久　　院黒
　　右府生下野行忠　勝　陸奥黒

（後略）

六一三　天永三年十月十六日〔殿暦〕

（前略）陸奥清衡馬六疋献レ之、

六一四　永久元年九月十七日〔殿暦〕

（前略）陸奥守以綱レ自路馬十疋将来、余見レ之、十疋止了、

六一五　保安元年十二月十九日〔中右記〕

（前略）今日有二陸奥交易御馬御覧一、上卿権大納言仲実卿、取手右中将忠宗、右中将師時、左大弁談云、件御馬解文従レ官申上、予取レ之雖レ可レ奉二殿下一、無二内覧事一間持二参院一、依レ仰付二蔵人右衛門佐顕頼一畢、彼人奏聞歟、

六一六　大治四年八月廿一日〔長秋記〕

御馬使左近府生下毛野敦利候レ院人、二ヶ度勤二使節一也、（後略）

六一七　大治四年十二月十五日〔中右記〕

例時後還御、関白参給、頭弁談陸奥国清平二子合戦間、公事多闕（ママ）怠多、兄弟基平惟常云々、

六一七　大治四年十二月十五日〔中右記〕

（前略）内大臣参二仗座一、有二当年不堪中文・（二脱カ）ケ国一、頭弁右中弁候レ之、次有二荒奏一、有二副文一、陸奥国不堪一通、加賀不堪五通、右中弁候レ之、右大史俊重於二関白殿御直盧一有レ奏也、（後略）

六一八　大治六年正月廿二日〔長秋記〕

入レ夜参内、入眼、（中略）任中一宗光不レ被レ任、第三巡者親童（重カ）被レ任二河内一、任中是公家被二抽賞一者也、而去年不レ任、今年超レ巡被レ任二己国一、大略同不レ被レ任、家定朝臣任二陸奥守一、別功一也、師行被レ任二少納言一、是朝恩也、（後略）

六一九　長承元年五月廿日〔長秋記〕

晴、巳刻参レ院、（中略）有二御馬御覧一、陸奥貢馬廿疋也、（後略）

六二〇　宗形宮内卿入道〔古事談第四〕

宗形宮内卿入道師綱、陸奥守ニテ下向時、基衡押二領一国一如レ無二

国司威一、仍奏二聞事由一、申三下宣旨一擬二検注一中公田之処、忍部者基衡于先々不入二国使一而今度任宣旨擬二検注一之間、基衡件郡地頭犬（大カ）庄司季春ニ合レ心テ禦レ之、国司猶帯二宣旨一推入間、己放レ矢及二合戦一了、守方被レ疵者甚多、基衡カクハシツレドモ、背二宣旨一射二国司一事依二恐存一、招二季春一云、依レ無二先例一雖レ追二返国司一、背二宣旨一之条非レ無二違勅之恐一、イカガスベキト云々、季春云、今仰兼皆存知事也、主君命依レ難レ奉レ背於二一矢一者射候了、然者君者不二知食一之体ニテ召二己頸一可レ被レ遣二国司之許一也、其上ハ定無為候歟云々、基衡乍レ拭レ涙諾了、基衡申二於守一云、基衡一切不レ知事候、郡地頭凡依レ無二先例一致二自由之狼藉一候、於レ今者不レ可レ及二子細一、季春已召取早賜二御使一、於二其前一可レ刎レ頭云々、依レ之国司遣二検非違使所目代一云、季春已将出タリ、四十余計男肌（肥カ）満美麗ナルガ、積遠歴水干小袴ニ紅衣着タリ、打物取タル者廿人許囲二繞之一、切手ハケセンノ弥太郎ト云者也、出立擬レ切レ頸之間、犬（大）庄司云、切損給ナ、刀ハイヅレゾト問ケレバ、切手云、鬼次郎太夫ガ大津越ゾト云ケレバサテバ心安ト云テ被レ切ケリ、部類五人同切云々、大津越トハ人ヲ引居テ切ニ、左右ノ臂ノ上ヲ乍ニ中骨一不レ懸切ヲ云也、基衡季春ヲ惜デ、我ハ不レ知之様ニテ猥構二女人沙汰之体一、再三遣二妻女於国司館一乞請サセケリ、其請料物凡不レ可二勝計一、沙金モ一万両云々、守不レ耽レ之遂切畢云々、師綱高名在二此事一歟、又山林房覚遊ト云侍散楽ヲ共具タリケルガ、本奈良法師ニテ帯二大剣一武勇甚之者也、而合戦之日最前ニ逃畢、帰レ館出来タリケレバ、先陣房カクレウトゾ付タリケル、

六二一　小一条左大将済時卿の六代〔十訓抄下第十〕

小一条左大将済時卿の六代にあたりて、宗綱の子宮内卿師綱といふ人有けり、白川院に仕へけるが、させる才幹はなかりけれども、ひとへに奉公さきとして、私をかへりみぬ忠臣なるによて、近く召つかはれけり、そのしるしにや有けん、陸奥守になされにければ、彼国にくだりて検注を行ひけるに、信夫の郡司にて大庄司季春といふ者これをさまたげけり、国司宣旨を帯して、をさへてとげんとするほどに、季春ふせぎとゞめんがために、試に兵むかふる間合戦に及びて、国司方に人あまた打れにけり、国司大にいかりをなして、事の由を在国司基衡にふれけり、此事おどしにこそせさせたりけれ、国司のこれほどたけくてたゝかひすべしとまで思はざりければ、基衡さはぎて季春をよびて、いかゞすべきといひ合けるに、主命によりて宣旨をかへりみず、一矢は射候ひぬ、この上はいかにも違勘のがれ候べきにあらず、季春が頸を切て早く国司の心はしづまり給はんなれば、我はしらずがほにて季春が一向とがになして、切て身をやすくしたまふべしといひければ、実に此外は平らぐべき力（方カ）なく覚えて、歎ながら国司の返事に申けるは、例なき検注を行ふに付て、季春ことのやうを申のぶる計にこそ存候つれ、かくほどの狼藉出来事申てもあまりあり、ことに恐れおもひ給へり、基衡つゆ不二知及一侍れば、早検見を給て季春が頭を切て奉るべき旨申ける、

かくは聞えつ、つく〴〵是を案るに季春代々伝れる後見なる上、乳子なり、主人の下知にてしいでたる事ゆへ、忽に命を失ふ事せちにいたましく覚えければ、とかく案じめぐらして、我妻女を出立て、よき馬どもを先として、おほくの金鷲の羽絹布やうの財物をもたせて、我はしらぬ由にて、季春が命を乞請させんがために国司のもとへやる、妻女目代をかたらひて季春がさりがたく不便なるやうを、詞をつくしてひらに彼が命を乞うけけり、目代執申に、国司大に腹立て、季春国民の身にてかくほどの僻事をし出たる、公家に背き宰史あなづりて、其科すでに謀反にわたる、財を奉ればとてなだめゆるさん事、君の聞召れん其恐れ多し、人の譏又いくばくぞ、此事更に申べからずとぞいはれける、昔殷紂の西伯をとらへたりけるに、大顛閎夏のともがら、善馬以下宝を奉りてゆりにけり、是はそれにもよらざりければ、其妻申かねて帰にけり、そのゝち検非違使所書生を実検使に指遣はすによりて基衡力及ばず、なく〳〵季春幷子息舎弟等五人が頸を切てけり、さてこそ国司しづまりにけれ、国の者どもいひけるは、季春が命をたすけむために、国司に贈所の物一万両の金をさきとしておほくの財也、殆当国の一任の土貢にもすぐれたり、是を見入給はず、女にもかたさらずして、つゐにためしを立給へる国司の憲法、たとへもしらずとほめのゝじりける、かゝりければ、国併なびきしたがひて、思さまに行ひたり、（後略）

六二二　保元三年三月廿五日〔兵範記〕

有レ政、（中略）

太政官符、後院司、

応レ為ニ院領一故左大臣幷故前左馬助平忠貞、散位同正弘等所領事、

一、故左大臣領、

山城国参箇処、

田原庄、川島庄、大道寺、

大和壱処、

藤井庄、

摂津国伍箇処、

桜井庄、富松庄、位倍庄、大島雀部庄、野間庄、

伊勢国壱処、

山田野庄、

尾張国壱処、

櫟江庄、

甲斐国壱処、

石間牧、

相模国壱処、

成田庄、

美濃国壱処、

深萱庄、

下野国壱処、
佐野庄、
陸奥国弐箇処、
本良庄、高鞍庄、
出羽国参箇所
大曾禰庄、遊佐庄、屋代庄、
能登国壱処、
一青庄、
越中国壱処、
吉岡庄、
丹波国弐箇処、
曾我部庄、土師庄、
周防国壱処、
山代庄、
紀伊国壱処、
三栖庄、
阿波国壱処、
竹原庄、
筑前国壱処、
植木庄、
豊後国壱処、
植田庄、
一、故前左馬助平忠貞領
散在畠地肆箇処、
壱処禅林寺、壱処山科栗栖、弐処久世郡、
伊勢国、
鈴鹿川曲両郡散田畠、（除二所太神宮領伍拾壱町外）
一、散位平正弘領、
伊勢国肆箇所、
大井田御厨、笠間御厨、石川御厨、富津御厨、
信濃国肆箇処、
麻績御厨、
公卿領参箇処、
高田郷、市村郷、野原郷、
越後国壱処、
魚野郡殖田村
右、太政官今日下二彼国々一符称、正二位権大納言兼左近衛大将中宮
大夫藤原朝臣公教宣、奉レ勅、件庄牧等、没官先畢、宜下為二当院領一、
於二官物一者、弁二済国庫一、至二地利一者、徴中納院家上、但元来不輸田畠
非二此限一者、国宜承知、依レ宣行レ之者、院宜承知符到奉行、
権右中弁藤原朝臣、左大史小槻宿禰、
保元二年三月廿五日

（後略）

六二三　保元四年正月廿九日〔大間書〕

（前略）

上野国
太守
権介　従五位藤原朝臣親通
下野国
権太守　従五位下（ママ）藤原朝臣親通
権介
大掾　（内舎人）正六位藤原朝臣重康
陸奥国
介
大掾
大掾
少掾
陰陽師
医師
弩師
出羽国
権介
大掾
掾
掾
目

（中略）

紀伊国
介
権介
大掾　正六位上源朝臣重遠〔按察使藤原朝臣当年給二合所任〕
少掾　（注略）
少掾　（注略）
権掾　（注略）
大目　（注略）

（中略）

鎮守府
将軍
軍監
軍曹

保元四年正月廿九日

六二四　仁安二年十月廿六日〔兵範記〕

（前略）公卿以下参集、次出御、（中略）次競馬、刑部卿重家朝臣、少納言泰経着二鼓鉦所一、次競騎、

一番、左、右近将曹秦兼頼、勝、尾張栗毛
　　　右、左近府生下毛野武成、重忠葦毛
二番、左、府生秦兼国、勝、重宗鹿毛、
　　　右、左近番長中臣近武、越前守仁毛、
三番、左、右近府生秦頼文、惟清栗毛、
　　　右、番長兼公景、丹後栗毛、
　勝負遅々間、公景賜ニ検非違使盛保ニ了、
四番、左、右近府生秦兼清、権中納言黒栗毛、
　　　右、左近府生下毛野公貞、勝、秀平鴾毛、
五番、左、府生秦兼任、勝、常陸栗毛、
　　　右、府生下毛野諸武、有成栗毛、
六番、左、番長下毛野敦助、勝、鳥羽御厩栗毛
　　　右、左近番長下毛野武安、六国一栗毛、
七番、左、番長下毛野敦景、勝、業房河原毛
　　　右、番長下毛野敦頼、長継栗毛糟毛、
八番、左、近衛秦兼宗、勝、御厩秀平栗毛駮、
　　　右、番長下毛野忠武、同遠江河原毛、
九番、左、右近番長秦兼平、勝、能盛鹿毛、
　　　右、左近府生下毛野敦国、重保葦毛、
十番、左、右府生下毛野武春、二位連銭葦毛、
　　　右、府生下毛野敦澄、勝、備前栗毛、
（後略）

六二五　牛若奥州下の事〔平治物語下巻〕

牛若奥州下の事

（中略）或る時奥州の金商人吉次といふ者、京上の次には、必鞍馬へまゐりけるにあひ給ひて、此童を陸奥国へ具して下れ、ゆゝしき人をしりたれば、其悦には金を乞て得させんずるとの給へば、御共つかまつらん事は、やすき事にて候へども、誰か尋候べき、只土用の死んずらんと申せば、此童うせて候とも、大衆の御とがめやは候はんずらんと申せば、此童うせて候とも、誰か尋候べき、只土用の死人を、盗人のとりたるにこそ候はんずれとの給へば、其上は子細候はじと約束しけるが、但定日に、同道の人のはからひにて候べしと中所に、其人又参詣せり、（中者）遮那王かたらひよりて、御辺は何の国の、何氏にてましますぞと、こまごまと問給へば、下総国の者にて候、深栖の三郎光重が子、陵助頼重と申て、源氏にて候と答へければ、さては左右なき人ござんなれ、誰にかむつび給ふ、源三位頼政とこそむつび候へと申せば、今は何をかかくしまゐらせ侍るべき、前左馬頭義朝の末子にて候、母も師匠も法師になれと申され候へども、存ずる旨侍りて、今までまかり過候へども、始終都の栖居難儀におぼえ候、御辺具して、まづ下総まで下り給へ、それより吉次を具して、奥へとほり侍らんと、委細にかたり給へば、子細なしと約諾して、生年十六と申、承安四年三月三日の暁、鞍馬を出て東路はるかに思ひたつ、心のほどこそかなしけれ、

其夜鏡の宿につき、夜ふけて後、手づから髻取上て、懐より烏帽子取いだしひたときて、暁打出給へば、陵助、はや御元服候けるや、御名はいかにと問奉れば、烏帽子親もなければ、手づから源九郎義経とこそ名乗侍れと答て、うちつれ給て、黄瀬川につきて、北条へよらむとの給ひしを、父にて候深栖は見参に入て候へども、重頼はいまだ御目にかゝり候はず、後日に御文にてや仰候はんと申せば、すぐにとほり給ひけり、

ここに一年ばかりしのびておはしけるが、武勇人にすぐれて、山立強盗を縛め給ふ事、凡夫の業共見えざりしかば、錐ふくろに達すといへば、始終は平家にやきこえなんと、深栖三郎も申せば、さ

らば奥へとほらんとて、まづ伊豆にこえて、兵衛佐殿に対面し、此よしを申て、もし平家きゝなば御ため然るべからず、されば奥へ下り侍らんとの給ふに、佐殿、上野国、大窪太郎が女、十三のとし熊野まゐりのついでに、故殿の見参にいりくだりしが、父におくれて後、人の妻とならば、平氏の者にはちぎらじ、同じくは秀衡の妻とならんとて、女夜逃にして奥へ下りける程に、秀衡の郎等信夫小大夫といふ者、道にてゆきあひ横取して、二人の子をまうけたなり、今も後家分を得て、ともしからであなるぞ、それを尋て行給へとて、文を書てまゐらせらる、

則奥へとほり給うて、御文をつけ給へば、夜に入て対面申し、尼は佐藤三郎次信、佐藤四郎忠信とて二人の子を持て侍る、次信に御用には立まゐらすべき者なれども、上戸にて酒に酔ぬれば少し口荒なる者也、忠信は下戸にて、天性極信の者なりとて奉りけり、多賀の国府にこえて、吉次に尋あひ、衡秀がもとへ具してゆけとの給へば、平泉にこえて、女房に付て申たりしかば、則入奉て、もてなしかしづき奉らば、平家にきこえて責あるべし、出し奉らば、弓矢のながき疵なるべし、惜みまゐらせば、天下の乱なるべし、両国の間には、国司、目代の外みな秀衡が進退なり、しばらくしのびておはしませ、眉目よき冠者殿なれば、姫もたらむ者は聟にも取奉り子なからん人は子にもしまゐらすべしと申せば、義経もかくこそ存じ候へ、但金商人をすかして、めしぐして下り侍り、何にてもたびたく候との給ひければ、金卅両とりいだして、商人にこそとらせけれ、

其時、上野国松井田という所に一宿せられたりけるに、家主の男を見たまふに、大剛の者とおぼえければ、後、平家をせめにのぼられける時、かたらひぐし給へり、伊勢国の目代につれて、上野へ下りけるが、女に付てとゞまれる者なれば、伊勢三郎とめされ、我烏帽子の始なれば、義の字をさかりにせんとて義盛とは付給へり、堀弥太郎と申は、金商人也、

六二六　治承四年正月廿八日〔玉葉〕

入眼也、（中略）

書二受領案一重任国皆悉載レ案、先書二国号一了、更書二入任人一披二置硯上一、

山城、　久季、

（中略）

陸奥、　実雅、

出羽、　信兼、

（中略）

次任二草書一移二入大間一了、（中略）

民部、山城守従五位下紀朝臣久季、

（中略）

功、陸奥守従五位下藤原朝臣実雅、

功、元和泉、出羽守正五位下平朝臣信兼、（後略）

六二七　治承四年正月廿八日〔山槐記除目部類〕

（前略）今夜除目入眼也、（中略）

神祇大副大中臣親隆、祭主三位也、参議源通親、兼、

和泉守高階仲基、蔵人巡、実者可知行出羽国云々、信兼秩満、依親服名替云々、（中略）

伊賀守小槻隆職、大夫史也、兼任也、　陸奥守藤実雅、三条大納言給也、

出羽守平信兼、（後略）

六二八　治承四年十月廿一日〔吾妻鏡〕

（前略）今日、若冠一人、彳二御旅館之砌一、称下可レ奉レ謁二鎌倉殿一之由上、実平、宗遠、義実等恠レ之不レ能二執啓一、移レ剋之処、武衛自令レ聞二此事一給、思二年齢之程一、奥州九郎歟、早可レ有二御対面一者、仍実平請二彼人一、果而義経主也、即参二進御前一、互談二往事一、催二懐旧之涙一、就中、白河院御宇永保三年九月、曾祖陸奥守源朝臣義家、於二奥州一与二将軍三郎武衡、同四郎家衡等一遂二合戦一于レ時左兵衛尉義光候二京都一、伝二聞此事一、辞二朝廷警衛之当官一、解二置弦袋於殿上一、潜下二向奥州一、加二于兄軍陣一之後、忽被レ亡レ敵訖、今来臨尤協二彼佳例一之由、被二感仰一云々、此主者、去平治二年正月、於二襁褓之内一、逢二父喪一之後、依二継父一条大蔵卿長成、之扶持一、為二出家一登二山鞍馬一、至二成人之時一、頻催二会稽之思一、手自加二首服一、恃二秀衡之猛勢一、下二向于奥州一、歴二多年一也、而今伝下聞武衛被レ遂二宿望一之由上、欲二進発一之処、秀衡強抑留之間、密々遁二出彼館一首途、秀衡失二恪惜之術一、追而奉レ付二継信忠信兄弟之勇士一云々、（後略）

六二九　寿永二年閏十月廿五日〔玉葉〕

（前略）伝聞、頼朝起二相模鎌倉之城一、暫可レ往二遠江国一、是以二精兵五万騎一北陸一万、東山一万、東海二万、南海一万、可レ討二義仲等一、為レ令レ沙二汰其事一云々、須二其身参洛一之処、奥州秀平又率二数万之勢一已出二白川関一云々、仍疑二彼襲来一、逗二留中途一可レ伺二形勢一云々、去五日赴レ城云々、

六三〇　嗣信最期〔平家物語巻第十・第十一〕

嗣信最期

九郎判官其日の装束には、赤地の錦の直垂に、紫裾濃の鎧着て、金作の太刀を帯き、切斑の矢負ひ滋籐の弓の真中取て、船の方を睨へ大音声を上て、一院の御使、検非違使五位尉義経と名乗る、其次に伊豆国住人田代冠者信綱、武蔵国住人金子十郎家忠、同与一親範、伊勢三郎義盛とぞ名乗たる、続いて名乗るは、後藤兵衛実基、子息新兵衛基清、奥州佐藤三郎兵衛嗣信、同四郎兵衛忠信、江田源三、熊井太郎、武蔵坊弁慶など云ふ一人当千の兵共、声々に名乗てはせ来る、（中略）越中次郎兵衛盛次、（中略）平治の合戦に、父討れて孤にて有しが、鞍馬の児にて、後には金商人の所従になり、粮料背負て奥州へ落惑ひし小冠者が事かとぞ申したる、（中略）能登守教経、船軍はやうある物ぞとて鎧直垂は著給はず、唐巻染の小袖に、唐綾威

の鎧著て、いか物作の大太刀帯き二十四差たるたかうすべうの矢負ひ、滋籐の弓を持給へり、王城一の強兵精兵にておはせしかば、矢先に廻る者、射透さずと云う事なし、中にも九郎大夫判官を射倒さむとねらはれけれども源氏の方にも心得て、奥州の佐藤三郎兵衛嗣信、同四郎兵衛忠信（中略）など云ふ一人当千の兵共、吾も吾もと馬の首を立並て大将軍の矢面に塞りければ、力及び給はず、矢面の雑人原そこのき候へとて、差詰引詰散々に射給へば、矢場に鎧武者十余騎射許落さる、中にも真先に進んだる奥州の佐藤三郎兵衛が弓手の肩を馬手の脇へつと射抜れて、暫もたまらず、馬より倒にどうと落つ、（中略）判官は佐藤三郎兵衛を陣の後へ舁入れさせ、馬より下り、手をとらえて三郎兵衛如何覚ゆると宣へば、息の下に申けるは、今はかうと存候、思置事はなきかと、宣へば、何事をか思置候べき、君の御世に渡らせ給はんを見参せで、死に候はん事こそ口惜う覚候へ、さ候はでは、弓箭取ものの、敵の矢にあたり死なん事、本より期する所で候也、就中に源平の御合戦に、奥州の佐藤三郎兵衛嗣信と云ける者、讃岐国八島の磯にて主の御命に替り奉て討れけりと、末代の物語に申さん事こそ弓矢取る身は今生の面目、冥途の思出にて候へと申もあへず、唯弱りに弱りにければ、判官涙をはらはらと流し、此辺に貴き僧やあるとて尋出し、手負の唯今死候に、一日経書て弔へとて、黒き馬の太う逞いに、金覆輪の鞍置て、彼僧に給にけり、此馬は判官五位尉になられし時、是をも五位になして、大夫黒と呼れし馬也、一谷の鵯越をも此馬にてぞ落れたりける、弟の四郎兵衛を始として、是を見る兵共、皆涙をながし、此君の御為に命を失はん事、全く露塵程も惜からずとぞ申ける、

（注　源平盛衰記巻第四二「源平侍共の軍附継信光政孝養の事」の条はさらに詳細である。）

六三一　元暦二年四月十五日〔吾妻鏡〕

兵衛尉忠信 秀衡之郎等令拝任衛府事、自往昔未有、計涯分、被坐ヨカシ、其気ニテヤラン、是ハ抽ニヲツル、

（後略）

六三二　文治元年十二月六日〔吾妻鏡〕

今度同二意行家義経一之侍臣并北面輩事、具達二関東一、仍可レ被レ申二行罪科一之由、注二交名於折紙一、被レ遣二帥中納言一、（中略）院奏折紙状云、

（中略）

一　国々事

伊予　右大臣御沙汰月輪殿

越前　内大臣御沙汰

石見　宗家卿可レ給也、

越中　光隆卿同

（中略）

陸奥　兼忠朝臣同

（後略）

（注　玉葉、吉記にも文治元年十二月二七日条にこれとほとんど同じものをあげているが、ここには省略する）

六三三　文治二年九月廿二日〔吾妻鏡〕

糟屋藤太有季於二京都一生二虜与州家人堀弥太郎景光一、（此間隠住京都）、又於二中御門東洞院一誅二同家人忠信一云々、有季競到之処、忠信本自依レ為二精兵一相戦、輙不レ被二討取一、然而以二多勢一襲攻之間、忠信幷郎従二人自殺訖、是日来相二従与州一之処、去比自二宇治辺一別離帰二洛中一、尋二往日密通青女一、遣二一通書一、彼女以二件書一令レ見二当時夫一、其夫語二有季一之間、行向獲レ之云々、是鎮守府将軍秀衡近親者也、予州去治承四年被レ参二向関東一之時、撰二勇敢士一差二進継信等一云々、

六三四　文治二年九月廿九日〔吾妻鏡〕

北条兵衛尉飛脚参著、申云、去廿二日糟屋藤太有季虜二堀弥太郎一、誅二佐藤兵衛尉一者、景光白状云、予州此間在二南京聖弘得業辺一、又景光為二与州使者一、度々向二木工頭範季之許一、有二示合事一云々、（後略）

六三五　佐藤忠信屋敷〔雍州府志八古跡〕

佐藤忠信屋敷、在二七条坊門不動堂東南一、相伝、忠信在京日、棲二斯処一、至レ今其地不二耕種一、忠信有二一男子一、成長後、号二坊門三郎一、凡在二武家一則称二坊門一者、多是忠信裔也、

六三六　継信忠信塔〔山州名跡志三愛宕郡〕

継信忠信塔、在二妙法院北石塔町北方人家後一、其体石重塔也、今ノ高サ二間余、昔八十三重アリ、崩落テ其下ニアリ、土人伝テ継信忠信ガ塔トイフ、台座東南ノ縁ニ字アリ、永仁三年二月二十日、施主法西、已上、伝不詳、

六三七　文治二年十月一日〔吾妻鏡〕

陸奥国今年貢金四百五十両、秀衡入道送二献之一、二品可下令二伝進一給上之故也、（後略）

六三八　文治二年十月三日〔吾妻鏡〕

貢馬幷秀衡所レ進貢金等所レ被二京進一也、主計允行政書二解文一云々、

進上
御馬伍疋
鹿毛駮
葦毛駮
黒栗毛
栗毛
連銭葦毛
右、進上如レ件、
文治二年十月三日

六三九　文治三年九月廿九日〔玉葉〕

（前略）権弁定長為二院御使一来、余梳レ髪暫不レ謁、取レ髪之後、召二簾前一謁レ之、定長仰云、頼朝卿申旨如レ此、何様可レ有二沙汰一哉、可二計奏一者、件申状遣二御使於奥州一、可レ召二東大寺大仏滅金料砂金於秀

衡法師ニ之由也、此事去四月頼朝卿申云、前山城守基兼、元法皇近臣、北面下﨟、凶悪之人也、在ニ秀衡許ニ、先年平相国入道、誡ニ院近臣等ニ之内、基兼為ニ其随一ニ被レ配ニ流奥州ニ了、其後属ニ秀衡ニ、于レ今経ニ廻彼国ニ也、而雖レ有ニ上洛之者ニ、(志カ)秀衡召禁之間、不レ遂ニ素意ニ之由、所ニ歎申ニ也、元為下被ニ召仕ニ之者上、而依ニ平氏之乱逆ニ遭レ殃、尤可レ被ニ召上ニ也、兼又陸奥貢金、追レ年減少、大仏滅金巨多罷入歟、三万両計可レ令レ進之由、可レ被ニ召仰ニ也、件両条賜ニ別御教書ニ、欲レ仰ニ遣秀衡之許ニ者、仍経房卿任ニ申請ニ、書ニ御教書ニ、基兼事、砂金事、并度度追討等之間、無ニ殊功ニ事等也、遣ニ被卿許ニ、以ニ件御教書ニ、頼朝書ニ副書状ニ、以ニ使者雑色沢方ニ、遣ニ秀衡許ニ、即進ニ請文ニ、頼朝返事也、以ニ件請文ニ、相ニ具件使者沢方処ニ、付ニ経房卿ニ也、昨日到来云々、頼朝申状趣、秀衡不レ重ニ院宣ニ殊無ニ恐色ニ、又被ニ仰下ニ両条共ノ以無ニ承諾ニ、頗在ニ奇怪ニ歟、且又子細、可レ召ニ問使男ニ、於レ今者遣ニ別御使ニ、可レ被レ召ニ貢金等ニ歟云々、秀衡申状趣、於ニ基兼事ニ者、殊加ニ憐愍ニ全無ニ召誡ニ、依レ不レ申下可ニ京上ニ之由上、忽不レ令ニ上洛ニ、更非ニ拘留之儀ニ云々、不申可召進之由也、貢金事三万両之召、太為ニ過分ニ、先例広定不レ過ニ千金ニ、就レ中近年商人多入ニ境内ニ、売ニ買砂金ニ、仍大略掘尽了、仍旁雖レ不レ可レ叶、随ニ求得ニ可ニ進上ニ云々、両条大略如此、次第大略如レ此、余申云、被レ遣ニ御使ニ之条、不レ可レ有ニ異儀ニ、頼朝御返事之趣、所レ申尤有ニ其謂ニ、尤可レ被レ遣ニ御使ニ、先例多遣ニ公人ニ、公家為貢金沙汰、遣小舎人、自院為御馬使御厩舎人等是也、可レ遵ニ彼跡ニ歟、将又可レ遣レ如ニ庁官ニ歟、可ニ計申ニ之由、可レ被ニ仰遣ニ歟、不レ然者又只無ニ左右ニ、定其仁如ニ計申ニ、可レ被レ遣ニ御使ニ之由、可レ被ニ仰遣ニ歟、両条之間、且可レ有ニ御計ニ、(後略)

六四〇　文治四年三月十七日〔吾妻鏡〕

東大寺柱於ニ周防国ニ出レ杣之処、十本引失訖、仍被レ死ニ諸国ニ者、還可レ為ニ懈緩ニ之間、叵被レ死ニ諸大名ニ者、存ニ結縁ニ可ニ沙汰進ニ歟之由、雖レ有ニ　院宣ニ、諸御家人趣ニ善縁ニ之類少者歟、有ニ難渋思ニ者、其大功難レ成歟之由、今日被レ進ニ二品請文ニ、次付ニ庄々ニ、有ニ被レ申条事ニ、先々雖ニ令レ申給ニ、未無ニ左右仰ニ云々、仍重被レ整ニ事書ニ云々、

一陸奥国白河領元信頼卿知行後小松内府領事

此所不輸知行候、但未レ弁ニ本家ニ、若為ニ　院御領ニ者、可レ済ニ年貢ニ候歟、将又随レ時可レ相ニ営御大事ニ候歟、可レ随レ仰候、

一私寄進神社領事

奉ニ為　朝家御祈祷ニ、所ニ寄進ニ也、但済ニ本所年貢ニ者、早可レ加下知ニ候、

一下野国中泉、中村、塩谷等庄事

件所々、雖下不レ入ニ没官注文ニ候上、為ニ坂東之内ニ、自然知行来候、年貢事子細同前、

一常陸国村田、々中、下村等庄事

或安楽寿院領云々、或八条院御領、年貢可レ沙ニ汰何御倉ニ候哉、

六四一　文治四年五月十二日〔吾妻鏡〕

(白カ)早河庄事、

未レ申ニ左右ニ、

以前条々、以二此趣一、可レ被二計遣一之由、御気色候歟、恐々謹言、

五月十二日　権右中弁（定長）

六四二　文治四年六月十一日〔吾妻鏡〕

泰衡京進貢馬貢金桑絲等、昨日着二大礒駅一、可二召留一歟之由、義澄申レ之、泰衡同二意予州一之間、二品依下令二憤申一給上、度々被二尋下一、去月又被レ遣二官使一畢、就レ之言上歟、然而其身雖レ与二反逆一、有限公物難二抑留一之由、被二仰出一云々、

六四三　文治五年七月十七日〔吾妻鏡〕

可レ有レ御二下-向于奥州一事、終日被レ経二沙汰一、此間、可レ被レ相二分三手一者、所謂東海道大将軍、千葉介常胤、八田右衛門尉知家、各相二具一族等并常陸、下総国両国勇士等一、経二宇大行方一、廻二岩城岩崎一、渡二遇隈河湊一、可二参会一也、北陸道大将軍、比企藤四郎能員、宇佐美平次実政等者、経二下道一相二催上野国高山、小林、大胡、左貫等住人一、自二越後国一、出二々羽国念種関一、可レ遂二合戦一、二品者大手自二中路一、可レ有二御下向一、先陣可レ為二畠山次郎重忠一之由、召二仰之一、次合戦謀、有二其誉一之輩、無勢之間、定難レ彰二勲功一歟、然者可レ被レ付レ勢之由被レ定、仍武蔵、上野両国内党者等者、従二于加藤次景廉、葛西三郎清重等一、可レ遂二合戦一之由、以二義盛、景時等一被二仰含一、次御留守事、所レ仰二大夫属入道一也、隼人佑、藤判官代、佐々木次郎、大庭平太、義勝房巳下輩可レ候云々

六四四　文治五年七月十九日〔吾妻鏡〕

巳尅、二品為レ征二伐奥州泰衡一発向給、此刻、景時申云、城四郎長茂者、無双勇士也、雖二囚人一、此時被二召具一、有二何事一哉云々、尤可レ然之由被レ仰。仍相二触其趣於長茂一、々々成二喜悦一、候二御共一、但為二囚人一差レ旗之条、有二其恐一、可レ給二御旗一之由申レ之、而依レ仰用二私旗一訖、于レ時長茂談二傍輩一云、見二此旗一、逃亡郎従等可二来従一云々、御進発儀、先陣畠山次郎重忠也、先疋夫八十人在二馬前一、五十人々別荷二征箭三腰一、（以二雨皮一裹レ之、）三十人令レ持二鋤鍬一、次引馬三疋、次重忠、次従軍五騎、所謂長野三郎重清、大串小次郎、本田次郎、榛沢六郎、柏原太郎等是也、凡鎌倉出御勢一千騎也、次御駕、（御弓袋差、御旗差、御甲着等、在二御馬前一、）

自二鎌倉出御一御供輩

武蔵守義信	遠江守義定	参河守範頼
信濃守遠光	相模守惟義	駿河守広綱
上総介義兼	伊豆守義範	越後守義資
豊後守季光	北条四郎	同小四郎
同五郎	式部大夫親能	新田蔵人義兼
浅利冠者遠義	武田兵衛尉有義	伊沢五郎信光
加々美次郎長清	同太郎長綱	三浦介義澄
同平六義村	佐原十郎義連	和田太郎義盛
同三郎宗実	岡崎四郎義実	同先次郎惟平
土屋次郎義清	小山兵衛尉朝政	同五郎宗政
同七郎朝光	下河辺庄司行平	吉見次郎頼綱

南部次郎光行　平賀三郎朝信　小山田三郎重成
同四郎重朝　藤九郎盛長　足立右馬允遠元
土肥次郎実平　同弥太郎遠平　梶原平三景時
同源太左衛門尉景季　同平次兵衛尉景高　同三郎景茂
同刑部丞朝景　同兵衛尉定景　波多野五郎義景
波多野余三実方　阿曾沼次郎広綱　小野寺太郎道綱
中山四郎重政　同五郎為重　渋谷次郎高重
同四郎時国　大友左近将監能直　河野四郎通信
豊島権守清光　葛西三郎清重　同十郎
江戸太郎重長　同次郎親重　同四郎重通
同七郎重宗　山内三郎経俊　大井二郎実春
宇都宮左衛門尉朝綱　同次郎業綱　八田右衛門尉知家
八田太郎朝重　主計允行政　民部丞盛時
豊田兵衛尉義幹　大河戸太郎広行　佐貫四郎広綱
同五郎　同六郎広義　佐野太郎基綱
工藤庄司景光　同次郎行光　同三郎助光
狩野五郎親光　常陸次郎為重　同三郎資綱
加藤太光員　同藤次景廉　佐々木三郎盛綱
同五郎義清　曾我太郎助信　橘次公業
宇佐美三郎祐茂　二宮太郎朝忠　天野右馬允保高
同六郎則景　伊東三郎　同四郎成親

工藤左衛門祐経　新田四郎忠常　同六郎忠時
熊谷小次郎直家　堀藤太　同藤次親家
伊沢左近将監家景　江右近次郎　岡辺小次郎忠綱
吉香小次郎　中野小太郎助光　同五郎能成
渋河五郎兼保　春日小次郎貞親　藤沢次郎清近
飯富源太宗季　大見平次家秀　沼田太郎
糟屋藤太有季　本間右馬允義忠　海老名四郎義季
所六郎朝光　横山権守時広　三尾谷十郎
平山左衛門尉季重　師岡兵衛尉重経　野三刑部丞成綱
中条藤次家長　岡辺六野太忠澄　小越右馬允有弘
庄三郎忠家　四方田三郎弘長　浅見太郎実高
浅羽五郎行長　小代八郎行平　勅使河原三郎有直
成田七郎助綱　高鼻和太郎　塩屋太郎家光
阿保次郎家光　宮六傔仗国平　河勾三郎政成
同七郎政頼　中四郎是重　一品房昌寛
常陸房昌明　尾藤太知平　金子小太郎高範

六四五　文治五年七月廿九日〔吾妻鏡〕

越二白河関一給、関明神御奉幣、此間召二景季一、当時初秋候也、能因法師古風不二思出一哉之由被二仰出一、景季扣レ馬詠二一首一、

秋風ニ草木ノ露ヲ払セテ君カ越レハ関守モ無シ

六四六　文治五年八月七日〔吾妻鏡〕

二品着御于陸奥国伊達郡阿津賀志山辺国見駅、而及半更雷鳴、御旅館有有霹靂、上下成恐怖之思云々、泰衡日来聞二品発向給事、於阿津賀志山、築城壁固要害、国見宿与彼山之中間、俄構口五丈堀、堰入逢隈河流柵、以異母兄西木戸太郎国衡為大将軍、差副金剛別当秀綱、其子下須房太郎秀方已下二万騎軍兵、凡山内三十里之間、健士充満、加之於苅田郡、又構城郭、名取広瀬両河引大縄柵、泰衡者陣于国分原、鞭楯、亦栗原、三迫、黒岩口。一野辺、以若九郎大夫、余平六已下郎従為大将軍、差置数千勇士、又遣田河太郎行文、秋田三郎致文、警固出羽国云々、入夜、明暁可攻撃泰衡先陣之由、二品内々被仰合于老軍等、仍重忠召所相具之疋夫八十人、以用意鋤鍬、令運土石、塞件堀、敢不可有人馬之煩、思慮已通神歟、小山七郎朝光退御寝所辺、（依為近習祗候）相具兄朝政之郎従等、到于阿津賀志山、依懸意於先登也、

六四七　文治五年八月八日〔吾妻鏡〕

金剛別当季綱率数千騎、陣于阿津賀志山前、卯剋、二品先試遣畠山次郎重忠、小山七郎朝光、加藤次景廉、工藤小次郎行光、同三郎祐光等、始箭合、秀綱等雖相防之、大軍襲重、攻責之間、及巳剋、賊徒退散、秀綱馳帰于大木戸、告合戦敗北之由於大将軍国衡、仍弥廻計畧云々、又泰衡郎従信夫佐藤庄司、（又号湯庄司、是継信忠信等父也、）相具叔父河辺太郎高経、伊賀良目七郎高重等、陣于石那坂之上、堀湟懸入逢隈河水於其中、引柵、張石弓、相待討手、爰常陸入道念西子息常陸冠者為宗、同次郎為重、同三郎資綱、同四郎為家等潜相具甲冑於秣之中、進出于伊達郡沢原辺、先登発矢石、佐藤庄司等争死挑戦、為重資綱為家等被疵、然而為宗殊忘命、攻戦之間、庄司已下宗者十八人之首、為宗兄弟獲之、梟于阿津賀志山上経岡也、云々、」今日早旦、於鎌倉、専光房任二品之芳契、攀登御亭之後山、始梵宇営作、先白地立仮柱四本、授観音堂之号、是自御進発日、可為廿日之由、雖蒙御旨、依夢想告如此云々、、而時尅自相当于阿津賀志山箭合、可謂奇特云々、、

六四八　文治五年八月九日〔吾妻鏡〕

入夜、明旦越阿津賀志山、可遂合戦之由被定之、爰三浦平六義村、葛西三郎清重、工藤小次郎行光、同三郎祐光、狩野五郎親光、藤沢次郎清近、河村千鶴丸、（年十三才）以上七騎、潜馳過畠山次郎之陣、越此山、欲進前登、是天曙之後、与大軍同時難凌嶮岨之故也、于時重忠郎従成清伺得此事、諫主人云、今度合戦奉先陣、抜群眉目也、而見傍輩之所争、難温座歟、早可塞彼前途、不然者、訴申事由、停止濫吹、可被越此山云々、、重忠云、其事不可然、縦以他人之力雖退敵、已奉先陣之上者、重忠之不向以前合戦者、皆可為重忠一身之勲功、且欲進先登之輩事、妨申之条、非武略本意、且独似願抽賞、只作悃然、神妙之儀也云々、、七騎終夜越峯嶺、遂馳着木戸口、各

名謁之処、泰衡郎従部伴藤八已下強兵攻戦、此間、工藤小次郎行光先登、狩野工藤五郎損レ命、伴藤八者、六郡第一強力者也、行光相戦、両人並レ轡取合、暫雖レ争二死生一、遂為二行光一被誅、行光取二彼頸一付二鳥付一、差二木戸一登之処、勇士二騎離レ馬取合、行光見レ之、廻レ轡問二其名字一、藤沢次郎清近欲レ取レ敵之由称レ之、仍落合、構共誅二滅件敵一之、両人安レ駕、休息之間、清近感二行光合力一之余、以二彼息男一可レ為レ聟之由、成二楚忽契約一云々、次清重幷千鶴丸等、撃二獲二数輩敵一、亦親能猶子左近将監能直者、当時為二殊近仕一、常候二御座右一、而親能兼日招二宮六傔仗国平一、談云、今度能直赴二戦場一之初也、汝加二扶持一、可レ令レ戦者、仍国平固守二其約一、去夜、潜推二参二品御寝所辺一、喚二出能直一、（上臥也）相二具之一、越二阿津賀志山一、攻戦之間、討二取佐藤三・秀員父子（国衡近親郎等）一畢、此宮六者、長井斎藤別当実盛外甥也、実盛属二平家一、滅亡之後、為二囚人一、始被レ召二預于上総権介広常一、々々誅戮之後、又被レ預二親能一、而依レ有二勇敢之誉一、親能申二子細一、令レ付二能直一云々、

六四九　文治五年八月十日〔吾妻鏡〕

卯剋、二品已越二阿津賀志山一給、大軍攻二近于木戸口一、建レ戈伝レ箭、然而国衡輙難二敗傾一、重忠、朝政、朝光、義盛、行平、成広、義澄、義連、景廉、清重等、振二武威一棄二身命一、其闘戦之声、響二山谷一、動二郷村一、爰去夜小山七郎朝光、幷宇都宮左衛門尉朝綱郎従、紀権守、波賀次郎大夫已下七人、以二安藤次一為二山案内者一、面々負レ甲疋レ馬、密々出二御旅館一、自二伊達郡藤田宿一、向二会津之方一、越二于土湯之嵩、鳥取越等一、攀二登于大木戸上、国衡後陣之山一、発二時声一飛レ箭、此間、城中大騒動、称二搦手襲来由一、国平已下辺将、無レ益二于構塞一、失レ力二手廻レ謀一、忽以逃亡、于レ時雖二天・曙一、被二霧隔一、秋山影暗、朝路跡滑、不レ分二両方一之間、国衡郎従等、漏レ網之魚類多之、其中金剛別当子息須房太郎秀方、（年十三）残留防戦、駕二黒駮馬一、敵向レ髦陣、其気色掲焉也、工藤小次郎行光欲二馳並一之剋、行光郎従藤五男、相隔而取二合于秀方一、此間見二顔色一、幼稚者也、雖レ問二姓名一、敢不レ発レ詞、然而一人留之条、称レ有二子細一、誅レ之畢、強力之甚不レ似二若少一、相争之処、対揚良久云々、又小山七郎朝光討二金剛別当一、其後退散歩兵等、馳二向于泰衡陣一、阿津賀志山陣大敗之由告レ之、泰衡周章失レ度、逃亡赴二奥方一、国衡亦逐電、二品令レ追二其後一給、扈従軍士之中、和田小太郎義盛馳二抜于先陣一、及レ昏黒一、到二于芝田郡大高宮辺一、西木戸太郎国衡者、経二出羽道一、欲レ越二大関山一、而今馳二過彼宮前路右手田畔一、義盛追二懸之一、称レ可二返合一之由一、国衡令二名謁一、廻レ駕之間、東相二逢于弓手一、国衡挾二十四束箭一、義盛飛二十三束箭一、其矢、国衡未レ引二弓箭一、射二融国衡之甲射向袖一、中レ膊之間、国衡者痛レ疵開退、義盛者又依レ射二殊大将軍一、廻二思慮一構二二箭一相開、于レ時重忠率二大軍一馳来、隔二于義盛国衡之中一、重忠門客大串次郎相二逢国衡一、々々所レ駕之馬者、奥州第一駿馬、（九寸、）号二高楯黒一也、大肥満国衡駕レ之、毎日必三ケ度、雖レ馳二登平泉高山一、

不降汗之馬也、而国衡怖義盛之箭、驚重忠之大軍、閣道路、打入深田之間、雖加数度鞭、馬敢不能上陸、大串等弥得理、梟首太速也、亦泰衡郎従等、以金十郎、勾当八、赤田次郎、為大将軍、根無藤辺搆城郭之間、三沢安藤四郎、飯冨源太已下猶追奔攻戦、凶徒更無雌伏之気、弥結烏合之群、於根無藤与四方坂之中間、両方進退及七ヶ度、然・金十郎討亡之後皆敗績、勾当八、赤田次郎已下、生虜卅人也、此所合戦無為者、偏在三沢安藤四郎兵略者也、」今日於鎌倉、御台所以御所中女房数輩、有鶴岳百度詣、是奥州追討御祈精也云々、、

六五〇　文治五年九月八日〔吾妻鏡〕

安達新三郎為飛脚上洛、是依被付合戦次第於帥中納言也、主計允行政書御消息、其状云、

為攻奥州泰衡、去七月十九日、打立鎌倉、同廿九日、越白河関打入、八月八日、於厚加志楯前、合戦靡敵訖、同十日、越厚加志山、於山口、秀衡法師嫡男西城戸太郎国衡、為大将軍、向逢合戦、即討取国衡訖、而泰衡自多賀国府以北、玉造郡内高波々ト申所、搆城郭相待、廿日押寄候之処、不相待落件城訖、自此所平泉中間、五六ヶ日道候、即追継、泰衡郎従等於途中相禦、然而打取為宗之輩等、寄平泉之処、泰衡廿一日落畢、頼朝廿二日申剋着平泉、泰衡一日前立逃行、猶追継、今月三日、打取候訖、雖須進其首候、遼遠之上、非指貴人、且相伝家人也、仍不能進候、又於出羽国、八月十三日合戦、猶以討敵候訖、以此旨可令洩言上給、頼朝恐々謹言、

九月八日　　　　頼朝

進上　帥中納言殿

六五一　文治五年九月十七日〔吾妻鏡〕

清衡已下三代造立堂舎事、源忠已講、心蓮大法師等注献之、親能朝宗覧之、二品忽催御信心、仍寺領悉以被寄附、可令募御祈祷云々、則被下一紙壁書、可押于円隆寺南大門云々、、衆徒等拝見之、各全止住之志云々、、其状曰、

於平泉内寺領者、任先例所寄附也、堂塔縦雖為荒廃之地、至仏性燈油之勤者、地頭等不可致其妨者也者、

寺塔已下注文曰、（衆徒注申之、）

一　関山中尊寺事

寺塔四十余宇、禅坊三百余宇也、

清衡管領六郡之最初草創之、先自白河関、至于外浜、廿余ヶ日行程也、其路一町別立笠率都婆、其面図絵金色阿弥陀像、計当国中心、於山頂上、立一基塔、又寺院中央有多宝寺、安置釈迦多宝像於左右、其中間開関路、為旅人往還之道、次釈迦堂安一百余躰金容、即釈迦像也、次両界堂両部諸尊、皆為木像、皆金色也、次二階大堂、（号大長寿院、）（高五丈、本尊三丈金色弥陀像、脇士九躰、同丈六也、）次金色堂、（上下四壁内殿皆金色也、堂内構三壇、悉螺鈿也、阿弥陀三尊、二天、六地蔵、定朝造之、）鎮守即南方崇敬日吉社、北方

勧二請白山宮一、此外宋本一切経蔵、内外陣荘厳、数宇楼閣、不レ違二注進一、凡清衡在世三十三年之間、自二吾朝延暦、園城、東大、興福等寺一、至二震旦天台山一、毎レ寺供二養千僧一、臨二入滅年一、俄始修二逆善一、当二于百ヶ日結願之時一、無二一病一而合掌唱二仏号一、如レ眠閉眼訖、

一　毛越寺事

堂塔四十余宇、禅房五百余宇也、

基衡建二立之一、先金堂号二円隆寺一、鏤二金銀一、継二紫檀赤木等一、尽二万宝一、交二衆色一、本仏安二薬師丈六、同十二神将一、（雲慶作之、仏并像以レ玉入レ眼事、此吃之始例、）講堂、常行堂、二階惣門、鐘楼、経蔵等在レ之、九条関白（忠通）御染二御自筆一被レ下レ額、参議教長卿書二堂中、色紙形也一、此本尊造立間、基衡乞二・支度於仏師雲慶一、々々注二出上中下之三品一、基衡令レ領二状中品一、運二功物於仏師一、所謂円金百両、鷲羽百尻、七間々中径ノ水豹皮六十余枚、安達絹千疋、希婦細布二千端、糠部駿馬五十疋、白布三千端、信夫毛地摺千端等也、此外副二山海珍物一也、三ヶ年終レ功之程、上下向夫課駄、山道海道之間、片時無レ絶、又称二別禄一、生美絹積二船三艘一送之処、仏師抃躍之余、戯論云、雖二喜悦無レ極、猶練絹大切也云々、、使者奔皈、語二此由一、基衡悔驚亦積二練絹於三艘一送遣訖、如レ此次第、

六五二　文治五年九月廿日〔吾妻鏡〕

奥州羽州等事、吉書始之後、糺二勇士等勲功一、各被レ行レ賞訖、其御下文今日被レ下レ之、或先日被レ定二置之一、或今所レ被二書下一也、而千葉介最前拝二領之一、凡毎レ施レ恩、以二常胤一可レ為レ初之由、蒙二兼日之約一者、先国中仏神事、任二先規一勤二仕之一、次於二金師等一、不レ可レ成二違乱一之旨、被レ仰二含于浴恩之輩一云々、畠山次郎重忠賜二葛岡郡一、是狭少之地也、重忠語二傍人一云、今度重忠雖レ奉二先陣一、大木戸之合戦先登為二他人一被レ奪畢、于レ時雖レ知二子細一、重忠敢不二確執一、是為レ令レ周二其賞於傍輩一也、今見レ之、果而皆預二数ヶ所広博之恩一、恐可レ謂二重忠芳志一歟云々、此外面々賞不レ可二勝計一、次紀権守、波賀次郎大夫等勲功事、殊蒙二御感之仰一、但不レ及レ賜二所領一、被レ下二旗二流一、被レ仰下可レ備二子孫眉目一之由上云々、、小山下野大掾政光入道郎等保志黒次郎、永代六次、池次郎等、同賜二旗弓袋一、依二勲功之賞一下賜之由、所レ被レ加レ銘也、盛時書レ之、

文治五年九月廿日云々、

六五三　文治五年九月廿一日〔吾妻鏡〕

於二伊沢郡鎮守府一、令レ奉二幣八幡宮（号二第二殿一）瑞籬一給云々、是田村麿将軍為レ征二東夷一下向時、所レ奉二勧請崇敬一之霊廟也、彼卿所レ帯弓箭并鞭等納二置之一、于レ今在二宝蔵一云々、仍殊欽仰給、於二向後一者、神事悉以為二御願一、可下令二執行一給上之由被レ仰云々、

六五四　文治五年九月廿二日〔吾妻鏡〕

廿二日己卯、陸奥国御家人事、葛西三郎清重可二奉行一之、参仕之輩者、属二清重一可レ啓二子細一之旨、被二仰下一云々、

六五五　文治五年九月廿三日〔吾妻鏡〕

廿三日庚辰、於二平泉一巡二礼秀衡建立無量光院一給、是摸二宇平治等院地形一之所也、豊前介為二案内者一候二御供一、申云、清衡継父武貞号二荒河太郎一、鎮守府将軍武則子、卒去後、伝二領奥六郡一、伊沢、和賀、江刺、稗抜、志波、岩井、去康保年中、移二江刺郡豊田館於岩井郡平泉一、為二宿館一、歴二卅三年一卒去、両国陸奥、出羽、有二一万余之村一、毎レ村建二伽藍一寄二附仏性灯油田一矣、基衡者、果福軼レ父、管二領両国一、又卅三年之後、夭亡、秀衡得二父譲一、継レ絶興レ廃、蒙二将軍宣旨一以降、官禄越二父祖一、栄耀及二子弟一、亦送二卅三年一卒去、已上三代九十九年之間、所二造立一之堂塔、不レ知二幾千万宇一云々、

六五六　文治五年九月廿七日〔吾妻鏡〕

二品歴二覧安倍頼時本名頼義也、衣河遺跡一給、郭土空残、秋草鏁兮数十町、礎石何在、旧苔埋兮百余年、頼時掠二領国郡一之昔、点二此所一搆二家屋一、男子者、井殿盲目、厨河次郎貞任、鳥海三郎宗任、境講師官照、黒沢尻五郎正任、白鳥八郎行任等也、女子者、有加一乃末陪、中加一乃末陪、一加一乃末陪也、已上八人男女子宅之レ簷、郎従等屋囲レ門、西界二於白河関一、為二十余日行程一、東抛二於外浜一乎、又十余日、当二其中央一、遙開二関門一、名曰二衣関一、宛如二函谷一、左鄰二高山一、右顧二長途一、南北同連二峯嶺一、産業亦兼二海陸一、卅余里外並二殖桜樹一、至二于四五月一、残雪無レ消、仍号二駒形嶺一、麓有二流河一而落二于南一、是北上河也、衣河自レ北流、降而通二于此河一、凡官照小松楯、成通貞任後見、琵琶柵等旧跡、在二彼青巌之間一云々

六五七　文治五年十月一日〔吾妻鏡〕

於二多賀国府一、郡郷庄園所務事、条々被レ仰二含地頭等一、就中不レ可下費二国郡一煩中土民上之由、御旨及二再三一、加之被レ置二一紙張文於府庁一云々、其状云、

以二庄号之威勢一、不レ可レ押二不当之道理一、於二国中事一者、任二秀衡泰衡之先例一、可レ致二其沙汰一者、

凡奥州御下向之間、自下御二出鎌倉一之日上、至二于御還向之今一、毎日御差膳盃酒御湯殿各三度、更雖レ無二御懈怠之儀一、遂以所レ不レ令レ成二民庶之費一也、運二送上野下野両国乃貢一云々、人以莫レ不二欽仰一、又河野四郎通信令レ持二土器一、食事毎度用レ之、榛谷四郎重朝洗二乗馬一事、日々不レ怠、是等則今度御旅館之間、珍事之由、在二人口一云々、

六五八　文治五年十月二日〔吾妻鏡〕

四人佐藤庄司、名取郡司、熊野別当、蒙二厚免一各帰二本所一云々、

六五九　建久元年十月五日〔吾妻鏡〕

於二関下辺一、陸奥目代解状到来、仍彼国地頭所務間有二被レ定事等一、雖レ為二路駅一、猶及二此御沙汰一、繁務不レ失二寸陰一之故也、

下　陸奥国諸郡郷新地頭等所

可下早従二留守幷在庁下知一先例有限国事致中其勤上事

一　国司御厩舎人等給田畠事、

右、件舎人等、居二住郡郷一、募二来彼田畠在家等一者也、早任二先

例一、可レ令二引募一、且随二作否之多少一、可二宛行一也、

一　国司庇佃事

右、件佃、本自有二定置之郡郷一、宮城、名取、柴田、黒河、志太、遠田、深田、長世、大谷、竹城是也、早任二先例一、可レ致二沙汰一、縦所・雖二損亡一、随二作否一可二宛行沙汰一也、

以前条々、背二此状一致二不当一之輩者、可レ改二定地頭職一也、且御目代不二下向一之間、随二留守家景幷在庁之下知一可レ致二沙汰一、但留守家景可レ問二先例於在庁一也、国司者自二公家一被二補任一、在庁者国司鏡也、於二先例沙汰来之事一者、不レ憚レ人無二偏頗一可レ致二沙汰一、兼又国可二興復一之、只在二勧農之沙汰一、所レ仰二付家景一也、而不レ随二国務一所々ニハ、家景自身罷向、見二知実否一可レ加二下知一也、猶不二承引一之所ヲハ、可二注申一、但依レ人成レ憚、有二偏頗一不レ申二上濫行一之輩者、仰二家景一、可レ処二奇怙一之状如レ件、以下、

建久元年十月五日

六六〇　正治二年十月十三日〔吾妻鏡〕

今日、宮城四郎自二奥州一帰参、去月十四日遂二合戦一、及レ晩、攻二落芝田館一訖、爰有二可レ被レ感事一、工藤小次郎行光郎従藤五郎、藤三郎兄弟、自二奥州所領一参二向鎌倉一之処、於二白河関辺一、御使聞下可レ被レ追二討芝田一之由上、自二其所一馳帰、合戦之日、廻二彼館後面一、射レ箭不レ知二其員一、中レ之死者十余人、賊主退散、偏在二件両人忠節一之由申レ之、

六六一　正治二年十二月三日〔吾妻鏡〕

陰、有二大輔房源性源進士左衛門尉整子、者一、無双算術者也、加之、見二田頭里坪一、於二眼精之所レ覃、不レ違二段歩一云々、又伺二高野大師跡一、顕二五筆之芸一、而陸奥国伊達郡有二境相論一、為二其実撿一、去八月下向、夜前帰着、今日参二御所一、是被レ賞二右筆幷蹴鞠両芸一、日来所レ奉二昵近一、仍無二左右一被レ召二御前一、被レ尋二仰奥州事等一、源性申云、今度以二下向之次一、斗二藪松嶋一、於二此所一有二独住僧一、一二宿其庵一之間、談二法門奥旨一、翌朝、僧云、吾為二天下第一算師一也、雖二隠形算一、寧劣二竜猛菩薩之術一哉云々、而更不レ可レ勝二源性一之由、吐レ詞之処、彼僧云、不レ改二当座一、速可レ令レ見二勝利一云々、源性承二諾之一、仍取レ算、置二源性座之廻一、于レ時如二霞霧之掩一而四方太暗、方丈之内忽変二大海一、所レ着之円座為二磐石一、松風頻吹、波浪声急、心惘然難レ弁二存亡一也、移レ剋之後、以二亭主僧之声一云、自讃已有二後悔一哉云々、源性答二後悔之由一、彼僧重云、然者永可レ停二算術慢心一、源性答、早可二停止一、其後蒙霧漸散、白日已明、欽仰之余、雖レ成二伝受之望一、於二末世之機根一、称二難レ授之由一、不レ免レ之云々、仰云、不レ伴二参其僧一、甚越度也云々、

六六二　承元元年九月廿四日〔吾妻鏡〕

廿四日丁酉、霽、掃部頭入道寂忍、自二京都一参着、具二参近江国住人盤五家次一、是伴四郎嫌仗祐兼後胤也、去元久元年所レ被二追討一之伊勢平氏冨田三郎基度聟也、募二武威一企二謀叛一、又於二諸処道路一、

煩二往反部民一云々、去建仁三年叡山堂衆令二蜂起一事、起レ自二家次之謀計一、仍彼時雖レ擬レ召二禁之一、逃亡不レ知二行方一之処、五日於二白河辺一生二虜之一云々、

六六三　建保元年三月十七日〔吾妻鏡〕
陰、和田平太胤長配二流陸奥岩瀬郡一云々、

六六四　建保元年五月九日〔吾妻鏡〕
九日己酉、天晴、為二広元朝臣奉行一、被レ送二御教書於在京御家人之中一、相州、大官令連署、又被レ載二御判一云々、是在京武士不レ可二参向一、於二関東一者令二静謐一畢、早可レ守二護　院御所一、又謀叛之輩廻二西海一之由有二其聞一、可レ致二用意一之由也、宗被レ仰二佐々木左衛門尉広綱一云々、及二晩景一、近江美濃尾張等国御家人参着、国土人民候煩已以千万、悉忘二東作之勤一云々、今日重勲功賞御下文等賜レ之、伊賀前司朝光以下数輩云々、又和田平太胤長、於二配所陸奥国岩瀬郡鏡沼南辺一被レ誅、年卅一、

六六五　嘉禄二年五月十六日〔吾妻鏡〕
霽、白河関隠謀輩等召進事、結城七郎、与二浅利太郎一、日来及二相論一之間、今日被レ召二決之一云々、廿三日丁丑、小林五郎、高山五郎等領所請所事、頻依レ望二申之一、可レ被二許容一之旨、武州今日被レ仰二遣本所一云々、件両人重役奉公之間不諧為レ被レ救也、

六六六　延応元年正月十一日〔吾妻鏡〕
雨雪降、将軍家御二参鶴岡八幡宮一、午二点御出、御束帯、御車、陸奥掃部助役二御剣一、佐渡判官基政、上野判官朝広等供奉一、今日、陸奥国郡郷所当事有二沙汰一、是准布之例、沙汰人百姓等、私忘二本進之備一、好二銭貨一、所済乃貢、追レ年不法之由、依レ有二其聞一、白河関以東者、於二下向輩所持一者、不レ及二禁制一、又絹布麁悪甚無レ謂、本様可レ令二弁済一之旨被レ定、以二匠作奉書一被レ触二仰前武州（泰時）一、

六六七　寛元元年正月十日〔吾妻鏡〕
天晴、御弓始也、前太宰少弐為二申次一、二五度射レ之、就二箭員一有レ禄、殿上人賜レ之云々、

射手

一番
佐原七郎左衛門尉　　渋谷六郎

二番
中村太郎（伊達）　　山内左衛門次郎

三番
真板五郎次郎　　小河左衛門尉

四番
神地四郎　　対馬太郎

五番
岡部左衛門四郎　　肥田四郎左衛門尉

六六八　康元元年十一月廿三日〔吾妻鏡〕
天晴、寅剋、於二最明寺一、相州令二落餝一給、年卅、依二日来素懐一也、

御法名覚了房道崇云々、御戒師宋朝道隆禅師也、依二此事一、名家兄弟三流既為二沙弥一、希代珎事也、所謂前大蔵権少輔朝広、（法名信仏）、上野四郎左衛門尉時光、（法名）、同十郎朝村、（法名蓮忍、以上結城、各兄弟）、遠江守光盛、（法名）、三浦介盛時、（法名）、大夫判官時連、（法名観蓮、以上三浦、各兄弟）、前筑前守行泰、（法名行善）、前伊勢守行綱、（法名行願）、濃判官行忠、（法名行一、以上信濃、各兄弟）、彼面々有レ所レ慕、年来無弐、斯時思二名残一之余、忽顕二此志一云々、但皆被レ行二自由之過一、可レ止二出仕一之由云々、

六六九　延喜四年〔倭名類聚鈔〕

東山郡第六十二

陸奥国（国府在宮城県　鎮守府在胆沢城　行程上五十日　下二十五日）　管　三十六（田五万千四百四十町三段九十九歩　公八十万三千七百五束五把　本頴二百三十八万六千四百三十一束　雑頴九十七万九千七百十五束）

白河（之良加波国分為高野郡　今分為大沼河沼二郡）　磐瀬（伊波世国分為伊達郡）　会津（阿比豆）　耶麻（山）　安積（阿佐加）　安達（安多知）　信夫（志乃不国分為伊達郡）　刈田（葛太）　柴田（之波太）　名取（奈止里）　菊多（木久田）　磐城（伊波岐）　標葉（志波）　行方（奈女加多）　宇多（宇太）　伊具（以久）　亘理（和多里）　宮城（美也木）　黒川（久呂加波）　賀美　色麻（志加万）　玉造（太万豆久里）　志太　栗原（久利波良）　磐井（伊波井）　江刺（衣佐志）　胆沢（伊佐波）　長岡（奈加乎加）　新田（你比太）　小田（乎太）　遠田（止保太）　気仙（介世）　牡鹿（乎志加）　登米（止与米）　桃生（毛牟乃不）　大沼（於保奴万）

陸奥国第九十四

白河郡

大村　丹波　松田　八野　鹿田　石川　長田　白川　小野　駅家　松戸　小田　藤田　屋代　常世　高野　依上

磐瀬郡

磐瀬　推会　広門　山田　余戸　白方　駅家

会津郡

伴同　多具　長江　倉精　菱方　大島　屋代　大江　余戸

耶麻郡

津部　量足

安積郡

入野　佐戸　芳賀　小野　丸子　小川　葦屋　安積

安達郡（注　信夫郡との誤記か）

小倉　曰理（亘）　盤山　静戸　伊達　安岐　岑越　駅家

那田郡

篤借　那田　坂田　三田

柴田郡

柴田　衣前　高橋　溺城　余戸　新羅　小野　駅家

名取郡

指賀　井上　名取　磐城　余戸　名取　駅家　玉前

菊多郡

酒井　河辺　山田　大野　余戸

磐城郡

蒲津　丸部　神城　荒川　和　磐城　飯野　小高　片依　白田

玉造　楢葉
標葉郡
宇良　磐瀬　標葉　余戸
行方郡
吉名　大江　多珂　子鶴　真欿　真野
宇多郡
長伴　高階　仲村　飯豊
伊具郡
杵葉　広伴　静戸　麻続　余戸
（亘）曰理郡
曰理（和多利）　坂本　望多（万宇多）　菱沼（比之奴万）
宮城郡
赤瀬　磐城　科上　丸子　大村　白川　宮城　余戸　多賀　柄
屋
星河郡
新田　白川　駅家
賀美郡
川島　磐瀬　余戸
色麻郡
相模　安蘇　色麻（之加万）　余戸
玉造郡
府見　玉造　信太　余戸
志太郡
酒水　信太　余戸
長岡郡
長岡　溺城
栗原郡
栗原　清水　仲村　会津（安都）
磐井郡
丈几　山田（也万多）　沙沢　仲村（奈加無良）　磐井　磐本　駅家
江刺郡
大井　信農　甲斐　槁井
胆沢郡
白河（之良加波）　下野　常口　上恙　余戸　白馬　駅家
新田郡
山沼　仲村　貝沼　余戸
小田郡
小田（乎太）　牛甘　石毛　賀美　余戸
遠田郡
清水　余戸
登米郡
登米　行方（奈女加多）

桃生郡

桃生　磐城　磐越　余戸

気仙郡

気仙　大島　気前

牧鹿郡

賀美　碧河　余戸

耶麻郡

分会　津郡　日量

第二編　文　書（中世）

1 〔相馬文書〕（写本東京大学史料編纂所所蔵）

一　関東下知状

可令早平松若丸領知下総国□（相馬カ）御厨内薩間・粟野両村、□（陸奥国カ）
行方郡耳谷村事、
右、亡父左衛門尉胤村跡、為未処□（分所カ）被配分也、早守先例、可令
領□（掌之状カ）、依仰下知如件、
文永九年十月廿九日
相模守平□（北条時宗）
左京権大夫平□（北条政村）

二　関東下知状

可早以尼（相馬孫五郎左衛門尉胤村後家）領知下総□（国相馬カ）御厨内堰（ママ）尾村、陸奥国
行方□（郡盤カ）崎・小高両村事、
右、亡夫胤村跡、為未処分、所被□（配分也カ）、早守先例、可令領掌之
状、依□（仰下知カ）如件、
文永九年十月廿九日
相模守平□（北条時宗）
左京権大夫平□（北条政村）

三　関東下知状

可令早平□丸領知陸奥国行方郡高平□幷□鷹倉（狩倉）
事、
右、亡父左衛門尉胤村跡、為未処分、所被配分也、早守先例、可令
領掌之状、依仰下知如□（件）、
文永□（九）年十月廿九日
相模守平（北条時宗）朝臣（花押2）
左京権大夫平（北条政村）朝臣（花押5）

四　阿蓮（胤村後家）譲状

ゆつりわたすしもつさ（下総）のくに（国）□（さうまカ）御くりや（厨）のうちますを（増尾）のむら（村）□
□の事、ちやくしひこ（嫡子彦）二郎も□（ろたねカ）ゆつりわたすところ也、この
所ハ、ね□（うしカ）こまやさ（夜叉）しゆけ（出家）すへきよし□申とゝめ（停）んかため
に、ゆつりて□しゆけ（出家）をし候ぬるあひた、くりかへ（悔返）□もろ（師）
たね（胤）にゆつりわたす所也、□たうの田壱ちやうハこまやさ（夜叉）□
□たひ（給）候て、ひくに（比丘尼）一この（期）ちハ、もろたね□すへき也、たゝ（但）
し、けんへいにうたう（入道）□ふん三郎かやしきつきのた（屋敷付の田）とも□
三ちやうたねさね（胤実）にとらすへし、い□三郎かやしきをなしき（同）□
□にちやう（二町）おとつるまろ（乙鶴丸）にとらすへし、□しそやく（疎略）にお（於）きて
ハ、いつれも□まかせて、けたい（懈怠）なくさた（沙汰）をいた□こなく（子無）
てしな（死）ハ、をとゝ（弟）のなかに心□あらんにゆつるへきしやう（譲る可き状）、く
□（たんのことしカ）
こうあん（弘安）八ねん（年）六月五日　あれ□（胤村室阿蓮）

五　平某譲状

譲渡　松鶴丸（相馬重胤カ）所領事、

下総国相馬御厨内益尾村・粟野・薩□、陸奥州（ママ）行方郡内小高村・耳谷村□村上浜、兼又祖母親父之跡、於預御配□円可知行、但薩摩村内王四郎入道在家□又次郎在家合弐宇、奉譲女房、〱一期□松鶴可知行、又益尾村内八郎掾在（カ）□新平四郎在家合弐宇、譲渡舎弟□胤門於無子息令死去者、松鶴可知行、□等、云後家、云胤門、於御公事者、任先例□□、可加催促、但松鶴無子息令死去者、□彦五郎胤門可知行、仍守此旨、可知□（行）、

正応二年己丑二月廿日　平□（相馬師胤カ）

六　関東下知状

可令早平胤門領知陸奥国高村并萩迫巳上田数載配分状事

右、以亡父左衛門尉跡、所被配分也者、守先例、可致沙汰之状、依仰下知如件、

永仁二年八月廿二日

陸奥守平朝臣（北条宣時）（花押6）

相模守平朝臣（北条貞時）（花押7）

七　永仁二年相馬氏配分系図

永仁二年御配分系図

胤綱―胤村―胤氏　六十二町三段三百歩　追赤沼六町
　　　　　　├胤顕　四十四町七段二合　追赤沼四町
　　　　　　├胤重　三十二町一段半
　　　　　　├有胤　二十八町八段九合
　　　　　　├師胤―重胤　十三町九段八合
　　　　　　├胤朝　十二町九段七合
　　　　　　├胤実　十二町四段六合
　　　　　　├胤通　十二町六合
　　　　　　└胤門―重胤（養子）　九町九段一合

八　相馬胤門譲状

ゆつりわたすそりやう（所領）の事

なめかた（行方）のこをり（郡）のうち、たかのむら（高村）の□みさハやまともに、ちやく（嫡）しまこ（子孫）五郎□しけたね（重胤）にゆつりわたす、このしけたね（重胤）□□二郎もろたね（師胤）けいやく（契約）ふかゝりしに□ちやくし（嫡子）にたつる也、こけいちこ（後家一期）よ□こけふん（後家分）をハ、しけたねちきやう（知行）す□うし（女子カ）いちこ（一期）のゝちハ、ねうしふん（女子分）をも□たねちきやう（知行）すへし、このあとにあい□たゝんともから（輩）のなかに、いさゝか（聊）もわ□をもいたしたらんともからにおきてハ、□のともからとして、このあと（跡）をあたる（与）（ママ）へか□まこ五郎しけたね、そのところをハ□（ちきカ）やうすへし、たゝし（但）、たかのむら（高村）のうち□郎かたさいけ（方在家）ハ、うはいちこ（一期）このほとハ、し□たねかとかかうやう（孝養）をもこゝろやすくせ□へし、たゝし（但）、このやしきにわつらひ（煩）おもいた□をきてハ、これをしるへからす、うハいち□（一期カ）のちハ、しけたねちき（知）やうす（行）へし、よての□ために状如件、

永仁四年八月廿四日　たね(胤門)□

九　関東下知状

相馬彦五郎胤門養子孫五郎重胤代頼俊申、伯□門尉胤氏押領陸奥国行方郡高村堰沢苅取作□、

右、如重胤所進胤門去年八月廿四日和字譲状者、高村堰□(沢)重胤仁譲渡、此重胤者、彦二郎師胤契約深加里志爾与利弖(ヨリテ)、立□一期之後者、後家分於波重胤可知行、女子一期之後者、女子分於□跡爾相宛多覧輩之中爾、聊毛煩於毛致多羅牟輩爾於弖波、為□可宛此跡、重胤其所於波可知行、但高村内新三郎田在家□程者、知勢弖胤門之孝養於毛心安具勢佐須辺志(セサスヘシ)、此屋敷爾□爾於弖者、不可知之、祖母一期之後者、重胤可知行云々、而胤氏□押領重胤分苅取作稲之由、頼俊依訴申、度々下召符之□年四月二日請文者、不相綺云々、如重胤重訴状者、胤氏不相綺□者可預裁許云々、此上不及異儀、然則於彼高村堰沢者、任□令重胤領掌之状、依鎌倉殿仰、下知如件、

永仁五年六月七日

陸奥守平朝臣(北条宣時)□

相模守平朝臣(北条貞時)□

一〇　関東下知状

相馬孫四郎胤実与同孫五郎重胤相論□蓮遺領、下総国相馬御厨内益尾村、陸奥□小高村幷盤崎村内釘野事、

右、及相論之間、擬有其沙汰之処、今月十日□如彼状等者、重胤亡父彦次郎師胤弟孫四郎□五郎胤門等、帯弘安八年六月五日阿蓮譲状□処、師胤々門死去之後、去々年始天胤実代官忠□□致訴訟之間、重胤雖進陳状、於阿蓮譲状等□書之由、令存知之間、止相論、互任彼状等、可知行□云云者、早守彼状、向後無違乱、相互可致沙汰之□仰、下知如件、

正安二年四月廿三日

陸奥守平(北条宣時)□

相模守平朝(北条貞時)□

一一　相馬重胤申状

(端書)「□(孫カ)五郎元亨元十二　十七言上」

□(相馬孫)五郎重胤謹言上

□被停止長崎三郎左衛門入道思元押領、任御下知状等□敗陸奥国行方郡高村自高河北田在家三分壱事、

□御下知状等案

□為祖父相馬五郎左衛門尉胤村未分跡(処脱カ)、去永仁二年□日養父相馬彦五郎胤門預御配分畢、胤門死去之刻、譲与□伯父同次郎左衛門尉胤氏押領之間、就訴申、永仁五年□預御下知訖、而胤門女子字彦犬与重胤致相論、嘉元々年十二□賜和与御下知、当知行于今無相違処、思元就令拝領相□衛門尉師胤分領三分一、御使岩城二郎、結城上野前司□所、今年元亨元十月打渡之刻、重胤

以下総国相馬郡居住、□等令引汲思元、以彼高村自高河北田在家三分一分、付于思元之□所行也、然早被召決、被停止非分押領、任御下知状等旨、為□敗、恐々言上如件、
(奥書)「元亨元十二十七賦上之被賦一書、奉行人壱岐前司政有五大堂
頭人赤橋武蔵守殿守時　」

一二　関東御教書

相馬孫五郎重胤申、陸奥□村田在家事、訴状如此、早□可被参対之状、依仰執達如(件)□、
元亨二年閏五月四日　武蔵守(赤橋守時)□
長崎三郎左衛門入道殿

一三　関東御教書

長崎三郎左衛門入道思元申、陸奥国行方郡北田村事、訴状如此、早企参上、可被明申之状、依仰執達如件、
元亨二年七月四日　沙弥(花押)
(相馬重胤)小高孫五郎殿

一四　長崎思元代良信申状

□入道思元代良信謹言上、
□小高孫五郎重胤、任傍例、被行苅田押妨狼籍□任員数、被糺返、奥州行方郡内北田村等事、
□郎左衛門尉師胤所領三分一者、依罪科、被収公之□十二月十七日思元所拝領也、仍同月廿五日仰□司(結城)宗広、岩城次郎今者出家、守御下文、可打渡之由、自□右近入道聖遠奉行、被成御教書之間、師胤□爰重胤任雅意、去年元亨元十月、以数多人勢、押入□取作毛、追捕民屋、致押妨狼籍之条、希代之所行也、□炳誡者、遠所奸謀之狼籍、不可断絶、所務之煩、争無□、所詮急速、被経御沙汰、於抑留物者、任員数、被□妨狼籍之咎者、任傍例、為被処罪科、仍恐々言上(如件カ)□、
(証判)(花押)

一五　地頭代超円着到状

(証判)「左少将（花押）」
陸奥国田村三川前司入道宗猷女子七草木村地頭藤原氏代備前房超円、今月二日令馳参御方候、於向後者、可致軍忠候、以此旨、可有御披露候、恐惶謹言、
元弘三年六月五日　地頭代超円
進上　御奉行所

一六　後醍醐天皇綸旨

相馬孫五郎重胤当知行地、被聞食畢者、天気如此、悉之、以状、
元弘三年七月十七日　式部少輔（花押）

一七　後醍醐天皇綸旨

参川前司入道宗猷女子藤原氏女当知行地事、被聞食了者、天気如此、悉之、以状、
元弘三年七月月(ママ)十七日　左少弁（花押）

一八　官宣旨案

左弁官下　陸奥国
応除高時法師党類以下朝□□輩当時知行地、不可有依□□、
右、大納言藤原(万里小路)朝臣宣房宣、奉□□民庶未安堵、仍降　糸綸、被救□□繁、施行有煩、加之諸国之輩□□上、徒妨農業之条、聢(遷)背撫民之□□闇此法也、然而除高時法師党類□□輩之外、当時知行之地、不可有依□□七道諸国、勿敢違失、但於臨時□□国宣承知、依　宣行之、
　元弘三年七月廿六日　□□
　少弁藤原朝臣

一九　相馬重胤代親胤申状

(外題)「任　宣旨状、早可令領□□
　(北畠顕家)(花押36)　□□十二月廿二□□」
相馬孫五郎重胤代親胤謹言上、
欲早給安堵　国宣、備後代亀鏡、陸奥□□村・耳谷村・目々須沢村・堤谷村・高村・□□同田畠在家・針(釘)野田畠在家・狩倉山□□等事、
右村々者、為重胤重代相伝地、知行無相□□日給安堵　綸旨訖、但於捧(盤)崎鳩原両□□相馬彦五郎胤門後家一期之後、可知行□□国宣為備後證、恐々言上如件、
　元弘三年十二月　日

二〇　陸奥国宣

(北畠顕家)(花押36)
行方郡事、可令奉行条々、載事書、被遣之、得其意可被申沙汰者、国宣如此、仍執達如件、
　建武二年六月三日　右近将監清高奉
　相馬孫五郎(重胤)殿

二一　陸奥国宣

(北畠顕家)(花押36)
伊具・曰(亘)理・宇多・行方等郡、金原保検断事、事書遣之、早武石上総権介胤顕相共、守彼状、可致沙汰者、　国宣如此、仍執達如件、
　建武二年六月三日　右近将監清高奉
　相馬孫五郎(重胤)殿

二二　相馬重胤譲状

重胤かしそく(子息)次郎ニ譲渡そりやう(所領)の事、
陸奥国行方郡の内
おたか(小高)　たか(高)　めゝさわ(目々沢)　つゝミかや(堤谷)　はま(浜)ともに　こやまた(小山田)　せきのさわ(関沢)
下総国相馬郡の内
ますを(増尾)の村　この村々のうち、ますをの村に彦四郎の給分の田在家一けん、いやけんし入道か田在家一けんこれをのそく(除)、おたかに九郎左衛門尉の給分の田在家一けん、矢河原の後家尼の田在家一けん、

彦三郎入道との居内の田在家一けんのそく(除)、つゝミかやにとう三郎か田在家一けん、たかにたかの蔵人の後家尼の田在家一けん、もんまの孫四郎の居内の田在家一けん、さうきやう房か田在家一けんのそく(除)、このほかハちやくし次郎知行すへし、御公事ハ先例のことくたるへし、二郎子なくしてあと(跡)たえ(絶)ぬへくハ、二郎か跡をも松犬知行すへし、又松犬子なくして跡たえぬへくハ、松犬か跡をも二郎ちきやうすへし、いつれの子なりとも、此状をそむきて違乱をいたさハ、不孝たるへし、その跡においてハ、男女子したい(次第)ニおつて(追)わけ(分)ちきやう(知行)すへし、又女子のなかに子なからんふんハ、ちやくし(嫡子)しんたい(進退)たるへし、

一、盤崎の後家尼御前の御りやう、はんのさき(盤崎)、はとハら(鳩原)においてハ、胤門の譲状のことくハ、後家一この(期)後ハ重胤知行すへき処也、しかれハこの跡はのさき(ん脱カ)の村ハ、おなしく次郎知行すへし、仍ゆつり状如件、

建武二年十一月廿日　平重胤（花押106）

二三　相馬重胤譲状案

重胤かしそく(子息)孫次郎(親胤)譲渡所領の事、

陸奥国行方郡の内

おたか　たか　めゝさハ　つゝミかや　はまともに　せきのさハ

下総国相馬郡内

ますを(増尾)の村　この村の内彦四郎の給分田在家一けん、いやけんし入道か田在家一けんこれおのそく(除)、行方郡おたかの村内九郎左衛門尉の給分の田在家一けん、たかの村の内もんまの孫四郎か居内の田在家一けん、さうきやうはう(房)か田在家一けん、たかの蔵人の後家尼の田在家一けんのそく(除)、此ほかハちやくし(嫡子)次郎知行すへし、御公事ハ先例のことくたるへし、次郎子なくして跡たへぬへくハ、松犬知行すへし、また松犬子なくして跡たへぬへくハ、この跡おも次郎知行すへし、いつれの子なりとも、此状おそむき(背)ていらん(違乱)おいたさハ、不幸たるへし、その跡においてハ、男女子したい(次第)におつて(追)わけちきやう(分知行)すへし、又女子のなかに子なからんふんハ、ちやくし(嫡子)しんたい(進退)たるへし、仍譲状如件、

建武二年十一月廿日　平重胤

二四　相馬重胤譲状

重胤かしそく(子息)松犬に譲渡そりやう(所領)の事、

陸奥国行方郡内

ミゝかや　むらかミのはま　くきのゝ田在家やまかりくら、かくまさハのいよ房かやしき田在家、孫四郎の給分せきねのやしき田在家、おたかの矢河原後家尼の田在家一けん、彦三郎入道か居内の田在家、下総国相馬郡内あハの・さつまの村これをゆつる、この内ニさつまに山ふしうちの田在家一けん、かれをのそく(除)、このほかハ譲のことく知行すへし、御公事ハ先例のことくたるへし、松犬子なくして跡たえ(絶)ぬへくハ、次郎その跡をハちきやう(知行)すへし、又次郎子な

くして跡たえ（絶）ぬへくハ、松犬ちきやう（知行）すへし、いつれの子なりとも
いらん（違乱）をいたさハ、ふけう（不孝）たるへし、その跡をハ、男女子したい（次第）を
おん（追）てわけ（分）ちきやう（知行）すへし、
一、盤崎の後家尼御せん（前）の御りやう、はとはら（鳩原）のむらにおいてハ、
たねかと（胤門）のゆつりのことく、彼後家尼御せん（前）一こ（期）ゆつるなり、こけ（後家）
一こ（期）のゝちハ重胤知行すへき処也、しかれハはとハら（鳩原）のむらをハ、
おなしく松犬知行すへき也、仍譲状如件、

建武二年十一月廿日　平重胤（花押106）

二五　相馬重胤譲状

譲渡　所領事

次男弥次郎光胤分

一下総国相馬郡内
粟野村
一陸奥国行方郡内
耳谷村

右村々者、限永代、譲渡弥次郎光胤畢、但此外奥州小高村内矢河原
十郎後家尼田在家一宇、彦三郎入道田在家一宇、盤崎村内釘野在家并山、
永代可令知行、仍譲状如件、

建武三年二月五日　平重胤（花押106）

二六　相馬重胤事書目録

於国可楯築事書目六

定

一奥州行方郡内小高堀内、構城郭并□□凶徒等、可令対治之也、
一成御敵一族等并七郡御家人等事、相□□助之廻方便、可取御方
之也、
一城内兵粮米事、須江九郎左衛門尉□□（所カ）弐佰石有之、可入彼米
也、其外一族等并□分村々、仰給主代、可致其沙汰、然者員
数□□、
一京鎌倉御方、雖聞及劣軍之、各々覧□□（対カ）不可有二心、爰有二心
於一族等、任連御□□文之詞、可討取者也、合戦習雖弱一旦之
□□終期者歟、加之遠国間敵等、構虚言、可得心□□捨一
命、各々恥家疵、可欲揚弓箭名後代者□□、
一致軍忠於一族他人者、分明可申注進、軽賞□□勇見聞輩故也、
仍大略如此、

右目録状如件、

建武三年二月十八日　平重胤（花押カ）

相馬弥次郎（光胤）殿

二七　相馬光胤着到軍忠状

相馬弥次郎光胤申

右、奉属大将　斯波殿御手親父重胤間、為□□責上鎌倉、致度々
合戦忠之処、任　斯波殿□□書并親父重胤事書、今月八日令下国、
成□□族等押寄楯、通令対治候畢、仍小高城楯（カ）等□□等着到次第不同

相馬九郎胤国　同子息九郎胤□
同与一胤房　相馬七郎時胤
同五郎顕胤　相馬孫次郎行□
相馬六郎長胤　同七郎胤眷
相馬十郎胤俊　同五郎泰胤
相馬孫次郎綱胤　同小四郎□（胤時カ）
同四郎良胤　相馬小次郎胤□
新田左馬亮経政　相馬五郎胤経（政カ）
同又五郎胤泰　同弥六胤□
相馬孫六郎盛胤　相馬孫九郎胤通
相馬小次郎胤顕　同孫四郎胤家
相馬孫次郎胤義　同小次郎胤盛
相馬孫五郎長胤　相馬又五郎朝胤
相馬孫七郎胤広　相馬九郎二郎胤直
相　馬　満　丸　相　馬　千　代
相馬小五郎永胤　相馬弁房円意
相馬彦二郎胤祐　相馬弥次郎実□
相馬又七胤貞　相馬小四郎胤継
武石五郎胤通　伊達与一高景
同与三光義　相馬禅師房□
相馬道雲房胤範　標葉孫三郎教隆
長江与一景高女子代 莚田三郎光頼　相馬松王丸
相馬助房家人青田孫左衛門尉祐胤

右、着到如件、

建武三年三月三日　惣領代子息弥次郎

進上　御奉行所

「承了（証判）（氏家道誠）（花押62）」

二八　相馬光胤軍忠状

相馬弥次郎光胤申軍忠事

右、白川上野入道家人等、宇多庄熊野堂楯築間、今月十六日馳向彼所、致合戦分取手負事

相馬九郎五郎胤景分取二人　須江八郎分取一人白川上野入道家人六郎左衛門入道頭二
相馬小次郎胤顕生補（捕）二人白川上野入道家人小山田八郎同人中間四郎六郎
相馬小二郎家人木幡三郎兵衛尉分取一人　相馬彦二郎胤祐分取一人
新田左馬亮経政代田嶋小四郎分取一人　標葉孫三郎教隆分取一人
相馬助房家人東条七郎衛門尉分取一人被疵畢　木幡二郎討死畢

右、此外雖有数輩、切捨略之畢、仍追散敵対治畢、

建武三年三月十七日　惣領代子息弥次郎光胤

進上　御奉行所

「承了（証判）（氏家道誠）（花押62）」

二九　相馬光胤軍忠状

相馬弥次郎光胤申軍忠事

右、今月廿二日為広橋大将、寄来小高城御敵等事、

相馬小次郎胤盛家人出帳（張）分取一人　　惣領家人石町又太郎標葉□打取□
相馬小次郎胤顕敵一人打取畢　　相馬孫二郎家人小嶋田五郎太郎頭□
相馬孫五郎長胤家人三郎二郎打死畢　　相馬五郎胤経家人大畠彦太□被疵畢
相馬九郎胤国中間五郎太郎打死畢　　相馬弥二郎実胤中間九郎太郎被疵畢
相馬五郎胤経家人増尾十郎被疵畢　　相馬四郎良胤家人三郎太郎被疵畢
惣領家人須江八郎中間被疵畢　　相馬助房家人青田新左衛門尉被疵畢
右、如此合戦之間、同廿四日追散敵畢、然除矢戦并残手疵畢、仍欲
捧注進状処、為尻攻御内侍所大泉平九郎後馳来、以次、
標葉庄為対治合戦次第今月廿七日
相馬九郎五郎胤景標葉孫四郎打取畢　　相馬孫次郎行胤生補（捕）二人標葉弥九郎孫十郎
相馬小次郎胤盛生補（捕）二人標葉三郎四郎長田孫四郎胤盛自身被疵畢
相馬小次郎家人生補（捕）一人落合弥八郎　田信彦太郎生補（捕）一人標葉孫七郎
武石左衛門五郎胤通酒田孫五郎打死畢　　相馬助房家人渡野部六郎兵衛尉□
惣領家人木幡三郎左衛門尉分取一人　　相馬六郎長胤被疵畢
相馬九郎二郎胤直被疵畢　　相馬五郎胤綱家人被疵畢
右、此合戦次第、侍所大泉平九郎被実検畢、然早為御判、注進状如
件、

建武三年三月廿八日惣領代子息弥次郎光胤

進上　御奉行所　（証判）（氏家道誠）「承了（花押62）」

三〇　斯波家長施行状

陸奥国行方郡内闕所、并同国相馬又六跡高木保内事、　将軍□
計之程、暫所被預置也、配分一族、可被所務之由候也、仍執達如件、

建武三年四月十一日　源（斯波家長）（花押59）

相馬孫五郎（重胤）殿

三一　相馬光胤軍忠状

相馬弥次郎光胤申
今月六日、於宇多庄熊野堂、致合戦、若党五十嵐弥四郎入道・田
信乗阿・同子息左衛門三郎討死仕了、同七日自小高城、差遣軍勢、
致合戦、御敵十三人切懸候了、為後證、可賜御証判候、仍注進如件、

建武三年五月九日　平光胤上

進上　御奉行所　（証判）（氏家道誠）「承候訖（花押62）」

三二　相馬光胤譲状

譲渡
下総国相馬郡内粟野村、陸奥国行方郡内耳谷村・小高村内矢河原十郎後家尼
給分田在家、彦三郎入道給分田在家　盤崎村内釘野在家井山　同国田村庄新田村内・七草木村事
右、親父重胤譲并母儀譲状安堵御下文等相副之、養子松鶴丸ヒ譲渡
畢、重胤鎌倉にて自害之由承及之、舎兄親胤上洛之後音信不通也、
光胤又存命不定之間、松鶴為甥之上、依有志、養子として所譲与
也、公私不遂本望者、僧ヒなりて各の後生を可訪也、仍譲状如件、

建武三年五月廿日　平光胤（花押105）

三三　斯波家長施行状

下総国相馬郡内鷲谷村□□、津々戸相馬六郎跡□、藤谷村相馬六九郎等跡□、

大鹿□□、高井□□、高柳村等事、為闕所由、被聞食之間、
将軍家御計程、□（所カ）也、可被致沙汰状、依仰、執達如件、
建武三年十一月廿二日　源（斯波家長）（花押59）
相馬孫次郎（親胤）殿

三四　相馬胤頼（松鶴丸）着到軍忠状

建武四年正月廿六日、於東海道宇□（多カ）庄熊野堂着到事、
相馬松鶴丸　同九郎入道了胤　同
江井御房丸　同小次郎胤盛
同弥五郎胤仲　同弥次郎実胤
同孫二郎綱胤　同七郎入道子五郎顕胤
同小四郎胤時　同五郎康胤　同又一胤貞
同小次郎胤政　同岡田駒一丸　同千与丸
同岡田主一丸　同孫六郎盛胤
同孫次郎入道行胤　同五郎胤経
武石五郎胤通
為御方、馳参候、
右、去々年為国司誅伐、志和（斯波）尾張弥三郎殿府中御発向之時、松鶴祖父相馬孫五郎重胤発向于渡郡河名宿、武石上総権介胤頼□（カ）賜東海道打立関東馳参、去年□蜂起之時、致合戦忠節、結句国司下向□（之カ）時、於法花（華）堂下自害、挙希代其家者也、親父孫次郎親胤者、去々年千田大隅守相□（共向カ）于千葉楯、致合戦之処、俄将軍家京都御上洛之間、御具申、至于今未及下国、於伯父弥次郎者（親胤舎弟）、去年五月国司下向之時、東海道為小高楯致合戦、終以打死畢、其後松鶴以下一族等、隠居山林之処、幸此御合戦蜂起之間、松鶴雖幼少、付着到之処、一族等相催之、宇多庄打越、結城上野入道代中村六郎数万騎、楯籠当庄熊野堂之処、猶寄打散畢、為君祖父伯父非失命致（カ）、京都奉公、松鶴又於御方致忠節上者、賜一見御判、弥追罰近郡、為御證備、粗着到目安言上如件、
建武四年正月　日　「承了（証判）（氏家道誠）（花押62）」

三五　氏家道誠軍勢催促状

先国司、被籠霊山城之間、令発向東海道熊野堂、被致軍忠之条、尤神妙也、同為武（カ）野路手可被致合戦、重有軍忠者、可有抽賞者也、仍執達如件、
建武四年正月廿七日　沙弥（氏家道誠）（花押62）
相馬惣領松鶴（胤頼）殿

三六　(イ)　氏家道誠施行状案
(ロ)　石塔義房充行状案

（〇この二通は一紙に写されている）

(イ)
武石四郎左衛門入道々倫申、奥州曰（亘）理郡坂本郷事、至正和年知行云々、而依子息左衛門五郎軍忠、云本領、云恩賞、任先例、可被知行之状、依仰執達如件、

建武四年二月六日　　　氏家道誠　在判

武石四郎左衛門入道殿

(ロ)

陸奥国曰(亘)理郡坂本郷半分并長戸呂村事、為勲功賞、同郡鵲谷郷之替、任先例可被知行之状、如件、

康永二年八月三日　　　沙弥　石塔入道殿　在御判

武石新左衛門尉殿

三七　相馬親胤軍忠状

相馬孫次郎親胤申合戦次第事

右於親胤者、為　惣大将御宮[　]城令警固間、若党目々沢七郎蔵人盛清以下差遣之、今月廿一日　同大将蔵人殿常州関城御発向間、依手分馳渡絹河上瀬中沼渡戸、追散数万□御敵等、焼払数百間在家等了、此段侍大将佐原三郎左衛門尉令見知上者、賜御判為後證、恐々目安如件、

建武二二(四)年二月廿二日

（証判）（石塔義房）「承了　（花押45）」

三八　相馬胤時軍忠状

相馬小四郎胤時申軍忠[　](次第事カ)

右、胤時於霊山蔵人殿奥州御発向間、馳参三箱[　]到於霊山搦手、属東海道大将惣領[　]同日羽鳥小太郎楯□合戦致忠、同二日標葉小丸[　]人令剪捨処、行方郡小高城[惣領]楯籠処、同九日[　]来間、依責戦敵一人射留了、同十日合戦抽[　]戦剪捨一人、同十二日夜出張合戦致忠了、然[　]備亀鏡、仍一見状如件、

建武四年卯月　日

（証判）「承[　]」（了（花押）カ）

三九　某軍忠状

（○前欠）山搦手東海道数ヶ度合戦次第[　]

一四月一日建武四、於楢葉郡八里原合戦[　]羽鳥太郎楯追落畢、

一同二日、標葉庄小丸城口羽尾[　]合戦之時、懸先陣、御敵一人切捨了、

一同九日、於行方郡小高城、凶徒寄来之時、胤時致散々合戦、御敵一人討留了、

一同五月十日、於標葉立野原合戦、懸先陣、被疵[　]、十七日、小丸城合戦之時、致軍忠畢、

右条々合戦次第支證分明之上者、賜御判、為備後證亀鏡状如件、

建武四年五月　日

（証判）「承了（花押414）」

四〇　相馬系図

胤村（相馬五郎左衛門尉）
- 胤氏（次郎左衛門尉）── 師胤（五郎左衛門尉）
- 師胤（彦次郎）── 重胤（孫五郎）── 親胤（出羽守）── 胤頼（治部少輔）
- 通胤（余一）── 行胤（孫次郎）── 朝胤（次郎兵衛尉）

女子（鶴夜叉）——胤頼（治部小輔）

四一　相馬一族闕所地注進状

相馬

胤村（五郎左衛門尉）——胤氏（二郎左衛門尉）——師胤（五郎左衛門尉）　一分跡、行方郡内大田村土貢六十貫文、又同郡吉名村土貢四十貫文、先代被闕所、長崎三郎左衛門入道拝領之

——師胤（彦次郎）——重胤（孫五郎）——親胤（出羽権守）　訴人

——有胤（十郎）　子息等御敵也、彼跡等高平村五十貫文　稲村十五貫文

——胤実（孫四郎）——胤持（六郎）　大内村十貫文　長田村五十貫文

——女子　高城保内　根崎村三十貫文　鴿原村弐十五貫文

——女子　牛越村　三十貫文

以上、村々親類等之跡也、惣土貢参百拾貫文

かやうに公方へちらしん申て候、それにても、けそのむら〳〵のと（闕所）くふんの員数の事、此定に御秘計候て、御注進をめさるへく候、これにすこしもとくふんまさり候ハヽ、此むら〳〵の内のそかれ候所候ぬと存候、猶々これにハとくふんの分限おとり候とも、すこしもまさり候ハヽ、かなうましく候、此分者、それにても御心え候て、くわんれいにても御申あるへく候、

四二　相馬胤村譲状（案カ）

相馬五郎左衛門尉胤［　　　　］（村譲状）

一五郎胤顕分　百九十四□余

一六郎胤重分□［　］（百）

一左衛門［　　］［　］（胤氏）分　九十余丁

一彦次郎師胤分、依為当腹嫡子、二百三十九丁［　］二合也、令超過于自余子息畢、如傍例、駿河入道殿御跡・印東四郎太郎跡・皆以任亡素意御成敗畢、限胤村之跡、争可被違先規之例哉、然者師胤任譲状分限、欲預御配分、仍状

一後家分　相馬箕勾　同薩摩栗野六郎（カ）
　　　　同増尾　闕所盤崎
　　　　同小高　已上五ヶ村内二ヶ村被給

件二ヶ所替仁、北田・高村等於可給之、

四三　北畠顕家御教書

（北畠顕家）
（花押36）

被任左衛門尉之由、可被挙申京都也、且可存其旨之由、　鎮守大将軍仰所候也、仍執達如件、

延元々年四月廿六日　軍監有実奉

相馬六郎殿

四四　相馬胤平軍忠状

合戦目安一

相馬六郎左衛門尉胤平申合戦事
右、陸奥国高野郡内矢築（八槻）宿仁天、去年（建武三）十二月廿三日夜、御敵数千
騎押寄之処仁、捨于身命、令塞戦之処仁、幡差平七助久小耳尾被射
抜畢、同廿六日当国行方郡高平村内寛徳寺打越、舎弟八郎衛門尉家
胤・同九郎兵衛尉胤門、幷次郎兵衛尉胤景・同又次郎胤時・同彦次
郎胤祐（祐カ）・同孫五郎親胤、相共構城館、於御方館築候之処仁当、年（建武四）
三月八日為凶徒対治、自伊達郡霊山館、於広橋修理亮雖参大将軍小
手保河俣城被相向候之由、有其聞之間、同十一日馳向之処仁、先立
于御敵成于降人参之間、同十三日信夫庄打入天、対治凶徒余類、同
十五日同庄荒井城押寄、致合戦之忠、捨身命令相戦之間、御敵降人仁
出来候訖、同廿三日行方郡小鷹（高）館責寄、不惜身命塞戦之間、中間彦
四郎家守蒙疵候畢、此段被見知候訖、同廿四日凶徒成于降人令参候
訖、同年四月六日菊田庄三箱湯本堀坂口石河凶徒等、引率多勢押寄之
間、捨于身命、一族相共懸先令戦之間、御敵送（追）散候訖、同月九日常
陸国小田兵衛介館籠于御敵、同越中入道館・同田中城幷北条城幷村
田館・同小栗城馳向、於凶徒者、送（追）落城館令対治候畢、同月廿四日
御下向之由承及候之間、宇都宮馳参候、同五月一日足利為凶徒対治
馳向天、御敵送（追）落候畢、同月八日名須城自搦手押寄、捨于身命、令
戦之間、下館送（追）落、致合戦忠節之処仁、同十日胤平左肩被射抜候
訖、此段被御疵見候畢、同月廿二日田村館、同廿三日不軽堂城、一
族相副天軍勢差向候畢、又為凶徒小河松山誅戮、可発向之由、重被
仰下之間、同年八月五日石河庄松山城自搦手押寄、懸先捨于身命、
令相戦之処仁、御敵成于降人罷出候畢、同月廿二日佐竹石河凶徒
等、引率多勢相向之間、久慈東小里郷内自西山手一族相共馳向天、
捨于身命令合戦之間、郎従橋内新兵衛尉光胤懸先、二階堂五郎打留
頸取候畢、此段乃時被御見知候畢、彼此度々合戦令忠節候之上者、
為賜御判、合戦目安之状、如件、

延元々年八月廿六日

（証判）「検知之（広橋経泰）（花押64）」

（〇この文書、内容からみれば延元二年（建武四年）のものか）

四五 石塔義房軍勢催促状

凶徒対治事、早相催一族、参御方、可被抽軍忠之状、如件、

暦応元年十一月十日 沙弥（石塔義房）（花押45）

相馬六郎左衛門尉殿

四六 氏家道誠注進状案

（端裏書）
「雑正文
氏家十郎入道注進状案 暦応二三廿六」

注進
相馬松鶴丸軍忠事
右、彼祖父相馬孫五郎重胤、属陸奥守家長、於鎌倉殞命由、證判状
所見也、養父弥次郎光胤、属兼頼、向奥州東海道討手、同国小高郷

構要害、建武三年三月十六日、率一族等馳向同国宇多庄熊野堂、令対治凶徒、同月廿二日・同廿四日・同廿七日・同五月六日七日合戦雖励忠戦、同廿四日当国前国司顕家卿下向之刻、以大勢、被攻小高城之間、光胤并一族相馬六郎長胤・同七郎胤治・同四郎成胤令討死訖、其後松鶴丸又率一族、同四年正月廿六日重馳向熊野堂城、令対治凶徒訖、凡所々合戦一族郎従等殞命被疵、前懸分捕以下戦功之条、注文別帋（紙）進覧之、爰奥州合戦事、先日粗雖捧注進、相漏之輩追所令言上也、将又正員式部大夫兼頼年少之間、代官氏家十郎入道々誠所令加判形候也、此条若偽申候者、
八幡大菩薩御罰可罷蒙候、以此旨、可有御披露候、恐惶謹言、

暦応二年三月廿日　沙弥道誠上

進上　御奉行所

四七　相馬胤頼（松鶴丸）軍忠状

注進
松（相）馬松鶴丸申、養父相馬弥次郎光胤討死以下軍忠事、

一建武三年三月十六日陸奥国東海道宇多庄熊野堂合戦事、
相馬弥次郎光胤家人須江八郎分取一人（白川上野入道家人 六郎左衛門入道□心）
同人家人木幡次郎討死
相馬九郎五郎胤景（分取二人）　相馬小次郎胤顕主（生）捕二人（白川上野入道家人小山田八郎 同人中間四郎三郎）
相馬小次郎家人木幡三郎兵衛尉分取一人
相馬彦次郎胤祐分取一人

一同年三月廿二日広橋修理亮以下凶徒等、寄来小高城致□□之時、追散御敵討取凶徒等事、
相馬弥次郎光胤家人石町又太郎（討取御敵標葉蒔田十郎□）
相馬小次郎胤盛（分取一人）　相馬小次郎胤顕（御敵一人討取）
相馬孫次郎行胤家人（小嶋田五郎太郎被討取了）　相馬孫五郎長胤家人（三郎太郎討死）
相馬五郎胤経家人（大畠彦太郎被疵）　相馬九郎胤国中間（五郎太郎討死）
相馬弥次郎実胤中間（九郎太郎被疵）　相馬五郎胤経家人（増尾十郎被疵）

一同月廿七日大泉平九郎相共、標葉庄凶徒対治事、
相馬弥次郎光胤家人田信彦太郎主（生）捕一人（標葉孫七郎）
相馬九郎五郎胤景（討取標葉孫四郎了）
相馬孫次郎行胤主（生）捕二人（標葉弥九郎 同孫十郎）
相馬小次郎胤盛主（生）捕二人自身被疵（標葉三郎四郎 長田孫四郎）
相馬小次郎胤顕主（生）捕一人（落合弥八）
相馬弥次郎光胤家人田信彦太郎主（生）捕一人（標葉孫□郎）
相馬六郎長胤被疵畢
相馬弥次郎光胤家人木幡三郎左衛門尉分取一人

一同年五月六日宇多庄熊野堂合戦事、
相馬弥次郎光胤家人（五十嵐弥四郎入道 田信乗阿　同子息左衛門三郎等討死）

一同七日同所合戦事、
相馬弥次郎光胤差遣家人等、討取御敵十三人畢

一同五月廿四日顕家卿攻小高城之時、相馬一族以下討死事、
相馬弥次郎光胤討死　相馬六郎長胤同
相馬七郎胤治同　相馬四郎成胤同
相馬十郎胤俊同
一若党討死事、
田信彦太郎光胤家人
吉武弥次郎胤俊家人
田中八郎三郎長胤家人
松本四郎光胤家人
一建武四年正月廿六日松鶴丸引率一族、押寄宇多庄熊野堂、致合戦
事、
右粗注進如件、
暦応二年三月　日

四八　石塔義房軍勢催促状

白河城凶徒可蜂起之由、有其聞、早相□（催カ）相馬□□（出羽カ）権守親胤、可
被誅伐□□如件、
暦応三年正月廿五日　沙弥（石塔義房）（花押45）
佐竹人々中

四九　石塔義房軍勢催促状

渋江凶徒等、可寄来松嶋之由有其聞、相催在郷之相馬一族等、佐脇
孫二郎相共、於一所可被致軍忠也、若有対捍之輩者、可被処于罪科
之状如件、
暦応三年七月廿三日　沙弥（石塔義房）（花押45）
相馬出羽権守（親胤）殿代

五〇　石塔義房軍勢催促状

奥州凶徒擬致小田之後攻節、自奥方蜂起之間、去月四日令発向三
迫、連日所及合戦也、而背度々催促、遅参之条甚無謂、所詮不廻時
日馳下三迫、可被致軍忠、若無承引者、可有其咎之旨、可注進京都
也、且岩城・岩崎・標葉・楢葉・菊田軍勢等、同可馳下候、子細可
被加催促之状如件、
暦応四年十一月六日　沙弥（石塔義房）（花押45）
相馬出羽権守（親胤）殿

五一　石塔義房軍勢催促状

左馬助義元、為対治白河以下所々之凶徒、今月中可発向也、早馳向
可被致軍忠、且京都御教書如此、若無承引者、就義元注進、為有其
咎、可注申京都、状如件、
康永二年三月二日　沙弥（石塔義房）（花押45）
相馬出羽権守（親胤）殿

五二　石塔義元軍勢催促状

為誅伐凶徒、所発向也、相催分郡勢幷分一族等、来月五日以前、可
被馳参之状如件、
康永二年七月卅日　右馬助（ママ）（石塔義元）（花押44）

相馬出羽守（親胤）殿

五三　石塔義元軍勢催促状

為誅伐渋江凶徒、所発向也、早相催一族并分郡軍勢、来月三日以
前、可被馳参之状如件、

康永二年八月廿一日　左馬助（石塔義元）（花押44）

相馬出羽守（親胤）殿

五四　石塔義元禁制

条々

一謀叛人事

一敎（殺）害人事

一夜討強盗山賊海賊事

右、於実犯露顕輩者、究明之、可被注進之、就交名、可処罪科之状
如件、

康永二年十月二日　左馬助（石塔義元）（花押44）

相馬出羽権守（親胤）殿

五五　石塔義元軍勢催促状

常州関・大宝両城凶徒等、去十一十二両日没落云々、仍与類等可忍
越于当国之由、有其聞、早分郡関所事、可被致警固、於不審輩者、
可被搦進、若又寄事於左右、令煩商人旅人等、令違乱者、可有其
咎之状如件、

康永二年十一月十八日　左馬助（石塔義元）（花押44）

相馬出羽権守（親胤）殿

五六　石塔義元軍勢催促状

為誅伐宇津峯凶徒、所可令発向也、相催親類一族等、来十七日以
前、可被馳参、日限違期者、可有其沙汰之状如件、

康永三年四月十二日　左馬助（石塔義元）（花押44）

相馬出羽権守（親胤）殿

五七　石塔義元軍勢催促状

為対治宇津峯凶徒、発向之間、於先陣、可被勤仕之状如件、

康永三年四月廿二日　左馬助（石塔義元）（花押44）

相馬出羽権守（親胤）殿

五八　石塔義元軍勢催促状

伊達郡霊山以下凶徒等、令乱入伊達・信夫両郡之由、注進到来之間、
為誅伐所令発向也、早相催一族親類等、不（違脱カ）時日、可被馳参之状如件、

康永三年八月廿日　左馬助（石塔義元）（花押44）

相馬出羽権守（親胤）殿

五九　石塔義元軍勢催促状

依有其聞、凶徒与同之輩、所召軍勢也、早来十日以前、可被催進一
族等、若日限違期者、可有其沙汰状如件、

康永三年十二月二日　左馬助（石塔義元）（花押44）

相馬出羽権守（親胤）殿

六〇　吉良貞家軍勢催促状

所々城郭対治事、為談合、不日可被参府、若令違期者、可有其咎之
状如件、

貞和二年二月九日　修理権大夫（吉良貞家）（花押52）

相馬出羽権守（親胤）殿

六一　沙弥某・左衛門尉某連署施行状

陸奥国岩城郡内平窪村（除長江左衛門尉当知行分）事、早伊東五郎左衛門尉相共莅
彼所、任今月十六日御教書之旨、沙汰付下地於木内次郎左衛門尉胤
有代、可被執進請取状、使節更不可有緩怠儀之由候也、仍執達如
件、

貞和四年五月十九日　左衛門尉（花押390）

□（沙）弥（花押433）

相馬［　　　］

六二　相馬胤平申状

相馬六郎左衛門尉胤平謹言上

欲早任舎弟九郎兵衛尉胤門并一族吉名五郎兵衛尉胤遠其外輩傍
例、蒙安堵御成敗、向後弥致忠節、行方郡高平村内胤平知行分田
畠半分事

右、於当村内胤平知行分田畠半分者、被付給人之間、去年霊山御発
向之時、胤平者老躰病躰之間、子息左衛門二郎為代官、寂前令差
進、於石山国見御合戦致忠節畢、仍彼半分、可預安堵御成敗之由、
令申之処、未被聞食入之条、難堪次第也、舎弟胤門一族胤遠等者令
安堵了、争可有用捨哉、爰彼輩戦功匕小須河之時、令遅参許歟、為
同日軍忠之上者、争可被弃（棄）捐哉、就中相馬出羽権守親胤掠申闕所之
由、申下御施行之間、就歎申可有御注進之旨、被仰出候間、所畏存
也、而半分者闕所之由、有御注進者、末代可被召放之条、歎而有
余、然早任一烈（列）之法、蒙安堵御成敗、一円無相違之由、為預御注
進、恐々言上如件、

貞和四年九月　日

六三　陸奥国宣（切紙）

（北畠顕信）（花押37）

早馳参御方、令致忠節者、本領等事、不可有相違之上、有殊功者、
可被抽賞之由所候也、仍執達如件、

正平五年十二月廿一日　民部権少輔清顕奉

相馬出羽前司（親胤）殿

六四　陸奥国宣（切紙）

（北畠顕信）（花押37）

参御方者、本領不可有相違之上、付所望可有其沙汰、且被憑思召之
由仰候也、仍執達如件、

正平六年二月十一日　民部権少輔清顕奉

相馬出羽守（親胤）殿

六五　陸奥国宣（切紙）

海道四郡守護事、先国司御時被宛行云々、然者今度寂前令致忠節給

者、如元不可有相違之状如件、

正平六年二月十三日　（花押415）

相馬出羽先司館（親胤）

六六　陸奥国宣（切紙）

国司発向以前揚義旗、可被致勠力之忠節、然者海道四郡闕所事、任御所望旨、可執申　国宣之状如件、

正平六年二月十三日　（花押415）

相馬出羽前司館（親胤）

六七　陸奥国宣（切紙）

国司発向以前揚義旗、可被致勠力之忠、然者高木保（高城）闕所事、為由緒之地上者、領掌不可有相違之状如件、

正平六年二月十三日　（花押415）

相馬出羽前司館（親胤）

六八　御村上天皇綸旨（切紙）

□（参カ）御方、可致無弐之忠、且将軍被相触歟、応□（催カ）促成其功者、可有恩賞者、

天気如此、悉之、以状、

正平六年二月廿七日　少納言（花押）

□（相）馬出羽権守館（親胤）

六九　相馬親胤申状

相馬出羽権守親胤謹言上

欲早於陸奥国行方郡内本領［　］也、被経御善政御沙汰［　］蒙御成敗、弥抽軍忠［　］、

［　］者、親胤重代相伝為本領［　］被付給［　］而奉［　］下□（亡）父重胤建武三四月十六日為［　］者、将軍供奉仕於［　］者、当国行方郡楯籠小高城［　］落彼城宇多庄為逢津□（浜カ）建武□五月［　］共令討死畢、如此父子所々被相分［　］重書□□（雖カ）令紛（失）、相残具書等無相［
［　］彼所々給返、為成安堵［

観応二年三月　日

七〇　吉良貞家書下

陸奥国行方郡内牛越村事、［　］也、守先例、可致沙汰之状如件、

観応二年十月九日　右［　］（吉良貞家）

相馬出羽守殿（親胤）

七一　陸奥国宣（切紙）

（花押415）

去二月之比、可被挙義兵由就被申、雖被成御教書、結句于今在府無念次第也、然而所詮来十七日以前、馳上被致忠節者、行方郡内於屋・大田・牛越・吉名四ヶ村事、軍旅之間、為資粮之用足、可令知

行給旨所候也、仍執達如件、

正平六年十月十一日　散位重頴奉

謹上　相馬出羽前司（親胤）殿

七二　陸奥国宣（切紙）

（花押415）

早相催一族、府中対治以前参御方、被致忠節者、本領不可有相違之上、有殊功者、可被抽賞之由所候也、仍執達如件、

正平六年十月十八日　越中介景宗奉

相馬出羽次郎（親胤）殿

七三　吉良貞家書下

陸奥国東海道守護事、小山出羽判官［　］可致沙汰之状如件、

観応二（カ）年十月廿六日　右京（吉良貞家）［　］

相馬出羽権守（親胤）殿

七四　吉良貞家施行状

陸奥国行方郡千倉庄内闕所分（新田左馬助当知行分除之）事、為勲功之賞所宛行也、守先例可致沙汰之状、依仰執達如件、

観応二年十一月廿六日　右京大夫（吉良貞家）（花押54）

相馬出羽守（親胤）殿

七五　陸奥国宣（切紙）

（花押415）

令参会将軍御迎之様、不日被馳参者、本領不可有相違之上、致殊功者、可被抽賞之旨所候也、仍執達如件、

正平六年十二月四日　越中権守景宗奉

相馬出羽権守（親胤）殿

七六　吉良貞家施行状（切紙）

陸奥国行方郡内吉名村事、為勲功之賞、所宛行也、守先例、可致沙汰之状、依仰執達如件、

観応二年十二月七日　右京（吉良貞家）［　］

相馬出羽守（親胤）殿

七七　足利直義感状（切紙）［　］

凶徒退治事、於陸奥（国）［　］之由、右京大夫［　］注申之条、尤所感思也、［　］励戦者、殊可抽賞之［　］

観応二年十二月九日（足利直義）（花押18）

相馬出羽守（親胤）殿

七八　陸奥国宣

（北畠顕信）（花押37）

馳参御方、被致忠節者、本領不可有相違之上、可被抽賞之由仰候也、仍執達如件、

正平六年十二月十三日　右馬権頭清顕奉

相馬出羽守（親胤）殿

七九　陸奥国宣

（北畠顕信）（花押37）

相催一族等、早速馳参、被致忠節者、本領当知行不可有相違之上、
所望地事、可有其沙汰也、且被憑思食之由仰候也、仍執達如件、

正平六年十二月十五日　右馬権頭清顕奉

(親胤)相馬出羽守殿

八〇　陸奥国宣

(北畠顕信)(花押37)

早馳参御方者、本領不可有相違、有殊功者、可被抽賞之由仰候也、
仍執達如件、

正平七年正月十二日　右馬権頭清顕奉

相馬一族御中

八一　吉良貞家軍勢催促状 (切紙)

(付箋)「就吉野殿御合(躰脱カ)野心之輩出来者」

(就カ)□吉野御合躰、野心之輩出来者、可加退治之由、自　将軍家度々
(被)□仰下之間、令存知其旨了、爰顕信卿於奥方、為対治御方人等、
致合戦之上者、為合力可押(下カ)□襲来(カ)□等令□任□所
□催一族、不廻時日、馳参名取郡、可(抽カ)□軍功之状如件、

正平七年二月廿九日　右京大夫(吉良貞家)(花押53)

(親胤)相馬出羽守殿

(付箋)「顕信卿号春日中将顕家卿弟歟」

八二　陸奥国宣

(北畠顕信)(花押37)

為伊達御発向、所有着(御カ)□柴田也、相催一族、念可被馳参之由仰
候也、仍執達如件、

正平七年壬二月十六日　右馬権頭清顕奉

(親胤)相馬出羽前司殿

八三　吉良貞家軍勢催促状 (切紙)

(○前欠)

顕信卿□□御教書雖□□注□□□到来
□□歟、早相催一□□凶徒等、可迯籠田村庄□□有(其聞カ)□
急速差塞□□致警固、若猶有不参之□□下之旨、為有殊沙
汰可□□者載起請之詞、可注申、□□有遊断之状(如件カ)□、

正平七年三月七日　右京(吉良貞家)□

(親胤)相馬出羽守殿

八四　足利尊氏軍勢催促状

(付箋)「尊氏卿御證判」

奥州凶徒対治事、所被仰右京大夫也、早随(彼カ)□催促、(可)□致軍忠之状
如件、

観応三年三月十五日　(足利尊氏)(花押17)

(親胤)相馬出羽守殿

八五 吉良貞家軍勢催促状（切紙）

今月十七日顕信卿没落三沢城、引籠小手保大波城之間、差遣軍勢等所取巻也、早一族相共、不日馳越小手保、可抽軍忠、雖数ヶ度加催□（促カ）、□（于カ）今不参、太無謂、猶以不参者、任被仰下之旨、為有殊沙汰、可□（注カ）進鎌倉之状如件、

正平七年三月十八日　右京大夫（吉良貞家）（花押54）

相馬出羽守（親胤）殿

八六 吉良貞家軍勢催促状（切紙）

顕信卿已下凶徒等、落籠□（田村カ）宇津峯之間、為対□（治）不日可被□□之旨、度々被仰之処、于今不参、仍□存□（栽カ）、所詮草野通率一族、可被攻田村庄、若猶令遅々者、任御教書注申者、定可有後悔之状如件、

正平七年三月廿四日　右京大夫（吉良貞家）（花押54）

相馬出羽守（親胤）殿

八七 吉良貞家軍勢催促状（切紙）

宮□（宇津）峯宮并顕信卿、可没落奥□□等之由有其聞、早令警固其辺通、□□怗人者可召進、凡宮国司於懐捕討捕輩者、恩賞事、不撰貴賤、随所望可申沙汰之間、且普相触近辺、且可被□□状□（如）件、

観応三年七月五□（日）　右京大夫（吉良貞家）（花押54）

相馬出羽権守（親胤）殿

（別紙）「宮国司并顕信右同」

八八 吉良貞家披露状

（端裏書）「右京大夫注進文和二 三 廿四」

相馬出羽守親胤申恩賞事、申状一巻謹令進覧之候、去建武二年下総国千葉城発向之時、親胤属当手、至于箱根坂水呑致戦功候訖、次奥州下向之後、去貞和三年伊達郡藤田・霊山・田村庄宇津峯城等発向之時、率一族馳参、依抽軍忠、郎従等被疵候、加之去年宇津峯宮・伊達飛驒前司・田村庄司一族以下凶徒府中襲下之処、同十月廿二日馳向柴田郡倉本河、一族并郎従数輩手負打死之上、親胤被疵候、同十一月廿二日於名取郡広瀬河合戦、進代官致忠候、就中今年田村庄凶徒対治之刻、寂前進子息治部少輔胤頼、於安積郡部谷田陣、至于佐々河・田村・矢柄・宇津峯当陣抽忠節候、仍可浴恩賞之由、令言上候、急速可被経御沙汰候哉、親胤軍忠、若偽申候者、八幡大菩薩御罰於可罷蒙候、以此旨、可有御披露候、恐惶謹言、

観応三年十一月廿二日　右京大夫貞家（吉良）（花押54）

進上　仁木兵部大輔殿

八九 崇光天皇綸旨（切紙）

（別紙）「人王九十八代崇光院
御諱興仁」

興　朋

下　領旨等之事

早　馳参御方、致軍忠者、恩所者悉可依其勧、枚方左右馬出羽守于(ママ)(ママ)

下一族共、速可発此議者、

天気執達如件、

仰執筆宇田大納言

観応四年六月十一日

枚方左右馬出羽守館(ママ)(ママ)

（〇本号、疑わしいけれども、しばらくここに収める）

九〇　吉良貞家施行状

陸奥国行方郡高□村等事、任相伝證文之旨、不可有相違之状、

依仰執□(達カ)如件、

観応□年九月廿六日　右京大夫(吉良貞家)（花押）

相馬出羽権守殿(親胤)

九一　某施行状

陸奥国長世保、関戸□但除他人先給等事、為□(勲功之賞、所カ)宛行也、早□

□守先例、□(可カ)致□

観応□年□(十一カ)　（花押）

相馬出羽(親胤)□(権カ)

九二　(イ)吉良貞家書下案（〇一紙に写されている）
　　　(ロ)吉良貞家書下案

(イ)

陸奥国曰(亘)理郡坂本郷内給所村・摩尼谷上下村・精進谷村等事、本

理非落居之間、可被知行之状如件、

文和二年四月廿日　吉良殿 貞家 在御判

武石但馬守殿

(ロ)

船迫合戦亡、舎兄四郎左衛門尉打死之条、殊感悦不少候、抑曰(亘)

理郡坂本郷事、本理非落居之間、於半分可被知行之状如件、

観応二年十月廿五日　吉良殿 貞家 在御判

武石但馬守殿

九三　石塔義憲宛行状

陸奥国黒河郡南迫事、為兵粮料所、所被預置也、且令配分一族中、

任先例、可被致沙汰之状如件、

文和三年六月一日　左衛門佐(石塔義憲)（花押43）

相馬治部少輔殿(胤頼)

九四　石塔義憲施行状

陸奥国竹城保事、如元可領掌者、任先例、可被致(沙汰脱カ)状、依仰執達如件、

文和三年六月一日　左衛門佐(石塔義憲)（花押43）

相馬治部少輔殿(胤頼)

九五　足利尊氏御内書

（付箋）

「尊氏御判
斯波左衛門佐和義法名心勝」

左衛門佐入道心勝申、陸奥国安達東根内塩松合戦事、高倉上総介同一族等押寄当所、及合戦云々、尤招重科歟、所詮令合力心勝代、可退彼等也、

十二月十一日　（足利尊氏）（花押17）

相馬出羽守（親胤）殿

（〇本文書、恐らくは文和年間のものか）

九六　足利尊氏書状

千葉介の申候事、よきやうにさた候へく候、猶〳〵こまかにきかれ候□（てカ）、ミちゆき候やう□（にカ）さた候へく候、

七月三日　（足利尊氏）（花押17）

右京大夫殿（吉良貞家）

九七　某宛行状

陸奥国日（亘）理郡□□村除□尼神事、為料所、所被預置也、

三月廿四日　□

九八　相馬親胤譲状

譲与

陸奥国行方郡福岡村、小池村事

右地者、当知行依無相違、所譲与子息治部少輔胤頼也、但於彼所者、為寿福寺領之間、毎年於寺家、可致年貢沙汰、将又狩浜取犬追者、不可有公事、於年具（貢）運上者、可為如先々状如件、

延文参季（年）十一月廿日　（相馬親胤）聖心（花押108）

九九　相馬親胤譲状

譲与

陸奥国行方郡小高村・多賀（高）村・目々沢村付桜浜、堤谷村付浜、草野内関沢山、村上浜事、

右地者、依為重代相伝本□（領）、所譲与子□（息）治部少輔胤頼也、不可有他好（妨）之状如件、

延文参季十一月廿日　（相馬親胤）聖心（花押108）

一〇〇　相馬親胤譲状

譲与

陸奥国行方郡吉名村・太田村付馬牧山野、幷内山総三村付浜、那良夫山、牛越村付山野事

右地者、当知行依無相違、所譲与子息治部少輔胤頼也、不可有他妨之状如件、

延文参季十一月廿日　（相馬親胤）聖心（花押108）

一〇一　相馬親胤譲状

譲与

陸奥国行方郡千倉御床（庄）内仁木田村・安倉村・太倉村幷北草野村事、

右地者、当知行依無相違、所譲与子息治部少輔胤頼也、不可有他妨之状如件、

延文参季十一月廿日　（相馬親胤）聖心（花押108）

一〇二　足利義詮官途推挙状

（別紙）
「義詮卿御判
　相馬治部少輔胤頼被叙
　従五位下讃岐守改　」

讃岐守所望事、所挙申公家也、早可令存其旨之状如件、

康安元年八月十日　（足利義詮）（花押14）

（胤頼）
相馬治部少輔殿

一〇三　蔵人頭隆家奉口宣案

（別紙）
「人王九十九代
　後光厳院御宇」

上卿　万里少路（ママ）中納言

康安元年九月十八日　宣旨

平胤頼

宜令任讃岐守

蔵人頭左近中将隆家奉

一〇四　斯波直持書下

東海道［　］検断職事、守［　］可致沙汰之［　］

康安二季十［　］日　（斯波直持）左京権［　］（花押60）

（胤頼）
相馬讃岐守殿

一〇五　斯波直持充行状

陸奥国宮城郡国分寺郷半分国分淡路守并一族等跡内　地頭職事、為八幡介景朝［　］（跡之）
［　］（カ）替、所宛行也、早守先例、可致沙汰之状如件、

貞治二年七月十一日　（斯波直持）左京大夫（花押60）

（胤頼）
相馬讃岐守殿

一〇六　斯波直持書下

陸奥国東海道［　］職事、早任先例［　］沙汰之状如件、

貞治二年八月十五日　（斯波直持）左京［　］

（胤頼）
相馬讃岐守殿

一〇七　沙弥真季打渡状

出羽国下大山庄内漆山郷［　］庄内門田、飯沢前［　］（明カ）［　］
事、八月十七日任御教書之（旨脱カ）、大泉下野守相友（共）、相馬讃岐守代下地渡
付候畢、仍状如件、

貞治三年九月十一日　沙弥真季（花押）

（胤頼）
相馬讃岐守殿

一〇八　斯波直持施行状

陸奥国名取郡南方坪沼郷［　］堀内郷内合［　］、為勲功之賞（カ）、所
宛行［　］例可致沙汰状、依仰執達如件、

貞治六年正月廿五日　（斯波直持）左京大夫（花押60）

（胤頼）
相馬讃岐守殿

一〇九　吉良治家施行状（切紙）

（別紙）
「奥州宇多郡代々全領」

陸奥国宇多□任本知行之旨、□令配分、領掌不可□相違之
状、依仰執□（達如件）
貞治六年卯月廿八日 兵□（吉良治家）
相馬讃岐守（胤頼）□（殿）

一一〇 吉良治家施行状（切紙）

陸奥国高城保一族等知行分事、任先日御教書之旨、領掌不可有相違
之状、依仰執達如件、
貞治六年卯月廿八日 兵部大輔（吉良治家）（花押50）
相馬讃岐守（胤頼）殿

一一一 相馬胤頼譲状

譲与
陸奥国行方郡内小高村、目々須沢村付桜浜、草野内関沢・村上浜事
右地者、依為重代相伝本領、所譲子息千代王丸也、不可有他妨之状
如件、
貞治六年八月廿三日 前讃岐守胤頼（花押100）

一一二 相馬胤頼譲状

譲与
陸奥国行方郡内吉名村・太田村事付馬場郡良夫山
右地者、当知行依無相違、所譲与子息（千脱カ）代王丸也、不可有他妨之状
如件、
貞治六年八月廿三日 前讃岐守胤頼（花押100）

一一三 相馬胤頼譲状

譲与
陸奥国行方郡内福岡村・小池村事
右地者、当知行依無相違、所譲与子息千代王丸也、但於彼所者、為
寿福寺領間、毎年於寺家可□（致）年貢沙汰、将又狩浜□犬追者、不
□（可）有公事、於年貢運上、可為如先々之状如件、
貞治六年八月廿三日 前讃岐守胤頼（花押100）

一一四 相馬胤頼譲状

譲与
陸奥国行方郡千倉御庄内仁木田村・安倉村・太倉村并北草野村事
右地者、当知行依無相違、所譲与子息千代王丸也、不可他妨之状如
件、
貞治六年八月廿三日 前讃岐守胤頼（花押100）

一一五 相馬胤頼譲状

譲与
陸奥国行方郡内目々沢村森合田在家一宇、太田村藤治田在家一宇事
右地者、為相伝地之間、所譲与後家分也、更不可有他妨、後家一期
後者、千代王丸可為計之状如件、
貞治六年八月廿三日 前讃岐守胤頼（花押100）

一一六 斯波詮持？施行状

陸奥国高城保内赤沼郷事、為本領之間、所□付也、如元知行□（不可）

□（有相）違状、依仰執達如件、

応安五年十二月二日

（斯波詮持カ）左衛門佐（花押392）

（胤弘）相馬讃岐次郎殿

一一七　沙弥清光打渡状

高城保内赤沼郷事、任御施行之旨、留守新左衛門尉相共莅彼所、下地於相馬讃岐次郎代渡付畢、仍渡之状如件、

応安五年十二月十一日　沙弥清光（花押342）

一一八　左衛門尉持継施行状

陸奥国高城保内□（長カ）事、任御判之旨、知行不可有相違之状、依仰執達□（如件）、

応安六年五月二日　左衛門尉持継（花押）

（胤弘）相馬讃岐次郎殿

一一九　斯波詮持？施行状

陸奥国竹城保内畑□事、同所本領長田郷安堵□所被宛行也、早任先例之可令領知之状、依仰執達如件、

応安六年九月十八日　（斯波詮持カ）左京権大夫（花押392）

（胤弘）相馬讃岐次郎殿

一二〇　石橋和義施行状

陸奥国行方郡内小谷木村・女波村・福岡村・小池村・矢河原村半分等事、為由緒由申之上者、領掌不可有相違之状、依仰執達如件、

永徳元年八月十七日　（石橋和義）沙弥（花押48）

（憲胤）相馬治部少輔殿

一二一　石橋和義書状

竹城保事、既被宛行候了、但依不慮儀、雖及相違（カ）事候、以替地可有其沙汰候、不他所闕所出来候者、以東根内戸沢郷可有沙汰候、恐々謹言、

九月六日　（石橋和義）沙弥心勝（花押48）

謹上　（胤頼）相馬治部少輔殿

一二二　斯波棟義預ヶ状

陸奥国長世保内大迫郷事、所被預置也、早任先例、可被致其沙汰之状如件、

至徳三年七月十二日　（斯波棟義）陸奥守（花押61）

（憲胤）相馬治部少輔殿

一二三　斯波棟義預ヶ状

陸奥国名取郡南方増田郷内下村（大内新左衛門尉知行）分事、為兵粮料所、々被預置也、早任先例可被致其沙汰之状如件、

至徳三年十二月二日　（斯波棟義）陸奥守（花押61）

（憲胤）相馬治部少輔殿

一二四　相馬憲胤起請文

□之段銭事、任被仰出之旨、雖被過分沙汰候、重奥州行

方郡之御公事田数之□、委細可注申之由蒙仰候間、右仁等尋承
候処、前代事者、郡内五拾町之御公事［　］申候由承及候、雖
然先代滅望（減亡）之動乱以後者、山野罷成候、永代損望（亡）之地間、於愚身
三代者以上拾五町之御公事勤申候也、右此条偽申候者、
日本国中之大小神祇、殊若宮八幡・妙見大菩薩御罰可罷蒙候、仍起
請文如件、

明徳五年五月六日　相馬治部少輔憲胤（花押104）

進上　御奉行所

一二五　相馬憲胤譲状

（端裏書）「相馬孫次郎殿三十六」

譲渡

陸奥国行方郡内吉名村付水谷田在家等山野共仁、付上野沢田在家等山野共仁、太田村付馬場桑良夫狩倉共仁、付内山狩倉、千
倉庄内仁義田村付栃窪同狩倉山、浜共仁、横手村、駒泉村付大関、安倉村、北草
野太倉狩倉共仁、鷹倉狩倉共仁、江井村内了性内田在家越前次郎田在家等、大井村
内伊豆守之跡田在家、

右此於村々者、代々云相続云当知行無相違之間、所与孫次郎胤弘譲
也、公方御公事物者、守先例可致其沙汰、仍為後日證文譲状如件、

応永二年十月廿一日　治部少輔憲胤（花押104）

一二六　相馬憲胤譲状

（端裏書）「相馬孫次郎殿三十五」

譲渡

陸奥国行方郡内小高村・村上浜・目々須沢村付小浜桜浜・南草野内
堪（堰）沢付狩倉共仁、

右此村々者、永代相伝地也、然間孫次郎胤弘所与譲也、公方御公事
物者、守先例可致其沙汰、仍為後日證文譲状如件、

応永二年十月廿一日　治部少輔憲胤（花押104）

一二七　相馬憲胤譲状

（端裏書）「孫次郎殿」

譲渡

陸奥国行方郡内福岡村・矢河原村付狩倉山・小池村狩倉山共仁、南草野
村内小宮在家狩倉山共仁、

右此於村者、寿福寺領置預也、当知行無相違之間、所与譲孫次郎胤
弘也、公方御公事者、守先例可致其沙汰、仍為後日證文譲状如件、

応永二年十月廿一日　治部少輔憲胤（花押104）

一二八　下総国南相馬郡等田数注進状案

（端裏書）「ちうしんのあん三十八」

ちうしん　下おさ（総）の国ミなミさうまのむら、ならひニ六の（陸奥）国なめ
かたのこほりのかうむらのてんす（田数）の事、

一、ミなミさうまのふん

上　わしのやのむら　二十三丁八たん（反）大

中　ミのわ　六丁六反六十歩

上　いつミのむら　二十二ちやう

上　おほ井のむら　　二十丁四反
上　ますをのむら　　二十八丁一反三百歩
中　たかやなきのむら　九丁三反半
中　さつまのむら　　十二丁八反三百歩
下　あわのうのむら　一丁九反
中　ふちかやのむら上下　十三丁一反
以上てんす（田数）百三十八丁二反
（別筆）「応永二」

一二九　足利氏満御教書案

陸奥国小野保名主国井若狭守・田原谷弾正忠等事、恩領敵対之上、去年執立先代名字仁及合戦之由、所有其聞也、不日可被加退治之状如件、

応永四年五月廿二日　　　　氏満御判

左京大夫殿

一三〇　五郡諸族連判一揆契状

五郡一揆之事

右条者、就大小事、堅相互見□（継カ）被見継可申候、於公方之事者、五郡以談合之儀被沙汰、私所務相論□（者カ）、任理非可有其沙汰候、若此条偽申候者、

八幡大菩薩御罰於可罷蒙候、仍契状如件、

應永十七年二月晦日

標葉（花押）
楢葉（花押）
相馬（花押）
諸根（花押）
好嶋（花押）
白土（花押）
岩崎（花押）
（○好嶋花押は花押一覧127）

一三一　目々沢道弘所領預ヶ状

（端裏書）「行方郡□□文預状　胤弘」

奥州行方郡為惣領職□□相伝地者、四郷半六十六ヶ村三千八百町山野江河不残□自讃岐守胤弘、任知行旨□孫次□□（郎カ）（重カ）胤譲渡処也、仍為後日之□（状カ）如件、

永享八年丙辰霜月一□（日カ）

預置　目々沢周防守□（道弘）（花押114）

一三二　目々沢道弘文書目録預状

右代々御重書之事

日本将軍自将門平親王以来千葉之御先祖

一番惣領千葉殿
二番次男相馬殿
三番武石殿
四番大須賀殿
五番国分殿

六番藤殿

仍相馬江相分而、御知行御領其外御相伝候御文書、并ニ依御忠賞
奥州行方郡御知行候間、自下総国相馬御下向候而、行方郡御座
候、当郡ハ四郷半六十六ヶ村田数三千八百町悉御拝領候而、御一
族江余達御申候所ニ候也、

一、千蔵庄、是又依御忠賞、無異議御拝領候也、

一、御在所之事者、当郡小谷郷内小高村中四郎内と申所被構御城内
御座候也、　次御内者、

藤原朝臣木幡目々沢周防入道々弘、彼御重書代々罷預候間、愚息候
越前守定清生年廿一歳之時、彼仁悉御重書并行方郡取町目録、皆々
預渡候処実也、彼證文之外、全余人親類不可有違乱候者也、

文正二年丁亥二月廿五日

目々沢周防入道

沙弥道弘（花押114）

一三三　豊臣秀吉朱印禁制写

禁制

一、軍勢甲乙人等乱妨狼藉事

一、放火事

一、対地下人百姓非分之儀申懸事

右条々堅令停止訖、若於違犯之輩者、急可被処厳科者也、

天正十八年七月　日　（朱印 秀吉）

一三四　豊臣秀吉朱印宛行状写（折紙）

奥州内本知分四万八千七百石事宛行訖、目録帳別紙在之、全可領知
候也、

天正十八

十二月七日　（朱印 秀吉）

相馬長門守殿（義胤）

一三五　徳川秀忠黒印禁制

条々

一、今度至于㝡上、差遣人数次第事、如被仰出各令覚悟、諸事可任
上使差図事、

一、喧嘩口論堅令停止候訖、若有違犯之族者、双方可誅罰、万一令
荷担者、其咎可重於本人事、

一、濫不可伐採竹木并不可押買狼藉事、

一、今度在番中人返停止事、

一、百姓男女事、年貢方未進方共以可令弃（棄）破之、但過二十ヶ年者、
可為譜代之旨、被仰出之条、主人覚悟次第事、

右、堅可相守此旨者也、

元和八年八月廿一日（黒印）（徳川秀忠）

一三六　**徳川秀忠黒印禁制**

条々

一、国中竹木猥伐採へからさる事、但野陣之刻者各別事、
一、給人方夏成之儀者出遣之間、可存其旨事、
一、家中之輩武具幷資財等、無相違其面々可令受用事、
一、未進分可弁破事付借物者可為互之一札次第事
一、未進方に取つかふ男女の事、未済同前に可弁捐、但過廿ヶ年者、可為譜代之旨被仰出之条、主人覚悟次第事、

右、堅可相守此旨者也、

元和八年八月廿一日（徳川秀忠）（黒印）

上使中

一三七　**豊臣秀吉朱印状写**（折紙）

為端午之祝儀、帷子二生絹紋有到来之、悦思召候、猶石田治部少輔可申候也、

五月三日（朱印 秀吉）

相馬長門守殿（義胤）

一三八　**豊臣秀吉朱印状写**（切紙）

為歳暮之祝儀、呉服一重到来之、悦思食候、猶石田治部少輔可申候也、

十二月廿五日　秀吉朱印

相馬長門守殿（義胤）

一三九　**石田三成書状**（折紙）

雖先書申達候、重而令啓候、北条事、来極月上旬ニ可出仕之旨、一札出置例之、以表裏御請申首尾非相違而已、剰真田拘之地、以計策盗捕為隠非石巻と申者為使者差上、不次題目言上之、併為可申延と被思食、彼使者可被刎首、雖義（議）定候、使者之儀ニ候間、被相助被返追候、然上者、父子二人只今罷上候共、不可有御赦免之旨、被仰出候、既堺目之面々、正月上旬可令出勢之通御廻文候、五畿内之儀者不及申、四国・九州・山陰・山陽・北陸・南海諸国之軍卒、仲春上旬至臼井、箱根発向之御廻文候、此趣㝡前及書中候へ共、路次にて相滞候てはと存、追而如此候、可有御忠節事専一候、恐々謹言、

十一月廿八日　三成（花押）

相馬殿
御宿所

一四〇　**富田知信書状**（折紙）

雖未申通候、令啓候、然者奥両国惣無事之儀、御書被差遣候、路次等之儀憑入候、於上辺御用之儀候ハヽ、可被仰越候、相応之儀可令馳走候、猶宗洗可申入候、恐々謹言、

極月三日　（富田知信）（花押445）

奥州
相馬殿
御宿所

（包紙）
「冨田左近将監
相馬殿
御宿所　」

一四一 相馬義胤書状（折紙）

受元候□（カ）老□望可入御返事（カ）

三月廿四日之御状□□肥前於号名護屋地、五月十八日拝見面上之心地仕□殊ニ上洛時□（分カ）、中途ヘ一種一荷被懸御意候、本望至極ニ候、名護屋ヘハ卯月廿二日着陣仕候、然者 大閤様得御意候、帷子はをり以下拝領過分之儀共、不覃申候、殊ニ遠途罷上之由、被仰立候而、御扶持方一両月分被下置候、彼是被□召、可為御本望候、御入唐之儀、近々被相究候、関奥皆以御供ニ候、高麗事者、手間も入間敷由申来候間、還国之儀も、来年者可為治定被存候、其節一盞相請へき迄候、将亦旦昏御祈念無御油断由、其威光を以堅固之還郡眼前ニ候、将亦珍阿弥供之儀、前広ニ其分別無之候、乍若輩之身、路次之御供仕度よし佗申候間、難黙止存連立候、彼身之事者、拙者計之頼之者候間、少も無油断申付候間、可御心易候、母其許ニ閣申候間、珍阿弥不敏（愍）と被思召候ハヽ、彼者ニ可被下御意候、申度事数多候へ共令略候、恐惶敬白、

六月四日　義胤（花押101）

閑巷院

尊報御同宿中

一四二 徳川秀忠御内書（折紙）

為端午之祝儀、帷子三到来、被悦思召候、尚大久保相模守可申候也、

五月三日（徳川秀忠）（花押）

相馬大膳とのへ

一四三 徳川秀忠御内書（折紙）

為端午之祝儀、帷子三到来、喜悦候、委曲大久保加賀守可申候也、

五月四日（徳川秀忠）（花押）

相馬長門守（義胤）とのへ

一四四 徳川秀忠黒印状

初鶴到来、悦思召候、将亦所労無油断保養肝要候、猶土井大炊頭可申候也、

八月廿三日（徳川秀忠）（黒印）

相馬長門守（義胤）とのへ

2〔相馬岡田文書〕（東京都 岡田幸胤所蔵）

一 相馬胤顕所領配分状

いたはり火急なるにより、めん／＼のゆつりをあたふるにおよはす、しかれハすなはち、ちやく（嫡子）しこ（ママ）小次郎たねもり、又とよわか・おとわか二人かなかにいつれにても一人、又こけ（後家）、これら三人をのさハの入道殿御はからひにて、たねあきか所

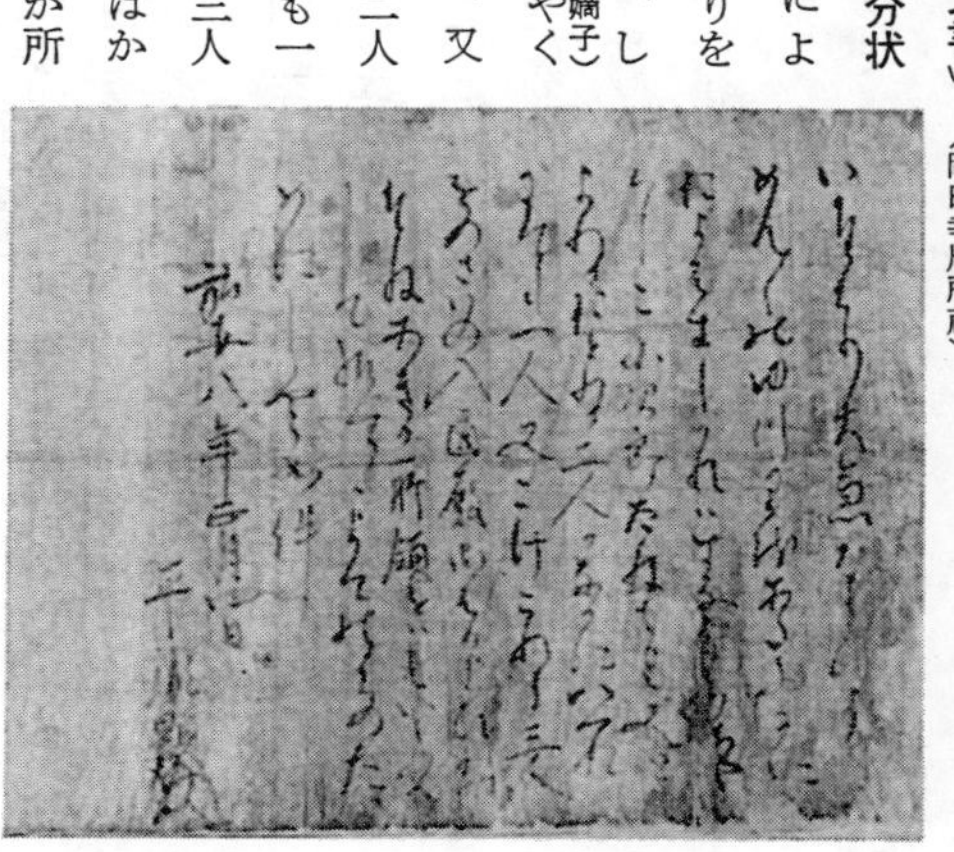

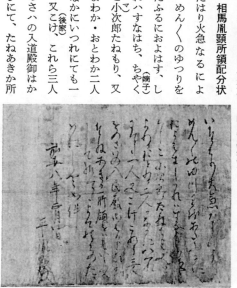

領をハ、はいふんして給へく候、よてのちのためにしやう如件、

弘安八年正月四日

平胤顕（花押）

二　関東下知状

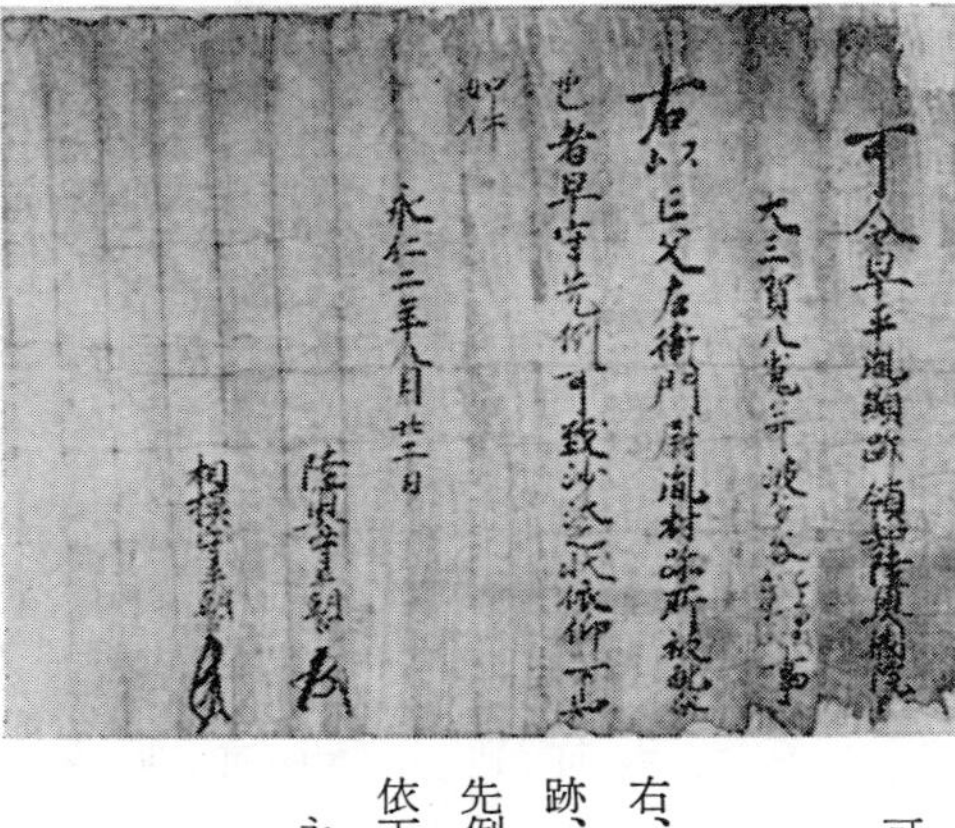

可令早平胤顕跡領知陸奥国院内大三賀、八𫠉（兎）幷波多谷已上田数載配分状事

右、以亡父左衛門尉胤村跡、所被配分也者、早守先例、可致沙汰之状、仰依下知如件、

永仁二年八月廿二日

陸奥守平朝臣（北条宣時）（花押6）

相模守平朝臣（北条貞時）（花押7）

三　関東下知状

（〇前欠）田村幷長田已上田数載配分状事

右、以亡父左衛門尉胤村跡、所被配□（分）也者、早守先例、可致沙汰之状、依仰□（下知）如件、

永仁二年八月廿二日

陸奥守平朝臣（北条宣時）（花押6）

相模守（北条貞時）□

四　関東下知状

相馬小次郎胤盛代□□国行方郡八𫠉（兎）□□大内□

右、就訴陳状、欲有其沙汰之処、両方和与畢、如胤盛去月廿七日状（カ）者、両村者祖父胤村所領也、永仁二年為亡父胤顕跡、胤盛者八𫠉（兎）村、胤実者大内村預御配分畢、而捧彼状就申子細、雖番訴陳三問答、以和与之儀、胤実去与弐石伍斗蒔田地坪者八兎堺副幷在家弐宇高縄内大□師号三角内聟太郎内付畠等之□（間）、向後止訴訟畢、若致違乱者、相互可被申行罪科云々、如常蓮同日状者、子細同前者、此上不及異儀、然則任彼状可令領知者、依鎌倉殿仰、下知如件、

応長元年八月七日

陸奥守平朝臣（大仏宗宣）（花押）

相模守平朝臣（北条師時）（花押）

五　尼妙悟胤顕後家譲状

ゆつりあたうるさうまの五郎たねあきのあと、しもつさのくにミなミさうまのうちいつミのむら、ミつのくに（陸奥）なめかたのこをりをかたのむら、をなしきい丶とへかりくら一所、やかわら（カ）□ちとうしきの事

□（ミ）き、くたんのところハ、たねあきかあと□□（丶してあま）めうこいちこ（妙悟一期）ちきやうするところ□□（にいつミ）うち、かなやまに二郎太郎かさいけ一け

ん、□□のた一ちやうをハしなん（次男）まこ六かふん、のこる□□（ところ）い
つミ・をかた・いゝとへかりくら・やかわら□□こ二郎たねもり
にゆつりあたうるところ□□、もしきやうたいのなかに、いらん
そせうをもいたさんものハ、ふけう（不孝）のしん（仁）として、あまかあとを一
ふんにちきやうすへからす、いらんをいたさんものゝふんをハ、き
やうたいよりあいて、そうりやうしんたいにわけりやうすへし、御
くうし事ハてんしゆのふんによりてつとむへし、よつてゆつりしや
うくたんのことし、

正わ（和）四ねん八月七日　めうこ（妙悟）（花押）

六　尼妙悟（胤頭後家）譲状

□（ゆ）つりあたうるさうまの五郎たねも□□とあまめうこいちこち
きやう□□なめかたのこほりのうちやつうさきをハ、五郎たねや
すにゆつり候、そのなかより□□やうして候へハ、たゝわかミの
こと□□ほとにゆつりたひ候、もしきやうたいのなかにも、いら
んそせう申候ハん人ハ、ふけうしんとして、あまかあとを一ふんも
かくるへからす、いらんをいたさんものゝふんを、きやうたいより
あいて、そうりやうしんたいにわけりやうすへし、御くうし事ハて
んしゆにしたかいてつとむへし、よつてしやうくたんのことし、

正わ（和）四ねん八月七日　（妙悟）（花押）

七　尼専照（胤頭後家）譲状

□□（ゆつりカ）わたすさうまの小二郎たねもりのあとの事
しもつさのくにみなミさうまのうちいつミのむら、ならひにむつの
くになめかたのこをりをかたのむら、このところ〳〵ハ、五郎たね
やすそうりやうしきとしてゐいたいちきやうすへし、いゝとゐかり
くらをなしくちきやうすへし、たゝし六郎なかたね、又つるかふん
ハのそく、このほかハたねやすにゆつるところなり、たのさまたけ
あるへからす、もしこのあとにいらんをなさんこともハ、ふけうの
しんとして、たねもりのあとをしるへからす、かのあとをハそうり
やうしむたいりやうちすへし、御くうし事ハてんしゆにしたかいて
つとむへし、よつてゆつりしやうくたんのことし、

けんをう（元応）にねん六月八日　せんしやう（専照）（花押）

（裏書）
「任此状、可令領掌之由、
依仰下知如件、

元亨元年十二月十五日
相模守（北条高時）（花押1）
前武蔵守（金沢貞顕）（花押8）」

八　相馬胤康譲状

ゆつりわたす一なんつるかふんちとうしきの事

合

しもつさの国ミなミさうまいつミのむら、かなやま、かミやなと、

ふなつ、ならひにミつ(陸奥)の国なめかたのこをりをかたのむら、やつうさき、ゐゝといのかりくら一所、かのところ〴〵ハたねやすちうたいさうてんのしりやうたる間、ちやくしつるをそうりやうとして、てつきのしやうらをあいそへて、ゆつりわたすところ也、たゝし二なんまこつるにゆつりあて候ねうし(女子)、をなしきねうはう(女房)にハ、つるかはからいとしてもたすへし、一こよりのちハつるかもつへし、いつれもをなししゆせきにあらすハ、もちいへからす、御くうしハてんすにまかせてはいふんすへし、このしやうをそむいて、いらんそせうをいたさんともからハ、ふけうのしんとして、たねやすかあとをたふへからす、よつてゆつりしやう如件、

元徳三年九月廿六日　平胤康（花押）

九　相馬胤康譲状

さためをくめん〳〵ゆつりのうちのたさいけの事

合

一、二なんまこつるかふん

しもつさの国ミなミさうまいつミに六郎入道か田八反小、くりはらまこたう(郎カ)か田四反三百ふ(歩)、ミつ(陸奥)の国なめかたのこをりをかたのむらに五郎ひやうゑ入道の田九反三合、たう(郎カ)かくうち田弐町これをのそく、

一、三なんそう一房ふん

をかたにさいとううち田八反、うきめんの田弐反、合壱町のそく、

一、ねうし(女子)ふん

いつミにつしうち田四反半、をかたに平三たう(郎カ)うち半分田壱町四反のそく、

一、ねうはう(女房)のふん

いつミにむしなうち田五反小、をかたに平三たう(郎カ)うち半分田壱町四反のそく、

右この四人のふんをのそいて、のこるむら〳〵、いつミの村・かなやま・かミやなと・ふなつ、ミつの国おかたのむら・やつうさき・ゐゝといのかりくら一所、このむら〳〵の(カ)しんてんかうてんにいたるまて、のこりなく一なんつるをそうりやうとして、ゆつりわたすところ也、御くうしハてんすにまかせてはいふんすへし、ゆつりありといふとも、をなししゆせきならすハ、もちいへからす、このしやうをそむいて、いらんそせうをいたさんともからハ、ふけうのしん(仁)として胤康かあとをたふへからす、よつていましめをく状、如件、

元徳三年九月廿六日　平胤康（花押）

一〇　官宣旨案

左弁官下　陸奥国

応除高時法師党類以下朝敵与同外、諸(カ)国輩当時知行地不可有依違事

右、大納言藤原朝臣宣房宣、奉　勅、兵革之後士卒民卒(庶)未安堵、仍
降糸綸、被救牢籠、而万機事繁、施行有煩、加之諸国輩不論遠近、
悉以京上、徒妨農業之条、還背撫民之義、自今以後、所被閣此法
也、然而除高時法師党類以下朝敵与同輩之外、当時知行地、不可有
依違之由、宜仰五畿七道諸国、勿敢違失、但於臨時　勅断者、非此
限者、　国宜承知、依宣行之、
元弘三年七月廿六日　大史小槻宿禰　在判
少弁藤原朝臣　在判

一一　北畠顕家下文

(北畠顕家)
(花押36)

下　竹城保
可令早相馬五郎胤康領(知)□
保内波多谷村事
右人令領知彼所、守先例可致其
沙汰之状、所仰如件、
建武元年八月一日

一二　北畠顕家下文

(北畠顕家)
(花押36)

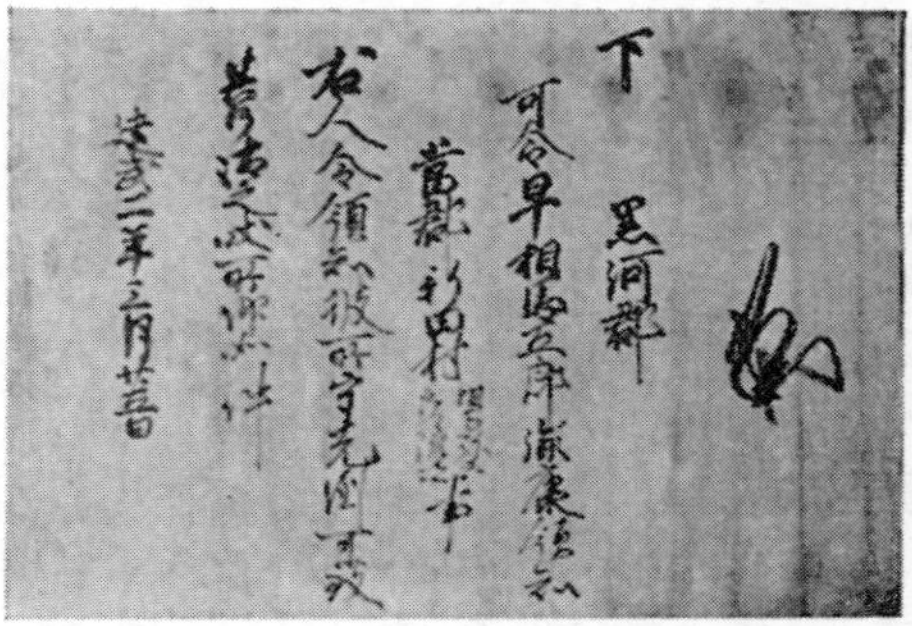

下　黒河郡
可令早相馬五郎胤康領知当郡
新田村相馬弥五郎行胤跡事
右人令領知彼所、守先例可致其沙汰之状、所仰如件、
建武二年三月廿五日

一三　相馬胤康譲状

しも(つ)□さのくにさうまのこほりいつミのむら、みちのくになめか
たのこほりゐんないそし(庶子)ふんハのそく、やつうさき・ゐゝとへや
ま、たかきのはたや、くろかハのこほりゐゝ(にい)たのむら、しそく小二
郎胤家にゆつりわたす候しやう、くたんのことし、
(建武)けんむ二ねん十二月廿日　平胤康（花押）

一四　左衛門尉為盛披露状案

相馬五郎胤康去月十六日合戦於片瀬令討死了、若党飯土江彦十郎義
泰於同所討死仕了、以此旨、可有御披露候、恐惶謹言、
建武三年五月三日左衛門尉為盛上
(証判)「承了　在判」

一五　相馬胤家代恵心申状

相馬新兵衛尉胤家代恵心言上
欲早任由緒相伝旨、宛給陸奥国行方郡院内村三分壱事
右地者、曾祖父相馬五郎胤顕相伝所領也、仍三男孫七入道伝領之
後、数年知行之他界□(候カ)、為闕所之(カ)由相馬出羽権守親胤進注進之
間、被付給人云々、爰胤家亡父相馬五郎胤康自寂前、参御方、致軍
忠、奉属斯波陸奥守殿于時弥三郎殿　建武三年四月十六日於相模国片瀬河打

死畢、胤家又当国行方郡所々合戦若干致戦功之条、一見状明鏡也、仍相待恩賞之処、殊被付給人之条不便次第也、雖為少所、父祖為跡上者、宛給之為致奉公忠、恐々言上如件、

一六　斯波家長披露状

相馬泉五郎胤康今者討死子息乙鶴丸申状如此候、謹令進上之候、且為訴訟進上代官候之由令申候、且胤康去年奥州前司顕家卿発向時、討死仕候訖、合戦之次第追可令言上候、以此旨可有御披露候、恐惶謹言、

建武四年四月十七日　陸奥守家長(斯波)　上

進上　武蔵権守殿(高師直)

一七　斯波家長申状

相馬泉五郎胤康今者討死子息乙鶴［　］下総国相馬御厨内泉郷本領幷手賀藤心両郷新田跡源三郎　安堵事、胤康者為御方自奥州致軍忠、去年二三両月前代一族蜂起之時、散々致合戦、同四月十六日奥州前司顕家卿下向之刻、寂前馳向鎌倉片瀬河討死訖、先度雖致注進、依無誓文、残御疑貽候歟、将又討死無異儀候、此条偽申候者、八幡大菩薩可蒙御罰候、以此旨可有御披露候乎、恐惶謹言、

建武四年八月十八日　陸奥守家長(斯波)　上

進上　武蔵権守殿(高師直)

一八　相馬乙鶴丸代妙蓮申状

相馬泉五郎胤康今者討死子息乙鶴(丸)□代妙蓮謹言上

欲早預一族一烈御注進、蒙恩［　］亡父相馬五郎胤康軍忠所預給地下総国相馬郡内手賀・藤心両村新田源三郎跡　已下所々事

副進

一巻　胤康合戦幷討死一見状

一通　預所幷由緒地注文

右、胤康去々年建武二陸奥守殿自奥州御発向之時、一族相共馳参河名宿、令対治所々城郭、於鎌倉両三ヶ度合戦抽軍忠之条、目安明白也、而奥州前司顕家卿下向之時、馳向片瀬河寂前討死訖、然早預恩賞欲備後代面目、爰相馬郡手賀・藤心両村者、為先祖本領之上、胤康存日依有殊忠抜一族中宛于胤康身置預給訖、早欲宛給之、次上総国三直津久良海真利谷等郷、常州伊佐郡西方者、為度々合戦賞預給一族中訖、次奥州行方郡□由緒地所令注進也、早預御吹挙為蒙御成敗、恐々言上如件、

「(証判)(岡重直)(花押)」

一九　相馬乙鶴丸代祐賢申状

相馬泉五郎胤康今者討死子息乙鶴丸代祐賢謹言上

欲早重以御誓状預御注進、施弓箭面目下総国相馬御厨内泉郷幷手賀・藤心両郷新田源三郎跡、奥州方行郡内岡田村・八莵村・飯土江狩倉一所・矢河原、同国竹城保内波多谷村事

件条先度具言上畢、今年建武四四月十七日下賜御吹挙状、云本領安堵云申立恩賞之処、依無御誓文、御注進相残御不審歟、可申重御注進之由、被仰出之間、令言上者也、於胤康者、致度々合戦高名、四月建武三十六日顕家卿発向之時令討死畢、乙鶴丸者於奥州属石塔源蔵人殿、

致合戦之上者、早預御注進蒙恩賞為備後代亀鏡、仍恐々言上如件、

二〇　石塔義房施行状

陸奥国岩崎郡［　］事、為勲功之賞任先［　］知行之状、依仰下知如件、

建武五年四月廿四日　沙弥（石塔義房）（花押45）

相馬岡田五郎殿跡

（裏文書）

「（〇前欠）

□以状改事□候、尚以千甚（くカ）々々（カ）、不可有尽期候、兼又旧冬仰（カ）

□付候時尤罷入見参候事、可［　］候処、折節歓楽事候て、無其儀之条、于今歎入候、旨以□候、尤可然候、雖無何事候、向後細々可申候、又可承候、諸事期後信候、恐々謹言、

正月十三日　沙弥性観（花押）

相馬新兵衛尉殿」

二一　沙弥某感状案

度々被致軍忠之訖、尤以神妙、於恩賞者、追可有其沙汰候、仍如件、

建武五年七月廿四日　沙弥　在判

相馬新兵衛尉殿（胤家）

二二　石塔義房軍勢催促状

今月十四日被討落横川城之由、相馬出羽権守注進訖、尤以神妙也、且為対治黒木幷霊山城、忩可差遣軍勢之状、如件、

暦応元年十一月十七日　沙弥（石塔義房）（花押45）

相馬新兵衛尉殿（胤家）

二三　吉良貞家書下

陸奥国行方郡岡田村内法智平三郎寿□内等田在家事、為無主地之由、就有其聞、雖付給人相馬新兵衛尉胤家申披上所返付也、守先例領掌不可有相違之状、如件、

観応二年七月八日　右京大夫（吉良貞家）（花押53）

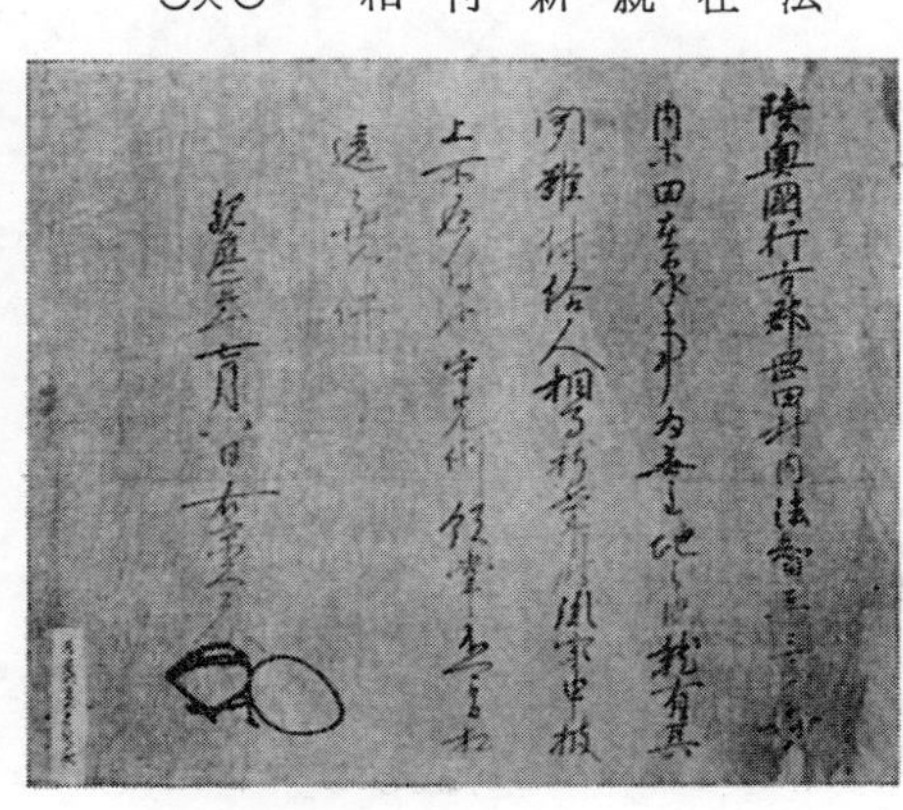

二四　吉良貞家施行状

陸奥国行方郡院内村事、任相伝之文書、知行不可有相違状、依仰執達如件、

観応二年九月十五日　右京大夫（吉良貞家）（花押53）

相馬岡田新兵衛尉殿（胤家）

二五　吉良貞家施行状

陸奥国竹城保内波多谷村事、且依今度軍忠、且任本領相伝文書、領掌不可有相違之状、依仰執達如件、

観応二年十月廿五日　右京大夫（吉良貞家）（花押53）

相馬岡田新兵衛尉(胤家)殿

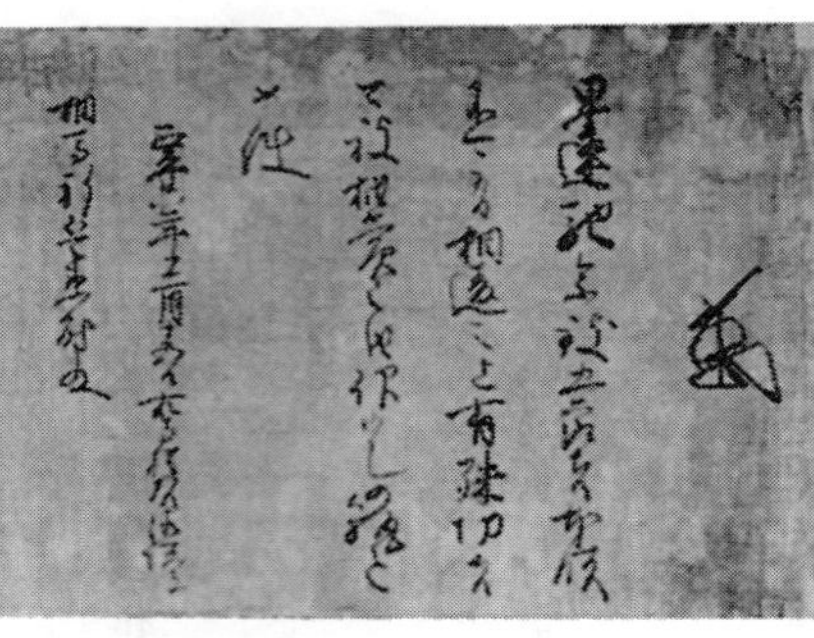

二六　陸奥国宣

(北畠顕信)
（花押37）

早速馳参致忠節者、本領不可有相違之上、有殊功者、可被抽賞之由仰候也、仍執達如件、

正平六年十二月十五日右馬権頭清顕奉

相馬新兵衛尉(胤家)殿

二七　石塔義憲安堵状

(陸)□奥国竹城保内波多谷□□、任相伝文書可令領掌者、守(先)□例可被致其沙汰之状、如件、

文和三年六月六日左衛門佐(石塔義憲)（花押43）

相馬岡田常陸守(胤家)殿

二八　相馬胤家譲状

相馬胤家か重代本領たるあいた、嫡子五郎胤重ニゆつりわたす所領村々数事

陸奥国行方郡内岡田村・やつうさきの村・谷河原・上つるかや・いんないの村、ゐゝといかりくら一所、たかきの保内波多谷村、下総国いつミのかう、おなしきさつまのむらのうちやまふし内、ますをのむらのうちいやけし入道か田在家、胤家重代本領たるあいた、かの所を五郎胤重に、てつきせうもんともに、ゆつりわたす也、さかいハせんれ(カ)ニまかせて知行すへし、仍為後おきふミ如件、

貞治弐年八月十八日　平胤家

（花押）

二九　相馬胤家譲状

ゆつりわたすちやくし五郎胤重に、しもつさの国ミなみさうまいつミのむら・かミやなと・かなやま・ふなと、みちのくに行方郡内おかたのむら、やつうさき、ゐゝといかりくら一所・やかわら・かみつるかや、たかきのほうのうちはたやのむら右、かのところハ、重代ほんりやうたるあいた、てつきせうもんともに、胤重にゆつりわたすところしちなり、もし男子女子にても候へ、いてきたるやから候ハゝ、もちいへからす候、御くうしハせんれいニまかせてつとむへく候、仍ゆつり状如件、

貞治弐年八月十八日　平胤家

（花押）

三〇　相馬胤家譲状

ゆつりわたすちやくし五郎□□、下総国さつまの村内やまふし□(内)の田在家壱けん、ますをの□□いやけし入道か田在家壱宇、合弐宇、てつきせうもんともに、ゆつりわたす処也、御公事ハ(ママ)以下ハ先例のことくたるへし、仍ゆつり状如件、

貞治弐年八月十八日　平胤家（花押）

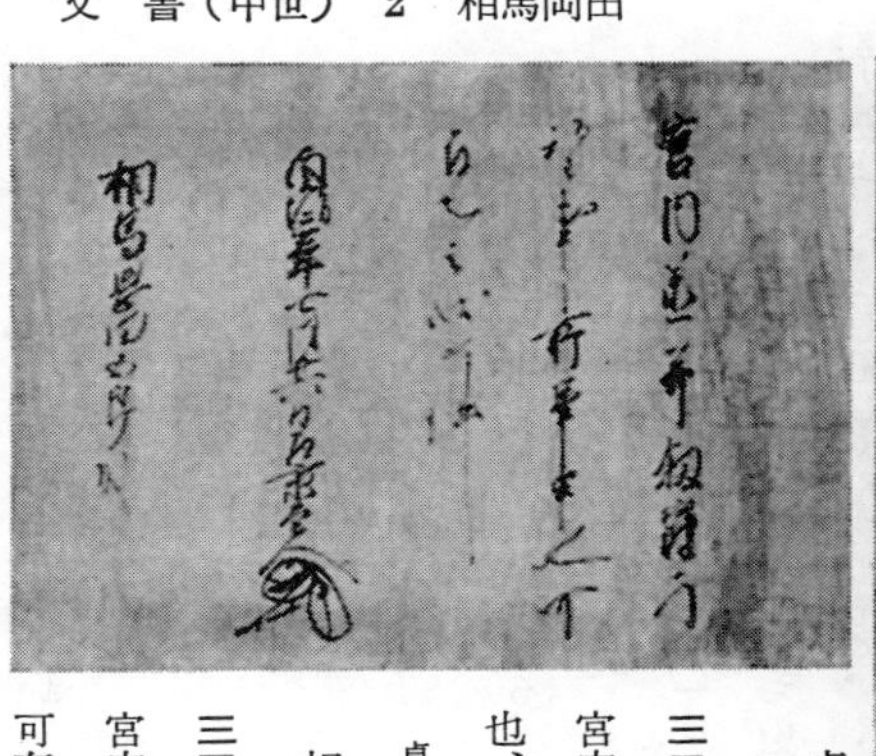

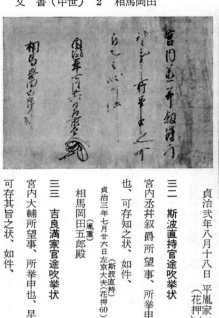

三一　相馬胤家譲状

ゆつりわたす五郎胤重
に、みちのくに行方郡内
いんないのむらの内上内
下内の田在家、ミきかの
ところをゆつりわたす
也、御公事ハせんれいの
ことくたるへし、仍ゆつ
り状如件、

貞治弐年八月十八日　平胤家（花押）

三二　斯波直持官途吹挙状

宮内丞并叙爵所望事、所挙申
也、可存知之状、如件、

貞治三年七月廿六日左京大夫（斯波直持）（花押60）

相馬岡田五郎（胤重）殿

三三　吉良満家官途吹挙状

宮内大輔所望事、所挙申也、早
可存其旨之状、如件、

貞治三年八月三日中務少輔（吉良満家）（花押）

相馬常陸五郎（胤家）殿

三四　吉良満家感状

羽州発向之処、㝡前馳参被致忠節之条、尤以神妙、此段可令注進之
状、如件、

貞治三年八月十一日中務少輔（吉良満家）（花押）

相馬宮内大輔（胤家）殿

（奥書）「岡田殿」

三五　散位某奉書

□（陸奥）国竹城保内畠□如元領掌不可□違之状、依仰執
□、

貞治六年九月廿一日散位（花押）

相馬宮内大輔殿

三六　相馬胤繁譲状

ゆつりわたすちやくしつるわかまるニ、しもつさの国さむまのこほ
りの内ミなミさむまいつミのむら・上やなと・かなやま・ふなつ・
ならひニますをのむらの内いやけんし入道か田さいけ一けん、おな
しきさつまのむらにやまふし内の田さいけ一けん、みちの国おかた
のむら・いんないのむら、たゝしそし（庶子）ふんをのそく、やつうさき・
ゐゝといかりくら一所・上やかわら・上つるかや、かのところ〳〵

ハ、胤繁か重代の本りやうたるあいた、ちやくしつるわかまるニ、
一ゑんにゆつるところなり、御くうしハせんれいにまかせてつとむ
へし、仍ゆつり状如件、

康暦三年五月廿四日　平胤繁

（花押）

三七　相馬胤繁譲状案

ゆつりわたすちやくしつるわかまる、しもつさの国ミなミさむまい
つミのむら・上やなと・かなやま・ふなつ、ならひニますをのむら
の内にいやけんし入道か田さいけ一けん・おなしきさつまのむらに
やまふし内の田さいけ一けん、みちの国ニおかたのむら・いんない
のむら、た〻し（庶子）そしふんをのそく、やつうさき・い〻といかりくら
一所・上やかわら・上つるかや、かのところ〳〵ハ、胤繁か重代本
りやうたるあいた、つるわかまるにゆつりわたすところなり、御く
うしハせんれいにまかせてつとむへし、仍ゆつり之状如件、

（〇康暦三年のものであろう）

三八　相馬胤繁譲状

ゆつり状をあたうるによし（女子）三人の事
いんないのむらに下内おハあねかめつる、［　］太郎入道かさいけ
おハ中あねまついぬ、上やかわらいや平二郎かさいけをハいも［
］小くろにとらするなり、こけ（後家）にハとうない二郎かさいけおとらす
るなり、いつれ〳〵も［　］けんになりて、このところをちきやう
すへきなり、この中一人もふてうなるふるま□にて、おやのゆい
こんをそむかハ、そうりやうつるわかかはからいたるへく候、た〻
しめん〳〵いちこより後ハ、ちやくしつるわかちきやうすへく候、
仍ゆつり状［　　］（のおもむき）如件、

康暦（マヽ）年五月廿四日　平胤□（繁カ）

（花押）

（〇康暦三年であろう）

三九　相馬憲胤名字状

眼（元）服

相馬小次郎胤久

永徳二年卯月廿七日　治部少輔憲胤（花押）

四〇　相馬胤久譲状

［　］（奥州）行方郡内岡田村幷上つるかや［　］幷いん内村幷下やから（わ脱カ）の
村幷やつうさきの□（村）幷くさの〻い〻（へ脱カ）との村幷たき（か脱カ）のほうの内はた
やの村、これハ宮内大夫胤久之重代さうてんの所りやうたり、さる
間ちやく子とよつる丸に、代々のてつきせうもんをあいそへて、山
野から□（か）ともに、そうりやうふんをゆつりわたす処実也、もしとよ
つる丸子なくハ、おと〻あいつくへし、たとい子あまたありとゆう
とも、一こふんハゆつるとも、ゑいたいゆつるへからす、このおき
てをそむかハふ（父子敵対）してきたいのとかたるへし、
仍為後日ゆつり如状斯、

応永九年ミつのへむま五月十二日

胤久（花押）

四一　相馬胤久譲状

奥州行方郡内岡田村之内ゆ□たさいけ一こふんゆつりあた□
□ころ実也、さいほうの事ハは□へし、けんそくハとよつ
る丸と□（もカ）からあつてわけへく候、このむね□一ふんもそ
む（く脱カ）へからす、よて後日□（のた）めにゆつり状如斯、
とよつるのはゝのゆつり状なり、

応永九年みつのへむま五月十二日

胤久（花押）

四二　岡田左京亮沽却状

□□仍而下之内のさいけ□にほんせん返しニうり
わたし申□くもつさた申候て、廿五くわんニありあい
□□さいけこくち物、
□□この内二百文ゑしろてましろに（カ）□五そく一こくた
い九斗、□のせんく一升十文一七月七日しろ（カ）□五文七
月十四日□（ほん）こめ三はい□かたに（カ）□もいふかほ一あき
□ちいこめ二升こんこう、またハあきはつうこめ一升、□
十二月をうはん、へいかきかや（カ）にん□かたに□かる（カ）□
かたにこめ三はひ、めん鳥一、むまのまめ三はい、山之いもとくろ
すミかたに、□かたに、この内ちんさしのくちまてあいそへ候
て、□こさすうり申候、十二月そうちせん卅五文□んね
んすき候ても、そのとしのやくもつとめ候て、□け可申候、

□（嘉吉カ）四年きのへ子十月廿九日□（花押）

おかた
さきやう助

くらもとたちハき
とのへまいる

四三　相馬信胤沽却状

（端裏書）
「長徳寺　進□（上カ）」

前々しちをあまたおき申候ふんに、せきねのさひけを方、又当年ミ
つのといの年よりかの□（へカ）むま之年まて、八年やつくり（カ）むけ申
候、

一、年具二貫五百文　一、石代八□
一、麦石代二斗　一、お十七□
一、正月もち一まひ　一、三月代三十五文
一、五月三十五文　一、七□（月）七日ひに廿文
一、七月ほんりう三はひ一、つゝき□三はひ
一、すミはんへひ　一、薪かた□
一、へいかきかや一た　一、きしの鳥はん（カ）□（分）
一、月毎にむま人十五日一、しはす□三はひ

しちのかすハ、具足馬よろひの□銭とふきんこはかま太刀一、ち
うかつかひの代二百文、いつれもけし申候、此内に所務かけ申候ハ
んする処をハ、うしろを談合申へく候、為後日状如件、惣而此内地

内の年獲(カ)物不残うり申候、

文亀三年癸亥六月廿八日前伊与守信胤（花押）

蔵本長徳寺進候

四四　相馬信胤田地売券

四貫文本銭返之状之事

右文之趣者、きのね田ニ三斗□二郎ひやうへつくりのそはニ一斗まき、又そのきたニ一斗まき、合て五斗□(まき)なつかり(カ)ハきのね田の内二(カ)まい、又寺之下ニ道よりきたニ一まい、合て三まいうりわたし候、年紀□(あきカ)五斗うりはたし(カ)候(カ)、年過候て有相うけかへし候(カ)、為後日□、

文亀四年甲子四月七日　信胤（花押）

四五　相馬義胤質券

しちのふんの状之事

右□(おもカ)むきハ、なか□しちニおき候て、代を三貫文□もしねんないふさた申候ハヽ、□たんかう(談合)可申候、為後日状如件、

永正十五年戊寅(つちのへとら)六月□日　義胤（花押）

平駄(はけ)二郎方へ　（○この花押、一覧にのせず）

四六　相馬基胤田地売券

六貫文本銭返之状之事

右ふミのおもむき、ひかし山田いなりまゐニ五斗まきを、明年きのへむまの年よりきたるミつのとの卯之年まて、十年十作を六貫文ニ本銭かゑしニうりわたし候、ねんきあき候ハヽ、ありあいニ代をたて候へく候、為後日之状如件、

天文二年癸巳八月廿日　基胤（花押）

与七(まち)へ

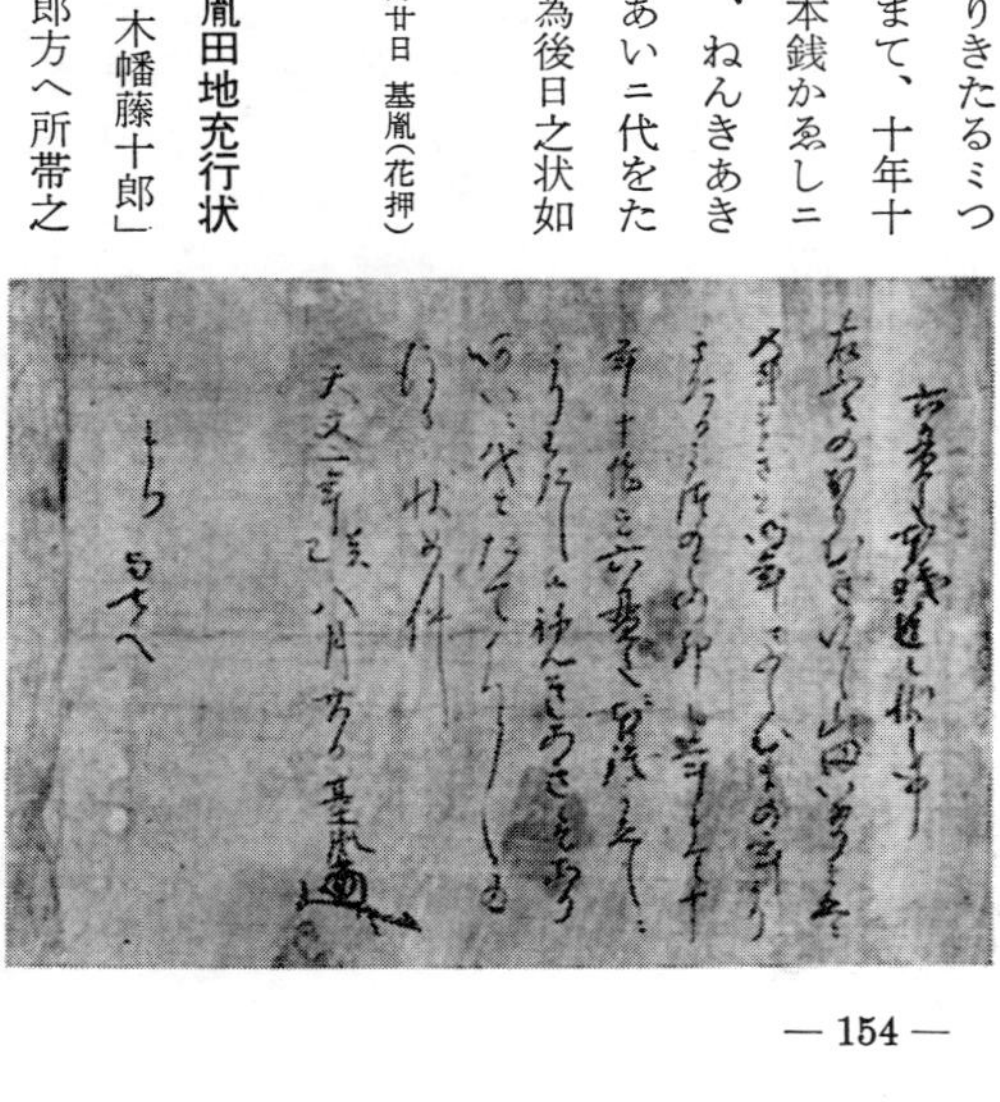

四七　相馬義胤田地充行状

（端裏書）「岡田義胤　木幡藤十郎」

こはたしん(藤)十郎方へ所帯之あつしよの状、同名しんゑもんの所帯之内、いないくほ田二石二斗まき末代わたしおき候、そなたの心中ちかハす奉公あるへく候、やしきハくらのさきのやしき寺やしきのひと内よけす、又右馬の助之やしききたについてひとうち、なか嶋(しま)ニひとうち、にしたいひとうちはたけやしきニほか五ケ所、わたしおき候、為後日状如件、

天文二年乙未十二月廿日　義胤（花押）

木幡藤十郎方へ　（○この花押、四五に同じ）

四八　相馬盛胤名字状

□治部太（ママ）輔茂胤

□年正月十二日

平盛胤（花押111）

□田治部太（ママ）輔殿

3 〔相馬岡田雑文書〕（東京都岡田幸胤所蔵）

一 関東下知状

可早以平氏 字鶴若 領知上総国周東郡□泉村内田地 員数載譲状 事

右、任亡父周東左近五郎幸綱文永九年二月十日譲状、可令領掌之
状、依仰下知如件、

正応三年六月廿三日

陸奥守平朝臣（北条宣時）（花押6）

相模守平朝臣（北条貞時）（花押7）

二 関東下知状

可令早平□（師胤カ）跡領知□（陸）□□沢・堤谷・小山田已上参箇

□□

右、以亡父左衛門尉胤村跡、所□□、早守先例、可致沙汰之
状、依仰□□、

永仁二年八月廿二日

陸奥守平□（北条宣時）

相模守□（北条貞時）

三 関東下知状

□（陸）奥国標葉郡内於中田□（村）、□（標）葉五郎四郎清直安堵御判、為後日謹
言上、

仍安堵御判下知如件、

元亨四年六月二日

相模守（北条高時）（花押1）

四 相馬長胤着到状

「承候了（証判）

同日

平（花押407）」

着到

相馬小六郎長胤

今月十日、自奥州行方郡令馳参候、仍着到、

元弘三年六月十一日

五 相馬長胤申状

相馬小六郎長胤謹言上

欲早任亡父相馬小次郎胤盛後家尼（母）□□譲状、賜安堵　国宣備向後
亀鏡、下総国相馬御厨内泉村内田畠在家、陸奥国行方郡内岡田村
内田在家等事

副進

一通　系図

一通　譲状案

右田在家等者、亡父胤盛重代相伝所領也、於然母堂令配分数男女子

元応五年三月八日限永代譲与之同□賜御外題当知行于今無相違者
也、早任□(譲状)賜安堵国宣、為備永代亀鏡恐々□(言上カ)如件、
元弘三年十二(カ)月　日

六　相馬胤治譲状

ゆつりわたすさうまの七□(郎)たねはるかあとの事、しもつさのく
にみなミさうまのいつミのむらうちせい太郎まこ太郎かたさいけ、
みつのくに(陸奥)なめかたのこをりおかたのむらのうちいや二郎入たうか
たさいけ、すんち(カ)うちたさいけ、いしんのこなきあいた、やしのこ(う脱カ)
にしてわらへ(う一カ)にゆつるところなり、御くうしはてんしゆにまかせて
つとむへし、仍ゆつりしやうくたんのことし、
けんむ(建武)二年十一月廿日　たねはる（花押）

七　(イ)相馬行胤・同朝胤着到状案
(ロ)某軍勢催促状案
(ハ)某召文

(イ)　校正了
着到
右、相馬孫次郎行胤、子息又五郎朝胤相共、馳参冣初御方畢、仍着
到如件、
建武弐年十二月廿日
承畢、御判

(ロ)同前
相馬孫次郎行胤於路次并鎌倉中、軍忠見知之間、尤以神妙候、右
為国楯築子息弥次郎光胤大将所□(相進カ)也、而属彼手守事書之旨、相
催庶子等可□無二軍忠於恩賞者、就注□(進状)可令言□□、
建武三年二月十八日
相馬孫次郎殿

(ハ)「(裏文書)大古曾九郎秀胤申、於行方郡□□相馬出羽権守親胤、同
新兵衛尉胤□殊使節(カ)□督□□遂参決、可被明申
之由相触之、可被注進□候、若難渋之時者、任□□可令注
進候也、依仰如件、
貞和四年六月十□日　□（花押）
相馬新兵衛尉殿

八　相馬長胤軍忠状

「(証判)大将軍　足利竹鶴殿
侍所大□(泉平)九郎教□(殿)」
目安条々
相馬六郎長胤申
御敵対治事
一、一族等引別為御敵之間、三月十三日押寄同心一族相共対治畢、
一、於宇多庄、同十三日黒木入道一党・福嶋一党・美豆五郎入道等
引率数多人勢企謀叛、惣領代等押寄在所打取当所楯籠之間、同
十六日馳向御敵二人不知名字打取令対治畢、
一、広橋修理亮経泰為大将軍押寄小高館、自同廿三日至于廿四日合

戦之間、被打御敵其数引退畢、

一、同廿七日標葉庄地頭等為御敵馳向之間、差向致合戦之処、標葉弥四郎清兼、同舎弟弥五郎仲清、同舎弟六郎清信、同舎弟七郎吉清、同小三郎清高、同余子三郎清久等、長胤舎弟七郎胤春相共ニ召取之畢、然間胤春乗馬、若党又三郎乗馬等被射殺畢、仍言上如件、

建武三年三月　日

九　某着到状

着到

右大将御発向之間、自㝡前、馳参御方候了者、賜御判為備後日亀鏡、仍着到如件、

建武四年三月廿日

（証判）「承了（花押414）」

一〇　斯波家長披露状

相馬六郎長胤（今者討死）子息孫鶴丸、同七郎胤治子息竹鶴丸、同四郎成胤子息福寿丸寿申状三通如此候、謹令進覧候、且為申給所領安堵候、進上代官候、且長胤・胤治・成胤等顕家卿発向之時、去年（建武三）五月於奥州行方郡内小高城、令討死候訖、此等子細追可令言上候、以此旨可有御披露候、恐惶謹言、

建武四年五月二日陸奥守家長上

進上　武蔵権守殿

一一　相馬竹鶴丸軍忠状

相馬七郎胤治子息竹鶴丸謹言上

欲早被経御吹挙預恩賞亡父胤治於奥州行方郡小高城討死事

右、胤治去々年（建武二）陸奥守殿御発向之時、一族相共馳参致所々合戦畢、爰為国中静謐、相馬孫五郎重胤屋形構城墎、重胤者乍令在鎌倉、差置次男弥次郎光胤之処、凶徒等以大勢責来之由、依有其聞、胤治馳下致度々合戦畢、而奥州前司下向之時、令討死畢、早被経御注進、為預恩賞、恐々言上如件、

（証判）「（岡重直）（花押）」

一二　相馬成胤子息軍忠状

相馬四郎成胤［　　］（子息福寿丸謹言上カ）

欲早預御吹挙蒙恩賞亡父成胤［　］（奥州）行方［　］（郡小）高城討死事、

右、成胤去々年（建武二）陸奥守殿御発向之時、一族相共馳参致所々合戦畢、爰為国中静謐、相馬孫五郎重胤屋形構城郭、重胤者乍令在鎌倉、差置次男弥次郎光胤之処、凶徒等以大勢責来之由、依有其聞、成胤馳下致度々合戦畢、而奥州前司下向之時、令討死畢、早被経御注進、為預恩賞、恐々言上如件、

（証判）「（岡重直）（花押）」

一三　相馬長胤後家尼着到状

着到

相馬孫六郎長胤後家尼

右、今年（暦応二）七月九日於下河辺庄合戦之時、㝡前代官進候了、仍着到如件、

暦応二年七月十六日

「承了（証判）
同廿日　左衛門尉重兼（花押）」

一四　相馬胤家代康国申状

相馬新兵衛尉胤家代康国謹言上
欲早任相伝道理、返給与三胤元跡奥州行方郡□内所領間事
副進　三通手継譲状等　案文
一通斯波陸奥守殿御感□吹挙　案文
一通石塔殿御感御下文
右、於与三胤元跡者、胤家相副手継譲状等、知行無相違之処、被□主地被付給人羽隅三郎之条、不便次第也、爰胤家親□（父カ）相馬五郎胤康、自宸前御方馳参、属斯波殿御手、先国司顕家卿中下之時、建武三年四月十六日於相模国片瀬河、□陸奥守殿於当大将両所御前討死仕畢、次胤家所々抽度々軍忠之条、一見状等御吹挙明鏡上者、可望申恩賞之処、被召上相伝知行所領之間、愁歎無極哉、将又当大将当国御下向之時、武蔵国小手差馳参御共仕畢、所詮与三胤元跡被召上為返給、粗恐々言上如件、

貞和二年四月　日

一五　れうせう譲状

ゆつりわたすあうしう（奥州）なめかたのこほりのうちおかたの村さいあミたふかさいけの事
右のところハ、れうせうちうたいさうてんのちきやうふんにて候を、おいなるによて、さうまのしんひやうゑたねいゑニゆつりわたす、一このゝちハちきやうせられ候へく候、たゝし、れうせうそんしやうニ、心をもたかへられ候ハゝ、この状ニよるましく候、くり（悔）かへ（返カ）して別人にゆつるへく候、をいにてをハしますによて、やうしとしてゆつりわたす状如件、

貞和四年十月八日　れうせう（花押437）
をかたの新兵衛尉殿（胤家）

一六　相馬胤家和与状

わよす、みちのくになめかたのこほりおかたのむらのうち、けいてうはうのちきやうふん平三郎入道の田在家事、さうまのひやうこのすけとのへわたし申候、仍為後日わよの状如件、

貞和五年九月十五日　胤家（花押）

一七　相馬胤藤着到状

着到
相馬蔵助胤藤軍忠事
右、陸奥国宇津峯麓石森陣馳参、致忠節之処、五月四（日脱カ）彼楯令没落上者、賜御判為捧後講（備後証亀鏡カ）記鏡、恐々言上如件、

文和二年五月　日
「承候了（証判）（花押）」

一八　相馬胤家請文

奥州行方郡内院内村内下之内孫三郎か息壱石三斗蒔惜渡候畢、仍状如件、

常陸介胤家（花押）

貞治弐年癸卯九月三日

一九　刑部阿闍梨賢範置文

奥州行方郡内簀（ママ）播野坊中弁寄進所小高九日市場後田三斗蒔田中在家楯前田壱町大田塩竈神田事、賢範一期之後者、大悲山善王殿可有相続之状、如件、

明徳元年十二月六日　刑部阿闍梨賢範（花押）

二〇　相馬胤重譲状

□（ゆカ）つりわたす状

□□（みちカ）のおくの国なミかたのこほりのうちお□（かカ）たのむら・いゝとゐのむら・八うさきのむら・いん□□の村、やかわら・つるかや・たかきのほう□うちはたやのむら、かのところハ浄賢の□代相伝の地を、まこつるわか丸ニ代□□証文ともにあひそへて、一ゐんニゆつ□□（りわカ）たすところ実也、たゝし、おかたのむら□□まうちの在家八反をハのそく、所□□すところなく、ゆつりニまかせて知行ある□し、たとひ兄弟ありといふとも、この外□（ゆ）つりあるへからす、□ゆつりニ□□伝知行あるへく候、仍譲状如件、

明徳三年壬申二月十八日　浄賢（相馬胤重）（花押）

二一　相馬憲胤知行安堵状

行方郡伊内村之内、岡田宮内大夫与大滝帯刀左衛門尉相論在家之事、手継相続無相違之上当知行間、不可有相違候、御公事以下事等、守先例可被致沙汰候也、仍如件、

応永元（年脱カ）二月一日　治部少輔（相馬憲胤）（花押104）

岡田宮内大夫殿

二二　岡田盛胤契約状

申定候契約状事

右、大久之次郎□郎政胤、男子を御もち候ハんによつて、親類同心ニ、私をかの嫡女ニ致契約を、御代官を可仕由蒙仰候際、御意ニ所随候、若男女之ならい隔別申（カ）事候者、彼所領之事ハ、女子之御はからいたるへく候間、いろい申すましく候、仍為後日契約如件、

享徳三年甲戌八月廿三日

岡田次郎三郎盛胤（花押）

二三　れうくう譲状

ゆつりわたすよさうたねもとのあとのこと、ちやくしまこ御（ママ）しうち（西郎カ）しにし候ぬ、しなんおにわかかしにつめられてしに候ほとに、おかたの小二郎との心さしおもひまいらせ候によつて、てつきのしやうともニゆつりわたすところなり、もしふしきにもたねもとのしそん候ハゝ、小二郎との、はからいとしてあてたふへく候、候ハすハ一ゐんに御ちきやうあるへく候、あまか（後カ）御しやうおもとふらいて給ハるへく候、よつてゆつりしやうくたんのことし、

けんむ三年六月廿五日　れうくう（花押）

4〔大悲山文書〕（小高町小高神社 相馬敏胤所蔵）

一　関東下知状

□平鶴夜叉丸領知陸奥国行方郡大悲山村事
父左衛門尉胤村跡、為未処分所□也、早守先例可令領掌之状、
□（依仰下カ）知如件、

文永九年十月廿九日

相模守平朝臣（北条時宗）（花押２）

左京権大夫平朝臣（北条政村）（花押５）

二　相馬通胤譲状

（外題）「任此状可令領掌之□（由カ）依仰下□（知如件カ）、

正和三年三月四日　相模守（北条熙時）（花押）」

譲渡　孫次郎行胤分

在陸奥国行方郡ノ内大悲山村・□（小嶋カ）田村幷竹城保内長田村内蒔
田屋敷地頭□、

右件所者、通胤か重代相伝之所領也、しかるを、子息□（孫カ）次郎行胤
に、両度の御下文おそゑて譲渡所也、但妹鶴夜叉に譲渡長田村内蒔
田屋敷幷田者、かやの里の神田のかミのくろお西ゑとをして蒔田屋
□（敷カ）へさ、東ハ竹城河、西はたかやの里の神田のかみのくろより北へ
とをし、石六か田堺まて、永代おかきりて譲渡所也、次しねはの女
子行胤か妹これありといへとも、ふてう（不忠）をけんするによて、なかく
きせつ（義絶）し畢、そのむねを存知すへし、小嶋田・長田両村一紙の御下文

……（紙継目裏花押）……（紙継目裏花押平通胤112）……

（○後欠）

（○この文書は、三に続く）

三　相馬通胤譲状

（○前欠）

……（紙継目裏花押）……（紙継目裏花押平通胤112）……

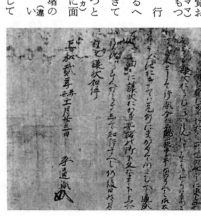

□□（申あいたカ）行胤にあつけおく所也、かやうに御下文あ□んと
て、譲状おそむきい覧（違乱）お
いたすものならハ、もつ（ママ）
このて□人として、行
胤分お鶴夜叉申給わるへ
し、御公事□におきて
ハ、先例にまかせてつと（カ）
むへし、通胤存□に面
々に譲状おかき、安堵の
御下文お申下上へハ、い
覧（違乱）をいたすへからすして
知行すへし、仍後日のために証文譲状如件、

正和弐年癸丑十一月廿三日　平通胤（花押112）

（○この文書は、二より続く）

四　相馬政胤打渡状

打渡

陸奥国行方郡大悲山幷同郡小嶋田村内田在家、同国高城保長田村

蒔田屋敷、岩見迫田在家等事
右、任御下知御教書之旨、相馬弥次郎胤俊相共莅彼所々、究明尼明戒知行分、所打渡于相馬孫次郎行胤也、仍渡状如件、
建武元年十一月一日　平政胤（花押109）

五　陸奥国宣

（北畠顕家）
（花押36）
行方郡大悲山事、如元可令領知者、依　国宣、執達如件、
建武二年七月三日　右近将監清高奉
相馬孫次郎殿

六　相馬重胤打渡状

打渡
相馬孫次郎行胤申行方郡大悲山事、被仰下候　国宣趣、莅彼所沙汰付行胤候畢、仍渡状如件、
建武二年七月廿八日　平重胤（花押106）

七　相馬重胤譲状

重胤か女子大ひさの五郎殿（朝胤）女房ニゆつりわたす田在家事
陸奥国行方のこほりおたかの村の内九郎左□給分の田在家壱けん、ゆつりわたすところなり、仍ゆつり状如件、
建武二年十一月廿日
平重胤（花押106）

八　相馬朝胤軍忠状

□又五郎朝胤申軍忠事
□大将蔵人殿御下向之間、馳参三箱湯本、為霊□（山搦カ）手属惣領親胤手、四月一日（建武四）楢葉八里浜□（合戦カ）懸先畢
同二日標葉庄小丸城口羽尾原合戦、懸先切捨一人□栖籠于小高城処、同九日寄来数輩凶徒等、同朝胤敵一人射之、同十日朝胤敵一人射之、并家人兵衛四郎敵一人射之、爰数輩凶徒等切入東壁間、朝胤捨身命塞戦□敵畢、同夜出張馳向東手、数輩凶徒□中江懸入、敵一人射取畢、仍家人江多里六郎太郎入道討死畢、同小嶋田五郎太郎、同孫五郎被疵畢、□合戦朝胤敵一人射之、
□日標葉庄立野原合戦、搦手懸□懸先、切捨一人畢、乗馬被切頭、朝胤左手被疵、
同十五日高瀬林合戦致忠畢、同廿日行方郡小池城□嶋田原合戦致忠畢、
六月廿五日数輩凶徒等□向城間、敵一人射之、同廿七日□小池城夜討合戦、家人小野弥三郎懸入東内、致散々合戦、追散凶徒令放火畢、依被疵上者、朝胤度々軍忠□（異カ）于他者也、然早賜証判為備後訴目安如件、
建武四年八月　日　「承了（証判）（花押107）（相馬親胤）」

九　相馬行胤譲状

譲与　しそく二郎ひやうへともたねのふん
ミちのくになめかたのこほりのうち大ひさんのむら、をしま□（たかカ）のむら、とうこくたかき□（のカ）ほうなかたのむらのうちゆハミのは

さま□のやしきの地とうしき等事
右所りやうとうハ、明円ちう代さうてんのところ也、しかるに、てつきのしようもんそへて、ともたね一子た□（るカ）あいた、たのさまたけなく、ゐいた（い脱カ）にゆつりわたすところなり、はた又明円御さた（カ）としてくんちうのうへハ、さためてをんしやう給ハるへし、これもて一ゐんにちきやうすへし、たゝし、女子等ありといへとも、さい所ふちうなり、もしいてきたらハ、ともたねか□（ふカ）ちにてあるへし、それもともたねかめいをそむき、ふてうならハ、明円かふけうの女子として、ふちをくわへへからす、仍為後日の譲状如件、

建武四年丁丑十一月廿一日　沙弥明円（相馬行胤）（花押103）

一〇　相馬朝胤申状

相馬次郎兵衛尉朝胤謹言上
欲早任代々手継証文旨、下賜安堵御判、備末代亀鏡、当国行方郡内大悲山幷小嶋田、竹城保長田村内蒔田屋敷事
副進　系図　手継証文　御下知等案
右彼所々者、為朝胤重代相伝私領、当知行無相違之上者、任手継證文之旨、下賜安堵御判、為備末代亀鏡、恐々言上如件、
（裏書）「任此状、可令領掌之由、依仰下知如件、
建武五年五月六日　沙弥（石塔義房）（花押45）」

一一　沙弥某・左衛門尉某連署施行状

相馬次郎兵衛尉朝胤申、行方郡大悲山・小嶋田両村事、云本領云手継證□（文）無相違之上者、如元可被知□（行之カ）状、依仰執達如件、

康永二年十一月七日　左衛門尉（花押416）
沙　弥（花押417）

相馬次郎兵衛尉殿

一二　相馬朝胤着到状

着到
相馬次郎兵衛尉朝胤
右、為大将宇津峯御対治御発之間、於路次令供奉、至于野槻城当参令勤仕候畢、仍着到如件、
康永三年六月十八日
「承了（証判）（吉良治家）（花押51）」

一三　伊賀光泰・散位某連署召文

□（カ）次郎兵衛尉朝胤申、陸奥国□城保長田村内田畠屋敷事、訴状如此、早企参上、可被明申之由候也、仍執達如件、

貞和二年九月十七日　沙弥（伊賀光泰）（花押117）
散位

留守美作前司殿

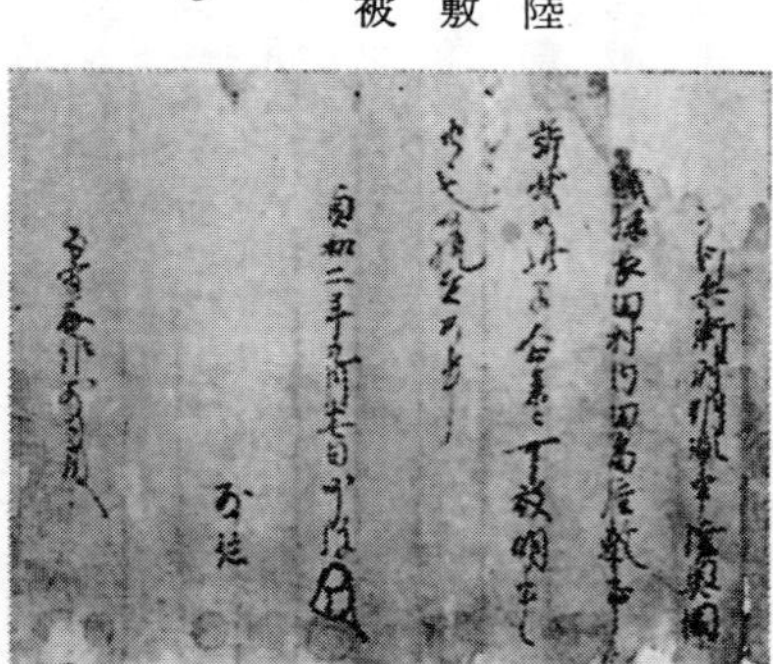

一四　吉良貞家・畠山国氏連署披露状

相馬次郎兵衛尉朝胤申恩賞事
申状并具書案壱巻謹進覧、子細載于状候、朝胤企参洛、可言上由雖申之、為凶徒対治留置候之間、進代官候、以此旨可有御披露候、恐惶謹言、

貞和三年四月二日　右馬権頭国（畠山国氏）□（花押56）
　右京大夫貞家（吉良）（花押52）
進上　武蔵守殿（高師直）

一五　吉良貞家知行安堵状

陸奥国行内郡内小嶋田村事、任相伝文書之旨、如元可令知行之状如件、

観応二年十月九日　右京大夫（吉良貞家）（花押53）
　相馬次郎兵衛尉殿

5　〔岩崎文書〕（相馬市 岩崎敏夫蔵）

一　若王寺役者連署奉書

奥州東海道行方郡、相馬治部烝一家被官之輩、熊野参詣先達職之事、任当知行之旨、不可有引導相違之由、乗々院（若王寺）法印御房、被仰出候処也、仍執達如件、

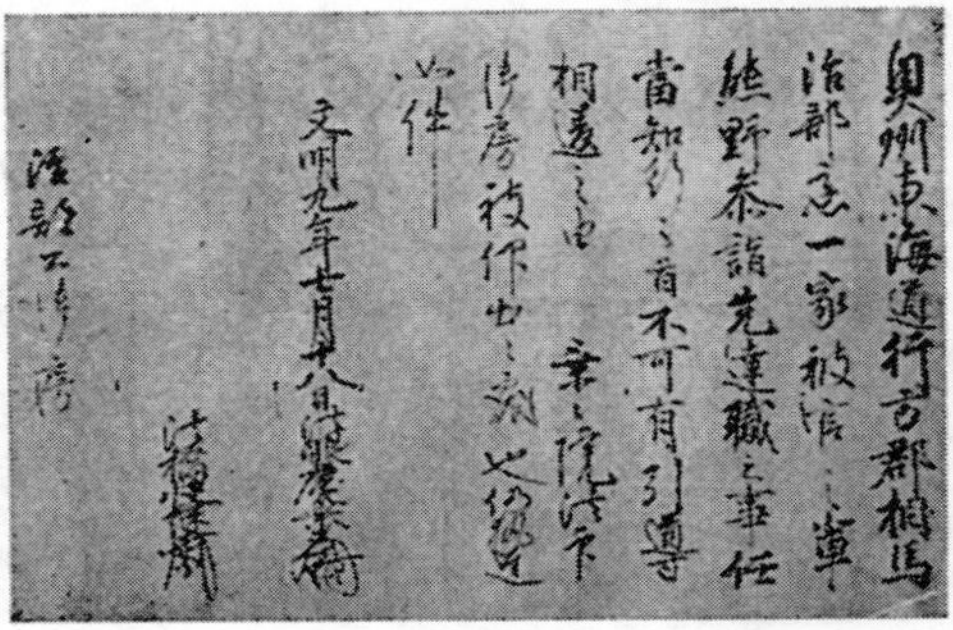

文明九年七月十八日　法眼慶乗（花押）
　法橋快継（花押）
治部（卿）公御房

二　相馬盛胤（大膳大夫）先達職安堵状

宇田庄引（導）道之事、不可有余儀候、

明応八年七月二日　平盛胤（大膳大夫）（花押110）
治部卿へ

三　聖護院門跡役者連署奉書（折紙）

就当地御逗留、御賄等事、上之坊随相触、各可有其働、若於難渋者、堅可被仰付之由、聖護院御門跡所被仰出也、仍執達如件、

天文廿
十二月五日　藤之（花押）
　増梁（花押）
相馬領分
　修験中

四　聖護院門跡役者連署奉書（折紙）

奥州相馬一家被官等、領中年行事職之事、去文明九年七月十八日任乗々院法印奉行之旨、無相違可令全領知、然者如近年、対京都令無

音者、可被補別人之条、宜令存知其趣之由、　聖護院御門跡所被仰
出也、仍執達如件、

天文廿
　十二月十一日　　藤之（花押）
　　　　　　　　　増梁（花押）
　上之坊

五　相馬盛胤弾正大弼伝馬役免許状

令精誠当家家運、弥以令増進様、御祈禱任入候、因玆従前代之転馬(ママ)
之公役、末代所令免許也、仍為後日之證状、如件、

永禄八暦乙丑
　霜月廿日盛胤（弾正大弼）（花押111）
　　寛徳寺
　　　　寄進

六　相馬義胤寄進状

奉寄進
　熊野山
　　田一町　熊野口内
永禄十三
　卯月廿七日　義胤（花押102）
　寛徳寺　参

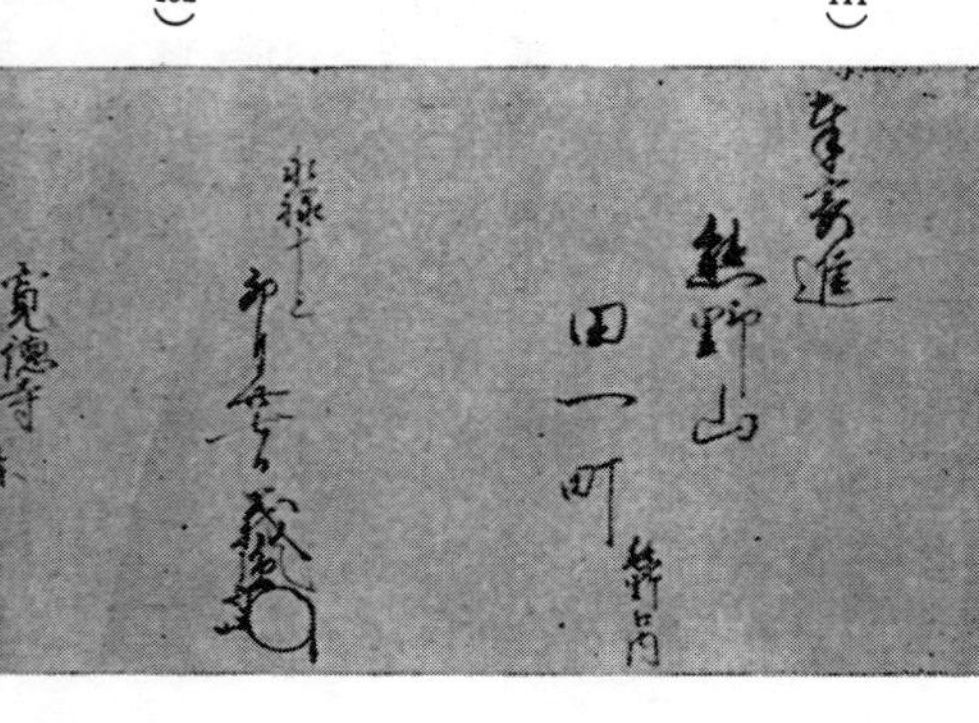
奉寄進
熊野山
田一町　熊野口内
永禄十三
卯月廿七日　義胤
寛徳寺　参

七　若王寺役者連署奉書（折紙）

以代僧、被申上之旨、具令披露候処、被聞食候訖、

一椎葉郡三世院申分有之付而、双方罷登、遂対決候処、三世院非分相究、其上金襴地結袈裟、無御補任著、前代未聞候、則袈裟停止候事、

一三世院大聖院父子、雖為死罪謀判之訴人、忠節之者候故、死罪御赦免被成、相馬御領分追放、被　仰付候条、急度可申付事、

一三世院一味同行弐人、任筋目、貴殿同行被　仰付候、尤椎葉罷有候三世院一味同行共、可為同前候、若違乱輩於有之者、早々注進可申候、急度可申付事、

一意明院　公儀掠謀判仕由、被届聞食、言語道断儀思召候、則死罪被　仰付候、急度成敗可申付事、

一行蓮院儀者、意明院与者覚別候、其上於当地、遂穿儀候処、科軽ク候故、相馬御領分追放、被　仰付候条、急度可申付候事、

一当秋入峯可然候、其刻相馬修験中、補任狩衣致、京都江持参尤候、御改可被成旨候事、

一右之趣家老中迄、具申達候、其心得尤ニ候、貴殿若年故、修験謾有之候条、守御法度之旨、急度可被申付候、若違乱之輩、於有之者、早注進可有事、

右之条々、急度可申付之旨、若王子御房被　仰出候、
仍執達如件、

明暦弐

五月九日　伊藤大蔵卿　快延（花押）

三上民部法橋　秀安（花押）

同　秀山法橋　快験（花押）

相馬

上之坊

八　熊野三山検校宮令旨

（印文「熊野三山検校」）□

陸奥国相馬領之内、宇田・行方・椎葉三郡年行事職之事、任先規之例、被仰付訖、然上者、大峯修行無懈怠、可抽奉公忠勤之旨、依三山検校宮御気色、執達如件、

延宝六年九月十日　法印源慶（花押）

法印晃隆（花押）

上之坊

6（飯野文書）（平市飯野八幡宮　飯野盛男所蔵）

一　岩城郡八幡宮縁起注進状案

（端裏書）「御宮縁起□□状ハ淡路房書之了」

注進　陸奥国岩城郡

八幡宮　縁起事、

文治二年丙午七月十日　自本社、捧御正躰、

預所

矢藤五武者頼広治一年　同御使者源貞次八月十日好嶋郷ニ下著畢、

御社所赤目崎見物岡ニト建立了、

神官人等定了、

別当二人

式部公　常林房　執行蓮乗房

預所

鹿嶋中三武者直景治一年　執行同人

預所

随行堂達治一年　執行同人

□

地□（郎カ）清隆

預所千葉介常胤

別当岩城太郎嫡男師隆治一年　執行同人、

常胤代陸奥国平六真隆同代清大夫有家

同代弥富四郎忠茂

同代白井右衛門尉忠光　執行同人

正治二年庚申

預所

常胤四男大須賀四郎胤信治八年

別当三人
江八守国　小尻入道源平五
　　執行宝城房
元久元年甲子始造営同三年造営了、
建永元年丙寅八月廿五日御遷宮了、
承元三年己巳経蔵造立了、
建暦元年四月十五日　八幡宮御浜出
　承元二年戊辰好嶋御庄三ケ郷内
　東二郷胤信一男通信四郎太郎
　西一郷同四男胤村小四郎治三年
地頭
　清隆三男高宗
預所
三浦左衛門尉平義村
代加藤次家重治二年同代大川戸太郎重隆
五郎左衛門尉資村宝治元被打了
式部入道光西宝治元始賜之、
　次郎右衛門尉光泰
　右衛門尉頼泰伊賀守
　同子息伊賀二郎左衛門尉光貞
　　備州国守護殿
　左衛門三郎盛光

二　八幡宮領好嶋庄田地目録注進状写

（端裏書）
「社家文書案文」
注進
八幡宮御領好嶋御庄元久元年塩（カ）二
　明神五段　鎌倉明神壱丁
大折大般若参丁　神宮寺五丁
御供田十四丁七段毎月一丁二段　大般衆六人九丁
仁王講衆六人九丁同上
東執行参丁　西執行参丁
専当二人一丁各五段　承仕二人一丁同上
宮司二丁　宮介一丁
大位禰宜弐丁　大祝一丁
詔師一丁　八女八人八丁各一丁　東四人　西四人
禰宜十二人六丁　各五段
荷挙丁六人　各五段
立行事二人　東西各五段
東立行事　御蓋役
西立行事　御幡役
此二人立行事役者、御造栄（ママ）等諸事、宮中事者、東西立行事東西郷村
走廻、堂社之諸役於披露可申候
　相人六人三丁
預所給田十丁、惣追（捕脱カ）使三丁、検非違使二丁、

郡司給田十丁、工(公文)久給田五丁　夫領三丁
　已上百七丁七段　本免
散仕六段内 東三段 西三段 雑仕給田三段紙(紙)師三段
入道領廿丁、新田太郎十丁、好嶋三郎十丁
深沢三郎十丁、千倉三郎五丁
片寄三郎八丁、大森三郎十丁
戸田三郎十丁、田戸次郎十丁
大高三郎十丁
小清次五段散仕　紀平次五段散仕
摺(カ)師五人二丁五段 各五段 中四郎五段
源藤五段　紀平次五段　近藤五段
　已上百十八丁一段八合　新免
残所定田弐百九十七丁陸段一合内新田
弐拾玖丁三段四合
得成拾陸丁九段四合
吉光玖丁陸段壱合内新田一丁八段
右目録如件
　元久元年九月十日　工(公文)文行在判
大将以下千葉介常胤被於定
　五十余人禰宜宮人等事
預所出状　　奉行所在判

三　好嶋庄浦田検注目録注進状案

(端裏書)「好嶋浦田正和三地頭目六案文」
注進浦田正和三年甲寅検注目録事
　合
田数弐拾町捌段三合内除荒野打引久(ママ)枝定
除田
大折寺壱町　　石仏壱町
神宮寺壱町八合　　地蔵田五段
供僧田弐町壱段四合　　燈油田壱段二合
新寺伍合　　湯免参合
執行田弐段
　以上陸町壱段二合
人給田
　地頭給肆町弐段　名主壱町
垸飯田六段六合六歩
　以上伍町八段六合六歩
残村分田捌町八段四合三十歩内
河成二段七合　　江代四合
岡成二段　　地切三合
不作壱合　　萩(薮カ)二合
損田二丁六段三合半

以上三丁二段半

得田五町六段四合十二歩内片二丁九段四合

本田四丁壱段七合十二歩内片折加定（カ）御年貢引田一反

御年貢帖絹四疋　余田一反七合十二歩

口籾田四丁七合十二歩

分籾六石三斗一升六合五勺反別一斗五升五合定

右目録之状如件

　正和四年二月十五日　預所代沙弥覚乗

四　好嶋庄検注目録注進状案

注進好嶋田正和三年甲寅検注目録事

　合

田数弐拾町玖段三合内除荒野打引定

除田

大折寺弐町　塩明神伍段

供僧田六段一合　命婦壱町

調帛田壱段　申口壱段

燈油田壱段五合

以上四町四段六合

人給田

地頭給肆町八段　名主壱町

郡司給壱町三段　公文給田伍段

定使給四段　垸飯田六段六合六歩

残村分田七町八段卅歩内

川成壱段八合　江代四合

定免三合　岡成壱段六合

不作三段　損田三丁一段半

以上三丁八段一合半

得田三丁九段九合十二歩内片二丁六段三合

本田二丁六段七合十二歩片折加定

御年貢帖絹二疋四文　余田一段七合十二歩

口籾四石一斗四升六合五勺段別一斗五升五合定

右目録之状如件

　正和四年二月十五日　預所代沙弥覚乗

五　関東御教書（口絵1参照）

陸奥国好嶋庄預所職事、所被仰付也、但御公事連々之間、為休諸人愁、為此所役、毎年帖絹弐佰疋、無懈怠可被沙汰進政所之由候也、可被存其旨、仍執達如件、

宝治元年十二月廿六日　左近将監（北条時頼）（花押3）

相模守（北条重時）（花押4）

伊賀式部入道殿

六　伊賀光宗（光西）置文

当庄内今新田小谷佐子仏崎内荒野除之也、

陸奥国好嶋西庄預所職者、為令沙汰進御年貢、所給預也、而譲与子

息六郎左衛門尉光綱了、当庄内地頭預所兼行所在之、任駿河五郎左衛門尉之時例、可令庄務也、有限於御年貢者、無懈怠可沙汰進之状如件、

宝治二年六月　日　沙弥光西（伊賀光宗）（花押115）

七　好嶋庄政所差文案

八幡宮経所造立徼下事

合

六間内　五間　大野　一間　奈木

東面　板庇　蔀四間　遣戸一間　板壁一間

南ツマ　遣戸　一間　板壁　一間

北ツマ　遣戸　一間　板壁　一間

西　萱庇　皆土壁

六間中皆板敷、但、二間落板敷

建長五年大戊癸丑七月十日　宮領此取持者也、

東大行事衣谷政所十郎入道沙弥光西判

西大行事西庄政所内舎人季吉判

八　関東御教書

陸奥国好嶋庄御年貢絹事、本数弐佰疋内、於伍拾疋者御免事、至佰伍拾疋者、任請文之旨、不嫌旱水損、毎年無懈怠、可被沙汰進政所之状、依仰、執達如件、

建長元年九月廿五日　相模守（北条時頼）（花押3）

陸奥守（北条重時）（花押4）

伊賀式部入道殿

九　関東下知状

陸奥国好嶋庄預所式部次郎右衛門尉光泰与当庄壱分地頭小三郎泰隆相論荒野所当事、

右、訴陳之趣、子細雖多、所詮件所当事、如建保三年下文者、開発常々荒野、為地頭別名、三箇年以後免除雑公事、可弁済町別所当准布拾段之由載之、而地頭所開発之荒野参町也、宝治以後所当弁済之由、光泰令申之処、為地頭別名之間、預所不可相綺之由、泰隆雖申之、可弁所当之条分明也、仍可弁済之由、文永六年被裁許畢、爰光泰則諸国用准布之時、当国済奥布之間、以奥布可弁済之由、申之、泰隆亦諸国被止准布之後者、以代銭弁済之間、任通例、可弁銭貨之旨陳之者、当国所当以奥布令弁済之間、光泰申旨雖似有子細、可弁准布之由、載建保下文之間、以准布之代、可致沙汰之旨、泰隆陳詞非無其謂歟、然者云年々未進分、云向後之所済、以准布代銭可令弁償也、者依鎌倉殿仰、下知如件、

文永九年五月十七日

相模守平朝臣（北条時宗）（花押2）

左京権大夫平朝臣（北条政村）（花押5）

一〇　八幡宮鳥居造立配分状

好嶋庄　八幡宮鳥居事

任忠清例、当庄地頭々々寄合、鳥居可被造立配分事、

相副　差図

合

笠木　額木　西庄分

柱一本　番木一　大野分

柱一本　番木一　片寄　衣谷　田富

富田　寄合可被取出

枇貫木一枝　紙谷　比佐　末次

寄合可被取出、

右任御教書之旨、配分如此、可被始今年二月彼岸初日也、期日以前可被採出候、仍状如件、

文永六年十二月九日　岩城尼御前代官（花押）

社家　別当（花押）

——（ママ）（花押）

御庄東西地頭々々御中　（花押）

一一　関東下知状

奥州常々（カ）荒野［　］［　］御下文通信早可［　］［　］爰泰隆所領、好嶋浦田内、公田数拾町、荒癈之処、号不作、不済所当之間、年貢闕怠之基也、且当庄東方預所通信、已給打引御下知之間、准彼例、光泰所申、非無子細、然者於泰隆知行分公田荒癈跡者、相互為打引、可致其沙汰焉、

一　黒葛緒勘料絹事、

右建長年中実検之時、始引募給田之間、毎年勘料絹弐疋、可致沙汰之由、今契約之旨、光泰雖申之、於勘料者、引募給田之時、致其沙汰歟、重不遂実検者、何為毎年之役、可令弁済哉、然者今度入勘以前者、不及其沙汰、但為新給田、今引募之条、更忌公益畢（カ）、惣検之時、可勘落否、可為検注使之計矣、

以前条々、依鎌倉殿仰、下知如件、

文永六年十二月十二日

相模守平朝臣（北条時宗）（花押2）

左京権大夫朝臣（北条政村）（花押5）

一二　八幡宮鳥居作料等配分状

八幡宮鳥居番匠作料并厨かすか（鍵）へ配分事

合

作料銭壱貫弐佰文内

銭四百文西庄分

銭八百文東庄内

三百文　大野　加奈木定

百文　片寄

百文　衣谷

百文　富田

百文　田富

百文　比佐　加紙谷定
一かすかへ（鍵）折鉄四口内
　一口　西庄
　一口　（東庄）大野
　二口　東庄　五ケ村分　加紙谷定
一番匠厨十二日内
百判　白米五升本斗定　御菜三種
　酒二瓶　汁一
西庄分　四ケ日
東庄　八ケ日内
　三ケ日　大野
　一ケ日　片寄
　一ケ日　富田（衣谷）
　一ケ日　富田
　一ケ日　田富
　一ケ日　比佐　紙谷
右自来九日始天、可被致其沙汰之状、如件、
　文永十一年甲戌八月六日
　　　社家別当

一三　関東御教書

式部次郎右衛門尉光泰代光弘申、陸奥国好嶋西庄年貢運上人夫事、背先度被仰下之旨、令難渋云々、甚自由也、早可致其沙汰之状、依仰、執達如件、
　弘安元年十月十八日　相模守（北条時宗）（花押 2）
　好嶋小太郎殿

一四　関東下知状

（裏花押あり）
陸奥国岩城郡好嶋庄西方預所式部孫右衛門尉頼泰与地頭好嶋小太郎盛隆相論山事、
右、東方預所与地頭先年致相論之刻、於山者、建長六年預所蒙御下知畢、任彼例可被裁許之旨、頼泰就訴申、及訴陳畢、而件訴陳状等、依令紛失、帯陳状可参決旨、下三箇度召文之処、盛隆不参之間、遣雑色之刻、如奉行人時連代善勝執進、盛隆今年六月廿一日請文者、山沙汰事四月下旬之比、令進代官又太郎畢云云、者如請文者、進置代官之由、雖載之、不能参対之間、為矯餝歟、而盛隆違背度々召文之条、難遁其科、然則任頼泰申請旨、於件山者、准東方之例、可令致沙汰之状、依鎌倉殿仰、下知如件、
　正応三年九月十二日
　　　陸奥守平朝臣（北条宣時）（花押 6）
　　　相模守平朝臣（北条貞時）（花押 7）

一五　将軍家（久明親王）政所下文案

将軍家政所下
　可令早藤原光清（カ）領知、武蔵国種岡荒居上里村、陸奥国好嶋庄仏

崎荒野（除分載譲状）事、

右任亡父式部左衛門六郎光隆弘安十年正月廿日譲状、守先例、可致沙汰之状、所仰如件、

以下

　永仁元年十二月十七日　案主菅野

令前出羽守藤原朝臣　知家事

別当相模守平朝臣（北条貞時）在御判

　陸奥守平朝臣（北条業時）在御判

一六　八幡宮鳥居作料等配分状案

八幡宮御鳥居番匠作料厨雑事配分事、

　合

百五十文　白米五升　東目地頭分

百五十文　白米五升　好嶋地頭分

三百文　白米六升　新田分

百五十文　白米三升五合　今新田分

九十文　白米三升五合　小谷佐古分

三百六十文　白米四升五合　仏崎矢河子

百卅文　白米三升　小嶋

右、来十三日以前、可有御沙汰之状如件、

　永仁五年丁酉八月八日　覚乗

一七　関東下知状

可令早長田余一昌重法師（法名□（昌）遍）領知、出雲国長田西村内市成村、田漆町捌段参拾歩・畠肆町参佰伍拾歩・在家参宇（国包・武元、定頭）、菅田村内、田弐町壱段参佰参拾歩（此内杵築社、神田弐段）、市庭村内、田壱町・在家参宇（友吉・清九郎・次郎太郎入道）、芝尾村内、畠肆段陸拾歩事、

右、以亡父長田四郎兵衛尉昌元遺領、所被配分也者、早守先例、可令領掌之状、依仰、下知如件、

　永仁七年二月十一日

　　陸奥守平朝臣（北条宣時）（花押6）

　　相模守平朝臣（北条貞時）（花押7）

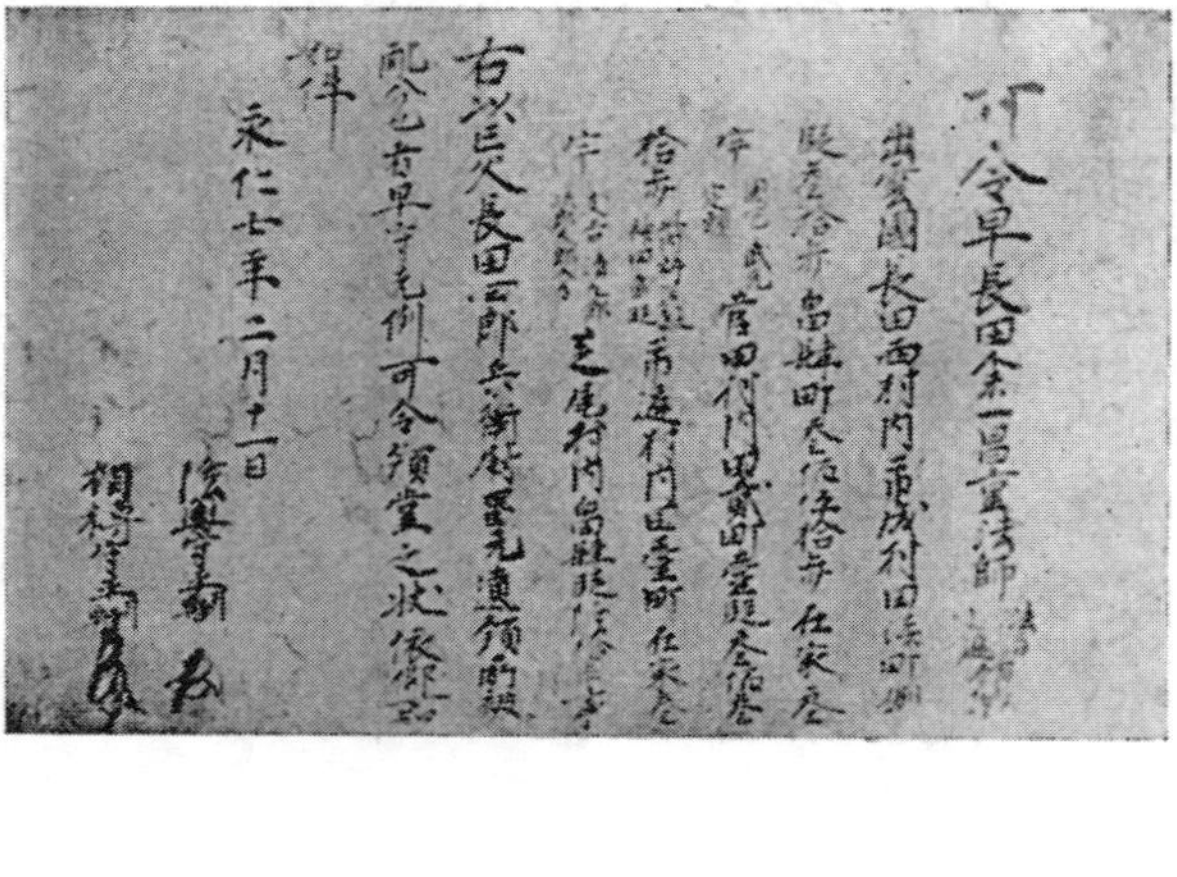

一八　岩城隆衡和与状

陸奥国岩城郡好嶋西庄内東目村地頭岩城小次郎隆衡与預所式部右衛門尉頼泰相論所務以下事、

右、預所背先例、致非法狼籍之間、雖及上訴、以和与之儀、止訴訟、両方預御下知之処、相互申子細、亦番訴陳度々雖遂問答、所詮

重令和与之上者、自今以後令停止以前条々沙汰畢、然則除預所名久枝田畠在家等、於東目村下地以下所務者、止預所綺、避与于地頭、然者為地頭沙汰、毎年十二月廿日以前、可運上佰陸拾貫文銭貨於飯野政所也、若地頭過約束日限、致未進対桿、預所亦相綺下地所務者、云地頭、云預所、就和与違犯之仁、可被行御下知違背之罪科之状、如件、

徳治二年丁未六月十三日　地頭隆衡（花押159）

（裏封）「為後證、奉行人所封裏也、

左衛門尉源（花押418）

左衛門尉小野（花押）」

一九　沙弥某召文

伊賀前司頼泰代素心申、陸奥国好嶋西庄山事、訴状如此、早可被参決之状、依仰、執達如件、

正和五年九月四日沙弥（花押419）

鼻関四郎殿

二〇　伊賀光貞下文

好嶋村御年貢、自今年、本寂房沙汰として、可取進之事候、仍如件、

文保元年三月一日

光貞（花押118）

二一　関東下知状

長田余一入道昌遍今者死去子息次郎貞—昌字有憚申出雲国長田郷一方地頭職事、

右、昌遍苅取同国染治郷内佃弐町余作毛、追補領家政所、致狼籍之由、雑掌教円正安之比、於六波羅訴申之時、依召文違背之咎、嘉元々年四月注進之間、同年十一月被収公所領畢、而昌遍依杵築大社頭役、給身暇下国之上、同年閏四月昌遍死去、難被処違背之由、貞—就申之、徳治元年二月重注進之間、同三月三日評定、有其沙汰糺明、本訴理非有注進之旨、所被仰六波羅也、爰如六波羅正和四年十二月二日注進状者、就去徳治二年三月五日御教書相触領家畢、万里小路中将幷堀河局状雑掌康成兼俊請文貞—（ママ）代昌有申状、具書謹進上云云、如康成請文者、教円父子伺国司ニ遷替之隙濫妨公領之上、謀作院宣之間、被下違勅院宣、被停廃畢、貞—（ママ）事、日来之次第、（継目裏花押）当雑掌不存之間、不能申是非云云、如当雑掌兼俊請文者、教円者前領家万里小路中将之時為違勅人、被下院宣於武家之処、逐電畢、教円日来之沙汰、当雑掌不存知之間、不及巨細云云、教円根本之訴（裏花押）訟者、苅田追補（捕）以下事也、不実之由、昌遍陳申之間、可被糺明実否之処、教円者擬被処違勅罪科之時、逐電云云、当雑掌又不申子細、且尋問当給人長田太郎庄衛門尉雅綱之処、如去年八月廿八日請

文者、雅綱為新給人之間、不及支申云云、然則於彼地頭職者被宛行
其替於当給人之後、可返給貞一（ママ）也者、依鎌倉殿仰、下知如件、

元応二年三月二日

相模守平朝臣（北条高時）（花押1）
前武蔵守平朝臣（北条貞顕）（花押8）

二二　関東下知状

僧源俊宗純等与伊賀前司頼泰今者死去子息次郎左衛門尉光貞代義直相論陸奥国好嶋庄八幡宮供僧職事、

右、源俊等、則当社者、右大将家御時崇敬異于他之間、被定置十二口供僧之条、千葉介常胤建久三年八月三日奉書分明也、頼泰以預所之号、任雅意、追出家内、捜取資財之由申之、義直亦、称建久状者謀書也、預所成任府之段□□御下知等炳焉之旨称之、爰就常胤状、憎行勝与一方預所大須賀四郎左衛門尉宗常番訴陳之上者、須依其落居之由、両方申之間、閣今論之処、供僧職可為預所進止之旨、去十月廿九日被裁許訖、此上不及予議、仍源俊等濫訴、旁非沙汰限之状、依鎌倉殿仰下知如件、

元亨元年十二月七日

相模守平朝臣（北条高時）（花押1）
前武蔵守平朝臣（北条貞顕）（花押8）

二三　伊賀頼泰譲状案

譲渡所領事

一備前国長田庄之内、下賀茂村、付上下小山やすいたう つゝら坂者、
一信濃国麻続御庫八ヶ条之内、矢倉村者、
一武蔵国ひき乃郡之内うるうとの村、付あらいにしひかし みくらまこや（カ）者、
一常陸伊佐郡之内、石原田郷者、
一陸奥国岩城郡之内、好嶋西庄之内、預所職、同領家分、飯野郷之内付、河中子北目 新田矢河子者、
一筑紫なか乃内の郡司職、付いまとみきぬとみ さんミやう者、

右彼所々者、頼泰重代相伝之所也、知行于今無相違、然二郎左衛門光貞仁永譲渡所也、但兄弟面々仁任一筆同日譲状置文之旨、可令知行者也、仍譲状如件、

永仁弐年十一月十一日　頼泰在判

（裏書）
「任此状、可令領掌之由、依仰下知如件、

元亨二年十月廿九日

相模守在御判
修理権大夫在御判」

二四　関東下知状

陸奥国岩城郡好嶋庄西方預所伊賀前司頼泰今者死去子息二郎左衛門尉光貞代官義直与地頭好嶋又太郎隆清今者死去子息彦太郎行泰相論好嶋山事、

右山者泰行祖父盛隆致違乱之時、彼山准東方之例可沙汰之由、正応三年九月十二日頼泰所預裁許也、而子息隆清之時、又以濫妨之間、

就訴申隆清捧陳状死去、而頼泰依返進彼陳状、為有其沙汰、度々被召泰行之刻、行連宿所元亨元年炎上之時、具書紛失之間、去年十二月廿一日、雖遣奉書、不参之間、仰岩崎弾正左衛門尉隆衡加催促之処、如執進泰行去七月七日請文者、企参上可明申云云、而于今不参、難渋之咎難遁、然則任正応御下知状、可致沙汰者、依鎌倉殿仰下知如件、

元亨四年十二月七日

相模守（北条高時）平朝臣（花押1）

修理権大夫（北条貞顕）平朝臣（花押8）

二五　関東下知状

陸奥国岩城郡好嶋庄西方預所伊賀前司頼泰（今者死去）子息次郎左衛門尉光貞代義直申好嶋山事、

右山者、好嶋小太郎盛隆違乱之時、任東方例、可致沙汰之由、正応三年九月十二日、頼泰所預裁許也、而一分地頭鼻関四郎基隆濫妨之旨、義直就訴申、数ケ度雖遣召文不叙用之間、仰岩崎弾正左衛門尉隆衡、今年四月廿二日、加催促畢、如執進基隆七月廿一日請文者、企参上可明申云云、而于今不参、難渋之咎難遁、然則任正応御下知状、可致沙汰者、依鎌倉殿仰下知如件、

正中元年十二月廿三日

相模守（北条高時）平朝臣（花押1）

修理権大夫（北条貞顕）平朝臣（花押8）

二六　法印某請取状

請取　好嶋西方用途事、

合弐拾陸貫伍百五十文者、

右、所請取如件、

嘉暦元年十二月廿八日

法印（花押420）

二七　伊賀光貞譲状

（安堵外題）
「任此状、可令領掌之由、依仰下知如件、

嘉暦三年十月十日　相模守（北条守時）（花押）」

ゆつりわたす所りやうの事、三郎もりみつ

ひたちの国いしわらたのかうのちとうしき、みちの国よしまのしやうのうちい井のゝ村、ならひによしまの村のあつか（リ脱カ）所しき、

右、件の所りやうハちうたいさうてんのところなり、三郎もりみつにゆつりわたすところなり（マヽ）、まんたくきやうたいの中にいらんあるへからす、仍ゆつり状如件、

嘉暦二年七月十六日　左衛門尉光貞（花押119）

二八　佐竹入道代小林入道請取状

八幡宮領陸奥国好嶋西方請新用途弐拾陸貫伍百文、嘉暦弐年分所納如件、

嘉暦弐年十二月廿三日

法印（花押）

（押紙）「佐竹入道代小林入道」

二九　散位某・縫殿允某連署奉書

陸奥国好嶋庄預所伊賀三郎盛光申年貢事、重訴状如此、岩城小次郎不応両度召符候間、可催上候由、先度被仰下候処、無音所存何様次第哉、不日可被申左右之状、依仰執達如件、

嘉暦三年七月廿一日　縫殿允（花押422）

散　位（花押393）

小山出羽前司入道殿

三〇　沙弥某奉書

陸奥国好嶋庄八幡宮造営事、領（預）所伊賀三郎盛光重申状三通如此、岩城小次郎・田富三郎・富田三郎、背召符間、可加催促之旨、度々雖仰下、不叙用云々、招其咎歟、所詮不日可被申左右状、依仰執達如件、

嘉暦三年八月八日沙弥（花押421）

小山出羽入道殿

三一　佐竹入道代小林入道請取状

八幡宮領、陸奥国好嶋西方請斲用途弐拾陸貫伍百文、嘉暦参年分所納如件、

嘉暦参年九月廿日

法印（花押）

三二　散位某・縫殿允某連署奉書

陸奥国好嶋庄預所伊賀三郎盛光申年貢事、重訴状如此、岩城小次郎不応召符云々、不日可参上之由相触之、可執進請文、若不事行者以起請之詞可注申之旨、先日仰下候処、不事行云々、所存何様次第哉、不日可被申左右之状、依仰執達如件、

嘉暦四年三月廿三日縫殿允（花押422）

散　位（花押393）

（結城宗広）白河上野入道殿

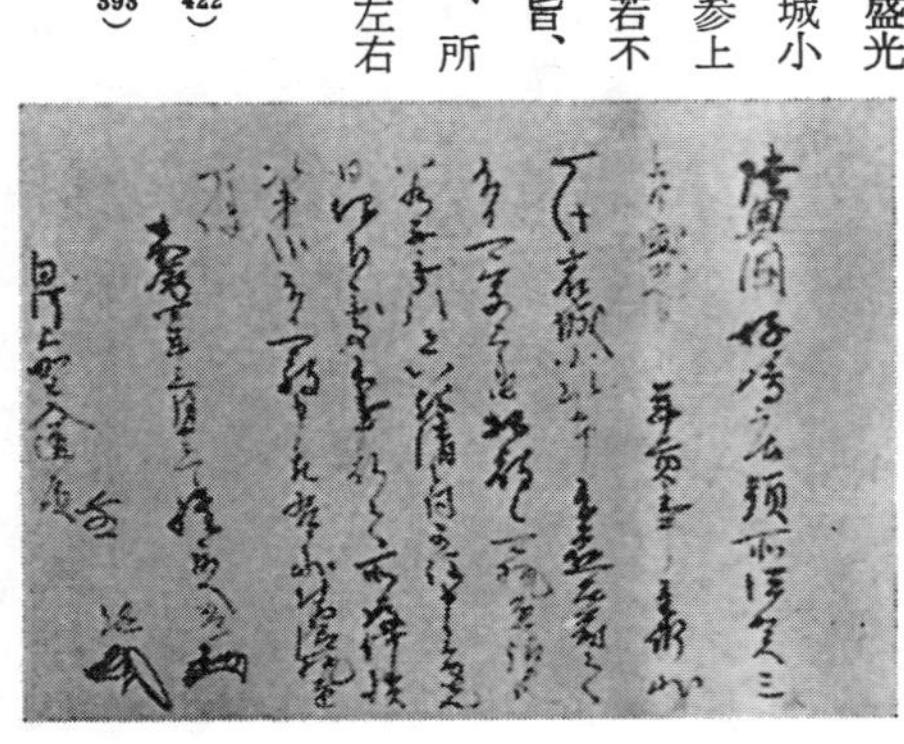

三三　藤原氏女代盛時訴状

備前国則安名惣領地頭藤原氏女代盛時謹言上、

欲早任御事書旨、被経厳蜜（密）御沙汰、預所御注進同国津高郷上村地頭代大森彦三郎・同六郎入道等引率数多悪党人等、打入則安名内東菅野、致苅田狼藉剰押寄百姓等住宅捜取資財物、難遁罪科間事、

副進

一通　狼藉人（悪党）交名注文

一通　盛光けいしやう状案文

右、於彼則安名者、自伊賀三郎盛光之手、藤原氏女令相伝、当知行

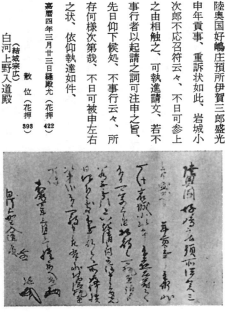

于今無相違之処、大森彦三郎・同六郎入道引率名誉悪党人等、今月廿五日打入則安名内東菅野三大夫之作、苅取地頭正作参段余作稲、結句押寄百姓進止弥四郎等之住宅、捜取若干財産之上者、被経急速御沙汰、且賜御注進、且任御事書之旨、被追出悪党人等、為全知行、粗言上如件、

元徳弐年七月　日

三四　某催促状（折紙）

則安名内禅輪寺村地頭尼阿一代覚志申(カ)、伊賀三郎家人贄田三郎兵衛入道・同舎弟十郎以下輩致強盗間事、番二問答之訴陳畢、此段為訴人無所存云々、書状如此、早為被申子細、訴状可被進覧候、仍状如件、

元徳二　　八月四日　（花押）

伊賀三郎殿代

三五　中務大輔施行状

陸奥国好嶋庄預所伊賀左衛門三郎盛光申好嶋山事、重訴状如此、地頭好嶋彦太郎泰行背下知、不打渡云々、早白河上野入道(結城宗広)相共、莅彼所守下知状、仍仰付于盛光、可執進請取状、若不叙用者、載起請詞、可注申之旨、先度被仰下之処、不事行云々、招罪科歟、不日可被申左右之状、依仰執達如件、

正慶元年八月十八日　　中務大輔（花押425）

小山出羽入道殿

三六　六波羅沙汰目安

（端裏書）「六波羅御沙汰目安御敵人之名字奉申」

則安名条々沙汰目安

一王藤内蔵人房訴事　一番御手奉行　御教書一ケ度　松田掃部丸

一藤原氏女訴事　四番奉行飯尾左衛門尉

同人訴　五番後家妙善ヲ訴、奉行斎藤伊与房　御教書一ケ度

一堺四郎二郎入道訴事　盛光兄弟ヲ訴、太田孫三九郎訴　三番奉行和田四郎

一新入道上行訴事　一番奉行不存知候、可有御尋候、

一王藤内彦三郎康通訴事　一番奉行人同人令承候、

三七　官宣旨案

左弁官下

応除高時法師党類以下、朝敵外、諸国輩、当知行地不可有依違事

右大納言藤原朝臣宣房宣、奉　勅、兵革之後士卒民庶未安堵、仍降　絲綸被救牢籠、而万機事繁施行有煩、加之諸国之輩不論遠近、悉以京上、徒妨農業之条、還背撫民之儀、自今以後所被閣此法也、(裏花押北畠顕家)然而除高時法師党類以下、朝敵与同輩之外、当時知行之地不可有依違之由、宜仰五畿七道諸国、勿敢違失、但於臨時　勅断者、非此限者、国宜承知、依宣行之、

元弘三年七月廿六日　大史少槻宿弥

小弁藤原朝臣

三八　伊賀盛光代盛清申状

陸奥国好嶋西庄預所伊賀三郎盛光代盛清謹言上、
欲早下賜安堵国宣備後代亀鏡当庄預所職事、

副進
一通宝治元年御下文　　一通建長元年御下知
一通文永六年荒野打引御下知　　一通同八年検注御下知
一通正応三年好嶋山御下知　　一通元亨四年同山御下知
一通嘉暦三年外題安堵光貞譲状

右、所帯者、依為光貞重代相伝、相副代々証文等、譲与于盛光間、当知行于今無相違、然早下賜安堵国宣為備後代之亀鏡、言上如件、

元弘三年十一月十六日

三九　八幡宮造営注文

一別当庁屋伍間　絹谷村佐竹上総入道 同彦四郎入道両人役所也、
　　馬目村孫四郎入道役所也、
一同庁屋参間　好嶋村地頭彦太郎泰行
　　東目村地頭岩城弥次郎隆兼
　西方預所伊賀三郎為神主職令支配之、
　庶子等地頭方寄合造之、
一西庁屋五間　富田村地頭三郎次郎隆経与并預所寄合造進之、
一神子屋伍間内　三間田富村地頭小三郎入道役所也、
　　一間八立村地頭岩城次郎入道願真役也、
　　一間末次村預所領役也、
一禰宜屋三間　東方弥宜等 西方弥宜等寄合自作
一神人屋三間　同前

右、御造営注文次第、粗如斯、

建武元年　九月七日

四〇　伊賀光俊軍忠状

合戦目安

陸奥国岩城郡好嶋庄西方御家人伊賀式部次郎光俊差進代官小河又次郎時長、相伴惣領伊賀三郎盛光、去八月六日罷立府中、同廿一日馳著彼持寄城、種々致合戦上、同九月廿三(日脱カ)竭忠節於翌日廿四日合戦者、捨身命致忠節訖、然後至十一月十九日御合戦之落居、致勤厚抽軍忠之上者、争可不被賞翫乎、然早賜御判、為備後証、仍目安言上如件、

建武元年十二月　日

(証判)
「承了（花押423）」

四一　伊賀光俊軍忠状

合戦目安

陸奥国岩城郡好嶋西庄御家人伊賀式部次郎光俊差進代官小河又次郎時長、相伴惣領伊賀三郎盛光、去八月六日罷立府中、同廿一日馳著彼持寄城、種々致合戦上、同九月廿三日竭忠節、於翌日廿四日合戦者、捨身命致忠節訖、然後至于十一月十九日御合戦之落居、詰勤厚

抽軍忠之上者、争可不被賞翫乎、然早賜御判、為備後證、仍目安之
状如件、

建武元年十二月　日

（証判）「承了（花押）」

四二　北畠顕家下文案

（異筆）「正校畢
（顕家花押カ）在判　」

下　岩城郡

可令早式部伊賀三郎盛光領知当郡矢河子村内伊賀守頼泰女子跡事、

右、為勲功賞、可令知行之状、所仰如件（裏花押）

建武二年五月十三日

四三　左近将監清高奉書

伊賀三郎盛光申陸奥国好嶋庄八幡宮造営事、訴状如此、子細見状、
当社回禄云々、所申無相違者、任先例、可修造畢、若有子細者、可
弁申之状、依仰執達如件、

建武二年六月廿九日　左近将監（清高）（花押394）

好嶋庄東西地頭預所中

四四　弾正忠施行状

好嶋庄西方御年貢帖絹代内五□（拾）文事、御教書如此候、急速可被申左
右候、若令違期候者、以起□（請カ）詞可注申候也、仍執達如件、

建武二年七月六日　弾正忠（花押）

伊賀三郎殿

四五　武石胤顕軍勢催促状

小平輩与同散在凶徒、楯籠安達郡木幡山之間、相伴東海道勢、可対
治之由、国宣如此候、仍明日廿九日可罷向候、相催一族、急速可
被向候、仍執進如件、

建武二年八月廿八日　上総権介（武石胤顕）（花押395）

伊賀式部三郎殿

四六　伊賀盛光等四人着到状

著到

陸奥国御家人

式部伊賀左衛門三郎盛光
同伊賀左衛門次郎貞長
同伊賀四郎光重代木田九郎時氏
同式部次郎光俊代小河又次郎時長

右、去十一月二日御教書、同十二月二日御催促、并廿日令到来之
間、相催一族等、同廿四日所馳参也、仍著到如件、

建武二年十二月廿四日　沙弥（行円）（花押343）

四七　沙弥行円軍勢催促状

自奥州親王宮（義良親王）并国司（北畠顕家）為追伐、関東御発向之由、其聞候之間、奉懐取
親王宮為被追伐国司已下凶徒等、相催当国軍勢候之処、御参御方之

条、真実〳〵目出相存候、来月五日為追伐国司、可罷立国候、御同道候者、尤本望候也、執達如件、

建武二年十二月廿八日　沙弥行円（花押343）

式部伊賀左衛門三郎（盛光）殿

四八　佐竹貞義奉書

式部伊賀左衛門三郎盛光馳参御方上者、対于彼所領常陸国石原田郷、於致狼藉之輩者、可被処罪科之状、依仰執達如件、

建武三年正月十日　（佐竹貞義）左衛門尉（花押405）

四九　伊賀盛光着到状

著到

陸奥国御家人

式部伊賀三郎盛光

右、常陸国武生城建武三年七月廿二日所馳参也、仍著到如件、

建武三年七月　日

（証判）「承　了　（佐竹義篤）（花押77）」

五〇　伊賀盛光軍忠状

目安

伊賀式部三郎盛光軍忠事、

右、八月廿二日建武三常陸国寄荒連城処ニ、御敵小田宮内少輔（治久）、并広橋修理亮（経泰）以下凶徒、同国馳向花芳山大方河原之間、致合戦忠節候畢、此条搦手大将佐竹奥次郎義高被見知者也、仍被加一見、為備後證、目安言上如件、

建武参年八月　日

（証判）「一見了　（佐竹義篤）（花押77）」

五一　伊賀盛光軍忠状

目安

伊賀式部三郎盛光軍忠事

右、為佐竹刑部大輔義篤大将、建武三十二月二日、打立常陸国武生城、寄荒連城之処、御敵小田宮内少輔、并広橋修理亮以下凶徒等、久慈東郡馳向岩出河原之間、属一方大将佐竹小三郎義景手致合戦忠節之処、若党麻続兵衛太郎盛清、贄田彦太郎盛重御敵二頸令分取畢、同十一日至被（彼カ）荒連落城、致忠節了、仍且預御注進、且為備後證、目安如件、

建武三年十二月　日

（証判）「一見　了　（佐竹義篤）（花押77）」

（裏書）「佐竹奥次郎義高建武三年□」

五二　伊賀盛光代麻続盛清軍忠状

伊賀式部三郎盛光代麻続兵衛太郎盛清於両所合戦、抽軍忠子細事、

右、当年正月十五日、属石川松河四郎太郎手、押寄小山駿河権守館、菊田庄滝尻城搦手、不惜一命、致種々合戦、即日馳向湯本館之処、於西郷長間子、馳合湯本少輔房生捕之、則馳寄南木戸懸先切入

城内之処、凶徒等散落訖、此等次第大須賀次郎兵衛入道若党野辺九郎右衛門尉・同駿河守若当(マヽ)新妻次郎左衛門尉・佐竹彦四郎入道代頴谷大輔房等見知之畢、不可相貽御不審、仍為向後亀鏡之状如件、

建武四年正月十六日

(証判)「承了(花押426)」

五三　伊賀盛光代麻続盛清軍忠状

伊賀式部三郎盛光代麻続兵衛太郎盛清致軍忠子細事、

□(右カ)当年正月十五日、為石河草里四郎次郎日大将、押寄小山駿河権守館菊田庄滝尻、於大手、致散々合戦、頸一取之条、日大将御見知訖之状如件、

建武四年正月十六日

(証判)「承候了(花押406)」

五四　伊賀盛光代麻続盛清軍忠状

伊賀式部三郎盛光代麻続兵衛太郎盛清致軍忠子細事、

右、今年正月十五日、於三箱湯本城、属搦手大将石河大嶋源太手、押寄彼城、不惜愚命、致軍忠之条、大将御見知訖、仍状如件、

建武四年正月十六日

(証判)「一見候了(花押406)」

五五　伊賀盛光代難波本舜房軍忠状

伊賀式部三郎盛光代南葉本舜房軍忠事、

右、為宇都宮後責、為石河孫太郎入道大将依被馳参下野国茂木郡高藤宮前(カ)、二月廿一日取陣之処、寄来国司方軍勢等数百騎之間、本舜自大手馳出、致散々合戦、抽忠節之条、日大将沢井小太郎令見知訖、仍之状如件、

建武四年二月廿二日

(証判)「一見候畢(花押406)」

五六　伊賀盛光代難波本舜房着到状

著到　陸奥国

伊賀式部三郎盛光代

難波本舜房

右、為奥州対治、御発向之間、馳参下野国部王宿所、令供奉候、着到如件、

建武四年二月廿七日

(証判)「承了(花押432)」

五七　伊賀盛光軍忠状

目安

伊賀式部三郎盛光軍忠事

右、為誅伐当国凶徒小田宮内権少輔治久以下輩、大将佐竹刑部大輔義篤発向之間、属一方大将佐竹三郎入道慈源手、馳向小田城、今年(建武四)二月廿四日、同廿九日度々合戦致軍忠、同三月十日治久出向国

符原之間、盛光懸入多勢之中、致散々合戦訖、随而若党贄田彦太郎分取仕畢、麻続兵衛太郎御敵二人切奇(棄カ)之畢、此条小栗十郎右衛門尉見知之上者、且預御注進、且為備向後亀鏡、目安言上如件、

建武四年三月　日

(証判)「承了　(花押427)」

五八　伊賀盛光軍忠状

目安

伊賀式部三郎盛光軍忠事

右、為誅伐常陸国小田宮内権少輔治久以下凶徒等、大将佐竹刑部大輔義篤発向之間、属一方大将佐竹三郎入道自源手、馳向小田城、今年(建武四)二月廿四日、同廿六日、同廿九日度々致合戦軍忠、同三月十日治久出向国符原之間、盛光懸入多勢之中、致散々合戦訖、随而若党贄田彦太郎分取了、麻続兵衛太郎御敵二人切捨訖、此条小栗十郎右衛門尉見知上者、且預御注進、且賜御判、為備後證、目安言上如件、

建武四年三月　日

(証判)「一見了　(佐竹義篤)(花押77)」

五九　伊賀盛光着到状

著到　陸奥国

伊賀式部三郎盛光

右、為奥州対治、御発向之間、馳参常州国汲上宿所、令供奉之、著到如件、

建武四年三月十七日

(証判)「承了　(花押428)」

六〇　伊賀盛光代難波本舜坊軍忠状

伊賀式部三郎盛光代難波本舜坊軍忠事

右、於下野国宇都宮、国司勢今年(建武四)三月五日寄来小山城之処ニ、盛光代本舜馳向下条下河原、属于大将軍左馬助殿御手、致合戦軍忠畢、以此条加治五郎次郎・同十郎五郎見知訖畢(衍)、依被加御一見、為備後證、目安如件、

建武四年四月　日

(証判)「承了(花押414)」

六一　伊賀盛光軍忠状

目安

伊賀式部三郎盛光軍忠事

右、寄霊山搦手之処、(建武四)五月十八日御敵馳向奥州椎葉郡中前寺間、致合戦忠節畢、仍被加一見、為備後證、目安如件、

建武四年五月　日

(証判)「一見了　(中賀野義長)(花押63)」

六二　伊賀盛光軍忠状

目安

伊賀式部三郎盛光軍忠事
右、寄霊山搦手之処、(建武四)五月廿一日御敵馳向奥州行方郡安子橋間、
盛光若党森田源次太郎国泰懸先、抽合戦之条、加治十郎五郎令見知
畢、仍被加一見、為備後證、目安如件、
建武四年五月　日
(証判)「一見了　(中賀野義長)(花押63)」

六三　伊賀盛光軍忠状

目安
伊賀式部三郎盛光度々軍忠事
一建武二年十一月二日依左馬守殿御教書、幷佐竹上総入道々源催
促、同十二月廿四日馳参佐竹楯畢、
一同三年七月廿二日馳参常陸国武生城之畢、
一同年八月廿二日同国久慈西郡寄苽連城之処、馳向御敵小田宮内少
輔、幷広橋修理亮以下凶徒等之間、同東郡華房山合戦抽軍忠畢、
一同年十二月十日同国久慈西郡寄苽連城之処、馳向同凶徒等之間、(裏花押佐竹義篤77)
同東郡岩出河原合戦致軍忠、分取頸二、同十一日打落苽連城畢、
一同四年二月馳向小田城、同廿四日・廿六日・廿九日、三ヶ度合
戦、致軍忠畢、
一同三月十日国府原合戦致軍忠、御敵三人、(一人分取 二人切捨)
右、於常陸国所々合戦、致軍忠之間、盛光建武四年正月十日預御感
御教書之畢、然者早預御注進、為備後證、目安如件、
建武四年五月　日
(裏書)「　建武四五廿
伊賀式部三郎所進目安　」

六四　佐竹義篤披露状

伊賀式部三郎盛光事、於常陸国久慈東郡花房山以下所々合戦、抽軍
忠訖、仍盛光目安状壱通進覧之候、若此条詐申候者、
八幡大菩薩御罰於可罷蒙候、以此旨可有御披露候、恐惶謹言、
建武四年五月廿日　刑部大輔義篤(裏花押77)
(押紙)「佐竹刑部大輔」
進上　御奉行所

六五　伊賀盛光申状

伊賀式部三郎盛光謹言上
欲早且任外題安堵譲状旨、且依御方合戦軍忠、成賜安堵御下文、
備末代亀鏡、弥抽武勇忠節、当知行所領常陸国伊佐郡内石原田郷
地頭職、陸奥国好嶋庄内飯野村幷好嶋村預所職事、
副進
一通　系図
三通　関東外題譲状案
一通　奥州前国司安堵国司(宣)案
一巻　常陸下野奥州三ヶ国之間、度々合戦支證状等案、
右、於所領者、盛光為重代相伝之地、当知行于今所無相違也、而亡

父左衛門尉光貞、去嘉暦二年七月十六日譲与于盛光之間、仍令伝領之、同三年十月十日申賜関東外題安堵者也、爰於軍忠者、自寂前、馳参御方、致数ヶ所合戦之条、御感御教書・著到・大将軍一見状等、明鏡之間、謹備于状右、然早且任重代相伝安堵譲状等旨、且依御方合戦異于他忠、当知行無相違之上者、成賜安堵御下文、備末代亀鏡、弥為抽武勇奉公、恐々謹言上如件、

建武四年六月　日

（継目裏花押）

六六　弾正忠某・源某連署奉書

伊賀式部三郎盛光・同左衛門次郎貞長等申岩城郡好嶋西方本知行分事、任相伝文書、可被沙汰付、若有子細者、可被注申之由、依仰執達如件、

建武四年七月廿八日

源（花押407）

弾正忠（花押396）

中賀野八郎（義長）殿

六七　中賀野義長打渡状

陸奥国好嶋庄西方、任去七月廿八日御教書旨、打渡伊賀三郎盛光之状、如件、

建武四季八月三日

（中賀野）源義長（花押63）

伊賀式部三郎殿

六八　斯波家長奉書

属（中賀野）中金八郎義長手、致軍忠由、被聞食了、尤以神妙也、至恩賞者、急可令申沙汰、尚可被致忠節之状、依仰執達如件、

建武四年九月一日陸奥守（花押59）

伊賀式部（盛光）三郎殿

六九　伊賀盛光代贄田盛行軍忠状

伊賀式部三郎盛光代贄田六郎盛行軍忠事、

右、今月（建武四）四日押寄行方郡小池城、同六日打落之以降、標葉郡小丸、幷滝角城、同楢葉郡朝賀城、其外御敵城墎等不残一所至于御対治、大将供奉仕之上者、賜御判、為備後證、目安如件、

建武四年十月十五日

（証判）「一見候了（中賀野義長）（花押63）」

七〇　足利直義感状（切紙）

奥州所々合戦事、致軍忠云々、殊神妙也、仍状如件、

建武四年十二月一日（足利直義）（花押18）

伊賀式部（盛光）三郎殿

七一　相馬親胤打渡状

打渡

陸奥国岩城郡好嶋西庄内仁本知行分村々事、

右、為寂前御方、異他軍忠之上、建武四任御教書文、打渡之畢、仍渡状如件、

建武五年六月十一日　出羽権守（相馬親胤）（花押107）

伊賀式部三郎殿（盛光）

七二　伊賀盛光軍忠状

伊賀三郎盛光申軍忠間事、

右、為被対治霊山搦手宇多庄黒木城、六月廿四日依有発向、盛光同廿五日馳参当陣之処、御敵出張之間、馳向追返凶徒等畢、此段相馬四郎令見知畢、同廿七日押寄御敵楯横川城際、彼楯近辺焼払畢、此段相馬九郎左衛門尉令見知畢、次七月三日夜半凶徒等引率数多軍勢、当御城（宇多庄熊野堂）寄来之処、盛光下向搦手一木戸口、追返御敵畢、此条相馬次郎蔵人令見知畢、軍忠之次第有御尋、不可有其隠者也、然早賜御一見、為備後日亀鏡、言上如件、

建武五年七月　日

（証判）「承了（相馬親胤）（花押107）」

七三　相馬親胤打渡状

打渡

陸奥国岩城郡好嶋庄西方伊賀式□（部）三郎盛光知行分、并山等事、任御教書旨、盛光に打渡之畢、仍渡状如件、

建武五年七月八日　出羽権守親胤（花押107）

七四　伊賀盛光代川中子与三五郎着到状

著到

伊賀式部三郎代

川中子与三五郎

暦応元年十一月廿一日

（証判）「（花押429）」

七五　法眼行慶打渡状

打渡

陸奥国岩城郡好嶋山事、任御教書之旨、令伊賀三郎左衛門尉盛光沙汰付候畢、仍渡状如件、

暦応二年三月十三日

法眼行慶（花押344）

七六　伊賀盛光代細野政義着到状

著到

常陸国

式部伊賀三郎盛光代

細野与三兵衛政義（裏花押430）

右、今月一日下総国駒城御陣馳参、於大旗一揆攻口之役所、日夜令勤仕候畢、仍著到如件、（裏花押424）

暦応三年二月廿八日

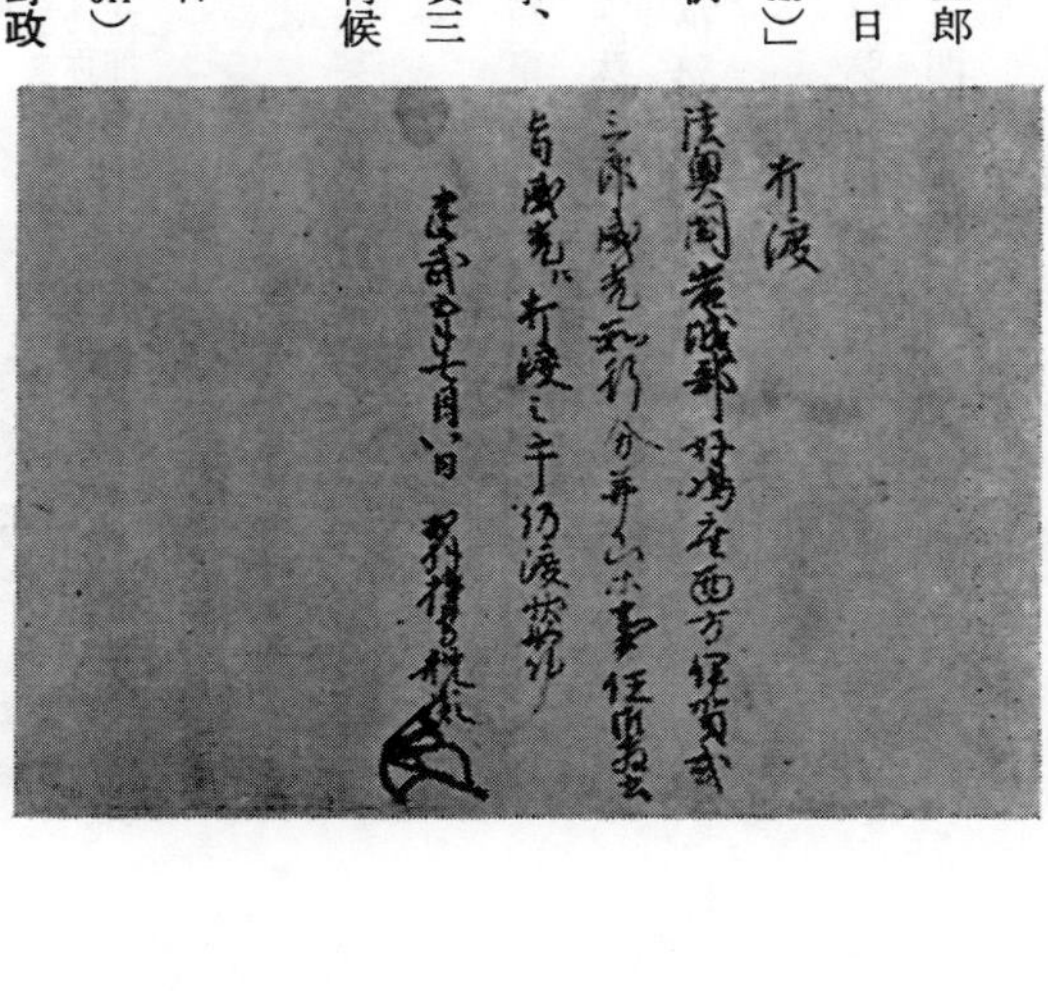

(証判)(高師冬)「(花押20)」

七七 好嶋庄雑掌光智申状

石清水八幡宮領陸奥国好嶋庄雑掌光智謹言上、
欲早被与奪五番御引付当宮奉行雑賀民部大夫、被成下御教書、当庄西方預所式部伊賀左衛門三郎盛光、(裏花押431)任先例被究済当庄年貢毎年参拾貫文事、

副進
一通 院宣案、社務伝任事

右、当庄者、為往古神領社務分附之地也、盛光令相伝之、令進済之条、毎年所課也、爰社務伝任之上者、対于当雑掌可令究済之由為被成御教書、謹言上如件、

暦応四年十一月 日

七八 大和権守某奉書

石清水八幡宮領陸奥国好嶋庄雑掌光智申当庄西方預所方年貢事、訴状具書如此、所申無相違者、不日究済之、有子細者、召進代官可被明申之状、依仰執達如件、

暦応五年正月廿九日大和権守(花押397)

伊賀左衛門三郎殿

七九 石塔義房軍勢催促状

凶徒対治事、既以所始合戦也、先度催促之処、于今遅参甚無謂、所詮不日馳下三迫、可被致軍忠、若猶不承引者、召改所帯可注進京都之状如件、

暦応五年三月廿二日沙弥(石塔義房)(花押45)

飯野地頭殿

八〇 石塔義房下知状

陸奥国好嶋庄西方飯野郷内今新田村事、如元可被知行之状、依仰下知如件、

暦応五年六月十七日沙弥(石塔義房)(花押45)

伊賀三郎(盛光)殿

八一 左衛門尉某・沙弥某連署施行状

岩城郡飯野郷内今新田村事、早莅彼所、任御下文可被沙汰付伊賀三郎盛光之由候也、仍執達如件、

暦応五年六月十九日沙弥(花押407)
左衛門尉(花押)

加治十郎五郎殿

八二　左衛尉家頼打渡状

岩城郡飯野郷今新田村事、任去六月十九日御教書之旨、今月二日遂入部、沙汰付伊賀三郎盛光了、仍渡状如件、

暦応五年七月三日　左衛門尉家頼（花押345）

八三　捜取色々物注進状

元徳二年六月八日押寄百姓宗大夫幷下人藤三郎男住宅、捜取色々物注文、

一帷八（白四　紺二　地白二）　一小袖三（白一　浅黄二）
一米俵六　一麦俵十
一銭参貫文　一直垂二具
一腰刀二　一太刀二振
一弓三張　一征矢二腰

右、此外細々雑具等、雖多之不及注文、仍注進状如件

壬六月　日

八四　相馬親胤寄進状

奉八幡宮寄進岩城郡小泉村内式部次郎跡事、

右、於彼所者、為被致将軍家御祈禱精誠奉入寄進処也、仍寄進状如件、

康永二年八月十日出羽権守親胤（花押107）

八五　左衛門尉某奉書

奥州岩城郡好嶋庄内西方領家職兵粮米事、

右、彼所者、為石清水幷当社神領之間、被免之由候也、仍執達如件、

康永二年十一月十八日　左衛門尉（花押408）

社家別当伊賀三郎左衛門尉殿

八六　石塔義元軍勢催促状

為対治宇津峯凶徒、所令発向也、相催親類一族等、来十七日以前可被馳来、日限違期者、可有其沙汰之状如件、

康永三年四月十二日左馬助（石塔義元）（花押44）

伊賀式部三郎左衛門尉殿

八七　石塔義房寄進状

奉寄進

陸奥国岩城郡飯野　八幡宮、同郡中平窪村三田彦四郎入道跡事、

右旨趣者、為対治凶徒天下大（太）平家門繁昌故也、仍寄進之状如件、

康永三年四月十九日　沙弥（石塔義房）（花押45）

八八　相馬親胤打渡状

打渡

陸奥国岩城郡中平窪三田彦四郎入道跡事、

右、彼所者、同郡飯野八幡宮ニ任御寄進状旨、伊賀三郎左衛門尉盛

光代官打渡之畢、仍渡状如件、

康永三年四月廿六日　出羽権守親胤（花押107）

八九　相馬親胤打渡状

打渡

陸奥国標葉庄内於落合村者、岩城郡為飯野八幡宮神領、任御教書旨、伊賀三郎左衛門尉盛光打渡之畢、仍渡状如件、

康永三年五月十三日　出羽権守親胤（花押107）

九〇　相馬親胤打渡状

打渡

陸奥国岩城郡中平窪三田彦四郎入道跡事、

右、彼所者飯野八幡宮任御寄進状之旨、伊賀三郎左衛門尉盛光代官打渡之畢、仍渡状如件、

康永四年六月廿七日　出羽権守親胤（花押107）

九一　吉良貞家軍勢催促状

所々城墎対治事、為談合、不日可被参府、若令違期者、可有其咎之状如件、

貞和二年二月九日　修理権大夫（吉良貞家）（花押52）

伊賀三郎左衛門尉殿

九二　左衛門尉経満避状

岩城郡好嶋庄内新八幡宮神領今新田御事、霊山宇津峯御対治間、あつかり所として令知行いへとも、重所にあらさるよしの注進に任て、御沙汰ある所也、しかる間、経満向後におきて、いらぬ（違乱）おと（停）ゝめさりわたす（避渡）所也、仍さり状如件、

貞和弐年六月廿九日左衛門尉経満（花押409）

伊賀三郎さへもん尉殿

九三　沙弥某・左衛門尉某連署奉書

伊賀三郎左衛門尉盛光代盛清申陸奥国好嶋庄西方好嶋山事、訴状具書如此、子細見于状、不日企参上、可被明申之由候也、仍執達如件、

貞和二年七月廿二日　左衛門尉（花押390）

沙　弥（花押433）

好嶋新兵衛尉殿

九四　沙弥某・左衛門尉某連署奉書

陸奥国岩城郡好嶋庄八幡宮別当伊賀三郎左衛門尉盛光代盛清申当社放生会流鏑馬已下社役等事、好嶋・白土・絹谷・大森・岩城・田富・比佐・富田等村々地頭・預所中難渋族在之云々、為事実者、太無謂、所詮相馬出羽権守相共、任先例、厳蜜（ママ）可致其沙汰之旨、面々相触之、載起請之詞、可被注申、使節更不可緩怠（有脱カ）儀之由候也、仍執達如件、

貞和二年七月廿二日　左衛門尉（花押391）

加治丹左衛門尉殿

沙　弥（花押433）

九五　伊賀光泰置文

陸奥国岩城郡好嶋庄西方飯野村内今新田義相房在家壱宇田壱町事、為式部入道遺跡、円西令相伝彼田在家上者、於神役以下御公事者、任先例、可致沙汰惣領方之状如件、

貞和二年七月廿七日沙弥円西（伊賀光泰）（花押117）

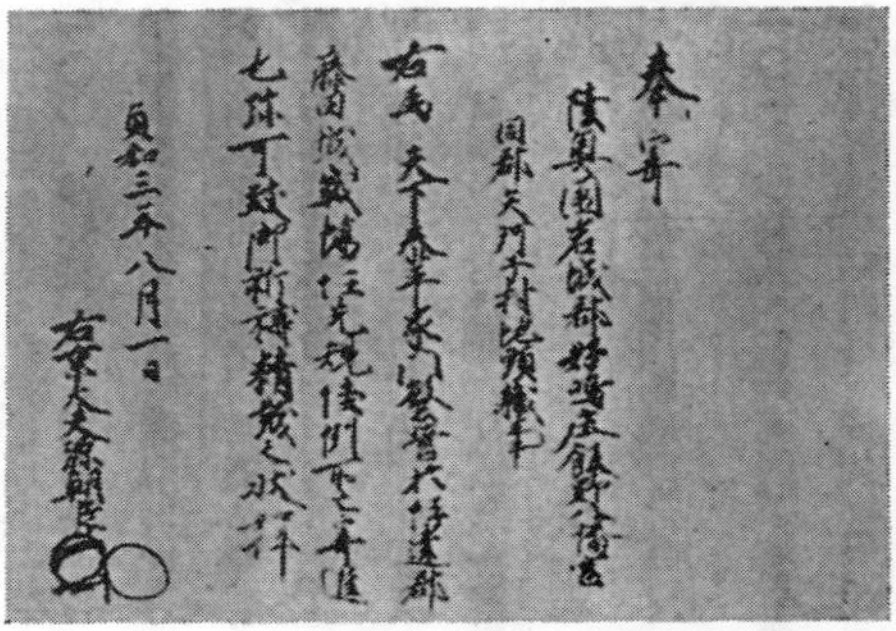
奉寄
陸奥国岩城郡好嶋庄飯野八幡宮
同郡矢河子村地頭職事
右、為天下泰平、家門繁昌、於伊達郡藤田城戦場、任先規佳例所令寄進也、弥可致御祈禱精誠之状、如件、
貞和三年八月一日　右京大夫源朝臣（花押）

九六　吉良貞家寄進状

奉寄

陸奥国岩城郡好嶋庄飯野八幡宮、

同郡矢河子村地頭職事、

右、為　天下泰平、家門繁営、於伊達郡藤田城戦場、任先規佳例所令寄進也、弥可致御祈禱精誠之状、如件、

貞和三年八月一日

右京大夫源朝臣（吉良貞家）（花押52）

九七　伊賀盛光著到状

著到

伊賀三郎左衛門尉盛光

右、貞和三七月廿一日所馳参陸奥国伊達郡藤田之城也、仍著到状如件、

貞和三年九月　日

「承候了（証判）（経満）（花押409）」

九八　伊賀盛光軍忠状

目安

伊賀三郎左衛門尉盛光軍忠事、

右、陸奥国伊達郡霊仙幷藤田、宇津峯為御対治凶徒、大将御発向間、属仁木式部大輔殿御手、貞和三七月十八日馳参鉾椎之城、同廿日宇保沢寺山取陣固坂口、同廿一日押寄藤田城処、自西搦手出張御敵間、致散々合戦、御敵於追入城内訖、同廿二日於　大将御前大手之木戸口捨身命、致散々合戦之処、若党右馬六郎友光被射右腕訖、仍御一見上者、賜御判、為備後證亀鏡、一見之状如件、

貞和三年九月　日

「一見了（証判）（吉良貞家）（花押52）」

九九　吉良貞家書下

陸奥国岩城飯野八幡宮造営事、任先規之例、可被造進、若有異儀之輩者、就注進可有其沙汰之状如件、

貞和四年五月廿二日　右京大夫（吉良貞家）（花押52）

伊賀三郎左衛門尉殿

一〇〇　沙弥某・左兵衛尉某連署奉書

陸奥国好嶋庄帖絹事、雖令催促地頭等、未及請文云々、尤招重科者歟、所詮重可相触之、若猶令難渋者、毎度雖不注進、於下地致譴責、不日可被致其沙汰、次至于当参人者、於府中直可有御沙汰也、可被存知其旨由候也、仍執達如件、

貞和四年七月廿六日　左兵衛尉（花押）

沙　弥（花押433）

伊賀三郎左衛門尉殿

一〇一　沙弥某・左兵衛尉某連署奉書

陸奥国好嶋庄帖絹事、仰使節等、可納進之由、先立雖仰之、為京進煩之間、於向後者、不可有其儀之旨、所被仰使節方也、早令存知此旨、為預所沙汰、任先例、可被弁進京都、将又為有御注進、云件御年貢員数、云進済日限、不日注進之、且可被執進送文、若令遅怠者、可有其咎之由候也、仍執達如件、

貞和四年八月六日　左兵衛尉（花押）

沙　弥（花押433）

伊賀三郎左衛門尉殿

（〇左兵衛尉花押、前号に同じ）

一〇二　岩城行隆請文

今年八月六日御施行案・同十二日預所催促状、同九月五日到来、謹拝見仕候畢、

抑、陸奥国好嶋西庄内行隆之知行分帖絹事、去々年・当年両年分、可致其沙汰之由、被仰下之間、田村能登将監方江拾貫文令弁済候畢、而当年分於浦田村者、給人被取年貢之間、不及其沙汰候、将又葛尾村壱ケ所、并去々分於残所者、来十一月中可致其弁候、以此旨可有御披露候、恐惶謹言、

貞和四年九月廿一日　左兵衛尉行隆（岩城富田）請文（裏花押139）

一〇三　岩城行隆年貢送状

陸奥国好嶋庄西方御年貢事、

合絹三疋

右、預所方江沙汰仕候畢、仍送状如件、

貞和四年十一月廿七日　行隆（岩城富田）（花押139）

一〇四　伊賀盛光請文案

（端裏書）「年貢請文案文　京都進上由奉行返答」

陸奥国好嶋庄御年貢帖絹可京進仕申事、抑任御奉書旨、於当庄西方、守先例、致催促之処、当国者、建武年中以来依凶徒蜂起、連々合戦之間、為下地荒廃、不全所務之条、無其隠、就中去年貞和参為霊

仙・埋峯・藤田以下凶徒御対治、依御発向、令供奉疲労至極之間、多年分、難致其弁由、地頭等所歎申也、雖然先就御奉書、以代旦佰貫文、来十一月中可京進仕候、以此旨、可有御披露候、恐惶謹言、

貞和四年十月廿七日　左衛門尉盛光

進上　御奉行所

一〇五　奥州探題注進状案

（端裏書）「自府中、京都注進状あん、奉行よりして□」

陸奥国好嶋庄帖絹年々未進事、任度々御奉書之旨、可致其沙汰之由、相触預所伊賀三郎左衛門尉盛光候之処、当国者、自建武年中以来、依凶徒蜂起、連々合戦之間、不全所務之条、無其隠、就中去年者、為霊山・埋峯・藤田以下凶徒対治、依発向、疲労至極之間、多年分難致弁旨、就歎申、於去年分者、先閣之、為去々年・当年両年分、旦代百貫文相副、盛光注進状令進上候、至于相残分者、追可致厳密沙汰候、以此旨、可有御披露候、恐惶謹言、

貞和四年十一月二日

進上　武蔵守（高師直）殿

一〇六　好嶋庄年貢算用状

一将軍家御年貢政所進納事、

合捌拾貫文内

現銭四拾陸貫文

絹三十疋代三十六貫文疋別一貫二百文宛、

白少（小）袖一代壱貫五百文残現銭五百文在之

一八幡宮家御年貢進納事、

合漆貫文内

絹三疋代参貫七百六十文

馬一疋月毛代三貫五百文残銭二百六十文在之、

片絹代六百文社家雑掌給了、

残銭七百六十文者御代官方返進了、

右散用状如件、

貞和五年正月十八日　有資（カ）（花押346）

一〇七　八幡社務代朝円年貢請取状

請取　石清水八幡宮領陸奥国好嶋西方御年貢事、

合漆貫文者、

右、当方去年丁（戊）子御年貢内上所請取状如件、

貞和五年正月十八日　社務代朝円（花押）

一〇八　吉良貞家軍勢催促状

為糠部・滴石以下奥方凶徒対治、可発向也、早相催庶子、令馳参、可被致軍忠之状如件、

貞和五年三月十六日　右京大夫（吉良貞家）（花押52）

伊賀三郎左衛門尉殿

一〇九　沙弥某・左兵衛尉某連署奉書

伊賀三郎左衛門尉盛光申岩城郡好嶋西庄内河中子事、糟屋又三郎宗久可止競望之由、捧押書了、然早知行不可有相違之旨、可被相触之由候也、仍執達如件、

貞和五年八月三日　左兵衛尉（花押）

沙　弥（花押433）

（○左兵衛尉花押、一〇〇に同じ）

岩城弥次郎殿

一一〇　岩城行隆請文

去七月十七日御教書案・八月三日御使催促状、同八日到来、謹拝見仕候畢、

抑伊賀三郎左衛門尉盛光申岩城郡好嶋西庄飯野八幡宮造営事、任被仰下之旨、可遂造功候、以此之旨、可有御披露候、恐惶謹言、

貞和五年八月十八日　左兵衛尉行隆請文（裏花押140）

一一一　沙弥某・左兵衛尉某連署奉書

陸奥国好嶋西庄帖絹、去（貞和四五）両年未進事、先立被仰使節之処、可直進京都之由、強被申請之上者、云可運上日限幷年貢員数、云誠之詞、書載之、来月六日以前可被進押書、若猶有緩怠之儀者、仰本使可被致譴責之由候也、仍執達如件、

観応元年六月廿二日　左兵衛尉（花押）

沙　弥（花押433）

伊賀三郎左衛門尉殿

（○左兵衛尉花押、一〇〇に同じ）

一一二　吉良貞家軍勢催促状

師直・師泰治罰事、任被仰下之旨、打立候処、畠山上野入道・同右馬権頭国氏・留守但馬守家次令同意師直之間、今月九日以来、於所々合戦之刻、依御方打勝、国氏等落籠府中、岩切・新田両城之間、連日合戦最中也、不廻時日、相催庶子馳参、致軍忠者、宜抽賞状如件、

観応二年正月廿八日　右京大夫（吉良貞家）（花押53）

伊賀三郎左衛門尉殿

一一三　足利尊氏軍勢催促状（切紙）

兵衛督入道党類誅伐事、早可致忠節之状如件、

観応二年二月十二日（足利尊氏）（花押17）

伊賀三郎左衛門尉殿

一一四　伊賀盛光代光長着到状

著到

式部伊賀三郎左衛門尉盛光代子息孫次郎光長去三月二日当大将自奥州府中於御立之時分、御共仕、道々所々致警固、於羽州、至于今令当参畢、

右、著到言上如件、

観応二年四月　日

（証判）
「承了　（花押434）」

一一五　**吉良貞家軍勢催促状**

為羽州凶徒対治、差向之処、号御番、各帰国之条、太無其謂、左近大夫将監已所始合戦也、来月五日以前令発向、可被抽軍忠、若猶於不参之輩者、為処罪科、載起請之詞、可注申之状如件、

観応二年五月廿五日　（吉良貞家）右京大夫（花押53）

伊賀三郎左衛門尉殿

一一六　**吉良貞家寄進状**

奉寄　好嶋八幡宮

陸奥国岩城郡内留守美作次郎跡事、

右為凶徒対治勝軍当家繁栄、令寄進之状如件、

観応二年十一月廿一日

（吉良貞家）右京大夫源朝臣（花押53）

一一七　**吉良貞家禁制**

（吉良貞家）（花押53）

禁制　好嶋八幡宮領

岩城郡矢河子村事、

右、軍勢甲乙人等致濫妨狼藉云々、為事実者頗招罪科者歟、向後慥可停止之、若有違犯輩者、就交名注進、不日可処重科之状如件、

観応二年十二月七日

一一八　**留守美作二郎跡注文**

岩城郡内留守美作二郎跡注文事、

弐町五段　在家壱宇　小泉村内

壱町　在家壱宇　北額谷村内

壱町　鯨岡村内　在家壱宇　田壱段　中平窪内（〇「中平窪内」の上の部分の裏に花押391あり）

壱町　在家壱宇　岩間村内

以上五丁六段　在家四宇

観応二年十二月　日

一一九　**駿河権守某書状**（折紙）

御札之旨、委細承了、抑飯野八幡宮御寄進之地事、矢河子村事者、則御施行申成、令進候、於留守美作二郎跡者、当留守令安堵候間、他所を可有御寄進之由候、闕所を差御申候へ、可申沙汰候、兼又あわひかつを給了、当陣ニ大功候、悦入候、のり同悦給了、如此物等便宜之時者可給候、御子息御当軍候間者細々可申承候、恐々謹言、

七月廿日　駿河権守光□（花押391）

謹上　伊賀三郎左衛門尉殿

御返事

一二〇　**沙弥某・駿河権守某連署施行状**

陸奥国岩城郡好嶋庄飯野八幡宮御寄進之地、同郡矢河子村地頭職事、御寄進当社之処、自去年冬、岩崎三郎左衛門尉隆久押領云々、

太無謂、所詮糟屋九郎左衛門尉相共莅彼所、退隆久押領、沙汰付下地於神主伊賀三郎左衛門尉盛光、可被執進請取状、使節令緩怠者、可有其咎之由候也、仍執達如件、

観応三年七月廿日　駿河権守（花押391）

沙　弥（花押433）

田村能登左近将監殿

一二一　吉良貞家書下

自十月一日、取分一七箇日可致御祈禱精誠之旨、相触社司供僧等、厳蜜（ママ）可勤行之状如件、

観応三年九月廿九日右京大夫（吉良貞家）（花押54）

飯野八幡宮神主伊賀三郎左衛門尉殿

一二二　吉良貞家書下

祈禱巻数壱枝到来、尤目出度候、向後弥可被抽丹誠之状如件、

観応三年十月十三日右京大夫（吉良貞家）（花押54）

飯野八幡宮神主殿

一二三　吉良貞家軍勢催促状（切紙）

就国司顕信卿対治事、去一日将軍家御教書如此、早相催一族、不移時刻、馳参、可致軍忠之状如件、

正平七年閏二月七日　右京大夫（吉良貞家）（花押54）

伊賀一族中

一二四　吉良貞家施行状

陸奥国岩城郡内矢河子村地頭職事、令寄進飯野八幡宮之処、岩崎村上三郎左衛門尉隆久令押領之由申候間、無謂之旨、先度被仰了、而尚以不叙用云々、頗招罪科者歟、所詮糟屋九郎左衛門尉相共莅彼所、退押領人、沙汰付下地於八幡宮神主、可執進請取状、使節令緩怠者、可有其咎之状如件、

文和元年十二月十五日　右京大夫（吉良貞家）（花押54）

田村能登守殿

一二五　吉良貞家吹挙状

伊賀孫次郎光長申恩賞事、光長親父盛光為宜初御方、年来致軍忠候、就中去年（観応二）十月顕信以下、宮方蜂起之刻、馳参於名取郡広瀬河、致軍忠候畢、随而光長亦、今年七月三日田村庄柄久野原之合戦以来、於矢柄・宇津峯等、抽戦功之上者、下預恩賞、弥可励忠節之旨、令言上候、早速可有申御沙汰候哉、光長軍忠若偽申候者、八幡大菩薩御罰於可罷蒙候、以此旨、可有御披露候、恐惶謹言、

文和元年十二月十五日　右京大夫貞家（花押54）

進上　仁木兵部大輔殿　（押紙）「佐竹刑部大輔ちうしんきやうとへまいりて候を申くたして候」

一二六　下野守某奉書

奥州東海道検断職事、如元可令勤仕之由、重御教書如此、就其、有犯咎輩者、可被召進候、可致沙汰者（カ）、仍執達如件、

文和二年正月十三日　下野守（花押400）

飯野伊賀三郎左衛門尉殿

一二七　下野守某軍勢催促状

去月廿八日御教書案如此、抑宇津峯責事、早任被仰下之旨、来五日
以前可被馳参候、令違期者、事由可注申候由候也、仍執達如件、

文和二年二月二日　下野守（花押400）

伊賀三郎左衛門尉殿

一二八　伊賀盛光代光長軍忠状

伊賀三郎左衛門尉盛光代子息孫次郎光長申軍忠間事、
右、去年観応三為陸奥国田村庄凶徒等御対治、大将御発向之間、四月
一日安積郡戸谷田御陣仁令進代官藤光、同六月廿一日馳参光長畢、
一同七月三日於田村庄柄久野原、致太刀打、幷六日市庭城致後攻合
戦畢、
一同九日於矢柄城西手、致戦功畢、
一同八月七日馳向埋峯城、致警固畢、
一今年文和二四月五日於埋峯東乙森、致矢軍畢、同十五日於壁際合戦
者、盛光馳参自身、致軍忠畢、同五月四日至于彼城没落期、致忠
節上者、下賜御判、為備後證、恐々言上如件、

文和二年五月　日

（証判）「一見了（吉良貞家）（花押54）」

一二九　白岩千代犬丸代基頼請取状

陸奥国岩城郡白岩三郎左衛門尉隆頼跡事、任去五月廿二日御施行之
旨、渡給候畢、仍請取状如件、

文和二年六月廿五日　白岩千代犬丸代基頼（裏花押348）

進上　御奉行所

一三〇　吉良貞家施行状

岩城郡好嶋庄飯野八幡宮神主伊賀三郎左衛門尉盛光申当社領同庄内
矢河子村事、岩崎村上隠岐守隆久背度々成敗、押領云々、尤招罪科
歟、所詮木内民部大夫相共莅彼所、止隆久綺、固沙汰付下地於社
家、可執進請取之状、使節若令緩怠者、可有其咎之状如件、

文和二年八月二日　右京大夫（吉良貞家）（花押54）

伊東右京亮殿

一三一　吉良貞家施行状

岩城郡好嶋庄飯野八幡宮神主伊賀三郎左衛門尉盛光申当社領同庄内
矢河子村事、岩崎村上隠岐守隆久背度々成敗、押領云々、尤招罪科
歟、所詮伊東右京亮相共莅彼所、止隆久綺、固沙汰付下地於社家可
執進請取之状、使節若令緩怠者可有其咎之状如件、

文和二年八月二日　右京大夫（吉良貞家）（花押54）

木内民部大夫殿

一三二　石塔義憲寄進状

奉寄附

陸奥国岩城郡飯野　八幡宮、

同郡今新田村事、
右、彼地者、自往古、為当社神領之処、有押領之仁云々、太無謂、
然者為天下泰平家内繁昌所願成就、如元奉寄付之状如件、
文和三年五月十八日　（石塔義憲）左衛門佐（花押43）

一三三　石塔義憲寄進状

奉寄附
陸奥国岩城郡飯野　八幡宮、
同郡中平窪村事、
右、為凶徒対治所願成就天下泰平家門繁昌、如元奉寄進之状如件、
文和三年六月七日　左衛門佐（花押43）

一三四　足利尊氏感状

（足利尊氏）（花押17）
於御方、致忠節之由、有聞、尤神妙也、弥抽戦功者、可有其沙汰之状如件、
文和四年二月　日
伊賀備前守殿

一三五　左少弁藤原朝臣奉口宣案

（包紙）「口宣」
上卿　吉田中納言
文和四年七月五日　宣旨
藤原盛光
宜令任備前守
左少弁藤原朝臣奉

一三六　飯野伊賀盛光代光信壁書

（ママ）奥陸国岩城郡好嶋庄八幡宮神主飯野三郎左衛門尉盛光代光信申、当社領同飯野村事、右大将家御代御寄附以来、曩祖代々為神主職、迄于盛光、相伝当知行無相違神領也、致軍忠者、自最初、於御方、積無弐戦功之条、奥州管領幷佐竹典厩等存知也、而岩崎一族等以当村、無謂望申候由承及候、且神領也、且神主軍忠無隠之上者、敢不可有御許容候、仍壁書如件、
文和四年十二月

一三七　中務大輔某知行安堵状

本領当知行地事、不可有相違之状如件、
延文元年十月十七日中務大輔（花押398）
伊賀三郎左衛門尉殿

一三八　沙弥宗海寄進状

奉寄進飯野八幡宮神田事、
右田者、陸奥国岩城郡内矢河瀬村内、先日田を三反雖寄進之、依要用、返給之候、為其替、今新田村内田五段所奉寄進之也、仍為後日之亀鏡之寄進状如件、

延文二二年己亥二月卅日　沙弥宗海（花押349）

一三九　斯波直持禁制

禁制　（斯波直持）（花押60）

飯野八幡宮付社領等事、

右、軍勢以下甲乙人等不可致濫妨狼藉、若有違犯之輩者、為処罪科、可令注進交名之状如件、

貞治二年九月　日

一四〇　伊賀盛光代光政着到状

（端裏書）「著到」

伊賀肥前守盛光代、子息左衛門三郎光政申、

右、名取御陣馳参候、府中、并高清水御下向供奉仕候者也、然則為後代亀鏡、著到之状如件、

貞治二年九月晦日

（証判）「承了（花押318）」

一四一　斯波直持施行状

陸奥国岩城郡内中平窪村三田彦四郎入道跡、同郡矢河子村等事、早任代々寄附状、為飯野　八幡宮領、致所務、全神用可抽御祈禱精誠之状、依仰執達如件、

貞治二年十月十三日左京大夫（斯波直持）（花押60）

神主

一四二　斯波直持召文

伊賀備前守盛光申、陸奥国好嶋西庄内好嶋田浦田打引事、訴状具書如此、早可参決之状如件、

貞治三年四月廿八日左京大夫（斯波直持）（花押60）

好嶋新兵衛尉殿

一四三　斯波直持施行状

陸奥国岩城郡飯野八幡宮領同郡好嶋田打引事、好嶋新兵衛尉聊依有申之子細、一旦雖被与御教書、不経次第之遵行、恣就致乱入狼藉、仰岩城周防前司隆教、尋問真偽之処、如請文載誓文者、狼藉之篇無畢儀云々、爰雖帯御下文御教書、不稟遵行、（猥）限令入部者、召置其地、注申京都可奇（棄）捐後訴之旨被定法訖、此上者、於新兵衛尉所給御教書者、所召返之也、至下地者、任相伝神領而如元可令領掌之状如件、

貞治三年十二月廿六日左京大夫（斯波直持）（花押60）

神主備前守殿

一四四　斯波直持施行状

飯野　八幡宮神主備前守盛光申社領事、好嶋新兵衛尉今年六月一日打入神領、致押妨及放火狼藉之由、就訴申、尋下之処、如今季（年）八月二日請文載誓文者、盛光所申無相違云々、縦雖有其理、稟次第之遵行可遂入部歟、無左右、自由乱入不遁其咎、所詮於社領者盛光令領掌、（ママ）可致御禱祈精誠之由、可仰含之状如件、

貞治三年十二月廿九日左京大夫(斯波直持)（花押60）
岩城周防前司殿

一四五　斯波直持年貢催促状

岩城郡好嶋庄帖絹百五十疋代四百五十貫事、前々有其沙汰云々、早任旧規可調進之状如件、

貞治四年十月三日左京大夫(斯波直持)（花押60）
飯野備前守殿(盛光)

一四六　斯波直持年貢催促状

奥州岩城郡内好嶋庄御年貢帖絹百五十疋事、早任政所納帳之旨、不日可究済之状如件、

貞治四年十月三日左京大夫(斯波直持)（花押60）
当庄地頭中

一四七　斯波直持施行状

岩城郡内好嶋庄御年貢帖絹事、度々仰之処、為奉行、不及調進云々、令引汲(カ)地頭等無沙汰之条、頗招罪科訖、所詮明春二月十日以前守政所納帳生絹百五十疋代四百五十貫文可執進之、若令違期者、任被仰下之旨、且召置使節之所帯、且為被分召不法之役所載起請之詞可注申名字、更不可有緩怠之状如件、

貞治四年十月廿六日左京大夫(斯波直持)（花押60）
伊賀式部備前守殿(盛光)

一四八　伊賀盛光申状

去十月三日御教書、同十一月十五日到来、謹拝見仕候畢、抑被仰下候岩城郡好嶋庄御年貢事、当庄西方地頭等雖令催促、不及是非左右候、以此旨、可有御披露候、恐惶謹言上、

貞治四年十二月九日　　備前守盛光（裏花押120）
進上　御奉行所

一四九　斯波直持施行状

好嶋庄御年貢帖絹事、度々雖仰遣、年々対悍訖、於今者、無抛于催促、所詮任被仰下之旨、為分召所帯、可注申分限之状如件、

貞治五年三月十八日左京大夫(斯波直持)（花押60）
伊賀式部備前守殿(盛光)

一五〇　斯波直持施行状

好嶋庄帖絹事、数ケ度催促畢、而如今年三月十八日注進状者、度々雖加催促、地頭等不及是非散状云々、頗招罪科歟、所詮面々所遣御教書也、重相触之、令検納之、可勘渡上洛使者、若猶有難渋之儀者、於京都、可注申交名之間、可令後悔之状如件、

貞治五年四月二日左京大夫(斯波直持)（花押60）
飯野備前守殿(盛光)

一五一　斯波直持施行状

好嶋庄帖絹事、度々仰之処難済之条、頗招重科訖、所詮来月上旬、

使者所上洛也、日限以前致用意、勘渡于使節可出帯請取之状如件、

貞治五年五月十二日左京大夫（斯波直持）（花押60）

当庄地頭中

一五二　伊賀盛光代正法申状

（端裏書）「伊賀左衛門三郎嘉暦四二八」

陸奥国好嶋西庄預所伊賀左衛門三郎盛光代正法謹言上、（裏花押122）

欲早為当庄一分地頭好嶋彦太郎泰行有限預所代一度惣検難渋之上者、被召上、可遂其節由、蒙御成敗当庄内黒葛諸村惣検間事、

副進

二通　御下知

右、惣検者、預所代一度為検注之条、御下知分明也、随而盛光令相伝彼好嶋庄預所職之間、欲遂其節之処、泰行任雅意、背先規、難渋之条、難堪次第也、然早被召上彼被経御沙汰、任先例可遂其節旨、為蒙御成敗、恐々言上如件、

一五三　伊賀盛光代祐円申状

（端裏書）「伊賀左衛門三郎重状正慶元八十八」

陸奥国好嶋西庄預所伊賀左衛門三郎盛光代祐円重言上、（裏花押）

欲早地頭好嶋彦太郎泰行背御下知并度々御教書押領上者、仰于本御使白河上野入道小山出羽入道等遂入部、不日可打渡旨被仰下好嶋山事、

副進　二通　御下知案

右山者、泰行祖父好嶋小太郎盛隆与盛光祖父伊賀前司頼泰致相論之（裏花押121）刻、去正応三年九月十二日頼泰預御裁許畢、而泰行致押領之間、為明石民部大夫行連奉行就訴申、去元亨四年十二月七日光貞（盛光亡父）重所預御下知也、而泰行令違背両度御下知、依不打渡彼山、度々被仰御使白河上野入道、并小山出羽入道等之処、不遂入部、送年序訖、仍重欲申成御教書之刻、行連無出仕之間、申渡御奉行訖、然早仰于先御使渡給彼山之後、至泰行者、為被処御下知違背之咎、重恐々言上如件、

一五四　伊賀盛光代性法申状

（端裏書）（伊賀三郎重状嘉暦四年三月十三日）

「□」

陸奥国好嶋西庄預所伊賀三郎盛光代性法重言上、

欲岩城小二郎隆衡背度々御使召符、不参対上者、仰先御使白河上野入道差日限重被仰下当庄内東目村政所進御年貢毎年七十貫文文保二年以来未進事、

副進

一通　御使御教書案

右、御年貢事、番于訴陳遂問答之刻、隆衡代定心不終御沙汰之篇迯下之間、仰御使度々雖被召隆衡、于今不参之条、難遁其科、所詮仰先御使重成賜召符、被召上隆衡為被経御沙汰、恐々重言上如件、

（花押422）

一五五　伊賀盛光正法申状

（端裏書）「伊賀三郎代重状嘉暦三八」

陸奥国好嶋西庄預所伊賀三郎盛光代正法重言上

欲早好嶋東方一分地頭富田三郎経隆背度々御教書、不及参対無音上者、仰本御使小山出羽前司入道被召上、被経御沙汰、蒙御成敗、当庄八幡宮造営間事、

副進

一通　御教書案

件条、先々言上畢、彼経隆所役対捍之間、去年十二月八日雖被成下御教書、不及請文参上者、重為被成下御教書、重言上如件、

一五六　越後守道信（カ）書状

御札拝承了、抑御社事公方御沙汰事、延引候之間、面々談合申候、先仮殿郡内人々吉様談合候、被仰候、入御身躰申度候之由、目出存候、伺公方様、事々可為延引候、御談合候、被仰仮殿之事、先以可目出存候、此等之子細代官等可申置候、委細之旨、御使申候、可被聞召候、恐々謹言、

十月廿日　　越後守道信（カ）（花押318カ）

謹上飯野伊賀備前守殿
御返事

一五七　斯波直持書状

歳末巻数一枝到来、為悦候、恐々謹言、

十二月廿九日直持（斯波）（花押60）

飯野八幡宮神主

一五八　斯波直持施行状

陸奥国岩城郡内河（中子カ）□事、早富部（外記カ）□相（共荏カ）□彼所、可沙汰付下地、於岩崎（宮内カ）□少輔泰隆、使者不可有緩怠之状如件、

貞治六年九月三日左京大夫（斯波直持）（花押60）

石河駿河守殿

一五九　伊賀光政和与状案

（端裏書）
「わたし状あん」

浦田好嶋田打引之田七町、并在家六間、依惣領御口入、好嶋和泉守隆義渡申候上者、至于隆義子孫、不可有違乱煩候、若破和与之義事候者、残打引一縁可被取申候、仍為後日和与状如件、

応安三年十月晦日（八月十日）　藤原光政（花押116）

好嶋和泉守殿（隆義）

一六〇　伊賀隆泰請文

（端裏書）
「そうりやうの状」

うら田よしまたのうちひきの田七ちやう、ならひにさいけ六けん、隆泰こうしうのき（口入）によつて、よしまのいつミのかミ隆吉にわたされ候うゑハ、もしわようのきを隆吉やふり候ハ、、一き同心に七ちや（ママ）う六けんのところおわたしつけ申へく候、仍日後為状如件、

応安三年八月十日

隆泰（花押123）

いかのさへもん三郎殿

一六一　岩城隆兼書状（折紙）

岩清水八幡宮御年貢二十貫文令進之候、諸事期見参次候、恐々謹言、

十月三日　隆兼（花押158）

伊賀三郎左衛門尉殿

一六二　右衛門佐某奉院宣案

□幷護国寺検校事、官符未到之間、且可被存知者、依院宣、執達如件、

九月廿日　右衛門佐在判

八幡別当法印御房

一六三　岩城隆久請文

（富田カ）とたのゐいたいの御もんしよ、ならひにうりけん状そへて、あつかりをき候ぬ、なん時も御ようのときハ、めしよせ候へく候、ふさたあるへからす候、

おう安五年ミつのへねのとし七月廿二日隆久（花押157）

一六四　白土隆弘請文

陸奥国岩城郡拾五丁目内東之境ニ付、幷北目の境ニ付、合田十町、幷壱宇幾津禰（きつね）か在家壱宇、六郎次郎入道か在家合弐間、惣領殿御籌策ニよりて、請取申候上ハ、於向後者、飯野殿御領ニ付、不可有違乱之儀候、若違乱之儀候者、如本彼所とりかゑされ申すへく候、依状如件、

応安六年癸丑十月廿六日　白土常陸守隆弘（花押168）

一六五　伊賀光政請文案

陸奥国岩城郡内伊賀守光政地行分拾五町目之内東之惣（カ）境付、幷北目境付、合田拾町・在家弐宇、隆泰籌策申ニよて、常陸守隆弘方ニ渡付候了、於向後者、相互不可有違乱之儀者也、若光政地行分境等、在付有違乱之儀者、於彼田在家者、如本、可返申付候、仍為後日状如件、

応安六年癸丑拾月廿六日

一六六　好嶋東庄放生会祭礼役注文

東庄放生会条例事

下顗谷籠殿五間之内一間相撲一番大禰宜分正月七日ノ祭

片寄村大瓶二十二合幷籠殿五間之内二間大森籠殿一間流鏑馬幷

衣谷村相撲一番五間庁屋こんてい所也、幷大瓶十二合馬目顗谷寄合之

大野郷流鏑馬幷講坊幷相撲田富村地頭領家寄合之

舞殿五間之内三間田富村分幷流鏑馬相撲一番領家分大瓶幷十二合

富田・新田・狐塚・四町目・塩木五ヶ村寄合

西庁屋五間作之新田村流鏑馬幷相撲、狐塚・四町目・塩木・

富田四ヶ村寄合大瓶并十二合田和見・波立二ヶ村
寄合舞殿ツマ一間比佐村流鏑馬并相撲大瓶十二合末続村
舞殿ツマ一間
右恒例祭例役如件、
永徳四年甲子八月　日

一六七　岩城隆久寄進状

(ママ)
綺進申
八幡宮御領事、
仏崎村内
五段みやうふ田付東
小谷迫村内
三段中田　二段くつ田南
右、合壱町奉綺附八幡御神領処也、仍為天下泰平郡内安穏新綺進如件、
左馬助隆久（花押157）
康応二年庚午三月廿六日

一六八　宇都宮氏広?官途推挙状

式部大輔所望之事等挙申候也、可存知其旨状、依仰執達如件、
応永二年九月晦日
(宇都宮氏広)
刑部大輔（花押399）
伊賀孫三郎殿

一六九　宇都宮氏広?感状

依田村御退治之事、自最前馳参於御陣、致警固、并応永二年九月廿六日安武熊河戦、同廿七日唐久野原於御合戦及自身大刀打、被致忠節之条、尤以神妙候也、弥々可抽戦功之状如件、
応永二年十月七日　刑部大輔（花押399）
伊賀式部大夫殿

一七〇　鎌倉当参合力銭請取状（切紙）

(当カ)
納惣領鎌倉□参合力銭之事、
合壱貫文者たうねんのみしんの分、
右、為飯野殿分、所納如件、
応永四年十一月廿三日　経（花押170）

一七一　飯野八幡宮閏月祭礼役配分目録

(端裏書)
「潤正月十五日祭日記　応永八辛巳潤正月十五日」
岩城郡好嶋庄飯野八幡宮潤月御祭村々
配分目録
西庄分
新田村大瓶一折櫃一汁菜坏折敷　今新田村折櫃一余不進
小谷佐久大瓶一余不進渋江村大瓶半分余不進
仏崎村大瓶一折櫃一折敷坏汁菜　荒野村大瓶一余不進

小嶋大瓶一折櫃一余不進　矢川子村大瓶一内瓶子一具余不進
好嶋白土不進
応永八年辛巳閏正月十五日

一七二　飯野八幡宮閏月祭礼役配分目録

（端裏書）「うるう日記」
岩城郡好嶋庄飯野八幡宮潤月御祭
村々配分目録西庄分
新田村　折櫃一計菜大瓶一坏折敷
今新田村　おりひつ一はかりさいおしき
好嶋　おりひつ一はかりたいへい一さかつきおしき
仏崎并小谷迫大瓶坏　おりひつ一大へい一さかつきおしき
小嶋　たいへい一さかつき
矢河子　たいへい一さかつき
白土大高尾おりひつ一さいおしき并大曲たいへい一さかつき
一東庄分
紙谷村大瓶一折櫃一計菜
片寄村并折敷使与一入道

一七三　飯野光隆譲状

たつはうか母老（カ）房せいしん程一処にて見つくへく候、其間のいし
やうふんにとらする所領内の事、
一くりの木内、さいけ、田ともに、
一つく田、あら木した三段、
一手作分、四郎次内
右、定所状如件、
飯野光隆（花押124）
応永九年壬午八月廿五日

一七四　飯野光隆光清軍忠状

岩城飯野式部大輔入道光清申軍忠事、
右、佐竹凶徒可令退治旨、岩城・岩崎江下預御教書候之間、両郡
一族等、今月十日国於罷立、同十五日依芃連参陣仕候、長倉常陸
介降参仕候訖、又与類山県三河入道城馳向、同廿四日致抜骨責候
之間、光清家子家人数輩被疵候、此段小野崎安芸方所見分明也、
所詮此段達上聞、御感御判下給、備後證存者也、若此条、偽申候
者、
八幡大菩薩御罰於可罷蒙候、仍目安言上如件、
応永廿四年卯月廿六日
（証判）（足利持氏）「承了（花押30）」
（裏書）「飯野式部大輔光隆法名光清」

一七五　沙弥元久譲状

依飯野殿女子ニ若房丸契約申候、所領六町二間可渡給之由承候上
者、無是非ニ此腹之子達ニ（カ）彼所領可相続者也、若又離別申事候者、

如本、所領可返申候、仍為後日證状如件、

応永三十四年二月廿三日

沙弥元久（花押350）

一七六　岩城隆忠寄進状

奉奇（寄）進　御神領事

合大輪月之跡者

右、御神領者、奥州岩城郡□内大輪月之跡、飯野八幡大菩薩江奉寄進者也、縦□子々孫々不可改動心申候、仍為□證文、奇（寄）進状如件、

嘉吉弐年十二月十三下総守隆忠（花押161）

一七七　岩城隆忠寄進状

奉奇進　御神領事、

合相河村之内□

□御神領者、奥州岩城郡□□一町一宇、飯野□（八幡カ）宮江奉奇進者也、縦雖為□不可改動心申候、仍為後日証文奇進□（状カ）如件、

嘉吉弐年十二月廿三日下総守隆忠（花押161）

一七八　岩城隆忠寄進状

飯野八幡宮

奉奇進御神領事

右所者奥州岩城郡内日影村ゟ奉奇進処也、仍為後日奇進如右、

文安二二年丁卯閏二月十八日下総守隆忠（花押163）

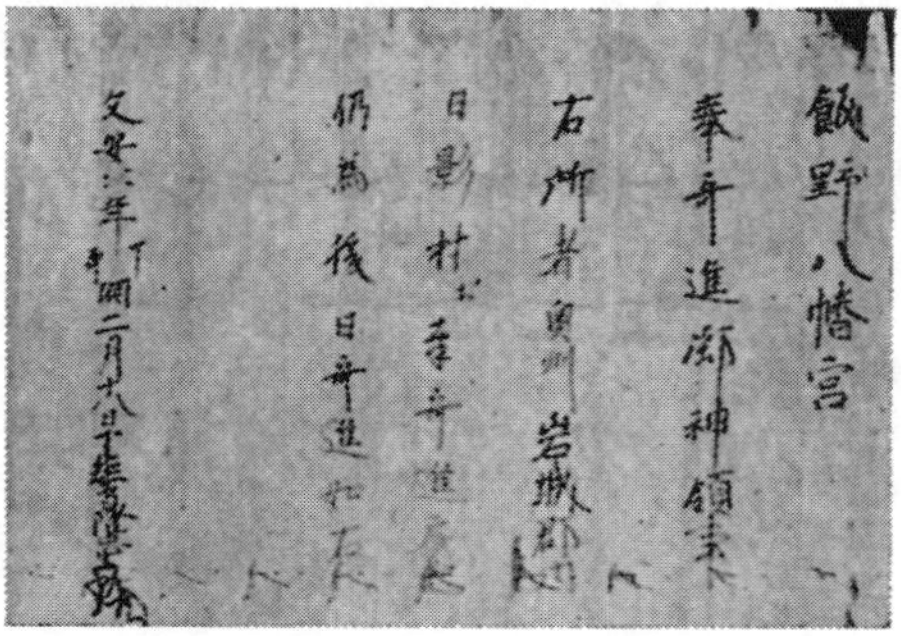

一七九　飯野隆光置文

あまりに松さきを在所に御こい候間、一代のうちハたかゐにとうかんあるましきと申定候あひた、いゝつかのねよりきたへ屋しきに進候、申候ことく、次代の事もきせんの分にあるましく候、仍後日のために、この状を進候、

隆光（花押125）

長禄三年つちとの（ママ）卯八月廿三日

一八〇　前讃岐守寄進状

寄進状之事

右、今新田村之内畠一宇、八幡宮江於末代、致寄進所実也、

一、彼畠、以内儀、梅本之方へ御渡候、子細候ハヽ、其時者、給返（カ）隆栄か領分之備ニ、可出候、其時者、一切隆栄か不可為儀外（カ）候、

仍為後日状如件、
文明十年六月七日前讃岐守隆栄(カ)（花押319）

一八一　岩城親隆請文

やかハせのねきの事、親候者の時のことく、於親隆も、いへんいたすへからす候、むりの子細おほせつけられましく候、仍為後一筆如件、

明応六年みのとし八月十三日　親隆（花押150）

ゐゝのとのへ

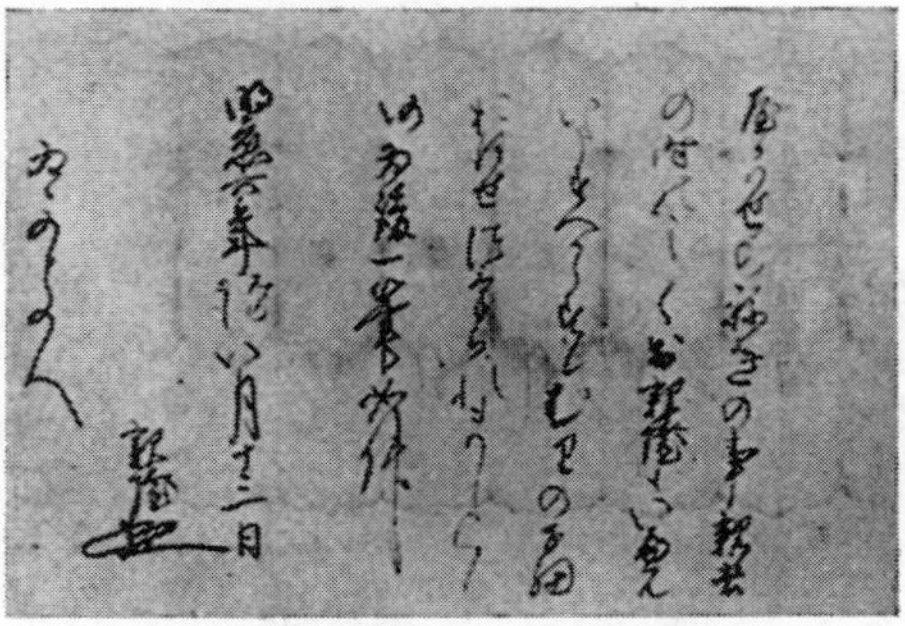

一八二　岩城常隆置文

就今般高築へ罷越候御志ニ相追候、題目之事、

一大裏役、并都鄙之郡役之事をハ可申付候、
一多(他カ)国へ陣役之事、不可有之候、
一自用之田銭すはう役差置申候、猶此以後、くそう社人、如上古、何事をも可被仰付候、以前ニ自訴ニりんし之役之事、不可有之候、神慮之御奉公簡要候、万一御無沙汰之義候ハヽ、何事を申定候事も可致相違候、仍而為後日如件、

明応八年つちのとひつし六月一日常隆（花押144）

飯野出羽守殿

一八三　岩城常隆願文

奉懸願書

右意趣者、常州口之弓箭不回数日、悉属本意候者、神主之止陣役、如前々、神事祭礼専ニ可奉勤候、仍而如件、

永正二年乙丑七月吉日　平常隆（花押144）

一八四　岩城親隆書状

（端裏書）「飯野殿　親隆」

たかつきの屋敷之替地として、仏崎をきに、藤本之打開田一丁、同宮のうしろのねきの方へのかいの地三反、合一町三反渡進之候、同ねわ(きカ)したの神りやうのかいの地あかいに二反、皆を合一丁五反進之候、恐々謹言、

(永正四年)弥勒二年ひのとのう二月廿二日　親隆（花押150）

一八五　相阿証状

今般井上屋しきニ付而、意見申候処ニ、清光一代之事ハ、我々心さしニ四百文ニ相さためら(カ)れ候、於愚老忝存ハかりニ候、殊ニ後日迄四百文とハ相さためす候、是又可有御心得候、年貢等ふさたも候者、幾度も愚老のかたへ可承候、備中守所へきふく可申届候、為後

日之、一筆遣之候、

永禄六癸亥年潤十二月十八日相阿（花押351）

清光坊へ

一八六　岩城親隆起請文

起請文之事

右、意趣者今度世間就雑意、別而以神名承候、忝本望之至候、於自今已後者、於于親隆も、毛頭不可存別心候、若此儀偽候者、

上ニハ梵天・帝尺・四大天王、下ニハ堅牢・地神・熊野三所権現・日光・鹿嶋大明神・当社八幡大菩薩・摩利支尊天、惣而ハ日本国中大小之神祇、各可蒙御罰者也、仍而如件、

永禄十二己巳　霜月三日　親隆（花押151）

飯野式部太輔殿

一八七　岩城常隆禁制

禁制　（岩城常隆）（花押145）

一　八幡宮御神領におゐて、鷲餌打事、

一　御神領にて、小鷹つかふ事、

右、任先例、堅禁之候、若於于違犯之輩者、可処厳科者也、仍如件、

天正六年つちのへとら十二月廿四日

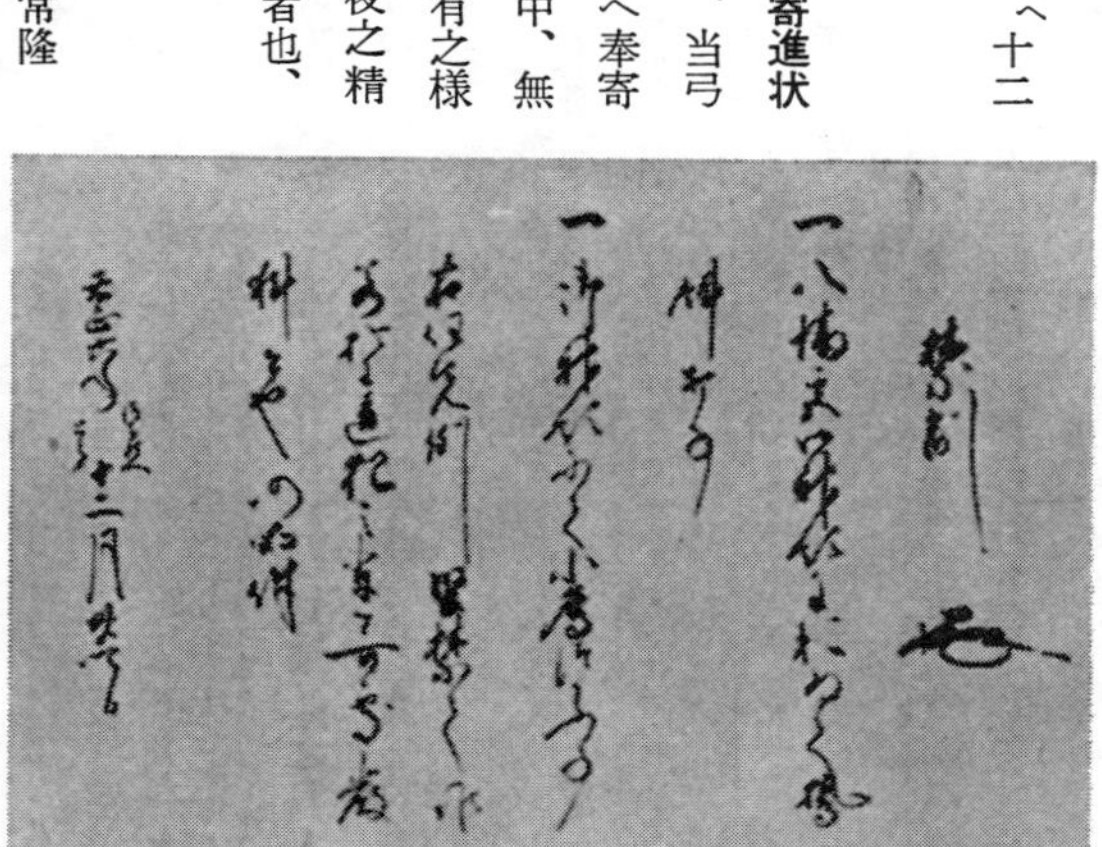

一八八　岩城常隆寄進状

太越之地平松在家、当弓箭之為祈禱　八幡へ奉寄進之候、末代彼境中、無異義、追日如存知有之様ニ、灯明被上、毎夜之精誠専一ニ、可有之者也、仍而如件、

天正拾七年（八月）仲秋四日常隆

（花押145）

飯野上総守殿

追而

名代分仁反さしそへ候、以上

一八九　岩城常隆書状（折紙）

たかつきの屋地の事、これより後、さひそく申事あるましく候、御心得候へく候、恐々、

十月十二日

常隆（花押）（○一覧144に類似する）

いかとのへ
参

一九〇 坂左常清等二人連署書状

此度申口ニかしおかれしミやうふ内、しゆり上世ニさし出申候と
て、めしはなされ候、これニよつて、両人へしきりニわひこと之儀
頼被申候間いけん申候処ニ御かんてん、両人にふか〳〵御心さしニ
うけ申候、申口事も、しやうもんを以申分、きやうくう之事すこし
もふそく申間敷にて候、ふそく被申候ハヽ、しやうもんをひつかい（カ）
被申候間、めしはなされ候共、両人も御同せんニあへて、か様由申
候て、相はなし可申候間、いこ之儀、すこしも御きつかいあるまし
く候、為後日、恐々謹言、

文六（文禄）三年甲午六月廿七日　別生（カ）斎 円阿弥（花押）

坂左 常清（花押）

いゝの殿御宿所

尚申候、申口なのりはんいまに申うけられす候間はんを不被申候
御きしんあるましく候、以上

一九一 佐竹義憲知行充行状

一参百九拾弐石九斗五升　岩ケ崎郡 上荒川村
一弐百五拾八石五斗　岩城郡 白岩之内
合、六百五拾壱石四斗五升也、別当入（カ）
但、此内百石ハ六供衆へ可有配分者也、

文禄五年卯月廿三日　佐竹又七郎（義憲）（印）

飯野式部大輔殿

一九二 鳥居忠政知行寄進状

奉寄進于
飯野八幡宮御神領之事、右之所者、奥州岩城郡内、於南好間村五十
斛之所也、仍状如件、

慶長八年癸卯　鳥居左京亮
八月十五日　忠政（花押177）

神主 飯野式部太輔（ママ）殿

一九三 内藤忠長寄進状

奥州岩城郡好間之庄平之飯野八幡宮神領、同郡南好間村之内五拾石
之事、為天下御祈禱、令寄附之畢、者毎年神事祭礼等、不可有怠慢
之状、如件、

寛永十五戊寅年十二月十五日　内藤帯刀
忠長（花押）

一九四　内藤義孝副状

奥州磐城郡飯野八幡　宮神領之事、被准御先規之旨、今度　御朱印
被成下之、於同国磐箇崎郡北好間村高四百石之地、被御寄附之畢、
全可収納之、社中門前山林竹木諸役御免除之、者、神主供僧社家門
前屋敷等、令赦役者也、仍而副状如件、

貞享三年六月十一日　磐城城主
内藤能登守
義孝（花押）

神主
飯野伊賀守殿

一九五　嶋田重政等二人連署状（折紙）

尚々平八幡神主飯野屋敷之儀、可然様ニ被仰付、尤存候、以上、

一書申入候、仍神主飯野居屋敷之儀、城近所ニ候間、何れ之仁にて
も被為置候者、於何方も、似合之屋敷、彼飯野ニ被仰付、其元ニ勘
忍候様ニ、可有御指南候、為其申入候、其元御有付候哉、無御心元
存候、爰元御用者、可蒙仰候、恐々謹言、

十二月十日　内修理亮
清成（花押）

嶋次兵衛
重政（カ）（花押352）

高須弥助殿
参

一九六　浅左馬頭（カ）書状

御状拝見仕候、然者先刻者、御尋忝存候、左様ニ候へハ、御寄進五
拾石之儀ニ付而、具ニ被仰越候、惣別御寄進之所ハ、始ゟ其様ニ被
仰渡候間、已来共ニ其旨可為之間、其御心得可被成候、弥助殿、伝
右衛門殿も其旨相違御座有間敷候、尤今晩成共、明日成共、御機嫌
を見合、右之段披露可申候、何事も期貴面之時候、恐惶謹言、

四月三日　浅左馬頭（カ）
ゟ

（飯野式部）
飯式様人々御中

7 〔国魂文書〕 平市大国魂神社 山名隆之所蔵

一 国魂経隆遺領配分状案

国魂太郎経隆遺領、陸奥国岩城郡国魂村、田畠在家配分事、

太郎成隆跡分

一所　参町　国魂太郎手作

一所　四段　亀平太

一所　二段　平金次

一所　六段　弥太郎跡
一所　参段　大夫太郎
一所　六段　小平三跡
一所　五段　中三郎跡
一所　七段　清三入道跡
一所　五段　平金太跡
一所　四段　越後
一所　七段　次郎入道跡
一所　壱町三段　王五郎入道
一所　三段　王三郎跡一町三段内
一所　二段　西念
（○紙継目）
一所　五段　若大夫
一所　一段　火打田八段内作人不定
一所　五段茅生辺　作人不定
一所　二段　光仏

屋敷

一宇　国魂屋敷
一宇　亀平太
一宇　平金次
一宇　弥太郎
一宇　小平三
一宇　大夫太郎
一宇　中三郎
一宇　清三入道
一宇　平金太跡
一宇　越後
一宇　王三郎跡
一宇　王五郎入道
一宇　西念
一宇　弥藤次
一宇　若大夫
一所　野畠　多所依古（カ）
一所　畠提（堤）根下

右配分之状如件、

正応五年閏六月十四日　中務丞大江在判

左衛門尉丹治

二　関東下知状

□□（国魂）十郎泰秀与岩間三郎盛隆相論、国魂村内泰秀知行分、田在家事、

右訴陳之趣、子細雖多、所詮件田在家者、以祖父経隆隆未分之跡、正応五年閏六月、被配分亡父成隆跡之間、舎兄秀隆与泰秀、所分領

也、而盛隆訴申秀隆之処、秀高召文違背之間、預裁許云々、以彼御下知、帯弓箭兵杖、打入泰秀家内、捜取資財物、焼払住宅、剰押領下地之条、難遁其咎之由、泰秀訴申之処、如盛隆陳状者、任文永御下知、可領知之旨、預裁許之上者、難称押領、次盛隆者正安二年二月、預御下知之間、至同四月、連々雖令相触、不及承引、経数月、運越資財雑具於他所、自身懸火於住宅、罷出偃盛隆放火之由、掠申之条、奸謀也云々者、如盛隆所帯御下知之状者、申破正応配分之条、悪所見之上、就秀隆召文違背盛隆預裁許□（押領）弟泰秀所領之条、為非拠歟、且放火事、為泰秀所行之由、盛隆雖称之、預御配分、当知行之所領、自身令放火、難退出之旨、泰秀所申、為其実歟、然則於盛隆、押領者所被停止也、爰任本知行、可預裁許之由、泰秀雖申之、成隆之跡、于今、無配分云々、可被支配也、次押領咎并同押領物事、被召盛隆所領之条、秀隆与盛隆、見于相論之篇、仍不及其沙汰者、依鎌倉殿仰、下知如件、

正安四年九月七日

相模守平朝臣（北条師時）（花押）

武蔵守平朝臣（北条時村）（花押）

（附箋）「北条相模守師時朝臣 北条武蔵守時村朝臣 連判 国魂十郎泰秀（印）」

「正安四年九月七日文書戊寅極（印）」（〇印判は了珉の鑑定印）

三 左衛門尉泰隆打渡状

国魂三郎太郎行泰申、同太郎隆直跡事、任 国宣之旨、所打渡候也、仍渡状如件、

建武二年七月五日 左衛門尉泰隆（花押320）

四 北畠顕家下文

（北畠顕家）（花押36）

下 岩城郡

可早令国魂三郎太郎行泰領知、当郡内国魂又太郎跡事、

右人、為勲功賞、所被宛行也、守先例、可致其沙汰之状、所仰如件、

延元々年四月廿六日

（附箋）「北畠中納言顕家卿袖判下岩城郡（印）」

「延元々年四月廿六日文書戊寅極（印）」

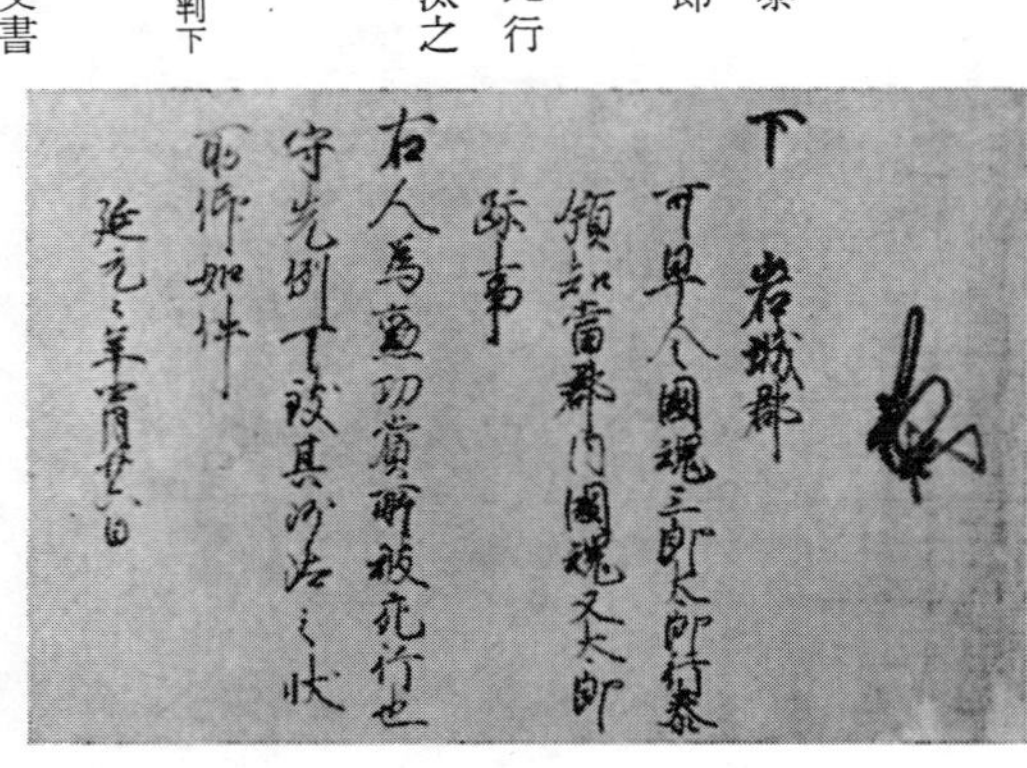

下 岩城郡

可早令國魂三郎太郎行泰

領知當郡内國魂又太郎

跡事

右人爲勲功賞所被宛行也

守先例可致其沙汰之状

所仰如件

延元々年四月廿六日

五 国魂行泰軍忠状

岩城郡国魂太郎兵衛尉行泰合戦目安

一当年三月十日、自宇都宮、霊山御楯属于当手乍、令参上畢、次東海道行方郡小池楯、大将之御共令申刻出張御敵連々間、致散々合

戦之軍忠畢、
一同四月九日、押寄小高楯、抽合戦軍忠者也、
一同五月中、馳向于渡城、致合戦之忠節畢、
一同六月廿四日、押寄小高楯、抽合戦之軍忠所也、
一同九月、自霊山、上方宇都宮御上之間、令供奉、至于御所、大番
令勤仕者也、
右、自最初、至于今、属于当御手、合戦之忠節之条、
御見知之上者、領（預）御注進、且預御證判、為備向
後亀鏡、恐々言上如件、

延元二年十二月日

（証判）
「承了　（広橋経泰）（花押64）」

六　国魂行泰軍忠状

陸奥国岩城郡国魂太郎兵衛尉行泰申合戦事
一去年十二月十三日、上野国富根河合戦、致忠畢、
一同十六日、武州安保原合戦、抽軍忠者也、
一同廿四日・五日、鎌倉飯嶋椙本合戦、捨身命、致忠畢、
一今年正月廿四日・廿八日、美濃国阿時河赤坂合戦、致忠者也、
一同二月十四日・十六日、伊勢国河又河口合戦、抽軍忠畢、
一同廿八日、奈良合戦、致忠了、
一同三月八日、河内国古市河原合戦、抽軍忠者也、
一同十三日・十五日・十六日、八幡渡野辺天王寺、於所々合戦、致
忠節畢、
所詮自勲乱、最前至于今、抽忠節之条、大将軍御見知之上者、預
御證判、為施弓箭面目、恐々言上如件、

延元三年三月　日　（〇証判欠）

七　佐竹勝義・法眼行慶連署打渡状

打渡
八幡降人所領半分事
右、陸奥国岩城郡国魂村田畠在家等、為中分、任 将軍家御下文并
御施行之旨、所沙汰付于国魂太郎兵衛尉行泰也、坪付有別紙、仍渡
状、如件、

暦応弐年三月廿三日　法眼行慶　（花押344）
（佐竹）沙弥勝義　（花押80）

八　佐竹勝義・法眼行慶連署所領中分坪付注文

陸奥国岩城郡、国魂太郎兵衛尉行泰、所領中分坪付注文事、
一、国魂村内田数
五段　筒口　本主分
壱段　（漆カ）浮石田
壱段　筒口

肆段　柚木前
弐段五合西付　榎木町
壱段　王藤次入道作
以上壱町肆段五合
同村内居屋敷
一、国魂村内田数
壱町　二平町　闕所分
弐段　根搦マり
弐段五合東付　榎木町
以上、壱町四段五合
同村内在家事
一所　平三郎在家
一々　筒峯野畠壱所
暦応弐年三月廿三日　法眼行慶（花押344）
沙弥勝義（花押80）

九　国魂行泰着到状

着到
岩城国魂太郎兵衛尉行泰
右、為宇津峯凶徒対治、大将御発向之間、自東海道、御共仕、令当参上者、為賜御判、着到如件、
康永三年六月　日

一〇　国魂行泰軍忠状

（証判）「承了　（吉良治家）（花押51）」
目安
岩城国魂太郎兵衛尉行泰申軍忠事、
□（右）軍忠者、去貞和三七月廿二日、馳著奥州伊□（達）郡藤田城大手責口、押攻壁際、抽戦功之条、岩城好嶋新兵衛尉令見知者也、将又凶徒降参之間者、守城内、可令警固之由蒙仰、致夜攻畢、次霊山宇津峯凶徒等、降参之間者、令供奉候了、然則賜御判、為備末代武勇、恐々目安如件、
貞和三年九月　日
（証判）「一見候　（吉良貞家）（花押52）」

一一　下野守某等二人連署禁制

禁制
岩城郡国魂村内国魂太郎兵衛尉行泰知行分濫妨事、
右、於彼所、軍勢并甲乙人等、不可致乱入狼藉、若於令違犯之輩者、随交名注進、可被処罪科之由也、仍制札、如件、
観応三年四月廿三日
下野守（花押401）
左衛門尉（花押403）

一二　下野守某等二人連署禁制

禁制

岩城郡国魂村内国魂太郎兵衛尉行泰知行分濫妨狼藉事、
右、於彼所、軍勢并甲乙人等、不可致乱入狼藉之由、先立被仰候処、違犯輩在之云々、事実者、太招重科者哉、随交名注進、可被処罪科之由候也、仍制札、如件、

観応三年五月十一日　下野守（花押401）
左衛門尉（花押403）

一三　吉良貞経披露状

（附箋）「吉良左近将監貞経 岩城国魂太郎兵衛尉行泰代（印）」「卯月十二日文書戌寅極（印）」

岩城国魂太郎兵衛尉行泰代子息孫太郎隆泰申本領訴訟事、無相違之様、可有申御沙汰哉、以此旨、可有御披露候、恐惶謹言、

卯月十二日　左近将監与性（吉良貞経）（花押55）

進上　凡海入道殿

一四　足利尊氏御教書（〇口絵3参照）

（附箋）「仁木右京大夫頼章判形 陸奥国岩城郡御袖判尊氏卿（印）」
「観応三年五月十五日文書戌寅極（印）」

（足利尊氏）（花押17）

陸奥国岩城郡国魂村内、国魂太郎左衛門尉隆直跡地頭職事、為勲功之賞、同国田村庄并藤村、替所宛行也、守先例、可致其沙汰之状、依仰執達如件、

観応三年五月十五日　右京大夫（吉良貞家）（花押54）

岩城国魂新兵衛尉殿

一五　国魂行泰代隆秀軍忠状

岩城国魂太郎兵衛尉行泰代子息新兵衛隆秀申軍忠間事、
右、去年（観応）三為陸奥国田村庄凶徒顕信卿已下御対治、大将御発向之間、四月九日馳参安積郡戸谷田御陣、同七月三日於田村庄柄久野原、抽戦功、同九日於矢柄城、致忠節、同八月七日馳向埋峯城、致警固、今年（文和）二於河曲口二月廿八日之御合戦、抽忠功、同四月五日・同十五日、於責口致軍忠、同五月四日至彼城没落之期、致忠節畢、然者早下賜御判、為備後證、恐々言上如件、

文和弐年五月　日

（附箋）「仁木右京大夫頼章判形 岩城国魂太郎兵衛尉行泰（印）」
（証判）「一見了（吉良貞家）（花押54）」

「文和弐年五月　日文書戌寅極（印）」

一六　吉良貞家書下

（附箋）「仁木右京大夫頼章判形 国魂新兵衛尉隆秀申（印）」
「文和二年十二月四日文書戌寅極（印）」

国魂新兵衛尉隆秀申、岩城郡国魂村半分先年収公跡（カ）事、佐竹弥次郎相共、莅被所、沙汰付下地於隆秀、可被執進請取之状、使節更不可有緩怠之状、如件、

文和二年十二月四日　右京大夫（吉良貞家）（花押54）

伊東右京亮殿

一七　小河義雄打渡状

陸奥国岩城郡国魂村内、太郎左衛門尉隆直跡、同女子分闕所事、任御教書之旨、国魂新兵衛尉隆秀、打渡候了、仍渡状如件、

文和参年二月四日　（小河）源義雄（花押81）

一八　伊賀隆泰披露状

国魂太郎兵衛尉行泰歎申、　陸奥国岩城郡国魂村内、田在家事、行泰妹女子与岩崎高久新左衛門尉令同心、行泰当知行分内、六月六日致苅畠、同十月五日致苅田狼藉之由、訴状如此候、若偽申候者、八幡大菩薩御罰、可罷蒙候、以此旨、可有御披露候、恐惶謹言、

文和三年十月十日　（伊賀）周防守隆泰（花押123）

進上　御奉行所

一九　吉良治家諸公事免許状

陸奥国岩城郡平窪・矢野目両村并国魂村内、神主知行分国衙正税以下年貢事、彼所々者、御祈所大国魂大明神祭礼以下、神役勤仕之間、諸御公事不致其沙汰云々、然者且任先例、且為　天下御祈禱所被免許也、殊全祭礼等、弥可被抽精誠之状、如件、

康安元年十二月十五日（吉良治家）兵部大輔（花押49）

大国魂神主山名下野守殿

二〇　吉良治家知行安堵状

陸奥国岩城郡国魂村地頭職事、任相伝之旨、知行不可有相違之状、如件、

貞治五年十二月九日　散位治家（花押49）

国魂新左衛門尉殿

二一　（参考）内藤義孝奥書

右国魂氏系并下文袖判等二十三紙、旧有錯簡、今因年号以次第之装為一軸、副以了珉鑒定之印、而寄附焉、永可為珍宝者也、

元禄十二年巳（ママ）卯春三月望

従五位下内藤能登守藤原義孝朝臣

8　〔岡本元朝家蔵文書〕　秋田藩家蔵文書一　秋田県立図書館蔵

一　岩崎隆泰和与状案

（へよう状カ）□事、

一王子宮内神田一丁事、

一清全（ママ）三屋敷田畠事、

一右平屋敷田畠事、

一伯耆房作田事、

これハハしめてさりたてまつる、

一地頭分にのこるやしき田畠事、

あら河入道・けんとう六・二平太、又あんとうたかつくわた、こ

れらハ地頭分として、（尼）あまいろうへからす、
このほかハあまのしんたいとしてかきり候、三丁の所当御年貢、
地頭方へさたし候なハ、ひころのことく、わつらいをとかくちや
うしすへき状、如件、

建長五年正月十八日　（岩崎小三郎）隆　泰在判

（注）「其書ノ裏ニ如是、」

奉行　在判
　　　在判

（注）「右古キ写ナラン、」

二　関東下知状

岩崎尼妙法代子息岡本又太郎親元与岩崎小三郎隆泰相論、皮成
村内条条事、
右被仰下問注之処、建長四年十一月廿四日・同五年正月十八日、両
方出和与状畢、守彼状等、各可令致沙汰也者、依将軍家仰下知如
件、

建長五年二月十一日

相模守平朝臣（北条時頼）（花押３）
陸奥守平朝臣（北条重時）（花押４）

三　金成親隆妻譲状

ゆつりわたす陸国（ママ）いやかさきのこほりかなりの村の内、たかさきの
在家壱う、在家付田八反事、
右件田在家ハ高善重代さうてんの所たるによりて、本主かなりの又
二郎たかちかの子息三郎四郎たかひろニ、かの所領の代ニ御下ちの
御下文てつきのせう文おあいそへて、永代をかきてゆつりわたすと
ころ実也、御くうしにおきてハ、せんれいニまかせて、つとむへき
也、やうくとしてゆつるところ也、もし又かうくんかなん女まこの
中おきても、かのゆつり状をそむて、ゐらんわつらを申物出候ハ
ヽ、ふけうのしんとしてかミへ申てさいくわにおこなわるへき也、
よてこ日のためにゆつり状如件、

けんこう（元亨）二年十月十一日しやミかうくん（〇金成又次郎隆親入道蓮生妻か）（花押）

山上八郎入道

四　将軍家政所下文

□（将）軍家政所下
可令早藤原祐親領知陸奥国岩崎郡内皮成村舎弟隆重分除之地頭職事、
右、任亡父親元弘安三年四月十五日譲状、可令領掌之状、所仰如
件、以下、

弘安八年四月廿三日案主菅野

令左衛門少尉藤原（二階堂カ）（花押）　知家事
別当陸奥守平朝臣（北条業時）（花押）
左馬権頭平朝臣（北条貞時）（花押７）

五　関東下知状

（〇前欠、一行分か）
□郡皮成村内田在家名字員数載譲状事

□(右)任亡父親元弘安三年四月十五日□(譲)状、可令領掌之状依仰下知如件

弘安八年四月廿三日

左馬権頭平朝臣(北条貞時)（花押7）

陸奥守平朝臣(北条業時)（花押）

六　岡本隆重・宅部家信連署和与状

和与

岡本四郎隆重与宅部兵衛四郎家信、相論奥州岩崎郡金成村内、

名田以下条々事、

右家信去年弘安十十二月日、令拝領岡本孫太郎祐親跡之処、以不知案内仁説、聊舎弟四郎隆重分亡雖申子細出、帯各別御下文上者、於隆重分領者永止綺舉、仍和与状如件、

藤原家信（花押134）

正応元年七月十日

藤原隆重（花押137）

七　関東下知状

□孫太郎資親申、陸奥国岩崎郡□□田事、

□名田者、代々為恩顧、宛行之処、資親今向背□□箇度、雖被下召文、下叙用之由、岩崎四郎左衛□□申之、弘安九十一月之比、以上総国雑色守吉、重被下召□□勘解由判官時連執進守吉申状者、持下御教書令□□親号物忩、不及請文云々、此上可宛給論所之由、隆綱雖申□隆綱所帯延応二年御下知状者、資親各別知行之条、分明□□難被付隆綱、被召上畢、而御使不到来之由、資親□□尋守吉之処、如陳状者、弘安九年十二月中旬持下御教書□□折節物忩也、不可請取之旨申之間、投入御教書畢云々、□□為熊野参詣、十一月十三日罷立金成村、十二月三日入洛、同十□□出京、同十八日詣本宮、同十九日詣新宮、同廿日詣那智畢、□□箇所宿坊現在之上、先達者隆綱舎兄三郎左衛門尉隆時、□□白鳥寺住僧道尊也、守吉被相語隆綱、構不実之□□之由、資親申之処、如守吉重陳状者、閏十二月中旬事也云々、□□十二月中旬之比者、自熊野山下向之次、依先達之縁、壱箇□逗留遠江国河村庄東方、同廿七日下着金成村之由、資親□□之間、且被尋彼東方地頭相模左近大夫将監師時、且仰□（〇紙継目にて読めず、或は断簡あるか、或は一行分のみ欠か）□汰人蓮覚、去年十二月廿二日起請文者、依先達所縁、□□閏十二月中旬之比不知定日、資親同舎弟二人、壱日令逗留、友□□云々、如家信執進、上矢田郷地頭妙蓮・林城郷地頭藤原□□倉郷地頭性空・鷹田郷地頭、今年正月廿五日起請文等者、弘安九年冬之比、熊野参詣仕、同閏十二月廿七日下着金成□□之条、無其隠云々、如下矢田郷地頭代妙願同日請文者、於熊野参□□者、無其隠承及候云々、如久世原郷地頭光隆同廿六日起請文者、□□奉公自建治二年至去年十一月上旬、不退鎌倉祗候之

間、不［　］子細云々者、資親或弘安九年閏十二月中旬之比、壱ケ月逗留河［　］庄東方、或同月廿七日下着金成村之条、蓮覚妙蓮藤原氏性実［　］起請文分明也、而背御使不及請文之由、守吉就注進、［　］実資親被召上所領、及侘傺之条、不便之次第也、然則於［　］（カ）皮屋敷名田者宛給、其替於当給人可返給、資親次御使守吉事、依難遁罪科、可改補所職於穏便仁之由、所被仰［　］人時連也者、依鎌倉殿仰、下知如件、

正応二年七月九日

陸奥守平朝臣（北条宣時）（花押 6）
相模守平朝臣（北条貞時）（花押 7）

八　沙弥某奉書

岡本孫太郎祐親後家尼空照申、譲補子息蓮性孫子季秀等、所領陸奥国岩崎郡皮成村内田在家安堵事、申状具書如此、所申無相違否、云当知行之段、云可支申之仁有無、載起請之詞、可令注申之由、被仰下候也、仍執達如件、

嘉暦元年十一月廿八日　沙弥（花押）

岡本孫四郎殿

（〇同日同文の「岡本四郎三郎殿」宛の文書があるが、省略する）

九　くうや譲状

ゆつりわたす六郎二郎かちきやうすへきたさけの事、みきむつのくにいわかさきのこほりかなりのむら、すけちかのちきやうふんのうち、まこたつわかくうやよりさきにしにたるあいた、すけちかのゆつりしやうにまかせて、くうやかはからいたるあいた、たつわかふんのうち、すけちか（祐親）もとのやしきからせつくのみなみのたのはたにある、もゝのきのもとより、うへのしみつのなつこと、にしのやまへきりて、やしきのまへいたん（二反）、たいたうよりはつ（カ）れみな（南カ）にいた（二反）ん、つきにまちたのきたのアセかた事いたん（一反）、あハせて五たん、六郎二郎ちきやうすへし、つきにあついのさなさいけ（在家）いたん（カ）ちきやうすへし、

一ちよこせん（千世御前）にゆつる二たんの事、たうん（カ）てん（カ）いたんあり、これもちよこせんいちこ（一期）のゝちハ、六郎二郎ちきやうすへし、御くうは五たんのさた（カ）へめいし、くてんにて、かくこの御くうハさたすへし、このにたし（カ）によりあいてさたすへし、しゝそん（子々孫）いたるまて、たのさ（他の妨）またけあるへからす、よてゆつりしやうくたんのことし、

かりやく（嘉暦）元ねん十一月二日　くや（花押 353）

「其書ノ裏ニ如此
任此状可令領掌之由依
仰下知如件

嘉暦元年十二月廿九日

相模守（北条守時）（花押）
修理大夫（北条維貞）（花押）」

一〇　金成隆親蓮生譲状

ゆつりあたうる、みちのくにいわかさきのこほりかな□（り）むらのうち、又二郎入道れんしやうかちきやうのふんの田在家、ならひに

さんやの事、
くたんのやしき、ミやう田等ハ、れんしやうちうたいさうてんのしよりやうたるによて、のこるところなく、こ（後家一期）けいちこゆつ□（リ）あたうるところ也、ならひに母くうせうの給はるところのけたい（外題）、すけちかのゆつり状、たい〳〵の證人、ともにあいそへてゆつる也、いちこはしんたいして、御くうしなんしゆ（公事難渋）なくさたしちきやうすへし、又こけいちこよりうちもの（ママ）ちも、はからいとして、このところの多少をはからい、あはせて山野にいたるまて二にわけて、子息小二郎と、三郎にゆつるへし、小二郎にハくうせうの（せカ）けたいにわけゆつり給はるところのやしきをゆつるへし、三郎にハれんしやうかいやしきをたふ（給）へし、これはこのやしきにい給へし、又みくうしさはくりも、もしたいしのさたなんともあらんときハ、きやうたいをなしことくに、一心にいゝあはせてさはくるへし、かまくらのほりもあらんときハかゐ〳〵のほるへし、ゆつりしやうをうけとらせんときハ二人にさためをくうゐをいちふんもそむき、なかをたかハしと、きしやうをかゝせてうけとらすへし、たゝしこのうち三郎かふん二たんハ、四郎に、ほうしにならハ、いちことらすへし、おとこにならハゐいたいゆつるへし、又小二郎かふんのうち壱たん、五郎にほうしにならハいちこゆつるへし、おとこになる事あれハ、せうふんたりといへとも、ゐいたいゆつるへし、御くたしふミならひに代々の證文も二にわけ、小二郎・三郎に二にわかちとらすへし、この状をもふたつしておく也、二人のこともにわかちたふへし、女子ハこのところにいちふんもいろいをなすへからす、もしいつれも二人かなかにこなくハ、三人の男子きやうたいのなかにゆつるへし、た人にゆつるへからす、いたはりくわきうたるによて、譲状たひつなり、この上子々孫々にいたるまて、いらんあるへからす、たのいろいあるへからす、仍為後状如件、

嘉暦四年正月廿日　　　　（金成又次郎隆親）
　　　　　　　　　　　　蓮生（花押138）

一一　金成蓮生隆親譲状

譲与

陸奥国いわかさきのこほりかなりの村の内、小二郎分の所領事、

右れんしやうかちきやうふんは、そうしてのこるところなく、こけにいちこハゆつるなり、母の心にすちかふ事あるへからす、一こよりのちはおとゝ三人に、わかちゆつるところのほかは、れんしやうか母くうせうのいやしきよりハしめて田さいけならひにさんやにいたるまて、のこるところなく、代々の御下文てつきのせうもん等、あいそへて子息小二郎に永代ゆつりわたすところ実正なり、御くうしハ三郎丸のふんよりしてハ、公田五町分の御くうしをさたすへき也、四郎丸かふんの御くうしハ、としことに弐貫文の用途をさたをさすへし、かまくら大はんをつとめんには、三郎丸と年かへにのほるへし、もしこのところにたいしのさたなんとのあらんときは、三

郎丸と二人して、おなしことくにとりさはくるへし、もしこなくハおと〻とものなかにゆつるへし、他人に譲へからす、子々孫々にいたるまて、たのさまたけあるへからす、仍のちのせんもん(ママ)のために、状如件、

嘉暦四年正月廿日　　蓮生(注)「花押同前」

一二　金成隆親蓮生譲状

(注)「ウハ書如此」
女房譲状

ゆつりわたす、いわかさきのこほりかなりのむらのうち、あにほうくう房母くうせうのもとより一こ(一期)ゆつりゑ給、つかた二段、ほうくう房一この〻ちハ、女房ちきやうせられ候へし、た〻し女房一この〻ちハ、れんしやうかこともにゆつり給へし、よてのちのために状如件、

嘉暦四年正月廿日　　蓮生（花押138）

一三　岡本重親譲状

(端書)「□」つひ田の事」

ゆつりわたす、みちのくにいわかさきのこほり、かなりのむらのうちの田事、

右田のつほはかつひ田四たん、心さしあるによて、いとこ五郎殿にゑいたいゆつりわたすところしちしやう也、た〻し御くうしにハ、まいねん百五十文のようとうをさたせらるへく候、もしこのむねをそむいて、子々そん〱にいたるまて、いらんをなす事候ハ丶、ふけうとしてそのあとをかさねてゑいたいちき　やうせらるへく候、よてのちのために、ゆつりしやうくたんのことし、

元弘二(四)年正月廿三日　　重親(岡本四郎)（花押129）

一四　後醍醐天皇綸旨

岩崎蓮生後家尼蓮心当知行地、不可有相違者、
天気如此、悉之、以状、

建武元年三月十七日　宮内卿(中御門経季)（花押）

一五　大塔宮護良親王令旨

高時法師以下朝敵之凶徒等、為誅伐、相催一門群勢、忩馳参、致合戦之忠者、可遣恩賞之旨、依 二品親王令旨、執達如件、

元弘三年四月廿一日右中将（花押）

岡本観勝房

一六　岡本良円軍忠状

当主(カ)（花押）（○この花押、前号と同形）

陸奥国岡本観照良円、属越中国合戦大将太海四郎左衛門尉貞光、致軍忠、初自五月十七日、至于七月十二日、北陸道惣大将軍供奉仕、令参洛候、以此旨、可有御披露候、恐惶謹言、

元弘三年七月十二日　良円上

(注)「其書ノ裏良円トアル辺ニ此判形アリ」

進上　御奉行所　　　（花押133）

（証判）「令存知候了（花押）」（〇この花押、6―一〇〇左兵衛尉に類似）

一七　官宣旨案

宣旨

（注）「古写」
左弁官　下陸奥国

応除高時法師党類以下朝敵与同外、諸国輩当時知行地、不可有依違事、

右、大納言藤原朝臣宣房宣、奉　勅、兵革之後、士卒民庶未安堵、仍降糸綸、被救牢籠、而万機事繁施行有煩、加之、諸国輩不論遠近、悉以京上、徒妨農業之条、還背撫民之義、自今以後所被閣此法也、然者、除高時法師党類以下朝敵与同輩之外、当時知行之地、不可有依違之由、宜仰五畿七道諸国、勿敢違失、但於臨時　勅断者、非此限者、国宜承知、依宣行之、

元弘三年七月廿六日　　大史小槻宿禰在判

少弁藤原朝臣　　（北畠顕家）（花押36）（注）「此花押、書ノ裏ノ中ホトニアリ」

一八　岡本重親申状

（外題、陸奥国司北畠顕家免判）「任　宣旨状早可令安堵

（注）「如前ノ花押在于茲キレテ鎧ニ見ヘス」　九月十五日」

陸奥国岡本孫四郎重親、謹言上、

欲早下賜安堵　国宣、備向後亀鏡、同国岩崎郡金成村内田在家事、

副進

一通　宣旨案

一通　下文案　弘安八年四月廿三日

一通　譲状案　正和四年六月十二日

右所者、亡父重円、依重代相伝之私領、相副弘安八年四月廿三日下文、譲得正和四年六月十二日、重親当和行無相違之上者、下賜国宣、欲備于万代亀鏡、若当知行所領之外亡、以不知行所領、掠申安堵国宣候者、可被処罪科候、恐々言上、如件、

元弘三年九月　日

一九　岡本蓮生後家尼蓮心代隆広申状

（外題、陸奥国司免判）「任　宣旨状早可令安堵

（北畠顕家）（花押36）　十月七日　」

奥州岡本又二郎入道法名蓮生後家尼蓮心代子息四郎隆広謹言□（上カ）、

欲早且任相伝知行旨、且依諸国平均　宣旨、下賜安堵　国宣、備万代亀鏡、当国岩崎郡金成村内田在家事、

副進

一通　宣旨案

一通　御下文案正応二年十二月一日祐親下文案

二通　譲状案（徳治三年五月十五日祐親譲状案 并嘉暦四年正月廿日蓮生譲状案）

右所者、蓮生重代相伝之私領也、而死去之時、子息等幼少之間、譲与尼蓮心、自一期之後者、為計男子等〻可分譲之旨、所定置也、所詮譲状等下文分明也、随而当知行無相違之上者、欲下賜安堵　国宣、備于万代亀鏡、若以不知行地、掠申　国宣者、可被処罪科也、恐々言上、如件、

元弘三年十月　日

二〇　岡本蓮生後家尼蓮心代隆広申状

（外題）（○前欠）
「（北畠顕家）（花押36）　十月七日」

奥州岡本又二郎入道（法名蓮生）後家尼蓮心代子息四郎隆広謹言上、

欲早且任相伝知行旨、且依諸国平均　宣旨、下賜安堵　国宣、備万代亀鏡、当国岩崎郡金成村内地頭職田在家事、

副進

一通　宣旨案

一通　下文案（正応二年十二月一日祐親下文案）

二通　譲状案（徳治三年五月十五日祐親譲状案 并嘉暦四年正月廿日□□状案）

右所者、蓮生存命之時、自母空照方、譲得之申関東安堵相伝知行之処也、而蓮生嘉暦四年正月廿日死去之時、依為子息等幼少、譲与尼蓮心、自一期之後者、為計男子共〻可分譲之旨、所定置也、所詮代々譲状御下文分明也、仍当知行無相違之上者、欲下賜安堵国宣、備于万代亀鏡、若以不知行之地、掠申　国宣者者（マヽ）、可被処罪科也、恐々言上如件、

元弘三年十月　日

二一　岡本隆広着到状

陸奥国御家人岡本四郎
隆広、馳参御方候、以此旨、
可有御披露候、恐惶謹言、
元弘三年十月八日藤原隆広上

進上御奉行所　（注）「其書ノ裏藤原隆広トアル隆ノ字ノ辺ニ此判アリ」（花押136）

（証判）「承候了（足利尊氏）（花押17）」

二二　岡本隆弘着到状

著到

陸奥国岡本三郎四郎隆弘

右、于為御共馳参、自須賀河供奉仕候、仍着刻如件、

元弘三年十一月卅日

（証判）「承了　（花押436）」

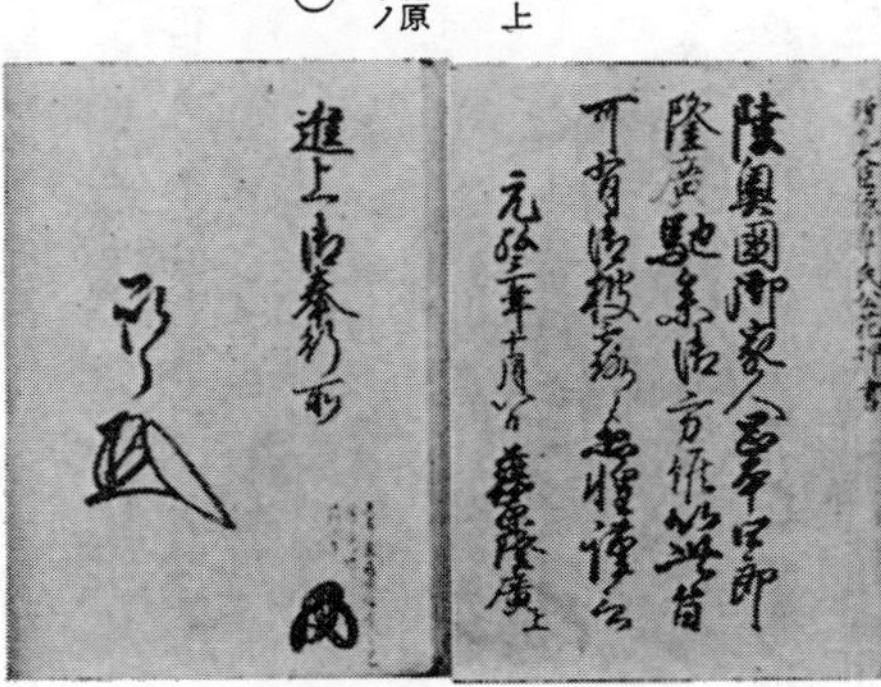

陸奥国御家人岡本四郎
隆広馳参御方候以此旨
可有御披露候恐惶謹言
元弘三年十月八日藤原隆広上
進上御奉行所

二三　陸奥国宣

（北畠顕家）（花押36）

伊達得(徳江)江三郎蔵人頼景申、岩崎郡徳宿肥前権守跡事、先度被仰之処庶子等支申、于今不打渡云々、何様事哉、下日莅彼所、守御下文之旨、可被沙汰付頼景代、使節及遅引者、可有其咎者、依国宣、執達如件、

建武二年九月六日　右近将監清高奉

加治五郎太郎殿

二四　岡本親元室譲状

ゆつりわたす、ミちのくにいわかさきのこをりのうち、かなりのむらのたの事、

右このたハ、ほんしゆちかもとのてより、まへかたもゆつりうるあいた、かなりのそうりやう三郎四郎たかひろおい(老)たるによりて、たいくの四たい、せうもんをあいそへて、ゐいたいゆつりあたうるところ也、もしこのまゐたにいらんさまたけをなさんともからニをいてハ、ほんしゆのいましめのことく、かミへ申てさいくわを申あたふへし、よてのちのせうもんのために、しやうくたんのことし、

けんむ(建武)二ねん十二月二日　(岡本又太郎親元室か)れうしやう（花押）

二五　岡本良円軍忠状

(足利尊氏)（花押17）

陸奥国岡本観勝房良円軍忠事

右□(良)円、去月五日属御手、馳向西坂本西尾□□(致カ)忠責上之刻、於坂中地蔵堂上、御敵返合之処、御方軍勢引□□(返)(之)□、良円残留天、捨一命防戦、追帰御敵畢、此条同所合戦之間、白岩彦四郎・鳥羽左衛門二郎、令見知了、随而自同八日至于同十九日依為要害之地、承大将御陣後山尾令警固了、同晦日合戦之時、於中御門烏丸討合敵乍被疵右手即令討取之畢、此条池上藤内左衛門尉・結城七郎左衛門尉、同所合戦之間、令見知者也、其上於頭殿御前預御見知了、如此軍忠無其隠之上者、賜御證判、為備向後亀鏡、目安如件、

建武三年七月　日　「(証判)(高師冬)（花押20）」

二六　足利尊氏感状

(足利尊氏)（花押17）

岡本観勝房良円軍忠神妙、可有恩賞之状如件、

建武三年九月三日

二七　沙弥某奉書

池上藤内左衛門尉泰光申、亡父真雄遺領相模国池上内荻窪田在家、伊賀国光岡石成内神部服部、常陸国多珂郡内湯和美村、出羽国北条庄下高梨子村田中田在家等地頭職安堵之事、申状副具書如此、所申無相違否、云当知行之段、云可支申仁之有無、載起請之詞、可致注申状、依仰執達如件、

建武四年正月十八日沙弥（花押438）

岡本孫四郎殿

二八　岡本隆弘着到状

著到

奥州岩崎郡岡本三郎四郎隆弘

右、著到如件、

建武四年三月廿二日

（証判）「承了　（花押428）」

二九　岡本隆弘代国近軍忠状

目安

岡本三郎四郎隆弘代孫次郎国近軍忠事

右為宇多庄凶徒対治、自中金八郎殿、依被差遣伊賀左衛門次郎貞長、属于彼手、十月十九日罷立岩城郡、同十一月一日押寄横河城、致合戦条、御見知之上者、賜御判、為備後證、目安如件、

建武四年十一月　日

（証判）「承候了　（中金義長）（花押63）」

三〇　岡本良円着到状

著到

奥州岡本観勝房良円

右、南都幷八幡天王寺御発向之間、御共仕候畢、仍著到如件、

建武五年三月廿一日

（証判）「（高師直）（花押19）」

三一　岡本良円着到軍忠状

著到

岡本観勝房良円

右、去五月晦日八幡御発向之間、御共仕、為黄検之衆、自同六月十八日至于七月十一日、於八幡山南尾、昼夜令警固訖、仍著到、如件、

建武五年七月　日

（証判）「（高師直）（花押19）」

三二　岡本良円軍忠状

岡本観勝房良円軍忠事、

一去二月廿八日南都御共仕、於奈良坂本、致軍忠畢、

一同三月十二日男山御共仕、同十三日合戦抽軍忠畢、

一同十四日天王寺御共仕、同十六日安部野合戦、致軍忠、則攻入天王寺、致合戦之刻、新田西野修理亮之手者一人生捕之条、於天王寺面之□（野カ）、石河孫太郎入道・長田左近為奉行、被遂実検之上、高橋中務亟為奉行、重被実検畢、

一同五月廿二日於泉州堺浜合戦、致忠節畢、

一同晦日男山御共仕之処、被定黄笠注衆之間、良円為其人数、同六月十八日攻登男山城之南屏際、致合戦刻、被射左肩畢、同七月二日於善法寺口、致合戦之時、被（疵脱カ）右手訖、此等次第石河孫四郎・同弥次郎同所合戦之間、令見知之、上野介大弐房被遂実検畢、凡

御発向宸初自六月十八日、凶徒没落之期至于七月十一日、云不退宿直、云所々御発向御共、著到等分明也、然早賜御判、為備亀鏡、恐々言上、如件、

建武五年潤七月　日

（証判）「（高師直）（花押19）」

（注）「其書ノ裏ニ如此ノ判二ツアリ」
（○花押省略す）

三三　岡本隆弘軍忠状

当国菊田庄大波多山合戦事、

岡本加成三郎四郎隆広、先懸被射右高腿（股）、被切左小宇手、致合戦忠畢、仍言上如件、

暦応三年三月廿三日

（証判）「（相馬親胤）一見候了（花押107）」

三四　岩崎隆連女子弟熊訴状

岩崎新左衛門尉隆連女子字弟熊謹言上、

欲早亡父隆連為未分令他界上者、被停止孫子若熊丸非分押領、預面々御配分岩崎郡内金谷・津々良・秋山・後田・高坂・輪蔵以上六ケ村間事、

右、隆連為未処分他界之間、於彼跡者預面々御配分、欲令知行之刻、世上動乱之間、令延引之処、隆連孫子若熊丸可下賜安堵之由、掠申之条、希代不可説奸曲也、所詮、以御善政預御配分、令安堵、為弥抽戦功、恐々言上如件、

暦応三年七月日　（注）「其書ノ、於彼跡ハ、トアル裏此判形アリ、」（花押）

三五　関東召文御教書

岩崎新左衛門尉隆連女子字音熊申、隆連遺領岩崎郡金谷以下六ケ村事、訴状如此、早企参上、可被弁申之状、依仰執達如件、

暦応三年八月二日　沙弥（花押）

美作守（花押402）

岩崎若熊殿

三六　岡本隆広軍忠状

岡本三郎四郎隆広申軍忠事

右、隆広軍忠者、於去暦応三年三月廿日菊田庄大畑山合戦者、広橋修理亮・高久彦三郎隆俊以下凶徒等寄来之間、懸先隆広致散々合戦、被射右高股、乍被切左小腕、追返御敵等了、此条当郡守護相馬（親胤）出羽権守、令見知之上者、無其隠者也、仍給御判、備後證亀鏡、為施弓箭面目、恐々言上如件、

暦応四年二月七日

（証判）「承了（石塔義房）（花押45）」

三七　岡本重親代山田重教軍忠着到状

著到

岡本孫四郎重親代

山田六郎重教

右奥州凶徒蜂起之由、被仰下間、十月八日馳参三迫鎌糠城、自同九日至于十七日、於成田城致夜攻并野臥、抽節忠候畢、然早給御判、為備後證、仍著到如件、

康永元年十月十七日

（証判）「承了　（花押432）」

三八　岡本重親代山田重教軍忠状

岡本孫四郎重親代山田六郎重教申軍忠事、

右奥州凶徒蜂起之由被仰下候間、十月八日馳参三迫鎌糠城、自同九日至于十六日夜、於里屋城致夜攻并野臥、十七日被寄八幡城候間令供奉、同廿六日被寄津久裳橋城候間、馳向搦手、同廿八日切入城内、追落御敵候了、然早下給御判為備後證、仍恐々言上、如件、

康永元年十一月二日

（証判）「承候了　（石塔義房）（花押45）」

三九　足利直義下知状

岡本四郎五郎隆季申買得地両条

一陸奥国岩崎郡金成村内、田四段四至堺載證文事、

右田地者、岡本孫四郎重親相伝之地也、而建武元年七月七日、限永代、隆季買取之、当知行無相違之上者、可賜安堵之旨、就申之、為糺明実否、遣召符之処、如今年康永二九月五日請文者、沽却無異儀云々、且当所私領之条前々其沙汰訖、任重親放券状、可令隆季領掌、

一同村内田壱段四至堺載證文事、

右、如隆季備進元徳三年九月二日同大弐房寛慶沽券状者、永代売渡之由、所見也、因玆、為遣召符之処、如今年九月五日請文者、沽却之条無相違云々者、子細同前、次公事間事、雖載沽券、有無宜依先例焉、

以前条々下知、如件、

康永二年十一月廿日

左兵衛督源朝臣（足利直義）（花押18）

四〇　足利直義書状

御札之旨、謹拝見仕候了、此事仰趣、不可有子細候、さりなから、ちと思案儀くわへ候て追可申入候、以此旨、可有御披露候、恐惶謹言、

乃時　　直義上　（花押18）

（注）「充所ナシ」

四一　岡本隆弘着到状

着到

右大将御発向之間、岡本三郎四郎隆弘、馳参渡郡萱野浜候畢、仍着到如件、

康永二年九月十七日

(証判)「承了　(花押433)」

四二　散位某奉書案

岡本孫四郎重親申陸奥国岩崎彦三郎隆俊跡事、重訴状如此、子細見状就去年八月三日詣、又其沙汰歟(カ)、所詮不日退隆宗等、任重親所仰暦応三年七月二日御下文、厳密可被沙汰付、且遵行実否載起請詞、可被注申、使節於緩怠者、可有殊沙汰之状、依仰執達如件、

康永三年七月四日散位御判　(花押)

(注)「其書ノ裏紙ノ継目ト見ユル所ニ此判アリ、此書ノスヘノ貞和二年正月ノ書ニ又判形アリ、合見レハ則相応ス、」

(石塔義房)
石堂少輔四郎入道殿

四三　足利尊氏下文

(足利尊氏)
(花押17)

下　岡本観勝房良円

可令早領知、信濃国中野郷内中野佐藤太跡地頭職事、

右為勲功之賞、所宛行也者、守先例可致沙汰之状如件、

貞和元年十一月十二日

四四　岡本重親申状

「ウワ書如是」
「岡本孫四郎重申状貞和二正廿四」

岡本孫四郎重親重言上、

欲早乍為岩崎兵庫亮隆宗度々降参［　］背数ケ度御教書、押領上者、任御下文御施［　］幷御教書旨、仰于当郡御管領畠山殿方、被［　］御教書、被打渡下地勲功地陸奥国岩崎郡内［　］崎彦三郎隆俊跡内御厩村事、

副進

一巻、御下文以下度々御教書案先進畢、

一通、御教書案、

右、於隆俊之跡者、重親一円拝領之条、御下文分明也、而彼隆俊末子隆宗乍為度々降参之身、以御厩村押領之間、訴申之処、去々年康永二八月□日石堂彼(殿カ)於隆宗者於隆俊末子依令降参、当村預置之由就有御注進、被経次第御沙汰後、所詮任重親所給御下文、可被沙汰付之由、去年康永三七月四日、重仰于石堂殿、雖被成御教書、不事行之刻、御領管御下向之上者、急速可被沙汰付之由、被成御教書、為全知行、重言上如件、

貞和二年正月□日

(注)「其書ノ裏紙ノ継目ト見ユル所ニ此判形アリ、前ノ康永三年ノ書ノ裏ノ判形合セ見レハ則応シテ一判トナル」

四五　武蔵守高師直施行状

信濃国中野郷内中野佐藤太跡地頭職事、任去十二日御下文之旨、可被沙

汰付岡本観勝房良円之状、依仰執達如件、

貞和元年十二月六日武蔵守（高師直）（花押19）

小笠原信濃前司（貞宗）殿

四六　吉良貞家軍勢催促状

於楢（カ）葉郡有合戦之由、相馬出羽権守親胤・桜井野三郎敦重等注進之間、所差遣賀子禅師也、属彼手可被致忠節之状如件、

貞和二年八月十六日右京大夫（吉良貞家）（花押52）

岡本三郎殿

四七　岡本隆弘代和賀弥七著到軍忠状案

著到

岡本三郎四郎隆弘孫「本書如此」代和賀弥七

右、為伊達郡藤田。（靈山「本書如此」）城凶徒対治、去七月廿日、自安達郡成田大将御発向之間御共仕、至于宇津峯城攻致忠勤候畢、仍著到如件、

貞和三年八月日

（注）「按スルニ古キ草案ナラン」

四八　岡本重円置文

（足利尊氏）（花押17）

まこ四郎にゆつるといへとも、あまうへいちこのほとハ、やしき田はたけもしんたいにて、おとうとともゝ、はくゝミすこされ候へし、これにいちふんもすちかい候ハゝ、ふけう（不孝）のこにて候へし、又おとゝとゝもにゆつるところ、こなくハまこ四郎かかたへつくへし、よてのちのために、おきふミ（置文）くたんのことし、

しやうわ（貞和）四年六月十□日重円　（花押354）

四九　左兵衛尉某等連署奉書

被仰下之砂金事、京都御奉書如此、早為面付之役拾両、来月廿日以前可被済納、若令難渋者、可有其咎之由候也、仍執達如件、

貞和六年正月廿六日左兵衛尉（花押）（〇花押、6—100と同形）

沙　弥（花押433）

岡本孫四郎殿

五〇　岡本良円申状

（足利尊氏）（花押17）

岡本郷房良円望申

法眼事

右、蒙御免、弥為致忠節、言上如件、

観応二年二月日

五一　岡本良円軍忠状

（足利尊氏）花押同前

岡本郷房良円謹申

右良円、致年来奉公之上、去年十月廿八日、備州御下向御共仕、路次之間、抽奉公忠節、今年正月十五日於二条川原致忠、同二月三日播州滝野光明寺合戦、次同十七日摂津国打出合戦御共仕者也、於湊

川城雖令人多没落、不奉離上、致夙夜奉公之条、被知食之上、清撰之着到明鏡之上者、下賜御判、為備面目、恐々言上、如件、

観応二年三月日

五二　岡本親季申状

岡本彦四郎親季申

左兵衛尉

右、蒙御免、弥為抽忠節、恐々言上如件、

観応三年卯月一日　（足利尊氏）花押同前

五三　岡本隆弘申状

岡本三郎四郎隆弘申

掃部助

右、蒙御免、弥為抽忠節、恐々言上如件、

観応三年卯月一日　（足利尊氏）花押同前

五四　岡本良円軍忠状

（足利尊氏）花押同前

岡本郷房良円申

右去年、自京都令供奉之処、於駿河国手越宿、可遂東国御使節之由、被仰下之間、同十二月三日立手越宿、通御敵等中、就令催促小山・宇都宮、即馳之間、自其罷下常陸国、相催佐竹上総入道、取請文、又罷越那須・白川、令催促之処、那須安芸守者、不能請文、白川弾正少弼者申御請間、令帰参候之条、忠節無其隠之上者、賜御判、為備末代武勇亀鏡、恐々言上如件、

観応三年卯月十三日

五五　足利尊氏軍勢催促御教書案

吉野和睦之間、依仰下　綸旨、下着鎌倉了、早可致軍忠之状、如件、

正平七年正月十八日　（足利尊氏）花押同前

岡本弥二郎殿

（〇「岡本三郎四郎殿」宛の同日付の同文書あり、省略す）

五六　足利尊氏官途推挙状

勘負尉所望事、所挙申公家也、早可存其旨之状、如件、

文和二年三月八日　（足利尊氏）花押同前

岡本孫四郎殿

五七　足利義詮軍勢催促状

陸奥国凶徒退治事、属左京権大夫（斯波家兼）手、可抽忠節之状、如件、

文和四年六月廿七日　（源義詮）（花押14）

金成三郎四郎殿

五八　足利尊氏安堵御教書

（足利尊氏）（花押17）

奥州岩崎掃部助親父隆貞、為冣初御方討死以下、当身忠功相続之上者、本領当知行之地、不可有相違之状、如件、

延文二年十一月八日

五九　弘喜催促状

京都上洛御教書案文如此、早致其用意、可被馳参候也、仍催促之状、如件、

延文四年五月十一日　弘喜（花押355）

金成入道殿

六〇　岡本聖縁代小野右衛門太郎着到軍忠状

岡本掃部助入道聖縁代、小野右衛門太郎申軍忠事、

右、糠部御発向之由、被仰下之間、郡内同心仕、去月廿五日、於高泉御陣、馳参之上者、下賜御判為後證、恐々言上如件、

康安元年十月五日

承候訖、（花押）

六一　左京権大夫官途推挙状

淡路守所望事所挙申也、可存知之状如件、

永徳三年八月十五日左京権太夫（花押）

岡本助太郎殿

六二　岡本重親書状

自何事於国度々御合戦仁、為不変御方、今度又至于埋峯城攻、被致忠節候由承候、目出度存候、諸事下向之時可申談候、恐々謹言、

三月廿八日　（岡本孫四郎）重親（花押130）

岡本弥次郎殿

六三　上杉朝宗書状

依菊田事御合力悦入候、随而敵城没落之間、殊悦喜候也、恐々謹言、

三月十四日沙弥禅助（上杉朝宗）（花押91）

謹上、岡本孫三郎殿

六四　祐公等鶴岡八幡宮修理料納状

納　鶴岡八幡宮御修理料陸奥国段銭事

金成三郎四郎知行分岩崎郡金成村内一町分合五百五十文者

右所納如件、

応永弐年三月十日　祐公（花押356）

行法（花押357）

六五　道金譲状

こゝろさしあるによつて、ハなはしゐいたひをかきつて、ゆつりわたすところしつ（実）なり、

道金かちきやう分ニ、南ハりんしやうをかきつて、にしハゆわてをかきつり、北ハみさはこもたをかきつて、山野ハすこしものこらす、しもかなり内ハ、田畠共ニのこらす、上かなりおいても、寺領神社までもあいのこるところなく、永代限テゆつりわたす也、

一、菊田ついてぬまへニ、かきノ内半分、ゐ（カ）しり之畠七反、かとの

之内ハかきたはやか内一町、一宇、
一、小野ほうニ、あかぬまミやうふ内出しを小たいら内一丁、一宇、くうせうのゆつりのことく、隆しけゆつり相そゑてゆつりわたす処実也、そうりやう一続（族親類）しんるも、いらんあるましく候、仍為後ゆつり状如件、

道金（花押）

亨（享）徳三年癸酉七月十一日

六六　沙弥道秀知行安堵状

こんとの弓矢ニ、心かハりなく、たてニ御つめ候ほとに、かなりとのへほん知行さおいなくあるへく候、仍而為後日状如件、

くわんしやう（寛正）七年二月一日

沙弥道秀（花押358）

（注）「表書ニ」かなりとのへ　道秀

六七　足利義晴御内書

以佐竹新介、太刀一腰・馬一疋河原毛駮到来、尤以神妙、猶晴光（大館）可申候也、

九月廿日　（足利義晴）（花押）

（注）岡本入道とのへ

「上包ニ」岡本入道とのへ

六八　足利政氏書状

依岩城父子相頼、顕材西堂被参候、云炎気、云遠路、劬労痛候、雖然此度之事御身躰安否候之間、西堂被参之条御高運候、別而雖被成御書候、被染御自筆候、急度属御本意様、西堂相談走廻候者、可為御悦喜候、謹言、

六月廿四日　（足利政氏）（花押27）

竹隠軒

竹隠軒　政氏

六九　足利政氏書状

岩城父子両三人之間出陣之事、以使節被仰出候、速存其旨候様、可加意見候、連々別而忠信之由聞候、於本意之上、有曾（増カ）御刷可被成之候、巨細周岳首座可有対談候、謹言、

七月五日（注）「花押同前」

竹隠軒

竹隠軒　政氏

七〇　足利政氏書状

其地仁有滞留佐竹岩城出陣相急之由、町野蔵人入道申上候、忠儀之至誠感心候、猶以急度応上意参陣歟、不然者一勢立進候之様、加意見候者、可喜入候、仍而義舜方へ為使節、被遣能悦候、有談合、可有助言候、謹言、

九月十七日（注）「花押同前」

竹隠軒

竹隠軒　政氏

七一　足利政氏書状

深存忠信之由、町野蔵人入道言上、誠感思召候、殊令滞留其地義舜参陣之事、相拵由聞候、欣悦候、仍向古河、可有御動座候、将又顕材西堂歓楽減気之由聞召候、目出度御大慶候、巨細能悦政助可申遣候、謹言、

十月十四日（注）「花押同前」

竹陰軒

竹陰軒　政氏

七二　足利政氏書状

佐竹右京大夫、并岩城　下総守参陣之事被仰出候、何も速被応上意様、意見　専一候、其方忠信之様躰　周岳首座能悦申上候、誠御感悦候、於御本意之上、可有　御恩賞候、謹言、

二月十七日（注）「花押同前」

竹隠軒

竹隠軒　政氏

七三　足利政氏書状

岩城父子三人方へ参陣之事、別而被仰出候、速応上意候様、切可加意見候、去々年巳往忠信此時候、巨細町野入道可令対談候、謹言、

上巳（注）「花押同前」

竹隠軒

竹隠軒　政氏

七四　足利政氏書状

来廿八日、向古河御動座、去年以来之首尾候、義舜相談拵御本意候様、岩城下総守父子三人ニ加意見候者、可為神妙候、于今其地太田ニ滞留、併忠信之至候、尚々感思召候、巨細能悦可令対談候、謹言、

十月廿三日（注）「花押同前」

竹隠軒

竹隠軒　政氏

七五　足利政氏書状

今月十日以前必可令出陣之由、以誓詞佐竹右京大夫言上候、寔目出可存候、猶以急度参陣候様、義舜ヒ加意見、一勢可立進之段、下総守両三人之方へ被仰出候、聊存其旨候様、加詞候者、可為感心候、巨細政助可申遣候、謹言、

六月二日（注）「花押同前」

竹隠軒

竹隠軒　政氏

七六　足利政氏書状

岩城父子参陣之事、去今両年、無相違、捧御請内儀無別条段、雖勿論候、高基免許之事佐竹右京太夫同心言上、関東之諸士違却之様可存条、甚以不可然候、被対顕材西堂、御心底之趣具直被仰出候、西

堂節儀無比類之上、為代被参事　御高運候、令談合下総守并民部大輔〻、断而参陣之事、可加意見候、若於此上も思惟候者、急速一勢相立候之様、到陣可喜入候、単憑思西堂之由、於此地被仰出候、定而可有物語候、此度早々属御本意様走廻候者、岩城於末代、可為名誉候、万乙両篇共無曲候者、一途御覚悟旨候、可得其意候、謹言、

六月廿一日「花押同前」(注)

竹隠軒

竹隠軒　政氏

七七　足利政氏書状

高基空然悃望之㝡中候、万一令入眼候者、弥以忠信可簡要之由、岩城父子〻意見可然候、巨細能悦政助可申遣候、謹言、

正月廿九日「花押同前」(注)

竹隠軒

竹隠軒　政氏

七八　足利政氏書状

依岩城父子相頼、被抂駕候、遠路之労煩誠痛候、去年以往、身躰単信彼父子候之処、可免許高基候段言上落力候、然間染自筆候、被対予別懇曲之由、町野蔵人入道・簗田大炊頭令申候、欣然候、急速致出陣候之様、可被加詞候、憑入許候、巨細能悦・政助可令伝語候、恐々謹言、

六月三日　政氏「花押同前」(注)

禅長寺

禅長寺　政氏

七九　足利政氏書状

於古河遂会面候、于今難忘候、仍高基不孝故退古河候、偏身躰岩城両三人〻憑候、速属本意候之様、可走廻之段、被加詞候者、可為大慶候、平頼入候、恐々謹言、

七月七日　政氏「花押同前」(注)

顕材西堂

顕材西堂　政氏

八〇　足利政氏書状

重而、為使節、被遣町野蔵人佐候之処、旧冬之覚悟不相替由、氏俊申上候、誠以目出度候、同者今月中馳参候様、断而岩城父子〻意見可悦入候、偏憑入許候、巨細政助可申遣候、恐々謹言、

二月九日政氏「花押同前」(注)

顕材西堂

顕材西堂　政氏

八一　足利政氏書状

年来親子之間、兎角与風当地古河へ御出候処、高基殊外懇切候、定而目出可被存候、毎事其方懇志不相忘候、仍而岩城民部太輔方へ、去々年候哉、馬令所望候、于今不進上候由之事候、来月六日已前、

可然馬引進上候様、意見可為喜悦候、尚遅々候者、不可有曲候、頼
入計候、巨細正喆可申遣候、恐々謹言、
壬六月廿三日　道　長（足利政氏）（注）「花押同前」
禅長寺
禅長寺　道長

八二　足利政氏書状

妙誉遠行巻説之間不実候上（ママ）思惟之処、彼使僧申候、心底令察候、祇
園ニ居住之時節、別而走廻候き、忠信于今叵失候、恐々謹言、
林鐘十五　道長（注）「花押同前」
禅長寺
禅長寺　道長

八三　足利政氏書状

竹隠自最初之忠信、誠御悦喜候、義舜岩城父子仁参陣事、意見之由
聞召候、感思召候、於御本意之上有曾（増カ）御刷被成之度許候、竹隠方へ
懇切申届候者可然候、謹言、
七月二日　（注）「花押同前」
町野蔵人入道殿
町野蔵人入道殿　政氏

八四　足利高基高氏書状

就至于当地、被移御座、下総守方へ被成御書候、此砌、抽諸士励忠
勤之様、如意見候者可然候、於御本意、有曾（増カ）御刷、可被成立之候、
巨細田代中務太輔（ママ）可申遣候、謹言、
十二月廿一日　（足利高氏、後改高基）（花押23）
竹隠軒
竹隠軒　高氏

八五　足利晴氏書状

去春者、以使節申遣候之処、懇切言上悦入候、御帰座之儀、畢竟被
任候之条、引詰被相稼候者、弥以可為感悦候、猶簗田八郎可申届
候、謹言、
八月七日　（足利晴氏）（花押29）
梅江　（注）「外ニ、付札ニ晴氏ノ書トアリ、此花押義氏ノ花形ト同シクシテ中ノ画一ツ少キナリ、」
（注）「上包ニ如是」御書　梅江斎

八六　足利藤氏書状

急度被成御書候、忠信逼塞之由被聞食、感被思食候、弥義重前相稼
早速御帰座之儀、至于走廻者、可為御悦喜候、謹言、
卯月廿二日（花押）
梅江斎

八七　足利藤氏書状

急度申遣候、武田晴信今般向武州、出張可有之由、其聞候、各相
談、御威光之儀、至于相稼者、可為喜悦候、巨細簗田八郎可申遣
候、謹言、

卯月廿二日　「花押同前」(注)

梅江斎

「上包ニ如此、但二通トモ一包ニテ、付札ニ義氏ノ書トアリ」、

御書

八八　佐竹義舜書状

大はしとよた方是進候、たゝし、あんせつニ仰付候ハん事者、無曲
可存候、此由御心得あるへく候、恐々謹言、

十二月廿七日　(佐竹)義舜（花押74）

竹隠軒

八九　佐竹義舜書状

今般成湯治候処、旁色々御懇之儀快然之至、忝令存候、内々此度平
へも参年来御礼等雖申届度候、湯治迄罷越候間、無其儀候、特ニ植
田へ御越種々御取成祝着候、将又宇都宮口揺之事、時節承可得其意
候、夏中入来可為快然候、恐々謹言、

四月二日右京大夫義舜（花押）

謹上、竹隠軒へ

追而令啓候、

御越之事必々可有之之由承候間、待入之処、于今無其儀候、所
用共候、御辛労候共、御越可為尤候、重而恐々、

謹上　竹隠軒　右京大夫義舜

九〇　佐竹氏義起請文

今度義舜一和之上者、対岩城、自今以後、全不可存余儀候、

一小野崎山城一類、并江戸但馬守一類永代相捨、義舜并岩城同心可
加退治候、

一義舜一家披官前々遺根之儀候共、此和談之上、一点不可有等閑
候、

若此条偽候者、

八幡大菩薩・摩利支尊天、可蒙御罸者也、

十月八日　(佐竹山入)氏義（花押68）

岩城殿

(注)「右、日光ノ午王一枚ノ裏ニ書之」

九一　佐竹義舜書状

雖未申通候、啓候、抑長々御在京候、然者竹隠軒へ申届旨候、急度
御帰国尤候、其儀候ハヽ、当方へ直入来所仰候、当洞中悉如本意
候、定可為御大慶候、恐々謹言、

(永正九年カ)閏四月廿六日　右京大夫義舜（花押75）

謹上　誕蔵主

謹上、誕蔵主　右京大夫義舜

九二　砂誉譲状

従　御屋形様連々拝領之地、一所不相除、曾端蔵主譲渡処実也、仍
為後日、證文如件、

永正拾三年丙子十二月吉日　妙誉

(注)「右ノ裏ニ」

曾端蔵主所分之事、令得其意候了、依定如件、恐々敬白、

永正十三年十二月七日　　義舜（花押75）

竹陰軒

九三　佐竹義舜書状

内々従是可令啓□□之刻、□□旁芳札誠快然候、従何事所労気附而、成湯治候処、色々御懇之儀難謝候、特御秘蔵馬数多給候、賞翫之至、何も既立置致秘蔵候、帰宅已来悉本意服候、内々廿日比可有入来由承候間、待入候処、于今無其儀候、如毎年莵角候ハヽ、不可有御越候哉、遙ニ此口へ無御越候間、夏中入来可為快然候、此度取分御辛労、御懇志共無申計候、将亦小山南之　上様御　在城候、近年宇都宮特ニ小山領御入部候、然間宇都宮小田結城古河様へ佗言被申上候由其聞、佐野佐貫皆河南之　上様無余儀奉守之候、

大上様古河口へ、重而御動候由其聞候、如何様珍敷候、子細候者、急度可令啓候、奥口之儀無相違様ニ候歟、早速無為落居、可為肝要候、恐々謹言、

三月廿九日　　義舜（花押75）

竹隠軒江

九四　佐竹義舜越請文

一、人返之事、江戸譜代之者、至名代土民百姓迄、可帰之由申付不用候者、始当所於義舜、直々成敗之地、至于子々孫々、不可許容事、猶以致追放候者、於当方中如何様之人躰候共、許容之方候者、成其咎、其地不可指置事、

一、於洞中遠所々面々者、人返之事、岩城方申談、連々可加催促候、若堅於難渋之上者、其間之可為覚悟事、

一、人返之段、義舜如此相定巳後、江戸領分之者、引越許容之儀候者、加催促不同心候者、可加退治事、

右、彼六ケ条、江戸懇望之旨、自岩城任催促、令同心候上者、対他家弓矢之馳引等、洞之諸沙汰以下、義舜無二可申合事簡要候、万一但馬守父子被存疎意候者、何事於申合候共、不可有其曲候、若此旨偽候者、

上ニハ梵天・帝釈・四大天王・日月・五星・七曜・北辰・北斗二十八宿・十二星等、下ニハ、内海・外海・竜王・竜主・堅牢地神・閻魔法・五道大神・太山府君・司命・司禄・冥官・冥衆・倶生神、殊者日域擁護熊野三所権現、并十二所権現・九十九所王子・大峯葛城両大権現・王城鎮守賀茂下上・松尾・平野・大原・稲荷大明神・祇（マヽ）薗・午頭天王・北野・日吉・春日・住吉・蛭児大明神・八幡三所大菩薩・芳野・蔵王権現・吉田・広田・梅宮大明神等、別而出雲大社・伯耆大山・備前吉備津宮・安芸厳島・長門神宮（功）皇后・亀宮（山カ）八幡大菩薩、九州者宇佐八幡・彦山三所権現・天神・阿蘇・宇都大明神・近江多賀大明神・越州気比気田大明神・賀州白山・能登石動山・美

濃南宮・伊富貴・因幡大明神・尾張熱田・信州戸隠・飯縄・諏訪上下大明神・富士浅間大菩薩・伊豆箱根両大権現・三嶋大明神・鎌倉若宮八幡・武州六所大明神・上野赤城・下野日光・宇都宮・涌泉大菩薩・総州香取大明神・妙見□(大カ)菩薩・奥州塩亀(竈)・六所鍐提(磐梯カ)・富田大明神・出羽羽黒・月山・葉山・湯殿・鳥海大明神・当国鎮守鹿嶋大明神・築(筑)波六所・息栖大洗静宮・佐都鷹山大明神・金砂・真弓・花薗二十一社・太田八幡大菩薩・□松大明神・吉田・笠原・水戸・早俊・国王・酒戸・飯宮・摠一千五百諸大王子・河和田八幡大菩薩・十二所権現奉始、大野稲荷・処々稲荷、并築山稲荷大明神・祇薗午頭天王等、摠者日本国中三千七百二十余社、大神祇御罸、義舜蒙子々孫々、四十四続節、八十三折骨、九億毛吼、毎弓箭之冥加尽子孫、於立所致自滅、長矢名代、来世ニテハ処阿鼻大城無出期、不可奉拝日月曜者也、仍起請文之状、如件、

永正七庚午年十二月二日　義舜(注)「血判居判同前」

江戸但馬入道殿

同　彦五郎　殿

(注)「右熊野午王三枚ノ裏ニ書之」

九五　上杉朝良書状

雖不改御床敷候、云遠路不自由之間、節々不令啓候、其方事色々其聞候、雖然逐日御本意之様候歟、大慶候、御檀方へ別而雖可令啓候、不図之便宜候之間無其儀候、可然様御伝聞所仰候、去年七月三崎落居、道寸父子於城中討死、定痛敷可思召候、然者於当国、対早雲庵可遂一戦覚悟候処、一向其以後敵不打出候、此春中相州調儀相催候、彼僧其方暫可令堪忍分候、折々者彼副御訶候者、可為祝着候、恐々敬白、

(永正十六年)三月三日　(上杉朝良)建芳（花押92）

普門寺侍司

九六　上杉朝良書状

竹隠軒御堅固候哉、承度候、紹蔵主御床敷候、仍和尚御出世候哉、遠境之事候間、不詳候、毎篇可預免許候、

先度其方御同宿越給候、彼帰路時、心底之透具申届候、特以毎々筋目弥不可有御等閑様、承候之間、偏憑敷存、重而令啓候、可然様預御執合候者、猶忝可存候、委細可在彼口上候、恐々敬白、

九月十四日　建芳(注)「花押同前」

謹上　普門寺

九七　上杉朝良書状

其方御入候由、今度始而令存知候、路次不自由故、疎遠之様候、本意之外候、西堂へ以状申候、能々御伝達所仰候、此方之様躰、彼僧中可有面語候間、不能重説候、其口静候者、被聞合入来願望候、恐々敬白、

五月廿一日　建芳(注)「花押同前」

紹公知蔵禅師

紹公知蔵禅師　　建芳

九八　上杉朝良建芳書状

先度面談快然至候、心静不申承候、素意外候、御上寺以後様躰承度候、奥州へ下着候者、先卒度可及回報候、定此方可被透候、路次以下可加言候、于今遅々無心元存候、御舎弟御有者候哉、是又御床敷候、恐々敬白、

十月十三日　（上杉朝良）建芳（花押 92）

工金斎

九九　上杉朝良建芳書状

雖不始儀候、従御檀方万々懇承候、忝候、然者幸便難黙止候上、重心底透申届候、弥可然様御取合所仰候、此口事者、以色々、計策大概属本意候、然而相州事、（北条早雲）伊勢宗瑞今度者、対此方成敵、相州へ令乱入候、上州口悉取静候者、相州へ被成動候、（足利）政氏様此方へ別而御懇候、御父子間、有御和談政氏様如思召ニ可有之事、於此方も肝要候、普門寺異他申承候間、不残心底啓候、恐々敬白、

八月十四日　建芳「花押同前」（注）

謹上、　竹院軒

一〇〇　小野崎朝通・同親通連署起請文

敬白天罰起請文事、

右意趣者、（岩城）親隆幷常隆御父子江約束申神名事、

一（佐竹）義舜進退之事者、旧冬竹隠軒江申談候、筋目不可有相違候、

一対申総州御父子、当方ニ有而存余儀者、雖我々於相語候、不可致同心候、其人躰於不可隠申候、

一他家之人躰ニ毎々申承方候共、対申総劢御父子、存余儀方へハ不可申談候、

一年内申談候縁約事、不可違篇申候、

一御家風中背御意罷越、我々於雖被憑候、不可致許容候、

一於子々孫々、不可存余儀候、此儀偽候者、

蒙上ニハ梵天・帝釈・四大天王・日月諸天・諸竜王・天之廿八宿・地ノ三十六禽・堅牢地神・閻魔法皇・五道冥官・大山・荷君名主・司命・司録・倶生神、特ニハ日本第一大領現（マヽ）・熊野十二所権現・大峯・葛城殊ニハ王城ノ鎮守、稲荷・祇薗・住吉・八幡・賀茂・春日・松尾・平野・北野天神・三十番神、別而冨士・浅間大井（菩薩）、関東鎮守、伊豆・箱根・三嶋大明神・鎌倉若宮八幡大菩薩・上野赤城大明神・日光三所権現・宇都宮大明神・当国筑波権現・佐都・鷹山大明神・花薗七社権現・鹿嶋大明神・太田ノ八幡大菩薩・諏方・稲荷大明神・吉田・笠原・水戸大明神御罸、四十四之続節、八十三之折骨、九億ノ毛穴毎、今生ニテハ白癩・黒癩ノ成身、来世ニテハ阿鼻大城ニ処シ無出期、日月之光耀ヲ不可拝申、仍起請文之状、如件、

小野崎山城入道（朝道）

（注）「愚按、明応三年甲寅已後ノ江戸氏カ神文モ又同シ、」

甲寅八月十六日　　（小野崎親通）（血判）
沙弥禅通（花押）
小野崎三郎
藤原親通

好間殿
岩城殿　参

（注）
「右、熊野牛王二枚ノ裏ニ書之、」
（○これと同文同日同宛の江戸但馬入道沙弥道徹血判起請文あり、省略す）

一〇一　小野崎父子・江戸父子連署起請文案

対岩城、自今以後、不可存余儀条々題目之事、

一如去年申定、筋目無二心相守、儀舜太田帰城之事可取成之事、
一今度正印、并一家傍輩中へ返付所帯、少も不可有違変之事、
一義舜兄弟被忘岩城之志、企不儀事候者、令同心岩城可相捨正印事、
一岩城方江戸但馬守縁約、全不可有違変之事、
一岩城儀絶之方へ、此以後不可申通事、
一岩城不審之者、此以後不可致許容事、
一此以後、総州父子対両人等閑候与申人躰候者、不可隠申事、惣而、自今已後、到子々孫々迄、対岩城全不可存余義候、若此旨偽候者、
霊神名

小野崎父子
江　戸父子

一〇二　某起請文案

条々申定題目

一祝言以前、太田へ自身可有出仕事、
一所帯返之事者、相互義たるへき事、
一祝言翌日に氏義手切事、其上において京亮ひさいへ御動候者、同心にはたらきをなさるへき事、
一其方無越度うへに京亮御等閑義候者、無二其方可致同心事、
一一段御望義、涯分可被相付当方候、万一其義無御信用候者、其方無余義可申談事、
右条々若偽候者、神名如常候、

十二月廿七日

（注）
「右、古キ草案ナリ、」

一〇三　某起請文案

条々

一於何事も、屋形様御下知大細共ニ、不可奉存無沙汰之事、
一雖無申迄子細候、始末共ニ、上様江一点不可存疎遠緩怠之事、
一対老母江申忠孝之儀、殊異見等不可相背事、
一朝夕無覚悟之者与深甚ニ寄会、落雑談、軽々敷立振舞、努々不可有之事、
一無用之所江出入、況夜宿等之事、
一無思慮若者共、簾中近不可召入之事、

一就諸事両代被相定候、所帯等為自分各ヘ不相談、依若輩聊尓之族申成、或者取放、或者不可改之候、万一至于越度無沙汰之砌者、老者共ニ申合可取刷之事、

一至于何事も、聊尓ニ有出語而無首尾不可有之事、

一於家中、以細事、短慮ニ男女折檻不可有之事、

一某若輩故、道宗道固、如両代、朝夕之覚悟奉対上意而も、亦者家風年寄共意見ニ附而も、不致手引、惣別随意之進退ニ可有之由、深被思食候之処ニ、老母老者共数日、爰元之義、種々後日之其聞申定候上、於自今以後者、上意旨其外沙汰以下各召寄致談合、公解厳密に可被落着之事、為後日如件、

（注）「右、古キ草案ナリ、」

「又、其上包ノ紙ニ、」

是ハけいこけんこに御各伐（マヽ）ニ落居之時、左衛門殿御老母北ニおき御申可有之由御詑言之時、けいこより誓紙御所望、安文日光御内義を以松庵あそはす、

一〇四　竹隠軒書状案

就此時宜、今朝以御代河内雖令申候、尚以令啓候、御新所御一家中宿老知行分、当乱中相替候計可注給候、以前之御證文之内ニ、自前々、相違之地共被書加候、不可然候、幾度申候と、当乱以前替候地之事、於旦方、不可及調法候、恐々、

竹隠軒

佐竹殿へ参

（注）「右、古キ草案ナリ、」

一〇五　佐竹義篤書状

八朔之為祝儀、樽并茄子送給候、目出度快然之至候、仍団一本進候、表一義迄候、万吉期来日候、恐々謹言、

八月一日　（佐竹）源義篤（花押78）

謹上　松庵

謹上　松庵　源義篤

一〇六　佐竹義篤知行安堵状

依上之内足蔵村、任先例速可有知行候、然者寄馬等之義、如申定候、可有之状、如件、

天文三年

（十一月）霜月朔日　義篤（花押78）

掬月斎

一〇七　源真書状案

世上之儀少も被思慮、可預意見事尤候、又存分をも申候ハて、不叶事にて候、世間之儀うしろ計までにてハ不可有曲候、存分をも正直ニ承へく候、又可申談候、今夕つよく心を一つに万々可申承候、我等存分、別而めつらしき儀ハ無之候、方々得存分ヲも可申合候、心底ニ少もゆたんハ候ハす候、何かに心つくし、すいりやう候へく候、人来之時分和掃同心候へく候、した

ちハさいそく申さしを支(き)候へく候、世間無類(何方ニも)躰候、くわしくハ

直可申候、此一札火中候へく候、

以前使して如申候、入来候て巨之儀被談明日、脚力被立しかるへく候、唯今あつく候て、心しつかに雑談可申様も無之候、其上明日之用所計候間、暮ほとに入来、心しつかに可被談候、一昨玉ニも如申候、当口へはかく〳〵とて罷越候条、内々遊山をもと存候へ共、至于今日、少も無手透躰候間、不及其儀、結句爰元之様躰見申候て給候、苦労も増進之様候、罷越候翌日より、万返酬(カ)申候やうに候へ共、不安事候間、未落居に候、自然油断之様にも可有之候由、さ推量顕之候、

(岡本禅哲)梅江斎　源真

一〇八　源真書状

尚々、あまりに〳〵、於如何(カ)無心元まゝ為文申候、様躰をしも(カ)まち入計候、仍増修も夕、致帰宅候、罷出候時分、到来　申へく候、尚々　一両日にハ一向不届、くち惜御座候、

一両日にハ無入来候、いか様(之カ)御隙も候哉、無心元存計候、我々者毎日普請場ニ有之処ニ、一向ニ不預御尋候、単ニ不審にて候、依之去書中申届候、委可預返札候、然ハ当まち中之奉行衆何としても在地之者に而無之候と(カ)存候、かやう之儀をも陣前ニ相定度候、有公夫(御使カ)可被請、かしく

梅江斎　真

一〇九　某書状

尚々、何篇陣之儀ハ不可相延候、其用意尤にて候、方々ハ、俄ニも可相調とえ頼、又少々にてもと覚悟候て、武具以下こしらへ候事、ゆう〳〵之様ニ可有之候へとも、各ハそこを可見合由推量申候間、ふしやうニも陣急速之様ニ、武具以下をも随而こしらへられ、惣別をも被引立可然候、今朝も雨中ニ候へとも、河左其外以一両人、陣之用意種々及催促候、為心得申候、返答之通も無之候、但別而用も候者、早々可承候、

雨中いかやうの遊山も候哉、承度計候、我々徒然之躰、更々難筆紙候、仍氏治出馬之様躰小原より注進候、連雨之時分不審千万ニ候、助之儀ハ(カ)西方へ可申越候、直ニも被届候へと申候、鉄炮なとの儀も太石なとへ可申越候、同意之挨拶　尤にて候、雖勿論、陣之支度不可有油断候、

梅へ　身

一一〇　伊達稙宗書状

態令啓候、抑今度就岩城弓矢、去年以往御当方へ申合候上、去秋至于四倉張陣、従其口後詰之御行相待候処、蘆名方・田村方無為之儀催促、殊更禅長寺東堂、被企芳駕被成、在陣彼一儀懇望候キ、然間為始厥方相談候、旁当方同然之和睦第一之篇目仁申出候条、於岩城

承諾之上令落着候ツ、然処此度江戸彦五郎方為荷担成隆中途へ出張、覚外之刷言語道断候、此則者義篤任申談、筋目雖可致厥動候、和融一決之上、無幾程可及再乱事、外聞葉何之由加遠慮、御両所へ為使者申立候、被差捨万障、御当手岩城被属御円味、就中江戸彦五郎方江同意之衆有免除、御屋裏被相静候様能々御意見肝要候、巨細道作斎任口上、閣筆候、恐々謹言、

十一月廿七日　左京大夫稙宗（伊達）（花押187）

謹上　掬月斎

（注）「其書ノ端ニ、天文初ト別筆ニテ書付アリ」

謹上　掬月斎　左京大夫稙宗

一一一　伊達晴宗書状

態令啓候、抑相馬方懸田三良引組当方及鉾楯候、然者義篤（佐竹）之御事者、岩城方并此方へ別御懇意ニ候、因玆楢葉口へ御出張之儀令懇望候、重隆之事者近日当地へ可被打越ニ候、此刻木戸被打入候様、被加御意見候者、末代迄褒芳意不相立、一入可申合候、万々任入候、恐々謹言、

三月廿日　晴宗（伊達）（花押179）

菊月斎

（注）「其書ノ端ニ別筆ヲ以テ、天文十二年癸卯ト書シテアリ」

菊月斎　自西山

一一二　佐竹義重書状

今度当口出陣付、岩城各別有着陣被相拵候、本望候、殊更取分小川弾正忠参陣候而、万走廻太悦候、其上末之事者、子共契約之儀承候、此口如存知候者、不可有別心候、此由御理尤候、恐々謹言、

九月十日　義重（佐竹）（花押72）

梅江斎

梅江斎へ　義重

一一三　佐竹義重条目

一寺山在城衆へうちこに年内かんにん分かしおくへき事、

一三ヶ一の合力いつれへも得其意候事、

一赤館属手候ハヽ、奉公の次第により侘言に可相任事、

九月十八日　義重「花押同前」（注）

梅江斎江

一一四　佐竹義重書状

今度於当地むそく（無足）のものともに相当之所候ハヽ、可遣之候、恐々謹言、

九月廿日　義重「花押同前」（注）

梅江斎江

梅江斎江義重

一一五　佐竹義重書状

其口江被打越已来者、何事候哉、無心元存候、然者従甲州、小貫佐

渡守帰路、書中共為披見進之候、条目者別而無用所候間、不進候、恐々謹言、

十月十一日　義重（花押72）

梅江斎

追而、白土右馬助方へ申届候返札も差添進之候

（注）「清音寺旧記ニ曰ク、元亀三年八月小貫佐渡守甲州へ使ニコサルトアリ、此書ハ蓋シ元亀三年十月ノ書ナラン、」

一一六　小山秀綱書状

（鯨岡カ）絲図文書被為見之候、誠爰元江弥好深重之亀鏡、併此筋目、無其隠儀候歟、特在陣事繁刻、所持候而、被入一覧候条、且御真実之旨趣快然、且目出度候、何様彼等之段心静、重而可宣候、万吉、恐々謹言、

（九月）長月廿八日　（小山）秀綱（花押82）

梅江斎

梅江斎　従祇園東

一一七　小山秀綱書状

当幕被紦好被討之候条、以其筋目、近年弥被遂悃意、特更連々幕文被直之度由之際、今度於壬生陣中申合候、此所老父高朝江兼日相理候ニ無異儀候、如件、

元亀四癸酉年

（十月）初冬七日　秀綱（注）「花押同前」

梅江斎

（注）「上包ニ、別筆ヲ以テ依上之御判形也、トアリ、」

一一八　小山秀綱消息

かへす〳〵、なにより然中はいのうへ、心しつかにたいたん申よろこひ候へく候、日ましにしみ〳〵と候事、まことにたのもしふかたしけなふ候、いよ〳〵こんいふうちをかれす、よししけへ伊せ千よ丸すゑ（江）久しふ、なをさりならぬとりなしおハしまし候やうに、梅かうへつねのことくさニたのミ申候へく候、ミふさいちん申きさミ（刻）、こま〳〵と御ふミ御うれしく候、ことに見事のさも井こし給候、もやうめつらしく、又御こゝろはへのほとかきよのなくさミに申へく候、さてはぬい物一たんまいらせ候、ことふきのしるしまてにて候、したかつて身のまへれん〳〵うけ給候まゝ、このたひまかせ申候つる、御よろこひのよししめし給候、それの一すちハもとよりのきなから、なを〳〵こゝもとへよしミふかふ候ハんため、ことさらはい（梅）江日ころの御こんし（懇志）もたしかたく、まつ〳〵もたせ候にかた仕（カ）り申候、なにさま日からに見申したて候て、これよりこし申へく候、よろつ身の心えほとに、いせんのまゝにハうたれ候ハぬやうにと、こうしやうに申候へく候、めてたさ幾ひさしくとのこし申候、あなかしく、

（十一月）霜月十五日　ひて綱（注）「花押同前」

まつ山うへゝ　秀つな　まいる

一一九　孝哲書状

猶々、たゝいま自拵之飛脚にて候間、聊申届候、

明察それへ音書申度由候、尤ニ御覚悟候者、其趣此回章ニ可承候、仍今日陣替候歟、無御心元候、彼是委うけ給へく候、かしく、

梅江斎　孝哲

一二〇　孝哲書状

急度申越候、仍一昨夜中実城火事出来、残候家ハ陣屋・大膳・中務・刑部太輔、是等計之由申候、切かミ持来者かくし候て不申候、承越分者たかや河内・よこくら豊前家二ケ所間よりたき出候由申候、誠無是非候、即刻不入何ケも、彼地へ被趣度候て候、旧冬以往いたミ申候、くし下近日者猶場遠きう（カ）所なと二三ケ所申候、其上のり馬とても持不申候間、旁々以不罷成候、自何実城之西之門やけ申候、迷惑ニ候、大せん一札為御披見進之候、恐々謹言、

二月十八日　孝哲（カ）（花押）

閑斎江

閑斎江　自古内崩（マヽ）

一二一　岩城重隆書状

返々、こゝもと御抃候而、今度内義ハ先々御落着之御返事、偏ニ庵主へまかせ入許候、老後之上一剋も急中合度候、重隆苦労も第一此義にて候、頼入はかりに候、

先立以一簡申候、御参着候哉、近日者無音ニまかり過候事意外候、仍去年已来、義篤へ一段懇望之儀、一途之御返答無之候、御遠慮も無余義候、乍去重隆事も無躰之儀ニ無之候歟、能々被御申分任入候、後日之事も、何趣仰合候共、可輙候歟、中〳〵不申出候者不苦之処、自他共ニ無其隠之上、引詰御納得候様ニ、諷諫偏ニ頼入外無他事候、受元あひ延候者、横合之取成者、少々洞中よりも可有之候、庵主之重隆御届之事者、此御取成候、御加世義第一候、禅和尚よりも愚意之旨委可被仰越候、猶彼是金成治部少輔口状ニ申候、恐々謹言、

（四月）卯月廿六日　（岩城）重隆（注）「花押同前」

松庵江　重隆

一二二　岩城重隆明徹書状

急申届候、仍於于会津時宜相違、結局我儘ニ被相重題目候之由承、寔以不及是非次第ニ候、然者老拙罷出、彼是直談可申候、已前も如申候、先々有在留可被仰合候、御当方へを（者カ）可申合筋共候、巨細可令対語候、上不能細書候、太田へ可被仰越義も候者、細ニ以書状可然候、万々各可申合候、恐々謹言、

五月十九日　（岩城重隆）明徹（花押142）（注）「黒印也」

梅江斎

（〇これと同日同文同宛の明徹書状（黒印）、他に一通あり、省略す）

一二三　岩城常隆書状

尚々、先度□（懇カ）之御辛労候き、難申尽候、

彼祝言付而、先度者長々御滞留候き、忝存候、仍従大田、為迎新衛其外、旁々山能上手迄御越候由申候、誠忝次第候、然者以使者、如此候、御礼申度候、御代河内親子間を越度候、一両日之内ニ可遣候、其時者書状を指そへ被申へく候、懸之事云明隙候間、何様近日寺家へ可参候間、乍卒度可懸御目候、将又出羽口之事者、伊達衆数多打死之由申来候、于今彼地ニ被立馬間、取合ハ寂中と存候、恐々謹言、

（四月）卯月廿七日　（岩城）常隆（花押144）

竹隠軒　南より

（注）「此書ノ祝言ハ岩城常隆ノ女、義舜ニ嫁ス時ノ書ニ当レリ、此女ノ腹ニ、義篤永正四年七月二日ニ生ス、按スルニ、義舜太田帰城文亀二年以後永正二三年ノ書ニ当レリ、光得考之、」

一二四　岩城常隆書状

尚々、此方より調法可然之由、於彼口も内々申廻之由候間、急度憑入越申度之由申候、

此間者久不能面談候、仍小田府中為調法、内々喜西堂を憑、小田へ越可申承候処、以之外眼病気渡候間、不申出候、然者天福寺可憑入分候へとも、老後御事条、可為如何候哉之由、車より被申越候、御造作ニ候共、侶蔵司憑入度之由申候、大概之以人躰者、彼寺家之無事、取刷之事者外聞も如何、平ニ憑入度之由雖申こし候、御同心簡要存計候、万一指合候事も候者、天福を越可申候哉、時義辺之事者、定而御不弁たるへく候間、如何之由存候へとも、其外ニは度急誰をとそ、越可申方無之候間、迷惑之由申候、依御返答、得其意車へ可申遣候、恐々謹言、

八月廿三日　常隆（花押144）

禅長寺参　南より

一二五　岩城常隆書状

尚々、御意見故、結句両度及参会候、

多賀谷使罷立候哉、御心安候へく候、将又遅休斎内々御意見之間、一昨日参候者申候、重今晩可致請約覚悟候、同衆申度存候へとも、座中義憚候間、乍存候彼方、条々関東辺之様躰対語候き、大概及返答候、河越江無余義趣細々候つる、我々も先々簡要之由存候、恐々謹言、

十月九日　常隆（花押144）

普門寺参　常隆

一二六　岩城重隆書状

就今般無事、種々御辛労、更ニ不知所謝候、抑東館之事承候、唯今為題目者、不及覚悟候之由、条々申分候き処ニ、義篤御納得本望候、両家以代官被遂会面、和尚様被返御輿、重隆事も帰城之上、白

川へ及其届候而、東館之事をハ速ニ為破却可申候、爰元八幡大菩薩、摩利支尊天も照鑑候へ、不可有偽候、可御心易候、諸余猶重而可申承候、恐々敬白、

九月尽　　重隆（花押141）

松菴江

（注）「其書ノハシニ、別筆ニテ天文拾辛丑年トアリ」

一二七　岩城常隆書状

返々、猶口上ニ申候、

明日不図可有帰路之由承及候、別而取成等も望無之候、暫御在留之義、可為本望之段申候之処、無其曲候、今度初而来越申談候而、祝着候、乍去、有兎角疎遠申候事無念候、被任梅江斎筋目者、以后者節々上下所希候、聊無隔意、可申承事勿論ニ候、至于御同意者、可為大悦候、吉事重而、恐々謹言、

六月晦日　常隆（花押146）

好雪斎　　常隆

一二八　武田信玄書状

去比令啓候処、悃報祝着、仍駿・相之境長々在陣、如存分得勝利候、可御心易候、因玆愚存、重而以高尾伊賀守申候、不相替御指南可為本望候、恐々謹言、

三月三日　（武田）信玄（花押98）

梅江斎

（注）「上包ニ」

梅紅斎　　甲府

一二九　小田政治書状

如来意、義篤為御使入来、折節両方へ相積候、于今口惜候、抑覚悟通具御届候て、此般条々示給候、先以心易存候、一途候様節々御意候て尤候、於自今以後、相当之儀可申承候、余事期来信候、恐々謹言、

六月一日　左京大夫（小田）政治（花押86）

謹上　掬月斎

（注）「其書ノ端ニ、永正年中末、ト別筆ニテ、書付アリ」

（注）「上包ニ」

謹上、掬月斎　左京大夫政治

一三〇　三浦義同書状

其以後者久不申承候間、欲令啓候処、預簡札候、快然候、仍伊勢入道当国乱入故、上杉建芳被出馬、小田原城涯迄悉打散人馬長陣相労候間、先被打帰、来春重而可有調議候、兼又用林和尚、永々御在寺候、折節乱中之間、御窮屈痛敷候、当国之様躰、定可有御伝語候、将又馬黒毛無文給候、時分柄尚以祝着候、随而鉾鎌隆広進之候、余者重而可申候、恐々敬白、

十月十九日　　（三浦義同）道寸（花押）

拝呈、　竹隠軒

拝呈　竹隠軒　道寸

一三一　**下野守成長書状**

先度令啓候処、懇切之御報忝次第候、特御旦方御忠心至奇特存候、（被カ）彼登参陣一刻も可被急段、公私待入許候、旧冬以来御申之筋、敵味方無其陰候処、于今御遅留、且者　公方様之御為、且者其国之御為、不可然候、有御悠々、不慮之御闕所有出来者、千言万句無曲候、既当国人馬之刷、可然時分候、聊御参陣候様、御意見専一候、恐々謹言、

三月十三日下野守成長（花押）

謹上　竹陰軒

謹上　竹陰軒　下野守成長

一三二　**那須政資書状**

依無題目、遙々不申承候、又不懸御目候、於心底者毛髪不令存違心候、仍向黒沢之地、義篤之（与カ）風御出陣、数手深谷取刷之事、御存知之前ニ候、於政資毛好々致存知候、彼之地落居之事者、不可須時日様（カ）躰ニ候間、可御心安候与、以先年御懇切之儀、於今も難忘計候、恐々謹言、

八月六日　（那須）政資（花押85）

松庵江

一三三　**那須資晴書状**

態以使申届候、于今其地御張陣、漸寒気与云、労煩之至察入候、節々可申承候、其元御取籠、令量無其儀候、非疎意候、万々口上申含候条、不具候、恐々謹言、

（十月）小春廿日　（那須）資晴（花押84）

梅江斎

一三四　**海老名政貞書状**

去比者、為御使節其地へ参候之処、色々御取成、祝着千万令存候、然而先日御飛脚、被為指越候処、以一書可申候得共、折節其時分、祇候不申候間、無其儀候、定而無沙汰之様可思食候、将又吾等雖無申迄候、御上意様御遷座之儀、旁々御稼御取成、偏御貴僧御前、可有之候、如何様御世上之御拵、当春ニ相極候由令存候、万事重而可申述候間、早々、恐々謹言、

海老名掃部助

十二月晦日　政貞（花押）

梅江斎
御宿所

梅江斎　海老掃
御宿所

一三五　**禅長寺顕材書状**

彼文代々相伝、特ニ芳叟秘蔵之事、存知之前ニ候、委被見分可為肝要候、

態以彼使芳向、特ニ種々如書中到来、誠以不堪感謝而已、自何以所労大概平復候歟、快然此事候、猶以能々可有養性候、老拙に候、無

恙分不思議候、然者遂会顔度外無他候、仍彼古文此度進之候、大小六十五通一合ニ封緘、不可有無沙汰候、相残分心静ニ点撿、重而可相届進候、梅江ニ能々秘蔵之義、可有閑話候、彼使永々滞留無心元候、諸余令期後音不詳候、不宣頓首、

（七月）
初秋廿六日　　顕材（花押175）

（カ）
於復　掬月軒
　　　　几下印

（注）「別紙ニ、別筆ヲ以テ天文九年庚子七月晦日従岩城禅長寺代々之證文賜之時之御尊書也トアリ」

一三六　禅長寺顕材書状

御当方・白川互之御代官会面之上、東館破却日限廿日ニ申定候、爰元相違之様候者、如何様之義候共、御当方御無沙汰、不可有之候、巨細塩左馬助可被申届候、恐々不具、

十月三日　　顕材（花押175）

松庵
　几下

喜廬軒
　顕材

松庵
　几下

一三七　禅長寺顕材書状

彼口上ニ条々可有之候間、不能巨細候、猶以彼一義可然様目出度候、

去晦日及回章候キ、可有披達候、仍金成治部少輔、為使被差越候、子細条々可申述候歟、然者連々被憑入候、一義偏ニ御懇望迄候、別而不被及思案、不指置、如斯被存詰候上者、被抛御遠慮、宜御内義念願迄ニ候、左拙不似合候、公義如何雖斟酌候、其方へ催促之事、深々被及面語之条、難黙之故、如斯候、彼仁此度罷上之事、切ニ雖及侘言候、重隆被信用被相上候、其身之聊尓ニ無之候、猶々連々被申入候、一義能々御申分可為肝要候、恐々謹言、

（四月）
初夏朔　　顕材（花押175）

拝上　松庵下

一三八　禅長寺顕材書状

漆之事申越候処ニ、此度之到来誠祝着之至候、彼造営可相調候、大慶ニ候、於其方も定而可為御喜候、仍廿棠院殿御書九通、此内御自筆一自千光院殿御書一通、合十進之候、次義舜よりの判形一通、是ニ被閣之候、此度副進之、又小山野州之状へ進之、皆々十二通進之候、猶々度々書中共何も祝着候、先書之趣、外記ニ条々申含候上、不能詳候、恐々謹言、

（七月）
初秋廿七日　　顕材（花押175）

掬月軒

一三九　大館晴光書状

御馬一疋河原毛以佐竹新介方、御進上之段、令披露候之処、被成　御内書、得其意可申由、被仰出候、珍重之候、恐々謹言、

九月廿日　晴光(大館)（花押）

松庵進之侯

大館左衛門佐　(注)「此書ノ端ニ、別筆ニテ天文十二年癸卯トアリ」

(注)「上巻ニ」　松庵進之侯　晴光

一四〇　大館晴光書状

追而令啓候、仍伊達左京亮御父子御相剋之由承及候、如何在之子細候哉、雖以書状申度候、却而令斟酌候、無事之段自然為上意、被仰出之可然候者、承之於心中者、無如在可令馳走候、恐々謹言、

九月廿日　晴光(注)「花押同前」

松庵進之侯

大館左衛門佐

松庵進之侯　晴光

一四一　足利義昭御内書

就京都不慮之儀、為可被散無念、令退座、相催諸国、不日可出張候、因玆、対佐竹次郎遣内書、差下森坊候、此節可馳走段得其意、加意見者、可為神妙、猶藤孝可申候也、

十一月廿日　(足利義昭)（花押）

梅江斎

(注)「上巻ニ」　梅江斎

一四二　細川藤孝書状

就京都不慮之儀、為可被散御無念、被成御退座、被相催諸国、不日可被成御出張旨候、仍被対佐竹次郎、被成　御内書、被差下森坊候、此節可有御馳走之旨、可被加意見候由、同以御内書被仰出候、猶相意得可申由候、恐々謹言、

十一月廿日　藤孝(細川幽斎)（花押）

梅江斎

細川兵部太輔(ママ)

(注)「上包ニ」　梅江斎　藤孝

一四三　藤原直広書状

態以使令啓候、抑到時、重隆相任裁許、今般義篤江申届候、本懐此事候、好様憑入候、仍練二端空色進覧之候、誠表一儀斗候、於自今以後者、吉凶共可申談候、御意見尤候、巨細之旨須田左衛門尉任口上、閣筆候、恐々謹言、

大呂(十二月)六日　藤原直広(○岡本氏か)（花押135）

謹上　松庵江

(注)「其書ノ端ニ、天文拾年辛丑ト別筆ヲ以テ書ス」

謹上　松庵江　藤原直広

一四四　藤原直広書状

先立為使啓候之処、今般態来札、猶以本懐至存候、就中仁風并練め、書面到来祝着候、如承候、於向後者、無隔心可申談候事、勿論候、此旨義篤へ諷諫尤候、諸余猶任彼唇吻候之条、閣筆候、恐々謹

言、
(十二月)臘月廿三日　藤原直広「花押同前」(注)

謹上　松庵江

(注)「其書ノ端ニ、別筆ニテ天文拾年辛丑ト書シテアリ」

謹上　松庵江　藤原直広

一四五　門舟院道海(結城義綱)**書状**

雖未申通候、難過好便候条候条、(衍カ)令啓候、抑去年到時御当方・々々和与　禅長和尚被及御裁許候、肝要存候、雖勿論之儀候、尽未来無二無三可被相談事、尚以可然候、御諷諫最候、仍義篤御数寄之由承及候間、雖散々候、折節之間松膠越進候、但可為如候哉、可寄御意見候、同両樽進献、御賞翫可為本望候、憚々呵々、心事猶瑞夢軒(環)(カ)任伝語候条不能詳候、恐々不乙、

(十月)良月五日　(結城義綱)道海(花押176)

簡上　松庵　几下

(注)「其書ノ端ニ、別筆ヲ以テ天文拾一年壬丑ト書ス」

追而

内々梅江斎へ雖可啓候、閑居之上庵主江申展之由存候、非無沙汰候、重、恐々、

簡上　松庵　几下　門舟院道海

一四六　門舟院道海(結城義綱)**書状**

尓来無音之条、雖差儀候、馳寸祝候、抑旧冬以環夢軒令啓候処、御懇酬于今本懐無極候、如先書義昭当方へ、乍勿論、無御余義候、於(老カ)拙也も忝肝要存候、猶以吉凶共ニ可被相談事所希候、御意見千言万言候、仍石河追日如存知候、定可為御大慶候、以時分御当方候、合力可憑入候、至于其時者、速御信用候様、是又御諷諫任入外、無他候、心服猶、須田左衛門尉唇吻ニ申含候、恐々不宣、

(二月)仲春朔日　道海(花押176)

謹上　松庵　硯右下

門舟院

謹上　松庵　硯右下　道海

一四七　簗田晴助道忠**書状**

急度令啓候、義重奥口御出馬之由其聞候、誠以目出、御肝要令存迄候、其以往之御様子承度候、仍自越府、以蔵主御相談候、関東是非之条、申迄者雖無之候、年来之御首尾与云、今般之御稼ニ相極候、御当地不被入御念付而者、越山可為相違之由令推量者、御味方中進退之是非此時候、随而旧冬、栗橋江被移御座候以来、北源至于今日在城、不審存候、氏政出張彼地、被相約之由其聞候、尚以窮屈迄候、何ニ御当口、早速被明御隙、御帰陣念願候、爰元之様子万端、以使雖可申述候、不自由之間、非無沙汰候、是又御取合任入候、遠路一段御辛労察申候、余事期来信候、恐々謹言、

弐月七日　(簗田晴助)洗心斎　道忠(花押65)

梅江斎　進覧

一四八　上野秀光書状案

改年吉兆珍重々々、猶以不可有休期候、仍太刀一腰、馬一疋進之候、表祝儀計候、恐々謹言、

正月十一日　左衛門佐秀光

謹上　上原豊前守殿

謹上　上原豊前守殿　上野左衛門佐秀光

一四九　他阿弥陀仏書状

従去歳長々滝留之処、種々御懇志難尽禿筆候、遠客之事候間、再会無其期候段遺恨候、発足之時分者、被成門送候、芳情之至候間、任使僧口上候、穴賢々々、南無阿弥陀仏、

三月二日　侘(ママ)阿弥陀仏

松庵

一五〇　他阿弥陀仏書状

珍簡披閲祝着、諒成再覲之思候、遠境故緬久音絶之事、誠遺恨候、去月以一書申候き、参着候哉、於越後北条中地去亥冬相送候、其国越年之旧事申出に候、将又浄光寺雖遠郷之儀被申候、夏中者頻令抑留候、客裏労煩之躰、可有御察候、随而岩城口重隆過半、被成本望候哉、目出候、義篤可為御歓喜、推量申候、次梅江御床敷之由、遠路之間、此一封ニ申候、心事難委帋上之間、令略候、穴賢々々、南無阿弥陀仏、

三月廿三日　他阿弥陀仏

松庵

松庵　遊行

一五一　他阿弥陀仏書状

去春者珍書披閲本望之至候、遼遠之境候間、通音希有候之事遺恨候、老身堅固候、可被御心易候、次浄光寺去春雖可有帰寺候、佐川修行申候間、致抑留候、両年随逐辛労、可被成堅察候、諸余任彼伝語候、穴賢々々、南無阿弥陀仏、

七月廿一日　他阿弥陀仏

松庵

一五二　増田長盛書状案

御飛札本望候、

一上様(秀吉)会津へ可被成御座候付而、御とまり之事、其方より給候絵図被御覧、大形御とまり〳〵可然候ハんと被仰出候、城々書付進之候、其御心得候て、佐竹・宇都宮衆へ御用意候様、可被仰渡候、

一小田原之事、昨日氏直・岩付十良両人、羽柴下総守陣取へ馳入、氏直腹を可切候間、親類諸卒被成御助候様ニと御わひ申上候、就其此如案文御書被下候、太略此ふんニ落着可仕候と存候事、

一、小田原落着之上にても、会津まてか、不然者、宇都宮まてハ必可被成御越旨候条、可被成其御心得候、

一江戸より宇都宮まて二筋道候、何も御とまり〳〵、御座所道作り

之事をも可申付旨御意候、東とをりへ被成御座候得ハ、さのへハ被成御越ましきと存候、乍去右之分ニ候間、御用意候ハて不叶儀ニ候、

一両日中ニ慥之使者可進候、路次筋御茶屋御座所以下之事、可被仰聞候、

一其表之儀、小田原如此之仕合、御分別候て急度相すミ候様ニ御才覚尤ニ存候、但此上ニ候間、上様御気色ハ如何可有御座候、不存候、尚追而可申承候間、不能巨細候、恐々謹言、

七月六日　　増右長盛

天徳寺御報　　増田右衛門尉

（注）「右古キ写ナリ、」

一五三　某起請文案

謹上、起請文事、

一治少輔（石田三成）御間御使中上者、左右方被仰渡通、失念之所者、無是非候、使こしつとして一言如何（カ）添儀在之有間敷事、

一義宣御為於罷成儀者、はうはいの脇を不存、縦治部少輔殿ニ而も候へ、御心中不憚、速義宣へ可申入事、

一惣別御家中之儀、義宣御為悪仕成仁、或者御法度ヲ背、或者ゐこを仕人有之者、厳密可申上候、併ニ（私之しゆくい又ハ）縁者・親類・知音かとうと（方人）して、とかなきを申かすめ候儀、有之間敷事、

一五四　佐竹義宣書状

其方身上付而、於岩城ニ佞人之族候者、速可及穿鑿候、将又欠所も候者、以積可進之候、如斯之上、能化丸（岩城貞隆）ニ無二可有奉公事尤候、殊如何様之儀も、於被及聞者、不残可承候、恐々謹言、

十月五日　義宣（花押76）

好雪斎（岡本顕逸）

一五五　石田三成書状

尚々、於岩城諸事有御塩味、可然候様ニ、能化丸殿御指南肝要候、以上、

御捻令拝見候、仍如最前、義宣依被仰付、今日岩城へ御越之由珎重ニ候、兼日直ニも如申候、佐竹にて之知行分之運上にてハ、彼地御堪忍方自由ニ成間敷候間、改於有之候、岩城領余多出来可申候条、其内を以皆々申談、御身上相続候様ニ、可令馳走候、義重・義宣・能化丸殿、御為候間、聊不可有疎意候、恐々謹言、

十月五日　　三成（花押）

石治少

好雪斎御返報　　三成

一五六　おちやち消息

以上

このたひしんしやうについて、せいしよにてうけ給候、よろこひ申候、きやうくう之儀も、しんめいしんしやうニついて、すこしも如在申ましく候、こころやすく候へく候、

九月廿五日

こうせつへ　　　おちやち

9 〔岩城文書〕 秋田県由利郡亀田町 岩城隆雄所蔵

一　前陸奥守某施行状

陸奥国岩城郡小泉村内豊前弾正忠入道跡事、

右任文和元年十二月三日将軍家御判之旨、領掌不可有相違之状、依仰執達如件、

応安八年正月廿三日前陸奥守（花押）

岩崎宮内少輔殿

二　上杉憲房書状（切紙）

就会津口之行、去年常隆・盛隆へ申送候之処、懇切之返書、本懐候、当春中砂子原藤右衛門尉、遂本意様ニ、一途被加力候者、可為大慶候、依之重而方々へ啓候、能々有御談合、彼口之行、可被相急候、於自今以後者、別而可申通候、恐々謹言、

正月廿日藤原（上杉）憲房（花押）

謹上　中山左衛門佐殿

三　足利政氏書状（切紙）

去年一戦已来、被成使節度、被思召候之処、通路断絶之間、遅々非御無沙汰候、数輩或討死、或被疵之条、感思召候、下総守民部太輔・同次郎忠信、無比類候、猶以能々可加意見候、巨細町野蔵人入道、可令対談候、謹上、

三月廿七日　（足利政氏）（花押27）

中山讃岐守殿

（包紙）「中山讃岐守殿　政氏」

四　足利政氏書状

此度、（岩城）盛隆父子励忠信候之様、加意見候者、可為神妙候、巨細町野蔵人佑入道仁、被仰合候、謹言、

十二月廿三日　（足利政氏）（花押27）

中山右衛門尉殿

（包紙）「中山右衛門尉殿　政氏」

五　足利政氏書状（切紙）

（岩城常隆）下総守父子参陣之事、去今両年以能悦、被仰出候之処、速可存其旨之段、捧御請、去三月以来相違様候、歎思召而も有余許候、然間重而被指遣能悦候、此度使節同心ニ馳参候歟、不然者、一勢立進候之様、断而加意見候者、可然候、尚々可存其旨候、謹言、

八月九日　（足利政氏）（花押27）

中山讃岐守殿

（包紙）「中山讃岐守殿　政氏」

六　岩城重隆明徹書状

今般於于其地之仕合、不及是非候、御刷様躰承、寔心地能存候、披官中へも此等之趣申付候、右衛門罷越候上、万々可被相談候、万一重而動等も候者、依註進惣手を可被越之由候、吉事又々恐々謹言、

追而親類中へも　　二月廿日　明徹（花押142）
同前ニ申候　　中山右衛門大夫殿

七　岩城親隆書状

田村被及刷候処ニ、堅固ニ被相拘、就中、敵中手負数多、被仕出候由承、雖勿論候、無比類御刷、寔以不及是非候、寄特之時分在番、於于親隆も、恐悦候、則志賀右衛門尉、為代官相越候、巨細猶彼人躰可申理候、家中ニも五三人負手候由申候、無心元候、養生を可被加候、又其番定辛労被申候歟、忝之由、御心得尤ニ候、吉事又々、恐々謹言、

二月十九日　親隆（花押151）

中山右衛門大夫殿

追而
地之者ニも負手候由申候、能々養生可仕之由、何へも御心得任入候、長窪所へも、身労仕候由、可被相理候、

10　〔岩城文書〕秋田藩家蔵文書弐拾八　秋田図書館蔵

一　岩城清隆判物

（注）「岩城彦次郎清隆書　赤坂文書」

あふしう菊田庄黒田郷内、との内一けん・あかにた一けん・からまきはた一けん・なか内一間・かれはし内一けん・一九らう一けん、合六けん、
ふとうの御領田六反、今度依御合力ニ、彼地出（カ）者（ママ）中候、仍為後日如件、

赤坂殿　　岩城彦次郎

嘉吉三年ミつのと井（亥）正月十九日平清隆（花押147）

二　岩城常隆判物

（注）「岩城下総守常隆書写　塩文書　本書伊達家臣塩氏蔵」

今度令上洛、不図志共、余忝候間、菊田庄沼辺郷内きそ内の在家一間者（ママ）出候、仍為後日證文如件、

文亀二年壬戌十二月廿七日
（岩城）常隆（花押144）

塩左馬助殿

三　岩城由隆書状

（注）「岩城民部太輔（ママ）由隆書　大山文書」

態以使申候、抑野口之一儀、去年以誓書、取刷之事申越候間、度々以代官雖申届候、于今不調候、因之火急ニ旁覚悟候哉、先以無余義存候、雖然府中小田被取合候故、御洞之人事も不相調候哉、然者時節之事能々有思慮而、洞造（カ）左無之様、御擬専一候、義篤御若年事候間、今程以御自訴事破候ハん事、不可然候、我々事も、雖不珍申事候、那（須）次口動之事、偏御力を憑入、不叶迄も可成行事、無二ニ存

詰候条、既日限迄、雖相定候、義篤御洞中、区々由承候間、任御意見相延候、況旁御事者、可被遂欝憤迄ニて、当座義篤御苦労候ハん事者口惜候、此段有納得而、御息石塚越川へも、御意見可在御前候、時宜条々彼口上ニ任之候、恐々謹言、

九月廿四日　（岩城）由隆（花押155）

大山因幡入道殿

四　岩城由隆証状

（注）「岩城民部太輔由隆書　鵜沼文書」

うは一世分事ニ付而、大越在家事一間、禅長寺御調法候之間、彼一世之間者、可（ママ）借金候、一世已後之事者、則祖父女岩見守可致知行者也、

永正十六年戊卯（戊ハ己ノ誤）極月（十二月）廿日由隆（花押156）

宇佐小六殿

五　岩城成隆書状

（注）「岩城成隆書　十二所佐藤文書」

当方へ筋目にまかせ無二存置候哉、神妙ニ候、仍其口一途之上、いさみを相付候可候、委者従白土右馬助所、可申遣候、謹言、

五月廿一日　（岩城）成隆（花押149）

佐藤左京進殿

六　道間知行充行状

「道間（未詳岩城氏歟）書　桧山志賀文書」

おりきてしか二郎のけん所并ありハ内さしそへ、う京進ニ出し候、為後日一筆わたし候、仍如件、

享禄三年かのへとら九月廿三日

道間（花押359）

しか右京進殿

七　岩城常隆書状

（注）「岩城下総守常隆書写　塩文書」

猶々、内義平さへもんニくハしく申候、早々、

あゆ給候、折ふし客来故一入悉候、然者やなはについて、とかくの事候、やまとへ窪田の分入くミ候共、川の事ハ成敗の上、其方まゝたる可候、窪田ニかきらす、誰分いり合候共、川の事ハとかくあるましく候、其方可被申付候、謹言、

九月三日常隆（花押144）

塩左馬助殿　南

八　岩城常隆証状

（注）「岩城常隆書　桧山志賀文書」

藤間之六間在家成敗の事、山野ハ別而出し候、六間之者ニ草をハ（刈）からせ可申候、四節のやとゐなさせ可候、

仍如件、

大永五年きのととり　常隆（花押144）

拾月八日

しか右京進殿

九　岩城重隆知行安堵状

（注）「岩城左京大夫重隆書　折内文書」

今度之走廻、比等類無之候、然者ほんそ（本所カ）之事相まとい可致知行候、又一月ニ拾駄ツ、野手之事、不可有相違候、於後日、一途身躰をもあい立候者、野手事者、さういすへき者也、

天文十四年

十二月十三日　（岩城）重隆（花押141）

折内藤兵衛尉殿

一〇　岩城重隆明徹知行充行状

（注）「岩城左京大夫重隆書　佐藤文書」

連々、佗言之事ニ候上、老母一世之後、大原幷浜山野之事、為給恩相任之候、為後日一筆如件、

永禄十二年

六月十日　（岩城重隆）明徹（注）「（黒印也）」（花押142）

佐藤大隅守殿

一一　岩城重隆書状

（注）「岩城左京大夫重隆法名明徹書　遠藤文書」

猶々、親子必々、可被罷立候、

先度者、木戸之地ニ親子在陣、于今忝斗候、仍已前鹿俣へ人数指越之時分、其方へも被相立候へと申候処ニ、佗言候ツ、無余儀候間、今般之事者相止候き、然者明日出馬候、今度之事者、大切之動、特用所共も可有之候間、親子辛労大義ニ候へ共、可被相立候、頼入斗候、謹言、

（十一月）霜月十七日重隆（花押143）

（封）遠藤備後守殿　館より

一二　岩城重隆書状

（注）「岩城左京太（ママ）夫重隆書　遠藤文書」

尚々、明日者必々、可被罷出候事第一候、

明日十七出陣ニ候間、好間之者共、能々可被申付候、仍弾正事者、湯本之当番候、玄之事者いか様ニ候共、木戸口へ被罷出忝可存候、湯本ニハ馬之用所者、不可有之候歟、定而具足を不可有所持候哉、左様ニ候者、誰ニもかり候而も可見候、大切之動ニ候間、可被罷出候、又々住吉へハ今日訖、無到来候間、二郎兵衛をも可被越候歟、かしく、

（封）遠藤備後守殿　重隆

一三　岩城重隆書状

（注）「岩城左京大夫重隆書　横手箭田野文書」

態馳一翰候、仍而北口之儀、色々様ヶ間敷儀共、出来候、然者与風及出陣事、可有之候、已前与次五郎方、可被罷出之由、催足申候処ニ若輩ニ候、其上具足なと無之之由、御母儀より返事候、今般之事者、すはたにても被罷出候者、尤可為肝要候、此段能々意見候而、

被罷立候ハん事、可目出候、親類中之前ニ可有之候、次ニ各之事も少も無油断、有支度、及一左右候者、即剋可被打出候、謹言、

六月九日　重隆（花押143）

（田村顕広）
田月斎

上遠野大蔵亟殿

同　備前守殿

滝　左衛門殿

上遠野尾張守殿

一四　岩城重隆書状

（注）
「岩城左京大夫重隆書　横手箭田野文書」

在陣付而態示給候、忝次第ニ候、此口到于今日、無何事候、何様依様躰、可及注進候、有支度而無昼夜之嫌、可被打越事専一候、仍稙（伊達）宗白石留守中候上、小官生（菅カ）へ被相動、一戦候而被失利、稙宗之衆百余人越度候由、自黒木注進、可為御悦候、吉事重而恐々謹言、

十月十六日　重隆（花押143）

上遠野与次五郎殿

一五　岩城重隆明徹書状

（注）
「岩城左京大夫重隆書　横手箭田野文書」

其地へ被打越候、寒中与云、一入大義至極ニ候、仍上之小屋火事出来、実城悉焼失之由承、単ニ無心元存候、乍去旁能時分在留之上、心易存候、万々御意見任入計候、巨細自舘可申届候、吉事重而恐々謹言、

拾月十七日明徹（花押142）

上遠野宮内大輔殿

潁谷大蔵大輔殿

一六　岩城重隆明徹書状

（注）
「岩城左京大夫重隆書　横手箭田野文書」

急度申届候、仍麦秋動之事、来廿三出馬義定候、其砌其方可為順番之上、出番之衆彼是相催、可及行之由存候、足軽已下一向、不可有之由申候条、別而被相調、一方御拵偏ニ憑（カ）入計候、御前ニ可有之候、万々佐藤之四郎口上ニ申合候間、不能具候、恐々謹言、

（四月）
卯月十四日　明徹（花押142）

（注）「（黒印也）」

上遠野宮内太輔殿

一七　岩城重隆明徹書状

（注）
「岩城左京大夫重隆書　横手上遠野文書」

親隆岩瀬在陣、愚老当地在馬付而懇切之簡札、欣然之到候、爰元無事、隆綱自最前、調法無一途之上、自晴綱老夫罷出、時宜可申合之由、頻ニ被相招候、雖遠慮千万候、無拠催促之間、雖罷出候、于今無擥之候、然処自御当方も、御代官一段本望之到候、先可申候、芳茗越給候、賞翫此事候、吉事重畳、恐々謹言、

六月十七日　明徹（花押142）

上遠野□衛門大夫殿

一八　岩城重隆明徹書状

（注）「岩城左京大夫重隆書　横手 箭田野文書」

先度者入来候処ニ、何事も不申候、無念候、仍彼鷹之事懇望候、水戸へ内義を申越候間、同心不申候、拘惜ニハ無之候、乍去于今無到来候間、越進候、但所望候者、其時者可返給候、恐々謹言、

十月廿四日　明徹（花押142）

上遠野与次郎殿

一九　岩城重隆明徹書状案

（注）「岩城左京大夫重隆書　樋口文書」

猶々、公儀等しんしやく有へき題目、聊も不及承候、人之取成ニ被落候事、口惜存計候、

先剋者、来入候ける為悦ニ存候、仍此間いか様之御覚悟ニ候哉、我々罷出所へも無出頭候、近頃口惜次第候、何となきいたつら者なと申候事を正理ニ被取置候而、公義以下遠慮なと〻も承及候、無是非次第候、別而其方へハ愚老悃を申参せ候、皆々存之上、自分ニおゐても侘言ニ候、如已前、御出頭尤候、就中、今晩須式（カ）へ罷越候、可有同心候、其心得尤候、万吉又々、かしく、

（封）宗与へ　明徹

二〇　岩城重隆明徹書状

（注）「岩城左京大夫重隆書　樋口文書」

其口越山以来者御床しく候き、自何娘候者、以御養性、堅固之由申遣候、目度大悦此事候、猶以きうなとをも御意見任入候、仍御宿無何事候、長珊以之外〻所労気ニ渡候処ニ宗与之以合薬、悉平元候、奇特ニ存候、彼道山郷旁（本マヽ）可然而其方田村之間、甚深ニ取成度候、来廿八遠藤上野守・猪狩紀伊守を以、彼是隆顕へ可申届候、吉事又々、恐々謹言、

五月廿六日　明徹（花押142）

安然斎

二一　岩城重隆明徹書状

（注）「岩城左京大夫重隆書　樋口文書」

其地御下向以来、御床敷候、仍晴宗（伊達）御忠（虫カ）気之由、其聞無心元候、乍勿論、引詰養性御申候ハん事尤候、能時分被打越候由存候、然而御留守中弟子誕生、御満足察入計候、又宗恩へ、別而可申候、其方下着之上者、早々可有帰路之由申候間、無其義候、万一于今御在留之者、同前ニ申度候、其口被明隙候者、早々帰庵待入候、恐々謹言、

十月二日　明徹（花押142）

宗与江

二二　岩城重隆明徹書状

（注）「岩城左京太夫重隆書　樋口文書」

先立、以平次左衛門尉申届候キ、伊達之娘煩殊外候之由申候、別而御支度もさのミ入申ましく候、いそき〳〵被打越給可候、早々当地

へ来越待入計候、自舘も直ニ申届之由候ける、路次之事者、少も苦労有間敷候、養性相延候者大切ニ候可候由申候、急申度候、吉事又々、恐々謹言、

七月十六日　　明徹（花押142）

宗与へ

二三　岩城重隆明徹書状

（注）「岩城左京大夫重隆書　樋口文書」

其口越山已来者、其ニ而忠気いか（虫カ）ゝ候哉、殊脉之様躰承度候、自何昨日者、手早に御越候つ、偏ニ忝存候、養性之事任入許候、乍勿論無遠慮候而、合薬をも可有之候、委回答待入候、恐々謹言、

九月十八日　　明徹（花押142）

宗与江

二四　岩城重隆明徹書状

（注）「岩城重隆書　湯沢荒巻文書」

此度那（須）次洞急劇（カ）付而、自此方上下之者、於于其口悃切之段、寔快然之到ニ候、彼口筋目ニ合力候上、一途及其意度候条、爰元太田へ及相談候、此上も庄内作覆候仁、無相違之様可悦入候、謹言、

九月十一日明徹（花押142）

荒巻豊後守とのへ

（上包）荒巻豊後守とのへ　岩城より

二五　岩城重隆明徹書状

（注）「岩城左京大夫重隆書　船尾文書」

態用一行候、抑義重彼口有如思召之御帰城、寔目出度肝要之到満足不可過之候、猶其巳牲、方々模様御床敷儘、今度以夫者（使）申述候、巨細呂（本マヽ）報ニ被露之、可得其意候、然而仙道口之義、種々之唱共候、無油断候、其御心得候様之諫言尤候、毎事佐大（佐藤大隅）任舌頭候、恐々謹言、

二月廿日　　明徹（花押142）

船尾右兵衛尉殿

二六　岩城重隆明徹書状

（注）「岩城左京大夫重隆書　船尾文書」

其巳来者、絶音問候、誠心外之到候、抑先書ニも如申候、道堅一義ニ付而、去時分平へ被打越、数日之在堪無一途、御帰路言宣不及候、然者愚老存分及直談候キ、如其老後之上、連々望之事ニ候条、次而幸之間不図高野山へ与存企候処、洞之尊老并多宿中（カ）、并親類家老之者共、様々色々諫詞、剰亀山之上、被出輿荐（ママ）ニ被引留、結句無何与申唱候分者、老拙至于行脚者、道御身命ニ、惜横合も可有之様ニ候条、不及其料簡延引、同者与飯野へ帰城之義、各以一烈、雖意見候、此比不似合成事之綺（本ママ）如此候由、暮々後悔、責而此末を物静ニ与存知、当地ニ可有之ニ候而、既老婦事をも引移候、さて又八旬余之老母を平ニ閣候上、為向顔節々可罷越与者存候、内々申合候ける筋及其心懸候処、天然可有其听（きこえ）（ママ）候、至而此間者、弥番衆以下稠候条、

無其甲斐候、就中道公石へ者、無帰城、御当方へ之窕（くつろぎ）迄者、更無所詮候間、不及是非候、毎度如申候、重縁与云、累代之一味中与云、御当方此方之事者、相互ニ非可准諸味方候、願之至に可為満足者、只此上も甚深ニ被仰合、於其上以時節、御懇ニ被仰分候ハんニも、又親隆転覚悟之義も可有之歟与存候、已前口外之分速都之様ニも、自然旁御遼遠歎敷候間、無二首尾趣申事候、義重へ者、以次可被入御内見候、内札之間委細申越候、不可有他見候、恐々謹言、

拾月五日　明徹（花押142）

舟兵

車信

二七　岩城親隆宣隆書状

（注）「岩城宣隆書　東　文書
後親隆ニ改ム」

急度申上候、今朝如申上候、孫衛門尉岩瀬へ相越、白川刷之事、相拘度存候、然者宣隆直ニ可申届之由雖存候、佐竹陣へ禅長寺御越之事者、従御東御取扱ニ候、某事者不及其綺候而、岩瀬へハ刷拘之義、或者夫（使）、或者以脚力、宣隆諸取様ニ幾度も申届候ハん事、義昭取置も如何之間思慮ニ候、幸以御嗳、西堂彼陣中へ越候申候上ハ、照行へも白川刷遠慮之義者、御届第一ニ候歟、各も爰元同意ニ被申候上、急申達候、飯孫為御夫（使）、被相越候上、白川口へ之義、可被相拘之由、照行父子宿老中へ、御切紙被相認、早々可被遣候、奉待候、口上之事者各申合申付候、公義者自御東之御夫（使）ニ候而、内義之事者、某之事も照行其外へも、断者已前より申届候、筋目可申理候、又孫右衛門者二三日滞留候而、可被罷帰候、佐陣へも西堂越御申ニ付而者、岩瀬へも衣躰之方を一人被相越、無事調法之御首尾迄にも被指置候者、自佐陣白川口刷岩瀬へ催足之挨拶之為ニも、可罷成候歟と各被申候、無爾儀存候間、衣躰衆を須賀河へ被相越可然候、内々那須へ可被指越にて被仰付候方、被相廻候哉、其人躰を岩瀬へ可被仰付候歟、跡可被相越人躰者、可在御工夫候、何ニ照行へ御夫（使）之事者可然候、返々岩瀬へノ御書中早々可給候、又宗恩今朝陣中へ被罷越候、自相馬手切も可有之様ニ候処ニ、隆顕切々意見之間、被相拘之由物語候、隆顕心底をハ具被承届候けニ候、先以可御心易候、御吉事重而恐々謹言、

八月一日　酉之剋　宣隆（岩城親隆）（花押151）

御東江参

二八　岩城親隆宣隆書状

（注）「岩城左京大夫宣隆書　湯沢上遠野文書
後改親隆」

已前用一行候ける処ニ、今度来書為悦ニ候、仍而義昭御当口出馬方々被及取刷候、無是非次第ニ候、依之従晴綱以御夫（使）承候、先以無余義候、佐竹へ指越夫（使）者（ママ）候、彼帰路之上、万々可申合之由存候、自何其口堅固之段肝用ニ候、無事到于取扱者、祖父ニ候者も無油断

候、心易可有御入候、吉事期来音候、恐々謹言、

（四月）卯月五日　宣隆（花押151）

上遠野備中守殿

二九　岩城親隆宣隆書状

（注）「岩城左京太夫親隆初称宣隆書　樋口文書」

厥口ヘ被打越候已来者、無音意外候、温気之時分与云、一入大義之至候、仍而其仁而之御養生、偏ニ御前ニ可在之候、任入計候、早々被明御隙を候へかしと念願無他意候、万吉期後音之時候、恐々謹言、

六月廿三日宣隆（花押151）

宗予へ

案枕斎やかて〳〵、必定可在下向由、返答候、可為御悦候、

三〇　岩城親隆書状

（注）「岩城左京大夫親隆書　樋口文書」

其口被打越以来、無音意外候、仍而晴宗御歓楽之由、其听候、御様躰如何方々刻々無意許存候、幸其口在滞目出度候、暫在滞留御養生之義、畢意任入計候、安枕斎へも申届候、御談合尤ニ候、吉事期後音候、恐々謹言、

（十月）小春一日　（岩城）親隆（花押151）

宗予へ

三一　岩城親隆書状

（注）「岩城左京大夫親隆書　写塩文書　本書伊達家臣塩長大夫所蔵」

到于近日者、其口弥無相替候哉、永用ニ候（本ママ）、就中盛興惣手同前被納馬候哉、依之各帰陣之事、被寄書面候、時分柄只今之在陣偏ニ痛敷無御心元次第ニ候、尤各被打帰候而も其口別而相替不可有之候者、一日も早く被打帰候ハん念願ニ候、但盛氏于今在陣候処ニ、何も帰陣、不慮之扱ニも可有之候哉、爰元思慮之至ニ候、其元之様躰彼是但馬守方へ被相談、重而承候者、何扁可得其意候、従是も但馬方相越書中候可有御届候、漸数日之在陣更不及申候、恐々謹言、

猶々各到于帰陣者、則可指越之存契約之者共兼日申付指置候、

端午　親隆（花押151）

上遠野常陸介殿

上白土左衛門尉殿

塩左馬助殿

白土遠江守殿

竹貫三河守殿

三二　岩城親隆書状

（注）「岩城左京大夫親隆　船尾文書」

其以来者、絶信意外之到候、抑今般義重到半途、御意見外聞見所忝次第候、依之已前為夫（使）申届候ける、然者彼是為可申合、以代官申入候、乍勿論聊無御隔意、被相談候様、諫言任入計候、於時儀者、可

有口門候間、不能具候、恐々謹言、
　六月廿二日親隆（花押151）
　船尾右兵衛（ママ）太夫殿

三三　岩城親隆書状
（注）「岩城左京大夫親隆書　安嶋文書」
如貴札、三坂之仕合、絶言語子細候、如此之聊爾等自是も相挫（カ）候ハぬ様ニ御覚悟候哉迷惑候、乍若輩不打置、被申届候、誠ニ天魔之所行ニ候哉、遑事を被相招候事、無是非候、就上田衆数多手負越度之上、取分御苦労奉察候、依之被下夫（使）候面々をも、彼口へ被指越候歟、万方へ之御手刷ニ御心安く（カ）可申事、様躰も無之奉存候、一三坂へ者、以夫（使）抱之様相尋候処、人被相越候ハん事者、無用之由候間、無其儀候、非如在候、一桶売之義、畢竟以御刷、堅固之段肝用候、一此口之義者別而相異義無之候、一昨廿五去月からも揺々無之候へ共、足軽揃候条、盛義（二階堂）任御懇望成動、高蔵と申地迄押入、彼地ふもと迄悉令放火候、昨日者悪日之由、被仰越候間相止、今日廿七日御代田口へと存、漸打出候処、雨降候故、自中途打帰候、明日者可取動之由存申候、一自境中如告来候者、自長井会北方へ、被及刷之由其所候、跡々同意ニ候間、可為実事かと存候、近日御当地夫（使）を被相越候へと、催促申候、彼是味戸越後守帰路ニ申達可候間、令略候、
恐々謹言、
　返々、動之様躰をも、委為可申上、彼飛脚御留置申候へとも、今日雨中故相延候而、重而自是可申上候、
　三月廿七日親隆（花押152）
御東へ　貴報人々

三四　岩城親隆書状
（注）「岩城左京大夫親隆書　安嶋文書」
近日者、此口様躰をも不申上候条、内々従是与存候処、示預候、畏入仍而、自太田佐藤備中帰参、彼口よりも懇答之趣簡用之至候、寔於于御歓喜も可為御同意候、備中帰路鈍敷無心元候間、去八日照行申合従当口脚力を太口へ指越申候間、漸可罷越時分候歟、彼挨拶之是非追而可申上候、伊達へ者中助一昨夕相立申候已前差越候、飛脚も無相違之由存候、自何奥口無事、未落居偏ニ此方迄之覚佗言候、爰元之儀を第一ニ今般申理候、然而従隆綱者、菅生民部少輔為斗被相越候、其以来者到于只今注進も無之候、因茲、従総州以夫（使）無事調法、御手退口惜之由、断而可被申理ニ候、寔彼返答ニ是非可有其所候、先日如申上候、安積へ及動候已徃者、先以各任意見相抱申候、今日太窪へ罷越、彼口之地形等見申候間、自新地敵も一向出合候ハす候間、即打帰申候、如被露尊書候、両将新地ニ在陣之内、一和をも引詰申迄ニ候、将亦西方之衆、何茂無別心候、横左在城へ者、鉄放をさへ指籠候者、堅固ニ可被相抱之由、幾度も被申越候、可御意易候、さりとてハ横左被抱候様躰、不及是非子細ニ候、万々自是以

夫可申達候間、奉略候、恐々謹言、

尚以

富岡境中、先以無指義候哉、肝要候、乍去節々可被加貴意事専一候、

（三月）弥生十一日　　親隆（花押152）

御東江

貴報人々中

三五　岩城親隆書状

（注）「岩城左京大夫親隆書　安嶋文書」

昨廿日、田村境河下江、盛義任御懇望成行候キ、雖俄事候、如存知在々所々令放火、敵二三人打取候様躰、即自是以脚力申候処、同時之御尊書披見畏入候、刷之義共、先書ニ申達候シ、不能□（カ）覧候、然而桶売口之義ニ付而、以御代官野臥已下被指越候歟、御肝要之至候、雖然御苦労迷惑候、佐将をハ彼口へ返申候条、定纏をも無油断可申付之由存候、尤被加御意可然候、将又楢葉より一両輩之者共、当口へ為届罷越候を、被押返候哉、如何ニも可然候、北口抱之儀、第一ニ申付候処ニ届立、近比口惜存候、自是も申遣候、剛有御腹立、被仰付奉頼候、次ニ太山隠岐入道壱札被指越候、具令披見候、懇之文章（ママ）□駕拙子も祝着候、為御返答之ニ候条返進申候、万吉重而恐々謹言、

追啓達、

次源へノ御書中被指越候、肝用候、

三月廿一日　親隆（花押152）

御東江

参人々

三六　岩城親隆書状

（注）「岩城親隆書　伊達文書」

急度申上候、仍而夜前森山之地、以自火中城悉焼候、依之盛義如承候者此時節成動候者、慥ニ境々取乱可有之候間、新地迄之覚第一ニ候由、様々御懇望候、雖然当年之不人衆足軽等一向無之候間、深く令遠慮候へ共、無拠候上、打出向森山成備候処ニ、城中之事者、堅固ニ候間、少々矢軍迄にて打透ゆきあひ、大善道金屋此等之小屋々々、三四ケ所打散、其外在々所々放火、凶徒二三人打取、無相違引揚候、聞召可為御大慶候、然而西方之事者、已前申上候ニ相異儀無之候、内々従陣中逃来候者、如申候者、横田之地を為可取刷、於于陣中、せいろうをしたくのよし申候、乍去、横鉄放数多指籠候歟、不可有指義候歟、可御意易候、爰元被聞召、及可御床敷候間申達候、万吉重而、恐々謹言、

三月廿日　申剋　親隆（花押152）

御東へ　参人々御中

三七　岩城親隆書状

（注）「岩城左京大夫親隆書　横手 箭田野文書」

急度、為脚力申届候、仍而腫物気ニ御入候由其听候、偏ニ無心元御床敷候、雖無申迄候、引詰被加養性専用候、八嶋宮内亟致鍛練候間

申付候而、聽而自是可指越候、無隔意、彼是被相談尤候、吉事重而
恐々謹言、
(十二月)
極月十七日親隆（花押152）
上遠野宮内太輔殿

三八　岩城親隆室(桂樹院)**消息**　大舘佐竹文書

(注)
「ケイシユ院書　(佐竹義昭女岩城左京大夫親隆室)」

なを／＼、たひ／＼、ひきやくつかわされ候、よろこひ参せ候、
こゝほとへつしてかわる事候ハす候まゝ、御こころやすかる可
候、めてたさかさね／＼、かしく、
御ねんころに、さい／＼うけ給候、御こゝろつけ、まことに／＼、
よろこひ参せ候、さてはよしのふ事しあわせよく候て、こゝほとに
て、としかさね参せ候へハ、いく久しくよろこひ参せ候、さため
て、はる中ハ、さら／＼、くたり参せ候ハんまゝ、御よろこひ候可
候、めてたく、かさね／＼、かしく、
(式部)
しきふ殿　　けいしゆ院
まいる　返事

三九　岩城親隆室(桂樹院)**消息**　大舘佐竹文書

(注)
「ケイシユ院書　(佐竹義昭女岩城左京大夫親隆室)」

なを／＼、さい／＼、御こゝろつけきとくにそんし参せ候、よ
ろつかさねて、かしく、
よしのふ事きけんもよふ候て、九月廿九日に、こゝほとへ、くた
り参せ候、わかミのまんそく御すもし候可候、さためて、やかて
／＼、そこもとへくたり候ハんまゝ、御よろこひ候可候、めてたく
かしく、
しきふ殿　した屋地ゟ
御返事

四〇　岩城親隆室(桂樹院)**消息**　大舘佐竹文書

(注)(マヽ)
「イイシユ院書　(佐竹義昭女岩城左京大夫親隆室)」

なを／＼申参せ候、まいねんのことく御ねんとうにていく久し
く、よろこひ参せ候、さて／＼、うちおかれさい／＼、御ねん
ころにふミ給候て、御こころのほとよろこひ参せ候、くハしく
ハかさねてめてたく、申うけたまハり可候、めてたくかしく、
おゝせのことく此春の御めてたさ、いつかたもおなし御事にそんし
参せ候、ことによしのふここほとにて、としかさね参せ候て、しあ
わせひをおいてよく候へハ、きこしめし御よろこひ候可候、めてた
さかさね／＼、かしく、
(中将)
しきふ殿　ちうしやう
御返事

四一　岩城親隆室(桂樹院)**消息**　大舘佐竹文書

(注)
「ケイシユ院書

（佐竹義昭女岩城左京大夫親隆室）」

なを〳〵、申まいらせ候、たひ〳〵、さゝへもんかたまて、おゝせこされ候、いつも〳〵、よろこひまいらせ候、くわしくハかさねて、かしく、

さひ〳〵、御ねんころにうけ給候、御こゝろつとよろこひまいらせ候、よしのふこゝもとへ、のほりまいらせ候而、しやわせのこるところこれなく候、きこしめし候、御こゝろやすかる可候、またハちう二郎ちきやうすこしニ候へとも、くたされ候へハ、まんそく御すいりやう候可候、へつしてこゝもとかわる事候ハす候まゝ、きこしめし御こゝろやすかる可候、よろつかさねてめてたさ、かしく、

おは

しきふ殿へ　ちうしやう

御返事

四二　竹貫重光起請文

「(注)竹貫参河守重元(ママ)書　船尾文書」

右意趣者、向後於申合候者、如何様之子細承候共、努々(ゆめゆめ)他言申間敷候事、

一大細事共、無御隔意可承候、又可申候、自然依題目申分子細も可有之候、左様候とて別心申間敷候、

一拙者身体万一横合出来申候共、無御見除御取刷事、吾等も不叶迄も可走廻事、舟尾与縁辺参候上、其身へも御同前ニ候条、余義不存候、可御心易候、条々若偽申候者、

上奉始梵天・帝釈・四大天王、下堅牢地神・熊野三所権現・愛宕・飯綱大明神・八幡大井(菩薩)・摩利支尊天・天幡(天満)(本マゝ)天神・近津大明神、各々御罸可罷蒙者也、

正月廿三日　(竹貫)三重光（花押173）

「(注)熊野牛王裏」

舟山

御報

四三　岩城常隆書状

「(注)岩城左京大夫常隆書　船尾文書」

態用一翰候、去時分従太田小路へ若子移初候由其听候、千秋万歳目出度、於于此口も、肝要至極候、春中之事者、節々田村口へ就調儀無手譴候条、今般彼是申理候、雖勿論之儀候、向後之事者、如前々可申承之由存候、可然様御意得任入候、心事口上ニ任之候、恐々謹言、

「(注)(天正七年)」五月十七日　(岩城)常隆（花押146）

舟尾山城守殿

四四　岩城常隆書状

「(注)岩城左京大夫常隆書　和田文書」

態企(使)夫者候条、用壱札候、仍此般存分為可申談、以書付申届候、無隔意被相談候様、馳走別而任入候、於于時宜者、佐藤大隅守口門可有之候間、閣筆候、恐々謹言、

（八月）葉月廿九日常隆（花押146）

和田安房守殿

四五 岩城常隆書状

（注）「岩城常隆書 秋田佐藤文書」

返々申候、此すへきつかいなく存よる義申候可候、以上、

此度、せい書を以申候、忝存候、尤此すへ存よる義候ハヽ、申候可候、不始義、乍猶々、於須ロニ、しんろうきとくニ存候、万吉、かしく、

（切封）

佐藤雅楽允殿 常隆

四六 岩城常隆書状

（注）「岩城常隆書 秋田佐藤文書」

返々、更ニため之儀申上候、本望ニ候、かやう文かき斗ハをろかく／＼、以上、

塩尾ニ為書中をこし候ための所、さりとてハ／＼、臨斎暮々ため斗かくこ申候すへか、更ニきとく、せひ不及候、内々、以時分、為書中も、をハり候可よし存候、此すへの事ハ尤へつして、いけん可申候、かね／＼ためをかくこ申候を存候間、かやうニ申候、猶々及候儀、ゑんりよなく申上候可候、何様（内情）重而可申候、吉事、かしく、

（切封）

佐太 常隆

四七 岩城常隆書状

（注）「岩城常隆書 秋田佐藤文書」

尚々、別而、無子細候へ共、此義密事尤候、以上、

今度重而、以内々、奉公如在有間布由、以神名申上候、大慶ニ存候、縦無如此ニ候共、気遣之儀聊も無之候キ、就中、度々以神名申上候上は、少も無気遣、此末以猶用所等可及理候、又其身之事も、諸事無気遣、可申上事尤候、万一侍人之義も候者、則可及調候間、可心安候、自何之細々奉公之義、懇切ニ申上喜悦候、かしく、

（封）佐太（ママ）へ 常隆

四八 岩城常隆書状

（注）「岩城左京大夫常隆書写 塩文書（奉書仙台伊達氏臣塩氏蔵）」

其口模様、内々無心許候処ニ、態々来書快然候、仍於佐竹当座知行方、被相渡事、御堅固之由、佐太其地へ注進候哉、一昨九、致帰路、口上之分茂、弥々御堅固之筋ニ候、如此之上者、被打帰外無之候、虽（雖）然有此儘打置候事、両方御為不安候条、到義広御本意者、手堅赤舘之事者、常隆以取刷、可属御本意之由、取刷尤候、其上も無一途候者、何ニ此上も不打置、佐竹へ意見可被申候条、御塩味、千言万句之由申届、帰路可然候、長々在留、時分柄与云、労煩大義此

斗候、謹言、

（注）「（天正十七年）」（九月）
菊月十一日常隆（花押145）

塩左馬助殿

追而

同道之面々へも、大儀之由、及理候、以上、

四九　岩城常隆書状

（注）「岩城左京大夫常隆書　塩文書」

其地へ被打越、大義候、先刻如申付候、手賦之儀尤候、殊幸しか右衛門督罷越候間、両人同前ニ代官ニ可申付候条、此段しかへ理任入候、内々直ニ、可申理之処ニ、漸被打越候上、是迄ニ態飛脚を立越候、謹言、

（六月）
林鐘十九日常隆（花押145）

塩左馬助殿

五〇　岩城常隆書状

（注）「岩城左京大夫常隆書　塩文書」

其口へ被罷越以来、時宜如何、到于今日、是非之注進無之候事、無意元次第候、何辺急度様子可被申越之由、及理候処、無其験、無音余候、鈍処候間、用脚力候、謹言、

十月十八日常隆（花押145）

追而、

若松内膳所へも、辛労大儀之由、申度候、

塩左馬助殿

五一　岩城常隆感状

（注）「岩城左京大夫常隆書　佐藤文書」

山形之地無残、任佗言、当行之候、向後弥々、可抽忠信者也、仍如件、

天正十三年

七月廿二日常隆（花押145）

（ママ）
佐藤太すミ殿

同　雅楽允殿

五二　岩城常隆書状

（注）「岩城左京大夫常隆書　船尾文書」

会津江義広御移之儀、無相違時宜成就、於当方も、本望至極ニ候、畢竟其方被加諷諌故候、雖勿論ニ候、累代一味中之筋、何方も一意之外、不可有之之由存候、如此之旨趣、為可申述、企使者候、猶志賀内膳亮口舌ニ可有之候、恐々謹言、

（注）「（天正十五年）」
三月三日常隆（花押146）

船尾山城守殿

五三　岩城常隆知行安堵状

（注）「岩城左京大夫常隆書　檜山志賀文書」

藤間之百性成敗之事并山野、先祖之如判形、到向後、違乱不可在

之候、仍如件、

天正十五丙亥季
(十月)
神無月七日常隆（花押145）
(志賀)
しか筑前守殿

五四　岩城常隆証状

(注)
「岩城左京大夫常隆書　佐藤文書」

老父、依不例佗言之旨、判形望之上、任其儀候、其文言之内ニ、竹内・曲屋・上内三間之事者、臨斎ヘ任之、併如書付、有間敷候、是ハ老母壱代以後者、如前々、納所ヘ相付申可候、又ハ舟壱艘竈壱具宛、舎弟之勘解由左衛門幷かつさ方ヘ相渡候、此外之事者、到末代、聊も不可在相違者也、仍如件、

天正十五丁亥年
(十二月)
終月十四日常隆（花押145）

佐藤大隅守殿

五五　岩城常隆証状

(注)
「岩城左京大夫常隆書　佐藤文書」

植田成敗之儀、連々佗言ニ候、雖不及存分候、向後、亡父如奉公不
(ママ)
請雑左夫以下も可相叶之段、依中分、信用之候、万一、到無首尾者、自余ニ可申付者也、仍如件、

天正十五丁亥年
(十二月)
師走十四日常隆（花押145）

(ママ)
佐藤太隅守殿

五六　岩城常隆書状

(注)
「岩城左京大夫常隆書写　塩文書」

節々来札本望之至候、炎暑之時分在陣、真実以大義、不及是非候、仍伊陳中之様子、書面ニ得其意候、従中書、以梅庵、内意之上、明日廿二差越使候、菟角ニ早速無事念願迄候、彼是口上ニ可申越候間、閣筆候、謹言、

六月廿一日常隆（花押145）

塩左馬助殿

五七　岩城常隆書状

(注)
「岩城左京大夫常隆書写　塩文書」

半途之上、先達以両夫(使)申届候キ、漸可為到着候、無際限労煩、不及是非候、仍従摂津守所、両三人所ヘ之書面具ニ披見、令塩味候、巨細者、従各可被申越候間閣筆候、謹言、

七月十日常隆（花押145）

塩左馬助殿

五八　岩城常隆書状

(注)
「岩城左京大夫常隆書　塩文書」

其口境目之儀、無其听候条、内々、自是与覚悟候処ニ、態々来書大

慶候、将亦自三春、日々草調義、無油断候哉、兼々如申理、籌策之間者、不被出合様、意見専一候、殊更境中絵図等被相越候、被入念奇特之由并得其意候、謹言、

(三月)弥生十六日常隆（花押145）

塩左馬助殿

五九 岩城常隆書状

(注)「岩城左京大夫常隆書 塩文書」

其地長々在滞大儀之至候、先達者、安積口之唱ニ付而、細々注進祝着候、昨廿日、自次賀川(須)、如到来者、片平ニハ手切之事、于今無之由承候、其外者尤無子細之由候、可意易候、然者明廿三、各其表へ指越候条、万々被相談尤候、諸余急之間、早々謹言、

三月廿二日常隆（花押145）

塩左馬助殿

六〇 岩城常隆書状

(注)「岩城左京大夫常隆書 船尾文書」

近日者、依無題目、絶音問候、無御心許候、仍世上之義、無真実躰、不及是非候、併不定頼候歟、万一、旁窮屈之躰ニ候者、被相除義、下知承候、其方事者、当方普代与云、其上先年岩瀬在堪之刻、悃切之義共、于今難忘候、彼是与云、聊無愚候条、佐竹申含無相違、被相除儀、可相稼候間、可御心安候、但到無手透者、無沙汰ニ不可有之候、為以後一筆如件、

天正拾七年

(七月)文月廿七日常隆（花押146）

舟尾山城守殿

六一 岩城常隆書状

(注)「岩城常隆書 秋田佐藤文書」

返々、なを／＼、ふうこう(奉公)くうやく(公役)ちよさい(如在)候ましく候、以上、

今たひむすめしあわせうれしく、心もとなふ候、さては、さきたちて、小川いせミやうたいの事、塩をハり・わか杢(松)きのかミ、両人をもつて、わひを申候、両人にあいさつ申候ほかこれなふ候、くうやくふうこうさへけんミつニ申候ハヽ、両人ニあいさつ申候ことく、その身ニまかせ申候、いせんニかハらす、こうやく以下たいいち候可候、かしく、

(十二月)極月　五日　（切封）

太　はうちへ　常隆

六二 岩城常隆書状

(注)「岩城左京大夫常隆書 佐藤文書」

返々申候、よく／＼大すミへ可申候、此いこも、よく／＼、ふうくう可申候、以上、

無拠まヽ、大すミをあいつへ相こし候処ニ、可罷越よし、中々かたしけなく大義ニ付(候)、ゆミや如存取成、田村口てニ入候ハんとをり、

たとへ、をの〳〵へはい分ニ及候共、すくせいはい有（は）雅楽允ニ可相任候、尤うちこニ相当之けつ所も候ハヽ、連々おやこふうかうのすしと云、此度ゆきの内をろう後ひやうしやの事ニ而罷越候、心さしかたしけなく候間、我々うつろの取あつかいを申候ハん時分ハ、へつして、しんたい可引立候、けつく、かん居と云、こなたより合力以下、あてかいを可成よし理候へハ、ちふんのさうさにて可罷越候よし申候、いよ〳〵忝候、あまりニ大義ニ候間、大すミへよく〳〵可申理候、為後日申候、かしく、

十二月廿九日　常隆（花押145）

佐藤雅楽允殿

六三　岩城常隆室書状

（注）「岩城常隆夫人書　塩文書」

返々申候、此ほとハ、をの〳〵、御しんらう申事なふ候、いつれへも此よし心へ御申まかせ参せ候、

つねたかよりかさねて御つかひ、御うれしく申参せ候、これよりも、まつもとうこんして申候、さてハ、まつ〳〵はたらき御ようも候ハす候也、つねたかうちかへさせられ候よし申候、このうへ、いよ〳〵御ゆたんなく、かさねてうちいたされ、さたけそのほか御たんかう候て、一ミちの御あつかひかんように思ひ参せ候、よろつ此御つかひへ申候ほとに、のこし参せ候、何事もかさねて、かしく、

六四　岩城常隆室書状

（注）「岩城常隆夫人書　塩文書」

（注）「（前文切断）」十七日ニ御ちき候て、つねたかおほしめすことく、いくさに御かち、てきあまたうたせられ候よし申候へハ、中々めてたふよろこひ参せ候、みな〳〵、御しんらうおしハかり参せ候、をの〳〵、しゆ中へも御しんらうのよし、御心へ候てたまハる可候、めてたふ、かさね〳〵、かしく、

六五　岩城常隆室消息

（注）「岩城常隆夫人書　塩文書」

（注）「（前文切断）」りうしニむまをもられ候ハヽ、たしかに、みかた中あひちかい候可候、さやうに候ハヽ、よし重・つねたか御しんらうかさなり候可候ほとに、たヽいまの御しをきニきハまり候可候、その御心へある可候、しゆ中をの〳〵へも、此よし申たふ候、よく〳〵御たんかうある可候、

申候て、あさわさとふミして申候、きのふひきやくして申参せ候ことく、十七日ニ一せんに御かち候て、つね隆おほしめすことく候へハ、中〳〵めてたふよろこひ参せ候、まつ〳〵、すか川へうち返され候よし申候、かんように思日（ひ）参せ候、さりなから、また田さハ、なかはしなとのけ申候て、あさか中の、をの〳〵、とりミたし候よし申候、申までなく候へ共、よし重へ御たんかう候て、一ミちみかた中しをき御とヽのへにおよはれ候やうに、つね隆へ御心へまかせ

参せ候、二ほんまつみかたはなれたるちにて候へハ、一ミちかのくちの御とゝのへ候て、ちからをもつけられ候やうに、まかせ参せ候、よろつかさね〳〵、かしく、

六六　岩城常隆室消息

(注)「岩城常隆夫人書　塩文書」

(注)「(前文切断)」かやうにとりかけられ候、くれ〳〵、心よりほかに申参せ候、何事も、かさね〳〵、

わさとつかひして申参せ候、このたひ、思ひのほかによなさ(伊達)ハよりてきれにおよはれ候、とかく申におよはす候、まさむねあつかひさためて、つね隆ニもくちをしくおほしめし候可候、さりなから、こゝもと、をの〳〵、ふたつなくおもひつめ、ふうこう申候なとに、御心やすかる可候、はや〳〵と、つねたか、すか川おもて、うちいたされ、一ミち御て合候やうに、とりなしまかせ参せ候、よろつ此つかひ申可候、かしく、

(封)しほさまの助とのへ　かひしゃく

六七　岩城貞隆能化丸書状

(注)「岩城貞隆書　安嶋文書」

以上、

急度、用脚力候、唐入之儀付而、従義宣、被仰越候義共候、依之、可令相談、子細候間、明日早々、無嫌風雨、自身御出、平待入候、諸余期其節候、恐々謹言、

(注)「(天正十九年)」
(十一月)霜月二日能化丸(岩城貞隆)

四倉下野守殿

(封)

(上包)「四倉下野守殿　従館」

六八　岩城貞隆能化丸書状

(注)「岩城貞隆書　安嶋文書」

以上、

急度、以脚力申届候、仍当領中御撿地付而、寺織けん使相越被申候、因之、一つ書相越候、郷村中、早々可被仰触候、近日奉行可相越候条、諸事不可(有)油断候、恐々謹言、

十一月十五日能化丸

四倉下野守殿

六九　白土隆良書状

(注)「白土右馬助隆良書　鯨岡文書」

以上、

鯨岡大隅守身上好身ニ付而、其方息之甚一郎へ、与奪、因玆　御能化丸へ及披露候、向後、公役以下厳密於被相勤者、無御別条之由御意候、為已後之、従拙者書中進之候、恐々謹言、

天正拾九年
(七月)文月廿六日　白土右馬助
隆良(花押171)

(隆定)田中越中守殿　参

七〇　白土隆良書状

（注）「白土右馬助隆良書　安嶋文書」

以上、

急度、以脚力、令啓候、奥口不相澄義候而、于今、中納言様（豊臣秀次）大森ニ御在馬ニ候間、佐竹御人数之事は曰理歟、相馬ニ被残置、義宣様ニハ平歟、富岡ニ御在陣候へと、自石田殿御注進候、因之、当手をも此分可申届之由、御意候間、申入候、依様躰、被折返義可有之候間、不可有御油断候、石田殿今日平へ御着之間、何篇於爰元、御談合之上、異義も候は、追而可申述候、菟角御油断有間敷候、義宣様にも平ニ御在馬御事候、急之間、早々、恐々謹言、

（注）「（天正十九年）」（十月）（白土右馬助）白右
神無月九日　　隆良（花押171）

四倉下野守殿
御宿所

七一　坂兵隆長・佐藤貞信連署状

（注）「坂兵未詳佐藤大隅守貞信連署　安嶋文書」

急度令啓候、仍唐入之義、正月十日御治定ニ候、何も不可有御油断之由候、先立、御切符を渡申候通、少も無懈怠、御用意専要候、償御請取之方へハ、捧（カ）吹御催促尤候、返々、相止候なとゝ御覚悟候てハ不可然候、償不罷成方は知行方可返上仕之由、従江戸、被仰越候、如此之段、何へも可申触由、是被申越候ハゝ、以書状、申入候、恐々謹言、

猶々、

舟方之事、日限追而可被仰届候間、是又、少も御油断有間布候、以上、

（注）「（天正十九年）」
極月廿四日　　坂兵
　　隆長（花押）
佐大隅
　　貞信（花押）

四下
御宿所

七二　長怡書状

（注）「長怡姓氏不詳書　幕内文書」

御当地へ御越馬、両度、被及御行候間、御様躰共、内々従是、中上度之段、雖奉存候、出格之様ニ御座候条、下及申達候、然処、尊書誠以畏入、恐不少奉存候、一新地之手成、別而珍義無御座候、一両日已前者、かこを六七大ニつくり、その内へ埋草を被入、夫丸ニかいたてをもたせ、そのあとニ具足之衆引添、横田之堀際へ押来候を、城中へ被籠置候鉄放十六七丁ニ而被打候而、廿五人目之前ニ被打留候、取分、太郎左衛門殿御扶助ニ而、伝内左衛門手柄之鉄放をうち候事、御敵味方、無比類之由申候、如此、御城中はけしく被刷候間、此程者弥無指義候、今夕、鉄放之替番被指越へきためとはりを被仰付候、一遠々と被立御馬候上、御動をも被成度由、雖思召候、各御意見之上、被相抱候、先日、浅香口へ火之手をあけられ候時者、内期（本マゝ）之敵、皆々、被引返候へと

も、此ほとハ如已前、新地へ集候由、其听申候、慥ニ森山口へ何篇ニも御刷之由、新地之人衆者、可有手渡之由申候へとも、田村口へ御直之御手切不安之由、衆中、深御退慮ニ候、

一自白河者、去七日、菅生民部少輔、為御夫(使)、被指越候キ、其以来者、到于只今、御音信等候ハす候、大巻すり者(カ)、長沼をハ白河之衆を以、一向ニ被相抱候由申候、さ候間、新地ニ残図(カ)も館(カ)候、如此之御刷又者御手退之御様躰無弥(カ)候間、御無事も摼ニ不可有之由□被存候、乍去、以御工夫、御尊意をくハへられ可然之由奉存候、無躰ニ無御済限、被立御馬候者、不斗横合窮屈之由、皆々、被致侘言候、

一太窪□照行任御懇望、御当手を為御番、可被指置ニ候、依之、彼口之地形等為可被御覧今日御自身御出ニ候、猶巨細之義、従御陣所、可被御申上之由奉存候、此由御披露、恐々謹言、

三月十一日　　長怡（花押360）

幕内九郎次郎殿

□□□□上候、五三日已前、盛義へ、やかた様請待御申候ける御座中より以外、御虫気さし出、各迷惑申候処ニ、御くわうん□にて候哉、夜中ニやかて〳〵御本腹候、其已来も御機嫌如何ニもよく御座候、此上□□又申候ハゝ、横左眼前ニ、證人者切被申候、其外をハ、いまたきり申さす候由申候、此

末切テナシ

七三　岩城氏族宿老連署状

(注)「岩城氏族宿老連署　樋口文書」

宗与今度、京都へ可被罷登之由、被致覚悟候歟、只今之時分不可然候、内々於于世上、偽之取成も候哉、宗与心底之趣、連々何も存知之前ニ候間、年公(本ママ)私実事ニ可被取置候哉、能々御意見第一ニ候、此上ニも横合之取成等候者、無隔心、御内儀をも被申上候者、於于吉(本ママ)も、無如在可走廻候、万々可在御刷(カ)之由存候、恐々謹言、

六月廿一日

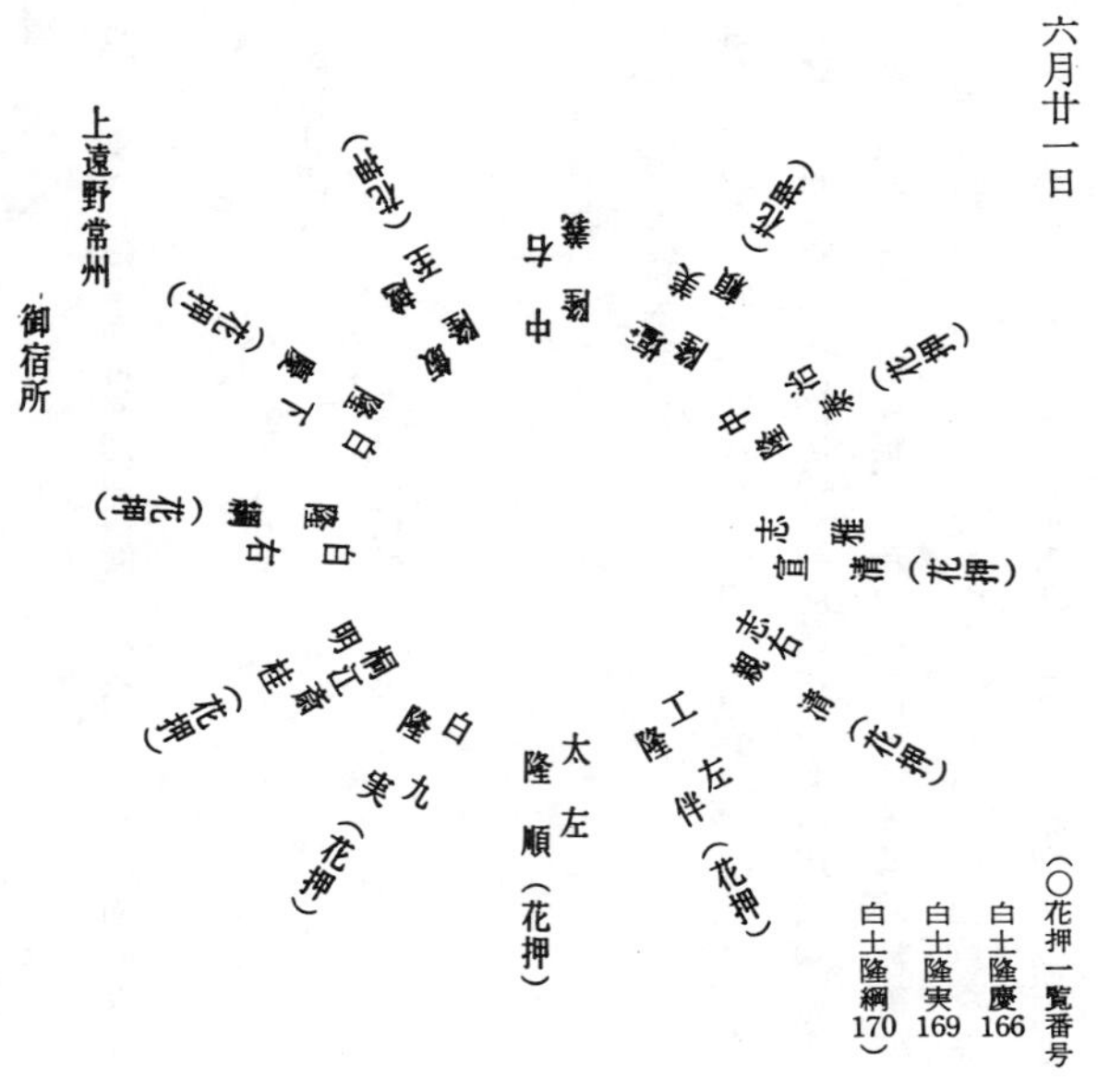

上遠野常州
御宿所

（〇花押一覧番号　白土隆慶166　白土隆実169　白土隆綱170）

七四　白土隆顕・雲竜斎石心連署証状

（注）「白土下総守隆顕雲竜斎石心連署　折内文書」

今般、北郷殿、小川玄蕃くわのさハ間ニ、事六ヶ敷事到来申候、双方之りひ承届、旁申合取刷申候、北郷よりおさへられ候地形之事者、如前々之外無之候、その上、山崎聊爾を仕候間、かのものついほう可申之由申合候、殊更、小越折内式部間ニ、六ヶ敷事をも北郷へ申理、是又相済申可候、若又、事すミ不申候者、今般すまし申候、さハたり境之事をも、越前方いへん候て、披露申され候共、くるしからす候、相互之ため證文を渡し申候、以上、

七月廿四日　雲龍斎石心（花押）

白下　隆顕（花押167）

掉雪斎

人々

七五　佐藤貞信書状

（注）「佐藤大隅守貞信書　折内文書」

返々、はや〳〵と被罷出、尤候、以上、

明日九日、かう戸山おハせられ候、村中之衆めしつれ、被罷出可候よし御内義にて候、三坂へハ御さいそく無之候、其元之衆斗にて候、かしく、

三月八日　（佐藤貞信）大隅　貞（花押）

折内式部殿まいる

七六　佐藤貞信書状

（注）「佐藤大隅守貞信書　樋口文書」

猶々、其元珍御遊山も候哉、御ゆかしく候、爰元徒然之義可有御察候、直談之時分、御薬きゝ申候とをりハ可申候、以上、

態以飛脚、申述候、仍先立者、以書状申候処、御懇報并為御祝義与御薬一包預候、誠以忝候、殊煎薬一七日之分被遣候、相届申候、今一七日之分屋地へ可有御届由承候、屋地ニ摼申たる者無之候間重而申入候、彼者ニ同者、被遣預候者、可畏存候、何近日出平之砌、遂面上可申承候、然者従江城屋形様御帰いつ比与聞召候哉、承度候事候、恐々謹言、

正月十日　太　貞（花押）

（封）宗田様　進覧　太

七七　佐藤貞信書状

（注）「佐藤大隅守貞信書　折内文書」

以上、

御内儀候間申入候、明日上遠野へ御出にて候、晦日ニハ御山にて候間、さわたり候給人衆被相触候て、皆々無残御出へ被罷上候様ニ可有之候、尤其方も御登申可候、若又晦日ニ大雨ならハ、御無用にて候、追而御注進申候事候、急候間早々申候、恐々謹言、

正月廿八日　（佐大隅）貞（花押）

折内式部殿
　御宿所

七八　佐藤貞信・根本里行連署定書
（注）「佐藤太隅（ママ）守貞信・根本紀伊守里行連署　折内文書」

定

一、馬武具、来月廿日、何も御城江可被指上事、
一、小旗のもん（カ）ハ我等而可被相定候間、地を用意之事、
一、鑓百石付而二丁、長さ弐間に、中くろくぬり候て、黒き庭鳥之尾を二所ニしてに相付用意、これも右同日ニ可被指上事、付、武具やり之事ハ、其まゝ、御城ニ被指置事、

以上、

九月廿四日　根紀　里行（花押）
　佐大隅　貞（花押）

右之通、慥ニ、御給人衆へ御理尤候、

折内式部殿　参

七九　佐藤貞信・根本里行連署状
（注）「佐藤太隅（ママ）守貞信・根本紀伊守里行連署」

猶々、明日ハ、早々可被指越候、かたく待入候、以上、

藤野惣衛門殿荷物之事、其村給人衆馬にて、早々、可被相越候、慥待入候、明日、無残可有御越候、恐々謹言、

佐大隅　貞（花押）
四月十九日　根紀　里行（花押）

折式部殿　参

八〇　佐藤貞信・根本里行連署状
（注）「佐藤太隅（ママ）守貞信・根本紀伊守里行連署　折内文書」

猶々、此上とかく被申人候ハゝ、くハしくうけたまハる可候、以上、

沢渡切残しの事、三坂御てつ放衆ニ両人分、志賀左近・白土平大、此衆へ被遣候、然所ニ、左近平太ほしいまゝにとり被申候由、鉄放衆佗言申候、我まゝの儀、更ニ口惜存候、屋敷之事ハ、左近佗言ニ付、相わたし申候、屋敷つきなとゝ申事、一向、両人不存事ニ候、何方もうちくミくち取ニ有之事ニ候間、其方被打越、いつれへも、ありやうニもりつけられ被相渡尤候、こめんの成てハ、必々不可然候、当所務之事、いつれもましおとり無之やうに可被相渡候、恐々謹言、

八月十九日　根紀　里行（花押）
　佐大隅　貞（花押）

折内式部殿まいる

八一　佐藤貞信・根本里行連署状
（注）「佐藤太隅（ママ）守貞信・根本紀伊守里行連署　折内文書」

返々、何もねん比ニ、御かり被成可候、以上、
竹貫へ御荷物被指越候、さハたりの村中のこりなく夫馬さいそく候て、可被出之候、時分柄にて候間、何へも御かり被成可候、慥ニ申入候、恐々謹言、

六月五日　　根紀
　　　　　　　里行（花押）
　　　　　　佐太隅
　　　　　　　貞（花押）

折内式部殿
　　御宿所

八二　佐藤貞信・根本里行連署状

（注）「佐藤太隅守貞信・根本紀伊守里行連署　折内文書」

追啓、御再興ニ被入御念尤候、以上、
幸其元ニ在留之事候間、御当地再興之事、上大炊・三越へ被申合候て、可被申付由御意候、其段御心得尤候、恐々謹言、

卯月七日　　根紀
　　　　　　　里行（花押）
　　　　　　佐太隅
　　　　　　　貞（花押）

折内式部殿
　　御宿所

八三　佐藤貞信・根本里行連署状

（注）「佐藤太隅守貞信・根本紀伊守里行連署　折内文書」

返々、明日廿九、早天ニ河ト被罷出候へと、御さいそく可有之候、慥ニ申候、以上、
急度申候、仍明日廿九、御北城さま平へ御光にて候、其元之御給人衆へ御宿之御番可被仰付にて候、好々御さいそく候て、早々可被相登候、必々申候、恐々謹言、

二月廿八日　　根紀
　　　　　　　　里行（花押）
　　　　　　　佐太隅
　　　　　　　　貞（花押）

折内式部殿

八四　佐藤貞信・根本里行連署状

（注）「佐藤太隅守貞信・根本紀伊守里行連署　折内文書」

路次きれ申候由申候、山のうち者、自是、大略、つくらせられ候、さハたりの路次、さん〳〵の由申候間、急度被申付つくらせられ候可候、必々御油断なく、引詰被為造候可候、恐々謹言、

八月十日　　根紀
　　　　　　　里行（花押）
　　　　　　佐太隅
　　　　　　　貞（花押）

折内式部殿
　　参

八五　佐藤貞信・根本里行連署状

（注）「佐藤太隅守貞信・根本紀伊守里行連署　折内文書」

返々、御掃治之事、不可有御油断候、以上、
沢渡御宿之御こしらへの事、いつものことくニ村中御給人衆へ、人足可有御催促候、慥ニ申候、恐々謹言、

　　　　　　根紀
　　　　　　　里行（花押）

十月四日　　　佐大隅
　　　　　　　　貞（花押）
折内式部殿
　　御宿所

八六　竹貫重元書状

（注）「竹貫参河守重元書　湯沢小川文書」

態以使、申述候、先達段々儀共、其心得申候、依之平へ両人差越申候、内々儀、愚意具申渡候、能々被聞召届、可然様候、弥御馳走千言万句ニ令存候、憑入外、無他心候、恐々謹言、

二月四日　　　竹三
　　　　　　　　重元（花押172）

小上
　御宿所

八七　岩城隆照等四人連署状

（注）「岩城氏族連署　佐藤文書」

猶々、此度被相任候、千用候、

御世務之儀付而佗言候、依之、各令意見候之処、来秋迄之事を被相任候、先以、肝要至極候、尤其内、其方佗言之旨をハ不指置、為年分、可申上候、於于爰元者、可被相任候、自何速御納得黍次第候、恐々謹言、

（十月）小春八日　　　隆照（花押）
　　　　　　　　隆松（花押）
　　　　　　　　顕満（花押）
　　　　　　　　遍乗（花押）

佐藤大隅守殿

八八　岩城貞隆書状

（注）「岩城忠次郎貞隆書　安嶋文書」

態以書状申宣候、然者今般上洛付而、鳥毛用所之条申付、被為抜可給候、左候者別而、可為祝着候事候、恐々謹言、

三月二日（岩城）貞隆（花押153）

四倉下野殿

四倉下野守殿　従舘

八九　岩城貞隆書状

（注）「岩城忠次郎貞隆書　刈和野志賀文書」

其本兵具之事、節々るつかい（本ママ）無油断いたす可候、其外右に申置候儀、聊如本、不可致之候、以上、

六月廿三日　貞隆（花押153）

しか大炊助殿

九〇　岩城貞隆書状

（注）「岩城忠次郎貞隆書　出文書」

従三戸参候中間ニ、双介事有子細、加成敗候間、無手延、早々可致沙汰候、為其態出右近相下候条、能々両人談合候可候、謹言、

七月廿二日　貞隆（花押153）

志賀大炊助殿
出右近殿

九一　岩城貞隆書状

（注）「岩城忠次郎貞隆書　刈和野　志賀文書」

返々、其元御ゆかしきはかりにて候、以上、

たよりの間、文して申入候、仍ハれ〳〵（我）事ハ、十九日、しもたてま
てつき申候、其元とせん（徒然）すいりやう申候、御ゆかしく存候事、
かしく、

をいのすけ殿へ　まいる　身

九二　岩城貞隆書状

（注）「岩城忠次郎貞隆書　刈和野　志賀文書」

猶々、先立も申越候、鉄放共ほ（少）もさひ候ハぬやうニ申可候、油断
いたし候ハヽ、口惜候可候、以上、

其許ニさしおき候鉄放・鑓、其外之兵具共、すこしもさひ候ハぬよ
うニ、念を入候可候、もち筒をハ詰番之者ニみかゝせ申可候、其外
之てつ放をハ、鉄放之ものニ可申付候、殊ニ、かま、さい〳〵湯を
わかし申可候、久七ニ可申付候、みな〳〵兵具共、折角念を入申可
候、謹言、

八月三日　貞隆（花押153）

しか太炊（ママ）助とのへ

九三　岩城貞隆書状

（注）「岩城忠次郎貞隆書　刈和野　志賀文書」

態のひきやく、まんそく申候、こゝもと、まつ〳〵、しつまり申
候、御こゝろやすかる可候、其元御ゆかしく存申候早々、恐々謹言、

八月五日　忠二郎　貞　隆（花押153）

志かをいのすけ殿　岩忠　まいる

九四　岩城貞隆書状

（注）「岩城忠次郎貞隆書　刈和野　志賀文書」

今般、鉄放之者拾一人此方へよび申候、去年下候鉄放拾丁、さか本
左衛門ニ渡候可候、たうらんくろをハ用意申候、鉄放計のほせ候可
候、謹言、

八月六日　貞隆（花押153）

しか太炊（ママ）とのへ

九五　岩城貞隆書状

（注）「岩城忠次郎貞隆書　刈和野　志賀文書」

尚々、弓をハ三日ニ一度つゝはらせ候て、又はつしさし置候可
候、近々ちや湯かま湯をわかし候て、さひぬ様ニいたし候可候、

去時分申越候鑓之事、三拾丁と申越候、すくなく候間、弐拾丁さし
添候て、五拾丁のほせ候可候、

一、鉄鉋の玉は、このまゝ箱壱つ、

一、箭五百、下の矢を、

一、矢の根五百、うちたてをのほせ候可候、

其外之箭のさひ、鑓のさひつかぬやうにとらせ候可候、又きう七ニ

申付候て、茶湯の鏤（鑵カ）さひぬ様ニいたし候可候、其外、物毎ニ念を
入、諸事可申付者也、
八月廿一日貞隆（花押153）
しか大炊助とのへ

九六　**岩城貞隆書状**
（注）「岩城忠次郎貞隆書　刈和野志賀文書」

態一筆申入候、仍其許ニ御しおき候兵具以下、涯分念を入申可候、
少も油断なく、鑓・てつほう以下さび候ハヽぬやうニ申候可候、委細
之段、藤兵衛ニ申渡候、謹言、
九月三日貞隆（花押153）
（ママ）太炊助とのへ

九七　**岩城貞隆書状**
（注）「岩城忠次郎貞隆書　刈和野志賀文書」

其以後、此方静謐にて候、心易可存候、仍其元ニ御しおき申兵具以
下、無油断、さひ候ハぬやうニ可申付候、然者、御下り之時分も申（カ）
置候女房共無行儀（本マヽ）、いたし候ハぬやう可申付候、此よし、委小堅一
郎申ことハり申可候、為心得申候、謹言、
十月六日　貞隆（花押153）
（ママ）しか太炊助とのへ

九八　**岩城貞隆知行充行状**
（注）「岩城忠次郎貞隆書　半田文書」

多賀之郡
桜井之村之内
百弐拾九石之処、遣之者也、
慶長五年庚子
二月廿日　貞隆（花押154）（黒印）（〇印文「貞隆」）
半田佐左衛門殿

九九　**岩城貞隆知行充行状**
（注）「岩城忠次郎貞隆書　藤井文書」
多河之郡内
桜井村之内
一、百石也、
堅可知行者也、
慶長五年庚子
二月廿日　貞隆（花押154）（黒印）（〇印文「貞隆」）
藤井勘丞殿

一〇〇　**岩城貞隆知行充行状**
（注）「岩城貞隆黒印書　橋本文書」
岩ケ崎郡
赤井村之内
拾六石五斗之処、為加増遣之

者也、

慶長五年庚子

三月六日（黒印）（〇印文「貞隆」）

橋本助兵衛との

一〇一　岩城貞隆知行充行状

（注）「岩城忠次郎貞隆書　根本文書」

多賀之郡

小敷田村之内

三百石之処、為加増遣之候、堅可知行者也、

慶長五年庚子

六月九日　貞隆（花押154）（黒印）（〇印文「貞隆」）

根本紀伊守殿

一〇二　岩城貞隆知行充行状

（注）「岩城忠次郎貞隆書　幕内文書」

多賀之郡桜井之内

一、弐百石之所、為加増遣之候、堅可領知者也、

慶長五年庚子

九月廿七日　貞隆（花押154）（黒印）（〇印文「貞隆」）

帷内軍曹殿

一〇三　岩城貞隆書状

（注）「岩城忠次郎貞隆書　秋田　佐藤文書」

猶々、よき便ニ、其口之儀、無残様子可申越候、又々、分別之
通をも可承候、以上、

幸便之間、令啓候、其許之様子単ニ無心元候、今刻（カ）賀右衛門ニ申越
候、定而可為参着候、義宣御事、御身上も相澄候、皆川殿、別而御
懇切之由候、忝候段申之由、紀伊守談合候て、御礼申可然候、又其
方機合、時分柄無心元次第ニ候、能々養性之儀尤候、自分も近日江
戸へ可罷下と存候、様子彼口より可申越候、殊更江戸へ見廻なと
も、機合しかとなく候ハヽ、押而返（本マヽ）之無用候、其方之事ハ、其口用
所之ためニも候間、成程其地ニ勘（カ）来可然候、猶右衛門所より可申越
候間、不具候、恐々謹言、

追而、先日も申越候、江戸へ可罷下候間、彼口之勘（カ）来之儀之事
者、志か四郎左衛門・塩孫左衛門前なとに、借解のうりなと候由
承候間、其所何とそ両人相頼候由申理、調相のほせ尤候、以上、

（注）「（慶長七年）」

八月四日　貞隆（花押154）

佐藤太隅守殿

一〇四　岩城貞隆書状

（注）「岩城忠次郎貞隆書　幕内文書」

其元ニしかと相詰奉公仕候由、祝着至極ニ候、此上、見届頼入申
候、いろ〳〵機遣骨折之段、太義之至ニ候、猶文吉可申候、恐々謹

言、

(注)「(慶長七年歟)」
九月五日　貞隆（花押154）

松平兵右衛門殿

志賀太炊助殿

帷(カ)内軍曹殿

小式(カ)善兵衛殿

富田肥前殿

一〇五　岩城貞隆書状

(注)「岩城貞隆書　幕内文書」

追而、申候、女房共之儀ニ付而、様子申越候、近比機遣ニ候共、相頼候、精は佐左衛門へ申付候間、文ニハ書不申候、畢竟相頼候、恐々謹言、

(注)「(慶長七年)」
九月廿七日　貞隆（花押154）

帷(カ)内軍曹殿

志か太炊助殿

松平兵衛門殿

一〇六　岩城貞隆書状

(注)「岩城忠次郎貞隆書　秋田　佐藤文書」

追而、雅楽允事も無如在奉公申候、可心易候、以上、

任幸便、令啓候、此中はき合如何候、無心許存候、湯も相当候哉、時分柄にて候間、能々養性尤候、

一皆川殿へ之こく之金、催促候て、相のほせ尤候、

一小里ニこく千八百俵由承候、此始末いかやうニ候哉、幸其元ニ忠兵へも居候間、何趣聞届申越候可候、こくの懸(カ)ハ小里斗ニて候也、其外ニも候哉、是又便ニ精可承候、小里ニ斗懸(カ)候由、其躰ニ相捨候所へハ不参候、能便ニ委申越候可候、忠兵へ挨拶之所も、能々聞届申越候可候、

一借こく之義ハ如何候、厳密ニさん用も極候哉、無心元候、

一兵具之儀、右ニ源兵へ(本マヽ)へも申越候間、よく〳〵相糺、其上をも、用所之通、爰元へものほせ尤候、数之事ハ右ニ申越候、

一預置候女房共之義、右衛門所へ申越候、駒右念入候哉、肝要候、其外之者をも、猶皚相渡尤候、以来ハ何かたへも、可引越候間、其理尤候、但又預者共申分も候ハヽ、可申越候、

一秋田へ不相越候道具共、其元ニ候ハヽ、日記候て、先日記斗相成候可候、見届候て取よせ可申候、

一刀候ハヽ、其残相越候可候、

一三坂ニ、佐左衛門請取候て、指置候道具、為可然九(カ)右衛門ニ諸介候て相のほせ候可候、

一蠟燭之残も候ハヽ、早々相のほせ尤候、尚、重而可申候間、早々、恐々謹言、

十月六日貞隆（花押154）

佐藤太隅守殿

一〇七　岩城貞隆書状

「岩城忠次郎貞隆書　秋田　佐藤文書」

猶々、其口之儀も、便ニ可申越候、以上、

追而申候、屛風なともち候て参候者もなく候ハゝ、幸志か右馬亟も其口ニ居候間、もち候て参候へと申理候可候、以上、

彼方有用所、秋田へ相越候、此口相替無之候、殊更、先日も申入候、其口ニさし置候道具以下、日記ニ候て、相越候へかしと申遣候へしも、是非之到来無之候、屛風以下相越尤候、兵具之事も如何、便ニ委可申越候、仍而、気合もいかゝ、無心元存候、無油断、養性尤候、雅楽亟も無事ニ奉公候、猶彼口上ニ申渡候、恐々謹言、

（十一月）霜月二日　貞隆（花押154）

（ママ）佐藤太隅殿

11　〔白土文書〕　東京都 白土光力所蔵

一　足利政氏書状（切紙）

高基不孝之処、関東之諸士同心仁企不儀候之条、不及是□（非カ）□、然間有御覚悟、□座候、急度□意之様□□之由、次郎方へ被仰出候、存其旨候様、加意見自分仁毛、存忠信候者、可為神妙候、謹言、

七月七日　（足利政氏）（花押27）

白土摂津守殿

二　北条氏過所（折紙）

自岩城之仁上下卅人、荷物五駄、無相違可乗之者也、仍如件、

辛丑 六月六日（朱印）（〇北条氏、虎印）

諸廻船中

朝比奈右衛門尉殿

三　金上盛満書状

芳札其以来、無音本意外□、今度従常隆、以御使を、被仰届候、向後御調儀之事、尤盛隆（声名）啐啄、被存候、自此方者、五三日中出張、被□日限等、直可被申述候、於御当方も、同日有御出張、御手合之儀、専純之□、仍如前々□（此方御カ）当方一和、就中去年御当方岩瀬御縁辺之儀、自此方被申述□、被相任候、如此之上、猶以弥過前々入魂、可被申談候、御執合畢竟御前候、猶彼御口上、頼入候、恐々謹言、

三月十三日　金上 盛満（花押290）

白土殿 御報

（包紙）「白土右馬助殿　□基」

四　明胤書状

返々、何篇ニも引詰被相談候ハん事尤候、又自愚所者、明日
一日申合候ことく、太田へ飛脚を相たて□候、
車・立子山間之義ニ付而、彼両所江申届候処、先以納得候、肝用ニ
候、太郎左衛門出番之上、引詰可及取曖之由存候、今朝八郎左衛
門、為代官雅楽頭出頭之条、覚悟之旨、条々申理、無余義、□
□候キ、乍大義其方なとも、太郎左衛門帰路之上、立子山へも、被
打越一途調法をも候ハん事尤候、仍相馬間之義ニ付而、自太田之両
使、先滞留候、因之各談合之義、被露帋(紙)面候、先館へ恵斎雅楽允若
松右馬允、佐藤左近是等を以、隠密ニ内義をも被請、其上指南之事
ニ候条、其方各へも、為公義談合をも候様、被申合候ハん事、可然
候、其上ニ各より、被相尋義も候者、覚悟之旨をも、随而可及挨拶
候由存候、かしく、
(切封ウワ書)「白土摂津守殿　明胤」

五　織田信長書状案

雖未申通候、以事之次令申候、抑甲州武田事、対此方不儀之躰、不
及是非次第候、然而去五月、於三信境目、遂一戦、甲信駿上之軍
兵、多分討捕散欝憤候、定不可有其隠候、武田四郎一人討漏候、然
間向彼国、令出馬、可加退治候之、此砌一味為天下為自他可然候、
委曲小笠原右近太輔(ママ)、可有伝達候、恐々謹言、
十一月廿一日　信長
佐竹左京大夫殿

六　豊臣羽柴秀吉書状（折紙）

其以来、令無音候、仍此御方従奥州上洛候、則竹生嶋へ参詣候、乍
御造作舟上下五拾人程、渡海候様憑入候、別而無疎意事候間、御馳
走所仰候、恐々謹言、
六月十九日　羽柴藤吉郎 秀吉（花押）
かた田 いかい甚介殿 御宿所

七　豊臣羽柴秀吉書状（折紙）

近日者無音、寔所存之外存知候、随而従奥州、此仁被致参宮候、然
者勢州御役所中、上下五拾人無異儀勘過候様、被遣挙状其元、御馳
走奉憑候、尚追而可得御意候、恐々謹言、
六月十九日　羽柴藤吉郎 秀吉（花押）
滝川左近殿 人々御中
(切封ウワ書)「滝川左近殿 人々御中　羽柴藤吉郎 秀吉」

八　豊臣羽柴秀吉書状（折紙）

態令啓候、仍白土右馬助殿令申候、然者京都為一見候、御□(宿カ)之儀、
上下十人余在之由候、いかニも、被入精、御逗留中造作以下、可有
馳走候、聊不可有如在候、為其如此候、恐々謹言、
六月十九日　藤吉郎 秀吉（花押）
京三条町 伊藤与左衛門尉殿 進之候

九　豊臣（羽柴）秀吉書状（折紙）

対富田左近将監書状披見候、関東惣無事候、□今度家康ニ被仰付之
条、其段可相達候、若相背族於有之者、可加成敗候、可成其御旨也、
　十二月三日（秀吉）（花押）
　　白土右馬助とのへ

一〇　滝川一益書状（切紙）

芳札□本□殊従常隆公、尊書御使済々□□至
極候、能々宜預御分□次為御自分、革十枚贈給候、祝着候、無
極候、就中御物詣之刻、於桑名辺、遂面談之段、被顕御書、今更御
見参之為躰一入存知候、爰元御用之□、無御隔心可承候、不可有疎
略候、仍雖軽微之憚候、段子五端進入候、補御音信計候、旁期後音
候、恐々謹言、
　六月十二日　（滝川）一益（花押）
　　白土殿　御返報

一一　石田三成・増田長盛連署条書

　覚
一たい（台）所入、給人方知行之事、何も常隆時のことくたるへき事、
一たい所入、代官衆の事、能化丸（岩城貞隆）まかない、并在□（京カ）の入用つかいあ
　し、当奉行衆之前にて、可遂算用事、
一能化丸ニたいし、疎略悪逆之面々、在之者、遂糺明、依其科之軽
　重ニ、可有成敗事、
一在京之面々へハ、京都まかない料、可有配当事、
一下々申事於在之ハ、白土摂津守、并佐竹よりの奉行と（衍カ）として有様
　ニ、可被申付候、其上申分於有之者、令上洛、両人へ可有訴詔
　事、
　　以上
　八月十六日　増田右衛門尉（長盛）（花押）
　　　　　　　石田治部少輔（三成）
　　白土摂津守殿
　　江雪斎□　（附箋）「隆貞」

一二　増田長盛書状（折紙）

態申入候、先度委細如申入候、急度御上洛候て、可然候、何も□々
之衆も、早妻子被差上候、其地之事、今度御存分も、御座候つれ
共、無別儀、御名跡被相立、各も御安堵事候、此刻御由断候てハ、
不可然候間、早速御上洛肝要候、能化丸殿（岩城貞隆）も御同心候て、御上可然
候、其段即江雪へも申入候、縦能化丸殿御上洛ハ遅々候共、貴所之
儀者、早々御上専用候、公儀御仕合弥よく候ハヽ、其元之儀ハ、何
も御存分次第たるへく候、不可有御由断候、恐々謹言、
　九月八日　増右　長盛（花押）
　　白土摂津守殿　御宿所

一三　増田長盛書状（折紙）

態可申処ニ、幸兵庫殿下向之間、令啓候、摂州□□々療治候

へ共、被相果候段、無是非次第候、即達　上聞候処、不便ニ被思召由候、御心中令察候、奥州表相済候ハ丶、やかて御上洛候て、御礼被口（カ）上尤候、恐々謹言、

七月十六日　増右　長盛（花押）

白土右馬助殿　御宿所

一四　石田三成書状（折紙）

以上

就爰元下着、被差越使者、殊更鹿白皮五枚贈給候、遠路本望之至候、猶期来信候間、不能詳候、恐々謹言、

三月朔日　石治少　三成（花押）

白土源次郎殿　御申候へ

一五　石田三成書状（折紙）

以上

岩城殿分領当年撿地候て、指出之□□遣之相残□之儀、能化丸（岩城貞隆）殿蔵入ニ可仕之旨、被仰出候、雖然当年之儀者、先本知三分一わりあげニ相定候間、急度相調、来十月中ニ可有納所候、若右之日限延引、及十一月者、四わり上ニ仕、可取之候、十一月於過者、一円ニ可為闕所候、可被得其意候、恐々謹言、

九月廿九日　石田治部少輔　三成（花押）

岩城殿家中　衆中

一六　白土隆貞書状（切紙）

尚々、与五郎ニ備中屋懇切不及是非候、笛もはや／＼あかり申候、京都へはやし理□□□□一両年ニ相替□申候、指合則ふしなかく申候間、よめかね申候へく候、万申越度候へく候へ共、早々申越候、白長竜甚安せん一主馬助いつれも／＼牢へ落候ましきよし、たしかに申理度候、次又、此ふミかき申候内三郎兵様罷着候間、返事申候、をくへ人数□□いかて御役銭□く候哉、御役銭なんちうのかたハ、御曹子様太田へ御まいり候よし、おの／＼御しん躰のあとに可罷成候、なにかと、御さうしさま御若輩ニ候とて、御なんちう候ハ丶、相違候へく候、金子調はす候ハ丶、御さうし御下向ハ不罷成候間、うつろのおの／＼御さうしさまおいいたし御申あるへき御かまいハ、いか丶候、返々、きふとさたおの／＼へ申合、金子の五十まい御のほせ候へく候、

幸便之条申越候、御曹子様御堅固候、拙者事者、機合節々相□□一佐太へ被申□度御中ほり可被為登候、年始ニ存知之外、御造作入申候、来月始不罷登候者、御在京難成候、殿下様へも御年始ニ金一っ銀十かへ候て、進上御申候へく候、其外御造作不及申候、自分之儀も佐太・桑下被申合候而、上意へ佗言被申候而御御（ママ）のほせたまハり候へく候、其上自分之ゆ登気（ママ）吹御□調任入候、白□楽助はかりニ、かせさせられましく候、一奥口無異儀之由肝要候、一普請之事、是又まかせ入候、なに共存知之外、造作無際限候、迷惑にて候、一弥四郎もをく山敝をうけたまわり候、京都へはやし承候而、侍者を同心申候而、ほそ川兵部大輔殿御てしニ申度事、朝夕念願はかりにて候、恐々謹言、

正月八日　（白土）隆貞（花押）

右馬助殿へ

一七　白土右馬助消息（折紙）

かへす〳〵申まいらせ候、きやうとの御事、なか〳〵申ニおよはす候、むらさきのへも、すなわちにまいり申候、かさねて六日ニもまいり候へく候よし、おもひまいらせ候、むらさきのにていろ〳〵御とりなし候き、ことにきやうとにて、けんふのたかき□申におよはす候、たゝ〳〵いなかにて、たやすく御ハリ候、ことにいわきよりすミ申候かねそれかし七まいもたせ申候、一からにすくなふ候よし、きよいにて候間、それかしかねを三まいとりたし申候て、十まいにいたしあけ申候、かくのことくにて候間、それかし手まへハ（カ）こと（ヘカ）くき申候、きやうとにて、なにをもとり申候事なり申ましく候、きやうとにてかり申候て、こし申候よし、申あけ候間、そなたにてハ、それかしかねとりこし申候とハ、御むようにて候、きやうとにて、万〳〵さい□（けカ）ん□ふ候、なか〳〵めいわく申候又、□　□□にて候上、田の事もすこしもしさいなく候、よしのふさま（佐竹義宣）より御せうもんをも、御とりたまハり候へきよし、御きたしやうさまも、人ミしゆせんも申され候、御てすきなふ候間、いかゝ候へく候や、とかくしさいなふ候、かのかたよりわひ事ハ御さなきとミへ申候、ことにくまのへの御いとまハ、なり申ましきとおもひまいらせ候、さりなからいかやうにも、わひ事候へく候、

ぬかたへのたより候間、かへして申まいらせ候、さて〳〵それかしおやこ、いかにも〳〵けんこにて候、その上すなわちにいし田殿・まし田殿へも、よししけさま（佐竹義重）御とも申候て、まかりいて候、ことのほか御ねんころにて候、そのゝちもさい〳〵まかりいて候、まし田殿とりわけ御ねんころにて候、けん二郎もまかりいて候、おやこきとくにまかりのほり候よし、きよいにて候、よしのふさまもことのほか御念比にて候、なに事も御北しやうさま、御かけゆへにて候、てんかさまへも、二三日のうちひきいたされへきよし、まし田殿きよいにて候、手かたくまかり□て候へく候、さりなからきやうとにては、たゝいまさたまり候事も、ほうし御わりなふ候間、そなたにてハ、てんかさまへの御れいの事ハ、御おんみつ候へく候、ことに御北しやうさまよりかまのふた、御しよもうにて候、ねんないおさとより、とりてまいり候、それかしかまにあわせ候て、さしおき申候を、ぬかたへさう〳〵御とゝけ候へく候、めてたさ又々いそきかしく、

三月四日　　右馬助（花押）

いわきへうまの助とのよりへ

お□　　うまの助
う□やうへ　まいる　　より

一八　佐竹義重書状（折紙）

追而細事付態預脚力候、令祝着候、

如来意之、右衛門尉殿下衆之者之事、六ケ敷儀候、併頓而事澄候条、可御心易候、仍近日及御暇、四月中ニ可令下着候、猶其時節可申宣候、恐々謹言、

三月廿九日　　（佐竹）義重（花押 72）

白土源次郎殿

追而双月申候義候、于今御滞留候哉、又ハよえ（ママ）人しらす候へハ他行候哉、頓而是非を不承候間申候、于今滞留候て、不罷下前ニ太田ニ待候へと申候儀候、定越中可申候、

（ウワ書）「白土源次郎殿」

一九　**佐竹義重書状**

去比相馬へ之書状、憑入候之処、以横合紛失候ニ、有穿鑿、重而被相届返答此度態越給候、御厳蜜（密）之至、令祝着候、委細令期来信候、恐々謹言、

十月五日　義重（花押72）

白土右馬助殿

二〇　**佐竹義宣書状**（折紙）

石田殿以御作事、好雪斎・根本紀伊守、能化丸為守、指越候、万無隔意、可被相談事任入候、就中能化丸上洛之儀、無油断、御稼可然候、恐々謹言、

十月五日　（佐竹）義宣（花押76）

白土摂津守殿
同右馬助殿

二一　**伊達政宗書状**（切紙）

今度祝儀ニ付而、従常隆蒙仰候、因玆従其元も、段子到来満足ニ存候、□自是も同一巻進候、誠以一意訖ニ候、残吉期後音不具候、恐々謹言、

（天正十二年）十二月十二日　（伊達）政宗（花押）（〇この花押、一覧183にやや類似す）

白土右馬助殿

二二　**伊達政宗書状**

就太崎表之儀ニ、自常隆（岩城）再三為脚力承候、為悦之至候、彼口之義、少々雖横合之躰候、無指義、各々令帰城候、其後無異儀候、可御心安候、兼又依陣之事、種々其聞内々無心元候処ニ、府中抱之内号玉野地義重□追日勝利ニ候哉、簡用候、如何様近日可有使者候間、不具候、恐々謹言、

（四月）卯月六日　政宗（花押183）

白土摂津守殿

二三　**某書状**（切紙）

尚以我等就煩ニ、寿元（カ）被罷下候、然共今度上洛ニ付而、御音信共候、差越候、誠忝次第候、我等所へ連々御入□
□弥忝存候、中〱存程御礼難申入候、猶近日可申入間、不能巨細候、

態申入候、仍今度就御上洛、和田（カ）へ着□（カ）、被罷越候、我等所ゟも、田中越中所まて、懇ニ申遣候へ共、如此義重返答之由候間、不及是非候、田越出申候、為御一覧進入候、今度之御用意無御由断、所無申迄候、時日□珍事御迷（カ）□弐千□入目候へ共、何とそ今度之儀者、御上洛被成候て、子乍（マヽ）成趣者、於京都義宣へ、能々御佗言専一候、我等よりも懇ニ義宣所まてハ、可申遣候間、可御心易候、恐々謹言、

弐月廿三日　（花押）（〇この花押、伊達政宗にやや類似す）

□　□

二四　**某書状**

返々御志之程、不浅畏入候〳〵、以上、

昨日者、被寄思食候て、御酒御肴殊又御［　　］被入御念候て、被送下候、他行候て、則御礼不申上候き、併背本意次第、以参右之旨可申分候、昨夜御酒賞翫申候て、よひのさむさをふせき申候き、過分〳〵、就中御茶色と云、気味と云、絶言語申候つる、事々非貴面者、不可申謝候、恐惶謹言、

九月五日　是斎（カ）（花押）

白土殿 人々御中

二五　豊臣秀吉書状（折紙）

書状之旨、被聞召届候、北条事急度可被刎首候様子、不可有其隠候、其方所労故遅参不苦候条、無機遣加養性、参陣尤候、猶増田右衛門尉可申候也、

（天正十八年）五月十八日（秀吉）（朱印）

白土右馬助とのへ

二六　豊臣秀吉書状（折紙）

遠路差上使者、殊白鳥十并刀一腰銘真守、到来悦思召之、仍関東事北条何様ニ茂可為上意次第旨、御佗言申上候間、軈而御上使被遣国々、置目等儀、堅可被仰付候、其節国衆相談馳走肝要候、猶増田右衛門尉可申候也、

（天正十八年）閏五月廿六日（秀吉）（朱印）

白土右馬助とのへ

二七　呑空書状

御約束之筋を、わひ言仕候処、明所も候由、御厳密ニ替之地を、可被下之由、蒙仰候、左衛門事、於宇都宮、打死いたし候故、不申上候、拙子事も於宇都宮両人ことも打死なさせ申候、子ともの事者、若輩我々事も、まこ五郎七郎両人打死いたし候間、御弓箭後者、以左衛門替之地をも、不申立候、親ニ候者事者、実山ニ［　］こニハ、被参候、彼者事者、さのミ御当家にも越候へハ、わかり□申□左衛門事□□□（さま〳〵にカ）いたし、宮仕申たる事、おほへ不申候、爰元有御分別而、可□懸御意之由、申事ニ候、拙者老母か事者、微山様御舎弟北殿息女ニ御座候、拙者事者、一腹之兄弟あに高久殿ニうしなはれ申（者）候、宗福之事者、腹のうちにて、をやきやうたいに、はなれ申され候、其已来宗福漸人たち被申候時分、上あら川のたきの寺禅立と申長老に、御てしに老母の進被申候、漸宗福成人之時分（たち被申て）、長老之高久殿へ伴ニ御つれ候て、此者之事者、遣所へわけぬ間ニ候之間、めを御かけ候へと、被仰届候処、高久殿如被申候者、親父之事者、被企逆心候間、腹をきらせ申候、勿論其方無等閑候、尤此已後者、細々可有出入之由候、其以後者、過半高久ニ宗福ねまられ候、高久殿おり〳〵雑談ニ、宗福へ如被尋候者、例式於白土、総州江親類中無二奉公をも、被申おもひつき被申候哉と候処、宗福如被申候者、総州御別なさけなきよしにて、朝夕親類中うら見ことのミ□候由（を被申候由）、被申候処、其以来はる〳〵相過、又高久殿宗福へ如被申候者、我々ちか□□な

り候者、総州ニはらをきらせ可被申歟と候処、宗福如被申候者、其義ニ候者、白土之親類中いかにもよろこひ申候へく候由、被申候処、高久殿如被申候者、其方へわけぬ親類中白土ニたれ〳〵あるよし候処、内匠助さぬき上白土此面々ニ候由、被申候処、左様ニ候者、委談合候て、返答之様躰、可申之由候間、上白土へ細々出入申候間、以彼方、実山様(岩城隆忠)へ申上候処、実山様被成御悦喜、宗福を被召出、直被仰付候、然間高久おゐて如申候者、上白土内匠助・さぬき両人ニ申候処、其義ニ候者、白土要害近所へ御人数、被差越候て、総州父子をは、於床生涯なさせ要害へ火付可申候間、在郷之衆懸つき不申候さきニ、為被打入申へきよし申候処、高久殿よろこはれ、岩ケ崎殿へ、有相談(合)、両手之衆平林迄、被打出候、白土之人数者、観音□当在所ニ(ミヽ)□□在所へ、一手□被差置候処、治内之志賀丹後中丸山へあかり候て、白土□中之様躰、見つもり打帰高久岩ケ崎殿へ、如申候者、しか備前ちやうちんをもつて実城へのほり候、其外馬のいはゐうゐ(た)申候間、大切ニ候、皆々可被打帰之由、被申候処、宗福高久殿ニ如被申候者、其義ニ候者、上白土まて罷越、城中様躰きゝ申候て、可罷越之由申候て、要害へ参候て、実山さまへ、宗福申上候処、要害へ者、こたへぬよし申候て、人数を近辺へ引付可申之由、其時もちきニ被仰付候間、平林まて罷越候へは、両手之衆一人も不残、持道具をとりすて罷退候、然間天明原萱の要害を、御責候処、山城父子打死、其儘やつかやへさしかけられ候処、外城責落

候処、高久殿かうさん候間、引おとし、まねいニさしおかれ候、其日数ケ所、御手ニいり申候、又岩ケ崎に御はたらき候処、彼くちをも、被属御本意候、然間御弓箭相静、極月十八日ニ、御一せき中出仕之時、宗福にかミをつゝませられ、小三□(郎カ)ニなされ、実山さま如御意者出仕のとき、かた〳〵の一方□小三郎方ニ、申付候由、被仰出候、なきの□□同心、被□老母被申届候、それかしも覚申候、御堀内さま御心得□間、先年極月十八日、中山さ□(ぬカ)き方おほへ被申候間、彼方はん人ニいたし申あけ候、下荒川之事者、兄之宗福ほんそニ候之間、それかし其名代をつき申候間、ほんそとしていまに知行仕候、忠節分ニ者、上荒川の事をも、宗福へ被遣候、山田殿岩ケ崎弓箭ニ合力被申候間、上あら川・こもた・松くすね三ケ所山田殿へ御渡候、しか備前小三郎殿ニ替地を御つかハし、先小三郎殿ニ御かり候へと、意見被申候、宗福之事者、小三郎ニ罷成ほともなく被致死去候、それかしの事者、一向若輩ニ候之間、不中立候、岩ケ崎御弓箭之時分も、我々とり分走廻申候間、御弓箭落居申候者、上荒河事も返し可預之由、実山さま承候、それかし不運(不運ニ)により(ミヽミ)、(御三箭なかは)御遠行被成候、岩岡之内に少所を預候、請取申ましきよし申候て、三年うけとり不申候、実山さまより、したて御借中山さぬき方を以如蒙仰候者、彼地□直御□□人躰数輩かゝへ被申候間、□□およはさるよし承候、上荒川□□、其間雖少所候、拘可申之由蒙仰候、岩岡之内ニ、そ

れかし共十四人、拘申候、そのゑりあましを拘申候、それかしの事
ハ、むそく同前ニ候、御うつろ（洞）の事ハ虎山（岩城親隆）さま已来之事者、大概御
心得ニ候、実山さま御代よりの事者、老拙よりハほかハ、只今御心
得のことあるましく候、可申上子細共、数多候へ共、余無際限候間、
少々申上候、其已後従虎山御隠密ニ如承候者、可有御退治かと御座
候間、上荒川の替地、のそミにしたかつて、可預之由承候、御下地
之事者、舟尾のすわう殿を、可有退治候、ひんそくニ候ける、其
以来ふなをニゐ〻へ、当参被申、一子無之ほとに御南様御曹子を、
名代ニたて被申候間、身躰無恙候て、彼名代無相違候、此義者、御
堀内様も、可被［　　］、弥二郎まへのわひ言を、御南様へ
申候処、御［　］はす候、金物［　　］御［　］へ御□
をた［　　］へ共、弥二郎［　　］

呑空

屋形様

虎山忌之時、上田のさへもんを、御宮仕之日記ニ、御留あそハし
候、其時わたくしへ、呑空わひこと被申候条々にて候、

二八　徳川家光御内書写

為歳暮之、佳祥小袖二到来、怡思召候、猶土井大炊頭（利勝）可申候也、
十二月廿七日
岩木左兵衛尉殿

12〔小西文書〕大阪府小西新右衛門所蔵 相田二郎「日本の古文書」所収

一　北畠顕家吹挙状案

伊賀三郎盛光申三条東洞院篝役事、申状如此、子細見状候歟、於津
軽致合戦之条、無異義候、於去年分者、可有御免之由、頻歎申候、
殊可有申御沙汰候乎、謹言、
（建武元年）三月一日　陸奥守顕家
（中御門宗兼）蔵人中将殿

13〔岩渕文書〕仙台市岩渕広所蔵

一　岩城常隆書状

猶々内儀、平左衛門ニくはしく申、早々、
あゆ給候、折ふし客来候て、一入忝候、然者やなはについて、とか
くの事候や、たとへ鶴田の分入くみ候共、川の事は成敗の上、其方
まゝたるへく候、鶴田ニかきらす、誰分いり合候共、川の事はとか
くあるましく候、其方可被申付候、謹言、
九月三日　（岩城）常隆（花押144）
塩左馬助殿　南

14〔三坂文書〕会津若松市関牧太郎所蔵

一　陸奥国司庁宣案

庁宣

可令早為地頭岩間次郎隆重沙汰進済岩城余部内岩間鬱松両村巡

検御［　］

右件両村分神宝所、御馬□(大)疋代絹参□為地頭隆重之沙汰、所令進済也、先例員数如此、但御尋国之時、当進之外、若於有未進者、□(任)文書之旨、無懈怠、可令沙汰進之由、進請文畢、然則任先例員数、可令致其沙汰之状、所宣如件、留守所宜承知、勿違失、以宣、

宝治二年後十二月　日

大介橘朝臣

二　平基秀譲状

譲与　平基秀法師之屋敷手殖□(間カ)中

四至北堺井尻之江ヲ大通ヘトヲス

同井ノ頭ヲ鎌日堺之茎ヘトヲス幷手殖ロノヤマチノ内北之大

縄付東西ニ破テ五段其之頭ニワセタ二段合七段者

右件之屋敷手殖、法名海円房ニ譲与処、実正也、仍何之子息等ナリトイウトモ、其之サマタケヲ不可致、後日之證文状、如件、

正元二年庚申二月四日

平基秀法師（花押）

三　沙弥某奉書案

陸奥国岩城余部雑掌頼秀申、年貢事、重訴状八通如此、先度被仰下之処、小泉弥三郎入道等、不遣其道云々、不日遂結解、可究済之由相触、可取進請文、若不叙用者、載起請詞(カ)、可被注申、使節遅々者、可有其咎之状、依仰執達如件、

嘉暦二年十月廿五日　沙弥在判

薩摩左衛門七郎殿

四　濫妨放火軍勢交名注進状

陸奥国岩城郡鎌田弥次郎入道頼円宿所江押寄、令濫妨放火、軍勢交名人等事（裏花押(1)）

一鎌田孫太郎入道・同子息彦太郎・同舎弟孫次郎・同家人四郎次郎・同中間三郎太郎入道・同子息六郎三郎八郎・平七入道・六郎四郎・同厩者共名字不知、

一塩五郎三郎入道・同舎弟孫四郎・同七郎鎌田孫太郎入道従父兄弟　名誉悪党等也、

一蘘萱孫六・一竜沢小三郎入道・同子息小太郎・同文次郎、

一未曾有惣領亀岡又五郎・同家人六郎観妙房・与一三郎入道、

一同七郎・同大輔房・同舎弟弥八、一潁谷三郎三位房子息・同助房・同家人良性房之子息弥四郎・同与子四郎手負・大室五郎三郎・同了賢房・五郎次郎・与一三郎・六郎太郎、手負一人者名字不知、

一片寄小三郎事、搦手大将軍也、被疵間、被掃入鯨岡孫太郎入道之許、往三日死去、同舎弟孫三郎、同家人与子太郎、手負

一泉崎五郎三郎入道・同舎弟孫十郎、一沼迫十郎、

一岩屋迫四郎三郎入道・同子息彦三郎・同舎弟与平三郎、

一中山弥次郎入道、一沼尻与五太郎、
一国魂十郎入道・同子息三郎太郎・同舎弟与一三郎
（継目裏花押(1)ニ同じ）
一菅波五郎太郎・同祗候人林太郎入手負・孫次郎手負・四郎三郎入道手負・
三郎太郎号小別当、
一小泉弥三郎入道之子息五郎三郎手負・同助房・同弁房、
右此外甲乙仁等数百人、雖在之、不知名字之間、不能注進、所詮彼交名人内、若党中間等、召捕之、被経拷問時、悉以、可令露顕上者、急速被成御奉公、仰于守護人、先被鎮狼藉、為被蒙処罪科、注文如件、

元弘三年十二月　日

五　岩城隆親打渡状

打渡
鯨岡孫太郎入道乗隆知行分所領事
任御下文幷御施行之旨、莅彼所、沙汰付乗隆候了、仍渡之状之如件、

康永三年十一月十五日平（岩城）隆親（花押160）

六　岩城隆忠知行渡状

渡申　所領事
右件所領者、奥州岩城郡中塩方之跡之事、五箇村之御中江、所渡置也、然者永代可有御知行候、仍為後日、状如件、

嘉吉三年三月廿六日　（岩城）隆忠（花押162）
（○充所欠）

七　岩城親隆書状

此間有境取分、奉公被相拚候、誠ニ忝次第候、依之侘言之旨、無余義候、尤彼口境目ニも、相当之けつ所等候ハヽ、以時分、可申合候、為後日一筆、

二月十九日　（岩城）親隆（花押152）

小河左馬助殿

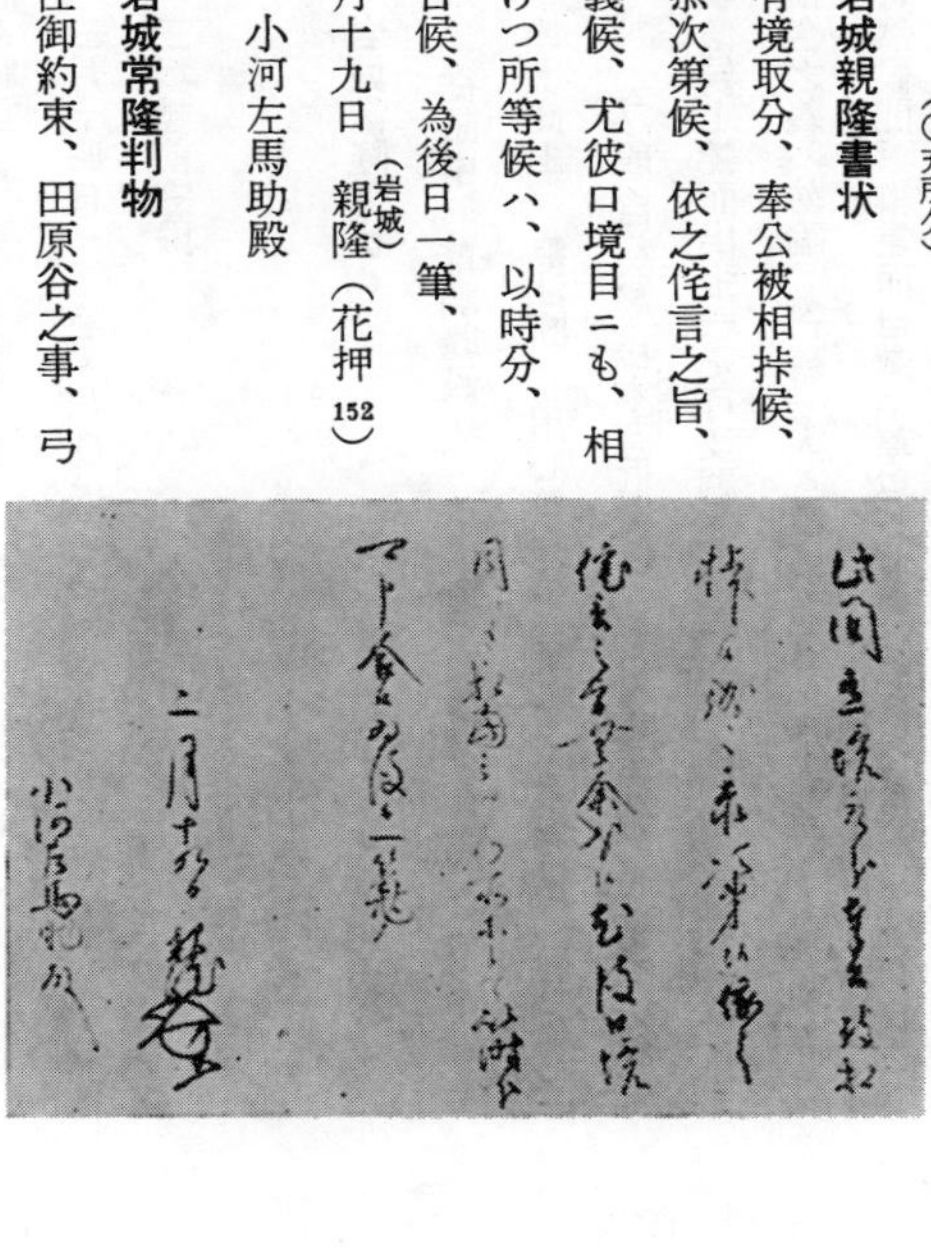

八　岩城常隆判物

已前任御約束、田原谷之事、弓矢本意之上、不可有別条候、仍如件、

天正十二年
五月廿七日（岩城）常隆（花押145）

小河越前守殿
同左馬助殿

九　岩城常隆書状

昨日、於其地之取刷、不及是非候、乍此上、若者共聊爾なと無之

様、必竟竹三なと談合、尤可然候、其口にて万辛身彼之可申届之
由、覚悟候処、幸之間、為書中候、申理候、新地之事ニ候間、先々
満足言語道断候、委細者彼者急（カ）彼者急之間、早々恐々謹言、

六月三日　常隆（花押145）

小川越前守殿

一〇　岩城常隆書状

急度、以内札、申越候、仍近日出馬ニ付而、各内馬場所へ一往不致
届候而ハ、首尾不合之由候而、今度彼飛脚被越候、無疑心、被相
通、可然候、如（カ）此之義も、出馬逼塞ニ付而之、一義共候、為心得、
申越候、此書之不可有他見候、恐々謹言、

八月四日常隆（花押145）

（小川越前守）小越へ

一一　岩城常隆書状案

急度申越候、仍自敵中、来八九時分、行等可有之之由、堅ヘ忝来
候、其元不可有油断候、地形方角ハ叵覚候、縦如何様之取刷候共、
不出合、横合無之義、畢竟御前ニ候由、竹三へも申理候、彼之談合
候而、任入候、恐々謹言、

（九月）菊月六日常隆

小河越前守殿

一二　岩城常隆書状

去十日十三、自新町、其地へ被及備候、注進之趣、具披見、得其其
候、今時節之備方、城中番も候哉、如何不審候、被相越候仁ニ、様
体相尋候、取披仕置之儀、肝用候、此上も、不可相替候、自竹三其
事察存候、当番衆へも、能々可被相心得候、普請之事、上遠野番
中、被致之之由申付、大膳ハいたさす候哉、何ニ両人へハ可及尋
候、刑部太輔方、三坂ニ無在城候哉、無是非候、即申届候、万吉重
而、恐々謹言、

三月十四日　常隆（花押145）

三坂越前守殿

一三　岩城常隆書状

昨十八、従敵中、草調義候処、以前刷、無指儀曳除候哉、肝要至
極候、於于此上、無油断、用心等可被心懸事、専一候、仍出馬之
義ニ付而、今般自会、松本右近を以、条々事候間、常隆存分をも
及調談儀候上聽而出張一疋可及調義由存候、然者此刻、其口ニ
聊も横合之義ハ勿論、一騎一人も恙候而者、出馬之砌、境中之覚
も不可然候間、縦重而自敵中草以下成懸候共、以見合、凶事無之様
之工夫専一候、内々如此之儀、今明日中、使者以脚力、可申届由
存候処、来札幸之被申越候、可被相心得事尤候、吉事又々、恐惶謹

言、

追而
昨未之剋之来札、唯今巳之時、到書三月十九日置之、無心元存候、以上、

三月十九日　巳剋　常隆（花押145）

三坂越前守殿

一四　岩城常隆書状

近日者其表之様子、相異儀も候哉、無心元次第候、仍当番之事者、籏本之衆、差越候、何も厳密ニ、在番候哉、雖無申迄候、頭々余多之事候間、草調義なとの上、兵義等まち〳〵たるへき由存、令窮屈候、別而念を入、意見専一ニ任入候、此等之義申届、又人衆之様体をも可相聴（カ）ため、態以使申越候、殊在地之面々へ、配分をも候由承候、目出度大慶候、彼是彼口上ニ可出之候間、閣筆候、恐々謹言、

（四月）卯月二日常隆（花押145）

三坂越前守殿

一五　岩城常隆書状

清顕遠行之由、従堺中申来候哉、即被申越候、祝着之至候、仕合様躰、更ニ難計、不審候、実説其听之由、追而注進待入候、恐々謹言、

（十月）小春十一日　常隆（花押145）

三坂越前守殿

一六　芦名盛隆書状

態之来札近比祝着候、殊一段見事之弓、送給候、太慶此事候、如書面、前日は被打越候、取紛儀共有之、別而不及執成、于今意外候、仍申理候、段々無疎意、馳走之由承候、本望至候、然者證文之儀承候、尤得其意候条々、書付進之候、随而富岡方、薗屋方、坂左彼面々江、以書札、雖申理度候、存分難計候間、先以令遠慮候、各へ内々馳走任入候、於無別条者、以直書、可申届候、竹三へは兼日申含候上、及書状候、被相届、頼入候、恐々謹言、

追而、世間模様替儀候者、即可承給候、待入候、

十二月十日（芦名）盛隆（花押283）

三坂越前守殿

一七　岩城常隆書状

就番手之義、条々被申候、已前従北郷方、被申越候間、委細申理候、定而自身可被罷立候、雖無申迄候、其地油断なく用心、彼是乍勿論、任入計候、万々彼面々にハ申届候間、可意多候、恐々謹言、

（十二月）極月十日常隆（花押145）

三坂越前守殿

一八　岩城常隆書状

今度之在番候所、無人数ニ付而承候、得其意候、気吹可申付候間、定可罷立候、五三人之者、以失念被相届候間、今日成野（カ）可相立（カ）候旨、在番衆中へも可被申理候、其已来境中之儀、如何ニ先立候跡覧候者、急度注進尤候、恐々謹言、

（十二月）極月廿八日常隆（花押145）

三坂越前守殿

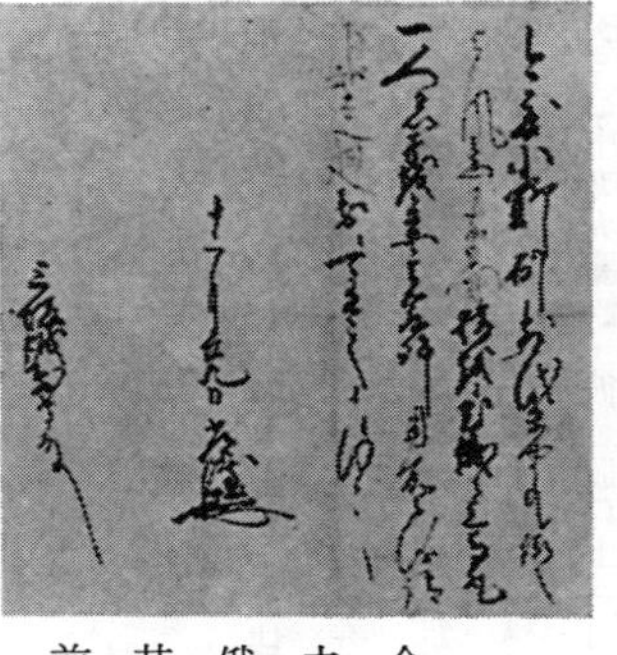

一九　岩城常隆書状（切紙）

今度小野刷、前代未聞事候、依之与風志か右衛門尉指越候、尤俄之上馬取一人を以罷越候条、其口取許用所之儀請下知、走廻前ニ可有之候、謹言、

十二月廿九日常隆（花押145）

三坂越前守殿

二〇　最上義光書状

如来翰、去年以来者無音、無心元令存候処、音問誠ニ大悦此事候、其郡之事、連年及承候間、内々自是、雖可申述覚悟候、我等不肖与言、遠境与言、彼是以令遅々候処、今般自正印通信、本望之至候、於向後者、遠境候共、当口御用等、無疎意承候様、取成任入迄候、又其筋之儀、可頼入候、将又自伊達、会津へ干戈、累代之好も不入、如此之事、無是非次第候、依之、為後詰御出馬之由候、前々御首尾、無相違事、誠感入候、此堺一途有御塩味、会へ不打置御異見、家老衆之内、無相隔事、洞中高下一統ニ而、幼少之正印被守立、永堅固様、千言万句候、会於滅亡者、翌日東口可為鉾楯候由、令存候爾候、相馬之事、我等久懇切、彼口へ自其元、御入魂候様、所希候、此等之越、連々諫言尤可然候、随而当口之事、我々家中、号清水地へ、自大宝寺、依致慮外、清水之者共、及其報、戦候間、少々加勢彼庄過半属手候、是等之就取紛、其口へ物遠候如何共打納明隙候、当表へ毎事申承度、念望致候、万々重而自是可申入候間、先以早々及御報候、此段頼入候事候、令期後音候条、不能具候、恐々謹言、

（最上）六月十四日義光（印）（○印形香炉）

三坂越前守殿

二一　最上義光書状

（○前欠）

□□之□（其カ）刻□□音問候、旁々取成故、喜悦此事候、雖無相更儀、□（急カ）壱翰候、事新乍申□□今已後就何等も此口所用之旨、蒙仰□□（候様カ）馳走詮要候、其表之事ハ、毎事可頼入候、然者会津累代、御懇切之首尾を以、今度須賀川迄御出張之由、尤可然候、不打置、彼加御異見、彼

引立候様ニ、諌言旁々別可有之候、将又田村筋之儀、備等如何様候哉、能々兵談、被属本意候様、其稼千言万句候、当国庄内趣之儀、追日任存分候、心易可有之候、尚令期重信候間、早々申述候事候、恐々謹言、

六月十八日義光（印）（〇印形香炉）

三坂越前守殿

追啓、任見来、真羽壱尻、扇子一本進入之候、以上、

二二　最上義光書状

遠境是迄之注進、一段喜悦之至候、随而先日者、以自筆音問之条、其感味難黙存、乍悪筆、則我々以自筆、及返答候つる処ニ、其筆跡永被失間敷候段、今度被露書面候、快然之至候、従其元之一封をも、常々取出令披見、参会無二ニ存候、将又庄内之儀、無心元之由候、彼郡ニ東禅寺筑前守与号人者、手中二庄取越之時分、既ニ及切腹候刻、我々依肝煎、従当方、加助力、到比日、上存分御平均ニ取成候付而、従此方、誰何武頭之五人も三人も指遣、彼郡之仕置等、悉皆、新雖申付度候、左候へハ、彼東禅寺、為抽忠功者を、なひかしろニ致之ニ、相似候ニ付而、三庄一円ニ、彼仁ニ相任候処、油断を以、不慮ニ取乱、結句其身、遂討死候条、何之無申事候、乍去、為侍者、一人も心替之儀者、無之候、不慮ニ被押懸、心弱者一両輩、越国へ罷出候、其外上下万余人、此方へ引退候間、彼者共を先立、到明春者、一途可相稼存分ニ候、其上存詰細共も、在之候(カ)、本意幾程、不可在之候、此方於帰候、床敷是有間敷候、然而当口弓箭之儀、待相馬始中終、何篇可為一稼(カ)之由、堅申理候処ニ、此方へ問合之儀も無之、当ニて無事大半落居候哉、其砌米沢后室を中途、当口一和成就之上者、何方へ之首尾、弓箭を永、可相持之由候へ共、夫をも尤ニ不存候処ニ、当口之唱、為可承、自是指越候者、罷帰、無事成就之由、申来候間、一者相馬を始末終落居候儀、御取抜儀とも無念ニ存、一者何処懇望之間、任意、令一和、伊当間近日入魂候間、可心安候、随而其表、田村方へ(カ)境目之事候間、雖無迄候(カ)、油断有間敷候、委砕彼口実ニ申含候間、早々恐々謹言、

十月十一日　義光（印）（〇印形香炉）

三坂越前守殿

追懸轡一口、并柚柑到来、喜悦之至候、自是も、見来(カ)ニまかせ、白かこ(カ)のかしら一頭進入候書越返候、以上

二三　最上義光書状

不存寄候処、春中預音問候、誠外聞内儀、大慶之至候条、其後自是、可及注進之由、刻々雖存之候、取紛故、令遅延候処、重而音信、殊ニ弓数多被差越候、折節自上口、弦被下候条、懸之不断之者共ニ預置候、殊音木ニ矢指添、到来候、一入握翫、我之臥処ニ立置候、毎篇真実之至共、偏感入迄候、雖遠境候、互心緒於相通者、不遠千里候条、向後別而申合、其口所用等、可頼入候、此表之義、

於随身者、聊無疎意候、将又、為可致自着、京都ニ誂候籠手、近日罷下候間、即令進入候、自愛候者、可為本望候、書余自□、所可申越候条、抛筆頭候事候、恐々謹言

追啓、此口珍物ハ柑類、数多送給候、一入令賞味候、

以上、

（十一月）
霜月八日義光（印）（〇印形香炉）

三坂越前守殿

15〔如来寺文書〕石城郡山崎村如来寺所蔵

一 岩城常隆証状

当寺中門前ニおいて、棟役其ほか諸役已下、不可有之候、為後日一筆如件、

天正十一年
拾月廿八日　常隆（印）（〇印形香炉）

如来寺

二 島田重政書状（折紙）

以上

矢目村之内を以、弐拾石、為寺領如来寺へ、被下置候条、其分所務可被成候、重而奉公共、以加判を、可進候間、其時分此折紙ニ、取替可申候、為其、如此候、恐々謹言、

（天正十九年）
卯三月十二日　嶋田治兵衛
重政（花押352）

如来寺
参

16〔禅福寺文書〕磐城市永山純平所蔵

一 足利尊氏御教書

凶徒退治祈祷事、殊可致精誠之状、如件、

観応三年□月廿一日（尊氏）（花押17）

禅福寺長老

二 斯波直持公事課役免許状

当寺領陸奥国岩崎郡野田村内、田在家等御公事課役事、為御祈祷所、々被免許也、可被存知之状、如件、

康安元年九月卅日

（斯波直持）
左京権大夫（花押60）

禅福寺長老

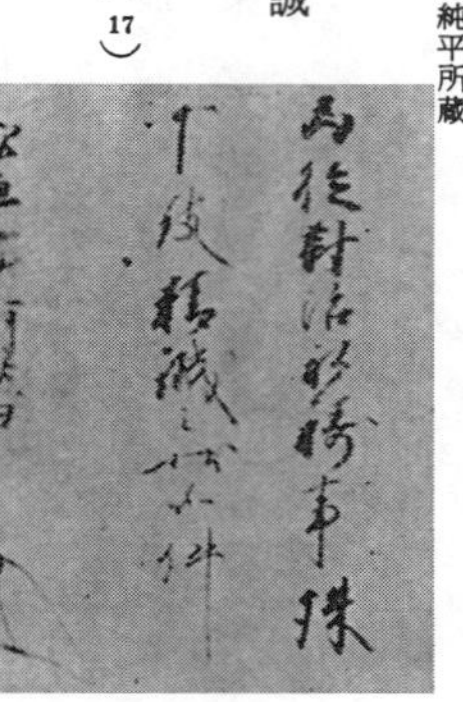

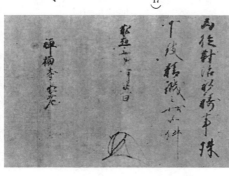

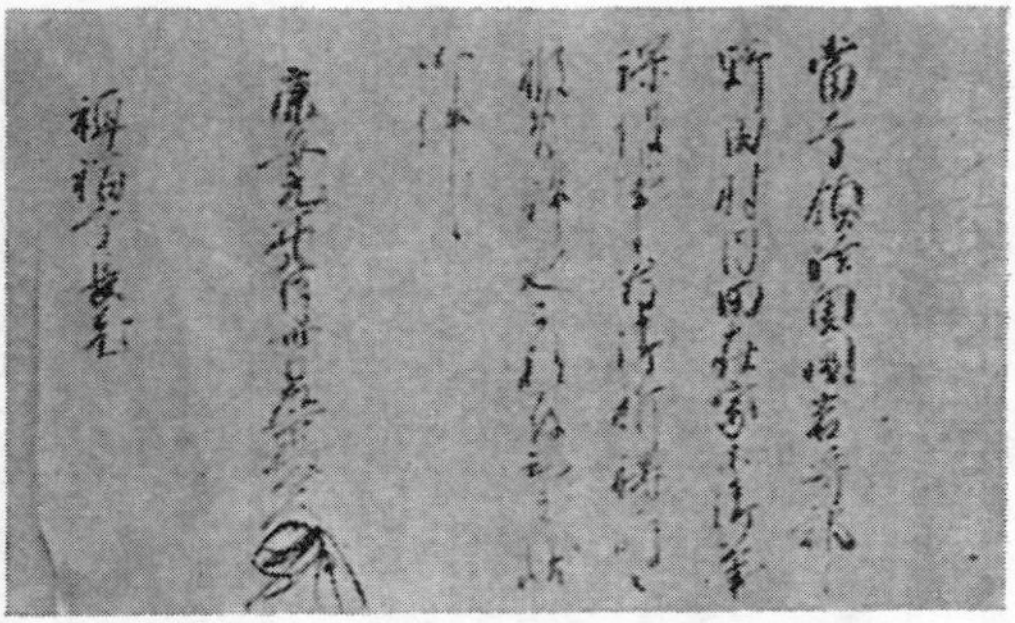

三　舜秀遵行状

岩崎郡内禅福寺領国衙正税事、（斯波直持）被成将軍家御免御教書并当大将御方御施行之上者、可止譴責使候、仍状如件、

貞治四年十二月廿三日　舜秀（花押39）

禅福寺長老

17〔禅長寺文書〕磐城市禅長寺所蔵

一　足利政氏書状

依磐城父子相頼、被枉駕候、遠路之労煩、誠痛候、去年以往身躰、単信彼父子候処、可免許高台之段、書上落申候、然間、染自筆候、被籌予別懇曲之由、町野蔵人入道・簗田大炊頭令申候、欣然候、急速致陣候様、可被加詞候、憑入許候、委細能悦・政助可令伝語候、恐々謹言、

六月三日　（足利）政氏（花押27）

禅長寺

（包紙）「禅長寺　政氏

拝上禅長寺　衣鉢侍者御申上　三喜斎国四純」

二　足利義晴御教書

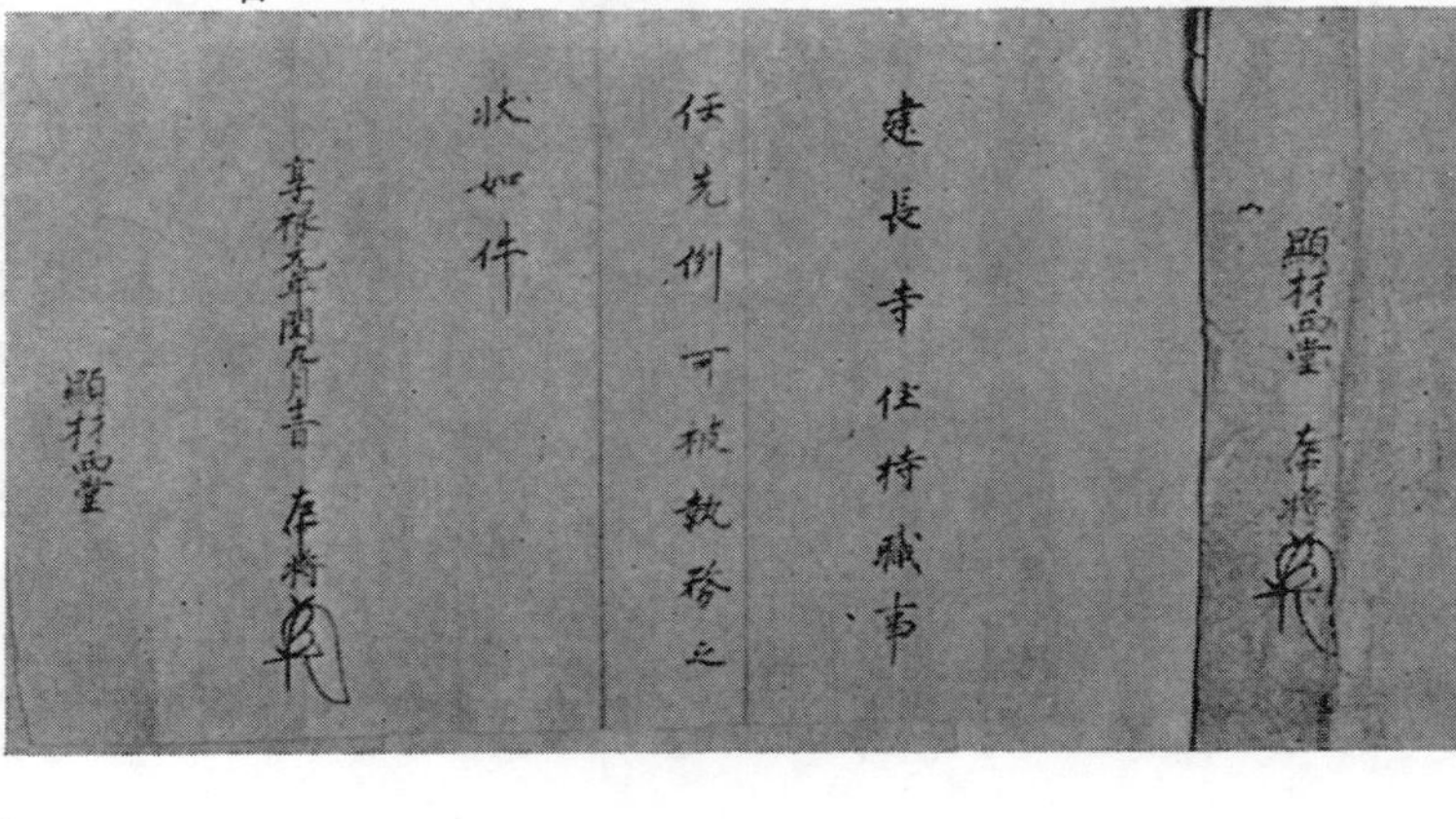

建長寺住持職事、任先例、可被執務之状如件、

享禄元年閏九月十二日　（足利義晴）左中将（花押）

顕材西堂

（包紙）「顕材西堂　左中将

（花押）」

三　岩城重隆寄進状

正興寺之事、為有良志今別可山進置被申候上、一点重隆不奉存余儀候、於于後日も、努不可有相違候、仍進納之状如件、

天文五年丙申拾二月十六日

重隆（花押141）

呈禅長衣鉢閣下

四　足利晴氏御教書

禅興寺住持職事、任先例、可被執務之状如件、

天文十五年四月朔日　（足利晴氏）源（花押28）

顕沢西堂

五　足利晴氏御教書

禅興寺住持職事、任先使、可被執務之状、如件、

天文廿年九月廿六日左兵衛督（足利晴氏）（花押28）

顕俊西堂

（包紙）「顕俊西堂　左兵衛督晴氏」

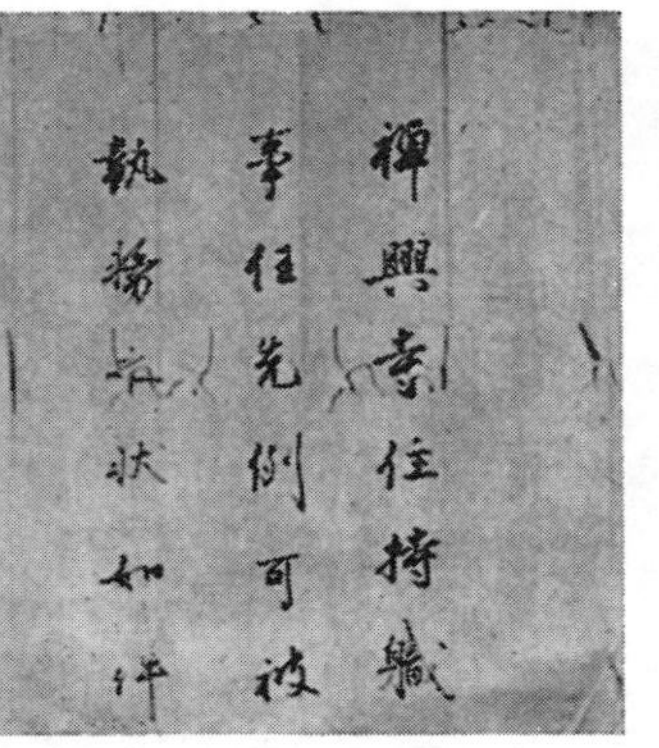

禅興寺住持職
事任先例可被
執務状如件
天文廿年十二月八日左兵衛督
顕恵西堂

六　足利晴氏御教書

禅興寺住持職事、任先例、可被執務之状如件、

天文廿年十二月八日左兵衛督（花押28）

顕恵西堂

七　足利義氏御教書

禅興寺住持職事、任先例、可被執務之状如件、

永禄七年十月十五日

足利義氏
右兵衛佐（花押）（〇一覧22と別個なり）

正頤西堂

（包紙）「正頤西堂右兵衛佐義氏」

八　正親町天皇綸旨

建長寺住持職事、任先例、可被執務之状如件、

天正六年廿九日　右中弁（花押）

顕恵和尚禅室

（包紙）「顕恵和尚禅室　右中弁兼勝」

九　正親町天皇綸旨

奥州岩崎郡普門山禅長寺事、任先規、可被属諸山之位、殊勅願地之上者、可奉祈叡算万安　宝祚延長者也、仍綸命如件、

天正七年七月十二日　右中弁（花押）

前建長寺正頤和尚禅室

（包紙）「前建長寺正頤和尚禅室　右中弁兼勝」

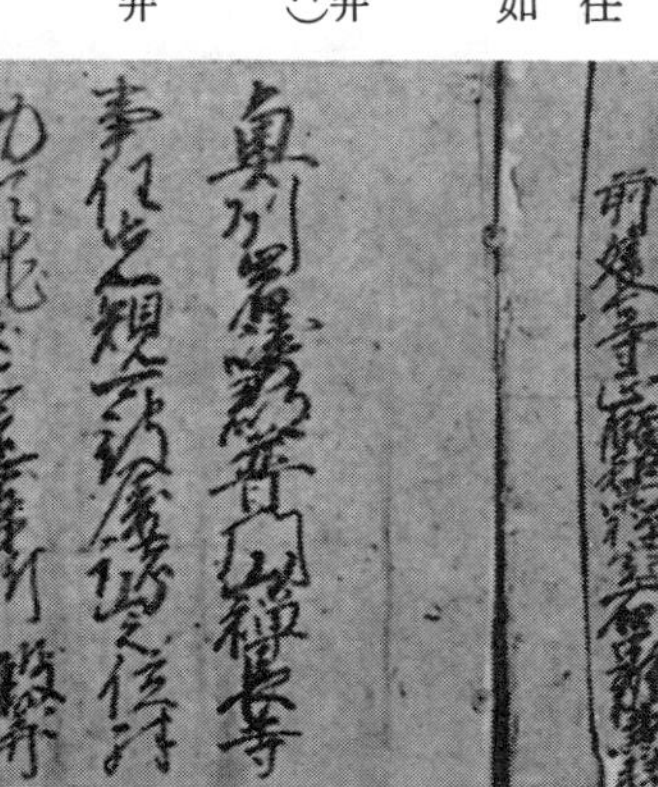

奥州岩崎郡普門山禅長寺
事任先規可被属諸山之位
勅願地之上者可奉祈
叡算万安　宝祚延長者也仍
綸命如件
天正七年七月十二日　右中弁
前建長寺正頤和尚禅室

一〇　飛鳥井雅教副状（折紙）

綸旨并宸翰無異儀、全取沙汰候、御面目之至候、向後於爰元、相応

之儀承候者、不可有疎意候、関奥之儀、被正宗寺仰合可然候、雖為
何時
禁裏辺之儀可馳走申候間、可御心安候、委曲尚棠首座可有演説
候、恐々謹言、
七月十七日　雅教
禅長和尚 窓下
（包紙）「綸旨副状　飛鳥井
正二位権大納言」

一一　佐竹義憲義忠知行寄進状（折紙）

於菊多郎富岡村之内、五拾石之所、相進置者也、仍如件、
文禄五年
五月三日義忠（印）
佐竹又七郎
禅長寺

一二　島田重政請文

以上
善長寺、為御寺領、平内林成（城）之村ニ而、卅石之分ﾌ（寅）之成ケゟ御請取、
可有候、為其、先々我等手形進候、重而奉行共、加判候而、手形進、
此一札ニ、取替可申候、恐々謹言、
嶋田治兵衛
四月二日　重政（カ）（花押352）
善長寺

18〔薬王寺文書〕石城郡四倉町 薬王寺所蔵

一　岩城隆忠寄進状

奥州岩城郡薬王寺、今再成真言道場、我宿世之大願既満足畢、依之
当門前之外、添八茎村、永代寄附之者也、特可被抽国家泰平之悃祈
之状如件、
文安三年霜月（十一月）八日　下総守平（岩城）隆忠（花押）

二　岩城親隆寄進状

白岩之内ニ堂井之在家一宇、御当寺之阿弥陀堂江奉寄附候、武運長
久子孫繁栄之儀、別而可被抽御懇祈之状如件、
永禄十年丁卯
九月拾五日
平親隆（花押151）
奉晋　薬王寺江
（後筆）「寺主第八代純瑜当時被寄進之畢、」

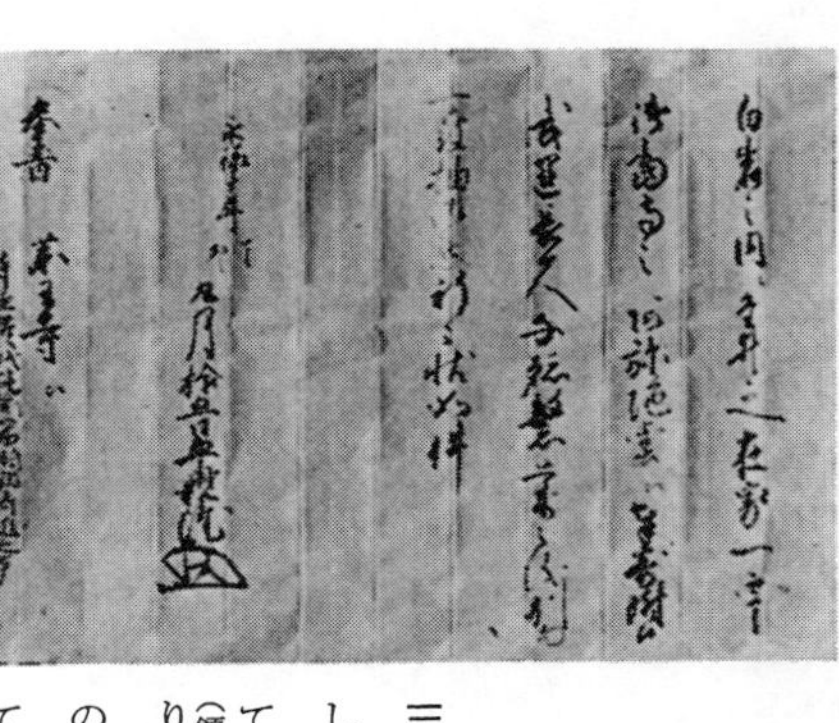

三　源氏女岩城氏室寄進状

しら水に大師堂御とり立につゐて、西かうニ候ちやう慶し（寺）の地
りやう（領）あひつけまいらせ候、か
のたうのしゆり造えひ（修理造営）の事、怠
てんなきやう仰付たのミ入まい

らせ候、たう座すえ共にしよ役有ましく候、已後のため一筆まいらせ候、かしく、

天正四丙子（ひのへ子）　拾二月吉日　みなもとの氏女

けいさん　さまへ　まいる

四　源氏女岩城氏室禁制

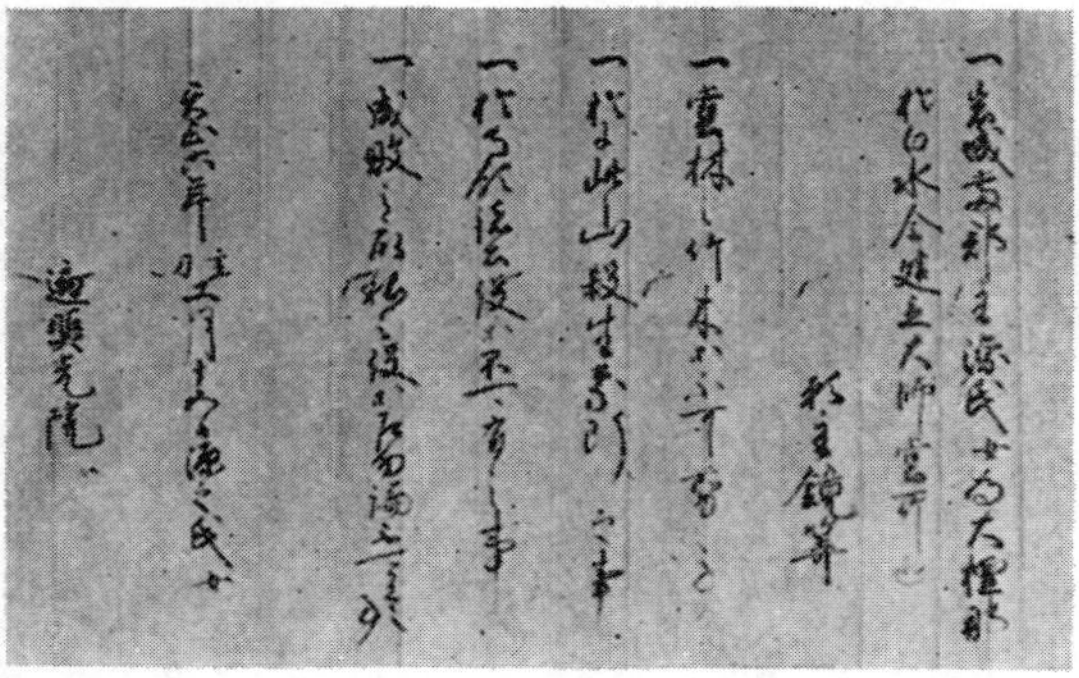

一岩城当郡主源氏女為大檀那、於白水、令建立大師堂所也、

願主鏡算

一堂林之竹木等不可剪之事、

一於于此山、殺生禁断之事、

一於寺領、諸公役等不可有之事、

一成敗之衆、私之役等、乍勿論不可有之事、

天正六年丁亥（ママ）　二月十五日源之氏女

遍照光院江

五　蔵人頭藤原定藤奉口宣案

上卿　源大納言

天正八年八月十五日宣旨

法印鏡算

宜任権僧正

蔵人頭左中弁藤原朝臣定藤奉

（〇他に永禄五年八月廿七日　権大僧都宥堅の任大僧都の口宣案あり、）

六　某書状

昨日者、来面本望候、就中薬王寺隠居舜堅極官之事、公家之輩外不相任儀候、雖然貴殿御馳走之事候間、別而申調候、口　宣案此者進之候、将又勅筆御短冊三枚座右候間、入見参候、尚重期上洛之時候也、謹言、

九月十一日　（花押）

志賀右衛門尉殿

七　佐竹義憲知行黒印状（紙切）

岩城郡　薬王寺之内

一百石也

文禄五年

卯月（四月）廿三日　佐竹又七郎（義憲）（印）

薬王寺

19 〔長福寺縁起所収文書〕　石城郡小川町 長福寺蔵

一 小河義綱寄進状

長福律寺江付進、塩田之村并山境事、
北者田代之水走堀ロ成沢限、南者明神之鳥居北之柱を限、道之為
境、両宮之間神倉之茎(堂カ)境手之倉平大坂大道を登ニ、柿沢之沢道を大
亥子上之板木仏倉之南之平笠原を限、西者茎(堂カ)小下を限、為後日、證
文如件、
正中元年甲子二月九日
　　小河入道本願義綱（花押）

二 小河義綱寄進状

長福律寺江付進、東山之境、北者馬舟沢お限、亦猿倉より南江長径
お為初、白山堂之西、水はしり石名坂岩屋堂之北之ひらお境に付進
所也、
　　為後日（〇岩城文書上所収文書に左の四字あり）「證文如件」
正中元年甲子二月九日本願義綱（花押）
「(注)以上二通ハ、長福寺開創ノトキ自筆ノ文書ト見エタリ、義綱ハ
常陸佐竹常陸介義胤ノ三男、母岩崎氏、小河ノ郷ヲ領シ、小川三
郎ト称ス、西小川外城ニ卒スト云、」

三 小河義雄寄進状

ミちのくにいわきのこほりにし小川村内、かふら田かわらニはた
け五反、長福寺地蔵へきしん申候也、さかいわかミハちくこせをか
きり、下ハはちやなきをかき□ニよせてよせ進候、しそんニ
おいて、いらん申ましく候、仍後日状、如件、
貞和四年十月八日　小河入道 源義雄（花押81）

四 長福寺代円明房申状

小河長福寺代円明房謹言上、
欲早被経厳蜜(ママ)御沙汰、任御寄進状之旨、全知行、向後弥致御祈祷
之精誠、陸奥国岩城郡内石森観音寺并寺領鎌田村内四波田地事、
副進一通御寄進状案文一通、渡状案文、
右寺領者、本主別当為最前御敵滅亡之間、於府中被経御沙汰、有当
寺御寄進、可致公私之御祈祷精誠之旨、御使以佐竹彦四郎入道勝義(今者死去)
渡給、于今当知行無相違之処、号本主子孫、(不知名字)以一揆之力、
致押妨之条、希代不思議珍事也、所詮任御寄進状之旨、返給彼寺
領、弥為致御祈祷之精誠、言上如件、

五　長福寺住慈澄置文

寺山の堺、ミなミハかんにくらと寺山の堺にてのくらより大道をさかひとして、つ(御カ)とけとうのまいゑすくに、仏のこくうひきあけて、にしハくきすこしした、きた田代の水はしりをさかゑ、北ハほりくちよりなるさわのおちめいかきり、たきをも可取、

応安三年　　慈澄(注)「当山第二世」

六　れうき寄進状

みちのくにいわきのこほりのうち、おかハのむらのちやうふくし(長福寺)にきしんするてんちの事、

右のところハ、きたのゝまゑのいりひらさハのたんしやうのきうふんのうちの田にたん、又にたのたいからの二とう大郎かきうふんのやしきほまちあり、ならひて、にたのたいらのはらいわきミちをかきりてのを、一ゑんニきしんするところなり、このやしきハ、かねつきめんニふするなり、田ハきにちてんとしてれうきかこしやう(後生)ほたい(菩提)を御とふらひあるへきなり、よてきしんしやう、くたんのことし、

おうあん(応安)七年十月十八日　れうき

七　小河久義寄進状

きしん状の事、

右あふしういわきのこほり小河長福寺本尊地蔵菩薩に永代きしん申候、田壱反同むらの内寺のまゑに、くれつほ壱反、四反田のならひくれつほのみな口なり、源久義永代きしん申候ところ実也、若不思儀に子孫においていらんの時、かの状をしせう(支証)たるへく候、仍為後日、きしん状如件、

応永九年大歳壬午三月晦日久義（花押）

(注)「源久義、下ニ載ス応永十五年下野守入道法名源正ノ事歟、花押モ略相似タリ、此一通ハ素ヨリ伝写ノコト故、花押ノ筆画モ誤リアルベシ、且文勢ニモ似ヨリタル処アレバ、蓋同人ナラン」

八　小河源正寄進状

奉寄進

奥州岩城郡小河長福律寺、

右所西迫之繭田三段、又桶平在家一段、一宇、擬源正後世霊供分、永代寄進申処実也、若於源正子孫も、彼所有違乱成仁、入道遺跡お不可知行、仍為後日、支證状如件、

応永十五年戊子十二月廿九日

下野守入道法名源正（花押）

九　小河源正証状

依有用々、長福寺常住御出挙給候代ニ同寺前三角田一反と彦太郎内一字お永代迎(進カ)参候、就是、於源正子孫、彼所ニ不可有違乱候、仍為

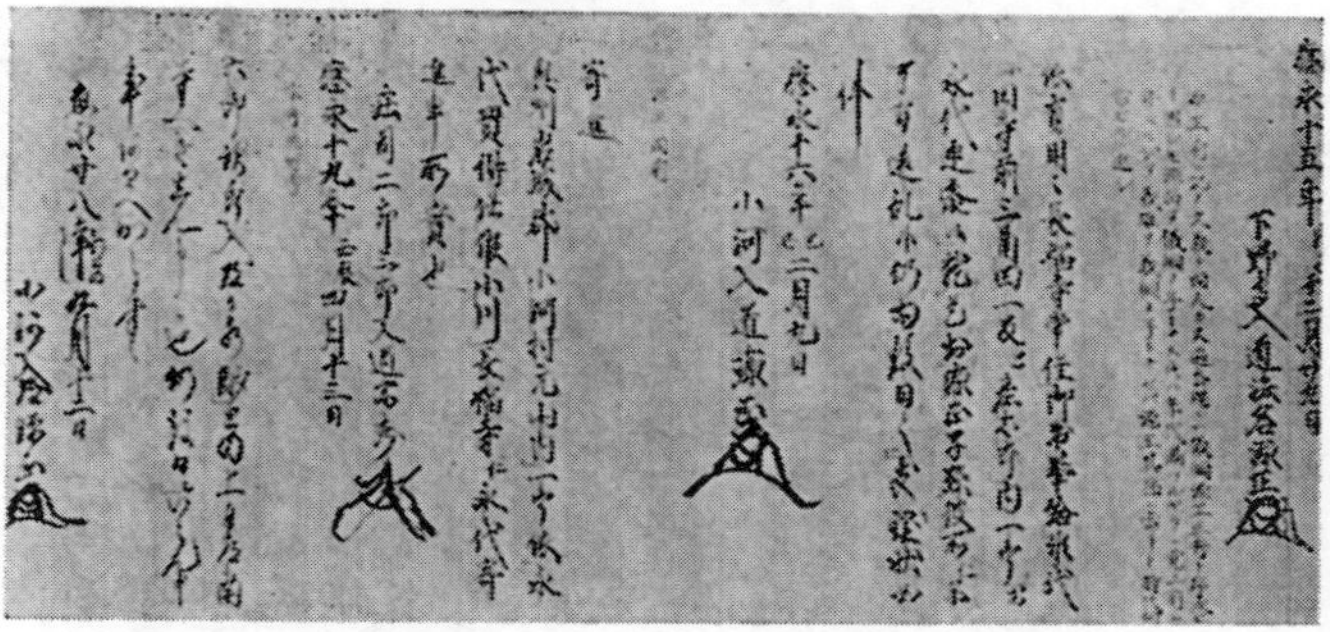

後日之、支證状如件、
応永十六年己丑二月九日
小河入道源正（花押）

一〇 庄司宗秀寄進状

寄進
奥州岩城郡小河村元山内一宇、
依永代買得仕候、小川長福寺仁
永代寄進申所、実也、
庄司二郎三郎入道宗秀（花押）
応永十九年壬辰四月十三日

一一 小河源正寄進状

六郎次郎入道か水酌（カ）、との上自
道南寺へきしん申候也、仍後日
ニいらん申事あるへからす候、
応永廿八年かのとのうし九月十二日
小河入道源正（花押）

一二 小河道弘畠地売券

用々あるによつてうり渡申永代状の事、
合本直銭三貫文
右所者、下小河寺内畠二たん、永代に売渡申処実也、若入道か子孫
一そく親類いらんさまたけ申事候者、此状をさきとして御沙汰ある
へく候、仍為後日、状如件、
永享九年丁巳三月三日（花押）
小川三嶋入道道弘

一三 小河道弘川得分売券

よう〳〵あるによて、うりわたし申、かわのとくふんの事、
合ほんちき（本直）三くわん五百文
右のところハ、しをたのむらのうち、おうひらのちしり（地尻）よりかみゑ
むけ候て、なるさわのおちあいをかきり、一すて一しやくよけす、
とくふんをゑいたいにうりわたし申ところしつなり、もししんる
い、しそんにおき候てもいらん申事候ハヽ、むらのそうりやうくん（郡）
のそうりやうの御はからいとして、入道かあとをめしあけ（召上）られ候へ
く候、よんてこ日（後）のため状如件、
うりぬし小川三嶋入道道弘（花押）
ゑいきやう十一年つちのとのひつじ三月七日

一四 岩城隆忠寄進状

渡進 所領事寄進分状有之
右、奥州岩城之郡小河村内、長福寺本寺領不可有相違候、
一塩田村之内、寺領外少不分并小河村之中買地共相副、当住宗珍
江、為塔頭、依有志、渡進物也、買地何有売状、仍為後日、證文如

件、

嘉吉三年正月十一日

下総守(岩城)隆忠（花押162）

一五　小河浄宗寄進状

奉寄進　所領事

合田地弐町弐合(ママ)寺中共在家参間山野者

右、彼所領者、奥州岩城郡片寄村之内妙徳寺住持職仁、此所躰等於相副、小河之寺御喝食、依契約申候、所渡進也、於向後、不可有妨違乱候、仍寄進状、如件、

嘉吉三年肆(四)月十五日　沙弥浄宗（花押）

一六　小河浄宗等二人連署寄進状

奥州岩城之郡小河村之内下小河にしさくの田、上ハ八まん御りやうそのつき、いこん、しやうてつかりやうこふんとして、此のうゑにてちや(ふ脱)うくしの御ほんそ(本尊)(ママ)地さうへきしん申ところなり、しそんにおいても、いらん申事あるましく候、仍為後日状如件、

文安三年丙寅六月八日しやうてつ

小河入道しやうしう(浄宗)（花押）

一七　岩城親隆寄進状

ふる川御うめ有度分にて、地御所望ニ候哉、但御競望之宮林之にしのミちより下を渡進候、為後日状如件、

文明十六年甲辰三月十一日親隆（花押）（〇この花押、一覧になし）

小河の御寺へ

一八　岩城親隆・同常隆連署証状

長福寺住持職之事、よね丸ニ無相違(カ)、相渡処実也、仍為後日、證文如件、

長亨(ママ)三年己酉九月十二日

親隆（花押）（〇この花押、一覧になし）

常隆（花押144）

一九　岩城由隆証状

就山之儀、一段御覚悟之趣承分候、然者涯分申付候、於此儀者、不可有御疑心候、早速御帰寺可為欣然候、巨細者、長楽寺具可被申分候、為後日、一毫如件、

大永三年癸未卯月一日由隆（花押155）

長福寺閣下

二〇　岩城重隆証状

御当寺諸役之事、如前々、於当代も不可有別条候、可御心易候、為後日、一毫如件、

天文六年丙酉林鐘(六月)初四日重隆（花押141）

長福寺江

二一　岩城重隆書状

意外之至候、猶々其已来、不奉遂面上候、

一昨日承仰候処ニ、拙子所労気之由、被及聞食、中途より御帰寺候キ哉、内々無御心元候処、御悃書畏悦不少候、何様障之時分、此内以参入万々可申承之由存候、仍山之一儀ニ付而、已前懸意、白土将監ニ申理候キ、即駿河守・信濃守所へ御届候ける哉、依之、条々被載紙上候□得其意候□前々、無紛子細ニ候者争□有□□(別条カ)之□、彼両人江能々為御内義御届尤候、巨細之段、彼口上ニ申宣候、恐々敬白、

初夏十一日　重隆（花押143）

（切封）「長福寺江　尊答　重隆」

（注）「右文書ハ重隆自書ニ係ル、尤深切ノ文体ナリ」

二二　某書状

一日田むらへ御こえ候、御しんらうと申御さうさ申つくしかたふおもひまいらせ候、ひとひこなたへ御出候を心らう候ハていかゝとも申さす候、御心もとなふ候、おりふしほりのうち(堀内)へまいり候ほとに心へうらす候、いまに／＼くちをしく思まいらせ候、さては御ちけ(寺家)の御りやう(領)中人そくの事、たのミ申候へく候、ほりをほらせ申たきよし申候へハ、まへ／＼の御ひきかけにてうけ給候、御心へのことく、りうもんし(龍門寺)・しやうけんし(性源寺)・吉しやういん(祥院)なとへも、たのミいり申候、せん／＼ハ候ハぬ事にて候へとも、うつろ(洞)かくのことくなり、きたのまへ(カ)ハ、たうちやう(当城)をもけんこニかまへ(カ)に候へく候、うつろもつゝき候へく候、ちけ中もさほいなふ候へく候ほとに、此たひはいつれへもあらため

（〇以下、袖・行間書）

たのミいり御事にて候、うつろもとりしつめ候ハゝ、まへ／＼のことくちけ中へはたのミいりあるましく候、いたて(伊達)にこそ御ふい候へ、きた・にし・ミな(相馬・田村・佐竹)ミいまに／＼御とりあい候うへハ、いつはう御心安おほしめし候かたも候ハす候ほとに、ようかいをも、かたのことくこしらへさせ申たきよしおほせ候、此たひは、こなたにかきり申さす候、いつれへもたのミいり候うへハおなしくハ、よく／＼おほせつけ人そくもとゝのい、まかりいて候やうに、おほせつけ候へく候、たのミ入まいらせ候、かしく、

（切封）ちやうふくし(カ)へまいる　御返事　たてより(館)

二三　隆信書状

（袖・行間書）

このたひの事ハ、先さきせいとして拙者まかりこへ候、よろつ夫丸以下おほくも候ハてもちてまかりこへきもの共をもうちをき申へく事めいわく、其間御ふしやうにも御たて候て可有候、おほきに候ひやくしやう(百姓)のひきかけハ、如御意にいり申ましく候間、地にしたかいたとへさしをき申候共、はく田を当年の事ハかたく／＼可返(カ)候、もし又陣かへりてふしゆひをも中候ハゝ、この文をさきとして、うけ給へく候、とをし候てのこり

のひやくしやうとうせん（同前）ニはく田の事をハたゝたて申へく候、
このたひの事ハ、御たてニて候、さやうに候ハてハ、夫丸ある
ましく候間、ひとつハ御合力たるへく候、
出陣夫丸の事ニより、くハしく承候、如承候、去年も御佗言候つる
□（間）、先陣付ハかりめしつれ申へく候、其上陣ニもさしをき申候て、
はゝき田を進候てさしをき申へく候よし申候つる、去年の事ハさた
めてきこしめしおよひ候へし哉（マヽ）、ろしニ三日とも逗留候ハてうつ（宇都）の
宮まてふしきの合戦ニより、やかてひかれ候間、陣中にハ一日もさ
しをき申さす候と存候、ろしの間ハかりめしつれ申候と存候、かの
地の事、言語同断のはく田ニて候由承候、爰元御承分候、恐々謹言、

三月廿五日　隆信（治カ）（花押）

長松軒御報（切封）

二四　内藤義概書状

急度申達候、前川頼母義、岡嶋織部を討立退、于今住所不知候、頼
母義守制法、神妙之仕合、退候様子無残所、不一方事候之条、召返
如前々仕申度候間、罷在候者、早々可有注進候之、育置歟勿論はや
他所へ於被送候者、何方へ参候段、可被仰越候、人を討立退候而
も、頼母義者各別之事候間、被囲置候者、別而之心入与存候、右之
段、日本大小之神祇毛頭偽無之候、以此趣、末寺へも可被仰渡候、
恐惶謹言、

二月十一日　内左京亮　義概（花押）

長福寺
同宿中

20〔越田和文書〕　常磐市　越田和文雄所蔵

一　聖護院役者書状

新御門跡様へ為
御礼、百疋預り置候、
近日可為御上洛候間、
則可令披露候、不
可有御別義候、猶
勝蔵坊へ申上候、謹言、

永禄七
六月廿六日　藤士（カ）（花押）

奥州
岩崎越田和
不動坊

二　山城卿奉書案

奥州岩城郡之内、楢葉・椎葉・岩城・岩
ケ崎一家一族被官人以下、熊野参詣先達職之事、前為（ママ）由緒之趣、被

聞召訖、弥修験相守可被申候、仍而如件、

天文十六年七月五日　［　　］山城卿

三　民部卿奉書案

奥州岩城拝領中、惣年行事内、為先達頭之趣、依證文宜令存知之由、依　聖護院御門跡御気色、仍而如件、

天文廿年十一月十一日　民部卿

（注）「奥州岩城之内楢葉岩城椎葉先達職事と有之證文ハ数多有之候」

四　若王寺書状写

先度ハ山城与越田和霞相論付而、以書状相尋申処ニ、奉行衆ゟ御館ニ所之衆彼召出、種々之御穿鑿被成、磐城之内ニ付申候由承、此方ニても其申分（カ）候条、則三坂・高久両所山城ニ申付候、彼越田和儀者、重而御門跡様へ得御意、急度可申付候条、猶其時分可申入候、恐惶謹言、

（十一月）霜月十三日　若王子

鳥居左京様

五　聖護院役者連署状

猶々従御門跡様急度彼仰出候条少不可在御油断候、

就上平、御門跡様御訴訟之儀、先年之様子□（遅カ）奥御尋之子細候条、急度可被致上洛候（カ）、若御油断候而、於追参者、不可然候由ニ候、為其態飛脚差下候条、其御心得尤候、恐々謹言、

九月廿二日　大蔵　□□（花押）

自斎　鎮□（花押）

越田和
南宗院　□下

六　岩城貞隆書状（折紙）

去年者面談本望之至候、仍大峯之御札并守等、御意及候、一段大慶存候、就中円海共到来、遠路如此ニ御心付、難申尽存候、仍而（カ）（カ）夏中此筋ヲ上洛可有之由候間、以面可申述候、猶期其節候、恐々謹言、

二月廿六日　岩（岩城）忠次　貞隆（花押）（○この花押、一覧153 154と相異する）

（○宛所、岩城文書上に「越田和参」とあり）

七　上遠野隆秀書状写（袖・行間書）

猶々岩城村替之時、各々へ御書下相渡候、御用之由承候間、此者ニ進之候三坂・岩ケ崎之内之事ハ、無其隠候、御書下ニも岩ケ崎と御さ候、御一覧之上則被相返（別カ）可然候、とかく御論之御用ニハ、御縄打帳次第たるへく候御前帳を被相認、御落居候様ニ、御佗言可然候、何より〳〵野帳手前ニ無之、無御心元候、下三坂之帳をハ、拙子内之者ニ鈴木勘解由と申者ニわたし申候、北方ヲハさかい藤兵へと申者ニわたし申候、彼之地へ御出、御尋御らんし候へと御申尤候、さて〳〵越田和殿も可然様ニ御申可預候、御登ニ御立寄まち入候由たのミ入候、御書下之

儀、無御失念、御返し可給候、以上

其後不得御意、無御心元砌、御状一入令満足候、何も御息災珍重、
此方ニも無異儀候、
石州此方へ御下之儀、此中は其沙汰なく候、乍去、いつも今ほと御
下候而、くりたか（ママ）御つかい候間、当月中たるへく候歟御下承届候（カ）
者、為状可申候、左候者拙子所迄御出まち入候、
一越田和、上平与御公事ニ而、其元御下候哉、御大儀之至候、就其
三坂之帳、御用ニ候哉、鳥井殿御移之時分、村中之者用所之由申候
間、下三坂・北方両村のきも入共ニ相渡申候間、三坂ニ而御尋御用
立られ候様ニ可被仰候、日本之神其（カ）いつわりニ無之候、恐惶謹言

上大炊
隆秀（花押）

卯月十六日

（小川刑部大輔）
小刑少様
御報（人々）

八　小川刑部大輔書状

（袖・行間書）
猶々申宣候、若又此写いたされ候而、写ヲ御うたかい候ハヽ、
本書かとを（上遠野）の大炊頭所ニ御座候間、慥成人ヲ御越、大炊頭へ御
借用可然存候、又ハ三坂之野帳かとをの大炊頭（この部分誤写か）、三坂之者鈴木
勘解由と申人ニわたし被申候間、御懇望候而、御かり可然候、
定而鳥井殿ニ岩城五郡之帳共御座候へく候間、野ちやうへ御引
合御落居候へく候、これまてなく候此書物ニ而相済可申候、為
御披見、大炊頭書中さしそへこし申候、委細長窪河内可申候、

以上

御国替之後、内々御床敷存候砌、御状畏存候、仍上平ト貴様御公事
候哉、無御心元存候、就其三坂之村岩城之内ニ御座候と被申候歟、
一向左様ニ無之候、如前々岩ケ崎之郡内ニ御座候、それ迄も無之
候、両度之御縄打ニ、三坂之事は岩ケ崎之内ニ御座候、三坂之儀
者、如御存知、拙者知行ニ御座候、御村替之時、上遠野大炊頭知行
ニ罷成候、其時佐竹又七殿、岩城之面々へも御書付被渡候、其写進
之候事ニ候、恐惶謹言、

小川刑部大輔
（隆）（花押）

卯月十八日

越田和太夫様
御報

21　〔磐城鹿島神社文書〕　西白河郡大村　鹿島神社所蔵

一　後醍醐天皇綸旨

陸奥国高野郡事、為勲功之賞、可令知行者、
天気如此、悉之、

延元々年五月廿三日　民部権少輔（花押）

（親朝）
結城大蔵権少輔館

22　〔磐城熊野神社文書〕　磐城郡好間村　熊野神社所蔵

一　北畠顕家下文

（北畠顕家）
（花押36）

下　岩城岩ヶ崎郡

　　太□

右神人［ ］之事者、守先例、可致其沙汰之状、所仰如件、

［ ］年六月五日

二　岩城常隆証状

就神楽之儀、申上候、（岩城隆忠）実山之御はんきやうのことく、於末代、棚神楽者好間大夫可為儘候、為後日、成一筆者也、

天正八年二月五日

　　常隆（花押146）

好間熊野大夫へ

三　岩城貞隆証状

神楽之儀ニ付而申上候、於末代、かくらの事、好間大夫可為儘候、幷御子大夫惣仕置之事者、天王大夫同前ニ可仕候、為後日、一筆成者也、

慶長六年壬霜月（十一月）廿一日

　　貞隆（花押154）

好間熊野大夫へ

23〔山部文書〕平市　山部正春所蔵

一　岩城貞隆証状

神楽之儀ニ付而申上候、大浄神楽之事者、天王大夫可為儘候、幷御子大夫惣仕置之事ハ、好間大夫同前可仕候、為後日、成一筆者也、

慶長六年壬霜月廿一日

　　貞　隆（花押154）

天王大夫へ

二　鳥居忠政証状

神楽掟之儀、任先例、可相勤、大浄神楽之儀者、天王大夫可為儘候、幷仕置之事者、御子大夫好間大夫可為同前候、為後日如斯、

慶長八年癸卯霜月六日

　　（鳥居）忠政（花押177）

天王大夫へ

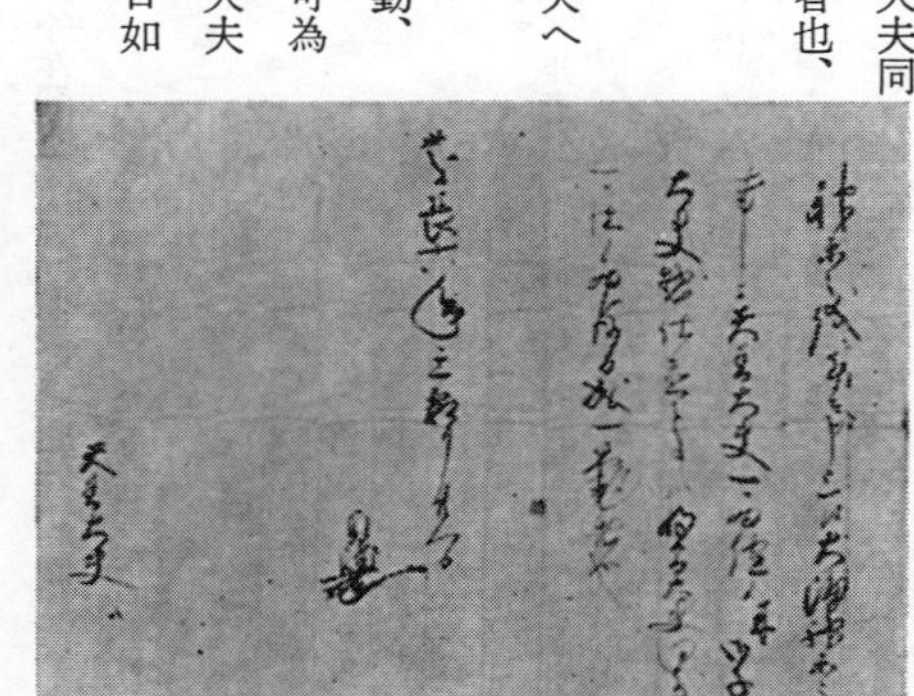

24〔烟田文書〕東京都　烟田直幹所蔵

一　沙弥妙常譲状

在陸奥国岩崎郡東郷下矢田村の□□田六段、在家はん分か事、

右の田在家ハ、よもぎの佐古の金五郎か在家□□分、同内付の田五反いかり田三反の内、東にそへ壺反、合田六反に在家はん分を相そ

えて、□御壱期ちきやうせらるへし、御くしハまんさうをかいよて、一年分に用□(途カ)三百文つゝ総領方へさたせらるへし、若総領ゐらんわつらひをもいたし□(候カ)者、なかくゐいたいちきやうせらるへし、□(仍カ)為後、譲状如件、

貞和三年丁亥八月　沙弥妙常（花押）

25 〔光明寺文書〕岩城文書上所収

一　権少僧都隆賢檀那譲状

譲渡壇(ママ)那事、

佐竹豊間殿(彦四郎義熙)、□□一族内人々、

奥野田地頭白河源蔵人殿、同内人々、岩城殿、玉山殿、同内人々、

白土殿、好島殿、

磯崎太郎兵衛尉殿、高久殿、藤三郎入道、三箱、湯本、

楢葉郡、椎葉郡人々、

右彼諸壇(ママ)那者、隆賢依為代々相伝、弟子大進阿闍梨快賢所譲渡也、然而致御祈祷之精誠、可被先達申者也、彼譲状明白上者、隆賢跡輩不可有違乱妨、仍為後日状如件、

暦応弐年三月一日　讃岐権少僧都隆賢（花押）

二　豊間勝義譲状

（〇コノ文書岩城文書上ハ長福寺所蔵文書中ニ収ム）

ゆつりわたす所りやうの事、陸奥国岩城郡とよまの村、梨子草屋敷、同田畠等さかいの事、

東をかきるかき、南ハ□のさくのミねすち、西もミねすち、北ハほりをさかう、此内に平太三郎入道か屋しきをくわう、

同郡きぬやの郷の内、かひやの村内弥次郎まち壱町田、同小次郎入道か屋しき、常陸国那珂東郡三美村内、ほりの内在家同田畠等、大里尼跡、息女尼妙勝に一期ゆつる、勝義後生とふらふへし、福王女さきにさうせいせハ、かれにゆつる所をハ妙勝一期知行すへし、妙勝分領をハ早世ハ福王女一期知行すへき也、かれ等か跡をハ後には義介知行すへし、次山野磯等事よう物をハ心にまかせてとるへし、後のために自筆状如件、

暦応四年八月十七日　勝義在判（花押彦四郎義熙）

26 〔大宝院文書〕岩城文書上所収

一　権少僧都隆賢檀那譲状

譲渡檀那之事、

赤井加治一族高久村

荒河殿、同被管(マヽ)人、好島殿一俗(マヽ)非官人、同飯野殿一俗非官人、佐竹

小河殿、同御兄弟、国井、

右、彼諸檀那者、依為代々相伝、弟子能登房譲渡処実也、然而致御祈祷精誠、可被先達申者也、彼譲状明白上者、隆賢之跡輩不可有違乱妨、仍為後日譲状如件、

暦応弐年己卯三月一日　讃岐権少僧都
隆賢（花押）

27〔浄勝院文書〕岩城文書所収

一　佐竹義昭書状

此般、船尾式部太輔（ママ）方、進退之義中届候処、旁々御稼故御有参会、帰陣之儀被相任候、先以、本望之至候、今日十五被打越候、至于向後者、別而御懇切候様、諷諫可為快然候、恐々謹言、

閏六月十五日　義昭（花押）

（○充所欠、石城郡町村史には充所「大舘参河守殿」とあり）

28〔石川熊太郎文書〕岩城文書所収 平市石川熊太郎所蔵

一　沙弥某奉書案

岩城左馬助一家輩及確執、令自害、云々、子細何事哉、雖然於舎弟彦次郎者、加談合、如元可被沙汰居之由、被仰下也、仍執達如件、

嘉吉三年五月十日　沙弥

石川中務少輔殿

29〔正宗寺文書〕岩城郡町村史所収 茨城県久慈郡増井村正宗寺所蔵

一　佐竹義篤譲状

譲与嫡子佐竹左近大夫将監義香所、

一　陸奥国中野村・同国小堤村・同国佐渡南方・同国江名村・同絹谷村、

一　越中国下与河村・加賀国中林村、

右所領（○中略）、但此内庶子等分、以同筆、面々譲之、此又不可成違乱煩、凡於本知行分者、代々譲公験分明也、至于新恩地者、悉上方御有知之間、為後證置之、所申与御判也、守此旨可令知行、仍状如件

文和四年二月十一日　右馬権頭義篤（花押）

30〔岩城氏累代之伝記所収文書〕

一　足利義持感状案

今度於其国、岩崎隆綱退治、久田注進、先以手柄之段神妙候、領所・家財・籏・道具等之注文併念入候、引両筋籏紋、尤雖為御紋高名有、捕之上者、被成御免之条、為家紋可伝子孫也、并所帯岩崎郡、弥以可抽忠節之状、如件、

応永十七年庚寅年
八月十八日　義持

岩城平次郎との

二　足利義政感状

於結城中務太輔館之合戦、親類被官人等、或討死、或蒙疵之条、尤以神妙、各弥可抽軍功状、如件、

永享十二年

八月廿四日　　義政

岩城左京太夫とのへ

31〔鯨岡文書〕平市花園神社所蔵

一　鯨岡乗隆言上状

陸奥国岩城郡内鯨岡孫太郎入道乗隆依謹言上、吉田左近尉惣先立
職、無相違上者、彼封（カ）下事、御判（カ）為備後日亀鏡、恐々言上如件、

延文三年十二月七日

所申無相違候、忠紀（花押）

二　忠紀判物

岩城郡内平久保内吉田左近尉、大浄神楽祢宜神子可為仕配、後日無
□所中有相違間鋪者也、仍尓（カ）状如件、

略応（ママ）元年二月十日

忠紀（花押）

（〇以上鯨岡文書、疑わしいけれども、ここに収める）

32〔上遠野文書〕宮城県栗原郡長崎村上遠野秀宣所蔵

一　陸奥国司庁宣案

庁宣　岩瀬郡司政光（小山）

可早堺四至打牓示左大臣家御領事

右、以岩瀬一郡、為左大臣家御領、史生官使国使相共、堺四至打牓
示、一郡併以可奉立券之状、所宣如件、以宣、

保延四年十月廿六日

大介鎮守将軍兼押領使藤原朝臣 在御判

二　右衛門大尉源某宛行状案（〇本号、前号庁宣と一紙に書かれている）

預行　処領事

在陸奥国白河領内、社・金山

右件両村、以平正光（ママ）（小山）為預所職、為令執行領務、所補任也、於加地子
者、無懈怠、追年可進上之状、如件、

久安六年八月廿一日

右衛門大尉源朝臣 在御判

三　上杉朝房奉書

信濃国水内郡常岩南条後閑水沢有尾中曾祢等事、為本知行、不可有
相違候、仍執達如件、

応安三年六月八日　沙弥（上杉朝房）（花押）

藤井下野入道殿

四　藤原政郷証状

（端裏書）
「上遠野ゝ兵庫助殿」

上遠野郷、上遠野ゝ兵庫助ニ仰下候也、又ニ（四）貫五百文所同そへ候
て書進候、此所子細有ましく候へ共、後之ためにニ状如件、

永和五年己未閏二月八日
藤原政郷（花押）

五　足利氏満軍勢催促状

就小山下野守義政誅罸事、所有進発也、不日馳参、可抽戦功之状如件、

康暦二年七月十四日（足利氏満）（花押）

上遠野左近将監殿

六　足利義満軍勢催促状（切紙）

（足利義満）（花押16）

関東事々実者、為御方致忠節者、可抽賞之状如件、

応永六年十一月廿一日

（上遠野宗朝）藤井四郎殿

七　前下総守某打渡状

（○前欠）
任去十四日御寄進状之旨、打渡下地於寺家雑掌候畢、仍渡状如件、

応永七年三月廿二日　前下総守（花押）

八　宇都宮氏広施行状

陸奥国本領当知□（行）□（事）去任七月八日御教書之旨、領掌不可有相違之状、依仰執達如件、

応永八年九月廿四日左京□□（宇都宮氏広カ）（大夫）（花押）

藤井孫四郎殿

九　源定詮施行状

陸奥国菊田庄内本領之地之事、去応永八年七月八日、任御教書之旨、領賞（掌）（可脱カ）不有相違之状、依仰執達如件、

応永十一年八月六日　源定詮（花押）

（上遠野朝秀）藤井犬熊丸殿

一〇　上杉朝宗料所預ヶ状

陸奥国菊田庄上遠野郷半分事、為料所々預置也、於有限年貢者、任先例、可致沙汰之状如件、

応永十一年十月十三日（上杉朝宗）（花押91）

（朝秀）上遠野兵庫助殿

一一　岩城清隆去状

今度之就弓箭、忠節忝候間、奥州菊田荘上山田郷竜六郎殿去申候、可有知行候、仍為後日状如件、

嘉吉三年卯月（四月）廿六日

竜六郎殿　岩城彦次郎清隆（花押147）

一二　岩城清隆去状

依今度之忠節、奥州菊田荘いひの（飯野）ゝ郷、しらと（白土）方・たまやま方、おはまの郷、わたのへしミつの在家、上遠野出羽守殿江去渡申所実也、仍為後日状如件、

文安三年七月五日

（岩城）周防守清隆（花押）（○この花押、一覧になし）

上遠野殿

一三　岩城清隆去状

奥州菊田之しやうこほりの内玉山之跡、こんとの心さしによつて、
上遠野殿へさり渡申候也、仍為後日状如件、

前周防守清隆（花押）（○この花押、前号とやや相異す）

文（ママ）二（四）年七月廿二日

上遠野殿

一四　佐竹義久書状

尚々於向後、無別心可申合候、

此度以舟（舟尾）兵条々承候、一段祝着之至候、如被露紙面候、於向後義重
所へ、至于無御別心者、於自分も不可存如在候、如此之上無隔意、
弥可申承候、若此義於偽者、八幡大菩薩・鹿嶋大明神、別而者愛岩（宕）
飯綱可蒙御罰候、万吉重而恐々謹言、

二月四日　義久（花押69）

上遠野常陸介殿御宿所

一五　佐竹義重書状

今度舟尾窪田、自訴之儀申理候長井村之事、被相返候、月山（岩城重隆）如刷可
有之候、従十月所務有へく候、舟尾公役之儀、如以前たるへく候、
幷しゆく近辺ニ五貫所被指添候、窪田へも山方被相返候間、公役之
儀、別而可有催促候、依忠信両人共、重而御本所之事、可令意見
候、恐々謹言、

元亀二年かのとのひつし

六月晦日義重（花押72）

上遠野常陸介殿

一六　佐竹義重書状

其方好身当方へ契約、向後無二可有忠信之段、祝着之至候、因茲、
任承かり宿本沼速進之候、尚向後白川口、弓矢可被相拵事、尤候、
恐々謹言、

七月十一日　義重（花押72）

上遠野常陸介殿

一七　佐竹義昭書状（切紙）

如来翰之未申通候処、此度以使御懇之条、一段祝着之至候、如被顕
紙面候、於于向後者、節々可申談之由存候、然者為祝義、馬送給
候、目出度歓喜不少候、毎事可有彼口上候、恐々謹言、

霜（十一月）月廿二日　（佐竹）源義昭（花押）

謹上　上遠野宮内太輔（ママ）（政秀）殿

一八　岩城親隆書状

此たひいよ〳〵、無二にほうこう有へきよし、こいつゝ備ちうをも
つて、存分うけ給候、よろこひ、まいらせ候、なを御身つからなと
御かせきにて弓やも思ひ申ことくに候ハゝ、わひまちのことへちて
うなふ候、くハしくハ備ちう申へく候、為後日一ふてをまいらせ候
めてたさ〳〵、

てん正六年戊寅八月吉日（黒印）（○印文「親隆」）

かとをの与次五郎とのへ

一九　岩城重隆明徹**書状**

急度以使申届候、抑御動之処、被遂一戦、敵二百余人被討取候由、（注）註進寔々心地能、奇特之到候、其方御番中、如此之仕合、度々無比類刷、雖不初義候、御冥加不及申次第ニ候、親類家中之面々へも同前ニ申度候、猶口状申付候、恐々謹言、

正月七日　　明徹（花押142）

上遠野常陸介殿

追而、家中之衆ニ両人越度之由其聞、不及是非候、

二〇　岩城親隆書状

急度為使申届候、抑昨六日、被得大利、小野・蓬田之衆数百人、被打取候之様躰、夜前亥刻之御注進、誠以目出度、本望此事候、雖不珍義候、無比類御刷共、心地好次第候、如此之刻、何篇有工夫、回答待入候、先立も荒増啓述候キ、到着候哉如何々々、彼是口上ニ申含候間、閣筆候、恐々謹言、

尚以、御家中之衆ニ手負休息之仁も候哉、無心元存計候、何へも辛労大儀之由、申たく候、

正月七日卯刻　親隆（花押152）

上遠野常陸介殿

二一　岩城親隆書状

態為脚力申入候、然者先達、於永治一戦之様躰、巨細承候キ、誠々方々御刷無比類迄候、畢竟此度、岩瀬ニ被得勝利候義も、御拵故之由存計候、此上之義、先々御刷被相抱候様、盛義父子へ申届候条、動之儀、先被相抱可然候、仍従御東者、無事之調法可有之ニ候、爰元為御心得申候、一伊達之手成為可承届、今日十九為飛脚申届候、珍敷義候ハヽ、重而可申入候、恐々謹言、

追而、好大志右中美、此度之刷ニ、不被罷出候哉、不及是非候、様躰承度候、

七月十九日　親隆（花押152）

（上遠野常陸介）
上常へ

二二　小田氏治書状

去夏申届候処、不預回答候、無心元存候、抑当口先以無別条候、可御心安候、然者明徹へ存分、此度申届候、可然様任入候、先立御洞被属静謐之段、簡要之至候、併各御馳走故候、巨細小野日向守可申届候、恐々謹言、

（十一月）
霜月十三日　氏治（花押）

（マヽ）（政秀）
藤井宮内太輔殿

二三　小田氏治書状（切紙）

未申通候之処懇切ニ承候、祝着候、其口明徹如思召之段、肝用ニ候、各御馳走故ニ候、仍而弓十張送給候、喜悦之至候、於向後者、用所等無隔心可申届候、折節到来之間、竜面一懸、進之候、巨細平

塚信濃守可申届候、恐々謹言、

十月廿五日　氏治（花押）

（政秀）
藤井宮内太輔殿

二四　岩城親隆書状

（〇前欠）
候由、白遠申越候、此口へも同意候、誠々天广（魔）之所行無是非候、依之伊（伊達）へ、為飛脚二三日已前、申届候き、何様承定可申入候、又先日も、以脚力綱木陣へ申越候、其飛脚ニ者、輝宗以内書、其口御出馬之義者、瀬御届迄ニ候歟、又御自分ニ御見当も候而、会（会津）口無二ニ被取詰候歟、両条承届度之由申越候キ、于今其飛脚無帰路候、一先日綱木陣より、切紙を被相越候キ、其切紙別而無子細候間、輝宗出馬上、早々我々致出馬、永治口へ動肝要之由、被仰越候キ、其外無子細之由、可御床敷候間、申入候、一北南無替義候、可御心易候、委其口之様躰、巨細可示給候、又此書中、無隔心申宣候、不可有他見候、吉事重而恐々謹言、

七月晦日　親隆（花押152）

上遠へ

二五　伊達輝宗書状

去比者来翰具披見、并弓ニ張送給之候、祝着之至候、則雖可及廻報候、片便ニ候条、無其儀候、非如在候、仍而近年御当方堺中、取乱与云、親隆不例与云、旁御心労併御馳走故、洞中無何事候、於当方も令満足候、兼又舎弟五郎其口ニ滞留、別而御懇切之由候、猶々彼進退任入迄候、書余期来音候、恐々謹言、

逐啓

任折節、薄坂（壱端片色）進之候、誠々表一儀計候、於自今以後者、細々可申通候、以上、

八月八日　輝宗（花押178）

上遠野常陸介殿

二六　豊臣秀吉禁制

陸奥国岩城知行分

禁制

一軍勢甲乙人等乱妨狼藉事、

一放火事、

一対地下人百姓非分儀申懸事、

右条々、堅令停止訖、若於違犯輩者、忽可被処厳科者也、

天正十八年七月日（秀吉朱印）

二七　豊臣秀次掟書

定

一軍勢於味方地濫妨狼藉之輩、可為一銭伐（ママ）事、

一対地下人百姓非分之儀、不可申懸事、

一於陣取（ママ）、火を出すやから、其者を搦捕可出之、自然於逐電者、其

主人、曲事たるへき事、
一薪ぬかわらさうし以下亭主相理、可取之事、
一路次筋にをひて、為下伝馬人足等申懸やから、曲事たるへき事、
右条々、於違犯之輩者、忽可処厳科者也、
天正十九年七月七日　　秀次（花押）

二八　佐竹義憲領知黒印状

一六百九拾八石壱斗壱升　いはきノ郡 玉山村
一五拾八石参斗九升　同郡 薬王寺村内
一四百弐拾壱石九斗四升　同郡 馬目村
一弐百卌四石八斗弐升　同郡 大原村内
合千四百石也
文禄五年
閏七月十三日佐竹又七郎（義憲）（黒印）
上遠野与次五郎殿

二九　徳寿丸書状

如翰札之未申通候之処、此度以使御懇之赴、一段欣然之至候、如被顕紙面候、於于自今以後者、細々可申談之由存候、特為祝義、馬越給候、目出度快悦候、諸毎期後音候、恐々謹言、
（十一月）霜月廿二日　徳寿丸
謹上　上遠野宮内太輔殿（政秀）

三〇　上杉朝房得元書状

信濃国常岩御牧南条内、後閑中曾袮有尾水沢等郷事、急速可打渡之由、代官方申遣候、恐々謹言、
十月八日　　得元（上杉朝房）（花押）（この花押、三と同形）
藤井下野入道殿

三一　岩城常隆書状

為可遂盛隆（芦名）会面、来晦日竹貫迄出馬、令逼塞候、就中直ニ三坂へ、可移陣議定ニ候、雖勿論候、人衆足軽等一途有之、御同道尤候、為御意得急度申届候、恐々謹言、
八月廿二日常隆（花押145）
上遠野宮内太輔殿（政秀）

三二　足利晴氏書状

急度可申遣候、速参上可喜入候、将又下口之儀附而、明日廿一中途へ打□（出カ）珍敷義等候者、可申遣候、其口様躰をも可被申候、
かしく
（切封ウワ書）
「三□（喜カ）斎　　晴氏」

三三　右京大夫政長書状（切紙）

急度令啓候、仍而孝尹令湯治候附而、色々御懇、殊種々御奔走、鷹馬何も当口之珍物、誠々浦山敷存候、偏其方御指南故、各々懇然之由被申候、奇特存候、殊更先規之子細共、御雑談之由其聞候、弥以睦敷存候、事々従孝尹所可被申候之間、閣筆候、恐々謹言、

卯月（四月）十一日右京大夫政長（花押）

謹上　藤井玄蕃頭殿

三四　上杉氏憲書状

去月廿六日注進、昨日二到来、委細非（披）見候了、
抑於上遠野、去廿五日致合戦、御舎弟九郎・同十郎手負、藤井家人
下枝兵衛二郎討取頸到来候、目出候、今度属無為候者、名字地内可相
計候、則□村注進申候、謹言、

十一月三日　氏憲（花押）

上遠野兵庫助殿

33　〔奥州文書一〕秋田藩家蔵文書弐拾九　秋田図書館所蔵

一　沙弥賢雄年貢請取状

（注）「沙弥賢雄書　赤坂文書」

納　石河庄蒲田内三分壱赤坂村国衙御年貢事

合壱貫文者

右去年分所納如件

明徳五年四月廿五日

沙弥（花押）

二　宗順段別銭請取状

（注）「宗順書　赤坂文書」

納　浄妙寺段別銭五拾文宛之事

陸奥国石河庄内赤坂又太郎知行分公田壱丁八反分銭

合九佰文者蒲田村内分也

右所請取之状如件

明徳五年八月十四日　宗順（花押）

三　沙弥賢雄年貢請取状

（注）「沙弥賢雄書　赤坂文書」

納　赤坂村国衙御年貢事

合壱貫文者

右所納如件

明徳五年十一月十五日

沙弥賢雄（花押）

四　沙弥賢雄年貢請取状

（注）「沙弥賢雄書　秋田赤坂文書」

納　石河庄内鎌田村内三分壱赤坂村国衙御年貢事

合壱貫文者

右所納如件

応永弐年八月廿八日

沙弥賢雄（花押）

五　石河光重申状

（注）「石河長門守光重書　赤坂文書」

就奥州石河庄内蒲田村事、伯父民部少輔光広方、被成召符由承及

畢、以光重為養子、相副弖(手カ)継證文等譲得之候幸(畢カ)、相続人云、当参奉公云、光重彼(被カ)下預召符可明申由存候、以此間可預御披露候、恐惶謹言、

九月十四日　　長門守光重上

進上　御奉行所

六　頼長・家氏連署請取状

(注)「頼長・家氏連署書　秋田赤坂文書」

陸奥国石河庄内知行分、国衙銭去年応永七分事、

合二貫文者

右任以前請取状之旨、所納如件、

応永八年五月廿一日

頼長（花押）

家氏（花押）

七　某奉書

(注)「姓名未詳奉書　秋田赤坂文書」

応永八年分国衙銭事、且弐貫文納候、相残分早々可有沙汰由、被仰出候、恐々謹言、

十二月廿七日　　政所(カ)（花押）

石川長門守殿

八　隆基等四人連署一揆契状

(注)「隆基・清隆・隆重・道光誓詞　秋田岡本文書」

申談契約之事

右於向後、付何事大小事、見すて見すてられ申ましく候、但於此内雑夫之事候者、任理非可致沙汰候、若背理仁候者、理之方ニ可付同心ニ候、岩崎殿於所領内ニ、致違乱仁候者、太郎三郎殿取向坂父子西(ママ)同心ニ、堅弓矢可取申候、

若此条偽申候者、伊勢天照大神・住吉・八幡、可蒙御罸候、為後日之契約之状如件、

応永廿二(四)年七月廿八日

九　真光起請文

(注)「真光誓状　赤坂文書」

そうりやう左馬助光政むき申候て、野心存へからす候、其外何事も等閑なく申合、をやの思なし可申談候、仍此旨いつハり者、八幡大ほさつ御はつかふ(罰)可候、

真光（花押）

ゑいきやう(永享)九年三月二日

一〇　結城氏朝書状案

(注)「藤原氏朝書写　赤坂文書」

雖未申通候以信啓候、抑就海道陣通路事、御領内堺一為無為之様ニ、被仰付候者喜入候、無何事候共、於向後、連々可申承候、

御同心候者尤本意候、恐々謹言、

九月廿二日藤原（結城）氏朝

謹上　赤坂殿

一一　結城義綱充行状

（注）「花押未詳書　檜山　加藤田文書」

北向之内新左衛門うち、此度新恩ニ、なかく知行可有物也、後のため之状如件、

永正十五年つちのへとら十二月廿八日（花押237）（結城義綱）

河東田治部少輔殿

一二　前備前守持明書状

（注）「前備前守持明書　角舘小峯文書」

連々御忠節之由、聞食及之処、於常州可被抽戦功之由、為芳蔵主御申、殊御悦喜候、然者御談合霜台候て、被攻落手数（ママ）城候者、可有抽賞之旨、被仰出候、此段自佐藤備前入道方、同可被申候、恐々謹言、

三月六日前備前守持明（花押）

謹上　小峯参河守殿

一三　波々伯部元継書状

（注）「波々伯部左衛門尉元継書　角舘和知文書」

就御字幷御官途之儀、尊書旨申聞候処、尤祝着之由、以一札被申候、猶相違得可申旨候、仍私御太刀一腰、拝領畏入存候、可然之様、御取成所仰候、恐々謹言、

六月十三日左衛門尉元継（花押）

和智右馬助殿

波々伯部左衛門尉元継

和智左馬助殿

一四　牛来胤清書状

（注）「牛来石見守胤清書　角舘和知文書」

態令啓達候、抑去年従義綱様顕清へ御音通、其刻私へも預尊書候、於于今過分満足之至候、然者此一両日之間ニ、従奥儲中候兄鷹一居、鳥屋貴殿へ直進上申候条、彼鷹好悪之儀、不存候、哀御心底相叶候者、可為本望候、万々可然候様、御取合奉頼候、仍而白鳥一、令進覧候、左道之至候、於自今已来者、顕清へ被仰越候、子細等者涯分可走廻候、此等之趣御心得可然候、毎事期後音、不能詳候、恐々謹言、

卯月（四月）十一日　石見守（牛来）胤清（花押）

謹上　和知周防守殿　御宿所

（注）「（裏書）」牛来

（注）「（上包）」

謹上　和知周防守殿　御宿所　石見守胤清

一五　前越前守盛清書状

（注）「前越前守盛清書」

御懇意示給候、専悦至極候、老父候者、前々被申通候、如其於此已

後、万乙頼入可申候、御同意所仰候、将又此口御馬鷹御用等候者、被仰越候者、涯分奉公可申候、又千菊路次無相違、被懸御意、辱畏入候、諸余重而可申談候間、令略候、恐々謹言、

五月十九日前越前守盛清（花押）

謹上和知殿御報

一六　某　書　状
（注）「姓名未詳書　土肥文書」

此度路次之為賛石川和泉守屋敷を、二間請取申候、為後日一筆相渡候、仍如件、

追啓、やく以下事ハ、門前同前ニ可被仰付候、以上、

亥三月十八日　同慶寺（カ）半雪（カ）（花押）

平石主膳亮殿　参

一七　結城晴綱書状
（注）「姓名未詳書　白河歟氏　湯沢　上遠野文書」

今般無二ニ致奉公之上、次田紀伊守恩之地にくうき出之候、於此上も闕所有之付而者、不可有余義候、猶以抽忠節候者、可為肝要候、為後日一筆遣候、

天文廿年かのとい十二月廿七日（結城晴綱）（花押244）

上遠野備中守とのへ

一八　結城晴綱書状
（注）「白河右京大夫晴綱書　湯沢芳賀文書」

新六郎身躰之佗言、無余儀候間、当分闕所無之候上、奉公并諸公事先以指置候、堺之番之事者可申付候、東口本意候者、浅河之地可出置候、到于其時者、唯今相抱候地之事者、三森民部少輔所へ可相渡候、為後日一筆遣之候

天文廿四年丁卯二月吉日　晴綱（花押245）

芳賀越後入道殿

一九　結城晴綱書状
（注）「白河右京大夫晴綱書　檜山　加藤田文書」

態一書遣之候、仍而於其地辛労無申事候、将又先年同屋金道之儀ニ付而、被及佗言候、無余義候間、任相其義候、一両年之事は弓矢故、とうや不相立候、当年二三之間立候、此間金付候、道々事者当弓矢ニ芳々さりふたき候間、つくり候ハてハ難成候間、其方領中罷透候処、金おさいられ候、先以無余義候、更々任相佗言候間、如斯理候事如何ニ候へ共、道無之候者、とうや可相止候由致佗言候、たまく〱相立候処やミ候ハヽ、セうしにて候、此とうや斗年内春中迄道をかされ可候、来年くれの事ハ、たとへ道無之候共、如斯相理間敷候、すミやかに納得候者、可為悦喜候、為心得申越候、恐々謹言、

十二月四日晴綱（花押「黒印」247）（注）

河東田弾正忠殿

二〇　結城晴綱書状

（注）「白河右京大夫晴綱書　檜山　加藤田文書」

今般其口へ被打越候、殊路次中大切之処、無相違被透候、一入大儀候、仍はいたか犬、自半途帰候様候、以擬指越候、此段能々可被相心得候、早々帰路尤候、芳孫所へ一書可遣候、無指義候間無其義候、此段伝言尤候、恐々謹言、

三月朔日　晴綱（花押247）

河東田弾正忠殿

二一　結城晴綱等二人連署判物

（注）「白河右京大夫義親同某連署　十二所　忍文書」

□向之内岡部太郎左衛門跡、并ニ冨沢之内永田文八あと、彼両地とミ沢ニ致約束候、てにいり候あひた、かし置候、彼地本意候者、速ニあけおくへく候、為後日、一筆いたしおき候也、

天文二十年辛亥三月　日（晴綱）（花押244）

（花押）（〇この花押、一覧238 239と相異し、279に類似す）

忍太郎左衛門とのへ

二二　赤坂綱光譲状

（注）「赤坂長門守綱光譲状」

数年之弓矢ニ、度々の動ヲ依仕候、従晴光塚本百余巻之地并折土十二貫之地預候、是ヲちやくし助太郎ゆつりわたし候、仍而為後日如斯、恐々謹言、

（ママ）先長門守

弘治三年丁巳拾月八日　綱光（花押）

二三　民部少輔朝宗書状

（注）「民部少輔朝宗書　赤坂文書」

御札之趣令披露候了、就其、石川赤坂申間之事御申候、此事者先日赤坂以状申候様者、今度之大雨ニ城内崩候之間、更あるへき様も候ハす候、仍本の城の山連の候を、外城之様ニ屋敷ニ調候て、愚息ニ候者を、先可置之由申候間、尤屋敷之様ニ被調候ハん事、如此申候、可有子細候、但今程異なる様ニ、新要害を被構候ハん事ハ、不可然候趣被仰出候き、猶々外城之様ニ調候て愚息ニ候者可置候、如何之趣、赤坂申候間、不可有子細由被仰出候、事々敷様ニ候ハん事ハ不可然候歟、此趣を可有御心得候由被仰出候、恐々謹言、

十一月九日民部少輔朝宗（花押）

謹上　白川殿御報

二四　白河義親証状

（注）「白河義親書　湯沢上遠野文書」

はた田之地、以前約束ニまかせ入手候は、速いたし置可候、為以後候間、一筆如斯也

永禄十三年午

五月九日　義親（花押）（〇この花押、二一と同形）

上遠野藤兵衛尉とのへ

二五　白河義親書状

（注）「白河右京大夫義親書　檜山加藤田文書」

義重羽黒へ儀定昨着陣ニ候哉、相延候由聞及候間、其趣会へも今朝令注進候処、虚説ニ候哉、無是非候、此時者又会へ可用飛脚候、唯今那へも申越候、明日者替番可指越候、一陣とらすしてハ南面津辺へ揺難有之候歟、浅川白石へ者あられす候、増番の事是又意得候、かしく、

二日　義親（花押）（〇花押、前号と同形）

河東田弾正忠殿

上遠野藤兵衛尉殿

芳賀但馬守どのへ

二六　白河義親書状

（注）「白河義親書　湯沢芳賀文書」

態啓候、仍南江境目事切之上、赤舘へまし番相重候、廿六日北番ニ候、依之、新城衆申付出置候、其方之事も大義ニ候得共、可被罷出候、とかく候て者不可然候、万吉重而、恐々謹言、

追而、にハかに可被存候へとも、かたく／＼可被罷出候、

十二月廿四日　義親（花押）（〇花押、前号と同形）

芳賀玄蕃允　殿

二七　白河義親書状

「白河不説斎義親書　院内近藤文書」

態為夫（使カ）相届候、自何其元堅固之事、各刷無比類候、猶無二忠信いたすへき事肝要候、洞中何も堅固候、自那（那須）無二刷ニ候、以彼是、其地□かたく可相拘事尤候、いかさま人衆、鉄炮をも可遣之候、事々菅生四郎衛門尉可理候間、不能具候、かしく、

二月七□（日）　義親（花押）（〇花押、前号と同形）

山際各かたへ

二八　白河義親書状

（注）「白河義親書　湯沢上遠野文書」

尚々替地の事ハ、其身覚悟まかせたる可候、無理ニ相ことハるましく候、何分ニも可及談合候、

横峯之事、速於末代出置候、乍勿論別而奉公事、新いたす可候、自然是ほとの闕所候者、替地として出置彼地をハ、中居ニ指置事可有之候、為以後候間、一筆出之也、

（元亀二年）辛未

五月廿一日義親（花押）（〇花押、前号と同形）

上遠野藤兵衛尉とのへ

二九　白河義親書状

（注）「白河義親書　湯沢上遠野文書」

近年之弓矢ニ、取分致奉公候間、泉崎之内ニ秦小一郎恩之内田地仁穀蒔、其身一代借預候、尤如何様に赤舘致不作候共、彼地晦并代物ニ而も、粮米ニ而も、不可致侘言候、与大郎家風之者をも、其身家風をも、おろすへからす候、為後日一筆也、

元亀二年辛未
霜月四日(十一月)(花押)(注)(○この花押、二一と相異す)
「(印判也)」

上遠野藤兵衛尉とのへ

三〇　石川昭光書状

(注)「石河大和守昭光書　横手迎文書」

本意之上可罷越ニ付而者、任侘言、そうとうのしんたい相たてへき者也、仍為後日如件、

元亀四年
四月十三日昭光(花押)(○この花押、一覧217 218と相異す)

遠隼人佐殿

三一　某起請文

(注)「姓名未詳誓書　船尾文書」

起請文

意趣者已前亡父ニ候者ニ別而被相談首尾候間、自今已後吾等ニ可有御入魂之由畏入候、世間移り替に、とかく貴所拙子之事者、心底無表裏、無二可申承候、何事も互ニ他言中間敷候、向後入魂可申合之由存候由、此義偽ニ候者、上ニ者梵天・捺(ママ)尺・四大天王・日本国中大小神祇、別而当諏訪上下・八幡大菩薩・魔利支尊天可蒙御罸候、別而あたこ・飯縄偽ニ有間敷候、

行源
義印(カ)(花押)(注)「血判」

(正)天将五年二月廿二日
(注)「熊野牛王裏」
舟山
御宿所

三二　中将消息

(注)「中将書　幕内文書」

一たいならすうちしにのあとゝい、すけ大郎しんたいをおもひ候程ニ、いこにはさうい候ましく候、たうさにてハ、弥一もんかたへあいまかせ候、

てん正五ねんひのとのうし五月吉日

ちうしやう

まくのうちすけとの

三三　白河義親黒印状

(注)「白河義親黒印書　湯沢斎藤文書」

人足之事、家ふたつ分被指置候、依之一筆出置候也、

天正八年庚辰
七月　日(印)(○印文「威通」)

斎藤平二左衛門尉とのへ

三四　石川昭光書状

（注）「石河大和守昭光書　北条文書」

雖無指義候、其以往音絶余ニ御床（布カ）却候条、態以脚力申述候、将亦甲信表無時刻、信長被入手裏之段其聞候、誠以無是非次第候、因茲其口御窮屈之由申来候、乍勿論、義重へ有御相談、御堅固之御構千言万句候、然者当口無異儀候、可御心易候、随而白境目ニ附而、内々晴朝以御意見、今程者如存知之、可有之之由存候処ニ、無御手透候歟、以前之御首尾御相違之様、単ニ無御意許候、以時分佐白へ御催促候様ニ、御前ニ可有之候、事々期後音候、恐々謹言、

（天正十年）五月廿日　（石川）昭光（花押）（〇一覧218に類似す）

直源寺江

侍者中

三五　白河義親・同佐竹義広連署判物　横手

（注）「白河義親・同義広連署　和知文書」

馬場之門立明付而、其身忰者文衛門三ひやうへ薄酒年具相ゆるし候、乍勿論、無如在建明之事は、尤掃除以下無沙汰なくいたす可候、於如在者、稠可被仰付候、為後日、一筆出置候也、仍如件、

天正十三年乙酉

七月　日　（白河義親）（花押239）（印）

（佐竹義広）（花押）（印）（〇一覧284にやや類似す）

和知相模守とのへ

三六　白河義親不説・同佐竹義広連署証状

（注）「白河義親・同義広連署　三森文書」

三森藤四郎、和知源五郎名代ニ相定候、尤女子しやうそくニ候間たけ令如在候は、藤四郎事をハおしはなし、おんしやうの事ハ、猶以たけずいたる（ママ）可候、若又たけ身の上、いかやうの義も候者、太田和右馬助・塩田信濃守両人ニ致談合よし、みの内むすめたれ成共藤四郎ニ可取合候、并三森安芸守以書立相定候、一義一ヶ条も相違候者、自公義守芸守かたへきふく可申付候、可心易候、為後日之一筆遣候也、以上、

遂而たけ身上如何様之一義候而、好身の内むすめニ藤四郎取合候共、後室一代ハ万ずいたる（ママ）可候、以上、

天正十四年丙戌霜月（十一月）廿七日

（白河）不説（花押239）（印）

義広（花押）（印）（〇花押前号と同形）

和知大隅守後室

同むすめたけ

太田和右馬助とのへ

三七　佐竹義広書状

（注）「白河義親書（ママ）　横手和知文書」

近年神妙ニ奉公忝候、依之高林三百五十貫之所出置候、為後日、一筆遣之候、謹言、

正月二日義広（ママ）（花押）（〇花押前号と同形）

和知相模守殿

三八　白河義親加冠状

(注)「白河義親書　船尾文書」

元服

義

十二月吉日源義親(ママ)（花押）（〇花押前号と同形）

白川三七殿

三九　白河義親不説判物

(注)「白河不説斎義親書　湯沢和知文書」

任侘言、くらへいし料所之とをり、はし本・ひなた両在家あつかいの義、無別条候、夫めん之とをりも、如前々之出置候、勿論くらへいしの内きつしゆのとをりも、如前々之せいはいいたす可候、如此之上は、別而奉公いたす可候者也、仍如件、

追而、万之所務以下ニ付而、少もふさたいたし候は、めしはなす可候、無如在何事も御奉公申候者、尤不可有相違候、以上、

天正十五年丁亥卯月吉日不説（花押239）（印）

和知弾正忠とのへ

四〇　白河義親不説判物

(注)「白河右京大夫義親入道不説斎書　横手和知文書」

任侘言、関ひなたの地出置候、役銭も指添出候、余之公事者可申候、子細候而、先おんミつ候間、馬上并懸引奉公者、来年うしの年よりたつミ年暮迄四年指置候、尤みのとしより者、可被仰付候、為後日、一筆出候者也、

仍如件、

天正十六年戊子

菊月晦日　不説（花押239）（印）

和知さかミ(相模)守との

和知釆女佑とのへ

四一　白河義親不説書状

(注)「白河不説斎義親書　湯沢芳賀文書」

態啓候、去春者上略(本ママ)之刻音信于今祝着候、仍近辺ニ上衆ニ八嶋与兵方被渡候、彼方鵙被持候娘昔聞候而ほしかり候へ共、上衆ニ候間、不成候様々相尋候へとも、無之候、其方音鳥所持之由、和知周防守令物語候、無心千万候へ共わらかへ(ハカ)ニ而音を聞度ニあくちいたしせめられ候間、中〳〵令斗言候間、致所望候、於信用者可為快然候、万々周防守可顕書面候間、不能具候、謹言、

六月十六日不説斎（花押239）

芳賀玄蕃允殿

追而、

委細家田兵部亟可相理候、以上、

四二　白河義親不説書状

(注)「白河不説斎義親書　三森文書」

尚々右之意趣、好々被及内義可然候、彼刀芳賀紀伊守ニ被相越候やう任入候、委細者三森安芸守口上ニ申含候、以上、
伊左次男、当方へ契約可有之段承候、一段快然候、依之内義候間、南郷之内小田川料所之透、百貫文之所可進候、百貫より内之由候、尤前代之書付可有之候、万乙内ニ候者、沢井之内ニ知行さし添可進候、神も照覧、偽不可有之候、此所無疑心御理尤候、明日態芳賀紀伊守被相越、任入候、以上、

拾月廿七（マヽ）　不説（花押239）

讃岐守殿　不説

四三　白河義親不説書状

（注）「白河不説斎義親書　湯沢芳賀文書」

追而、以前之書中日付、可令相違候得共、和知周防守壱札差添候間、其首尾ニ候条、其まゝ指越候、信用可為快然候、仍芳賀民部少輔かたへ書中遣候、乍造作、態被届相憑候、返札候者、泉崎へ兵部允かたへ被相届任入候、已上、

八月九日　不説（花押239）

芳賀玄番允殿

四四　石川昭光書状

（注）「石河大和守昭光書　東氏家人　大窪文書」

返々今日吉日ニ候条幕進候

御遠慮閙（カ）ニ而、其方陣所ニ幕不被為打候条、態為作候而進候、向後者目出度如斯ニ仕立、可被為打候、吉事幾久敷可申承候条、閣筆候、恐々謹言、

二月拾日　昭光（花押217）

太窪伊賀守殿　昭光

四五　石川昭光書状

（注）「石川大和守昭光書　大舘根本文書」

態啓入、抑今般御当方へ罷越候処ニ、御意と者乍申、宿ニしかと候而、種々御辛労寔ニ痛間敷存候、於向後者当口相応之義、無隔心可承候、少も如在有間敷候、万々期来音候、恐々謹言、

四月九日　昭光（花押217）

根本三市衛門尉殿

四六　石川昭光書状

（注）「石川大和守昭光書　湯沢小川文書」

態亶脚力候、抑先達者不寄存候処ニ、懇切示給候、壱段祝着之至候、旧冬以来其元ニ、證人指置候処ニ、種々様々被入御念、御馳走之由、以真実本懐不少次第ニ候、雖勿論候、当口相応之用所等候者、聊も不可有御隔心候、去秋者到須賀川、節々陣所へ御尋、于今満足訖候、然者證人曳取候事、以前之任首尾、以立子山方太田岩城（カ）へ申分候、然間速ニ被相返之由候、因之、自中吉之書中為披見、

今弾へ今般越進候、以旁々無御疑心、早々今日被相返候者、可為祝
着候、事々期後音候、恐々謹言、

(四月)卯月二日　昭光（花押218）

小大

四七　白河義親不説書状

(注)「白河不説斎義親書　横手和知文書」

尚々秋前令口外候者、可口惜候、堅々八月者ひらかせ可候、
衆中役之義、令侘言、雖不易一義候、親子共ニ取分令奉公候間、速
ニ可任侘言候、可意易候、公義をは和知美濃介相憑可及侘言候、秋
中前者如何ニもおんミつ不可令他見候、為意得書付、出置候者也、
以上、

天正十七年己丑

二月十日　不説（花押239）

和知さかミ守との

同　弾正忠とのへ

四八　白河義親不説書状

(注)「白川不説斎義親書　十二所忍文書」

任侘言湯本民部左衛門殿あと出置候、本領之事ニ候間、彼民部左
衛門あと湯本四郎右衛門及詫言候はにかきいしはら四郎右衛門ニ
やくそくせしめ候、彼両地を可出置候、為後日、一筆出候者也、
仍如件、

天正十七年己丑拾月吉日（花押239）（印）

忍太隅守とのへ

四九　白河義親不説書状

(注)「白河不説斎書　鹿子畑文書」

具足之儀、相憑候処ニ、種々相稼候故、今日迄相延候事、一段喜悦
不及是非候、依之彼者遣候、今度指越尤ニ候、細之事者、家田兵部
亟口上ニ可在之候、謹言、

文月廿九日不説（花押239）

鹿子畑三河守とのへ

五〇　白河義親不説書状

(注)「白河義親入道不説斎書　湯沢鹿子畑文書」

関川寺御閑居ニ、憑入(カ)指置候、具足東堂御仕合之砌、堀十内手前へ
取候由候、彼具足其筋越候由其聞候、久敷老子着候具足ニ候間、手
前へ引取度候、何篇両人相憑(カ)候、委細之儀者、大和守口上ニ可有之
候間、不能具候、謹言、

五月廿二日不説（花押239）

鹿子畑三河守との

芳賀備前守との

追而、大和守かたへ両人別而奉公致よし、於身も悦喜ニ候、返
々具足之事、両人前ニ可有之候、以上、

五一　白河義親不説書状

（注）「白河不説斎義親書　檜山新国文書」

不思議之世間之刻、無二存詰奉公寄特ニ候、雖然、堪忍難続候間、暇出候、此般之忠信忘（カ）間敷候、万一自　殿下様身上一途被引立候者、別而可令尽切（功）候、為後日一筆、仍如件、

天正十九年
潤正月三日　不説（花押239）（印）

新国彦次郎殿

五二　一休斎善通書状

「一休斎善通書　姓氏未詳 白河氏家臣歟　湯沢小川文書」

昨日者不図入来候処ニ、不初如在之躰、無御心元候、仍憚雖多候、御越幸ニ候条、愚意条々申宣候、無御失念、太伊へ御理可然候、少々其元依御様躰ニ、御東へも御内々も可入候歟、政宗ニハ田（田村）在城へ被打入、彼洞中仕置、一三（カ）昧ニ候、其上月斎・橋形（刑）無二ニ被走廻候、旁々如御存知之田控之事者、相調候者、千騎之衆ニ候、至于頃日者、当境之儀、種々申唱儀共候、就中岩瀬洞之事者、御女義与云仕置等をも、矢部・須田ニも不被相任、毎物我まゝの御刷、一両輩物近ニ奉公申候面々、今度政宗へ罷出、伊御奉公一三昧之由候、然間政宗へ公内共ニ被仰合之由申廻候、此時者、会津御介抱も罷成間敷候歟、義親事者、何辺ニも御当方御筋目之外者、有間敷由被存詰候、是者不屑之儀ニ候条、御用ニ迄罷立間敷候、只々於于太田、御油断不可然候、此比者御陣労故歟、南郷之城々も、普諸已下をも被指置、結句赤舘なとニ物主なとも、捚々与無之躰、此口之覚も、尚以不可然候、其已往会津・岩瀬江も一途之御夫（使）をも被立越、乍此上御調ニ相極候歟、今度荷内へ御調義之由及承候、出用之申事ニ候へ共、被抛御不足を、御無事ニ可被相属事、念願迄候、近年者、御味方中も、間々之意趣を以、捚々御奉公不被申候歟、爰元之儀も不可過御塩味候、愚老事者、今日をも不存候、子共身躰之ためニ候間、貴所へハ不存隔意候間、申宣候、年ニ朦候者、申義共被懸御懐間敷候、恐々謹言、

（注）「（天正十五年）」
八月廿日　一休斎
善通（花押）

小上（小川上総介某）
御宿所

（注）「中村光得曰、小川氏ニ比藤小川アリ、佐竹分流ニシテ常州ニアリ、岩城小川アリ、小川上総介ハ岩城小川ナルベシ、初岩城ニ仕ヘテ後ニ佐竹ニ仕フ、」

五三　田中文六郎書状

（注）「田中文六郎某書　出文書」

返々申入候、早介事ハ三戸ニても日比をほへの者御座候よし、及承候処ニ、無何事せいはい被申候事、殿さま佐竹殿ニも、一段手からのよし、被仰出候、たゝ貴所日比のをほへゆへかと令存候、其元隙明候ハヽ、早々御登可然候之由、御意ニ候、以上、

任幸便一書申越候、仍彼せいはいもの、比度被仰付候処ニ、即罷下せいはい被申候事、其方度々手から、さりとてハ〱御祝着之由、殿様ニも節々〱被仰出候、又 佐竹殿へも、昨日我等、彼儀ニ付而、御使ニ(ママ)ニ罷出、其方手からの儀くわしくハ申上候へハ、一段御祝着之よし被仰出候条、是又御満足たる可候、彼なわかけものも、無何事被相届候哉、御床敷令存候、其元隙明、早々御登可然候、□之内意のため、如此申入候、

一彼早介事、道中ニてせいはい被申候事、神そ〱我等満足無申計候、此上之儀者、我等かせきを以貴所身上之儀者、近日相済可申候、御心易可被思召候、

一小里畠と山口御年具之事、態々御さん用候て、奉行者共ニ可被仰付頼入候、何も近日御上洛之時分、万事可申承候条不具候、恐惶謹言、

八月三日　田中文六郎（実名書入）（花押）

出右進殿
人々

五四　相馬義胤書状

（注）「相馬長門守義胤書　片岡文書」

返々於中途、見合如此之義、乍慮外、義宣さま別而得御意候間、無御隔心候まゝ、右之通候、

雖未申通候、一書啓入候、然者鵜さま〱相たつね申候へ共、無之候間、和田安坊守(ママ)方へ義宣もたせられ候申請度由、今日水戸罷通ニ、以使者申入候処ニ、御他行故使者不懸御目、申置罷帰候、然処ニろし中ニて進上候、鵜見合申而所望仕候へ共、其身遠慮仕候、貴所鵜之義、被仰付候由申候間、以書状申入候、乍無心、無二ニもたせ申候、義宣御帰城候砌、御申上頼入申候、万事ハ追て可申承候、恐々謹言、

五月十一日　(相馬義胤)相長門守　義（花押102）

片岡志麻守殿
御宿所

片岡志麻守殿　相長門守

34　〔奥州文書二〕秋田藩家蔵文書参拾　秋田図書館所蔵

一　芦名盛氏証状

（注）「蘆名盛氏書　湯沢上遠野文書」

右勲望(ママ)ニより、横ミね・松のいり二ケ村、道堅於無還往者、相違あるへからす候、後日の為證文如件、

永禄十年
九月二日　(芦名盛氏)止々斎（花押277）

上遠野藤兵衛殿

二　芦名盛氏書状

（注）「蘆名盛氏書　田代文書」

来札披閲、抑其以降御床敷存候之砌、為御音信、薬如書中到来大悦此事候、因茲薄板物一端、令進之候、余事期来信候、恐々謹言、

（十月）神無月廿三日　盛氏（花押273）

（茂庭良直）左月庵

三　二階堂照行書状

（注）「二階堂照行書　箭田野文書」

態申入候、抑去比当手仕合付而、重隆御出馬殊人衆被差越、連日在陣候処、因茲于今堅固ニ取成候、本懐至極候、然者来秋重隆此口へ御出張之事、拙子打越可及競望候処、南北刷少も依無手隙、老母被打越候、速有納得而御出頭候、依御心得専用候、万々遠藤長門守任口もん、不能具候、恐々謹言、

六月晦日　（二階堂）藤原照行（花押229）

謹上　岩城鶴千代殿

四　芦名盛隆書状

（注）「蘆名三浦之助盛隆書　安嶋文書」

態為（使）夫令啓之候、前段常隆如申届候、今度所労気ニ付而、令帰城、意外之至候、其表調義被任御存分候上、漸常隆可有御納馬之段存候処、被構取、取候事御簡要ニ候、併無際限御陣労察入斗候、当手之衆悉為手合残置、無疎意之様申付候条、可御心安候、尚彼口上可有之候条、不具候、恐々謹言、

五月十八日　（芦名）盛隆（印）（○印形香炉）

四倉大膳亮殿

五　芦名盛隆書状

（注）「蘆名三浦之助盛隆書　安嶋文書」

今度常隆此表長々御在陣数日令調儀、旁御辛労不及是非次第候、取籠故別而不及執成、意外此事候、何様調儀之様躰追而可申談候、猶此口上可有之候、恐々謹言、

五月三日　盛隆（花押283）

四倉殿

従須賀河

六　芦名盛隆書状

（注）「蘆名三浦介盛隆書　塩文書」

前日者、以松平右近尉申届候処、従常隆条々御懇答祝着候、来六日儀定令出馬候、依之猶万々為相談、以書付申述候、執成任入候、委曲猶任彼口上、不能具候、恐々謹言、

卯月三日　盛隆（花押283）

浮休斎

七　芦名盛隆書状

（注）「蘆名盛隆書　蓮沼文書」

来月七日出馬候、今般ハ相当ニ別而足軽等召連奉公管用候、五日ニ
黒河迄、無嫌風雨着陣可申候、於如在ハ、不可然候、任置迄候、謹
言、

六月廿八日　盛隆（花押283）

蓮沼右衛門殿

八　芦名盛隆書状

（注）「蘆名盛隆書　（角舘）岩橋文書」

彼状共相調之後之書中披見候、先達之仕合ニ其身かせき之躰、不及
是非候、及聞令満足、今度すこしなから鉄炮越候しゆひ相立候、畢
竟其方拵故ニ候、猶近日替番とて（カ）可越候様躰仰出可申越候、万々重
（カ）而又気合よく候、可心安候、日々義重へ罷出候由、左候てく＼浦山
しく候、江より彼一義申越され候哉、其身之口外たる可候由存候、
恐々謹言、

（天正十二年）六月十三日　盛隆（花押283）

（注）岩弥へ
「（上包）」
岩弥　参

九　箭田野顕義起請文

（注）「箭田野顕義誓書　船尾文書」

敬白　起請文之事

一御せんやくを引ちかへられ、我々こんはうニまかせられ、御そく
女明日十三、指越御申あるへきのよし、於実事ニ者、御こゝろさ
し生々世々失念申ましき事、

一自今以後、御そく女へとうかん申間敷事、於此義偽者
上者梵天・帝釈・四大天王、下者堅牢地神、惣而日本国中之大小之
神祇、殊者当所之鎮主諏訪上下八幡大菩薩、天満大自在天神御罰可
蒙罷者也、仍起請如件、

天正拾三年　七月十二日　やたの　顕義（花押）

船山御簾中

（注）「熊野牛王裏」　中上　参

一〇　芦名義広書状

（注）「葦名平四郎義広書　湯沢小川文書」

急度為使者用一札候、抑其元在陣辛労之儀、不及是非候、明日は及
調儀候条、其用意可然候、恐々謹言、

五月六日　義広（花押285）

小川上総介殿

一一　上杉景勝書状

（注）「上杉景勝書　宇都宮文書」

今度白河御在城忠節不浅候、弥在番之者共、有相談堅固之仕置任
入候、恐々謹言、

（注）「（慶長五年）」七月十九日　（上杉）景勝（花押88）

（白河義親）結城七郎殿

一二 上杉景勝書状

（注）「上杉景勝書 秋田塩谷文書」

急度申遣候、仍其元普請等、皆々苦身之段感悦候、弥以大国但馬守令相談、堅固之仕置専一候、境目相替事候は、注進尤候、謹言、

（慶長五年）七月廿八日 景勝（花押88）

塩谷但耆守殿
栗林肥前守殿
鹿治右衛門尉殿

一三 上杉景勝書状

（注）「上杉景勝書 宇都宮文書」

先日者早々面談御残多候、仍佐竹江任兼約以福嶋掃部助申述候、貴所江被入御念以来、弥無御等閑様ニ、御才覚任入候、巨細可有彼口門候、恐々謹言、

（慶長五年）八月十九日 景勝（花押88）

結城七郎殿
御宿所

（注）「（上包）」
結城七郎殿 景勝

一四 直江兼続書状

（注）「直江山城守兼続書 横手 箭田野文書」

以上

書状披見、仍車丹組之者共、書付これも披見候、然者御上洛之上者、境目不可有替義候条、車丹事も定而其元へ可罷帰候、殊更彼組之者共馬上歩者両度迄、境目を引払訴訟侘言仕候者共ニ候間、向後すきと御用ニたつましく候条、何も可相放候、一切扶持方遣候義、無用ニ候、車組ニかきらす惣而扶持方之者共相放候条、其心得専用候、丹組ニ者重而よき者を見計、可相添候条、其通心得尤候、猶追て可申遣候、謹言、

（慶長六年）七月二日 （直江）兼続（花押95）

山田喜右衛門殿

一五 田村清顕書状

（注）「田村右馬頭清顕書 奥州三春城主 初称刑部大輔 北条文書」

態以飛脚令啓候、抑新年御吉慶、晴朝最前雖可申届候、通路断絶之上、無其儀候、全非疎意候、然者会へ新国上総守令出頭候上、弥以来調儀向当口必然候、猶路次可為不自由候条、可申遠（ママ）候、先年惣無事之段、御意見之砌、双方誓詞身血を以、被相定候、其印無之躰候、案外之至候、彼是於様躰者、白川へ申越候間、可申届候、旧冬者、以夫（使）者申入候処、御懇答于今祝着候、其以来南方国境様子、如何珍儀候者、被露回報、可為快然候、万吉猶令期後音、不能具候、恐々謹言、

追啓路次不自由之間一帋（紙）申届候、

二月一日 （田村）清顕（花押211）

松源寺
安入斎
岩上隠岐守殿
片見伊豆守殿

一六　田村清顕書状

(注)「田村清顕書　船尾文書」

去比永沼備之時節、為御代官、被打越候、真実以御大儀ニ候、此等之儀、即従陣中申理候キ、可為参着候、清顕事彼新地漸普請以下成就候分ニ候条、去朔先へ令入馬候、何様爰元以見合、重而可及行候、於其時者、弥被仰合候様ニ異見任入候、恐々謹言、

三月四日　清顕（花押211）

舟尾山城守殿

一七　田村清顕書状

(注)「田村清顕書　船尾文書」

今度為御代官、被打越、種々御辛労大儀、不及是非候、此等之儀、以前為脚力申述候キ、定而可為参着候、仍近日者此口先以無違儀候、可御心安候、雖無申迄候、永沼以御手透申合、取詰申度願望迄候、爰許畢竟御馳走任入候、殊ニ会へ往覆、弥々被相止之様之儀、是又御異見尤ニ候、事々重而恐々謹言、

追而御老父へも此由申度候、

三月十日　清顕（花押211）

舟尾山城守殿

一八　田村隆顕書状

(注)「田村隆顕(義顕之男)書　樋口文書」

近日者不申承候、何等之事共候哉、御床敷計候、当口之事も無何事候、可御心易候、仍宝生大夫能細々御見物浦山敷存候、将又当口ニてハ、何も気なけニ候、可為御大慶候、乍去拙子次男少煩申候、毎日ニ一度又夜中ニ一度も熱気仕候て、あせをはつし候へハ、い前のことくさめ候て、機嫌もよく罷成候、爰元御工夫候て、合薬をも越可給候、昌意之事ハ血心のやうニ候由候、但脉をも御覧候ハてハ、如何と思召候者、当月来月之間、御隙之透御越候者、可為本望候、返々とりたてゝの煩ニハ無之候、少つゝニ候間、御隙之透御越候て、御覧候者、可為快然候、万々期後音之時候間、不具候、恐々謹言、

菊月十六日　(田村)隆顕（花押214）

安枕斎へ

一九　田村隆顕書状

(注)「田村隆顕書　樋口文書」

其後者、無音意外至極候処ニ、御懇切示賜候、誠ニ本望此事候、然者安枕斎之義、承心易存候、早々御下向念願迄候、将又奥口再乱無是非次第候、於当方者、連々如申理候、何方も静謐之義願望候、到来春者、御入来可待入候、随而紅燭如紙面送給候、快悦此事候、余

事猶期後音之時候間、不能詳候、恐々謹言、

極月三日　隆顕（田村）（花押214）

宗予公

追而

折節之間、扇子一本京筆一対進之候、誠ニ一義計候

二〇　田村隆顕書状

（注）「田村隆顕書　樋口文書」

青陽之嘉兆、漸雖事旧候、珍重多幸不可有尽期候、仍為祝義、扇子進之候、一義計候、然ハ其後者、不能面談候、御床敷計候、旧冬肴越給候キ、于今快悦此事候、其砌可及返章候、夫帰路不存候間、無其義候、意外ニ候、御吉事永日中可申承候間、不能詳候、恐々謹言、

正月十日　隆顕（花押214）

宗予公

二一　田村清顕書状

（注）「田村右馬頭清顕書　北条文書」

先立其表模様無御心元候間、以脚力申入候処、上州口如思召之由、被顕御返書候キ、令満足候、其以来之様躰御床敷候条、重而令用一簡候、委回報可承候、此口之事者境目莵角之儀、于今無止事候、就之以前、被仰合、如筋目、義重へ被及御理之由候、祝着候、乍此上幸御同陣之上、可被仰理候様ニ、晴朝　御前可有之候、畢竟旁御馳走任入外無他事候、毎事追而可申述候条、不具候、恐々謹言、

（天正十年）十一月五日　清顕（花押211）

多賀谷安芸守殿

片見伊豆守殿

松源寺

侍者中

追而時宜同意之間、一通申候、全非如在候、

二二　伊達晴宗書状

（注）「伊達左京大夫晴宗書　秋田赤坂文書」

雖未相談候、以事次啓候、抑被成堪忍之地、白河境之処ヒ二六時中無油断御馳走之段、石河郡中堅来之由（カ）、於晴宗一段大慶候、其故者厥方累代此方御懇切候上、万端御洞静謐当家安全之基候、随而其口無事之義、佐竹并岩城御籌策頼入候由申越候キ、漸可被及出語候哉、被抛万障無為ニ候様ニ、稙光父子へ諷諫可為専用候、就中留守相模守当洞静謐之意見尤候間、任其義去晦日桑折江致出仕候、於此上老父（稙宗）、御相談仙道之郡各々御進退、依其左右、毎事可申調候、其間之事如何ニも手堅、可被相支候、委曲重而恐々謹言、

九月十一日　晴宗（花押179）

赤坂左馬助殿

二三　伊達晴宗安堵状

（注）「伊達左京大夫晴宗法名道祐書　樋口文書」

実済庵分谷地之内計相除、其外不残桜田之方より地贄（本ママ）之所、実済

庵如知行、永代不可有相違也、仍証文如件、

天文廿弐年癸丑正月十七日晴宗（花押179）

宗忍公

二四　伊達晴宗書状

「(注)伊達左京大夫晴宗書　樋口文書」

なを〳〵そゐんにまいりあい候とも、さう〳〵当夏中御こへまちいり候可候、

わさと令啓候、此たひこのくちニ長々おハしまし候ところに、よろつとりまきゆゐ、へつして御ねんころに不申候、心もとなくおもひたてまつり候、ことにふと御かへりにいよ〳〵さう〳〵申候事、晴宗おゐてくちをしく存候、よろつないせんに申事ハり候間、さう〳〵申参せ候、恐々謹言、

二月十三日　晴宗（花押179）

（封）

そう　にん斎　晴宗

二五　伊達晴宗道祐書状

「(注)伊達左京大夫晴宗法名道祐書　樋口文書」

なを〳〵存分、かのかたをもつて事ハり候、いわきにて御両しよまへにて、しかるへきやうにまかせ入候、

此たひよなさハにて、わつらいけにつゐて、御こへ大義申事なく候、御しんらうゆへ、平けんのよしうけ給て満そく申候、さて〳〵其方存分神ミやうをもつて、うけたまハり候、くろうにおいてまんそく申候、かくこのむねけんはんをもつてくハしく申事ハり候間、さためて可被申候、ミやうてつちかたかまへにて、御ことハりかんように存候、ろし中の事もこゝろやすきやうに候ハゝ、来しゆんハさう〳〵けからうまち可入候、恐々謹言、

十月廿三日　道祐（花押179）

（封）

宗与へ　道祐

二六　中納言消息

「(注)中納言書　樋口文書
（伊達晴宗夫人岩城氏侍女歟）」

かへす〳〵このすゐとりなし、そのほか候ともこなたにて、よきおもひ候ましく候、御心やすかる可候よし、かた〳〵ニまかせ参せ候、ミつからてにて申可候へとも、めかすミ候ほとに、うハかきハかり申参せ候、めてたさ又々、

そうよかミかたへのほり候へきよし候て、かとをのまてこミ(レカ)給ひ候ところニ、かたく御いけん候て、ひきとゝめ候よし、うけたまハり候、たいらへもかへり給ひ候やうにと、きちしやういんよりも御いけん候や、かんようニおもひ参せ候、このほといつハりとりなしなとも候よしうけ給候、いかておんにおもひ申可候や、ちふんからと申しらへ、そのほかもいかゝニ候、このすゐとりなしも候ハんニハ

きやくしんなくこなたへもうけたまハり候へと、御ことハり候可候、すこしもそうよへよきをおもひ申ましく候、めてたさかさねてかしく、

（封）

ひたち殿

しもつけ殿　　ちうなこん

ゐもんとの

二七　かいしやく消息

「かいしやく書（注）　樋口文書
（伊達晴宗夫人岩城氏侍女歟）」

かへす〳〵こなたよりも、そうよ御ようも候ハヽ、いくたひも〳〵きやくしんなふ申可候、すこしもきつかひなふさひ〳〵こなたへもおハし候やうに、御心へ候可候、

此たひそうよ、かミかたへのほりのために、かとをのまてふとしてうちこし給ひ候ところに、をの〳〵御いけん候て、ひきとめられ候や、まつ〳〵かん用におもひ参せ候、これにより吉しやういんよりもたいらへ、かへりの事御いけんのよしうけ給候て、よろこひいり参せ候、たと（ママ）かやうのとりなし候とも、何とてほんニ申可候や、時分からにて候うへ、たゝいましらへなとの事ハ、いかゝあるへきとおもい参せ候、もし又このすゐによこあひの申なしなとも候ハヽ、きやくしんなふこなたへうけ給候へと、御心え候可候、ゆめ〳〵そうよへ、とうかんをおもひ申ましく候、かしく、

（封）

ひたちとの

下つけ殿　　かいしやく

ゐもんとの

（封）

かとをのひたち殿

しらと下つけ殿　　たてより

しかゐもんとのへ

二八　伊達実元書状

「伊達兵部太輔実元書（注）　秋田赤坂文書」

急度啓入候、仍其以来者、依無指義不申通候、意外迄候、仍自佐竹口米沢へ御越之御出家、今度御登候、就之路次中之義、晴宗自所清顕へ、被憑入候、送等被被（ママ）指添、途中無相違、被相随候様、御心得畢竟其方御前可有之候、岩城迄無何事様、指越御申候者、於我々も、可為祝着候、毎事期来音之時、略筆候、恐々謹言、

弥生（三月）十日　　実元（伊達）（花押189）

二九　遠山綱景書状

「遠山綱景書　角舘和知文書」

不寄存知候処、御懇示預候、畏入候、殊従晴綱預御貴札候、忝次第候、及貴報候、可然様可預御取合候、頼入存候、将又当口於相応之

御用等者、無御隔心可蒙仰候、聊不可存無沙汰候、委曲令期後音候条、不能具候、猶唐人穆橋可申候、恐々謹言、

十月七日　遠山　綱景（花押）

和知殿
御報

(注)「(表包)」
和知殿
御報　遠山

三〇　伊達輝宗書下又ハ判物

(注)「伊達左京大夫輝宗書　佐藤文書」

岩城之船一艘、伊達領中津々添々不可有諸役、其外見合相伝方質堅令停止候也、仍如件、

天正四年丙子拾二月廿三日　(伊達)輝宗（花押178）

佐藤大隅守殿

三一　伊達輝宗書状

(注)「伊達左京大夫輝宗書　佐竹文書」

就今度当表動ニ、態々御使祝着之至候、敵地麦作悉摧(薙棄)弃、如存分執成候、聞召可為御悦喜候、委曲彼口上ニ可有之候間、不具候、恐々謹言、

五月十八日　輝宗（花押178）

田村殿

三二　伊達輝宗書状

(注)「伊達左京大夫輝宗書　伊達文書」

（○佐竹家臣伊達氏の文書なり、以下にみえる伊達文書はいずれも同じ。）

就鷹借用、居手被指越候、彼鳥屋同日ニ、従奥罷登候条、近頃令満足指越之候、五六日以前も鴈三合候由申候、衷々於其口も、致逸物候へかしと念願候、然者何ニ而も御用不申候由、被顕書中候、御用申度事共、千々万々候間、何ヲ可申候哉与、撰申候而、打過訖候、其上当方難波ニ付而も、乱ケ敷事多ニ候条、一度一大事ヲ可頼入覚悟迄にて、少用ヲ思退迄候間、其時連々之御支度見ヘ可申候、若又左様之刻御如在候者、宝山之空手歟、近年之御支度偽歟、此等之儀不可被思召忘候、呵々、将又或者田当無事、或者盛興与会顔之事、条々御懇切ニ承候、誠ニ本望至極候、何篇ニも我等事者、御意見之外、不可有之候、万々有御塩味、何事も御入魂可為快然候、恐々謹言、

二月廿八日　輝宗（花押）（○この花押、一覧178と相異す）

芦名西殿

追啓

塩松境之儀ニ付而、先立及脚力候キ、参着如何無御心元訖候、彼口之儀ニ付而も、万々可得御意見外無他候、

三三　伊達輝宗・同政宗連署状

（注）「伊達輝宗・同政宗連署　大越文書」

御来章具令披見候、仍去六、向塩、被及一戦、被得太利之由其聞候、誠ニ目出簡用之至候、其比中嶋左衛門塩松へ打越候哉、自分之懇切ニ候間、節々令直入（カ）候事、不可有其陰候歟、併今度之儀相尋候間、可及糺明候、毎事期後音候、恐々謹言、

輝宗（印）（○印形香炉）

八月十四日　政宗（花押）（○一覧183と同傾向なり）

田村殿

三四　伊達政宗書状

（注）「伊達陸奥守政宗書　角舘山方文書（北家臣）」

猪苗代方会へ事切、依之彼口為首尾、打越候義、各深雖遠慮候、政宗一身之存分を以、昨四日猪へ打越候処ニ、不慮ニ猪へ義広被及動候間、見合を以、及一戦金上・針生を為始、馬上三百余騎足軽共ニ二千余討取、彼口隙を明候、明日六日向黒川、為可及調義陣越候、可為大慶候、謹言、

（天正十七年）六月五日　政宗（花押183）

郡山摂津守殿

同太郎右衛門射殿

三五　伊達政宗書状

（注）「伊達政宗書　石河文書」

此口至当春細々風雪打続候、其元如何候哉、雪消候者、兼日如申越、（大）火事無出来様ニ、用心畢竟ニ存候、従宦上徒者堅々可参候、自是も以横目、宦之唱承候、必不可有油断候、一硯斎仕合不及是非候、彼名跡ニ無躰之者、不罷成候間、親類之事ニ候条、盛重鮎へ為相移申候、旁以可御満足候、彼地之事者、不安境与云、就中近年没落之地ニ候条、普請等其外機遣千万ニ候、従其元、細々被及通信、万事之相談可然候、一荒砥之事大立目等、未若輩之事ニ候条、仕置以下於此方無心元候、是又自其元、被入念を尤ニ候、自是も涯分申付候、一中山之義、是又境目ニ候間、無凶事様ニ、御分別専一ニ候、一当黒河在城ニ付而、長井中村里唱之義も、細ニ無其聞候条、下々唱等能々被聞届、縦不用立義ニ候共、以書付可承候、一於其元、此口へ可被及到来、無時刻沙汰之事者、尤可被取行候、其外御相談可然候、一町中其外之沙汰も、於其元、人ヲ被定置指南候共、慥ニ自訴可有之候条、其時々ニ、被易指南可然存候、一要害之普請、無油断、可然候、但町中之者、不致迷惑候様ニ、可被加憐愍事専要ニ候、一他家之者無閉目、米沢中ニ一宿成共無用之由、被相触尤ニ候、此外可申事も候得共、先々如此ニ候、能々可被遂塩味候、恐々謹言、

追啓

南表出馬之儀、有存分先々相延候、以上、

（天正十八年）仲春廿九日　政宗（花押）（○この花押、99—二一八と同形）

（伊達宗清）鉄斎

三六　伊達政宗書状

(注)「伊達政宗書　塩文書」

態為使者申述候、仍兼日者、自常隆志式被指越、万之入魂之御理共、殊上辺之義迄、可被及相談之由承候、本望此事ニ候、然者自是も、条々以墨付申理旨候、乍幾度、可然之様ニ馳走任入迄候、尚彼口上、可有之候、恐々謹言、

(天正十八年歟)
三月廿九日　政宗（花押183）

塩左馬助殿

三七　伊達氏老臣連署誓詞案

(注)「伊達族臣誓詞草案　伊達文書」

御諚覚

一今度秀次様御謀判之刻、政宗一味之由、種々雖達上聞候、昨今之御奉公人事候間、対政宗者、閑(カ)様之一大事をハ、被仰聞間敷と思召候、若又被仰聞候共、一味可申政宗ともおほしめし候ハぬ事、

一細々秀次へ出仕申候事、先度と取違思召候得共、能々被成御思惟候ニ、関白事も太閤様同意ニ御奉公可申旨、兼而被仰出候間、聚楽近所ニ有之切々出仕申候事、曲言とハ思召候ハぬ事、

一及両三度、命を被助置候間、此上ハ太閤様之義者不及申、御捨様取立申、可抽忠功事并、家来之面々にも御芳恩之旨申聞、人数も無之候得者、御用にも難立候間、家老之妻子皆以呼上、今在京、常ニ人数上下千計にて相詰、可致御奉公、於伏見、政宗屋敷又者家中之者共にも、御屋敷可被下候間、号伊達町似合之家共可申付候事、

敬白天罰灵(霊)社上巻起請文前書事

一対　公儀政宗不儀之趣、先年到両度、雖入御耳候、被成御免、身上被立置候義、忝存候、今度又　秀次御謀判之刻、種々達上聞候処、重畳被成御免、政宗進退如先々、被仰付候事、到家老之者深重忝存事、

一如此御芳恩之処、自然政宗覚悟違、対公儀別心表裏之儀、於在之者、急度可致言上、其上御諚次第、政宗息兵五郎を取立、可抽忠功事、

一当御代之義者、不及申、後々代到迄、此御芳恩不存忘、伝政宗子孫、御奉公申上候様ニ可申聞候事、右条々若私曲偽於御座候者、此灵(霊)社上巻起請文之御罰深厚ニ罷蒙、今生にてハ白癩黒癩之重病を請、弓矢之冥加七代迄つきはて、於来世者、阿鼻無間地獄ニ堕罪シ、未来永劫浮事不可有之者也、仍前書如件、

文禄四年八月廿四日

伊達中務太輔　義宗
伊達藤五郎　成実
伊達上野守(介)　宗景(政景)
(亘)曰理美濃守(兵庫頭)　重宗

伊達彦九郎　盛重
泉田安芸守　重光
大条尾張守　宗綱（宗直）
桑折点了斎　不曲
白石若狭守　宗実
石母田左衛門太輔景頼
大内備前守　定綱
中嶋伊勢守　永宗（宗求）
原田左馬助　宗長（宗資）
富塚内蔵允　信綱
遠藤孫六　玄信
片倉小十郎　景綱
山岡志摩守　重長
湯目民部少輔　信康（景康）
湯村右近衛　信重（親元）

（○伊達治家記録によって傍注す）

施薬院
寺西筑後守殿
程丹波守殿（岩井）
民部法印

三八　伊達政宗書状

（注）「伊達陸奥守政宗書　安嶋文書」

未通音信候処ニ、今度馬被相越祝着ニ候、雖不珍儀、常隆中談之上、自今以後、尚以節々通用相互ニ不可有隔心義尤ニ候、随而刀一腰進之候、誠ニ一儀迄候、万々期来音之時候、恐々謹言、

七月十九日　政宗（花押183）

四倉大膳亮殿

三九　伊達政宗書状

（注）「伊達陸奥守政宗書　伊達文書」

虫気之由其聞候哉、則来札祝着之至候、併早々令平元候、聊御床布不可有之候、仍京都江之為首尾、今十五日半途令必定候、尤其口之義境目ニ候間、諸事不可有御油断事、簡用候、吉事期来信候、恐々謹言、

卯月（四月）十一日　政宗（花押）（○この花押、三五と同形）

九郎殿

四〇　伊達政宗書状

（注）「伊達陸奥守政宗書　横手石沢文書」

態為脚力相約啓候、仍昨日書状太慶候、則及返章候キ、然者敵追日無人衆ニ候、当人数之事、漸奥郡より半途へ相登候由候、弥々以備方、可心安候、兼又其口之儀無心元迄候、乍勿論、此刻無聊尓、堅固之取刷千言万句候、相口刷之義、自岩城種々内義之旨候、以彼是心安可有之候、吉事期後音候、恐々謹言、

六月廿三日　政宗（花押183）

石沢石馬允殿

四一　葛西晴信書状

（注）「葛西晴信書　伊達文書」

内々自是可及脚力覚悟候処、還而預芳札候、本望此事候、随而其口如御理会面之事、来月上旬之比与存候得者、不図奥口凶事到来之間、急度可及出馬存分候、依之遅々可有之候、雖然其口注進次第候、巨砕之儀者、従吉備（カ）所可申越候間、令略筆候、恐々謹言、

（九月）季秋十日　晴信（印）（〇印形香炉）

伊達殿

四二　流斎書状

（注）「流斎姓氏未詳書　伊達文書」

厥以往不申達、無御心許存計候、仍旧冬御書預置候、畏悦不斜候、内々春中為御年礼、可申入覚悟候処、不図奥口在陣故、無沙汰告本（マヽ）懐存候、自何以其表弥々御静謐御目出度于要之至候、将又任見来鹿皮二枚、令進覧之候、聊一意訖候、毎事期後音之時、令省略候、恐々謹言、

五月十三日　流斎（花押）

伊達殿

参御宿所

35〔八槻文書〕東白川郡棚倉町 八槻淳良所蔵

一　奥州白河庄刑部阿闍梨明尊檀那名簿

奥州白川庄大村郷刑部阿闍梨明尊二所熊野御檀那名字事次第不同

斑目周防守殿　但熊野先達近津別当二所引導、男子女子不可残候

同　内　房　子息三人

斑目信濃入道殿　丙辰年正月廿四日熊野御初上、此時先達被定候了、女子比丘尼引導申候

同　内　房　子息二人 女子宇田庄 黒木殿女性

江因幡入道殿　丙辰年正月廿四日熊野之御初上、此時先達被定候了

同　内　房　子息五郎殿　其外一息二所熊野引導、残所不可有之候了

白坂近江守殿　戊戌年十月十日熊野之御初上、先達此時被定候了、子息二人

同　内　房　二所熊野先達、男子女子其外一息、不可残候者也

角田五郎兵衛尉殿　男子女子一息、二所引導不可有残所候也

角田将監入道殿　二所引導計 子息三人

同　内　房

芳賀大学助殿　子息五人

同　内　房　男子女子一息、引導可申候也

和知和泉五郎殿　男子女子一息、引導可申候也

同　母　儀

中木曾中務丞殿　男子女子一息、引導可申候也

盤沢橋之助殿　二所引導計　子息二人

岡部大炊助殿　男子女子一息、二所引導計
羽田次郎兵衛尉殿　子息二人
秦左衛門尉殿　同内房、二所引導計
深谷蔵人殿　男子女子一息、二所引導共
信濃殿御内
次郎兵衛尉殿　二所引導計、男子女子一息
因幡殿御内
長野兵衛四郎殿　子息二人、二所引導計
因幡殿御内
程原四郎殿　子息一人
富部右衛門三郎殿　子息二人
因幡殿御内
三郎兵衛尉殿　子息二人
新田孫六入道殿　子息五人
同女房
因幡殿御内
三郎太郎　子息二人
因幡殿御内
三郎五郎
後藤次郎　子息一人
白坂殿御内
小五郎　子息三人
豊田若狭守殿　子息三人
中村長門守殿　男子女子一息、引導可申候也
同内方　女子一人、内房熊野之計 引導可申候也
田嶋殿
中野左京助殿　子息三人
芳賀弾正左衛門尉殿　子息六人
中村左衛門尉殿
中村六郎左衛門尉殿
東条右京助殿
中村六郎殿
（マヽ）角目殿
深井殿
応安三年十二月三日

二　良朝二所熊野檀那職譲状

二所熊野旦那之事
譲北郷之内
彦八入道　子孫等
平次太郎　子孫等
与　三　子孫等
右、於此旦那等、宮内公（マヽ）不可有臨（望）候、仍後日為状若斯、
良朝（花押361）
至徳元暦甲子太才　拾月廿日

三　良源二所熊野檀那職譲状

（端裏書）「本」
二所熊野檀那譲候状事
一八槻郷西河都小峯在家住人孫三郎子孫
一同所住人孫五郎子孫

一孫六子孫

加賀阿闍梨御方譲渡所実也、但於向後、若不思儀致致(衍カ)沙汰者、檀那如本皆取返申へく候、仍為後日證文状如件、

駒石侍従阿闍梨良源（花押）

明徳三年壬申五月三日

四　良源二所熊野檀那職譲状

（端裏書）「宮脇ゆつり」

二所熊野檀那譲状之事

一白石林入道殿子孫

一八槻郷内西河内住人道性子孫

一同所住人花輪又六子孫

一八槻郷内なかれの田中又二郎入道性戒

一山本郷内清内住人五郎二郎子孫

一八槻郷内白岩三郎四郎子孫

一手沢郷内関口かくほう子孫

治部殿御方譲渡処実也、仍定処状如件、

駒石侍従阿闍梨良源（花押）

明徳三年壬申五月三日

五　盛弁・定信・隆恵連署先達職安堵状

（端裏書）「はこね　くまの」

檀那引導先達職事

右、二所熊野、凡不可改旧規、可随理運者也、手継證文明鏡之間、不可有相続子細者也、仍為後日支證之状如件、

明徳四年癸酉十一月十六日

筥根山衆徒

法印盛弁（花押）

法印定信（花押）

法印隆恵（花押）

六　盛弁・定信・隆恵連署先達職安塔状

（〇前号と同文、省略する）

七　某　寄進状

（袖書）「足利左馬頭氏兼之書」「氏兼ハ満兼ナラン」

寄進　（花押440）

右、鮎河之八郎四郎内一間、近津大明神永年寄進之所也、但於山井闕所地出来候者、可進代候者也、仍寄進状如件、

応永十二季乙酉三月廿二日

八　結城満朝書下

（端裏書）「白川殿」

近津宮神人等、任先例可随別当所堪候、於違犯之輩者、可有異沙汰也、仍状如件、

応永廿年九月十四日（結城満朝）（花押252）

近津別当

侍従律師坊　　　長せん

九　結城満朝寄進状

（端裏書）「近津宮八槻御寄進状」（異筆）「大内かう」

奉　寄進

近津大明神八槻

石井郷内大内村内年貢銭

合五貫文毎年可進上仕候、松島

右、依所願成就奉果之候、重望者、天下太平万民快楽寿命長遠、仍寄進之状如件、

応永廿四年九月廿日　沙弥道久（満朝）（花押253）

一〇　乗々院御房御教書

奥州白河一家同家風地下人等、熊野幷二所参詣先達職之事、任相続之旨、引導不可有相違由、　乗々院大僧都御房御奉行所候也、仍執達如件、

応永廿五年八月十二日　権律師慶鎮（花押）

少納言阿闍梨御房

一一　朝叶先達職渡状

白石郷はしかミ沢平六入道女姓（性）二所参詣相論之事

右、且那女子分、任遺跡、宮内卿阿闍梨御房渡申処也、依今度者、入道はつほ物をとらせ候間、引導仕候、於向後不可及違乱、渡状如件、

白石別当卿阿闍梨**朝叶**

宮内卿阿闍梨御房渡状（花押441）

応永廿五年九月十八日

一二　結城氏朝納状

（端裏書）「熊野御初物之事」

納

熊野御初物事

合捌貫文定

右、本三貫文利分として、且所納如件、

応永廿六年十二月廿一日（結城氏朝）（花押236）

近津別当所

一三　結城氏朝寄進状

（端裏書）「近津宮へ寄進状　氏朝」

奉寄進

近津社頭

成田内

田数七斗蒔刑部給分内

分銭二貫八百文

右、為造営料、奉寄進之状如件

応永廿七年十一月十五日　氏朝（花押236）

一四　結城氏朝壁書（〇口絵4参照）

壁書

右、近津の御神事の時、もとよりさたまりて候ハんする社人より外に、一人にても候へ、出仕あるへからす候、出仕候ハむする神人共も、しもへ一人の外ハ、つれ候ましく候、別当代くわんハ、三人もつれ候へく候、社人とも、とうや又みやもとにて、らうせきをいたし候ハゝ、きうめい候て、社人の分をめしはなされ候へく候、そうして、御まつりの用意ハ、むかしのことくたるへく候、近年御まつりのようい、おひたゝしく候なる、しかるへからす候、仍壁書如件、

応永三十二年十月廿五日　(氏朝)(花押236)

一五　結城氏朝書下

(端裏書)「白川殿」

近津宮神人等、任先例、可随別当所堪候、於違犯之輩者、可有異沙汰也、仍状如件、

正長元年二月四日　(氏朝)(花押236)

近津別当

(異筆)「義せう」

一六　結城氏朝寄進状

(異筆)「白川小峯弾正少弼氏朝の書」

寄進

近津宮

依上保内山田村内

西堂かきよ

分銭七貫文

右、寄進状如件、

永享二年正月十一日　氏朝(花押236)

一七　明朝檀那職渡状

刑部阿闍梨之旦那之事

たいくのもん書そへ状共ニ、八槻別当小納言方へわたし申所也、仍状如件、

永(享)二年二月五日

侍従阿闍梨明朝(花押362)

近津別当へ

一八　結城氏朝証状

皮(かわやま)山之事、近津大明神之御領之上者、無是非候、於向後、可為御計候、仍而為後日状如件、

永(享)亨十年二月四日　氏朝(花押236)

八槻近津別当

一九　結城直朝寄進状

(端裏書)「

(異筆)「白川小峯修理大夫直朝之書」

茂武八槻近津大明神寄進状　直朝」

下野国茂武大山田村や八郎在家
　分銭二貫文
右所者、八槻近津大明神寄進申候、仍状如件、
　永享十一年二月十三日（結城直朝）（花押251）

二〇　結城直朝証状

（端裏ウワ書）「ちか津別当へまいる」
（刑）形部殿、於後日、代官之事、心得可申候、尤目出度候、
文安元年八月廿五日　直朝（花押251）
　八槻近津別当へ
　　まいる

二一　結城直朝証状

（端裏ウワ書）「ちかつ別当へまいる」
皮山之事、近津大明神之御領之上者、無是非候、於向後、可為御計候、仍為後日状如件、
　文安元年八月廿五日　修理大夫直朝（花押251）
　　八槻近津別当

二二　結城直朝寄進状

（端裏ウワ書）「八槻近津別当「（異筆）菊田御寄進」直朝」
奥州菊田庄内小山田三良天神別当幷御礼堂別当
右、此所知行候者、可奉寄附候者也、仍状如件、
文安二年七月十二日（直朝）（花押251）
　八槻近津別当

二三　乗々院御房御教書

（端裏書）「熊野参詣職之事」
奥州石川郡内成田郷輩　熊野参詣先達職事、任買得相伝之旨、引導不可有相違候、雖然帯支証、有申子細仁者、重可被御沙汰之由、乗々院法印御房御奉行所候也、仍執達如件、
　文安四年九月廿二日　備前入道重継（花押）
　　　法橋快乗（花押）
少納言律師御房

二四　結城直朝書下

（端裏ウワ書）「近津別当へまいる　直朝」
近津宮神人等、任先例、可随別当所堪候、於違犯之輩者、可有異沙汰也、仍状如件、
宝徳三年五月廿七日（直朝）（花押251）
　近津別当
　侍従律師坊

二五　岩城周防守清隆寄進状

（端裏書）「　かい道上田」
奉寄進近津大明神所
奥州岩城之郡之内上田所領一所寄進申処実也、

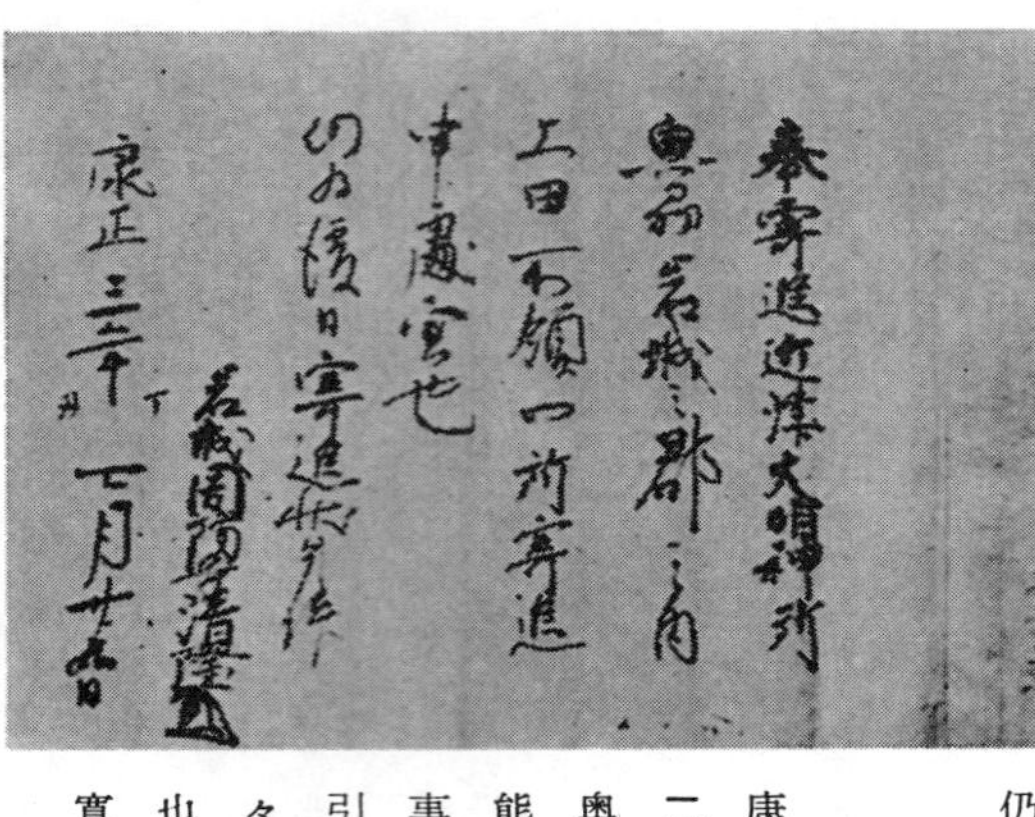

仍為後日、寄進状如件、

岩城周防守清隆(花押148)

康正三年丁丑七月廿九日

二六　乗々院御房御教書

奥州菊田庄四十五郷檀那熊野并二所参詣先達職事、任相続分当知行旨、引導不可有相違之由、乗々院法印御房御奉行所候也、仍執達如件、

寛正三年九月八日上座芸全(花押)

法橋快増(花押)

民部公御房(ママ)

二七　乗々院御房教書

奥州白河一家同家風地下人等、熊野并二所参詣先達職事、任相続分当知行旨、引導不可有相違之由、　乗々院法印御房御奉行所候也、仍執達如件、

寛正三年九月八日　上座芸全(花押)

法橋快増(花押)

刑部公御房(ママ)

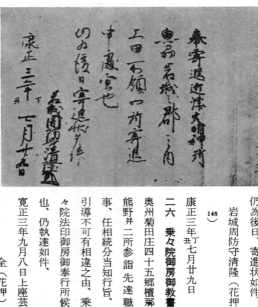

二八　斑目直政寄進状

(端裏書)「寄進状　山王林　斑目」

近津宮へ寄進申高野郷内山王山之事、任先例、可有御知行候、仍而寄進状如件、

寛正亖年癸未七月十二日前安芸守直政(斑目)(花押265)

二九　八槻近津宮幣殿奉加帳

八槻近津宮幣殿奉加帳

進上八槻別当参

奉加　馬一疋　直朝(花押)

奉加　馬一疋　直親

奉加　馬一疋(奉)　千代松丸

奉加　馬一疋　直常(花押)

奉加　馬一疋　宗朝(花押)

奉加　馬一疋　直広(花押)

奉加　馬一疋　朝祐(花押)

奉加　馬一疋　直政(花押)

奉加　馬一疋　親朝(花押)

奉加　馬一疋　前長門守直宗(花押)

奉寄進近津大明神所

(〇本号、年月未詳、しばらくここに収める)

三〇　室町幕府奉行連署過所

（端裏書）「散位三善朝臣・和泉守清原真人・丹波（マヽ）前司平朝臣連署状」

白川修理大夫連々進上、御馬弐拾疋人百人 荷物在之、海河上諸関渡、毎度以彼印、無其煩、上下可勘過候、若有異儀之族者、為被処罪科候、云在所云交名、可被注申由、所被仰下也、仍下知如件、

寛正四年九月廿八日

散位三善朝臣（飯尾之種）（花押）

和泉守清原真人（貞秀）（花押）

丹後前司平朝臣（松田秀興）（花押）

三一　乗々院御房御教書

奥州白河一家同家風地下人等、熊野并二所参詣先達職事、任去寛正三年九月八日御下知之旨、引導不可有相違由、乗々院法印御房御奉行所候也、仍執達如件、

文明九年九月六日　法眼慶乗（花押）

法橋快継（花押）

少納言公御房

三二　室町幕府奉行連署過所

白河奥州下向人二百人 荷物在之、馬拾疋、諸関渡無其煩、可勘過候由、所被仰下也、仍下知如件、

文明十年九月卅日

大和前司三善朝臣（飯尾元連）（花押）

下野守三善朝臣（布施英基）（花押）

和泉前司清原真人（清原貞秀）（花押）

三三　慶俊・慶乗連署状（折紙）

上田野檀那之事、自先規、為其方之計、御坐候之処、近年背其下知人躰候由被申候、曲事候、於以後者、堅可有成敗候、恐々謹言、

文明十六

八月廿日　慶俊（花押）

慶乗（花押）

八槻別当御房

三四　乗々院御房御教書

（端裏書）「熊野先達職之事」

奥州石河一家之内、赤坂・大寺・小高両三人之事、近年成白川之一姓、既改氏、被替家之文等之上者、

熊野参詣先達職之事、以白河一家之旨、知行不可有相違之由、乗々院法印御房被仰出候処也、仍執達如件、

文明十六年九月三日　法眼慶乗（花押）

法橋快継（花押）

八槻別当御房

三五　乗々院御房御教書案

（端裏書）「大寺・小高・赤坂両三人之安文」

奥州石河一家之内、赤坂・大寺・小高両三人之事、近年成白川之一

姓、既改氏、被替家之文等之上者、
熊野参詣先達職之事、以白川一家之旨、知行不可有相違之由、
乗々院法印御房被仰出候処也、

文明十六年九月三日　法眼慶乗（花押）

法橋快継

八槻別当御房

三六　乗々院御房御教書（折紙）

今度赤坂方熊野参詣先達職事、被仰付良賢処、竹貫別当背御成敗、於三山相語衆徒、令違乱之条、言語道断奇恠之次第也、所詮、於竹貫別当明賢者、被破却当道訖、然間彼知行檀那等、為御公物、被仰付行者講衆中者也、今度於脱(マヽ)物上分者、随見合、可押取之由、乗々院法印御房被仰出処也、仍執達如件、

文明十六年
十月二日　慶乗（花押）

快継（花押）

八槻別当御房

三七　三上式部法橋慶儀請取状

赤坂道上分壱貫文、并垢離帷壱、請取申候、恐々謹言、

文明十六年十月六日　三上式部法橋 慶儀（花押）

八槻別当御房

三八　斑目政基書状

（端裏書）
「近津別当御同宿御中　斑目」

しほへの三間さいけのたんへつおもてつき、此以後こなたへハ給候ましく候、直ニそなたへめしよせ候て、御せいはい候へく候、うさミ弥二郎ニかたく申付候、後日ためニ一ふて進候、恐々謹言、

文明十六年十一月十五日　（斑目）政基（花押261）

ちかつへつたうへまいる

三九　慶俊・慶乗連署奉書（折紙）

於奥州依上保之内、為深谷方沙汰、大嶋別当同行刑部山臥被殺害之条、言語道断次第也、所詮、任当道大法、堅可被致糺明之由、被仰出処也、仍執達如件、

文明十八
十月廿六日　慶俊（花押）

慶乗（花押）

白川
八槻別当御房

四〇　慶俊・慶乗連署状案（折紙）

白川八槻別当荷物、於当所、檀方之被官等落取之由、彼山臥歎申候、事実者、言語道断次第候、所詮、堅致糺明、彼荷物悉可被返付之由、堅被仰出候、此由当郡為諸先達中、可被相届之由、為其方可被申付候、恐々謹言、

延徳元

十月八日　慶俊（花押）

慶秉（花押）

奥州磐城
三平刑部殿

四一　慶俊書状（折紙）

就当国石川、竹貫別当不儀、引導之旦那等、被召上、為御代官、可有取沙汰之由、先御代被仰付候き、其後不及御沙汰之様存候、如何候哉、不可然候、於国急度被相届、来年有様被申入候者、可然候、恐々謹言、

明応三
八月十九日　小奉行 慶俊（花押）

八槻別当御房

四二　大嶋別当良尊契状

（端裏書）「大嶋之坊職之日記」

大嶋之事者、代々八槻之別当之依為御弟子、御子息菊寿丸殿、師弟子之契約を申候上者、於末代ニ可為御成敗候、然間御一筆給候、仍執達如件、

明応四年七月十二日

大嶋別当良尊（花押）

四三　室町幕府奉行連署過所

奥州住人白川上洛人七百人荷物在之、馬五拾疋荷駄在之、諸関渡無其煩、可勘過之由、所被仰下也、仍下知如件、

明応四年八月十五日

大和守三善朝臣（飯尾元行）（花押）

豊前守平朝臣（松田頼亮）（花押）

前丹後守平朝臣（松田長秀）（花押）

四四　乗々院御房御教書

奥州白川一家同家風地下人等、熊野幷二所参詣先達職事、任去文明九年九月六日御下知旨、引導不可有相違之由

乗々院御房御奉行所候也、仍執達如件

明応四年八月廿八日　法橋慶俊（花押）

法橋快延（花押）

八槻別当
少納言僧都御房

四五　乗々院御房御教書（折紙）

奥州石川一家被官等、熊野参詣先達職之事、竹貫別当了印、依前代未聞緩怠、於彼等知行分擅那者、為闕所被成公物訖、然間御代官職被仰付之上者、上分等厳重ニ可有取沙汰、若不法懈怠之儀在之者、雖為何時、可被召放彼職之由、

乗々院御房被仰出候処也、仍執達如件、

明応四
八月廿八日　慶俊（花押）

快延（花押）

八槻別当
少納言僧都御房

四六　結城政朝書状
（端裏ウワ書）
「近津別当へ参　　政朝」
藤条の田、永代御近津の御名の分にかハれ候、目出度候、其段可心得候、仍為後日状如件、
（結城政朝）
（花押248）
明応五年ひのへたつ閏二月十七日
近津別当へ参

四七　東条常安・同基宗連署寄進状
（端裏ウワ書）
「近津別当江参　　東条筑前入道」
つか田五斗蒔を四斗三升まきお、永代を廿貫にうりわたし申候、此上七升まき、永代寄進申候、仍為後日如件、
東条筑前入道常安（花押）
同右京進基宗（花押）
于時明応五年丙辰七月一日

四八　結城政朝寄進状
（端裏ウワ書）
「近津別当江参　政朝」
南郷之内
田中うちの在家
御近津宮へ永代寄進申候、可有御意得候、仍為後日状、（ママ）如執達件、
明応六年二月十二日　政朝（花押248）
近津別当江参

四九　浄月院祐鎮書状
（端裏書）
「菊田之次第」
於菊田庄四十五郷、先達職相続之人躰代々可致契約候、若背此旨候者、於諸旦那可有御成敗候、以此段文書預帰候、依為後日如件、
明応六年歳次丁巳三月十四日　菊田浄月院祐鎮（花押）
八槻別当江

五〇　長尾能景過所（折紙）
奥州下向方卅人荷物七荷、国中諸関渡、不可有其煩候、仍如件、
明応七
閏十月十日　（長尾）能景（花押94）
所々領主御中

五一　結城政朝書下
（端裏ウワ書）
「近津別当へ参　　政朝」
御近津之御供田しほ井の内の在家、いゐ五分のむねへつの事、意得可申候、猶々いゐ五分心得可申候、其外の事者、先々のことくたるへく候、仍為已後一筆進候事、執達如件、
明応九年かのえさる二月十三日（政朝）（花押248）
八槻別当へ参

五二　結城政朝寄進状
（端裏書）
「近津別当江参　　政朝」

武茂之内、河口之年貢　壱貫文、
近津江寄進申候、
可有御意得候、取継者、北条伊勢之方より可仕候、仍為後日一筆
進之候、執達如件、
（花押248）
明応九年庚申十一月朔日
近津別当江参

五三　斑目朝基売券

（端裏ウワ書）「八槻別当　斑目左衛門大夫」
屋敷年具（貢）壱貫五百文之所、十一貫文永代売わたし申候、四貫文之
分おは
近津へ近進（寄カ）申候、為後日一筆進之候、
文亀二年三月十七日　（斑目）朝基（花押262）
八槻別当

五四　斑目宗祥売券副状

（端裏ウワ書）「八槻別当へ参　斑目入道」
御うしろのやしき、ゑいたいちニ、なかくうりわたし申候事　さへ
門ゑ（マヽ）門大夫なかく彼ところうり申候、於入道も心へ可申候内、御
やかたさまよりの御はんを乞申候て、そへまいらせ候、以後もとか
くのしさいあるへからす候、十一貫文ニ長うり申候也、
仍状如件、
文亀二年三月十七日
一駒軒宗祥（花押）
八槻別当へ参

五五　結城政朝書下

（端裏ウワ書）「八槻別当江参　政朝」
八槻十日市場の畠一間、斑目之方より永代買地之事、意得候、仍執
達如件、
文亀二年みつのへいぬ三月廿日　（政朝）（花押248）
八槻別当へ

五六　結城朝脩寄進状

（端裏書）「小里もゝ鳥内御きしんの状」
右、近津大明神八槻へ寄進之事、常州小里村内もゝとりう地といふ
在家一間、令寄進所如件、
文亀三年癸亥（亥）八月十二日
修理大夫朝脩（花押250）
八槻別当へ

五七　結城政朝寄進状

（端裏ウワ書）「近津別当御同行中　政朝」
右寄進
石川庄小高之内

賀茂宮之神田三斗蒔、此内沖に田一斗蒔あり、畠二まい、屋敷山有、年貢二貫文之所也、寄進仕候、被成知行、可有御祈禱候、仍執達如件、

（政朝）（花押248）

于時永正二年乙丑三月十二日

近津別当 御同宿中

五八　結城政朝書状（折紙）

日光山へ就被致参詣候、先度相定候之処、猶違却之儀被申候之由、其聞候、口惜次第候、八槻別当へ、諸事被相任候而、可然候而、左様に候ハすハ、別段之儀と可存候、謹言、

二月廿七日　政朝（花押248）

小高右馬允殿

（異筆）「江与三左衛門尉」

（異筆）「石河文書」

五九　秀栄・善順連署奉書（折紙）

今度石川衆　熊野参詣之間道先達之事、雖被仰付、押而令参詣之間、先年任御下知之旨、可有引導由被仰出候処也、仍執達如件、

永正二

七月廿三日　秀栄（花押）

善順（花押）

八槻別当御房

六〇　結城顕朝書状

飯野の公事之事、何も可為如前々候、可有御心得候、こなたへの御あつかいの事も前々のやうたるへく候、

為已後、一筆也、

永正四年丁卯（四月）卯月廿六日　弥七郎顕朝（花押241）

八槻別当

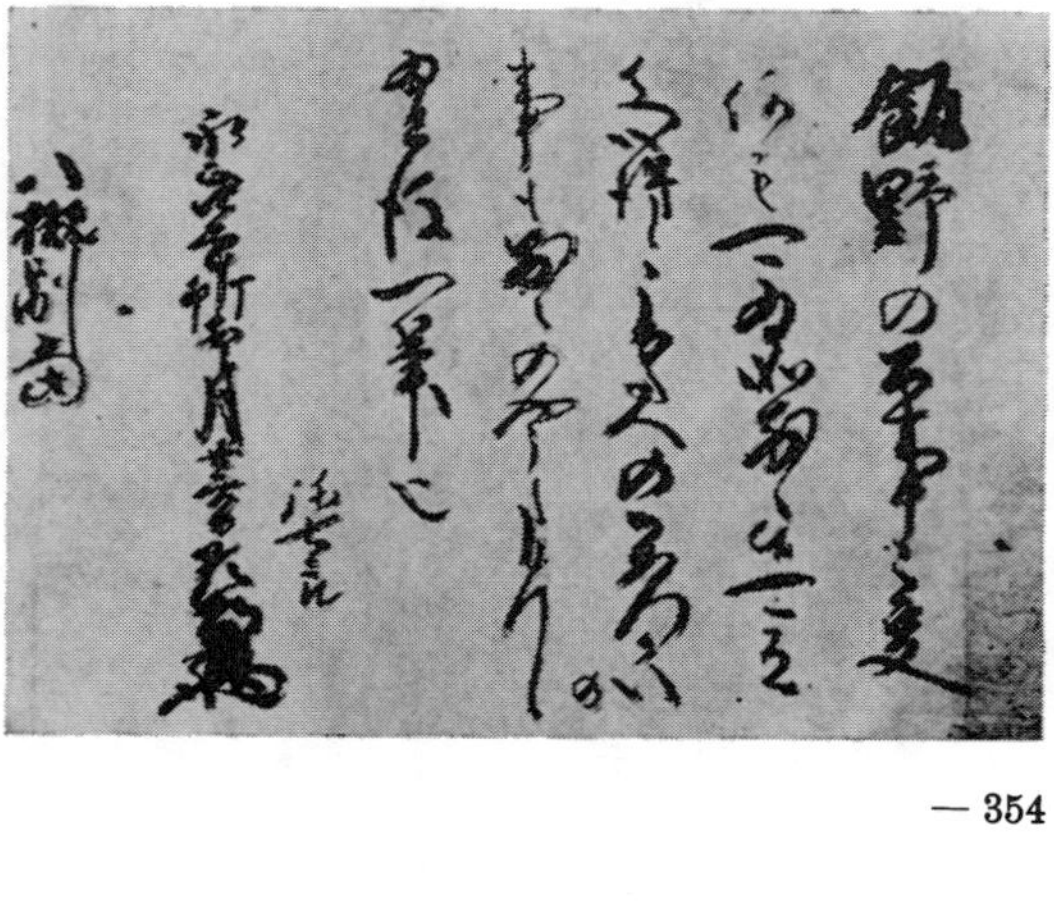

六一　結城政朝書下

近津宮神人等、任先例、可随別当所堪候、於違犯之輩者、可有異沙汰也、仍状如件、

永正四年丁卯五月十五日　（政朝）（花押248）

（異筆）「白川殿」政朝

近津別当へ参

六二　政盛署判過所（折紙）

従奥州白川、参宮方弐百人・馬七疋・荷物八荷、国中諸関舟渡無相
違、可有勘過之由候也、仍如件、

永正六
七月十日　政盛（花押）

所々領主御中

六三　秀栄・善順連署奉書（折紙）

今度竹貫別当重而致緩怠、押而引導旦那仕候、弥曲事候、然上者於
道中旦那者、其方可為進退候、彼致先達者、可被搦進候、御成敗之
段、急度可被仰出候、恐々謹言、

（異筆）
「永正六」
八月三日　秀栄（花押）
善順（花押）

八槻別当御房

六四　秀栄奉書（折紙）

就今度　熊野参詣之儀、可被尋申子細在之之間、急度可有御上洛
由、被仰出候也、仍執達如件、

永正六
八月廿四日　秀栄（花押）

大寺殿

六五　結城政朝書状

（端裏ウワ書）
「いやつき別当へ参　政朝」

いやまたの　御神りやうむねへつ之事、七斗心得申へく候、人をも
おかせられ候へく候、為後日一筆進之候、（政朝）（花押248）

永正七年かのへむま三月十日

いやつき別当へ

六六　結城政朝寄進状

（端裏ウワ書）
「近津別当江参　政朝」

奉寄進
近津大明神
山菅生湯川在家幷石井郷堀内毎年可進申候、仍為後日状如件、

永正七年庚午七月吉日　（政朝）（花押248）

近津別当へ参

六七　常陸国依上保目録

（端裏書）
「依上廿四ケ村つちかき　よりかみのつちかき」

寄神保内目録之事

一くろさハ　二百くわん
一かた岡　六十五くわん
一くわから　七十五くわん
一はつハら　七十くわん
一はなハ　七十くわん
一あしの蔵　七十くわん

一せき田　二百くわん
一あゆかは　二百くわん
一やま田　七十くわん
一たかをか　六十くわん
一悪本　七十くわん
一あさ川　百くわん
一まきのち　卅くわん
一いやたの　四百くわん
一いけた　七十くわん
一まつのま　卅くわん
一袋田　七十くわん
一たけ　六十くわん
一ころふし　九十くわん
一小川　百くわん
一たか四(カ)は　七十くわん
一なませ　七十くわん
一おふの　七十くわん
一竜かみ　卅くわん
合廿四ヶ村うち
永正八年辛未八月三日

六八　和知秀頼寄進状

(端裏ウワ書)「ちかつ別当江参　わち備前殿より」
こまいし之内、二郎ゑもんつくり申候田二斗まき、ゑいた井
大明神へきしん申候、為後日状、
ゑい正八年ひつし九月吉日　和知新蔵人 秀頼（花押257）

六九　佐竹義舜証状

(端裏書)「吉徳之御はん」
南了坊江出仕申候之間、依上保内之旦那同行之事、如前々可致成敗者也、
永正十二年(乙)甲亥七月五日　義舜（花押75）
新三郎殿

七〇　結城隆朝証状

いゝ野十八貫之所、如前々相付申候、能々きとうたのミ入候、為後日之、一筆如件、
永正十八年十一月　日　隆朝（花押255）
やつき別当へ参

七一　田村盛顕書状(切紙)

(ウワ書)「謹上　八槻別当田村殿より預候御同行中　左衛門大夫盛顕」
依無題目、厥以来不申通候条、不断御床敷存候、仍如此之儀、雖御六ヶ敷候、岩城陣所へ以使節申越候、其日之路次不知案内候間、無相違様御調法頼入候、猶々雖御造作候、平様憑入候、巨細大雲寺口上可有之候、恐々謹言、

八月廿七日　左衛門大夫盛顕（田村）（花押210）

謹上　八槻別当御同行中

七二　和知常頼書状

（端裏書）
「御座無沙汰次第　（異筆）川岡殿寄進大目よりの寄進」

返々、仁貫文三年の間、近津へ相付被申候、御心得専一候、

去年河岡藤衛門方御神事をつとめ被申候処、就御物口惜刷被申候間、致披露彼各分ニ当年より二貫文ひつしの年より鳥の年まて三年相付被申候、いぬの年ハ如前々藤衛門事可致知行候、為已後一筆進申候、恐々謹言、

大永三年みつのとのひつし閏三月十二日　和知常頼（花押258）

八槻別当御宿所

七三　和知常頼書状

（端裏書）
「八槻別当参　白川殿宿老和知周防守」

近津宮神人等、任先例、可随別当所堪之由、従義綱一書被進候、万乙於違犯之輩者、可有其沙汰候、為御意得、令啓上候、恐々謹言、

（ママ）
太永四年きのへさる七月吉日　和知周防守常頼（花押258）

八槻別当参

七四　和知常頼書状

（〇前号と同文、省略する）

七五　結城義綱書下

（端裏ウワ書）
「八槻別当　異筆「白川殿」義綱」

近津宮神人等、任先例、可随別当所堪候、於違犯之輩者、可有其沙汰也、仍状如件、

（ママ）
太永四年きのへさる七月吉日　（結城義綱）（花押237）

八槻別当

七六　乗々院御房御教書（折紙）

石川大寺、為熊野参詣、上洛之由注進之上者、早追懸任度々奉書旨、可致引導之由、乗々院大僧正御房被仰出候也、仍執達如件、

享禄二
五月廿八日　秀栄（花押）
快延（花押）

八槻別当使節
円重坊

七七　和知常頼書状

東重之あとのうち田五斗まき、近津へ義綱被致寄進候、先例にまかせ御知行あるへく候、雖無申迄候、猶以御祈念可為専用候、為以後某一書さしそへ申候、恐々謹言、

享禄三年かのへとら正月吉日

和知周防守
常頼（花押）（〇一覧258とやや相異す）

八槻別当御同宿中

七八　結城義綱寄進状

東重あとのうち田五斗蒔、八槻近津へ令寄進候、先例にまかせ知行有へく候、為以後一筆如斯、恐々謹言、

義綱（花押237）

享禄三年（庚寅）正月吉日

八槻別当へ

七九　大田和常広寄進状

みやうちのねんく五百文の処、永代きしん申候、川上の清水御百姓にて候、為以後一筆進候、定所之状如件、

大田和民部大輔
常広（花押256）

天文三年乙未二月吉日

御近津別当へ

八〇　伊勢太悦寄進状

（端裏書）
「八槻別当御同宿　太悦」

無御油断御祈念憑入存候、

御近津宮江山本きそ内五十疋之所寄進申候、作人自彼所、可有御所務候、如件、

天文四年きのとのひつし十月十八日

伊勢
太悦（花押）

八槻別当御同宿

八一　和知直頼添状

近津大明神へをた川之内、おつけの草一間三貫文之所御寄進之候、仍添状如件、

天文四年乙未十一月廿四日　（和知）直頼（花押259）

八槻別当
御同行中

八二　結城義綱寄進状

（端裏書）
「おつけの草　義綱」

近津大明神へおつけのくさ、令寄進候、為後日一筆如件、

天文四年乙未十一月吉日　義綱（花押237）

八槻別当

八三　乗々院御房御教書

奥州白川一家同家風地下人等、熊野幷二所参詣先達職事、任去文明九年九月六日幷明応四年八月廿八日御下知之旨、引導不可有相違之由、乗々院御坊御奉行所候也、仍執達如件、

天文十一年七月廿四日　法眼秀栄（花押）
法橋快弘（花押）

八槻別当
少納言御坊

八四　秀栄・快弘連署奉書（折紙）

依神保内同行幷熊野同二所参詣檀那等事、如先々無相違可有成敗候也、仍執達如件、

天文十一
七月廿四日　秀栄（花押）
快弘（花押）
八槻別当
少納言御坊

八五　結城晴綱証状

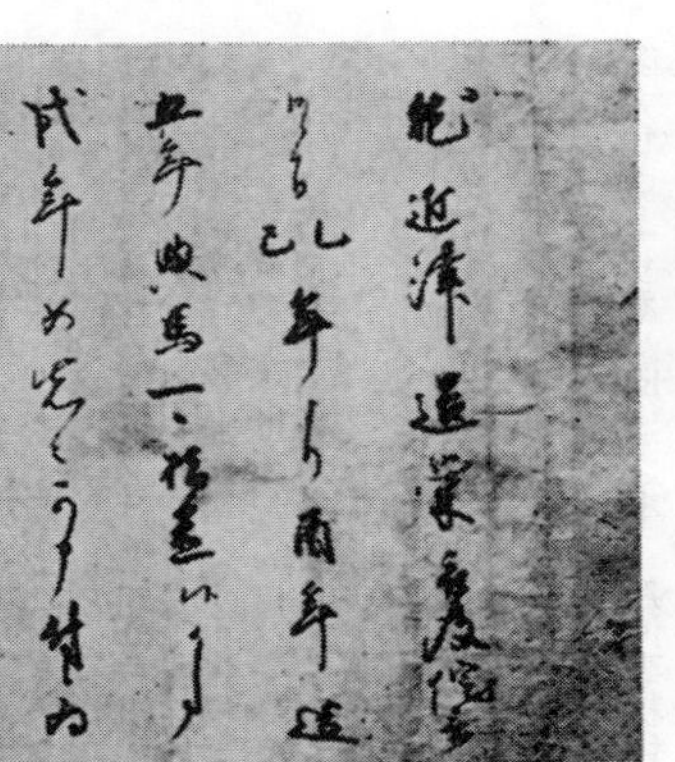

就近津造栄、被及佗言
候之間、乙巳年より酉年迄
五年典（伝）馬可指置候、自
戌年如先々可申付候、為
後日一筆遣候、
天文十四年乙巳十月日（花押244）
八槻別当

八六　菅生衡益押書

（端裏書）「菅生村御頭屋證文」
右、菅生之御とうの事、永
代五連之御神領を奉付、
是を為題目請負ニ懇望申
候、斑目野州様被任御懇
望御同心候、於永代此分
ニ可為請負候、為以後押
書如件、
天文十七年つちのへさる霜月十四日　菅生右衛門尉衡益（花押267）
八槻別当
御同宿中

八七　斑目常基証状

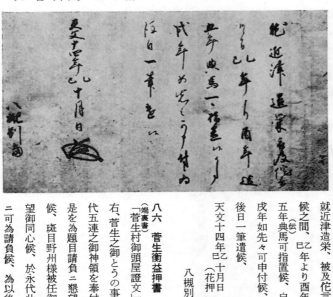

（端裏書）「菅生村御頭屋之證文」
すかうの御とう、三年に一度つゝの事にて候間、五連之所を永代御
神りやうにたてをき、これ題目として、うけとうに相定候、よから
の引かけあるましく候、互相違有間敷ために一書を進之候、すから
方へも一筆をつかハされへく候、為後日一書如件、
天文十七年つちのへさる十二月十三日　斑目下野守常基（花押264）
八槻別当
御同宿

八八　結城晴綱寄進状

近津宮へ山本木曾之内、小沢畑助左衛門尉跡五貫文之所、永代致寄
進候、為後日一筆仍定如件、
天文廿二年癸丑九月　日　（結城晴綱）（花押245）
八槻別当

八九　結城晴綱定書

就近津御造営、如前々売買之役可被申付候、縦親類中年寄之面々家
風之者共兎角候共、可被為其成敗候、為後日一筆仍定如件、

天文廿二年癸丑九月　日　（晴綱）（花押245）

八槻別当

九〇　結城綱晴書下

近津宮神人等、任先例、可随別当所堪候、於違犯之輩者、可有其沙汰、仍状如件、

天文廿二年癸丑九月　日　（晴綱）（花押245）

八槻別当

九一　長矩書状

端裏書
「大嶋別当之事」

大嶋別当之事者、自前々八槻弟分ニ候、依之竹寿丸殿、可預弟子候、左様ニ候者、名跡之事、不可相違候、為後日走書如件、

天文第二十三年甲刁（寅）四月十日長矩（花押363）

八槻別当

九二　佐竹義隣書状（切紙）

態令啓候、仍如此之儀、度々申越候事、無心様ニ候へ共頼入候、彼御方其口よりあか城迄之事、無何事様候て可給候、偏ニ任入外無他事候、急度候間、早々、恐々謹言、

九月廿四日　義隣（花押79）

八つき別当江

九三　結城晴綱書状

近津御造栄ニ付而、於于何方も、材木可被為取事、不可有別条候、若又兎角申仁候者、可被及披露候、堅可申付候、為心得、用一筆候

永禄三年庚申正月吉日　（結城晴綱）（花押246）

八槻別当

九四　芦名盛氏・同盛興連署証状

（端裏書）
「奥州会津芦名修理大夫盛氏止止斎ト号ス其子盛興之連署」

南郷本意候者、伊香之中鵜山平六郎恩之地方々へりう願申候、此内致見地可致祈進候、猶以早々入手裏候様、祈念可為肝要候、為後日一筆遣之候也、

永禄九年丙刁六月吉日　（盛興）（花押271）
（盛氏）（花押275）

八槻別当

九五　佐竹義久書状

返々以上、

神主職之儀、前々之任筋目、令得其意候、為其一筆進之候、恐々謹言、

天正三年乙亥八月三日　義久（花押69）

八□（槻）神主殿

九六　佐竹義広書状（折紙）

近津　御神領之儀、如前々之、別条不可有之候、恐々敬白、

天正三年

十一月廿六日　義広（花押284）

八槻別当江参

（異筆）「会津盛隆の養子佐竹
義重ノ二男也後義勝号」

九七　佐竹義久書状

（早カ）尚々以上

寺山指南ニ付而、其方之身躰、於拙夫聊不可有如在候、万一横合も
候者、可承候、為其以書中申届候、恐々謹言、

壬七月十三日　義久（花押69）

八槻別当江

九八　白河義親寄進状

（端裏書・異筆）「白川関七郎義親之書法名不説」

以前寄進申候御神領、致相違候間、為替地金山之内、大竹三郎右衛
門所領大から内一間幷大村ニ一石（カ）被相付申候、猶以於神前ニ祈念任
入候、大から内公事是も相添致寄進候、為後日一筆候者也、仍如件、

天正七年己卯二月廿日　不説（花押238）

八槻別当

九九　白河義親書状

（端裏書・異筆）「白川関七郎義親之書法名不説」

平山薬師めん之儀侘言候、竜蔵かたへ相付候、彼者無別条相渡候
者、尤可然候、奉公之様躰之事者、如前々之可有之候、為後日之一
筆候者也、仍如件、

天正八年庚辰十二月廿日　不説（花押238）

八槻別当

一〇〇　白河義親寄進状

（端裏書・異筆）「白川関七郎義親法名不説」

太村ニ其方被拘候田銭壱町分、近津江新寄進申候、猶以祈念任入
候、此上向後闕所も候者、可令寄進候、為後日之一筆、仍如件、

天正十三年乙酉三月吉日　不説（花押239）（印）

八槻別当

一〇一　慶忠書状（折紙）

以上

今度為入峯参洛之段、神妙思召候、就其白川本領之内年行事職之
事、如前々無御別儀候旨、被成　奉書訖、自然其方拝領之内違乱族
候者、此方へ可被申越候、堅可申達候、保内小里両郷之儀、近年彼
表乱入故不知行之段、無是非次第候、只今被成　奉書上者、是又急
度可被申付候、万一非分之儀申輩有之者、重而可被仰付候、恐々謹
言、

天正拾六
七月廿三日　二半慶　慶忠（花押）

八槻別当御坊

一〇二　前大僧正増鎮安堵状

八槻別当霞之内、諸旦那熊野参詣之輩、前々任案堵旨、不可有別儀者也、如件、

天正十六年七月廿五日前大僧正増鎮（花押）

大善院御房

一〇三　佐竹義久書状

（端裏書）
「八槻別当へ　　義久」

八槻宮本之仕置之儀、於何事茂、前々之筋目之外、不可有之候、為後日一筆成置候、恐々謹言、

天正十七年
三月三日　　義久（花押70）

八槻別当へ

一〇四　白河義親書状

（端裏書）
「白川七郎義親道号不説」

此度存立儀、目出度相叶候者、近津大明神江とこよの内、わだ・さうの平・うへ田・北之内四ヶ所、速可令寄進候、猶以抽請誠可有懃祈事尤候、為後日之一筆進候、於様躰者、河東田上総守・菅生太蔵丞可申渡候、万吉珍重々々、仍如件、

天正十七年己丑
拾月吉日　　不説（花押239）（印）

（善）
大膳院

36〔馬場都々古別神社文書〕　東白川郡棚倉町馬場都々古別神社所蔵

一　和知直頼書状

しめせん侘言、無余儀存候、前々のことく、とうや一ヶ所ゟ三百三十文つゝ可被申付候、少も不可有別条候、為後日一筆遣之候、恐々謹言、

永禄四年十一月吉日　　和知直頼（花押260）

顕誉

馬場禰宜掃部助殿

二　芦名盛氏判物

人足之儀附而、致侘言候、尤社人中之事者、可指置候、家中之事者、可申付候、為後日、一筆遣之候也、付而、自身赤館出馬之時分、万一不審余候者、可被相頼候、其時者、五三日も罷出可申候、

永禄七年甲子拾月　日（芦名盛氏）（花押276）

馬場社人中へ

三　某判物

今度太田江進退憑入候処、種々様々祈念、令満足候、依之太村之内為石（カ）符付置令申候、此上弥々行衛（ママ）祈念相極候也、

天正二年霜月日（十一月）（花押442）
馬場禰宜掃部助殿

37〔高松文書〕白川郡棚倉町 高松良広所蔵

一　石塔義元軍勢催促状

為誅伐凶徒、所発向也、相催一族、参御方、可被致軍忠、且不可有本領相違之上、有殊忠者、可有恩賞之状如件、

康永二年十月二日　左馬助（石塔義元）（花押44）
馬場左衛門尉殿

二　結城義綱隆綱判物

（端裏書）「馬場別当　隆綱」

近津社人、任先例、可被致成敗候、若又兎角儀候者、可被及披露候、至于其時者、可加下地（知）候、聊不可有如在候、為後日、一筆仍状如件、

弘治四年戊午二月日　（結城隆綱）（花押237）
馬場別当

三　結城晴綱判物

（端裏書）「馬場別当　晴綱」

近津社人、任先例、可被致成敗候、若又兎角之儀候者、可被及披露候、至于其時者、可加下地（知）候、聊不可有如在候、為後日、一筆仍状如件、

弘治四年戊午二月　日　（結城晴綱）（花押245）
馬場別当

四　佐竹義宣判物（折紙）

近年之以拘方、於向後者、軍役可有之事尤候、恐々謹言、

天正十八年
十月晦日義宣（佐竹）（花押76）
馬場別当江

五　和田安房守・人見主膳奉知行充行状高松（切紙）

一仁百石也近年抱内

文禄四年乙未八月廿八日　人見主膳（花押）
和田安房守（花押）
馬場別当

38〔野中文書〕東白川郡近津村 野中親寛所蔵

一　岩城重隆明徹書状

近日者、其口様躰、内々無心元存候処、態以使、条々御懇ニ承候、本望之至候、盛氏出馬も相延候哉、先以肝用ニ候、併聊不可有御油断事第一ニ候、然而御家中之面々、一烈ニ以神名、無二ニ可致奉公ニ候哉、専一ニ候、乍勿論、猶可有悃切事尤ニ候、将又、於于中

途、敵両人被打取、被越験候、乍不初、心地能次第ニ候、次ニ小太郎事、如承、相越申候、万々従館、可及回答候、猶口上ニ任之候、恐々謹言、

卯月（四月）廿日　明徹（岩城重隆）（花押142）

竹貫三河守殿

39〔近津文書〕茨城県久慈郡宮川村 近津万治所蔵

一　岩城政隆書状

近津之社人、如前々、諸毎可被申付事、尤ニ候、兎角之儀者、可口惜候、又非分之刷、不可有之候、謹言、

十月十八日　（岩城）政隆（花押149）

（附箋）
「政隆ハ岩城氏也、此比平朝臣トアリ、殊ニ佐竹ト親族也、政隆ハ恐ハ岩城ノ貞隆ニテ可有之者也、」

二　岩城政隆願文

敬白

近津大明神（馬場都々古別神社）上宮御立願事、

所帯一処寄進、

右御祈願趣者寄神保内、悉本意満足、当城堅固、万民豊楽故也、如件、

（岩城）平朝臣政隆（花押149）

三　岩城政隆願文

敬白

近津大明神（大子石都々古別神社）下宮御立願事、

所帯一処寄進、

右御祈願趣者、寄神保内、悉本意満足、当城堅固、万民豊楽故也、如件、

平朝臣政隆（花押149）

40〔沢井文書〕宮城県角田市 沢井八郎市所蔵

一　芦名盛氏止々斎起請文

（〇原紙熊野牛玉）

敬白

右意趣者、自白河佐竹へ沢井之地懇望之由、其听候、当方事者、毛頭不存候、縦向後自白河懇望候共、御当地白川へ代置事、不可有之候、於爰元速可御心易候、仍趣□進退之事者、当方ニ可被相任候、此旨於偽者、

上者梵天・帝尺・四大天王、下者賢（堅）牢地神、惣而日本国中六十余州大小神祇、別而八満（幡）大井（菩薩）、当所諏訪大明神御罰可蒙者也、仍起請文如件、

永禄十年

霜月（十一月）十五日　止々斎（花押・血判）

赤舘左衛門尉殿

（〇原紙熊野牛玉）

二　芦名盛氏止々斎起請文

誓書之事

右意趣者、今度前忠上者、向後縦如何様之儀候共、万其方一点別
条有間敷之候、勿論自白川、万其方慮外之刷候共、老子ニ可被相
任候、速白川以引級一点別条不可有之候、爰許御疑心不可有之由
存候、若此旨偽候ハヽ、
上者梵天・帝尺・四大天王、下者賢（堅）牢地人（神）、惣而日本国中大小之神
祇、別而当所諏訪大明神・八幡大井（菩薩）罰可蒙者也、仍起請如件、

永禄十一年
五月十六日　止々斎（花押）（血判）

上舘左衛門尉殿

41〔高田文書〕　白河市高田四郎兵衛所蔵

一　中村常基袖判証状

（中村）常基（花押263）

芳賀うきやう（右京亮）のすけの跡の事、本意のうへにて、かゝへ申されへく
候、為後日之状、恐々謹言、

永正十五年

（花押）

わち（和知）新ひやうへとの

二　白河義親証状

任佗言、南郷ニ候其身本領あまや返置候、并手作仁斗まきかりお
き、上遠野宮内少輔ニ、出置候、彼者、令本意候者、仁斗まきの田
も可返置候、為後日、御一筆、被下候者也、

天正十七年己丑拾月吉日（黒印）（花押239）

高田主計助との

三　菅生清左衛門等五人連署請文

（端裏書）「此駄ちん金かし申候書物ハ、石見守所ニ有、
白川町猪兵へ清左衛門蔵米納、千石江戸へ上せ候、請相之書物、」

白川御蔵米、請切ニ仕、江戸江上せ申御定之事、

一米高合千弐百三拾三石三斗弐升五合ハ
但、元和升也、此俵数弐千五百俵、但壱俵ニ付而四斗九升三合三
勺三才、元和升ニて、かね切ニ廻シ、請取申事、
一右之御米、白川ニて千弐百三拾三石三斗弐升五合請取申、江戸江
相着、千石ニ付而七百六拾五石、私等之升取ニて、相渡シ可申
候、残而弐百三拾五石ハ、駄賃入用ニ可被下御約束ニ御座候事、
一御米江戸江相着申日切之儀ハ、来年之二月晦日以前ニ相着、渡シ
可申候、此日切ゟ御米遅参着仕、江戸ニて御米安ク罷成候ハヽ、
さきニ御売被成御米之高直之なミニ、金子ニて指上可申事、

一右之請取申御米、江戸着津仕次第ニ、相符仕候百俵之差合米之御本米ニ御引くらべ、御請取可被成候、舟ニて上せ申御米之内、悪敷米御座候ハヽ、御請取被成間敷候、御本米之ことく成を、進上可申候、付ぬれ米も御同前之事、

一水損・火損ニ御米罷成候ハヽ、并金子ニて、今度江戸江上せ御売被成米之高直之なミニ、金子ニて進上可申候、縦右之御米之儀、御国替何様之儀、御座候共、少も御無沙汰不仕、江戸ニて相渡シ可申候、若請取人死失申候ハヽ、此請人共、右之通、勘定仕上ケ可申候、自然御無沙汰仕者候ハヽ、妻子共を御国替之所へ被召連、如何様ニも可被仰付候、少も中分御座有間敷候、仍如件、

寛永十壱年　　管生清左衛門(花押)(印)
(十一月)霜月十五日　　高田伊兵衛(花押)(印)
　　請人　大塚半十(花押)(印)
　　同本町　斎藤次右衛門(花押)(印)
　　同石川名主　丹内太郎右衛門(花押)(印)

丹羽石見守殿
浅尾数馬助殿
大谷志广(摩)守殿
丹羽庄兵衛殿
鈴木九郎右衛門殿

四　高田家由緒書上

一　私家之儀、旧記書も可有之旨、御尋ニ付、奉申上候、私先祖共之儀者、元来、権中納言顕(北畠)家公之籏下ニも御座候由、申伝承候、顕家公御滅却之節、流浪仕、棚倉在拾弐所前与申所ニ、小館等ニも住居仕、高田主計助与相名乗、暫彼之地ニ罷有候処、佐竹公、会津并結城家、御合戦之節ニも御座候哉、右之居住ヲ離散仕、御当地江罷出候者、主計介三代目主計ニも、可有御座哉、永正年中迄者、拾弐所前与申所ニ、罷有申候、天正至而、其子孫御当地江罷出候様申伝承候、拾弐所前居住之節、近隣ニあまや郷与申知行所も御座候哉、右之地御返ニ被下置候御墨付、只今所持仕罷有申候、則年号天正十一年、御印判も御座候得共、何れ様ゟ頂戴仕候哉、御当名無御座候、御墨付計所持仕候、右三代目之主計代ニ罷成、御当地江罷出候儀、申伝承候、其節者、結城公御滅却時節ニも御座候哉、蒲生飛騨守様、会津為御城主、御入国被遊、御当地も会津御領ニ罷成、蒲生家御家門之内、関長門守様、当白川為御城代、被為入、其時分御町割被遊、其節御大手南屋敷ニ罷在候もの共、結所(由緒)も可有之もの共、御撰ミ被遊、表間口八軒半之所、被下置候へ共、私共上身(身上カ)、不相叶ものニ御座候得ハ、達而御免被下置度、奉願上候処、格別之もの共有而、則右之居屋敷頂戴仕、其上名字帯刀、蒙御免、其外御郡役等迄、御免被下置候、其後天正年中ゟ寛永ニ至而、丹羽五郎左衛門様、従棚倉、御入国被為遊候、御城普請ニも罷成候ニ付、暫之内、替地可被為仰付之処、関長門守様御代、古例と有之、御郡役、并帯刀苗名字(ママ)御免、被為遊候様ニ承伝申候、其上丹羽五郎左衛門様御代ニは、両角(カ)之儀は御普請等迄、被成下置候、右例ニも御座候哉、焼

失等之砌は、御先代々迄は、金拾五両つゝ、拾五ヶ年賦御取立、
（〇後欠）

42〔和知文書〕西白河郡大村 和知安重所蔵

一 結城晴朝書状

去廿七日之芳翰、今十二到着、［　］、向其地、出陣（カ）［　］
無御［　］条々承候、然者、［　］去二日、被及調策、［　］
固（カ）所、無一切、結句敵数多被討取、［　］（小田原）其聞、心地好次第候、
一、其口之様躰、窮屈之上、去六日以使者相府申届候、此方一途、
［　］立可然之由（カ）、申理候、定不可有別義候間、可御意易候、
一、旧冬相府江被指越候使僧、于今、南方ニ滞留候、昨十一如被申
越候、自氏政（北条）、以使者、依其裏無事、可有調策候、五三日中、令同
途、可被越之由候、一、氏政出張火急之様ニ申来候、何ニ其元之
儀、無手延、可為□取刷、［　］無凶事、御備専要候、畢竟盛氏（芦名）
江相談可然候、委細ニ者、口上ニ可有之候条、万吉重而、恐々謹言、

二月十二日　晴朝（花押243）

白川殿（義親）

追而、相府江之書状共、則指越候（カ）、弥無油断、御手前之儀、相
稼（カ）□然［　］相請太閤（カ）、美作守、以書状申届候、到着候哉、
資胤父子ニも、御使者［　］（可カ）節、模様共、申含候キ、以上、

二 田村清顕書状

近日者、無音意外無極候、仍御当口、無何事候哉、御床敷存許候、
当口何条無之候、可御心易候、然者彼御方様宇都宮江御登候、路次
中之儀、無相違様、頼入之外、無他事候、巨砕（細）猶和知右馬助方へ申
届候間、不能審候、恐々謹言、

八月二日　清顕（田村）（花押211）

白河殿

43〔大竹房右衛門文書〕東白川郡棚倉町 大竹房右衛門所蔵

一 結城晴朝書状

今度義重江申合、向壬生、調議、作毛前後左右、無残所、苅捨取成
墟候、晴朝本望、不可過之候、然者、為御代官、千常着陣、敵味方
之覚、於懸意も祝着候、内々、自壬生、成重帰陣之義、落着候処、
氏政至于関宿、出張之由候間、令抑留、向小山、相動候、此上之儀
者、南衆越河防戦之備方、委細申合候条、可御心安候、敵之模様見
届、可付興亡所存候、雖無申迄候、被任兼約、有御出陣、一途御取
刷、累年之御入魂此節候、委細者、愚存千常江申渡候条、可為演説
候、恐々謹言、

五月六日　晴朝（結城）（花押243）

那須殿

44 〔大竹貞幹文書〕 白河市 大竹貞幹所蔵

一 伊達政宗書状

其已往、絶音問候条、態用脚力候、(佐竹)義宣于今在馬候哉、様子偏ニ、
無御心元迄候、内々、以使、雖可申述候、遅々如何之間、急度申事
候、珍儀候者、即刻御回答尤ニ候、万々左近太輔(ママ)満家申届候外、無
異儀候、恐々謹言、

(天正十八年)二月十三日 政宗(花押183)

(義親)白川殿

追啓
此口近日者風雪、不及是非候、併来二日ニ者、出馬儀定候、可
御心安候、以上、

45 〔伊勢結城文書〕 津市 結城朝嘉所蔵

一 大塔宮護良親王令旨案

伊豆国在庁高時法師等誇過分之栄耀、頻奉令軽朝威之条、下剋上之
至、奇怪之間、所被御征伐也、早相催一門以下之群勢(ママ)、速可追討彼
凶徒等、於勧賞者、宜依請者、依大塔宮令旨、執達如件、

(元弘三年)三月十五日 左少将信貞在判

(宗広)結城上野入道館

二 後醍醐天皇綸旨案

猥背君臣之礼儀、掠領於諸国、令労苦万民、僭乱之甚、何事如之
乎、已為朝敵、不遁天罰、為却彼凶党、所被挙義兵也、早相催出
羽・陸奥両国郡勢(ママ)、可企征伐、勲功之賞宜依請者、
天気如此、悉之、

元弘三年四月十七日 (千種忠顕)左中将在判

結城上野入道館

(付箋)「被綸旨伱、
前相模守平高時法師不領国家軌範、(朱書)「前二件切候故、是ニ記、」

三 陸奥国司(北畠顕家)御教書案

陸奥国吏務以下事、 綸旨之趣、以安威新左衛門尉資脩、被仰
遣候、且又別被下 綸旨・御事書候、抑本奉行諸郡事、不可違日来
之由、被仰下候、国宣付留守三郎左衛門尉、可被遣候、可令存知給
之由、国司(北畠顕家)源宰相中将殿所候也、仍執達如件、

元弘三年九月三日 前河内守朝重

結城上野入道殿

四 結城宗広請文案

去三月十五日 令旨、四月二日到来、謹承候了、抑相催一族巳下軍
勢、可令誅罰伊豆国在庁高時法師等凶徒由事、任被仰下旨、云道忠
愚息親朝・親光并舎弟祐義・広堯等及熱田伯耆七郎等、於京都・鎌
倉・奥州抽随分之軍忠、巳令征伐彼凶党等候了、且都鄙無弐之奉公

無其隠候歟、委細之趣、以使者親類伯耆又七朝保、令言上候、可有
洩御披露候哉、道忠恐惶謹言、

元弘三年五月九日　沙弥道忠（結城宗広）請文

五　結城宗広請文案

去四月十七日　綸旨謹承候了、
抑相催陸奥・出羽両国軍勢、可令征伐前相摸守平高時法師以下凶徒
由事、道忠（結城宗広）幷一族等折節幸在鎌倉仕候之間、先於鎌倉、相卒道忠舎
弟片見彦三郎祐義・同子息二人、田島与七左衛門尉広堯・同子息一
人幷家人等、自今月十八日、始合戦、毎日連々企枚（攻カ）戦、同廿二日已
追落鎌倉凶徒等候了、且親類家人等抽軍忠候次第、上野国新田太郎
令存知候之上者、定令注進候歟、無其隠候哉、
次、両国軍勢催促事、親朝男殊可致忠節之由、就下知候、随分致其
沙汰候云々、直捧請文候歟、委細趣以使者親類伯耆又七郎保（朝脱カ）、令言
上候、以此趣、可有洩御披露候、道忠、恐惶謹言、

元弘三年六月九日　沙弥道忠請文

六　後醍醐天皇綸旨案

被綸旨偁、
前相模守平高時法師猥背君臣之礼儀、不領国家之軌範、諒（掠カ）領諸国、
労苦万民、僭乱之至、何事如之乎、已為朝敵、不遁天罸、速相卒於
軍兵、令追討凶徒、勲功賞宜依請者、依天気、状如件、

元弘三年四月一日　勘解由次官（高倉光守）判

結城上野入道館

七　足利尊氏高氏軍勢催促状案

自伯耆国、蒙　勅命候之間、参候、合力候者、本意候、恐惶謹言、

卯（四月）月廿七日　高氏在判

結城上野入道殿

八　結城宗広請文案

四月一日
綸旨之趣、今月三日跪拝見候了、前相模守高時法師追討事、　勅命
到来以前、参御方、致合戦忠候了、以此旨、可令洩　奏達給、道忠
頓首、誠惶誠恐、謹言、

元弘三年六月三日　沙弥道忠請文裏判

九　後醍醐天皇綸旨

可被仰含結城上野入道々忠事、々書一通被遣之由、被仰下候也、仍
上啓、如件、

（元弘三年）八月十八日　式部少輔範国（岡崎）奉

謹上　陸奥守（北畠顕家）殿

一〇　後醍醐天皇綸旨

可仰含結城上野入道々忠事、
当国守源宰相中将（北畠顕家）可赴任也、毎事存合躰之志、可致無弐之忠、宮御（義良親王）
下向等事、随国司下知不可有緩怠、凡今度合戦之時、親光於京都、
最前参御方、道忠一族又於東国、致忠之由、聞食之間、所感思食

也、向後弥可専忠節、其身雖遠方、奉公更不可相替于近習、兼又奉行諸郡事、不可違日来之沙汰、毎事応国司之命、無私可致其沙汰之由、別可仰含矣、(○後欠)

一一　結城宗広請文案

被　綸旨偁、

前相模守平高時法師不領国家軌範、依　勅命、可令合力由事、卯月廿七日御書今日謹承候了、御書到来以前参御方、抽軍忠候了、以此旨、可有御披露候、恐惶謹言、

元弘三年六月三日　沙弥道忠請文

一二　後醍醐天皇綸旨案

令参洛候由、被聞食、尤以神妙也、此間為御祈禱臨幸日吉社、被相待東国軍兵、悉可被罸治朝敵之由、所被思食也、不廻時剋、馳参、可致忠節、於恩賞、殊可有其沙汰者、

天気如此、悉之、以状、

元弘三
正月十二日　左少弁判

結城上野入道館

一三　後醍醐天皇綸旨案

為結城惣領、可令支配一族中之事者、

天気如此、悉之、以状、

元弘三
正月十八日　右少弁判

上野入道館

一四　結城宗広代惟秀申状

結城上野入道々忠代惟秀謹言上、

欲早任　綸旨、被成御牒於国司・守護方、被打渡下地於道忠代、令知行駿河国須津庄内須津河郷地頭職間事、

副進　一通　綸旨案八月十一日

右、当庄内須津河郷地頭職者道忠相伝所領也、仍不可被混惣庄之闕所之旨、就中(申カ)、子細預勅裁畢、然早被遵行彼　綸旨、被成下御牒於国司・守護方、於下地者、被打渡道忠代官、為全知行、粗言上、如件、

建武元年八月　日

一五　後醍醐天皇綸旨案

駿河国須津庄内須津河郷事、不可混惣庄之上者、可被全知行者、

天気如此、悉之、以状、

建武元年八月十一日　宮内卿在判(中御門経季)

結城上野入道館

一六　雑訴決断所牒案

雑訴決断所牒駿河国守護所

結城上野入道々忠申当国須津河郷地頭職事、副解状具書、

牒任　綸旨可被沙汰居代官於庄家者、以牒、

建武元年九月十一日　左大史小槻宿称

従一位源朝臣　前加賀守三善朝臣在判

権中納言左衛門督藤原朝臣在判左中弁藤原朝臣
参議右大弁藤原朝臣在判

一七　陸奥国司下文案

（北畠顕家カ）御判

下　石河庄

可令早結城上野入道々忠領知当庄内鷹貫・坂地・矢沢三ケ郷事、
右人、令知行彼所、守先例、可致沙汰之状、所仰、如件、

建武元年四月六日

一八　陸奥国宣案

（北畠顕家カ）御判

依上保、可有御知行事、　綸旨如此、先退前給人代官、年貢不散失之様、可被加下知之旨、国宣候也、仍執達、如件、

建武元年四月十六日大蔵権少輔清高奉

上野入道殿

一九　後醍醐天皇綸旨案

当国依上保、令知行御年貢無懈怠、可令致御沙汰者、依天気上啓、如件、

建武元年三月十八日　右少弁（甘露寺藤長）判

謹上　陸奥宰相中将殿（北畠顕家）

（○このあと建武二年正月十八日北畠顕家下文一通・建武二年八月九日陸奥国宣一通あり、共ニ結城神社文書にもあるので、これにゆずる。52—六・七）

二〇　後醍醐天皇綸旨案

陸奥国宇多庄、為勲功賞、可令知行者、
天気如此、悉之、以状、

建武二年七月六日　大膳大夫（中御門経季）在判

結城上野入道館（宗広）

二一　結城宗広知行所領注文

結城上野入道々忠知行所領事、

米村郷　大村郷　下大村郷　競石郷　船田郷　板橋郷　青沼
北高倉　熊倉　白坂　高奈良　栃本郷内田在家　荒野　狩倉等
出羽国余部内、
尾青村　清河村
同国狩河郷内田在家
駿河国須津庄内、
須津河郷
同国鮎沢御厨内大沓間田屋敷
備中国、
荏原条　草間条
京都屋地四条東洞院

右注文、如件、

二二　結城宗広知行得宗領注文

結城上野入道々忠知行得宗領事、
参河国渥美郡内、

牟呂草間郷

陸奥国津軽田舎郡内、

河辺桜葉郷

右注文、如件、

二三　某契状案

両人誓文一見了、御辺事　公家弥被憑思食之次第、存知事、叡慮符合候了、努々無疑心候也、今度事一向憑存候条、勿論以天照大神・八幡大菩薩奉為證候也、此上雖可返送、如此被申候趣故、可申入京都之由、思給候間、留置候、愚身如此令申候歟、国司所存同事候、仍状、如件、

（建武二）八月十二日　御判

二四　陸奥国宣案

（北畠顕家）御判

白河郡内摂津入道々栄跡（除大和久郷）事、為勲功賞、可被知行者、依国宣、執達、如件、

建武二年九月廿四日　右近将監清高奉

上野入道殿

二五　後醍醐天皇宸筆事書案

（注）「御自筆御書案」「建武二」蜜々事書一通遣之候、当国事、有所思仰付候処、治国之躰、本意先以神妙、就中道忠（結城宗広）・清貞（葛西）已下致無弐之忠候趣、如奏達者、所感思食也、件輩近代為陪（カ）臣、沈淪候処、直致奉公、被召仕候条、争不成其勇乎、依忠之浅深、弥可被挿叡慮之旨、面々可仰含者也、

二五―二　義良親王令旨案

御輿警固事、兼日被仰出了、紈及合戦、不離申御輿辺、被致供奉者、且為別忠、可被抽賞之旨、陸奥宮御気色所候也、仍執達如件、

建武三年正月十二日　右少将在判

上野入道殿

二六　北畠親房御教書案

奥州国司、相共被上洛之由、被聞食、公私喜悦無他事候也、洛中及難義候間、為被相待面々参着、去十日　臨幸日吉社候也、相構、不廻時剋、可被参、乗船定遅々基候歟、随分御下知候也、若又分手、宇治大渡方へも可被廻之（歟カ）、宜有計沙汰、但先被参当所、以多勢、同時追討尤御本望候也、猶々可被忩々、及遅々者難治事も出来候歟、抑大田廷尉忠節之次第中々不能左右、言語道断候也、委細於今者、定可期見参之時候、仍不及委細之状如件、

（建武三年）正月十三日　（北畠殿）御判

上野入道殿

二七　某書下案

国司昨日進発、先目出候、御沙汰之次第、頗雖迷惑候、所詮朝敵追討已一段、諸人不入意候条、不可説候、参軒已下一族已令同候、相構無等閑、可被加扶持候由、連々以使者、可有教訓候、兼又小山・

長沼已下未令進発候、連々可被催促候也（カ）、事々期見参状如件、

建武三
二月八日　御判

二八　某書状

以円顗申談之旨候、可被尋聞候、

建武三
二月十三日　（花押）

二九　某書状案

建武三八十七
今度発向事、諸事被申沙汰候間、於事、憑存候、不知道理之輩、相当　聖運之初、不忠之義存候けに候にも、如御辺　朝家ニ御心安之仁候はさりけると今更感悦候、兼又三川前令（カ）進発候之処、於同道者、切可為難義候、如失羽翼候へき間、閑申也、

三〇　陸奥国宣案

御判

陸奥国白河庄荒砥崎村、結城判官跡、可被知行者、依　国宣、執達如件、

延元々年六月十九日　鎮守軍監有実奉

上野入道殿

三一　後醍醐天皇綸旨案

高氏（足利）・直義（足利）以下逆徒追討事、先度被下　綸旨候了、去月十日、所有臨幸越前国鶴賀津也、相催一族、不廻時剋、馳参、可令誅伐彼輩、於恩賞者、可依請者、

天気如此、悉之、以状、

延元々年十一月十二日　左中将在判

結城上野入道館

三二　後醍醐天皇宸筆案

（端書）「当今御宸筆也、正文ハ於叡山被召置国司御前、御勅使江戸修理亮忠重」

有子細、出京之処、直義等令申沙汰之趣、旁本意相違、如当時者、為国家故以、無其益之間、猶為達本意、出洛中、移住和州吉野郡、相催諸国、重所挙義兵也、速ニ卒官軍、可令発向京都、武蔵・相模以下東国士卒、若有不応　勅命者、厳密可加治罰者也、併相憑輔翼之力、経廻（難カ）権譲之謀、速成干戈之功者、国家大幸文武徳谷（善カ）、何事如之哉、大納言入道（北畠親房）居住勢州、定委仰遣之歟、坂東諸国、悉令帰伏之様、以仁義之道、可施徳化也、道忠以下、各可励忠節之旨、別可被仰含者也、

延元々
十二月廿五日

三三　後醍醐天皇綸旨案

相催東山・東海両道諸国卒官軍、発向京都、可令追罰尊氏・直義等賞類（党）、有勲功之輩、各可有抽賞、若有凶徒与同之族者、厳密可令加治罰給者、依

天気、言上、如件、

延元々
十二月廿五日　左中将持定状

進上　鎮守府中納言殿（北畠顕家）

追言上、

被仰夕郎候、且可得御意候、

三四　北畠親房書状案

三陽吉朔、万事帰正、就中、東藩耀威不同恒(桓カ)文之業、幕府専柄可唱湯武之道、幸甚〳〵祝着無極、抑主上出御京都、幸河内東条、即又復御吉野、為被果御願、可幸勢州之由、被仰候也、天下興複不可有程、愚身於勢州、廻逆徒静謐之計、可待申臨幸候、東国無為候者、忩々可令発向給、相構〳〵今度者、国中留守事共能々可有沙汰、其間事、宜連計画、此使節自吉野被差遣、殊可被賞候歟、毎事発向時節遂候之上者、期面拝之時候、

延元二年正月一日　御判

大納言入道殿(北畠親房)

三五　後醍醐天皇綸旨案

度々被下　綸旨候了、忩相催一族、可馳参者、

天気如此、悉之、

延元二
二月九日　右衛門督在判

結城上野入道館

三六　後醍醐天皇綸旨案

相催一族、急速可令上洛也、(者カ)

天気如此、悉之、以状、

延元二
二月三日　(マヽ)解由次官在判(高倉光守)

結城上野入道館

三七　後醍醐天皇綸旨案

度々被仰候了、相構、以夜継日、可令馳参者、

天気如此、悉之、

延元二
二月十九日　勘解由次官在判

結城上野入道館

三八　某覚書

延元二年三月廿日被召大裏花山院殿廂間、直被仰下云、道忠者、公家御宝ト思食候間、京都ニ留度思食トモ、又奥州ニ無テモ不可叶之旨、聞食候間、被下遣也、相構、可致忠、且此太刀者、於関東、有名太刀也、然間公家ノ御宝思食トモ、守ニモセヨト思食間給也トテ、北畠大納言入道殿御取次ニテ、鬼丸ト云太刀を下給了、為後日、注置也、

三九　後醍醐天皇綸旨案

度々被仰了、而遅参之間、凶徒未敗北、忩可被馳参之由、被仰下之状、如件、

延元二
四月五日　参儀在判

上野入道館

四〇　後醍醐天皇綸旨案

参洛事、度々被仰了、相構、以夜継日、可令馳参之由、重被仰下之状、如件、

(延元二年)
四月廿八日　勘解由次官在判

結城上野入道館

四一　後醍醐天皇綸旨案

為宮御共、参霊山城之由、聞食、相扶老躰、存忠節之条、尤以所感

思食也、殊廻籌策、早速可対治朝敵、且陸奥国司上洛者、其間事、
殊可申沙汰、軍忠之次第、猶以神妙、宜被加其賞者、
天気如此、悉之、以状、

延元二年五月十四日　　勘解由次官在判

結城上野入道館

四二　後醍醐天皇綸旨案

東軍遅々之間、近国令猶予、仍凶徒弥廻種々計略之由、其聞候之間、及遅引候者、難儀可出来候、相構〱、忩可令参洛給、被望申事、被談仰北畠入道（親房）一品、可有其沙汰之由、被仰下候之状、如件、

（延元二年）五月六日　　参議在判

上野入道館

四三　鎮守軍監有実奉書案

御判

坂東居住一族等、云軍忠事、云恩賞事、春日少将家雖可被注進、殊可被執申之由、被仰下候也、仍執達如件、

延元二年六月廿六日　鎮守軍監有実奉

上野入道殿

四四　北畠顕家御判御教書案

御判

度々合戦被致忠之条、尤以神妙、恩賞事殊可有其沙汰也、且云忠次第、云闕所事、春日少将家注進到来之日、可被行之、委細以上野入道被仰遣也、

鎮守大将軍（北畠顕家）仰所候也、仍執達如件、

延元二年六月廿五日　軍監有実奉

大内三郎左衛門殿

皆河孫四郎殿同前

山河下総七郎殿同前

四五　陸奥国宣案

御判

陸奥国高野南郡内和泉守時知（是ヲナヲサレ畢）跡事、為勲功賞、所被充行也、早可被知行之由、国宣所候也、仍執達如件、

延元二年六月廿八日　鎮守軍監有実奉

上野入道殿

四六　陸奥国宣案

御判

陸奥国高野南郡内和泉守時知跡事、為勲功賞、所被充行也、早守先例、可被知行者、依　国宣執達、如件、

延元二年六月廿八日　鎮守軍監有実奉

上野入道殿

四七　北畠親房御教書案

（端裏書）「御使江戸修理亮延元二七十五到　御返事同十九日」

(注)「北畠殿御書、」
天下事聖運有憑、凶徒追罸之不可有程歟、就其、励老骨被致忠之
由、連々伝聞尤以神妙、於今者、為下野大拯入道跡、傍若無人歟、
為上、定有御抽賞歟、愚意又無等閑者也、奥州御発向事度々被仰
下、然而国中無力察存、猶及遅々者、不日卒軍勢、追討関東凶徒与
遠州井輩引合、令静謐遠江以東者、諸国対治無程歟、殊可被申沙汰
と、(候歟カ)存命之上、面謁定不可有子細候、委曲可被尋問此使者之状、如
件、

(延元二年)六月九日　(親房)御判

上野入道館

四八　北畠親房御教書案

御判北畠入道殿

国司御上洛事、度々被下　勅書・綸旨候歟、然而御分国内悉未静謐
候歟、又軍勢疲労、皆被推察候、御発向遅引無力事候哉、但諸国官
軍近日、雖得力之躰候、各待申当国御左右之躰候也、相構、早(速カ)遣申
沙汰候者、可為無雙之高名候、励老骨、被致忠之由、其聞候間、万
事憑敷候、且御心中可被察申候、諸事被憑思食候也、御上洛猶難義
之次第、被進軍勢、忩可被責落関東候、其聞事度々被申候了、
抑結城下方寒河内六郷事、被望申候歟、於為闕所者、何可有子細
哉、先以奥州御教書、可被申給候歟、此僧被遣法勝寺、事書持参候
間、委不達上聞候歟、且又追委可被申候、彼上人辺事者、向後、可
被得意候、自最前、被通彼方候之間、無念之次第候、諸事被期後信
候之由、仰所候也、恐々謹言、

(延元三年)七月十一日　沙弥元覚

結城上野入道殿

四九　後醍醐天皇綸旨案

下総国結城郡朝祐跡・下野国寒河郡闕所、同国中泉庄二階堂下野入道・同下総入道等跡
為勲功賞、可令知行者、(〇以下欠)

延元二年三月十六日　左中弁在判

結城上野入道館

五〇　陸奥国宣案

結城郡内上方者為朝祐跡、先立拝領之下方者、号山河、此領主山河
判官者今度成朝敵了、
一寒河郡十二郷内六郷為闕所、先立残六郷領主拝領了、等、今度悉成御敵候了、
下野国寒河郡事、領主等悉与同凶徒云々、然早彼跡可被領掌由、
国宣候也、仍執達如件、

延元二年八月廿二日　鎮守軍監有実奉

結城上野入道殿

五一　陸奥国宣案

(端裏書)「国宣案保内検断事」
白河・高野・岩瀬・安積郡・石河・田村庄・依上小野保等検断事、
可令奉行給者、依　国宣執達如件、

建武二年十月廿六日　右近将監清高奉

結城(親朝)参河前司殿

（〇この文書の前に建武二年八月十七日右近将監清高奉書案（同文のもの二通）あり、55—五に収めるので省略する）

五二　恒良親王令旨案

尊氏・直義已下　朝敵追討事、先度被仰了、且重　綸旨遣候了、去月十日所有臨幸越前国敦賀津也、不廻時剋、馳参、可被誅伐彼輩、於恩賞者、可依請之由、被仰下候状、如件、

延元二年十一月十二日　右衛門督(新田義貞カ)在判

結城上野入道殿

五三　大政官符案(館)

(端裏書)「綸旨国宣京書等案延元二二廿九」

太政官符陸奥国

応令上野介宗広法師領知当国白河郡内摂津入道(結城盛広)道栄跡除大和久村事、

右、正二位行中納言兼大蔵卿左京大夫大判事侍従藤原朝臣公明宣、奉　勅、宜令件宗広法師、為勲功賞領知者、国宜承知、依宣行之、符到奉行、

修理左宮城使従四位上行左中弁兼春宮亮藤原朝臣(中御門宣明)在判　修理東大寺大仏長官正四位下行左大史小槻宿祢(冬直)在判

建武二年十一月十五日

（〇この次に、建武二年十一月十五日太政官符案あり、55—六に収めるので省略する）

五四　北畠親房御教書案(秋)

凌遠路参洛、逢御大事之条、感思食之上、所々合戦、一族相共致軍忠之由、聞食、尤以神妙、各成其勇、猶早可追討朝敵也、以此趣、面々可相触、兼又田村庄司一族同抽忠節云々、同可成(感カ)仰之由、被仰下之状、如件、

(建武三年)二月二日　北畠入道殿御判

上野入道館

五五　後醍醐天皇綸旨案(館)

参河国渥美郡内野田・高足・細谷・大岩・若見・赤羽・沵(マヽ)熊・吉胡・岩崎等郷為備中国荏原・草間両条・駿河国須津河郷、同国藍津御厨内大沓間田在家等替、可令知行、官符未到之間、且可存知者、

天気如此、悉之、以状、

建武三年二月六日　左少弁在判

五六　後醍醐天皇綸旨案(館)

天下静謐事、奉扶持、宮重挙義兵、急速可令追討尊氏・直義以下党類給、坂東諸□(国)軍勢賞罰等事、宜令計成敗給者、

天気如此、仍執啓、如件、

延元三年後七月廿六日　右中［　　］

謹上　陸奥三位中将殿(北畠顕信)

五七　後醍醐天皇綸旨案(館)

早々御静謐、東国重可被挙義兵之由、□被下綸言也、相催坂東諸国軍勢、急速［　　］尊氏・直義以下党類給者、依［　　］、

如件、

延元三年九月三日　□

謹上　陸奥三位中将殿

五八　北畠親房御教書　（○以上二通一紙ニ書セリ）

（親房）
（花押39）

高野郡内伊香・手沢両郷、為石川郡知行分替、可被管領之由仰候也、仍執達如件、

延元四年八月廿一日　越後権（守秀仲奉カ）□

結城安芸守殿

（包紙）
「越後権守秀仲　」

五九　北畠親房御教書（切紙）

□当方

（花押39）

先日委細□、抑去月廿日経泰（広橋）発向于海道、依無勢、引□（退カ）之由、中無念候、相構、可被致勤力、沙汰候、凡如□□合戦已渉両年□□微無被加之勢、此上急速可被退散之処、御方ハいつも同軍勢也、依之疲労之躰、無殊一途者、猶及□歟、所詮自東海道、莵連辺までにても、那須辺へにても、奥勢競臨候者、凶徒退散不可廻時刻之由、面々申候、如此之時分、被致忠節□、本望可満足候也、尚又伊豆次郎男指可被仰含之子細候、可存忠節由、被仰聞□□候也、恐々謹言、

（興国元年）
四月九日　越後権守秀仲奉

結城大蔵大輔（親朝）殿

六〇　春日顕時顕国書下（切紙）

□（今）月四日下着候、此辺凶徒等忩□□（令対治）其堺事無相違之由、□（満）足候、先令対治那須□宇都宮□（辺）可通路次候、東海道以下事、対治不可有子細候歟、以其時分、重可被仰候、同心可被致沙汰候歟、仍執達如件、

（延元四年）
□（二）月十二日　（春日顕国）左中将（花押40）

大蔵権少輔（親朝）館

六一　北畠親房御教書（切紙）

（花押39）

□　□□（讃カ）権守□□原朝胤□

□□月□十一日

六二　某書状案（切紙）

追申候、

御教書等可執進之由、申付候之処、無相違之間、頼入候、於是非、楚忽事、可令得其意給候歟、重謹言、

六三　大塔西室忠雲書状

（端書）
「西室法印御房御書　興国元」

改年之後、天下早速静謐、凶徒敗北不可廻踵之条、勿論忩追罰逆党、可令発向京都給候哉、

抑任官幷下野三郎安堵以下事、内々伺申之処、其境如此等事、為先朝御素意、偏被委任入道一品候、悉可令談彼辺給候、雖無殊事、便風之時者、可示賜、更不可有等閑候、委旨仰遣金江田道意候也、謹言、

五月廿八日　忠雲（花押）

（親朝）結城大蔵大輔殿

六四　伊達行朝書状（切紙）

（○前欠）
候歟、

一先日承候事、□有子細候歟、但合戦中者、可為難儀候、毎事期後信時候也、恐々謹言、

七月五日　宮内少輔行朝（花押）

謹上　結城修理権大輔殿

六五　左中将奉書（切紙）

□度返報之趣、諸人喜悦□奥宮候、相構〳〵、参此辺之□不遅怠之様、可被相計候、□事自他方謳哥、悉可被□符契候、諸事憑存之外無他、悉之、以状、

十月十三日　（左中将某）（花押）（○花押、親房にやや類似す）

結城修理大夫殿

六六　五辻清顕書状（館）

二月九日御状、同廿日到着、慥令披露候畢、如此委細被申候之条、目出候、坂東辺御事、于今被相支候之条、目出候、近日可被出御勢候之処、桃生・牡鹿両郡勢はかりは無勢之間、与（与）中奥成一手、可被退治府中哉、日限等之事治定候、随御合戦安否、重可被仰出候、何様可為近日、其辺事河村四郎以下参御方候上者、定打開躰候歟、相構、被出勢、可被退治近郡候也、坂東辺御合力可為難義者、悉伊達辺と、一手に成様ニ可被計候、委細被仰成田三郎左衛門尉候、可令尋聞給候由、内々仰候也、恐々謹言、

（興国二年）二月廿六日　清（顕）□奉（花押）

結城修理権大夫殿

六七　某　書　状（切紙）

（○前欠）
□来以□　□城之為□（躰カ）　□候、可被□

結城修理権大夫様

六八　北畠顕信御教書（切紙）

（顕信）（花押38）

都算下向之時、委被申候間、諸事被散御不審候了、白河も坂東辺事無相違条、目出候、抑此辺事、随分雖被廻籌策候、于今遅々、無念之処、近日、一道可然子細出来候事、已可為近日候歟、委旨難被載状候間、専使ニ被仰含候也、南郡河村同心候て、令上洛候云々、就是非、不可過四月中之由申候也、兼又五辻源少納言称要害、於伊具辺対治凶徒候者、可為（マヽ）此辺発向之潤色、可為此事候間、被相越伊達辺候、就其中村・黒木等許へ可令勠力之由、可令下知給、且又兵粮事可見訪之由、同可有御下知候者、尤目出候、

一府中対治事、自其辺合力、尤可為大切之由、葛西申旨候、委被仰含専使候也、委可令尋聞給候、兼又那須彼山辺事、能々可被相誘(カ)候、葛西姪、遠江守有別心之由、風聞之間、為惣領計、此間令討伐候了、一族等も悦喜之間、為発向も、弥心安被思食候所候也、恐々謹言、

(興国二年)三月廿四日　清顕奉

修理権大夫殿

六九　**五辻清顕書状**(切紙)(館)

其後、依無殊子細久不被仰候、南部以下奥方官軍已令対治、斯波・岩□(手)両郡責上候之間、河村一族等、其外諸□(方カ)参御方候、薭貫出羽権守一族等、宗者共数輩討取了、於御方者、無殊子細候、付其、葛西以下、和賀・滴石輩等成一手、欲対治府中候、仍当所御勢等悉今□(明)間、可被出候、其方事相構〱、急速□(マヽ)被立候、同時合力尤可為要枢候、且□(此間カ)、於其堺、被始合戦之由、風聞候、実事候哉、返々目出候、尤被感仰之由候也、恐々謹言、

(興国二年)後四月廿日　清顕(花押)

修理権大夫殿

七〇　**五辻清顕書状**(切紙)(秋館)

其後其方事、何様沙汰候哉、河村四郎使者帰参候之上者、定奥辺事、委細語申候歟、此方事留守幷石塔入道家人等七月廿六日上洛、此機嫌当国対治、不可有子細候歟、於今度者、将軍御自身可有御出候、自其方も、此時分可被始合戦候也、坂東御事、其後何様候乎、相構、細々可有御申之由、内々仰候也、恐々謹言、

(興国二年)七月六日　清顕(花押)

修理権大夫殿

七一　**五辻清顕書状**(館)

去月廿四日御札、今月十六日具入見参候了、当方事、此間被廻籌策之最中候、近日一道可成立候、且凶徒等少々可参御方由、内通之子細候之間、就是非可遂其節候、兼又常州合戦事、方々荒説、何も不分明候之処、委被申候之間、被散御不審候間、其方常州後措等も可輙候者、不能左右候、猶可為難儀候者、当国対治事者、不可有子細候へハ、其方勢与伊達勢成一手候者、府中対治安平事候哉、然者其時、押て被責上常州之企、可目出候哉、石川・田村勢はかりにても下向候者、此辺官軍等、相共可対治府中候、所詮偏被憑思食候之上者、相構〱、急速可被廻遠慮候、他事又々可申候也、恐々謹言、

(興国二年)七月廿二日　清顕(花押)

白川修理権大夫殿

七二　**五辻清顕書状**(切紙)(館)

顕書記下向候時御状、委細具披露候了、抑其方事、大略被致用意候へん、返々目出候、当方事忩可令遂其節候、中奥御方自去月三日出張、連日合戦、当時打乱之最中候間、此館者、自去月廿一日出張、至今日、連日合戦、無退転候、所詮今両三日之間、可打入松嶋候、府

中対治不可有程候へハ、可被措候、尚又小山事被治定候ハん、返々目出候、併被誘仰之故候歟、随此方左右、重可被仰候也、恐々謹言、

（興国二年）
十月十九日　清顕（花押）

白川修理権大夫殿

七三　五辻清顕書状（切紙）（館）

□（去カ）月十九日御札、今月廿一日到来、悩入□（見）参候了、抑坂東辺事、雖荒説多候、公私無為、先以目出候、河村六郎并葛西一族等大略、無所残、参御方候之間、対治府中、公可有御上候、其間先被談合、田村・石川輩成常州御力之様、可被相計候、吉野殿御事無殊御事候、心安可被存候、当方事、委賢意、可語申候也、恐々謹言、

十二月廿五日　清顕（花押）

白川修理権大夫殿

七四　北畠顕信御教書（切紙）

（顕信）
（花押 38）

老見伊与守参常州候、無為□　□候之様、可被相計候間、仰候也、仍執達、□

四月廿二日　宮内少輔清顕□

白川修理権大夫殿

七五　沙弥法超書状（切紙）

雖未入見参候、故入道殿ノ御目ニハ、昔鎌倉にてかゝり候間、不可有踈略之儀候、抑此両三年間、御敵関御城迫て候、いまゝて、御後迫なんと候ハす候間、此辺難儀無申計候、御敵躰此之間見候ニ、ことの外無勢に□（な）りて候、今時分御後迫候ハヽ、此辺にもあまた御方出来候ぬと覚候、是身か一族ニおき候てハ、多分不可有子細候、其外他人之中にも、通中輩候也、伊佐中郡御城、西明寺当城候へハ、是へ御上候ハんに、少々無勢ニ御坐候とも、不可有子細候也、此両三年のひらうに、当城御後迫けふあす候ハすハ、やふれ候ぬと存候、若さる事も候ハヽ、中郡御城ふつとあるましく候、伊佐城も此城やふれ候ハヽ、是より小栗まて、御敵地たるへく候、さも候ハん時ハ、伊佐より関・大宝への出入、ふつとゝまり候へく候、其時ハ関・大宝の御城も可為難儀候、此辺か様ニ無子細候時、御上候ハすハ、毎事無正躰□（候カ）ぬ、此御返事ニしたかい候て、しはらく可我□□今時分、又延引候者、御方ニ通中御敵共□□候ねとおほへ候、返々乍恐、急束（速）ニ御上候ハん□、公私可目出□（度カ）候、こさかしなから、如此事申候条、所詮御方を深御大事ニ存候間、令申候、子細此僧可有御物語候、六七百騎之分にても、御上子細あるましく候、此段ハ能々御れうけんあるへく候歟、事々期後信候、恐々謹言、

卯月五日　沙弥法超状（花押 364）

謹上　白川権大夫殿御城

七六　法眼宣宗書状（切紙）

（端欠）
□語□□□一裏十両□　□替物□　□（カ）も如此沙汰□　□欠殊難義之□　□□楯事、風聞候、無念之

□歟、彼仁年来随分雖□不知恩義任僻安歟之□者、
推察候間、近来強無□違冥慮之条、無力事候由、但去比風聞
□以外損気候き、相構、被加□治候者、可為得利之
専一候哉之□間候也、恐々謹言、

□日　法眼宣宗（花押365）

謹上　結城修理権大夫殿

七七　法眼宣宗書状(切紙)

□状慥給候了、委細披露□　□毎事、細々可申候也、

□　□（宣宗）（花押365）

謹上　結城殿御中

七八　左衛門権少将奉書(切紙)

御書執進候、兼又砂金七両慥到来□、目出候、即為大宝城兵粮、
被遣候、闕如処、猶々難有候、如此事此□、以範忠筆跡、令申
候之処、□(罷カ)越大宝城候、仍以景為筆□由、沙汰候、不可有御
不審候歟、□(恐々)謹言、

正月廿五日　左衛門権少□

謹上　結城修理権大夫殿

七九　某条書(切紙)(館)

条々

一高師冬去五月廿二日立瓜連事、
一於志筑合戦事、
一閣志筑打入佐夜事、
一同十五日取陣於三付山以下所々事、
一廿三日合戦、御方得利事、
一同翌朝合戦、凶徒不出逢事、
一大将廻北神(マヽ)、粗構新城事、
一今月十三日合戦、御方得利事、
一於北神(マヽ)新城合戦、完戸田野輩多損亡事、
一凶徒輩間事、
一同勢分事、
一勠力之途々者可及難儀事、
一発向路次用意事、
一近郡人々無異義、可応催促事、
一今度馳参輩可被行別賞事、
宮御着事、

小山事、

宇都宮事　武蔵辺事

八〇　某書状(切紙)(館)

師冬寄来之後、度々被仰候了、去十四日打入当国方穂庄、同十五日
取陣於当城後高山上了、如風聞者、其勢不幾云々、仍不措寄城下、
構所々要害、不及合戦、徒送日数之間、去廿三日自当方被始合戦
了、終日合戦、御方打勝、凶徒討死、手負及千余人云々、即引退要

害、依及晩、御方又帰本陣了、翌日廿二日(マヽ)重押寄之処、凶徒遂不出逢、両方野伏合戦許也、如今者、御方乗勝之条勿論候、諸人成勇候、仍被廻別籌策之子細候、治定候者、重自方々、可被措合候也、此時分後措候者、云当方合力、云諸方遠聞、御忠節何事可如之候哉、且敵方ニも奥方ノ後措近々候とて、連々驚動候なる此時、忩沙汰候者、尤可然候、

滝口左衛門尉公勝為奥御使、罷着候由、其聞候、府中対治合力事ハ、近日誠難治之時節候歟、自是も、此趣ヲ被申候也、公勝直ニ可帰参之由、被仰遣候、

宇都宮辺宜様ニ聞候、今度今まてハ一騎も不罷出候、

八一　某　書　状（切紙）（館）

追申、

近衛前左大臣殿令出京都給候、無念至極之処、京都之御式も散々無申計候間、忽ニ御悔返之気候やらん、此間諸方ヲ被語仰候、小田辺へも御文到来云々、為御身返々危大様なる事候歟、所詮藤氏之人々一揆して、我御身ヲ可取立と云旨趣候云々、彼御使其辺へも、可廻候由申候て、罷立候ける、比興候、就之、大方ハ吉野殿ヲ勠力申義ニて、最賢義ハ可有別建立云々、凡(併カ)事之道理も不可然之上、御身令出京都給候て、如此大様なる勧進、称御物狂之至候歟、無何為御意得、私可申之由、同所候也、

八二　某　書　状（切紙）（館）

追申候、

替物二千疋御沙汰之由、去月五日御状此程到来候、其内千疋是ハ以別色、沙汰進候、先日出候、悉到来之後、可進請取候、此間城々闕乏、無申計候之間、其子細、以僧被申談候き、潜通して候ける、返〳〵、難有之由、先可申旨候、又私分五百疋令思食寄給候条、難申尽候、相待到来之程候、委細追可申入候、

八三　結城親朝注進状案

註進

　結城

太田九郎左衛門尉広光　　結城下総三郎兵衛尉宗顕
同能登権守経泰　　同五郎左衛門尉泰忠

　村田

安芸権守政胤　　下総権守光成
長門権守胤成　　藤井五郎左衛門尉朝貞
備前権守家政　　修理亮政景

　下妻

下野二郎左衛門尉景宗　　同五郎右衛門尉政国
同徳犬丸　　同王犬丸
同五郎兵衛尉　　同八幡介景貞

　長沼

淡路八郎左衛門尉胤広　　同七郎兵衛尉宗清

伊賀権守入道宗意　同益犬丸
越中権守宗村　信濃権守時長
同弥五郎入道戒願　同又七左衛門尉宗行
同五郎兵衛尉宗親　同大輔法眼宗俊
河村山城権守秀安　同一族等
荒蒔五郎左衛門尉秀光　南条蘭夜叉丸
標葉参河権守清実　同三郎左衛門尉盛貞
同大(マヽ)郎兵衛尉清俊　同三郎兵衛尉清房
石河駿河権守光義　同大寺孫三郎祐光
同千石六郎時光　同小貫三郎時光
同一族等(着到在別)　伊賀孫太郎左衛門尉親宗
同三郎左衛門尉朝末　五大院兵衛入道玄照
伊東刑部左衛門入道性照　同常陸新左衛門尉祐信
同五郎入道顕光　那須首藤兵衛尉高長
田村遠江権守宗季　同一族等
佐野九郎入道重円　中村丹弥五郎実泰
班目周防権守惟秀　牟呂兵庫助親頼
由利兵庫助入道輪照　船田三郎左衛門尉高衡
競石江左衛門尉祐遠　和知三郎兵衛尉朝康
豊田刑部左衛門尉親盛　白坂治部左衛門尉祐長
右註進如件

康永二年九月　日　修理権大夫親朝(結城)

八四　石塔義房軍勢催促状案

(端裏書)「石塔入道殿御教書案」

去八月十九日、被挙御旗之由、被申候条、尤以目出候、抑催具一族幷一揆輩、早速参御方、致軍忠者、建武弐年以前知行地、各不可有相違之由、去二月廿五日自京都被給御教書之旨、承畢、将又本領所職事、暦応五年四月廿七日被給御教書之由、同以承候了、彼条々、可存其旨候、一切不可有相違之状如件、

康永二年十月二日　沙弥(石塔義房)

結城修理権大夫殿

八五　石塔義元書下

常州関・大宝両城凶徒等、去十一・十二両日没落云々、仍与類等可忍越于当国之由、有其聞、早関所事可被致警固、於不審輩者、可被搦進之候、若又、寄事於左右、令煩商人・旅人等、令違乱者、可有其咎候状如件、

康永二年十一月十八日　左馬助(石塔義元)(花押44)

結城修理権大夫殿

八六　足利幕府引付番注文(秋なし)

(端裏書)「引付番文」

一番

左京大夫　陸奥守　信濃入道

佐々木近江入道　安芸守　水谷刑部権少輔
長井出羽守　美濃守　因幡入道
雅楽民部大夫　門真左衛門入道　関清左衛門入道
山県大炊助入道　伊地知又次郎　雑賀大舎人允
安富孫三郎　志水左衛門尉　下条次郎左衛門尉
帯刀中務丞

二番
修理権大夫　佐渡大夫判官入道　宇都宮遠江入道
中条権大輔　長井宮内権大輔　山城守
参河判官入道　下野三郎左衛門尉　疋田三郎左衛門尉
飯尾左衛門大夫　三浦雅楽允　斎藤刑部左衛門入道
飯尾隼人佐　富部周防守　白井八郎左衛門尉
斎藤七郎入道　安富新三郎　大野孫五郎入道
治部左衛門四郎入道

三番
左衛門佐　長井前大膳大夫　長井縫殿頭
長井治部少輔　宇都宮三河守入道　波多野因幡入道
町野但馬民部大夫　中条大夫判官　粟飯原下総守
斎藤左衛門尉　依田左衛門尉　斎藤主計四郎兵衛尉
左藤次郎左衛門尉　斎藤五郎左衛門尉　薬師寺彦次郎
関左近大夫　下条十郎左衛門入道　松田七郎
雑賀掃部允

四番
上椙弾正少弼　宮内大輔　三河入道
摂津隼人正入道　和泉民部大輔　佐渡大夫判官
美作守　町野遠江権守　信濃勘解由判官
津戸出羽権守入道　諏方大進房　飯尾修理進入道
大野彦次郎入道　布施弾正忠　筑前孫九郎
飯尾三郎左衛門尉　島田越中五郎　和泉三郎
津戸新蔵人

五番
越後守　駿河守　長井丹後入道
伯耆入道　後藤壱岐入道　東下総入道
島津豊後前司　後藤対馬守　雑賀隼人入道
豊前四郎左衛門入道　斎藤四郎兵衛入道　和田四郎入道
門真弾正忠入道　杉原左近将監　松田右近入道
青砥左衛門尉　佐藤九郎左衛門尉　中沢又四郎

康永三々廿一　同廿二日始之

一方
武蔵守　佐渡判官入道　長井縫殿頭
長井丹後入道　伯耆入道　後藤対馬守
諏方大進房　雑賀隼人入道　門真左衛門入道

三須雅楽允　相原左近将監

一方

上椙弾正少弼　前大膳大夫　参河入道

安芸守　山城守　因幡入道

津戸出羽入道　斎藤左衛門尉　斎藤四郎兵衛入道

富部周防前司　飯尾修理進入道

一方

伊豆守　信濃入道　近江入道

遠江入道　美作守　疋田妙玄

雅楽民部大夫　飯尾左衛門大夫　豊前四郎左衛門入道

関清左衛門入道　布施弾正忠

侍所

細河陸奥守顕氏

飯尾左衛門太夫貞兼　三須雅楽允倫篤

斎藤四郎左衛門尉利泰　同五郎左衛門尉

依田左近将監　飯尾新左衛門尉

以上六人(マヽ)

八七　結城文書正文目録(秋なし)

被上京都御文書正文目録事、

一通　将軍家御教書暦応四年十一月廿一日

一通　同御教書同五年四月廿七日

一通　同御教書康永二年二月廿五日

一通　依上当知行　金原当知行　金山郷　綸旨案建武二年十月五日正文者先立輪照預之、

一通　金原国宣元弘四年二月廿四日

一通　白河上野民部五郎以下跡各当知行国宣建武二年十月一日岩滑沢以下事遂(逐)書在之、

一通　白河闕所国宣建武二年八月十七日

一通　同官符建武二年十一月十五日

一通　糠部九戸国宣元弘三年十二月十八日

一通　同七戸国宣建武二年三月十日

一通　石河・中畠当知行・松崎同国宣建武元年四月六日

一通　岩城大須賀二郎入道跡国宣建武二年五月十二日

一通　白河・高野・岩瀬以下検断事国宣建武二年十月廿六日

以上拾参通

康永参年九月廿四日

八八　二階堂成藤書状

無指事候之間、其後不令申候、背本意候、
抑一族道信幷道照所領等未渡給之由、歎申候、任道理、御沙汰候者、
喜入候、雖可被上載候、可申承之由、契約申候之間、如此、令申
候、毎事期後信候、恐々謹言、

七月廿一日　(二階堂)安芸守成藤（花押232）

謹上　白川殿

八九　畠山国氏書下

奥州郡々検断奉行事、任先例、不可有相違、但於安積郡者、追可有其沙汰之状如件、

貞和二年六月廿七日　右馬権頭（畠山国氏）（花押56）

結城大蔵大輔殿（親朝）

九〇　吉良貞家書下

陸奥国白河庄岩瀬郡小野保検断事、京都御左右之程、守先例、可被奉行之状、如件、

貞和二年七月十六日　右京大夫（吉良貞家）（花押52）

結城大蔵大輔殿

九一　吉良貞家書状案

結城弾正少弼顕朝父子所領安堵事、度々注進之処、御沙汰延引之由、歎申候、顕朝今度霊山・埋峯発向之時、致戦功候了、仍可参訴之由、雖申之候、吉野没落凶徒可落下当国之由、被成御教書候之間、為対治留置候、委細代官可申候、急速申御沙汰候者、悦入候、恐々謹上、

四月八日　右京大夫貞家 在御判

謹上　飯尾左衛門大夫殿

九二　吉良貞家書状案

結城弾正少弼顕朝為所領訴訟、令進代官候、申入子細候者、被聞食、被懸御意候者、恐悦候、此仁今度霊山・埋峯発向之時、致戦功候之間、如此申入候、憚存候、恐惶謹言、

四月八日　右京大夫貞家 在御判

九三　吉良貞家・畠山国氏連署状案

（〇前欠）

貞和四年三月十六日　右馬権頭国氏（畠山） 在御判

右京大夫貞家（吉良） 在御判

進上　武蔵守殿（高師直）

九四　吉良貞家書状案

結城弾正少弼顕朝父子所領安堵事、度々注進候処、御沙汰延引之由歎申候、顕朝今度霊山・埋峯発向之時、致戦功候了、仍可参訴之由、雖申之候、吉野没落凶徒可落下当国之由、被成御教書候之間、為対治留置候、代官可申入候、急速被懸御意候者、悦入候、恐々謹言、

四月八日　右京大夫貞家 在御判

謹上　伊豆守殿

（〇以上四通一巻）

九五　須賀清秀書状

七月廿七日御状、今月四日到来、則令披露候了、以御方便、矢柄城凶徒等参御方候之条目出度候之由、被仰出候、次御訴詔事等、近日被経御沙汰候之由、得御意候、今度御忠節無他事候、属国中静謐候之間、不存等閑、御代官仕候、定其子細、自御代官方可被申候歟、恐々謹言、

八月五日　壱岐守清秀（花押321）

謹上　白川三河守殿（親朝）御返事

九六　吉良貞家書状

今度合戦之間、凶徒等無程、令対治候了、仍如此承候、悦入候、御下向事自元、当関所可有御警固之由申候了、左様宇津宮辺不静候之由承候、能々可有御用意候、恐々謹言、

三月三日　貞家（花押53）

結城七郎兵衛尉殿（親朝）御返事

九七　吉良貞家書下

為岩切城之後攻、師直（高）・師泰余類等、可襲来当国之由、依有其聞、於白川関、就被致警固無為対治之間、准戦功、可被抽賞之状如件、

観応弐年三月六日　右京大夫（花押53）

結城七郎兵衛尉殿

九八　諸氏叙任交名

権中納言藤原為治
左少史小槻兼治 兼
中務大輔丹波嗣長
侍従藤原忠藤
内蔵助中原有清
掃部助高階師義　源直勝
春宮大進藤原時光 兼
修理権大夫源国清
山城守三善尚式　介丹波維氏
尾張守源義深
参河守藤原朝常
遠江守藤原行種 覚園寺造営功
安房守源光助
信濃守源秀時 北野社修造功
上野介高階師員
長門守源貞嗣 覚園寺造営功
左近大将藤原冬通 兼
少将藤原公為　藤原実綱
将監源清義　三善尚行
藤原行連 北野社修造功
右近将監大江氏秀
左衛門尉藤原行致　三善尚清
因播（幡）藤康　源行員
藤原実弘　源基幸
源康基　源資光
左兵衛尉藤原親利
右馬頭源頼房　允藤原友弘
観応二年四月十六日
従三位藤原隆宗

従四位下丹波行宗　和気致成
正五位下藤原永季
従五位上藤原秀成　藤原教長
従五位下藤原親高　中原有清
丹波維氏　源光助
藤原朝常　源清義
源義深　源直勝
高階師員　高階師義
源秀時
同日
典侍源資子
菅原為子
辞退
典侍藤原兼子
藤原春子

九九　北畠顕信御教書（切紙）（館）

（顕信）
（花押37）

去月廿五日注進状、今月二日到来、具御披見了、抑不忘先功被通達申之条、尤以本意候、当国悉帰伏申之間、今明可有御越奥州候、此時分、早挙義兵、被致忠貞者、本領、并代々新恩不可有相違之上、高野郡地頭職可被宛行之由、仰候也、仍執達如件、

正平六
十月二日　右馬権頭清顕奉
（朝常）
結城参川守殿

一〇〇　吉良貞家書状（切紙）（館）

一日合戦、御代官致忠候、神妙目出候、抑名取要害堅固未作之間、依用心難儀、遷伊具館候了、就其□□勢、忩可帰府候、霜台有御会談、早々御渡候者、悦入候、□事憑存候、委旨中条円阿□□申候、恐々謹言、

十一月廿五日　右京大夫貞家（花押52）
謹上白河参河守殿

一〇一　畠山平石丸書状（切紙）（館）

自畠山殿状当国管領事被仰云々 文和三六三

謹上　白河参川守殿　平石丸

無指事候之上、幼少之間、不申承候、背本意候、於向後者、細々可申案内候、御同心候者、為悦候、
抑聊以代官令申旨候、被聞召候者、可悦存候、心事期後信候、恐々謹言、

五月廿二日　平石丸
謹上　白河参川守殿

追申候、
幼少之間、不能判形、令為恐候、重恐々謹言、

一〇二　佐々木高秀書状（切紙）

去月廿七日御札、今月十三日到来、委細承候訖、抑奥州合戦事、驚入候、御状趣即令披露候之処、御注進之条、目出度候之由、被仰出候、仍自両御所、被成御教書候、将又京都于今、無為候、但宰相中将殿中国御発向事候、既来月一日可有御立京都之由聞候、又南山所領事、被懸御意候之条、先喜入候、重被成御教書候、太不可有子細之由、承候之間、重御教書、幷小山金吾使者罷下候、今者参着候歟、被懸御意候、今度道行候者、一向可為御恩候、其子細内々様へも申候了、定委細可有御申候歟、又霜台御方へも、此旨能〱可有御申候、恐々謹言、

七月廿三日　　淡路守高秀（花押）

謹上　白河三河守殿　御返事

一〇三　中務大輔施行状

陸奥国会津蜷河庄半分事、公方恩賞申沙汰之程、所充行也、守先例、可被致沙汰之状如件、

文和三年十一月九日　中務大輔（花押398）

結城三河守殿

一〇四　吉良貞家書状

結城参河守朝常申候恩賞事、進重挙状候、無相違之様、申御沙汰候者為悦候、軍忠異他仁之間申候、恐々謹言、

五月十二日　貞家（花押54）

治部兵衛大夫入道殿

一〇五　足利氏満御教書

斯所陸奥国田村庄三分壱肆拾村事、当年壱作所預置也、於有限年貢者、任事書之旨、可致沙汰之状如件、

応永四年七月八日　（足利氏満）（花押）

結城三河七郎殿

一〇六　足利氏満御教書

斯所陸奥国田村庄事、為致其沙汰、令下向之上者、相催庶子等、可罷越当庄、若庶子中有異義仁者、就注進、可有殊沙汰之状如件、

応永四年七月廿二日　　（花押）

結城参河七郎殿

一〇七　足利氏満書状

為田村庄年貢、馬一疋鴾毛到来目出候、謹言、

閏四月廿五日　　（花押）

結城三川七郎殿

一〇八　足利氏満書状

斯所奥州田村庄事、去月廿三日遂入部之節候之由、註進到来目出候、謹言、

九月八日　　（花押）

結城三川七郎殿

一〇九　足利氏満書状

為田村年貢之沙汰、馬一疋栗毛到来目出候、謹言、

十月二日　（花押）

結城三川七郎殿

一一〇　足利氏満書状

鷹鳥・鮭・松茸到来目出候也、謹言、

十月廿九日　（花押）

結城三川七郎殿

一一一　足利満貞書下

伊達大膳大夫入道円孝（政宗）・葦名次郎左衛門尉満盛等隠謀事、依露顕、已逃下之上者、不日所可被加退治也、早可致忠節、於恩賞者、依功、可有御計之状如件、

応永七年三月八日　（満貞）（花押33）

結城参河七郎殿

（包紙）「結城参川七郎殿　満貞」

一一二　足利満貞書下

当知行地等事、如元、不可有相違之状如件、

応永七年九月廿八日　（満貞）（花押33）

結城参河七郎殿

（包紙）「結城参河七郎殿　満貞」

一一三　足利満兼感状

奥州凶徒対治事、致忠節之条、尤以神妙也、向後弥可抽戦功之状、如件、

応永八年正月廿九日　（満兼）（花押）

結城七郎殿

（包紙）「結城七郎殿　満兼」

一一四　足利満兼感状

於奥州奉公、異他之由、所聞食也、弥可致忠節之状如件、

応永九年二月十九日　（満兼）（花押）

結城三河七郎殿

（包紙）「結城□（三）河七郎殿　満兼」

一一五　足利満貞書状

讃岐七郎跡事、不可被閣儀候、雖何時候、可然時分、固可有御沙汰候也、謹言、

十一日十二日　（満貞）（花押33）

結城参川七郎殿

（包紙）「結城参川七郎殿　満貞」

一一六　足利満貞感状

今度連々致忠節条、誠神妙候、追可有異忠賞候也、謹言、

十二月廿四日　（満貞）（花押33）

結城参川七郎殿

（包紙）「結城参川七郎殿　満貞」

一一七　足利満貞書下

陸奥国岩崎郡内島村・林原村等事所宛行也、者守先例、可被沙汰之

状如件、

応永九年三月廿日　（満貞）（花押33）

結城参河七郎殿

一一八　足利満貞軍勢催促状

就凶徒等退治、御合力事、近日右衛門佐所可令下向也、早相触庶子等、弥可抽忠節之状如件、

応永九年四月十四日　（満貞）（花押33）

結城参河七郎殿

（包紙）「結城参河七郎殿　満貞」

一一九　足利満貞書状

奉公御免事、至于静謐之由申候上ハ、不可有子細候也、謹言、

十一月十三日　（満貞）（花押33）

結城参川七郎殿

一二〇　足利満貞預ヶ状

奥州白川庄内片見郷事、為料所、預置候也、謹言、

十一月十六日　（満貞）（花押33）

結城参川七郎殿

一二一　足利持氏軍勢催促状

伊達松犬丸幷懸田播摩入道以下輩以前振舞、雖罪科難遁、以寛宥之儀、被成御教書之処、猶以違背之間、為対治、所可有進発也、先来月十五日以前馳向、令合力二階堂信夫常陸介・同南倉増一丸、可抽戦功之状如件、

応永廿年十月廿一日　（足利持氏）（花押30）

白河三河七郎殿

（包紙）「足利右兵衛督持氏書　壱通

但古写十七通之内ゟ出」

一二二　結城氏朝上洛進物次第

永享十二年ノ卯月八日、

白川霜台於京都、御進物之次第、

義教将軍江普光院殿

進上、

御馬二疋　印雀 □雀

御鈒一　鞘ぬいつめ、赤漆つか、鮫練、つは赤銅作、目貫桐、はゝき金青糸巻、

鳥目三万疋

御座共御見物候□□礼

御鈒一 □ つめ赤銅作

鳥目三千疋

御台様江

鳥目万疋

若公様江

御馬一疋 □ 毛印雀目結

御鈒一　目貫桐、黒鞘、つか赤銅作、

管領江

馬一疋　□毛印雀

太刀一　□引両鞘ぬいつめ、赤漆つか、鮫赤銅、□黄糸まき、

鳥目万疋

三条殿江

御馬一疋　鴾毛印雀

御鈒一　□□ぬいつめ、赤漆つか、鮫目貫丸の引、両赤銅作、青糸巻

鳥目五千疋

農厩へ

馬一疋　鹿毛印雀

太刀一　黒鞘つか、海梅花つはのふちしろし、三めんふくりんつかのヒ糸、具足白し、

鳥目五千疋

寺町

馬一疋　駒栗毛印雀

鳥目千疋

以上合六百七十貫文

自石橋の案内者御出仕の時、

染物一懸崩黄給候也、

同卯月八日御出仕之次第、

辰ノ時管領へ御参、則御所へ御出仕御対面之時之酒一献、御盃拝

領、御酌山名修理大夫殿、其後上様仙湧寺へ御なりに御供、一色五郎殿、二番細川次郎殿、三番赤松伊勢殿、舎弟又遁者一人御留守ニ為上意、御座共見物御申候、御指南典厩、其以後若公へ御参候、申入て御帰ニ三条殿へ御参、其次典厩へ参入、次ニ石橋殿へ入御、御供江石見守、御帯太刀之役人御盃所持候而、御帰宿候也、

白石大学助　　班目橘次

芳賀五郎　　和知源三

清内左衛門尉　　芳賀刑部左衛門尉

和知兵衛尉　　黒木五郎

小屋家出雲守　　船田兵庫助

同卯月十日亥ノ刻、自典厩寺町之使

小袖一重　唐織物下重練貫

大刀一腰　末行作　目貫柏ニみミつく、金也、つか鞘糀巻黒、赤銅作、帯とり金襴、

香合一堆紅小

盆　一枚金兹小

自寺町方私ニ持参

太刀一　ぬいつめ、赤漆、をひ取しゆす、

馬　一疋　黒栗毛印雀

同卯月十一日未時、重而管領様へ御参之刻、御所へ御鈒一持参、

上様より被下候物共、

御鈒一　鞘ぬいつめ、赤漆、はゝき、金粟田口国綱作

御腰物一ぬりはつし、つか翠糸巻、目貫輪法、金はゝき、かうかいうら、皆金作、

盆一枚　金玆

御具足一領黒革、腹巻白糸、肩取、

純(緞)子　五段色々也、

自典厩、管領へ被運候て、請取御申候、其後御晦(暇)乞ニ又御出仕候、

於御座御給候、

御鈒一　黒赤銅作

自御台様、

御小袖十重色々織物也、下重皆練貫、

御扇百本　品々金紙ニて、被裹候、

自若公様

御鈒一　黒鞘、目貫、井けた、はゝきも金也

同夜秉烛之時ハ、

石橋殿為　上使御入候、

太刀一黒鞘、於御座手渡ニ御給候、鳥目二千疋被持候、御注文をも懐中より取出候て、直ニ御給候、御酒一献ニて御帰候、御酌を石橋殿被召候而、霜台ニ御申候、其御銚子を請取御申候て、霜台石橋殿ニ御申候、

同十三日未の刻、自寺、町方以使、

小袖　一重　織物、下重練貫、

太刀　一黒鞘、欄海梅花青糸巻、赤銅作、

同日酉剋、従管領、寺町御使、

一太刀安信　一腰黒鞘、赤銅作、はゝき金、

一刀　安吉　一腰ぬりはつし、つか糸巻、はゝき金、

一打刀長光　一腰ぬいつめ、赤漆、はゝき金、

一盆桂章　一枚

一方盆銀　一枚

一香合剔紅　一

一沈　一斤

以上

自三条殿、寺町方ニ御誂候、御引手物注文を写させ申、日付・御名乗・御判をすへさせ申て、被帰参候、

御鈒国信一腰黒鞘、つか海梅花、はゝき金、

御腰物　一ぬりはつし、つかいとまき、目貫輪法、かうかいしとゝめ、呑入・はゝき、皆金也、

御小袖三重織物、下重練貫

以上

御使節寺町方ニ、

太刀　一

紬　三　御出候

同十五日自石橋殿御使弓削(ゆけ)、

刀一腰梅花皮小刀白

小具足　三色はいたて、こて、すねあて是也、

仍即時ニ、御晦(暇)乞ニ石橋殿へ、

太刀　一腰

鳥目千疋　被持御参候、

十六日八坂塔供養為御聴聞、為　上意、御浅(桟)敷へ御参候、

一依関東御弓矢、為　上意熊野参詣を止て、下国、

卯月十八日坂本まて出京候也、同十七日(ママ)海道

上様計熊野へ御参詣候、

自白川熊野御参詣之御供人数

御母　西殿御乳人
弥七殿　江石見守
芳賀五郎　和知源三
班目橘次　清内左衛門尉
山本小三郎　井残(ママ)将監
清内左衛門尉(衍カ)　馬舟大炊亮
和知和泉守　玉井式部丞
桜岡民部丞　桜岡主殿助
江左京亮　伊香入道
山田筑後入道　弁(カ)王入道
小屋家出雲守　和知兵衛尉
舟田兵庫助　黒木五郎
白石大学助　白石形(刑)部大輔
白坂甲斐守　鴾山帯刀左衛門尉
春阿

卯月二日ニ入洛候、勢多の橋を御渡候て、石山へ御参詣候、逢坂の入口大津の於茶屋、国よりの飛脚到着候、其故ハ、関東の若公様中条ニ御旗を御上候、結城殿・名残(ヒ)越殿御同心の由、注進の飛脚也、御宿五条辻殿より御さかむかい、音羽山ノふもと迄参候、午の刻計ニ御入洛候也、

嘉吉元年七月五日書写之、

一二三　一日一万句発句之次第

文明十三年三月廿三日

於白河鹿島神前、一日一万句発句之次第

弾正大弼(結城政朝)座

世を照す花や御門神の春　政朝
かたいはふ宿有花の一木哉　親雅
更ぬるや朧にすめる春の月　朝次
花の色薄き霞の匂ひかな　秀信
髪にさす櫛か柳の朝月夜　政房

小峯三河守座

花はたゝ人のこと葉のはやき哉　直常
藤散は波そつといる花の露　宗舎
花に風わたらはたゝん錦哉　秀信

鶯のは風もあらし花の時　宗正
雲ならし行人過る山さくら　常満
山井左馬助座
いつの時日はなかゝらん花の春　政弼
ことの葉を心の花のしほり哉　尊次
紅のうす裳か花今ハ霞　政衡
山賤のしらぬ雪ふるさくら哉　宗基
つはめ飛芹かうはしき沢辺哉　政治
小峯中務少輔座
花に月ほころひあへる霞哉　政親
ちりやすき名をたて(カ)花の桜哉　直顕
夏と秋の日数をそふる春日哉　基遠
花にゝてしつけき谷の心哉　長方
花に消にほひに残霞かな　常光
田川常陸介座
久かたへ匂ひや月の本桜　立朝
木枯の音なく吹や春の風　政興
明ほのゝ花にこすえの外山哉　宗直
ちる陰もさくらつゝきのなかれ哉　直雅
うつろふや遠山つとの春の花　直顕
新小薗(ママ)刑部太輔座
花に行山路は雲をしるへかな　道秀
松ふるき尾上は花の雪間哉　直貞
花落て月に猶まく簾かな　直弘
ちる花に嵐もしろき高ね哉　直遠
欸冬の花秋ミし末葉哉　朝衡
原兵部少輔座
遠山の花もかとへの千里哉　政広
秋ちかし紅葉か松の下つゝち　兼阿
色かすむ花こゝろの夕かな　直通
花さきぬにほふハかりの風も哉　頼衡
欸冬の花のちきりや春の水　朝広
太田和民部太輔座
根はいかにこき紫の藤の花　直広
ちもと咲花ハ越路の深雪哉　基俊
池水にうつろふ花のさ山かな　衡俊
ちる比は花なき里の祭かな　直忠
かけの尾の長日あかぬさくら哉　高能
白石治部太輔座
小車か花の山路の玉すたれ　直家
風の間もにほふハ花の情哉　道三
雨晴て夕日をそむる柳哉　高宗

わたらしな花になかるゝ三山河　節俊
吾袖ハ雪をれなれや花の枝　政光
平山右馬助座
たそかれに尋ぬる藤の匂ひかな　直家
吹嵐花ハ遠山八重かすミ　高光
月ほそく明ほの残す霞かな　直資
鳥の音を花のしほりの山路哉　政基
おしまぬを花にうらやむ嵐哉　広光
班目安芸守座
春よまてちらすハならし山桜　直基
花に風いとひいとハぬにほふ哉　常衡
ちる花に曇ハ池の鏡かな　雅衡
花にそふ心もしらぬ霞かな　朝益
袖にふけ雪をめくらす花の風　広重
和知美濃守座
岩かねに色有浪や藤の花　直秀
見ぬ人に花の香おくれ山颪　朝高
霞つゝ花の雪ちる高ね哉
移行光の陰に花もなし
折花にうつろふ鳥の声もかな　氏高
田代下総守座
花ハ猶槙たつ山の一木かな　親満
花やなし霞のうミの朝ほらけ　宗顕
日にそひて下草たかき柳哉　秀光
錦咲声か霞の雲の風　秀登
くるゝなよ遠路の桜かり　宗親
舟田美作守座
いたつらに尋こしかな遅桜　直衡
なへて世ハ花のにほはぬ袖もなし　雅利
しめしけ(マヽ)衣に落花の露　西桂
花の色にはつるあまりの月夜哉　昌(カ)阿
ぬるゝをもいとハぬ花の雫哉　雅祐
中村左衛門尉座
声遠し霞の海の天津鴈　朝宗
桜とやあくるをとつる春の雲　秀勝
四方に咲花ハ千里のかさし哉　浄江
かたらひハ花をえにしか春の鳥　雅貞
露ほすな月もうつろふ桜花　政高
芳賀越後守座
霞より花咲にほふ朝かな　直高
桜色に匂ふ霞や天津袖　直重
ものいハぬ花ハ色にてしる世哉　頼宗

雨とをし花やりとりの朝曇　清衡(カ)
打なひきちり払庭の柳哉　親宗

江石見守座

雨やろふ花ハ霞の朝しめり　直秀
紅葉までおもふハ花の嵐哉　宗光
手のうちにちるを咲つけ藤の花　秀綱
花とをし行かハ青葉の山桜　泰近(カ)
月に雲いとへハ花の嵐かな　朝衡

芳賀備中守座

花に明松に夜ふかきやとり哉　政清
青柳の糸乱あふ日影哉　基宗
ちり来るハいつくの花そ朝霞　衡朝(カ)
蝶のゐる薗の青草風もなし　親偘
雪ふかしおのへハ花や峯の雪　秀遠

班目信濃守座

世に匂ふ花や高ねの山桜　禅喜
ちる花の匂ひたなひく柳哉　秀惟
いつをさ吾が春ならん遅桜　宗敏
ちるハ世のことハりしらぬ花もなし　直方
雪と見て面影寒し桜花　朝頼

修理大夫入道座

時しるや皺にひらく春の花　道朝
心よりちるさくら見れハ風もなし　朝安
水ふかくなれし山にも雪はなし　和教
雪と見て花に花をや忘るらん　衡家
行春の道ハ雪なる桜かな　常高

一二四　蔵人藤原守光奉口宣案

（足利義稙）
（花押）

上卿中御門新大納言
延徳二年九月廿一日　宣旨

左衛門佐藤原朝脩

宜任修理大夫

蔵人権左少弁藤原守光奉

一二五　豊臣羽柴秀吉書状（83—1参照）（以下、第一八八号まで秋になし）

去六月廿四日ニ御状拝閲、本望之至候、寔遠路之御音問、難謝候、

一去年六月二日明智人と謀叛、夜討同前候、於京都、信長御父子召御腹候、不慮之次第無是非題目候、其剋我等西国へ相働、於備中之国、城々責崩、并高松与申城取巻候之処ニ、旁ニ沼を拘、力責ニ不成段、筑前見及、水責ニ可仕与存、堤ヲ築、其国之川之事者、不及申、備前之国之河迄切懸、城中覃難儀ニ付而、為後巻、毛利・小早川・吉川五万計ニ而罷出、六七町之間令対陣、可後巻ニ雖相定候、不能承引付而、弥城中令成(マヽ)恐之刻、同四日巳刻ニ、於京

都、信長被召御腹之由、注進之間、右之高松六日ニ責崩、城主ノ事ハ不及申、直刎首、即七日ニ毛利・小早川陣所へ切懸可討果覚悟候処、色々令悃望、毛利相拘候国五ケ国、其上人質両人出之条、請取令赦免、九日幡州姫路迄馬を納候事、

一同十日ニ人馬之息をも不続切上、同十三日ニ山城之国、於山崎表、及一戦切崩、明智日向守事者不及申、其外五千余討捕、御国ニ不相届候者共、悉成敗申付、御分国相締候事、

一去年六月中ニ国々致知行分、信長御子達者不及申、宿老共迄令支配、筑前守ハ播州姫路ニ、先々五畿内異見申候処ニ、三七殿、柴田修理辺(マヽ)・滝川左近両三人申合、企謀叛、雖令調義候、筑前守不能許容、即江州与越前之境目、先々柳瀬表へ、去三月ニ馳向、致居陣候事、

一去四月廿一日單一戦候之処、柴田修理辺も当方ニてハ、せかれより数度之武篇を仕付候者にて候付而、三度迄鑓を合、雖衝崩候、籏本ニて相こたへ、互人数いきられ候事、

一秀吉見合候て、小性共計にて、柴田はたもとへ切懸、即時ニ衝崩、七千余討殺候、惣人数止木目(柴田カ)之弓手馬手之営之中へ、北入之事、

一廿二日越州府中へ取懸、諸城雖相拘候、乗崩、刎首候へハ、相残城々速令退散候事、

一越州北庄柴田居城之儀、数年相構、三千計留主之者置申所へ、修理辺迄へ馬百騎計ニて懸入候事、

一廿三日ニ息をもつかせす、惣構乗破、即城中のまわり十間十五間ニ陣取せ申候事、

一柴田ニ息をつかせて者、手間も可入と存、日本之治(カ)、此時之軍兵共を討死させても、筑前不覚にて有間敷候者、ふつつと思切、四日寅刻ニ本城へ取懸、午刻ニ乗入、刎首候事、

一城中ニ石蔵を高築、天主を九重ニ揚、柴田弐百計ニ而取籠候、城中せはく候条、諸勢入こミ候へハ、互之友道具にて手負死人依在之、惣人数之中ニて兵をゑりいたし、天主内へうち物計ニ而、切入せ候へハ、七度まて雖切出候、此等儀依不相叶、天主九重目へ取上、諸卒ニ詞をかけ、修理辺か腹のきり様見申候て、手本ニいたすへきよし申付、東西ひつそとしつまり候へハ、妻子共さしころし、同名之者共七八十腹を切、廿四日ニ相果候事、

一それよりも、直加州へ出馬候之処、諸城雖相相(被カ)拘候、筑前太刀風ニ驚、草木迄なひきしたかふ躰ニ而、加州・能州・越中迄平均ニ相果候、依之、越中境目金沢と申城ニ立馬、国之置目を申付候内ニ、越後長尾人質を罷出、筑前次第と被申候条、令赦免候事、就中自前々、被下談義候条、向後何にても御用之儀蒙仰、不可存疎略候、猶御使僧任口上候条、令省略候、恐々謹言、

（天正十一年）
九月四日

結城殿
御返報

九月四日　秀吉（花押）

結城殿

　　御返報

一二六　結城顕朝申状（館）

結城弾正少弼顕朝謹言上

　欲早被経御沙汰、預重御吹挙於京都、達愁訴、給安堵御下文、全知行顕朝并親父親朝所領等事、

副進

一通　大将御感御教書案於伊達宇津峯致軍忠由事、

二通　同御一見状案子細同前

右如顕朝父子所給康永二年二月廿五日京都御教書者、参御方、致軍忠者、建武二年以前之所領、各不可有相違云々、就之先度軍忠之次第、云年記以前之所領、令勘録之、依捧申状、去々年貞和二四月七日預御吹挙、於京都雖歎申、未達上聞之条、愁吟無窮者也、而去年霊山宇津峯御対治之刻、又依致軍忠、預御感御教書、并御證判畢、案文謹備于右親朝者、所労之間差副手者等於顕朝、所致戦功也、凡顕朝等依参御方、奥州及坂東凶徒静謐之条、何事軍忠如之、其上於羽州、立谷沢城、手者松田太郎殞命以来、至于今、数ヶ度軍忠之上者、任御教書旨、可預安堵御下文之処、不及御沙汰、空経数年之条、歎而有余者也、御約束御教書、於令相違者、啻非顕朝不運之至、難成諸人安堵之思歟、然者急速被経御沙汰、預重御吹挙、於京都中子細、給安堵御下文、弥為抽忠勤、恐々言上如件、

　　貞和四年二月　日

一二七　某軍勢催促状案

凶徒誅伐事、相催一族并近隣地頭御家人等、馳向、可被抽軍忠之状如件、

　　観応二年正月廿五日　　　　御判

　結城弾正少弼殿

一二八　吉良貞家吹挙状（館）

結城三川守朝常申恩賞事、申状一通謹令進覧候、去年宇津峯宮・伊達飛弾前司・田村庄司一族、及宮城郡山村宮以下、凶徒寄来名取郡之時、差進代官結城又七兵衛尉、并軍勢同十一月廿二日於同郡広瀬河、致軍忠之刻、郎従被疵候、加之顕信以下田村賊徒対治之処、今年七月三日朝常唐久野凶徒多討捕之、致戦功候之上、至于田村矢柄・宇津峯、当陣抽忠節候、仍可浴恩賞之旨、□上候、急速可被経御沙汰候哉、朝常軍忠若偽申候者、八幡大菩薩御罸於可罷蒙候、以此旨、可有御披露候、恐惶謹言、

　　観応三年十月廿九日　　右京大夫貞家

　進上　仁木兵部大輔殿

一二九　結城顕朝書状

□殿　　　　顕朝

岩切城没落事、先立申候畢、留守城去夜又落候、就其、留守但馬守京都へ可上之由、申候けると聞候、若罷通事候者、関所を警固候て、相構々々、可被打留候、又可被塞所々通路候也、自大将如此、被仰候、恐々謹言、

（観応三年）二月十三日　　顕朝（花押）

七（郎兵衛）□尉殿

一三〇　足利尊氏御教書案（館）

結城大蔵少輔（親朝）・同弾正少弼（顕朝）・式部少輔（藤原英房）・伊達一族等事、参御方、可致軍忠之由、先日被成御教書訖、可存其旨之状、如件、

康永二年四月十九日　　（尊氏）御判

宮内少輔四郎入道殿（石塔義房）

一三一　某軍勢催促状

奥州所々城郭退治事、早速参御方、致殊軍忠者、建武二年以前知行之地、不可有相違之状、如件、

康永二年二月廿五日　　御判

結城弾正少弼殿

一三二　進上文書案文注文

進上申御文書共安（案カ）文日記、

一通　白河庄闕所等御拝領

建武二年八月十七日之国宣案

一通　金原保国宣案

元弘四年二月廿四日

一通　依上・金原・金山郷綸旨案

建武二年十月五日正文者京都御代官書副輪照預之由見云々

一通　白河上野民部五郎以下跡御拝領国宣

建武二年十月一日

一通　将軍家御教書案

暦応五年四月廿七日

一通　同康永二年二月廿五日御教書案

以上六通進上仕候、又調渡御文書未見出申候、出来候者、以後日、進候、

一三三　結城親朝譲状案

譲与所 □

一陸奥国白河庄□□郷金山・上社・下社・屋森・小松・田島・堰和（カ）久□□本馬・小萱・管野・大和田・飯村・鶴□□□子・辻村・本岩・滑沢、

右、四日市場、以下郷村等事、

一同国金原保 □　□保糠部内九戸等事、

一出羽国余部内一沢村事、

右、於彼所領等□（者カ）、為勲功之賞、拝領知行、無相違、然者相副綸旨以下調度證文等、以子息七郎兵衛尉朝常、為嫡子、一円所□（譲カ）与也、此外有譲漏地者、惣領朝常可知行之、不可有他妨、仍為後

状如件、

康永□年十一月廿八日　親朝

一三四　沙弥某請文案

去月三日御教書、同廿二日到来、謹以拝見仕候訖、抑陸奥・出羽両国可為関東御成敗之由、被仰下候、存其旨、可守申御事書候、以此趣、可有御披露候、恐惶謹言、

応永廿年九月二日　沙弥々々（カ）請文

進上　御奉行所

一三五　某請文案

陸奥・出羽両国事、可有関東御成敗之由、御教書、并御事書被下之候、仍捧御請文候、此趣得御意、御披露候者、恐悦候、恐々謹言、

九月二日

謹上　岡屋豊前守殿

長尾出雲入道殿

一三六　和田昭行書状

態奉啓上候、抑其時分者、条々得懇切之貴札、具ニ貴報候キ、仍御当方岩城口（カ）、自去年、義重被及御取介（扈）、其以来御通用無之候、依之、被申宣候、被遂御一和之上、相互ニ被仰通、可為御干用候、就之、舟尾兵衛尉石川へ差越被申候、到御尤者、彼方へ被仰知候者、岩城江も可被申届候、黒川へも自義重、一和被申宣候、如此、被存儀も無御通用候へ者、世間之申事候之間、此存分ニ候、御吉事尚重而可申達候、恐々謹言、

弐月廿四日　和田安房守

昭行（花押）

和知右馬助殿

追啓、御無事被□下候、無御通用候へハ、世間之申唱申給候哉、被仰下候事、祈（折）節ニ貴意も可有之候へ共、被申届候、

一三七　小峯満朝道久書状

御陣落居候、可被仰出之由、被仰候間、中〳〵、我等も未申出候、尚々其時節可申談候、此御状畏存候、恐々謹言、

九月廿九日　沙弥道（道久・小峯満朝カ）（花押252）

謹上　小峯殿

一三八　三河守広房書状

被致盛胤湯治供仕候処、御貴殿様取分御懇切預候、誠以忝次第候、御談之時者、此旨御披露奉頼候、殊貴所様御懇之故、何も被懸御意候、於末代、忘申間敷候、然者此口、御用等御座候者、切紙と可被申候、涯分可走廻候、何へも雖申度候、一通ニ申越候、兼又芳賀豊前守殿不懸御目候、無心元此事候、此由御意得憑入候、恐々謹言、

三月廿日　三河守広房（花押）

舟田安岐守殿

誉田筑前守殿

舟田□内左衛門殿

謹上　和知周防守殿　御宿所

一三九　円戒契状

こミね殿とゑんかい(円戒)けいやく申候ことハ、きやうこうにおいてハ、大小事たかいに、みつきみつかれ申へく候、しせんのこと候ハヽ、たとゑきやうたい・おち・おい・いとこそのほかの一そくのなかの大事いてきたり候とも、せひをさしおき候て、こミね殿の御大事にあい申へく候なり、しそんまても、この状のとをり、たかうへからす候、又ふしきのきらうかいなんといてきたり候ハヽ、御たつねにあつかるへく候、中条有といハヽ、たつね申へく候、およそたか(カ)へに、
(○前に続くか)
□をおき申、おかれ申事、あるましく候、なを〳〵、此けいしやう(契状)おつねのやうに、おほしめさるましく候也、よて此状のとをりそむくものならハ、にほんこくちうの大小のしんき、ことニハくまの三所こんけん・八まん大ほさつ・かしまの大ミやうしん・てんまん大しさいてんしんの御はつおまかりかふるへく候、よてこにちのために、此状をは進之候也、

明徳二年八月廿三日　円戒（花押）

一四〇　結城朝脩披露状案

「関東へ」
謹言上仕候、抑裏付御赦免之御書頂戴、過分至極畏奉存候、態御釼一腰、国光金覆輪 目貫金、御馬一疋鹿毛、印雀 目結牽進上仕候、以此旨、可預御披露候、恐惶敬白、

永正五年つちのへたつ
十月廿三日　修理大夫朝脩

進上　御奉行所殿

一四一　某披露状案

「京都へ」
謹言上仕候、抑御馬一疋引進上仕候、以此旨、可預御披露候、恐惶敬白、

八月　日

進上　御奉行殿

一四二　某書状案

態啓上仕候、抑公方様へ久不申上候間、御馬壱疋 毛印 進上仕候、可然様、可被懸御意候、仍御馬毛印引令進覧候、此段御披露所仰候、恐々謹言、

八月　日

細川殿へのあてところ
謹上　寺町殿

一四三　宮内少輔定経書状

先度盛胤被致湯治候処、万々御懇切之至、難申尽、被存候、然者猶此已後者、相当之御用等御座候者、可承候、涯分可致走廻候、万端重而可申承候間、不能審候、恐々謹言、

三月廿日　　宮内少輔定経（花押323）

謹上　和知殿　御宿所

一四四　何斎定真書状

去年之御誓詞之御名札、去比於松山、申調候、拙者持参可仕候処ニ、□慮ニ相煩、于今、平臥故、遅延之段、全非無沙汰候、来廿日之内、氏康（北条）父子結城へ自身御出馬ニ相究候、此度之御手合、千言万句ニ御座候条、氏治（小田）・晴朝（結城）へ得御意、氏康御誓詞之懇札、并御書中進献仕候御条目之段者、何も氏康調法被申候、可為御大慶候、彼御誓詞ニ無血判候、可為御不審候、最事候、其口御證人無之候、彼御誓詞寔有被預早々御使、相待被存候、其使之前ニ者、氏康身之血を可被付候、一武田晴信・今川氏真両将引立被申、武・上之備相頼故申、氏康父子ハ来廿日之内越何へ究候、越同景虎（上杉謙信）得陣候、定而可被走帰候、然者廿ニ者、可為御一戦候、至無其儀者、佐宮之以分迄、氏康へ可被乗向儀者、義興当口、宇都宮口舌之内ニ、落居眼前ニ候、今度者、資胤御首尾も可合候、此度御本意、無疑奉存候、佐竹之相押之御本領所、悉不可有御相違候、両皆川・笠間之事無子細之条、可御心安候、佐野儀因掛（カ）ニ無別条候、寄西・小山計今度景虎へ同向候、寄西之事者、二百騎不足之越退候条、早苦候、小山之御事者、ニ又可有御手替候間、是も可御心安候、一会津へも、御誓詞之御返札進候、急度有御届、何も御返事奉待候、当口之儀、少も被成御疑心間敷候、拙者煩得減気候条、来月初ニハ、結・小へ参、急度可奉得御意候、恐惶謹言、

何斎

（四月）卯月十四日　　定真（花押）

白川御館人々御中

追而、斟酌千万之御申事候、此度ニ御座候間、御馬壱疋被下候、然者那（マヽ）□巳至御届者、無相違可参候、

一四五　沙弥禅芳書状

（〇前欠）

「　」連々被懸御意□匕候哉、此度可達本意候、為　上意、結城江罷越候、以吉日、可致調儀候歟、公方様被仰出時宜、再三於此方承候、公私目出存候、然者此時節、可預御扶助候、両那須之事、可為御意見候、以此旨、可預御披露候、恐々謹言、

二月廿五日　　沙弥禅芳（花押367）

謹上　白川殿人々御中

一四六　他阿弥陀仏書状

当地発足之後、従此方、申入度之処、遮而芳信計会之至候、永々滞留中、種々に御懇意之段、難忘候、巨細重而可申述候、恐々謹言、

南無阿弥陀仏、

九月廿九日　　他阿弥陀仏

白河殿

一四七　他阿弥陀仏書状

内々従是、可申入存候之処、遮而芳札示給候、大慶之至、千万候、

其地在留之間、御懇之儀難忘候、猶重而可申述候、恐々謹言、南無阿弥陀仏、

九月廿九日　　他阿弥陀仏

白河西殿

一四八　他阿弥陀仏書状

一昨日者、以使僧申入候処、御懇報祝着之至候、剰預専使候、芳情之段、更非所及筆舌候、堺目御在城御労煩、察申候、愚老事、路次不自由故、于今此地致滞留候、猶重而可申承候、恐惶謹言、

南無阿弥陀仏、

五月廿八日　　他阿弥陀仏

白河殿

一四九　前三河守満怡請文

須賀川当方、縦和睦仕候共、八幡大菩薩も御照覧候へ、其方に申請候ハて、不可有無為之儀候、仍為後日、進證文候、

十二月十三日　　前参河守満怡（花押324）

小峯殿　御宿所

一五〇　右京亮照秀書状

態以使、被申入候、抑今般岩淵紀伊守慮外之刷仕候、成敗被申候処ニ、御悦喜之由候、而先日為専使、御届祝着之由、被存候、随而自今以後、細々可有御通用候由、承候、上下本望候、将亦薄板一端令進献候、聊御祝儀迄候、万端朝角太郎左衛門尉任披露、奉存略、恐々謹言、

四月六日　　右京亮照秀（花押325）

一五一　源長光起請文

謹言上仕候、

抑長光依違例、舎弟七郎政光遺跡相続事、申上候処、不可有子細由、蒙仰之間、調契状候、同被加御判候者、畏入候、依有志、如此、申定候上者、於後日、不可有異変之儀候、若偽此旨候者、上、梵天・帝釈、上堅牢地神、殊日本六十余州大小神祇、別伊豆・筥根両所権現・若宮八幡大菩薩・当国鎮守塩釜大明神、部類眷属之神罰明罸を各可被蒙候、仍祈請文、如件、

明徳元年二月四日　　源長光（花押）

進上　浅河新兵衛尉殿

一五二　式部大輔宗政書状

態令啓候、抑雖一入可申談由候、若輩故、無其儀、意外此事存候、然処春意軒ニ如此之一儀御雑談候処、愚意之趣被仰届候哉、本望至極存候、雖無申述候、於向後者、此口相当御用候者、可承候、又可頼入候、可被春意軒へ申越候、定而御伝言可有之候、仍練筋一結進之候、祝儀迄候、委曲安田助八可申述候間、不能祥（詳）、恐々謹言、

二月廿五日　　式部大輔宗政（花押）

謹上　和知殿　御宿所

一五三　結城晴綱書状

天文拾一年霜月六日ニ御字・御官途自京都、寄思食細川殿御使
節ニ、両人被望下候、翌年三月廿日可被相立候、厥御案文也、

態令啓候、抑　晴元様以御取成、今般　御字、幷官途被懸御意候、本望之至畏入候、仍而鳥尾角鷹へ、御馬令牽進上候、可然様、御披露所仰候、次七、刀一腰令進之候、誠加一儀計候、到于向後者、万端可憑入候、巨細猶筒井蔵人方兼松与一任伝言、不能詳候、恐々謹言、

三□　　（結城）左京大夫晴綱（花押244）

一五四　佐竹義成書状

去比者、皇徳寺為御使趣御申候、輙御使御礼可被申宣候処、有蒐角、被致遅延候、今般以小祝（カ）式部少輔、御詫被申届候、仍我々所迄、為祝儀、御馬被指越候、御芳志難謝奉存候、雖無申訖候（マヽ）、到于向後者、義□御調納之儀、可然存候、諸余奉期後音之時候、恐々謹言、

拾月廿一日　　前隠岐守義□（成カ）（花押326）

謹上白川殿　御宿所

一五五　満臣書状

仍早々可然之様、御了見大切候、定蔵主方よりも被仰候、尤存候、猶々さりとてハ、早々彼沙汰候ハてハと存候、於愚身も、加様之事なんき至極候へ共、又うち越候たき事にて候間、度々加様申候、諸事つき、当方一大事と存候、よき□（様カ）御沙汰候ハヽ、目出候、恐々謹言、

十一月廿九日　　満臣（花押368）

小峯殿

一五六　右馬助修頼書状案

態被成下御書候、謹頂載仕候、抑被仰下候条、正印江則令披露候、然者、如貴書申上候、勝峯寺絶破候ハヽ、不弁無申計候、将又扇子鞍預候、過分至極奉存候、是も折節現来間、蠟燭廿丁、筆五管令進上候、此段可被御意得候、恐惶敬白、

二月一日　　右馬助修頼

進上仏遊行　六寮御足下

一五七　保土原満種一揆契状

就万事大小事、可一味同心事候、若此条偽申候者、可罷蒙　八幡大菩薩御罰候、

嘉吉三年二月廿二日　　前参河守満種（花押327）

小峯殿

一五八　北綱弼等十一人連署状

新石配分、丙寅年より申年迄、七年上可申候、此上之事者、就御世務、如何様之儀候共、被仰付間敷候、無沙汰之儀候者、直可仰付候、幷段そりし之事者、従当年、被仰付間敷候、為後日、一筆上申候、

永禄九年丙寅九月廿五日　　北　綱弼（花押369）

新雲　宗寿

泉崎直満（花押266）
沢井綱親
原直顕（花押）
岩蔵綱国
納谷直基（花押）
和知直秀（花押）
永式綱衡（花押）
芳左綱勝（花押）
中左綱胤（花押）

□新中
衆中

芳賀但馬守殿
(カ)波岡木工助殿
初屋出雲守殿

一五九 備前掾続綱書状

態以使、被申宣候、抑這廻岩淵紀伊守慮外之刷仕候、成敗被申之処、御祝着之由候、而先立御専使被差越候段、然々外被存候、拙子之事は、折節他行仕候而、不及貴報候、覚外ニ存候、随而向後之節々、可有御通信由候、尤上下本懐候、将又薄板送預候、目出度畏入候、自是も同一端令進覧候、寔御祝詞迄候、余慶彼任披露、奉省略候、恐々謹言、

(四月)卯月六日 備前掾続綱（花押）

謹上 白川江 人々御中

一六〇 源秀能書状

孟春之御吉兆、種々申籠候、抑先立、御屋形様より為御使、御樽等御肴色々被下候、御目出度奉存候、可然様、預御披露候者、畏入可令存候、如何様御時分、罷登万々可申上候、恐惶謹言、

陽春十一日 源秀能（花押）

謹上 和知右馬助殿

一六一 重吉等三人連署年貢銭請取状

御斬所陸奥国田村庄之年貢銭之事、

合伍十貫文目録在之

右、為小峯殿御分、請取申候処、如件、

十二月廿五日 重吉（花押）
在宗（花押）
□大（花押）

小峯殿御代官

一六二 太孫義則書状

態令啓達候、仍去比者、於御備ニ、始而及貴面候、本望此事ニ候、親所江も連々御懇切云云、若輩候共、我々所へも被懸御目候ハ、、弥可為過分候、殊此間小窮所へも御懇意之段、具ニ承候、彼人同意候之条、本望至極候、万々奉期後音候、恐々謹言、

太孫
八月廿五日 義則（花押）

白河ニ参

一六三　前信濃守某起請文

敬白、立申きしやうもんの事、

右、このきなく候、きよしのことく、まんたくさやうに候、うしろくらく、人にもかたられ候、又身にても、ふしきをたくみ申事なく候、きやうこうにおき候ても、□らにゝそのきあるましく候、かゝる事候、うけ給きらゝ、口入に又きこしめされ候ハん事をハ、おほせかふらんあひた、かハりきうめいを申候へく候、もしこのてうく、いつはり申候物ならハ、

日本国中の大小神き、別者態野三所権現・八幡大菩薩・鹿嶋大明神・天満大自在天神の御はつをまかり蒙へく候、仍起請文、如件、

明徳三年二月十二日　前信濃守政□（花押）

一六四　右馬守修頼書状案

先度御下向以来、御床敷奉存候、其時節早々参会、誠口惜令存候、仍御光来御時、彼一段之事申入候き、被達上聞候哉、是又御床敷存候、御内義可然様ニ手記御調法候、其以後聽而令啓候哉、飛脚於路次、俄煩半有、十日計自中途、罷帰候、重而馳一筆候、爰元取沙汰給候条、覚外候、委曲御報可示預候、将又此口相当御用等、無御隔心候、可被仰越候、又其口所用乍恐、可奉憑候、事々期後信之時候間、令略候、恐々謹言、

三月五日　右馬助脩頼

謹上臨生軒侍者惲夫

一六五　右馬守修頼書状案

雖未申通、令啓候、抑先度為上使、臨生軒御下向之処、早々参会、口惜之由、正員被申候、兼又彼口方乍一段為内儀、申旨候き、其方可有御談合之由、申遣候、可然之様ニ、可被懸御意候、依御返答、聽而可被申上候、若又懇(カ)之程之由好様候、御両所様御調談憑入候、委曲御報可預示候、恐々謹言、

三月五日　右馬助修頼

謹上梶原殿御宿所

一六六　前越後守某書状（館）

去三日御札、同六日到来、委細拝見仕候了、抑黒羽城無程被責落候間、大慶無申計、其上宗之者共衆、被討取候之間、本望至極存候、就而者、於御手家之面々討死、手負候由承候、乍恐、御心中察存候、如此之子細、罷下可申入候へ共、先途愚状へ、委細者、期面謁候之間、令省略候、恐々謹言、

八月九日　前越後守資之(カ)（花押）

謹上　小峯殿

一六七　足利満直知行充行状

石河庄之内比須釜村事、為忠賞知行不可有相違候、并同庄内鹼出目事、兄信濃守譲与之由申上者、不可有子細候也、謹言、

(四月)卯月九日　(足利満直)（花押32）

石河左近将監殿

一六八　結城朝治契状

小峯殿と、朝治ときやうこうニおきて、諸事の大小事、申承候へきニ、よつてひこ夜叉殿、朝治と父子のけいやく申候也、もし朝治、我とひきをたくむ事候ハゝ、御らんしつゝくましきにて候、大事をも、御らんしはなされ申事候ハゝ、ひこ夜叉殿とけいやくのき、あるましく候也、朝治ニおき候てハ、小峯殿の御大事ハなに事にても候へ、見はなし申事あるましく候、若此条々いつハり候ハゝ、日本国中の大小の神き、事ニハそう所かしまの大ミやう神の御はつを、朝治か身に、あたるへく候也、よんて此状を進候也、

一若小峯殿と朝治か間ニ、ふしきのそら事、出き候ハゝ、御もちいあるましく候、若さる事候ハゝ、たかいに、先に申承へく候、尚々承事候ハゝ、身ニおき候てハ、八まん大ほさつも御らん候へ、めん〳〵たつね承候へく候也、恐々謹言、

永和三年霜月（十一月）廿五日　　朝治（花押172）

小峯殿　御宿所

一六九　平景実譲状

ゆつりわたすみちくにやはたのうちうのかう

合壱所四し、　ひかしをかきるはきのその、　みなみをかきるうみ、
にしをかきるきののまの、　きたをかきるなかの、

右、くたのところハ、かつひらさうてんの所りやうなり、たゝしねうしつるいしに、あいたいなかきのてゆつりわたし候をぬ（はん脱カ）、たのさまたきあるへからす、もしちやくしのはんなしとて、いろいをいたすことありとも、いせんちせうゐんすへからす、そのゆへは、おんなこにせうふんしたるところに、さまたけをいたさハ、かみ〳〵に、このよしを申て、りやうちすへし、ちゝか女しにゆつるところを、もちゐさらむハ、たといちやくしなりふ□とも、ふけうのこなり、さためて、かみよりとかをかふる御さたあらむか、よんてゆつりわたすせうもんのむねにまかせて、すみやかにつるいしりやうちすへきなり、かきりあらむ御みやのくしハ、つとめらるへし、せんれいにまかせて、そのほかのくしハ、つとめらるへからす、さうくたんのことし、

くわんき（寛喜）二ねん八月日

むつのくにの介平かけ実（花押）

一七〇　但馬守与定書状

就御祝言之儀、御書謹而奉拝候、尤雖被存其旨候、盛氏息女幼稚之上、指越被申間敷之由、被及尊答候、雖然、於来音者、盛舜以懇（カ）刷、御祝儀可相調之段、被申入候、听召可為御大悦存候、巨細猶舟田右衛門尉方任御演説、不具候、此等之段、御披露所仰候、恐々謹言、

六月廿九日　　但馬守与定（花押328）

謹上　芳賀三郎殿

一七一　沙弥宗諡書状案

津軽山賊誅罸事、益子左衛門尉・芳賀弾正左衛門尉以下数輩討死事、其聞候、殊感思給候、定被訳(カ)存候歟、其間之子細、以良円、令申候、謹言、

十月十六日　　沙弥御判

宇都宮備前守殿

(注)「上書」宇都宮備前守殿　　沙弥宗諡

御使万年馬入道ニ候、

一七二　結城朝治請文

(○前欠)のきよしに□候へく候あいた、令申候、□におき候て、きこしめさるゝ事候ハヽ、おほせかふるへく候、又うけ給事候ハヽ、可申入候、そうして、くわうせつをもちい度事、於身あるへからす候、もし此条々いつはりに候ハヽ、かしまの大明神・八幡大井(菩薩)・天神の御はつをかう□(ふ)るへく候、仍状、如件、

永和五年□　□　　朝治（花押254）

一七三　岡本梅江斎禅哲書状

到晦、御当方被仰談候、目出度存候、依之以御使者、義篤所江被仰届候、御肝要之由、令存候、然者愚所江御馬一疋粟毛牽給候、忻悦之至候、於向後者、相当之義、不可有御隔心候、委曲彼御口上頼入候、恐々謹言、

極月(十二月)九日　　禅哲(岡本梅江斎)（花押131）

謹上白川御館御報

一七四　岩本定次書状

未申達候処ニ、預御音問候、忝令存候、仍氏康江預御飛脚候、則左衛門大夫方致談合、御状之趣申届候、何も御報被申候、然者当夏中、常州江出馬之儀承候、結城大拯依弓矢之手成不慮ニ、人数可被差遣候、兼又房綱至于今日、無事ニ候之間、可有御心易、猶以自今以後者、此口御所用等、可被仰付候、委細者和知美濃介方可被申達候、可得此旨御意候、恐惶謹言、

岩本太郎左衛門尉

三月十七日　　定次（花押）

白川江参人々御中

一七五　佐竹義成書状

如御芳翰不計以儀、近年義昭御物遠被参候、意外之至候、然処重隆以御取成、御悃切被仰合候、到我々も、歓喜不浅候、然者為御祝義、御馬黒糟毛被指越候、過当之至奉存候、雖無申迄候、於于自今以後者、当方へも御悃切可然候、巨砕之旨、皇徳寺可被御申宣候間、令省略候、恐々謹言、

八月晦日　　(佐竹カ)前隠岐守義成（花押326）

謹上白川殿貴報

一七六　孫四郎継朝書状

就御字并御官途之儀、尊書旨申聞候之処、尤喜悦段、以書札被申候、可然様相意得可申上候、仍私御太刀一腰拝領畏存候、猶以御取成所仰候、恐々謹言、

六月十三日　　孫四郎継朝（花押329）

和知左馬助殿

一七七　関義親領知等記事

関左衛門義親領知四百万石、

白川・二本松・三春・会津・長沼・田村・須賀川・猪苗代・棚倉、

大閤様ヨリ入道号被下、入道義親ト云、義親御兄弟、男女三十六人有リ、石田治部・安国寺・景勝ヱ御一味大坂ヱ籠城討死ス、御娘様御両人、御一人田村家ヱ御出、御一人政宗公御前ニ被為成由也、義親御前ハ佐竹義宣御姉也、白川城小峯城ト云内虵尾ト云所有、観音堂有リ、四月十八日祭礼有之、義親御前白川三十三間ト云所ニテ、御生害ノ時、和知上総子、雨室山竜蔵寺弟子ニ八歳ノ時成ル、十三ニ成ル比此、出家参候時、御懐中ヨリ黄金二枚、摺箔ノ御小袖、守本尊十一面観音渡シ給フ、御小袖ハ御旗ニナシ、義親御一家御下中御菩提可奉弔由也、右虵尾ノ観音是也、今中田町宝泉寺ニアリ、弘法大師の印南僧都ノ作也、閻浮檀金之仏根元奈良ヨリ出ル由也、

家老和知五郎左衛門弟和知上総、猪苗代十二万石領納ス、慶宅者右五郎左衛門孫也、和知藤原氏也、

中田町宝泉寺之内

慶宅物語ニテ記之

一七八　小峯氏領分注文

しらかハ殿のそうしての御りやうのふん、

合五せん五百八十六くわん九百九十一文、

一のこりこみねかたの御ふんよりもくわしやうのふん、

九百十四くわん五百七十九文、

こみね殿のそうしての御りやうのふん、

合四せん六百七十一くわん四百十二文、

かうおう（康応）二年五月　日

一七九　足利満直判物

石川庄内小貫村之事、一両年之事者、可為御料所候、其後事者、為御恩賞、可有御計候也、謹言、

十月八日　（足利満直）（花押32）

小峯七郎殿

一八〇　岩城隆清書状

不日可通之処、今度風図面々至、真実本懐之至候、抑感給訖、所労連年湯治を望、不相止故、雖卒尓与、被罷上候、依之於中途、御尋候上、遮而態御音問、誠快然之由被存候、就中某江如御書中、御酒、御肴種々贈給候、人目重与申、難謝次第候、於自今以後者、相当之

御用等、被仰越候者、涯分可走回候、併御同意専一候、恐々謹言、

三月九日　前周防守隆清（花押330）

謹上　和知殿御報

一八一　牧朝基請文

右依致□里村知行候、親にて候遠江守頼基同心如被申候与御意、於子孫者、永可致随遂候、仍為後日状如件、

永享六年二月十八日　牧助三郎朝基（花押）

小峯殿

一八二　沙弥聖顕書状

於御教書以下御在国事者、不可然候、中書其外諸人令存知候之間、聽可有御参上之由、申度之処、武衛如御談合、東根石川向事等、有煩様承候、所詮武衛申談候、達上聞云云、可有是非御沙汰候、其節ハ先御在国可然候、敵方以御定毎事斟酌候、無為篇考さのミ御在国不可然候之間、其時者ふと御参上可然候、其間之進退石席可有御物語候之間、令省略候、恐々謹言、

五月廿六日　沙弥聖顕（花押）

謹上　小峯七郎殿

一八三　法印隆宗書状

年甫御慶珍重之儀、事荒々、不可有尽期候、抑恒例御祈念、申巻数牛玉、同守令進候事々、重而可申達候間、不能具候、恐々謹言、

正月十八日　法印隆宗（花押）

謹上　和知殿御宿所

一八四　玄喆書状

保内ニ、由隆（カ）被立馬候之間、条々御悃切ニ被仰談之由、承及至于我々も、畏入奉存候、如貴札、自先月、殊外致歓楽、今般不供仕候、誠背本意存候、雖然色々以療養之顕、本覆ニ入申候、然者彼等御使懸御目、可走廻申覚悟候処、于今一向不調之間、無其儀候、単覚外之至候、尚以御懇芳札、彼是後音之時、可覃其恐候之条、存略仕候、恐々謹言、

潤三月十五日　玄喆（花押）

謹上　白川貴報

一八五　沙弥法泰書状

久不申通候之処、珍札具令拝見候了、抑依此方、毎事無力之義候、民部少輔殿退屈之次第、被申旧事ニ候へ共、別人御方様事驚入候、但那須方へ已御談合候、其旨心得可申候由、承候之間、是非を難申候哉、次愚身之事も、諸事雖計会候、子細等候、此間当方連々弓矢之時節之間、中々不申出、及於于今、令堪忍候き、雖然老後事候、万事心安様ニ、預御了簡ニも候者、誠々可為芳志之至候、此段、彼両人ニ巨細令申候、恐々謹言、

八月十六日　沙弥法泰（花押370）

謹上小峯殿御報

一八六　佐竹義重書状

急度啓之候、仍今度安積表出馬付、義親則有御同陣、毎事被相談之間、何事も属存分、納馬候、本望候、就之、以使者申述候、可然様、取成仕入候、恐々謹言、

七月晦日　　義重（花押72）

和知右馬助殿

一八七　和泉守氏久書状

今度者、為御使罷下、御懇之至、殊色々預御扶持候、畏入存候、仍上意江御進物、右京大夫殿江御進物、勢州其外方々江之御□納申候処、則御内書、幷御返報之御物次、右京大夫致御書、御返礼之御物、勢州其外御返進物共、悉相調候而、御使江渡□、就中御官途之御口宣ニ、公方様被成御判候、千秋万歳、目出度存候、必来年御礼、可有御申、若遅々候而者、不可然存候、猶巨細之段、河東田備前守・八槻別当両人可令披露之条、不能一二候、何事も重而目出度、可得御意候、恐々謹言、

十二月十九日　　和泉守氏久（花押）

謹上

和知周防守殿

船田安芸守殿

芳賀左衛門尉殿

同豊前守殿　　人々御中

一八八　前美作守定詮書状

態捧愚札候、仍彼旁那須之陽□□□様、路次上下無相違様、憑入候、将又先度為使者、被指越候正印、於于今当処被存候、委者重□可申次候付、令存略候、恐々謹言、

四月五日　　前美作守定詮（花押）

謹上　和知周防守殿御所宿

46〔相良文書〕　須賀川市相良定邦所蔵

一　北畠親房御教書（切紙）（館）（〇以下一八まで一巻なり）

（親房）（花押39）

此方可及難義之次第、先々度々被仰候了、定無等閑候哉、一年二年も、可有堪忍歟之由推察之条、雖似有其謂、此辺之実義、於今者、大略及難義候了、関・伊佐・下妻等者、さりとも暫相支候篇もや有へく候らん、其外小城不可叶、随而長沼已違変了、無念之至極、何事如之、其外も信太庄内佐倉楯・河内郡駲馬楯等引退候き、如此候者、当所小田城も所存難知候、所領者、悉被散之間、疲労之躰候間、難堪忍候歟、若然者外聞実義珍事之上、諸方御方、定又可落気候、所詮者、後措之一段候也、縦自身発向難事行候者、賢息一人相率一族以下被馳参候条、可為別忠候、其条猶可延引者、東海道ニても、高野辺ニても、又那須界へニても、被出懸勢候者、暫可相支候、不然候て、今十日、十四五日も延引候者、大事出来、更不可被

成疑候、小山辺事ハいかに申候とも、難被相憑候、以此一段、被延引候者、不可有正躰也、実ニも此一節、被勠力申候条、可為難義者(ママ)、さりとてハ不顧諸方事、暫程も他所へも可有御移住候、随此左右可被治定候、難義已至極候間、及委細候也、(興国二年九月)

二　陸奥国宣(切紙)

(親房)
(花押39)

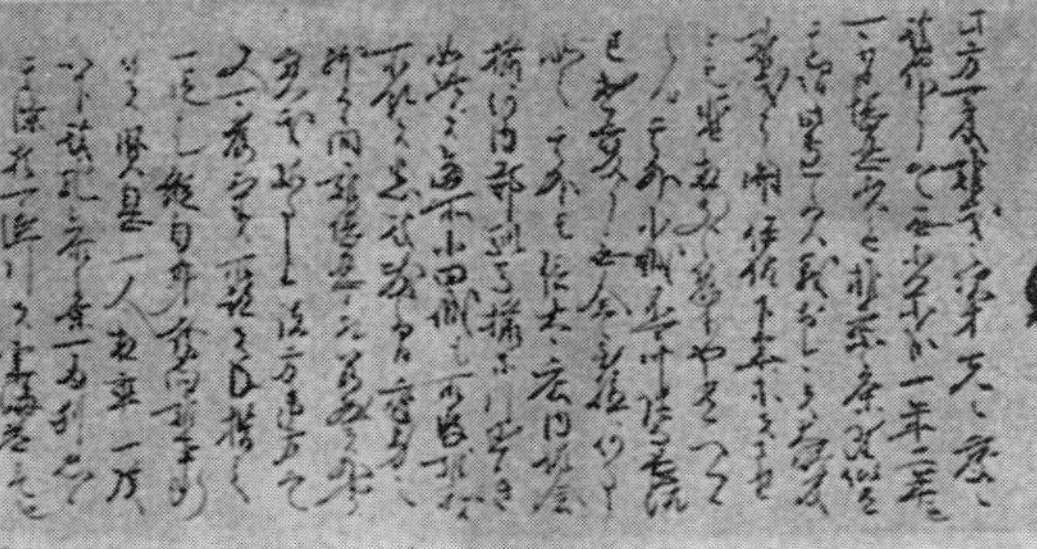

岩瀬郡河東郷内大栗・狢森両村事、式部少輔状如此、子細見状、早可被沙汰、付彼代官之由、国宣所候也、仍執達如件、

延元四年九月十四日越後権守秀仲奉

(親朝)
結城大蔵大輔殿

三　北畠親房御教書(切紙)(館)

今者真実□□発向難事行者、讃州□□勢伊佐以下之勢ニ同道して到着候者、目出候歟、凶徒之躰ハ雖無正躰、城内事已以至極之間、是まて所令申也、勅進諸人被成大義候はんこそ大切ニ候へとも、其まて事も不可待付之間、重所令申也、於年来之忠節、今更定無等閑候歟、然而此方難義出来以後之式、争無遠慮候哉、委細宣宗定申談歟、悉之、

六月五日　(親房)(花押39)

四　北畠親房袖判沙弥宗心書状(切紙)

(親房)
(花押39)

田村庄司一族、穴沢左衛門五郎成季任官事、先可被任下官候等(ママ)、凡国中諸軍勢任官、恩賞等事、面々競申候、功之浅深闕所之有無、於遼遠者、難被知食、若参差事候者、可為諸人之怨之間、可待申御下向之由、此間面々被仰候者、得其意、可被仰聞所望輩候、又取別可有沙汰事候者、委注子細、可被執申候也、其城中朝胤等事ハ、不可被准他之間、武衛事も即申御沙汰候者、庄司一族等事、宗季可為庄司之由、先日経沙汰、被仰了、総領事ハ未被仰出候者、一族中ニも、別構城墎、致忠輩候歟、所詮彼方事、注申忠之実否、面々自称非無御不審か、委可被注申候、

南部遠江権守(政行)使者事、被聞食了、凡奥徃反輩事、云忠之実否、云徃反之煩、誠被察思食候、能々可被糺明候、自是被下遣御使事、向後各可被持過所候、可為宗心判形候也、使節等毎度申旅粮等之条、無謂候歟、随事躰可有計沙汰候哉之由仰候也、恐々謹言、

(延元四年)
五月四日　沙弥宗心

結城大蔵大輔殿　御返事

五　北畠親房御教書(館)

(親房)
(花押39)

吉野殿御譲国事、定風聞候歟、奥州宮(義良親王)被開御運之条、聖運令然候哉、其間事態、被立御使候者、委細事ハ、其時可被仰候、兼又此間ニ、鎌倉凶徒率武蔵・相模等勢、寄来之由、其聞候、今明之間、定寄歟之由、被待懸候趣(カ)、鎌倉辺までも、忩可被打上之処、所々城揶等、難被打捨、面々加斟酌了、今寄来之条、中々早速静謐之基歟、就之、忩可被措合于常陸堺候、其子細先度被仰了、無等閑、被致沙汰候者、可為別忠之由仰候也、仍執達如件、

(延元四年)
九月廿八日越後権守秀仲

結城大蔵大輔殿

六　北畠親房条書(切紙)

条々

一後措延引之間、已及難義事、

一小山内談、不可有所期歟事、

一正員発向、猶難事行者、子息一族相伴、方々軍勢、可被馳参事、

一此条猶可遅々者、且出軍勢於東海道歟、矢槻辺歟、那須辺、可被示進発之躰事、

一小田城中已有異心之族、真実不可有進発者、得其心、可有進退、但令退当城中者、云此辺之難義、云諸方之外聞、可為珍事事、

一今度参輩、以別儀可被行思賞事、

(マヽ)
十月廿六日

(親房)
(花押39)

七　北畠親房官途推挙状(切紙)(館)

(親房)
(花押39)

所被挙申也、

中

左兵衛尉

藤原朝胤

延元四年五月四日

八　北畠親房御教書(切紙)(館)

京都凶徒作法以外聞候、直義・師直不和已及相剋云々、滅亡不可有程歟、而不待時如此之時節、此辺城々ハ及難義候ぬと違恨候、

奥方事其後何様聞候乎、可急速之躰連々雖示送、于今無其実、積欝之間、重遣飛脚候也、此方送日難義候、失一命候ハん事ハ、更非痛思、方々退屈之基ニ成候はんする事こそ、口惜候へ、其辺勠力難義之処も察思給之間、其後ハ不申候ッ、然而ふと如何なる事も候ハんする時、且被思合候へかしと存候間、□□□□(愚意之趣)聊載事書候也、相構被留心、々閑可有料簡候、小山事去比、自他方、以外謳哥(歌)候き、以先々之道、令伺之処、例式之返答かつは□□馮候、年来忠節仕る事□候つ、就中故禅門、老後余執懇切、於旅宿入滅候し事、哀に覚候、相構縦雖被見捨此方、被全忠節候者、可為至孝之全一哉、今度大略獲麟之一句と存候間、如此申候也、悉之、以状、

(興国四年)七月三日　(親房)(花押39)

(〇宛所欠、結城親朝か)

九　足利尊氏書状(切紙)(館)

吉野御合ていやふれ候うへハ、右京大夫とたんかうして、いそき新国司をちうハちせらる(候カ)へし、そのハうの事ハ、たのミ入て候、よろつすかのゆきしておほせられ候、

観応三年三月十七日　(足利尊氏)(花押17)

(朝常)白河三川守殿

一〇　左中将道世書状(切紙)(館)

去七月廿二日御札、十一月三日到来候畢、連々御音信尤被悦候、実雖無指事候、就公私、常可申承之由、相存之処、御同心之至本望候、抑小田合戦事、御方毎度得利候覧目出候、 聖運令然給候者、落居不可有程候歟、下野留守事、自 公方被仰出候間、度々委細仰遣候、相待左右時分候、小山辺御秘計事目出候、兼又御志物事、在山難儀之折節処、被懸御意候之条、殊大悦候、此事去七月之比、御札到来之間、御志物相尋御使候処、未到着之由、返答之間、其後連々雖相尋候、依無其儀候、去月態進使者候了、而今五千疋到著由御使、自京都令申候之間、則上使者候、先云御志、云折節、更不知所謝候、委細追可申候、恐々謹言、

十一月三日　左中将道世
(花押)

白河殿御報

一一　北畠親房御教書(切紙)

尤可為被□本意畢、
於坂東石巻其他(カ)而被押威東之□之条是非□之儀、于此時再興有何疑□以此等之正理、可期誘引也、御方失利、凶徒乗時者、縦雖墜(カ)家業、定失再興之道を歟、尤可惜之□　□期後信、悉之、

十一月廿八日　（親房）（花押39）

結城修理大（朝親）□（夫御）報

一二　北畠親房御教書（切紙）（館）

師冬寄来之後、度々令申了、合戦之躰、当方已有其利、対治不可有程歟、但凶徒構要害之間、廻籌策欲致沙汰之最中也、此時分、被致後措者、云当所之力、云諸方之聞、尤可然、殊被廻遠慮之条、可為本望候、悉之、以状、

（興国二年）六月廿六日　（親房）（花押39）

結城修理権大夫館

一三　北畠親房御教書（切紙）（館）

此辺為御方城々、至今者、随分存無二之忠、令堪忍神妙々々、但以奥方之勠力、為所期、猶可延引者、可及難義之条、兼可被思儲也、於身上事者、宜任天命之間、付善悪不驚動、以一命欲報先朝許也、然而此方及難義者、天下静謐無所期歟、且新主偏令馮坂東安全給、親王又御在国、付彼付此一身荷担也、為之如何、如聖徳太子御記文者、可被開御運之条、当今年凶徒滅亡雖無所疑、今見此辺之躰、危如累卵、短慮令迷惑候也、且何様被存乎、奥方吉事重畳、雖令悦耳、府中未入掌握歟、発向猶令遅引者、此方事頗以不審、当時凶徒之躰、其勢不幾、雖少々有勠力者、何無対治之道哉、然而自去年連々雖令申、被加斟酌之上、不能再往之懇請、只任運命、相待時節、老心之辛苦可被察者也、奥辺事為催促、重遣使節、以便宜、染短筆而已、悉之、

（興国三年）三月廿八日　（親房）（花押39）

結城修理権大夫館

一四　北畠親房御教書（館）

（親房）（花押39）

改年祝言、遂日重畳、幸甚々、先日以成田（三郎左衛門尉）、被進奥候次、委細被仰候了、定到来候哉、此方勠力事、何様被廻籌策候やらん、凶徒関・大宝間ニ取陣候、両城猶以通路不容易候、伊佐・真壁・中郡・西明寺等、同雖存忠節、自他□ハ合力之間、心苦躰候、今まてハ此城堅固之条、尤神妙候、然而さのミ送日月候者、可及難儀之条存内候、相構急速勠力候者、云日来忠節、云当時之功労、旁御本意可満足候、いかにつよ〳〵しかるへき被廻遠慮候とも、去年如小田事出来候なハ、諸方更不可有正躰候、猶此間事推察不足候歟、能々可令廻遠慮給候之由所候也、仍執達如件、

(興国三年)正月廿六日　刑部大輔秀仲奉

結城修理権大夫殿

一五　北畠親房御教書(館)

以此事書之趣、能々可有料簡候也、

(親房)(花押39)

御方上下、移関・大宝間事者、一両度御請文皓到来了、去三日師冬率治久以下降人、取陣於村田庄、同八日、重寄来此境、師冬以下輩ハ、取陣於関城大手野口、一手ハ、取陣於大宝城北寺山、即止両城徃反之陸路了、一手ハ師冬親類三戸七郎(師親)大平弁高橋、其外武蔵・常陸勢、為宗之輩、大宝城南長峯ニ、欲取陣之処、大将春日中将・一条中将等、率城中勢出張、悉追散了、得利之条、不可勝計、先代未聞之合戦、併神慮也云々、如此日生捕説者、師冬自伊佐欲引古河方之処、依大平義勢重寄来之由申之、如風聞者、近日差遣治久以下勢、重可責大宝大手云々、件合戦日、村田四保城、被押隔無心元之処、其身幷両妻即時出家、因幡者、為代官出降人了、村田本領主即管領城中、無面目之次第也云々、此事自兼日聊有嫌疑、日比ハ、新城難支者、可参大宝城之由、称之、兵粮等用意、脚弱之族ハ留置之処、自去月之末、悉移新城之間、大宝輩面々雖申所存、此仁自最初無違変、関幷大宝・伊佐等城々モ相支、就中、奥辺無子細者、かゝる短気事候はしと、深被遣御意了、但又其上相違ヲハ如何と兼ても沙汰候ハんそにて候き、兼日之謳歌、無子細候ける、不可説候、此事正員ハ不思寄候ける、

随而今モ一向為遁世之躰之上、聊似不忘義歟、因幡ハ如法、愁歎深歎申候云々、一向為越前張行、及此義之由聞候也、近日可下向其境之由、令謳歌候、如何ニも為敵方使者、為教訓歟、何さまニも下向候所存、可為御方之凶之所存候哉、能々有思案、可被相計候、仍態被立飛脚候也、凡近日敵方併構申和順之道候、仍至此御方へも、以極楽寺僧円琳、種々申旨候き、比興之次第候、且以之思之、諸方此式候歟、能々被廻遠慮、可被禁如此之内通(者)哉、小田本自短気之上、耽種々甘言、忽違変、如風聞候、延元々年秋以後(持明院殿、偽立已後)官位ハ依一同之法、悉以停癈之間、如昔称宮内権少輔云々、一族家人官途悉不呼之、所領又一向抑留、本領猶以不得十分之一云々、吏務守護又以不及沙汰云々、毎事雖支度相違、聊被引率于戦場、憂悲苦悩之由聞候、

抑此合戦之様、雖度々被仰談、始終作法可為何様候哉、真実之儀、無隔心、可被計申、凡小田城なとも、合戦ヲハ毎度打勝、一□(関)不負、又兵粮尽たる事も、不候処、□遅々難義出来了、当城、(大宝)下妻事、正員(宗政・政泰)ハ共幼少、就中下妻ハ被管輩面々不和、去比モ数輩引分出城中了、且ハ田中一躰之間、扶持輩等相互、猶不心免候作法也、但当時竹園御坐、春日以下数輩、被籠候へハ、無左右、無物忿

之儀候歟、然而事令延引、四方被取巻之後者、故可心苦候所也、当城ハ宗祐随分無他事、尤神妙、但此城中ニモ、兼日ニ号羽太輩出了、此間六七人逃出之間、又以珍事也、云要害、云兵粮用意、暫相支之条ハ、定無子細歟、然而諸方通路更断絶、伊佐城無二之所存、雖異他、細々不通之間、相互不及勠力、真壁・西明寺等城、随分中義勢無二之躰也、又以被押隔了、仍短気之輩、如何ニも猶構出難儀候ぬと見候也、所詮此上事、非奥方合力者、可為難義之条勿論候、適此五六ケ所城相支之程ニ無勠力者、即時可及其境之難義之条如何、如今者、凶徒之勢散々体候定不幾、如度々被申、静謐方々率多勢之後、可有勠力者、於此方事者、重可有難義、可被思儲候也、凶徒ハ雖少勢、きと不可有後措歟と由断之間、入隔此城々之中、是為令不整御方勢候也、然者縦雖二三百騎勢、打上テ西明寺・伊佐辺へも着候由聞候者、即時可退散候条、如指掌候、田村石川等輩ハ、去月比ニも可罷上之由、度々申入候き、彼等ヲモ被催立テ、代官一人ヲモ被差副候て、雖少々到来候者、可為必然之利候、此段争不被廻遠慮哉、凡付公私、深被憑仰余、毎度及委細候、依無勢斟酌之条も、雖非無其謂、一ニハ、其方勠力遅々候故、被失坂東御方候はんする、非無怠哉、一ニハ此方難義至極候者、即時可及其境之難義、非必然之理哉、且事之道理、何としても高氏等非可保天命、将門か誇張モ、及六ケ年、滅亡了、況此逆乱、可及明年之由、諸人存之、然者（後村上天皇）吉野新主可令開一統御運給之条、有何疑乎、此君起自奥州、被開御運了、争被思食捨旧労哉、其上元弘以来、遂無一度之違失、此事ヲこそ故禅門ハ常ニ被自称候しか、一ニハ足利ヲ不可頂載之由来、一ニハ不可落弓箭名事ヲのミ被独歩候き、定不被忘此遺言歟、仍不遣腹心、及述懐者也、（○興国二年十二月親朝宛カ）

一六　北畠親房御教書（館）

（親房）（花押 39）

年始祝言、幸甚々々、於当年者、天下可一統、兼以在人口、天之所授、不可有疑殆、且依年来之忠節、且依当時之功労、被施家門光華之条、尤可有自愛候歟、

抑此方勠力事、其後何様被運籌策候乎、関・下妻輩忠節、雖無等閑、勠力及遅引候者、難堪忍候歟、且凶徒、於当城中間所々取陣之間、路次不通、僅以船往反許候也、他方ニハ伊佐・真壁・中郡・西明寺、随分守忠義候、此方面々専守禦、不足勠力如此候者、未来難義可被察申候哉、所詮凶徒無勢尫弱事候重不加勢以前、被進勢候者、可有必然之理（利）候、雖四五百騎勢、西明寺・伊佐辺ニ到来候者、自此方押合之時、可得其理之条勿論、為被整多勢、徒被送日月候者、後悔無其益候哉、何様令存給候哉、猶々於今春者、運殊籌策、被勠力申候者、御本望可満足候、依此事、可及天下大事候条、争不被廻遠慮候哉之由所候也、仍執達如件、

（興国三年）正月十四日　　刑部大輔秀仲奉

結城修理権太夫殿

一七　水野光道書状

御札畏拝見仕候了、抑蒙仰之条、於身候て疎路之儀有ましく(カ)候、万御心やすくおほしめさるへく候、命なからへ候ハん間、心かわり申事あるましく候、尤もあれにこそ候へきにて候へとも、あれに候てハ、身命つきかたく候あひた、これにてなに事も〳〵、五郎兵衛入道申入て候あひた、御ふミにつくしかたく候、このむねを御ひろうあるへく候、恐惶謹言、

水野上

四月十六日　　光　道(花押)

進上豊田二郎殿

一八　佐々定隆奥書(○相良家蔵白河結城系図の奥にあり)

水戸侯天和三年三月、遣家士佐々介三郎、訪求譜籍、既而同年四月八日還之時、附賜以羽織一領、

定隆書

一九　北条親房御教書(館)

改年祝言、遂(逐)日幸甚、天下静謐、国家安寧、併可相叶、今春祝詞者也、此方事相構、早速可被運殊籌策哉、依勠力立大功之条、且所令祝着也、悉之以状、

(興国三年)正月十四日　　(親房)(花押39)

結城修理権太夫館

二〇　北畠親房御教書(館)

(親房)(花押39)

奥使節到来、面々急速可進発之由申之間、御方城々成其勇候、如当時者、凶徒塞城々通路、難義無申限候、後措事、相構不遅々之様、猶々可被運籌策候哉、

一去月一日・七日・九日合戦事、於当手并霜台(顕朝)手忠節者、且御所案之内候、殊目出候、其外人々忠節神妙候、随被注申、被感仰遣候也、

一多田入道(貞綱)事、沙汰之次第、殊目出候、日来自称、頗雖難得御意事等候、年来忠節、不可空候キ、今も随分存忠候なれハ、無為之儀、旁心安候、

一僧浄光下向事、先日且被仰了、太難得御意候、一向彼僧推参之儀候歟、凡東国事、可被閣直勅裁之由、(後醍醐天皇)先皇御時被仰置了、況於奥州者、郡々奉行等事、今更以何篇可及上裁哉、縦雖為実事、不知案内人々中沙汰候歟、雖向後、不可有信用事候也、

一河村弥四郎・同六郎左衛門尉等忠節之次第、御感不少候、当時管領地事、自将軍已被預置候歟、然者先無相違歟、神妙候、今度定可罷上歟、委被尋聞食、追可有沙汰之由所候也、仍執達如件、

(興国三年)五月六日　　刑部大輔秀仲奉

結城修理権太夫殿

二一　北畠親房御教書(館)

(親房)(花押39)

先日被申候多珂郡辺事、已構要害了、可給御旗之由令申之間、被遣了、近日之時分、尤可然事候、相構急速可有勠力沙汰候歟、日限令治定候者、自此方も、春日羽林可被押合也、自彼城中、態以飛脚馳申候間、如此被仰之由候所也、仍執達如件、

（興国二年）
五月四日　刑部少輔秀仲

結城修理権太夫殿

二二　北畠親房御教書（館）　（親房）（花押 39）

将軍家御下向間事、先日委細被仰了、其境事何様沙汰候哉、抑高師冬以下凶徒、引退候了、駒楯城去廿七日夜討事候畢、一旦雖及難義、則被責（返脱カ）候間、同廿八日八丁目・垣本・鷲宮・善光寺山四ヶ所城、放火没落、同廿九日酉刻、飯沼楯没落、同夜師冬陣屋悉焼払、逃走候了、御方大慶此事候、此上連々被出軍勢、可被対治方々候也、就之其方事、相構忩々可有沙汰之由所候也、仍執達如件、

（興国元年）
六月一日　越後権守秀仲

結城大蔵大輔殿

二三　北畠親房御教書（館）　（親房）（花押 39）

去月廿六、七両日、高野郡長福楯合戦事、注進趣具披露候了、凶徒対治之条、殊以神妙、致軍忠之輩事、面々加詞可被仰（感カ）、且其間子細、以御使経泰（広橋）、被仰遣候由仰候也、仍執達如件、

（延元四年）
八月廿一日越後権守秀仲

結城大蔵大輔殿

二四　北畠親房御教書（館）　（親房）（花押 39）

此方合戦間事、連々雖被仰、事猶及火急之間、以長沼大輔法眼宗俊、被仰旨候、無急速沙汰者、可及天下之御大事候、殊可被廻思慮之由所候也、仍執達如件、

（興国二年）
十月廿五日　刑部大輔秀仲

結城修理太夫殿

二五　北畠親房御教書　（親房）（花押 39）

此方難義之子細、度々被仰候了、小田忽称有和順之道、引入凶徒等之間、一昨日十日、御移住関城了、春日羽林被移大宝城候也、無二之輩者、大略引分之間、中〳〵心安篇候歟、但諸方之聞、定不隠（穏）便候歟、無念之至極候、於小田者、雖属凶徒、依不好合戦、及此義候了、然者不及成御方之害候歟、此時分被出勢者、被対治師冬党類之条、不可有子細候、猶々、此間度々被仰候処、依勠力之遅々、此難義出来候了、猶以及遅々候者、適相残之族、定落力候歟、相構当此時節、被成大義候者、忠節名誉何事可如之哉由所候也、仍執達如件、

（興国二年）
十一月十二日　刑部大輔秀仲

結城修理権太夫殿

二六　北畠親房御教書（館）

（親房）
（花押39）

高野北方事、伊達宮内大輔行朝々臣、頻申子細、依無勢、無難（忩カ）被打渡之由、先度雖被申、一族以下差下之由、令申候上者、如先度被仰、急速可被沙汰付、且彼朝臣並一族等忠節、異他候、依如此事、貽所存之条、自他無其詮、相構諸事無隔心之様、可被談合之由、内々其沙汰候也、仍執達如件、

（延元四年）
九月十日　越後権守秀仲奉

（親朝）
結城大蔵大輔殿

二七　北畠親房加判秀仲書状（館）

（親房）
（花押39）

去比海道一族等下向之時、委細被仰了、此間於方々合戦、毎度御方得利、凶徒多以或討死、或被疵、悉引退候了、於今者、駒楯一方合戦之最中也、此時分、自一方、被押合候者、那須・塩谷辺凶徒、定令退屈歟、且被存別忠、可令打出給之由、仰候也、恐々謹言、

十一月廿一日　越後権守秀仲

結城大蔵大輔殿

二八　北畠親房御教書（館）

（親房）
（花押39）　（〇本号、磨損不明の部分を有造館本によって補う）

海道辺事、経泰細々令談合候歟、相構早速可有勠力、［　］両年及八ヶ月候、城中警固、于今無為、宗祐奉行忠節程、無比類候、連々又依加対治、凶徒以外衰微、又無加増之勢候也、然而凶徒又構要害之上、於兵粮者、不可尽歟、無左右被責落（難）候条、為難義、且又官軍も、面々守自城之間、押廻之勢、不足之間、坂東静謐及遅々歟、此時分、被出那須辺候者、凶徒可退散之条、為所案之内歟、不然者、急速打開海道、発向荒連辺候者、又以無雙之上計候也、且田村輩申之旨候之間、委被仰遣経泰候、被尋聞、能々談合、急速被計沙汰候者、弥可被表御忠之色候歟、又此外条々、被仰経泰之子細候、可令申聞給候由仰也、仍執達如件、

四月三日　越後権守秀仲奉

結城大蔵大輔殿

二九　堀河具信奉書案（館）

（写）此間者、細々申承候之条、為本意候、其辺事、御沙汰之次第承及候、返々目出候〳〵、後措事ノ（カ）、奥州申談、先可致其沙汰候、相構々、諸方被催促、早速先可被合力申、常州候哉、小田違変之上者、帰参候、不可似日来之儀候、貴辺弥被忠節者、誰人可争功候哉、治久帰参之由、其聞候、実事候哉、比興〳〵、兼又海道長老善応寺、于今、被経廻其柵候哉、雖為何所、此状被伝遣給候者悦入候、広橋肥後権守海道沙汰事候、其儀何様候哉、心事期後信、仍執達如

件、

（四月）
卯月四日　　堀河参議源具信（花押）

結城修理権太夫殿

三〇　**足利尊氏御教書**（切紙）（館）

（足利尊氏）
（花押17）

当知行地事、不可有相違之状如件、

観応二年八月十六日

結城参川守殿

三一　**北畠親房御教書**

（親房）
（花押39）

陸奥国菊田庄内小山左衛門尉朝氏並女子跡等事、彼等可参之由雖申之、遅々之上、先加対治、可被預置者、依仰執達如件、

延元五年正月十二日　越後権守秀仲奉

結城大蔵大輔殿

三二　**北畠親房御教書**

（親房）
（花押39）

師冬以下凶徒、自去十六日寄来、取陣於当城山上了、称相待諸方勢、未及楯際合戦、後措事此時分忩可被沙汰立候、今度宜為坂東安否歟、若令遅々、此方合戦及難義者、諸方可落力歟、存別忠、急速被沙汰立者、付公私、可為仰本意之由、重　仰候也、仍執達如件、

（興国二年）
六月廿一日　刑部少輔秀仲奉

結城修理権太夫殿

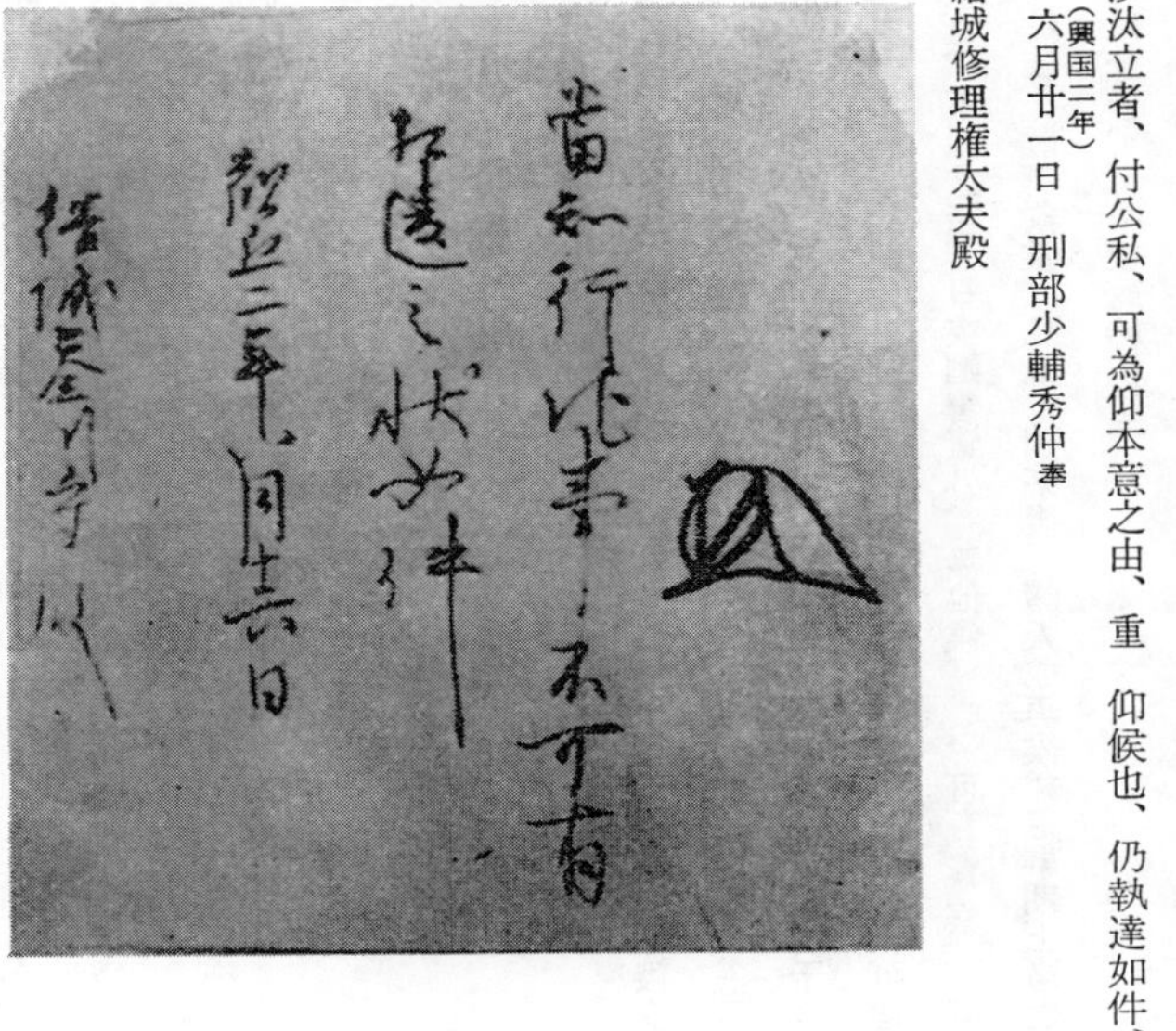

47　〔有造館本結城古文書写〕国会図書館所蔵

一　**後醍醐天皇綸旨**

凶徒可没落東国之由、有其聞、然者、於路次、可被誅伐

旨、其沙汰候也、

奥州国司参着之後、連々合戦最中也、以夜継日、忩可令馳参者、天気如此、悉之、以状、

五月八日　右中弁（花押）

白川一族等中

二　後醍醐天皇綸旨

北国西国官軍等成勢間、於今度者、同時可被責京都、相方之官兵、忩可被参之由、天気所候也、仍執達如件、

（押紙）「延元三年正月廿五日ナホ大蔵少輔タリ二年十一月尚権少輔、大輔ノ初見ハ四年七月六日カ」

十月十三日　右中弁（花押）

（結城親朝）
結城大蔵権大輔館

三　蔵人藤原朝臣奉口宣案（〇48—五参照）

卿□□
上切テ不見、寺中納言

興国元年十一月廿四日　宣旨

大蔵権大輔藤原朝臣親朝

宜任修理権大夫

蔵人勘解由次官藤原朝臣奉

四　後村上天皇綸旨

可抽忠節之由、令中之条、尤神妙、不日遂其節者、可為別忠、有殊功者、宜有褒賞者、天気如此、悉之、以状、

正平六年六月九日　右兵衛督（花押）（注）「吉野ｶ」

（顕朝）
結城七郎兵衛尉館

五　後醍醐天皇綸旨（秋）

被仰下御状、度々被仰下旨定承候歟、抑其方事、深憑思食、汝兄弟（顕朝・朝常・朝胤）三人相共、成同心思取持当国、可奉授天下、若然者、先々云軍忠、今云労功、旁以上弓箭之名者也、尚々深被憑思召、此旨得心、可奉守護天下者也、天気如此、

掃部助時成奉（花押）

十二月七日

（結城顕朝）
白河七郎兵衛尉所

六　北畠顕家書状

勅書并綸旨及貴札、跪拝見候了、臨幸吉野事、天下大慶、社稷安全基、此事候、須馳参候之処、当国擾乱之間、令対治彼余賊、忩可企参洛候、去比新田右衛門督申送候之間、先而致用意候了、而于今延引、失本意候、此間親王（義良）御座霊山候、凶徒囲城候之間、近日可遂合戦候也、下国之後、日夜廻籌策外、無他候、心労可有賢察、恐鬱処、披御札散欝蒙候、且綸旨到来後、諸人成勇候、毎事期上洛之時候、以此旨、可令披露給候也、

正月廿五日　顕家（花押）（〇この花押、一覧36とほぼ同形であるがやや変形、以下九まで同じ）

人々御中

七　北畠顕家軍勢催促状

（顕家）（花押）

為五百河凶徒対治、所被差遣軍勢也、早相催庄司一族、令発向、可
被致対治沙汰由、鎮守大将軍仰所候也、仍執達如件、

延元二年三月廿九日　軍監有実奉

大蔵権（ママ）少輔殿

八　北畠顕家軍勢催促状

（顕家）（花押）

五百川凶徒対治事、先度被仰候ノ方々余類等馳集之間、伊達庄司
輩、遂合戦之最中也、相催一族、忩可令馳向給之由、鎮守大将軍仰
所候也、仍執達如件、

延元二年四月九日　軍監有実奉

大蔵権少輔殿

九　北畠顕家御教書

上野・武蔵・鎌倉以下所々合戦、悉無子細候、仍昨日廿四日渡河志
賀川、対治凶徒畢、京都事、不可有子細候、国中静謐、能々可有沙
汰之状、如件、

延元三正月廿五日　（顕家）（花押）

大蔵少輔殿

一〇　北畠親房御教書

此方之式者連々令申之上、今更不可尽詞、今年無為相支、誠不過之
次第也、城大宝輩、至今雖無短気之所存、如此令延引之上、争久令
堪忍乎、尤可足還迹事也、此間之式以大様之使者、雖述尽之、余以
宣宗法眼差下将軍許候也、委細定令申歟、所詮奥方次第沙汰猶可延
引者、将軍雖一身、可発向候之間、所申遣也、然者縦自身者、雖被
留其境、相構可被副子息一族等歟、又田村石川辺輩、雖仰遣、自其
も加詞、可被下知也、御方城々疲労も雖為不可久之躰、凶徒も強無
（ィ）感勢、連々合戦衰弱之時分也、又京都も擾乱之間芳可然歟、雖為小
勢、奥勢白河辺ニも到着、乃至西明寺・伊佐（破損）着者、決定可有其
宗秀歟、其間事良（可）守問宣宗也、兼又小山辺事、去比遣藤井出羽権守
利者問答了、請文如此、且可有令申候間、自其境被思立者、不可有
子細申候、如何、悉之、以状、

（興国二年）十二月廿一日　（親房）（花押39）

（親朝）結城修理権大夫舘

一一　北畠親房御教書

去比両度委細令申、定到着歟、奥辺事如何か聞候らん、日夜念願可
被祭申候、此方之躰、至今無為、併冥助之所致也、非分之所及者
哉、相構猶々廻遠慮、可有勠力之沙汰也、天下之安否、可在此一節
為之如何、抑此両城形勢、依有難尽紙面之子細、以此僧所申談也、
急速被計申候者、可然事歟、諸事委可被尋聞也、悉之、以状、

八月廿三日　（親房）（花押39）

結城修理権大夫舘

一二　北畠親房御教書

此間事委細範忠令申歟、真実廻唯候者（て）、安否之境、猶々可被廻籌策也、敵方之躰ハ大略至極歟、不可被失時節者哉、抑吉ニ御座候へは、御一所（宮）今月一日御下向候者、無為之条、返々目出悦入候、未及露顕候、内儀は本竹事（興良親王）大略危候、実にも自其境、早速発向候者、無為之儀も候ハんすらん、可任申彼運候、無為ニて、如元令憑給候者、雖何方可申付、又新竹令坐候ハんすれハ、諸人仰申之条、勿論事候、内々可被得其心也、兼又或仁代官上洛被下、敵方状勧進諸方之由、其聞候、返々無勿躰候、内々可有守（尋）沙汰候、偏聞難儀候間、当条密々所候也申者、悉之、

　五月六日　（親房）（花押39）

（注）「宛書不見」

一三　北畠親房御教書

此方之難義度々被御申候了、就中、当城内已異心輩出現、於今者、進退惟谷者也、以一命奉報
先皇之条、雖為所案之内、諸方定落力者歟、此一節争無遠慮乎、事及火急候了、其間事、難尽帋上、悉之、

　十月廿三日　（親房）（花押39）

　結城修理権大夫舘

一四　北畠親房御教書

此辺之躰、以宣宗状委細令申歟、能々被廻思慮者、尤可然、悉之、

　九月十日　（親房）（花押39）

　結城修理大夫舘

一五　北畠親房御教書

恵紀上人走向之時、委細令申候了、於今者、定下着候歟、此方之躰已及数月候間、難義至極候、大概所載事書也、被廻思慮、必可被申左右之状如件、

　九月十二日　（親房）（花押39）

　結城修理権大夫舘

一六　北畠親房御教書

道顕書記還向、恵紀上人追到来之間、条々散積欝了、後措事近日殊可然之時節歟、若猶令遅引者、可為難義乎、能々可被相計、併憑存外無他事、其間ニ候、子細委以恵紀上申候也、悉之、以状、

　八月廿三日　（親房）（花押39）

　結城修理権大夫舘

一七　北畠親房御教書

重代弓箭之家、大略落其力之処、曩祖秀郷朝臣以下、此一流、被全佳名、此間破損てよは〳〵しき所存やハ候へきと、深推察候、此段又非矯餝、同任神筌候也、然ハ如何にも自他、達本意候て、挙万代之名誉候へきとこそ存候ニ、此城も没落候なは、如何ニ被存候とも、難被達本意歟、且不肖之身自称之故、雖有其憚、先皇深被仰付之間、云当今御事、云竹園御事、為一身之肩累、諸方依之、伺此境之

安危候、忽失一命者、天下之御方一時可落力之条、殆無疑貽者歟、然者存命候間、有勠力之条、惣為天下、別為家門、是程ニ被成大功之時分やハ候へきと云々、山辺事所存候、異他けに候、然而凶徒皆手少、不蓄遠慮歟、実ニ令思立者、為先祖佳例之上、鎮守府将軍ニも申任候なんと思給(カ)候つ、如当時者、所存之企、猶存少利之躰也、かくてハ難成大義哉、所詮入道下野大掾政光已下三流也、破損中貴辺先祖ハ閣両兄直頼朝卿此間破損可謂傍若無人歟、仍先年上洛之時、被行下野国守護候しそかし、然者山族惣領之号あれハとて、非可依其名歟、急速被思置て、誠ニも猶山ヲ可被取立之所存候ハ、不能左右、若無正躰ハ、此重職ヲモ被申任候へかし、忽被興五代将軍跡之条、豈非弓箭之肩目哉、朝郷はまさしく被生虜て候しを、故禅門申願候し事、無子細、不忘其旧恩者、縦雖令降参、何不入指麾之下哉、能々可被思慮也、大方之義、勢ニ藤氏一族以下とて候なれとも、末代之人心、更不可事行事也、只任正路、我君之政道ヲモ仰申、竹園御成敗ニも被任申て、被致忠候者、中〳〵無苦身なとか先祖之跡ヲモ、不被興候て、思外候也、縦如何ニ深広之義勢ヲ雖被蓄、凶徒任雅意なん後ハ、本領ヲ一同管領不定歟、名利空候ハん事ハ、争無遠慮候、如風聞者、直義可下向云々、宇都宮辺ニハ為綱世得利云々、大田辺ニハ為己方云々、此辺ニハ為城之対治云々、雖不知実事、かゝるあらましハ沙汰候ハんニ候、若左様ニ候て坂東凶徒もつより(ママ)て、其境へも差向候躰ニ候ハヽ、弥可為難儀候歟、先々或以事書申之、或以宣宗状、雖申之、及火急之間、乍憚委細所申也、相構々不可有漏脱、悉之、以状、

(興国三年)十月十二日　(親房)(花押39)

結城修理(権脱)大夫舘

(注)「右之状ノ裏書ニ」

此城之躰、委細ニ申つる、心よわき気も候ぬへし、然而云無勢、云無用意、宗祐も退屈歟、中〳〵別建立をも廻度々申候、左様ニも候ハヽ、縦両々雖全其身、云外聞、云実事、更不可有正躰、為之如何、返々可有遠慮歟、此上向後中〳〵細々不可申候也、

一八　北畠親房御教書（〇本号、46—一に同じ）

(注)「興国二年九月ノ書ト認ム」　(親房)(花押39)

此方可及難義之次第、先々度々被仰候了、定無等閑候哉、一年二年も、可有堪忍歟之由推察之条、雖似有其謂、此辺之実義、於今者、大略及難義候了、関・伊佐・下妻等者、さりとも暫相支之篇もや有へく候らん、其外小城不可叶、随而長沼已違変了、無念至極、何事如之、其外も信太(ママ)庄内佐倉楯・河内郡馴馬楯等引退候き、如此候者、当所小田城も所存難知候、所領者、悉被散之間、疲労之躰候間、難堪忍候歟、若然者外聞実義珍事(ママ)候歟、諸方御方、定又可落気候、所詮者、後措之一段ニて(ママ)候、縦自身発向難事行候者、賢息一人相率一族以下被馳参候条、可為別忠候、其条猶可延引者、東海道ニても、高野辺ニても、又那須界へニても、被出懸勢候者、暫可相支

候、不然候て、今十日、十四五日も延引候者、大事出来、更不可被成疑候、小山辺事ハいかに申候とも、難被相憑候、以此一段、被延引候者、不可有正躰也、実ニも此一節、被勠力申候条、可為難儀者、さりとてハ不顧諸方事、暫程も他所へも可有御移住候、随此左右可被治定候、難儀已至極候間、及委細候也、

一九　北畠親房条書（〇本号、46―六に同じ）

条々

一後措延引之間、已及難義事、

一小山内談、不可有所期歟事、

一正員発向、猶難事行者、子息一族相伴、方々軍勢、可被馳参事、

一此条猶可遅々者、且出軍勢於東海道歟、矢槻辺歟、那須辺、可被示進発之躰事、

一小田城中已有異心之族、真実不可有進発者、得其心、可有進退、但令退当城中者、云此辺之難義、云諸方之外聞、可為珍事事、

一今度参輩、以別儀、可被（カ）行恩賞事、

七（ママ）月廿六日

（親房）
（花押 39）

二〇　北畠親房御教書

（親房）
（花押 39）

陸奥国高野郡北方事、伊達宮内大輔行朝申状如此、々事先度被仰候了、如状者、未被渡云々、何様事候哉、早可被沙汰付歟之由、重仰候也、仍執達如件、

延元四年七月六日　越後権守秀仲奉

結城大蔵大輔（親朝）殿

二一　陸奥国宣

（親房）
（花押 39）

岩瀬郡河東郷内、大栗、狢森両村事、式部少輔（英房）状如此、子細見状、早可被沙汰付彼代官之由、国宣所候也、仍執達如件、

延元四年九月十七日越後権守秀仲奉

結城大蔵大輔殿

二二　北畠親房御教書

（親房）
（花押 39）

（注）「礼紙ニ」被申条々、当代未被始御沙汰候、其沙汰候者、内々殊可得御意候、

陸奥国菊田庄内、小山左衛門尉朝氏并女子跡等事、彼等可参之由、雖申之、遅々之上、先加対治可被預置者、依仰執達如件、

延元五年正月廿二日　越後権守秀仲奉

結城大蔵大輔殿

二三　北畠親房御教書

（親房）
（花押 39）

常陸国多珂郡事、境小三郎以下輩、参御方可立功之由、令申候哉、所申無相違者、当郡事、被致管領、可被支配有功輩由、一品家仰候

也、仍執達如件、

興国二年正月十三日　刑部少輔秀仲奉

結城修理権大夫殿

二四　北畠親房御教書

（親房）
（花押39）

所被挙申上総国守護職也、早可被管領者、依　（親房）一品家仰、執達如件、

興国四年七月十二日　刑部大輔秀仲奉

結城修理権大夫殿

二五　北畠親房御教書

（親房）
（花押39）

岩瀬郡道存（二階堂時藤）跡、西方廿（一ヶ郷）此間破損事、致凶徒対治之沙汰、可被知行之由、仰候也、仍執達如件、

興国元年七月十九日　越後権守秀仲奉

結城大蔵大輔殿

（○破損部分の傍注は、別本による）

二六　北畠親房御教書

（親房）
（花押39）

師冬以下凶徒寄来候了、未及城際合戦、両陣相守之時分候、如度々被仰、坂東安否、可在此境、以夜継日、可被勠力申候歟之由、重仰候也、仍執達如件、

六月廿日　刑部少輔秀仲奉

結城修理大夫殿

二七　北畠親房御教書

（親房）
（花押39）

師冬以下已寄来候了、如度々被仰、坂東安否可在此時候、後措事無急速沙汰者、可為無念候、相構以夜継日、可有計沙汰候之由、重所候也、恐々謹言、

七月十九日　刑部小輔秀仲奉

結城修理権大夫殿

二八　北畠親房御教書（○本号、46―三二に同じ）

（親房）
（花押39）

師冬以下凶徒、自去十六日、寄来、取陣於当城山上了、称相待諸方勢、未及楯際合戦、後措事此時分忩可被沙汰立候、今度宜為坂東安否歟、若令遅々、此方合戦及難義者、諸方可落力歟、存別忠、急速被沙汰立者、付公私、可為本意之由、重仰候也、仍執達如件、

六月廿一日刑部少輔秀仲奉

結城修理権大夫殿

二九　越後権守秀仲書状

御書被進候

抑海道勢楢(ナラ)葉九郎左衛門入道性円・標葉四郎左衛門入道清閑等、令下向其堺候歟、其辺逗留事候者、可被見継之由、諸事今度駒楯寄勢、退散候者、可被着遣広橋肥後権守経泰候、其時条々、可被申之由所候也、恐々謹言、

十一月六日　越後権守秀仲

（花押）

結城大蔵大輔殿

三〇　北畠親房袖判沙弥宗心書状

（親房）
（花押）

田村庄司一族、穴沢左衛門五郎成季、任官事、先可被任下官候等、(ママ)
凡国中諸軍勢、任官恩賞等事、面々競申候、功之浅深、闕所之有無、
於遼遠者、難被知食、若参差事候者、可為諸人之怨之間、可被申御
下向之由、此間面々被仰候者、得其意、可被仰聞所望輩候、又取別
可有沙汰事候者、委注子細、可被執申候也、其城中朝胤等事ハ、不
可被准他之間、武衛事も、即申御沙汰候者、庄司一族等事、宗季可
為庄司之由、先日経沙汰、被仰了、惣領事ハ未被仰出候者、一族中
にも、別構城槨、致忠輩候歟、所詮彼方事、注申忠之実否、面々自
称非無御不審候、委可被注申候、
南都遠江権守使者事、被聞食了、凡奥往反輩事、云忠之実否、云往
反之煩、誠被察思召候、能々可被糺明候、自是、被下遣御使事、向
後各可被持過所候、可為宗心判形候也、使節等毎度申旅粮等之条、
無謂歟、随事躰、可有計沙汰候哉之由仰ニ候、(ママ)恐々謹言、

（延元四年）
五月四日　　沙弥宗心

結城大蔵大輔殿 御事

三一　北畠親房御教書

（親房）
（花押39）

高野郡郷(々カ)之相博事、伊達一族、為度々恩賞拝領候、或帯綸旨、或帯
（顕家）
故国司宣候、相博候段、自公方被執仰之条、彼等定失其勇候歟、直
被談合、令承諾申者、就其可有計沙汰候、且此間打渡事、任申請、
先被成国宣候了、伊香郷者、平賀兵庫助景貞、為恩賞拝領云々、於(下)
(総海上郡カ)
海上令討死了、一腹兄弟数輩子息等、定申委細候歟、当時凶徒、未
退散之上、先被加対治、且景貞跡にも同被致直談合候者、可宜候、
近日時分面々難被空功之条、可被察申候、手沢郷者、藤蔵人房雄拝
領云々、房雄当参候於此所者、被召替他所之条、無子細候歟、早加
対治、追可被申之由、内々仰候也、仍執達如件

五月十日　　沙弥宗心

結城大蔵大輔殿

三二　沙弥宗心書状

此辺対治事、先日以便宜委細被仰了、宇都宮弁鵈山輩、合戦両度、
御方打勝、兵庫助網(マヽ)世子息金此間破損以下、多以被討取候了、彼網(マヽ)世
妻舎弟御房丸、此間馳参候也、目出候、春日羽林此間欲責中郡城
候、次第ニ可有沙汰候也、其辺対治事、相構可被忩候、被開路、早
々御下向可宜候者也、
一恩賞事、度々被申候、近日被召諸軍勢之間、無左右難被治定、闕
(ママ)
闕所之間、面々今暫可待申之由、被仰候、努々無御等閑之儀候、
但石川・那須等内本主等返給候、替事誠尤急可有沙汰事候由、小
山事乍申分明之領状、于今不参、雖不可然、猶可参之躰候間、只
今難及沙汰、武州相州之間闕所事、為始終ハ可為大切候歟、可被

差申候歟、不然者、羽州取別、可為御分国候ヘハ、其内可被申候、同ハ案内候ハん地ヲ被申候ハ、尤可宜候哉、

一御春輩無申旨候哉、凡件一族、故国司御上洛之時、可御共之由、偽申掠給、安達東方遂不参、比興之次第候、仍宇都宮御経廻之時、被進故冷泉羽林候了、致忠輩出来候者、可被経別儀御沙汰候、其間事、可被得意候哉、

一故国司小女御事、於今者、只一身モ御名残ニても候ヘハ、相構被懸意者、可為御本意候、依上なとハ被打開之条、可安候哉、凡彼地ハ別為吉野殿御領、被召貢金候、故禅門被申願候キ、不可混朝恩国恩等候、然而奉行之段、不可違日来歟、公領ニ候ヘとも、先彼内ヲモ被思宛候て、被扶持申候ハ可宜候歟、其外も若可有便候料所なと候者、可被申候哉之由、内々所候也、恐々謹言、

四月十二日　沙弥宗心（花押）

結城大蔵権大輔殿

三三　沙弥宗心書状

高野郡郷々相博事、伊達一族、為度々恩賞、拝領候、或帯綸旨、或帯故国司宣候、相博之段自公方、被執仰之条、彼等定失其勇候歟、直被談合、令承諾。（申者、就其可有計御沙汰候、伊香郷者、）平賀兵庫助景貞為恩賞拝領云々、於海上令討死候了、一腹兄弟数輩子息等、定申子細候歟、当時凶徒未退散候上、先被加対治、且景貞跡ニも、同被直談合候者、可宜候、近日時分面々難被宣（カ）功之条可被察申候、手沢郷者藤蔵人房雄拝領候云々、房雄当参候、於此所者、被召替他所之条、無子細歟、早加対治、追可被申之由、内々仰候也、恐々謹言、

五月三日　沙弥宗心（花押）

結城大蔵大輔殿

三四　沙弥宗心書状

故国司姫御料御事、先日便宜ニも被仰候キ、但入道殿、留守方被扶持申候なれハ、心安候、石見前司若党二人、扶持難治候とて、大夫局（属カ）返進候、無何彼御方御用事も、候ハんすらん、其辺ニ被置事候、被加扶持、且被召仕之条、可然候歟之由、内々御沙汰候、恐々謹言

十一月六日　宗心（花押）

結城大蔵大輔殿

三五　北畠顕信袖判五辻清顕奉書

（顕信）（花押38）

都卆（算）下向之時、委被申候間、諸事被散御不審了、白河も坂東辺事、無相違条目出候、抑此辺事、随分雖被廻籌策候、于今遅々無念之処、近日一道可然子細出来申事、已可為近日候歟、委旨難被載状候間、専使ニ被仰含候也、南部河村同心候て、可令上洛候歟、就是非、不可過四月中之由申候也、兼又五辻源少納言（顕尚）、構要害於伊具辺、対治凶徒候者、此辺発向之潤色、可為此事候間、被相越伊達辺候、就其、中村黒木等許ヘ、可令勠力之由、可令下知給、且又兵粮事、可見訪之由、同可有御下知候者、尤目出候、

一府中対治事、自其辺合力、尤可為大切之由、葛西申旨候、委被仰含専使候也、委可令尋聞給候、兼又那須皮(カ)山辺事、能々可被相誘候、葛西姪遠江守、有別心之由、風聞之間、為惣領計、此間令討伐了、一族等凡悦喜之間、為発向も、弥心安被思召候所候也、恐々謹言、

三月廿四日　(五辻)清顕奉

修理権大夫殿

三六　北畠顕信御教書　(顕信)(花押38)

此辺合戦事、今月中旬之比、官軍等可打立、其境事、軍勢等存其旨、可致忠節之由、可被加催促之旨、依将軍仰執達如件、

延元五年七月三日　左近将監清顕奉

大蔵大輔殿

三七　北畠顕信御教書　(顕信)(花押37)

不相待諸方形勢、参御方、致忠節者、本領安堵、不可有子細候之上、殊可被抽賞、且就望申可有其沙汰者、依将軍仰執達如件、

正平五年九月十五日　民部権少輔清顕奉

結城七郎兵衛尉殿

三八　北畠顕信御教書　(顕信)(花押37)

先度被仰候了、所詮此時分、被挙義兵者、可為御本意候、且一向被憑思召候、於親父本領幷新恩者、不可有子細之上、随所望可有御沙汰候也、仍執達如件、

正平六年十一月廿一日右馬権頭清顕奉

結城(朝常)参川守殿

三九　春日顕時書状

去月廿二日、以神村法眼幷僧一人、為専使、令全参着候哉、抑自同廿六日凶徒等措寄関城堀際、構柵木壁等之間、昼夜不厭合戦、凶徒度々打扉被疵之間、今者成小勢候、後措時分可在此時候、忩御沙汰候者、天下安否、可為大慶候、然間忩以飛脚、令申候、以夜継日、可有御発向歟、諸事使者可申候、謹言、

二月朔日　(顕時)(花押41)

結城修理大夫殿

四〇　春日顕時書状

先度使節到来、委承候了、其境事、御方便之次第、察申候、早々ニて承候、殊目出候、所詮今時分、会遇之状候、不失時節者、兵旅之法候哉、相構早速御沙汰候者、凶徒敗北、不可廻踵候、天下再興、宜依合力之有無之上、就公私便憑存之外、無他候、山辺事治定候云々、目出候、時分ヲ承、忩可打向西明寺辺候、其間事専使委申候、謹言、

五月廿八日　顕時（花押41）

結城修理権大夫殿

四一　春日顕時書状

僧帰参、御状到来了、此方事、去月末、参入関殿之処、凶徒等躰微(カ)々散々事候間、三月廿九日四月二日両度出張、敵多討取了、敵方結城惣領幷一族郎等佐竹一族以下数輩討取了、結城事凡不便候者、御同心候歟、時分可然候間、後措事一途為致沙汰、今月五日夜、出伊佐城了、先連々差遣野伏、塞凶徒等兵粮之通路候之間、依之、度々合戦、又以凶徒等多討取候了、所詮、官軍気力事々形勢、頗相似元弘一統之佳例候、時剋之到来、天命之所致候哉、此時分勢三百騎合力候者、案之内事候、相構廻遠慮、可令計沙汰給候、其間事、以対馬入道申候、委細定申候歟、兼又先日失火事、折節殊驚入候、自埋峯御忩(志)事承了、不宣謹言、

四月十六日　顕時（花押41）

修理権大夫殿

四二　春日顕時書状

先度僧下向之時、委申候、今度飛脚説等、又承了、御進発必定候歟其聞候、先以目出候、此際事関城、已自去十一日全措寄候事、已及難義候、天下安否此時候、可被廻遠慮候哉、其間事、大伴(津カ)下向候間、委申候、猶々事延引候者、可為難儀候、忩可有進発歟、時分又純(紀カ)熟候哉、謹言、

九月十四日　顕時（花押41）

白河修理権大夫殿

四三　春日顕時書状

此境事、自一品家、委細彼仰遣候之間、不尽書札候、相構〱不日御発向付、惣別可為吉事候、若延引候者、自然ニ難儀可出来候之間、可有厳密之御沙汰、兼又乗馬闕如事、顕書記、禅師可被語申候、此方事、同書記可被申歟之間、不及申尽候、謹言、

八月廿九日　顕時（花押41）

修理権大夫殿

四四　春日顕時書状

当方合戦次第、連々自一品家、被仰候歟、後措遅々間、云城中兵粮、云軍勢所存、旁以難義候、此辺万一難義事者、諸方不可有正躰候哉、所詮天下安否此時候、定令同心給候歟、奥御勢、猶及遅々者、先以其辺官軍、那須辺までも被発向、且構要害、被相待奥御左右候者、当方も可得力候、其間事、委以此僧申候、兼又当城、殊兵粮難儀候之間、当手輩悉(カ)低翅候、公方なとへ青鳥便宜候者、令合力給候者、為本意候、其間子細委旨、難尽麻面候、条々委此僧申候歟、謹言、

八月卅日　顕時（花押41）

白河修理権大夫殿

四五　春日顕時書状

新春慶賀、於今、令恐悦、雖祝着候、猶以珍重、天下一統海内静謐、旁可在此節候、抑委細御札、今日十六日到来、悦存了、宣宗法眼下向候間、定毎事申談候歟、出羽奥州両国之躰、御方已打立候なれハ、相構々可有御勠力候、就中足利母儀、他界候間、閣諸事候、又三乃の土岐被誅候之間、子息打塞(カ)山道海道、敵対之由其聞候、聖運之至、旁時節到来候歟、所詮諸方吉事、雖不及子細候、同者其方御勠力故以、本望候、坂(東カ)本国可得利候之間、一向憑申候、縦奥州羽州御方、進発雖延引候、先被廻籌策候者、尤為悦候、又関殿への御文共、水路難義之間、明月之程、難義候て候へ、委細自是申、御返事謹言、

正月十六日　顕時（花押41）

修理権大夫殿

四六　春日顕時書状

度々令進飛脚候、未承其左右候、無心元候、後措事、何様ニ御沙汰候哉、若延引候者、当城可為難儀候、今月中、可有進発候、不然者、難儀等可令出来歟、此間事、先日了哲僧下向之時申候、両城之式、此明王院僧都可被語申候、委細一品家御消息候之間、不尽愚書候、謹言、

三月十一日　顕時（花押41）

結城修理権大夫殿

四七　春日顕時顕国書状

態以飛脚申候、御敵已指向候、度々及合戦候、雖然于今、無殊事候、又後措、廻常陸路候、御上之時分、能候ぬと存候、相構忩々可有御発向候、左様ニ候者、路つかいとなたにて候へき、御聞候而、自是指向候て、両方より措申候やらん(カ)、必々夜を日に次て御上候者、可宜候、委細之旨、使者可申候、陣頭より申候之間、不及巨細候、恐々謹言、

七月七日　顕国（花押40）

修理権大夫殿

四八　春日顕時顕国書状

当所合戦之次第、及数ヶ度、御方得利候、就其者、為後措、有御進発者、路次躰当方事等、此僧可語申候之間、具不尽紙上候、相構々急速御沙汰可宜候、委細、恐々謹言、

七月廿五日　顕国（花押40）

結城修理大夫殿

四九　春日顕時顕国書状

委細先度顕書記、専使之時令申了、当所凶徒之躰、御方合戦之様、善応寺方丈見知之間、定可被語申候、如此凶徒微(カ)弱之境節尤宜候、御進発、以夜継日、可有御忠候、下野国鵄山城今月一日没落之間、弥不可有路次之障㝵(碍)候、若猶当其時、有難儀者、為御向、可令発向候、委細方丈令申候、謹言、

八月廿三日　顕国（花押40）

結城修理権大夫殿

五〇　春日顕時顕国書状

此事雖思儲事候、驚入候、但兼テ思儲破損何たる事も候へ、是ニテ
可討死候、是ヲ一直（カ）候てハ、奉為国家、可為難治候乎（カ）、返々如此
条、悦入候、定自国府も承候ハんすらん、被仰様候ハんすらんと覚
候、但貴辺御座候間、後をハ深憑敷奉思候、能々可被用意候、謹言、

十一月十八日酉剋　顕国（花押40）

大蔵権少輔殿御返事

（注）「此状上書ニ延元二ト有リ」

五一　五辻顕尚書状

下向之後、其辺何御事候哉、抑中奥并牡鹿辺、発向相延候之間、可
令招合給之由、被申候哉、今度者所詮此一途候歟、相構早速可有御
沙汰候、顕尚も催促伊達辺輩、対治伊具辺の凶徒、同可令勠力之
由、承候間、昨日罷越候、委旨使者可語申候、謹言、

三月廿八日　顕尚（花押）

白川修理権大夫殿

追申
其境御発向、雖被相延、其間モ先於近辺、可致勠力之由、中村入
道・黒木等ニ可有御下知候哉、其等次第、定自将軍も被申候歟、

五二　五辻顕尚書状

其後坂東御事、何躰聞候哉、抑此辺凶徒等対治事、自将軍、委被
申候歟、自其方、官軍雖少々出張、近辺候者、近郡之者、弥可為
安平候、府中対治之勠力、所詮可有此一途候歟、相構早速、可有
御籌策者也、
一伊具辺発向事、申談伊達飛弾前司ニ落力候之処、無左右申領状候、就
其、伺機嫌子細候、発向之間、兵粮事、被仰付中村黒木等候哉、
其様自将軍、以窪田被申候事、然而急事候之間、重以飛脚申候、
相構預御扶持候ハヽ、可為本望候、人数上下不過十人候、其由ヲ
可有御下知候哉、謹言、

四月七日　顕尚（花押）

白川修理権大夫殿

五三　法眼宣宗書状

小山結城村田等之外ハ、未出之由聞候、仍凶徒今まてハ以外無勢ニ
て、後措雖少々、到来候者、対治不可廻時剋候歟と見候、相構々、
可令存別忠給候哉之由、内々殊可申旨候、恐々謹言、

六月廿六日　法眼宣宗（花押365）

謹上　結城修理権大夫殿

五四　法眼宣宗書状

（注）「此前無之」
候らめ然而聊も無一度之瑕瑾事ハ、御辺一方ニてこそ候らめ、然者
故禅門も、毎度以此事被慢（カ）申候キ、遠祖鎮守府将軍子息、幾哉、就
中於三流中、小山今まては無指事候、長沼頗可謂散々式歟、於今者

只一身被相続(カ)列祖之美名之上、争可不被思入申候哉、且右幕下時、被清撰人数之日、足利不加其数、彼時人数内ニてハ、一身被相残候歟、云先蹤、云当時之義、被施家門之光華之段、非近日可被期何日候哉、相構可被廻遠慮、縦又雖有当方之勠力、及難義之程事ハ、頗可謂天命候歟、猶々適相残坂東及難儀之後ハ、如何ニモ雖被期後栄候、更不可有其益候哉、能々可被九思候、抑鉾月楯事、被廻籌策之次第、殊目出候、合戦致忠輩事、可被感仰候、面々雖可被仰遣、此使者忩罷立候とて忩申候、重御注進之時、可被仰候、人数幷功之浅深可被申之由、内々可申旨候、恐々謹言、

四月七日　法眼宣宗（花押365）

結城殿事

五五　法眼宣宗書状

当所合戦之次第、至今者、御方毎度乗勝候、凶徒無勢之間、更不出逢候、御方帰本陣之時者、打出濫妨、所々御方打出之時、懸要害、不及合戦候、仍昨日も武蔵国住人吉見彦次郎等降参了、先以目出候、但合戦之躰中〱延々之基候之間、如此送日数候者、為御方可悪事也、其故者、神事以後方々勢可会合候歟、然者云濫妨、云合戦、可及大義候、当城之合戦、只可為同篇之間、春日羽林、被向後方了、此方々小田勢幷関・下妻小勢、致警固也、所詮奥後措、先雖少々矢槻辺へも到来候者、尤可然候、如度々被仰、安否之境、可在此時候、争可致(被カ)見放申哉、相構以夜継日、可令計沙汰給之由所候也、恐々謹言、

七月八日　法眼宣宗（花押365）

謹上　結城修理権大夫殿

五六　法眼宣宗書状

(注)「此前不見」
計沙汰候歟、兼又此御手内外祗候之輩、大宝辺方々より参候軍勢等疲労間事、僧下向之時、委細定申候歟、御訪事広も被申候処、僧下向之後も少々已被勠力申之由、被申つるか、先度御訪二千疋ノ足も、千疋許ハ到来候、其残未到候、今度之分ハ、更未到候、如何ニも請取候所ニ、無沙汰事候やらんと覚候、相構可令廻籌策様候哉、就中此間、寒気迫唯(候カ)歟間、如形之兵粮等こそ、宗祐も随分致沙汰候へ、さ候様事ハ、更不思寄事候之間、不幾之輩も力不及、欲趣有諍(ママ)方ゟ如此候者、弥可為難儀候、如何なる方便も候ハヽ、猶助成も被申候へかし、先日自霜台以道円、便宜砂金ヲ十五両被送進候ハ、無相違到来候、猶もさ様之道歟、又絹染物なとニても、慥人持参候ハんハ可到来候歟、替物ニて商人等ニ被仰付候ハん事ハ、向後も此式ニて候ぬと覚候、余ニ細砕なる様ニ候へとも、此辺之式以外ニ至極候、宗祐なともかくてハ、さのミ延引難義候へハ、如何なる別御方便も候へき歟なと歎申候、一旦無為之篇ハさる事ニて候へとも、云外聞、云実儀、不可有正躰候之間、相構於当城、其方の左右をも、被待付候由、御沙汰候、能々被廻御遠慮候て、可被申御返事候歟、恐々謹言、

十一月十二日　法眼宣宗（花押365）

謹上　結城殿

五七　法眼宣宗書状

今月十八日御請文、同廿四日到来候了、小田辺難義、雖為兼日所案、其方勠力到来まてハ、相支候歟之由、種々雖被廻方便、遂不堪忍、及此難義了、随而小城等十四五ヶ所没落候、凡無念無申限候、関・大宝等御移住以後、城中者中〳〵、雖心安之躰候、敵方之自称以外之間、諸方之聞不隠便候歟、此上事、不令廻遠慮給者、重可及難義候歟、河村一族、令通申候らん神妙候、相構可被（此間破損）（ママ）三春事、只今参之条、雖（此間破損）（ママ）猶可被廻方便候哉、所詮小田者、本自依不好合戦、如此罷成候へハ、縦雖寄来此城候、不足怖畏歟、然而数ヶ所、小城没落候上、料所等塞之間、難義候、雖少々、被進勢候者、大義落居之程、先可為安全之計候哉、奥辺目出之様聞候、於始終之大儀者、雖可依彼左右候、先暫被扶外聞之難義、被支此方之疲労之様、被致計御沙汰候者、忠節何事、可如之候哉、小辺事本自、可依其方進発之左右之由、分明之説候キ、小田随分致忠之躰候つる、忘間（此間破損）（ママ）各表万代之恥辱了、於今者、不借他人之力、被立大功之条、且叶　先皇冥慮、且可被達故禅門素意候歟、一途有治定、可被進飛脚之由、可申旨候、恐々謹言、

十一月廿八日　法眼宣宗（花押365）

謹上　結城修理権大夫殿

五八　法眼宣宗書状

去九日、自当所、使者進発之時、委細之仰候キ、於今者、定下着候歟、小田事中〳〵沙汰限候、凶徒寄来以来、所存微弱之躰ハ、諸人存知事に候歟、奥勢勠力、不可遅々者、暫可堪忍之由、蜜々令申之間、此段無左右、披露難儀之間、切々被仰候キ、遂以違変短気之至、比奥之次第候、関・下妻辺、雖心安之分候、逐日難儀多候、且去三日、師冬焼払小田辺本陣、引率小田以下降人寄来、同六日取陣於下妻与関之中間候了、仍当城之陸路不通、伊佐中郡真壁等、御方城へも、彼塞路次了、四保駿河さりともと覚候ニ、一昨日出家、子息因幡出敵方了、凡無念無極候、此上当時、為御方城々、さりとも堪忍候歟、然而其方勠力遅引候者、難儀之条勿論事歟、何様令思案給候哉、但去八日所寄下妻之凶徒、悉追払候、分取以下不知其数候事、々初先以目出候、奥さまも此程ハ、随分御方無勝之由聞候、実事候哉、云道理、云御運、さすか不可空之上、此一節相構、可被見継候歟之由、可申旨候、恐々謹言、

十二月十四日　法眼宣宗（花押365）

謹上　結城修理権大夫殿

五九　法眼宣宗奉状

此方合戦事、一年二年も、なとり（かかカ）不被相支候哉之由、度々被申候キ、其段ハ誠さることニ候へとも、近日難儀至極候也、面々城々警固候間、合戦之軍勢不幾候、仍凶徒、任雅意、横行、就之よわ〳〵

しき方ハ、先落気候、東条一族多分ハ、最前変所存候了、下妻城中、異儀之族、少々罷出候、結句中入合戦以後、長沼已違変候、言語道断之作法候、但非正員之所存候歟、一族家人中、短気之輩、依芳賀兵衛入道語、俄思立候由、其聞候、不足無事候哉、此上又其辺へも、如何成事をか申らんと、心苦候、可令存知給候、今度自長沼、時衆ヲ一人、為使節、其へ下候ける、此時分罷帰候て、必定進発之様ヲ申候ける時、判官対面、流泣候けるとにて、彼時衆参申候、所詮其方勠力遅々候間、如此事出来候歟、宇都宮輩も、対正員、種々申旨候けれとも、落鴻山城之後ハ、忽忘先言之躰候云々、小山又例式之所存候歟、彼一族等、少々結城郡ニ已構城槨候、定被聞及候歟、凡年来一諾之御所存、無相違者、付公私、此時争無勠力候哉、縦是迄の発向、猶雖令延引、先東海道辺へにても、矢槻辺ニても、那須方にても、三ケ所之間、従便宜、被出置勢候て、已被示進発之躰候へかし、左様ニあいしらハせ給候て進発候ハヽ、此凶徒対治、可安候、其分猶可及遅々候ハヽ、城々輩難堪忍候族も、又々出来候ぬと見へ、為天下、可為安否候上、竹園適御下向之時分、已及此難義候、無念之次第候哉、猶々已及火急候、可令存忠給候歟之由所候也、恐々謹言、

法眼宣宗（花押365）

十月十六日

謹上　結城修理権大夫殿

六〇　法眼宣宗書状

以使宜度々被仰候了、定到着候哉、此辺至今、致忠節之条、無子細候、但敵方猶召集諸国勢、重可塞口候之由其聞候、定可及難儀候歟、勠力間事、自去年度々被仰候間、さのミ同篇之文章之無其益(カ)候歟、定可被廻遠慮之子細候らめとも(共)、此方躰も次第ニ難義ニ候ぬと心苦候、兼又此僧達、将軍御座方へ被進候、路次間事、無煩之様ニ、可令相計給候歟之由、内々所候也、恐々謹言

二月十二日　法眼宣宗（花押365）

謹上　結城修理権大夫殿

六一　法眼宣宗書状

去十七日状、今日到来候了、奥勢已発向、石塔入道没落之由、其説候覧、先以目出候、当城幷下妻輩、面々成勇候、他城々へも被相触候也、所詮此方堪忍、以奥方勠力、為所期候、猶々可被察申候、抑河村孫三郎当参、尤神妙候也、被感仰候、官途事、其沙汰候、安達西方、当時知行分、如何ニと候やらん、此地ハ当軍忠之輩、多当知行候歟、忽改替、雖不可然、河村当参之忠、又難被黙止候歟、但やかて直被仰之条、聊楚忽候哉、自其先、可被仰談候歟、且被中沙汰たる芳志ニも可被成候哉、　五辻少納言(顕尚)　無為下着、返々心安候、則進発候けれハ心安候、委細被談合候つらん尤御本意候、毎事随左右、相構連々可被申候、音信も中絶候へハ、城中事悃然、又目出候様ニも聞矣(カ)、発勢候、無二忠節輩、心中不便事候歟、先日奥へ

被進候使者等還向候ハヽ、早々可令送付給之由、可申旨候、恐々謹言、
二月廿七日　法眼宣宗（花押365）
謹上　結城修理権大夫殿　御返事

六二　法眼宣宗書状

故国司姫君御事、いつそやも内々被申談候キ、当時大上禅尼、一向被扶持申候歟、堅固白地成様ニて候ニ依世間事、如此延引候、此辺へも奉入たく候へとも、路次難儀之間、乗輿も難叶候歟、又女性御事候之間、肩かつきても、余に痛敷候間、于今不叶、さのミつくと被座候も、無心無極候、奥方（度カ）ニハ、女房共もあまた祗候候へは、将軍御座之方へとられ申され候趣候、先常葉辺へ被入申候て、伺路次躰、奥方へ被付申候ハヽ、やと御思案候、内々被仰遣海道之長老、被之申旨々ハ、可令談合候歟之由、内々伺可申旨候、恐々謹言、
（興国二年）後四月廿九日　法眼宣宗（花押365）
謹上　結城修理権大夫殿

六三　法眼宣宗書状

此間度々、被立飛脚了、定無相違到着候歟、又奥へ通候仁等、無為被送通候らん（カ）目出候、此辺事、随分厳蜜相支候也、所詮勠力之一段、さの三延引候者、可為難儀之条、所案之内候歟、相構急速、可被廻籌策候也、
小田一族、少々此間、悔先非、降参候、希代事候、如此之時分、相構〳〵可被急之由、可申旨候、恐々謹言、
三月三日　法眼宣宗（花押365）
結城修理権大夫殿

六四　法眼宣宗書状

道顕書記帰参、恵記上人重当着之間、被申候趣、委細語申候、方々秘計之道、無等閑之条、雖不始于今事候、殊以憑存候、此合戦事、如当時者、凶徒以外微々候、一向止合戦、以所々嫗妨、為先候而、御方猶以無勢之間、云城之警固、云不退用心、更無其隙候、仍不及被対治諸方、此時分、縦雖非多勢、奥勢到来候者、凶徒不可相支之躰候、相構不可過此時分候也、一（是）、凶徒無勢之余、連々以飛脚、相触京都候云々、雖少々、各別勢到来候者、可為難義候、且又其方路次ヲモ差塞候者、音信も難儀候歟、近日西口へハ勢一騎モ、不差向之時分候、被馳参候条、殊不可有煩候ニ（是）、武蔵ニハ美濃入道居住候、為御方之条、勿論候、宇津宮之輩ハ、大略参御方之所存、無相違けに候へとも、猶加斟酌候歟、此時分奥勢到来候者、無疑思定候歟今ハ奥勢事ヲ疑申候也、必定之由存候者、参御方之所存、弥治定候歟、三（是）小山辺之事、今度返状、宗祐之使者、便宜ニ状被進候了、分明令申候条、殊目出候、此程も藤井駿河前司後家蜜々参候、彼方事、委語申候、且彼後家親父等も、委細申入候、面々被成御教書候也、彼仁申候ハヽ、所詮自其方、発向必定候ハヽ、露顕候条、可為勿論之由、推量候云々、就之、早速、被思立候条、可為別忠候、此辺ハ城々モさすが無勢候、人々心もよハ〳〵しき事のミ候間、若不遍

之難義出来候なん後ハ、諸方落力候歟、近日之時分、機嫌殊勝候、相構、閣万障、被思立候者、可有十分益々、不可被疑存申候、兼又親王御方御着、旁目出候、委細被悦申候条、殊御本意候、此辺ニハ要害心安候間、以大宝城、被懸御在所之（マヽ）、聊静謐之時分ニ者、毎事可有始御沙汰也、委細事者、恵記上人下向之時、可被仰之由所候也、恐々謹言、

八月廿一日　法眼宣宗（花押365）

（注）「宛所不見」

六五　法眼宣宗書状

年始祝言、於今雖事旧候、猶以幸甚々々、天下静謐、可在斯春候条、目出候、抑此方合戦次第、去比、以飛脚被申候、参着候哉、所詮御勠力之一段候、及遅々候者、可為難儀候也、相構、可令廻別籌策給候、彼山辺事者、此間内々被通之子細候処（カ）、不違兼日之儀候けり、目出候、同被相待其方之躰候歟、諸方凶徒、多分雖打寄候、彼辺ハ、不被現不儀候、馮存候、猶々今度御前途、非御勠力者、不可道行候、此辺之式ハ、此僧ニ委細可有御尋候、恐々謹言、

正月廿六日　法眼宣宗（花押365）

謹上　結城殿

六六　法眼宣宗書状

南部以下奥方勢、已進発、岩手斯波両郡令静謐之、於栗屋河与申、抜党合戦、令打勝之、着和賀郡、葛西勢等為一手、可責国府之由、以飛脚、被申候、其境ヘモ、定被相触候歟、相構厳蜜可令計沙汰給、岩瀬辺合戦之由、風聞候、御方無勝候哉、目出候、安積輩も少々降参之由、聞候、実事候哉、

師冬今明之間、立葳連、可襲当城之近辺之由聞候、奥方事、敵方にも遍風聞候なる、葳連辺居住難儀にて、怖畏之余ニ進発とも聞候也、其勢不幾候、如何ニ様も可在合戦候、此時分ニ東海道も多珂郡ヘも奥勢発向候者、彼等可落之条、所案之内候、相構可被廻籌策候、諸方事ハ先日之注遣候了、所々随分目出候、和州戒重ニハ猶合戦之最中云々、京都ニも以此合戦、為案否之間、定猶副勢候歟、此時分相構、可被忩坂東事之由、連日被仰下候、比段誠肝要候、猶々被存忠節候者、可目出候、

此条々、態以御使、欲被仰之処、伊豆次郎下向之由申候間、内々別可申旨候也、恐々謹言、

五月十六日　法眼宣宗（花押365）

謹上　結城修理権大夫殿

六七　範忠書状（○結・秋にあるが、ともに欠損があるのでこれを採る）

去月廿日状、今月三日慥到来候、籌策間事方々談合之由、被申候、先以目出候、但山辺事、此辺ニも両様ニ聞候、竹御事、可奉渡他手之由、自京都、申下之条々勿論候、誠近日、自其許、勠力も火急ニ候者、思立途もや候ハんすらん、随分志ハ無等閑けに候へとも、其辺発向以前（此間破損）（には）、更不可叶事候、内義委御存知之事候、後竹御事、楚忽之御振舞にて候間、於今者、無被惜申候義候、然而令移他手給、被失生涯候ハん御事ハ、偏可為家之瑕瑾候哉、楚忽参着之条候、勿論

に候へとも、さりともと思召て被憑仰ニ候、被出申候ハん事、雖末代、豈非無念之儀候哉、尚々近日、無一途之沙汰者、彼御事モ不可有正躰、又件仁も如此、御志ヲ存たるけに候ニ、渡申他手後は、定切はて候歟、且無念候、いかにも被廻籌策候者、可為一家之美談候哉、凡（此間破損）安否大略天下之所期候也、今迄（後ル）勠力候条、愁歎無極事ニ候、其上一　門中事、興衰之境ニ候、付彼付是、可被廻遠慮候、伊達・田村・石川辺輩者、雖何時可応催促之所存ニ候歟、此時いかにも火急之籌策候はてハ難被期後日候、凶徒之作法ハ微弱、言語道断候、度々出張ニ懸輩多討取候、就中結城七郎以下討死後者、彼一党悉引退候了、又近日信州以下諸国動揺、定被聞及候歟、如此候之間、勢ハ多分引帰候、現在之分、大手勢四五百騎ニ不可過、方々小楯寄合候とも、可為千騎之内候、且まことしからぬ程ニ、可被存候、其上埋堀候し事も、自内堀とおして、埋草ヲ取入、自堀底、矢蔵ノ下ヲ堀穿事も、金師等被圧死後ハ無沙汰候、乱杭を二重打候て、一向煩しく候つることも、連々被破候間、旁失力之時分ニ候、いか程ノ小勢にて候とも、後措到来候者、可引退候条、不可有疑候、及遅々候者、当城いかに存候共、さのミハ難相支候、地下用意之兵粮、去月中ニ巳払底候、仍此間、自伊佐、少分合入候間、今月中なとハ、是にて如形相支候歟、廻喉之次第、争不被察申候哉、是程衰微之凶徒ヲ不追払、手つまりに成候ハん事、口惜次第候哉、相構猶被廻籌策候者、惣而ハ可為天下一統之大慶、別ハ可為当家緊昌之時分候乎、那須辺事、御教書両通被成候而、能々可被語候、平氏輩中被成御教書了、

安達西根本宮楯、被追落之由、其聞候、返々目出候、致忠之輩誰々に候やらん、以便宜、可被申候、大宝辺兵粮事闕乏、又以勿論事候、田村庄司千疋沙汰之由聞候し、替物相違事候間、重被仰遣善応寺長老之子細候、今度又宍沢少々沙汰之由、聞候へとも、未到来候、凡難治至極、無申計候、

自吉野浄光と申候律僧、又下向候ける、此僧ハ性忽不思儀ノ者ニ候、且宗貞存生之時、郡奉行事申下　綸旨候ける、曾無御存知事候間、被尋申吉野殿候処、上卿なとも不存知候由、返答候由、然者謀作之綸旨ニ候歟、向後も如此事参着候ぬと覚候、無勿躰候、出来候時ハ、自是承旨ありとて、可被返帰候、奥方へハ相構、不可返候也、此由可申旨候、恐々謹言、

五月六日　（範忠）（花押）

結城修理権大夫殿

六八　範忠書状

籌策之通、可急速之躰ニ被申候之間、朝夕被相待左右候、被尋方々所存之条、誠雖非無其謂、於今者、真実難義不可有程候、争不被察申候哉、其間事、以御書被仰入候、御自身御発向、猶不事行候者、賢息一人、一族等ニ勢をも被副候而、被進之者、伊達以下近辺勢ハ、定同道中候歟、相構例式之如催役ニ者、不可令料簡給候、猶於今者

火急之式、難被尽状程の事候也、兼又宣宗下向之時、俄罷立候間、事も不及用意候き、下向以後方々馳走候へとも、大略手をひろけたる躰ニ候歟、相構被見継候者、可為御意之由、内々所候也、恐々謹言、

六月五日 （花押）（範忠）（〇この花押、前号よりやや変形す）

結城修理権大夫殿

六九 結城顕朝書状

今日十二日岩切城寄懸て合戦し被追落了、畠山禅門父子はらきられぬ、其外御内外様百途（余カ）人打死はらきり了、かゝる目前かわゆき事見候ハす候、遊佐物共、躰あはれに覚候、一人ものこらすうち死はらきり了、持所兄弟二人究候所ニ、うちしにつかまつり候ぬ、当手物共、留守かうしろつめ手にむかひ候つる、随而不及合戦候、無念至候、返々憑入候、但少々うちいてゝ候つる、御当手達を見候て、引返候間、大将方へ見候て、当手ゆへにうしろつめとゝまりて候間、忠か上忠たるへきよし被仰候、悦入候、委細親頼迄注進候歟一当関所けいこ（警固）の事により候て、中将公申し進候、相構〳〵寄々御けいこあるへきよし存候、毎事可追申候、恐々謹言、

（観応二）二月十二日 顕朝（花押240）

（朝胤）白川七郎兵衛尉殿

（注）「此状表書、観応二年二月十六日到来云々、」

右顕朝者、結城弾正少弼名乗之由、見他ノ書、」

七〇 結城顕朝書状

岩切城没落事、先立申候畢、留守城去夜又落候、就其、留守但馬守京都へ可上之由申候けると聞候、若罷通事候者、関所を警固候て、相構々可被打留候、又可被塞所々通路候也、自大将、如斯被仰候、恐々謹言、

（観応二年）二月十三日 顕朝（花押240）

七郎兵衛尉殿

七一 治部少輔盛胤奉書

（花押）

自是欲被仰候之処、専使尤御本意候、抑当国事、依為合戦難義、大略属凶徒、雖然、御方之志異于他者歟、就中白河出羽権守一方大将、幷小国兵庫殿一方大将四頭内未違変、但凶賊対治事、相待時節者也、国中帰淳素之条、定不可有程歟、

先年一所御合戦之間、無御等閑候、定被同心申歟者、宰相中将家御気色所候也、仍執達如件、

七月十三日 治郎少輔盛胤奉

七二 右衛門権少将書状

御書執進候、兼又砂金七両、慥到来訖、目出候、則為大宝城兵粮被遣候、闕如之処、猶々難有候、如此事、此間以範忠、筆語令申候処、即越大宝城候、仍以景為筆可申由沙汰候、不可有御不審候、恐々謹言、

五月廿五日　　右衛門権少将 判切テ不見

謹上　結城修理権大夫殿

七三　某書状

山臥参着候、奥辺事、近程可在御進発之様、自方々注進候、山臥申詞同前、目出候、先被対治府中候者、当方後措、可為其以後沙汰候歟、於此方事者、大宝往反般(ママ)路、猶被打塞之間、難儀無極候、自其方、後措事、連々雖被仰談、難事行之上者、宜被任天命候、奥方無等閑之条も、皆被察之間、中々重而不及委細候、此上事御勠力、猶遅引候者、可為珎事候、真実御発向時分、風聞之時、被進飛脚者、御本望候、

四月一日・同七日・同九日合戦事、返々目出候、軍忠人々事面々可被感仰候、此便宜忩候、追可被遣御教書候也、当手人々幷霜台手人々、忠節之次第殊目出候、且可被感仰候、吉野殿御使、律僧下向事、難得其御意候、彼僧自先皇御代、為如此之使節、連々徃反候、治久違変之比も、小田に経廻候き、御移住当城之時も、罷留小田之間、不審候処、さては又称御使、下向候けり、綸旨之躰も誠大様ニ候、又田村石川両郡事、被仰多田入道之条、まことしからぬ程ノ事候、当国事ハ取別可有御相伝と迄、被仰置之上、国中事、今更難及上裁候、東八ヶ国事、猶以不可及直　勅裁之由、御沙汰事候、旧(ママ)于不可被驚申候、凡吉野殿上さま御幼稚、不被知食政事、両上卿沙汰錯乱事等候歟、又奉行人等モ未練事等候間、中〱方々への綸旨などをも、細々ニ不被申下候とても、坂東国事ハ、自先朝、如此被仰付候、又未来ニハ親王も執御沙汰候ハんすれは、当時為御方人々、何事ノ不審かハ候へきにて、綸旨等をも中〱被略候也、か様ニ難儀之時分ヲ、件僧なまさかしく見及候て、以推参之儀、於奉行辺申下此末切テ不見、

七四　某書状

追申

多田入道・広橋、田村へ被遣御教書候也、凡多田入道事、自称之次第、以外候、委細之趣、先度被仰候キ、為御意、張行候者、分郡事、不可有其緒之由、被申候、返々無勿躰候、所詮彼仁、極以虚言、語付諸人之間、石川輩又随従候歟、彼輩本自不義後者、今雖参御方、其振舞定不隠便候歟、且被教誘、且被炳誡候者、可然候、多田者、故国司御上洛已後、旁背御本意事候程ニ、留吉野候キ、其後蜜々下向越後候き、羽州守護歟、津軽検断歟、両様之間被仰付、可致忠之由申候き、其以難義子細在之、当所へも参候歟、不然者、会津辺ニ知音等候歟、打越て可取立御方歟之由被仰候ニ、ふと着石川候ける、致忠候由令申候、神妙候也、被仰計候、今被申候趣、無勿躰候、所詮奉行郡内事候上者、任先例、可在計沙汰、不及異義歟之由、同所候也、

七五　足利直義御教書

自最初、参御方、致忠節之条、尤所感思也、師直師泰等、已被誅伐

之後、将軍家無為御入洛、天下大慶此事也、有与党之輩者、加退治、弥可致忠節之状如件、

観応二年三月四日　直義判（花押）（〇この花押、一覧18よりやや変形す）

結城七郎兵衛尉殿

七六　足利直義御教書

嗷訴之輩誅伐事、可致軍忠之状如件、

観応二年八月四日　直義判（花押）（〇この花押、前号と同形）

結城七郎兵衛尉殿

七七　足利義詮御教書

於奥州、致忠節、既打立之由、被聞食了、尤以神妙、高倉禅門東国没落之間、為追討、将軍家所有御発向也、弥可抽戦功之状如件、

正平六年

十二月九日　義詮判（花押14）

結城白河参川守殿

七八　具信書状

去十月廿五日、令下着于当所候了、於路次、逼留之間は、乍思、不染筆候つゝ、於今者、細々可申承候也、歳内ハ依深雪、不及始合戦候、明春早々令対治当国、忩可罷上候、雖無指事候、便宜之時者、又可承候、仍執達如件、

（附箋）「興国二年也出羽より奥州へ入ル」十二月一日　具信（花押）

結城修理大夫殿

七九　左衛門佐広光書状

三月七日芳札今月五日到、謹拝見仕候畢、

抑御座之近郡、参御方候条、悦存候、其上其方様無為、殊ニ目出度候、就其、急速可有世上静謐之御沙汰候歟、

一靏夜叉御前事、蒙仰候条、恐悦無極候、委細之旨、多田修理亮可入申候、

一御加階之事、従四位下奉成申候、当家繁昌目出度、身ノ大面目存候也、将亦近衛殿御内ニ中務少輔と申仁、多田無内外申候仁候間、今度随分此仁ニ申之、向後此仁方へ、可有御状候、兼又官途ハ、毎人成候へ共、加階コソ（カ）大事ニテ候間、先奉成申候、此下ニテ直御望官途候、御状遊ハして、近衛殿へ可給進候、上所ハ中務少輔とあそハし候へと、殿上人にて候也、今度モ御状ニは不見候由、被出仰候しかトモ、様々廻秘計候了、

一金山事承候、自是ハ不寄思事にて候、如何成人空事申候けるやらん、不思議覚候、将又此間疲労以外之処、砂金参両示給候条、御芳志之至、不知所職（射カ）也、万事御座ヲ親ニテ候し物候と、ふかく憑存候、諸事令省略候、恐惶謹言、

（四月）卯月八日　左衛門尉広光状

（結城親朝）進上大蔵大輔殿

八〇　左衛門尉広光書状

畏申入候、抑大事申入候間、態為五郎兵衛入道使者、差下候、委

細之旨、可食聞候也、将又太田庄事、御方之陣ニ成候者、此手物共候へハ、召具候て、御手人相共入給候者、畏存也、猶々御笠ハ万事憑申也、

一霧夜叉殿方へ契約状進候、此趣御覧候て、預返事候者、殊ニ畏入候〳〵、兼又当山令退出候ハん事、一期之失先途候際、令当山祗候族、願御扶持候者、畏入候〳〵、将又此方式、于今無子細候、足利殿一族尾張将監入道殿、去年極月被参候、就其、一族之中、猶々可被参由聞候也、委細之旨、此方式五郎兵衛入道、可申上候、恐惶謹言、

二月五日　左衛門尉広光上

進上　定掃部亮殿可被申候

八一　刑部大輔秀親書状

去十一月十日御教書、進覧之、於東国者、被憑思食候之由被仰下、早被廻籌策候者、目出度候、其間子細、以使者令申候、恐々謹言、

二月四日刑部大輔秀親（花押）

謹上　白河参河守殿

八二　白河為興書状

未入見参候之処ニ、態御使悦入候、抑当国合戦、国境而御方心替仕候之間、用飼破候て、御敵国中乱入間、面々城雖引籠候、猶以甲人にて罷出候国人、大略令上洛候、雖加様候、為奥計、河内城ニ引籠候、猶後日打出候事、不可有子細候、将又東国様委細ニ承候者、此方合力之御音信と目出度悦入候、無指事候とも、便宜之時申承候旨、本意候、恐々謹言、

七月十三日　白河出羽権守為興（花押）
（注）「在出羽ノ人ト見ユ」

修理権大夫殿御返報

八三　六二入道道円書状

御札令拝見候了、示承候趣、其旨存候処ニ、彼人令上洛候、下向之時可窺申候、凡此境之事等、得其意候、委細五何（河カ）令申候了、以此旨、可有御披露候、恐々謹言、

（四月）卯月十五日　六二入道道円（花押）

（注）「宛所ナシ」

八四　某下文案

下　和知次郎重秀

陸奥国金原保内、羽尾村加神講田定地頭代職事

右依合戦之忠、所宛行也、於公事者、守先例、可領知之状如件、

元弘四年正月廿日

八五　某下文案

下　和知次郎重秀

下野国那須上庄内横岡郷地頭代職除手向山中定事

右為恩賞、所宛行也、任先例、可領知之状如件、

延元三年六月十五日

八六　某下文案

下
　陸奥国石河庄中畠郷内大夫入道内田畠在家事
右所宛行也、任先例、可領知之状如件、
　建武元年六月廿五日　和知次郎重秀

八七　某下文案

下
　陸奥国白河庄内泉崎郷地頭代職事
右依軍忠、所宛行也、任先例、可被領知之状如件、
　建武二年十月五日　和知次郎重秀

八八　結城朝常寄進状案

奉寄進薬師堂、敷地奥州白河庄前社村内土代在家屋敷岡半分同田地
壱町、次同国高野郡内馬場宮東宿等事、
右志者、達現世願望之得、天長地久、除病延命、身心安楽、且為以
如来擁護慈悲、一毛必令万倍、結当来得果、縁之成無上菩提也、仍
寄進状如件、
　応安亖年辛亥三月六日　(結城)藤原朝常

八九　北条守時等二人連署軍勢催促状案

安藤又太郎季長郎従季兼以下、与力悪党誅伐事、不日相催一族、差
遣子息尾張権守、於津軽戦場、可被抽軍忠之状、依仰、執達如件、
　嘉暦二年六月十四日　(北条守時)相模守
　　　　　　　　　　修理大夫
　小田常陸入道殿

九〇　某書状

(押紙)「高挙冬(カウノモロフユ)」
依挙冬下向、自五月中、路次更不通候間、久不申承、積欝無極候、
坂東事殊不審候、定被聞食及候歟、委細可承候也、次当所合戦事、
凡難儀無申計候処、悉令退散候之条、併天運所令然候歟、始終之
儀、弥憑敷相存候、又西国等事、如法御方得理候由、謳歌之間目出
候々々、猶々常州事、不審候間、此小僧可罷通之由仰含候、路次等
事、能々可相計給候、抑先度便宜之時、茶を莫太送給候ける、返々
為悦候、但挙冬下向之刻候之間、於鮭延辺、悉被奪取之由申候て、
御状計到来、無念無極候キ、当所合戦事、此僧ニ委細可有御尋候
也、毎事期後便、恐々謹言、
　八月廿四日　書涯(カ)(花押)
　修理権大夫殿

九一　陸奥国宣

陸奥国郡々已下、検断可存知条々、御事書二通、被遣候、得此意、
可被致沙汰之由、国宣候也、仍執達如件、

元弘三年十月五日　前河内守朝重

（宗広）白河上野前司入道殿

九二　某条書

一所々濫妨事閣是非、先可沙汰居本知行之仁、有違犯輩者永可断訴訟事、

一不帯 綸旨、致自由妨輩事、

去六月十六日被下 宣旨了（カ）、近日或帯宮之令旨、或称国司守護被管、或又地下沙汰人以下、任雅意、有濫妨事、如此輩、任（此末切テ不見）

九三　結城宗広道忠書状

来八日此辺又小山、対治候へきよし被仰候、又福原事、如今者、道行ましけに候、此上者、凶徒対治事も枝葉候歟、人の所領にて候ハんとハ、若党のほねをり馬わひしめと覚候、小田か代官の入候ハんまて可対治候由、被仰候へとも、不可叶候由申て候、今者奥道も塞候ぬと存候由申て候、此事治定候ハさらんニハ、福原凶徒対治無益候哉、依上道ハ、何にもしてあけらるへし歟、何事も無正躰候之間、無申計候、若被仰候旨や候とて、使今までとゝめて候、兎角無申計事共候也、恐々謹言、

十二月二日　道忠（カ）（花押）（〇一覧249とほぼ同形）

（結城親朝）大蔵権少輔殿　御返事

（注）「追而書ニ」

彦五郎ニ馬のせてたひ候、いたつら物にて、壱人もやう／＼として引て来候と申候間、返下候也、

九四　伊達行朝申状

伊達宮内大輔行朝重申、奥州高野郡北方事、

副進

二通　御教書案

右先々具言上畢、当庄者、建武二年八月十三日、為長倉合戦恩賞、行朝并一族等、令拝領畢、仍任本知行之旨、可沙汰付行朝代官之由、去五月八日同六月八日両度、雖被仰下、不遵行云々、早云行朝知行分、云庶子拝領之分、任本知行之旨、可打渡之由、重為被仰下大蔵権大輔親朝、重言上如件、

延元四年七月　日

右之状のうらに（吉良貞家カ）（花押）（〇一覧52とほぼ同形）

九五　源英房書状

河東郷内大栗・狢森両郷、（二階堂時藤）道存家人矢部又次郎、自白河被預置之由令申、未渡候、若軍忠候者、可申恩賞候歟、領主分明之地、難致管領候乎、一円可渡之由、可被仰付（結城親朝）大蔵大輔方候之由、可有御申候、恐々謹言、

（延元四年）九月十六日　（式部少輔源）英房

卿法眼御房

九六　法印某書状

委細預御札之由、雖承候、於路次紛失之間、不及到来、然而円経委申趣、具承候了、此間事凡無申計候、付其、度々被下　綸旨等候了、於今ハ定到来候歟、御心中殊察申候、相構幷達叡旨様、巌密可被廻籌策候、委旨円経可申候由仰含候、便宜之時者、可示賜候、円経連々参仕当山候、被仰含候者、慥可承存候歟、心事期後信候、謹言、

九月廿六日　法印（花押）

結城大蔵大輔殿

九七　某書状

忠節之次第、殊被感思食候、相構忩可被上洛と被仰下候也、謹言、

八月廿七日

結城大蔵少輔殿

九八　石塔義房軍勢催促状

先日依被申子細、参御方可致軍忠之由、被仰下之旨、自京都下給御教書畢、案文如斯、此上忩馳参而、可被抽戦功也、且載請文可被申左右之状如件、

康永二年六月十日　（石塔義房）沙弥（花押45）

結城大蔵少輔（親朝）殿

九九　足利持氏軍勢催促状

伊達松犬丸（持宗）幷懸田播磨入道（定勝）以下輩、去廿一日引退大仏城之由、二階堂信夫常陸介所注申也、以前雖被成御教書、于今令遅参云々、太不可然、所詮不廻時日、馳向、令合力畠山修理大夫、可抽忠節之状如件、

応永廿年十二月廿九日　持氏判形（花押30）

白河三河七郎殿

一〇〇　畠山国氏書状

為奥州凶徒誅伐、令下向候之処、遮（カ）委細示給荒尾掃部助入道許候之条、喜入候、巨細事等、定彼禅門令申候歟之間、省略候了、恐々謹言、

七月二日　中務大輔（畠山）国氏（花押52）

謹上　結城修理権大夫殿

一〇一　高師冬奉書

常州没落凶徒等事、散在于処々之由其聞、（有脱カ）仍自然降参之輩出来者、先誘留之、可被注進交名之状、依仰執達如件、

康永三年正月十三日参河守（高師冬）（花押20）

結城修理権大夫（親朝）殿

（注）「右之状ノ上包ニ参河守師冬ト有」

一〇二　石堂義房書状

依糠部凶徒蜂起事、山路左衛門尉状、委細承候之条悦入候、自去月其聞候、雖然今者殊無子細候之間、不及馳向候、如此承候之条、返々悦入候、恐々謹言、

五月廿七日　（石堂義房）沙弥秀慶（花押）（〇一覧45より少し変形）

謹上　修理権大夫殿
「（注）右之状ノ上包ニ石塔入道殿状　康永四　六三」

一〇三　後醍醐天皇綸旨

為宮御手、供奉輩、悉属陸奥守、令発向、可追討尊氏直義以下凶徒之間、被仰了、軍中事、相談国司、殊可被申沙汰、軍忠輩恩賞事、殊可有其沙汰旨、可令相触官軍者、
天気如此、悉之、以状、
正月十五日　右中将（花押）
（親朝）結城参河前司館

一〇四　那須資宿代大塩宗広着到状

著到
那須遠江守資宿代
大塩太郎兵衛尉宗広
右今月廿九日埋峯城へ、為抽戦功、所令馳参也、仍着到、如件、
文和二年四月廿九日「承候了（吉良貞経）（花押55）」

一〇五　岩城清隆書状

態令啓上候、抑蒲田之御陣、悉被成御理運候、御大慶無是非候、以参上、御吉事可申上之処ニ、此方之事、日夜無由断候之間、心存不参候事、背本意候、
一従田村、御誓固預候、併以御意如此之間、御芳志之至、千万々畏入候、
一先日進之候、御領之内ニ、長井さいしよの事ハ、いまも百姓等在所ニい申候所ニ候へハ、近々ニ被成御代官、御領之様をも見せられ候ハん事、目出度存候、委細之旨、良慶申含候、定可被申上候、恐々謹言、
三月廿三日　前周防守清隆（花押）（〇一覧148とほぼ同形）
謹上　小峯殿
人々御中
「（注）右状ノ上包ニ
宝徳三　三廿六　岩城ト有」

一〇六　宇津宮某書状案

「（注）応永廿四年正月七日到来自宇津宮館」
今度関東御開事、先以驚入存候、仍事子細、如風聞者、右衛門佐入道、依構逆心候承京都上聞致、如此沙汰候之由、披露之間、就左様、篇面々被成与力候之由聞候、一端者雖似無謬候、有名無実、至誠狂式之次第候、就中風渡当国江御移之条、希代未聞也、爰上意以御合力之儀、諸人仁被成御教書、可致忠節之旨、被仰下刻、既御幡下着候上者、不承上命候事明白候哉、抑如此　上意厳重候之間、自是モ重而被成御教書候、雖然、軽都鄙貴命而、強叛逆之輩仁被致同心候者、且先祖譜代忠勲於失時、且子孫之後跡於永被成他人拝領地事、為君被不忠、為家以無育、所詮者観応年中仁曾祖父心有祖父範氏等、於当国由比山、抽忠節、幷関東諸人降参儀於被申沙汰、幷天下静謐帰其基事、旧例勿論也、此上者知非而早改、属理被忠節者、云彼云此順儀也、若不然者、早速仁被馳向当陣、被決雌雄事、尤所

望也、以此両条、一途被致返報一儀仁被定事、可然候哉、恐々謹言、

一〇七　仙道諸家一揆傘連判

応永十一年七月　日

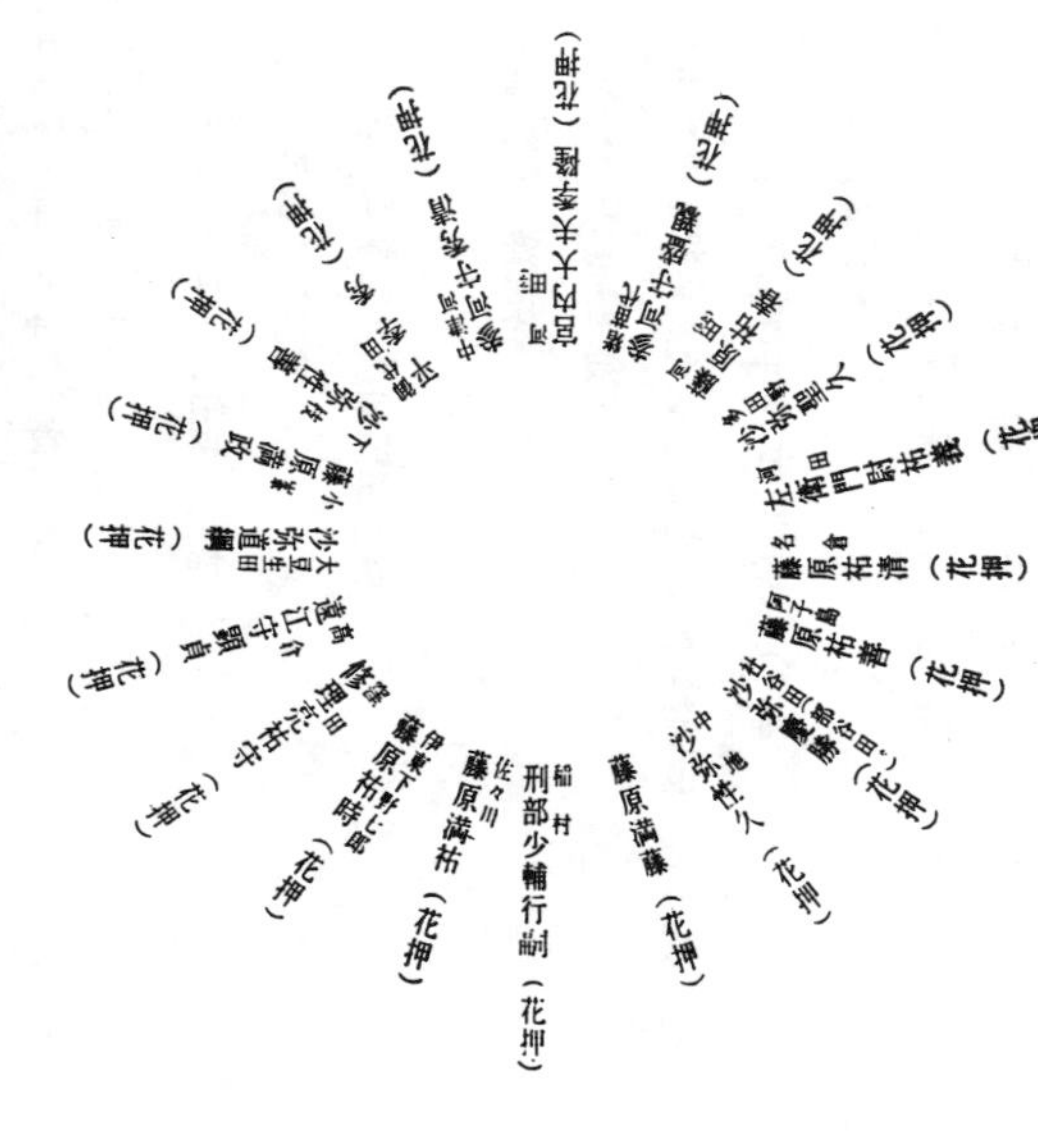

一〇八　足利尊氏軍勢催促状

高時法師一族以下凶徒等事、為追罰、所令発向也、早相催一族、不日可馳参之状如件、

建武二年八月十日　（足利尊氏）源朝臣（花押 17）

（資宿）那須下野太郎殿

一〇九　足利尊氏軍勢催促状

凶徒対治事、早相催一族等、可致合戦忠之状如件、

観応二年八月三日　（足利尊氏）（花押 17）

白河七郎兵衛尉殿

一一〇　足利尊氏知行安堵状

（足利尊氏）（花押 17）

所領等事、任康永二年二月廿五日御教書、知行不可有相違之状如件、

観応二年八月十五日

（朝常）結城参河守殿

一一一　足利尊氏御教書

自筆ノ写（綸　旨）

吉野御わたんのりんしに、直義ちうハちのよしをのせらるゝあひた、東国へハんかうする所なり、すてに今日廿六日かけかハへつき候へて候、ミやう日するかの国へうちこゆへく候、いそきうちたちて、かまくらをつめられ候へかし、そのハうの事ハ、たのミ入て候、

十一月廿六日　（カ）（足利尊氏）（花押 17）

白河三川守殿

一一二　足利尊氏感状

（足利尊氏）（花押 17）

埋峯城凶徒対治事、抽戦功云々、尤以神妙、弥可致忠節之状如件、

文和二年五月廿日

結城参河守殿

一一三 足利直義軍勢催促状

可被誅伐新田右衛門佐義貞也、相催一族可馳参之状如件、

建武二年十一月二日 左馬頭（花押）〔（注）「直義判」〕

（資宿）
那須下野太郎殿

一一四 吉良貞家感状案

為霊山宇津峯以下城対治、発向処、於所々、被抽軍忠条、感悦不少之状、如件、

貞和三年九月七日 （吉良貞家）右京大夫 在御判

宛所不見

一一五 結城顕朝申状

結城弾正少弼顕朝申、父子所領等事、申状并奥書謹進覧之、子細載于状候、先度注進之処、御沙汰延引之由、歎申候、就中今度霊山埋峯発向之時、顕朝致軍忠、手物被疵候之上者、急速可被経御沙汰候哉、以此旨可有御披露候、恐惶謹言、 此末不見

一一六 吉良貞家奉書案

校正了

陸奥国高野郡内当知行分事、領掌不可有相違之状、依仰執達如件、

観応二年十月廿五日 （吉良貞家）右京大夫 御判

（朝常）
結城参河守殿

右之状裏書ニ

為後證、所封裏也、

親行（花押）

一一七 吉良貞家感状

顕信卿以下田村凶徒対治事、馳参致忠節候条、尤以神妙、向後弥可抽軍忠之状如件、

観応三年九月廿日 （吉良貞家）右京大夫（花押54）

那須遠江守代

一一八 佐々木高秀書状

去月廿七日御札、今月十三日到来、委細承候訖、抑奥州合戦事驚入候、御状趣即令披露候之処、御注進之条目出度候之由、被仰出候、仍自両御所、被成御教書候、将又京都于今無為候、但宰相中将殿中国御発向事候、既来月一日可有御立京都之由聞候、又南山所領事、被懸御意之条、先喜入候、重被成御教書候者、不可有子細之由承候之間、重御教書并小山金吾使者罷下候、今者参着候歟、被懸御意候、今度道行候者、一向可為御恩候、其子細内々様へも申候了、定委細可有御申候歟、又霜台御方へも、此旨能〳〵可有御申候、恐々謹言、

七月廿三日 淡路守高秀（花押）〔（注）「佐々木道誉子歟」〕

謹上 白河三河守殿 御返事

一一九 寛胤法親王令旨

（花押） 後安禅寺寛胤二品親王判

開発村為遠名内薬師寺別当職事、任行春譲状之旨、領知不可有相違、而毎度雖帯預所之補任、御辺奉公之労績異他、已及子孫訖、仍

以別儀、所被止預所之綺也、向後於彼別当者、為不輸之職、可令子孫相伝、更不可有他妨者也、為亀鏡、染筆之状如件、

貞和五年三月二日

治部卿法印御房

一二〇　室町将軍家（義持）御教書

岩松治部大輔一類等、隠居在所事、尋究之、不日可加退治之由、所被仰下也、仍執達如件、

応永廿四年三月廿七日　沙弥（細川満元）（花押）

小峯七郎殿

一二一　足利義教御内書

自関東、就被奥州方退治、万一難儀出来者、早々随佐々河方、成敗可致忠節者也、

六月二日　（足利義教）（花押9）

小峯三河守殿

一二二　足利義教御内書

自関東、可被白川対治之由、其聞候事、実候者、白川合力可為本意候也、

六月三日　（足利義教）（花押9）

小峯三河守殿

一二三　足利義教御内書

随佐々河方、成敗可致忠節之由、以前雖被仰下、弥抽軍忠者、可有恩賞候也、

十月廿六日　（足利義教）（花押9）

小峯三河守殿

一二四　足利義教感状

今度致忠節候由、白川弾正少弼所注申、尤以神妙候、弥可抽戦功候也、

十二月二日　（足利義教）（花押9）

小峯三河守殿

一二五　伊賀守某書状

御札委細承候了、如仰未申通候処、如斯承候条、悦入候、小山殿当参候間、大小事申承候、仍御万様更〱不可有等閑之儀候歟、抑御注進趣、即令披露申候処、被進御教書候、可有御存心候歟、雖無何事候、便宜之時者連々可示給候、自是も可令申候、恐々謹言、

七月廿五日　伊賀守不異（ママ）（花押）

謹上　白河三川守殿　御返事

（注）「此状上包ニ文安三八九到来云々」

一二六　前越後守資之書状

去三日御札同六日到来、委細拝見仕候畢、抑黒羽城無程被責落候之間、大慶無申計候、其上宗徒者共、不被討取候之間、本望至極存候、就其於御手、宗徒面々討死手負候由承候、乍恐御心中察存候、

如此之子細、罷下可申入候へ共、先進愚状候、委細者期面謁候之
間、令省略候、恐々謹言、
八月九日　前越後守資之（花押）
謹上　小峯殿

48 〔秋田藩家蔵文書〕白川文書〔秋田図書館所蔵〕

一　結城宗広書状案

（注）「結城宗広書」（○本号原本は福井県藤島神社蔵）

今月廿三日、自京都早馬参テ候、自六原殿ハ未被申候、明暁ほとハ令参着
左衛門尉殿許より先申て候、（後醍醐天皇）当今御謀叛之由其聞候、斎藤太郎
候ハす（はんずらん）覧と申あひて候、依之、諏方三郎兵衛殿（諏方全禅跡入養子）幷工藤右衛
門二郎、早打ニ京都へ只今（丑時）立候、如此候間、鎌倉中令騒動候、自
御局弥一を被進候之間、此夫丸を副進候、就此早打、土岐伯耆前司
宿所（唐笠辻子）被押寄候之処、在国之間、留守仁一両人被召取候云々、九月廿
三日（丑時）定朝状如此承候へハ、粟宮か使トテ上候か、ハや被上候よし
申候間、返々悦入候〳〵、尚々目出度候、出羽にもかゝられ候ハて
被上候条、返々有難候、相構々々馬共労テとく可被上候、かゝる珍
事義候折節、東京都と申、かゝる勝事義候也、只今（子時）弥一法師下着之
間、則時ニ申候也、粟宮か下人の上候ニ尋候へハ、三日ハ連達テ候
由申候之間尚々心安覚候、宗朝か状には、今一筆申候也、余ニ忩候
テくハしく不申候、穴賢々々、

（正中元年）九月廿六日（子時）　宗広（花押249）
上野七郎兵衛尉殿

二　後醍醐天皇綸旨

（注）「後醍醐天皇綸旨」（○本号原本は結城神社所蔵。52―4参照）

被　綸旨偁
前相模守平高時法師、不顧国家軌範、猥背君臣之礼儀、掠領於諸
国、令労苦万民、僣乱之甚何事如之乎、已為朝敵、不遁天罰為却彼
凶党、所被挙義兵也、早相催出羽・陸奥両国軍勢、可企征伐、勲功
之賞宜依請者、天気如此、悉之、
元弘三年四月十七日　左中将（千種忠顕）（花押42）
（親朝）結城参川前司館

三　後醍醐天皇綸旨

（注）「後醍醐天皇綸旨」

陸奥国依上保・金原保、白河庄内金山郷等、為勲功賞、可被知行
者、天気如此、悉之、以状、
建武二年十月五日　大膳大夫（中御門経季）（花押）
結城参河前司館

四　義良親王令旨

（注）「陸奥宮令旨」

下野国守護職事、可被致其沙汰之旨、陸奥宮御気色所候也、仍執達如件、

延元々年三月廿日　右中将（花押35）

結城大蔵権少輔(親朝)館

「結城大蔵権少輔館　右中将家房」

五　蔵人藤原朝臣奉口宣案

(注)「後村上天皇宣旨」

□寺中納言

興国元年十一月廿四日　宣旨

大蔵権大輔藤原朝臣親朝

宜任修理権大夫

蔵人勘解由次官藤原朝臣奉

六　五辻清顕書状

(注)「宮内五辻清顕書状」

二月九日御状、同廿日到着、慥令披露候畢、如此委細被申候之条、目出候、坂東辺御事にて、被相支候条、目出候、近日可被出御勢候之処、桃生・牡鹿両郡勢ハかりハ無勢候間、与中奥、成一手、可被退治符中候、日限等事治定候、随御合戦安否、重可被仰出候、何様可為近日、其辺事河村四郎以下参御方候上は、已(カ)ニ打開躰ニ候歟、相構被出勢、可被退治近郡候也、坂東辺御合力、可為難義候、忩伊達辺と一手に成様ニ可被計候、委細、被仰成田三郎左衛門尉候、可令尋聞給候由、内々仰候也、恐々謹言、

二月廿六日　(五辻)清顕奉（花押）

結城修理大夫殿

七　北畠親房御教書

□度返報之趣、諸人喜悦、□(直カ)色候、相構々量(カ)此之辺々□不遅、忩候様、可被相計候、□事自他方駆寄(カ)度、可取(カ)□符憑候、諸事憑存候外、無他□悉之、以状、

十月十三日　(親房)（花押39）

(注)「ウハ書此如シ」

「清誠修理大夫殿」　(同右)（花押）

八　左中将某奉書

「下野国司左中将道也ノ書歟、

興国元年と推考ス　完幹」

□月四日下著候此辺凶徒等忩□候、其絶(カ)事無相違候由、□御意候、先令対治那(須)□宇都宮辺、可通路次候、東海道□□対治、不可有子細候旨(カ)、以其時分、重可被聞候、同心可被致間然(カ)候(カ)者、仍執達如件、

□一月十二日　左中将　（花押）（○この花押、二と相異す）

大蔵権少輔館

九　法眼宣宗書状

（注）「法眼宣宗書」

□落候所及候□一裹十両□替物□も如此
道□中付難義候□房□事風聞、無念ニ□彼
仁年来随分雖□不知恩義、任胖案枚候□推察候間、近来
強無□候ッ達冥慮之条□力事候歟、但去比風聞之
（カ）事以外損気候き、相構被加対治候て、可為得利之専一候哉候、
□也、恐々謹言、

六月廿九日　法眼宣宗（花押365）

謹上　結城修理権大夫殿

□状□□之委細、披露
□毎事細々可申也

（法）□眼宣宗

謹上　結城殿御返事

一〇　光庵書状

（注）「姓名未詳書」

如仰、昨日令参候処、御酒至極預候条、畏入候、就其者、依鎌倉上
いつミたの事、蒙仰候、先ハ諸事御意にて（カ）候へく候、雖然志安を仕
候条、可令申候、猶々、如此子細よろしくハ御意たるへく候也、恐
々謹言、

（四月）卯月十日　光庵（花押371）

（注）「ウハ書如此」
御返事　光庵

（注）「上包ニ明徳三卯十ト別筆ニテ書付アリ」

一一　春日顕時顕国書状

（注）「顕国姓氏未詳書　本多賀谷将監隆経組下長野三郎左衛門某蔵」

（付箋）「春日中将顕国之書也」

度々令申了、師冬已襲来□当城候間、日々合戦ハ、天下之安否此時
候歟、然者被相催官軍、被出于苽連辺、後措事、早速可有其沙汰
候、延引候者、可為難儀候、相構々、夜継日、一途可有計沙汰候、
謹言、

五月十九日　顕国（花押40）

修理権大夫

一二　結城宗広請文案

（注）「道忠請文」

依　勅命、可令合力由事、卯月廿七日御書、今日拝承候了、御書到
来以前、参御方、抽軍忠候了、以此旨可有御披露候、恐惶謹言、

元弘三年六月三日　沙弥道忠請文

一三　北畠顕家下文案（〇52—五参照）

（注）「ウハ書如此」
糠部内九戸事国宣案」

「国宣案」

下　糠部郡

可早令結城参河前司親朝領知当郡内九戸（右馬権頭茂時跡）事、

右件人、令領知彼戸、於貢馬以下者、無懈怠、可致沙汰之状、

所仰如件、

元弘三年十二月十八日

（注）「右古キ写歟」

一四　陸奥国宣案（〇52—8参照）

（注）「国宣案」

（北畠顕家）御判

（盛広）結城摂津入道跡事、与同坂東凶徒之由、有其聞、落居之程、所被領置也、可被存（ママ）存知者、依　国宣執達如件、

建武二年八月九日　右近将監清高奉

（結城宗広）上野入道殿

一五　陸奥国宣案（〇52—9参照）

（注）「ウハ書ニ此ノ如シ

白河欠所国宣案　」

「国宣案」

白河欠所等、可令知行給者、国宣如此、仍執達如件、

建武二年八月十七日　右近将監清高奉

（結城親朝）参川前司殿

一六　太政官符案

（注）「ウハ書此ノ如シ

官符案」

太政官符陸奥国

応令前参河守従五位下藤原朝臣親朝、領知当国白河郡内、上野民部五郎・同孫七郎・同彦三郎親義・同左衛門大夫広光・同三郎泰重・同七郎朝秀・同孫五郎左衛門尉母子等跡事、

右正二位行中納言兼大蔵卿左京大夫大判事侍従藤原朝臣公明宣、奉勅宜令件親朝為勲功賞領知者、国宜承知、依宣行之、符到奉行、

修理左宮城使従四位上行左中弁兼春宮亮藤原朝臣（中御門宣明）在判・修理東大寺大仏長官正四位下行左大史小槻宿禰（冬直）在判

建武二年十一月十五日

（注）「古キ写也」

49　〔遠藤白川文書〕仙台市遠藤敬止所蔵

一　足利尊氏下文

（足利尊氏）（花押17）

下

可領知蒲田五郎太郎、陸奥国石川庄内本知行分事、

右人、為勲功之賞、可令領掌之状如件、

建武二年八月　日

二　沙弥某預ヶ状

預申所領、陸奥国岩瀬郡袋田村、幷会津稲河庄内矢目村事、

右為御方、毎度合戦被致忠節之間、将軍家御計之程、為静謐所申沙汰也、仍如件、

建武参年四月廿五日　　沙弥（花押443）

蒲田五郎太郎（兼光）殿

三　足利直義軍勢催促状

顕家卿以下凶徒追討事、令発向伊勢国、可加誅伐之状如件、

建武五年二月十五日　（足利直義）（花押18）

石河五郎太郎（兼光）殿

四　石河兼光軍忠状

石河五郎太郎兼光軍忠事

右、今年三月十五日、つ（津）の国わたのへ（渡辺）にして（西手）、わかたう（若党）まめ方の又七、同いしいの孫三郎一族、さからの六郎あいともにはしをわたして、さん〳〵の合戦をいたし、いしいの孫三郎うちし（討死）に候了、此等子細いかのまこ十郎、令存知物なり、仍賜御判まつたいのきけいにそなゑんかために、恐々言上、如件、

建武五年三月　日

（承判）「承了　（畠山国氏）（花押56）」

五　石河兼光軍忠状

石河五郎太郎兼光軍忠事、

右、去五月廿九日、為御手馳向山崎、六月十八日一族等幷安積新兵衛尉相共乗船渡河所、凶徒楯籠、焼払橋本在家等追散、御敵等即押寄八幡北搦手、至于今月十二日、居住彼所、連々合戦抽忠節之条、無其隠之上、就中同廿四日合戦押寄矢蔵下、尽忠節之条、安積新兵衛尉以下所存知也、加之今月二日自大渡手押寄之処、凶徒等出合散々戦之間、兼光自上山下降懸入合戦之場、捨身命、度々入替戦、追籠御敵等於城内、抽群次第、大蔵兵衛尉小早河備後守等所存知也、将又同五日炎上社頭之刻、到合戦忠之条、山口小太郎所存知也、随而此等次第大草三郎兵衛尉悉見知畢、兼光又一族相共属仁木右馬助殿馳向尼崎、自去七月十二日至于八月三日致忠畢、然者為賜御證判、恐惶謹言、

建武五年八月　日

（承判）「承了　（畠山国氏）（花押56）」

六　高師冬奉書

白河城凶徒等、可寄来石河庄村松城之由、注進状披見了、相催一族等、可被防戦之状、依仰執達如件、

暦応四年閏四月二日　　参河守（高師冬）（花押20）

石河烟田五郎太郎殿(兼光)

七　石塔義元感状

為誅伐凶徒、石河庄若松城警固事、自最初于今、以数輩若党等、令勤仕云々、尤以神妙也、於恩賞者、追可申沙汰之状如件、

康永二年十一月十七日　左馬助(石塔義元)（花押44）

石川蒲田五郎太郎殿

八　石塔義元書下

結城上野彦七広政申、白河庄本領等事、早莅彼所、可被沙汰付于広政下地、於使節若為緩怠者、可有其咎之状如件、

康永二年十二月六日　左馬助（花押44）

石川蒲田五郎太郎殿

九　石塔義元書下

結城上野次郎左衛門尉親政申、高野郡釜子村内田壱町在家六宇事、早莅彼所、可被沙汰付下地於親政、使節若及遅怠者、可有其咎之状如件、

康永二年十二月十四日　左馬助（花押44）

石川蒲田五郎太郎殿

一〇　石塔義元下知状

陸奥国石河庄蒲田村内闕所、於志野布宇起金太内荒野片目彦四郎内長窪在家各六宇事、為勲功之賞、守先例、可被領掌之状、依仰下知如件、

康永三年三月六日　左馬助（花押44）

石河蒲田五郎太郎殿

一一　石河貞秀着到状

着到

石河蒲田五郎太郎兼光子息八郎五郎貞秀、

右於御敵岩色城、七月四日夜入替之由依承及、同九日令馳参候畢、仍着到如件、

貞和三年七月十日

(承判)「承了（石塔義房）（花押45）」

一二　石河兼光軍忠状

石河蒲田五郎太郎兼光申軍忠事、

右、去七月四日夜、御敵入替岩色城之由依承、同九日差遣代官子息八郎五郎貞秀、致軍忠之処、同十三日夜、責落御敵等了、次伊達郡馳向藤田城、代同弥六朝光致軍忠之間、同廿三日属畠山彦三郎(国氏)殿御手、可馳向小手保河俣城之由依仰下、同廿五日馳向彼城之処ニ、御敵等令没落了、次八月八日兼光馳向埋峰城、於新御堂御陣致警固之処ニ、凶徒等令降参之上者、賜御判、為備後證、目安之状如件、

貞和三年九月　日

(承判)「一見了（畠山国氏）（花押56）」

一三　吉良貞家施行状

陸奥国石河庄内蒲田村、并同村内彦三郎跡在家・押野薊在家等事、任相伝当知行之旨、領掌不可有相違之状、依仰執達如件、

文和元年十二月七日　右京大夫（吉良貞家）（花押54）

石河蒲田左近大夫殿

一四　沙弥某・左兵衛尉某連署施行状

石河蒲田左近大夫（兼光）申、宮城郡南目村事、桜井右衛門大夫相共莅彼所任御教書之旨、沙汰付下地於件代官、可被執進請取之状、使節更不可有緩怠之由候也、仍執達如件、

文和二年卯（四月）月廿七日　左兵衛尉（花押）（〇この花押、6—一〇〇に同じ）

沙　弥（花押433）

都芸山城権守殿

一五　石河兼光軍忠状

目安

石河蒲田左近大夫兼光申軍忠事

右、去々年（観応二）兼光子息八郎末光馳参名取郡、同十一月廿二日広瀬河合戦致散々忠節、至于東海道滝尻令供奉之間、兼光馳参、最前滝尻懸御目、令宿直畢、同十二月廿三日大将山道稲村御越之時、御共申畢、

一（観応三）閏二月廿六日、宮内大輔殿・仁木遠江守殿符中之凶徒為対治、御発向之時、子息五郎四郎光秀御共仕、同三月一日名取郡羽黒城取陣、同十一日推寄符中城、致合戦之処、同十三日自山村為尻攻、御敵出帳（ママ）間、搦手仁馳向、致散々合戦令分捕畢、

一宮方大将中院殿、多田左近大夫将監等、為符中城之尻攻寄来之間、馳向于小鶴、懸先抽合戦忠節畢、

一同十五日押寄符中城、至合戦之間、入夜御敵令没落畢、

一同四月二日、佐々河合戦致軍忠、其後大将安積部屋田城御座之間、一族相共令宿直警固畢、

一同七月三日、田村庄唐久野合戦懸先、兼光致合戦忠功之処、若党佐藤二郎、令分捕畢、随御敵引退于三世田城之間、追懸取向陣之処、御敵入夜没落畢、

一同九日、押寄于矢柄城之処、城内凶徒出張、依致合戦、先陣引退之間、一族相共入替、致散々合戦、追入城内畢、彼等次第為御前之合戦間、不可有御不審者也、（裏花押、一四の左兵衛尉と同形）

一同八月七日、押寄宇津峰御発向之時御共仕、取向陣宿直警固之処、今年（文和二）四月五日責上柴塚、同十五日当城切岸之合戦致散々忠節之処、子息八郎（今者号縫殿助）被疵（付疵）畢、直御実検之上、證人糟屋尾張権守・石川駿河守令見知畢、然早任彼等次第下給御判、為備末代弓箭面目、恐々言上如件、

文和二年五月　日

「一見了（承判）（吉良貞家）（花押54）」

一六　沙弥某・左兵衛尉某連署遵行状

石川蒲田左近大夫兼光申、宮城郡南目村大掾沢田平次跡事、先立遵行之処、本主立還押領云々、甚招其咎歟、所詮高部屋四郎右衛門尉相共莅彼所、縦雖支申、沙汰付下地於兼光代、可被執進請取之状、使節令緩怠者、可有其咎之由候也、仍執達如件、

文和二年八月廿九日　左兵衛尉（花押）（○この花押一四に同じ）

沙　弥（花押433）

国分淡路守殿

一七　斯波家兼預ヶ状

陸奥国宮城郡内南目村大掾沢田平次跡事、所預置也者、守先例、可致沙汰之状如件、

文和三年十二月廿日　（斯波家兼）左京権大夫（花押）

石河蒲田左近大夫殿

一八　石河兼光譲状

譲渡

陸奥国石河庄内蒲田村事、

右かのところハ兼光重代相伝所領たるを、子息左近蔵人義光にて（手継）つきの證文あひそゑて、永代をかきてゆつりたふ処也、たゝし此内ニ、一期分として後家女子等縫殿助ニゆつるところニおいてハ、かの人等一期のあひたいらんさまたけをなすへからす、よて後日のためニ、いましめをかきをくうゑハ、もしこのむねをそむかハふけう（不孝）たるへし、仍為證文譲状如件、

延文六年辛丑三月廿九日　左近大夫兼光（花押）

一九　石河義光譲状

奥州石河庄内かまた（蒲田）のむら、さこんのくらんとよし光ちうたいのしよりやうしよくのちきやうふんまてもいまた一子なきによんて、をいかのうはうをやうしとして、ちうたいさうてんのてつきせうもんを、あいそへてゆつりわたす、もし子あらハ、しなんにたつへし、ゆつりしやう如件、

貞治二年十一月八日　（石河）義光（花押）

二〇　足利義詮御教書

小田常陸前司時綱家人等、同心吉良兵部大輔治家、打入高野郡之由、尾張式部大夫宗義注進畢、奥州重事之時分、先私確執之条、偏為妨治家退治歟、仍可加同罪誅伐之旨、所仰宗義也、爰治家打入名取郡之由、有其聞之間、両管領（畠山満家・斯波直持）加談合、可致合戦之旨、重成御教書了、宗義若打越奥方者不拘時綱従類之悪行、令同道、可抽戦功、治家治罰之後、彼輩等誅戮、有何子細哉、殊廻遠慮、可令籌策之状如件、

貞治六年四月五日　（義詮）（花押14）

結城大膳大夫殿

二一　斯波詮持?施行状

陸奥国石川庄内蒲田村事、任相伝之旨、領掌不可有相違之状、依仰執達如件、

応安五年十二月十七日

赤坂賀尾殿

（斯波詮持カ）左衛門佐（花押392）

二二　石河光広譲状

譲与養子熊犬丸所、

一所、陸奥国石河庄内蒲田村事、

右所者光広重代相伝私領也、しかるに病気難儀之間、おいくまいぬ丸をやうしとして、永代をかきりて本文書、ならひに御かんの御教書以下、軍忠の所見等を相副て、ゆつりわたす所実也、たゝし、光広一期のあひたハ、下地をハ知行して、ふちをくわうへきなり、ゆめ〳〵、他のさまたけあるへからす、仍為後日、譲状如件、

至徳二年三月十日　（石河）光広（花押）

二三　宇都宮氏広?安堵状

（田村清包）就庄司仁木退治事、越河処、佐々河城被堅踏之条、神妙候、仍当知行、不可有相違候、随而私領地相分所、不可有子細之状如件、

応永二年九月廿六日　（宇都宮氏広カ）刑部大輔（花押）

蒲田民部少輔殿

二四　兵部少輔資朝契状

（懸息）くそくにて候氏朝御しん（しカ）ゝになされ候間、資朝においても、諸事をまかせ可申候、ことに今一そく中、あいそむき申候之間、如此令申候、たうしや鹿島大明神・八幡大ほさつも御照覧候へ、此間の所存又はたいゝ此旨候御存（由カ）候間、如此けいやくを令申候、仍如状件（マヽ）、恐々謹言、

応永十年三月廿七日兵部少輔資朝（花押）

謹上　（満朝）白河殿御宿所

二五　宇都宮成綱書状（切紙）

如仰三春之吉兆、尚更不可有尽期候、抑旧冬那須大膳大夫方其方江罷越、名代之事、被申候処、御孫子被相定候歟、目出大慶候、然而黒羽へ御越之由承候、兵儀（評）以下御直談候哉、肝要至極候、御調儀之時節、預一左右当方にも可致其揺候、仍御馬一疋鴾毛印雀目結送賜候、祝着候、態太刀一腰白作鞍一口大坪進之候、表祝儀計候、恐々謹言、

二月十一日　（宇都宮）藤原成綱（花押）

謹上　関川院

二六　前山城守景広書状（切紙）

態御状ニあつかり候、畏入候、仍飛弾（マヽ）殿子息、御方へ御けいやくの次第ニより、其方よりうけ給候間、やかて飛弾之方へさいそく仕候、ことの外畏入候よし申候て、やかて愚身をたのミ候て、子息をこし申へきよし、かたく申され候間、愚身もその次第を其方へ申候、さらに飛弾之方より申されぬ事を、わたこし（マヽ）の申たるやうに、御心中にもおほしめさるへく候間、せいもんを以申候、御しんかうりやうちかとかしまも御はつ候へ、わたこしとして申たる事なく

候、いかやうなる心中候や、此方は飛弾（ママ）之方より、殊外ようせうな
るよし申され候て、とかく申のへられ候間、愚身も万事けいくわい
仕候、さりなからそれより御意のとをりを、かさねて飛弾之方へ申
へく候、毎事期後信時候間、令省略候、恐々謹言、

六月十一日　前山城守景広（花押）

謹上　斑目右京進殿御報（カ）

二七　足利持氏預ヶ状

陸奥国依上保跡佐竹依上三郎（宗義カ）事、為新所々預置也、於有限年貢者、任先
例、可致沙汰之状如件、

応永卅年九月卅日　（足利持氏）（花押30）

白河弾正少弼（氏朝）殿

二八　足利持氏充行状

陸奥国依上保内依上三郎庶子分事、所充行也者、早守先例、可致沙
汰之状如件、

応永卅一年六月十三日　足利持氏（花押30）

白河弾正少弼殿

二九　上杉憲実施行状

陸奥国依上保内依上庶子分事、早守御下文之旨、笠間長門守相共莅
彼所々、可被沙汰付下地於白河弾正少弼状、依仰執達如件、

応永卅一年六月十三日　藤原（上杉憲実）（花押90）

小田出羽守殿

三〇　上杉憲実施行状

「笠間長門守殿　藤原憲実」

陸奥国依上保内依上庶子分事、早守御下文之旨、小田出羽守相共莅
彼所々、可被沙汰付下地於白河弾正少弼之状、依仰執達如件、

応永卅一年六月十三日　藤原（上杉憲実）（花押90）

笠間長門守殿

三一　上杉憲実施行状

陸奥国依上保跡依上三郎事、早守去四月十一日御下文之旨、笠間長門守
相共莅彼所、可被沙汰付下地於白河弾正少弼之状、依仰執達如件、

応永卅一年六月十九日　藤原（上杉憲実）（花押90）

小田出羽守殿

（包紙カ）「白河右兵衛入道殿 □ 」

三二　上杉憲実施行状

（包紙）「笠間長門守殿　藤原憲実」

陸奥国依上保跡依上三郎事、早守去四月十一日御下文之旨、小田出羽守
相共莅彼所、可被沙汰付下地於白河弾正少弼之状、依仰執達如件、

応永卅一年六月十九日　藤原（上杉憲実）（花押90）

笠間長門守殿

三三　沙弥顕勝書状

依上保事、自那波方承候之間、同心ニ伺申候之処、被成御下文候、目出存候、上意之至、我等まて、忝畏入候、今度御忠節之趣、感思食候、弥可被励御忠勤候哉、巨細自那波方可被申候歟、恐々謹言、

卯月十五日　沙弥顕勝（花押）

謹上　白川弾正少弼殿

三四　前上総介宗元書状

依上保事、委細示給候、佐藤不存等閑候之間、令談合伺申候之処、被成直御判候、目出候、上意之至、我等まて、忝畏存候、連々御忠節之趣、被感思召候哉、可被励御忠勤候、仍御下文、以使者令進覧候、今度佐藤同私へ御判畏入候之由、御状給候て、即可令披露候、他事期後信候、恐々謹言、

卯月十六日　前上総介宗元（花押）

謹上　白河弾正少弼殿

三五　中務少輔家持書状

小野保之内田原屋・羽出庭彼二郷之事、依為由緒、先年、岩城之周防之守之方へ、申返候之処ニ、其御方様之以御意渡給候、於于今知行仕候、雖然二本松殿之御意、又者近所之面々、自然違乱之時者、併其方様之可為御煩候間、田原屋之郷渡進候、御知行可目出候、羽出庭之事者、相力ニ申談、於末代知行可仕候、恐々謹言、

三月三日　中務少輔家持（花押）

謹上　白河殿御宿所

三六　足利義満御内書

馬二疋佐目鹿毛、砂金百両到来神妙候、鎧一両浅黄糸、太刀一腰遣之候也、

五月廿八日　（花押16）

白河左兵衛尉殿

三七　室町将軍家義教御教書

越後国蒲原津事、早任御判之旨、可被沙汰付白川弾正少弼氏朝代之由、所被仰下也、仍執達如件、

永享十一年十月十日　右京大夫（細川持之）（花押）

上杉左馬助殿

三八　刑部大輔昌隆押書

申定候押書事

一御陣悉御引候者、岩崎方与防洲対面之事、不可有相違候、

一大館之事、岩崎方総洲方江、催促仕而、是亦不可有相違候、

一窪田小河之事、就諸事、不可有子細候、

右此条々、不可偽申候、仍押書如件、

文安四年拾月廿日　刑部大輔昌隆（花押）

白河殿

三九　岩城清隆去状

奥州岩城郡之内あら田の目の郷・上かひやの村・上かたよせの村三ケ所、山野ともに不相残、菊田之替地として、白川殿江去渡申所

也、於子々孫々も違乱之儀申間敷候、仍為後日状、如件、

白川殿江　　岩城周防守清隆（花押）

文安六年つちのとのミ八月廿七日　（〇花押、一覧148に類似す）

四〇　細川勝元書状（切紙）

自公方様為召料、御馬御所望候、乗走可然御馬、早々御進上候者、目出候、仍長毛以下事者、委細寺町三郎左衛門尉可申候、恐々謹言、

正月十六日　　勝元（花押）

白川修理大夫殿

四一　好嶋隆衡去状

去渡申所領之事

奥州岩城之郡之内長井之村幷、赤井之郷於白河殿江去渡申所也、彼赤井之郷二に御わけ、小峰殿与、可有御知行候、於子々孫々意儀申事あるましく候、仍為後日状、如件、

白河殿　　好島前和泉守隆衡（花押）

宝徳三年かのとのひつじ六月一日

四二　美濃守某等連署奉書

造、内裏段銭事、先度被仰探題訖、早相懸知行分、可被究済之由、所被仰下也、仍執達如件、

宝徳四年七月五日　　沙弥（花押444）

美濃守（花押412）

石川一族中

四三　芦名盛詮書状

今度之弓矢、当方之難儀此事候之処、不廻時日、御自身御越候而、高田敵城被責落候、御志於子々孫々、不可忘申候、仍為末代進状候、恐々謹言、

享徳二年癸酉三月廿三日　　下総守盛詮（花押）

謹上　白川殿

四四　沙弥道景去状

上杉奥州跡塩谷三ヶ郷、幷武茂十二郷事、如先年去進候、於此以後、不可違篇申候、若免角篇申候者、

大明神・八幡大菩薩・鹿嶋大明神可蒙御罰候、恐々謹言、

康正二年四月一日沙弥道景（花押）

白川修理大夫殿

四五　京極持清遵行状

錦小路東洞院与四条間東頬屋地四町之事、任去十月廿六日御遵行之旨、可沙汰付白河修理大夫代状、如件、

康正二年十二月廿七日持清（花押）

多賀出雲入道殿

四六　伊勢貞親奉書（切紙）

関東主君御事、京都御連枝御中御定候、目出候、今之時分、可被抽

一段之忠節之由、被仰出候、恐々謹言、
四月四日　伊勢守貞親（花押）
謹上　白川修理大夫殿　（○花押、一覧332と相異す）

四七　細川勝元奉書（切紙）

関東主君御事、京都御連枝之中御定候、目出候、今之時分、殊可被
励一段之忠節之由、被仰出候、恐々謹言、
四月四日　勝元（花押）
石川一族御中

四八　近江前司教久書

去六月十一日、御状今月十五日於豆州、当着則令披露候、誠此国御
着目出候、殊可有御忠節之由、御申神妙之旨、被仰出候、恐々謹言、
八月十七日　近江前司教久（花押331）
謹上　白川修理大夫殿

四九　上杉房顕書状（切紙）

就　主君様御動座之御事、去六月十一日、御状一昨日到来、令披閲
候、如承候諸人歓喜、不可過之候、就中此方一身大慶由存候、過御
察候、定而其口之事被仰下候哉、此刻別而被励御計略候者、可然存
候、可為御覚悟之前候間、不能巨細候、恐々謹言、
八月廿六日兵部少輔房顕（花押93）
謹上　白川修理大夫殿

五〇　結城氏広書状（切紙）

態令啓候、抑自去年夏　公方様総州ニ、被立　御旗候、於此口、氏
広一人不違累祖、本意存候間、雖励忠略候、更無其功候、雖然御兵
義相調候之間、社家様御進発候、此度其方御忠節候者、当家面目此
事候、然間其方ニ被成　御書候、兼又那須肥前守与同越後守間事、
数年不和子細候処、其方御調法故、無為候、無是非次第候、近日宇
都宮江、押詰、可致調儀候、那須両所御談合候者、可然候、以其方
御兵略　公方様、被達御本意者、一家繁栄之基候、於御中事者、涯
分可申達候、尚々此度御扶助憑存計候、公私安危可随御覚悟候、恐
々謹言、
二月三日藤原氏広（花押235）
謹上　白川入道殿

五一　岩城隆忠書状（切紙）

（上包）「岩城隆忠」
（切紙）自是、雖可令啓上心中候、諸篇以斟酌遅々仕候処、預御状候、就中
以御請文、蒙仰候条、於生前、御恩忝畏入存候、縦如何躰ニ罷成候
共、意安存候、
一菊田荘拙者之知行分之内、青土屋与申城ニ、代菅（管）を籠候、此城余
ニ山中之事ニ候之間、彼城主を同荘公田城江移候処ニ、彼青土屋之
古城江、岩崎落仁等馳籠候、則当手之事、上田城ニ重実を相籠候、
涯分可致防戦歟与存候、仍一勢可預御合力由承候、近郡之聞与申、
忝畏入存候、於敵方如今者、当手計にても与存候、乍去防戦不叶者、

平可申入候、其時者、被懸御意候者、所仰候、重従是、御左右可申候、此間、蒙御扶持候由、近郡之旁々存知之事ニ候処ニ、如此御芳情之至難申尽存候、巨細班目信濃守、可有御披露候間、令省略候、

七月十八日前下総守隆忠(花押164)

謹上 白河殿御報

五二 芦名盛詮書状(切紙)

思不寄候雪中態御音信、先恐入候、抑雑説お被聞食之由承候、驚入候、於此方者、無指而承子細候処、以御誓言、蒙仰候、御隔心之至候哉、乍去御意畏入候、向後者弥不可有御等閑之間、本意至極候、於身者、自元更不存余儀候、若偽申候者、

八幡大菩薩、鹿島大明神、諏方上下之御罸お可罷蒙候、恐々謹言、

十一月廿七日 前下総守盛詮(花押)

(〇本号および次号の花押、四三と同形)

謹上 白川殿御報

五三 芦名盛詮書状(切紙)

先度御籌策事、蒙仰候間、以禅友首座、愚意之透申披候処、今朝帰着、委細承候、仍就同篇、可有御越之由、重而示賜候間、兼令啓候、彼方之事者、年来之遺恨与申、今度之振舞旁以無念之至極、不及言詞候間、無為之篇、中〱不可随仰候、就本訴之事与先日承候哉、曾非其分候、已領分之郡庄、大略放火無穏便之儀候、只彼入道如此之折、愚身対治之張行歴然候間、心底可過御察候とても、無御等閑之上者、可為御扶持候者、両方共ニ、被閣御綺候ハん事、千万可畏入候、於今度者、互可決安否候、恐々謹言、

八月十五日下総守盛詮(花押)

謹上 白川殿御宿所

五四 相馬隆胤契状

抑年来之依念願、今度申談候上者、於子々孫々も、不可疎略存候、若此旨偽候之者、御信仰、

八幡大菩薩、

鹿島大明神、

当所、妙見大菩薩も、

御照覧候へ、自今已後、不可意曲存候、仍為後日、契約状如件、

文明二年庚寅六月日 平隆胤(花押113)

契約状 白川少弼殿

五五 相馬親隆書状

如仰兄弟契約申候、於此已後、特諸篇大事小事堅可申談候、若此旨偽申候者、可罷蒙 八幡大菩薩御罸候、

文明六年正月廿日平親隆(花押)(〇花押、一覧107 108と相異す)

白川弾正少弼殿

五六 竹貫隆光・同広光連署状

就彼御無事、以御誓書承候、真実々々、無申事次第候、於向後別条

不可存候、万一対重隆御当方、御疎遠之儀、於出来者、彼證文如何
存候、左様之御時宜、就無之者、争余儀可存候哉、
上ニハ梵天帝釈、下者堅牢地神、熊野三所、鹿島大明神、八幡大菩
薩、御照覧候江、存別義間敷候、仍而所定如件、
（天文十年）
命禄辛丑林鐘廿六日　竹　貫　広光（花押）（〇花押、一覧174と相異す）
同左衛門佐隆光（花押）
白河御宿老中江

五七　佐竹義俊書状（切紙）

先日御返事、委細示給候之条、恐悦之至候、就其老父義人、判形お
被進之候、在所之事、於義俊も、不可有相違候、堅預御合力候者、
可申談候、猶以何事候共、始末無余儀、可申承候、御同心可為本望
候、心底口上申候間、不能審候、恐々謹言、
十一月六日前伊予守義俊（花押73）
謹上　白河殿

五八　相馬盛胤書状（切紙）

如通書未申述候処ニ、態之芳問実以不過喜悦、令存候、抑以前者、
互相談候歟、尤到于自今以後者、順先蹤、別而御通信又可申宣事、
可為本望候、就中刀一腰、被差遣之条、目出度候、随而太刀一腰、
進献之、併当時之一賀迄候、諸慶期後日、不能備候、恐々謹言、
晩冬廿二日平盛胤（花押111）
謹上　白河殿

五九　岩城重隆書状（切紙）

官任之為祝儀態之御届、特更黒毛之馬越給候、千秋万歳目出度大悦
無極候、併相似御隔心候歟、仍同一疋河原毛進之候、只偏ニ一儀迄ニ候、
万吉幾久敷可申承候、恐々謹言、
（天文十年）
二月朔日左京大夫重隆（花押141）
謹上　白川殿
（上包）
「岩城重隆」

六〇　義護書状（竪切紙）

那須口通路不自用故、良久不申承候、意外此事候、余ニ御等閑之躰
候間、令啓候、重隆仰談、義護身躰、御引取偏頼入置候、其已往
者、如何様御兵議候哉、時々刻々御床敷候、重隆・義篤之間、無為
之儀、江戸彦五郎走廻候由、其聞候、不可有御油断候、節々岩城
江、御諷諫専一候、諸余重而可申述候間、令略候、恐々謹言、
（天文十年）
八月廿二日　義護（花押372）
白川七郎殿

六一　長沼宗秀書状（切紙）

□中入候、抑御当方石河御間、以不慮之儀、被及御牟□侘
言至極ニ被存候、然者従岩城、御無事御籌策候歟、□口御取刷
付而、重隆御苦身ニ、可有之候条、被閣万端□為千言万句由、
被申候、委細御衆中へ、申事候間、存略候、□謹言、
十一月廿七日美濃介宗秀（花押）

謹上　白河殿人々御中

六二　佐竹義隣書状(切紙)

態令啓候、抑御当方当方至之時、御一和誠以目出度存候、依之先度被仰越候、於義篤も、快然被存候、然者馬黒毛令進之候、御祝儀迄候、雖勿論候、於向後者、相当之儀、余儀不可存候、巨細小祝加賀守、口上可有之候条、不能具候、恐々謹言、

極月十七日源義隣（花押79）

謹上　白川殿御宿所

六三　岩城重隆書状(切紙)

態以使申述候、抑御官途事、京都被御申下候、千秋万歳目出度存候、則祝儀可申入候之処ニ、在陣故、遅留非無沙汰候、然者馬一疋河原毛駮無文進之候、只偏ニ賀一儀計候、彼是巨細鯨岡監物口上ニ申含候間、不能具候、恐々謹言、

(天文十一年)
二月廿七日左京大夫重隆（花押141）

謹上　白川殿

六四　好島隆熙書状(切紙)

態令啓候、抑御管(官)位之儀、京都へ、被御申達候処ニ、速ニ御入眼、千秋万歳御目出度、令存計候、仍馬一疋黒毛無文進之候、偏ニ表御祝義迄候、御吉事追日可申承候、恐々謹言、

(天文十一年)
三月拾七日兵部太輔隆熙(好島)（花押128）

謹上　白川殿御宿所

六五　伊勢貞孝書状(切紙)

御字并御官途御礼、就其方錯乱先以如此次第、具令披露候訖、追而御礼可被御申入之旨、内々令達　上聞候、仍馬一疋栗毛無紋、被懸御意候、御懇至候、一段可致秘蔵候、恐々謹言、

(天文十一年)
六月十一日　伊勢守貞孝（花押332）

謹上　白川左京大夫殿

六六　伊勢貞孝書状(切紙)

御字御官途之儀御申之旨、令披露候之処、被仰出候、御拝領、殊更御自筆誠以御面目至、珍重存候、恐々謹言、

(天文十一年)
十月廿六日　伊勢守貞孝（花押332）

謹上　白川左京大夫殿

六七　好島隆家書状(切紙)

態申入候、抑御曹子様御元服之由承、千秋万歳御目出度令存候、尚以御成人之御様躰、奉識察候、則如此之儀、雖可申届候、明徹被致同心親ニ候者、半途に被罷出候間、遅々仕候、全非無沙汰候、御吉事重而可申據候、恐々謹言、

(十一月)
霜月晦日　兵部太輔隆家(好島)（花押）

謹上　白川殿御宿所

六八　岩城重隆明徹書状(切紙)

態令啓候、抑七郎殿御元服之由、其听候、千秋万歳目出度次第ニ候、依之以使申述候、巨細者、鯨岡監物、口上ニ申含候、恐々謹

言、
　十二月五日　（重隆）明徹（花押142）
　謹上　白川殿

六九　石見守通隆書状（切紙）

御官途之儀、御申之旨、致披露、被達　上聞候之処、被成下　口宣
御袖判出候、御面目之至、不可過之候、来春中、急度御礼御申肝要
候、御延引候てハ、不可然候、京都之時宜、御屋地等事、何も無疎
略、相調申儀、定而八槻別当、可被申候間、令省略候、可得御意
候、恐々謹言、
　（天正十一年）十二月七日　石見守通隆（花押333）
　謹上　白川左兵衛佐殿

七〇　小田野義正書状

貴札之趣、奉披見候、抑岩城当方祝言付而、義昭所江、御届目出
快然之由、被申候、如被顕御帋面候、到向後も、尚無別条、互可被
申談候、然者愚所江、練一端越給候、外聞見所一段、畏入奉存候、於
自今以後者相応之儀、不可有御隔心候、尤可其旨存候、仍態迄乍弓
一張赤漆両廿藤八所、令進献之候、誠奉表一儀計候、巨細之段、瑞夢軒口上頼
入候間、奉省略候、恐々謹言、
　九月廿三日　大和守義正（花押）
謹上　白川殿貴報
（上包）
「小田野大和守」

七一　岡本禅哲梅江斎書状

就岩城当方祝言遠路与申、態御届厚志之由被申候、如御書面、馬
一疋栗毛被指越候、目出度奉存候、自此方も、為使者、雖可被申届候、
定而御六ヶ敷、可有候歟、就中瑞夢軒（カ）内志之御事候条、被頼入、馬
一疋鴾毛被進候、御祝儀迄候、如仰於当代も、猶以尽未来、可申合由、
被存候、御同意所仰候、巨細彼方頼入候条、令略候、恐々謹言、
　（九月）無射廿三日　梅江斎禅哲（花押131）
　白河御館江貴報

七二　小山高朝書状

雖未申通候、令啓候、抑当国之様躰、定而可有其聞候歟、壬生中務
太輔、累年慮外之儀、増進之上、向後在所、両三ヶ年成動候砌、宇
都宮家中相分、芳賀右兵衛尉申寄候間、相談候処、俊綱須臾之間
ニ、替覚悟、右兵衛尉生涯之儀、逼塞顕形ニ附而退散、号児山地
ニ指籠、令防戦候刻、皆川弾正少弼、合力之事依相歎候、雖及引
汲候、散々地利、就中従当地、打越之事候之間、揺々与不加力候之
条、覚外此事候、然者小田政治以意見出城以来も、那須高資、塩
谷伯嗜（マヽ）守方父子弓箭之筋目同前、至于今申合候、結城政勝、去春
正月以往、宇都宮へ、不軽（憚カ）以題目、被及事切候、然者令調談、宮中
甚近辺へ数ヶ度成動、不残一宇も、打散候、壬生口之事者、去三月
十八、淡志河之地へ被懸、終日相責及極晩落居、為始城主、五百余
人討捕候き、近日猶以動無油断候、彼江本意不可有程候、仍自俊綱

結城当方へ無為之儀、可被加御下知之由、様々被奉詫言候故、一両
篇被成御使節候つ、不安以遺恨、互鉾楯之上、速不被応　上　意之
段、一旦有御納得、以御寛宥之儀、漸被仰出候者、強テ自由之儀、
不可有之候之処、去五月不日仁当口へ御進発被転、先当忠如此之御
刷歎而も有余計候、結局北条左京大夫足軽以下可被召出、御結講（マヽ）前
代未聞、都鄙之褒貶浅間敷迄候、縦令豆相州之人数乱入之儀、山内
扇谷、依無庶幾氏綱思惟之上、此口何斗も、無之分候、此等之義
も、宇都宮方所行故候、誠言宣不及之次第候、雖然御帰座之後、御
免許之事、頻而申上候ニ附而、御内儀被聞召分候、御様躰承及候、
然間境之地被静候、兼又其口珍義候者、回章可為欣然候、毎事期来
信之時候、恐々謹言、

（天文十八年）七月廿八日　（小山）高朝（花押242）

白川殿

七三　富塚仲綱書状

尊翰恐悦無極奉存候、抑年来　義綱様御品物被仰下候条、於唯今可
申上ト被存候処ニ、如被及聞召候、当家鉾楯取乱故、乍存無其義
候、意外千萬奉存候、然而為御祝義、鞦如員数、拝領誠以、過当至
奉存候、将亦任見来蠟燭五十丁、入進上候、誠一儀計候、随而稙宗
帰城聞召、可為御大慶候、因之先度、御音信快然之至由、被申候、
以此旨、御披露所仰候、恐々謹言、

六月廿七日　（富塚）近江守仲綱（花押193）

謹上　白河殿人々御中

七四　二階堂照行書状（切紙）

態以使申事候、抑年中其方、蘆名方縁辺之祝儀成就候、肝用候、爰
許其刻、可申越候き、月迫故、不及其儀候、乍然無沙汰之様ニ候、
巨砕遠藤壱岐守、可申理候間、不能具候、恐々謹言、

正月晦日　弾正大弼照行（花押229）

謹上　白河殿

七五　二階堂照行書状（切紙）

態以使申入候、抑年中、御祝儀被取納候、肝要之至候、如此之儀、
其砌可申越候き、月迫故、不及其儀候き、仍而馬一疋、進入候、寔賀
一儀迄候、巨細遠藤壱岐守、可申伸候間、不能具候、恐々謹言、

正月晦日　弾正大弼照行（花押229）

謹上　白河七郎殿

七六　道堅（道阿）書状（切紙）

態申入候、抑御祝言、千秋万歳目出度令存候、仍為御祝儀、馬壱疋鹿毛
令進之候、雖新申事候、好ニ参候間、於向後者、大細事共可申談
候、御同意可為本望候、御吉事幾久、可申承候、巨細猶西牧七郎左
衛門尉口上ニ申含候条、令略候、恐々謹言、

弐月十二日　道堅（花押377）

謹上　白川七郎殿

七七　竹貫広光書状（切紙）

態申入候、抑若子様御誕生以寔御目出度令存候、急度雖可申入覚悟候、号黒田地番、重隆被頼申候間、彼地馳籠、一両日中、致帰路候、御祝儀迄馬一疋栗毛令進引之候、委細芳賀備中守方、可申宣候条、令略候、恐々謹言、

卯月十四日　（竹貫）参川守広光（花押174）

謹上　芳賀備中守殿

七八　芦名盛舜書状

就祝言之儀、来札具遂披見候、彼一義四郎所江、種々雖加意見候、当年之事者、先以指越間敷之由候、委曲猶芳賀大蔵少輔任口上、不能具候、恐々謹言、

五月九日　（芦名）前遠江守盛舜（花押279）

謹上　白河左京大夫殿

七九　芦名盛起書状（切紙）

就御祝言之儀、今般芳札一段、為悦無他候、当年之事者、先以差越中間敷之由候、委曲猶芳賀大蔵少輔方任口上、不能具候、恐々謹言、

（弘治元年）五月九日　左衛門尉盛起（花押334）

謹上　白河殿御報

八〇　内蔵助宗国書状（切紙）

（上包）「会津盛起」

就御祝言之儀、御書謹奉拝候、仍当年御祝儀、尤可被存其旨候之処、余御斩々、依為幼少、先以年中之御事者、相延被申候、乍恐於此上者、重而為御催促之御使、御無用至極奉存候、此等之段、可然之様、御披露所仰候、恐々謹言、

五月九日　内蔵助宗国（花押335）

謹上　芳賀左衛門尉殿

八一　宇都宮隆綱書状（切紙）

如御一翰之、先度者為御代官、御一札之儀、御厳重之御届、一段明徹被存祝着候、於各も、畏入令存候、抑御　曹子御一字之儀、去比沢井金吾山城守方へ御理候キ、雖被致明徹辞退候、我々下地馳走申候処、今般以御使、被仰届候之間、速成就、誠以千秋万歳、御目出度令存候、如貴意向後者、弥御甚深可為御肝要候、爰元之御事、乍勿論、御当方此方、不可過御工夫候、御吉事重而可申達候、恐々謹言、

林鐘廿一日　下野守隆綱（花押）

謹上　白川殿　貴報

八二　好島隆熙書状（切紙）

如御来翰之、去時分、為御一礼、沢井右衛門佐方、被指越候処ニ、別而取成をも不申候、于今無御心元迄ニ候、然而御曹子様御一字之儀、今般被仰越候条、塩左馬助申合候而相調申候処ニ、速指越被申候、寔ニ御目出度、千要ニ令存候、委曲猶駒屋大炊属方、可被申之条、不能重説候、恐々謹言、

林鐘廿二日　（好島）山城守隆熙（花押336）

謹上　白川殿御報

八三　岩城重隆明徹書状(切紙)

以前沢井右衛門佐方、為御代官承候、外聞見所到内儀も、本望之到候、併相似御隔心候歟、口惜候、仍若子御一字之事、彼在滞之御砌、内儀承候、更不相応之由、弥々及遠慮候之処、今度態以使者、承候之間、此上不及思慮、鶴千代丸一字之事越進候、併目出度、於于愚老も、大悦候、猶駒屋大炊属ニ申述候、恐々謹言、

六月廿三日　(岩城重隆)明徹（花押142）

謹上　白川殿

八四　富田滋実書状(切紙)

就御祝言之儀、為御使、被仰越候、尤雖被存其旨候、盛氏息女幼稚之条、不及指越申之由、回答被申候、当年之御事者、御遠慮御肝要至極存候、委細猶舟田右衛門尉任演説、不能詳候間、此等之段、御披露所仰候、恐々謹言、

六月廿九日左近将監(富田)滋実（花押337）

謹上　芳賀三郎殿

八五　周興書状(切紙)

就御当地、被移　御座、以御代官、御祝儀被御申上候、梶原方令談合、能々致披露候、目出度思食之段、被成　御書候、仍御剣被遣之候、然者以条目、被御申上候、内々令披露、様躰申入候、定而御代官可被申達候、将又銀燭百丁送給候、目出度存候、態迄ニ金扇一柄進献之、委曲彼舌頭任入候、恐々謹言、

八月十四日　周興（花押373）

謹上　白川殿御報

八六　北条氏康書状

自白川一札到来、則及返札候、案文有披見、其方返札相計、可被調候、佐竹当方通用難去、自遠国、被申越候而、一通之子細ニ候、縁近なと、可取組事、不寄思候、白川方儀者、結城方一筋ニ、入魂之儀候間、自余之方ニ者、不可准候、涯分可及御取合由、可被申越候、恐々謹言、

(弘治二年)三月十七日　氏康（花押）

左衛門大夫殿

八七　北条氏康書状

来翰令披閲候、仍自白川、一札到来、具披見、遠境故、令無音候処、懇被申越候、本望候、有御心得而、御伝達肝要候、然ハ佐竹此方通用無曲由、彼書中相見候、佐竹白川取逢被来候儀、一点不存候、旧冬内儀如申届候、自佐竹、難去被申越附而、書札之通用、横合有間敷由存、令同意候、致入魂儀者其方御意見与云努々不可有之候、殊佐竹被申所、小田之間、疎遠ニ可取成所、此方へ通用之可為意趣由候、然而近日小田佐竹間、弥甚深之由候、此時者、計儀之被申事ニ候之由、令存候、就中小田口行之儀、自白川被尋候、時節見合、其方依御作意不慮ニ立越人衆儀可有之由、及返答候条々、御意得候て、御演説簡要候、何様自是可申述候間、不能具候、恐々謹言、

（弘治二年カ）三月十七日　（北条）氏康

結城殿

自小田原、当方へも、返札案文写進之候、本文を進度候へ共、自然様躰事、違儀之時、以本文、小田原へ、断而可申届用ニ留置候、其上其方へ、自小田原、具可被申越候、又北条左衛門大夫も、可被申届候間、写進之候、

八八　北条綱成書状

如蒙仰候、厥以来者、遠路故節々不申通候、乍存無沙汰之至候、仍去年夏、唐人以罷上候、便蒙仰候キ、彼仁当春罷下候之条、以一書申達候間、定而可有参着候、然而重而、以脚力、御存分被仰越候、具ニ氏康ニ、令伝達候、兼又佐竹方事、小田原与縁近之段承候、努々無之題目ニ候、毛頭愚拙虚言不可有之候、彼口之儀者、脚力口上ニ申候、随而常州当夏中、氏康調儀之段、蒙仰候、結城政勝大掾方、依弓矢之手成人数可被指越存分ニ候、猶以遠路ニ候共、節々氏康へ、可被仰通儀、於拙者可為本望候、将亦房州之事、別条之儀無之候、珍儀候者、可申入候、委曲彼口上ニ申展候条、不能重説候、恐々謹言、

（弘治二年）三月廿日　北条左衛門大夫綱成（花押）

謹上　白川殿　御報

（包紙折封）「拝　白川貴報　北条左衛門大夫　拝」

八九　北条氏康書状

来翰披見申候、仍自白川、被及音信候、遠国与云、芳志之至難申尽候、能々有御心得、可被仰届候、伊達蘆名所へ、近年不申通候、雖然左様之書礼者、逐候而認候、何様重而可申入候、恐々謹言、

（弘治二年）三月廿日　北条氏康（花押）

結城殿

九〇　北条綱成書状

如蒙仰候、年頭以来者、不申通候処ニ、御懇書令拝見候、仍而従白川、晴綱以脚力、小田原へ、被仰届候、附而愚所へ、御懇切ニ蒙仰候、先以快勝之至候、然ハ従前々無御余儀候筋目今度委細被仰越候、氏康も別而可被申通存分ニ候之間、可御心安候、就中佐竹方、小田原へ、別而被申合之様躰、其聞得候哉、努々左様之儀、無之候間、此段令伝達簡要候、拙者も具ニ申入候、爰元御取合之儀、被任之旨、被仰越之条、尤不可存無沙汰候、将亦小栗之地、有御再興、御番手被為入之由、是又可然御手刷ニ候、雖不及申候、其口無御油断、御備専要ニ存候、兼又小山之儀、葛西様へ、被仰上、氏康かたへ被仰達候歟、然処ニ、堅被申掛之由、被露帋面候、寄々可被仰調候、於拙者、彼一儀不可有無沙汰候、猶以従白川、於向後、節々被仰通候者、涯分可然様ニ、可走廻候、此間者、御不例之由候、無御心元存候、能々可有御養性候事、尤ニ奉存候、万端令期来信之時候、恐惶謹言、

（弘治二年）三月廿日　北条左衛門大夫
綱成

結城江　参　貴報

謹上

九一　北条氏康書状

自白川、去比被差越脚力候、左衛門大夫取次候、返札懇調遣候、其方へも、一札被届候哉、越給候、令披見候、然者佐竹当方好之儀、於彼筋、其沙汰候哉不思寄子細候、向後者有間敷之候、物而佐竹此方通融雖無所詮候、自遠国難去、被申越候間、可為一旦之通融之由申断候、以此筋目、可有御返答候、恐々謹言、

（弘治二年）四月四日　氏康（花押）

太田美濃守殿

九二　太田資正書状

先度者預御状候、即及御報候き、仍以前氏康へ被仰届候処、御使直被罷透候故、氏康不得内儀候、併無沙汰之様候間、其以後態、小田原へ使差越、様躰申届候処、佐竹与当方縁辺之儀、一向無之子細候、向後ハ、可為此分之由、資正所へ一札被越候、為御披見急度進置之候、当口相応之御用等、何成り無御隔心、可蒙仰候、毛頭不可存疎義候、此旨可令得御意候、恐々謹言、

（弘治二年）四月十二日　太田美濃守
資正（花押）

白川
人々御中

九三　北条綱成書状

五月廿六日之御一書、七月廿二日到着、奉遂披閲候、如貴意其以後者、遠路故、是非不申展候、氏康も、以一書申入度之由、雖被存候、是も遠境故、無其儀候、然者向房綱、取出被致之、春以来、彼口被押詰候条、両国本意不可有程候、当秋之調義ニ落着候、就中去々年、氏康かたへ、被指越候角鷹一段逸物鶴鴻不遁取候間、秘蔵無限候、当秋中、便之時分、御鷹一もと申請度候、随而氏康へ御用等、政勝へ被仰届之由存其旨候、於向後者、愚所へ、直ニ、可被仰越候、少も不可有無沙汰候、兼又彼唐人十一官、拙者も存知之者ニ候、御懇切尤候、委曲令期来信之時候、恐々謹言、

（弘治二年）七月廿二日　北条左衛門大夫
綱成（花押）

謹上　白川　貴報

（包紙折封）「（書礼）五大力サ
拝　白川殿御報　北条左衛門大夫　拝」

九四　慶就書状

其以来細々不能音問、素意之外候、抑去夏令湯治路次筋幸之間、小田原江寄馬、氏康遂直談、数日滞留、其砌　公方様被立御座候之間、令参上、当国之様躰言上無相違上意、然上、当秋之手成政勝、有同意氏康江、始中終申合、令帰国候、就之覚悟之旨、彼者ヒ

申含候、能々被相尋、御塩味可為簡要候、通路難計候之間、不預脊面候、兼又先度、以唐人、穆橋馬之事申届候キ、速御挨拶之由候間、重而啓候、巨細永得院可有伝悟候、恐々謹言、

（弘治二年）初秋廿五日　慶就（花押）

白河殿

追路次雖物忩候良久絶通音候之間態啓候、近日者結城口も静之様候、可御心安候、猶以馬之事当用之間不顧思慮申届候、

九五　小田氏治書状

態令啓候、抑氏康一和、依彼内義、去比者、預芳書候、本望候、自今以後者、無隔意、可申談候、御同意尤候、仍佐竹義昭南方和与深不足之由候、近日至于当口、可被動干戈之由候、爰元之様躰、彼是那須可在演説候、対資胤ヘ無二申合候、至于御用等、具那須ヘ幾度も、可承候、諸余令期来信候、恐々謹言、

（弘治二年）九月廿三日　（小田）氏治（花押）

白川殿

九六　結城政勝書状

内々可申達由、存候之処、幸便之間、啓上候、其以後、何方江、御移候哉、遠路与云、通路不自由与云、一向無其听候、寒気之時分、御修行一入御辛労之至候、定於佐竹、可為御越年候歟、然者此口之義、定無御心元可思召候、小田氏治、八月廿四日、古地ヘ被罷移候、爰元思合境、悉押立小田近辺迄、焼詰無油断、従境地、及其行候之間、言語道断手詰之由、申来候、方々相談、以時分、取懸候者、一途可有之由存候、小栗冨屋海老嶋堅固ニ候、定御心易可思召候、爰元如存取成、先度申合候、筋目尚以、重可申候、不可有御疑候、然者氏康者、従七月郷城ニ在陣、上総之内□氏康□□細今度者、定□□如何様、自是氏康江、可加意見候、仍愚之不例、漸取直様躰ニ候、只今之義ニ候者、十王対面、可為遅延候歟、一笑々々、定堅固可為御悦喜候、唯朝暮御床敷迄候、此口重而御修行頼入候、恐々敬白、

（弘治二年）十一月廿九日左衛門督政勝（花押）

拝進六御寮

（包紙）「白河江　自結城」

九七　結城氏条書

従結城之手日記

一宇都宮之事付依此義条々事

一両那須之事付可申分事

一此口様躰之事

一小田洞之様躰

一塩元伯耆守等閑之事

一児山之事

一宍戸真壁江戸申越一義之事
一時宜御納得之上一日も可被立事
一始末無二可申談事
一心安人躰此方へ可被越事

以上

九八　北条氏康書状

如仰未申通候処、預御札候、本望候、於向後者、別可申談候、抑義昭半途へ、被打出由候、此時小田鳥山(カ)、被示合、一途御行所希候、当口遠境間、氏治・晴期・資胤被仰談、可為肝要候、恐々謹言、

（永禄三年）二月十八日　（北条）氏康（花押）

白川殿

九九　江戸忠通書状（切紙）

如貴札、厥以来、依無題目、不申入候、無御心元奉存候処、御懇切之条、恐悦不少候、抑去春義昭、以慮外之儀、不図半途へ、被打出候、重隆為先御枢機、即罷出相押候之処、岩城被任御懇望、被引返候、簡要之至候、然処今般御悦喜之段、為御使、蒙仰候、特御腰物恒次作馬鴾毛罷預候、目出畏入奉存候、併御隔心之様、迷惑此事候、如貴意、至于向後者、万端得尊意、不可奉存疎略候、如何様廳而、以使者、御礼等可申達候、巨細之旨、菅生掃部左衛門尉方口上憑入奉略候、恐々謹言、

（永禄三年）六月九日　前但馬守（江戸）忠通（花押）

謹上　白川殿貴報

一〇〇　北条氏康書状

芳札披閲候、抑　関宿様江、言上御申之由、目出珍重候、御満足之段、以御次、可及披露候、就中佐竹御間之儀、一両度、雖及意見候、無納得候、遠境与云、我等助言不可届候、并那須御間之事承候、当那須方与入魂之儀無之候、大都迄候、雖然蒙仰儀候間、連々可及諷諫候、畢竟如承、瑞雲院頼被申肝要存候、委曲御使芳賀大蔵着(丞カ)附与口上之条不能具候、恐々謹言、

有明卅丁給候、祝着候、

（永禄三年）九月三日　氏康（花押）

白川殿

一〇一　信太治房書状

去比氏治所へ、被仰通候、御簡要奉存候、向後猶以、別而被仰合専一候、然者氏治以書中、被申届候、那須へ吉凶共、被申合候、御同前可被仰談候、近日従佐竹、向当方ニ、御手切可有之候、南方結城・小山・那須無二入魂被申結候条、当口可御心易候、自何先日、貴札過分奉存候、於自今以後、御用等、可走廻候、此旨可預御披露候、恐々謹言、

九月廿二日　信太掃部助　治房（花押）

白川　御館人々御中

一〇二　飛鳥井雅康免状

（上包）「飛鳥井殿御免状」
就蹴鞠之儀、十骨ゑり骨扇事、聊尓ニ、雖無免除候、別而御執心之条、令口伝免許候也、恐々謹言、

九月五日 （飛鳥井雅康カ）（花押）

白川七郎殿

一〇三 結城晴朝条書

覚

（一カ）□南方出馬之事、一御手合之事、一当口味方中（欠無カ）□□悉相調之事、一宇都宮洞中之事、一佐野（欠無カ）□□を義昭、向小田出張之事、一上州口之事、

以上

卯月廿四日 晴朝（花押）（〇花押、一覧243と相異す）

那江
白

一〇四 芦名盛氏止々斎書状写

先日氏康へ誓句進置候、則今般預彼回答候、真実以、本望之至候、然者関東中之手成内々無御心許候処ニ、条々示給候、大慶此事候、特更松山之地落居、令満足候、景虎後詰之、被及刷候間、可被遂勝負之由、存候処ニ、有仕合共、延行結句奇西之地、景虎属一味候歟、無是非次第候、仍佐竹宇都宮引卒、景虎小山へ被取懸、彼地、以懇望、景虎入手裏候、畢竟後詰之御刷曆然候歟、内々於奥口も、後詰之御刷無之事、不頼敷之由存候、将又近日、向宮中氏康可為出張候哉、簡用至候、老子事者、別而申合候間、一懇不可有疎意候、奥口之事も、爰かしこ、弓矢無止事候間、方々之噯叵計候、岩城田村於被引付候者、輙可相調之由存候、尤御公使之外、不可有之候、此分能々結小ニも相談専用存候、如何様氏康御発向候之刻、可申達候、手成重而示給候者、可得其意候、恐々謹言、

夘月廿五日 （芦名盛氏）止々斎

河村対馬守殿

一〇五 結城晴朝書状

態申届候、仍先立者、以使申入候処、御懇答、就中条々以覚承候、令得其意候、然者重而氏治令相談、以使僧申越候、氏康越河之事者、于今慶久院多賀谷壱岐守、小田原ニ被留置候、定近日可令帰宅候間、日限彼是以彼口上、可被申越候、然而氏治晴朝被任申、資胤以誓句被申候者、有其分、被相談尤候、其上当口依手成、可被合御首尾事、可然候、内々当月中旬、可有越河分候処、信玄上州江出張、依之氏康岩付江被打出候、上州二三ヶ所降参候、如斯之以子細延引候、此上出馬之事、可為急速候、其元少も無御油断、御稼肝要候、委細口上ニ可有之候、恐々謹言、

（永禄七年）五月廿七日 晴朝（花押）（〇花押、一〇三と同形）

白河殿

一〇六 小田氏治書状

覚

一氏康出張来中旬之事付御手切之事
一那之事
一動筋之事付味方中之事
一御神名之事
一後詰之事付神名

以上

五月廿七日　氏治（花押）（〇花押、九五と相異す）

白川殿

（包紙）
「（切封）
白川江　自小田原城　」

一〇七　小田氏治書状

聊令啓候、抑大関不始逆心、無是非候、依之為御合力、半途へ被打出之由、心地好迄候、此節不被延、彼口被取刷候様ニ、資胤へ御諷諫千言万句候、好ヶ之時分、氏康越河可為御大慶候、然者今度者、東海道迄相調、既ニ今川方武田方自身合力先岩付へ有一調儀、越国之備、駿甲へ被任氏康父子、可有越河、兵談被居、去月廿六日、氏康者号大神所迄、女陣洪水故、于今進陣無之候、今川方廿四日ニ出国、小田原へ去月末ニ着陣、当月二日氏康へ対談、漸水も落足ニ候間、可為進陣候、信玄西上州へ越山、大手之調如斯候之上、貴所御本意無疑候、庄内弓矢募之様候、資胤へ可被加御意見候、兼又来春者如何、当年者、景虎越山不可有之由、堅承届候、可御心安候、恐々謹言、

八月六日　氏治（花押）（〇花押、前号と同形）

白川殿

（包紙）
「白川　自松山城　」

一〇八　弾正左衛門尉資矩書状

去比者、御懇答其以来、重而預御書中候、条々本懐之至候、然者氏治江御通用簡専候、自愚所以使彼返札申調進之候、向後者、節々御通信可然候、将亦武田信玄上州出張安中之地被属本意候、氏康父子当月四日出陣、石戸川越ニ両所被立馬候、常野両総武上被相談、岩付之地進陣越年ニ相定候、此上珍儀候者、聊可申届候、其御屋裏様躰如何承度候、恐々謹言、

（永禄七年）
九月十五日　弾正左衛門尉
資矩（花押）

白川殿御宿所

追啓

下口へ之御返札則相届候、逐日小田結城小山甚深候、御心安候、

一〇九　北条氏康書状

芳翰披閲候、抑就当家督息氏政直之、態蒙仰候、殊太刀一腰、紅燭弐百挺、送給候、遠境与云、芳志此事候、何様御礼、自是可申届候、就中上総向久留里、取立新地普請、悉出来之間、近日可納人数候、委曲岩本可申候、恐々謹言、

（元亀二年カ）五月九日　氏康（花押）

白川殿

一一〇　北条氏舜書状

御札本望至極候、然者当表之事、于今向結城山川被及行候、然ニ始佐竹宇都宮那須各隔絹川在陣候、切所故、早速不被決是非儀、無念迄候、雖然近日一行可有之間、於珍儀者、自是可申達候、猶其表不可有御油断儀肝要候、恐々謹言、

追而老父常陸守、相煩当陣ニ無之候間、不及御報候、

（元亀二年）林鐘廿四日　北条左衛門大夫　氏舜（花押）

白川江

一一一　田村清顕書状

其以来、通路不合期故、無音余無心元候間、可用壱簡之由存、書中相認候処ニ、田主就被越候、御懇書、乍不始事、本望之至候、太手口之様子御床敷候間、太田江御書札可憑入之由、存相調候間、幸便之条差越候、此方之脚力、帰路難計之条、乍御造作憑入候、然者奥口之唱兎角申廻候由、田主致物語、誠以世間之表裏、案外迄候、以前以御調法申合候筋目之外、不可有之候、縦如何様ニ申廻候共、実事被取置間敷候、随而会口之模様、此口へも同覧候、能々被聞召届、重而御注進可為祝着候、事々期後音之時候、恐々謹言、

尚々義重太（大）手口へ、御出馬之由、田主申候、其以前ニ彼書中相認候間、不露彼書面候、

正月廿七日　清顕（花押211）

白川南殿

（包紙）「（切封）南口　自三　（切封）」

一一二　佐竹義重書状

態令啓候、抑去時分者、陣中へ預脚力候、誠本望至候、小田口調義、有如存知、去二日令帰陣候、西口別而無替儀候、氏政ニ者于今豆州ニ在陣之由候、何様重説候者、聊可申届候、仍岩城御間之義、去年及御取合候、如此之上、互ニ御通用可然候、岩城へも此旨趣申理候、無別儀由、預返答候、委細和田安房守、可申越候間、不能具候、恐々謹言、

二月廿四日　義重（花押72）

白川殿

一一三　佐竹義久契状

一、今度御当方、石川被遂御一和之上、義重事も、以御媒介、被致和睦事、

一、向後被対御当方昭光不足之御取扱も候者、被申合、可被及其断事、

一、従石川、表裏之儀も候者、則可被申届事、

此儀、偽申候者、当国鹿島大明神、八幡大菩薩、別而愛宕大
権現、則可蒙御照罰候、以上、
仍如件、
卯月十三日　義久（花押71）
白川殿御宿所
（包紙）
「白川　江　義久」

一一四　佐竹義廉書状

到之時、御当方当方、被相談候、目出度候、依之為御祝儀、馬一疋
栗毛、牽給候、快然之至候、於向後者、相当之儀、不可存無沙汰候、
恐々謹言、
極月九日　源義廉（花押）
謹上　白川殿御報

一一五　上杉謙信輝虎書状

雖未申通候、馳一翰意趣者、佐竹義重累年申談、此度同陣悉皆表裏
之刷、兼日之入魂相違ニ候、然者那須資胤ニ、別而懇意之由候間、
輝虎儀も、向後可申合候、御同意可為本望候、盛氏父子も、不被存
等閑候、猶北条丹後守可申候、恐々謹言、
（天正二年カ）
三月十五日　輝虎（花押87）
白川七郎殿

一一六　相馬義胤書状

来翰披閲本懐之至候、如承就惣和之儀、佐へ申入処、御同意御理之
由、祝着此事候、然而当使帰路、自佐之挨拶承訖、其上今度、皇徳
寺并菅生能登守、被指越条、于口才得其意候、随而存分等彼両方へ
申渡候間、委細可被申之条、不能具候、恐々謹言、
就御所望、進之置、鷹御自愛之由、満足ニ候、将亦鑃之帷子并冠
物、被指越珍悦之至候、
六月八日義胤（花押）（〇花押、一覧101 102と相異す）
白川南殿

一一七　富田知信書状

雖未申通候、令啓候、抑去歳、九州嶋津為可有　御追罸、御動座之
処、御陣中へ走入、奉懇望候間、不及御料簡、有御赦免、被召返
候、誠唐国迄も、平均眼前候、此上関東奥両国惣無事之儀、被　仰
出候条、可被成其意候、然者関奥諸大名、若至被成言上者、我等御
取次之儀、馳走可申之段、被　仰付候間、以使者申定候、急速御
使、於被為指上者、御書已下、申調可進之候、此外随身之御用等、
蒙仰候者、涯分可走廻候、委細者彼口上申含候間令省略候、恐々謹
言、
（天正十六年）
卯月六日　（富田知信）（花押445）

白川殿御宿所

一一八　佐竹義久書状

急度申進候、仍今日之御労煩令察候、併太平之地、被属存分候、定而可為御大慶候、畢竟押を被頼入候故、当手心安取扱被致之候、将亦昨夕芳越芳出を以、黒川へ御届ニ付而、可被打帰由、於時宜者、無御余儀候、雖然義宜存分共候間、可被申合由候、先以御在馬可然候、巨細者、追而可申進候、恐々謹言、

（天正十七年）六月七日　義久（花押70）

（包紙）
「竜崎江　従太田宗跡」
白川殿御宿所

一一九　山岡重長書状

以上

御状忝次第候、如仰候、忠三郎殿御取敷、被相定、末代迄も可然と、乍憚、可為御太慶候、御とりつきの分に候間、拙者一人之様ニ、満足申上計ニ候、恐惶不宣、

五月六日　（山岡重野）（花押）

（包紙）
「山岡志摩守　長
白川不説様
御小姓衆中　」

一二〇　相馬隆胤書状

態令啓上候、抑一揆之事、連々念願候間、田村殿令申候処、以御調法、可為御同心之由、蒙仰候、畏入存候間、契状令進候、仍而雖比興候、馬一疋鹿毛目結□令進候、左道之至恐入候、無差題目候共、此以後不断可申上候、御同心可畏入候、此方物忩之時分候間、早々申入候、恐入候、巨細重而可申上候間、不能巨細候、恐々謹言、

六月十二日　平隆胤（花押113）

謹上　白川殿御宿所

（包紙）
「謹上　白川少弼殿御宿所　相馬次郎
平隆胤」

一二一　等因書状

（御カ）
□書委細蒙仰候、恐入候、自□事御下向之時、他行仕候て、不申入候条、無御心元存候、無為無事ニ御下向御目出度候、又御屋地之事、蒙仰候間、先管領様典厩様へ、先年之興源寺殿之御書、令懸御目候て、申上候、以前之無支証候て者、大事之殊職にても候ハす候間、今之事者、不能披露候由、被仰候、又小河之事、無為事候、御悦喜之由、被仰候、又小峰殿様御上洛候て、野州様之御祈共御申候、御目出度候、返々御下向之時、他行仕候て、御心静ニ、不申入候、無念此事にて候、此趣御披露所仰候、恐々謹言、

九月十二日　等因（花押374）

謹上　白河大夫殿
人々御中

一二二　太山義在書状

当春者、不令啓候、慮外之至令存候、抑義昭所へ、御懇切之由及承

於拙者も心易令存候、仍改治御懇望之間、当方弓矢、日夜辛労可有御察候、何方も御静謐念願此事候、先年、於木戸陣御懇切、其以来、不被打置御書中、於向後ハ、無疎儀、可申入候、万吉令期後音候、恐々謹言、

二月十日　太山 義在（花押）

白川殿御宿所

一二三　尚国書状

態為使者、令啓候、抑先日為使僧、示給候、祝着之至候、其以往、急度可申宣候処、因莵角遅々、非本意候、任見来太刀一腰、令進之候、誠加壱儀迄ニ候、随而佐竹御間、被属無事候由、其听得候、目出肝要候、毎事ニ福寺任口舌、抛筆候、恐々謹言、

三月十二日源尚国（花押）

謹上　白河殿

（包紙）「謹上　白河殿　源尚国」

一二四　右京大夫義憲書状

大縄かたへ、御状披見仕候了、仍今度半者為防戦、又者此御調儀、上様江可為無二之御忠節候間、為此方、殊可然令存事候、猶々大野・奥沢両所、并彼城主被討取候事、則上様江申候了、定可被成御書候、委細使節ニ申候間、令省略候、恐々謹言、

十一月廿一日　右京大夫義憲（花押）

謹上　白川修理大夫殿

一二五　佐竹義憲書状

態以使節、委細承候、恐悦之至候、随而大縄かたへ承候契約之事、其段可心得□候、仍万事申談候上者、宮河□両所お去進之候、委細者、自大縄将監方可令申候、次太刀一目貫桐丸給候、誠目出、悦喜仕候、仍太刀一海梅花目貫椿進之候、左道之至、憚入候、恐々謹言、

十一月廿一日　右京大夫義憲（佐竹）（花押）

謹上　白川修理大夫殿

一二六　左衛門尉通賢書状

改年御慶、漸雖事旧候、重畳猶嘉祥云々、抑自　公方様、御馬御所望候間、自管領、以状被申候、仍長者一寸五分二寸、毛者佐目蘆毛之外者、不苦候、但駿者、如何にもしろミ少候を、被立置候、又乗走面白候ハんを、可有御進上之由候、此由、自私も、能々可申旨候、委細定雑掌可被申候、恐々謹言、

正月十二日　左衛門尉通賢（花押338）

謹上　白川殿

一二七　沙弥長建書状

度々被成　御書候、到着候哉、仍方々時宜相調候間、雪下殿様、近日可有御進発候、依之、重而被成御書候、此刻於其口、御忠節候者、可為御感悦之由、被仰出候、然者、可有抽賞候、可有望御申之由、

上意候、恐々謹言、
正月廿二日　沙弥長建（花押366）
謹上　白川修理大夫入道殿
御宿所

一二八　芦名盛舜書状

如来翰、年甫之佳慶、尚更不可有窮期候、抑為御祝儀、扇子并練一端、金鳥三懸、淵老三懸、雁二預候、珍重、随而仁風一本、薄板一端腰替、銀燭卅挺有明、進献之候、万吉令期後音候、恐々謹言、
仲春一日　遠江守盛舜（黒印）（○印文「盛舜」カ）
謹上　白河殿

一二九　田村顕広月斎書状

（端裏書）
「田村宮内大夫より　かたへはしめての一簡也」
態令啓候、仍今般与風御光儀、盛氏被遂御会顔候、定而可為御大悦之由令存候、内々則以参、如此之儀、可申達覚悟、雖存候、当地普請以下、無油断申付候間、乍存、遅延候処ニ、昨日遮而御使預候、且者本望、且者迷惑存候、然者盛氏御相談を以、当地為抱、被申付候、若輩事ニ候間、雖遠慮被経（カ）存候、不及兎角、先以任其意候、令在滞候、御当方物進（マヽ）与云、後日迄も、当城堅固之御擢（カ）盛氏御諷諫、千言万句頼入候、余事、重而可申達候間、令省略候、恐々謹言、
弥生九日　南月斎（顕広）（花押216）
白川七郎殿御陣所

一三〇　田村隆顕以堯書状

如御来札、去比者、与風被打越、盛氏被遂会顔候、目出度候、其上此方へも御越、遂面談候、本望至極候、内々御帰路之時分、中途へも罷出、御門送可申存候処ニ、会津御帰之間、不及是非候、然者其以往、当口無何事候、雖無申迄候、其口境中用心以下、御油断不可有之候、万々、期来便之時候而令省略候、恐々謹言、
弥生廿六日　以堯（田村隆顕）（花押215）
白川七郎殿

一三一　和田義東書状

（裏書）
「田村方よりはしめて一簡也」
就遠国流浪、于当郡、暫滞之処、乍仮初、遂対面、殊懇之様子、賞勲至極㔟、自然義東於還都者、可有再闇（マヽ）以甚曾辺（マヽ）至本意事、可為近比、勿論抽精誦、無油断之条、専一也、謹言、
三月廿八日（和田義東）（花押）
白川殿

一三二　岩城政隆書状

就帰宅、態為御使、懇切ニ承候、就中、一段子細御歓喜之由被露紙上候、本望此事候、雖然、御隔心之様候歟、口惜候、将亦南口様躰、老父具被申届候間、不能重説候、猶以御懇之儀、雖勿論候、弥以御憑敷、忝存外無他候、心緒巨細、須田紀伊守方、可被申候、恐々謹言、

潤三月十四日　平（岩城）政隆（花押 149）

謹上　白川殿

一三三　結城晴綱書状案

廿七代之時

態以使者、奉啓上候、抑御湯治、目出度御肝要令存候、併山中御窮屈、奉識察候、御下向之時分、扣参和（マヽ）百事、可申達候間、奉存略候、恐惶敬白、

孟夏晦日　左京大夫晴綱

廿七代上人カツチへ御湯治候時、進上申候案文、

進上御遊行　六寮 庫院 ミミ

一三四　富塚重綱書状

「〆　白川宮内大輔様人々御中　富塚内蔵頭 重綱」

為　御意申入候、御暇被進候間、御在郷被成、御用等をも可被仰付之由、御諚候、早々御在郷由、尤奉存候、恐惶謹言、

六月五日　（富塚重綱）（花押 299）

一三五　沙弥貞㻋書状

態令啓候、仍此間、如此次第、雖被申候、会津方之斟酌候間、不申、今者万事、身上任申候上者、何事其方之御意、背不可申候間、愚身心中別証文認候て、進之候、定右京進披露可被申候間、令省略候、恐々謹言、

六月八日　沙弥貞㻋（花押）

謹上　白川修理大夫殿御宿所

一三六　岩城隆忠書状

態自是可令啓上心中候処、遮而預御音問候、御同意之至、忝畏入候、殊御扇、御肴拝領仕候、祝着之外、無他候、次ヒ見来候間、撥蚫三束、令進入候、専輙之至、恐入候、将亦就世上、班目信濃守方江申入候処、以御誓言之直書、度々御叮嚀ニ蒙仰候、人目実旁以御鴻恩之至、不知所謝候、彼敵相重様ニ候者、御合力之事ハ、送（追カ）而可申入候、他都より不加力候者、当年計、先取向候而、可致一調儀候、猶々御懇ニ蒙御扶持候、尊意之筋目、不及言詞子細候、如何様、重而可申入候間、令存略候、恐々謹言、

七月十九日前下総守隆忠（花押 163）

謹上　白川殿御返報

一三七　刑部少輔政広書状

雖無指事候、好便之間、申入候、世上之時儀色々様々、罷成候事、不思議之子細候歟、仍就御所帯方事、被仰越候哉、内々懇之報被申候、於此上も、我々式まて、涯分走廻可申候、次以前御約束之御馬一疋、送給候由、所仰候、事々自是可申候、恐々謹言、

八月十九日刑部少輔政広（花押）

謹上　道朝御宿所

一三八　田村義斎書状

（裏書）「〆　白川江」

依無指題目、未申通候之処ニ、大窪左馬助所へ御書中、被指越候、具ニ披見、誠以本望此事候、雖勿論之申事候、自今已後、随身之御用等、無御隔心、蒙仰候者、聊不可存如在候、委細猶石川七郎方、可被申宣候之間、令省略候、恐々謹言、

菊月九日　義喬（花押375）

白川殿御宿所

一三九　太孫義則書状

前日、御脚力過分令存候之処ニ、態今朝御使、弥本望奉存候、仍先立如申、向後者、若輩ニ候共、御用等無御隔意、可蒙仰候、聊如在存間敷候、委曲彼御使憑入候条、早々令申候、恐々謹言、

九月十五日　太孫義則（花押）

白河江御報

一四〇　天庵書状

如尊意、其以来遠境故、不申承候、覚外候、仍当境目、自去秋苑角之様候、雖然、別而無替儀候、将亦奥口之手成、委細承候、得其意候、彼此愚存御使僧、雇口上候、恐々謹言、

十月廿六日　天庵（花押376）

白河殿

追而、態御届、遠境一段忝候、前々之筋目、無御失念所、本望之至候、以上、

一四一　好島隆家書状

去比、以皇徳寺、被仰越候キ、目出度肝要之至候、如此之御礼大則（大礼カ）雖可被申届候、依苑角遅々、此度以使者、被申越候、於向後者、別而可被相談事、専用候、抑為祝義、馬一疋栗毛進之候、誠壱儀迄候、巨細彼口上申含候、恐々言、

十月廿八日　（好島隆家）沙弥源統（花押）（○花押、六七と同形）

謹上　白川殿御宿所

（包書）「沙弥源統状　一」

一四二　岩城重隆明徹書状

（親隆）晴宗若子、此方被相移候ニ付而、為祝儀、態之御届、本望ニ候、就中太刀馬越給候、千秋万歳目出度、大悦ニ候、仍自是も、刀一腰、馬一疋鹿毛、進之候、一儀迄候、于何彼越山之時分、中途へ、以御代官、被相届候、外聞与云、見所と云、到千内儀も、難申尽候、如此之儀、可令啓候処、遮而示給候、大慶候、併及回報候、非本懐候、吉事猶幾久可申承候、恐々謹言、

極月四日　（岩城重隆）明徹（花押）（○花押、一覧141～143と相異す）

謹上　白川殿

（注）「白川殿　明徹」

一四三　沙弥道真書状

越州罷立之前捧状候、定可及御披見候哉、思外淹留、去十二日帰陣、山路深雪可有御察候、兼又塩谷式部大夫方進退事、連々申来事候、此時被達本意候様ニ、被懸御意候者、於道真厚恩、不可過之

候、非老年者、何様以計略罷越、請御意、彼方被達本意候様与存計候、能々取合、被廻御調法候者、可畏入存候、巨細彼方可被申談候、恐々謹言、

十一月廿八日　沙弥道真（花押）

謹上　（白川殿）御宿所

一四四　飯尾之種書状

先度預御札候、千悦之至候、兼々御屋地安堵御判事蒙仰候、令申沙汰候、目出候、公儀様取乱之間、于今遅々候、非本意候、向後御新恩、就可給申候、巨細大西大炊助方可令申候間、令省略候、心事期後信候、恐々謹言、

十二月廿一日　散位之種（飯尾）（花押）

謹上　白川修理大夫殿

一四五　芦名盛氏（止々斎）書状案

猶々、近年之弓箭ニ、於当方、悉労兵之上、何共無其力候、

善七郎殿御進退之儀、格勤可申之由、承候、不肖洞与云、更罷成間敷候、其上弥七郎方被踞候間、彼是以不可罷成候、滑津佗言之儀、其後者、是非不被申候、当方ニ者証人等置不被申候間、合力等罷成間布候、此方ニ証人をも差置被申候者、似合ニ合力をも可申候、乍去当作等をも悉於損亡者、又可為其分候、関嶽へ兵粮入可申由、承候、一向手前穀所持不申候、其上去年満作之時分、落居候、彼是関へ、自当方兵粮入申儀者、罷成間布候、謹言、

（切封）白川殿　止々斎

一四六　他阿弥陀仏書状

久不申承之条、内々御床敷之時節、尊札示給候、本懐之至候、此地、無相違滞留候、此儘越年尤之由候、如何可有之候哉、依時宜来春者、相州へ可罷帰候、然者又近辺可令徘徊候、会津可罷越之由、申定候、旁々南無阿弥陀仏、

八月十三日他阿弥陀仏

白河殿

一四七　二階堂照行書状

芳札具披見、祝着至極候、抑従其方、衆中此方年寄之者共所へ、被相理旨候歟、即申聞候間、岩淵紀伊守、加成敗候、依之態々御届、并太刀一揮（振）越給候、本望ニ候、然者自今以後者、節々可被仰談之由、被露書面候、是又快然候、尤得其意候、万端自是為使、可申入上、須田太郎右衛門尉任口状、不能具候、恐々謹言、

弥生廿六日藤原照行（二階堂）（花押229）

謹上　白河殿

一四八　二階堂照行書状

態令啓候、抑其方石川御間、以不慮之儀、被及牟楯候、佗言至極候、定而岩城方無事、籌策可有之候、早速之納得、可為本懐候、書余班目下野守和智右馬助之方へ、従須田美濃介所、可申越候間、不能具候、恐々謹言、

十一月廿七日藤原照行（花押229）

謹上　白河殿

一四九　二階堂照行書状

芳墨之趣、委曲披見、祝著之至候、抑子候者元服、就之即御届、特為御祝儀、馬雲雀毛牽給候、目出度本望候、自是も、同一疋黒毛進之候、聊御一儀迄候、万吉須田平兵衛尉任演説、不能具候、恐々謹言、

臘月十四日弾正大弼照行（花押229）

謹上　白河殿

一五〇　二階堂照行書状

芳翰之趣、委細披見祝著候、抑二郎祝言取納候附、即御届、目出度怡悦至候、殊更先日中途へ、為迎芳賀石見守被差越候、見所外聞本望候、諸吉菅生藤太郎任宏才、不能具候、恐々謹言、

臘月十九日弾正大弼照行（花押229）

謹上　白河殿

一五一　二階堂照行書状

態以使申入候、抑今般岩淵紀伊守慮外之刷仕候間、加成敗候処、御悦喜之由候、而去比須田太郎右衛門尉被差越候、祝著之至候、即及御報候支、仍而自今以後者、細々可有御通用由候、尤本望候、随而大刀一腰、令進候、寔賀一儀迄候、万端飯土用太郎与衛門尉任口説、不能具候、恐々謹言、

四月六日藤原照行（花押229）

謹上　白河殿

一五二　義種書状

如御札、今度与風御来越、於義重、満足被申候、雖然、如何様之御遊山も無之、早々御帰城、無御心元被存候、自何御在留中、令如在之事、意外之至、令存候、於向後者、相当之御用等、不可存疎意候、委細令期後音候、恐々謹言、

霜月廿一日　義種（花押）

白川殿御報

一五三　安房守政仲書状(切紙)

未申通候之処、態為専使示給候、誠快然之至候、抑御当方当方代々被申談候、頃年中絶候処、御音問殊ニ太刀預候、目出珍重候、是モ同一振、令進之候、単御壱儀迄候、将又御当屋裏、就劇乱合力之儀承候、尚国尤令得其意之由、被申候、雖無申迄候、向後者無二可被申談候、御同意可為本望候、万端彼任口上候、恐々謹言、

正月十六日　安房守政仲（花押）

(包紙)
「　　　　　　　　二本松
謹上　白河殿御報

謹上　白河殿御報安房守政仲」

一五四　畠山義継書状(切紙)

先度令啓候処、預委細御報候、恐悦之至候、抑向久米小爪二三ケ所

取陣候之処、右馬頭被召同心、取後陣候き、雖然廻計略候間、敵城
致没落候、多年之本望此時候、且者可有御難察候、（マヽ）仍堺辺之事、種
々雑意候処、依無御等閑候、当弓矢悉本意之分候、是併御芳恩之
至、忝次第候、如連々申候、自然之時預御合力候者、可為恐悦候、
年内之事者、無余日、成明春候者、被加御力候者、所仰候、恐々謹
言、

十二月一日　（畠山）上総介義継（花押）

謹上　白河殿御宿所

一五五　那須資胤書状（切紙）

態令啓候、抑先日者、以使者条々御懇承候、祝着之至候、於向後
者、節々可申通候、御同意尤候、仍太刀一腰、進之候、祝儀迄候、
万々河上大学助可有口上候、恐々謹言、

八月十日　（那須）修理大夫資胤（花押）

謹上　白川殿

一五六　佐久山資信書状

雖未申達候、不顧遠慮、令啓進候、抑物別可申承候由、兼日逼塞申
候き、莵角罷過候、誠以素意表奉思候、仍はい鷹一、令進献候、於
向後者、相応之儀等、無御隔心、可蒙仰候、毫髪も不可存疎儀候、
将又小田口様躰、定可被暨聞召候歟、氏治南方人数被遂一戦、悉被
失利、号土浦与地へ被相除候、無是非次第候、自当方も少々人数相
立被申候、彼口一落居可為近々候由、申来候、巨細班目兵部少輔方
頼入候上、奉省略候、恐々謹言、

逐而啓達たか犬指添
進覧申候　四月十三日　佐久山資信（花押）

白河殿　御宿所

一五七　芦野堅勝書状（切紙）

態以使申入候、抑若子様御誕生、目出度奉存候、仍而大太刀一、令
進之候、誠御祝義迄候、御吉事重々可申宣候間、奉略候、恐々謹
言、

三月廿八日　（芦野）弾正忠堅勝（花押）

謹上　白河御館

一五八　大田原詠存書状（切紙）

新春之御吉慶、千万々々、猶以不可有御際限候、抑扇子一本、鍬一
懸、海老十盃、令進之候、誠奉表御祝儀迄候、仍旧冬条々、御懇切
殊種々被懸尊意候、重々畏入存候、余賀永日可申入候間、奉略趣得
御意候、恐々謹言、

正月廿六日　（大田原）沙弥詠存（花押）

謹上　舟田式部少輔殿

一五九　宇都宮等綱書状（切紙）

自小山方、被申子細候哉、無御等閑者、可然存候、委細者自彼方可
被申間、令省略候、恐々謹言、

三月廿四日　前下野守等綱（花押）

謹上　白河殿

一六〇　白芦斎道与書状（切紙）

（上包）「白芦斎居士道与之状」

尊翰具拝覧、仍如貴意、御当方此方累代被申談候処、至此比中絶、内々心外被存候砌、御使僧被指越候、於尚国本望之由、被及御返答候、於向後者、甚深可被申合事、可為御同意候、迪而御当屋裏御取乱、偏無御心元次第候、就之与力之儀、被仰踰候、尤不可有疎儀候、次拙子江薄板被送下候、過当之至候、是襃、任現来同一端、令進献候、表御祝詞計候、此旨以御披露所仰候、恐々謹言、

孟春十六日　居士道与（花押）

謹上　白河御館　貴報人々御中

一六一　藤原高資書状（切紙）

改年吉慶多幸々々、猶以不可有尽期候、抑扇子一本、雁二、猪肢二、進之候、誠表祝詞迄候、然而旧冬種々送給候、無余日之条、不能御報候、努々非存疎意候、余賀永日、可申承候、恐々謹言、

正月廿六日藤原高資（花押）

謹上白河殿

一六二　某安堵判物

このあいたの忠せち、かんしおほへて候、くんちんにて候ほとに、さたなと候ハぬあいた、まつやくそく申候、ミちの国しのふのあまるめするかの入道のあと、しさいあるましく候、ならひにあんとゝもの事、しさいあるましく候、このむねを心えられ候へく候、

三月二日　御判

白川弾正少弼殿

一六三　右馬助政春書状（切紙）

雖先日進愚札候、猶重以禅才僧申入候、此方調儀事者、火急候、然者此刻早々可被成御動候、委細者自宝光寺、斑目安芸守方へ、可有御座候、片時も一日も早々可被急候、恐々謹言、

三月十八日右馬助政春（花押）

謹上　白川入道殿御宿所

一六四　相馬盛胤書状

態令啓達候、抑累年望候間、今度風渡思立、為湯治罷上候刻、乍白地、遂面顔候上、色々御懇志本望之至候、於自今以来者、当口相応之御用等尋承、併自分之儀申通御同慮所仰候、恐々謹言、

三月廿日　（相馬）大膳大夫盛胤（花押）（○花押、一覧110と相異す）

謹上　白河殿御宿所

一六五　山内盛通書状

自御屋形様、以御書、家風出雲守事、蒙仰候、御意之趣、余身畏入候、仍野州様より預御書候、其御返事、芳賀越後殿へ具申入候、又就此事、若虚事等申出候共、不可承入由承候、是又畏入候、以前も貴殿之趣、委細承候、千万忝奉思候、可然様預御披露候者、畏入候、恐々謹言、

五月三日　前越中（山内）守盛通（花押）

謹上　斑目刑部左衛門尉殿

一六六　芦名盛隆書状

態以脚力、令啓之候、来調儀、為可令相談、近日佐ニ可及使者候、自御当方も御使被差添御執合、頼入候、須田右京亮相喜斎両人、差越可申候、来十四日当地罷立、十五其地到着可申候間、兼日有其御心得、御使被仰付尤候、猶於様躰者、両人ニ可申理候、恐々謹言、

六月九日　盛隆（花押283）

白川殿

一六七　田村顕広月斎書状

急度令啓達候、先段彼口依挨拶、三安可被差越之由、待入候処、御遅延御床布候、盛氏必晦朔、御出馬之由申候、定而依可為御一統之由存候、彼口之様躰、精承度候、乍此上彼口之御調、畢竟貴殿可有御刷之候、事々御回答可承候、恐々謹言、

月斎
六月廿九日　聖休（花押216）

御辺へ

参

（包紙）
「御辺江　月斎　」

一六八　前遠江守勝義書状（切紙）

今度之御出陣、誠以御芳恩之至、忝令存候、加様之□、雖以参可申入候、其迄も令進候間、先以使者令申候、何様参此□御礼可申披、巨細光福寺ニ令申候、恐々謹言、

七月廿四日前遠江守勝義（花押）

謹上　白川殿御宿所

一六九　前出羽守盛忠書状（切紙）

委細蒙仰候間事、即面々可申談候処、今朝七自猪苗代悪党出候て、領分お放火候間、遣野臥候、為成敗面々被罷出候、此事落居候者、申談自是非お可申候、不可存等閑候、愚身当城ニ候之間、先御返事令申候、委旨御使節可有御物語候、恐々謹言、

八月七日　前出羽守盛忠（花押）（〇この花押、四三にやや類似す）

謹上　白川殿御報

一七〇　岩城常隆書状

急度啓進、抑先達、以代官申入候処ニ、御悃切之御挨拶、一段快然ニ候、併不打置苑角申唱候、歎敷次第候、因之、追而以代官可申述存分候、爰元遅々候条、先以脚力申入候、万々近日可申届候間、閣筆候、恐々謹言、

中秋廿一日　常隆（花押146）

白川殿

一七一　左衛門尉景信書状（切紙）

如仰関東御事、漸属（ママ）都鄙之御本意候間、至于我等式、目出度畏入存候、就其為祝言、御馬一疋（鴾毛雲雀目結）引給候、恐悦千万存候、

如此御礼、態以使者可申入候、先祝儀計太刀一腰黒鞘、段子一端萌黄、唐瓶子一染付、令進之候、左道之至恐入存候、如何様重為御礼、可申入候、恐々謹言、

壬八月十六日左衛門尉景信（花押）

謹上　白河殿御報

一七二　藤原梅犬丸書状案

為御祝言、馬一疋送賜候、目出祝着之至候、仍見来候之間、房一帖、令進候、委曲尚片見刑部少輔可申候、恐々謹言、

十月廿三日藤原梅犬丸

謹上　白川入道殿

一七三　平虎王丸書状案

為代替之御一儀、態々御使并太刀馬送給候、本望無極候、仍所在之条太刀一振、馬一疋、進之候、表一賀迄候、向後如前代、万吉可申承候、御同意可為快悦候、恐々謹言、

極月廿五日平虎王丸

謹上　白河殿

一七四　佐竹義篤書状

先日者、為祝儀御懇之条、忝次第候、抑太刀一腰助宗作四所金馬一疋栗毛進之候、於向後者、無隔心可申通候、巨細小祝加賀守口上ニ申含候、恐々謹言、

十二月十七日　源義篤（花押78）

謹上　白川殿

一七五　関豊盛書状

被対参京都、無弐可被抽御忠勤之淵底被相究候、三ヶ条旨趣、牛玉法印被飜深重被仰越通、雖未覃申候、近比之義共其旨可達上聞候、抑申合候、以筋目御所持候秘蔵之御腰物、拝受過分至極ニ候、当家ニ候間、珍重ニ可思召候、誠御入魂之御事共、難申謝候、拙者心緒之旨、口上ニ申含候、得験気、急度令祗候、可得尊意候、猶期拝顔候、恐惶謹言、

十二月十八日　豊盛（花押）

関右兵衛

謹上　不説公様人々御中

一七六　須田照秀書状

貴札拝見畏入候、抑若子元服被申候付而、憑候者之所ハ即御届、外聞見所御目出度被存、本望候、巨細同名平兵衛尉可被達上聞候条、存略仕候、恐々謹言、

十二月十四日右京亮照秀（花押）

謹上　白河江　尊酬

一七七　小田氏書状

血判無二意趣者、今度自越被越候使僧ニ、自当方之血判ミせ候而、指越候者、来春自爰元、彼誓書もたせ候而、検使越候者、血判いたされ、可被越由候、可有御不審候間、細々申候、以上、

上

（上包）
「拝　白川殿　　従小田　拝」

50 〔白川文書〕 古川市 熱海孫十郎所蔵

一 関東下知状

（可）
□令早結城摂津守盛広領知陸奥国白河庄□富沢・真角・大和久・葉太・大田河・小田河・趺増・赤丹沢等郷、田中・鈎尾・飯土用・深谷等村地頭職事、（如カ）□申状者、去年十一月十二日富沢郷宿所炎上之刻、彼譲状文等紛失云々、爰如白河上野前司宗広今年（文保二）正月□請文者、当所等相伝知行無相違、且去年十一月十二日盛広（不）□炎上之条、無異儀調度・證文等紛失之由、承之云々（起請詞略之）者、□及子細、早守先例、可令領掌之状、依仰下知、如件、

文保二年二月十六日

相模守平朝臣（北条高時）（花押 1）

武蔵守平朝臣（北条貞顕）（花押 8）

二 足利尊氏下文

（足利尊氏）（花押 17）

下　結城弾正少弼顕朝

可令早領知陸奥国田村庄闕所并出羽国小田島庄事、

右、為陸奥国小野保・安達東根等替、所充行也者、早守先例、可致沙汰状、如件、

文和元年十二月十七日

三 足利尊氏下文

（足利尊氏）（花押 17）

下　結城弾正少弼顕朝

可令早領知陸奥国信夫庄余部地頭職事、

右以人、為勲功之賞、所充行也者、守先例、可致沙汰状、如件、

文和二年四月十日

四 足利義詮御教書

陸奥国高野郡事、任先朝綸旨并当御代安堵、領掌不可有相違之状、如件、

貞治六年二月十九日　（足利義詮）（花押 14）

結城弾正少弼殿

五 足利満貞書下

陸奥国白河庄・高野郡宇多庄・石川庄内当知行地等事、如元不可有相違之状、如件、

応永七年四月八日　（足利満貞）（花押 33）

（結城満朝）
白河兵衛入道殿

六 足利満直書下

石川駿河守事、以私了簡、令退治之条、神妙候、仍彼仁之跡（除野沢村、同野吹、）并随遂（逐カ）之一族等之所帯、為恩賞之地、所充行也、早任先例、可令領知之状、如件、

正長元年十二月十七日　（足利満直）（花押 32）

白川弾正少弼殿　　満直

（包紙）「白川弾正少弼殿　　満直」

七　足利満直書下

石河庄之内牧遠江守之跡事、可有知行候、謹言、

十月廿六日　（足利満直）（花押32）

白河右兵衛入道殿

八　足利満直書下

二階堂参川次郎跡之事、挙名令談合、可有知行候、謹言、

十月廿六日　（足利満直）（花押32）

白河右兵衛入道殿

九　足利満直書下（切紙）

石河駿河守知行分之内成田村之事、知行不可有相違候、謹言、

十月廿七日　（足利満直）（花押32）

白川弾正少弼殿

（包紙）「白川弾正少弼殿　　満直」

一〇　兵衛尉某遵行状

大炊御門万里少路東西拾丈南北弐拾丈屋地事、早任去十日御教書、同月十四日御施行等之旨、可被沙汰付白川弾正少弼氏朝代之状、如件、

永享十一年十月十六日　兵衛尉（花押413）

岡本勘解由左衛門尉殿

一一　足利義教御内書（切紙）

（足利）持氏対治事、不日致忠節者、可有恩賞也、

十一月一日　（足利義教）（花押10）

白河修理大夫殿

一二　足利義氏知行充行状

常陸国小栗六十六郷之事、任先例、可有知行候状、如件、

宝徳四年卯月二日

（足利）源義氏（花押22）

白河修理大夫殿

一三　足利義政軍勢催促状（切紙）

宇都宮下野守等綱帰国事、不日可沙汰居之候、又可成（足利）氏誅罰之旨、先度被仰遣訖、已典厩下向之上者、早速令進発、同心可抽戦功也、

四月廿八日　（義政）（花押12）

白河修理大夫殿

一四　足利義政軍勢催促状（切紙）

就関東事、度々被仰之処、一途不能現形之儀之条、何様事哉、所詮小山下野守参御方、致忠節之上者、此刻抽無二戦功者、可有恩賞候也、

五月卅日　（義政）（花押13）

白川修理大夫入道殿

一五　足利義政軍勢催促状（切紙）

就（足利）成氏対治事、可進発之由、度々被仰之処、于今遅々、如何躰子細哉、所詮不過時日、令出陣、可抽戦功、委曲猶有良西堂可被申之也、

八月廿七日　（義政）（花押13）

白川修理大夫殿

一六　細川勝元書状（切紙）

宇都宮下野守事、先度注進候間、帰国事被仰付候、仍近日可有下向候、就其奥郡方々、以上使、一段可被仰候、此等之儀好便候間、先一筆令申候、恐々謹言、

七月十七日　勝元（花押）

白川修理大夫殿

一七　細川勝元書状（切紙）

就関東御退治事、度々雖被仰候、於于今、無出陣之儀候間、重被示御内書候、不日被致忠節候者、可然候、尚以遅々候者、先忠可処無候哉、恐々謹言、

八月廿八日　勝元（花押）

白川修理大夫殿

一八　細川勝元書状

就関東進発事、及数度、雖被仰候、于今難渋之間、重以使節有良西堂、被下御書候、所詮不廻時日、申談大崎殿、令出陣、一段可被致忠節由、被仰越候、巨細猶良西堂可被申候、恐々謹言、

八月廿九日　勝元（花押）

白川修理大夫殿

一九　細川勝元書状（切紙）

今度使節西堂事、方々出陣之間、可有在国候、其間事、於伊達・会津、其方可有御逗留之由申定候、可被得其意候、巨細猶寺町三郎左衛門尉可申候、恐々謹言、

八月廿九日　勝元（花押）

白川修理大夫殿

二〇　足利成氏書状（切紙）

（〇前欠）参上候、等綱隠謀遂（逐カ）日倍増之上者、最初被仰出時宜、一点不可相替候処、緩陣候之由、被聞召及候、不可然候、早々宇都宮知行分江寄陣、可励戦功候、然者、自此方、可被差向御勢候、謹言、

十一月七日　（成氏）（花押26）

白川修理大夫殿

二一　室町将軍家（義政）御教書

錦小路東洞院与四条之間東頬屋地四町之事、早可被領知之由、所被仰下也、仍執達如件、

康正弐年十月廿六日右京大夫（細川勝元）（花押）

白河修理大夫殿

二二　足利義政御教書

（足利義政）（花押13）

錦小路東洞院与四条間東頬四町々屋地事、早任当知行旨、白河修理大夫直朝領掌不可有相違之状、如件、

長禄二年十一月六日

二三　足利政氏書状（切紙）

去年岩城同心出陣、忠信之至感思召候、其已後、以使節、雖可被仰出候、通路断絶之間、于今遅々、非御無沙汰候、弥々岩城令談合、抽忠功候者、可然候、於御本意之上、可為御懇切候、巨細町野入道被仰含候、謹言、

三月廿七日　（足利政氏）（花押27）

白川七郎殿

（包紙）「白川七郎殿　政氏」

二四　足利政氏軍勢催促状（切紙）

既御発向事候、定合戦可為火急候、不日在出陣、被励忠節候者、御大慶候、仍皆河庄事成敗不可有相違候、謹言、

四月十九日　（足利政氏）（花押27）

白川修理大夫入道殿

二五　足利政氏書状（切紙）

可淳与風向越州令出陣候、因玆、懇可相談候、努不可有疎儀候、巨細被仰含使節候、謹言、

七月廿八日　（足利政氏）（花押27）

小峰修理大夫殿

二六　足利政氏書状（切紙）

就湯治馬牽進上、目出度候、謹言、

四月廿一日　（足利政氏）（花押27）

小峰修理大夫殿

（包紙）「小峰修理大夫殿　政氏」

二七　足利政氏書状（切紙）

就武茂庄之事、度々被仰出之処、于今、不存其旨候、曲事候、速随上意之様、白川弾正少弼ニ加意見候者、可然候、謹言、

十月廿五日　（足利政氏）（花押27）

小峰修理大夫殿

二八　足利政氏書状（切紙）

岩城父子有談合、此度忠信簡要候、巨細町野蔵人佐入道ニ被仰含候、謹言、

十二月廿三日　（足利政氏）（花押27）

白川七郎殿

（包紙）「永正十二年甲戌（乙亥）六月廿四日到着
白川七郎殿　政氏　」

二九　細川晴元書状（切紙）

鷹事申候処、弟鷹一居幷馬一疋青毛給候、誠祝着之至、彼是自愛異于他候、猶波々伯部左衛門尉可申候、恐々謹言、

五月廿五日　右京大夫晴元（花押）

謹上　白川左京大夫殿

（包紙）
「謹上　白川左京大夫殿　右京大夫晴元」

三〇　足利義晴名字書出

晴広

三〇—二　細川晴元書状（切紙）

御字、并官途御望之条、申調進之候、珍重候、為使差下筒井蔵人・富松与一候、猶波々伯部左衛門尉可申候、恐々謹言、

（天文十一年カ）
十月十九日　晴元（花押）

白川左京大夫殿

三一　足利義氏書状（切紙）

就当地、関宿江被移御座、以代官言上、喜入候、然者為祝儀、太刀并馬到来目出度候、仍太刀被遣之候、巨細梶原源太可申遣候、謹言、

八月十四日　義氏（花押）（〇花押、一覧22と相異す）

白川左京大夫殿

三二　足利義氏書状

細川右馬頭方へ御尋之子細候之処、以書状、被申候由、太田申候、喜入候、仍国事、宇都宮其外候由、申談、無等閑候者、可喜入候、謹言、

卯月一日　（花押22）

白川とのへ

（切封）
「ハ　ハ　白川とのへ　義氏」

三三　豊臣秀吉朱印状写（切紙）

佐野事、無異儀之段尤候、自然之儀入魂専一候、家康事、種々縁辺等之儀迄、令懇望候条、誓紙・人質以下堅相ト令赦免候、然而関東之儀、近日差越使者、相立境目、可属静謐候、若相滞族有之者、急度可申付之条、其間之儀、聊尓之動不可有之候、委細相含山上道牛口、猶増田右衛門尉・石田治部少輔可申候也、

五月廿五日（秀吉朱印）

白川七郎とのへ

三四　結城晴朝書状

如承意、南者向宇都宮、出張田気山・新地之間、深窮屈候処、贄木表ニ五三日雖在陣候、両地共無指行、去十九敵宮表引払、多劫当上郷放火、則両境目ニ陣取候間、翌廿日ニ者当城へ参、直ニ調儀逼塞之条、屋裡之人数相集、及其構候処、案之外ニ打下候条、此則中（カ）野へ可為一調儀之由、兼覚与云、諸口丈夫ニ申付候処、是又無異儀打透、至逆川一陣、廿一ニ者先早打之躰追散候、然ニ方々如同説者、信甲為仕置、上勢三百程信国へ乱入之間、甲国・伊豆境以外動揺之由候、就之、敵軍敗北歟与、及挍量候、殊壬生此度之手替、無是非次第候、累年別而入魂之間、以使者種々雖及諷諌候、始中終之身上、直談被相開、被合点候、此上者、義重・国綱へ及相談、相当之干戈不可有止候間、其上於滅亡者、不可経居諸候、其上佐皆無二

ニ候間、可御心安候、先可申候、奥口無替儀候条、肝要此事候、西表之儀珍説候者、追而可申届候間、不能具候、恐々謹言、

極月廿五日　晴朝（花押243）

白川南へ

三五　伊達政宗誓書（○原紙熊野牛玉）

誓書之事

一於自今以後者、無二可申合事、付、密事之義、不可致口外事、

一手抜・表裏不可有之候事、付、佞人取成候者、互ニ可申顕事、

一条々証文進置候通、聊不可有相違事、

右之旨、於偽者、

梵天・帝尺・四天王・監（堅カ）牢地神・熊野三所之権現・春日大明神、別而者愛宕山・八幡大菩薩・摩利支尊天、惣而日本国中大小之神祇各可蒙御罰者也、仍證文、如件、

天正十七己丑年七月廿六日政宗（○血判アリ）（花押183）

（義親）白河殿

三六　伊達政宗契状（折紙）

證文

一御本意之義、無如在、可相稼候、御本領之事者、南東共ニ、不可有相違候事、

一御辺之抅入念ヲ、無如在、可相抱事、

一只今有境目、被致奉公面々、知行方乍勿論、不可有相違候事、

以上

天正十七己丑年

七月廿六日政宗（花押183）

白河殿

三七　伊達政宗条書

条書

一御本意之儀、無如在、可相稼候、乍勿論、御本領之事者、南東共ニ悉不可有別条候事、

一御辺抅之事、聊不令如在、入念ヲ相抅可申事、并兵具・鉄砲・玉薬以下無如在、指入可申候事、

一弓矢依手成、御領中令不作候者、黒河（カ）ニ知行弓矢一落居之間、可借進之事、

一義親・昭光御間、尽未来入魂、手抜無表裏様ニ、涯分可令意見候、万一昭光表裏之義候者、令相談、何篇石川之事者、御当方次第ニ可有之事、

一御会下之衆、以自分、万一令通用候共、何篇御作事之外、不可有之事、

以上

（天正十七年）七月廿六日　政宗（花押183）

白川殿

三八　結城晴朝書状

遠路預書面候、一段与祝着之至候、然者、景勝近日御入魂之由、肝要候、当表別而無相替儀候、委細者、令期来信時候、恐々謹言、

卯月十七日　晴朝（花押243）

（白川義親）
不説

（ウワ書）
「不　伊」

三九　結城晴朝書状

如承意、去夏者度々預音問候、其以来通路不自由之上、申遠（ママ）候、誠意外之至候、然者景勝上洛候之哉、定於京都、不可有相違候、将又宰相事者、越前江近日国替ニ候、拙老事茂同心申候、炎天之時分、遠路万々可有御察候、委細者彼請口上候之条、不能具候、恐々謹言、

七月四日　晴朝（花押243）

白御宿江

（ウワ書）
「白江　自伊勢館」

四〇　足利基氏軍勢催促状（切紙）

就此方江被寄御馬事、申上候、御悦喜候、仍外様人躰小栗為御勢遣、被立候、然者早速令出陣、可致忠節候、謹言、

三月十九日（足利基氏）（花押21）

白川修理大夫殿

四一　結城政勝書状

先度以脚力、条々御懇承候間、彼者直小田原江相透、自此方モ、具申届候、其返札昨日廿五到来、奇特之時分、（北条）氏康江御届故納得候、誠大慶之至候、定其方へ直具可被申越候、雖然、当方へ返札之写進之候、可有御披見候、此以後者、遠路仁候へ共、節々可被通事、簡要之義候、其分北条左衛門大夫被申越候、仍小栗之地、去年攻落候以来、打捨候事、外聞如何之間、二月六日番手指入候、只今迄者、別条之義無之候、可御心易候、巨細重而可申通候間、不能具候、恐々謹言、

追而、自其方、小田原へ御届之子細、幾度モ可承候、涯分可相調候、

三月廿六日　政勝（花押）

白川殿

四二　足利義持御内書

注進之趣、誠以神妙候、於向後、弥可随京都成敗也、

三月廿八日（義持）（花押11）

白川左兵衛尉入道殿

四三　足利高基高氏書状（切紙）

為祝言、馬到来、目出度候、巨細梶原三郎文賢蔵史可被申遣候、謹言、

五月七日（花押24）

小峰修理大夫殿

（包紙）
「小峰修理大夫殿　高氏」

四四　足利成氏書状（切紙）

就日光之落人等事、以前被成御書候之処、両那須江可申遣之由、懇被申候、御悦喜候、雖然、山中雑説、於于今、不相止候、堅可致追放旨、両人方江重意見候者、可然候、謹言、

五月八日（成氏）（花押25）

白川修理大夫入道殿

四五　足利義持御内書

馬二疋（栗毛、鹿毛）・鵝眼万疋到来候了、神妙候、太刀一腰・腹巻一領（浅黄糸）、遣之候、於向後、随京都成敗、可致忠節也、

六月十一日（義持）（花押11）

白川左兵衛入道殿

四六　宇都宮等綱書状（切紙）

去春那須飛脚下向之時、委細申候、定参着候哉、抑拙者事、去卯月廿九日上方懸御目候、快然此事候、即可罷下之処、奥郡方へ可被下上使候、依之令延引候、此子細自管領、以状、被仰候、

一大斗へ、武清、其外諸大名今日可被着下候、さ様儀相調、其口へ懸身可被下候由上意候、京都之儀毎事目出候、委細風見中務可申候、恐々謹言、

七月廿四日　（宇都宮）前下野守等綱（花押）

謹上　白川殿

四七　足利成氏書状（切紙）

対宇都宮武茂、野心趣候歟、雖然有親気、定無事、可成刷候乎、若此儘向惣領、到不儀候者、無二成綱合力可然候、謹言、

八月廿八日（成氏）（花押25）

小峰参河守殿

四八　小山持政書状（切紙）

一所可去進之由、連々承候、雖細少之地候、家中郷大和田村（細井中務丞知行分）、可有御成敗候、委細片見刑部少輔可申候、恐々謹言、

閏八月十二日（小山）前下野守持政（花押）

謹上　白川入道殿

四九　小山持政書状（切紙）

結城近陣之調義、可為近日候、仍其方御出陣事、可申意見之由、長尾左衛門尉、以使此方へ申候、自京都、情連々被仰下候事旨、於関東、御忠節可然之由、能々可申之由、申越候、近陣候者、御出陣可然候、随而就両那須和睦、御越之由承候、尤候、早々無為之御計略簡要候、巨細定自重光、専可有御伝達之間、不能具候、恐々謹言、

九月五日前下野守持政（花押）

謹上　白川入道殿

五〇　小山持政書状（切紙）

佐竹事、其方近隣之間、毎々被仰談候者、彼方不被存等閑候、其方も無御疎略候者、可然候、恐々謹言、

九月六日前下野守持政（花押）

謹上　白川入道殿

五一　足利成氏軍勢催促状（切紙）

以前被遣使節候処、心中趣無余儀申上候之間、感悦余、被下御旗候、弥成其勇、引率諸勢、可抽軍忠候、謹言、

九月廿六日　（成氏）（花押25）

白川修理大夫殿

五二　小山持政書状（切紙）

□先日以□御在陣候哉、御床敷候、仍無御余儀、御申条、難黙止存候間、為後代亀鏡、申下　御旗候、家之御面目、不可如之候、於拙者、祝着候、然者弥被廻武略、被励大功候者、重可有御抽賞候、巨細彼使節精可被達仰候、恐々謹言、

九月廿九日前下野守持政（花押）

謹上　白川修理大夫殿

五三　寺町通隆書状（切紙）

就　公方様御代始儀、御礼早々御申可然旨、屋形以書状、被申候、為其態、差下坂東屋富松候、巨細定可申入候、此等趣可得御意候、恐々謹言、

拾月四日　石見守通隆（花押）

謹上　白川小峰殿

（包紙）
「　　寺町
謹上　白川小峯殿　石見守通隆」

五四　結城晴朝書状（切紙）

態以使、条々御懇承候、大慶之至候、仍為祝儀、太刀一腰、馬一疋鹿毛、給候、誠目出度存候、如承候、不替前前、入魂可申心底ニ候、御塩味尤候、何様、自是以使者、可申述候、巨細須田左衛門尉口上可有之候、恐々謹言、

（十月）小春廿八日藤原（結城）晴朝（花押）（〇花押、一覧243と相異す）

謹上　白川殿

51　〔松平結城文書〕　原蔵者不詳

一　北畠親房袖判秀仲奉書

（北畠親房）（花押39）

御著当国之後、無殊事候、兇徒等打廻之由、其聞候之間、小田（治久）以下発向候畢、

抑宮御船、直令著奥州給之由、其聞候、宇多歟、牡鹿歟、両所之間、相構、忩被尋申御坐之所、可被馳申候、件御船、禅門乗船候、新国司三位中将（北畠顕信）家春日少将并四保・長沼・大内以下、同参彼御船候、経泰（広橋）等も祇候候、依風難義無御同道候之間、不審無極候、船少々於海路及難義之由、其説候、頗雖無念之次第候、御坐之船等無為条、聖運神慮令然候歟、御坐之所治定之後、可被申成　令旨国宣候、猶々忩々被尋申奥左右不廻時剋可被馳申候、諸事其時委細可被仰旨所候也、恐々謹言、

（延元三年）九月廿九日　越後権守秀仲奉

結城大蔵権大輔（親朝）殿

二　北畠親房御教書

（親房）（花押39）

宮・国司（義良親王・北畠顕家）御船、令著勢州給候、自禅門（結城宗広）方定音信候歟、令著奥州給候之由、其聞候に延引之条、雖無心本事候、公私無為、無事大慶不能左右候、且諸船多遇其難之処、只両船無別子細候、憑敷御事候、抑宮・国司令著奥給候者、自彼方可有御発向ニて候つ、如只今者、延引之間、如何ニも御下向候て、奥輩可被催立候、且葛西（清貞）進使者候、申入此趣候也、而路次難渋（治カ）云々、忩々催促郡々勢、連々近辺ヲ被対治候ハ目出候、以此辺勢、先白川まて御進発、自其次第奥へ、可有御発向之条、不可有子細歟、相構急速、可令計沙汰給之由、仰候也、仍執達如件、

（後筆）「延元三」十一月六日　越後権守秀仲奉

結城大蔵大輔（親朝）殿

追申

宮令旨、幷新国司国宣、殊更被遣之候之由、同所候也、

三　北畠親房袖判宗心書状

（親房）（花押39）

去六日状、今日十一日、到来畢、

一御船、無為令著勢州給候条、聖運之至候、禅心（門カ）被申音信候、殊目出候、

一当国静謐事候、先日重被仰畢、相構急速、可被致沙汰候、

一石川一族等、可参之由、令申哉覧、神妙候、所詮有其勇之様、可被計談、随注進、可有沙汰候、本領安堵不可有子細、有殊功者、可被加其賞候也、

一葛西清貞兄弟以下一族、随分致忠之由、令申間、度々被感仰畢、

一坂東静謐事、於此方、粗雖被廻計略、無左右事行候、（不脱カ）先被対治奥州・羽州次第、可有沙汰之処、大将無御下向候、難事行候由、葛西令申候、国司以下御下向、猶令遅々者、先可有御下向候、至白川之路次、難義候歟、一途可被計申候、那須城可有対治之由、有披露、被召軍勢、自此方押合、御下向候者、不可有子細候哉、且可被計申候、此事、葛西殊急申候、非無其謂候歟、

一田村庄司一族中、少々違変之由聞候、何様候哉、相構先可被誘試候、

一小山安芸権守・同長門権守等、致忠之条神妙候、仍被成御教書、条々伺御下向間事、相構廻思案、急速可被計申候由、内々所候也、恐々謹言、

延元三十一月十一日　沙弥宗心

結城大蔵権大輔（親朝）殿御返事

四　北畠親房袖判宗心奉書

（親房）（花押39）

去廿一日状、今日廿六日、皓到来、令申給条々一具申入候畢、

一石川一族、可参之由、令申之条、先神妙所望已下事、五大院兵衛入道已参申候、本領安堵事如被申、当時上州禅門已下、有功之人々、当知行候間、頗雖其煩候、近日之時分、兇徒一人も降参、外聞実義可然事候、於有功人々者、雖(少カ)行所被行其替候者、始終又可心安候歟、然者先本領安堵事、以此御教書、可被仰聞候、所望地事、只今御許容不可然候歟、凡面々重代弓箭之家也、然而依時乱、所存不一候条、雖為無念之次第、所詮悔先非令参者、打任てハ所領之半分・三分一ヲも安堵こそ、古来風儀ニハ候へ、而安堵本領、猶以随分善政候哉、而年来深為御敵、今又不参以前、度(々脱カ)過分所望候之条、且非弓箭之恥辱候哉、又自公方も、任正理被召仕候てこそ、向後者一図ニシ、被憑仰候ハんすれ、偏如商人之所存ニてハ、如何ニして将来可叶朝用候哉、然者先於本領者、可令安堵、致別忠者可被行其賞候也、得其意可令下知給、所望之所ヲ、強非被惜候、然而於御方、当時致無二之忠輩、猶以于今不預恩賞輩多候歟、而為被誘朝敵、重被付闕所候者、始終御沙汰も可及難義候哉、如此事、一旦ハ交さる道も候へとも、始終又難義ニて改動なとも候へハ、弥不可有天下一統之期候歟、とても只以可被行之図こそ御問答も候ハめ、其上不参候ハんハ、本来之御敵ニ候へハ、無力事候歟、又依彼等参、天下も一国もよも静謐候ハヽ、此等条々ヲ心得て可被仰候、但度々引弓為御敵之条ハ、雖勿論候、天下御大事之最中、争小道ニ入て、被捬御意趣事候へき、此等皆参差之儀候、其段ハ能々令心得給候て、以内縁可有教訓候者、本領安堵等事、面々申御教書候ハヽ、重可被執申候、

一小山事、被誘出候者、尤可然候、度々以案内者被仰遣候、しかも未申是非候、仍母子方へ被遣御教書候、案内者候ハ被付遣候て、可令聞事体候歟、足利方も不悦之様ニ聞候、御方へ参候て失面目事ハ、何事かハ候へき、但彼も自只今可被行其賞なとヽて候ハん事、為家可為瑕瑾候歟、相構存正理、不付弓箭瑾候てこそ、向後被召仕候ハんにも、公私本望候へ、参候ハ一方被憑仰、何所ニて候とも被申行候条、不可為難義候、可安候事ヲあしく心得て、家ヲも名ヲも不顧之条、末代之遺恨候歟、能々可令誘聞給候也、

一当国辺事、小田(治久)・伊佐(行朝)・関(宗祐)已下、存無二忠之条ハ勿論候、自然ニ凶徒も競来、又近々少々推廻之程ハ候ハんすらん、然而実事しく坂東辺ヲも対治候ぬへき体、不見候歟、下総・安房・上総辺まて、申給御教書可参之由申輩ハ、其数済々候也、然而彼等も御勢之真実、打出候ハん時刻ヲ伺候間、只今ハ例式候、奥州御下向事、路次難義、誠以難義候、但如何ニも奥へ御伝候て、次第ニ被押出候ハヽ、自此辺ハ、可有早速之功哉らんと、葛西も度々以使者申候、但両様候間、得益之軽重、兼無御才学候、猶能々廻思案可令申給候者、如何さまニも此辺も、近日ハ難被打捨候、宮・国司御下向事、度々被伺申候畢、宮(義良親王)御事ハ、今度令定春宮給候、

不思議ニ御著勢州候之間、若又辺土御下向ヲ、神も被惜申御事や候らんと不審候、其篇ニても、弥聖運ハ憑敷候之間、重御下向事、被申合吉野殿候畢、国司相構、早々可有御下向之由、被申しかとも、年内ハ不定候歟、且禅門も、さこそ被忩存候しめとも、海上事於今ハ楚忽之儀候ハし、能々可被待時節候歟、春日少将ハ、近日下向候歟之由、御推量候也、彼仁被下向候ハ、此辺事被申付候者、弥奥方御下向大切候、所詮能々可被加御思慮候、又此辺ヲも猶々誘沙汰候て、重可被仰候、

諸事被憑仰畢、禅門励老骨、不惜身命、被致忠ハ、中〱非言語之所及、当時も於勢州も、宮・国司一向被憑仰候云々、心安候、如然事も相構早々御対面も候て被談候ハヽやと、無心本之由、可申旨候畢、恐々謹言、

（後筆、興国カ）
「興開元」
十一月廿六日　　沙弥宗心奉

結城大蔵大輔殿（親朝）

五　北畠親房御教書

（親房）
（花押 39）

石河一族間事、先日被成国宣畢、其後何様令申候哉、件輩年来、専為御敵、然而悔先非令馳参者可令安堵本領、有殊功者可被行其賞之由、被仰畢、而不参以前差申所望地、為傍例不可然、所詮真実当参致別忠者、於当郡内村々者、随功先可被計宛歟、当給人事、当時少々為闕所哉、至可被行替之輩者、忩可被経御沙汰候也、得其意可令致沙汰給之由仰候也、仍執達如件、

延元三年十二月三日　　越後権守秀仲奉

結城大蔵権大輔殿（親朝）

六　北畠親房袖判秀仲奉書

（親房）
（花押 39）

改年祝言、逐日重畳、天下静謐、宝祚長遠、朝敵党類悉伏天誅、有功官軍須誇皇恩、幸甚々々、且軍忠無弐之忠節、迎此春、弥被開眉歟、殊可被自愛候、抑石川輩、参御方之条尤神妙、可被注申実名候、有功者可被行其賞之条、無異儀候歟、兼又小山事、去月廿九日進請文畢、殊目出候、此辺事可有沙汰之子細候、随彼体可有御下向候、面々有談合、早速対治国中、可被待申之由所候也、恐々謹言、

（延元四年）
正月七日　　越後権守秀仲奉

結城大蔵権大輔殿（親朝）

追申

金吾御事、当山御祇候之間、連々申承候、心中更不存等閑候、又彼御状御書付候、即同進之候、当時改名字判形候、為御不審申候、重恐々謹言、

委細弐色事等候間（之カ）、態召進円経候、且又不可所存候給間（此の間脱字あるか）、進之候也、

七　北畠親房袖判宗心書状

（親房）（花押39）

其境事、何様候哉、石川辺大略、為御方之由其聞候、先以目出候、当参輩可被注進実名候、尤忩可被賀仰候也、禅門事已送日数候、悲歎無極候、自吉野殿も度々被仰下旨候、忠節無退転者、併可為追善歟、兼又此辺事、当時重々御沙汰之最中候也、春日中将被下向候間、近日先可被対治近国候、路次無為候者、忩々可有御下向之由、御有増候也、又故将軍（顕家）御息女辺事、搆被懸意候者、可為御本意之由、内々所候也、恐々謹言、

（延元四年）二月廿二日　　沙弥宗心

結城大蔵権大輔（親朝）殿

八　沙弥宗心書状

故禅門（結城宗広）事、悲歎之御心中、皆以御察候也、御悲歎更不劣、面々心底ハ吉野殿ニも、殊被歎思食之由仰候也、不被待付一統時分、猶々雖無念、面々被相続之上、又同事候歟、国中対治事、相搆可被忩候、於坂東者、春日中将下向候間、近日可被対治方々ハ（候カ）、路次開候者、早速可有御下向候、石川内村松・牧両城兇徒、被追落候条、尤以神妙候、郡内無御敵之条併高名ハ（候カ）、彼一族当参輩、各可被成御感御教書ハ（候カ）、随功之浅深委細、可令注進給候也、

恩賞等事、内々令申給之趣、披露候畢、忠節異他ハ、争可有御等閑候哉、故禅門、吉野祗候之時、於今度ハ有存旨不申新恩、於国被拝領之、下州本領等事、可被申給安堵之由、被申請候処、然而坂東国可為御管領候、武州・相州辺便宜之闕所候歟、為向後可為至要候、可被懸御意之由、御私ニ被約仰候き、且可然之所候ハ、可被申候也、又被懸御意候、

官途所望輩事、為人家人輩、関東代無左右不及沙汰、中〱以私秘計申公家拝任候歟、当時御沙汰之体、頗雖難義候、又面々致軍忠之時分、難被黙止候間、被経別儀御沙汰候、直申左衛門尉輩候、当時無其例候、仍先被挙申任官之由仰候也、恐々謹言、

（延元四年）二月廿五日　　沙弥宗心（花押）

結城大蔵権大輔（親朝）殿

九　北畠親房袖判秀仲書状

（親房）（花押39）

春日羽林、発向下野国事、先度被仰候畢、去廿七日矢木岡城被落候、城中輩惣領以下、不漏一人被誅畢、同月益子城被落候、桃井舎弟上三川城・箕輪城即日自落畢、富山宇都宮後措悉被追散、数輩被討取候歟、合戦之初（始）、如御所存候、目出候、次第ニ可被対治候、相搆々々忩被出東海道歟、被向那須歟、両様之間、可被忩候、常陸・下野事ハ、不可有子細歟、然者早々被開奥州一所、先可有御下向候也、存別忠、可被致沙汰之由仰候也、恐々謹言、

（後筆）「延元四」三月廿日　　越後権守秀仲

結城大蔵権大輔（親朝）殿

一〇　後醍醐天皇綸旨

（結城宗広）
道忠々節之次第、異他之処、不相替励其忠之由、被聞食之条、尤以
神妙、其境事、不遅々之様、運籌策、忩速可被発向京都之由、
天気所候也、仍執達如件、
（後筆）
「延元四」八月十五日　　左中弁（花押）
　　結城大蔵大輔館

一一　北畠親房御教書

（広橋）
経泰下向之間、条々所仰含也、委可被尋聞之状如件、
（延元四年）　　　　　　　（親房）
八月廿一日　　　　　　（花押39）
　　（親朝）
　　結城大蔵大輔館

一二　北畠親房御教書

（親房）
（花押39）
条々、以経泰被仰遣候、凶徒対治以下事、被談合方々、可有急速沙
汰候也、其外事等、相構、急可被申左右之由所候也仍執達如件、
（後筆）
「延元四」八月廿一日　　沙弥宗心奉
　　（親朝）
　　結城大蔵大輔殿

一三　北畠親房袖判秀仲奉書

（親房）
（花押39）
　年始祝言、猶以幸甚々々
一経泰無為下著、尤神妙候、東海辺事、申談旨候者、能々可被計沙
汰候、
一駒楯辺凶徒、今春ハ以外微弱散々式候、仍自去十一日、宗祐並
木、渡戸と申候所ニ取陣、欲絶凶徒兵粮之道候、一切不及出合之
式候之間、重為対治、去廿日春日羽林重被出候畢、於今者静謐無
程候歟、
（多賀）
一高国府辺、并両国静謐事、如何ニも御下向候て、有沙汰へく候、
駒楯辺凶徒引退候者、忩可思食立候、
一出羽所領代官、軍忠之由聞食候、返々神妙、能々可被感仰候歟、
一坂東輩直　奏事、羽奥両国ハ、別可懸（カ）当国之上無子細候、其外東
八ヶ国輩、御成敗之間、被止直　奏候、而　先皇御代属所縁、官
途、恩賞、御感等事、掠給　綸旨之族候歟、被訴申候処、不可然
之由、度々被仰畢、此御代ニハ弥不可有楚忽御沙汰候、縦雖掠申
給之族候、更不可被許容、若触申輩候者、可為罪科之由、可被仰
含候畢、
（宗季）
一田村庄司輩官途事、直　奏不被許容候、頻申候間、今度始被任権
守候、凡ハ不可然候へとも、於今者直奉公之分候上ハ、為被成其
勇候也、細々所望事ハ惣領庄司挙申ハ、向後可被執申候、常葉城
輩者属海道、仰連々申旨候処、僧下向之上ハ、自其被待（触カ）申候条、
可宜歟、恩賞事未及沙汰候歟、河曲輩ニ者、以安達郡内公領被預
置候者、被召公用候し、さ様事ヲ申候歟、不可混動（惣カ）恩賞事候也、
一任官所望輩事、面々被下御判候

一菊田庄内小山管領分事、先被預置候歟、
条々仰旨如此候、恐々謹言、
（後筆）「興国元」正月廿二日　越後権守秀仲奉
結城大蔵大輔（親朝）殿

一四　北畠親房袖判秀仲奉書

（親房）（花押39）

改年祝言、更不可有尽期、天下静謐、御方輩、可放光華之条、可在此春者也、
抑馬一疋黒栗毛、被引進候、返々目出候、相当年始、御自愛無極候也、且随分名馬候歟、即可被進将軍御方候、此使者無為引参之条別忠候歟、可被感仰之由仰候也、恐々謹言、
（後筆）「興国元」正月廿二日　越後権守秀仲奉
結城大蔵大輔（親朝）殿

追申
向後便宜可然候者、相構、此御方、御乗馬ニ成ぬへく候ハん馬、いたくかさハ候ハすとも、慥こらへぬへく候ハん、大切候也、又春日中将殿、連々合戦、一向無馬之由被申候、被送進候者、殊可為本意候之由、同所候也、

一五　北畠親房書状

奥方并羽州辺事、次第ニ得利之躰候歟、方々依有申旨、難（雖）有下向之志、此方事、又次難（以カ）閣之、仍身同事之人々令下向候也、為路次も難義之上、不及披露、中々作悃然ニて可候也、即可被送達宇津峰方候、又海陸無相違之様可被仰黒木城中也、猶々一向そらしらす候て候者可宜、為一身存知蜜々申候、委細追可申也、恐々、
（後筆）「興国元」五月十六日　（親房）（花押39）
結城大蔵大輔（親朝）館

一六　北畠親房御教書

（親房）（花押39）

伊豆次郎無為参著ハ目出候、聊被仰付之子細候、相構能々計沙汰者、可為御本意候也、
海道辺事、経泰下向之時、一向可談合之由、委細被仰付畢、且又田村輩も可致忠節之由、殊被加教訓歟候（ママ）也、推察之処、細々ニも不申談哉、不得其御意候、所詮天下安否之境、坂東静謐之基、諸方同心戮力大切候、彼等少々雖非拠事候、能々加教訓、可被成大義候、駈催寄勢未退候、春日羽林重被発向畢、但下総国相馬郡ニ被構新城候、依之上総・下総・安房等軍勢者、悉以引返候、千葉一族、自去年連々申旨候、于今雖不表其色、此城出来之後、弥無等閑之躰候、小山又兄弟合戦候、御方已次第得其利之様候、天命令然候歟、就之も東海道歟、那須辺歟事、早速被廻籌策之条可然候、
官途所望輩事、不可有子細候、那須一族高長、先被任兵衛尉候、御感御教書、同被成遣候也、被遠（進カ）祐貞・相季、一族歟、家人歟、注（註）分可被進候、又下官も所望官、可被注進候、今度便宜被成遣候、又左

衛門尉所望輩事、同可令注進給之由所候也、恐々謹言、
「興国元」(後筆)五月十六日　　法眼宣宗
謹上　結城大蔵大輔(親朝)殿

一七　北畠親房御教書？

高野海道合戦之次第、先日被成仰畢、相搆重被出軍勢、被対治近郡
候者、奥方并常陸・下野官軍共、可得其力候、可被存別忠候哉、於
当国事者、先日数ヶ所対治之次第、定令存知仰候、来月二三日間、
春日羽林重以被発向下野候也、凶徒方少々下向鎌倉云々、然而於坂
東対治之雌雄可在近候、且被任御運候、何可有子細哉、心安可被(令カ)存
給候也、抑恩賞等事、無御等閑之次第、度々被仰畢、当時坂東国闕
所未定之間、即時不事行候而、不入御意之様、被述懐申候歟、非御
本意候、但今度恩賞事、故禅門於吉野殿、重々被　奏聞之子細候
き、依有所存、今度父子不可申賞、仍以四品昇進為本望、又以国宣
被申談候、所々内被申　綸旨事等候き、達　上聞事候之上ハ、不私
事候、其段難被尽紙上候、然而故国司御上洛時分事、并故禅門被申
候之事も、於今者事旧畢、如当時御在国候て、被致忠候こそ、返々
御忠節候へハ、争可有御等閑之儀候哉、云所々替之(云カ)行恩賞、殊可被
懸御意候、（〇後欠）

一八　北畠親房書状

度々委細令申畢、到著不審候、去十一日、将軍(顕信)被向奥候ける、路次
無殊事歟、目出候、今度於其境近郡事、可有沙汰之処、被通奥之
条、猶無念事哉、然而其辺事ハ一向憑存之上、不可依将軍之逗留奥
方与彼下向以後、定可有早速之功由思れ候也、又近日凶徒重可襲来
と、如度々令申候、東海道ゟ那須辺の対治事、両様之間、一事沙汰
候者、坂東静謐無疑歟、争不被廻遠慮乎、兼又愚身下向事、聊思立
之子細候、此方聊心困之様候者申付春日中将、於身者、暫令経廻其
辺、連々可令催促奥方之条可宜歟、就之聊有申談之子細、能々可被
安(案)計候也、謹言、
(興国元年)六月廿九日　　(親房)(花押39)

一九　北畠親房袖判宣宗書状

(親房)(花押39)

式部少輔(英房)便宜、委細被仰候了、宗伯上人下向之間、条々又被事付仰
候、可令尋聞給、抑将軍御下向路次、定無為候歟、無御逗留之条、
無念事候、然而其方事、一向被憑仰之上、近辺催促不可依彼御逗留
候、奥辺事ハ如何ニ雖被催促、如先度令遅参ハ、不可有正躰、将軍
有御下向、且被廻対治之計、且被催出軍勢候者、何無一途候哉、返
被申候了、坂東合戦合力事、度々被仰候き、近日肝要此事候、令存
別忠給候者、尤可然候、兼又御下向時分、并料所事、先日便宜被仰
候き、聊も得隙候者、其辺まて御進発候て、奥方をも可被勧申候、
而其辺料所不候者、難義事候、仍岩瀬郡道存(二階堂時藤)跡事、被仰之子細候
き、能々可令計沙汰給之由候也、恐々謹言、
(興国元年)六月廿九日　　法眼宣宗

謹上　　結城大蔵大輔殿（親朝）

追申

当郡辺一寺興行事、以此上人被事付仰之子細候、故入道（結城宗広）之芳忠、更無御忘却候、忩為彼追善、可有沙汰候、又故国司（北畠顕家）御菩提ニも兼て沙汰候ハ目出候、便宜地一所、可被寄附候、相構可令思立給歟之由、同所候也、

二〇　北畠親房御教書

（親房）（花押 39）

岩瀬郡内西方道存跡為料所、可令預置給之由仰候也、仍執達如件、

興国元年七月十七日　　越後権守秀仲奉

結城大蔵大輔殿（親朝）

追申

於下総前司宗朝跡訴訟事者、追可有其沙汰之由、同所候也、

二一　北畠親房袖判秀仲書状

（親房）（花押 39）

委細被申候趣、尤御本意候、

一奥辺事、連々沙汰候歟、時刻事、被仰通之旨候者、相構可被廻籌策候

一鉾月楯合戦事、殊目出候、所詮其辺事、一向被憑仰之上者、随宜急速、可有計沙汰候、新武衛（結城朝胤）被致合戦之条、殊神妙候、一族中、長門権守等軍忠尤可然候、能々被感仰候也、

一当方事、去八月、鵈山管領内石下城被追落之間、所籠之輩悉被打取候、彼辺十余郷被沙汰付西明寺城軍勢候、去月廿三日、当国東条内亀谷凶徒被追落候、被沙汰付東条一族候間、随分心安候也而高師冬称重可寄来、取陣於宇都宮候、方々勢全分不会合進退谷云々、此時分東海道歟、那須辺事沙汰候者、当方潤色不能左右、相構可被廻其計候、諸方事、当時得失相半候、所詮可依此辺幷奥州左右之由、天下一同之所期歟、令延引者、吉野辺御事、旁可為難義云々、相構存別忠、可被申沙汰候、

一小山兄弟合戦事、以外之次第云々、且又与師冬不和勿論事候歟、自是も内々被仰遣候畢、請文之趣ハ毎度無相違、然而持両端之間、不顕其色、比興候、叔父五郎左衛門尉、先年別而懇望申旨候き、無差事処、巳冥慮之令然候歟、彼辺事、相構猶以所縁可被誘引候、

一官途事、元弘之一統、公家政道、為被復旧規也、坂東人々出身昇進、以後可被追治承以来代々風儀事歟、而　先朝御時、不慮登用等出来、至今難義此事也、且為運命尤有恐事歟、向後者相構守旧儀、其沙汰候者、可為家門長久之基候、但今被申之条、非無其謂、仍可被挙申修理権大夫也、権守以下任官、此間且被成御判候ッ、至此事者、近日便宜候之間、被執申吉野殿候、定無相違候歟、宣下到来候者、忩可被遣候也、二代忠節異他之上、向後も弥

可被憑仰之間、如此沙汰候也、可令自愛給之由所候也、恐々謹
言、
(後筆)「興国元」十月十日　　　刑部少輔秀仲
(親朝)結城大蔵大輔殿

二二　北畠親房袖判宣宗書状

(親房)(花押 39)
度々以便宜被仰畢、
将軍無為御通、返々目出候、彼方輩、定応御催促候歟、順風早速出
来、尤嘉瑞候哉、
其近辺事、相構急速可被廻籌策候、如連々被仰、東海道歟、那須辺
歟、雖何方、一沙汰候者、坂東合戦、可得利之条勿論候、常陸平氏
以下輩者、皆伺此形勢乍申可参之由未参候、奥方同時沙汰雖可然、
被察此方難義候者、尤可為忠節候哉、高師冬重可寄来之由、連々雖
令風聞、軍勢未応催促、猶逗留古河辺云々、如此之時分、奥勢出常
陸・下野境之条、可為無雙之潤色候、相構、此段可被廻遠慮候乎、
此方無殊事候者、雖片時可有御下向候、其間事、式部少輔委細語申
歟之由候也、恐々謹言、
(興国元年)七月廿日　　　法眼宣宗
(親朝)結城大蔵大輔殿

二三　法眼宣宗書状

此辺事共、連々雖被仰候、猶難被尽紙上候間、被下此僧候、能々可
令尋聞給也、兼又法明間事、経泰被申候き、且其より被申候事候之
由、令申候間、さては無異儀候歟ニて、被遣御教書候き、今被申之
趣以外候、事子細可令尋聞経泰給、向後ハ可得此御意候也、凡先々
も如此事候乎、兄兵庫頭申恩賞事、経泰同執申之、斑目式部大夫任
周防権守事、式部少輔(英房)被申候ハ、是併自其被申之趣ヲ、切々ニ伝申
候間、深得其御意畢、如今者可被遣候、所詮向後無挙状者、不可経
御沙汰候、得其意、可有沙汰候歟之由所(候脱カ)也、恐々謹言、
(興国元年)七月廿五日　　　法眼宣宗（花押）
謹上　結城修理権大夫殿(親朝)

二四　北畠親房推挙状

(親房)(花押 39)
修理権大夫所望事、被挙申也、且可令存知給之由所(候脱カ)也、仍執達如
件、
興国元年十月十日　　　刑部少輔秀仲
(親朝)結城大蔵大輔殿

二五　北畠親房袖判秀仲奉書

(親房)(花押 39)
其後何事候哉、高師冬著宇都宮之後、更依無威勢、称相待方々勢、
経廻苽連云々、如風聞者、無正体之作法也、如此時分、東海道辺事、
一途沙汰候者、可為当方勠力之条、勿論之次第候歟、相構可被廻籌

策候、抑中院羽林下向奥方、此事御一族中異他候、路次等事、無相違之様、可被計申候也、凡諸事被憑仰之上、不能委細之由所候也、恐々謹言、

（興国元年）十一月十八日　　刑部少輔秀仲奉

結城大蔵大輔殿（親朝）

二六　北畠親房袖判秀仲書状

（親房）（花押39）

匠作事、即被申吉野殿候畢、定無相違候歟、宣下到来候者、忩可被遣候、讃州事、且被成御判候也、

抑小山間事、自是も被仰遣候き、毎度請文之趣者、無相違候、然而未成一偏之思伺世間之体候歟、頗似忘曩祖之古風候、相構被加教訓者、為家門可然事候也、兼又師冬経廻苽連辺、近日不可寄来歟之由聞候、所詮無勢之間、相待方々勢云々、如此之時分、東海道歟、那須辺歟事沙汰候者、真実可為忠節候、師冬等被加対治候者、坂東之体、静謐不可有疑、所詮被廻早速静謐之籌策者、可為諸人安堵之基候、加様ニ送年序之条、云　祖神之冥慮、云　先皇之御素意、非無恐憚候者也、殊可令計沙汰給之由所候也、恐々謹言、

（興国元年）十一月廿七日　　刑部少輔秀仲

結城修理権大夫殿（親朝）

二七　四条隆資書下

（端書）「上啓四条殿御書、興国二々五、

結城修理権大夫殿　　（四条隆資）（花押）」

十月十七日注進慥到来、散不審畢、其堺事得利之条、殊快思賜者也、相構早々可被措鎌倉候、今度忠節又異他之由、有其聞之間、任官事、別所有其沙汰歟、弥成其勇、急速可被運凶徒退治之計策之状如件、

（興国元年）十二月五日　　（隆資）（花押）

結城修理権大夫館（親朝）

二八　北畠親房袖判秀仲書状

（親房）（花押39）

改年之吉慶幸甚々々、天下早速静謐、不可有疑、依年来忠節、弥被施家門光花之条、可相叶此春嘉悦者也、

昇進事、被挙申　吉野殿之処、宣旨案今春到来、殊可被自愛歟、多阿（河）郡事、堺小三郎以下輩、令申之趣、為事実者、誠可為御方之利候、但当郡為勲功賞、被支配数輩畢、改動之儀、雖有憚、此時分立大功候者、被行替於当給人等之条、強非其難候歟、仍先被成御教書候、若仮令之儀候者、不可及披露ハ（候カ）、兼又師冬被廻瓜連之式、定令風聞候歟、無正体之作法候云々、其力不可叶候旨、依愁訴于京都、可差下大将之由荒説候、相待彼時分候歟、就之奥方事ハ、将軍御在国定無御等閑候歟、不可依彼左右、先急速於其境被廻籌策之条、真実可為御本意候者也、其境対治之道出来候者、当国可得力之上、国中凶徒不可差出之条勿論候、万一雖一方難義出来候者、云先皇御素

意、云故禅門慇懃之所存、令依違之条、可為無念候、相構被廻神慮籌策候者、真実可為年始加慶(嘉)之由所候也、恐々謹言、

(興国二年)正月十三日　　刑部少輔秀仲

結城修理権大夫殿(親朝)

二九　北畠親房袖判宣宗書状

(親房)(花押39)

委細被申御本意候、坂東事、師冬自去年冬雖令経廻苽連、未及合戦、如風聞者、依無勢不可叶之由、依申遣京都、高師直為東国管領、可下向之旨、自年内評定大略治定之処、山門南都蜂起、京都騒動之間延引云々、如何さまニもさ様之輩、下向勿論候歟、凡者鎌倉にても、相構早速被発向たく候へとも、閣城々越彼境之条、難義ニ候間被待奥辺之左右ニて候、可然之輩適下向候者、於要害城々待受之条、仍無其理候哉之由、面々談合候也、就之奥方事、相構、一途早速被廻籌策候者、可目出候、諸方事、加様延引候間、有力之輩ハ雖不及別苦労、無力之城々或自落、又疲労之軍勢、多以没落之間、自然為御方之弱候、相構被可被忩存事候歟、且、先皇冥慮難測事也、不可有由断之儀候歟、

一廷尉被望申弾正少弼候、此事大略殿上雲客任之、五位諸大夫拝任ハ、随分為規模候、高時一族中事ハ、義時執権以後　公家以別儀、書礼以下、毎事被准雲客候キ、仍大略任之候き、先皇御代、道治朝臣不慮登用以後、朝治号猶子任之候けり、参差御沙汰候歟、其上六位ニてハ不任之官ニて候間、任理運先可被申叙留之由沙汰候て、已被執申吉野殿畢、今又重被申候之間、此上者可被執申候也、凡関東之時代々之風躰ハ、皆被覚悟候歟、譜第之大名ハ、諸大夫侍なとゝて無差別、大名次第ニ被賞翫候歟、然而昇進事ハ、いとしもなく候ける輩も任来候ぬれハ、加様官ニも拝任、又聴六位昇殿輩も候き、且其身雖為大名、宇都宮等遂不被免諸司助候けり、今も官途事ハ、若非分事候へハ、為運命、有子細事ニ候、先代之時、維貞初而任修理大夫之時、とかく加難輩候き、定被見聞候歟、縦他人雖有非分事、重代之家ハ、被守旧例候て、其上ニ又立大切時之次第ニ、一きわ沙汰候へハ有気味事候歟、但其辺事忠節異他候、正流之家督ハ、以諸大夫之儀、可被経御沙汰之由、別可被執申候、若以此儀自余庶子等、競望事なと候ハんをハ、可被加別誡候、且為正流も不可有気味之故也、凡先朝御時、非分昇進人々候之事、故禅門なと殊不受申候き、然而無指事輩、深恩候へハ、重代之傍家被申所存候、又非無其謂候、然而事之謂をハ能々令得意給候て、其上ニ被申立之条、可目出候也、

一下総三郎宗顕申兵衛尉事、同被成御判候也、

一南条五郎左衛門尉清政事、追可有御計、

一斑目式部大夫維秀望申権守候、帯本領之上、被免直奉公之上、於今者無子細候歟、仍今度被遣免許御判候也、弥可致忠之由、可被仰含候、

条々又以便宜、可被仰之由、内々候也、恐々謹言、
(興国二年)二月十八日　法眼宣宗
謹上　結城修理権大夫殿(親朝)

追申
白鳥一、被進候畢、返々目出候由、同可申旨候也、

三〇　北畠親房御教書

(親房)(花押39)

其後何事候哉、奥辺御沙汰何様聞候哉、合戦候けるなと風聞候、久無被申旨候、仍被進人候、其近郡間事、相構可被廻籌策候、師直以下輩、可下向之由、其聞候しか、北国・四国・西国御方、以外蜂起之上、依南都訴訟、先可向和州なと評定之間、当方下向ハ及予義候云々、而師冬無沙汰不可然之由、譴責他国、当国勢ハ全分不集進退谷候歟、称事初、去月廿六日、出当国北郡辺即引返候了、衆連経廻勢不過六七十騎云々、此時分奥勢打出候者、尤可然之由、案内者等申候、相構一途急速被沙汰立候者目出候、如当時者諸国存御忠輩、雖等閑、所詮可任東国左右之由、一同所存候歟、此辺ハ又相待奥州形無勢候、如此徒被送日月候者、何方ニても不慮事出来候者、不可有正体候、就中吉野殿御事、可為一大事候、閣諸方襲申候者、可御心苦候歟、其間事併可被察申候也、如度々被仰、任　先皇御素意、如此被存忠節候、同者早速被待得一統御代、如何程も被施家門之栄耀候ハんこそ、可為本望候へは、猶々相構可被廻秘計候、兼又小山与師冬等不和、勿論事候歟、被遣御教書之時ハ、毎度雖申慇懃御返事、此四五ヶ年、只同篇候、然而自去年ハ敵方と以外隔心、又寄事於兄弟確執、不及合戦之沙汰候歟、内々申通之子細等候乎、相構加詞可被教訓候、彼家一流、於坂東由緒異他候、面々一揆被退兇徒候者、再可被興遠祖之功業候、真実一揆候者、於坂東誰人可比肩候哉、只可依一揆之成否候歟、此事故禅門殊被懸意事候き、能々可令相計給之由仰候也、仍執達如件、
(興国二年)四月五日　刑部少輔秀仲
結城修理権大夫殿(親朝)

三一　北畠親房御教書

師冬、巳立茋連著垂柳畢、自京都厳密催促之間、閣諸方直可襲当城云々、且又今明日発向之由其聞候、被待懸候、坂東之安否、宜在此時節歟、此時忩可有勠力歟之由、以伊豆次郎幷関郡使者、両度被仰畢、猶々急速沙汰候者、殊可為御本望候、
一小山辺事荒説両条、元来非信用之限候、然而小山自身年少可然之輔佐輩も不候歟、若僻案事も候者、被得其意被加教訓候者、可宜之間、蜜々以荒説之分被仰候き、此風聞、此辺ニハ以外之事候也、且近衛前左大臣家(経忠)、令出吉野殿給候しか、京都も敵方更不賞翫申候、進亡屋一宇・所領二ヶ所之外、無正躰云々、依此事、又被語方々候歟、彼御使廻所々候、其旨趣ハ、藤氏各可一揆、且我身可執天下、以小山可被定坂東管領云々、彼使節当所、小田方へ

も帯御状来候しか向小山畢、自此城或僧、即為案内者、罷越小山候き、於此事者不承諾申云々、一揆と云事、日来風聞候し折節、かゝる事出来之間、荒説充満候、於前左府勧進事者非荒説候、乍被坐京都、是程短慮之事ヲ令勧進給候上、可被沙汰之外之御所存歟、彼仁も参御方候ハんニ付ても、如此之荒説痛敷事候、此事鎌倉凶徒辺ニも、以外風聞候、去比ハ小田勢已打入候とて騒動候けり、依之非一族之輩ハ、かくてハ何様ニ可振舞やらんなとまて、及評定候き、定又可被聞及候歟、所詮正員ハ不驚動候けると聞候ニ前左府御使如何ニも為勧人、虚説等申廻候らんと覚候也、義興事、是又荒説勿論候、其も義興家人之中、物忩張行事候て、参吉野殿、朝氏已参御方畢所属某也、仍可申補廷尉之由、火急申入候き、一向推参之儀候歟、比興之次第候、所詮此両条聞慮之様候之間、且為才学(覚)先度被仰候き、更非御疑心之重候也、とてもかくても敵方已置意之条、勿論候上、早速ニ思定候て、且存正理令参候ハ、云恩賞云昇進、申御沙汰之条、何不足か候へきとこそ覚候へ、相搆猶加詞可有教訓候、

一多田兵庫入道宗貞事、下著以後、連々致忠之由注進候、只一身奥州辺事候之由其聞候、疲労候ぬれハ人情も忘、正路乖物義事のミ候へハ、誠含怨之族も候らん、況当時ハ毎人過分、不可説事のミ候、一事も不懸心者、やかて加種々誘難之間、為御方極無益事候、凡政道之得失ハ、如日月之在天候へは、親疎之間、不可有隠事也、褒貶共言下ニて可被察者也、当時ハ吉野ニも、かい〳〵しく、政道とても不被執行、況当所辺事も於無被執沙汰候へは、さのミ何事之過失あるへしとも不覚候へとも、公人も家人も、つや〳〵無人ニ罷成之間、定違失多候らん、年来被憑仰候上者、自然と令参差之様、被触耳事候ハヽ、無隔心可被申也、又以御恩出身之族、無故傾申候ハん事ハ、以其意諸事可被推察候歟、相搆不可有披露、蜜々可令存知給也、

一南条五郎左衛門尉清政申権守事、父祖久不経歴歟、然而如此被召仕も、不可有子細候、但堅固弱冠候、今暫致忠、追可申候歟、不遅々之様、可有御計候也、

(親房)(花押39)

三二　法眼宣宗書状

条々、

一諸方吉事、連々定達遠聞候歟、時節到来近々候歟、然而於静謐者、可依此方左右之由、御方敵方一同之所存也、是併可謂冥慮歟、此上面々弥被廻殊秘計者、抽賞又可超過諸方功之条、理之所推可被疑存乎、所詮於今度者、至鎌倉被対治候者、凶徒静謐可在掌内歟、奥勢常州・下野辺まて打出者、此辺勢、又武蔵・相模へ可入之間、且不可有士卒之煩歟と、面々申沙汰候也、

一小山辺事、可為御方之由申候らん、先以目出候、当時機嫌尤可然歟、早速令思立ハ、可有不次賞之由、猶々可被仰遣哉、敵方ニハ大略已参御方之由謳歌候歟、不二仏之中間之様ニ思定候者、可然事候哉、就之此辺又種々之荒説候、一ニハ一族一揆して可致別建立沙汰歟云々、一ニハ可被立新田子息歟云々、此両条共以不審候、仮令一族一揆して対治凶徒、為一方之固為朝家之御護之条元来本意歟、然者恩賞も官途も、面々可有優誉沙汰ニて候、別建立とて、様替て如足利之所存やハ候へきと覚候へは、此段ハ一向荒説候歟、新田か跡ヲ取立事、是又不審候、当国ニ新田兵衛佐義興在国候、彼内ニ小山内通者候けるか、参吉野して、小山已参御方、望申廷尉、忩被　宣下候ハんと申候ける、此事御不審也、坂東国事自是不執申、小山参程事、争不存知乎とて、難被許容候けるを、已参候ける程ニ、被　宣下乎、何様事哉と被憑之間、被尋義興之処、自身全不存知云々、家人中構出事有之歟、仍不審之輩少々追出之由申之、此事又非無疑殆候、如此事も面々し(か)と〳〵と不評定申、又一偏ニ不思定之間、為彼仁云敵方之聞、又為当方も旁軽忽事候、所詮此間事ヲまことしき使者なとにて、宜被談合哉らん、且故判官(義貞)ハ、故兵部卿親王(護良親王)随分と憑給候き、彼若宮(興良親王)令坐坂東給候ハんすれハ、旁可有旧好事歟、同参御方ても不乖物義者、可叶　先皇冥慮歟と覚候也、

一奥勢已打出之由風聞、返々目出候、相構可被措合候歟、大方も先日、伊達飛弾前司宗顕令申候ハ、五十騎百騎ニても新勢加増候者、伊具、柴田辺へも押合候者、国府凶徒可落力之由申候き、此間可廻思案之由、被仰談村田駿河前司等之衆中へ尤可有同心沙汰候哉、

一多珂郡名主等中、去比進使者候き、已搆城郭可被下御旗之由申候き、且又申談其方之由申候き、当城真実取立候ハ、師冬等可落力之条勿論、相搆急々可有沙汰候歟、

一多田入道宗貞、下著石川之由聞候、可申談之由令申候間、被書遣御文候き、定申旨候歟、此仁先々も随分高名候しかとも、聊事過之様ニ張行候き、此段ハ可令得意給候、石川輩、会津辺輩ヲモ誘取事候ハ、可為公(事カ)平候歟、能様被得其意候て、可有談合候、

一両国并坂東人々任官恩賞等事、任挙申可有沙汰之由、先皇御時勅定候畢、当御代又以其儀候而、属便宜人々掠給　綸旨輩之由風聞候、不可然(候カ)ハ石川、矢葺も先日進状候書駿河権守候、自是ハ未及御沙汰候き、属誰人申任候哉、如風聞者伯耆縫殿祗候吉野之間、執申けるなと荒説候、吉野ニてハ、一定掠申事も候つらんと被推量候、可有沙汰者、何可有御抑留候哉、直奏之条、乱法候段、無子細者可被用本官候、自余輩事以此趣可被仰聞候也、

一当所御恩顧之輩、往反之便宜ニハ、吐種々荒説傾申吉野殿御事、并当所、下著候けるニ、いつしか致忠之条、雖非無不審、石川者共、同心廻秘計之由申之上、矢葺光義同申此趣候き、兇徒対治道

申談事き(へカ)事も候ハんすれハ、給御文可付進之由望申之間、別したる御料簡までも候ハす、被出御文畢、近日ハ雖一事可有其益候、道も候ハ談合も候へかしニて候也、無殊子細候、□中之趣、尤被驚思食候、奉行郡内事、宗貞無可争申候道、又今も無訴申之旨候、自他方も不聞食候也、更不及此沙汰候処、何様ニ令存給候やらん、御左右程、可閣諸事之由被申、返々無勿体候、年来忠節異他、縦一旦参差事雖触御耳、毎事被遣御意之上、内々も可被尋談ニてこそ候へ、其上更無訴人候也、所詮いつも被仰之様ニ被憑仰之上ハ、事新之次第候歟、且達無二合体本意、早速静謐凶徒、面々被施弓箭之光華候ハんこそ大切ニ候へハ、不可被疑申時宜、又不可被用少(小)人等荒説候也、於一方事者、一向被憑仰之条、更ニ不可有違変候也、

一矢茸(光義)任官事、直　奏之一段遣勅約候、依人々執申、被思食忘事も候つらん、又御分国内人としもなくて、掠申之族も候つらん、然者如此事、向後之傍例難義之間、雖可被申止、此仁事ハ忠節さる事候、如此被申之上、強又非可被仰子細候、宜令相計給候、凶徒近々、城中物忩候間、猶不能委細候、諸事可有推察候、勠力之一段肝要候、安否時節、能々可申旨候也、恐々謹言、

（興国二年）五月廿五日　法眼宣宗

謹上　結城修理権大夫殿（親朝）

此方合戦事、委細可注送(進カ)之由、仰含宣宗候也、至今者当方乗勝候、然而送日数之(者カ)、旁可有難義之体候、後措事、以夜継日沙汰候尤可然、此辺所憑此事候也、毎事可被察之状如件、

（興国二年）七月八日　（親房）（花押39）

結城修理権大夫館（親朝）

三四　北畠親房御教書

（親房）（花押39）

去月十三日音信、今月一日到来候畢、此方勠力間事、去比条々重被仰談候き、定到著候歟、河村参御方之条、殊目出候、所詮此辺城々、至今忠節、雖無相違、事延引候者、　難量、奥方真実目出候者、不能左右、若猶相支送日月候者、於此方者、弥難義候歟、河村等も適参候なれハ、尤可施功之時分候歟、不遅々之道、可令計沙汰給候哉、

抑五辻源少納言自吉野為御使下向、被参将軍御辺候、吉野御沙汰之趣、并西国形勢、定被相談候歟、路次事無煩之様、可令計下給旨所也、(候脱カ)仍執達如件、

（後筆、興国三カ）「延元」三月四日　刑部大輔光仲(秀カ)

結城修理権大夫殿（親朝）

三五　北畠親房御教書

（親房）（花押39）

条々被申事、

三三　北畠親房御教書

一元弘以来忠節間事、中々不能被申事歟、凡自奥州御下向之初、故上州禅心(門)被致無二之貞節、国中之静謐、大略奉行之故也、其上両度励老骨上洛不違本意、於勢州旅宿入滅、至最後、此御大事之外、無被懸心事云々、懇志之至、日夜寤寐、更不忘却、且私本意者勿論、吉野殿様争不思食入哉、随而如此相続支一方、依被致忠節、奥辺年来御方も不違変、諸方も心にくゝ存て、令内通条、高名之至、不能左右者也、其間事中々依相似、事新細々不能述心緒上、去々年以来、凶徒取囲、危如累卵、朝不待夕之処、至今不慮無為、諸事惘然之旨、毎事懈怠可被察申也、且又於坂東不能相支於殞一命者、諸事技葉也、其上之段、宜為　聖運間、只日々望存勠力之到来、仍自然ニ述懐も怨望も重畳候ぬらん、依之全以年来之忠節、不被処等閑者也、

一恩賞間事、日来も非不被懸意、但当用之地ハ、無其所歟、可為後日者、少事なとハ定非本意歟、凶徒対治之時分ニハ、便宜地定所望も候ハんすらん、又可被沙汰出候へく候、就中坂東静謐候ハ、如何さまにも竹園一所武州、相州ニ可有御座之条勿論候　先皇御素意之間、最前可有沙汰候、御心安人々当参候はてハ、不可事行歟、仍彼両国闕所ハ、当時未及沙汰候、さすか彼辺ニこそ、可然之地も候ハんすれは、御様子(カ)ヲこそ可然候□にて候ッ、実又近日之時分、当手輩等をも、可被勇之条大切候らん、仍被行出羽国小田島庄候也、近隣之条ハ、当国内同事候歟、世間もくつろき候者、重可被申候、

一結城三郎左衛門尉経泰、権守所望事、三森弥太郎親宗、左衛門尉事、被挙申也、

一去月廿七日夜討之時、小貫等忠節尤神妙、被感仰候、

一式部少輔英房朝臣手者、彼時後措事、神妙候、彼仁事、大枝入道とかや、還向以後、勧進事以外風聞歟、且被勧進へく(つるカ)輩か方さまよりも委細申候、然而不弁物義之仁なとこそ候へ、さすか正員ハ、か程之不知恩事や候へき、仮令近日之風ニ候へハ、家人等、私秘計ハ、さこそからめ候へく候ニ、遮て成怖畏、巳被罪科なと申候由聞候き、凡難得心之次第候歟、然而今度左様ニ手者なとも振舞候けれは神妙候、田村輩不快歟、且又森山本神領とかやとて、連々訟訴事ニ候へは、凶害も相交候らんと、被推量候、宜依忠不之実候哉、

一標葉参川権守清実事、東海道当参輩、面々被感仰候き、彼清実何として、今まて相漏候けるやらん、尤不審候、経泰・宜宗等細々申沙汰也、引付不進置候間、只今不及被引見候、仍別被感遣也、

一大田庄改動事、自何方之沙汰候哉、於当所者更無御存知事候、関郡沙汰之時、故禅門重々被申沙汰候、其時治定之儀、今更何可有実義哉、所詮近日如此荒説無窮歟、左様事相構無隔心可被尋申候也、

一国守護職事、尤被懸御意事候、先年雖被申行野州守護、小山所

存無相違之定、不及実義歟、当分国之外ニても被執申ハ、不可有子細歟、当時分国内ニも上総なとにハ尋常之聞候、仍無左右沙汰也、凡毎事被憑仰上、云如此之所職、云恩賞之篇静謐時分可安歟、不可相似他人事候也、

（興国四年）
七月十二日

52〔結城神社文書〕　津市 結城神社所蔵

一　将軍（源頼嗣）下文

（源頼嗣）
（花押）

下　尼　陸奥介景衡後家

可令早領知陸奥国八幡庄内中野堤上本田壱町、荒野肆町、蕨壇荒野柑子袋藤木田参町地頭職事、

右任亡父□（景カ）衡法師法名、仁治三年二月十五日・同三年三月廿一日・今年四月日譲状等、守先例可致沙汰之状如件、

宝治二年十二月廿九日

（〇本文書はもと甲州結城澄家の所蔵である）

二　那須資長譲状

（〇前欠）一所、陸奥□（国宮）城郡内蒲生村、

右件□（四ケカ）所者、所令譲渡于太郎高頼也、仍為惣領□（分可令カ）知行、但於次郎以下子息等分者、別譲状在之、相互不可有違乱、仍為後日、譲状如件、

弘安九年八月二日　（那須資長）覚西（花押）

三　那須資長置文

（覚西）
（花押）

□（へカ）のゝすくにかはたとのへ、すくさいけをたてまつりてあるハ、としころねんころに申うけ給ハりしあ□（ひ）た、こゝろさしにおもひあてゝ候つる也、これハちとうしんたいにて候へし、又あまりにそう〳〵にて、ゆつりもらしのところあらハ、そうりやうのはからひにて候ハんする也、かまへておとゝいのなかわつらひなく、はか（衍カ）はからひ候へし、よてしやうくたんのことし、

弘安九年八月二日　（那須資長）覚西

四　後醍醐天皇綸旨

被綸旨偁、

前相模守平高時法師、不顧国家軌範、猥背君臣之礼儀、掠領於諸国、令労苦万民、僭乱之甚何事如之乎、已為朝敵、不遁天罰、為却彼凶党、所被挙義兵也、早相催出羽・陸奥両国軍勢、可企征伐、勲功之賞宜依請者、天気如此、悉之、

元弘三年四月十七日　（千種忠顕）左中弁（花押 42）

（親朝）
結城参川前司館

（〇本書は、もと秋田結城家の後裔という結城朝徳氏の寄附による）

五　北畠顕家下文

（顕家）
（花押 36）

下　糠部郡、

可早令結城参河前司親朝領知当郡内九戸右馬権頭茂時跡（北条）事、

右件人、令領知彼戸、於貢馬以下者、無懈怠、可致沙汰之状、所仰如件、

元弘三年十二月十八日

（〇もと甲斐結城家の所持、次号も同じ）

六　北畠顕家下文

（顕家）（花押36）

下　白河庄

可令早結城上野入道（宗広）々忠領知当庄金山郷内新田村事、

右人、令領知彼所、守先例、可致其沙汰之状、所仰如件、

建武二年正月十八日

七　後醍醐天皇綸旨

陸奥国宇多庄、為勲（加脱カ）□（功カ）賞、可（令カ）被知行者、

天気如此、悉之以状、

建武二年七月三日　大膳大夫（中御門経季）（花押）

結城上野入道（宗広）館

（〇本号もと仙台白河家の裔という白河基広の寄附に依る）

八　陸奥国宣

（顕家）（花押36）

結城摂津入道（盛広）跡事、与同坂東凶徒之由、有其聞、落居之程、所被預置也、可被存知者、依　国宣執達如件、

建武二年八月九日　右近将監清高奉

上野入道殿（結城宗広）

（〇本書はもと甲州結城家の所持、以下同じ）

九　陸奥国宣

（顕家）（花押36）

白河欠所等、可令知行給者、国宣如此、仍執達如件、

建武二年八月十七日　右□（近将監清高カ）奉

参川前司殿（結城親朝）

一〇　須賀清秀書状

今月十五日、宇都峯御合戦事、御状到来、則令披露候之処、被出御感御教書候之間令進候、御忠節之至、異他候之由、肇（カ）及御沙汰候、此等之子細、定自御代官方被申候乎、恐々謹言、

（文和二年）四月廿六日　（須賀）壱岐守清秀（花押）

謹上　白河参河守殿（結城朝常）御返事

一一　前美作守忠増書状

御札委細□仰、弥太郎殿御事者、奉待御□□依御違例、于今御延引、無御心元□候、就其御養子事、兼日伊王野入道□助方御談合候上者、今更不可有相違候之由、正員深被存候処、野上事莵角被申候事、於愚身も不心得存候、幾度も伊王野方へ被仰候て御知行可然候□存候、正員心中之趣、大雲庵委

細御物語被申候、定可有御披露候歟、先日承候間事者、従是態御返事可申候間、令略候、恐々謹言、

（応永中カ）九月十八日　前美作守忠増（花押）

謹上　和知美濃守殿

一二　那須資之書状

就弥太郎殿御事示給子細雖何事候、自貴方蒙仰事、不可有異儀候之間、伊王野入道一期之後可申談候、可然様ニ小峯殿江被懸御意候者恐悦候、委細之旨、大竜庵主仁御物語被申候間令簡略候、恐々謹言、

（応永中カ）十一月廿一日　（那須）前越後守資之（花押）

謹上　白川殿　御宿所

一三　結城朝治譲状

ひこ夜叉殿のゆつり状

一石河内、さわ井の郷、

一より上の内、あゆ河の郷内上あゆ河、中あゆ河、

一たか野きた郷内大たは村、ふかわたと、ぬまのさは、

右此六ケ所ハ、若実子出き候ハヽ、かやうニはけ（分）、ゆつり申へく候也、若実子もち候ハすハ、朝治かあとを一ゑんに、ひこ夜叉殿ニゆつり進候へく候、たゝし朝治ちきやうの内に、上小ぬき村・たさきの村・いたくら・山井内とつかの村・かた見にさい家に家、これをハ朝治一この後ハ寺々あん〳〵ゑ、きしん申へく候間、此五ケ所ハのそき候所也、よつてゆつり状如件、

永和三年霜月廿五日　（結城）朝治（花押）

一四　蔵人藤原俊国奉口宣案

上卿（時房）万里小路中納言

応永廿八年十月廿七日　宣旨

（結城）藤原朝親

宜任参河守

蔵人権右少弁藤原俊国奉

一五　結城氏朝置文

未無実子ニよつて、中定状の事

仍而それの御しそく御出き候ハヽ、身のゆうしとして、こと〳〵く諸事御はからひたるへく候、その間者、御舎弟を御代官ニなし申すへく候、もし御しやてい、身のしよかんニも、したかわれす候者、御計にて御しんるひのうち一人、代官になされへく候、いまより後ニおき候ても、本知行当知行、さをゐあるへからす候、仍為後日状如件、

応永二十八年十二月十三日　（結城）氏朝（花押）（〇一覧236と相異す）

小峰殿

一六　法泰請文

先年申定候ことく、左馬助弥太郎殿、けいやくの事ハ、於後日もわつらひあるへからす候也、

一代々の文書共ハ、先ねん、ミなく／＼さまのすけの方よりわたし申
候へ共、たゝしいまた身かはんきやう不進候間、こんとかやうニ
ゆつり状書進候うへハ、以前のもん書にそへられ候へく候也、末
代ニおき候ても、わつらいの儀、ゆめ／＼あるましく候、仍後日
せうもんのために、状如件、

応永卅二年卯月廿七日　法泰（花押）

一七　蔵人藤原経茂奉口宣案

（端裏書）
「口宣案」

上卿（坊城俊秀）尹中納言

宝徳四年三月十日　宣旨

（結城）藤原直親

宜任下野守

蔵人右兵衛権佐藤原経茂奉

一八　蔵人藤原広光奉口宣案

（端裏書）
「口宣案」　（足利義政）（花押13）

上卿（広橋綱光）日野大納言

寛正四年十月十三日　宣旨

（結城）左衛門少尉藤原直常

宜任参河守

蔵人左少弁藤原広光奉

一九　北畠顕家御教書（〇本号は結城神社所蔵ではないが、国史資料研究所編「結城古文書纂」によって補充し、便宜ここに収める）

（顕家）（花押36）

為侍大将、可被奉行軍忠之由事、令旨被遣之可被存其旨之由、依鎮
守府将軍家仰執達如件、

建武二年十二月廿九日　右近将監清高奉

（親朝）結城参川前司殿

二〇　某奉書断簡

（〇本文欠）

遂仰、

白河岩滑沢・大熊林跡上野彦七広政　皮子辻跡山川女子　同可被知行之由
候、

53　〔結城大蔵結城文書〕　続群書類従巻一五五

一　沙弥宗心奉書

高野郡郷々相博事、伊達一族為度々恩賞拝領候、或帯綸旨、或帯故
（北畠顕家）国司宣候、相博候段、自公方被執仰之条、彼等定失其勇候歟、直被
談合、令承諾申者、就其可有計沙汰候、且此間打渡事、任申請、先
被成国宣候了、伊香郷者平賀兵庫助景貞為恩賞拝領云々、於海上令
討死了、一腹兄弟数輩子息等定申子細候歟、当時凶徒未退散之上、
先被加対治、且景貞跡ニモ、同被致直談合候者可宜候、近日時分面
々難被空功之条、可被察申候、手沢郷者藤蔵人房雄拝領云々、房雄

当参候、於此所者被召替他所之条、無子細候歟、早加対治、追可被申之由、内々仰候也、仍執達如件、

（延元四年カ）五月十日　沙弥宗心

結城大蔵大輔殿

二　伊達為景相博状

みちのくにたかの〻こほりきたかた、いの〻かう（入野郷）のうち、にしたかわらひ、ひんかしたかわらひ二かしよは、ためかけかしそくいたてのさへもんのくらんとためあき（為顕）、なかくらかつせん（長倉合戦）のおんしやう（恩賞）に給はり候、しかりといへとも、おやのはからひとして、にこうき（仁公義）のむらにそへて三かしよを、同こくかなはら（金原保）のほうのうち、ひつほ（筆甫）のむらに、ゑいたいかへ申候うへは、いかなる事候とも、しさいを申ましく候、このうへしそくにて候ためあきも、しさいを申ましく候へは、かへしやう（替状）をかゝせて、おんてまいらせ候へく候、まつためかけかはからいとして、かへ申候しやうくたんのことし、

えんけん四年七月十八日

いたてのかもんのすけ為景（花押）

三　上杉憲顕奉書

凶徒誅伐事、早馳参可被致軍忠之状、依仰執達如件、

観応二年正月五日（五カ）　散位（上杉憲顕）（花押）

石河（川イ）中畠孫四郎殿

四　前参河守某施行状

陸奥国金原保年貢事、先度被仰之処、難渋云々、太無謂、所詮厳密可令究済之状、依仰執達如件、

明徳四年二月六日　前参河守（花押）

小峰七郎殿

五　斯波直持書下

内々承候、名取北方内本知行地事、今度猶其方被致忠節候者、不可有子細候、一向憑存候也、

十一月十二日　右京大夫直持（花押）

謹上　結城参河守殿

六　某　書　状

下野国内上野□跡之事、領知□（不可有相）違候、并堀蔵之事者、以替地可有御計候也、謹言、

十二月廿三日　（花押）

小峰三河守殿

七　源義行書状

生瀬三ケ村袋田被志（マヽ）有之、目出度候、同候者早々預御合力候は大慶候、愚身委細可申旨被申下候之間、如此令申候、恐々謹言、

十一月十三日　源義行（花押）

謹上　小峰殿

八　白河義親書状

始末思慮之旨雖有之、地下人任詫言、地下和之儀、昭光へ以使申談

候処、速預挨拶候、先以其用候、雖然毎事口味之旨共候間、相切候様体、一昨九日、敵方へ既為申越候間、不及是非候、此所昭光へ申届度候間、一札を進候、乍御造作、只今泉へ被相届任入候、此上調議之段、彼是追而可及相談候、恐々謹言、

逐而昨如及回報候、南西津之者被討捕、検校為相登候キ、祝着候、

(四月)
卯月十一日　　(白河義親)不説（花押）

中畠上野守殿

九　後醍醐天皇綸旨案（○本号は伊達文書であるが、便宜ここに収める、）

(陸奥)□□国長江荘内□□□□□□郷長田大豆□□両村美濃□□太郷、淡路国賀茂□□□等地頭職、当知行□□□□□(不有相違者カ)天気如此、悉之、

建武元年六月十三日　　左□□□□(衛門権佐(岡崎範国カ))

永沼前安芸権守

54〔白河古事考所収文書一、附　白川證古文書〕

一　結城宗広譲状案

(注)「祖父宗広所領、父親朝に与へすして顕朝に授く、仙台白河氏の蔵に此外所領等御教書證古文書に由て見へし」

一譲与　所領等事

一陸奥国白河庄南方知行分、

一同国同庄北方　(結城盛広)摂津前司入道道栄跡、

一同国宇多庄、

一同国津軽田舎郡内河辺桜葉郷、

一下総国結城郡、

一下野国中泉庄内二階堂下野入道跡、同下総入道跡、

一同国寒河郡内知行分郷々、

一出羽国余部内尾青村・清河村、

一同国狩河郷内田在家、

一京都屋地　四条東洞院、

一参河国渥美郡内、

野田郷・高足郷・細谷郷、大岩郷・若見郷・赤羽郷・弥熊郷・吉胡郷・岩崎郷・牟呂郷・草間郷、

右於彼所領等者、相副手継證文、所譲与孫子七郎左衛門尉顕朝、不可有他妨、為後日譲状如件、

延元元年四月二日　　(結城宗広)道忠［花押］

二　足利尊氏御教書案

(注)「仙台の白河家蔵す」

奥州所々城郭退治事、参御方可致軍忠之由、先度被仰訖、且抽戦功者、本領所職不可有相違之状如件、

暦応五年四月廿七日　　御判(注)「足利将軍の御判なるへし」

(親朝)
結城大蔵権少輔殿

三　結城顕朝譲状案

譲与　所領等事

一陸奥国白河庄南方知行分、
一同国同庄摂津前司（結城盛広）入道道栄跡、
一同国高野郡、
一同国石河庄内郷々村々、
一同国宇多庄、
一同国津軽田舎郡内河辺桜葉郷、
一下総国結城郡、
一下野国中泉庄内（二階堂下野入道跡、同下総入道跡）、
一同国寒河郡内知行分郷々、
一出羽国余部内尾青村・清河村、
一同国狩河郷内田在家、
一京都屋地　四条東洞院、
一参河国渥美郡内、
野田郷・高足郷・細谷郷・大岩郷・若見郷・赤羽郷・弥熊郷・吉胡郷・岩崎郷・牟呂郷・草間郷、
右於彼所領等者、相副手続證文、所譲与千代夜叉丸（結城満朝）也、不可有他妨、為後日譲状如件

応安二年六月十九日　　顕朝（結城）（花押）

四　結城満朝譲状

譲与所領等事
一陸奥国白河庄南方知行分、
一同国同庄摂津前司（結城盛広）入道道栄跡、
一同国高野郡、
一同国石河庄内郷々村々、
一同国宇多庄、
一同国津軽田舎郡内河辺桜葉郷、
一下総国結城郡、
一下野国中泉庄内（二階堂下野入道跡、同下総入道跡）、
一同国寒河郡内知行分郷々、
一出羽国狩河郷内田在家、
一同国余部内尾青村・清河村、
一京都屋地　四条東洞院、
一参河国渥美郡内、
野田郷・高足郷・細谷郷・大岩郷、
右於彼所領等者、相副手継證文、所譲与氏朝（結城）也、不可有他妨、為後日譲状如件、

応永二二年十月廿一日　満朝（結城）（花押）

五　伊賀頼泰譲状（〇以下、八まで白河證古文書）

ゆつりわたすしらかはの女子、とよまの御前みちの国内好島しやうのうちとよまの村、自筆にてゆつるところ也、如件、

正和四年四月十三日　　頼やす（花押）

六　岩城清隆去状

奥州岩城郡之内、あら田の目の郷、三かひやの村、三かたよせの村、三ヶ所、山野ともに不相残、菊田の替地として白川殿え去渡申所也、於子々孫々も、違乱之儀申間敷、仍為後日状如件、

文安六年つちのとみ　八月二十七日

岩城周防守清隆（花押）

白河殿

七　好島隆衡去状

奥州岩城郡之内、長井之村幷赤井之郷、白河殿へ去渡申所也、彼赤井之郷□御□□小峰殿、可有御知行候、於子々孫々、異議申事有ましく候、仍為後日状如件、

宝徳三年かのとひつし六月一日

好島前和泉守隆衡（花押）

白河殿

八　山吉豊守書状

今度謙信向（北）此国ニ出馬、幷会津（芦名盛氏）・白川（義親）・佐竹（義重）御一和之儀ニ付而、御使僧喜悦之由候、彼御詰（後カ）之儀、大方佐江被申届、於御理者、直書被露候旨、可得其意候、恐々謹言、

山吉孫次郎

（天正二年壬十一月）
壬霜月七日　豊守（花押）

（結城義親）
白川江

55〔結城小峯文書〕　山梨県西山梨郡清田村 結城澄所蔵

一　将軍家藤原頼嗣下文（○52—一に同じ）

（藤原頼嗣）
（花押）

下　陸奥介景衡後家尼

可令早領知陸奥国八幡庄内中野堤上本田壱町・荒野肆町・蕨壇荒野柑子袋藤木田参町、地頭職事、

右任亡父□（景）衡法師法名仁治三年二月十五日・同三年三月廿一日・今年四月日譲状等、守先例、可致沙汰之状如件、

宝治二年十二月廿九日

二　那須資長覚西譲状（○52—二に同じ）

（○前欠）

一所陸奥□□（国宮）城郡内蒲生村

右件四□所者、所令譲渡于太郎高頼也、仍為惣領□（可令）知行、但於次郎以下子息等分者、別譲状在之、相互不可有違乱、仍為後日譲状如件、

弘安九年八月二日　（那須資長）覚西（花押）

三　那須資長覚西置文案（○52—三に同じ）

（花押）

□のゝすく□かはたとのへ、すくさいけとたてまつりてあるハ、としころねんころに申うけ給ハりしあ□（ひた）、こゝろさしにおもひ

あてゝ候つる也、それハちとうしんたいにて候へし、又あまりにそう〱にて、ゆつりもらしのところあらハ、そうりやうのはからひにて候ハんする也、かまへておとゝいのなかわつらひなく、はかはらるへし、よてしやうくたんのことし、

弘安九年八月二日　　　覚西

四　北畠顕家下文（○52—五に同じ）

（北畠顕家）（花押）

下　糠部郡

可早令結城参河前司親朝領知、当郡内九戸（北条）右、馬権頭茂時跡事、

右件人令領知彼戸、於貢馬以下者、無懈怠、可致沙汰之状所仰如件、

元弘三年十二月十八日

五　陸奥国宣（○52—九に同じ）

（北畠顕家）（花押39）

白河闕所等、可令知行給者、国宣如此、仍執達如件、

建武二年八月十七日　　右□奉

（結城親朝）参川前司殿

六　太政官符（○48—六参照）

太政官符　陸奥国

応令前参河守従五位下藤原朝臣親朝（結城）領知、当国白河郡内、上野民部五郎・同孫七郎・同彦三郎親義・同左衛門大夫広光・同三郎泰重・同七郎朝秀・同孫五郎左衛門尉母子等跡事、

右正二位行中納言兼大蔵卿左京大夫大判事侍従藤原朝臣公明宣、奉勅宜、令件親朝為勲功賞領知者、国宜承知、依宣行之、符到奉行、

修理左宮城使従四位上行左中弁兼春宮亮藤原朝臣（中御門宣明）（花押）修理東大寺大仏長官正四位下行左大史小槻宿祢（冬直）（花押）

建武二年十一月十五日

七　某書状

無指事候之間、□□後も、御不申通候、所存外候、抑弥太郎殿事ハ、左馬助一度けいやく申候上ハ、不可有煩候処、幾度如令申候、今度此方弓矢時分、すてられ申候間、余之人目内、失面目き、仍入道事ハ、さ躰之事候、さまの助かんひやう難儀事候、此時者、代官分一人不出候てハ、公方私可失面目候間、二郎申付おき、就其去九月、以御状、弥太郎殿違例取直候者、越後殿方へ為対面御越あるへく候由、承候之間、相待申候処、於于今無其儀候、

一霜台様へ、自是進状候事、不可然候間、御意候由、内々承及候、そのゆへハ大雲庵、以御使大関か方へ、弥太郎殿、被越へ候、直ニ越後守可有御対面候、（○後欠）

八　須賀清秀書状

今月十五日宇都峯御合戦事、御状到来、則令披露候之処、被出御感御教書候之間、令進候、御忠節之至、異他候之由、殿中及御沙汰候、此等之子細、定自御代官方、被申候乎、恐々謹言、

四月廿六日　（須賀）壱岐守清秀（花押321）

謹上　白河（朝常）参河守殿

御返事

九　足利尊氏感状

陸奥国埋峯凶徒事、注申之趣、被聞食訖、忠節之至神妙也、不日可対治彼等之状如件、

文和二年卯月廿日　（足利尊氏）（花押17）

結城（朝常）参河守殿

一〇　足利尊氏感状

於奥州埋峯合戦致忠節由事、今月十五日注進状披見訖、尤以神妙也、向後弥致戦功者、可被抽賞之状如件、

文和二年四月廿二日　（足利尊氏）（花押17）

結城□

一一　足利尊氏軍勢催促状

依南方凶徒蜂起、京都難儀之由、有其聞、早今月中、可馳参之状如件、

文和二年六月十七日　（足利尊氏）（花押17）

結城参河守殿

一二　結城資高譲状

譲渡

為周防守資直惣領分、可知行所領間事、

下野国那須北条郡内、

一所　伊王野郷

一所　五ヶ郷内野上郷

一所　東茂木内小高倉郷

一所　原三ヶ村

一所　那須上庄小川郷内梅薗村

古代々手継證文并安堵御下文、無所残相副之、所譲渡也、但伊王野郷・野上郷・茂木小高倉郷内女子分一期之間、無相違可被取之、将又除分在之、守其旨、不可有煩者哉、然則任先例、可知行之状如件、

康安二年四月十五日

（結城）前遠江守資高（花押）

一三　足利義詮感状

去月廿七日、奥州石河庄、行方野合戦之時、若党等或討死、或被疵之由、尾張式部大夫（斯波）宗義、所注申也、尤神妙、向後弥可抽戦功之状如件、

貞治六年八月廿五日　（足利義詮）（花押14）

結城参河守殿

一四　前美作守忠増書状

御札委細拝□仰弥太郎殿御事者、奉待御□依御違例、于今御延引無御心元□候、就其御養子事、兼日伊王野入道□助方、御談合候上者、今更不可有相違候之由、正員深被存候処、野上事、菟角被申候事、於愚身も、不心得存候、幾度も伊王野方へ被

仰候て、御知行可然候由存候、正員心中之趣、大雲庵委細御物語被申、定可有御披露候歟、先日承候間事者、従是態御返事可申間、令略候、恐々謹言、

九月十八日　　前美作守忠増（花押）

謹上　和知美濃守殿

一五　那須資之書状

就弥太郎殿御事、示給子細、雖何事候、自貴方蒙仰事、不可有異儀候之間、伊王野入道一期之後、可申談候、可然様ニ小峯殿江、被懸御意候者、恐悦候、委細之旨、大竜庵主㐂、御物語被申候間、令省略候、恐々謹言、

十一月廿一日　　前越後守（那須）資之（花押）

謹上　白河殿　御宿所

一六　結城朝治譲状

ひこ夜叉殿のゆつり状

一石河内さわ井の郷

一よりこの内あゆ河の郷内上あゆ河 中あゆ河

一たか野きた郷内大たは村ふかわたとぬまのさは

右此六ヶ所ハ、若実子出き候ハヽ、かやうニはけゆつり申へく也、若実子もち候ハすハ、朝治かあとを一ゑんに、ひこ夜叉殿ニ、ゆつり進候へし、たゝし朝治ちきやうの内に、上ふぬき村たさきの村、いたくら山井内とつかの村、かたみにさい家に、（マヽ）家これをハ朝治一この後ハ、寺々あん〱ゑきしん申へく候間、此五ヶ所ハのそき候所也、よつてゆつり状如件、

永和三年霜（十一）月廿五日　　朝治（花押254）（○一覧254よりやや偏平）

一七　足利氏満軍勢催促状

陸奥出羽両国事、可致沙汰之由、所被仰下也、早速可馳参之状如件、

明徳三年正月十一日　　（足利氏満）（花押）

白河参河七郎（満朝）□

一八　足利義持御内書

馬一疋雲雀到来候神妙候、太刀一腰遣之候也、

五月廿二日　　（足利義持）（花押11）

□　参河守殿

一九　足利満兼安堵状

陸奥国石河荘内小貫村之事、可有知行候也、謹言、

十月廿六日　　（足利満兼カ）（花押）

小峯七郎殿

二〇　足利持氏感状

就那須越後守合力度々合戦ニ、親類家人、或討死、或被疵候之由聞食候、神妙候、委細者、自（那須）資之方、可申下候謹言、

八月九日　　（足利持氏）（花押）（○一覧30より少し変形）

小峯（朝常）参河守殿

二一　足利持氏感状

度々注進、誠神妙候、随而就宇都宮事、暫可在陣那須之由、被仰付候之処、令逗留候之条、御悦喜候、委細者、自那波上総介方、可申遣候、謹言、

八月十八日　（足利持氏）（花押）（〇花押、前号と同形）

小峯参河守殿

二二　蔵人坊城俊国奉口宣案

上卿　万里小路中納言（時房）

応永廿八年十月廿七日　宣旨

藤原朝親

宜任参河守

蔵人権右少弁藤原（坊城）俊国奉

二三　結城氏朝置文

未無実子ニよつて、申定状の事、

仍而それの御しそく、御出き候ハヽ、身のゆうしとして、こと〳〵く諸事、御はからひたまへく候、その間者、御舎弟を御代官ニ、なし申すへく候、もし御しやてい身のしよかんニも、したかわれす候者御計にて、御しんるひのうち一人、代官になされへく候、いまより後ニ、おき候ても、本知行当知行さをゐあるへからす候、仍為後日状如件、

応永二十八年十二月十三日　（結城）氏朝（花押）（〇この花押、52―15と同形）

小峯殿

二四　法泰置文

先年申定候ことく、左馬助弥太郎殿（長朝）けいやくの事ハ、於後日も、わつらいあるへからす候也、

一代々の文書共ハ、先ねんミな〳〵さまのすけの方より、わたし申候へ共、たゝしいまた身のはんきやう不遣候間、こんとかやうニ、ゆつり状書進候うへハ、以前のもん書に、そへられ候へく候也、末代ニおき候ても、わつらひの儀、ゆめ〳〵あるましく候、仍後日せうもんのために状如件、

応永卅二年卯月廿七日　法泰（花押）

二五　蔵人勧修寺経茂奉口宣案

（端裏書）「宣案」

上卿　尹中納言（坊城俊秀）

宝徳四年三月十日　宣旨

藤原直親

宜任下野守

蔵人右兵衛権佐藤原（勧修寺）経茂奉

二六　蔵人町広光奉口宣案

（端裏書）「宣案」

（足利義政）（花押）

上卿　日野大納言（勝光）

寛正四年十月十三日　宣旨
左衛門少尉藤原直常
宜任参河守
蔵人左少弁藤原広光(町)奉

56〔白河古事考所収文書二〕

一　吉良貞家吹挙状案

石川板橋掃部介高光申所領陸奥石川庄の内千石板橋、八幡宮神領下河辺村沢尻等之事、

右於彼所者、高光重代相伝之所、舎兄千石大和権守時光為宮方の時、令押領畢、而時光降参候後、畠山右馬権頭管領之時、雖及争論、高光被裁許、当知行云々、爰時光所令同意顕信卿、当時凶徒随一也、於高光者自最初為御方、去年度々致軍功、至今抽戦功、上者、当所等本領当知行、無相違可預安堵御下文之旨申之、急速被経御沙汰候哉、高光軍忠若偽申候者八幡大菩薩御罰可被蒙候、以此旨可有御披露候、恐惶謹言、

観応三年卯(四)月十三日
右京大夫貞家判　花押
進上　遠江守殿

二　沙弥某奉書案

陸奥国炭釜、於一方同意当給之間、被預也、次吉村之事、当知行不可有相違之状被仰渡、仍如件、

永和三年十一月九日　沙弥判
石川安芸入道殿

三　北条氏政書状案

「(注)白河田町仙蔵の蔵に」

浅川之地逐日被押詰由、誠心地能奸(肝)要候、殊敵度々討捕、自佐竹陣之書状等被指越候、無此類存候、将又沼田之地五日中可為落居由候条、可御心易候、恐々謹言、

七月八日　氏政　花押
田村殿

四　田村清顕書状案

「(注)田村白河一和の書、須賀川桑名三郎兵衛に」

今度就一和、義親種々被入御念儀（此間不詳）是非候、因之其方内々被走追(廻)候由承、誠以本望候、万一無事成就候は丶、令面以如此之義可申候、委細彼者可申理候間、不具候、恐々謹言

三月九日　清顕　花押
兵部丞殿

五　白河義親書状案

「(注)揚村松林寺への文書に」

赤館義重被取置候はゞ、いのく目御寺領、館へ渥く令異見可返進候、三丁目御地領令相違候間、自余之不可有引懸候、為後日一筆令

進候、恐々敬白、

天正二年甲戌九月十三日　（義親）不説　判

松林寺江

六　佐竹義重書状案

（注）「下野那須郡寺子村農家の蔵に」

態申届候、抑晴朝以媒介、白川当方遂和睦候、如此之上、自御当方も白川へ被仰合可然候、依之及使者候、窮て如斯之意趣、自晴朝可有諷諫之条不能具候、恐々謹言、

（十一月）霜月十三日　義重　花押

那須殿

七　二階堂照行書状案

謹上　白川殿　藤原照行

態令啓上候、抑其方石川御間、以不慮之儀、被及矛楯候、侘言至極候、定て岩城方無事籌策可有之候、早速御納得可為本懐候、書余班目下野守・和智右馬方へ須田美濃介所可申越候間、不能具候、恐々謹言、

十一月廿七日　藤原照行判

謹上　白川殿

八　佐竹義重書状案

（注）「二本松町松本新蔵と云者の蔵に」

近日は令絶音問候意外之至候、然は曷食丸帰著可為御大慶候、大手口出馬之模様、従是以書附申条、不能具候、恐々謹言、

四月朔日　義重

白河殿

九　伊達政宗書状案

（注）「双石村の庄屋たり、伊達政宗の文書を蔵す」

兼ては為使者常隆と万々申理候所、別て馳走故、早速諸答為悦候計、依之猶存分始中終、以両使相望候、□□度可然様執成任入候、於付豊後口上に相含候間不具、恐々謹言、

任折節、白綾道衣遣申候、

（四月）卯月廿九日　政宗

佐藤大隅守殿

一〇　二階堂続義知行充行状

（注）「借宿村農夫市右衛門所蔵に」

此度喜連川五月女坂合戦に、無比類手柄之段感入候、依之新城白子百貫文之所、為加増宛行者也、

天文五年十月七日　（二階堂）続義

石井上総殿

一一　佐竹義久感状

（注）「白河桜町近藤伝蔵の蔵に」

今度於大平城、敵を討捕走廻り神妙之至候、因之官途之事御心得候也、

天正十七年六月八日　　義久　花押

和田玄蕃亮殿へ

57〔長禄寺文書〕須賀川市長禄寺所蔵

一　二階堂為氏書状（切紙）

□（カ）風閑雲扒見殊ニ珍味遠至ノ一壺、雙厚酒一瓶、送下サル、
之思召、寔御事多キ内御深実と別而賞味、重過千々万々、先呂御
無事之由、本望不過之（とカ）候奉存候、
一、軍書之御心入、感悦此事ニ御座候、即両冊、任貴意、指進申
候、誠当年もはや余日無御座候、承（カ）計めてたく可得芳意候と早々如
此、以上、

（二階堂遠江守）
為氏（花押）

即日

（天正十七年カ）

58〔吉田忠之右衛門文書〕須賀川市吉田忠之右衛門所蔵

一　田丸具直扶持方黒印状

須賀川之内ニ而七石分、被成御扶持候、可致進退者也、

天正十九年
三月十三日（印）（田丸中務少輔具直）（○印文「中務少将（ママ）」）

北町ノ
検断

二　蒲生氏奉行連署状

北町近年すりきり、御役儀不成田地も余□旨、御訟訴申ニ付而、
中町古町召上、北町相つゝき候様ニと、両人異見申候処ニ、先年
之様子申立、何かと申候へ共、達而異見申詰候事、
一御役儀のすけニ、道場町を北町へ相加候事、
一田地余ニ付而、牛袋領北町へ打取候内、物成七貫文之処、田畠上
中下入合、中町古町へ相渡候事、
一金五郎喜右衛門間しか〳〵と無之ニ付而、諸事之儀不相調、百性
以下も、有付かたき由ニ候、前代未聞、さたのかきりニ候、向後
令入魂、公儀御役・御年貢取つなき、可入精事肝要候、於無承引
ニ者、遂糺明、不相届方、家督職をも取上、曲事之段、可申付候
事、

以上

慶長拾弐年三月十日　満田出雲守
任長（花押）

高備中守
貞成（花押）

北町検断
肝煎
百姓中

59〔石井家文書〕白河借宿 石井重一蔵

一 二階堂続義感状

此度喜連川五月女坂合戦ニ、無比類手柄之段感入候、依之新城白子百貫文之所、為加増宛行者也、

天文五年　　(二階堂)続義（花押）

十月七日

石井上総殿

二 二階堂?昭行感状

今度従白河於岩(岩瀬)、及楯鉾候処、貴殿馳向、無比類働、剰剛兵数多討捕神妙之至不浅者也、仍如此、

天文十四年巳九月三日　昭行（花押）

60〔浜尾文書〕仙台市 浜尾総三郎所蔵

一 芦名盛氏止々斎書状

来章本望至候、仍あかし田之事承候、則田村へ申届候き、併田(田村)へ相馬方被打越候、如此之取紛故歟、于今回答無之候、返章候者、則自是可申伸候、重而不可有別条候、可為御心易候、将又境中無事ニ候哉、肝用事候、期後音候、恐々謹言、

二月廿三日　(芦名盛氏)止々斎（花押）

浜尾右衛門大夫殿

61〔角田石川文書〕宮城県図書館所蔵

一 石河義光軍忠状（〇口絵2参照）

□(陸)奥国石河七郎□義光謹言上、

□可給御挙□聞間事、右、去五月十七日元弘三、馳参相模国世野原、同十八日稲村崎致散々合戦之時、被射右膝畢、同時合戦之間、藤田左近五郎・同又四郎見知畢、同廿一日□日者、於前浜致忠節条、岡部又四郎・藤田十郎三郎又以見知畢、然早給御判、為浴恩賞、恐々言上如件、

元弘三年十月　日

(証判)(新田義貞)「一見候了（花押）」

二 石河義光若党屋葺川頼道軍忠状

石河七郎義光打死若党屋葺川弥平二頼道申軍忠事、

右義光、去年八月以来、度々御合戦致忠勤、及鎮西御共仕、湊河合戦尽忠、去六月五日山門西坂本御合戦為御共、於地蔵堂前、右義光打死仕了、仍河津彦六以下所令存知候也、然者早賜御證判、欲備子孫等明鏡、以此旨可有御披露候、恐惶謹言、

建武三年七月　日　頼道

進上　御奉行所

(証判)(高師直)「（花押19）」

三 吉良貞家書状（切紙）

（端裏切封）

明日廿九日、越河可遂合戦之由、仁木遠江守只今令申候、就夫者、諸事憑申候、能様有御談合、被遂其節候者、公私可目出候、恐々謹言、

六月廿八日　（吉良）貞家（花押54）

石川駿河守殿

四　足利満貞書状（切紙）

（端裏切封）

駿河守事、無是非候、心中被察思召候、仍早々一途可有御沙汰候、親類以下可堪忍由、可申付候也、謹言、

（正長元年）十二月十八日　（足利満貞）（花押33）

石川駿河孫三郎殿

五　足利持氏書状（切紙）

（端裏切封）

駿河守事、無是非次第候、一途可加成敗候、其間事者、一族中令談合、可致堪忍候、委細者、自南叟蔵主方可被申遣之候、謹言、

（正長元年）十二月十九日　（足利持氏）（花押31）

石川駿河孫三郎殿

（包紙）「石川駿河孫三郎殿　持氏」

六　足利持氏安堵状

石河駿河守遺跡幷惣領職事、領掌不可有相違之状如件、

正長元年十二月廿九日　（足利持氏）（花押31）

石川駿河孫三郎殿

七　足利持氏知行充行状

（○前欠）

為勲功之賞所宛行也者、早守先例、可致沙汰之状、如件、

正長元年十二月廿九日　（足利持氏）（花押）

石川駿河孫三郎殿

八　足利持氏軍勢催促状（切紙）

属惣領中務少輔手、可抽戦功、若於不致忠節之輩者、可有殊沙汰之状、如件、

正長二年正月晦日　（足利持氏）（花押31）

石川一族中

（○板橋文書に同文のものあり）

九　前伊豆守常次奉書案（切紙）

紛失・惣安堵・闕所分・御判合三通、申沙汰、令進之候、小野保事、本領之由被聞食候、追而可有御沙汰之旨、被仰出候、恐々謹言、

正月廿九日前伊豆守常次（花押）

謹上　石川駿河孫三郎殿

一〇　足利持氏書状（切紙）

（端裏切封）

条々注進委細聞食了、其方合力事、任申請之旨、被成御教書候、達本望候様、廻計略、可致忠節候、故太刀一（黒鞘目貫駒）遣之候、巨細自周蔵主方、可被申下之候、謹言、

正月廿九日　（足利持氏）（花押31）

石川中務少輔殿

（包紙）「石川中務少輔殿　持氏」

一一　足利満貞書状（切紙）

（端裏切封）

注進之趣被聞召候了、就合力事、方々へ被成御教書候、可然様廻料簡、弥可致忠節候、仙道辺事者、一途可有御沙汰候、仍親類以下事、可令堪忍之由、可申含候、又太刀一腰（黒鞘目貫貝）遣候也、謹言、

二月五日　（足利満貞）（花押33）

石川駿河孫三郎殿

（包紙）「石川駿河孫三郎殿　満家（ママ）」

（○本書、疑わしけれど、今しばらくここに収める）

一二　散位貞行書状（切紙）

改年御慶雖事旧候、猶以珎重候、

抑両度御注進之趣、即披露申候了、仍如御申方々へ、自関東被成御教書候、并自是も少々被成下候、以此下能々御料簡可然候、仙道辺之事、一途可有御沙汰之由、御談合候、可御心安候哉、

一　御文書等紛失之御判、如御申候被下候、執進之候、依御忠節、自関東条々被仰下候、御面目之至候哉、

一　御同心御一族中并将監殿・宮内少輔殿・中務四郎殿等御親類達方へ、自是も雖可被成　御感候、御急候間、今度ハ不被成候、追可被下候、可有御心得候、自関東之御感者、此便宜ニ被下候了、

一　雖下品候、御剣（黒鞘）被下候、御書相副執進之候、此条々可申旨被仰出候、委細事者御代官可被申候間、令略候、恐々謹言、

二月五日　散位貞行（花押）

謹上　石川孫三郎殿　御返事

（包紙）「謹上　石川孫三郎殿　御返事　散位貞行」

（○右の包紙は紙質・筆蹟ともに本紙と異り、後世のものにかゝる、）

一三　足利持氏書状（切紙）

（端裏切封）

於宇多庄合戦次第聞食了、随而白河口事者、差向里見刑部少輔（家基）候、如此時分、四郡仁等未出陣之条、如何様次第候哉、早速馳向候様、可致催促候、次懸田・相馬忠節誠神妙候、委細者自周蔵主方可被申遣之候、謹言、

五月廿六日　（足利持氏）（花押31）

石河中務少輔殿

（包紙）

「石川中務少輔殿　持氏」

一四　足利満貞感状（切紙）

去七日於宇多庄合戦之時、親類土佐守以下手者等其数討死条、神妙候、仍白川事者、堅可有御沙汰候、弥可致忠節候也、謹言、

五月廿六日　（足利満貞）（花押33）

石川中務丞殿

一五　足利持氏書状（切紙）

（端裏切封）

懸田方態以飛脚申候、神妙候、随而那須口へハ（一色直兼）宮内大輔、佐竹へハ上杉三郎（定頼）可発向之上者、早速其方事急候様、可加意見候、委細者自周首座方可被申遣之候、謹言、

六月十一日　（足利持氏）（花押31）

石川中務少輔殿

一六　足利満貞書状（切紙）

（包封）「石川中務少輔殿　持□（氏）」

（端裏切封）

常州幷那須口等事、上椙三郎・一色宮内大輔可有発向候、仍其方事、令談合懸田幡（マヽ）磨入道、可然様可致料簡候也、謹言、

六月十三日　（足利満貞）（花押33）

石河中務少輔殿

一七　足利持氏書状（切紙）

（端裏切封）

其方出陣事、面々致催促、励忠節候様、可廻計略候、自此方差遣上杉三郎（定頼）候、委細者自周蔵主方可被申遣之候、謹言、

七月廿二日　（足利持氏）（花押31）

石河中務少輔殿

一八　足利持氏書状（切紙）

（端裏切封）

其方時宜、其後如何様候哉、同者早速可廻計略候、且可談合懸田候、巨細自周蔵主方可申下候、謹言、

二月廿一日　（足利持氏）（花押31）

石河中務少輔殿

一九　足利持氏書状（切紙）

（端裏切封）

為佐竹凶徒等退治、差遣軍勢候、仍不慮之時者、於其方可致忠節候、委細叢首座可有物語候、謹言

十月十日　（足利持氏）（花押31）

石川治部少輔殿

（包紙）「石川治部少輔殿　持氏」

（○板橋文書にほぼ同文の書状あり、充所は「石川中務少輔殿」）

二〇　足利満貞書状

先度如被仰候、仙道事、可有御沙汰候、存其旨、可然様可致料簡候

也、謹言、

三月廿九日（足利満貞）（花押33）

石川中務丞殿

二一　式部少輔常行書状（切紙）

近年御当方当方御不通、侘言至極奉存候処ニ、御成就千万ニ御目出、簡用奉悦候、仍北口拵付而、御合力之一儀被申入候、御納得第一令存候得者、愚拙相当之御用所候者、無御隔心可蒙仰候、最可奉得其意候、万端須田左衛門尉任口上候間、令略候、恐々謹言、

菊月（九月）廿四日式部少輔常行（花押）

謹上　石河殿御館

（包紙）「須賀川衆之状ニ可有之歟、

式部少輔常行」

（○右の包紙は、紙質・筆蹟ともに本紙と異なり、後世のものなり、）

二二　足利義教御内書（切紙）

常州辺凶徒既現形之由、上杉修理大夫（持朝）以下註進到来、不日令出陣、可致忠節也、

（永享十二年）三月十七日（足利義教）（花押13）

石川一族中

（包紙）「石川一族中」（○板橋文書にも同文のものあり、左の包紙を付している）

「永享十二年到来

石川一族中」

二三　足利安王丸軍勢催促状

上杉安房入道（憲実）・同弾正少弼（持朝）以下為退罰、去三日進発之処、依諸軍勢馳来、近日可還着者也、不日令参陣、可抽戦功、云度々先忠、云巡儀之弓箭、争可存疎略之儀、更早於達会稽之本意者、可有恩賞之状如件、

永享十二年三月廿八日

源安王丸

石川中務大輔殿

（包紙）「永享十二年七（マヽ）月廿八日到来

石川中務大輔殿」

二四　桃井憲義副状

謹上　石河中務大輔殿　左衛門督憲義」

就上相安房入道・同弾正少弼以下御退罸事、被成御書候、急速被致参陣、御忠節候者、可目出候、恐々謹言、

（永享十二年）三月廿四（八）日左衛門督（桃井）憲義（花押34）

謹上　石河中務大輔殿

（別紙）「追而申

御元服以前之間、不及御判形候、重而恐々謹言、」

（折封ウハ書）「

（異筆）「永享十二年四月十七日到来」

二五　足利安王丸軍勢催促状（切紙）

先度如被仰候、為御方、致忠節候者、於恩賞者、可随其望候、委細
（桃井憲義）左衛門督可達候也、謹言、
（永享十二年）五月十日　安王丸
石川泉中務少輔殿
（折封ウワ書）「泉中務丞殿　安王丸」

二六　桃井憲義副状（切紙）

以前如被仰出候、今度事取分被致御忠節候者、可然候、御恩賞事、
随望可申沙汰候、以便先地、可有注御申候、恐々謹言、
（永享十二年）五月十日　憲義（花押34）
石川泉中務少輔殿

二七　結城氏朝副状（切紙）

先度如被仰、取分御忠節候者、可然之由、被仰出候、随而於御恩賞
者、依御申可申沙汰候、同早々御忠節候者、殊可目出候、仍被成
御教書候、委細定而自桃井方可被申候哉、恐々謹言、
（永享十二年）（結城）五月十日中務大輔氏朝（花押236）
謹上　石川泉中務少輔殿
（折封ウワ書）「
（異筆）「永享十二　五　廿三　到来」
謹上　石川泉中務少輔殿　中務大□（輔）氏朝」

二八　足利安王丸感状（切紙）

今度自最前致忠節之条、尤以神妙也、弥可抽戦功之、可有抽賞之状
如件、
永享十二年七月八日安王丸
石川中務少輔殿
（折封ウワ書）「
（異筆）「永享十二年七月廿七日到来」
泉中務丞（ママ）殿　安王丸」

二九　桃井憲義副状（切紙）

自最前御忠節無是非候、弥被抽戦功候者、於恩賞者、可有其沙汰
候、恐々謹言、
（永享十二年）七月八日　（桃井）憲義（花押34）
石川中務少輔殿
（折封ウワ書）「
（異筆）「永享十二年七月廿八日到来大将」
石川中務少輔殿　憲義　」

三〇　結城氏朝副状（紙形）

先日被成　御内書候間、其子細令啓之処、具示給候、大慶候、仍今
度御忠節之由承候、公私目出候、随而御一族御同心被致忠節候者、
殊可然候、此段之事、桃井方可被申候、恐々謹言、
（永享十二年）七月十一日　中務大輔氏朝（花押236）
謹上　石河中務少輔殿

(折封ウワ書)
「
(異筆)
「永享十二年七月廿八日到来」
謹上　石河中務少輔殿　中務大輔氏朝」

三一　細川持之書状(切紙)

(端裏切封)

就与白河弓矢事、先度被仰出候処、御返事去月廿四日到来了、抑白河事、以使節堅御糺明間、閣私之儀、既至那須辺出陣之由、令注進候、事実候哉、如此候之処、其方事猶私之弓矢不断絶候之由、粗其聞候、太以不可然候、(マヽ)尚被本私之宿怨候者、以前白河振舞可為同前候歟、所詮被閣此確執、不日差寄結城館、被致忠節候者、可然候、恐々謹言、

(永享十二年)九月二日　(細川)持之(花押)

石川中務少輔殿

(包紙)
「石川中務少輔殿　持之」

三二　等持院主周操柏心書状(切紙)

結城館落居以後、万一残党之族、其方江逋逃之子細候者、被運計略、可有御忠節候、然者　公方様定可有　御感候、委細之旨自大将可被申候、恐々敬白、

(嘉吉元年)正月晦日　周操(花押)

石河中務少輔殿

(包紙)
「　等持院
石河中務少輔殿　周操　」

三三　系種書状(切紙)

(端裏切封)

結城館落居之前後、自然持氏御息幷結城中務大輔以下没落事候者、於其方不漏候様ニ、御計略尤可為忠節候、此旨致注進候者、定公方様可被御感思召候、巨細自大将(上杉清方)武庫被申入候、恐惶謹言、

(嘉吉元年)二月一日　系種(花押)

石河中務少輔殿

三四　沙弥禅元書状(切紙)

就佐々河　上様御事、委細承候、中〳〵是非を不及申候、面々御忠節目出候、仍大将結城殿より重被成御奉書候哉、郡々面々御忠節無是非候、弥被致御忠節、可然様ニ御料簡可目出候、京都其方如此成行候、可成御本意候間、大慶此事候、就中、二橋上様御跡続、兼而御約束候、御一所ニ御座候間、本意と申、旁以可然候哉、定御悦喜候哉、此御方悉御静謐候者、定奥上より両国へ可被成御教書候哉、目出候、仙道時儀連々可有御注進之、次東海道面々無是非候、高野庄辺へ致出陣、可被致忠節之由、及度々、被申候て、于今無其儀候、比興候哉、諸事期後信候、恐々謹言、

(嘉吉元年カ)七月十日　沙弥禅元(花押)

謹上　石川中務丞殿

(包紙)
「石川中務少輔殿　沙弥禅元」

三五　岩松持国書状

雖未申通候、以事次令啓候、抑京都之御事如此御成候、先以驚入存候、雖然連々関東之御本意此時候歟、此刻可然様御思案候者、公私可為大慶候、於御中事者、何事候云共、涯分可致申沙汰候、委細御報示給候者、所仰候、恐々謹言、

（嘉吉元年）七月廿七日　　（岩松）左馬助持国（花押57）

謹上　石川駿河守殿

（包紙）
「（異筆）嘉吉元年七月卅日到来
　　岩松とのより」
　謹上　石河駿河守殿　左馬助持国　」

三六　万寿王丸軍勢催促状（切紙）（○以下四通、疑わしいが、今しばらくこゝに収める）

今月十七日綸旨并御旗到来候上者、近々可有還御候、然者不日令出陣、可致忠節候、謹言

（嘉吉二年）十二月廿九日　　万寿王丸

　石川中務少輔殿

三七　岩松持国副状

態令啓候、抑信濃大井方御座候自若君様、綸旨并錦御旗事御申候処、旧冬十七日到来上者、近々可有還御候、仍被成御書候、然者不日令出陣御忠節候者、可然候、恐々謹言、

（嘉吉三年）正月十八日　　左馬助持国（花押57）

謹上　石川中務少輔殿

（包紙）
「（異筆）従岩松殿
　嘉吉三年正廿八日到来」
　謹上　石川中務少輔殿　左馬助持国」

三八　室町将軍家（足利義勝）御教書

岩城左馬助一家輩及確執令自害云々、子細何事哉、雖然於舎弟彦次郎者、加談合、如元可被沙汰居之由、所被仰下也、仍執達如件、

嘉吉三年五月十日沙弥（畠山持国）（花押58）

　石河中務少輔殿

三九　細川持賢施行状（切紙）

岩城左馬助事、依一家輩確執令自害云々、雖然舎弟於彦次郎者、加談合、如元可被沙汰居之由、面々御方江悉被成下御教書候、仍被致合力候者、可然候、恐々謹言、

（嘉吉三年）五月十八日　　（細川）右馬助持賢（花押）

謹上　石川中務少輔殿

（包紙）
「（異筆）嘉吉三年　到来細川典厩より」
　謹上　石川中務少輔殿　右馬助持賢　」

四〇　畠山盛宗書状（切紙）

思之外風渡罷上候、此方之事者悉達　上聞候間、重而其方へ被成御書候、郡々懇御談合候て、努々不可有御等閑候由、御罰文之御請、安積方以御意見候て、能々御認早々被上候者、可目出候、愚身之事者、近々御弓矢御座候間、是非を見申候へと被仰出候間、不及力、暫在陣可申候、所詮皆々御代管ニて取かへ、少分御合力候者、悦喜可申候、郡々へハ不進状候、安積殿と其方計迄申候、恐々謹言、

十一月十日　修理亮盛宗（花押）

謹上　泉中務少輔殿

（折封ウワ書）「（異筆）従畠山殿之状」

石川中務少輔（殿）□［　］」

四一　細川勝元書状（印紙）

（端裏切封）

関東進発事、度々被仰候之処、於于今難渋之条、不可然候、抑関東主君御事、御連枝香巌院殿（足利政知）御定候、仍近々可有御下向候、所詮此時節各加談合、可被抽忠節之由、被仰出候、恐々謹言、

（康正三年）七月十六日　（細川）勝元（花押）

石河治部少輔殿

（折封ウワ書）「（異筆）康正三年十月廿二日到来」「従細川殿之状」

石河治部少輔殿　勝元　」

四二　小山持政書状

関東之時宜定可聞召及候哉、依凶軍謀計、都鄙此間不御無為候、乍去逐日歎御申之間、果而可有御和睦候、此刻若自其口御難儀出来之子細候者、可有御忠節候、御恩賞等事者、依御望可申成候、巨細御使節可被仰候之間、令省略候、恐々謹言、

（長禄二年）二月九日　（小山）前下野守持政（花押83）

謹上　石川治部少輔殿

（包紙）「（異筆）長禄二年四月八日之到来」

謹上　石川治部少輔殿　前下野守持政」

四三　室町将軍家（足利義政）御教書（切紙）

探題与富沢河内守、近日及弓矢云々、太不可然、不日可被廻無為計略、仮雖有意趣、関東進発之間者、惣別閣諸事、早速令出陣、可被致忠節之由、所被仰下也、仍執達如件、

寛正六年五月十九日　（畠山政長）尾張守（花押）

石河治部少輔殿

（包紙）「（異筆）寛正六年七月廿日到来」「従畠山殿

石河治部少輔殿　尾張守　」

四四　足利成氏軍勢催促状（切紙）

（端裏切封）

於其口、不慮子細出来候者、可励忠節候、恩賞事者、依望可有御計
候、謹言、
二月四日　（足利成氏）（花押）
石川治部少輔殿
（折封ウハ書）
「石川治部少輔殿　成氏」

四五　伊達成宗書状

此度之御礼、以光明寺申入候之処、結句預御使節候、雖不始御事候、
御芳志忝存候、彼弓矢遂本意候事、此方之事者無是非候、御一身御
大慶奉推察候、就是条々示給候、専悦至極候、具承分候、其分何も
可心得申候、委旨者牧野下野守可申候、将亦白川少弼方、行方為一
礼或方へ可被罷越趣之由承候、為如何調法候哉、重(マヽ)以聞召候、子細
候者可示預候、次御病気(マヽ)之由承候、無御心元候、能々御可有養生
候、涼気立候者、御湯治被宜召立候者、可然候、巨細金内方可被申
候、恐々謹言、
五月廿七日　（伊達）兵部少輔成宗（花押）
謹上　石川殿　御返報

四六　足利高基書状（切紙）

官途之事申上候、可有御心得候、謹言、
桃月廿三日　（足利高基）（花押24）
石川治部少輔殿

四七　足利高基書状（端裏切封）

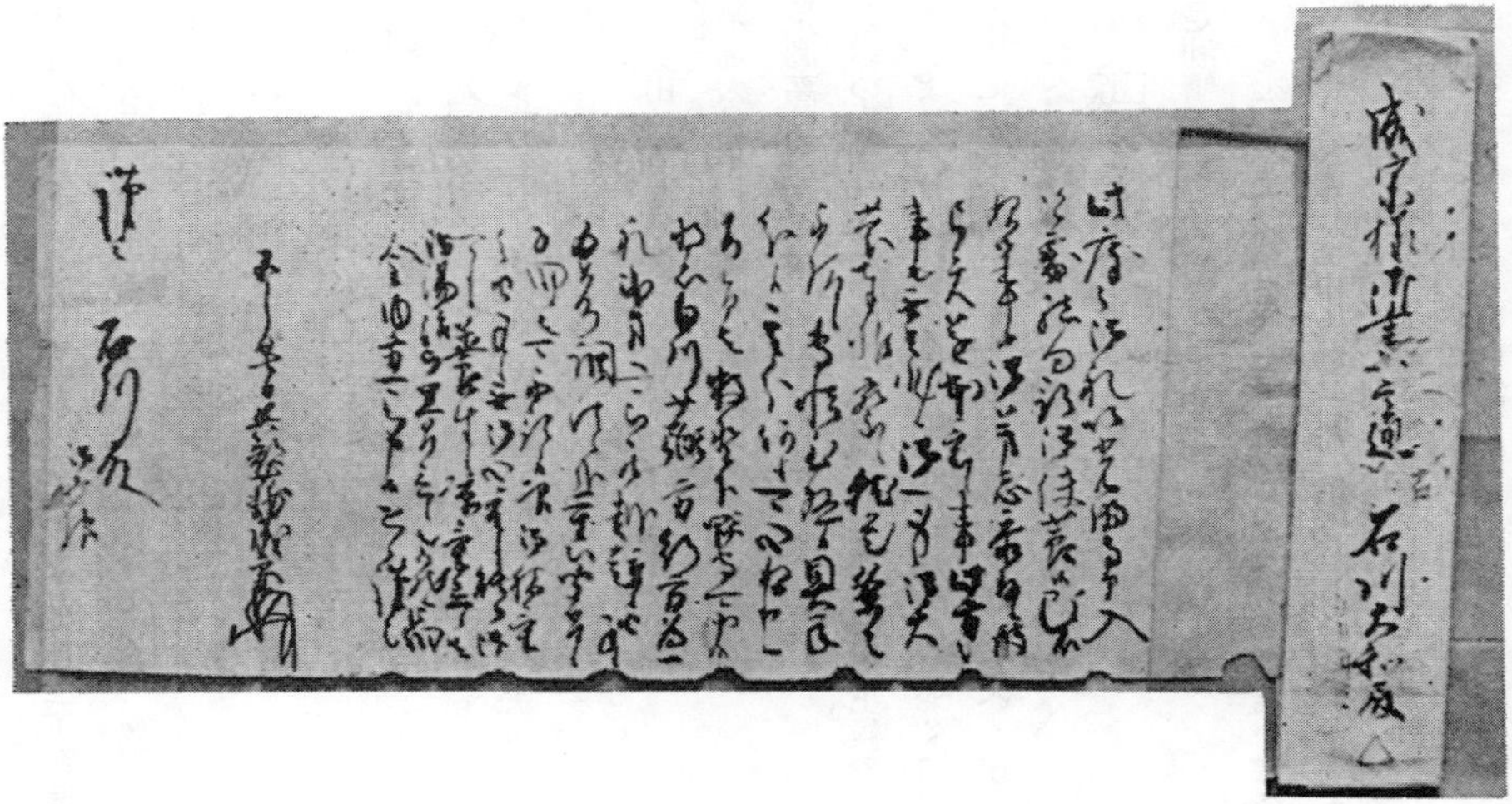

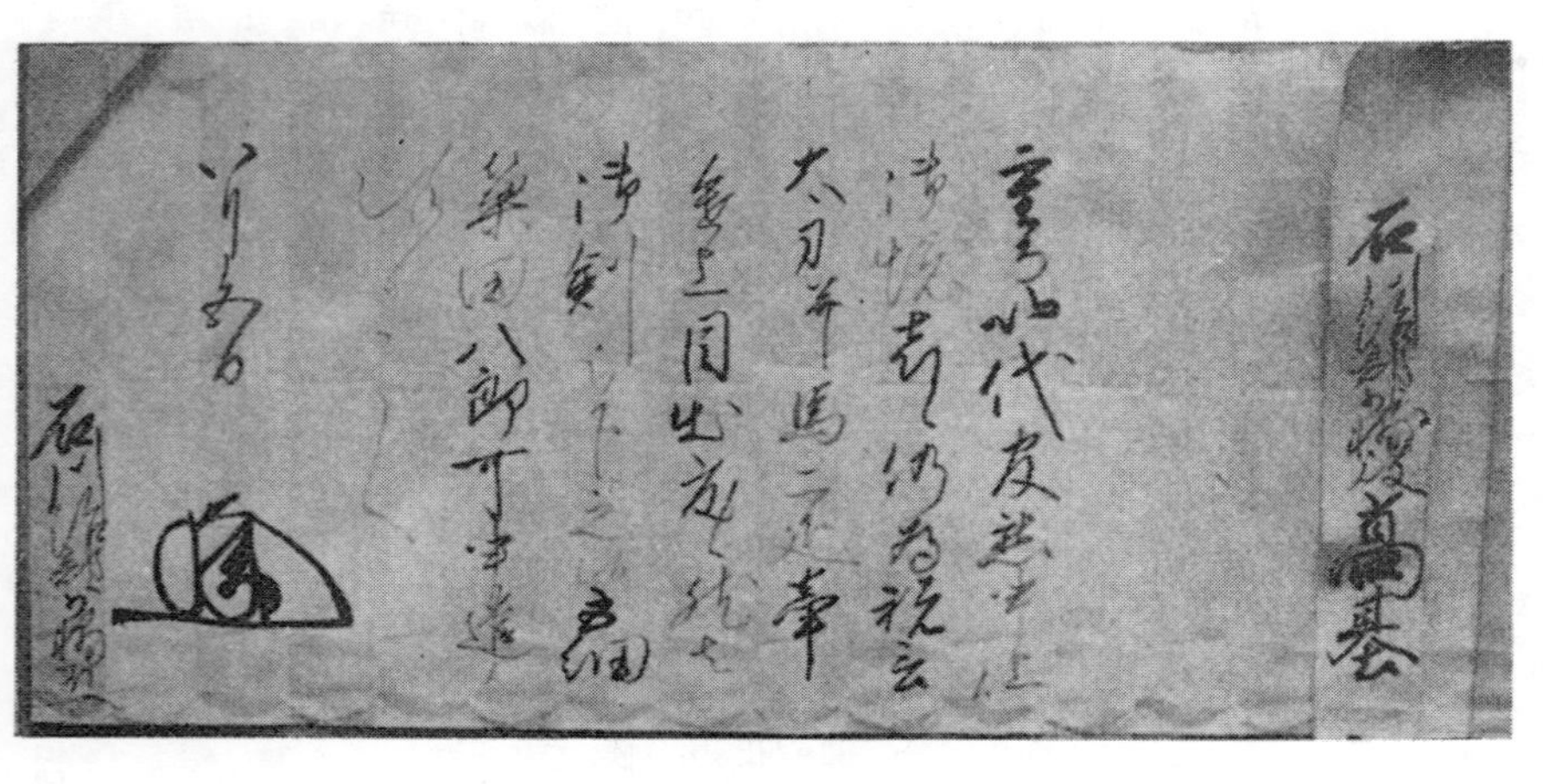

重而以代官懇申上候、御悦喜候、仍為祝言太刀并馬一疋牽進上、目出度候、然者御剣被下之候、巨細簗田八郎可申遣候、謹言、

八月五日　（足利高基）（花押24）

石川治部少輔殿

（折封ウワ書）「石川治部少輔殿　高基」

四八　足利高基書状

（端裏切封）

官途昇進之事申上候、可有御心得候、謹言、

八月五日　（足利高基）（花押24）

石川治部太輔殿

（折封ウワ書）「石川治部太輔殿　高基」

四九　足利高基書状案

いし河ちふの太輔うらかき御めんの事、しきりに申上候や、さらにかくこにおよひかたきしさゐにて候、さりなから、おくロにぬきんて、ねん比に申あけ候ほとに、申にまかせ心まて候へく候、此よし石かハかたへと〻けられ候へく候、あなかしこ、

御れう［人］□へ　たか基

五〇　足利晴氏室書状

なを〳〵ほと〻をくとも、さい〳〵申あけ給ひ候へく候、

たひ〳〵たいくわんして申上給ひ候、御うれしく候、かミさまも御ゐつきにて候、さて〳〵うらかきの御めんの事、しきりに申上候、身のかたへの御しよまいらせ候、さてハたるの物、めてた

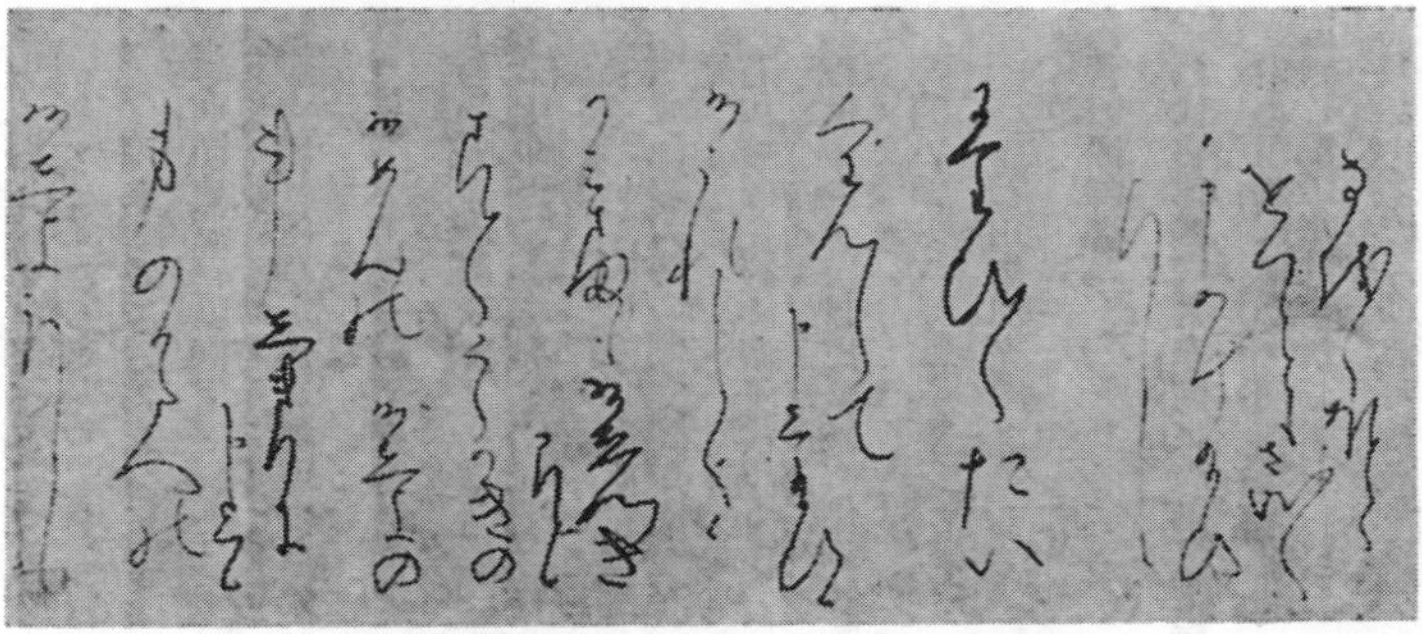

く候、わさとくわひん・ほんあふきまいらせ候、くハしくおのゝより申給ふへく候、かしく、

謹上

（折封ウワ書）
「謹上いしかハちふ大ゆふとのへ　つほね」

五一　のゝ書状（切紙）

わさといたの物あふきまいらせ候、又たるの物給候、めてたく候、

たひ〳〵ねんころに御申上候、御ゐつきのよし、おほせ事候、さてハうらかき御めんの事被申候、御かくこにおよハす候よし、おほせ事候へとも、うへさまやなたとの御たんから候て、しきりに被申上候ゆへ、御ないきさをいなく候、うへさまへまいらせ被申候御しよつかハされ候、さためて御ほんいたるへく候、このゝちさい〳〵ねんころニ被申上候ハヽ、しかるへく思いまいらせ候、くハしくさへもんに申候、かしく、

（切封）

（折封ウワ書）
「謹上いしかハちふ大ゆふとのへ　おのゝ」

五二　のゝ書状

なを〳〵うらかきの御しよハ、こんとかならすつかハされ候へく候よし、上意にて候、けふ御たち候よし申候ほとニ、一ふて申まいらせ候、

おうしうよりこれまてはる〳〵さん上候、そのいしゆとして、上さまよりりやう所へ、くわんとをなされ候、めてたくおもひまいらせ候、さて〳〵うらかきの事、心へ申上候ところに、こんと御申上られ候ハんとき、かならすつかハされへきよし、さおいなくおほせいたされ候、何よりこんとこれまてはる〳〵御まいり候に、ことのほかそう〳〵に申候、ことに御ちんすまいにて、よろつみくるしき事のミはちいりまいらせ候、あなかしく、

謹上いしかわさへもんとのへ　のゝ

五三　足利晴氏書状案

就石川申上様躰、重而以代官被申候、然者御書礼之義、不安事候之歟、雖然、度々被申、又道珊於存分も能々聞届候、何以一両日之内聊参上尤候、其上可有御談合候、巨細口上ニ被仰含候、かしく、

（天文四年カ）
三　五日

（簗田晴助）　（足利）
八郎殿　晴氏

（包紙）
「　御書礼之御書

就御書礼之義ニ、御同名信濃守方頻被申上候間、御入眼　於御
座ニ、古沼ニ而御盃・御剣被下候、指南簗田八郎晴助、随而同
右馬亮走廻、　」

（〇この包紙は後のもの）

五四　足利晴氏書状（切紙）

（端裏切封）

累年別而致逼台忠信之段言上、御悦喜候、然者御書礼之儀、為御感
被改之候、巨細簗田八郎可申遣候、謹言、

（天文四年カ）三月八日晴（足利）氏（花押 28）

石川修理亮殿

（折封ウワ書）「石川修理亮殿　晴氏」

五五　足利幸千代王丸書状

（折封ウワ書）「石川修理亮殿　幸千代王丸」

為祝儀刀進上、目出度候、仍御腰物被遣之候、謹言、

（天文四年カ）三月八日

石川修理亮殿

（包紙）「若君様御書

為代官信濃守并左衛（門脱）大夫御参上候、於御座ニ肴ニ而御盃被下、指
南簗田八郎晴助・同右馬亮走廻、　」

五六　簗田晴助書状（切紙）

就御書礼之儀、以御同名信濃守方、被御申上候、則令参上、致披
露、雖不安義候、累代御忠信之上、様々佗言申上候之際、其儀被相
任候、御満足不可過之候、然者愚所へ鹿毛之馬送賜候、目出度祝着
候、仍一祝迄金欄一端赤地進之候、巨細彼方憑入候之上、不能具候、
恐々謹言、

（天文四年カ）三月八日　平晴助（花押）

謹上　石川修理大夫殿

（折封ウワ書）「（謹）□上　石川修理大夫殿　平晴助」

五七　簗田道珊書状（切紙）

就　御書礼之儀　以御同名信濃守方被御申上候、雖聊尓之義候、愚
息八郎令披露候、累代御忠信之間、速申調候、弥御忠信可為肝要
候、随而某へ雲雀毛之馬越給候、祝着至候、然者段子赤地進之候、
委曲彼方口上ニ申宣候之条、不能審候、恐々謹言、

（天文四年カ）三月八日　道珊（花押 67）

謹上　石川修理大夫殿

（包紙）「謹上　石川修理大夫殿　道珊」

五八　簗田清助書状（切紙）

（折封ウハ書）「　簗田

謹上　石川修理大夫殿御報　右馬允清助」

抑今度為御代始之御祝言、御同名以左衛門佐被御申上候、則被達上
聞候、仍御書礼之義此度御申候、累年之御忠信雖勿論候、御大途之

事候之際、無御分別之由、八郎方へ被仰出候、雖然八郎事も致参上、頓而依申上、御望之儀共申成候、御満足不可過之候、然者為御祝儀栗毛御馬越給候、一段秘蔵目出度令存候、自愚所刀一腰光吉進之候、表一祝迄候、委彼任御口上候之際、不能詳候、恐々謹言

（天文四年カ）
三月九日右馬尉（ママ）清助（花押66）

謹上　石川修理大夫殿御報

五九　常葉光貞・大越顕光連署起請文

自以前当方江御懇切之筋目不相托、殊此般御劇之義、於末代御心指ニ存候、於此上者稙光御父子・隆顕父子無二ニ被仰合候様ニ、御取成貴所可有之御前ニ候、又至当方者、我々両人涯分取成可申候、尚以御当方何事御座候共、両人致談合候而、涯分御奉公可申候、此旨偽候者、

八幡大菩薩・摩利支尊天・大元明王各可蒙御罰者也、

天文十三年甲辰七月三日

常葉
光貞（花押223）

大越
顕光（花押220）

泉左衛門尉殿
参

六〇　簗田清助書状

幸便之間一書令啓候、抑去々年御登以来者、遠路之事ニ候之間、是非申達儀も無之候、素意之趣候、誠ロ惜令存計候、其口御静ニ候哉、是又承度念願迄候、仍安部有助其口為一見罷下候、於趣躰者御老父へ申述候、暫も踞候者、御指南尤候、其身之事者、無隔心着ヒ而候、算之名人ニ御座候間、何事も用等無御隔心被御仰付尤候、将又以前被召連候やふき方、堅固ニ御座候哉、乍恐御次も候者、御意得尤候、委申度候へ共、彼人急候間、早々令啓候、恐々謹言、

壬五月八日

簗田伯耆守
清助（花押66）

石川左衛門大夫殿
御宿所

六一　簗田清助書状

以前有助と申算置［　　］へ望之由申、罷下之際、一書進覧申候き、参着申候之哉、如何無御心元令存候、如先書ニ申、以前者大夫殿為御代官御参上、殊時宜共落着申、目出度御帰宅簡要□得候、内々去秋者為御代官可被御申上之由、晴助も存、又我々も心待申候之処、其口御取静之時宜も候之哉、無其儀候、無御心元存測候、当秋之事者、必卒度被御申上候而、可然存候、金吾へ一書進度候江共、有助罷下之時分進之候之際、無其儀候、非無沙汰候由、乍恐御意得憑入候、然者彼座者、隠居□富春斎調切申座頭ニ候、柳井沢辺望之由申候之際、一書進之候、可然様御指南我々迄も可申入候、大夫殿へも捧一書候、能々御心得尤候、委細彼舌者可有之候之間、令省略候、恐々謹言、

六月三日

簗田伯嗜（書）守
清助（花押66）

石川信濃守殿
御宿所

六二　足利晴氏書状

（端裏切封）

為年頭之祝儀、太刀并蠟燭進上、目出度候、仍御剣被遣之候、謹
言、

（天文二十年）
二月七日　（足利晴氏）（花押28）

石川信濃守殿

（折封ウワ書）
「（異筆）
「天文廿年辛亥二月九日年頭言上之時
御書預候」
石川信濃守殿　晴氏
」

六三　足利晴氏書状

（切封）

官途之事申上候、可有御意得候、謹言、

三月七日　（足利晴氏）（花押28）

石川修理亮殿

（包紙）
「石川修理亮殿　晴氏」

六四　足利晴氏書状

（切封）

官途之事申上候、御意得候、謹言、

三月八日　（足利晴氏）（花押28）

石川左衛門大夫殿

（折封ウワ書）
「石川左衛門大夫殿　晴氏」

六五　足利晴氏書状（切紙）

（切封）

昇進之事申上候、可有御意得候、謹言、

三月廿日　（足利）晴氏（花押28）

石川修理大夫殿

（折封ウワ書）
「石川修理大夫殿　晴氏」

六六　足利晴氏書状

名国司之事申上候、可有御意得候、謹言、

三月七日　（足利晴氏）（花押28）

石川駿河守殿

（包紙）
「石川駿河守殿　晴氏」

六七　簗田晴助書状

先年匠作官途之一儀ニ付而、以代官言上之間、則令被露候き、無御
相違被仰出候、其恐此度被御申上候、好々達　上聞候、目出度御悦
喜之段、上意候、然者愚所へ両種越給候、大慶至極候、態合歓両金
進之候、誠表一祝迄候、将又匠作受領之事、内々承候程、近御事与
申思慮ニ存候へ共、遠境之上、閣万事令披露候、然処　御書被成下
之候儘、毎彼口上ニ可有之上、不能具候、恐々謹言、

三月廿三日　中務大輔晴助（花押65）

謹上　石川左衛門大夫殿

（折封ウワ書）
「謹上　石川左衛門大夫殿　中務大輔［　　　］」

六八　伊達晴宗書状（切紙）

簡札之旨具披閲、為悦之至候、抑当口之儀静謐取成候上、近日可納馬候、然而会津稲苗代間之事、被寄紙面候、於当方裳被存佗言、一味之儀老父被覃籌策候、骨肉之事候間、定可事行候哉、随而照行向于白河御張陣候間、為使僧被申立候処、被返馬候歟、肝用候、猶以可然之様可有意見候、委曲期後音之時、閣禿筆候、恐々謹言、

拾月九日　（伊達）藤原晴宗（花押179）

六九　伊達輝宗書状

御来札具披見快然之至候、仍会・岩以相談向国ニ事切不及是非候、就中、常隆小野口へ物深ニ被及備之由候、可然簡要候、自其元も被打出候哉、心太儀ニ候、扨者当東口其後無何事候、御床敷不可有之候、関東口模様委被顕紙面候、太慶候、猶珍布儀候者、可承候、恐々謹言、

（十一月）霜月十五日　（伊達）輝宗（花押178）

石川殿

七〇　芦名盛隆書状

御帰城之儀、以飛脚申届候キ、可為参着候、仍浜尾駿河守須賀河出仕之儀、以前被及御催促候処、於須不通之上、先以被相延候、遙々之儀候間、只今之節於御催促者、不可有別儀歟、急度以御使、被及御意見、早々可被引出事御前候、猶自浜駿直ニ可被申達候、恐々謹言、

（四月）卯月廿七日　（芦名）盛隆（花押283）

石川殿

七一　芦名盛隆書状

近日者依無差儀、不申通候、御当口如何様之珍儀候哉、此口無替儀候、仍浜尾駿河守須賀河出仕之儀、于今遅々申候、無御心元候、急度有御催促、早々被引出可預候、任入候、遙々之儀候間、今之節於御意見可相調由存候、恐々謹言、

五月廿日　盛隆（花押283）

石川殿

（〇右二通、端裏に次の押紙がある）
「天正九年石川中務殿家来
矢吹十兵衛」

七二　伊達政宗起請文

誓書之事

一　至而向後者、無二無三可申合事、
一　下々慮外之所、引汲不可有之事、
一　佞人之所行も候者、一々被尋可申之事、

右於偽者、

梵天・帝釈・四大天王・堅牢地神・熊野三所権現、別而者愛宕山・摩利支尊天・八幡大菩薩、惣而日本大小之神祇、各可蒙御罰者也、

天正十七己丑年(十一月)霜月四日　政宗（花押183）

石河殿

（〇本書、熊野牛玉に書かれている）

七三　伊達政宗書状

内府様者はや東福寺表へ御陣越之由候、飛脚江州たかみやより参候、此方より付置申中間申候へく候、さほ山も勿論落城之由候、早々明日此方へ御越待申候、以上

唯今子刻従内府様(徳川家康)御注進候、大柿より去十四日之夜石治(石田三成)為始打出、美濃中山と申所ニ陣取候処、翌日十五日早天ニ被押寄、即時ニ切崩、大谷刑部少輔・嶋津又一郎・戸田武蔵其外先迄心懸候衆者、悉被討捕之由候、石治其外者はやく被逃候間、山中へ追入、于今不出由申候、依之大柿助ニ被出候、毛利宰相・吉川は三里ほと隔陣取候、右之合戦ニ者不被合之由候、彼敗軍ニ付而、此度之義安国寺所行有之候間、相渡愁望被申之由候、恐々謹言、

(慶長五年)九月晦日　政宗（花押）

(石川大和昭光)石和州

同中書

まいる

七四　伊達政宗書状

いま之時分は、屋勘(屋代景頼)所ニ書札進候状置候、披見申候、先々無余儀存候、乍去単ニ頼申上者、煩ニも逆ニも拙子作事次第ニ、さりとては〱可有御合点候、委細書中ニ難申宣候条、屋勘口上ニ申付候、恐々謹言、

(十一月)霜月十日　(伊達政宗)（花押）

石河大和守殿

七五　伊達政宗書状（口絵10参照）

前達者、為使者薩摩守被相越候キ、祝着之至候、折節取紛故、早々及御回答候つ、非本意ニ候、仍浅河次郎左衛門進退之儀、書付を以申越旨、何も無拠候条、抛万辯、令合点候、依之申事ニ候、白石之儀、浅近辺之事ニ候条、白石三ヶ一之分、従昭光之あつかりニ申請、年具以下者、聊も不可有相違由申候、三ヶ一結句預ニ与申事ニ候間、合点之令挨拶念望訖候、先度如承候、赤館之付城ニも為罷成候条、今分別此時ニ候、万慶期重節候、恐々謹言、

追啓滑津之舟山、頻ニ近辺佗入候、石河御本領白河御本領除候而、其身手前之所領計ニ而者、召出シ候而も不苦候歟(カ)、併打頭より種々案外人ニ候条、不通ニ申払キ、以上

(天正十七年十二月)極月廿八日　政宗（花押）（〇この花押、91—二一八と同形）

石川殿

七六　石川成光書状

（〇前欠）

六月廿七日　成光（花押）

与次郎殿へ　成光

(異筆)「石川之御先祖成光御判也」

62 〔首藤石川文書〕 石川郡玉川村 首藤保之助所蔵

一 芦名盛政聖喜譲状

譲与子息五郎盛久所々事

合

一陸奥国会津郡守護職
一同大沼郡
一同大会津郡
一同那(耶)摩郡
一同河沼郡
一蜷河庄
一新宮庄
一加納庄
一越後国小河庄
一奥州長井庄内伊保郷
一京屋地四条坊門油小路
一重代鎧袖同重代旗

右彼所々者、聖喜本領相伝、当知行地也

一相模国三浦郡葦名郷・同山口郷幷鎌倉屋地一所大倉尺迦堂谷、一所亀谷石切・信濃国木嶋郷・周防国久賀保日前郷・下総国白井庄、此外所々本訴地、是等者、雖為下知行、為後日之訴訟相副手(カ)続證文、譲与子息之五郎盛久所也、仍譲状如件、

永享六年六月五日　沙弥聖喜(芦名盛政)（花押281）

二 伊達稙宗書状案

如御音翰、其已往絶通音候、御床敷令存候、仍葛西和与之儀、更時宜共候而、于今中(カ)様方還住無是候、雖然爰元大概事行候条、定可落着候哉、於時宜者可被心安候、兼又息女候者、岩瀬へ差越候之処、預御音信候哉、祝着之至候、諸余期後音之時、恐々謹言、

七月十三日　左京大夫稙宗(伊達)

謹上　石川殿

三 富塚仲綱書状（切紙）

就奥口之義、態々御一札祝着無極令存候、仍葛西殿去月廿七帰城候、殊末永一類被他出、稙宗悉被存候様落去候、聞召可為御大慶候、然者岩瀬・白川御和談義付(カ)而、近日使節指越被申候、内義致落居候様ニ、御意見可被存候、万諸期後音候也、恐々謹言

九月廿二日　近江守(富塚)　仲綱（花押193）（〇仲綱花押、口絵6参照）

石河殿
御報

四 田村義顕書状（切紙）

伊達白川和睦之義、未落居之条、盛舜(芦名)頼入顕朝(結城)へ被催促候者納得候、然而白川へ使節申届候処、已前之首尾変(カ)他候、真実々々、於当方も見所及聞御模様、彼於洞中者、早速静謐治定候而、如此御刷共

候哉、此儘時久相替候者、可然御味方中へ造作も可有出来候哉、爰元能々在御分別、義綱へ御諷諫簡要第一にて候、心腹尚彼任口上置候、恐々謹言、

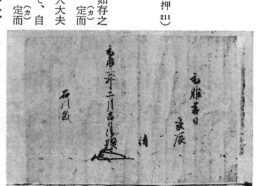

三月十二日　(田村)義顕（花押）（〇この花押、一覧210と同形）

岩城殿

追而□老父所労候へと□候□□承候、大慶存候、

五　田村隆顕以堯書状（切紙）

重而為使者、示給候、本懐此事候、内々近日者無音之条、其口様子御床敷候間、自是も可申述候処ニ、如斯重々御届一段大悦之至候、御当口無何事由候、干用ニ候、雖無申述候、二六時中、毛頭不可有油断事専一ニ候、万々彼口状ニ申理候条、不具候、恐々謹言、

猶以

当口就在陣、御来越可有之候由承候、相互ニ無手透時分候間、暮々御無用ニ候、殊更近日者少々虫気候間、返々御無用候

五月廿五日　(田村隆顕)以堯（花押214）

石川殿

六　田村隆顕書状（切紙）

態御来札具ニ披見、快然候、然者盛氏以刷、岩瀬当方属一和候、定而可為御大慶候、如来翰、此後者大細事共ニ、無隔心可申述候、又可承儀念望ニ候、恐々謹言、

十月廿七日　左衛門督隆顕（花押214）

謹上　路安斎

七　田村清顕加冠状

元服吉日

良辰

清

元亀二年二月吉日(田村)清顕（花押211）

石川殿

八　芦名盛氏止々斎書状

如来筆之、今度石川口悉如存之(カ)取成、令入馬大慶ニ存候、定而可為御用意候、仍大寺蔵人大夫方進退之事、様々相拵候て、自須賀川、如本之被返置候(カ)、定而可為御満足候、珍敷義候ハハ、重而到来待入候、恐々謹言、

六月十六日　(芦名盛氏)止々斎（花押）（〇一覧276・277に類似す）

石川殿

九　芦名盛氏止々斎書状

先年弓箭以来不申通候、然者今度二本松塩松、向田村被及手切候、依之盛隆、須賀河進退無二可引立由存候、以前一世当方味方被成置

候、首尾与云、此砌無二当方御引汲有之、御稼任入候、依回答何趣ニも可申合候、条々大炊頭方可有口上候、恐々謹言、

六月廿四日　止々斎（花押）（〇花押、前号と同形）

石川殿

一〇　芦名盛興書状

態芳章一段本望之至候、仍今度如存取成、属無事候儀、定而可為御大慶候、雖無申迄候、其元之儀、畢竟御前可有之候間、別而当方御入魂専一候、尤無二悃切可申候条、於爰元者、可御心安候、自然其口珍義候ハヽ、可承有候、待入迄候、心事重而恐々[謹言]、

六月十七日　（芦名）盛興（花押272）

石川殿

一一　芦名盛興書状

如来章之、昨日之拵寔ニ大慶此事候、内々泉可相責之由存詰候処、義重為計策、必定泉之地当方へ可被相渡之由、手堅被申越、昨日之動被相拘候条、先々本陣へ納馬候、寔昨日之御辛身欣悦之至候、心事重而可申越候間、不能具候、恐々謹言、

五月十二日　盛興（花押272）

石川殿

一二　芦名盛興書状

来章快然之至候、仍泉へ草被成置、頸被指越候事、一段大慶不斜候、雖無申迄候、其元取刷畢竟旁々別相極候間、御拵憑入候事、重而可申達候間、不具候、恐々謹言、

六月朔日　盛興（カ）（花押272）

石川殿

一三　芦名盛隆書状（切紙）

為年頭之祝儀、三種送給候、珍重幸甚、仍合歓（カ）一本塩曳一掛進之候、誠表一儀計候、余賀猶永日中可申述候間、不具候、恐々謹言、

二月五日　（芦名）三浦介盛隆（花押283）

謹上　石川殿

追啓

如承候、前日者、給申届候新国上総儀、継山寺任御催促、及赦免候、何様近日可被出馬候間、万々其節可申承候、

一四　芦名盛隆書状（切紙）

態令啓之候、其表早々御着陣、種々御稼之様躰、誠以本望至極候、暑（カ）気之時節、一段御太儀、更無申事候、雖無申迄候、当年毎事、無隔意御意見任入候、各御気分万々処、盛隆在所ニ有之儀意外候、乍（カ）去以前如申述候、各意見之旨、無拠之条、任其意候、恐々謹言、

七月十二日　盛隆（花押283）

石川殿

一五　芦名盛隆書状（切紙）

態々御使、殊ニ為音信、酒肴送給候、祝着之至候、今般常隆如御存分、被及調義候、於当方、大喜此事ニ候、於当手も方々勝利ニ候、

定而可為御満足候、恐々謹言、

九月十九日　盛隆（花押283）

石川殿

一六　松本氏輔書状（切紙）

雖未申通候申宣候、仍而今般泉地へ、盛氏可及揺由被申候条、依之、御在所借置申度候、近比聊尓至極ニ候得共、於借預可為恐悦候、何様明朝為使可申宣候条、不能詳候、恐々謹言、

五月三日　松本 氏輔（花押304）

石川殿 御宿所

一七　松本舜輔書状（切紙）

如芳翰未申通候処ニ、態之御届真実以快然無他候、然者御当方・岩瀬、就御無事之義、与風罷越候、依之御悃意之御理、一入本望至極ニ候、雖勿論之義候、向後別而御用等之儀可承事専一、尤自然之時者、可頼入候、互ニ無御隔心、可申承候事簡要候、心事猶期後音之時候間、不能具候、恐々謹言、

七月四日　松本 舜輔（花押305）

石河殿 御報

一八　富田氏実書状（切紙）

急度令啓達候、仍昨日者、極暑之時分被凌被打出候、御陣労之至更無申事令存候、殊御人衆手厚被召連御稼之儀共、不及是非次第候、珍躰之儀今朝黒川へ申越候、定而大慶被存、御礼等可被申事候、昨日大義之条、以一行申達候、毎事重而不祥（ママ）、恐々謹言、

追而明日者、乍御大義、早馬ニ被打出可然候、以上、

（七月）文月拾一日　富田 氏実（花押293）

石川殿参御陣所

一九　経徳実頼書状

如御来札候、蔵人大夫殿御身躰之事出陣以（カ）下色々相拵申候、其元可御心易候、依之、将又須賀川へ被申届候、方々落着無疑候、就中先達者、御自身之儀、彼為御一札、使を以可申達候処、陣中取紛故にて無沙汰、失本意計候、何様聽者、為使段々可申達候、就中明徹様（岩城重隆）泉之地へ被打越、助引へ御相談候、於此方可被得其意候、将又境目草調儀之事、節々被相拵候哉、尤可然奉存様、尚此上一途御取成次第候、諸事期後音時候、恐々謹言、

五月廿二日　経徳小大郎 実頼（花押310）（印）

石川へ 御返答人々御中

二〇　二階堂盛義書状

去比者申達候処、酒御回筆誠ニ尊面之心地申奉存、令披見畏入奉存

候、殊ニ条々御入魂之御理共、真実意不及申立、御憑母敷候、如被覃書札候、竹貫へ被執合候由、肝要ニ候、拙子江之御首尾、幕（直カ）主内意ニ候、前書ニ如申候、別而申合候以来、対当所、御奉公者不申候、併此上竹三有御相談而、可被下之由、過分余ニ痛入候、世間不定憑候条、一度御用立も可有之候哉共申給候、爰元江御尋者御無用ニ候、毎事在所ニ指置候骨肉之者共ニ、御返信可為祝着候、勿論拙使江之有御用而、御書中可被下候者、源二郎所ニ可被遣候、右ニ可申候在所之御用所而、鉄放以下被指籠可被下之由、不浅候、拙子も候者、源二郎可申上候、委細奉期来音候、恐々謹言、

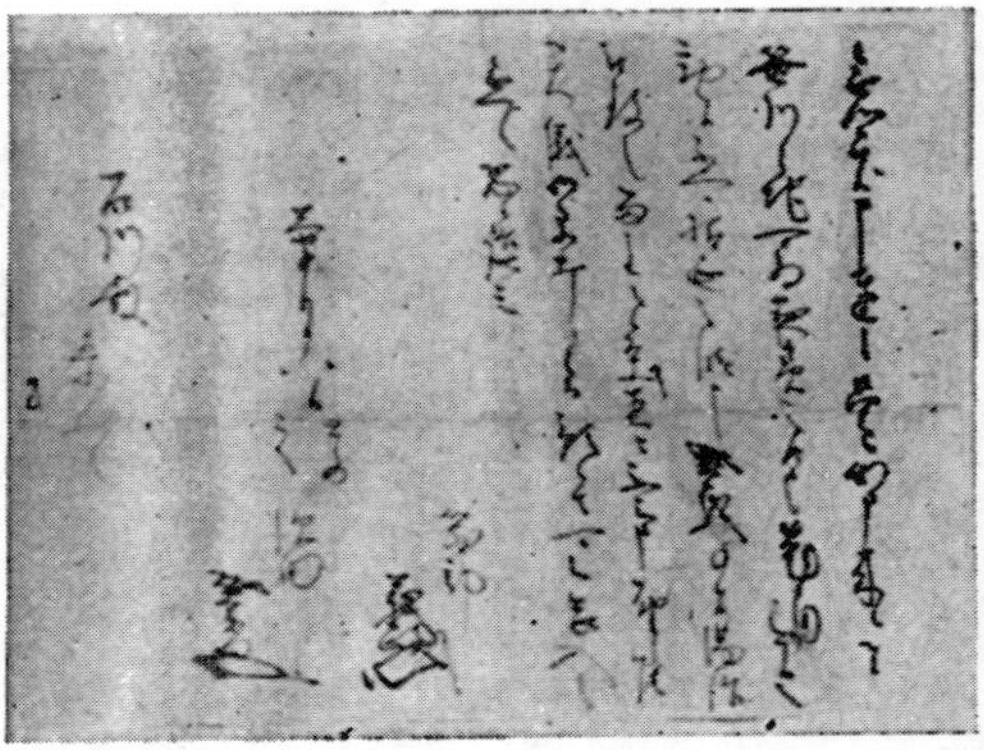

三月八日　（須二階堂）盛義（花押）

石河殿
人々御中

二一　箭部義政等連署状

急度申達候、只今如申来候者、笹川之地、可為夜責之由申候、莵角今日之動者、不可指延之段申候、盛（隆カ）氏事者、湯治被致候、留主ニ候条、直ニ不被申届候、乍御大儀、御早打候而預候者、可被畏入候、急々、恐々謹言、

（箭部）義政（花押）

（九月）菊月八日　（須田）盛□（とりのこく）（花押）

石川殿
参（カ）上候

二二　長沼盛秀書状

急度申入候、仍而頃（カ）日者、不申承候、意外之至候、今般盛隆、向会・田陣取被申、佐衆当手者佐々川へ在陣候、於田村今日御代田守山へ人衆被移候由、只今注進候、明日者、乍御大義、物見を被指置、御助頼入候、上（カ）火者見え申間敷候間、物見を被為上候而、御助憑入候、万々依御回答、可被得其意候、恐々謹言、

追而申、明日者必定東方へ之調儀令申候、

七月廿八日　（長沼）盛秀（花押233）

石川殿

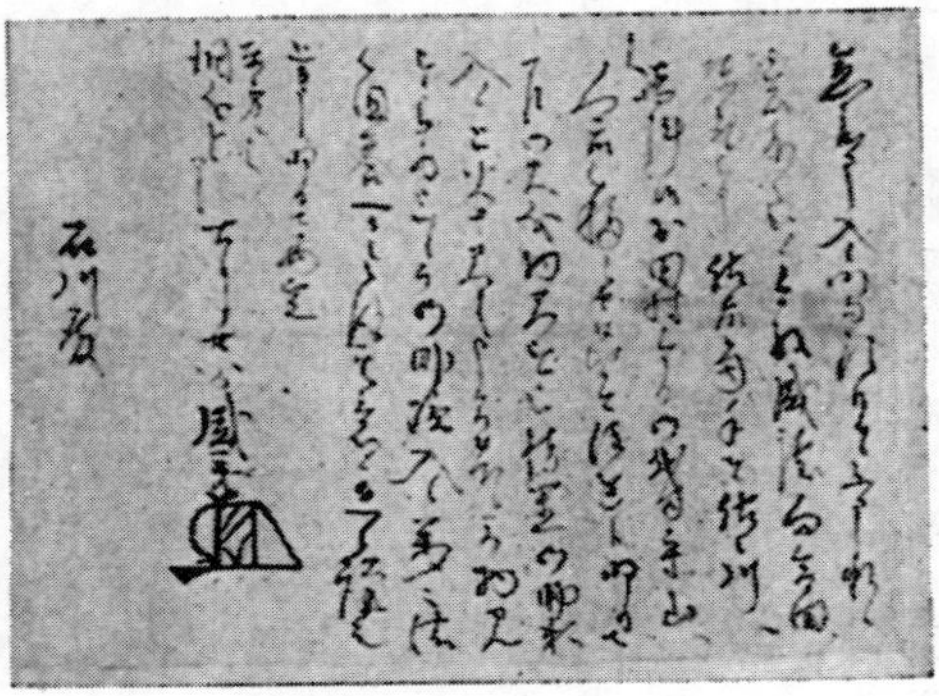

二三　**岩城重隆書状**（切紙）

如来輸田村洞中義、無是非次第候、然者中津河方当方へも、別而懇切候キ、如此候義、歎敷存候、雖然、三与云下枝累代懇色々上、一段好々相談之上、爰元無余義候、所詮至り此上而も、無為共事義念望之外、無擬候、其方之事も、中津河へ無二被相談之上、御苦労令識察候、殊更従岩瀬彼口被助候（カ）、遠石重隆巨分候之条（カ）、彼是可廻堅察候（ママ）、歎敷子細も候者重而互ニ可申承候、恐々謹言、

追而配事承候、似合可申趣候へく間、不越進候共、必候へく候、

八月十三日　（岩城）重隆（花押141）

石川殿

二四　**岩城常隆書状**

追而、不寄存候処ニ、證人之事迄承候、大悦之至候、如機遣、番計指越候ためといゝ（候ハと）、任承意候、吉事、追々可申承候、以上、

西境中、依莵角与風今般御出畢条々、存分直承候、一段大慶真実之至、不及候ハハ是非久事候（カ）、雖勿論ニ候、其地之抱之事者、代々之筋与言、争可在別条候、其境中如申来候者、召時ニ人数等相越可申合候条、可被心安候、巨砕北郷へ申理候、恐々謹言、

仲穐廿一日　（岩城）常隆（花押145）

石川中務大輔殿　自平

二五　**志賀甘釣斎玄湖等三人連署状**（切紙）

平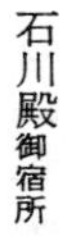奉公無二ニ被成置候故、御計策も不罷成、御当城之拘事余候、依之治部大輔殿へ当城相渡（カ）、平へ御引除之上、於于内郡（カ）御進退無如在、可走回候、可御意安候、為已後候間、以一筆申述候、恐々謹言、

（十一月）霜月二日　（小川）隆勝（花押）
（大館）隆信（花押）
（甘釣斎）玄湖（志賀）（花押）

石川殿御宿所

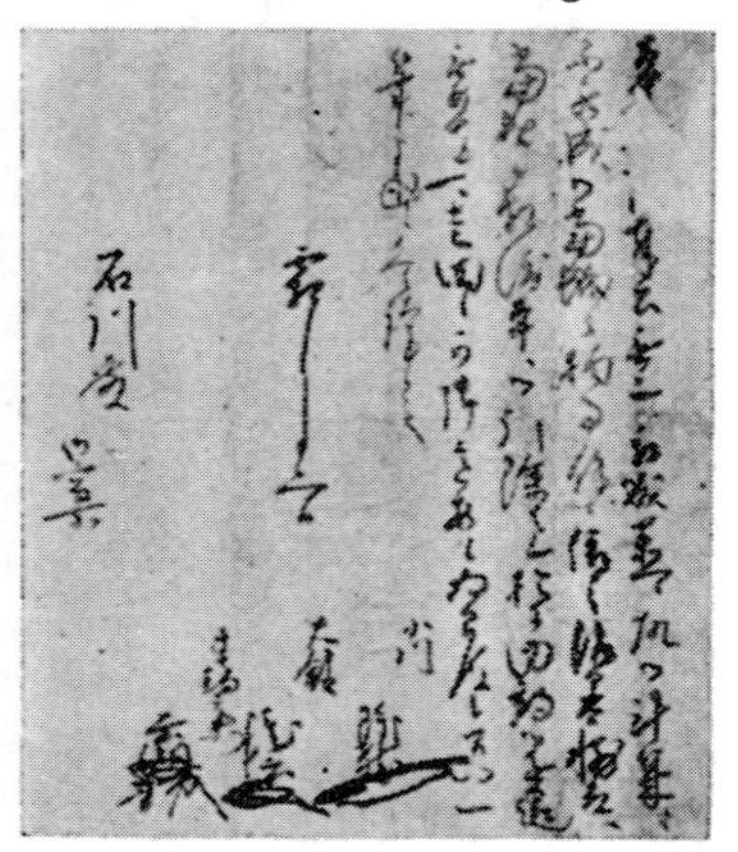

二六　**かいしやく（カ）消息**

返々、後日御ゆミや一みち、御ひきつめ候事ニねかひまいらせ候、なつ中より御しんらうともはなからあさか（安積）むまをかへされ候、よく〳〵御いけんまかせまいらせ候、くわしくつかひ申へく候間、早々、

わさとつかひして申まいらせ候、つね（常）隆すか川（須賀川）ニ御さひちん（在陣）ニかきり、さらに〳〵申事なふ思ひまいらせ候、中おほしめすことく御とりなし、中〳〵めてたふよろこひまいらせ候、いかさまかめわか（亀若）たいくわんとして御礼申候、それまていかゝのまゝ、まつ〳〵つかひ

して申まいらせ（使）候、よろつつかひ申へく候ほとに、筆をのこしまい
らせ候、かしく、

（切封）

いし河とのへ　　かいしやく

二七　某書状（切紙）

当年御祈禱之札等、如恒例贈進覧之候、御頂戴可目出候、弥御祈念
之事、長日不可有其懈候、万賀、尚追而可申入候、恐々謹言、

九月吉辰　□朝（花押）

謹上　石川殿人々御中

二八　某書状（折紙）

当宮神前御祈禱之牛玉（カ）御守札・巻数・五明等、令進上候、弥長日御
懇祈事、聊不可有疎念候条、御寿命長久如意満足之御悉（カ）可令申候、
恐惶謹言、

五月吉日　□□（花押）

石川殿
人々御中

二九　田須義安書状（切紙）

急度申達候、昨夕御鉄炮衆被指越預候、幾度之乍申事、只今之事
者、田御一和ニ候て、御機遣之処も奉察候処ニ、如此之御届残（カ）候、
中候上も疎奉存候、万一進退も相続、此度御重恩を送申度念願ニて
候、当地江者、自十一日今日三日御動にて候、不思儀ニ□□候て
可然と尚其中ニ相知之前ニ候間、尤奉憑事痛敷奉存候、一々言葉付
而奉憑事、何共迷惑奉存候許（カ）哉、当地へ被相（カ）残、不及是非候、奉憑
候、急々竹（斎カ）へ被指越可然候、さりとてハ〱奉憑候、此旨宜奉得御
意候、恐々謹言、

六月十三日　田須義安（カ）（花押340）

石河館まいる

三〇　須郷（カ）某書状

（端裏書）「石川殿　御館人々　」

唯今御音信、不浅令存候、殊更筆当口壱段珍与申、本望之至候、仍
御神（カ）水被指越候、彼挨拶之義者、是安斎可被申候間、不及是非中
候、委（幷カ）細林山右衛門尉方憑入候間、令略候、恐々謹言、

六月拾三日　須郷（カ）□頼（花押341）

石川殿御報人々

追啓、無事成就、近日可被納馬申事、本望之至候、可為御大慶
候、恐々、

三一　某覚書

覚

一当城抱之事、始中終共ニ、聊勿論如在不可有之事、付、連々当地普請等、寄（カ）持之事、
一證人之事、従其方承候、満足、幷存分之事、

一已前之不足之義承候事、依之存分、
一当庄此境目抱之事、
一北郷縁辺之上、猶彼抱不可在懸事、
以上
（六月）林鐘廿五日

三二　足利満貞判物（○この文書、所蔵者を忘失、便宜ここに収める）

当知行地事、如元不可有相違之状如件、
応永九年十二月廿四日　（満貞）（花押33）
石河掃部助殿

63〔石川頼賢文書〕　石川郡石川町 石川頼賢所蔵

一　沙弥某奉先達職安堵状

当社領、陸奥国石川青竜寺先達職御證文等事、備　上覧候、具御披見候、委細者、御心得分候之由、被仰出候、此上者、於向後、御心安、可被思食候、恐々敬白、
応安三年七月廿七日　沙弥（花押）
謹上　石川別当御房

二　若王寺役者連署奉書

奥州石川六拾六郷之内源家一族　熊野参詣先達職之事、先師民部卿宥印致緩怠、依令自滅、雖被没収彼職、頻歎申条、如元、被仰付之由、乗々院法印御房、被仰出之処也、仍執達如件、
明応八年九月十六日　法橋慶俊（花押）
法橋快延（花押）
奥州石川 竹貫別当御房

三　若王寺役者連署奉書

奥州石川別当、郡内熊野参詣諸旦那等之事、任先規之旨、致成案（ママ）堵、御補住（任）候訖、不可有子細之由、若王子法印御房御気色候也、仍執達如件、
天文十六年丁未七月十五日　法橋鎮乗（花押）
法橋快弘（花押）
奥州石川別当 伊与僧都御房

四　若王寺役者連署奉書（折紙）

出羽・奥州両国之諸年行事、近年大峯入峯不勤之輩、数多有之、修行之道、令退転之条、無勿躰候、両院ゟ国中所々江被触之、及違乱族者、急度可被致注進之旨、若王子前大僧正御房、所仰候、仍申入候、恐々謹言、
三月五日　鎮乗（花押）
快弘（花押）
石川 八大院御房
蒲倉 大聖院御房

五　北条氏印判過所

諸檀那順礼等之事、自国々関渡、任旧例、往還不可有違儀之状如件、

永禄十二己巳年八月四日（印）（○北条氏、虎朱印）石巻奉之

奥州
　石川先達御房

六　今川氏真過所（折紙）（○本号、疑うべきか）

熊野参詣同行諸檀那等、領国経廻之事、任先規、不可有違乱之状如件、

元亀二
九月五日　氏真（花押）

奥州石川郡
　先達御房

七　武田氏印判過所

分国中関渡往還之事、如前々同行諸檀那共、不可有難渋之状如件、

元亀三年五月三日（印）（○武田氏、龍朱印）

釣閑斎
跡部美作守　奉之

奥州
　石川先達御房

八　豊臣秀吉感状

聖護院殿使僧石川別当、於釜山浦表、励軍忠を訖条、神妙之至也、帰国之後、恩賞全可宛行者也、仍執達如件、

七月十一日秀吉（朱印）

九　若王寺役者連署奉書

奥州石川六拾六郷年行事職之事、被聞食訖、任前々之奉書之旨、無違儀、可被存知之由、若王子御房所御気色候也、仍執達如件、

慶長九年八月十日　法橋鎮秉（花押）
　　　　　　　　法眼快験（花押）

奥州石川別当
　八大院御房

一〇　勝仙院澄存書状（折紙）

右之為、光明寺江も被仰聞候、以上、

其地年行事職之儀、如先々、八大坊ニ迄被下候間、各同行衆、別而奉公尤候、かしく、

七月三日　勝仙院
　　　　　澄存（花押）

竹貫
　山伏中

一一　聖護院門跡興意御教書

奥州石川六拾六郷年行事職之事、被仰付訖、然上者、弥可抽奉公之忠勤之由、依　聖護院御門跡御気色、執達如件、

慶長拾四年五月十七日　法眼（花押）
　　　　　　　　　　　法印（花押）

八大坊

一二　聖護院門跡役者連署覚書（折紙）

覚
一中畠
一沢井
一竜崎
一浅川
一屋吹
以上

右之五ヶ所、近年八槻と出入雖有之、石川郡之内ニ相極候間、可有領知者也、

慶長十四年
五月十七日　法眼（花押）（○花押、ともに一一と同形）
法□（印）（花押）

八大坊

一三　聖護院門跡興意御教書

奥州之内竹貫之儀、今度以御穿鑿之上、被仰付之訖、全可令領知之由、
依聖護院御門跡御気色、執達如件、

慶長拾四年七月三日　法眼（花押）（○花押、ともに一一と同形）
法印（花押）

竹貫別当
八大坊

一四　蒲生氏仕置奉行連署屋敷課役免許状（折紙）

以上

大峯御札被上候儀、奇特ニ被　思召候間、其方屋敷年貢・物成、永楽弐百廿文之所、可被下之旨、被仰出候間、得其意、弥御祈念之儀、無油断、御札可被上者也、

慶長十六　岡半兵衛尉
十月廿三日　重政（印）（○印文「重政、武生福豊」）
町野左近助
繁仍（印）

石川先達
八大坊

一五　熊野総検校等連署下知状

奥州別当与（ヤツキ）、別当与（タカヌキ）、先達職相論之事、
右、就彼旦那、別当（ヤツキ）被申候次第者、白川殿、依為先達職、石川ハ白川殿為御配領間、可申引導由、雖被申候、別当（タカヌキ）石川之先達職於任普（譜）代所持旨、依為太法、令下知上者、猶後日不可違乱下知状如件、

寛正三壬午年九月廿四日本宮衆徒
公文所道繁（花押）
権在庁則実（花押）
在庁所光能（花押）

三昧別当道玉（花押）権政所良則
正政所長久（花押）
物検校常全（花押）検校代之賢（花押）

一六　聖護院門跡道尊令旨

（朱印）（○長方形印、印文「熊野三山検校」）
浅黄総結袈裟之事、近代令沈輪（ママ）、不便被思召之間、被免許訖、然上
者、毎年入峯、無懈怠、可抽奉公忠勤之旨、依
聖護院宮御気色、執達如件、
元禄六年七月十八日　法印祐勝（花押）
法印光有（花押）
八大院

一七　聖護院門跡道承御教書

（朱印）（○長方形印、印文「熊野三山検校」）
奥州石川六拾六郷并竹貫年行事職之事、任先規御奉書之旨、被仰出
訖、然上者、大峯修行、無怠慢、可抽奉公之忠勤由、依
聖護院御門跡御気色、執達如件、
宝永四年七月廿五日　法眼源甫（花押）
法印祐勝（花押）
竹貫別当
大蔵院

一八　若王寺役者連署奉書

（朱印）
奥州石川郡六拾六郷并竹貫年行事職之事、任先規奉書之旨、全可領
知之由、依
若王子御房仰、執達如件、
宝永四年七月廿五日　法橋美元（花押）
法橋定応（花押）
大蔵院

64〔吉田光一文書〕石川郡石川町吉田光一所蔵

一　石川持光条書

一石川郡神やくの事、
一諸ミやさんけい・しめ・へい・はらい之事、
一みこもりこやく之事、
右之通、可申付者也、為後日如件、
応永廿八年辛丑九月十七日　（石川）持光（花押211）
吉田治部少とのへ

二　道阿道堅寄進状

上成田ニ二郎三郎内一けん、□（八）まんへきしん申、ミややく其外、申
さため候ことく、何事をも可致候、其心得尤候、為後日如件、
天文廿二年菊月（九月）十七日　道堅（花押377）
大称きしきふ殿

三　道阿請文

まかり入内年き（季）ニ、井（亥）のとしよりとらの年十月迄、其内別条あるましく候、

永禄五年（みつのへいぬ）九月廿一日　道阿（花押377）

吉田しきぶ（式部）殿

四　岩城親隆判物

塩荷申状、於路次中、聊茂相違不可有之候如件、

永禄九年三月十一日（岩城親隆）（花押152）

役所中

五　岫雲寄進状

八幡為御神領、けつくら并彼左衛門弾正当作、一段つゝ、寄進被申候、於此上も、けつ所候者、可有其心得、為後日如件、

永禄十一年七月九日　岫雲（花押378）

吉田藤次左衛門尉殿

六　石川昭光寄進状

今般帰城ニ付而、八幡江きしんのとおり、

一下泉といはにまこひやうへ分、

一こはやし分、

一中垣（カ）監物分相付申候、向後伊かきやふれ候ハゝ、たいてんなく、しゆりいたすへきもの也、為後日如件、

六月廿日（石川）昭光（花押217）

吉田藤次左衛門とのへ

七　石川昭光証状

本意之上　八幡江きしんを可申候、為後日、一筆遣是候也、

霜月（十一月）拾日（石川）昭光（花押217）

吉田藤次左衛門とのへ

八　石川昭光祢宜役安堵状

今般大寺、入手裏候ニ附而、祢宜役之事、何扁於于向後者、当地如宗（カ）之其身ニ相任候、為後日一筆如件、

極月（十二月）十五日　昭光（花押218）

吉田藤一郎との

九　伊達政宗書状

相登候以来、内々其口境中、無心元候処ニ、来札、殊去十四日、自相（相馬）、向其地、被及調義候処、被見合一戦、得太利、就中高胤（相馬）・黒木上総守為始、数百人被討取候由、誠ニ刷不及是非次第候、於此上者、無油断刷千言万句候、扨々、爰元仕合之事、一昨日九日出仕、及御礼候、尤御入魂、叵顕筆紙候、昨日十日者、御茶湯ニ而、令参上候、奥州之事ハ、不及申候、出羽迄何分にも当方任下知、可有之由、被　仰出候、万々必存分相調候、重而御悦喜、可有之候、如何様一両日中ニ、可為下国候間、書余会面之時、可相待候、恐々謹

言、

（天正十八年）六月十一日　政宗（花押）（〇この花押、99―二一七と同形）

（宗元）黒木上野守殿

65〔川辺八幡神社文書〕

石川郡泉村　川辺八幡神社所蔵

一　吉良貞家寄進状案

奉寄石河庄下河辺八幡宮、陸奥国会津河沼郡内佐野村事、

右為天下泰平・凶徒対治・国中静謐・当家繁栄、令寄進之状如件、

観応三年七月八日

右京大夫源朝臣（吉良貞家）御判

二　足利尊氏寄進状

寄進

陸奥国石河庄下河辺八幡宮

同国会津河沼郡内佐野村事

右為天下泰平武運長久、所寄進也者、早守先例、可致沙汰状如件、

観応三年七月廿八日

正二位源朝臣（足利尊氏）（花押17）

三　足利尊氏袖判吉良貞家奉書

（足利尊氏）（花押17）

陸奥国石河庄内下千石村・板橋村并八幡宮神領下河辺村・急当・沢尻村等事、且為本領之条、文書分明之上、且依今度忠、領掌不可有相違之状、依仰執達如件、

観応三年八月三日　右京大夫（花押54）

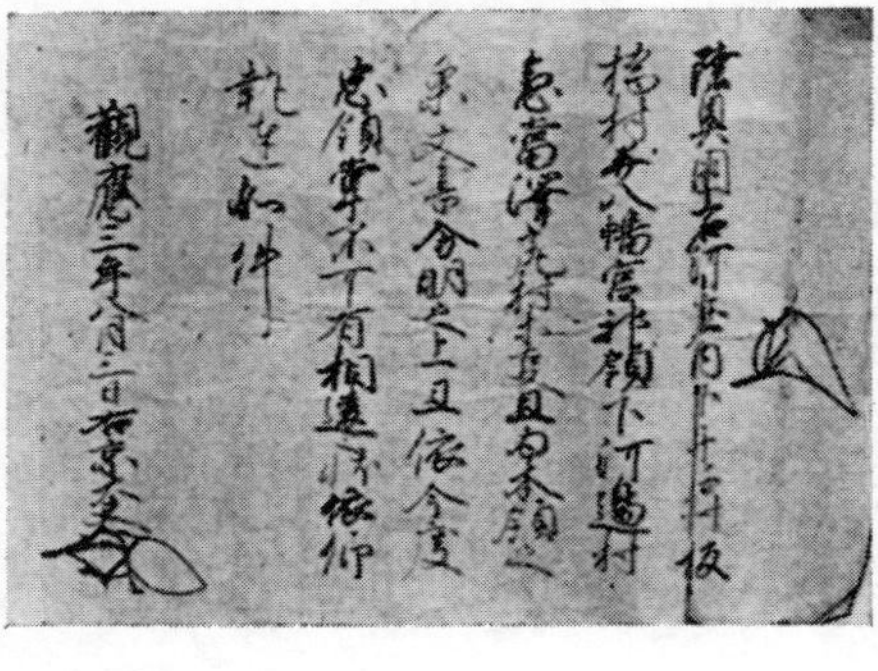

四　吉良貞家書下案

天下泰平、治国静謐祈禱事、可致静誠候状如件、

文和元年十二月三日　右京大夫御判

石川庄河辺八幡宮神主殿

五　修理大夫某判物案

陸奥国石河庄八幡宮神領河辺村・急当村・沢尻村并同国会津河沼郡内佐野村等事、任安堵及御寄進等之旨、領掌不可有相違之状如件

至徳元年六月十五日　修理大夫 御判

石河板橋左京亮殿

六　板橋時義証状

一至徳元年・文和元年・観応三年仁木（マヽ）右京大夫・修理大夫名付、従

尊氏公御奉書三通、就懇望写遣(マヽ)者也、

板橋文之助

宝暦六年閏十一月廿二日　時義（花押）

石川河辺村

矢部半右衛門殿

七　石川義光光念寄進状案

陸奥国石川庄河辺八幡宮神領、同国白川庄内成田郷伊具駿河入道後家跡事、

右八幡宮者伊与入道殿(源頼義)以来代々源家御崇敬之社壇也、而天下動乱之刻、建武二年三月為御敵結城三河守親朝、令回録畢、自元神領狭少之所、為凶徒、被掠領之間、令修造之功者、神事料是又以令闕如畢依之且為将軍家御祈禱、且為社壇再興料、奉寄進候也、早達上聞、永代可為神領之状如件、

建武三年三月三日　沙弥光念(石川義光)判

石川々辺八幡宮

神主太郎四郎殿

66 〔川辺八幡関係文書〕白河古事考所収

一　吉良貞家披露状案

陸奥国石河庄下河部(辺)八幡宮者、伊与大守(源頼義)(マヽ)・八幡殿(源義家)御時、奉崇敬社壇也、然間今度凶徒対治事、令祈精之処、依為厳重、当国会津河沼郡内佐野村、令奉寄候、就其可預公方御寄進状之旨、神主石川板橋掃部助高光申之候、急速可被申御沙汰候、以此旨、可有御披露候、

観応三年七月八日　右京大夫貞家

進上　仁木兵部大輔殿

二　石川満持書状

石河庄八幡宮御神領事、自往古、諸公事不被勤申候上者、寺家代官方へ可被申其子細候、於当方事者可心得此旨候、恐々謹言、

八月卅日　満持（花押）

板橋若狭守殿

三　石川満持証状

石河庄八幡宮御神領事、自往古、諸御公事不勤申之条、被其語(マヽ)、先例之旨、公方御代官可被其子細申候、於当方事者、可心得此方ニて□□證之、

三月十八日　満持（花押）

板橋若狭守殿

67 〔浅川文書〕角田市浅川純直所蔵

一　佐竹義宣書状

此度於太平之地、其方稼之所者勿論ニ候、依下之もの迄、辛労走廻

之儀、実以太慶之至ニ候、如斯之段、為可申理、以一札申届候、恐々謹言、

六月八日　義宣（佐竹）（花押76）

浅川次郎左衛門尉殿

二　佐竹義重書状

如簡札、当秋為調儀出馬、向新田張陣、一昨十一日城際へ押詰立帰宿城撃砕、悉放火以村無残成墟候、如此之上、五三日中利根川被越、武蔵筋へ可遂干戈逼塞候、大手口味方中無二申談之上、於刷者可御心安候、委細者各可申届候間、不能具候、恐々謹言、

十月十三日　義重（花押72）

浅川太和守殿（ママ）

三　佐竹義重書状

昭光本意之儀、朝川大和守走廻可有之之由承候、不及是非忠信、因之地形之事、被致詫言候歟、尤太田和・小貫速ニ相任候、殊和田安房守踞所白石之儀承候、何篇其方意見之外、不可有之候、此儀偽候者、八幡大菩薩可蒙御罰候、恐々謹言、

拾月廿三日　義重（花押72）

中務太輔殿（ママ）

（〇「浅次」〔浅川次郎左衛門〕宛の同文の書状案一通あり）

四　伊達政宗条書

□引陣候ハゝ尤□　□進退如前之可立置之事、

□偽□尋之事幷自昭光其理候共、自□可及其理非糺事、右条之義共、努々不可有疑心候、仍為後日證文如件、

天正十七己丑年霜月（十一月）十日　政宗（花押183）

浅川大和守殿

五　伊達政宗起請文

起請文之事

一　当方へ被及忠信候上ハ、抜手表裏不可在之事、

一　於昭光ニ、其方前々之儀、縦如何様ニ口惜被存候共、於当方及合点曳出上ハ、昭光へ及意見、手抜無表裏入魂為成可申事、

一　内郷ニ万迄知行可進之事、

一　其方進退唯今之通、不可有相違事、

一　尤白川へ其方進退之儀、可申分之事、

右、於偽者、

梵天・帝釈・四大天王・堅牢地神・熊野三所権現・八幡大菩薩・摩利支尊天、殊当国之鎮守塩竈大明神、惣而日本国中之大小神祇、各之可蒙御罰者也、仍證文如件、

天正十七年己丑十二月廿七日　政宗（花押183）（血判）

浅川二郎左衛門殿

六　石川昭光起請文

起請文之事

一　今度忠信之上、乍勿論、聊手抜無表裏、可致入魂事、

一　其方前之儀、佞人之取成も候者、無隔意旨可及其理、亦可承事、

一　城(カ)地之儀者、不及申、赤坂一跡其外、此度首尾之通、努々不可有相違事、此条々偽候者

上者梵天・帝釈・四大天王、惣而日本国中大小神祇・愛宕・飯綱・当社八幡大菩薩・摩利支尊天・天満大自在天神、各々可蒙御罰者也、仍如件、

天正十八庚寅年正月六日　昭光（花押218）（血判）

浅川次郎左衛門尉殿（○以上二通とも熊野牛玉の裏に書す）

七　伊達政宗書状（○『浅川史』所収）

追而脚力ニ被及候、祝着誠ニ浅次、一両日中罷可出之由申趣候也、

専一之滑津之事者、何与申分候共、不通ニ存詰候、只々軍神之血文書ニ可然候、就而兎角出馬可引詰覚悟而、真実引延不可有候ハヽ、指合乍之儀候者、速ニ可申届候、万吉期後音候、恐々謹言、

正月七日　政宗（花押）

石川殿

八　伊達政宗書状

急度用脚中沙汰候、仍昨日十五白(白河)義親如注進者、仔細如何、(佐竹)義重寺山江出張之由候、依之之白石衛門佐方、何辺白川江可及早打候由申付候、於様躰者、定而物近ニ可被得其意候、然者浅川之地、頃日出仕之儀与云、殊手崎(カ)事与云、様子異(カ)ニ無心元候、乍勿論、彼口堅固之義も、畢竟御前ニ可有之候、田村・菅山も早打之義申届候キ、尤自是も、敵刷ニより可令出馬候条、於于時宜可御心安候、万吉期後音候、恐々謹言、

正月十六日　政宗（花押）（○この花押、99―二一八と同形）

石川殿

九　伊達政宗書状写

来札委令披見候、仍去七月向滑津、自衆被及調義候上、然所南郷人衆其他相動候所ニ、則遂一戦羽黒之城主為始五十余人打取候由、誠ニ喜悦此事候、尤自昭光も脚力被相越、其方刷之義、令被顕紙面候、度々如此之義、無是非次第候、殊ニ次郎殿始被打出、勝利之義目出珍重候、於此上も、無油断刷千言万句候、書余期御音候、恐々謹言、

(四月)卯月九日　御実名(政宗)　御判

(浅川豊純)浅次

一〇　伊達政宗書状

態々来札具披見悦至之事候、仍上洛之義来四日、必定候、聴而下向ニ候ハん間、其内無聊尓、堅固之取刷千言万句候、殊昭光為門送、被打越候義ニ今日彼是之儀共、能々令直談候、於時宜可御心安候、

然者證人替成就之儀、於て藤三も、心安満足承候、兼又其地在地之躰、掠量候、此方之儀委者、大石(カ)長門守可申候間不具候、恐々謹言、

(四月)卯月廿九日　政宗（花押）（99―二一八と同形）

浅次

一一　伊達政宗書状

如書札、今月廿五令下向候、定而御喜悦可有之候、尤其口境目之事ニ候間、被打越候事返々無用候、殊大里仕合無念候、併近日可為落居之由候間心安候、此刻其口万々不可有油断候、又替義も候者注進可有之候事候、期後音候、恐々謹言、

六月廿五日　政宗（花押）（○花押、前号と同形）

浅和

一二　伊達政宗書状写（○以下一五まで『浅川史』による）

（端裏書）「浅次」

遠境来札一段大慶至候、殊上衆兎角ニ付而、連々中途滞在申儀候上、中々無心元事候、仍而片倉小十郎所江理候儀、被顕書面、無余儀候、尤其分自是も可及意見候キ、今度委細雖可及回答、万端取紛之上、無其儀候、書余帰晦(カ)之刻可相理候、恐々謹言、

(十一月)霜月廿三日　政宗御判

浅川二郎左衛門殿

一三　伊達政宗書状写

今度浅次舎弟、被為登候、先以本望之事候、可給其方刷ニ可被付候以上、

浅次所へ兼約之所領今般雖可及其賦候、来上旬可為出馬候、其刻於彼表、可得其意候、全非違至候、仍而浅之内ニ大田ニ好身之有候族若候者、相働候得由、其方諷諫可為肝要、自然油断候儀、尤不可然候、かしく

石河右衛門大輔殿　政宗

一四　伊達政宗書状

早疾此方へも打越候様、可然候、今日事延候事、無心元計候、可及相談儀候、是も入来ヲ相待計候、扨々昭光へハ対談ノ事澄候間、万々相談専一〳〵、以上、

浅川大和守不図召被懸入候歟、本望此事候、内々当陣へ来越待入候処、遠慮無ハ無其儀候歟、其方引詰、以催促、早々会談之儀、所希候、かしく、

政宗（花押）

浅和

一五　片倉景綱書状

芳翰快然之至候、然者北方之地ニ鍬立被成候由、貴城年間申召事候処ニ、尤横合不可有之由承り候、可然候、是理於向後も従而御下知可然候、左迄無候、如何之由存候、仍今般義宣御出張ニ付て、浅川之地ハ衛在候哉、御調義人共、異議無之由、管要之至存候、諸毎其

向、恐々謹言、

二月廿八日　片小（片倉小十郎）（花押）

奥下御両様

一六　田村義喬書状

二三ヶ年当地ニ御在留へ、以筋目（石川）道堅御進退ニ付而、御心拵之儀、於我々も、感入御憑敷存候、乍去、道堅御進退無際限候間、先々貴所御帰之儀、可然之由、推而意見令申候処ニ、御合点候而、朝川へ御帰之儀、肝要至極候、貴所御帰之上、猶以道堅御進退不打置、和安令談合相拵可申候、勿論乍申事於向後相当之御用又横合も候者、和安申合涯分可走廻候、此儀偽不可有之候間、以誓句申宣候、八幡大菩薩・飯綱・愛宕山・多賀大明神無如在可申合候、恐々謹言、

二月九日　義喬（花押375）

石川七郎殿参

一七　石川昭光書状

自太田東竜狐山之使、其元迄罷越候歟、□示給候、一段祝着之至候、彼縁辺之事、以前於岩城御落居ニ候、彼筋目為可承届、五三日以前も白土使ニ指越申候、爰元不承届候而者、何共中書江之御挨拶難申候、万々期会面之時候、恐々謹言、

（十二月）極月十三日　昭光（花押218）

浅和へ

一八　長泉寺他連署覚書写

浅川ニテ申伝之趣

浅川大和守殿ハ石川の御次男ニテ御座候、

一　御知行処ハ浅川町・滝輪村・大畑村・畑田村・む久ろ田村・簑輪村・袖山村、右七ヶ所者浅川近辺ニ御座候、石川領内ニテ矢沢村ト申処ノ近所ニモ浅川知行御座候、

又常陸分ニテ川上村ト申処ニ二三有之由、

矢吹伝明

矢吹道薫

常々相談仕り候ヲ承り覚申候、

五月二十五日　長　泉　寺

浅川長太郎様

一九　浅川村古老覚書

浅川次郎左衛門一代記

石川郡ノ内浅川次郎左衛門ハ、石川城主ノ一族ナリ、天正元年佐竹衆　仙道ニテ合戦ノ刻、佐竹ノ手ニ属ス、白川城主義親、会津盛氏ノ旗下タルニ依リ、浅川ニ押寄、三ノ丸迄来取ラレシニ、城兵千人計ニテ防キ戦ニ、白川勢ノ中ニハ大和田左近、浜尾十良、白石式部少輔・信太玄蕃抔ト云フ宗徒ノ者ラ先トシテ三十五六騎、三ノ丸ニテ討レシ間、叶ス卒人数ヲ引取タリ、浅川ノ城堅固ニ持タルヲ佐竹大ニ感シ、次郎左衛門ニ如増トシテ、小貫・太田輪染ナトト云フ処

ヲ、千石余給ハリ、又其後白川・岩瀬ヨリ度々押寄来ルト云ヒトモ当地堅固ニ支ヒ候間、会津盛氏・盛隆父子、清顕、伊達輝宗自身出馬有テ、十二十三日在陣ヲ取ラレ申候、然処会津ト田村ト申事有之由テ、互ニ陣ヲ引キ付ケテ城中事故ナシ、其後玉野ト云フ処ニ一戦ニ及フニ依テ、次郎左衛門加勢之為、馳向ヒ相戦フニ、浅川ガ家来右近高名ニテ、佐竹義重ノ見参ニ入リケルモ、政宗ニ降参シテ佐竹ト敵ト成ル、浅川ハ棚倉ノ境目タルニ依テ一両年間数ヶ度合戦ス、天正十六年佐竹ノ下南郷爰ニ寺山・羽黒・棚倉三百計ニテ押寄ル処、城中ヨリ百騎計リ打出テ、南郷衆ヲ退カセ支ヘ、黒羽（羽黒）城主石川右近ヲ先トシテ、四十四人浅川手ニ捕ス、天正十八年蒲生氏郷御時関長門守ニ給フ間、浅川ハ石川大和ト一所ニ政宗ヘ参リ、角田ト云フ処ニ住居ス、越後御代浅川ハ蔵入也、

元和八年　　石川郡浅川村

六十三　藤兵ヱ

六十一　内記

五十五　右近

68〔帰願寺文書〕茨城県久慈郡太田村帰願寺所蔵

一　願入寺歴代住持記録

奥州白河庄石川郡竹貫郷東山大網願入寺御開基号奥御坊

如信上人鸞芸、正安二庚子正月四日於金沢道場、御遷化、

浄如御房円芸　暦応三庚辰八月十四日於大網　往生、

空如御房信芸　貞治五　十月廿五日同所　往生、

如善御房聖芸　応永七　四月二日同所　往生、

空円御房祐芸　応永十九　十一月十八日同所往生、

純如御房寿芸　永享二　五月朔日同所　往生、

源如御房遵芸　延徳元　七月十九日同所　往生、

如慶御房兼清　明応九　三月五日於大根田　往生、

是迄大網居住借、乱ニヨリテ、文安年中常州小瀬郷ノ内大根田ニ移住ス、

蓮如上人度々此地ニ御下向、御書数通雖為案置、先年炎上ノ砌焼失、纔ニ一通相残而、于今有之、

如賢御房兼乗

如慶御房ノ嫡女、後見聖玉坊明賢、是ハ楢原明法坊末孫、上宮寺嫡子也、蓮如上人御代、聖玉坊上京ノ砌者、蒙御示悔、帯於御書関東御宗門ノ真俗ノ下知、被仰付、委如別記、

天文三九月十八日於大根田如賢往生、

如了御房兼昌

是迄大根田居住、又同国ノ内那賀郡菅谷村ニ移住、時人号那賀坊、

元亀元年十二月七日於菅谷如了往生、

如空御房兼真

于時御本寺、大坂御居住、
顕如上人御代、奉仕廿八年于大坂、
教如上人御若年ノ砌、御経・聖教等、御素読為御指南也、信長一乱ノ節ハ、尤大坂堪忍、及老衰下国、其後上京ノ儀、度々雖被為　召老躰、病身ニヨリテ不参、翌年文禄二年、
顕如上人御遷化、御素絹織物袈裟・御珠数・檜扇子・御香箱・白呉服一重、為　御遺物、被贈下、于今御衣袈裟有之、室ハ、額田城主小野崎下野守女シテ法名栄昌尼真子、三人如正　女子
会宗、
文禄三四月廿八日、於菅谷如空往生、八十五歳
世ニ名那賀ノ坊 肴房正覚寺
如正御房兼澄 任大僧都法眼法印
室ハ水戸ノ城主江戸但馬守女シテ、法名妙宗尼、二女アリ、妙勝尼、如明室、心空尼ハ阿弥陀寺室也、信長一乱ノ砌ハ、山伏姿ト成、大坂御本寺参詣一生ノ内十八度也、然処ニ文禄年中ノ比、江戸但馬守・額田小野崎下野守宿讎アルニヨリテ一戦ヲ催ス、故ニ但馬守便者(使カ)ヲ以テ云、下野守ト年来意恨アルニヨリテ、明旦一戦ノ勝負ヲ決スヘシ、貴寺内縁甚遁カタシ、定身方タルヘシト云々、其時、如正使者ニ対シテ云、尤貴所当縁近シトイヘトモ、額田氏ハ重代ノ一家也、中々貴辺幕下タルヘカラス、額田ト一党タル由返答、便者(使カ)小原宗勝カ云明朝初合戦当寺タルヘシト云捨テ帰ル、俄ノ事ニテ軍勢催スヘキ間ナキニヨリテ、夜中ニ近里ノ門徒等ニ由ヲ通、人馬大勢ヲ集メテ、仏具・宝物等漸ク在々へ送ル、同国ノ内稲木村ト云処ニ、深切之門徒是アリ、彼ノ処ニ至テ、土蔵ヲ借リテ宿ス、額田氏其ノ厚志ヲ感シ、城下森戸ト云処ニ、天神ノ森アリ、其所ニ小屋ヲ造作シテ、如正御坊ヲ招請ス、コレニヨリテ、彼処ニ暫ク堪忍ス、其ノ旧跡、肴坊光照寺菅谷正覚寺也、于今名天神小屋、其後佐竹義信ノ請ニヨリテ、久慈郡久米村之勝地ヲ見立、一宇建立シテ、如正・如明・如観・如高四代相続スト、及如正老衰大田村ノ内駒作ニ陰居ス、此地モ佐竹氏奇附シ玉フ、寛永十五戊寅十一月三日、於久米村ニヲヒテ、
如正往生、八十歳、
如明御房兼空 内陣出仕 室ハ、如正嫡女法名妙勝尼、二女アリ、嫡女定得院妙讃尼、次女阿弥陀寺室妙運尼、此如明至代阿弥陀寺・枕石寺・照願寺・西光寺廿四輩引卒而、奉帰山、各々為御褒美、御開山之御影頂戴、如明方へハ、等身ノ御影御免可被遊由、古大進并永念寺奉、
宣如上人ノ御代也、如明者、和田義明奉帰依聖人、成御直弟ト号、法名明空、末孫光明寺嫡子也、如正無男子ヨリテ、為聟養子ト、報恩寺顕西娚(甥カ)也、
寛文十一辛亥八月廿日如明往生八十一歳、
如観御房兼栄 内陣出仕 室ハ、如明嫡女定得院妙讃尼、子七人、嫡男如高兼智、

次女无量寿寺室、三女寿貞尼、四男号誉聖廓、五女・六女阿弥陁寺室妙恩尼、七男帰願寺兼循、然ルニ如明無男子ヨリテ、聖人御直弟乗信房ノ末孫阿弥陁寺嫡子如正御房ノ孫以聟養子トス、明暦二申年正月八日ニ、回禄、宝物等焼失、雖然本尊・御影ノ儀ハ、門徒一両輩参詣ノ砌ニテ、奉守出、廿四輩ノ連署一巻空如御房執筆当寺記録ノ写一巻、親鸞聖人御作南無仏太子、蓮如上人御消息一通、陰居如明所持ノ故ニ不思議ニ相残、同酉戌両年ニ、御影本尊ノ修覆并御堂建立ス、翌年亥ノ十二月ヨリ上京、輪番相勤ム、

寛文六丙午二月五日於久米往生、齢四十六歳、

二 願入寺歴代住持記録

覚如上人、於大網御坊、有対門弟記之、

執筆釈空如

永禄四年十一月廿八日、相当開山聖人之三百年忌、仍被罷越、三月廿八日、御報恩念仏被執行、近国衆大略上洛、遠国衆追々上着、因茲常州御直弟衆、至十月十一月参洛、此時、願入寺賢了・上宮寺明慶両人、予初而参会、選択集伝授、翌年正月廿三日、令同道天満宮於森中及宴酒、其夜横町火事、翌朝於御影堂後庭、彼一巻予拾得之、年号永正元年八月日、奥郡御坊、以御所持之本書写之云々、同日専称寺乗尊同巻物拾之、但此本者、天文年中於常州写之、筆者善教云々、其後招賢了聞之、未及見之由返答、同砌賢了・明慶下国、又同七年両人上洛、其外御直弟衆令参拝各下向、但賢了在京、至霜月中旬、御門主被仰出、御同宿被召加、則報恩講法服鈍色衲袈裟・織物袈裟・絹袈裟等、御免許、予又同比、亡父坊号蓮如上人、御授与之光闡坊之名今師給之、就中先年賢了書写之一巻、於本国、被相尋正本并願入寺代々法名記置一書、同如慶着服之絹袈裟等、随身持参、将亦蓮如上人御自筆之御書等、先年予遂拝覧奉写留訖、然処永禄七年十二月廿六日、御回禄之時、令焼失、雖然彼一巻者、賢了為校合、借用之条、遁彼難、于今相残返予手、不思儀也、乍去疎墨之躰、不如意之間、重而以彼所持之本、所書写也、

親鸞聖人、御孫則御附弟 大網如信上人、御子六人

彼御嫡子浄如御房是如信上人法流相承之、為真弟、即本願寺聖人親二十四輩(マヽ)之為上足、即奥州大網之御坊御坐聖人御彦也、号奥之坊、

願入寺代之法名

親鸞聖人 大網 如信上人 覚恵御従父也、覚信嫡、

浄如御房 覚如上人御従父ナリ、如円御舎弟、

空如御房

如善御房

空円御房

純如御房

源如御房 是迄ハ奥州ニ住、

如慶御房 是ヨリ常州大根田、

如賢尼公

了心御房是ヨリ石神住、則スカヤニ移住、

賢了御房

慶了御房是ヨリ久米ニ住、

明了御房

寛了御房

願入寺代々之事、先如信上人、於奥劦東山大網御住居、雍州東山大谷本願寺御影堂御建立之後、如信上人御上洛、又御下向于大網、御影堂敷地者、覚信御房御寄進也、覚信御房者、鸞聖人之御相続云云、則御息男宗恵阿闍梨、辞青蓮院門跡、着黒衣、御影堂御留守職也、号覚恵、其御子覚如上人、自如信上人、御法流御附属、去弘安九年報恩念仏如信上人御上洛之時也、于時覚如生年十七歳、自尓已来、覚恵・覚如度々東国御修行、又元弘元年冬比覚如上人御下向、於常州金沢道場、御仏事致執行、是者信上人御遷化之地也、翌年正月四日、於奥劦大網、第卅三回之御正忌勤修、廿四輩之御直弟衆来集、於此砌、各連署有之、執筆空如御房云云、是浄如之御子信上人之御孫也、又至康永三年、空如上洛、同参候之御直弟衆各連署、覚如・空如被加御判畢、十一月七日云云、是則小比叡故空性房自由之妄義、為停廃也、弥御一流再興、覚如・善如・綽如・巧如・存如・蓮如・実如・證如師資相承繁栄、猶以盛也、法孫満于諸州、行化遍于世、自蓮如上人、御在世遠国近国御門弟等、逐年参洛、就中大網如信上人御子六人之中、以浄如御房、為相続御子孫大谷上洛号奥坊云々、自尓以来、

七代大網居住、依国錯乱、至于如慶、従奥州越常州大根田居住、其比蓮如上人東国御下向御参会、其後如慶上洛、亦聖玉房為御使者上着、是則明法房之末孫也、如慶書状、同御同朋中、御志進上聖玉者、本山伏也、忽帰御門流ニ、于時廿五歳、蒙御示誨、暫在洛、仍別而帯御書下国、自是彼境御一宗恢弘、因兹聖玉房明賢大根田居住、随而如慶之為御計、了心誕生、母儀者、如慶尼公也、如慶嫡女如了然処、ニ以明応九年三月五日、如慶御往生、嫡女如賢相続了心ニ四歳之時也、其後明賢永正元年山科へ上洛、実如上人之御代也、而後以天文十八年二月三日、明賢往生、九十歳、大永三年、了心初而上洛、廿四歳、上宮寺明心同道、天文三年九月十八日、如賢往生、六十有七其後享禄五年賢了上洛、初而御対面、明春上洛同時也、兼又願入寺先祖之事、上件之子細可及言上歟之旨、内存雖有之、山科錯乱之砌、参洛之条、不及其沙汰、證如(如了)上人大坂御移住之後、既ニ山科炎上、依之了心(如了)大坂へ参候、翌年為御使、帯御書常州其外御門弟中へ、以御意下国、然者天文廿三年八月十三日、證如上人御入滅、即今師上人顕如十二歳、御相続、弘治元年了心上洛、子息賢了(如空)同道、是則前住上人御一周忌之時也、兼者明法房之嫡流、為俗躰、息女一人有之、聖玉房者、彼俗人之従父也、仍為彼計明賢山伏同、門之内、皈当流ニ之仁躰、為彼聟明法房遺跡相続云々、明心房是也、母者妙心尼、則孫七之嫡女也、明春者、彼息男、明慶者其弟也、明春往生之後、則相続、初者代々称明法坊与、蓮如上人東国御修行之時、寺号被授云々、又新提信楽坊一孫者、本願寺参

詣之儀無之、然而蓮如上人御下向之時、不慮彼寺へ入御、子細御尋之所、乍憚尤縁上件之儀、被申上、依之御思案之旨、雖有之、代々後悔廻心之段、別而当住持改悔帰真之懇望難黙止、被思召被成御免畢、第二度御下向之時、新提へ、被成御座、其時弘得寺、被下寺号、其砌上宮寺被称云々、其後明賢上洛、是山科御建立之以後也、第二度之御下国者、文安四年之比、甲州万福寺入御之記ニ相見、又如慶常州大根田御移住、文安三年之比也、於此所、蓮如上人御対面云々、其時御着用之絹袈裟、今度願入寺賢了（如空）持参上洛、浄如之真影絹袈沙御着服之御姿被写云々、于今願入寺安置有之、蓮如上人御上洛之後、東山大谷御参詣、寛正年中之可為御上洛者哉、

（大網）如慶（此代奥州ヨリ国依錯乱常州小瀬郷大根田へ移住、寛正年中本願寺参詣、明応九年三月五日卒、）
├如賢（法名如了）（父者明賢、為如慶御計如賢相続、大永三年本願寺参詣、廿七歳、天文三年九月十八日卒、六十有七、）
│　└了心（法名如空）（享禄五年上洛、天文二年為御使帯御書自大坂下向東国、）
│　　　└賢了（天文廿一年於常州落髪、十四歳、翌年本願寺参詣、十五歳、永禄四年上洛、廿四歳、同七年上洛、廿七歳、今年ヨリ在京、天正十九年マテ廿八年御堂ニ詰、大坂京都迄也、文禄元年顕如上人御入滅、則賢了上洛御焼香シタテマツル、則下国、同四年四月廿八日卒、五十八歳、）
└明賢（号聖玉房本者山伏也、文明十六年如慶同宿、為御使上洛之時、被相副、于時廿五歳、是時皈御一流、暫在京、帯蓮如上人御書東国下向、其後大根田同宿、永正元年自常州上洛、四十五歳、天文十八年二月三日卒、九十歳、）

法印権大僧都
（法名如正）慶了（寛永十五年戊刁十一月三日往生、七十八才）
（天正三年乙亥於東国落髪、十五歳、同六年戊刁上洛、十八歳、是時永勝尼公同道慶了母儀、四十二歳、同天正九年辛巳上洛、廿一歳、同拾二年上洛、是時御開山様之、御訴訟雖申上依御免無之、十一月三日慶了同十四年上洛、廿六歳、是年二番之御影様御免、上洛、都合十八度也武蔵江戸御堂へ三度也、）
└明了（法名如明）（慶長十五年当寺ニ始テ来リ給ヒ、同十六年、准如上人武州江戸御下向ニ付登江、先師慶了同道、則法明了ト被授、而同十九年上洛、先師慶了同道、以後元和八年戌ノ二月当寺ニ移住、而テ後チ寛永五年上洛、同年九月於江戸東本願寺へ皈参、其時先師慶了モ同心ニ皈参、其砌リ阿弥陀寺信慶枕石寺宗順・照願寺念了、同末寺一ケ寺同心ニ皈参、其ノ後寛永十四刁年上洛、明了四十七歳、今師宣如上人御代則教如上人色裳ノ御影御免、又正保第四亥年三月御影堂御勧進、御書同御堂衆両人下着、願成寺善立寺御奉加進上、同年六月上洛、新発意勧了同道、以上明了上洛五度也、）
　　如明（寛文十年戌八月廿日往生、）

奥州石川郡多賀庄六十六郷之内、大網郷東山・常州那賀東郡小瀬郷大根田・常州那賀郡石神・同巣萱・同天神小屋・同州久慈郡稲木・同久慈郡久米住・同州茨城郡岩船、昔年元応二年、仏光寺空性房了源初参、（俗躰号弥三郎）奉親近、覚如・存覚受指授、於山科建寺、覚如上人寺号被授興正寺、其比存覚御勘気関東御下向上着之後、正中元年八月、時正山科興正寺供養、元徳弐年二月、時正仏光寺供養、（自山科移之、存覚改寺号、）建武　年了源逝去、暦応元年九月、依愚咄坊口入、覚如上人御免、存覚御出頭、康永元年又義絶、同三年大綱空如上洛、同参詣之御真弟衆、各連署有之、汁谷仏光寺源鸞之時歟、其文云、

一於祖師御一流名帳之事無之事

一同御在世之時絵継図云事無之事

一遠国御直弟京都之外御本号無之事

一祖師御名字之写不可付之事

一何阿弥陁仏不可付之事

一裳無衣黒袈裟不可用之事

此六ヶ条、堅可被相守故、今比叡空性房、私構自義彼方へ、不可有経廻之由、文写（言）失念取意抄出所令也、

康永三年十一月七日

大谷 釈覚如 在御判

大網 釈空如 在御判

覚如上人御入滅之後、於大谷御本廟、存覚上人、以御筆、被書写御安置之条、数之外者他筆也、慈観之筆跡歟、報恩寺尼證智之比歟、連署不見、高田専空毗沙幢、小松川一円、其外性信門弟真仏門徒荒木下連署数多有之、荒木空還者、被書入畢、正本同予写本、去永禄七年火事之時焼失、仍諳誦之趣染筆留之、

（大谷）親鸞上人御弟子、　此一本、寿命寺上洛之時持参、坂東高田門徒道場有之云々、他本相違文写等不詳、

（専修寺）真仏御房　下野大内庄高田

（報恩寺）性信御房　下総豊田庄横瀬

（无量寺）順信御房　常陸鹿島富田

乗然御房　常陸南庄志田

（弘得寺）信楽御房　下総大方是ハ不参、

成然御房　下総上幸島妙安寺

西念御房　武蔵野田

性証御房　下野成飼

（東弘寺）善性御房　下野豊田飯治高柳

（本誓寺）是信御房　奥州和賀郡万シヲ南部

无為信御房　奥州

善念御房　常州久慈東

信願御房　下野アハノミカサキ

（阿弥陀寺）定信御房跡善明　那河西粟

（枕石寺）道円御房跡唯円　常州アウクン

（寿命寺）入信御房　常州那河西穴沢

（照願寺）念信御房　常州ヒサトウ

（常福寺）入信御房　常州久慈西八田

（上宮寺）明法御房跡證信　久慈西ナラ原

（常弘寺）慈善御房

（浄光寺）唯仏御房跡鏡願兄弟　常州吉田枝川

唯信御房　常州アウクン　トモリ

唯信御房跡願信　アウクン　ハタヤ

唯円御房跡信浄　アウクン　トリハミ

次第書之、

康永三年甲申仲冬朔日

釈覚如

69 〔青山文書〕 福井県武生市 青山正所蔵

一　浄意譲状

譲状

二所熊野檀那坊識(ママ)興円照房
やすわら殿一せき
たかしは殿一せき
与得譲状事
ねもと殿一せき
南こいつみ殿一せき
北こいつみ殿一せき
あくと殿一せき
大平殿一せきあくと
おうひら殿一せき
譲状
依為後日證文之状如件、
浄意（花押）
康暦二年庚申六月十日

二　良賢譲状（郡山市吉田豊所蔵）

（端裏書）
「熊野三嶋旦那譲状　良賢」

右此たんな二位房譲おあん人たち候まてハ、御弟子とも、子ともおほしめされ候て、御ふち(扶持)をくわへられ候へく候、人たち候て後、ちうふんにて置かれ候へく候、御返(カ)いこハ、二位房方へ、一所ニさたされ候へく候、同行中よりいらん(違乱)のき候とも、此むねを御ひろふ可有候、ゆめ〳〵ふさたのきあるへからす候、依為後日、状如件、
応永廿二年乙未二月十日　良賢（花押）

三　浄祐譲状

譲状事
二所熊野旦那次第
ねもと殿御一せき
きたこいつみ殿御一せき
みなみこいつミ殿御一せき
大平殿御一せき

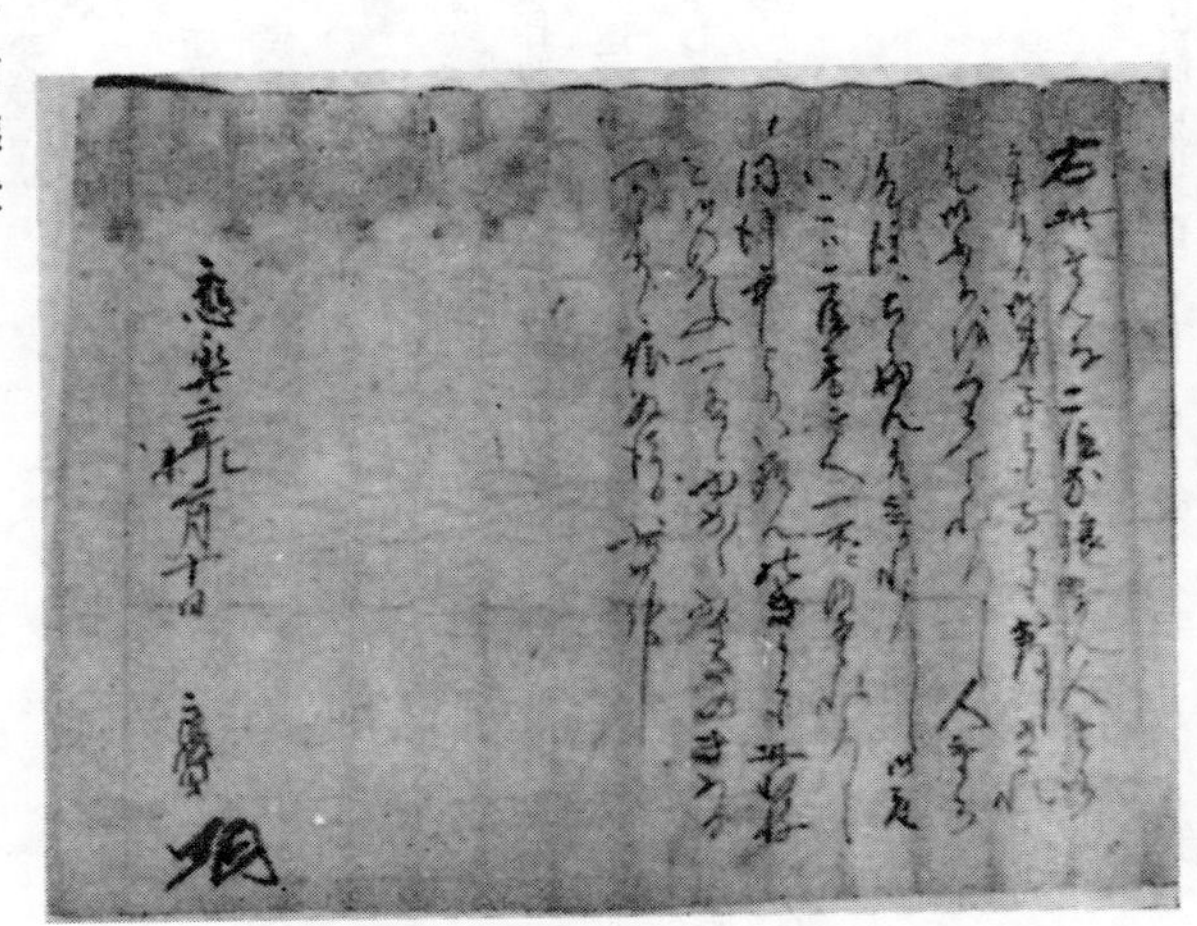

やすはら殿御一せき

大ひら殿御一せき

たかしは殿御一せき

譲所状、如件、

奥州田村庄糠（カ）田待従阿闍梨譲所実也、

守山湯上坊小浦（カ）律師浄祐（花押）

応永廿二（四）年太才丁酉五月一日　（花押）

四　乗々院役僧奉書

奥州田村庄司遠末一家先達職事、任代々譲旨、不可有知行相違由、
（若王寺）乗々院法印御房御奉行所候也、仍執達如件、

応永卅年八月廿三日　権律師（花押）

待従阿闍梨御房

五　祐和銭借状

（端裏書）「ひかしいんの大くらのりんし　五文也
御くちあい九月二日十貫文た　むらのしうとのかりしやう」（〇三の奥花押と同形）（裏花押）

かり申候御れうそくの事

合拾貫文者　明年たつの年すき候ハヽ、もん　しよみきよしよなかくし　申へく候

右件の御れうそくハ、貫別ニ五十文つゝのりんふん（利分）おそへかへ、た申へく候、もしふさた申候ハヽ、あふしう田村庄くまの参詣の先達職の代々の御文書三通、同みきよしよはそへ候て、しちもつにおき申候、もしふさた申候ハヽ、はうれいの御さたにあつかり申候へく候、仍為後日、かり申候状、如件、

かりぬしあふしう田村庄守山

湯上坊待従祐和（花押）

応永卅年九月二日

請人大蔵律師静浄（カ）（花押）

六　祐季銭借状

（端裏書）「えちせんとのゝ御くち文　五文也
五貫文九月十二日たむらのしうとのへ」

かり申候御れう（料足）そくの事

合五貫文者

右件れうそくハ、まい月くわん別ニ五十文つゝの、りふんをくわへ候て返申候へく候、たゝししちもつにハ、あふしう田村の庄、熊野参詣先達職の代々の文書三通、并御散書あいそへ、入おき申候上ハ、もしふさた申候ハヽ、明年たつのとしをすぎ候ハ、なかし申候へく候、そのときとかくのいき候ましく候、よつて為後日状如件、

応永卅年九月十二日　待従祐季（花押）

田村の湯上坊

越前法橋（カ）　うけ人　与元（花押）

七　乗々院役僧奉書（郡山市吉田豊所蔵）

奥州田村庄住人等、熊野参詣先達職事、證文備上覧畢、任去応永廿二年之御下知之旨、不可有引導相違、侍従祐栄余流輩、雖有掠申子細、不可有承行由、乗々院法印御房御奉行所候也、仍執達如件、

応永卅三年九月二日　権律師（花押）

二信公御房

八　祐玄熊野先達代官職預請文（郡山市吉田豊所蔵）

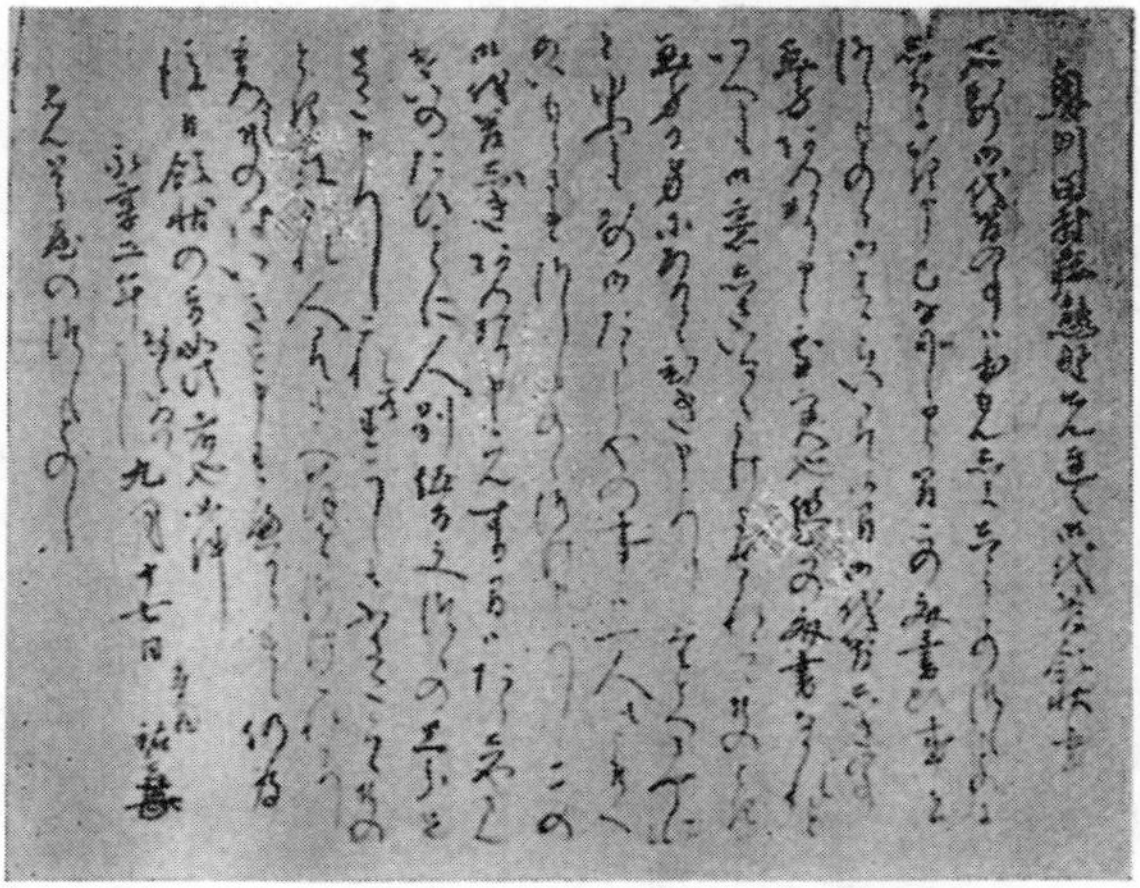

奥州田村庄熊野先達之御代管(ママ)領状之事

右かの御代管(ママ)の事ハ、本もんしよ、しゝうとのつしとのにしちにおき申、巳なかし申候間、この文書の事者、つしとのゝ御はからいにて候間、御代管しきの事、愚身あつかり申候処実也、但この文書なかれ候といへとも、御意しさいなくうけさせられ候ハヽ、そのときハ愚身の身にあてゝひき申候へく候、たとへさやうに候とゆふとも、かの御たうしやの事ハ、一人もよそへあいもらさす、つしとのへつけ申へく候、この御代管しき、あつかり申候ハんする間ハ、たうしやさんけいのたひことに、人別伍百文つゝの上分を、さた申へく、これ若すこしもふさた候ハヽ、そのときはたれ人にても候へ、おほせつけられ候へく候、まつたくその時、いきを申すへからす候、仍為後日、領状の旨、如此者也、如件、

永享二年かのへいぬのとし九月十七日　田村大蔵祐玄（花押）

はんとうやのつしとのへ

九　足利義教御教書

丹波国のゝ口内佐伯庄下司しき乃事、光明院とのゝ御菩提れう所として、御知行候へく候よし、御心へ候へく候、かしく、

八月廿四日（足利義教）（花押）

妙喜御房

一〇　乗々院役者連署奉書

奥州田村庄司遠末一家先達職事、任買得相伝之旨、引導不可有相違候、雖然、有申子細仁者、重可被経御沙汰之由、乗々院法印御方御奉行所候也、仍執達如件、

嘉吉元年十月二日　法橋快乗（花押）

渋谷備前入道　重継（花押）

大輔公御房

一一　田村直顕証状

熊野山就先立職之事、彼文書可請之由承候、尤可然候、為後日、状如件、

享徳三年八月廿一日

直顕（花押）

兵部卿へ　まいる

一二　乗々院役者連署奉書

奥州田村庄司遠末一家先達職事、任応永卅年八月廿三日并嘉吉三年十月二日御下知坂東屋道公譲与旨、不可有引導相違、雖然、有子細申仁者、重而可被経御沙汰候由、　乗々院大僧都御房被仰下所候也、仍執達如件、

康正二年十月一日　沙弥重継（花押）

法橋快乗（花押）

田村兵部公（ママ）御房

一三　僧都了賢請文

奥州田村庄先達侍従江去応永年中ニ両度廿四貫文合借銭処ニ、依佗事、直銭五貫五百文ニ閣申候、但彼借書挽（ママ）失候、其間返請取を進之候、正（証）文見出候ハゝ可取替申候、自然彼文書落失有申子細人者、此一紙為先間、被致盗賊沙汰候、為其行者講衆中致披露、又賢寿坊を證拠立申候、仍為後日、請状如件、

長禄弐年九月十日僧都了賢（了銀坊）（花押）

請人賢寿坊経照（カ）（花押）

一四　某書状（切紙）

今度者、為熊野参詣、上洛珍重候、仍当院之儀錯乱故悉以及転（カ）倒、無正躰之条、以有増之筋目、東蔵差下候、於様躰者、以才覚時宜、可然様可被相調事専用候、田村殿へも、以直札（カ）を宜様可執成事簡要候、次護扇子一本、任所在候、併音信計候、万事頼入候、穴賢々々、

九月十三日　（花押）

大聖院僧都御房

一五　某書状（切紙）

当年上洛相待候処、無其儀、無心許候、抑今度京都錯乱之砌、当院不慮諸軍勢取破、寺住難成候、此刻別而令馳走、再奥之儀馮入候、巨細猶三上可申之間、抛筆候、謹言、

九月廿三日（花押）（〇花押前号と同形）

大祥院御坊

一六　長頼・藤之連署状（切紙）

芳札旨、令披閲候訖、仍就御所労、早速以名代、御礼被申入候、殊青銅五百疋、令披露、則使客御対面候、尤珍重候、巨細御使ニ申含（カ）候条、不能具候、恐々謹言、

十一月廿五日　藤之（花押）

長頼（花押）

相模守御房

蒲倉

一七 聖護院役者増真書状（切紙）

（切封）

就今度門跡御下向、種々被抽懇請之由、神妙之至、無比類候、如何様松嶋平泉為見物、与風可下国候間、其砌毎事馳走肝要候、謹言、

八月廿八日 増真（花押）

大祥院

（押紙）
「此者文明比之書ニ御座候、聖護院御門跡御下向御止宿ニ
成候事も御座候」

一八 田村盛顕売券（切紙）

（端裏書）（大平相模殿）
「□ ひかしより」

□候て大た□（いらの）田ねん□（くあし）□十貫文ニうりはたし、
□ □たけあるましく候、□ □状如件、

盛顕（花押）（〇一覧210と相異す）

一九 法眼慶乗・法橋慶俊連署奉書

奥州田村庄、河原助（公）御知行分、旦那 熊野参詣先達職事、任去文明十年九月廿一日御下知之旨、引導不可有相違之由、乗々院殿御奉行之所候也、仍執達如件、

延徳二年閏八月十五日 法眼慶乗（花押）
法橋慶俊（花押）

治部卿僧都御房

二〇 聖栄売券

（端裏書）
「先達兵ゑへ ひかしより」

大たいらの人あし、そのほかこくち物、合十二貫文ニうりわたし申候、ねんきすき候者、なんときも此分ニ、うけ申へく候、何方よりも、いらんの儀、あるましく候、後日の證文如件、将又、大たいらの屋しきの内、むねやく等の事、心得申へく候、

永正十五年つちのへとら十二月廿二日 聖栄（花押）

二一 舟引某売券（郡山市吉田豊所蔵）

（端裏書）
「蒲倉先達 蓮広坊へ 舟引の上より」

ありあいの状

用々あるニより、かはのくらのむらの内ニ、おうたいらと申在家、本ねんく四貫三百文之内を、二貫五百あし、十五貫文ニうり申、何時にても代候ハヽ（カ）、ありあひにうけ可申候、如此之子細、御南様へも申届候、すこしもいらんの義あるへからす候、仍為後日之状如件、

大永弐年辛午卯月九日

舟引の上より

蒲倉先達蓮広坊へ

二二　小祭覚清先達職売券

田村三分一御道(導)者之事、

合参拾貫文者、

右、依要用有、如先季(マヽ)之、所売渡申、実正、已後為しせうの、坂東屋富松方、請人立申候、若兎角有申者、此せう文もつて、可被仰候、仍而後日状如件、

大永五年乙酉九月廿一日　小祭刑部卿　覚清（花押）

坂東屋富松　氏久（花押）

蒲倉蓮光坊

二三　田村義顕下酉売券

（端裏書）「永代沽券」

橋本左馬助之地行分、下行合之御前尾(瓦カ)さつていの岡よけす、参十貫文ニ永代ニうらせ申(マヽ)候、別条有間敷候、余方候者、心得申間敷候へ共、従其方、末代之恩と承候間進候、於向後、別而之御はたらきあるへく候、仍後日之状如件、

天文四年乙未六月吉日　下酉（田村義顕）（花押208）

冨春軒三春より

蒲倉相模字殿参

二四　芦名盛氏契状

（端裏書）「芦名殿の徹書之状」

被任先例、隆顕与盛氏甚深、可申合之段、被露条書候間、速及回答候、

一於当郡、慮外之儀出来候者、可預御合力事、

一於自今以後、如来簡、吉凶共互御諷諫之儀、可有之事、

一於累代、不可有変化候、雖然、決断隣郡諸家中之正邪者、可及其刷事、此等之篇目、若偽候者、

八幡大菩薩・三浦十二天、総者大小神祇等可有昭鑒者也、仍契状如件、

天文六年十二月吉日　（芦名）平盛氏（花押273）

田村三郎殿

二五　上石盛重売券

（端裏書）「大(平)□先達

あけいし」

右用々あるによつて、八千魚之内、ミやうちの年具あし、五百文之所、三貫文六年とく分ニうり渡し申候、つちのへいぬの年より、卯の年迄、それすき候ハヽ、有あひたるへく候、仍而為後日之状如件、

天文七年つちのへいぬ三月吉日

大平先達　上石　大輔盛重(カ)（花押）

二六　某代銭請取状案（郡山市吉田豊所蔵）

（○前欠）

□あいに一貫八百文ニ御うけあるへく候、

依用は有ニ、かいをき申候舞木のたいら三百文はたけの事、六年と

くふんに取候、八百文にかい申候、ねんきすき候ハヽ、ありあいに御うけ可有候、たれ人もいらん申候ハヽ、此状を御□き候へく候、たいらのふるたてのついちきハをきりにて候、仍後日之うけとり状如件、

ことう平の小大郎とのへ　東の内□衛門

天文七年つちのへいぬ十月十日

二七　上石某売券案（郡山市吉田豊所蔵）

（端裏書）
「蔵本大平さかミ殿　上石殿（マヽ）」

右、依有用々、うり渡申候きつねのたむらの内、ひかしの内、かう（は）ちとの前田下のつほ四百なりの処、二くわん四百文つちのへ戊年より来甲辰年まて六年徳分ニうり渡申候、六年過候ハヽ、なんときも本せんたて可申、その時ハいらんなく返可預候、為後日状如件、

天文七年戊戌十月吉日　上石殿（マヽ）

本銭返状　蔵本大平さかミ殿

二八　田村義顕等三人連署起請文

起請文

右意趣ハ、其方身体、後日義懇望之間、任其義、別条有間敷候、并ニ倍徳（買得）之地、余義有間敷候、併此内一二ケ所、致配分候、彼地之事、是ハ替之地、可進候、若此旨偽候者、
上梵天・帝尺、下ニハ堅牢地神、惣而日本国中大少神祇、別ハ熊野三所・当国塩釜大明神・八幡大井（菩薩）・太元明王・天満大自在天神、各々可有照覧者也、

好閑（田村義顕）（花押209）

天文十二年癸卯七月廿七日　隆顕（田村）（花押214）

胤義（花押）

椛（樺）蔵相模守殿へ

二九　田村隆顕起請文

起請文

右意趣ハ、相模守身躰之義承候、更ニ雖覚悟之外ニ候、余ニ其方御懇望間、任其義候、於後日、別条有間敷候、若此旨偽候者、
上梵天・帝尺・四大天王、下堅牢地神、惣而日本国中大少神祇、殊ニハ当国鎮守塩釜大明神、別ハ太元明王・八幡大井（菩薩）・摩利支天・熊野三所・天満大自在天神、各々可有照覧者也、

天文十二年癸卯七月廿七日　隆顕（田村）（花押214）（マヽ）

福原大蔵太輔殿

三〇　田村隆顕知行充行状

今般旁々□忝候、依兹下枝之村之内、大窪并松之木并行合半内之知行分、進置候、於向後、懇切ニ陣参以下可有之事肝要候、仍而為後日之状如斯、

天文十二（四）年乙巳霜月十六日　隆顕（花押214）

御代田参太郎殿

三一　足利義輝御内書（折紙）

（端書）「安積郡富田村富田左文」

伊達左京大夫父子、及鉾楯候由、有其聞候条、不可然候、急度令和（カ）（カ）礼忠功之意（カ）候者、可為神妙者、可加意見候、仍聖護院殿下向候、因差下葉阿（カ）候、猶晴光可申候也、

（天文十六・七年）八月八日　（足利義輝）（花押）

三二　聖護院道増修験中法度

（道増）（花押）

定修験中法度之事

一近年関東之族、当山入峯云々、前々無之上者、堅致停止訖、若違犯之輩在之者、可致徹（ママ）却頭巾袈裟事、

一六拾三郡聖、近年動、令引導伊勢熊野導者旨、有其聞、前代未聞次第也、所詮尋捜、堅可有成敗事、

一号国峯修行、令疎両峯之芸（ママ）薮事、冥顕尤以有其憚、向後未修行之輩、導者引導不可然事、

已上

天文十六年五月日　増梁（花押）

光頼（花押）

三三　聖護院役者連署奉書（折紙）

奥州田村六十六郷并小野六郷、福原村等年行事職之事、数年当知行云々、然者弥無相違、可令全領知之趣、聖護院御門跡、所被仰出也、仍執達如件、

天文廿一
正月十六日　藤之（花押）

増梁（花押）

蒲倉
大祥院僧都房

三四　伊達稙宗書状

態令啓候、抑其方并岩瀬安積一和之儀、去秋以来申立候処、両様依篇目之相違、難渋候、至于当春、以使者、可申述候哉、去正相馬方楢葉地へ出張、懸走候、其義万々取紛故遅延、近日為使可申述候、雖無申事候、従何方、彼調法候共、爰度申来候筋目被托諸篇被相任稙宗候、之様盛顕へ引詰御諷諫、可為大慶候、恐々謹言、

三月廿三日　左京大夫稙宗（花押188）

三五　熊野山新宮年貢帳（続紙）

熊野山新宮御年具帳次第、

田村庄六拾六郷之内、

永禄十一年七月吉日

水合越中

定清（花押）

案内者泉蔵坊

一町八段一貫七百文　御代田
此以後者、一貫八百も、御取あるへし
一町　八百文　徳定
六段　四百文　正直
一町　四百文　かなや
此以後者、ほつミ御取あるへし
八段四百五十文　小河
三段百文　てしろ木
五段三百文　道わたし
一町五段八百文　やた河
三段河まかり内かへやさわ
一町五百五十文　白岩
此度かたく御わひ事候間、五十さし置申候
二段　百文　下白岩
二段　百文　はぬき
四段　四百文　こまいた
一町八段一貫八百文　三春
二町一貫八百文　高倉
三町五段二貫　下牧
二百文あれ申候間、以後者二貫二百文御座候へく候
二町八百五十文　河まかり
此以後者、二貫文御取あるへく候

三町二貫文　中津河（中津河一町）
六段五百七十文　田も神（柳はし一丁）
三段かわまかり内　ぬかつか
六段四百文　うしくひり
二段百文　いこくさ
三段二百文　ひわたし
ひわたし殿はひことんニおよひ、百文さしおき申候
三段三百文　くろ木
三段三百文　このめさわ
三段三百文　かしわ原
三町五段二貫文　あしさわ
三段三百文とふ山さわ
三段三百文　いほり
一町五段六百文上堀越
一町五段八百文下堀越
六段六百文　まきの
六段四百八十文ミやうか葉
一町　六百文　山口
一町　八百文　白石
五段四百五十文　時田
一町五段一貫二百五十文したさわ

一町一貫文　今泉
一丁二段西青山共ニ
一町七百文　はりやま
六段三百文　中野め
此内三百文ハ、今泉より立申候
三段三百文　せき田
一町八百文　くぬき山
六段五百文　上下長井
百文あれ候よしをわひ候間、以後ハ六百文御取[ ]
三段三百文　泉さわ
一町五段一貫五百文船引
三段三百文　おさわ
四町四貫文　常葉
一町八百文　すくも田
三段三百文　いたはし
五段五百文　南彼又
三段三百文　東かやま
一町八百文　上宇津志
一町五段八百文　北宇津志
六段六百文　南うつし
三段三百文　石さわ
一町七百文　木村
九段七百文　あかぬま
以後ハ九百文御とり申へく候
三段三百文　まかりやま

五段四百文　川しか
三段百五十文　大山
三段百九十文　大倉
一町五段一貫文　彼又
六段六百文　とみさわ
五段四百女文ありわた
此以後ハ五百文御とりあるへし
二町二貫八百文　高なす
二町一貫七百文　成田
二町一貫四百文上下ひらさわ
二町一貫四百文　新田
八段五百文　七くさき
二町五段七百文　おまつり
三段三百文　たかしは
三段二百七十文　新田いたはし
三段三百文　ふかさわ
三段三百文　すもゝ田
六段六百文　おふはた
二町一貫八百文おにう田
五段三百文　中のめ
五段五百文　おにう田之内　中野
六段六百文　つち棚

一町七百文　西藤
六段六百文　かい山
三段三百文　なめ津
六段五百文　西大越
三段二百卅文　へひやさわ
三段二百文　上よきあし
三段百七十文　下よきあし
百卅之外あれ候由申候間、以後ハ三百御取
三段三百文　きつねたわ
三段二百文　ふかや
三段二百五十文　神田
此以後者三百文御とりあるへく候
三段二百文　あけいし
三段二百文　はせこ
三段二百卅　へひ石
七段六百文　ゑひね
三段三百文　とちくほ
三段三百文　宮志田
三段二百文　よこ河
一町五段一貫百文　熊神
三段百文　北小泉二百文ハ
あれ申候、以後者三百文御取可有候
三段三百文南小泉
六段五百文　阿久津
百文所河ニなり申候

四町一貫五百文もふき
三段二百文岩のさく
七段六百文東木村
三段三百文せりのさわ
三町一貫五百文三町之目
六段五百文　ねもと
一町六百文　ぬまのさわ
八段六百五十　長とろ
以後ハ六百文御とりあるへく候
一町七百文石の森
七段七百文さゝやま
三段三百文よもき田
二町一貫四百文さねさわ
以後ハ一貫四百文御取あるへく候
三段二百文　安原
六段六百文　かまのくら
二段百文　あかぬま
一町五段三百文上行合
一町五段六百文下行合
三段あらいかまくら之内
六段三百文かねさわ
三段　石のたつミ
一町一貫文　門さわ

三段百四十文　中山
此内百六十八上宇津志八石まきより立申候
五百文
六段三百五十　うきかね
〃〃〃〃
一町五百文下中津河
六段四百文しゝのくら
三段三百文小北やき
六段六百文かはのくら
此帳ニ相ちかい候所、おゝく御座候、よく〳〵見合被成候て、御取可有候、為後日、乍聊尔、加筆申候、此ほか無他候、壬申ノトシ、
我々取帳同前ニ候、よく〳〵御見合尤候、
勝香院(カ)（花押）

三六　法印増堅熊野先達職安堵状

奥州塩松旦那、熊野参詣先達職之事、不可有別儀候、善上分等其外、於無沙汰者、任請文旨、彼旦那職、可申付別人者也、仍状如件、

元亀二年九月日　法印増堅（花押）
蒲倉
大祥院

三七　織田信長先達職安堵状（折紙）（郡山市吉田豊所蔵）

奥州塩松先達職之事、従勝仙院、如被預置、熊野参詣諸旦那共、被相催、上洛可然候、不可有違乱之状如件、

元亀三
八月六日　信長（朱印）
田村蒲倉
大祥院

三八　某覚書（○前号参照）（郡山市吉田豊所蔵）

信長様御朱印之儀者、近江之国とらごぜ山御ぢん之時節 候由及承候、御取次之衆ハ
丹羽五郎左衛門殿但シ長秀
羽柴筑前守殿但シ大閤様
右、御両所御取次ニて被下候由及承候、御朱印之内ハとらの御朱印之由ニて候へ共、久敷儀故朱被ちらけ申候、御やう筆衆ハ武谷国広と申候衆之由ニて御座候、

三九　快弘・鎮乗連署奉状（折紙）（郡山市吉田豊所蔵）

出羽奥州両国輩、当院御霞之内、近年修行之道、退転之様、無勿躰候間、大峯先達事、被仰付候上者、国中被相催、年々可被専此道之由、若王子前大僧正御房、所仰候也、仍執達如件、

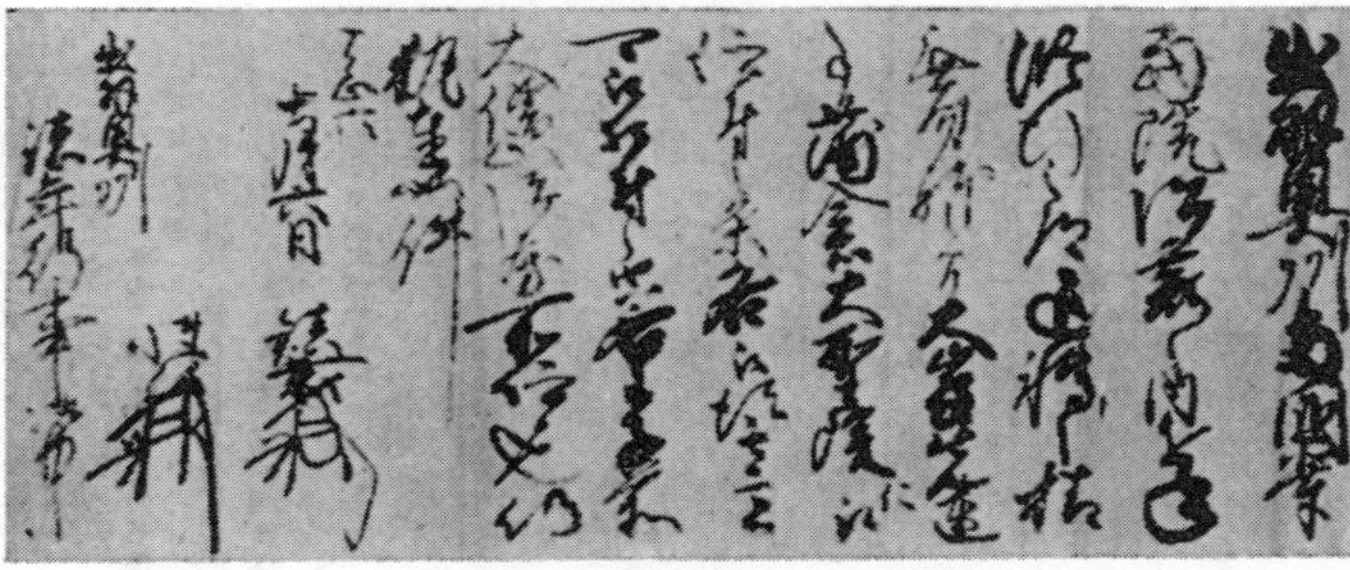

天正六
十月六日　鎮乗（花押）
　　　　　快弘（花押）
蒲倉
大聖院御坊

四〇　快弘・鎮乗連署奉書（折紙）（郡山市吉田豊所蔵）

出羽奥州両国輩、当院御霞之内、近年修行之道、退転之様、無勿躰候間、大峯先達事、蒲倉大聖院ニ、被仰付候条、各被得其意、可候被仰付由、若王子前大僧正御房、所仰候也、仍執達如件、

天正六
十月六日　鎮乗（花押）
　　　　　快弘（花押）
出羽奥州
諸年行事御中

四一　田村清顕名跡安堵状（折紙）

今般上堀越名代、佗言候間、任其意候、向後奉公之儀、各々同前、可有之候、為後日如件、

天正十年壬午
弐月十七日　清顕（花押211）

上堀越助八郎との

四二　田村清顕書状

明日出馬付而、可被打出候由、雖頼入候、殊外、洪水故、明日之義ハ相延申候、廿四日ニ罷出、五日より、可及調義候間、廿四日ニ能々被相調、被打出可及候、度々如申理候、此度之事者、当年初之動ニ候間、悃被相調、被打出可及候事候、重而恐々謹言、

壬七月廿一日（田村）清顕（花押211）

石　相模守殿

尚々申入候、明日事者、先々相のへ候間、重而被打出候て、能々被相調可及候、あまり被相延候事、近比無念候

四三　熊野山新宮年貢帳（続紙）

田村之庄御年貢帳
天正拾四年丙戌拾月十三日
鈴木吉拾良
熊野山新宮　真基（花押）

田村六十六郷之帳
一町八段一貫三百五十（四百五十済不申候）　三春
一町七百文　石之森
一町八百文　すくも田

一町一貫文　門沢

五十すミ不申候
二町一貫七百五十　高那須

二百すまし不申候、以後は二貫御取可有候
三町一貫八百文　中津川

百文あれ申候
三町五段一貫九百　下枝

廿すまし不申候
七段七百文　篠山

七十かゝり申候、以後は一貫八百御取候へく候、御ゆるし有ましく候
一町八段一貫七百三十　御代田

四百文境目故あれ申候、以後六百御取候へく候
六段二百文　正直

二百九十あれ申候、弓矢ゆへ
六段二百十文　金沢

三段一円あれ申候手代木

八段一円あれ申候、小川

一町五段一円あれ申候上行合

七百五十一文取不申候
一町五段四十九文　屋田川

五十のかゝり
一町七百五十文　徳定

一町四百八十文　金屋

三十のかゝり
一町五百七十　白岩

一段百文　下白岩

六段五百文　阿久津

三段二百文　安原

百五文取不申候
一町四百九十五文　沼之沢

一町七百文　沖藤

三段二百文　横川

三段百五十　南小泉

二町五段七百文　おまつり

四町一貫四百文　毎木

一町六百九十文　木村

三段三百文　とち窪

二町一貫八百六文　鬼生田

五段三百文　中野

三町一貫二百五十　三町目

六段五百八十五文　土朋(棚カ)

二町一貫七百七十　高倉

六段四百九十五文　大畑

六段三百文　田茂上

三段三百文　坂橋

三段百七十　宮志駄

二町一貫六百卅六文　成田

三段二百八十　すもゝ田

三段二百九十　高芝

二段百文　高屋敷

三町一貫四百文　実沢

九段九百文　はり山

三段三百文　西はり山
三段三百文　まかり山
三段三百文　井堀
七段六百八十　東木村
三段二百五十　上長井
一町五段六百文　上堀越
一町五段八百文　下堀越
三段九十　下長井
六段六百文　海山
三段二百文　大山
三段二百文　山田
三段二百文　大倉
三段二百文　おさハ
九段九百文　東赤ぬま
六段六百文　まき野
三段三百文　泉さハ
一町五百五十一文　山口
六段五百文　明ふのふけ
六段六百文　南宇津志
八段六百四十五文　長戸呂
一町七百三十　今泉

八段六百二十三文　くぬき山
五段五百文　あらわた
六段六百文　とミ沢
百文かゝり申候
八段八百文　祢宜屋
三段三百文　開田
一町八百文　白石
一町五段一貫三百　志駄沢
六段五百文　西大越
百文あれ申候
二町一貫三百　新田
八段五百文　七草木
三段三百文　中野目
三段三百文　ふかた(さカ)は
一段百文　西あかぬま
三段三百　遠山沢
三段二百文　かしは原
三段二百文　日わたし
五段百十七文　道渡
六段二百卅　鹿之蔵
三百はあれ申候
一町二百文　下中津川
三段三百文　石さハ
二町一貫四百文　上下平沢

六段五百文　浮金
五段五百文　南鹿俣
一町一貫文　鹿俣
七段七百文　上宇津志
一町五段八百文　北宇津志
百廿あれ申候
三段二百五十　よこ道
氏内廿なし不申候
三段三百文　中山
三段三百文　南面津（カ）
三段二百五十　へひや沢
氏内百十文なし不申候
三段二百五十　岩之作
氏内百五十済不申候
三段三百文　北小泉
氏内十一文なし不申候
三段三百文　せりのさハ
六段四百文　牛縊
三段二百　ふかや
三段二百卅　へひ石
三段二百文　はせこ
三段二百文　上石
三段三百文　下過足
三段二百文　上過足
一段百文　いこ〱さ
三段三百文　墨木
三段三百文　このめさハ
三段三百文　狐之田
四段四百文　駄（コマ）井田
三段二百卅　はつ田
六段五百文　根本
氏内六百十二文済不申候
三町五段一貫八百　葱沢
氏内八十さしおき申候
一町五段一貫百文　熊神
三段三百文　東か山

門鹿

自是以後、御下候ハん方者、勝善坊之、取被申候張（帳）にて、御取候ハんする事肝要候、前々悉（カ）ニ被指置候て、其引副を申候て、六ケ敷間、少も御ゆるし有間布候、其為御心得之、一書残置候、仍如件、

時之
安（案）内者船引大光坊
時之名代新宮鈴木吉拾良

四四　大平坊田地売券案（郡山市吉田豊所蔵）

（○前欠）
依用々有、かふき之田四百文処、二百五十文
□□年□（紀カ）□□年より
（○中欠）
為後之状仍如件、

縦何方へ罷越候共、　　売主高蔵
二百五十文代物　　（大平）おふひら坊
すまし可申候、　　買主御先立殿
天正拾五年丁亥十二月廿六日

四五　芦名盛氏書状

青陽之為御吉□（例カ）〔　〕（カ）送様々千喜寿祝幸甚ニ候、因□（之カ）□所在板物
一、御□進之候、〔　〕〔　〕計候、万吉〔　〕（期音信カ）候、恐々謹
言、
四月六日　平盛氏（花押）（〇一覧276にやや類似す）
謹上　相馬殿

四六　熊野氏善書状（折紙）

雖未申通候、以一簡、令啓達候、仍大平相模、不慮之牢人付而、以
神慮、為入国拘置候、然者其許許（ママ）埼（カ）之之申合候之条、万端御存分、
被指置候て、早速被移置、□（如カ）先々、被引付候者、外聞以可為歓悦
候、委曲尚使僧申渡候、恐々謹言、
十月十二日　（熊野）氏善（花押）
田村殿参御宿所

四七　貞慶書状（切紙）

追而申候、去春、令上洛、関白様種々御懇意、於　天下、施面
目候、信濃守御悔を給、父子共令下着候へく候、境目等所用
付、尚近日又我等三河申候、彼御返事、自三家、我等在京中、
相届様ニ御分別肝心候、佐竹へも被遣　仰下候、後日に何も無
異儀様、御馳走可為祝着候、次我等御奏者、増田仁右衛門方に
相定候、道義ハ、至時之御使ニて候、乍去、此条も以書状、被
申よく〳〵さやうニ御返事、尤候、増田仁右衛門石田治部少輔
ニ、一通被遣、可然候、以上、
去年巳来、路次無合期故、音絶非本意候、抑近年会津与被及鉾楯
儀、無所詮事候歟、依之、三家和睦之儀付而、自　関白様、成御
書被遣候様子、自我等、可申送之旨、被　仰出候条、以使札申遂
候、互ニ被閣宿意、被任　上意之御請、尤可然候ハん哉、将又、天
下之模様、定其隠有間敷候、以三介殿、御取扱、家康被成御縁辺、
去々月廿八ニ御輿入ニ、当秋中ニ、出頭可被申、相受申候、長尾喜平（上杉景勝）
次事、去月廿日令上洛候、関東之儀も、為御使、先山三道義、被差
遣候、何成共、違背　上意之輩、可有御追罰之旨候、委可申候へ
共、此比罷（ママ）で相煩、殊更眼病、沙汰之限候条、早書之躰、非疎意
候、諸事一麟斎ニ、令附与候間、不能重説候、恐々謹言、
（天正十六年）六月十七日　貞慶（花押）
田村大膳大夫殿（宗顕）御宿所

四八　佐竹義重書状

態令啓候、然者近日者無音、意外之至候、仍広綱壬生付調儀付而、
芳賀十郎当地江被相越、鄭而懇望、爰元無掠候間、令出馬候、彼口

之事者、作調儀、一理ニ候間、聽而可納馬候、来秋其口、令出馬、可逮調義逼塞候、如此之儀、為可申談、介川周防守、為使申届候、爰元存分、中務太輔(ママ)可被申越候間、不能具候、恐々謹言、

五月二日　義重（花押72）

田村殿

四九　佐竹義重判物写

更銀之事　吉田銀蔵

尤　御意得候、仍如件、

正月七日　(佐竹)義重（花押）

御代田三河守殿

五〇　伊達輝宗書状

改年之慶事、珍重々々不可有尽限候、抑為祝儀、仁□(風一カ)本進之候、諒表一儀訖候、然者旧冬以来、自盛氏為使、輝宗次男会津江可指越之由、頻承候、更不入儀候由、不通ニ申払候処、如期申出候上不調候者、弥々会当間、雑意之種ニ可罷成候間、当時言之約束計も可申候由、再三懇望候条、彼童子致成人候者差越、盛氏奉公為致事も可有候由、迫挨拶候、因玆、始中終分別共候間、以時分、可得意見候、定而於世間、何篇申廻儀も可有之候条、実事申入候、隆顕・清顕江も雖可申理候、于今、年頭之祝儀不申承候間、無其儀候由、一々任入候、吉事期永日候、恐々謹言、

正月廿六日　輝宗（花押178）

御代田下野守殿

五一　伊達政宗書状

急度以使者相届候、仍小野太越、及手切候事、無是非次第候、近来自岩城両人遣迎之儀被及刷、無時刻如此之義、岩様躰叵計候間、先々往日、何篇之義、被聞届候間、無聊尓心得尤候上、其元自躰信夫之人衆、可指遣候、早速支度之事、得其意候キ、尚彼口上可有之候、恐々謹言、

正月朔日　政宗（花押183）

御代田大和守殿

五二　伊達政宗書状写

御城むき珍敷候事も候者、可有為御知候、

さき(カ)〳〵にてハ如何、明日はたとへひと降候共あとゟ被参候衆ニ、一番衆不罷立候間、ひかへ候方之(カ)いたれ申(カ)候間いかゝ令存候、是非共可罷出候、荷物迄も大かた先へ遣申候間、任上意、相延中候間(カ)、反御意(カ)次第ニ、同時成共、可罷立候、万々明日可申、恐惶謹言、

卯月(四月)廿二日　正宗花押（表正宗トアリ）

藪□遠□守

年寄中

五三　田村清顕書状

新春之吉賀珍重候、仍橋(橋本刑部)刑所へ来章披見申候、下枝江罷越候て、不及回章候、殊ニ為祝儀雲雀越給候、目出大悦候、自是も態計合歓(カ)一本進之候、一儀之迄候、将又当春者、方々令相談、一途可覃取扱候、可為大慶候、吉事候而、恐々謹言、

正月十八日清顕（花押）（〇一覧212に類似す）

御代田伊紀守殿

尚々爰元致相談、地利二三ケ所へ可取立候、其時分珍儀も候は可被越候、

五四　結城晴朝書状

急度令啓候、(佐竹)義重至奥口出馬、定可為御同陣候、残暑之時節、一段痛入候、如巷説者、田村衆於二本松、数多被討捕之由候、戦功心地好候、猶其表之様子、一々可預回答候、然者当口之儀者、去廿三向小山相動、外宿取破、於内宿、敵卅余人討捕、両日榎本近辺迄、無残所、作毛為苅取候、扨又氏政越河之催、方々同祝ニ候、事実ニ付而者、聊可申届候、至其分者、義重被直馬様、御助言任入候、委曲令期来信候、恐々謹言、

八月三日　　晴朝（花押243）

五五　那須資晴書状

内々従是可申述覚意候処、遮而預書札候、再三披見恐悦候、如被顕帋(紙)面、此度竜興寺来越仕候於目前、及労(カ)忽候、御悦喜段承、本望至極候、芽度之申事、不一代申談、筋目於向後者、猶以無二無三無停碍、可申合迄候、殊急敷彼方へ申渡候、被遂演説候歟、御喜之由欣悦候、然者新国上総介、黒川へ令出仕候哉、至而此上者、岩瀬表へ政宗可被打出由、令推分候、佐中于今須賀川ニ在番候歟、彼筋珍布儀候者、即刻可蒙仰候、将又太手口之事、従京都以御下知、沼田作(カ)南方へ被明渡之由候、北条左衛門佐方、被請取之由、申来候、但遠境候覧、如何替儀候者、追而可申宣候、恐々謹言、

(天正十七年八月)　(那須)
南呂十九日　資晴（花押84）

五六　片倉景綱書状

去月晦日之御日付之御状、黒川罷越之由候而、今三日令到着候、令拝見過分至極奉存候、仍先達者、当口へ被進御馬、政宗へ万々御相談、御肝要之至候、拙者事も参陣仕候間、随身之御用所、無御隔意、可被仰付候、聊不可存疎候、万々期後音、奉存略候、恐々謹言、

追而啓之、

片倉小十郎（花押）

(十一月)
霜月三日

御辺江

□人々御中

先立者、以使申上候処、
早速御帰城故、無躰(カ)而も、
尚御用所等を可被仰付候、

五七　田村顕広月斎書状（郡山市吉田豊所蔵）

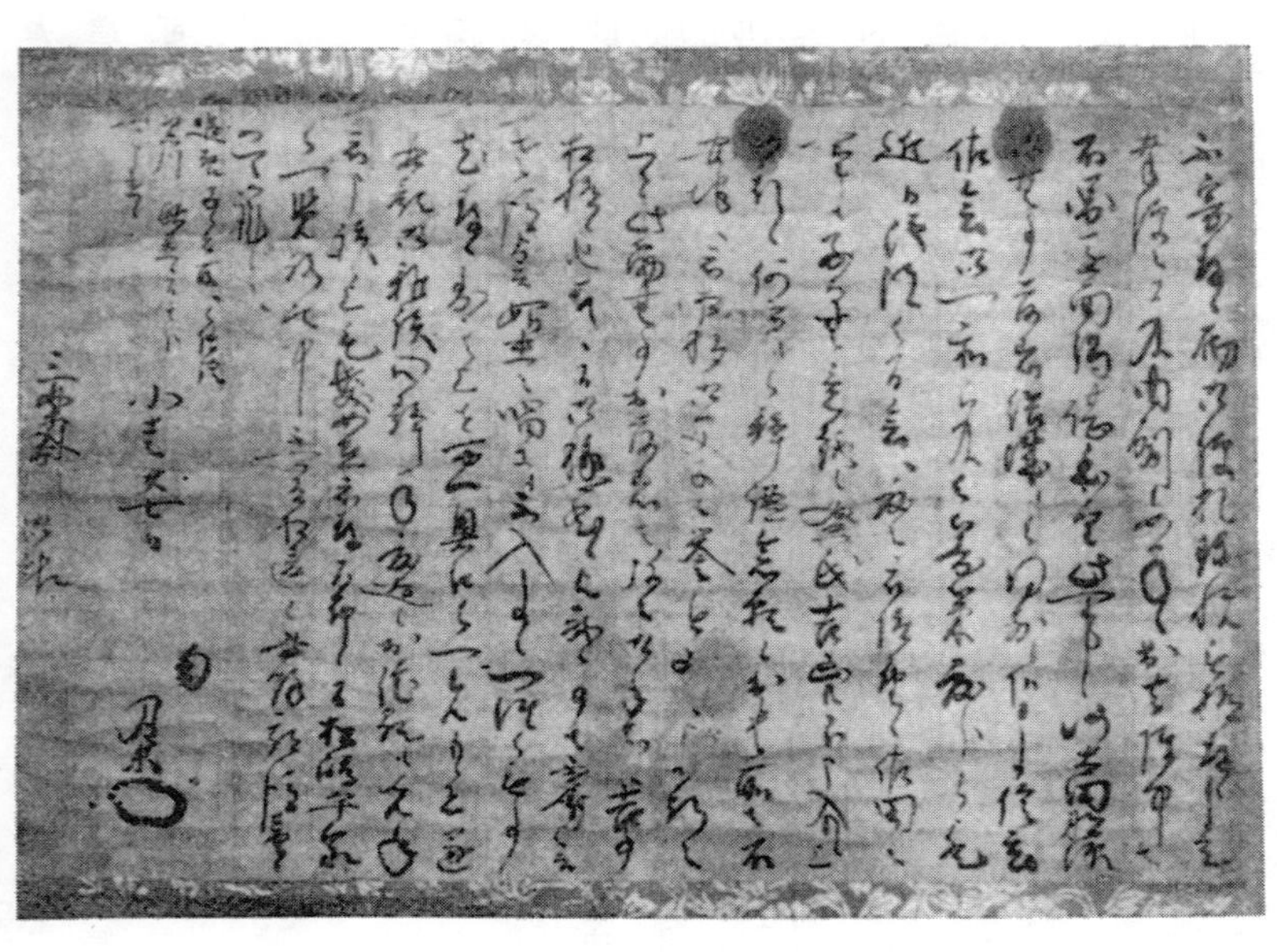

不寄存候砌、御便札、珍悦無極存候、自是幸便之間、及曲酬(カ)候、如承候、於去陣中者、不図遂面謁、堪本望此事候、仍太田那須御無事落着、結城も御同前候哉、自信玄、佐会御一和、被及御籌策度分候歟、近日従(カ)彼御間、会へ度々被仰届候、佐田之事者、別而無意越候、盛氏吉凶共被申入候上、如斯候、何方も御静謐、念願候、於貴所者、不安地へ、被相移、御父子誉無□□期之上者、此筋無事、於落着者、弥々御□□候(カ)吉事相極候由、□□(存候カ)間、御稼(カ)可然候歟、我々事者、不肖与云、老後与云、始末之唱等も、不入事候、一往御無事尤存候、到其上者、万一奥口御一見も候者、遂再顔、御雑談心静承度迄候、於隆顕も、先年被申談候上、毛髪如在被存間布候間、松嶋平泉御一覧路次中、不可有相違候、書余期後音候、恐々謹言、

南
月斎（花押216）

(十月)
小春廿七日

三楽斎御報
(太田資正)

追啓、子之者所へ御伝語、黒川ニ踞置候間、其分可申遣候、

五八　田村宗顕判物(切紙)

此度用所等あひたし候付而、本意之上、赤沼并下枝二(ママ)而、本領無相違可進之候、為後日仍如件、

天正十九年
正月晦日　宗顕（花押213）

御代田紀伊守

五九　聖護院准后令旨

奥州田村六十六郷、并小野六郷、福原村等年行事職之事、被仰付
訖、抽奉公忠節、可令全領知之由、依　聖護院御門跡御気色、執達
如件、

慶長拾四年七月二日　法眼（花押）
　　　　　　　　　　法印（花押）

蒲倉
大祥院
（ウワ書）
「大祥院　法眼源春」

六〇　大平信栄預ヶ状

熊野参詣諸旦那取次之事
一はつ田一きつねのさハ一上石一上過足一下過足一牛くひり一いご
草一黒木一木之内沢一駒板一ねもと一ひやたし一へひさハ一たき（カ）一
へひいし一上行合一てしろき、右之十七ヶ村之事、其坊ヱ預置候
間、無油断諸役、可被取次候、仍如件、

慶長十八年
十月廿六日蒲倉侍従
大平長門
信栄（カ）（花押）

吉田不動院参

六一　筋向正常証状

以上
如仰、守子之儀ニ付、承分、又申入透、左右方無合点候、此上ハ京
都上儀次第ニ、我等いつニ而も罷登時分、御出可被成候、若又其
刻、公事不被成候者、尤如前々、可申付候、公事不相済内ハ、此
方ゟ守子ニ何事も理申間布、為後日一筆如此候、

筋向権伊予守
元和四年戊午三月十六日　正常（カ）（花押）

蒲倉侍従殿

六二　加藤氏奉行連署先達職安堵状（竪紙）

伊勢・熊野・富士・白山・愛宕・三嶋、此六所ヘ参詣之先達職并道
者しめおろし之事、如先規　聖護院御門跡様御内若王子殿、御墨付
之通、山伏可有執行者也、

寛永九年
八月九日　青木佐左衛門尉
□（花押）
守岡主馬佑
一長（花押）
堀主水佑
一勝（花押）

会津領分
山伏中

六三　加藤明成知行充行状（折紙）

為院領、知行高五拾石、従当暮、蔵米を以遣者也、

寛永拾壱年
二月廿八日（印）

田村郡
蒲倉大祥院

六四　荒木又市書状（折紙）

（端裏書・切封）
「大祥院　荒木又市」

先剋ハ預御出、忝存候、前々ゟ一夕御語被成候様ニ申入度存罷在候得共、いつも御帰候節ニ罷成、又ハ御用所之御出之儀故、無其儀、御無音打過候、今度も、江戸へ御出被成候ハヽ、久々得御意間敷候、此二種、不珍候得共、今晩之御慰ニ被成候様ニと存、致進覧候、以上、

五月九日

六五　秋田春行書状（続紙）

尚々、御家内何茂へも、宜様御心得、被成可被下候、且又、定而別懇之義も御座候間、暇之願指出候、瓦（カ）師継（カ）蔵へも、其内其元ゟ御序之節御しらせ被成置可被下候、奉頼候、以上、

一筆令啓上候、時分柄、寒之比ニ罷成候得共、弥御揃（カ）宜く御入可被成、珍重儀候、先日者預御出、緩々と得御意候而、致大慶候、然者拙者義、如御存知、数年之病身、殊更、去秋中ゟ、別而痛発候而、膝折申候事、不罷成候故、永之暇給候様ニと、昨日願書指出申候、就夫候而、弥々願之通相済申候ハヽ、爰元引立候而、昼夜ニ不限、書院へ相越可申候間、宜く左様ニ御心得被成置可被下候、乍去、何之御許請迚、御用意等之義者、必以御無用被成可被下候、尤昨日願指出シ、当月番荒木又市方ニ而、先願書者請取置申候、当廿六日寄合之節、仲ヶ間へ申達、追而挨拶可申と之事ニ候、其後江戸へ申遣ニ而、可有之候間、十日も十五日も間有之候而、否之義相知可申候間、急之義ニ者、無御座候、其内追々、可申達候、先右之趣、如御案内、今日以使、得御意候、連光坊へも、右之趣、宜被仰（カ）達可被下候、恐惶謹言、

十月廿四日　　秋田四郎兵衛
　　　　　　　　　春行（花押）

蒲倉大祥院
　人々御中

六六　船田弥兵衛書状（折紙）

尚々御初被成可被下候、奉頼候、以上、

又申上候、兵太郎殿ゟ之御状、是又御届申上候、

一筆致啓上候、良久御無音ニ罷過候得共、弥御安全可被成御座、珍重奉存候、然者此度秋田氏御願之通被仰付、貴寺江御引越被成、嘸御世（カ）話奉推察候、此節之儀、御見届被進、御尤之至奉存候、就夫、御荷物別紙之通、中金兵太郎様ゟ、貴寺へ遣候様ニ、被仰聞候ニ付、八幡丁伴右衛門方へ、相渡遣申候、書付之通、御改御請取、可被下候、折節取込、早々申上候、恐惶謹言、

　　　　　　船田弥兵衛

八月廿二日夕

大祥院様

六七　丹羽長重書状（折紙）

以上

一書令啓上候、一昨日者、貴札忝令拝見候、棚倉之城相渡、隙明申候而、大慶存候、色々被入御精、豊前殿衆へも被仰渡之由、三郎右衛門・左馬助具ニ為申聞候、忝存斗候、誠今度御逗留中ハ、様々御懇志共、過分至極候、爰元うい／＼敷御座候而、御馳走をも不申入、迷惑仕候、其地ゟ直ニ御帰可被成様ニ承、扨々御残多存候、（加藤嘉明）左馬頭も大形明後日朔日ニハ、当地御通可有候間、同道爰元まて御出合候へかしと存計ニ候、随而此倫光之刀、前辺ゟ持申候、一段能きれ申候間、令進入候、是ハ今度初而御心静ニ、得御意、以来迄も、別而被懸御目候様ニと存、御祝儀之端計ニ如此候、委曲数馬口上ニ申含候、恐惶謹言、

丹羽五郎左衛門

（四月）卯月廿九日　（長重）長（花押）

仙石大和様

人々御中

六八　荒木高村書状（折紙）

一筆令啓上候、先刻者預御出候処、被指置、不得御意候、為御入峯、来月四日御発足之旨、残暑之砌御太儀存候、御無事ニ御勤、追付御帰院可被成候、右御礼、御晦乞旁、如斯御座候、恐惶謹言、

荒木内匠

六月晦日　高村（花押）

大祥院　御同宿中

六九　松下之郷書状（折紙）

御札令拝見候、甚寒之節愈御無異御務珍重存候、当方我等、無恙候、寒中為尋問、御紙面不浅御報、如此御座候、恐惶謹言、

松下肥前守

十二月廿六日　之郷（花押）

蒲倉

大祥院様

70〔蓬田文書〕田村郡小野町 蓬田市郎所蔵

一　相馬義胤書状

態之芳札本望之至候、然者不慮之仕合、以（相馬隆胤）兵部太輔・黒木上総守、越度無是非次第ニ候、義胤事者、有用所在城ニ候処、如此之凶事、無念之至候、扨々其許御静謐之段簡要候、急之間不具候、恐々謹言、

（天正十七年）五月廿九日　義胤（花押）（〇一覧101・102と相異す）

田村右馬頭殿

二　北条氏政書状（〇本号以下六まで写か）

浅川之地、逐日被押詰由、誠心地好肝要候、殊敵度々討捕、自佐竹

陣之書状等、追被指越候、無比類存候、将又沼田之地、五日中可為
落居由申来候条、可御心易候、恐々謹言、

七月八日　氏政（花押）

田村殿

三　佐竹義重書状

如来翰之、去比向土浦（カ）、如存之成動、早々返事候、依之懇切之赴（ママ）祝
着之至候、然者其口無指儀候歟、専要候、雖無申迄候、無事之外不
可有之候、諸毎期後信之時候、恐々謹言、

（四月）初夏二日　義重（花押72）

田村殿

四　明善書状

急度令啓書候、仍而至近刻者、絶音間候事、意外此事候、御当堺目
静謐候哉、無心許次第候、当境目無異儀候、可御心易候、将又信長
切腹之由、乍遠説唱来候、実事如何候、承度候、珍説候者可示給
候、亦任折節、鮑進之候、聊微意計候、残詞重而可申述候、恐々謹
言、

（天正十年七月）文月六日　明善（印）（〇印形香炉）

（田村顕広）月斎

追而

宮石両人へ以別紙、可申候得共、差事無之候間、無其儀候、近来
者無音御床敷候由、憑入候、

五　岩城常隆書状

態令啓候、仍立子山へ御祝言可有之由承候、千秋万歳目出度存計
候、依之、今度以使申述候、雖軽微候、廉（簾カ）仁具、鵝眼千疋進之候、誠
表祝義計候、委砕任彼口門候、恐々謹言、

三月拾日　常隆（花押146）

石河殿

六　伊達輝宗書状

態以使節、令啓之候、抑今度御当（田村・芦名）・会不慮之弓箭出来、於当方、単
窮屈此事ニ候、一徃之儀者、不及是非候歟、別而無題目御間ニ候之
条、御和談可為本望候、書余則休斎（錦織）任口状候、恐々謹言、

三月十三日　輝宗（花押178）

田村殿

71　〔芳賀文書〕　田村郡高瀬村 芳賀壬三所蔵

一　北条氏照書状

就行之義、従氏政被申達之間、以使申述候、仍近日向常・野、可為出
張候、来廿七八之間、必敵地へ可被打入候、然者兼日被申合筋目此
節候条、会津被仰合、早々有御出陣、当方長陣之間、敵地御在陣一
途之御手合肝要存候旨、田村殿江委曲可預御洩候、遠路之事候条、

節々者難申宣候、右之日限、無風雨之嫌、於当方者可被打出候、無御猶予御出陣尤任入候、恐々謹言、

（天正元年四月）卯月十五日　　陸奥守（北条）氏照（花押）

御代田下野守殿

72〔安原文書〕福島市上野寺 安原喜平所蔵

一　田村宗顕書状（折紙）

此度用所等あひたし候付而、本意候者、横川六貫文所務在家、無相違可進之候、為後日仍如件、

天正十九年（田村）
正月晦日　宗顕（花押213）

安原下野守殿

二　伊達政宗書状（折紙）

摂津守、機相も一段、能候間、機遣有間敷候、伊豆にも、此由可申候、かしく、

明日廿二日者、此方へ帰候由候、令及聞候、始而其元へ出候而、川猟も然々不成候て、帰宅外聞も如何ニ候条、先一両日も逗留候て、川水も済候て川猟如存分候て、廿四日か廿五日比、帰候て尤ニ候、恐々謹言、

とりの刻
六月廿一日　正宗（花押184）

（伊達忠宗）伊越前守殿

73〔福聚寺文書〕田村郡三春町 福聚寺所蔵

一　田村隆顕条書

一　大細事共、旦那江、可有御相談之事、

一　寺家江走入之事、一命を被相扶候事者、無御拠候、乍去、長々寺中ニ、被指置事、有間敷候、

一　依犯過、一人を被相扶、其沙汰ニよつて、失数輩、其郡中ニ例證ニも罷成候ハん事、於御沙門、大切之御工夫ニ候、依時義、旦那之大事ニ罷成事も候間、扶一人、可被失万人候哉、切一人、万人を可被扶候哉、爰元之御分別、住持之御工夫ニ可有之事候、

一　何事成共、六ヶ敷沙汰、御聊尓ニ御請取有間敷候事、

一　下人之事、或者恨主人、或者奉公をいたミ、寺家江走参候者、後日之儀を、両所江被相閉、無相違可被返置事、

一　於寺家中、被召仕候者之悪名候者、於御沙門者、御成敗難有之候上、不申届候共、任咎軽重、可及其沙汰候、縦至沙門も構俗義、無道之族候者、刷同前、

一　寺中之竹木、所望之族候共、不可有御同心事、

一　後住之御事者、万端、師旦可有御相談事、

一 於寺中、仁儀礼智信も無之例哉、不行儀而已之方、不可被指置事、

一 於寺家、郷村を被相拘、以其公事、被相続之上者、被止非用常住之堪忍、無御無覚悟、無怠転様ニ、御擬造営等肝要候、或者如山居閑居之、あるに任ての御刷、不可然候、

一 寺家江申上事、無分別、使等可有之候間、聊尓ニ実事ニ不被取成、御不審之義候者、幾度も御尋候而、可有御分別候事、

一 他門他山江不可有御不審、又被為請間敷事、

仍条々如斯、

弘治三年丁巳（四月）卯月吉日　（田村）隆顕（花押214）

福聚寺江　進献

二 田村清顕掟書

掟

一向後入寺之者、依子細、被指置候共、門外不出、以自堪忍、可被指置候、若請御造作候者、其身可及追放事、

一寺中ニ不行儀之者、被指置間敷事、

一於御門前、悪名之者候者、老父如一筆、可及取刷事、

天正十年壬午二月吉日　清顕（花押211）

福聚寺　進献

74 〔竜穏院文書〕 田村郡三春町 龍穏院所蔵

一 秋田実季知行寄進状

竜穏院領於山尾之郷平村之内三拾石之事、右院、亡父為追膳（ママ）、建立付而、令寄附畢、於末孫、不可有相違之条如件、

慶長九年八月十八日　実季（花押）

大円珠明禅師天宝宗竜和尚

二 秋田氏代官知行割渡覚

（ママ）竜隠院御加増弐拾石、我等御代官所平村之内にて被進候、則割渡申覚、

一高七石弐斗六升五合五夕仁才　本町 雅之丞持分

一高八石七升仁合四夕三才　同 弥次衛門持分

一高四石六斗六升仁合五才　同 徳右衛門持分

高以上仁拾石、并御百姓三人相渡申候条、則当毛ゟ御所務可被成候、以上、

寛永十五年七月十八日　郡司理助（花押）（印）

（ママ）竜隠院様

75〔橋本慶明文書〕田村郡高野村 橋本慶明所蔵

一　伊達政宗書状

下口之儀其聞候哉、則来札、太慶候、尤彼面々、種々及計策、家中一両人相渡、向も無相違、引除候、因之、猶品共候間、可心安候、然者前日、自内飯、御實内可申御理之旨共候、其表彼是ニ付而、今朝相馬へ富塚近江守、為使者申届候、此刻、自其元も、被企専使、時宜同前之理、可然候歟、委曲者、先使ニ相含候間、不具候、恐々謹言、

三月八日　(伊達)政宗（花押183）

(橋本刑部)橋刑

二　伊達政宗書状（切紙）

如来札、今春之吉兆、千秋万歳、更不可有休期候、依之扇子并金鳥鼻皮一筋到来、大悦ニ候、態計ニ同一本房一懸遣之候、誠ニ加一義迄候、万吉期永日候、恐々謹言、

正月十六日　政宗（花押183）

新田美作守殿

76〔橋本治男文書〕郡山市 橋本治男所蔵

一　田村隆顕知行充行状

成田村之内、高六拾貫文之事、任本領、出置之候、尚随忠節、可令沙汰者也、仍證文如件、

天文十八年己酉三月五日　(田村)隆顕（花押214）

橋本三十郎殿

二　田村清顕書状

近日者無音意外ニ候、依此度岩瀬出馬之義、伊達へも申越候条、弥其心得可有之事ニ候、尤会方之口、猪苗代へ示合候、尚々安積表へ委細申遣候、尚期会面、可申談候、謹言、

四月十五日清顕（花押211）

橋本三十郎殿

三　伊達政宗書状（切紙）

如来札、新春之吉兆千喜万悦、更不可有休期候、依之、扇子并房到来太慶候、是も態計ニ同一本、鞦一懸遣之候、誠加一義迄候、万吉期永日候、恐々謹言、

正月十七日　政宗（花押183）

橋本刑部少輔殿

四　伊達政宗書状

年甫之為加(賀)義来札令披見候、殊扇子并鞦到来大慶候、仍自是も、同一本轡一口遣之候、誠加一義迄候、尚期永日候、恐々謹言、

正月十五日　政宗（花押183）

橋本左馬介殿

五　伊達政宗知行充行状

成田村之内、高六拾五貫文所、任本領下置候、仍如件、

天正十四年

戊九月五日（黒印）（〇印文「政宗」）

橋本左馬介とのへ

（〇この黒印、疑いの余地あり）

六　伊達政宗書状

起雲斎ゟ指越候間、啓之候、其後者絶音問非本意候、抑之地仙道一国平均可為満足候歟、併近年小田原当方、別而入魂之任首尾氏直御抱之通指置候、其外佐竹抱之内粗子細依有之、当月中旬、不図可令発向覚悟候、於其剋者、其地面々可有馳走候、此旨自其方被達至尤ニ候、大細之事者、重而白若（白石若狭）可申候為心得申入候、尚期後音候、不具謹言、

八月四日　政宗（花押183）

（成田）成左馬へ

七　田村清顕書状写

（端裏書）「写」

昨日用一管候処ニ、被一答本望候、仍境目之儀、于今、不事澄候哉、近比案外迄候、事延候而者、悪事必然候間、雖太義候、有在留、今度落居候様任入候、如期之儀、輝宗へも申宣候、無済限辛労、不覃是非候、委細起雲斎可被申越候間、不具候、恐々謹言、

（四月）卯月廿九日　（田村）清顕（印）

橋本左馬介殿

八　芦名盛氏止々斎書状写

（端裏書）「写」

義重出馬ニ付而、御人衆之儀申届候処、則被指越候、乍不始儀、御勲功一段大慶存候、今月七日、赤館へ被及行候、然処城内之者共出合、其外当手之者過半助合、遂一戦、馬上三騎歩者廿余人打取、定而可為御大慶候、然間隆顕御煩にて、無御平元儀、覃佗言存候、依之、重而快庵之薬可有御用由候、尤可然存候、快庵へも一書指越申候間、御届還（ママ）入存候、自然快庵之薬、重而相当不申候ハヽ、宗意薬をも被遣可然候、自関在之医者、于今到来無之、定而一両日中ニ、是非御越可有之候、将又信夫へ使御越承候、則盛会（ママ）ニ申聞候処、指越可申由申候、併指越可申使、黒川へ申遣候間、五三日之間者、被相待可預候、尚重而可申入候間、不能具候、恐々謹言、

九月七日　（芦名盛氏）止々斎（花押276）

（田村）月斎

（田村右京大夫）田右

九　田村清顕書状写

（端裏書）「写」

今度岡被打越、御造作之至、心事申入候、仍自南方、今般以使条々承候、殊更氏政（北条）房総悉被属本意、来春者、必然佐竹退治可被企由、承候、就之手合之義、松之内可打出候間、其御心得尤候、又けたう等之義各能々被仰付、尚以可為大悦之事、恐惶謹言、

十二月廿五日　清顕（花押212）

成左馬殿

一〇　田村清顕書状写

（端裏書）「写」

近日者たか（鷹）野へ不罷出候、明日ハ必と存候、其方指合なくハ、はやく待入候、以上、

廿一日　清顕

成刑部との

一一　伊達政宗書状写

（端裏書）「写」

態為使申通候、仍彼地在陣御太義ニ候、次当地長井へ先々相移候様躰殊ニ関白様御理之義共委細片小（片倉景綱）可申候間、不具候、恐々謹言、

七月四日　政宗（花押）（〇一覧182に類似す）

成左へ

一二　伊達政宗書状写

（端裏書）「写」

就爰元在馬、来札大慶候、田控（カ）中相談之上、及仕置申漸相調候、又太越（ママ）之事も、自岩城も重而理之旨候キ、是又近日、可相澄候哉、於時宜ニ、無心元、不可有之候、此口へ被打越候事、御無用候、如何様、近日其元、白石へ参候由、可令見相候間、不具候、恐々謹言、

八月五日　政宗（花押）（〇一覧182とほぼ同形）

橋本左馬介との

一三　伊達政宗書状写

（端裏書）「写」

起雲斎被相越候間、乍憚備（カ）一簡候、其後者就菟角音絶、覚外之至候、無用所候付、細之通信又何事ニ付而も無隔意承候者、弥可為大慶候、任折（節カ）境鷹之雁ニッ進之候、御賞味可有之候、然者是塔（洞）中無旨（異カ）義候上、御境ニ付而無事に候、可被及首尾合之為、近日相へ為使者申赴キにて、彼者無帰路候、挨拶之義も候者、追而可申越候、恐々謹言、

九月廿五日　政宗（花押183）

一四　（参考）田村清顕・伊達政宗書状写副書

（端裏書）「清顕・政宗ノ御書写七通」

此写七通、本書当家ニ伝リ候所、先弥右衛門顕重三男弥左衛門富沢村里長と成、其次男弥祖衛門（弥左衛門）右之御書共当家ゟ持参置、其後稲沢村北へ養子ニ参候節、稲沢へ持参、返し不申候ニ付、十休居士ノ代、

返候様度々催促いたし而茂、遂相返不申候趣、後ノ顕重老翁物語ニ
付、赤坂伊藤相模守参候節、右之噺致候得ハ、成程元御当家ゟ持参
候由ニ而、今ノ弥祖衛門致必（秘）蔵置候由承候と、相模守被申候ニ付、
今更返候者致間敷候間、足下借り候而、御持参為見呉候様、相頼候
得ハ、其後借り候而、相模守持参呉候間、写取則相返申候、為覚、
如此認置候、

安永三年午八月写

政宗ノ花押、所謂鶺鴒（セキレイ）判ニアラス、心得難シト云モノアリ、蒲生記
ヲ見ルニ、セキレイノ判ヲ、平日通用ノ書簡ナドニ用イ、又軍用ナ
ドニハ、内證判ト名付ル判ヲ用ルヨシ見ユレハ、此花押ハ内書判ナ
ルカ、清顕ノ花押モ、一容ニ是ナシ、定テ右ノ類ニコレアルベシ、

77 〔中村文書〕郡山市守山 中村千二郎所蔵

一 田村清顕置文

一衆徒不智不学之者、弟子ニ候共、被相続間敷事、付或者勤行之
砌、或者祭礼之刻、不行儀等、別当坊学頭坊稠被仰理、若於無承
引者、可有御相談事、
一向後入寺之者、依子細、被指置候共、門外不出、以自堪忍、可被
指置候、若請御造作候者、其身可及追放事、
一於山中、悪名之者候者、老父如一筆、可覃取曖事、（とりあつかいにおよぶべきこと）

天正十年壬午

弐月吉日　清顕（田村）（花押211）

学頭坊
　進献

二 田丸具直知行充行状

学頭坊寺領分

一、拾五石　行合

文禄二年三月十九日（蒲生家臣田丸中務少輔具直）（花押315）

78 〔添田文書〕安達郡本宮町 添田清次郎所蔵

一 田村清顕書状

今度御息被相越候、本望候、併寒風之時分大儀候、仍自南方、今般
以使、条々罷承候、殊更氏政、房総両国、悉被属本意上、来春者、
必然佐竹退治、可被企由承候、就之手合之儀、承候間、松之内、可
打出候間、其御心得尤候、乍勿論来春者、一入於被相拵者、弥可為
祝着候、又けたう等之儀、各々へ能々被仰付候者、尚以可為大悦候
事、恐々謹言、

追而、
会津へ路次中之儀重々憑（カ）入事、御造作之至、無申事候、

十二月廿一日　清顕（花押212）

安子島刑部太輔殿

79 〔佐藤求馬文書〕 三重県一志郡小野江村 佐藤求馬所蔵

一 石塔義房軍勢催促状

為対治凶徒発向之間、可致警固岩切城也、若雖為片時有懈怠者、可
処罪科之状如件、

暦応四年正月十三日　沙弥（石塔義房）（花押45）

佐藤十郎左衛門入道（性妙）殿

二 佐藤十郎左衛門入道性妙軍忠状

陸奥国信夫佐藤十郎左衛門入道性妙謹言上
欲早任建武弐年以来、諸国所々軍忠所見状等、賜御吹挙於京都
□（浴恩賞）施弓箭面目、弥励奉公忠節子細事、

副進

一巻　軍忠所見状等

右性妙雖為不肖身、去建武二年、斯波奥州、為当国前宰吏顕家卿追
討御発向之時、為御方子息一族等致軍忠以来、奥州所々、勢州小屋
松、雍州八幡山、摂州天王寺・安部野・湊河・花熊・生田森・摩耶
山、播州山田生（庄）丹生寺・谷上・諏方尾以下合戦、性妙代子息彦左衛
門尉行清、并若党等被疵之条、所見分明也、而間或預京都御感御教
書、或先大将被預置所々之上、被進御吹挙於京都訖、雖然於恩賞者
于今遅々、至預所者悉以相違、余命不幾之間所歎存也、□大将御下
向逢遇悦也、然早任軍忠所見状等、賜御吹挙浴恩賞、施弓箭面目、
弥為励奉公忠節、仍恐々言上如件、

貞和二年四月　日

三 吉良貞家・畠山国氏連署吹挙状

佐藤十郎左衛門入道性妙申恩賞事申状并具書案壱巻令進上候、性妙
企参洛可言上之由雖申之、為凶徒対治留置候之間、進代官候、以此
旨可有御披露候、恐惶謹言、

貞和二年閏九月十七日　右馬権頭国氏（畠山）（花押56）

右京大夫貞家（吉良）（花押52）

進上　（高師直）武蔵守殿

80 〔橋本正二文書〕 郡山市 橋本正二所蔵

一 田村清顕書状 （○口絵8参照）

尚々申入候、重而出馬、不慮（カ）候間、乍御大□（儀カ）いかにも〱足軽
以下、能々被相調候て可有之候、万々かたく前々可有之候、せ
り沢助次郎方へも頼入候、

只今卯刻、如注進旨、義重（佐竹）出馬必候て、今日動之由申候間、俄と
云、乍御大義、今日大寺へ被打越可給候、大寺之衆曲木へ罷越候
間、大寺にて可陣候、若又まか木へ可被打越候由、大寺にて理候
共、追て曲木へ被相越候事、御無用之間、大寺ニて可陣事候、重而

恐々謹言、

三月十五日清顕（花押212）

福原□太輔殿　三春

福原大蔵大輔宛の清顕書状を掲

二　**伊達政宗書状**

昨夕来章、晩日事ニ候条、□（不□答カ）非疎意候、仍彼船、無類絶言句候、誠ニ宇治之名所ニ同前ニ候歟、扨々月（田村月斎）ニ懇談訖者事延ニ候間、先於其元深々満足為躰、能々伝達尤ニ候、将又、六日必定、船引江被移候哉、明日不図其元へ打越候而も、可然模様ニ候者、其由、音信可待入候、莵角ニ今日中、到来所等帯（カ）候、尚以塩味其儘ニ明日訖、滞留如何ニ候者、六日自是□使者、先々明日迄、被留可然之由、可申越候哉、万々片小相談之上、挨拶単ニ可相待候、恐々謹言

（天正十□年）八月六日政宗（花押182）

（白石宗実）白右

追而、

依子共昨日片小ニ申付候キ、細ニ物語候哉、無心元存計候、然者□文□へ月斎船一（カ）非之儀、寄方も□　□名乗出、彼主より之□を、かけられ候て、□あるへく候、□　□之呵之、

81〔木目沢文書〕郡山市 木目沢伝重郎所蔵

一　**田村宗顕証状**

すくも田の内□（長）畠之在家、うちむき年貢二貫七百五文、秋はつほ一升こくたい（石代）三斗五升□（にカ）て、□（カ）（当カ）年とくふん（得分）ニ五貫文ニ門沢あしよハあいうけられ候ニ付而、馳走（ちそう）之間、一筆相渡候、門沢本意之上、前代ありあひニ相置候を、無相違可被請返候、仍為後日之状、如件、

天正十七年己丑　八月十八日宗顕（花押213）

柴原殿

82〔安斎文書〕安達郡岩代町 安斎計一郎所蔵

（○松藩捜古に以下二号を掲載し、「西新殿村里正新左衛門所蔵」と注あり）

一　**田村清顕領知判物**（折紙）

此度忠節申候間、鰹木之内堀籠之在家、無相違出置候、於向後者、尚無二奉公可申候、仍如件、

十月十七日　清顕（花押211）

安斎八郎左衛門かたへ

二　**伊達政宗領知黒印状**（折紙）

さいかち田之内

一ほりこめ　七貫文

にしの内
一たら田在家　六貫文
　　わき在家
一かたうき　壱貫三百文之所、任本領ニ下置候、仍證文如件、
天正十四年丙戌
　九月五日（黒印）（〇印文「政宗」、この黒印疑問の余地あり）
　　安斎八郎左衛門とのへ

83〔三好文書〕福島市 三好利八所蔵

一　豊臣秀吉書状写

去年八月廿日之書状、今日至大坂到来、令披見候、
一栗毛馬一疋、致着上候、一段見事候間、別而可令秘蔵候、
一輝宗ゟ、信長在世中、被申通候由承届候、向後別而可申承候条、似合之義、弥(カ)写(カ)置心、可被申者也、相応之義、無如在、可令馳走候、委細尽(カ)し余候趣、宗洗相含口上候、
一先年、明知(智)企謀叛、夜討同前、於京都、信長御父子召候御腹し(カ)、不慮之次第、無是非候、其剋、我等西国へ相動、於備中国、城々攻崩、并高松城取巻候し処ニ、三方ニ沼を抱申、攻不成段、秀吉見及、水攻に可仕ト存、堤を築、其国之川ハ不及申、備前之国之川迄切懸、城中及難義候付而、為後巻、毛利・小早川・吉川、五万計にて罷出、六七町之間令対陣、可後巻、雖相定候、不能承引付而、弥城中、令迷惑候剋、於京都信長御腹召候由、注進候条、右之高松ハ六日に攻崩、城主事者、不及申、悉刎首候、即七日、毛利・小早川陣所へ切懸可討果覚悟処ニ、色々令懇望、毛利抱候国五ケ国、其上人質両人出候条、請取令赦免、即九日、幡州姫路迄納馬候事、
一十日ニ人馬息をも不継切上、十三日に山城国山崎表、及(カ)一戦切崩、明知日向守事者不及申、其外五千余討捕、御国之不届者共、悉成敗申付、御分国相渡候事、
一国々知行わけをいたし、信長御子達ハ不及申、宿老共、令分配候、秀吉者幡州姫路に在之、五畿内異見申候間、三七以柴田修理、企謀叛、致調義、秀吉不克許容、即江州与越前之境目ニ在之、柳瀬表へ馳向(カ)、居陣候事、
一去四月廿一日ニ、及一戦ニ処(カ)に、柴田修理亮(勝家)当方ニて、せかれより数度之武者を仕付者有之に付而、三度迄鑓、雖衝崩之、はたもとにて相こたへ、互人数いきれ申事、
一秀吉見合候て、小姓共計にて柴田はたもとへ切懸、即時に衝崩七千余討殺し□捴人数者木目(柴田カ)之弓手馬手栄(営)之中へ北入候事、
一柴田ニ息をつかせ候てハ、一手間可入と存、日本之治、此時ニ候間、兵共討死させ候ても、秀吉不覚に有間敷と、ふつと思切、廿四日本城へ取懸、午剋本城へ参入候事、
一城中石蔵を高築天守ヲ九重ニ揚、柴田二百計ニて取籠、城中せは

く候間、諸輩入こミ候へハ、互之友道具ニて、手負死人依有之、
兵をえり出し、天守内へうち物計ニて、切入せ候へハ、七度迄、
雖切出候、不相叶、天守九重目取上、修理か腹之切様見て、可致
手本よし申、東西ひつそとしつまり、且ハ妻子さしころし、同名
とも、七八十腹を切、相果候、

一其より直ニ、賀州へ出馬候処に、諸城相抱候、秀吉太刀風に驚、
草木迄も、なひきしたかふ体ニて、能州・賀州・越中迄、平均に
相果候所ニ、越中境目等申付候、内々越後長尾、人質被出候条、
令赦免候、至（仕）合無異儀事、

一去三月廿一日、泉州出馬当候、敵城三責明、数多刎首、翌日根来
押詰、悉令放火、雑賀一揆奴原、不残討捨候、然者、熊野浦迄、
平均申付、紀州和哥山ニ拙弟秀長置候、居城相拵、紀泉両国、不
残申付候条、於時宜ゟ、可被心易候、猶宗洗に申聞候、謹言、

（天正十三年）
七月二日　秀吉
遠藤山城守殿（基信）

二　石田三成書状

已上

為年頭御祝詞、
預御状、殊白鳥二贈給候、御懇志之儀、満足ニ候、平四郎殿御所
労気之由、千々万万、無御心元存候、涯分被御肝煎、御䐁（養）性尤候、
此方御用儀候者、可承候、猶期後音之砌、恐々謹言、

三月廿二日　（石治）三成（花押）
針生民部大輔殿
御返報

三　伊達政宗書状

返々、御書御懇（カ）（カ）に候、かしく、

為御礼之状、却而御隔心之様ニ候、拙者も参候而、御礼申度候へ
共、手前作事に、不得寸暇候条、可有御免候、誰々被参候哉、明夕
者、三（カ）左右衛（カ）門第に可参候、恐惶謹言、

（十一月）
霜ノ廿五日　正宗（花押183）

「（切封）
羽越前
大相州様御報、人々御中正宗」

84〔小沼文書〕安達郡本宮村小沼半七所蔵

一　畠山義継？知行充行状

右このたひ、別而あいかせき申旨ニつゐて、いちのつほ（坪）と号する在
家、上下くたしおく者也、仍為後日如件、

（花押447）

天正七年九月吉日
舟引六郎右衛門尉

（〇松藩捜古の注に「田村清顕よりの章書と云ふ旨なれども花押相違あり、二本松義継なるへし、花押相似たり」とある。92―一四参照）

二　直江兼続書状（切紙）

已上

急度申遣候、仍本宮之伊賀守ニ、荒地弐百五十石之処、無相違可相渡候、為其申遣候、謹言、

五月九日　（直江）兼続（花押95）

石栗将監殿

85〔藤原家文書〕安達郡白沢村　藤原正美所蔵

一　大内能登領知判物

此度さかミ壱き（騎）のやく於仕候て、罷出候に付て、春日・八幡・にわたり三ケ所の地、田壱貫文の所をさかミニふだひ（譜代）出し候、さかひめニ候へハ、他所へ心かわりなく、能々御奉公可申上候、仍而如件、

天正十壱年三月五日　大内能州（カ）正（花押205）

さかみ房（カ）へ

（〇松藩捜古この文書を掲載し、左の注を施す。「大内備前か父を能登守と称せしこと古館弁等に見へたり、此能州備前か父にしては年代後れたり、能登死て後一族の内其名を嗣て称せしなるへし、」）

86〔鹿野家文書〕郡山市　鹿野昇所蔵

一　伊達政宗過所（折紙）

彼山本伊勢守荷物十疋十駄、分国中北南一筋諸関所、無相遠、永代可有勘過者也、仍如件、

天正十六年戊子

七月廿日（黒印）

仙道奥通

（〇92―一七号参照）

87〔熊耳文書〕安達郡杉田村　熊耳重右衛門所蔵

一　伊達政宗書状

態為使申届候、仍其口在陣之儀、御太儀之至候、彼地落居不可有程候哉、但無理之取刷、遠慮可有之候、次当地長井へ先々相移候、様躰殊関白様御理之義共、委細片倉小十郎可申候間、不具候、恐々謹言、

追而、

為土産、帷子二ッ遣之候、

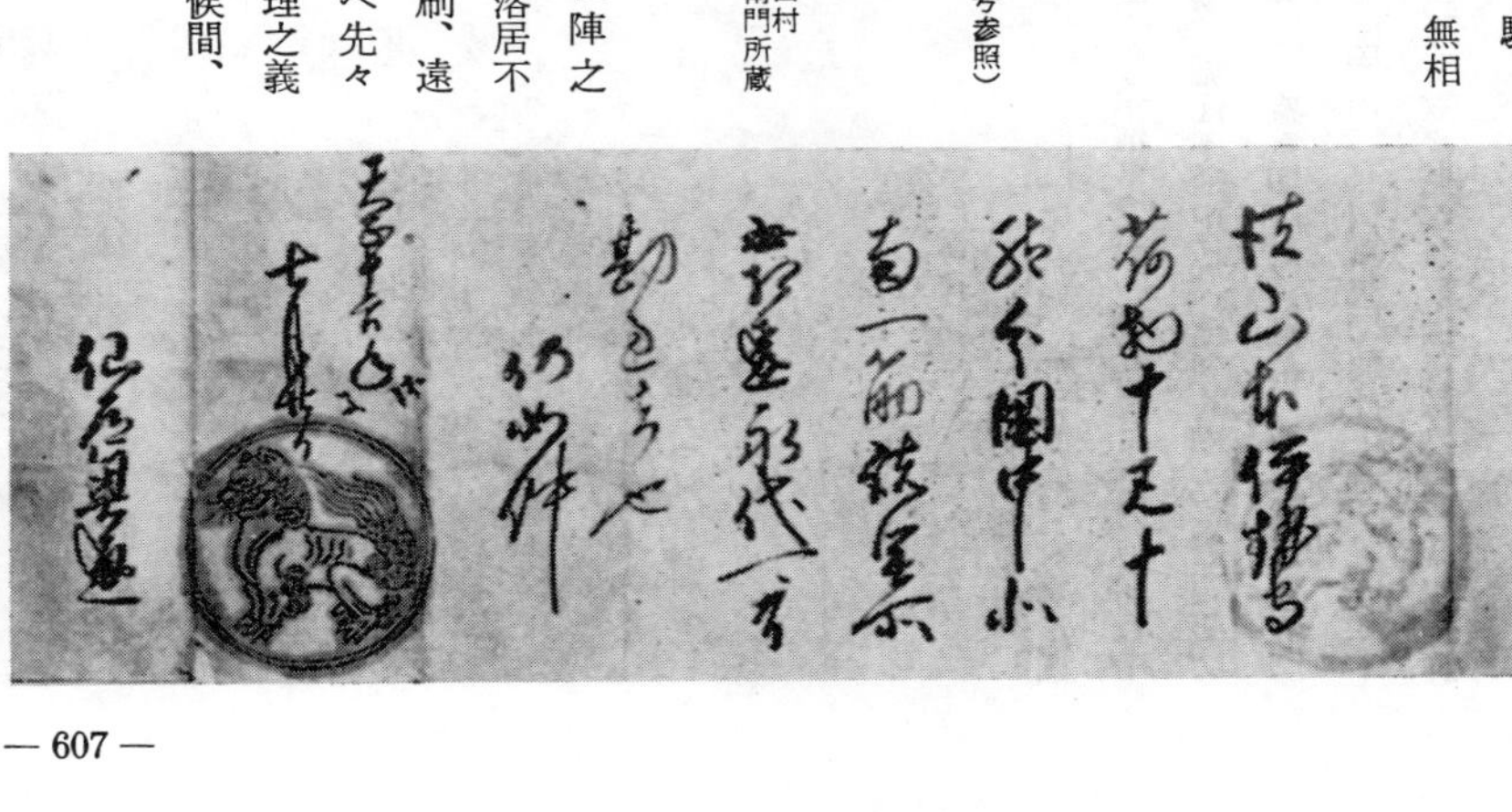

以上

(天正十八年)七月四日　政宗（花押）（〇この花押、99—二一七と同形）

(保土原)江南斎

二　蒲生氏仕置奉行連署状（切紙）

以上

其村之問屋仕候事、先年、(町野繁乃)左近助二□□(本松)令在城候時ゟ、其方ニ申付、于今其通ニ候、然者、弥自今以後、往還人之宿幷駄賃以下、順路ニ可馳走者也、

岡半兵衛

慶長十五　　重政（花押）

九月廿五日

町野左近助

繁仍（花押）

杉田村問屋

甚之丞とのへ

88〔伊東文書〕安達郡岩代町　伊東寅男所蔵

一　伊達政宗書状

就爰元在馬ニ、来札太慶候、田控(カ)中彼衆中相談之上、及仕置ニ候、漸相調候、又太越之事も、自岩城も、重而理之旨候キ、是又近日、可相澄候哉、於時宜無心元、不可有之候、此口へ被打越候事、無用候、如何様其元、白石へ通候時分、可令見相候間、不具候、恐々謹言、

八月四日政宗（花押182）

万休斎

（〇76—一三参照）

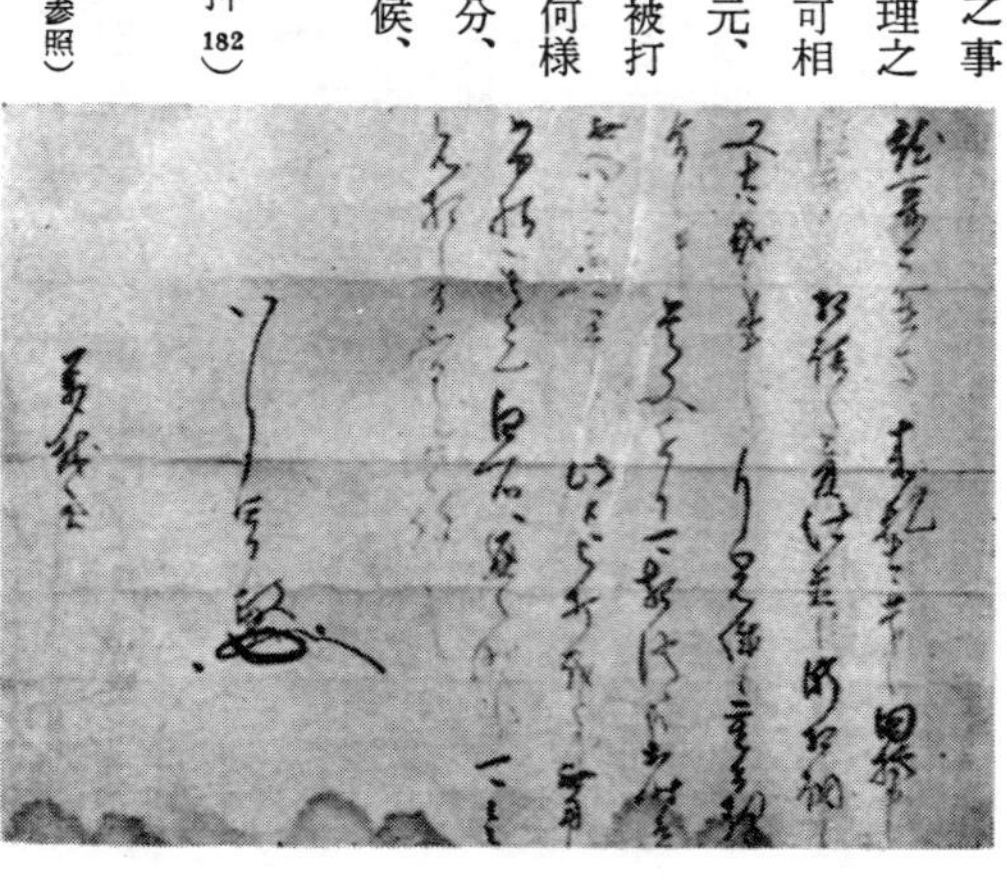

二　留守政景書状

国分取乱付而、従義光(最上)早□　□着存候、如其聞候、対盛重(国分)堀江長□(門カ)　□隣端(カ)与云、無余儀事与云、爰元為可取静、即致中途、双方へ様々雖及異見候、堀江不通申払、結句其内ニ、近辺懇切之者共引入、実城計取詰候間、盛重切腹無疑候条、何共無拠敷致助成、堀江令追放候、其以後国家中、無何事候、於此上者、定而従米沢下知可有之候間、可為静謐候歟、少も御床布有間敷候、毎事期後音之時候、恐々謹言、

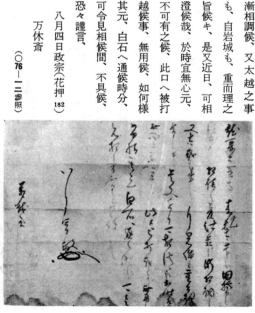

五月十一日雪斎（留守政景）（花押190）

追啓

其口庄内御無事、従去秋、政宗
籌策雖被申候、于今未落着候、
単御床布存候、少々被遊御不足、
御一和之儀旁々御刷可有之候、

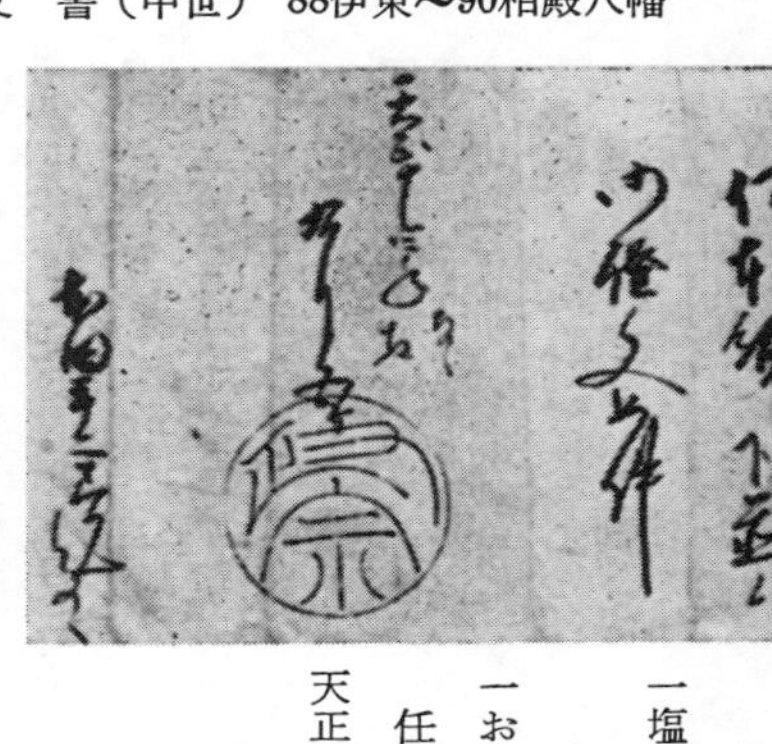

89〔橋元家文書〕田村郡三春町 橋元四郎平所蔵

一　伊達政宗知行安堵状

ひかしの内
一塩のさく在家年具六貫文之所
おほ田之内
一おか田在家年貢七貫文之所
任本領ニ下置候、仍證文如件、
天正十四年ひのへいぬ
九月五日（黒印）（〇印文「政宗」）（〇この黒印、疑問の余地あり）
本田平二さへもんとのへ
（〇92—九・一五参照）

90〔相殿八幡文書〕安積郡八幡村 相殿八幡神社所蔵

一　冨田氏祐書下

八幡宮のおり□（かミ）の事、三年に一度にて候、前々のことく、被仰
付、御沙汰候ハん事、可目出候、若御なんしう（難渋）の方へハ、社人同心
ニ御幢を可出候、如法、一丁ニ一斗百文のとをりを、可有御沙汰
候、為御心得、惣一族中へ申候状如件、
（冨田）氏祐（花押295）
永享十一年三月十八日
（包紙）「芦名三郎左衛門盛久御寄附状　芦名掃部助氏祐 本名冨田」

二　伊東高行知行安堵状

山口のうち、袮き内之さいけ、へつして、やハたの袮きとのへ、お
んしやうにいたしおき候、村やくの事も、前々のことく、あひかハ
るへからす候、とりわけ、御ねんころに、御奉公申候ハん事、しか
るへく候、他のいらんさまたけあるへからす候、為後日、一筆如此、
（伊東）高行（花押224）
天文十九年十二月十一日
やハたの袮きとのへ

三　伊東高行知行安堵状

追而申、由緒之事ニ候間、子孫までも、子細あるましく候、

中田之地間之事、禰宜由緒あるのよし申上候間、さういなくうけさせ候、たとへいかやうの時義あるとも、別条あるましく候、為後日、一筆、

弘治弐年十二月二日高行（伊東）（花押225）

大原民部少輔殿

四　薄次忠置文

（包紙）「芦名三浦介盛隆御寄附状」

八幡宮

御寄進之所

赤柴在家

両御神事御ほう（奉幣）へいのやくに相付申候、為後日之證文如件、

薄越前守

天正十年壬午九月五日　次忠（花押）

大原主鈴殿へ

五　小田切政長書下（切紙）

今度禰宜衆修検（験）宗相論故、互ニ上洛候、因玆、安積郡八幡之禰宜大夫、上洛候、郡中（安積郡）之神主、懸銭之儀、岩瀬郡と同前たるへく候、仍如件、

小田切備前守

慶長四年後三月廿日　政長（花押97）

民部大夫参

六　小田切政長奉書（折紙）

今度御弓矢之御勝利、為御祈念与、其社へ出仕ノ社人御子きんそく（カ）ヲ以、十五日　八幡宮ノ御神楽、不可有油断候、自此方同日ニ、奉行を可遣之間、少も如在之義、慮外ニ候、今度御本意思召御儘ニおゐてハ、神領御寄進、社頭江も、可有御造進之由、被仰出候間、此節ヲ相極候、必々入精、可被致御祈念者也、

小田切備前守

八月一日　政長（花押97）

あさか八幡宮

民部大夫殿

惣神主中参

（包紙）「慶長五年八月一日　小田切備前守政長書状」

七　安積郡八幡宮掟書

安積郡八幡宮掟

一、四月九月之流鏑、其外、小祭等之儀者、□神主、可致執行之事、

一、御宝前御番之儀、七人之禰宜衆可勤事、

一、朔日・十五日・廿八日ニハ、何も出仕、可致御祈念之事、

一、来春御社頭御造営、至于後代小破之修理、高弐百石ニわりかけ可有作事事、

一、毎年、千本宛ノ松杉用木、可被植付之事、

右条々、堅可被相守、此外も先代引付之規式、於在之者、可被勤

仕、自然御法度違背之輩、令追放、全社人、可被招居者也、仍如件、

慶長五年十二月吉日小田切備前守（花押97）

八　満田一長書状（切紙）

以上

八幡宮御理之儀承候、則先年寄衆まで懇談申候、随分、可致馳走之由候間、重而可申入候、御社御造立御材木、所々被取置候由、尤ニ候、取ちらし候ハぬ様、可被仰付候、諸給人、不被仰付以前、此折紙参候間、是者給人衆、可取と被申候共、被申理、押可被置候歟、料紙被懸御意候、畏候へく候、以面、御礼可申候、久不懸御目候、尚以、御社領之儀、景勝之御代様ニハ成申間敷候へ共、少分成共、馳走可申候、恐々謹言、

十月廿日　満田内丞
一長（花押）

八幡寺
同神主殿
御報

（包紙）「慶長六年十月廿日満田内丞一長書状」

九　満田一長書状（切紙）

（注）「蒲生侍従秀行寄附状　満田内丞一長」

以上

八幡宮御社領之儀、則於于其地、五拾石、被相付之由被仰出候、其御意得御尤候、万端直談可申候間、不具候、恐惶謹言、

（十一月）霜月十五日　満田内丞
一長（花押）

八幡宮
同神主方
参人々御中

（包紙）「慶長六年十一月十五日」

一〇　小田切政長奉寄進割符状

安積郡八幡宮御神領、御寄進割符之事、

高弐百石
此内
五拾石　（修復料）
五拾石　神主
七拾石　七人之禰宜衆
三拾石　巫衆

右、如此配分、無異儀請取、御当家御武運長久之可被抽精誠者也、
仍如件、

慶長五年十二月吉日小田切備前守（花押97）

（包紙）「上杉中納言景勝御寄附状　小田切備前守政長」

一一　安積南郷北郷田地注文（折紙）

南郷

中地　五丁半
守屋　八丁
川田　三丁五段
成田　四丁
荒井　一丁三段
名倉　二丁五段
小荒田　二丁五段
早水　二丁
多田濃　七丁
中郷
河内　十五丁
大槻　十三丁
中谷田　四丁
松井　二丁
富田　七丁
上大嶋　四丁
下大嶋　四丁
窪田　七丁
郡山　四丁
中村　五丁五段
福原　十丁

舟津　十丁
八俣　四丁
北郷
岩倉　十丁
上飯津嶋四丁
下飯津嶋四丁
角津嶋　四丁
女子嶋　一丁一段
前田河　五丁五段
安積宿　四丁
早田原　四丁
以上

（印）

91 〔富塚文書〕 田村郡大越町 富塚富太郎所蔵

一 伊東祐信一揆契状

（端裏書）
「弾正殿」

田村の一族安積の一族、一揆事、相互に大事小事をみつかれ申、見つき申へし、但此内にむりをたくまん於輩者、一きをそむくへし、若此事いつはり申候（カ）ものならは、

梵天帝尺四天王、惣は日本国中大少神祇冥応、別は伊豆箱根両所権

現・三嶋大明神、殊は八幡大菩薩・天満天神、部類眷属神罰冥罰を(カ)各ともに可蒙罷候、仍起請如件、

観応弐年辛卯三月九日

左衛門尉祐信（花押227）

(田村顕基)弾正殿

二　吉良貞家禁制（〇以下二号、疑わしいけれども、掲載する）

(吉良貞家)（花押54）

禁制　田村庄守山社

右、於当社内并神領等、軍勢甲乙人等不可有監妨狼籍(ママ)(ママ)之上者、早供僧神人等、如元帰居本在所、可致御祈禱忠節、若有致狼籍(ママ)族者、就注進、不日可処罪科之状如件、

観応三年七月五日

三　吉良貞家奉書

陸奥国田村庄富塚村并六日市庭事、為亡父跡本領上、参御方之後致忠節之間、所宛行也、守先例、可致沙汰之状、依仰執達如件、

文和二年三月六日右京大夫（花押54）

田村参河守殿

92〔松藩捜古所収文書〕

一　遊佐重明寄進状（「下河崎村三島社所持」）

三嶋大明神之式地一在所処、如（虫喰不分明）代寄進、毎烈神（弐三字虫喰闕）参可仕者也、

仍如件、

天正二年八月十五日

遊佐蔵守

重明（花押）

（捜古注）「按るに蔵守は畠山の重臣に下河崎岩倉と云在家を領せり、大将内(ママ)の領主畠山治郎(部カ)宗頼にも属せり。」

二　卜部氏神道裁許状（「同前三島社所持」）

奥州二本松安達郡下川崎明神祠官、安在伊勢守清正、今度令上洛対面訖、神前之儀、任先例、可勤仕者、神道裁許之状、如件、

慶長拾五年七月廿六日

神祇長上卜部朝臣「(注)（朱印あり）」

三　金上盛貞等十人連署証状（「里正滝田太兵衛所持」）

(芦名)盛舜（花押279）

ふなつくらの境之事、おにぬまのたて石より、嶺越のほりに、やうはたいしくらのみねと、う屋の入の嶺しき山の西の麓まて、それより峰へ上り、ひの岡中の峰よりやちハ川まて、直に河より東から内ハ河きりさかひのみねまて、其外すハの西ひかし飯の森の南のふもとまて、境のくねひ山沢は河かきりに横沢へ相付候、然而柳の内

南は河きりに中地へ相付候、かのかいの地ニさち川同原の関横沢へ
於末代相付候、仍山の草木の事ハ、たかひに取へく候、但内林杉林
の木弁舟来は、たかひに其届可有之、為後日、一書如件、
追てさち川の事、前々のことくたるへし、

大永三年癸未四月廿三日

金上但馬守 盛貞（花押287）
平田 輔範（花押）（〇花押、一覧になし）
西海枝 盛枝（花押）
塩田 輔光（花押）
盃軒 一禿（花押）
松本伊豆守 輔次（花押307）
松本図書助 宗輔（花押）（〇花押、一覧になし）
石田石見守 盛範（花押）
富田左近将監 実持（花押）（〇一覧297に類似す）
同尾張守 光輔（花押）

横沢殿

四 内膳等五人連署証状（「里正佐藤孫之丞所蔵」）

河田山境之儀、如前々、片岸者通迄きりニ御座候、下ニ者あかした
境目、如前々之可仕候、於向後、国替給人替御座候共、争ニ慮外之
儀可申哉、於内意御懇切ニ承候事、一段忝次第ニ存候、如斯之上者
くつれはし切ニ被相入可斯候（ママ）、くつれ橋よりそなたへ入通申候ハ
ゝ、遍くたを可被出置候、御内意之御心はせ、過分ニ候間、御年始
迄年々可申条、御入魂の義、御肝要に存候、乍此上、河田御給人衆
きふく被相留候ハゝ、不及了簡候、以上、恐々謹言、

天正廿年霜月廿一日（廿七日）

内膳（花押）
掃部助（花押）
蔵人丞（花押）
清左衛門（花押）
右近（花押）

弥次右衛門 参

五 伊東高行証状（「駒屋村彦八所蔵」）

山口の内ほうしやう内の事、かたふんけんゐもんの御おんニいたし
候、もし又かの地寺の地の事ニ候間、夫とい（ママ）候ハゝそれほとのかい
地はいたし候へく候、為後日一筆如此、

天文十九年十月十二日 高行（花押224）

（捜古注）
「高行は古館弁を按るに大槻の堡主伊藤（ママ）将監高久の子三郎右衛門高行也、八幡の宮にも寄附状なとも有れは、此辺を大略領したると見ゆ。」

六 石橋尚義知行充行状（折紙）（「下太田村百姓善蔵所蔵」）

源尚義（花押46）

右此度、就弓矢はしりめくり奉公いたし候、依之、少所なから大平

村之内、たいしとう三貫之所くたしおかれ候、於此以後能々可被致奉公候、仍後日之状如件、

天文十四年乙巳九月吉日

大内平右衛門
金　新右衛門
大河内与起助
斎藤縫殿助

（捜古注）
「是即石橋修理大夫尚義なり、（〇中略）書蔵、氏は武藤と称する由、戸沢村の堡主武藤縫殿と云もの有りて、石橋家の麾下也と云伝れは、其一族なるへし。」

七　石橋尚義知行充行状（「下太田村百姓太郎左衛門所蔵」）

（石橋）尚義（花押47）

右この節、奉公いたし候間、北かた村おきのたいくたしをき候、如件、

天文廿三年初春十五日

斎藤七郎右衛門尉

八　宗祐判物

此度、親子のかた愚をとりたてられへきしんてい、更たのもしく候、少所なから、すき内のさいけ（在家）心指ニなしおき候、その上にも、ひこ一郎事ハ、当地ニさしおき、かい分可取立候、八幡（斎藤）大井親子のかたへ、無別心候、為後日如件、

天将二年霜月（十一月）吉日

宗祐（花押380）

安部源左衛門とのへ
同彦一郎とのへ

（捜古注）
「宗祐何人なるや詳ならす、安積伊藤の流か、安部は駒屋村の堡主美濃と云いしか一族なるへし、彦八其一族の末なる由、（〇中略）宗祐は何人と云伝るやと尋ねしに、村方にては正宗の証書と云よし、誤りなるへし、」

九　田村清顕知行安堵状（折紙）（「杉沢村百姓平左衛門所蔵」）

此度、安斎治郎左衛門奉公候ニ付而、其身令地走（馳）候条、菅（杉）之沢（沢）在家西さく三貫文之所、同在所一貫文之所、於向後、相違有間敷候、為後日如件、

天正十年壬子拾月　日

（田村）清顕（花押）（〇一覧212に類似す）

本田平左衛門

一〇　伝伊達政宗安堵状写（「仁井田村薬師堂介右衛門所持」）

二貫文之所かい地せしめ候、たとへとくせい入候とも、かたく相違あらさるもの也、仍而為後日如件、

天正十三年五月

屋くしとう
助へもんへ

（捜古注）
「右は政宗よりの折紙の由、申伝候、」

一一　義泰知行充行状（「高越村山田在百姓所蔵」）

右今度奉公申ニ付而、たかこしの村之内下山田之在家一字不残被下置者也、仍為後日状如件、

義泰判

天正十四年三月吉日

石川佐渡守

同隼人正

（〇捜古はこれを、伊達家老臣の奉書か、また畠山老臣のそれかとしているが、義泰の名から推して、畠山家に係るものであろう）

一二　某知行充行状（「源三後裔大江村百姓惣左衛門所持」）

先立於玉井忠節不及是非候、依之本宮大江井へ村之内後ふたこ塚之在家被下置者也仍如件、

（花押）

七月吉日

二瓶源三

一三　義泰知行充行状

右今度ふうこう（奉公）被申付（カ）而、とゐの新九郎かあと一宇不残、被下置者也、為後日之状如件、

義泰「（判）」（注）

天正十四年三月吉日

うしろ川源三

（捜古注）
「二瓶源三、うしろ川を領して後川とも云しとなり、」

一四　畠山義継？知行充行状（「本宮村小沼半七所持」）（〇48―一参照）

右このたひ別而あいかせき申旨ニつゐて、いちのつほとかふする在家上下、くたしおかるゝ者也、仍為後日如件、

（花押447）

天正七年九月吉日

舟引六郎右衛門

（捜古注）
「田村清顕よりの章書（ママ）と云伝ふ旨なれとも、花押相違なり、二本松義継なるへし、花押相似たり。」

一五　伊達政宗知行安堵状（「杉沢村平左衛門所蔵」）（〇89―一参照）

すけのさわ之内

一にしさく在家三貫文之所、任本領下置候也、仍如件、

天正十四年丙戌

九月五日（印）（〇印文「政宗」）

本田平左衛門（平ニ左衛門カ）とのへ

一六　伊達政宗知行充行状（「玉井村百姓弥惣治所蔵」）

ほはしらの内

一田中在家年貢仁貫五百文之所、下置候、仍証文如件、

天正十四丙戌

九月五日（印）（〇印文「政宗」）

桑原はやとのへ

一七　浅野長政長吉書状（折紙）（「郡山村音右衛門家蔵」）（〇86―一参照）

以上

郡山山本伊勢与申者之事、元来勢州之者之由ニ付、彼地ニ久有付在

之旨候、然者拙者相頼由ニ候間、被懸御目、役義等之事、被成御免除候て可給候、頼入候、恐惶謹言、

天正十八　拾月廿日　浅野弾正
長吉（花押）

（蒲生氏郷）
羽柴松坂少将殿
人々御中

一八　大内四郎衛門・同常陸等六人連署下地借状（「下太田村里正 土屋某蔵」）

用々（事）あるによつて、おふ田むらの内おきのたハの下地、十三くわんニ、ひのとのミの年より十年とつくり、ひのへとらの年まて、かりをき候、年きすき候はゝ、しきせんうけ取可申候、かねの事ハてはつけ申ましく候、すこしのゐたの事は、きり申ともいらんあるましく候、山はやしの事ハ、ねつこのうへにてかりをき候、年きすき候ても、ねつこのうへニて返し可申候、たけの事ハそたて候て、用之時ハきり申候へく候、たとへ其方いかやうの儀候共、むここんないより、しきせんうけ取可申候、為後日之如件、
しきせんの事ハたて申やうに、うけ取可申候、

はんちや
かみふたこつか　二郎兵衛
たかつき　弥さへもん
弘治三年ひのとのみの年三月吉　さい藤　徳兵へ
かの　こんない
かり主　大内四郎ゐもん
同　ひたち

いしかい左馬助殿
同　たくみ殿
はんちや　大内左馬允殿
同　平　内殿
おてのもり　五郎兵へ殿
かし主　さい藤七郎へもん

一九　小峯満政等二十人連署一揆契状

連署之事

右各致味方上者、雖非取分、応上意同心可致忠節、且於私大小事、申談可罷立用、公私共以之外発等閑、次就公私事申事、並無正体振舞候方者、不可有許容之沙汰、同心於被加判人々者、可被此旨云々、此条々於背輩者、日本国中大小神祇、別而伊豆箱根両所権現・三島明神・八幡大菩薩・天満大自在天神・塩釜六所大明神、御罰各可被蒙者也、仍起請如件、

応永十一年七月

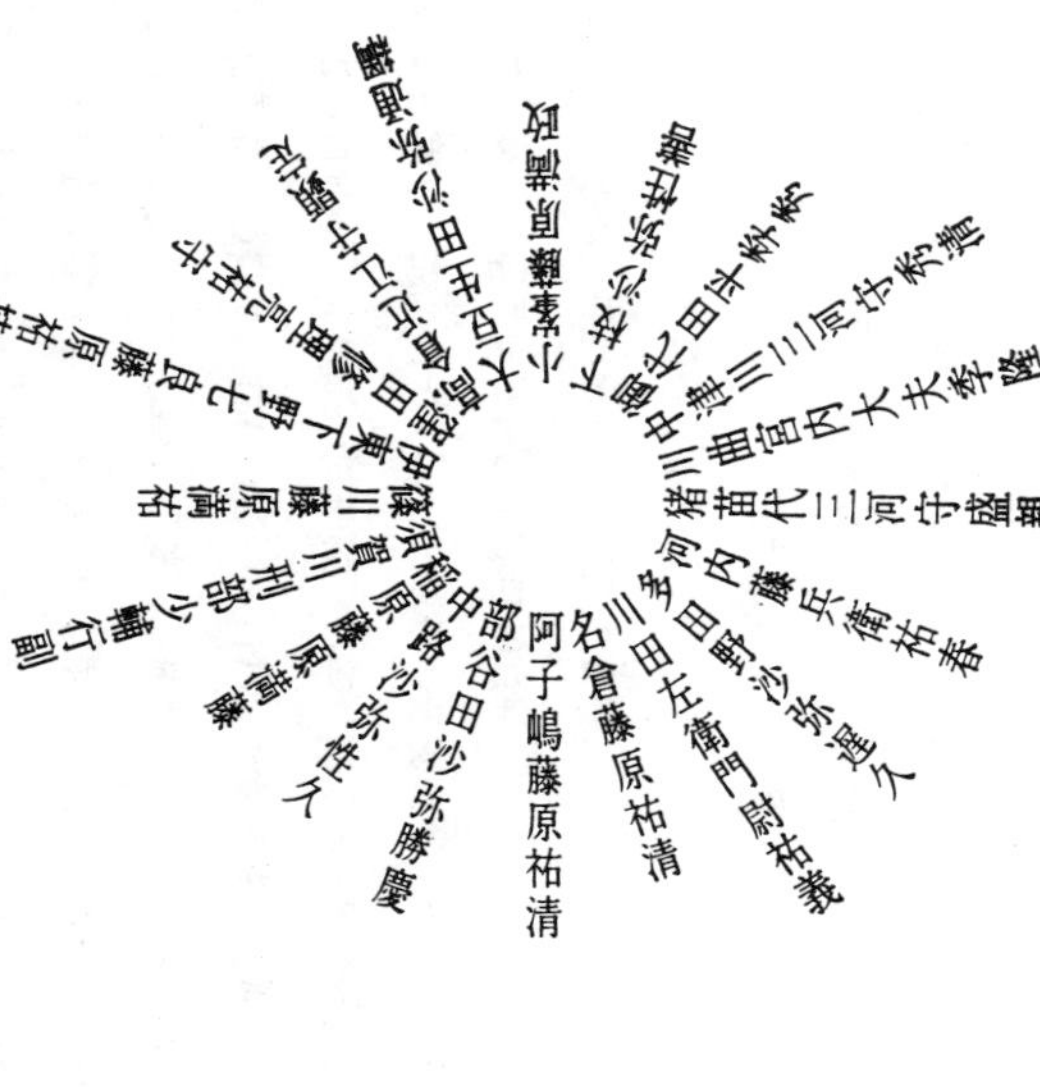

二〇　田村清顕書状（「内木幡村里正 紺野源五右衛門家蔵」）

（伊達実元）八丁目之書中被指越、彼返札罷越候ハヽ、本望ニ候、仍白佐（白河・佐竹）無事成就之由ニ候、因之、会・当へも可為其理候仕候、此方之事ハ、如御存知、南方へ無二申談候上、貎其意間敷候、弥子細者追而可申届候、恐々謹言、

八月廿四日　　清顕（花押）（○この花押、九とほぼ同じ）

大内太郎左衛門尉殿

追而、たか野へ其後者不罷出候、其方可然、はいたか可持哉、うら山敷候、

二一　田村清顕書状（「下伊豆島里正 添田金三郎家蔵」）（○78—1参照）

今度御息被打越、本望ニ候、併寒風之時分大義ニ候、仍自南方、今般以使、条々罷承候、殊更、氏政（北条）房総両国悉被属本意上、来春ハ必然、佐竹退治可被企由承候、就之手合之義承候間、松之内可打出候間、其御心得尤候、乍勿論、来春者一入於被相拵者、弥可為祝着候、又けたう等之儀、各能々被仰付候、尚以、可為大悦候事、恐々謹言、

十二月廿一日　　清顕（花押212）

安子島刑部大輔殿

憑入事、

御造作之至、止（此）事申入候、

二二　橋本顕徳書状（「紺野源五右衛門家蔵」）

近日者不申承候、意外之至存候、仍而大森太夫下人女おとこ両人、逃られ申候、下口（郷カ）へ可罷通之由申候間、乍御造作、御家中被仰付、可給候、両人之間、罷通候ハヽ、隠有間敷候間、御六ケ敷候こま〳〵頼入候、万々申度候得共、一刻も急々申入候間、早々申入候、恐々謹言、

九月廿日　　橋刑（橋本刑部）顕徳（花押）

大内殿
御宿所

二三　**田村清顕書状**（「内木幡村里正源五右衛門所持」）

近日は無音、意外ニ候、仍青木修理亮、米沢へ今度被申合事切肝要ニ候、御当方も満足不及是非候、彼御様子床敷候間、為使申理候、彼方作事次第、何分ニも自当方も、可申候、雖無申迄候、自其元、被助合、聊尓無之様、千言万句ニ候、余事重而、恐々謹言、

壬八月九日　　清顕（花押）（〇この花押、九と同形）

青木弾正殿

二四　**田村顕広月斎書状**（「内幡村里正源五右衛門所持」）

彼南地破却之儀ニ付て、国上致談合候様ニ相調、其上須田宿江も致同心、罷越申調、須田修理ニ源二郎へも盛氏書被差越、我々迄も如須田理一書差越候条、相調、自此方、御代官為指越申所ニ、竹貫方詑言被申候、尚又右近大夫、被差越候、併於盛氏者、無御別心之由、御挨拶候上者、

竹貫方へ者無余義、御挨拶之由、被申越候間、我々方へも、次ニ承間敷由、被申候間、此方ニ幾日滞留申候而も、

別而、盛氏御前へ者可申候子細無之候間、可罷帰之由存候へ共、先右近太夫帰置申候、爰元如何御工夫も候哉、於我々者、不及分明候、彼地破却之儀事延候事、詑言ニ存候、須田於此方理共、不及是非候、子細右近太夫可申上候間、恐々謹言、

霜月三日　　月斎聖休（花押216）

三春江参人々御中

猶々吾々事は、踞置候而も無用所候間、六月七日ニ可罷帰候、

二五　**中津川親宗書状**（「内木幡村里正源五右衛門所持」）

幸便候条、令啓一札候、仍無済限御在留御太儀、不覃是非候、然者孫八郎殿（田村友輔）・式部太輔殿（富沢）御進退にて、清顕御不通听食、御詑言可有之候、因茲和々ニ（ママ）以使者、可被申理覚悟候、畏（カ）被聞届候者、一身之満足不可過之候、随而下江清水事六ヶ敷之由、被申来候、実事に候哉、於其方听食被届被仰越候ハヽ、可為祝着候、委曲後音之時、可申談候条、令略筆候、恐惶頓首、

斎（ママ）月廿九日　　兵衛太輔（ママ）　親宗（花押）

追啓

御小者、相失申候由承候、如何々々、無御心元、奉存候

（捜古注）「元和八年書上に田村の一族小野田藤谷の城主中津川兵衛大輔あり、是なるへし」

二六　**畠山義継書状**（「内木幡村里正源五右衛門所持」）

伊相（伊達・相馬）無事之儀ニ付而、清顕其地へ御中途候、依茲、為代官、中越候、其元馳走浸入候、其後彼口様子如何候哉、無御心元候、然者備州（大内備前定綱）伊陣ニ者在留寒気之時分ニ而、一入く太義候、将又田岩（田村・岩瀬）相違候、侘言候上、双方へ申理候、然者自岩、被相理候条、今般中越候、爰許一途相調候様、是又任入存候、委細心安斎（新城）任舌頭候、恐々謹言、

十月十九日　　義継（花押）（〇一覧447と相異す）

大内太郎左衛門尉殿

追啓

新地普請成就候哉、御床敷候、

二七　畠山義継書状（「内木幡村里正源五右衛門所持」）

態用脚力候、仍先立申越候所、乍不初事、細曲答大慶候、然者於其口兎哉角哉、下々雑意等申成候段、其聞候、於実事者、単無御心元候、雖無申迄、早疾相止候（所疾相正候）、御使千言万句ト、幾度乍申事、於清顕毛頭無別意候段、被相理候上は、少も御疑心不可有之候、亦御存分候ハヽ、無復蔵、得回書可示給候、田をも内義をも可申理候、乍事新義、別而近年申合候上者、不被残心腹可承候、将又巨（カ）細進退之義ニ付て、田村詑言之儀可有之候ニ、段々自当方も、使差越可申候得共、後寄子入事候義、于今不油断候旨、自当方ハ、使いかゝの由申候、爰元分別早速入馬之義、可然候か、諸事重音之時候、恐々謹言、

六月五日　　義継（花押）（〇花押、前号と同形）

大太（大内太郎左衛門尉）

二八　畠山義継書状（「内木幡村里正源五右衛門所持」）

急度啓入候、仍北口之様子、如何無心元次第ニ候、将又当方退出之者、今其口ニ在留之由承候、依之、大備父子へ為使、申理候得者、彼使御同心にて、如斯之儀、被相理候而可給候、頼入迄ニ候、心緒猶彼使申含候条、不具、恐々謹言、

七月廿五日　義継（花押）（〇一覧447に類似す）

猪苗代源兵衛尉殿

二九　伊達輝宗書状案（「内木幡村里正源五右衛門所持」）

態用一章候、仍石川無事之義ニ付而、以使者、申入候義清顕御不通之上、宥以下徒ニ相払候事、先以無拠候、併当方使三春へ不被入候事、外聞内儀不可然候、時宜不通之事、不及是非候、以前須賀川無事ニ付而、以使者、申入候刻も、佐へ首尾候とて、当方使被押返候、毎度如此之義、隣郡之内之嘲歎敷候、有増儀馳走任入候、書余桜より可申理候間、不具候、恐々謹言、

卯月五日　　輝　宗

大太（大内太郎左衛門尉）

三〇　伊達輝宗書状（「内木幡村里正源五右衛門所持」）

急度用一簡候、仍須賀川家中錯乱ニ付而、清顕中途之上、無事御籌策之由ニ候、早々被取静候者、於当方も可為満足候、然者石川無事ニ付而、以使者申入候義、于今清顕御不通歎敷次第候、条々如中理候、将又越国之御儀、当境之者共、少々彼国へ令乱入（ロカ）候、無用之由、雖申付候、無休事候、併無心元不可有之候、書余被任御状候、恐々謹言、

卯月九日　　輝　宗　判同前

大　太

三一　新城心安斎書状（「内木幡村里正源五右衛門所持」）

五三日中者、不可投候条、内々無御心元之刻、為御使示給候、本望此事ニ候、仍御家中相静候由、於当方、上下満足、不及是非候、将又大河内方、則何方へも可被罷越候由、調（相々）被申、可被心易候、其付て義継方へ御満足之由、被仰越候、一段可被念入候、吾々迄本望存候、委砕会面之砌、彼之御礼等、可申展候間、令略候、恐々謹言、

八月十八日　（新城）心安斎　夢閑（花押）

大内太郎左衛門尉殿

追啓

御備中被相降、本望存候、此口備州へも、御次に御心得頼入存候、

三二　伊達政宗書状（「長折村藤治右衛門家蔵」）

就爰元在馬ニ、来札大慶候、田控中彼衆中相談之上、及仕置申候、漸相調候、又太越之事も、自岩城も、重而理ニ候旨候き、是又近日、可相澄候哉、於時宜無心元、不可有之候、此口へ被打越候事無用候、如何様其元、白石へ通候時分、可見相候間、不具候、恐々謹言、

八月四日　政宗（花押182）（○88—1に同じ）

万　休　斎

三三　伊達政宗書状（「山木屋村休清家蔵」）

以上

明日の鹿かり必と存候、七時より御出被為候、又きあひよく候ハゝ、唯今是へ待入候、明日之様子をもきかせ可申、御出ならはやかて〳〵待入候、以上

廿五日　正　宗

作　十　殿

三四　伊達実元書状（「紺野源五右衛門家蔵」）

態示預候、一段祝着ニ候、仍岩瀬安積江就吟味候、昼夜御苦労察入候、随て不思儀之仕合を以、当地ニ在留之内ニ、則可有御到来之由存候処、無其儀候間、御恨言申ハ、譬（ママ）ニ在滞ニ而相応之義候ハゝ、可無御隔心承候事ニ候、重而恐々謹言、

五月六日　（伊達実元）真元（花押189）

猪苗代源兵衛尉殿

（捜古注）「真元は伊達兵部少輔なり、八丁目（信夫郡）にあり、」

三五　亘理重宗書状（「紺野源五右衛門家蔵」）

其後無音、無御心元次第候、仍乍伝覧（カ）三春と、何哉覧六ケ敷事出来候由、単無御心元候、雖無申迄候、只々被取静可然候、様子委細可示承候、然者迯人二本松へ潜候由申候、御苦労之砌申候儀、無心様ニ候へ共、如何様ニも被相斜（及）可為候、万々重而、恐々謹言、

六月十九日　亘理
重宗（花押）

大内殿

返々
御老父へも時宜同意ニ申候由必々任入候

三六　伊東重信書状（「紺野源五右衛門蔵」）

御判形之内、羽右苑角候様御申候哉、兼而替御地之時分、仰含子細片小、慥ニ可被存候間、被差越候御書中、尤致披露候、御挨拶之処、彼書中ニ可被申理候、仍安積堺中、近日御静謐御目度存候、漸正月者被御隙明候間、杉目辺迄御越候ハヽ、其口之義、可被聞召合候、諸事其時可申承候、恐々謹言、

正月晦日　伊肥
重信（花押226）

（高倉近江守）
高近（カ）
以上

追啓、徳満殿来上旬ニ御暇者申請、洗濯ニ相通可申候、可御心易候、

三七　伊達政宗書状（「本町 松本新兵衛家蔵」）

其後絶音問候、非本意候、抑当口仕置等悉申付、一国平均ニ候、旁可為満足候歟、然而仙道表、殊常州野州之面々、各申寄候、併近年小田原当方、別而入魂之任首尾、氏直御拘之通指置候、其外佐竹拘之内申理子細候、依之、当月中旬不図可令発向覚悟候、於其刻者、一勢御合力、去迚者所希候、乍不始、御好身与云、就中改而申含与云、御懇意旁御前ニ候、惣別大細事共ニ、向後猶可任入候、随而当年者、取分所々方々懸廻り、馬一向無所持候、馬形散々ニ候共、秉以問、可然馬一疋所望ニ候、内々義光雖申度候、聊尓之様ニ候条、其方へ所望ニ候、猶期来音候、不具、恐々謹言、

八月五日　政宗（花押183）

追而
石垣河内守　里見越前守　四村九郎兵衛　中山駿河守　伊良子信濃守　各右之段、伝達任入候計候、以上、

三八　石川昭光書状（「本町 松本新兵衛家蔵」）

幸便候間、令啓候、先達而者、両家へ会面之砌、卒度懸御目、于今御残多御坐候、於向後者、自以前御懇切之効与云、節々可申談候、御同意可為本望候、定而会田ニ、重而可為御出張歟、其刻遂会面、猶心腹可申承候、万々期来音候、恐々謹言、

七月十六日　昭光（花押217）

大内太郎左衛門尉殿

三九　佐竹義重書状（「本町 松本新兵衛家蔵」）

近日者令絶音問候、意外之至ニ候、然者畠食丸帰着、定可為御太慶候、太手口出馬之模様、従是以書付申候条、不能具候、恐々謹言、

四月朔日　義重（花押72）

白川殿

四〇　箭田野顕義書状（「富田村里正矢吹善左衛門家蔵」）

年甫之御慶、千々万々目出珍重、尚更不可有尽期候様（ママ）、因玆、五明壱本金烏壱番進之候、寔表壱儀迄ニ候、将又御館へ為年頭、申達候、好様御指南馮入候、然者以来者、依無題目、音絶真実意外此事ニ候、毎事期後音候、令略筆候、恐々謹言、

正月十七日　　箭田野
　　　　　　　　顕義（花押）

屋葺薩摩守殿
　　参

四一　蒲生氏郷書状（「伊藤長左衛門家蔵」）

（木村吉清）ひだ
木伊勢父子上洛之由、城受取之尤（こと）ニ而候、百姓立帰り候様ニかたく可申付候、不可有油断候、下へ百姓はしり候ハぬ様ニ、可申付事、専用ニ候、恐々謹言、

（天正十九年）
十一月七日　　（郷生氏郷）（花押312）

返々四郎殿（蒲生四郎兵衛郷安）ハ煩候事候まゝ、両人無油断はしまハり、きもを可被入候、謹言、

（玉井貞右）
玉数馬殿

四二　大内顕綱書状

態令啓、――赤符之――御様躰、一段不残次第ニ候、――於春中も過分、――余無沙汰之様ニ候間、任――可然様、御披露迄入――別而御懇意、旁々御前ニ可有之候、扨々若――彼者共、為登申候付而者、路次中無相違様、任入万々彼使、可申理候間、不能具候、恐々謹言、

十月四日　　大内
　　　　　　顕綱（花押202）

東福地備前守殿

追而

去年は勅筆詩歌預候、一段秘蔵申候、折節候間、宇治茶五袋進之候、時分御用無御隔意、可承候、巳上、

（捜古注）
「顕綱（ママ）は備前宗綱なるへし、田村清顕に属せし時は顕綱と云ひ、政宗に属せし後は宗綱に更めしなるへし」

四三　米沢氏秀書状（「長折村藤治右衛門家蔵」）

（〇以下二号につき捜古注「天正の頃の紙には見へす、文体も又然り、皆名家の臣ならんか、氏の字を以て名を冠せり、氏秀の花押は刻印の様に見ゆる」）

態令啓達候、仍皆々貴府ニ致検候所、種々御懇情之義共、難謝存候、将又拙者事、早々可致帰宅候段、被仰下候条、則御暇申受罷下候、誠以大悦此事候、如何様、驄而参拝可申由存候条、不相更、於御啄啄（ママ）者、可為畏悦候、猶委細期後音候、恐々謹言、

正月十五日　　米沢出雲守
　　　　　　　　氏秀（花押）

四四 平賀氏信書状（長折村 藤治右衛門家蔵）

態令啓達候、仍今度、其表差置申候家中之者、御返被成候事、一段過当無極候、就之、御貴殿へ此等之段、以拵者、申述候、於大守御取成、畢意憑入候、将又越国境目地、如何ニも御静謐ニ候条、無御心元有之間敷候、若又相替義候ハヽ、更ニ可逮御音信候、万端令期来音之時候条、不具、恐々謹言、

季春十日　　平賀飛弾守
　　　　　　　氏信（花押）

93〔関文書〕伊達郡飯野町 関嘉和所蔵

一 伊達晴宗知行充行状（〇口絵5参照）

此弓箭、従寂前、至于今訖、致奉公候(カ)、悦喜候、因玆充行地、
一河俣之内大つなき、一遠藤藤五良分、此両所下置処候、永代不可有相違者也、
　　仍為後日状如件、
天文十四年五月二日晴宗（花押179）
　　　関帯刀

二 伊達晴宗知行安堵状

竜成院分信夫庄之内ニ
一大田郷　壱岐屋敷　一間
一下野寺之内鶴嶋在家壱間
此二ヶ所、永代知行可仕者也、仍證文如件、
天文十四年拾月朔日晴宗
　　（花押179）
　　関帯刀との

三 須田長義証状（折紙）

定
従去年、奉公致、神妙ニ付而、弐百石申出之候、猶御軍役奉公、無未熟仕候者、可及加増者也、仍如件、
慶長六
四月十日（印）
　　関帯刀との

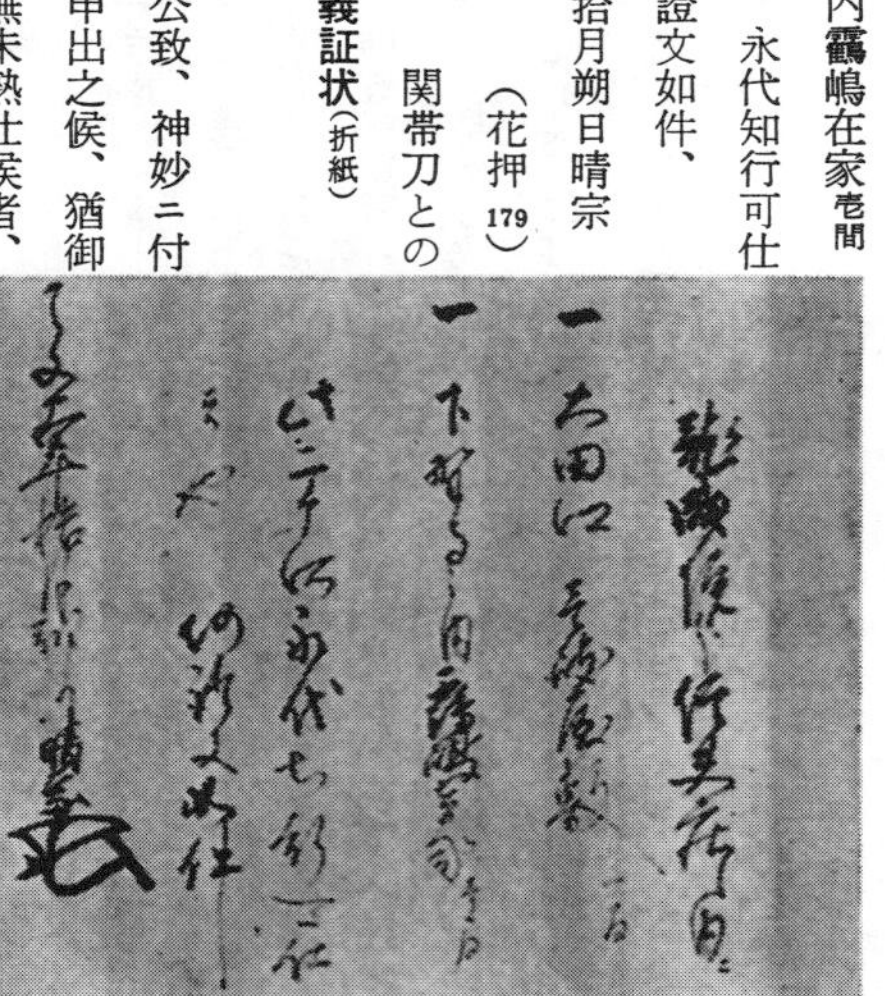

94〔長倉文書〕仙台市 長倉元敬所蔵

一 伊達稙宗証状

此般すちめをたゝし、奉公候者、名代之事於末代、不可有相違候、雖無相理迄候、すみやかに其色を顕し、忠節之儀、可為肝要者也、
仍為後日之證文、如件、
天文拾四年

卯月七日　　　　稙宗（花押187）

長倉信濃守殿

（参考）伊達綱村臣布施定安奉書

其方先祖江被下候、稙宗様御判物壱通、御書壱通、被返下之旨、御意候、以上、

六月十五日　布施和泉（定安）

永倉源右衛門殿

二　伊達稙宗書状

今般長倉信濃守令同心、可致奉公之段、成田紀伊守被申越、神妙之至候、到于忠節之上者、必々一所可充置事、無余儀候、猶信濃守ニ加意見、一味之刷任入計候、謹言、

九月廿三日　稙宗（花押188）

長倉美作守殿

三　伊達晴宗知行安堵状

峯与四郎知行之通一字不残　下置候、於末代、不可有相違者也、仍為後日之證状如件、刑部少輔、

天文十五年三月六日　晴宗（花押179）

嶺新蔵人尉殿

四　伊達晴宗知行充行状

伊達西根長倉の内富塚新左衛門分、同郡瀬上郷之内富塚新左衛門分、岡の前きり田四百かり、同郡湯村之内なかゐ三郎左衛門分、同郡飯田之内少将分、高橋在家一間并畠、同なし木まち三百苅、信夫之庄す川はた少将分原乃在家、伊貢庄にしね稲置之内金沢長門守分、きつねさき在家一との内在家、下長井鴾庭之内八おさ八百苅、上長井ぬかの辺之内山路平左衛門分、きり田四千八百苅、同庄こすけの内佐々木五郎右兵衛尉分、あさみ在家一間、一草苅在家一間、一ミや乃内半在家、同きり田千苅、各下置所、永代不可有相違者也、仍證書如件、

天文廿二年癸丑正月十七日晴宗（花押180）

嶺形（刑）部亟殿

五　伊達晴宗買地安堵状

伊達郡長倉之郷裏居屋敷長倉方より買地、一志水の上一田、一まへ田一端、一はやしきハ一田、一こしまき田一田、一かきうち田百五十苅、一いはら町一端一田、中屋敷一間、一江むかひ一田、一うるし房二田、各下置所、永代不可有相違者也、仍證文如件、

天文廿弐年癸丑正月十七日晴宗（花押180）

長倉彦右兵衛尉殿

六　伊達輝宗書状

わさと用一簡候、仍明日十日、こいつミへ動をなし候、四保へまかりこへ候て、なにむき色〱、四保四郎殿談合いたすへく候、申まて候ハね共、別而人しゅ相調て、ふけ〱と罷いてあひかせき候へ

く候、万吉重而謹言、

二月九日輝宗（花押178）

中名備後守殿

七　岩城常隆書状

急度以脚力申届候、御上洛御留主中御大儀、不及是非候、乍勿論無御由断事、専純候、然者松本宗味為御使、石田治部少輔殿より、如此預御状候、一昨十五到着候、為御披見写進之候、今十七、相馬へ自当方上洛之儀、相へ可令意見由、御意之上指越使者候、先達自御当方相へ当方ニ通用儀、可相止之段承候、重無其儀候キ、雖然殿下事ニ候之間、不及了簡、令通用候、毛頭非異儀候、此段為可申届候迄ニ、啓之候、参陣之儀、当方へも被仰下候之条、近日罷登候、当方境中無相違様、頼入計候、委細御当方ニも御参上之上、於于御陣中可申述候、恐々謹言、

（天正十八年）五月十七日　常隆（花押146）

二本松殿

八　伊達政宗書状

幸便候条、及書翰候、仍其国々替之由風説候、下々取乱之由、言語道断沙汰限候、去比者左ノ節之唱も候キ、高麗属御手裏、唐へ取掛御意候故、日本ノ国替以下一切無其沙汰候、返々上下有付候様ニ、中付へく候、一両日泥蟠斎（小梁川）返し候間、彼方ニ事々可申越候、御渡海来三月へ手堅延、公私之満足察入候、謹言、

六月十日　政宗（花押）（〇この花押、99—二一三と同形）

追啓

旧拙斎（原田）

其外此由候、

以上、

富近（富塚近江宗綱）

以休斎（片倉）

高壱（高野壱岐親兼）

布備（布施備後）

白駿（白石駿河宗実）

桑遠（桑折遠江）

松大和守

中下

戸丹

屋勘（屋代勘解由）

九　伊達政宗書状

其様子、御前ニ而令披露候へ者、寄特成事ニ候由被仰出、御釜御風呂被下候、中々過当不被申、殊其為御礼、翌日御城へ参上候節、又御茶入両種風呂之水板迄被下候、名所内意満足無他事候、扨又今朝山里ノ御茶屋へ被召、御手寄にて一服被下候、追（近カ）日如此之儀、あまりニ天道もおそろしく存候、又申候、屋敷普請ニ左京殿被出御情（精カ）候事、不及是非候、以上、

其後者依無指儀ニ、不申入候、併無御心元候、

一貴所江戸辺へ御招之由申廻候、左様ニ候共、拙者下国之刻迄、二本木（松）ニ御滞留可然由、貴殿御為存候、旁松井佐渡守為始各、被申

御心得可然候、
一薬院角左入魂候、弥々懇情候様ニ、御状をも被為登可給候、
一宇治へ去十五日御成候而、宇治ニ而御茶被下、御懇之儀可御心安候、
一当寺妙覚寺塔頭之竹藪ニ、茶屋ヲ仕候而、薬院角左へ一服進候、
恐々謹言、

三月廿一日　　羽侍従
　　　　　　　政宗（花押183）

（包紙）
「羽柴伊達侍従　政宗
浅弾正少弼殿
　　御陣所」

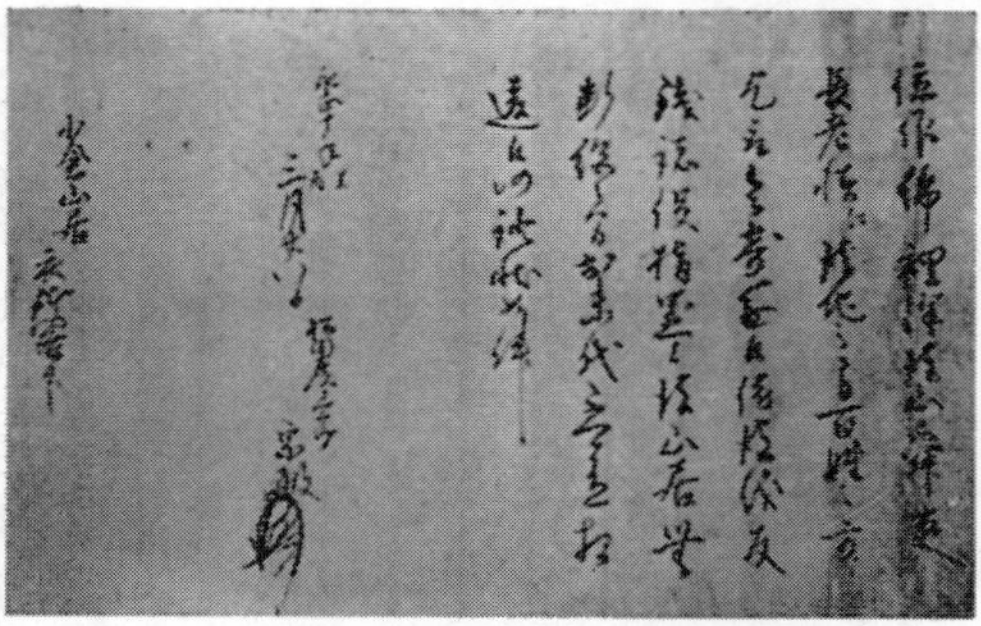

95〔陽林寺文書〕信夫郡信夫村陽林寺所蔵

一　桜田宗敏寄進状

位作綿裡沢、彼山舜爽長老様江、彼地之自百姓之方乞取、令寄進候、依彼儀、反銭諸役指置候、彼山居無断絶之間、於末代不可有相違候、仍證状如件、

永正十年癸酉
三月廿八日　　桜田彦三郎
　　　　　　　宗敏（花押）
小倉山居
　衣鉢閣下

二　牧野常仲寄進状

信夫之庄小蔵之郷赤間居屋識（敷）一宇進置候、雖少地候、毎日之儀奉頼候、仍證状如件、

大永八年弐月廿日　　牧野紀伊守
　　　　　　　　　　常仲（花押201）

追而申、但某之領分江御帰住無之候而、半田に長老様不分御座候者、彼状可有相違候、

陽林寺

三　伊達稙宗棟役免除状

御当寺門前棟役諸役承候、尤任御懇望之儀、家数十七於後代可停止之候、仍為後日證状如件、

天文五年甲申四月廿九日　稙宗（花押187）
陽林寺　侍者御中

96〔田 手 文 書〕仙台市田手利作所蔵

一　伊達晴宗証状

嶺方・厥（そのほう）方伊貢庄惣成敗之事、已前遠藤四郎衛門如申付候、両断し

て可被取刷候、此旨永代不可有相違也、仍證文如件、
天文廿二年癸丑正月十七日　晴宗（花押180）
田手助三郎殿

97〔高野文書〕仙台市高野甝所蔵

一　新国貞通書状

御札謹拝見、抑今般以不慮之付合、盛隆（芦名）死去、依之洞取乱候処、被入御意候故取静、畢竟御威光大小人喜悦之眉（開脱カ）、至吾等茂、其恐不少奉存候、乍此上当方安静御塩味奉頼候、此由宜願御披露候、恐々謹言、

（天正十二年）拾月十三日　新国上総丞
貞通（花押）
高野壱岐守（親兼）殿

98〔西牧文書〕石川郡石川町西牧直吉所蔵

一　伊達政宗書状

（〇前欠）

押破、皆以、可刎首ヲ候、珍敷義候者、自是、可及注進存候、随而、義重（佐竹）被打出候処、惣別、覚悟之前ニ候条、不及是非候、此之口ノ隙、今明日ニ可明候間、其剋ニ、仕置等申付、其口へ可打廻候、其間之儀、少々一ケ所二ケ所、相敗候共、当陣引散而者、如何訖ニ候、縦何方へ被及進陣候共、十日十五日も、可相支由存候間、旁其元賦等、去迚者今般ニ相極候、当宇田之庄へ如此取入候、事、穐宗御時ヨリ四十五年とて相通候由、以休（片倉）抔物語候、其元之儀、如何様ニ候而も、十日之内、無凶事様ニ為始成実（伊達）、各兵談任入候、残吉重而恐々謹言、

追而、

普請、彼此何とも無手透候条、誠ニ々々散々ニ彼書調候、落字も余多、文言可為前後候、則火中、以上

（天正十七年）五月廿一日未刻　政宗（花押）（〇この花押、99—二一七と同形）
白右（白石宗実）

99〔伊達文書〕仙台市博物館所蔵

一　関東下知状

（〇この文書、紙の継目ごとに裏花押あり）

（包紙ウワ書）

「きやうとかまくらにおゐてそちんの状并めやす　一」

時長相論陸奥国伊達郡内桑折郷田在家事

右訴陳之趣、子細雖多、所詮藤原氏則、帯心円文永六年譲状之処、弘安六年心円他界之後、搆謀書、追出氏女之由訴之、時長亦、於当郷者得弘安二年譲状、同八年給安堵御下文畢、氏女所帯状、為謀書之旨陳之、爰心円男女子息十四人、建治弘安以両度譲状、分与所領

畢、氏女一人不可帯文永譲状之由、時長令申之処、氏女母死去之刻、書給彼状之由、於引付座問答之時、氏女申之、而依母之死去、可給与譲状者、一腹兄七郎行朝、可帯同時状之処、無其儀之由、時長所申非無子細、而行朝分者、令紛矢（失）之間、建治年中重給与之旨、氏女申之、頗難信用歟、是一、次執筆事、誰人哉之由、載時長陳状之処、心円自筆之旨、令自称歟、而自筆之由不載訴状之旨、雖書三問状、不顕執筆名字、問答之時、聞性令書之由始申之、今変変之上、建治弘安両度譲状、聞性為執筆否尋問処、無其儀之旨答之、限藤原氏所帯状、用執筆条、非無疑殆、是二、次掃部助六郎入道心阿者、氏女兄也、氏女相嫁心阿子息六郎太郎之間、依彼不調、心円追出領内、不知行方之条、一門存知之由、時長令申之処、於六郎太郎篇者承伏畢、被追出事、一門称不可存知、遁申之条、有其実之故歟、是三、次時長所帯状事、為謀書之由、兄心阿訴訟之時、藤原氏同可申子細之処、心阿訴訟事、不存知之旨、氏女申之、而心阿為氏女申口、遂問答之間、氏女帯譲状事、存知否尋問之処、兼日存知畢云々、爰氏女者、相嫁心阿子息之間、遺領相論事、尤可令告知之処、無其儀之間、彼相論之時、氏女無訴訟企之条勿論也、心阿被奇（弃カ）置訴訟後令構結歟、非無其疑、是四、次如時長所帯譲状者、分譲男子女子之旨載之、氏女帯譲状之条、勿論之由雖申之、氏女之外、有女子五人、面々得譲状歟、於彼状者、皆以建治弘安譲也、称一烈状者、他筆可有其難之間、構文永状之由、時長所申非無子細、是五、次時長所帯譲状事、為謀書之由、氏女雖申之、心阿訴訟之刻、時長給御下知畢、氏女難申之趣、無指紕繆歟、爰心阿越訴之時、恐謀書之難、避与田在家之旨、氏女所申也、而如時長陳状者、以心阿相伝田在家、被付時長畢、心阿企越訴之後、令懇望之間、給彼田在家田壱町弐段在家弐宇、（〇「弐宇」は改書したもの、裏判あり）畢、請取之、止訴訟之上者、時長所帯状、無其難之条、勿論之旨申之、有其謂歟、是六、然則於桑折郷者、任心円弘安譲状、安堵御下文、并正応御下知状、時長知行不可有相違、至氏女者可被行謀書之咎也者、依鎌倉殿仰、下知如件、

永仁五年九月十三日

陸奥守平朝臣（貞時）（花押 7）

相模守平朝臣（宣時）（花押 6）

二　後醍醐天皇綸旨

（別紙端裏書）
「御りんし」

伊達孫五郎政長当知行之地、不可有相違者、天気如此、悉之以状、

元弘三年七月五日右衛門権佐（花押）

三　北畠顕家下文

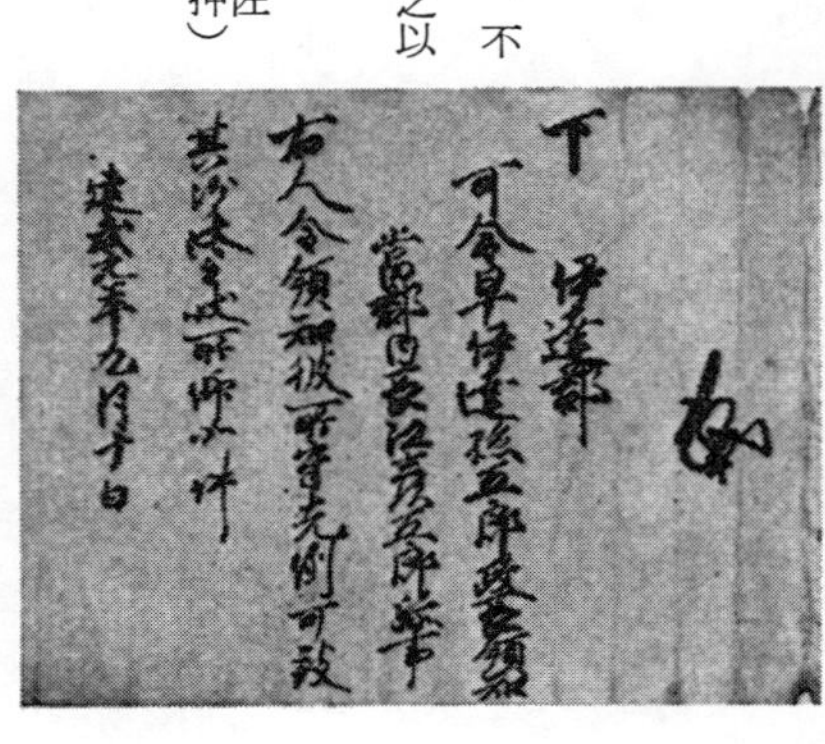

（端裏書）
「将軍御教書」

（顕家）
（花押36）

下　伊達郡

可令早伊達孫五郎政長領知

当郡内長江彦五郎跡事、

右人令領知彼所、守先例、可致其沙汰之状、所仰如件、

建武元年九月十日

四　足利尊氏下文

（尊氏）
（花押17）

下　伊達長門権守政長

可令早領知当知行地半分除吉野新院朝恩并得宗領事、

右人依参御方、所宛行也、早守先例、可知沙汰之状如件、

建武五年後七月廿六日

五　足利尊氏感状

（尊氏）
（花押17）

奥州佐々河合戦之時、父討死云々、尤以神妙也、可抽賞之状如件、

観応三年十月十七日

伊達左近将監跡

六　足利尊氏御教書

陸奥国伊達郡桑折郷事、知行不可有相違之状、依仰執達如件、

延文元年六月六日　中務大輔（花押398）

（政長カ）
伊達長門入道殿

七　足利義輝御内書

為毛氈鞍覆白傘袋礼、大鷹一連、黄金十両到来、被訖聞食、猶晴光（大舘）

可申候也、

五月三日　（義輝）（花押）

桑折播磨守（貞長カ）とのへ

（折封ウワ書）
「桑折幡磨守とのへ」

八　大舘晴光奉書

（切封）

就毛氈鞍覆白傘袋御免之儀、為御礼、大鷹一本、黄金十両御進上

候、令披露候処、被成　御内書候、御面目候、猶得其意可申由、被

仰出候、恐々謹言、

五月三日　晴光（花押）

桑折播磨守殿

（折封ウワ書）
「　　　　　　文次斎

謹上桑折播磨守殿貴報　　孝阿」

九　伊達晴宗知行安堵状

伊達郡西根桑折之郷、一中目方、一完（宍）戸新左衛門屋敷手作、一桑島三

郎左衛門分一間、一山崎分二田畠、同西根之裏小幡之郷、小幡八郎

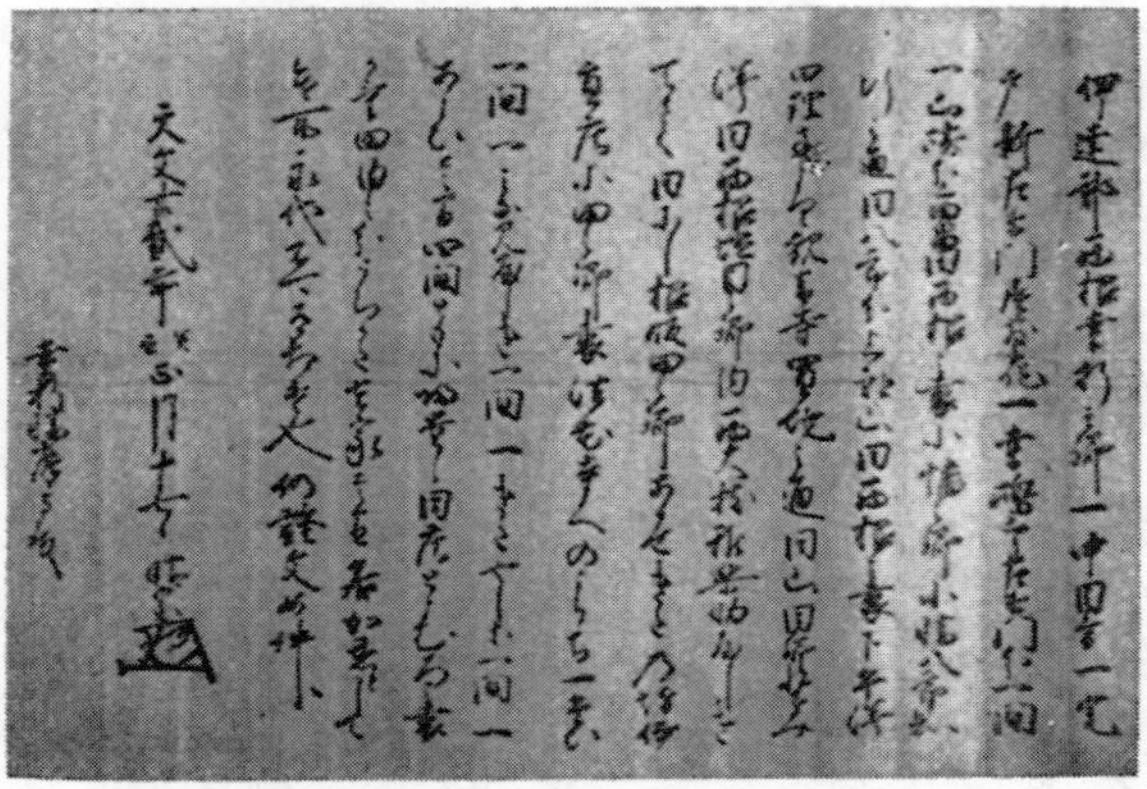

知行之通、同八郎分、上郡山同西根之裏、下平沢曰（宣）理方より観音寺買地之通、同山田郷ねすみ沢、同西根塩目之郷内、西大枝雅楽助やしきてさく、同にし根飯田之郷、あかせきた乃坊、伊貢庄小田之郷裏、法花寺へのうりち一たひ一間、一ミなみやしき一間、一きたやしき一間、一あらひ壱間、四間ともに帰置候、同庄とよむろ之裏、かけ田内之分、うちかた在家壱間、各加恩として遣所、永代不可有相違也、仍証文如件、

天文廿弐年癸丑正月十七日　晴宗（花押180）

桑折播磨守（貞長カ）殿

一〇　伊達政宗消息

（内封ウワ書）
「正月二日　ｶ

くわおり（桑折）
いんきよ（隠居）
まいる　　　まさむね」

返く、さらくしうき（祝儀）まんそく申候、くわしく中かたより申へく候かしく、

としのはしめのいわゐニより、文のことくいたの物出候て、いく久しくと、めてたく申入候、正二郎（飯坂出雲）事せいしん（成人）にて、昨日はしめてさしきニもなをし、よきしあわせともにて候、それにてのまんそくと申事ニ候、めてたくかしく、

（〇以上、関東下知状より、政宗書状に至る文書は、かつて桑折家より伊達家に進納されたものである）

一一　伊達宗遠一揆契状

小沢伊賀守殿与宗遠一揆同心事

右於向後者、相互堅可見継被見継申候、於公方事者、一揆中有談合、可致沙汰候、至所務相論以下私確執者、任理非可致沙汰候、若此条々偽申候者

日本国中大少（小）神祇、別者八幡大菩薩御罰可罷蒙候、仍一揆状如件、

永和二年八月廿八日　弾正少弼宗遠（伊達）（花押185）

一二　伊達政宗一揆契状

余目参河守殿与政宗一揆同心事

右於向後者、大小事可見継被見継申候、於公方事者、依時儀可申

談候、次於所務相論以下私確執者、一揆中申談候、可致沙汰候、
若此条偽申候者、
日本国中大少(小)神祇、別者八幡大菩薩御罰可罷蒙候、仍一揆契状如件、
永和三年十月十日　兵部権少輔(伊達)政宗（花押181）

一三　細川高国奉書

越後国牢人等、徘徊当国之由候、事実候者、不可然候、所詮相談上
杉兵庫頭(定実)、被抽忠節者、可為神妙旨被仰出候、恐々謹言、
七月廿四日　右京大夫高国(細川)（花押）
謹上　伊達大膳大夫殿(尚宗)
(折封ウワ書)「謹上　伊達大膳大夫殿　右京大夫高国」

一四　細川高国奉書

於越後国、牢人以下令乱入之由候、無是非次第候、任先度御下知之
旨、不日被合力上杉兵庫頭(定実)、可被抽忠節之通、被仰出候、恐々謹言、
十月二日　右京大夫高国（花押）
謹上　伊達大膳大夫殿(尚宗)
(折封ウワ書)「謹上　伊達大膳大夫殿　右京大夫高国」

一五　藤原忠綱書状（○此文書、伊達正統世次考には稙宗の代に収める）

先書令啓候き、参着候哉、如何、近日其口之時宜、是非無其聞候、
抑向白河口被進馬候哉、御行急速之儀、早速示賜、向両那須可成動
候、心底之趣、具田代中務大輔方被対語之上、定可有伝聞候、爰元
落居、具御報示給、可得其意候、恐々謹言、
七月廿八日　藤原忠綱（花押）
謹上　伊達殿
(折封ウワ書)「謹上　伊達殿　藤原忠綱」

一六　伊達持宗施行状写

陸奥国信夫庄
保木田郷内
一宇須河波田
右、為勲功之賞可令支配由、依仰執達如件、
文安二年十月十七日　大膳大夫持宗
国分筑後殿

一七　陸奥国信夫郡稲荷大明神棟札写（○以下二通は原本一紙に書写、道祐を晴宗とする時は延徳元年とあるに合わず、後考にまつ）

結縁大檀那本国陸奥国也藤原道祐是建立
奉再興陸奥信夫郡福島郷稲荷大明神宮一字神主大隅大夫敬白
于時延徳元己酉年二月吉祥日

一八　陸奥国信夫郡稲荷大明神棟札写

再興大檀那本国奥州也藤原奥(興カ)法是建立
奉再興陸奥信夫郡福島郷稲荷宮一宇神主近江大夫敬白
于時永禄二己未年八月十三日

一九　足利高基書状

（端裏切封）

尚宗方へ被成御書候処、可励忠信之由言上、御悦喜候、然者遥御本意候様走廻候者、可為感悦候、巨細安西可申遣候、謹言、

正月十三日（足利高基）（花押24）

伊達次郎殿(稙宗)

（折封ウワ書）
「伊達次郎殿　　高基」

二〇　足利高基書状

（端裏切封）

其口大概属本意之由聞食候、簡要候、然者佐竹那須口動之事、可被仰付候、於斯上も、可然様調談専一候、巨細田代中務太輔被仰含候、謹言、

四月廿三日（足利高基）（花押24）

伊達次郎殿(稙宗)

（折封ウワ書）
「伊達次郎殿　　高基」

二一　大内義興書状

未申通候之処、御懇札祝着候、於已後者、細々可申承候、抑　公方(足利義稙)様致供奉在洛之儀賀承候、本懐候、弥可為静謐候、仍被成　御内書候、目出候、次太刀一腰、二千疋給候、歓悦之至候、故一振絵三幅一対(月壺筆)進之候、毎々期後音候、恐々謹言、

（永正六年）
三月十三日　左京大夫義興(大内)（花押）

謹上　伊達次郎殿(稙宗)

（折封ウワ書）
「謹上　伊達次郎殿　　左京大夫義興」

二二　伊達稙宗安堵状案

（端裏書）
「たてちしや丸へ」

一替田殿よりの買地伊具庄松懸、
一松木殿よりの買地柿木内・同岩あき・同西窪・同中窪・同こひら内、
一佐野薩摩守よりの買地長井内、同まか沼・同畠中・同弥藤内、一伊崎方よりの買地、一平後内、一下飯坂方より買地をはらせ、一塩目殿よりの買地おなかた・同中の内・同へひぬま・同岩崎・同まかり内、
一平岡所より買地つはいた・同はこ山、
一佐野方より買地横塚内・同おいと内、

一塚原郷之内中の内・同桃内・同丹後内・同真木の花・同土器内、
一田手方よりの買地信夫名倉の郷内柿木内、
一斎肥後のかたより買地山中屋敷・同田五段、同木沼内田五段、一
石川丹後かたよりの買地清水くたり田五段、
一宮沢大和守よりの買地五郎入、何も祖父困幡守如成敗、任彼證
状、永代不可有相違候、仍為後日證状如件、
永正十二年十月四日　(伊達)稙宗
田手侍者とのへ

二三　伊達稙宗安堵状案

(端裏書)「大つかしもつさ」
就□乱忠節之儀、親之者被成配分之地、
一へつ所の郷惣領職、一稲荷堂在家一宇、
一次郎右衛門在家一宇、一大谷地・北谷地・檜木谷地、一上塚田・
下塚田千苅、
一松森方の屋敷并□手作千苅、
一薬師の神社三百苅、
一荒井之内蔵助在家一宇、管(菅カ)屋敷つゝミの田兵庫作千苅、各々任本
状、於末代不可有相違候、仍為後日證状如件、
永正十二年十二月廿六日　宗
大塚下総守殿

二四　伊達稙宗安堵状案

(端裏書)「さとうまこへもん」
一長倉方より買地信夫之庄さは野之内、西東山川共ニ一宇不残、
一同買地信夫之庄北郷谷目之内、大畠一宇、
一田手方より買地信夫之内、小倉林屋敷一宇、
一木村兵庫所より買地保原之内、平八在家一宇、
一石母田左京亮所よりの買地新田之郷内、室田在家一宇、何も任本
状、永代不可有相違候、仍為後日證状如件、
永正十三年卯月(四月)廿三日　稙宗
佐藤孫右衛門とのへ

二五　伊達稙宗安堵状案

(端裏書)「山きしなかと」
一藤田中務所よりの買地、上平柳惣成敗之事、
一下飯坂方より買地、屋代之庄文殊寺(ママ)の内、丹波在家一宇、
一小簗川又四郎所よりの買地、上長井平柳郷之内、坂水在家一宇、
各々任本状、永代不可有相違候、仍為後日證状如件、
永正十三年六月十八日　稙宗
山岸長門守とのへ

二六　簗田高助書状

於其国被抽諸士忠信之間、被改 御書礼、被成御書候、猶以無二御忠信可然候、恐々謹言、

六月五日 中務太輔高助（花押）

謹上 伊達次郎殿（稙宗） 御宿所

（折封ウワ書）
「 築田
謹上 伊達次郎殿 中務太輔高助
御宿所 」

二七 細川高国書状

就 御入洛之儀、御礼事達 上聞処、被成 御内書之条珍重候、仍太刀一腰、国長、黄金廿両上給候、歓悦候、就中太刀一振、一文字、食籠一、堆紅、進之候、猶寺町石見守（通隆）可申候、恐々謹言、

（永正十四年カ）三月九日 右京大夫高国（花押）

謹上 伊達次郎殿（稙宗）

（折封ウワ書）
「謹上 伊達次郎殿 右京大夫高国」

二八 細川高国書状

御字并官途事被望申候旨、達 上聞処、於 御字者被染御筆、至官者被任左京大夫候、尤以被播面目候、猶寺町石見守（通隆）可申候、恐々謹言、

（永正十四年）三月九日 右京大夫高国（花押）

謹上 伊達次郎殿（稙宗）

二九 伊勢貞陸奉書

為（足利義稙）御入洛之御礼、御太刀一腰、国安、黄金三十両御進上之旨、致披露候訖、仍被御内書候、尤以珍重候、恐々謹言、

（永正十四年）三月九日 伊勢守貞陸（花押）

謹上 伊達次郎殿（稙宗）

（折封ウワ書）
「謹上 伊達次郎殿 伊勢守貞陸」

三〇 寺町通隆奉書

就御字并御官途儀御申旨、上意趣相違候、雖然、屋形（高国）色々依被申、如被望申被仰出候、特御一字被染 御筆候事、御面目至不可過之候、両条御申儀無疎略、随分相調申候、仍御礼儀、当年中御申尤可然存候、其時口 宣等可出候、巨細定両使僧可被申入候、可得御意候、恐々謹言、

（永正十四年）三月九日 石見守（寺町）通隆（花押）

謹上 伊達次郎殿（稙宗）

（折封ウワ書）
「 寺町
謹上 伊達次郎殿 石見守通隆」

三一 新開隆実奉書

就（足利義稙）公方様御入洛之儀御礼之事、寺町致披露候処、則被達 上聞、

被成御内書候、目出度存候、仍　御字并御官途之儀、上意趣相違候様御座候つる、雖然屋形種々依被執申候、如御望被仰出候、誠御面目之至、不可過之候、今度於京都、拙者随分不存疎略、時宜相調申候段、定而両御使僧可被申入候、次黄金三両拝領候、御懇切之儀畏入存候、雖比興候、大鷹㟁（餌）一、鞢五具令進覧候、被立御用候者、可為本望候、此等趣可得御意候、恐惶謹言、

（永正十四年）三月九日　伊豆守隆実（新開）（花押）

謹上　伊達次郎（稙宗）殿

三二　伊勢貞陸書状

御字并官途事御申旨、達　上聞候之処、被任左京大夫、殊　御字被染御筆候、尤御面目至候、委細従右京大夫（高国）殿可被仰候、恐々謹言、

（永正十四年）三月廿七日　伊勢守貞陸（花押）

謹上　伊達次郎（稙宗）殿

（折封ウワ書）「謹上　伊達次郎殿　伊勢守貞陸」

三三　伊勢貞陸披露状

伊達次郎（稙宗）中　御字并官途事、執御申之旨、達　上聞候之処、被任左京大夫、殊　御字被染御筆候、尤面目至候、此旨可預披露候、恐々謹言、

（永正十四年）三月廿七日　貞陸（花押）

寺町石見守（通隆）殿　伊勢守

（切封ウワ書）「寺町石見守殿　貞陸」

三四　伊達稙宗披露状案

（端裏書）「御案文」

謹言上、

抑被成下官途之儀候、畏而頂戴仕、面目之至、不可過之候、仍為御礼、御太刀一腰国綱、黄金三十両、御馬三疋鴾毛何モ無紋致進上候、誠奉表千秋万歳計候、以此旨可預御披露候、恐惶謹言、

（永正十四年）十月　日　左京大夫稙宗

進上　伊勢守（貞陸）様

三五　伊達稙宗書状案

（端裏書）「御案文」

態令啓候、仍御字官并途之儀、申宣候処、被御申下候、面目之至、偏各々御取刷故候、然者為御礼、今度申上候、猶可然様御心得、可為歓悦候、随而太刀一腰、黄金五両、馬一疋、黒毛無紋進之候、委曲頤神軒口上之間、閣筆候、恐々謹言、

（永正十四年）十月　日　左京大夫稙宗

謹上　寺町石見守（通隆）殿

三六　足利義稙御内書

（切封）

太刀一腰、鴬眼三千疋到来候訖、目出候、仍太刀一振則房遣之候也、
（永正六年〜十四年）
三月廿一日　（義稙）（花押）
伊達次郎（稙宗）とのへ

三七　細川高国書状

就　御字幷任官儀、委細承候、殊太刀一腰、実、黄金二十両・馬二疋鴾毛、栗毛、各無紋、上給候、歓悦至候、仍太刀一振、無銘、絵三幅、観音 月舟、脇 龍虎 牧渓筆、盆一枚圭章（堆カ）進之候、猶寺町石見守可申候、恐々謹言、
（永正十五年カ）
四月五日　右京大夫高国（花押）
謹上　伊達左京大夫殿（稙宗）
（折封うわ書）
「謹上　伊達左京大夫殿　右京大夫高国」

三八　寺町通隆奉書

就　御字幷御官途之儀、屋形江御太刀・黄金・御馬被遣候、祝着之由、委細以書状被申候、仍太刀一腰、白作、絵三幅一対、盆一枚圭障被進候、猶自私心得候而可申由候、次三ヶ条御申之段、内々勢州（伊勢貞陸）披露候而、如此私江、以書状被申候、態重以證文、御申可然候、万一左様之儀、相違之御事候者、随而其旨御注進肝要候、然者渥（涯）分屋形被執申之様、可致調法候、不可有疎略候、巨細段頤神軒可被申候、此等之趣、可得御意候、恐々謹言、
（永正十五年カ）
四月五日　石見守通隆（花押）
謹上　伊達左京大夫殿
（折封ウワ書）
「謹上　伊達左京大夫殿　寺町　石見守通隆」

三九　新開隆実奉書

就　御字幷御官途之儀、御礼御申之旨、寺町致披露候、則被達　上聞候之処、御進上之御馬、何被入置御厩、相叶上意候之条、御面目之至候、巨細之段、屋形・同石見守、以書状申候、仍黄金三両拝領、令祝着無極候、雖左道之至候、樽一荷、天野、鱧一折、鰆子一箱、令進覧候、誠表御礼計候、於京都時宜者、聊不存疎略、致馳走候之趣、定而頤神軒可被申入候、此等之趣、可得御意候、恐々謹言、
（永正十五年カ）
四月五日　伊豆守隆実（花押）
謹上　伊達左京太夫殿
（折封ウワ書）
「謹上　伊達左京太夫殿　新開　伊豆守隆実」

四〇　細川尹賢書状

就官途御免、公方（義稙）様江御礼珍重候、仍太刀一腰、馬一疋蘆毛上賜候、令悦喜候、随而太刀一振、香炉一、茶垸、盆一枚堆紅進之候、心事期来信候、恐々謹言、
（永正十五年カ）
四月十九日　（細川）右馬頭尹賢（花押）
謹上　伊達左京大夫殿（稙宗）
（折封ウワ書）
「謹上　伊達左京大夫　右馬頭尹賢」

四一　伊勢貞辰書状

尊札之趣、委細令拝見候、仍御字同御官途之御礼御申、尤以目出度令存候、就中御太刀一腰、持、黄金参両被懸御意候、祝着之至、不知所謝候、随太刀一腰、持、緞子一端赤令進献候、併表祝詞計候、恐々謹言、

（永正十五年カ）
四月廿日　兵庫助貞辰（伊勢）（花押）

謹上　伊達左京大夫殿

（折封ウワ書）
「謹上　伊達左京大夫殿　伊勢
兵庫助貞辰」

四二　富松氏久書状

（内封ウワ書）
「謹上牧野安芸守殿　坂東屋富松
四郎左衛門尉氏久」

為御官御字之御礼、御使者上御申候、殊御進物金御太刀・御馬、則納申候、千秋万歳目出奉存候、仍私へ金五両被下候、忝存候、就中薄板物一ッ、すきすわう一、扇一本令進上候、以此旨、可然様可預御披露候、猶子細頤神軒可有御申候、恐惶謹言、

（永正十五年カ）
五月三日　四郎左衛門尉氏久（花押）

謹上
牧野安芸守殿（宗興）

四三　道増准后書状

（切封）

昇進并御字之御礼、以瑞林寺被申入候、尤悦思召旨、重而被成内書候条、御面目至候、殊被対愚僧、懇之薫章、同黄金三両送給候、芳情之至候、於向後毎事御取成、不可存疎意候、於京都似合題目、可令馳走間、切々可蒙仰事、可為本意候、委細瑞林寺可被申候、謹言、

（永正十五年カ）
五月廿三日　（道増准后）（花押）

伊達左京大夫殿（稙宗）

（折封ウワ書）
「伊達左京大夫殿　（道増准后）（花押）」

四四　伊達稙宗安堵状案

（端裏書）
「ひこ十郎　□□□つかい」

一木村宗右衛門所より買地、伊達東根之内、北泉沢郷之内□北在家一宇、

一大石又四郎所より買地、伊達東根之内、北泉沢之郷内□堂内在家一宇、

何も任本状、不可有相違候、仍為後日證状如件、

永正十五年四月十七日　稙宗

彦十郎とのへ

四五　伊達稙宗安堵状案

（端裏書）
「こせうしやうとの御とりつき」

一田手石見守所より買地、伊達東根金原田之郷内、南田六斗巻、并

荒神の西田一石巻、各々任本状、永代不可有相違者也、仍為後日證状如件、

永正十六年三月廿三日　稙宗

小少将との御取つき

御代田のひくわんなかさい

四六　伊達稙宗安堵状案

（端裏書）「あしたてひこ松と□（のへカ）」

一仁田方より買地、伊達東根粟野の郷之内□後内、年貢二貫文□下□ニ田三斗七舛巻□一貫五十文、

一上粟野郷之内、やゐは内在家、年貢□貫文、各々任本状、□（永代カ）不可有相違候、仍為後日證状如件、

永正十六年三月廿四日　稙宗

蘆立彦松とのへ

四七　伊達稙宗安堵状案

（端裏書）「かやはつるまし」

一泉福寺より買地、伊達東根新田之郷之内、梨木町一宇、年貢二貫文、

一福田所より買地、信夫庄名倉さか内在家、年貢二貫七百文、

一西大窪所より買地、伊達西根中目一宇下残、年貢六貫文、

一長倉方より買地、伊達西根長倉之郷之内、弦巻田五段、年貢一貫八百文、北の後二段、年貢一貫文、索麺田六百地、一水口方一段四百文、一道間一段四百地、并宝寿寺分、本阿弥在家之内、河原田五段二貫文、一さつこ内田畠二貫文之所、河原畠一貫文、一壇之前四百文、一慈眼寺之分五段田六百文、弦巻田四百文、馬場口五百文、并長倉之郷之内、志波田吉祥庵八百文、同寺領弦巻二段、畠五百地、一沢田二段、蓬田一段、合而年貢一貫百文、各々任本状、不可有相違候、仍為後日證状如件、

永正十六年三月廿四日　稙宗

萱場鶴増とのへ

四八　伊達稙宗安堵状案

一松木大炊助成敗之地、当年迄□之通、於末代不可有異儀候、

一卯花対馬所より売地、上長井小管（菅カ）郷之内、たきれ橋在家□一貫二百文之所、并平内在家、年貢一貫六百文之所、

一今村新十郎所より買地、伊達□新田郷之内、松木内一宇、年貢一貫五百文之所、并あひた内年貢四百文之所、一宇不残各々任本状、永代不可有相違候、仍為後日證状如件、

永正十六年十月九日　稙宗

卯花藤兵衛尉殿

四九　伊達稙宗安堵状案

（端裏書）「山ちすけ七」

一遠藤和泉所より買地、伊達之郡□（東根）之庄金原田郷之内、北田五百苅、西田三百苅、并つゝミの上の田四百地、合而年貢二貫文、

同東の山両みちの□、各々任本状、永代不可有相違候、仍為後日
證状如件、

永正十七年四月一日　稙宗

山路助七殿

五〇　伊達稙宗安堵状案

（端裏書）
「さ藤まこゑもん」

一大石三郎右衛門所より買地、伊具之庄東根熊田郷之内、十二窪一
宇、年貢一貫文之所、
一信夫ほしき田の郷内、赤沢一宇、年貢一貫文、
一今村治部少輔所より買地、名取長岡郷之内、つほの内半在家、年
貢三貫二百文、一宮在家一宇、年貢一貫五百文之所、
一瀬上方より買地、湯村郷之内、道繁屋敷一貫文、同中窪六百地、
一赤瀬坊より売地、新田郷之内かこ内、蓮蔵坊分一貫地、一手作分
一遠藤四郎右衛門所より買地、泉沢郷之内、助右衛門屋敷一貫地、
一富沢所より買地、村岡郷之内、さやの神田かち作、年貢一貫文、
一新田三河方より買地、新田郷之内大竈内、年貢一貫文、
一円福寺より買地、新田郷之内、前田二段、同谷地、合而年貢四百
文之所、
一大河原与十郎所より売地、新田郷之内藤橋之内、年貢七百五十文
之所、
一遠藤彦四郎所より売地、宮代郷之内、七段田、年貢一貫四百文之
所、
一菊地志摩所より買地、仁田郷之内辻之内、高倉屋敷五百地、
一金沢備前所より買地、仁田郷之内、おく屋敷、合而八百地、
一仁田方より買地、神内、（買地脱カ）年貢一貫五百文、
一高成田五郎兵衛所より高成田郷之内、五段田、しかう内、年貢一
貫文、
一清遠江所より買地、堂の内、年貢二貫文之所、
一太斎藤右衛門所より買地、七舛巻田、年貢六百文、
一新田甲斐所より買地、中屋敷・八郎左衛門屋敷三百畠、各々任本
状、永代不可有相違候、仍為後日證状如件、

永正十七年四月二日　稙宗

佐藤孫右衛門とのへ

五一　伊達稙宗書状

就当口出張之儀、態御使者承候、快悦無極候、然而覃寒気候条、爰
元始末相調、可入馬覚悟候、将亦長谷堂上山要害、至于今堅固候、
定而可御心安候、委曲郡左馬助方附与口上候間、不能重意候、恐々
謹言、

九月十八日　左京大夫稙宗（花押186）

謹上　相馬次郎殿（顕胤）

五二　細川尹賢書状

音問為悦候、殊黄金五両送給候、祝着候、仍織物一端、赤、引合十

帖進之候、委曲寺町石見守(通隆)可申候、恐々謹言、
十二月十四日　右馬頭尹賢（花押）
謹上　伊達左京大夫殿(稙宗)
(折封ウワ書)「謹上　伊達左京大夫殿　右馬頭尹賢」

五三　寺町通隆奉書

右馬頭(細川尹賢)方江御音信之通、致披露候、祝着之由候、猶自私能々可申旨候、可得御意候、恐々謹言、
十二月七日　石見守通隆（花押）
謹上　伊達左京大夫殿(稙宗)
(折封ウワ書)「　　　　　　　　寺町
謹上　伊達左京大夫殿　石見守通隆」

五四　細川高国書状

公方様(義晴)御代始御礼事、具申入候訖、仍被成御内書候、珍重候、次黄金二十両、并馬二疋鬣雀毛、印雀目結、鵤毛上給候怡悦之至候、就中沈香三斤、花瓶一象眼、盆壱枚堆紅進之候、猶寺町石見守可申候、恐々謹言、
(大永二年)十二月七日　右京大夫高国（花押）
謹上　伊達左京大夫殿(稙宗)

五五　新開隆実宗源奉書

就御代始之儀御礼御申之旨、寺町(通隆)致披露候之処、則被達上聞、被成下　御内書候、殊色々御給候、目出候、従屋形(高国)委細被申候、仍当国守護職之事可被仰付候、御面目之至珍重候、至来春急度被差上使節、御判御頂戴最肝要候、御延引候而者不可然候、京都時宜、富松申談、種々致馳走之段、定資福寺可有御申候、次黄金三両拝領、畏入存候、此等之趣、可得御意候、恐々謹言、
(大永二年カ)十二月七日　伊豆入道宗源(新開隆実)（花押）
謹上　伊達左京大夫殿(稙宗)
(折封ウワ書)「　　　　　　　　新開
謹上　伊達左京大夫殿　伊豆入道宗源」

五六　寺町通隆奉書

就当国守護職之儀、御申旨致披露、被達　上聞候之処、被成御意得之由　上意候、勢州(伊勢貞忠カ)書状為御披見、下進入候、御面目之至、不可過之候、来春中急度御礼御申候而、御判等可有御頂戴事候、御延引候てハ不可然候、京都之時宜、随分致馳走候、可被御心得分事専一候、猶資福寺江申候間、令省略候、此等之趣、可得御意候、恐々謹言、
(大永二年カ)十二月七日　石見守通隆（花押）
謹上　伊達左京大夫殿(稙宗)
(折封ウワ書)「　　　　　　　　寺町
謹上　伊達左京大夫殿　石見守通隆」

五七　伊達稙宗安堵状案

(端裏書)「たていはミのたいほう」
一田手方よりかい地、伊たてのこをりひかしねほそや(細屋)の郷内、一ち

やう三たん田、二貫五百文の所、
一下こをり山方よりかい地、いたてのこをりひかしね(筆甫)ひつほの郷
内、との内在家一宇、
一□(あへカ)みのゝかたよりかい地、伊具のせうひかしねきたしま田の
郷内、八郎五郎屋しき五段、やなきのさく一たん、(惣領田)そうりやうて
ん一段一宇、
一さかもとゆわミのかたよりのかい地、伊具のしやうひかしねいし
川くちの内、との内在家一宇、
一いゝ田のかたよりゆつりの所、いたてのこをりひかしねいゝ田の
内、かきの木内在家一宇、同伊具のせうひかしねきたしまたの郷
内、田はた七段、なしの木田三たん、
一しやうつかいのかたよりのかい地、なか井やしろの内、さゝハの
郷内いつミ在家、一せうめしよりかい地、しま田の郷之内、たし
ま屋しき、
一大ハしまこ四郎かたよりかい地、伊具の庄北しまたのかうの内、
たてのうしろ田一たん、同はゝきてん一段、
一いはさき七郎さへもんかたよりかい地、いくのしやうきたしまた
の郷内、たて寺やしき、同はたけかちやしき、同ほとけ内の御田
の中に一たん、同かつ四郎ゑもんか田のならひニ、西のまち一た
ん、
一同かい地、伊具の庄たちはなのかうの内、竹の内在家一宇のこさ
す、同たちはなの村やち田七たん、ひなたのまへ、いつミのおん
の田三たん、同きたしまたのかうの内、(毘沙門堂)ひさもんたうのまへ七た
ん、さまの助のおん、ミのゝ助のおん、同三月てん一段、そり町
一段、同ちねの内二段、あへひんこのつくり、同ほとけ内の田、
ミまさかのおん二段、同四郎ゑもんのおん二たん、たてのうらに
二たん、同はゝに一段、大ハしまこ四郎のおん、同中むらやし
き、同左馬助のおん、同あへひんこの手つくりはたけやしき、同
しやうミやうしのさいしよにしのはたけ、同まへの田三たん、同
むまのちやしき、左馬助やしき、ゑんそうやしき、同四郎ゑもん
やしき、みまさかやしき、同御あんやしき、大ハしまこ四郎屋
敷、同かい地、きたしまたの郷内、しやうミやうしのふん、なし
の木田二たん、同はやしのねそい、かちつくり二たん、同しふや
けんゑもんのつくり、同かミしもてん二たん、同いかつちてん一
段、同つた田内のはたけ、
一いさゝハ方よりのかい地、いたてのこをりにしね、いさゝハのか
うの内、かきの木内在家、同田畠山屋しき一宇のこさす、一いさ
ゝハのくないかたよりかい地、しもなか井くさのおかの(不動田)ふとうて
ん、ねんく二貫二百文の所、
一桜田源左衛門所よりかい地、ひつほの郷内、(若狭房)わかさほうさいけ一
宇のこさす、ねんく二貫文之所、
一たうかしまよりのかい地、やしろさゝハのかうの内、たうき在家

一宇、山はたけのこさす、
一山き六郎かたよりかい地、いたてひかしね上まの一宇のこさす、
田はたけのやしき、ねんく三貫文、同はなれ田三たん、
一あらと方よりかい地、きんろく在家、同かいち、なり田ニ千かり、ねんく三貫文、同なり田ひかしむかいニ屋しき、ねんく一貫二百文之所、
一くはしま与後（五カ）ゑもんかたより地かいの所、伊具のしやうひかしねきたしま田、ゆやの前の田四段、
一ゆわさき藤八所よりかい地、伊具の庄きたしま田、たてのまへ五十苅、同はたけ、同はくさんのミやのわき八十苅、
一わたのへ助太郎かたよりかい地、伊具の庄東根、さかり田のからの内、平後内まへの田五段、やち田二たん、同ゆい所、
一くハしま太郎さへもんかたよりかい地、伊具之庄東根みなミしま田のうちや平太郎在家の内、ゑのにし四段、おの〳〵任本状、永代不可有違候、仍為後日證状如件、

大永五年十一月十一日　稙宗

田手いはミの太方へ

五八　伊達稙宗安堵状案

（端裏書）「大つかしなの」

一桑島彦十郎所より売地、出羽国□□射場之郷内、細川在家一宇不残、一□

一上郡山大炊助所より売地、下長井□石滝在家、山添而一宇不残、年貢三貫文之所、
一大石三河方所より買地、下長井之庄寺泉之郷之内、脇山薬師堂田一宇不残、并□年貢仁貫二百五十文之所、谷地の□□所、年貢一貫六百文之所、山田与□三河方、惣領職一宇不残、
一大石七郎所より買地、下長井之庄寺泉之郷内、桜町五百苅、年貢一貫文之所
一梅津備前守所より売地、下長井□の郷之内、佐野孫兵衛の居在家□年貢□百文之所、并二百苅七百文之所、并峯岸在家手作一宇不残、年貢一貫文之所、
一舞田五郎所より買地、下長井玉場之郷内、□之内、田岡山屋敷荒所一宇不残四□
一松本新左衛門所より買地、下長井五□きう在家之内、居屋敷□六百苅、□ねつも□四百苅、合而千七十苅、年貢三貫文之所、
一大塚新右衛門所より買地、下長井之庄□大耕屋在家千苅、山屋敷一宇□四百文之所、
一田手方より買地、伊達（東カ）□根筆領□不残、年貢一貫文之所、
一徳江孫六所より買地、西根松木田七段□仁貫文之所、各々

任本状、永代不可（有相違候カ）□□仍為後日證状如件、

大永七年九月五日　稙（宗）□

大塚信濃守殿

五九　伊達稙宗安堵状案

（端裏書）「たかなりたくらはう」

一内谷彦四郎所より売地、小手之内、飯野之郷之内、源三郎在家一宇不残、年貢八貫文之所、

一遠藤和泉守かたより売地、伊達東根金原田之郷内、よな田 四斗巻、五升巻、谷地田六段、はの木町四斗五升巻、主計作三斗五升巻、屋敷西の畠、合而一石八斗五升巻、同太子堂山、

一木村兵庫かたより売地、信夫之庄赤川之郷内、殿内年貢仁貫文之所、幷寺内年貢仁貫五百文之所、篠屋内一宇不残、年貢壱貫五百文之所、内谷孫四郎、

一保原郷之内、京極内一宇不残、年貢七貫文之所、同郷内のそき殿の古舘、年貢三貫文之所一宇不残、各々如譲状、其外任本状、永代不可有相違候、仍為後日証状如件、

大永七年十月廿三日　稙宗

高成田蔵房殿

六〇　細川高国道永書状

奥州守護職事、以前被望申之条、申沙汰処、于今御礼遅々、太不可然候、急度可被申入事肝要候、猶寺町三郎左衛門尉（通能カ）可申候、恐々謹言、

（大永五年）八月廿七日　道永（花押）

謹上　伊達左京大夫殿（稙宗）

（折封ウワ書）「謹上　伊達左京大夫殿　道永」

六一　新開隆実宗源奉書

奥州守護職之事、望御申之旨、屋形（細川高国）依執申、被成　御心得之由、被仰出候処、御礼于今御延引之条、屋形被失面目之儀候之間、坂東屋富松被申付、態被差下飛脚候、委細以書状被申候、幷勢州（伊勢貞忠）書状被進候、如何様仁毛以御馳走、当年中御礼御申可目出候、就中　御所様御作事御用途事、以別紙被申候、是者守護職御礼相調候而已後、寺町（通能）申談、時宜可然之様、可申沙汰候、次屋形之儀、未雖歳若候、子細候而、去夏比落髪候、書状之躰、可為御不審候之間、如此令啓候、此等之趣、可得御意候、恐々謹言

（大永五年）八月廿七日　伊豆入道宗源（花押）

謹上　左京大夫殿（稙宗）

（折封ウワ書）「　　　　　　新開

謹上　左京大夫殿　伊豆入道宗源」

六二　伊勢貞忠書状

守護職事御望之趣、為右京大夫殿執御申之旨致披露、被聞食入候之処、于今御礼遅々、不可然候、急度被申上候者、尤以可目出候、恐々謹言、

（大永五年）
八月廿七日　伊勢守貞忠（花押）

謹上　伊達左京大夫殿（稙宗）

（折封ウワ書）
「謹上　伊達左京大夫殿　伊勢守貞忠」

六三　富松氏久書状

急度以飛脚注進令申候

抑先年奥州守護職之事、資福寺上洛之時、御望之由被仰出候間、可然様ニ申調候而可給之由被申候条、種々苦労を仕、申調下申候処、于今其不及御沙汰候条、事外御屋形被失御面目候之由被仰、私罷下、急度可申届之由被仰出候へ共、年罷寄候間、御佗言を申上、窪左衛門三郎下進之候、当年中ニ、早々御礼御申可為肝要候、上意江了（聊）爾を為申上候由被仰候て、事外御屋形御腹立以外候、私迷惑此事候、若此年月中之様ニ、於御無沙汰者、　上意之時宜、可相替候、為御心得、急度致注進候、右様ニ候へハ、近国他国御聞、中〳〵不及申哉、先々如前々、松岡土佐守方被上洛、御国を御請取、御下知可有御給候、未奥州守護式（職）、秀衡已来、御国を被下候人無御座候、於末代、御面目不可過之候条、為其御屋形、伊勢守殿、以御状御申候、急度此等之趣、可有御披露候、巨細猶此使者可申候、毎事可得御意候、恐惶謹言、

（大永五年）
八月廿七日　和泉守氏久（花押）

謹上　牧野安芸守殿（宗興）

（折封ウワ書）
「謹上　牧野安芸守殿　和泉守氏久」
富松

六四　寺町通能奉書

奥州守護職之事、依御望、屋形被執申処、御礼于今遅々、太不可然之由、以書状被申候、勢州同前候、既被失面目候様、内々被心得候、急度御礼御申、尤肝要候、可得御意候、恐々謹言、

（大永五年）
八月廿七日　左衛門尉通能（花押）

謹上　伊達左京大夫殿（稙宗）

（折封ウワ書）
「
寺町
謹上　伊達左京大夫殿　左衛門尉通能」

六五　伊達稙宗安堵状案

（端裏書）
「ひしぬま藤十郎」

一長倉方より買地、長倉之郷内、前川原の屋敷、年貢五百文、同東之畠三百五十文地、合而八百五十文地、

一同買地長倉之郷内、河原田二段、年貢七百五十文、天神の前の畠四百五十文地、深田三百文地、稲荷之後畠二百五十文地、合て一貫七百五十文地、

一あその七郎右衛門所より買地、長倉之郷内、大工屋敷の田一貫文地、

一長倉方より買地、長倉之郷内、河原田二段、年貢八百文、

一同買地志和田郷内、川原田二段、年貢八百文地

一同買地長倉之郷内、馬場の深田一段、年貢五百文地、各々任本

状、永代不可有相違者也、仍為後日證状如件、

天文三年四月廿九日　稙宗

菱沼藤十郎殿

六六　伊達稙宗安堵状案

(端裏書)
「たかなり田や大郎」

一原田助二郎所より買地、湯村之郷内、瀬上方より買地、無升田之内、小二段田二段、田中の前一段、合て年貢九百文、

一今村治部少輔所より買地、信夫之庄八島田之郷内、八郎内在家一宇、年貢一貫六百文之所、何も任本状、永代不可有相違者也、仍為後日證状如件、

天文三年四月廿九日　稙宗

高成田弥太郎殿

六七　金沢宗朝等六人連署土倉条目（○口絵6参照）

(押紙)
「[ ]掟之事」

蔵方之掟之事

一絹布之類者、見当半分ニ可取、何ヶ十二つき(月)をかきり、質之物なかすましきにおゐてハ、子銭可送之事、

一武具金物之類者、見当三分一に可取、十二つきかきり、

一鼠喰之事、置ぬしの損たるへし、

一質之物借事、堅可為禁制之事、

一雨もりかからは、子銭不可取之事、

一失物者、取代一はいにて可致返弁事、

一雖倫物取、咎になるましき事、

一手札うせは質不可為請、但所におゐて口合之儀有之者、可為請申事、

一就火事賊難、蔵主之損失為露顕者、置主ヶ可為損、但損亡至于無支證者、従蔵主之方、以本銭半分、置手之方へ可弁償之事、

一つゝもたせ之儀有之者、蔵方之誤有間敷也、申かけたる輩を、可有御成敗事、

一日暮候而、質之取請不可有之事、

一五ケ年過候者、蔵役可被相勤之事、

一絹布者五文子、金物者可為六文子之事、

右条々之旨、違犯之輩有之者、堅可被処罪科候、仍被定法如件、

金沢弾正左衛門尉
宗朝（花押）

牧野紀伊守
景仲（花押）

同安芸守
宗興（花押）

中野上野守
親村（花押）

天文弐稔(年)三月十三日

浜田伊豆守
宗景（花押）
（〇下に続く）
富塚 近江守
仲綱（花押193）
坂内四郎右衛門尉殿

六八 棟役日記

（表紙）
「天文四年きのとのひつし三月吉日
御むねやくの御日記
さう　」

なか井
一かミなか井
百七十五くわん文
一下なか井
三百七十くわん文
一下なか井四百六十七貫文
しゝと九郎ゑもん
一屋しろ
百六十五貫文
惣以上
七百十貫文　飯塚土佐
屋代高助
内谷太郎衛門

かつた御むねやく
一百卅五貫文
柴田
一百卅四貫三百文
なとり
一九十五貫文
いく
一百三貫文
ゝ
うた
一八十貫文
惣以上五百四十七貫三百文
下郡山石見
遠藤土佐
屋代源七

にしねの御むねやく
一百卅九貫文
ひかしね
一百貫文
しのふ大ふつかた
一六十六貫三百文
なくらかた
一五十八貫九百文
大くらかしや
一廿一貫文
以上参百八十五貫二百文
白石備後守
飯淵八郎左衛門
山家雅楽丞

六九 天文七年段銭帳

（表紙）
「御段銭
古帳　」

伊達にしね
一三貫五十文　さのゝかう
一仁〆百文　中の目
一五〆百八十五文　つかの目
一十貫三百四十文　まいた
此内四百文御中館へひけ申候
一十貫五十文　いつミ田
九六百
一九百文　くハしま
一仁〆九百廿五文　ひらさハ
此内七百五十文　やハた分へひけ申候
一十仁〆百卅文　にし成田
一七〆八百卅五文　おほくほ
一仁十四〆五百四十五文おかくら
一仁〆九百八十五文　もにハ
一四〆六百十文　上こほり山
一三〆七百五十文　下こほり山

一十仁〆五百文　もり山
一仁〆七百三十文　かい田
一十壱〆八百七十文　いたてさき
ちきのふ中目かた
一四〆百七十五文　くわをり
一同壱〆百文　しゝとあふミ
一十五〆廿文　くわをかう(ママ)
此内六百七十文　塔へつとうへひけ申候
一七〆八百三十文　いさゝさハ(ママ)
一仁〆六百五十文　にし大元田
一十三〆三百五十文　成田かう
一十〆七百四十五文　中こほり山
(いゝ塚とさふん)
一七〆百仁十文　いたてさき
此内一〆仁百五十文　やわたへひけ申候
一三十貫文　ゆのむら
此内四百五十文　やハたへひけ申候
一十壱〆三百文　大元た
一十仁〆四百仁十五文　ます田
一四〆五百五十文　しほの目
一三〆百十五文　いつミの目
五百文　御中館分
一七〆五十文　うちやむら
一十三〆七百四十文　ふち田
一仁〆仁百七十五文　とく江
一八〆七百三十文　ぬまふくろ
一三〆六百四十文　たハらふくろ

一十九〆七百十文　南はん田
此内壱〆七百文　御中館分へひけ申候
一十九〆五百仁十五文　はん田
一十壱〆七百七十五文　はんた北さハ
一六〆仁百文　六丁の目
一十壱〆四百十文　山さき
一七〆四百五十文　くハうミやうし
一仁百五十文　おはた
一十四〆八百十文　石もた
惣以上三百七十七〆五百七十文
并ニふちん　八十貫四百八十四文
壱〆ニ仁百仁十かゝり
又はゝき代
十四〆五十五文
壱〆ニ四十かゝり
九十五貫四百八十文

宇田之庄
一三十貫八百五十文　小泉
一十三〆七百七十五文　高田
一壱〆五十文　あわつ
一六〆仁百七十五文　たかくら畠

一七〆仁百文　上なり田
一十三〆百五十文　下つほ田
一九貫三百文　いしかミ(ガ)
一壱〆四百五十文　はゝのむら
一十壱〆百廿五文　なり田
一十壱〆五百文　まよミ
一壱くハん文　きのさき
一仁〆八百文　しハとミくら
一十貫文　さかもと
一十七〆四百五十文　きのさき はつの
一十五貫九百五十文　大まかり
御中館分
一仁〆三百五十文　にい田
一五〆仁百文　わらハほとけ
一十三〆四百五十文　おほつほ
一八貫八百文　いま田
一五〆五百五十文　すかや
一六〆五百文　あつき畠
一仁〆五百文　山かミ
一十壱〆五百文　にいぬま
一仁十壱貫文　つか田
一四〆五百文　南すかや

一仁十五〆八百五十文　下成田
一三〆仁百五十文　ゆい木
一十壱〆七百五十文　下にいた
一四貫仁百文　しほたミ
一仁貫文　ひかししほたミ
一七〆五百仁十五文　すゑまつ
一九〆仁百文　をのゝむら
一十壱〆七百仁十五文　中むら
一七〆五十文　につけいし
一十五〆百文　たちや
一十壱〆八百五十文　おい
一四〆八百文　しらは田
一三〆仁百文　つかのへ
一十仁〆八百文　とミさハ
一七〆文　すきの目
一仁〆百五十文　ゆわのこ
一七〆九百五十文　ふしさき
一三〆四百廿五文　ミねさき
一十九貫文　ふく田
以上三百八十九〆五百五十文
并ふちん
八十五〆七百一文
はゝき代
五〆五百八十文
合て　百壱〆六百八十一文

上長井之庄
（〇中略）
以上七百六十〆百仁十七文
そう両人へ御とり
三百五十三〆五百五十文
百七十〆四百五十文　ふちん
三十〆九百八十文　はゝき代
夫ちんはゝき代　合て
仁百壱〆四百三十文
以上

や代之庄
（〇中略）
以上　五百九十仁〆八十五文
ふちん壱〆ニ仁百廿かゝり
百三十仁〆四百四十四文
はゝき代壱〆ニ四十かゝり
仁十三〆六百八十三文

下長井白川より北
（〇中略）
以上九百仁十仁〆四百文
夫ちん壱〆ニ仁百廿かゝり
仁百仁〆九百仁十八文
はゝき代壱〆ニ四十かゝり
三十六〆九十六文

下長井白川より南
（〇中略）
以上六百八十三〆三百文
夫ちん壱〆ニ仁百仁十かゝり
百五十仁〆仁百六十六文
はゝき代壱〆ニ四十かゝり
仁十七〆三百三十仁文
惣以上千七百仁〆九百文

しのふ大仏かた
一仁十壱〆八百仁十五文とりわた
一六〆仁百仁十五文　かミの寺
一七〆五百七十五文　なりた

一壱〆六百五十文　おかへ
一三〆四百五十文　くろゆわ
一五〆八百五十文　そね田
一六〆四百文　大き田
一仁十〆七百五十文　こしのはま
一七〆仁百卅文　いつミ
一四〆八百仁十五文　(ママ)太森
一十五〆七百五十文　ミつハら
一六〆三百文　さハまた
一八貫百文　をやまあらひ
一四〆八百五十文　大蔵寺
こさし分
一仁〆七百五十文　さハまた
一仁〆仁百五十文　山口
一壱〆六百文　同山口

御はんの所

一仁貫文　いしの森
一四〆五百文　とやの
一壱〆五百文　まりこ
一仁〆八百八十文　こうのめ
一八〆仁百文　あく川
一十二〆六百文　こしまた
一十七文六百文　八丁目
一三〆五百文　やきた
一七〆仁百七十五文　つゝミのをか
一六〆四百文　大た
一四〆五百五十文　いからへ
一十一〆四百仁十五文　てんミやうね
一壱〆百五十文　はしくら
一五〆九百仁十五文　いしな坂
一四〆四百仁十五文　田さハ
一十四〆百文　あさ川
一八貫仁十五文　すきの目

しのふ北郷

一三〆八百仁十文　中の
一五〆九百七十五文　北やの目
一五〆五百五十文　南やの目
一十四〆八百卅文　入うの
一五〆五十文　下入うの
一五くハん三百五十文　かま田
一三〆三百文　上下たかなし
一八〆三百五十文　(カ)ますの目
一三〆七百文　ひら田
一五〆五百文　とミつか
一十二〆五百文　ミやしろ
一五〆五十文　いしの森
一十貫八百仁十文　瀬のうへ
一壱〆七百文　さはの
一十四〆九百五十文　下いゝさか
一三十八〆八百文　大さそう
一仁十四〆仁百五十文　北かうやち
一仁十壱〆百五十文　惣成敗より
以上三百九十六〆三百三十五文
夫ちん壱〆ニ仁百廿かゝり
七十八〆六百六十六文
はゝき代
十四〆三百文
夫ちんはゝき代合て
九十仁〆九百六十六文

しのふなくらかた

一七〆六百十文　なかい川
一十貫八百仁十五文　にい田

一十貫百七十五文　下なくら
一四〆五百七十五文　つち舟
一六〆三百卅五文　やしまた
一十仁〆四百五十文　もりあひ
一六〆八百七十五文　せうの村
一五くハん八百五十文　むかいほうきた
一五〆三百仁十五文　まいた
一七〆九百五十文　かねさハ
一七〆六百文　まいへいし
一仁〆七百文（御中館へひけ申候）　あらとのめ
一十四〆八百五十文（うへさま御分）　ひらさハ
一五貫文　やま田
一十壱〆百五十文　おくら
一十貫四百文　にハさか
一三貫八百文　さくら本
一仁十三〆四百十五文（うへさま御分）　上なくら
一仁〆百五十文　さはら
一五〆七百文　かミあらい
一三〆四百文　のむら
　とりてのまへ
　　百十九〆百五十文

以上百六十七〆八百十文
夫ちん
　三十六〆五百十三文
はゝき代
　六〆七百三十仁文

　柴田
（〇中略）
以上仁百九十三〆五百六十五文
夫ちん
　六十四〆五百八十六文
はゝき代
　十壱〆七百十三文
合て
　七十六〆九十九文
名取
（〇中略）
以上仁百八十五〆四百五文
　たけくまの神しや

夫ちん
　三十四〆百五十文
はゝき代
　六〆五百七十五文
合而
　四十七〆三百仁十文
　むら田殿へ参候田代
一仁十五貫文　中のミやう
一仁十貫文　なり田
一仁十五〆七百文　支倉
一十八貫文　上あしたて
一仁〆五百文　かミかハな
一仁十仁〆五百文　下あしたて
　以上百八貫七百文
　合て百三十四〆五百四十仁文
一四十仁〆三百五十五文
　松山のせう
百六十仁〆九百五十文
夫ちん
　三十五〆八百四十文

はゝき代
　六〆五百十五文
一大まつさハ
四十壱〆四百五十文
夫ちん
九〆仁百四十文
はゝき代
壱〆八百仁十八文
一高城
八十五貫文
夫ちん
仁十〆七百文
はゝき代
三〆四百文
合て
仁十四〆百文
以上仁百八十九〆四百文
一大くら

一八貫四百五十文　羽田右馬助
新の所
一八貫五百文　川はり
一九〆五百五十文　原田すけ兵へ分
一壱〆八百五文中のかうつけ
原田藤さへもん分
以上仁十七〆六百五十文
夫ちん
六〆仁百仁十文
はゝき代
壱〆百三十仁文
草のゝかう
以上　三十三〆六百仁十五文
夫ちん
七〆四百仁十文
はゝき代
三〆三百五十文
伊達ひかしね

一七百文　やな川
一仁十六〆六百五十文　ふねう
一十四〆十五文　まのゝ内関なミ
一仁〆六百八十文　関なミ
一三十四〆四百十文　ほハら
一八〆七百五十文　泉のハら
一四〆九百六十文　にいた
一仁〆七百七十五文　こやな川
一仁十五〆四百三十文　しらね
一十四〆九百七十五文　につ田
一十七〆八十文　大つなき
一九〆三百十五文　ほそや
一仁〆六百文　うしさか
一仁〆八百八十五文　いゝふち
一仁十三〆百六十五文　大いし
一四十六〆五十文　いゝの
一十仁〆五十文　やわた
一十七〆三百文　はね田
一仁十仁〆三百文　こつなき
一十八〆五百文　いゝさか
一仁十八〆三百文　いさゝハ

一十貫五百文　ひつほ
一十貫五百文　かな原田
一五〆百五十文　北あらひ
一五〆五百文　とうけほつしかさハ
一壱〆五百五十文　あわの
一四〆三百文　いつミさハ
此内半分太郎さへもん殿直納
一五〆百文　しほの川
仁〆仁百五十文
一七〆五百文　山の川
一十貫百文　とミさハ
一四〆七百文　高成田
一仁〆六百七十五文　大つかかう
以上四百〆(ママ)壱〆七百六十五文
夫ちん
七十九〆七百廿四文
はゝき代
十四〆五百廿八文
刈田
（〇中略）
以上四百七十〆七百文

夫ちん
百三〆五百五十文
はゝき代
十八〆八百仁十四文
合て
百仁十仁〆仁百卅文
松山之庄
一七十壱〆五十文　十四万仁千百苅ニ
ひろ田いかふん
一十四〆仁百五十文
仁万八千五百苅ニ
平渡分
一仁十貫百五十文
四万三百苅ニ
黒江すハふ分
一十仁〆五百文
仁万五千苅ニ
遠藤源兵衛分
一十壱〆三百文
仁万千六百苅ニ
同八郎さへもん分

一六貫百文
壱万仁千仁百苅
同すけ二郎分
一六〆四百五十文
壱万千九百苅
野田ひせん分
一壱〆七百文
三千四百苅
遠藤すけ三郎分
一壱〆五百文
三千苅せんこくの内
大まつさハ
一四十壱〆四百五十文
八万仁千九百苅
高城
一八十五貫文
十七万仁千五百苅
伊貢之庄
以上

（○中略）

以上四百十七〆文

九十仁〆　夫ちん

十六〆六百廿文　はゝき代

惣都合

六千八百仁十六〆七百仁十五文

四百四十三〆四十五文

（裏表紙）
「天文七年つちのへいぬ九月三日此

としの日記

天正十四年ひのへいぬ　九月十七日

あひうつし候

以上」

七〇　伊達稙宗書状案

（斯波義達）
武衛へ

貴殿江鷹馬令進献候之処、御自愛之由、被露帋（紙）面候、本望之至候、然者奥郡錯乱附而出馬、悉属本意、令開陣候、聞召可御心安候、委曲長井左馬助殿、可有伝達候、（任口状令筆候）恐々謹言

九月廿八日　稙宗

（敏信カ）
織田大和守殿

七一　伊達稙宗寄進状案

一しもなくら（下名倉）の内、にハたりの神しや、ねんく九貫文の所、

一しのふ（信夫）をくら（小蔵）の内せきてん、ねんく六百文の所、

一同かう（郷）のうち、そてふりてん、ねんく六百文の所、

一しやうのむら（庄村）のミやてん（宮田）二百かり、ねんく六百文の所、

一なか井（長）かハ（川）の内、せきてん九百かり、ねんく二貫七百文の所、

一まい田のかうの内、さやの神てん三百五十かり、ねんく一貫五百文の所、

一同かう（郷）の内、ミやてん（宮田）百かり、ねんく三百文の所、

一同かうの内、わかミやてん（若宮田）三百かり、ねんく九百文の所、

つかういしやう（都合以上）十五くわん七百文の所、おの〳〵けんは（玄蕃）丸かためにきしんいたし（寄進）候、まつたひ（末代）におゐて、さういあるへからす候、仍後日のためのせう状如件、

天文八年五月廿九日

しやうてんあん（昌伝庵）へ

七二　伊達稙宗書状

態令啓候、抑連々可有其聞候歟、上杉名跡之儀、時宗丸（実元）可有相続分候、於愚老者、遠慮之旨、数ケ度雖及辞退候、定実（上杉）骨肉之間ニ、可被致猶子方無之候上、頻競望候而、先年平子豊後守為迎、被越置候キ、雖然、彼国之乱劇未落去候故遅延、去々年已来両使節差越、国中一統之調法候上、違背之族候も、一両輩及対治、残徒色部一ケ所迄候条、近日向彼口、可致出馬候、然者御合力之義申述候、就中田村・相馬両所境辺、如何様之鬱憤之義、雖出来候、御堪忍候様ニ、重隆江、御意見可為欣悦候、邪正之儀者、帰陣之上可中合候、心緒之段、正覚院任口説、不能詳候、恐々謹言、

六月十四日　左京大夫稙宗（印）（○印形、香炉）

謹上　神谷常陸介殿

七三　田村隆顕起請文

（〇前欠）

右意趣者、以前顕胤（相馬）為籌策、従老父（義顕）所、御当方当方、余義有間敷之段、度々雖申合候、今般濱（浜カ）田伊豆守門儀候（マヽ）間、以誓句申述候、尤拙者父子有意趣様ニ、於御扱者、御洞同然ニ、陣参不可有別条候、此旨偽候者、

日本国中大少（小）之神祇、殊熊野三社・別御当所八幡大丼（菩薩）・太元明王・摩利支尊天・天満大自在天神、各可有御照覧者也、仍状如件、

如此上者、当方不慮之儀出来候者、無御思惟、可被加御力事、簡要存候、

天文十年辛丑卯月（四月）廿六日　平（田村）隆顕（花押）

伊達次郎（晴宗）殿　御宿所

七四　田村義顕卜西・同隆顕連署証文

富岡八郎方扱之義、任申旨致之候者、常柴出羽守名跡之事、摂津守為相続、所帯如前々不可有相違候、此段在御意得、御刷専一候、仍為後日證文如件、

天文十辛丑五月廿三日　（田村義顕）卜西（花押）

（田村）隆顕（花押214）

伊達殿

次郎殿　御宿所

（〇以下七六までの義顕花押は、一覧にのせず）

七五　田村義顕卜西・同隆顕連署証文

中津川千々代丸進退之事承候、以前如申断候、彼者在城并田原谷之地破却之上、中津川之地之内ニ、本要害候間、着置申所帯、如前々不可有相違候、如此御取刷落着之上、彼仁於無余義者、毛頭不可存等閑候、仍後日之證文如件、

天文十辛丑五月廿三日　（田村義顕）卜西（花押）

（田村）隆顕（花押214）

伊達殿

二郎殿　御宿所

七六　田村義顕卜西・同隆顕連署証文

安積当方無事之義、御籌策之間、抛不足、任其義候、然者累年当方一味之面々、今般依忩劇、或被責落、或自落之地、并前田沢、御当方へ相付申候、於末代不可有相違候、如此之上者、如被仰合候、当洞中之御扱、不可有御別心候、并以前牢党之衆、重可致詫言候、仍後日之證文如件、

天文十年辛丑五月廿三日　（田村義顕）卜西（花押）

（田村）隆顕（花押241）

伊達殿（稙宗）

次郎殿（晴宗）　御宿所

七七　大崎義宣起請文

意趣者
このたひたねむね(稙宗)奉公として、まかり出へき事尤候、しかるあひた、しんたひ(進退)のこと、たうさらつきよ(当座落居)、すこし(少)もゆかしくそん(存)せられましく候、春中御ひかし(稙宗)より御てつしよ(徹書)さしこされ候、ちゝ(遅々)申され候、心もとなく候、さりなからそれかし(某)の義として、其方、むら(村)岡蔵助、菅生ひこ三郎同心いたし、ほうこう(奉公)申候ハゝ、以前の御あつしよのことく、稙宗へよきなく、さいそく申へく候、もしいつハりに候ハゝ、
日本国中大小神祇、殊者熊野三所権現・両国之鎮守・羽黒大権現・当国之鎮守・塩竈十四ヶ所大明神・天神・八幡・摩利支尊天、可遂(蒙)御罰者也、仍為後日之状如件、

天文十二年

六月十六日　義(大崎義宣)(花押)

福田玄番允殿

村岡蔵助殿

七八　足利義晴御内書

為祝儀、太刀一腰、金卅両、馬三疋、鴾毛、鹿毛、黒毛、到来候訖、神妙候、仍太刀一振国宗香合堆朱段子崩黄盆二枚堆紅桂漿遣之候也、

十二月二日　(足利義晴)(花押)

伊達左京大夫(稙宗)とのへ

七九　上杉憲定書状

雖未申通候令啓候、抑累年越州不思議之様躰、定可為御覚悟之前候、就中去年以来、対定実、長尾弾正左衛門尉慮外之刷、前代未聞、依之宇佐美弥七郎露忠信候之処、剰取成不儀(義)、催国中之衆、小野要害へ取懸候、去春以代官、弥七郎心底依申披、自其方之証人、既至于柏崎、雖着陣候、弾正左衛門尉不及信用成行候故、弥七郎生涯、無是非次第候、憲定事も弥七郎為合力、信州御方中之義相調令出陣、諸口之行調談半、如此凶事出来、誠所存之外候、可為御同意候哉、雖然弥七郎息無相違上路山方(形)、片倉壱岐守有同心、帰宅之由承候間、簡要候、然者被加御扶助之段、都鄙不可有其隠上者、一段被成御刷、先揚河北之者共、凌御方候者、静謐不有程候、至于其時者、定実可為如本意候、依回報、此方も急度可成動候、巨細尾山新左衛門入道可申達候、恐々謹言、

六月十三日　藤原憲定(花押)

謹上　伊達殿(稙宗カ)

(折封ウワ書)
「謹上　伊達殿　藤原憲定」

八〇　伊達稙宗書状

(切封ウワ書)
「牧野玄番頭殿　稙宗
山家三之丞殿　」

返々彼地へ、一夜帰にこへ候て、こま〱事なし候へく候事可然候、けんミについて、むめつ与二郎をもつて、かの中文つかハし

候、両ち何もかくのことくたるへく候よし申つけ候、此分ニあいとゝのへ候へく候事、かんやうにて候、さもなく候ハゝ、おしか（マゝ）へし、その地へこし候へく候、よく〳〵こゝろへ、
態啓候、ゆのむらしやうけん（湯村将監）、同弥兵もんとう（問答）の地、しゆくろう（宿老）とも、あいたつね、おとしつけ候ことくに、彼地へ罷越、すミやかにけし（下知）をくハへ、両人之まへあいとゝのへき事専一候、しからハ日夜之しんろう、さつしおほえ候、まつたいの事にて候間、ひき〳〵なくしるし、日記ニのせ、帰路めてたかるへく候、謹言、

五月廿一日　稙宗（印）（〇印形香炉）

牧野けんは（頭）守殿
山家三之せう（丞）殿

八一　下飯坂宗冬書状

態申入候、此比者無沙汰故不申入候、本意之外存候、余ニ無沙汰を申候間、御音信申候、雖散々候、御正印様江腋指・鈴瓶令進覧之候、并御そうし（曹子）様江刀一腰参らせ申候、道具とても揑ニ候ハね共、脇指も刀も久敷持申候間、進之申候、哀々御意にも入申候へかしと令存候、雖幾度之申事候、此口御用等之事者、無申事候、会津へんまでの御事候とも、可馳走申候、能々此等之段憑入候、委者彼口上申含候間、不能具候、恐々謹言

四月一日　宗冬（花押）

下飯坂紀伊守

追而申入候、頃日無沙汰を以不申候事、よく〳〵御申つけられ候而可給候、鈴瓶進候間、しか〳〵御さなく候へ共、御酒しんし候、

小関助衛門尉殿
御宿所

八二　最上義守書状

先度御注進候条、及懇答候キ、参着候哉、抑其口取乱之由、相聞得候間、則笹屋口致出張候、然処去廿八日限書中、当月六□（日カ）到着候、随而懸田家風逆意之族候之故、石母田之地被引除候刻、被及一戦、敵数多被討捕之由、被露帋（紙）面ニ、満足無極候、将又此口之者、国分方申合、涯分可致其奨候、於于爰元、一点無余義候条勿論候、其口御練干要第一候、諸余従氏家伊予守所、可申越候条、令略筆候、恐々謹言、

（天文十三年四月カ）
卯月七日　源義守（花押）

謹上　伊達（稙宗）殿

八三　葛西晴信書状

稍久布其元様躰、其听得無之候条、寅夕御床敷令存候、随而其口干戈、于今停止無之候、一途御計策以、完全之御取成干要第一候、雖幾度之申事候、当口取成、于今無是候間、届之為使者、不申理候、外聞内儀本意之外訖候、将亦其元へ黒河始境之面々、為奉公、被相登候、拙子満足御同前候、御珍布子細候者、可被露回章候、諸委期後音不具候、恐々謹言、

八月一日　晴信（花押）

伊達西殿

八四　伊達実元書状

御書被下候、過分之至候、仍於中津川口、被得御大利候由承、御目出度奉存候、然者八幡御神事付而、先々御馬被入候由、可然存候、御神事相過候者、御馬可被出候哉、重之儀能々御塩味、其上以御出張尤奉存候、将又岩瀬口へ、御状被指越候、則相届可申由存申候、随而廿七日御動之由承候間、自此方も草迄越申候処、在家四五ヶ所放火罷帰候、重越申候者共、于今不罷帰候、又各草ニ可罷越由申、去廿日御馬被入候間、先々無用之由申付候、毎事重可申上候条、奉省略候、恐々謹言

七日晦日　五郎 実元（花押189）

（輝宗カ）米沢江参人々御中

八五　伊達晴宗安堵状写

上名蒼（倉）之惣成敗被下候、此内十六けんの事、老母一代せいはい申ましく候、次上下の名蒼、直奉公地下地下（ママ）人忠節いたし、直の諸役ゆるし候とも、桜田成敗おゐてハ、相違あるへからす候、前々のごとくせいはい申へく候、仍證状如件、

天文十三年十二月十八日　晴宗様御書判

桜田玄蕃頭殿

八六　小川隆敦等三人連署状

如来翰之、佐沼無事、随而明徹（岩城重隆）于今半途ニ馬を立被申、調法半ニ候、定而無事落着可有之之由存候、然者安積□江、明徹移馬、有物近可申合之由、被顕紙面候、先以無御余義存候、雖然別而御見当候者、重而可被仰合候、至于厥時者、聊も余義有間敷候、然而猶于御当洞天珍敷子細も御座候哉、是亦肝要至極ニ令存候、委曲彼御使ニ申述候条、令略候、恐々謹言、

（天文十六年四月カ）卯月十日　小川 隆敦（花押）

顥谷 直胤（花押）

中山 宮熊丸（花押）

伊達殿御報

（包紙）「岩城之家老小川隆敦・顥谷真胤・中山宮熊丸より晴宗様江指上候書簡」

八七　伊達晴宗書状

（端裏ウワ書）「一　十八 □　」

本宮殿

態為使令啓候、抑、其口、重隆（岩城）・盛氏（蘆名）出張、諒（カ）ニ大慶此時候、依之、則可申届処ニ、信夫口日々動不得寸隙候間、無其義候、非疎意候、雖無申訖候、此刻候、一途被相応歟、可被遂本意事、所希候、只今之刻候、其口日限等申合、当堺へも、同日之動成之度候、書余黒川但馬方任舌頭、略筆候、恐々謹言、

（天文十六年）六月十七日　晴宗（花押）

（宗頼）本宮殿

八八　岩城重隆明徹書状

態用一簡候、抑晴宗其口御出馬、特更次郎殿(輝宗)御同陣之由、其聞候、定以目出度、於于此方も肝要ニ候、乍勿論可然様ニ、御意見伺入候、然者中村為御使、条々承候、当口之義具ニ申理候、有工夫、被相談候様尤候、依此口見合、御在陣之地形等、為書中と申候者、則其御行第一ニ候、又其口ニも御見当候者可承候、彼是無油断候様、被加諌語専一ニ候、恐々謹言、

(天文十七年カ)三月九日　明徹（花押142）

(親宗)小簗川尾張守殿

八九　足利義輝御内書

対父稙宗、鉾楯未止之由、其聞候、於事実者、以外不可然候、急度可和睦事、外聞実儀簡要候、猶委細晴光可申也、

(天文十七年カ)五月三日　(足利義輝)（花押）

伊達右京大夫とのへ

(包紙ウワ書)(ママ)「足利義昭公御内書并ニ大館氏奉書」

(同裏封目)「　（青印）（○印文に「吉村」とあり）

(伊達吉村)（花押）　」

（○この包紙は、本号と九〇号をあわせ包む。ウワ書は吉村自筆）

九〇　大館晴光奉書

御父子御鉾楯事、以外不可然被　思召候、急度御和談可為肝要候、為其被成御内書候、猶得其意可申由、被仰出候、可得貴意候、恐々謹言、

(天文十七年カ)五月三日　左衛門佐晴光（花押）

謹上　左京大夫殿

(折封ウワ書)「　大館

謹上　左京大夫殿　左衛門佐晴光」

九一　巣林庵等祥書状

乍恐、奉啓上候、抑先年当宮(石清水八幡)御奉加之儀付、被対御親父左京兆稙宗、被成御内書、御請御申候キ、其以後無音、背本意令存候、仍牛玉香水進上申候、随而御親子御間、被仰事在之由候、無勿躰御儀候歟、其段御両所江申入候、可被申上候、被成御同心候者、天下外聞、併可為御武運御長久候、可得尊意候、恐惶謹言、

(天文十七年カ)十一月十三日　等祥（花押）

進上　(晴宗)伊達殿参

人々御中

(折封ウワ書)「　八幡　巣林庵

等祥

進上　伊達殿参　人々御中　」

九二　連歌師千佐歌書抜書

(表紙)「相馬連歌師千佐歌書之内ニ、稙宗様・晴宗様御父子御和睦之事歌有之、又稙宗公和歌御伝授之事有之、此歌書可被召上哉与奉伺候処ニ、其入用之取計書抜置、可然由、被仰付候也、

歌書所持熊谷正右衛門　」

相馬連歌師千佐歌書之内、御用立候所抜書

正月六日、舘にて初会盛胤(相馬)代

開て此花をやわかせやとの梅

あや杉にと山村立雪消かな

春さえて風にをかるゝ霞かな

二月廿二日黒木舘にして信州亭初会

山はかすミはま松なひく朝け哉

伊達左京兆(稙宗)年来兼純扶助有し上、風雅之道不怠、嗜御数寄誠に難有事也、然砌慮外に彼屋裏の家老区にて洞大乱、されとも漸家中無事に被取成事を奉感て、不顧憚、便に付て野老口に任たる二首、彼御方へ進献、

蘆原のみたれたる世を和哥の浦の玉もに浪ハたちかへるみち

歌道一流純公より相伝有し事を羨たてまつりて

名も高き花の色香のしつえにも及はぬおひやもりのした草

御返し是も二首

世の中や鳰のうき巣のミたれ蘆の玉もになひく和歌のうら風

音にのミ花の色香のきこゆ也老かむかしをかたるよしも哉

予連かの砥礫を少々書注遣し候に、無隔心風情之体を書中に顕さるる事を感して、後に一首の愚詠申送り侍り、

こもり江にをのかまゝなる乱蘆をわくるハうれし和歌の浦浪

兼純

返し

難波江のあしからねともへたてなきなみの言のはつたふはかりに

奉祈朝日之神

天照す日の下かけハ地祇かたくまもれはうこきなき世を

右之連歌并歌、老朦之口に任たる砥礫、たゝ一身の思ひを述る面影のミにて、風雅之道奥旨をしらす、

六十あまりわか身の恨よるへなきことのは草ハかきあつめても

天文十八年四月三日　　千佐

九三　伊達晴宗書状

急度啓候、仍かけ田(懸田俊宗)きやくい(逆意)、れんく之刷現形、なかしま(中島宗忠)いせのかミとりのき候条、彼儀さしすてかたく候間、早々いせのかミ同心之はたらきいたすへきのよし、申付候処ニ、于今無其儀候事、としいと、旁々同へんニも候哉と存計候、あつかいにおゐて宗しんて(覚悟)、更ニかくこのほかニ候、返章ニ委曲可申越候、然者はうちやう(北条)ハ、てに入候、可心易候、謹言、

尚々万々彼口上ニ、これあるへく候

(天文廿一年)
九月朔日　　晴宗(花押179)

中名平右衛門尉殿

九四　道増准后書状

(切封)

去年令発足至会津、三月比令下向候、御内書等依在之、可罷越之心中候処、路次未快之旨其聞候、上意(足利義輝)又御上洛候条、不日ニ上洛候、

別而御当家之事ニ被奉対、上意異于他儀候、此砌被差上代官、御礼等被申入候は、尤可然存知候、次此者馬鷹之望候、被引廻国堺等之儀、送已下憑存候、上意御礼等之事、内々可被申入は、此者不可有聊尓候、旁期御報候、涯分可令馳走条、早々可被申上事肝要候、謹言、

（天文廿一年）八月五日　（道増准后）（花押）

（晴宗）伊達次郎殿

（折封ウワ書）「伊達次郎殿　（道増准后）（花押）」

九五　懸田等山俊宗領知充行状

今般無二ほうこう、無是非次第候、依是、少所なから、黒沢八郎左衛門之分さく内一けん、并ひやう地一間出し置候、此うへにおゐても、なお〳〵奉公いたすへき者也、仍為後日状如件、

天文廿一年十二月六日　（懸田俊宗）等山（花押192）

（相模）本内さかミ守殿

九六　伊達晴宗安堵状

信夫庄いからへ（五十辺）の内、町在家手作、同やしま（八島）田之郷裏にしみかしり壱間、彼知行之所、諸役之事、如前々差置候也、伊達東根簗川之裏本やしき、不可有相違候也、仍證文如件、

天文廿弐年癸丑正月十七日　晴宗（花押180）

中村助右兵衛尉殿

九七　伊達晴宗?安堵状案

（端裏書）「ふくしまいつミかたへ」

一につ田のかう（郷）のうち、大たつめふんすハのはらふん田七百かり、ならひニじしり七十かり、につ田のたてよりにしほん（西、本）ねんく（年貢）一くハん（貫）五百文、ふミちらし九百七十かり、同まちはたけ、

一同かうのうち、けいたうち（細谷）九百かり、一くハん八百文、

一せんしやういんふんほそやの内、一てう田、ねんくにくハん文、

一あハの（粟野）うち、ひくう内さいけ（在家）、ねんくにくハん文、ふミちらし八くハん地、これをいたし候、まつたい（末代）お（於）ゐて、さをゐ（相違）あるへからさる者也、仍證文如件、

天文廿四年五月十四日

ふくしまいつミのかたへ

（切封）

九八　道増准后書状

（折封ウワ書）「伊達殿　（道増准后）（花押）」

先為　上意之御使、下向之処、堺目不合期之間、不及是非候、抑当門跡（聖護院）之事者、自前々、御当家別而申承候、就遠境不自由候、背本意候、仍今度被差下御使、并被成　御内書候、尤御面目之次第候、将亦懇祈之赤護進之候、除疫癘、難守息災候、随分令進献候、猶向後者、切々可申承候、相応之題目、又不可存等閑候、謹言、

（弘治元年四月カ）卯月三日　（道増准后）（花押）

（晴宗カ）伊達殿

九九　下郡山長綱等六人連署田銭免除状

(包紙)
「晴宗様御代
天平(ママ)廿四年　財用奉行七人連判」

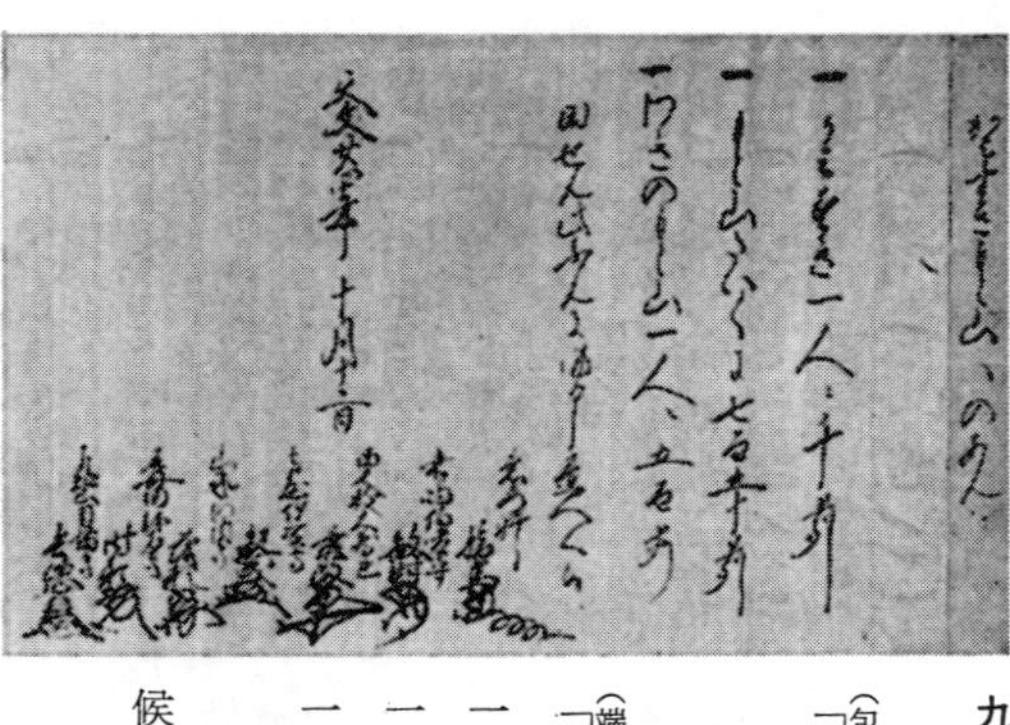

(端裏書)
「かミすきもと山へのあん」
一かミすき一人ニ千苅、
一もと山たいくに七百五十苅、
一わきのもと山一人ニ五百苅、
田せん此ふんにゆるし置へく候、

(弘治元年)
天文廿四年十月十二日

意安軒　指馬（花押）
桑島伯嗜(耆)守　敏時（花押194）
西大枝大蔵丞　景政（花押195）
守屋伊賀守　親成（花押196）
山家河内守　茂頼（花押）
石母田越前守　時頼（花押197）
下郡山因幡守　長綱（花押198）

一〇〇　伊達晴宗領知充行状

一保原之郷之内、一大塚信濃守之分、一飯坂寺之分、一高成田左馬允分、同孫五郎分、一寺島信濃分、一中野大膳亮(親時)寺分下置候、彼地抅候者万一被出候者、替之地を可下置者也、仍證文如件、

永禄八年六月廿三日　晴宗（花押）

中島十郎殿

一〇一　芦名盛氏(止々斎)起請文

（〇以下一〇三号までは、熊野牛玉の裏に書かれている）

敬白　起請文之事

右意趣者、伊達当方事者、累代重縁与云、骨肉与云、更不可有別条之候処、(二階堂氏)岩瀬為御荷担、去々年以来不和、案外至極候、然処今般和合之上者、猶以向後者、相互無異可申合候、就中彼祝言之事、晴宗へ種々雖懇望候、一向無擢候処、此度輝宗御息女ニ御申、彼御縁辺成就候上者、御家督与云、彼首尾与云、晴宗へ相引、輝宗へ如在之儀、一切不可有之候、特更近州隣郡之妨不可用之候、若此旨於偽者、上梵天・帝釈・四天皇(王)・不賢(堅)牢地神、別而者八幡大井(菩薩)、特者当所諏訪大明神、惣而日本国中之大小神祇、各可蒙御罰者也、仍起請文如件、

永禄九年
正月十日　止々斎（花押277 血判）

伊達殿(輝宗)

(包紙)
「永禄九年正月十日従葦名修理大夫盛氏入道止々斎　輝宗公江被進起請文 □(綱村朱印)」
（〇印文「青山居士」）

一〇二 富田滋実等四人連署起請文

敬白　起請文之事

右意趣者、伊達会津之事者、累代重縁与云、骨肉ニ被参候与云、更別条不可被存別心候之処、岩瀬為御荷担、去々年以来御不和、案外至極候、然処今般御和合之上者、向後者猶以相互ニ、無二御入魂可被申合候、就中彼御祝言事、晴宗様ヘ種々懇望雖被申候、搓々無之候処、此度　輝宗様御息女御申、彼御縁辺成就之上者、御家督与云、彼御首尾与云、自今以後、晴宗様ヘ相引、輝宗様ヘ如在之儀、一切不可有之候、殊更隣州近郡之妨用被申間敷候、又岩瀬西根中之事、自御当方於御計策者、涯分正印父子ヘ可及諫言候、若此旨於偽者

上梵天・帝釈・四大天王、下賢牢(堅)地神、□(別)而者八幡大井(菩薩)・摩利支尊天、特当所諏訪大明神、惣而日本国中大小神祇、各可蒙御罰者也、仍起請文如件、

永禄九年
正月十日

富田　滋実（花押）（血判）（〇この花押 294 と相異す）
佐瀬　常藤（花押）（血判）
平田　実範（花押）（血判）
松本　氏輔（花押 304）（血判）

牧野(久仲)殿
浜田(宗景)殿
中野(宗時)殿
御宿所

(包紙)「永禄九年正月十日、従葦名宿老富田滋実・佐瀬常藤・平田実範・松本氏輔四人、牧野・浜田・中野三臣江差越起請文、［　］（綱村朱印）（〇印文「肯山居士」）」

一〇三 芦名盛興起請文

敬白　起請文之事

右意趣者、御当方当方事者、累代之一味与云、重縁与云、更不可有等閑之候処、岩瀬以御荷担之儀、近年疎遠罷過候、今般一和之上者、向後者無二可申合候、特更晴宗ヘ引汲候而、対輝宗疎遠之儀不可有之候、若此旨於偽者、

上梵天・帝釈・四大天皇(王)、下賢牢(堅)地神、別而者摩利支尊天・八幡大井(菩薩)、惣而日本国中之大小神祇、各可蒙御罰者也、仍起請文如件

永禄九年
二月朔日　　盛興（花押）（血判）

伊達(輝宗)殿

(包紙)「永禄九年二月朔日従葦名殿［　］（綱村朱印）
盛興　輝宗公江被進起請文［　］」（〇印文「肯山居士」）

一〇四 懸田俊宗書状

態啓候、仍其口ニおゐて、二六時中無透かせき候よし、身労無際限

候、喜悦無申事候、ことに以度々動大利を得、一度越度なく候事、誠こゝろもそろひ、ミつからニほうこうの意趣もあらハれ候、無申迄候へ共、北条堅固ニ候者、味方中も相違有ましく候、此分細々ことハり度候へ共、遠路不自在故、心底者(う脱カ)ミ山に候へ共、重々不申事、おろかとハおもハれましく候、然者宇田・中村方、無余儀奉公被申、相馬殿を引入申、黒木・宮城取破、実城計ニ押詰候間、是も幾程有ましく候、依之、於此口も、田村・塩松相談以、伊具口へ急度動申へき覚悟候、巨細者重而申へく候間略候、謹言、

追而申候、奉公の筋目、申てもく、あまり有までにて候、永蔵坊へも別而申度候へ共、急使之間、此分申度候、心へ候へく候、

十月十四日　　俊宗（花押 192）

大津土佐殿

同将監殿

一〇五　足利義輝御内書（切紙、口絵7参照）

奥州守護代事、申付桑折播磨守(貞長)・牧野弾正忠(久仲)両人条、可存其旨事肝要候、為其、差下孝阿候、猶晴光可申候也、

九月廿四日　（花押）(足利義輝)

伊達左京大夫(晴宗)とのへ

(折封ウワ書)
「
伊達左京大夫とのへ」

(包紙)
「奥州守護代之儀被仰下義輝公御内書
大舘陸奥守源晴光奉書」

（○此包紙は、これと同日付の大舘晴光奉書を合わせて包み、表書は伊達吉村の自筆にかかる。）

一〇六　二階堂盛義書状

先達啓述候処、回答快然之至候、仍而角田無事付而、晴宗石母田へ中途之由、其聞本望候処、如何様之仕合候哉、晴宗御間雅意申成候、於実事者、歎ケ敷次第□無申事候、早々可被相静事願望候、何篇其筋之儀、回答委可承候、諸吉猶期後音之時、不能詳候、恐々謹言、

六月三日　　盛義（花押）

牧野弾正忠(久仲)殿

一〇七　芦名盛氏(止々斎)書状

追而示預候、本望候、仍御当口悉御静謐、真実以目出度、心易専用候、殊更白石方其外被召出候、可然存迄候、尚々世間御油断不可有之候歟、当口之事、義重(佐竹)白境へ出張揺候、当口近年無之深雪之上、助之儀不可有之以見当、定而如之ニ可有之候、然処ニ即可及助之上敗北候、南西津輪(廻)へ被刷候処ニ、月斎(田村顕頼)、田之衆走入候上、佐衆敗軍、手負越度無済限候、其前之日三丁目へ揺候而、彼城主も無之候処、在家之者自落候、無念ニ候、石川分而白石・浅川興行ニ候、無是非迄候、以時分、今度之防之矢、無拠之由、味方中存詰候、数年之首尾、さりとてや爰元ニ相極候、一勢与力可被入迄候、然ニ当手悉遣之候、義重敗北之上、今日令帰陣候、先々可御心易候、亦輝虎(上杉)

必然関東越山之由、被申越候、近日之段申候、万々珍布子細候ハ
、、重而可申入候、亦可承候、恐々謹言、
(伊達)実元御恐怖之事、無是非迄候、当方へ遅其听、串遅延、于今意外ニ候キ、(中野常陸)未中常在
留ニ候哉、無御心元候、

二月十六日　止々斎（花押277）

米沢江

一〇八　村田政義等三人連署状

此方鉄鉋(砲)、被及听召、即御飛脚、被差越候、過分至極ニ奉存候、従
小斎少々舞山迄罷出候間、其儘差置候事、無心候間、鉄鉋衆相出、
押上申候、然条敵散々躰ニて相除候靏听召、可為御大慶候、御吉事
重而、恐々謹言、

即刻　北(元宗)元安斎（花押199）
白石宗実（花押200）
村田政義（花押　）

(晴宗カ)杉目
御陣所 人々御中

一〇九　村田政重書状

(端裏書)「杉目江参」

改年之御吉事珍重々々、御目出度奉存候、依之松風一本奉進上候、
誠表亀靏之御一儀訖候、将亦境中到当春、取分何事無御座候、定而
聞召可為御満足候、委細之段金野監物、可申上候条、令存略候、恐
々謹言、

正月廿五日　村田政重（花押）

杉目江
参人々御中

一一〇　伊達晴宗書状

態啓候、仍よこをもとん(マヽ)四条に居住候て、輪王寺御ふんけかやく違
乱つかまつる由申候、百姓ともニちからをあわせて、彼者をもらさ
すうち候へく候、すこしも〳〵不可致如在候、やかて〳〵馬を出候
へく候条、其上にも尋させ候て、うたせ候へく候、心得候へく候、
謹言、

二月七日　晴宗（花押179）

中名平右衛門尉殿

一一一　白石宗実書状

貴札恐悦之至奉存候、仍宮城四保方六ヶ敷儀付而、吾々可罷下由御
意候、当地御再興之時分候之間、爰許見合以、可及其刷存候、其元
遅速之事、御床敷是有間布候、万余令期後信之時、奉略候、恐々謹
言、
追啓、(桑折宗長カ)治部大輔可令談合候間、於時者、可御心易奉存候、

白石右衛門佐

八月廿三日　宗実（花押200）
(晴宗)
椙目江　人々御中
貴報

一一二　亘理元宗元安斎書状

御芳札恐入候、仍頃刻米(米沢)御来越、毎々御遊覧奉推知之候、抑岩沼此方細事出来、好味之間と云、合壁与云、歎而有余計、就中、御当口大森在境中、日夜御窮屈之刻、如斯之儀申成候事、若輩之様、雖可被召置候、無故当領可被招置之段、更意外之由、令存候、因之、自米、被及御下知候、迷惑之段申候、片壱在当候間、互無別儀候、事々可得御意候、恐々謹言、

十月十四日　北
元安斎（花押）
(晴宗)
椙目へ　人々御中
御報

一一三　亘理元宗・同重宗連署状

御芳札快悦無極令存候、仍岩当間之義付而、先般従米御代官被指下、御裁許間、於当方ハ、雖存分相捨候、於岩不通候、余ニ御代官衆歎ヶ敷之由候而、来秋訖先々可相止箭之段、催促之上、是も任其意候、莬角果之事切、無紛候条、到其時者、必竟可請御諫言迄候、毎吉期重音之刻、令省略候、恐々謹言、

追啓上、於南、被塞御手候条、吾々父子存分之不足を相捨候得共、於岩、信用無之候事、弥々無面目次第候、

(十一月)
霜月十三日　北
元安斎（花押）
曰理
重宗（花押）
(晴宗)
杉目へ　人々御中
御報

一一四　大館昭長奉書

（切封）

今度逆徒等御退治故、天下属御本意候、然者此刻、至諸国、御殿料被仰付候、仍被成御内書候、御馳走尤可然存候、次一廉御馬御所望之由候、御進上可為御祝着候旨、得其意可申由、被仰出候、恐々謹言、

(永禄十二年カ)
六月一日　左衛門佐昭長（花押）
(輝宗カ)
伊達殿

(折封ウワ書)
「謹上　伊達殿　大舘
謹言　左衛門佐昭長」

一一五　芦名盛興書状

態来札快然之至候、如来意、南山之儀、悉如存ニ成之、令納馬候、内々足軽之事、雖可申越候、輝宗御出馬之刻候条、無其儀候、老父(盛氏)二田へ路次中、被入御使僧、以悃望、雖被申候、一途無之候、尚可申理之由被存候、恐々謹言、

(永禄十二年カ)
八月十五日　盛興（花押272）
(輝宗カ)
伊達殿

一一六　上杉謙信書状

以別帋(紙)申候、去夏以来如申届、義重(佐竹)其方御間、謙信取而意見以申度覚悟、及使者候、無際限弓箭、更無所詮処ニ候歟、累年被任御入魂之旨、愚僧意見之処、於被聞届者、一世中之可為御志候、猶萩原主膳亮ニ申含候間、彼者可有口上候、恐々謹言、

(元亀三年カ)六月七日　謙信（花押87）

蘆名(盛氏)修理大夫殿

一一七　織田信長書状

去十月上旬之珍簡近日到来、令拝披候、誠遼遠示給候、本懐不浅候、殊庭籠之鴘鷹一聯、同巣主大小被相副候、希有之至、歓悦不斜候、鷹之儀累年随身異于他之処、執之送給候、別而自愛此節候、則搆鳥屋可入置候、秘蔵無他候、仍天下之儀、如相聞候、公儀(足利義昭)御入洛令供奉、城都被遂御安座、数年静謐之処、甲州武田、越前朝倉已下、諸侯之佞人一両輩相語申、妨公儀、被企御逆心候、無是非題目、無念不少候、然間為可及其断、上洛之処、若公被渡置京都有御退城、紀州熊野辺流落之由候、然而武田入道(晴信)令病死候、朝倉義景於江越境目、去八月遂一戦、即時得大利、首三千余討捕、直越国へ切入、義景刎首、一国平均ニ申付候、其以来若狭・能登・加賀・越中、皆以為分国属存分候、五畿内之儀不覃申、至中国任下知候次第、不可有其隠候、来年甲州令発向、関東之儀可成敗候、其砌深重可申談候、御入魂専要候、猶以芳問大慶候、必従是可申展之条、抛筆候、恐々謹言、

(天正元年)十二月廿八日信長（朱印）

謹上　伊達殿

(折封ウワ書)「謹上　伊達殿　信長」

一一八　田村清顕書状

内々態可申述候之処ニ、幸便之間、令啓候、仍去廿六当地御代田迄出馬、廿七岩瀬河東へ及動、小作田外曲輪打散、前田河之小屋、其外白河領中、竜崎岩峯寺切而、悉皆不相残放火、同廿八須賀河籠口押通、保土原外城・木崎、是又在々所々焼払、同昨廿九安積へ相動、大槻之地宿・外城取破、并成田・河田之外搆、其外郷村不相残放火、如存取成、無何事打帰候、听(候了カ)召可為御大喜候、爰元於取嗳、毛頭無御心元不可有之候、何様以見当、重而可及備由存候、猶珍子細候者、追而可申承候、恐々謹言、

(天正二年)正月晦日　清顕（花押211）

杉目(晴宗)へ

追而乍無心、馬所望申候処ニ、早々被指越候、殊更乗心相勝候間、令自愛事ニ候、中〱御懇情不浅迄候

一一九　芦名盛氏(止々斎)書状（口絵9参照）

急度為飛脚、令啓之候、去比申入候之処ニ、御当口堅固之由承候、誠以簡用之至候、其後珍布儀候之哉、無御心元候、最上口静之由及承、是以専用心易存候、乍此上御兵談を以、早々御静謐可為肝要

候、存分遠内へ申越候、恐々謹言、

（天正二年カ）四月廿四日　止々斎（花押277）

米沢江

一二〇　伊達輝宗書状

（○前欠）

急度用脚力候、仍二（二本松）当間無事之儀、数度承□（候カ）間、存分始中終申分候ける、然処ニ如申来者、重而大備（大内備前義綱）為御使、彼調策可有之之由、乍伝説其聞候、縦清顕（田村）御中途候而承候共、已前ニ可相替事努々不可有之候、如此強承候事者、果而当方可被相捨御支度ニ候哉、外聞内儀歎敷候、大備被指越候事、以御分別被相止候様ニ、御見意任入外、無他事候、書余遠内（遠藤内匠基信）可申越候間、不具候、恐々謹言、

（天正二年）六月廿二日　輝宗（黒印）（○印形香炉）

（○後欠）

一二一　織田信長書状并音物目録

去初冬芳墨遂拝閲、委曲返答候シ、其後無音所好（存カ）之外候、鷹于今堅固候、自愛推察候、仍五種目録別帋有之進之候、雖不珍、音問之便候、如申旧候、自今以後別而可被相通之事所希候、恐々謹言、

（天正二年）九月二日　信長（花押）

謹上　伊達次郎（輝宗）殿

目録

一金襴　拾端
一段子　拾端
一褶　弐拾端
一紅糸　拾斤
一虎皮　参枚

已上

九月二日　信長（朱印）

伊達殿

（折封ウワ書）「謹上　伊達次郎殿　信長」

一二二　伊達輝宗日記

（表紙）「天正弐年

御日日記」

天正二年甲戌

正月之内の事

四　日に、於浅川、白川膳七郎殿・芳賀出羽守・中村弾正・賀藤田治部少輔か〻い候て手切、和田安房・大和守（浅川）同心

廿二日、七主為使被参候、同卅日返し候、会津より田村より、須賀川むかつて廿七日ニ手切候とて、脚力参候、於白石、佐衆（佐竹）二百余人うつとり候御さ候、のちはいつわり

廿八日ニ、田村よりひきやく（飛脚）参候、廿五日の日付、明日廿六日手切申候とて参候、遠内（遠藤内匠基信）所へまかり候、

廿五日、小中上山へてきれ（手切）、

廿三日、遠内所にて一貫九百ちや、

二月

一日、天気あしたよく、晩雪ふり候、

二日、天気わるし、雪ふる、田へ桜田大かく使よこし候、風はん（晩）ニふく、彼れんか、

三日、天きよし、とき〳〵雪ふる、（葦名盛氏）もり氏より脚力参候、従永沼、

四日、天気よし、くもる、あしたはん雪少ふる

五日、天気上々、白石やふれ候との到来、二日（朔日）の晩の事にて候、（会津）あいつさうにて候、同新地もひけ候と申候、資神寺御出候、舟内永沼へたて候、よる雪ふる、

六日、天きよし、あいつよりひきやく参候（永沼よりもふみ参候、）

七日、天気上々、田村より脚力参候、越久ニ今二日より在馬との事、白石落城、いけ取卅余人也、白石落城二月一日、かんし（さむき）候（候、）

八日、天き上々、はい木わり候、かんし候、

九（はつう）日、天気晩まて雨ふる、よるゆき少ふる、小野四郎右衛門たて候、

十日、天よし、一日風ふく、

十一日、天き上々、大町のはゝん四郎左衛門おつと、中野より状参候、何事なし、いゝさかより（たかのかん二参候、）

十二日、天きくもる、七比より雨ふる、きう、小はたたち候、たいのやへまかり候、（晴宗）杉目より状参候、（伊達実元）五郎殿より松大へ状参候、

十三日、天きよし、雪とき〳〵ふる、風ふく、

十四日、天きよし、ちとくもる、いわせよりふミ参候、かねの事ニつゐて、かのへ（庚）さる（申）、

十五日、天きよし、くもる、ミやの内被参候、

十六日、天きよし、はんかたゆきふる、国新参候、舟内永沼よりかへり候、佐衆六日ニ赤館へちんとりと申候、（あさかのなり田はしめ、とミた川田与一郎、こはら田田村へ入手）

十七日、天気上々、少かせふく、国新田より使のくうちやう、大かくかへり候、小せきたかみる、大十三、せう六、杉妻（晴宗）より中野太郎右衛門御使参候、

十八日、天き上々、明神のとりいひき候、小関たかひき候、田（田村）へのあいさつのたんかう（談合）、曰理より年始候、

十九日、天きくもる、日くれ候より雨ふる、曰理より使小左参候、国新田へのくう状、

廿日、天き上々、石母田高倉へまかりこされ候と、

廿一日、天きよし、くもる、晩よりあめふる、石田今内きやうたい（山かたよりの使に合候、鈴木将監、）かへり候、信長よりの返状参候、同河田所より状、輝虎関東

発向と申候、廿日石母田高倉へまかりこされ候との事、半田山城かへり候、
廿二日、天気雨ふる、はんニ宮野内よひ候、はやし候、
廿三日、天き上々、大もち〇(某)ひく、すもゝ山より杉、たくみ所にてのふ候、宮野内もてなし、
廿四日、天き上々、ひかんニ入、宮野内かへられ候、かほといゐかさ入、目々沢たんこひせん両人越度、あいつ御内むきへ、ねんしの使かへり候、
廿五日、天気雨ふる、
廿六日、天きよし、ちとくもる、はやふさまるはし候、桑折への年頭の返事、同信長より状うつし越候、
廿七日、天気よし、風吹、曰理への年頭返事候、播州へ使越候、同信長より状うつし候、 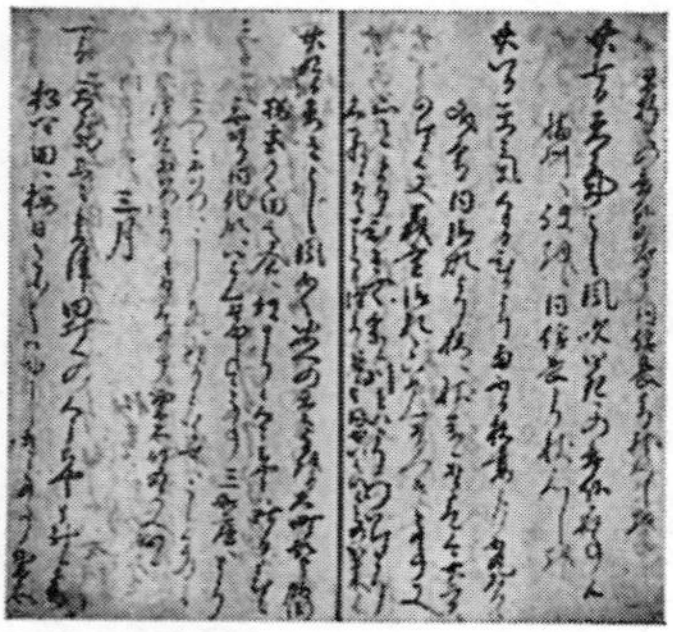
廿八日、天気くもる、ひるより雨ふる、杉妻よりふ(夫)丸かへりニ文参候、同清顕より杉へ状参候、あかたて今廿二日ニのけ候、又義重・清顕たいめんあるへきとの事、又山かたよりひきやく参候、川といよりのいけとりかへされ候、あくとうなる沢より参候を、同せいはい候との到来候、
廿九日、天きよし、風ふく、ゆふへの天きなをる、大町刑部・飯淵(桜田宮内)・桜宮(角)、かく田、高倉へ使まかり候、くうちやうハ昨日申付候、こやおり同他領へいらんあるましく候との事、三如房へまかりこへ候、あいつへこし候ものかへり候、いわせへこし候ものにつゐて、あいつよりもあかたての事、粟太郎五郎のへ出候、

三月

一日、天気上々、会津田村へのくうちやう申付候、会へ松四、田へ桜日(田)、たゝく御ゆかしきとの事、粟太かん合、さしこし候、つめぬけにて、
二日、天き上々、湯目ふんこかたより、ひしくい合越候、つるとりにて、田村右馬頭殿より状参候、馬のり候、かつさのまへにて、たくミかつきけ、もり四くりけ、七郎くろ、たての馬には、一くろ(田町)、一かけ(同)、あしけ(あゆかい)、こまくりけ(ゆき)、八比より雨ふる、よるも、
三日、天き雨少つゝふる、馬のる、いしい宇左衛門くろ、杉妻より文参候、御しゆをいしかいへ、さしこされたきとの事、
四日、天きよし、少くくもる、野へいて候、ひしくい二合候、つるとりにて、一つめぬけて、一とや(せう)にて、三郎左衛門かも一、大ハしニとまり候、

五　日、天き上々、かも四日(四つ)、とやにて三、わかせうにて一、又七
郎一合候、晩ニ会津より状参候、無事の事あつかい候へとの
事、
六　日、天きあした少雨ふり、ひるより夫(天)き上々、たんかう、佐会
田無事の事さたまり候、
七　日、天き上々、夜より雨ふる、小野四郎へもん帰候、
八　日、天き雨ふる、八比より日てる、又はんニふる、
九　日、天き雨ふる、晩よりはれる、九郎殿御こへ候、松木四郎左
衛門、又大形、いゝふちかへり候、中野よりの使合候、
十　日、天きよし、風ふく、兵衛殿へまいり候、たけさハ下候、曰
理より白隼参候、ミやう神へまかり候、
十一日、天き上々、太郎左衛門かん合候、つめぬけにて、桜日(田)かへ
り候、
十二日、天き上々、のへ出候、かん二合候、つめぬけにても、一三
郎左衛門合候、
十三日、天きよし、くもる、風一日ふく、佐・会・田への状はんい
たし候、夜たんかう、佐会田へのくうちやう、又中山の事も
たんかう、一毛斎(宮川)、則休斎(錦織)ニくうちやう、夜半より雨ふる、
十四日、天き雨ふる、はやふさ(白)つるとりつかいにこし候、隼ハふん
こ、つるとりハ助五郎、山かたへ円成坊使こし候、中山の事
ニつゐて、よるのよつ比より大雨、

十五日、天き雨ふる、大内左馬殿かへり候、晩にさバき、一下郡山
浜田左馬助、一大浦しやうけん、ぬいの助かんとう、
十六日、天気よし、馬のる、晩ニたくミ所へ九郎殿御こへ候、某も
まかり候、ならけひけ候、とのとう
十七日、天きよし、風ふく、七主参候、ならけひきけ候、とのとう
来、
十八日、天きよし、かつさの所へまかり候、あれにて、七主ニ合
候、
十九日、天き上々、あいつの事たんかう、兵衛頭、宿老中はかりに
て、条書にて御いけん申候、一御かいちんの事、一白川の
事、一泉之事、一すか川の事、一田村の事、
廿　日、天き上々、孫兵衛所にて弓い申候、晩方雨少ふる、
廿一日、天き雨ふる、夜風ふく、
廿二日、天きよし、晩ニ少雨ふる、まとい(的)申候、しやうちんやに御
米こもる、みけんのふしん候、
廿三日、天きよし、源四郎、九郎兵へか馬見候、三疋、泉式わひ事
ニ御参候、
廿四日、天気上々、風ふく、資福寺へ詩指越候、けんしゆへかうは
ここし候、
廿五日、天き上々、風少ふり(く)、たて(館)にてまとい候、
廿六日、天き上々、あつきてんき也、いつミた殿御参候、円成坊か

へり候、一毛より到来、いわせ(岩瀬)あいつよりもふミ参候、越久にておのうら(小野浦)殿四五騎、あいつしゆうちしにて候、とミたにても一戦候て、いなはしろ(猪苗代)のせきのわき(関脇)殿うちしに、

廿七日、天きくもる、雨少つゝふる、中津川源兵へかたへより到来、廿三日新田へこくいれ、そのひきかへしに、越久へとりつき、合戦候て、おのうら殿、大つき(槻)左馬助、しらい(白井)文七、ほとはら(保土原)まん五郎、い(伊)藤新蔵人、さの(佐野)内記、せきのわき殿はしめとして、卅よ人うちしにておい候、かなかミせい(金上清)五郎・ひわた(桧和田)殿・新国彦六、其外仁百余人候とのとうらい、又こうとよりとミた(富田)へくさニていつせんニこうとにてかち、しるし七、永沼へ参候とも申越候、又よる雨ふる、

廿八日（ruby: うの日）、天き上々、少風ふく、とう人参候、上山よりほうてうへ夜うち、いし田孫右衛門在所へ、

廿九日（ruby: きのへたつ）、天き上々、

四月

一日、天き上々、風ふく、大くほ紀伊守、葛西より使こへられ候、いつく(小関)ハんとう(関東)より参候、

二日、天きよし、東風、くもる、紀伊守ニ合候、葛西よりくう状、くりけなる馬参候、

三日、天き上々、八まんへ参候、かへりニ大町にて馬のる、

四日、天き上々、明神まへにてのふ(能)候、一はくらくてん(白楽天)、二につ(経ねまさ(政)、三江口、四しやり(舎利)、五松風、六とうせん(唐船)、七にかきつはた(杜若)、八もみちかり(紅葉狩)、大もり(伊達実元)より、八丁目昨日三日のつとり候との到来、

五日、天き上々、のへ出候、たかふ二、こいひとつ合候、又田村よりの到来、八丁目の義につゐて、四郎へもん大森へ使ニこし候、九郎殿御かへり候

六日、天きより、東風ふく、晩ニ雨少つゝふる、もり四よりふミ、九郎殿、又杉妻よりもふみ参候、しろいし(白石)より、大崎の事ニつゐて、横山式部参候、花さかり也

七日、天き雨ふる、晩かたより天きなおり、下郡山うしさかきん七郎しやうかい(生害)させ候、同せいはい候、梅ハ落花、

八日、天き上々、四郎へもんかへり候、新田殿御参候、たくミよりのかへりニ、

九日、天き上々、あつし、又七郎やとへまかり候、はやし候、大もりへもとすこし候、桜ちる、

十日、天き上々、源左衛門所へ馬見候、ふろへ入、くろ川より満五郎殿御かへり候、はいたかゑ申候、晴氏よりねんし、扇子ちやわん参候、大もりよりひやく(き脱カ)参候、出馬候へとの事、

十一日、天きあしたよし、ひる比よりにわかニ大風ふく、雨少ふる、さつまさき合候て参候、つるとりにて二合候、

十二日、天き上々、風ふく、小筑満五郎殿、くらのかミ馬見候、の

へ出候、さき三〔某〕、〔こん内〕かも一、からす一合候、〔三郎左衛門合候〕遠山よりはな沢まて、
十三日、天気雨風、たくミ所へまかり候て、はやし候、ゆ式（湯目式部）中山の
事中候、夜大雨
十四日、天きよし、風、あらと（荒砥）よりのてきれ、
十五日、天き上々、かせふく、あらとよりの到来、はたやへてき
れ、さかいのさハにて一戦候て、てき一人うち候、
三如房へいく、はやし晩ニさハきぬまへこせき彦へもん、又
一ハとを山より参候、一毛斎かへられ候、佐より、
十六日、天きよし、かのへさる、ていにてまち候、
十七日、天き上々、ちやうせんしへ、御坊見ニまかり候、七郎ひこ
兵へかたへありき候、又七・与十郎かちこ参候、にわへあい
つへひきやく、源兵へかへり候へとの事、
十八日、天き上々、はんニていにて、たいさんほくのはな見候、わ
かしゆとも参候、杉妻・八丁目よりひきやく参候、八丁目よ
りハひよう物の事、しふく（資福）寺たくミ所へ御こへ候、松四しん
たいニつゐて、
十九日、天きよし、八比より大雨、らいなる、ひようふる、如玉、
晩ニたんかう、中山の事、林蔵主かへり候、
廿　日、天きよしあした雨ふる、よつ比よりよし、くもる、風ふ
く、則休斎くうちやう、同八丁目より、二本松よりしきり御（合カ）
こんほう、いつかたの陣へなりとも、五十騎つゝのかうりよ
くとの事、杉目よりも御ふミたまハり候、五郎殿、御ひかし
うへさまよりふミ参候、五郎殿平ニ御さ候、
廿一日、天き大雨、はんより天きよし、小山田（筑前某）さゝやロへの番の
事、いゝつけ候、よるないゆり（地震）候、火神とう、
廿二日、天き上々、中津川源兵衛かへり候、ふく田の内火事候、
ちんふれ（陣触）、山より外、
廿三日、天き上々、のへ出候、はいたか八いて候、
廿四日、天き上々、あつし、小〔晩〕諸らう人きり候、五十宮かたなに
て、田村よりくまのへの御代官被参候、〔きよ顕より状参候、行林坊、〕又長井中陣ふれ、薬か
ため候、ほたんひらく、ろうたて候、ミこ所へほたんこし候
也、
廿五日、天きよし、東風ふく、くもる、たくミしなつきけのる、同
彦兵へかさいくりけ見る、はんかた七郎馬中二馬見候、田よ
り脚力参候、五十余人うつとり候との義、又国新八、田しゆ（衆）
三騎すか川へうたれ候よし申こされ候、あつみ弥平左衛門う
ち死、もり山よりのくさにて、白石方こへられ候、あゆさか
なニ参候、
廿六日、天きくもる、四比より雨〔きり〕ふる、八比より天きはれ候、薬き
さミ候、白石方小はんとうやせん兵へ参候、くれかた政景（留守）御
こへ候、そのよに御出候、
廿七日、天きよし、くもる、はんかたよりよし、三如房へまかり

候、白石(宗利)殿被参候、はんニ彼れんか候、
廿八日、天きよし(吉)、くもる、又はれ候、小関所より鷹三参候、とやかい候へしとて、原大所ヘ政景御出候、
廿九日、天き上々、はんニ政景御越候、めしにてしやうはん、白石方御米太ニかち候、
卅日、天き雨ふる、孫兵衛所ヘ政景御越候、しやうはんにまかり候、

五月

一日、天き雨ふる、七比よりはれる、夜の五比より雨、らいなる、たくミ所にてのふ(能)、政景御もてなし、一はくらくてん、二つねまさ、三松風、四しやり、五かきつはた、六ゐくち、七とうせん、八もみちかり、政景へやとれいニ罷越候、同御越候、取ぬきさけを進之候、
二日、天き雨ふる、時雨のことく、政景御帰候、政景へくそく(具足)進候、
三日、天き上々、若木てきれ候とて、ゆわミ所より到来、うちハへはくさゝせ候、同おもかいへも、東昌寺御越候、鹿五所へたくミまかり候、
四日、天き上々く、あらとへいなは指越候、はたや(畑谷)へてたて候へとて、たくミ所へまかる、せのうへ殿ニ合候、ひやうつよくふる、
五日、(うの日ふる)天きくもる、又雨ふる、(らいなり候)中野より到来、昨日四日若木へ自山形てきれ、助右衛門山形へひき候うへ、外城やふれ候との事、又中よりハ、江役(股)と中候所にてかつせん候て、廿四人山かたしゆ越度候との事、せのうへ殿御参候、
六日、天きくもる、四比雨ふる、杉妻うへさまへの十五貫文参候、代物五貫文内のかたへわたし候、中山より動候ハヽ、罷出候へく候由到来、
七日、天き上々、新宿へ出馬、くらく候てつき候、高畠へ、よる鳥目二百疋参候、新宿へ門九、中野若木より使被参候、
八日、天き上々、もん九かへし候、中野・てんとう(天童)・高楡・くらす(蔵増)・さかへ(寒河江)・左沢・白岩・本間さまの助・くさかりしやうけん、此かたへ状指越候、にしねよりいしもた・大くほ(窪)・中崎左衛門被参候、中山の事つゐて湯豊参候、同帰候、
九日、天き上々、ちとくもる、二ゐさか路次つくり候、高畠の人しゆうち出候、薬つゝむ、白石・大町・大枝・中島・しのふ被参候、
十一日、天き上々動のよおい、
十一日、動ちんとり候、(天き上々)やく所わたし候、同ちん、おのくのちん、某も中山出候、たかまつまて放火候、
十二日、天き上々、新地まかりやく所わたし候、ほりのやく所也、

かき（垣）二ゐたいかい出候、門九・新岩よりふミ参候、長崎昨日
十一日罷出候とのとうらい、同もんてん（門伝）きん所、七松と申処
おしちらし候、如宝寺七主使ニ被参候、七主はかりまつ〳〵
参候、
十三日、天き上々、もちそへのほりやく所わたし候、原下五十豊も
りいニこし候てわたし候、によほうし御こへ候、左衛門殿御
こへ候、
十四日、天き上々、あしたきりおり候、
十五日、天きよし、晩くもる、如ほう寺ニ合申候、くうちやう承
候、山辺より奉公申へきとの到来、あいつしゆ（会津衆）ふくはら（福原）ニお
ゐておつとのよし、田中申候、
十六日、天き雨ふる、あいつ御北うへ（葦名盛興室伊達氏）よりふミ参候、松本（氏興）・富田新
太郎・同源三・ひら田一味斎・大は（場）新介・大田小二郎（彦六）・青木
与太郎、らう人しゆいまいつみゐもん（今泉右衛門）・さかたひつ中（坂田備）・こや（古耶野主膳）
のしゆせんはしめ、八百人越度之由、同布孫片平へ使ニ申付
候、
十七日、天き雨ふる、又よし、又ふる、
十八日、天きあしたよし、くさ参候とていて候、無何事候、九郎殿
御こへ候、田村より一戦ニつゐて状参候、明日の動ニさたま
り候、夜より大雨、
十九日、天き雨ふる、動やミ候、

廿　日、天き上々、風ふく、動候、せんこくやけ候、てつほういく
さ、又少やり合候、はくもうとる、先陣小中（小梁川盛宗）、二兵衛門殿（伊達宗澄）、
三孫兵へ（富塚）、四大くら（原田）、五やまと（浜田）、六たくミ（遠藤基信）、七はたもと、
廿一日、天きよし、くもる、動候、ちは本しに候、粟野参候、によ
ほうし、七主かへられ候、
廿二日、天き雨ふる、けいこつもり候、会津より神文参候、かいし
やくよりふミ参候、もり興御わつらいつよく候とて、馬ほん
さうニ参候、
廿三日、ならけ（楢下）へまかり候、さいかうのため、天きあしたまて雨ふ
る、よつ比よりよし、くもる、
廿四日、天きよし、ならけへまかり候、ふしん自身、上山より人参
候、大立目ひせんにて候、やうたいかたり候、
廿五日、天き雨ふる、同ならけへまかり候、ふしん、不孫かへり
候、
廿六日、天きくもる、ならけへまかり候、かきゆわせ候、
廿七日、天きよし、中山へうつし候、てき少出候、無何事、夜雨ふ
る、
廿八日、天き大雨、中野、草苅助へもん参候、はやし候ける、
廿九日、天き上々、ひるかたち、新地より到来、無何事、左衛門殿
御かへり候、
六月

一日、天き雨ふるよし、あさふのさくとらせ候、
二日、天きよし、新地へ夜かけ、せきのちん・白石(宗利)殿ちん・桑折(宗長)殿ちんへ火をかけ、てつほう(鉄砲)かけ、よあけ候て、助合一戦候て、廿人計うつとる、小島へもん・下与・遠彦一郎・かた(片倉)藤(藤左衛門)・中彦・佐甚たちうち候、
三日、天き上々、あらとへこへ候、たかつかい候、
四日、天き上々、夜はたや(畑谷)ニむかつて火手見え候、同ろしつくりのため動地、しゆはちはりうやけ候、
五日、天きよし、くもる、
六日、天き上々、
七日、天きよし、くもる、はたやへ動、その夜ハ中山にとまり候、もりおき御遠行候とて、せつたいへあいつより使参候、ちうけん、五日ニ御越度候と申候、
八日、天き上々、やな沢へはたらき、その日あらとへかへり候、
九日、天きよし、東風ふく、八比より少つゝ雨ふる、米沢へかへり候、宮にてしたゝめ候、ふろへ入、
十一日、天きくもる、雨少ふる、七主罷越られ候、
十二日、天きくもる、あした雨ふる、はれまもあり、
十三日、天き上々、あいつへの返事のたんかう、播州・遠州御越候、いゝハ(はつちや御ほう)へこし候ましく候とおちつき候、ならけよりしるし参候、ふしんの者かうち候、
十四日、天きよし、又雨ふる、七主ニ合候、いたやこほし候、孫兵へ、
十五日、天き上、中野天童より状参候、晩ニ雨ふる、
十六日、天き雨つよくふる、
十七日、天きくもる、ふり又てる、たかやかうし候、かのえさる、たくミ所にてまち候、はやし候、
十八日、天きよし、朝日満七・草苅藤へもんニ合候、
十九日、天き上々、はんかた雨少ふる、又夜大雨ふる、あした源左衛門所にて、馬つくろう、同ふるまい、入水こしらへ候、よし田のふ丸見候、
廿日、天き上々、たかやの地わり候、大てのにかいへあかり、田村より状参候、一昨日十五日五郎殿(伊達実元)泉地へ御入候、もかミく(最上巳)ち如思召候事、大悦義候由被指越候、よる大雨にて候、
廿一日、天きわるし、ひるより雨ふる、よるつよく雨ふる、にわのさうし、たかやたて候、
廿二日、天き大雨ふる、
廿三日、天き雨ふる、はんニにじたち候、
たかのへいて候、かみのはうへたか三、
廿四日、天き上々、あした少雨ふる、やかてやミ候、
はんにたくみ所にてまい候
廿五日、天き上々、あした少雨ふる、やかてやみ上々、
ならけへの使申付候、もり四・原下・もにす・湯相・湯備、かミの山のけしゆうちこへまかりこへ候へとの事

廿六日、天き上々、たかやのはりあけ候、晩ニよそへまかり候、下つけ所へ、

廿七日、天き上々、あいつよりすはいたか参候、このかもこのり宮内少輔より参候、

廿八日、天き上々、杉妻へ御しゆあけ候、いしかハへ状こし候、

廿九日、天き上々、たかやむねあけのいわひ、東風ふく、

七月

一日、天気よし、東風（さむし）ふく、晩ニたくミ所にて、たきなミ参、はやし、又のふ（能）候、たかさこ、たへま、

二日、天き上々、たかやののきつけ候、あいつかいしやくよりゆかたひら参候、杉妻馬かへしあけ申候、

三日、天き上々、あいつへあとゝたて候、中遠へとゝけとしてまかりこへ候、はんニこもしともし、

四日、天き上々、川へまかり候、うつかい候、たかも、

五日、天き上々、

六日、天き上々、岩瀬之事ニつゐてたんかう候、杉目よりの御事はりニつゐて、

七日、天き上々、大もり与三左衛門被参候、ほうとうしに合申候、白石より横式参候、中野より状参候、若木へかいしやくかたへよりふミこし候、

八日、天き上々、九郎兵衛所へまかり候、ひきて物、鳥目五れん、それよりとうしやう・松音寺・ちやうせんし、いへ見申候、たくミ所へ、長沼へもんより、つミのこすこ参候、

九日、天き上々、大伊杉妻江かへし候、馬も、

十日、天き上々、大もりより志賀備前守使にまかり被越候、二本松の事ニつゐて、たかやくしふせ候、同いわひ、

十一日、天き上々、

十二日、天き上々、のへいて候、かたちニ合候、らいなる、

十三日、天き上々、

十四日、天き上々、のふ候、七番しか（志賀）・道もり・江口・とうせん・あたか・かきつはた・大会、らいなる、

十五日、天き上々、のふ八番くハうてい・つねまさ・夕かほ・しやり、はし（らい）なる、雨七比少ふるへんけい・小袖そか・もみちかり・せうく、くハんちんの代物、八貫百二十五文より候、たて（舘）より二貫文、以上大夫かたへハ十一貫文まかり候、

十六日、天き上々、のへ出候、七比より雨ふる、大雨、

十七日、天き上々、さかへ（寒河江）山かた（形）へまかりいてられ候との到来、同たんかう、廿五日出馬あるへきニさたまり候、

十八日、天き上々、

十九日、天き上々、七比よりかたちニくもる、雨いかにも少ふる、七伯（七宮伯耆）被参候、

廿日、天きよし、くもり、はれ、七宮常養被、参候合、御ミやうたい（名代）

岩瀬二郎（二階堂盛隆）へわたし御申候とて、

廿一日、天きよし、あしたにて雨ふる、四比よりよし、

廿二日、天き上々、あつし、七伯帰路候、

廿三日、天き上々、あつし、

廿四日、天き上々、あつし、

廿五日、天き上々、新宿へ出馬、

廿六日、天き上々、ひるよりかたち八比まて、小中新地より御参候、中野・たかたま（高玉）・てんとう（天童）・くらす（蔵増）へ状かゝせ候、就出馬、

廿七日、天き上々、

廿八日、天き上々、

廿九日、天き上々、

卅 日、天きよし、七比雨ふる、もと景（宗）御越候、一のさかまていて候、たくミの助も参候、左沢より状参候、さかい（寒河江）間ふつうのよしにて、

八月

一 日、天きひるより雨、かたちにて候、元宗たてへ御こへ候、たかたまちうにつゐてたんかう、

二 日、天き上々、（ひるより雨）てんとう・中野・くらす・たかたまよりの返事参候、けんこのよし、よる大雨、風ふく、

三 日、天き上々、風ふく、ならけ（楢下）へまかり候、

四 日、天きくもる、動候、てつほういくさ、うしこ（牛越）へ藤五郎越度候、あけ候へハ大雨、たかもり殿（留守政景）御こへ候、

五 日、天き雨ふる、動やミ候、こやかけさせ候、よつころより天きよし、

六 日、天気上々、動、はたもとのてつほうかけ候、てき三人うち候、五十嵐けん三・こやな川（小梁川盛宗）けふうふしんのもの三人してうち候、

七 日、天き雨ふる、動やミ候、

八 日、天き五比よりはれ候、動、ほうてうしゆ（北条衆）と、中山しゆと少一戦、一人うち候、おしつめて動候、

九 日、天き上々、動、てつほういくさはかり、ておいもなし、

十 日、天き上々、風ふく、のりかけ三き川はたへ参候、会津（葦名盛氏）より脚力参候、当かみ（葦名盛隆室）よりも、

十一日、天き上々、晩ニ新地より到来、てんとう（天童）にてかゝりたく（籌）候由申候、うちいて（ヘカ）つきとの事、

十二日、天き大雨、動やミ候、四より天きはれ候て上々、風ふく、

十三日、天き上々、玉井与十郎参候、かたなわきさしくれ候、原文かへり候、

十四日、天き上々、よる新地よりてんとうにかゝり見え候との事、（白石所にてれんか候）

十五日、天き上々、はらへ（原）うちいて候よしニ候を、曰理殿御こへ、

今日ハ放生ゑと申、動ありさうもなく候間やめ候へと承候
間、やめ候、
十六日、天き上々、孫兵衛(富塚)・中目(長政)・新田(景綱)たんかうにてくさ入候、あ
らし候てかへり候、粟野所よりさけ参候(のうほ)、七比より大雨、風
ふく、
十七日、天きよし、
十八日、天きよし、
十九日、天きよし、
廿　日、天きよし、
廿一日、天きよし、八比のかけ参候、一人うたれ候、同西大枝殿ち
うけん馬ニふミころされ候、
廿二日、天きよし、くさ番こし候、かミの山よりきやう(行)人参候、く
ゝめ候、
廿三日、天き大雨、いちにち大雨、
廿四日、天き大雨、川まし候、つうろなし、
廿五日、天き上々、
廿六日、天き上々、無事の事ニつゐて出合候、
廿七日、天きよし、くもる、中野・天童より状参候、あいつより岩
崎日市ニつゐて、当あしな(盛隆)殿より状参候、
廿八日、天き上々、きくち四郎へもん、小泉左近出合候、
廿九日、天き上々、晩ニたんかう、無事の事、

九月

一　日、天きよし、八比よりくもる、くらく候より雨ふる、曰理(元宗)殿、
うち(氏家尾張)へ出合候、中野・天童より門九御使参候、
二　日、天きよし、くもる、少雨ふる、
三　日、天きあしたにてくもる、ひるよりてんき上々、もと宗御こ
へ候、又あつらへ候てつほう参候、卅てう、あゆかい(鮎貝)よりい
も川へくさ候て、二人うち候とて、しるし参候、
四　日、天き上々、白石まいられ候、めし候、しやうきさす、草内(草刈内膳)・
さと民(里見民部)ゆきあい候、
五　日、天き上々、
六　日、天き上々、あつし、いわぬまへ殿よりかんゑ候、たかあき(田村隆顕)
遠行、
七　日、天き上々、風つよくふく、初かんふるまい候、きやく人高
森殿、左衛門殿、
八　日、天きくもる、雨少ふる、桂雪よりほつく(発句)参候、くりにさつ(れカ)
ま参候、
九　日、天きくもる、曰理殿、うちへ殿出合候、
十　日、天き上々、たいめん、山かたよりハ谷柏、こなたよりハ孫
兵衛、
十一日、明日十二日入馬ニさたまる、おの／＼へやとれいふくにて
のけへきニ候、新地をまつのけへきにて候、又はら(原)へうちい

たし、北条衆ハひうらいへいてへきとの事、ひつきやう新地
つゝかなく候やうしんにて候、民部(里見)かたより、か(上)ミの山の者
をハ一人もいたし候ましく候との事、ないせん(草刈内膳)かたへのふ
ミ、御しうこうとも、たくみ(遠藤基信)所へ事つけ、

十二日、天きくもる、ならけより八比かへり候、七比より雨ふる、
十三日、天き雨ふる、田村への使、資福寺(虎哉)を申付候、
十四日、天きくもる、雨ふる、いしもた殿御参候、代物一貫ゑくハ
米いさへも五百文つゝ、
十五日、天きくもる、雨ふる、時々、七郎かたへ石母田しやうた
い、文もしへまかり候、しほさハてつほうにて、かんうち候
て参候、
十六日、天きよし、又くもる、雨ふる、又よし、よるよし、田村へ
次(資)福寺たて申候、香銭五貫文こし候、
十七日、天きくもる、一毛斎(宮川)馬見候、二疋、かけ、もんわきにてむ
しはミい申候、
十八日、天きよし、野へ出候、きうあミ杉妻へまかり候、
十九日、天き上々、原文へまかり候、もてなし候、すくろく、しや
うきうち候、
廿日、天き上々、入水こしらへ候、白鳥所へ状こし候、無事あつ
かいニつゐてのほり候事、まんそくなるよしにて、くハんち
ん能あるへきのさうたんいて候、

廿一日、天きよし、くもる、あつし、ふろへ入候、能、今日しちや(賀屋)
のくたんにてたんかう、同夜たくミにてけいこ候、杉妻へあ
かしこし候、
廿二日、天き上々、次(資)福寺御帰候、
廿三日、天き上々、はいたか二うち候て参候、弥五郎山かへり、た
ゝき七郎わかたか、たかやかたより、かん合候て参候、高森
とやにて候、五郎殿(伊達実元)よりかたなとき、さやニてこし候へとて
参候、
廿四日、天き上々、のへ出候、さき二高森たか、鶴たか、からす三、いまなり
せう、
廿五日、天き上々、原文所へまかり候、同めし候、
廿六日、天きくもる、出目かおもて見候、
廿七日、天き上々、
廿八日、天き上々、よるしもふる、左衛門太輔殿御こへ候、
廿九日、天き上々、八比より少しくれ候、のへいて候、さき一合
候、たかやたかにて、一かもつかまへ候、鶴(取)かんニうたれ
候、鴈おしつけて合候か、又ほこされ候、
卅日、天き大時雨、さむし、九郎殿御てん鶴御こへ候、左衛門殿
御いて候、

十月

一日、天き大時雨、あめつよくふる、高森より参候たか、鶴とり

候、わかせう山野川備前守うちて参候、猪三、大備被参候、
二日、天きしくれ候、晩ニ猪三、大備ニ合候、
三日、天きしくれ、馬見候、てのこよりわかせう参候、
四日、天きくもる、しくれ候、馬見候、ゐり馬十四五疋、あらとよりわか大たか参候、
五日、天きよし、風、同しくれ候、馬二疋見候、ゐり馬を同かへし候、
六日、天きよし、風、あしたにて雨少ふる、馬見候、よきともはかり、卅疋はかり、すもゝ山にてはいたかうち候て参候、わか物にて候、玉上へ代物一貫こし候、わつらいニつゐて、
七日、天き大雨ふる、同風ふく、白岩の佐藤駿河守よりはいたか参候、はやふさすもゝ山よりうちて参候、たいのやへ九郎殿、左衛門殿よひ申候、某もまかり候、
八日、天き時雨候、猪三、大備晩ニめしにて被参候、あいつより状参候、七主所より、もり氏ニ(葦名盛氏)たかをひらかせ候へとの事、
九日、天き上々、くハんちんのふ、一なにはの梅(難波)、二ミちもり(通盛)、三ていか(定家)、四ちやうりやう(張良)、五松風、六しやり(舎利)、七東かんこし(岸居士)、八大ゑ(会)、日暮ニより時雨、
十日、同能、一うのは(鵜羽)、二かね平(兼)、三野々宮、四せつしやうせき(殺生石)、五たえま(当麻)、六道成寺、七百万、八しか(志賀)、よりさむし、天きよし、少雨ふる、四比よりふらす、

十一日、天き上々、つよくしもふる、九郎天御かへり候、
十二日、天き雨ふる、猪三、大備被帰候、晩方雪ふる、
十三日、天きあしたよし、四比よりミそれふる、のへ出候、からす一合候、杉妻うへさまへの御代物六貫二百三十文あけ申候、当年の御ねんく、大とやつる、ひしくい、たかもり、とや靍一、つめぬけ、ひしくい、小かん一、さき一取候、
十四日、天きくもる、よし、のへ出候、かも一、うつら七合候、遠上・栗太かへり候、靍二、ひしくい二、かん一、さき一合候て参候、
十五日、天きくもる、少雨ふる、佐竹よりのとう人ニ合候、同たいしんいんニ合申候、杉妻うへさまへ、一さけを、一ふて、一すミ、一さとうあけ申候、御日記の内にて候、
十六日、天きくもる、のへ出候、■■一合候、その外うつら、あさ川へ出候、左衛門殿、桑折殿御内遠行、
十七日、天き上々〱、のへ出候、このはおつる、
十八日、天き上々〱、のへ出候、もにハさつまかへり候、無事きれ候て帰候、
十九日、天き上々〱、南のかふきもんたて候、
廿日、天きあしたよく、四比よりくもる、風ふく、
廿一日、天き上々、あいつへ内源たて候、たか岩崎へあしな殿へたち、松本所へもたち、

廿二日、いしかハヘ御帰城御目出度由申、もと駿(本内駿河)こし候、昭光(石川)ヘくろの馬こへ候、そめ物くたしたい(カ)のやへせつし(マヽ)、天きよし、
廿三日、天き雨ふる、のへ出候、すのしま(栖島)ニとまり候、とひ一合候、ミこ大夫つれ候、
廿四日、天きよし、風ふく、何も合す候、にろうね(二色根)ニとまり候、晩ニはやし候、
廿五日、天き時雨(候)とうちん参(人)候、すく六うち候、
時雨候、かん一、とひ一、かも一合候、
廿六日、天き上々、から人参候、すく六うち候、
廿七日、天き上々、
廿八日、天きよし、よる雨ふる、あしたたいのやニまかり候、晩ニ中彦所にてのかれんか、
廿九日、天き雨ふる、ふろへ入、
晦日、天き上々、

霜月

一日、天き上々、
二日、天き上々〱、のへたかいたし候、下長井へ内源帰候、白川にて源七郎てきれの事、大たか(わか)名取のもにハ所より参候、
三日、天きよし、くもる、ちからの助(さのしゆ)こへ候と申候、
四日、天き上々、
五日、天き上々
六日、のへ出候、きし七、からす一、たかふ一合候、きつね犬かくい候、天き上々〱、
七日、天き上々、あらとより大たか参候、こくふんよりも、大たかはまたのかたへ参候、たてニつなき候、同はいたか、五郎右衛門かたよりとり候、
八日、天き少くもる、よし、とう人参候、本けとり候て、御米きやう机いか、
九日、天きあした少雨ふる、よるより風ふく、のへさハ参候、たてけん物ニ被参候、同合候、山帰大たかゑ申候、
十日、天き上々、たくミ(遠藤基信)所へ延沢めしにて被参候、せき訖とをられ候、
十一日、天き雨ふる、風もふく、大たか二ほんさう候、たかとや、山帰下長井へたかつかいニこし候、わかたか三、つめぬけ、谷地の大たか、小つるとり候、よるより雪ふる、
十二日、天き大雪ふる、水谷所より、いゝしん参候、いつ劔てつほう二、うちちや、
十三日、天きよし、水谷所より使石野主膳■合候、同夜はな火候、りんせんか、
十四日、天きよし、
十五日、天きよし、
十六日、天き雨ふる、雪ニなる、

十七日、大ゆき、
十八日、天きよし、のへ出候、きし二、山鳥五、
十九日、天き上々、たかもりより返事参候、道祐（晴宗）さまよりも、川村
かとやにて大たか出候、到来候、
廿　日、天き上々、すゝかも合候、
廿一日、天き大雪、はれ間もあり、川村与七郎、わか大、たかうち
候て参候、よる大雪、
廿二日、天きあした雪はれ候、又ふる、すゝかも合候、よる大雪、
廿三日、天き大雪、
廿四日、天きよし、少雪ふる、
廿五日、天き上々、遠内しのふへこへ候、
廿六日、天き上々、ふせん所まかり候、
廿七日、天き上々、よる雪ふる、（東昌）とうしやう寺・兵衛殿御こへ候、
廿八日、天き上々、（小関伊豆）こせきいつ、あいつよりかへり候、
廿九日、天き上々、のへ出候、きし十八とり候、ふるし田へ内匠助
外屋し候、火事、いへニやけ候、
卅　日、天きくもる、雨ふる、よる大ふき、
壬霜月
一　日、天き雪ふる、ふき候、のより宮又小三かへり候、きし廿二
参候、
二　日、天きよし、又ふる、すゝかも合候、輝虎佐野へ進陣のよ
し、小関所より到来候、
三　日、天き雪ふる、はんニ下つけ所へまかり候、たての内にて二合候、きし一、てつほ
う、
四　日、天き大雪、
五　日、天き大ふき、いへの雪おろし候、
六　日、天き大雪、きし三合候、とや二、てつほうにて一、わかせう一、きしい申候、
七　日、天きよし、小野川へ鷹こし候、文まきうもまかり候、
八　日、天きよし、くもる、小野川より文まきうかへり候、きし
八、ぬきとり三参候、
九　日、天き雪ふる、さゝわよりきし七参候、小助戸十所より、
十　日、天き上々、たかもりよりふミ参候、とミさハ殿しやうかい
のよし、たくミかへり候、大もりよりつめぬけにて、かん合
候とて参候、名取へたかこし候、石今小三わかたか二、
十一日、天きよし、
十二日、天きよし、よる雪ふる、中彦所より、きし九参候、はやふ
さにて、
十三日、天き大雪、宮又大須野よりかへり候、きし卅七参候、
十四日、天き上々、いへの雪おろし候、
十五日、天き雪ふる、晴間もあり、中彦よりきし四参候、たらたへ
候、たいのやより、
十六日、天気上々、小かんニ入、きし廿八、戸十こし候、たら参

候、孫兵へ所より藤太郎きしい(雄)申候、たかやのしやう子たて
候、
十七日、天きくもる、四比より雨ふる、晩ニ雪ニなる、きしてつほ
うにてい候、いよ所より、ひなたのきし三参候、
十八日、天き雪ふる上々、よる雪
十九日、天きよし、又ふる、あいつのしらとりニつゐて、たんかう
候、山形より状参候、天童(頼貞)と無事ニ候由にて、晩ニ彦兵へ所
へまかり候、羽右参候、四保より大(わか)たか参候、
廿　日、天き上々、たいのや所へまかり候、
廿一日、天き上々、よるいかにも〳〵寒し候(くカ)、かゝる事候ハす候、
とうしやう寺御こへ候、次福寺(虎哉)ハたくミ(遠藤基信)所御とまり候、
廿二日、天き上々、同かんじ候、
廿三日、天きよし、少雪ふる、
廿四日、天き雪少つゝふる、又よし、むまの時ないつよくゆる、
白鳥(長久)所より脚力参候、もかみ無事きよくなきとて、てきれ中
へく候分のとゝけ、夜佐源所へまかり候、よあけかへり候、
よる雪ふる、
廿五日、天き雪ふる、
廿六日、天き上々、あしたにて少雪ふる、いへの雪おろす、
廿七日、天き雪ふる、大ふき、
廿八日、天き上々、よる少雪ふる、きつねとり候、
廿九日、天き少ふき、雪ふる、

極月

一　日、天き上々、晩ニずいりういんと、たかたま殿もんとう、
二　日、天きあしたよし、八比より雪ふる、名取よりたか二かへり
候、たかきよりのたか参候、又はせくらよりたか参候、いつ
れもわか物なり、あらとあかけかん三、川村かん一、
三　日、天きゆきふる、よる大ふき、
四　日、天きゆき少ふる、よる下野所へまかり候、
五　日、天きよし、たかやのやうつり、かくとう房御こへ候、羽右
参候、樋口美戸十鷹よりかへり候、せうか十五、四保たか、
きし三、以上十八、よる雪ふる、
六　日、天きよし、よる雪ふる、
七　日、天きふき、又はれ間もあり、
八　日、天きくもる、よし、晩ニたかやへあゆかい殿、遠州御参
候、はやし候、よもあけ候、
九　日、天き上々、
十　日、天き上々、たかたま(高 橡)、てんとう(天童和泉)より、ひきやく参候、無事
の事ニつゐて、よる七郎かたへまかり候、はやし候、
十一日、天き上々、
十二日、天き上々、おしたかふとり候、
十三日、天き上々、風ふく、よる大ふき、

十四日、天きふく、雪ふる、しはたへたかつかい(鷹遣)ニこし候、樋口助五郎、
十五日、天きよし、古山文三関東指越候、わかたか一、山かへり一、せう一、
十六日、天きよし、晩にふる、白鳥参候、晩ニたくミ所へまかり候、はやし、大森より状参候、堀能はらい候とて、(たかきよりのたかたはなし、きし二参候、)二本松より到来候との事、
十七日、天き大雪、ひしくい参候、
十八日、天き大ふき、(たかやの)れんしはる、
十九日、天きよし、くもる、たかき大たかにて、きし二合而参候、かみすき甚へもんうたれ候、
廿　日、天き大ふき、一の大ふき也、晩ニたかやへ兵中・小高・ます田・いゝふち、其外かつさ、ちよれき、孫兵へ、かの弥兵へはやし候、小関いつ馬候、三、大山わか二、せう二、うらにてくろかも合候、真山かうりよくいたし候、
廿一日、天きよし上々、
廿二日、天き上々、いたてより人、とく江三郎へもん・同木工丞・大和田源一郎・西大枝あちやり参候、
廿三日、天き上々、(宮川)一毛なとかへられ候、小原想九郎、桜日(田)参候、かさいよりたか参候、
廿四日、天き上々、ふせんかへり候、
廿五日、天き上々、のへ出候、やちより川へつゐて、まかも某二、文九郎二、あいしや一、(某)たかふ一合候、(文九郎合候)つるとりのへ出し候、まかも一合て参候、戸十合候、小原、小想、桜日(田)たかやへ参候、
廿六日、天き少雪ふる、一日羽右そい川より参候、中村甚三郎参候
廿七日、天き雪ふる、甚二郎かあきない物見候、

一二三　亘理元宗(元安斎)書状

(○本文書、伊達氏四代治家記録には天正五年の条に収む)

夜閣尊書、恐悦無極奉存候、仍保原口之儀、(中島左衛門尉)苑角中成候哉、無御心元存候、乍去中左御奉公之儀、無余義被存候間、不苦候歟与奉存候、当地之事、尚以由断申間布候間、御床敷不可有之候、事々重而可申入候、恐々謹言、

則時　北

元安斎(元宗)（花押199）

杉目(晴宗)
御陣所人々御中

追而申達候、中常相(中野常陸)へ罷越候上は、弥々田手三郎(宗時)由断不申候様、被加御下知可然奉存候、此由白飯へも同前被申上候、

(包紙)「天正四年」

一二四　飯野隆至書状

如貴札、先達内但為御使被罷越候之間、存分頼入候之処、則被達上聞候哉、今般示預候、過当之至奉存候、然而為御祝儀、段子一巻送

給候、従是同一巻奉進献候、寔表御一儀迄候、将又相馬口御出張、追日如思食之由、其听誠以御同心御簡要令存候、委細御使憑入候之条、奉略候、恐々謹言、

（天正四年カ）初穐廿一日　隆至（花押126）

飯野式部大輔

伊達殿　貴報

一二五　芦名盛隆書状

急度為使僧令啓之候、近日備之様躰、無御心元存候、当方江種々申来候之条、御床布候間申述候、雖無申迄、陣中有如思食御開陣、可目出候、幾度乍申事、佐向（佐竹）永沼被及行候間、今度鉄炮成共差越不申候、案外千万候、猶正伝庵口上可有之候之間、不能具候、恐々謹言、

（天正四年カ）八月廿一日　盛隆（花押283）

（輝宗）伊達殿

一二六　芦名盛氏止々斎書状

急度為使僧令啓之候、近日備之様躰、無御心元存候、当方江種々申来候之条、余ニ御床布候之際、申述候、雖無申迄候、陣中有如思召早々御開陣、可目出候、幾度乍申事、佐田向永沼被及行候間、今度鉄炮成共、指越不申候、案外千万ニ候、尚条々正伝庵口上ニ可有之候間、不具候、恐々謹言、

（天正四年カ）八月廿一日　止々斎（朱印）（○印形香炉）

（輝宗）米沢江

一二七　芦名盛氏止々斎書状

急度為脚力令啓之候、先達御当方相馬無事之儀ニ附而、以使僧申理候、乍幾度、以御不足、被属一和候者、可然之由存候、然者加納弥兵衛自去年逗留申候、内々御当方為御届、近日可罷立之由申候、雖然盛隆太皷之稽古、一向不罷成候、当春中より秋迄、徒ニ送数日候、当冬中為致稽古、来春二三月之時分、必々返々可申候間、御暇給候ハヽ、可為祝着候、盛隆稽古申候間、如斯申候、恐々謹言、

（天正四年カ）九月十三日　止々斎（花押）

（輝宗）米沢江

一二八　芦名盛氏止々斎書状

急度為脚力令啓之候、内々年中可為御納馬之由存候之処ニ、于今御在陣、無御心元存候、然者去年自田村無事被及取刷候之処ニ、御不通之由承候、当方之事者、双方叵（がたく）分候之条、無事念望迄候、同以御不足、田村被任取刷、可然候歟、御長陣与云、陣中堅固之儀可為簡用候、雖無申迄候、御油断有間布由存候、将亦当口先以無何事候、可御心易候、珍布義候ハヽ、互可申承候、恐々謹言、

（天正五年）二月廿二日　止々斎（花押277）

（輝宗）米沢江

一二九　芦名盛氏止々斎書状

急度用飛脚候、内々旧冬輝宗可有開陣之由思候処ニ、于今御在陣、

単無心許迄候、去年自田（田村）無事被及計策候処ニ、輝宗御不通之由其听候、当方之事ハ、双方難分間候条、無事念望迄候、同以御不足、田刷被任候様ニ、旁以可然候歟、雖無申迄候、長陣与云、堅固之儀専一候、当口之事者、先以無何事候、可心易候、珍布儀候ハヽ、回報ニ待入候、恐々謹言、

（天正五年）二月廿二日　止々斎（花押 277）

（遠藤内匠基信）遠内へ

一三〇　伊達実元書状

急度奉啓上候、仍近日如申唱候者、中島伊勢守（宗忠）保原之地へ被打入候之由、兼々申候処ニ、昨十四日小熊土佐守所より如到来者、必伊勢守打入候之由、此方八丁目両所へ申越候条、昨日高子近所迄打出、彼地人数可指籠之由存候処ニ、保原之者共納得無之候之間、先々此方迄罷帰候、又従彼地申旨共候之条、同篇今日落着可有之由存候、二本松口莵角申候条、八丁目水原両地ニ、人数籠置候間、拙子之事者馬取計之躰にて、此方へ罷出候、万々重々可申上候間、令略筆候、恐々謹言。

（天正五年閏七月）閏月十五日　真元（実元）（花押 189）

杉目御陣所へ（晴宗）参人々御中

一三一　織田信長朱印状（切紙）

返々保原口之儀付而、米沢へ昨日及御注進候、定而今日此口御早打可有之由存候、

就謙信悪逆、急度可加追伐候、本庄雨順斎（繁長）被相談、別而粉骨専一候、猶追々可申候也、謹言、

（天正五年）閏七月廿三日　（花押）（朱印）

伊達左京大夫殿

（折封ウワ書）「伊達左京大夫殿　（信長）（花押）」

（包紙）「天正五年閏七月廿三日従信長公可被加謙信御追伐之御書賜左京大夫輝宗公　（印）」（網村朱印）（〇印文「肯山全提」）

一三二　葛西晴信書状

如御芳札、常々無音、無御心元候之処に、今般遠兵（遠藤兵部）為使者被差遣候、其上春中令合力処、於于今御悦目之由承候、於当も尚々令満足候、将亦其表諸境、御静謐可然候、尚々元良再乱成候得共、無差儀候、乍勿論家中無残致奉公候間、本意之義、程有間敷候、毛頭無御心元有間敷候、諸事彼任才覚、令略筆候、恐々謹言、

（天正五年）九月三日　晴信（花押）

伊達殿（輝宗）

追啓、雖無申迄候、其元御塩味を以、尚御安全尤候、彼祝儀重而自是可申理候、以上、

一三三　亘理重宗書状

道祐（晴宗）様御煩気付而、于今其国御在留之由、御大儀至極候、雖無申上

訖候、無御油断御養生肝要第一候、内々頃日以使如是之段、可申達候処、坂本之仕置等申付候間、令遅々候、迷惑此事候、心事坂本伊予守申付候間、令筆略候、

（天正五年）
霜月廿五日　日理
重宗（花押）

杉目御宿
（人々御中）

一三四　本荘雨順斎全長（繁長）書状

態令啓上候、其已往遙々不申達候、相似如在迷惑候、仍諸口御分国御安全、従何以可然奉存候、此表之事、先以静ニ候間、乍恐可御心安候、随而上口之儀、定而兼日可有御伝聞候、去年已来能登・加賀・越中、信長江依致一変、去穐（秋）之時分者、当国堺目近、敵相動候之条、味方中之備此則候、依之旧冬従府内、少弼（上杉景勝カ）如被申越者、以国一統、今度之大敵可相防候之間、野拙事、抛万障此般之傳（働カ）可為肝要由、深被申分候、国並之儀与云、愚息府内ニ差置与云、依難黙止、挨拶之致返答候、其刻早々雖可得貴意候、已月迫無余日候処、殊上口之備ニ付而、使相急罷登之間、不申上事、背本意候、縦世間之儀、如何様ニ成行候共、拙者　御当方馳走之儀、不可相替候、猶委曲遠藤山城守方へ申宣之由、得　御意候、恐々謹言、

追而任現来、蛸（鮑カ）百并栄螺百令進上之候、已上

（附箋）
「天正九年」
卯月十六日　雨順斎
全長（花押）

米沢（輝宗）江
参人々

一三五　岩城隆宗書状

態令啓候、抑道祐（晴宗）御歓楽之由其聞候、御様躰如何々、単ニ御床敷承度候之間、聊以脚力申入候、雖無申迄候、無油断御養性之儀、被加御諫言、専一候、遠路故頃日樫々不承届候之間不申達、背本意候、然者相馬御当方御間之儀、従田（田村）之被任媒介、早速被属御和与、御開陣之由、先以御肝要至極候、巨砕被露御回答、可令得其意候、恐々謹言、

（天正五年カ）
臘月三日　南
隆宗（花押）

伊達殿
御宿所

一三六　某覚書

内覚

一相（相馬）間之義承候、時今御誓約無題目、不過対面茂御異乱、外聞如何候、御塩味之事、既ニ当方中人ニ罷成、罰状等取次、可申合事、是又見所如何候、不及分別事、其上味方中以作事、会相縁方中人ニ罷成候上、爰許存分事、

一相者勿論、味方中御当方へ被及等閑候共、御当方さへ此方へ至無別条者、縦相ニ当方へ意趣を被付候共、伊存替間布事、先達之身血余ニ不吟未〻〻、可申談事、

一味方中其外間ニ、米沢御為与存、い見申候ハんニ、失念被成候共、御当方ニ存かへ、介抱立与御覚悟有間敷事、付相互ニ御首尾毛頭相違有間布事、

以上

十一月廿七日

（包紙）
「覚書三通　廿二

田村岩城ゟ、諸方御和睦之題目覚書与相見え申候、年月相知不申候、天正五六年ニも可有御座かと奉存候、」

（○此包紙は本号以下一三八号までの文書を包みたるものなり）

一三七　某覚書写

写内覚

一彼筋へ御当当令逼塞、被及取刷之上、始終共、互ニ不可有御不首尾事、

一先達以若紀承一段之事、口上、

一当方永領之事、条々理、

以上

十二月朔日

一三八　某覚書写

写覚

一彼始末無二啐啄之上、（佐竹・会津・伊達）佐会当方間之義ニ付而も、不可有御疑心事、以上

十二月朔日

一三九　芦名盛氏止々斎書状

（○前欠）

追而令啓入候、抑先般御悃切被仰越候、本望候、依之存分委申理候キ、其後南山口之事、定可有其听候哉、自城内種々懃望之儀候、併證人遅々候条押詰、宿城打破、在々所々令放火、麦毛無残所振捨、先土民耕作無暇刻候条、納馬候、重而可出馬候、尤人衆之儀不足無之候、乍去別而申合首尾与云、自他之覚候之条、足軽□□□□被指越候様、御異見任入候、仍而去廿四、石川・岩城之□揺無油断由、申来候、定可有其听候哉、万□近日以使可申理候、恐々謹言、

壬月廿八日　　止々斎（花押）

（○花押、一覧274に似たり）

（○後欠）

一四〇　芦名盛隆書状

急度為脚力令啓之候、岩崎日町付、（盛氏）従養父被申入候、如前々馬無相違、可預取相通候、様躰之儀者、（基信）遠藤山城守江委細申理候、然者去時分、向浅川之地、及進陣候処、（石川）昭光種々（白河）義親江相頼候而、令懇望候、我らも可及取刷由、義親催促之間、令籌策、田へ被属、一和候、定可為御太悦候歟、為其御礼、二三日以前、昭光当口被打越候、別取成も不申、意外至候、猶重而可申述候間、不具候、恐々謹言、

七月廿六日　　盛隆（花押283）

（輝宗）伊達殿

一四一　芦名盛隆書状

態為使者令啓之候、抑其境有吉事、御出張之儀、目出令存候、殊更節々御調儀、被得勝利之由、其聞令満足候、雖無申迄候、猶堅固之御備、肝要存候、其表模様、委細承度候、段々須江弾正左衛門尉(光頼)、令附与口上候、恐々謹言、

追啓、任見来、馬鎧進之候、誠一儀迄候、

(天正九年)
五月十四日　　盛隆（花押283）

(輝宗)
伊達殿

一四二　小貫頼安書状写

如貴札、会津・岩城・田村御無事之儀、可被及御裁許之由、実以御簡要之至候、於当方も、御同意ニ候、於様子者、直々可被及御返答候、如被露貴札、御当方当方之事者、別而御入魂之所、自他無其隠候、於向後者、猶以不被順也、御甚深之儀専一ニ奉存候、委細御使へ憑入候間、奉略候、恐々謹言、

(天正十年カ)
三月十四日　　小貫佐渡守
　　　　　　頼安

(輝宗)
伊達御館江
　貴報人々

一四三　小田野義忠書状

如貴札会岩田御無事之儀、於当方も被及裁許度之由候処、啐啄之御届、本望被存候、急度以使者、可被申合候之、将亦被任御前代無二可被仰談之由、以御使被仰届候、当方之事者、御当方へ有好、無二被申合之上者、弥以向後、聊無隔意可被申組逼塞候、彼言為可被申述、為使被申付候上、追々罷越、万吉可申達候間、奉略候、恐々謹言、

(天正十年カ)
三月十四日　　小田野刑部少輔
　　　　　　義忠（花押）

(輝宗)
伊達御館
　貴報

一四四　好雪斎顕逸書状

御札具令披見候、快然之至不少候之、仍三家(葦名二階堂田村)無事之儀、可有御裁許之段、自当方も、御本城御移之御祝儀被申届、乍次彼一和之儀、可申合之由、被存候砌、遮而御使之時節候、追而以口上可申談之由、被申候之間、不能細説候、恐々謹言、

(天正十年カ)
三月十四日　　好雪斎
　　　　　　顕逸（花押）

(輝宗)
米沢江
　貴報

一四五　伊達輝宗書状

急度啓□仍其口ニ延々令滞留候事、万々苦労大儀、不及是非候、今度国丹(国井丹波)指越候条、令談合候而、其元之儀、一途候様ニ可走廻候、其上ニ相替事無之候共、泉へ之首尾ニ候条、先々滞留可申候、会津へ内但(内馬場但馬)指越候へハ、兎も角も田之同前ニ可有之候由候而、宿迄

被相払候間、大塩ニ踞候由申越候、是ハ一向無用所候間、可被帰之由、可申付候、其方ハ是ニハ各別之事ニ候条、無躰ニも先々可指置之由存候、委細国丹任口状候、謹言、

（天正十年四月カ）
卯月九日　輝宗（黒印）（○印形香炉）

（桜田日向）
桜日

（大和田玄蕃）
大玄

一四六　芦名盛隆書状

就出馬、自輝宗為飛脚承候、大悦之至候、如来意、（佐竹）義重及相談、御代田之地取詰候、於刷者可心易候、仍自輝宗、無事被御異見候、自入廉不通申払候、其上自方々雖裁許候、厳申払候、恐々謹言、

（天正十年）
四月朔日　盛隆（花押283）

（景隆）
浜田大膳亮殿
原田大蔵丞殿
富塚近江守殿
（基信）
遠藤山城守殿　回答状

一四七　田村清顕書状

態以使僧令啓候、仍先立者方々雖出張候、御加勢故、諸口先以無何事分候、本望不過之候、内々此等之段、急度為使者可申述候処、彼是無手透上、遅々覚外候、然者会岩（葦名岩城）近日重而可為出馬之由、手堅申来候条、無際限雖御造作候、如被仰合候、預御与力候者、弥可為祝着候、事延候而者凶事必然候、爰元不可過御塩味候、事々彼舌頭ニ可有之候、恐々謹言、

（四月）
卯月二日　清顕（花押211）

（政宗）
伊達二郎殿

一四八　大内定綱書状

急度奉啓上候、仍小斎之地、被入御手之由申来候、先以御目出度令存候、則罷下、如此之儀、雖可申上候、当口御無事之御刷半候間、令遅々候、其許御様躰承届、参上可申奉存候、巨細遠山（遠藤元信）へ申理候間、可為御披露候、御吉事重而、恐々謹言、

（天正十年四月）
卯月十三日　大太
定綱（花押）
（○この花押、一覧204・202に類似す）

（輝宗）
杉目江
参人々御中

一四九　田村清顕書状

態為使令啓候、今度向相馬、被及行候様子如何、御床布候、雖無申訖候、無御聊尓、兵談簡用候、仍去比佐会（佐竹会津）当惣無事之儀付而、被及御半途、碩斎（伊達宗澄）以御異見之上、抛万端不足任置候、如此之御礼、則可申宣候、依莵角遅延覚外候、巨細新田美作守（信政）口上申含候間、不能細書候、恐々謹言、

（天正十年）
五月十一日　清顕（花押211）

（輝宗）
伊達殿

一五〇　田村清顕書状

態為使令啓候、今般向相馬被及行候様子如何、御床敷候、雖無申訖候、可然様兵談簡用候、仍去比佐会当惣無事之儀付而、被及御半途、碩斎以御異見之上、拋万端之不足任置候、如斯之御礼、則可申事候、依莵角遅延、覚外候、巨砕之段、新田美作守口上申含候間不具候、恐々謹言、

(天正十年)五月十一日　清顕（花押211）

(政宗)伊達次郎殿

一五一　勝光寺正寿書状

先立佐会当惣無事付而、被及御半途候、御大儀候、殊ニ碩斎(伊達宗澄)以煩而被及御異見候上拋万端、清顕(田村)被任其意、御無事成就之儀大慶候、将亦向相馬、被及御行候由承候、御様子単御床布存候、雖無申訖候、其元可然御吉案、千言万句候、事々重而可申述候間、不能詳候、恐々謹言、

勝光寺

(天正十年)五月十一日　正寿（花押）

(輝宗)伊達殿

御陣所

一五二　勝光寺正寿書状

先立佐会当、惣無事付而、被及御半途候、御大儀候、殊ニ碩斎以、種々被及御催促候上、清顕被任其意、無事落着之儀大慶候、将亦向相馬、被及御備候由承候、御様子単御床布存候、雖無申訖候、其元可然様ニ御吉案千言万句候、事々重而可申述候間、不能巨砕候、恐々謹言、

勝光寺

(天正十年)五月十一日　正寿（花押）

(政宗)伊達西殿

御陣所

一五三　岩城親隆書状

逐而令啓候、自当郡、新妻長門守致物詣候之処、於京都不慮之時儀候て、被留置候、彼仁対愚身、忠節不及申候、乍斟酌、彼仁罷下候様ニ、奉行中へ御調法候者、可為御志候、恐々謹言、

十月五日　前下総守親隆（花押）（〇この花押、一覧の139に類似す）

謹上　(輝宗カ)伊達殿

御宿所

一五四　桑折宗長書状

態奉啓上候、今般之朦気、早々御平元偏ニ御目出度訖候、遅存知候之間、御祈念不申上候、迷惑此事候、御平喩為御祝儀、撫鷹、おほ鷹一居奉進上候、此旨宜御披露所仰候、恐々謹言、

桑折治部太輔

(十一月)霜月十五日　宗長（花押191）

御西様江参人々御中

一五五　芦名盛隆書状

態以脚力令啓之候、其以来者、御当陣模様無其聞候、節々可申通候之処、取乱儀有之無音、誠意外候、無際限御陣労、不及是非候、雖無申迄候、堅固之御備専一候、其表様躰、委細御返札ニ可示預候、恐々謹言、

八月十二日　盛隆（花押283）

伊達次郎殿（政宗カ）

一五六　伊達輝宗書状

態啓之候、今度小簗河紀伊守致同心、無余義奉公之由、被申越候、大悦不浅候、乍勿論、各令談合、一入可走廻事、千言万句候、委細者飯坂右近太輔方へ相理候間、何事ヲモ彼方へ可申合候、謹言、

十月十七日　輝宗（花押178）

落合信濃守殿
山戸田掃部丞殿
石田隼人助殿
同大内記助殿
鹿役（俣）新左衛門尉殿
高名井助左衛門尉殿
□沼出雲守殿
高橋弥左衛門尉殿
落合弥七殿
牧野源兵衛尉殿
斎藤助兵衛尉殿
柳沼隼人助殿
糠田掃部助殿

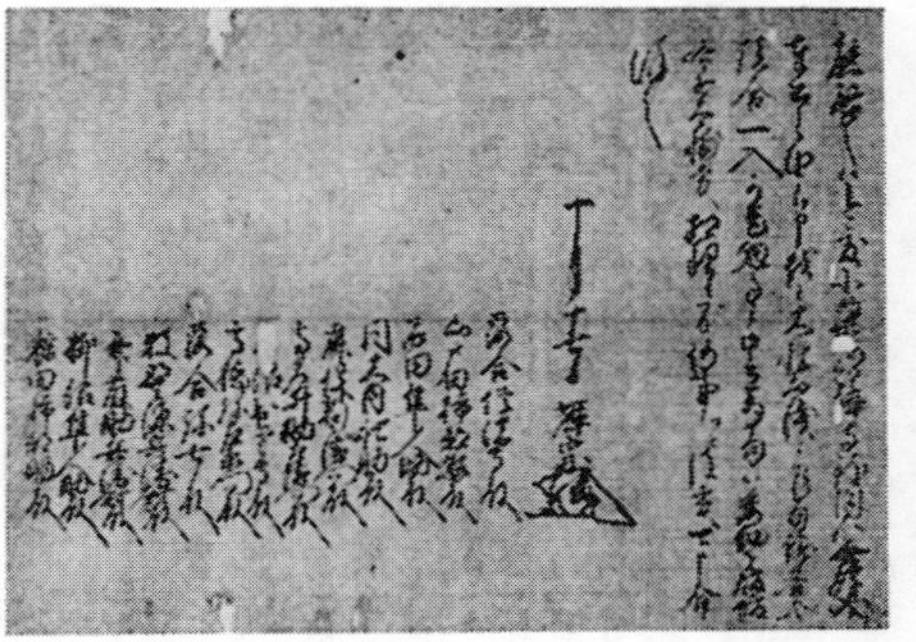

一五七　田村清顕書状

態令啓候、仍而先立為使、存分条々申理候処、種々御懇切、其上御神名被差越候、一入令満足候、内々此等之趣、即時可申宣候之処、遮而預御使候、是又祝着之至候、将亦当堺、先以無相替儀候、可御心易候、事々期後音之時候、恐々謹言、

極月（十二月）十六日　清顕（花押211）

伊達殿（輝宗カ）

一五八　岩城常隆書状

先達以使存分申宣候之処、御懇答祝着之至候、殊更今度為使者、条々承意之趣、弥以本望無極存計候、彼是以書付、口裏ニ仕之、不能重筆候、恐々謹言、

卯月八日　常隆（花押146）

伊達殿（輝宗カ）

追啓燭百挺、晨明越給候、祝着之至候、

一五九　岩城常隆書状

如来翰、其以往音絶、無心許□（令カ）存候之処、御音問祝着至極候、仍

御当相一和(相馬)［　　　　　］ニ付而、今度以御使条々承候、於于常隆
(爰許カ)□□□不調案外ニ存候、佐竹江中合迄は、令遅々候之間、雖出陣之
砌候、以使者相ヘ覃意見候、依彼返答、従陣中委曲可申述候、将
又仙道口之儀、被露書面候、盛隆ヘ相談令出馬候、塩松口之義、被
及御意見候哉、肝要□□□(之至候カ)、年来太内所ヘ(義綱)、別而御懇切之験、此
時候、必竟御□□ニ可有之候、書余口上ニ任て不能克詳候、恐々謹
言、

(天正十一年四月)卯月十二日　常隆（花押146）

伊達殿(輝宗)

一六〇　芦名盛隆書状

相馬表如御存分、一和成就、其上彼境仕置等被相調、御帰陣之由、
目出令満足候、此趣以使者、可申届候之処、東口諸勢相立取籠故遅
々、非心疎候、雖然、余無沙汰之躰候之間、乍次先申述候、委曲附
与彼口上、不能具候、恐々謹言、

(天正十一年)七月十日　盛隆（花押283）

伊達西殿(政宗)

一六一　上杉景勝書状

先達以両使申届之処、重畳御底根之通蒙仰、快然不浅候、仍此表之
儀令越年、逆徒可討果由、存詰処ニ、年寄共如諫言者、去春越中出
陣、其以来信州長陣、以其蹄則当郡出馬、下々陣労痛者敷之間、先
以納馬、冬中諸軍休息、雪消之時分於進発者、自躰単已無頼之族、
不及乱手、対治差掌候、其上小功之輩ヒ、可費勇力事、覚外候条、
只於彼般之徒者、自幾も焼殺ニ而成之外、無別之由、強令諷諫之
条、任至極之道理、入馬ニ議定、始本庄揚河北之士卒悉差帰候、当
陣之儀も、今明日中ニ可打入候、然間御助勢之衆相帰候、乍幾度連
々之御入魂、今般露顕、怡悦不外候、如何様自府内可申述候、恐々
謹言、

(天正十一年カ)九月晦日　景勝（花押）

蘆名四郎殿(盛隆カ)

一六二　大館隆信書状

今度態々御使、一段本望之由被申候、依之御悃書畏入候、仍相馬御
間之義、意見被申候キ、御題目未熟付而、条々被仰越候、無御余儀
被存候、已前之首尾、無拠候之上、此上も断而相馬ヘ意見可被申ニ
候、於于爰元者、毛頭存無沙汰不被申候、雖勿論之御義候、万端無
御隔心、被仰合候之者、於于常隆(岩城)も、尤不可被存余儀候、彼是彼御
口上頼入候、恐々謹言、

(天正十二年四月)卯月十日　太舘　隆信（花押）

伊達殿(輝宗)　御報

一六三　田村清顕書状

青陽之御祝儀、漸申旧候、雖然猶更不可有際限候、抑為祝詞、五明
一本、薄板一端、令進之候、誠表一儀計候、余慶永日可申承候条不具
候、恐々謹言、

正月廿四日　　平清顕（黒印）（〇印文「清顕」）
謹上　伊達殿

一六四　田村清顕書状

先立以国丹（国井丹波）、御心腹旨条々承候、本望候、即及挨拶候キ、其以来何等之儀候哉、御床敷候、当口南境近日者無違儀候、可御心安候、如何様爰許以見合、可及其刷候、然者自岩城（常隆）、二本松方被相憑、無事之儀頻而詫言被申候、如此之上、義継（二本松畠山）種々被及異見候、歎ケ敷候、彼洞之事者、万端表裏之洞候間、成就叵計候、併於落着者、重而可申入候、為御心得、先及脚力候、恐々謹言、
（八月）南呂十四日　清顕（花押211）
（輝宗カ）伊達殿

一六五　田村清顕書状

急度令啓候、仍大内備前守（定綱）扱条々、案外之儀付而、幸熱海内膳正御当方ニ在留之間、申攄候処、速被届聞食、以前之被任御首尾、御出馬可被加退治之由承候、本望満足申達も第二第三候、雖無申迄候、如此之上者、急速御出張、弥可為大慶候、万々聽而以使可申理候間、不能具候、恐々謹言、
（天正十三年四月）卯月七日　清顕（花押211）
（政宗）伊達殿

一六六　田村顕康書状

此度向塩松御出張、吾等式迄も本望満足ニ候、即参候而、可遂拝領候処、（田村）清顕半途之上、先以無其儀候、如何様当口以手透罷越、可遂尊顔候、御吉事令期後音之時候、恐々謹言、
田村宮内太輔
（天正十三年）後八月十六日　顕康（花押）
（政宗）伊達御陣所　参
追而乍（軽）経微、折節到来之間、松茸一籠進上申候

一六七　上杉景勝書状

如承意、尓来書信不通、隔雲泥耳、仍貴国弓矢至于号仙道郡、両載被遂在陣、無残所遣任素懐之由、肝要至極候、併勇智不浅故ニ候、然者当方備隣州、逐日帰掌握、弥起居動静無油断候之条、於時宜者可為情逸候、就中貴辺当方之儀、近年或通路不合期、或近邦未落居、不被任心中御疎遠、於自今以後者、如蹤跡可被仰合之由、大慶此事候、景勝肺肝兼々申入候所、定而可有健聞候、此上一諾、豈換連城璧、猶自是可申攄候、恐々謹言、
（天正十四年カ）三月十九日　景勝（花押）
（政宗）伊達左京大夫殿

一六八　直江兼続書状

貴札拝瞻、仍去秋至新発田表、雖被企御飛脚、路次阨塞故、不罷通之由、御深切之処、不浅被存候、殊爾来別而可被仰談由、連々被申

舒筋目候条、即被致雷同候、就中貴国近隣遠邦、不累歳被任権威候
段、肝要至極奉存候、此等之趣、得御意候、恐々謹言、

(附箋)
「天正十四年」
三月十九日　兼続（花押）

米沢江

一六九　伊達政宗？知行充行状

一いつミの内、かいもち田、本年貢壱貫文、
一下野寺之内、中屋ち一宇、
一藤ひかし四百苅、本年貢壱貫文、
　こす郷之内
一梅木はたけ屋敷仁百五十苅、本年貢六百五十文、
一むかひ館屋敷、本年貢八百文、
一かきの木内仁百三十苅、本年貢五百五十文、
一こふしか左八郎屋敷百苅、同畠、本年貢五百五十文くたし置者
　也、仍如件、

天正十四年ひのへいぬ三月廿五日□(政宗黒印カ)

佐藤孫壱郎殿

○（参考）遊佐木斎覚書

覚

天正十四年佐藤孫壱郎御当所　御黒印之事、如此之御印、他人へ被下候内ニ相見候哉、
又
貞山様ニ無之、他家より出し候物にも可有之候哉、吟味可仕由被仰付、不被返下被扣置
候、吟味仕候処、惣而天正十三四年比ニ、御黒印御朱印等被下候事相見へ不申候、紙も
手跡も文言等皆此時分之物ニ相見へ申候、尤苅田郡之内なと、此節他家ゟ知行判物出し
可申儀ニ無御座候、
貞山様御正文書ニ可有御座奉存候、尤
貞山様御黒印之由ニ而特伝候由之間、所持人方へ被返下可然奉存候御事、

享保七年四月廿一日　　遊佐次郎左衛門

一七〇　相馬？守謙書状

態令啓達候、抑今般向弐本松口、為御取刷、其庄江御出馬之段、自
(亘理元宗)
元安斎示承候、御太義難紙上尽次第候、雖勿論之義候、可然様之被
廻御兵案、堅固之御備、肝旨至極候、其元之珍義等、被載貴報者、
可令得其意候、如及先報候、自今以後者、相応之義、無御隔意候
者、尚以可為本懐候、諸毎期後音之時候之条、令省略候、恐々謹
言、

(天正十四年カ)
六月朔日　　相三
　　　　　　守謙（花押）

(政宗カ)
伊達殿
　御宿所

一七一　石川昭光覚書書状

覚

一前田沢之事
一郡谷田之事
　此二ヶ所、伊達江被相付候事、

一富田之事
一成田之事
此二ヶ所会須(津)へ被相付候事、
十三日以後之御取刷ニ候、以前之儀者、被相調筋外無之候、以
上、
七月十六日　昭光（花押218）

(包紙)「石川昭光与有之覚書
天正十四五年之事ニも可有之哉と奉存候」

一七二　最上義光書状

今度二本松被任御存慮、入馬之事、於此方も大満而已候、尚以彼口
不可有御油断候、態計ニ鳥屋鷹一居進之候、祝儀一意迄候、当口備
之儀、先度申述ニ不相替候、御床布有間敷候、諸細彼口裏ニ申含候
間、不能祥(詳)候、恐々謹言、
(天正十四年)八月五日　義光（黒印）（〇印形香炉）
(政宗)伊達殿

一七三　北条氏直書状

未申通候処、預御札候、誠本望候、抑去比会津口有御出勢、被任御
存分由、尤肝要至極候、如御紙面、自前代申合之間、於自今以後
者、相応之儀、毛髪無疎意、無二可入魂申候、御同意可為本懐候、
委細同名陸奥守可申達候、恐々謹言、
二月十三日　氏直（花押）
伊達殿

一七四　伊達政宗知行充行状

依今度奉公ニ、和田之村之内、一かさねかミ内年貢六貫文、一やき
とう内六貫文、一中いぬもう内四貫文、一さかいの内四貫文、一こ
たき之内五百文、一山之内壱〆九百文、一下もゝせん四〆、松沢之
村之内一たけの内三〆、白岩之内、一松かさく三貫文、一せきの上
三貫文、并加恩白岩之内、一沢くち内三貫文、一かかみ田三貫文、
一せきね仁貫文、各下置所永代不可有相違也、仍證文如件、
天正十四年丙戌八月廿九日政宗（朱印）（〇印文「竜納」）
大内右馬允殿

〇（参考）大内家由来之覚

大内家ハ多々良姓ニ而、長門国大内ニ居住、代々国持大名ニ而候処、大内義隆代ニ、家
臣逆意ニ而家ほろひ申候、
西国方ニも、大内氏ノ流数多在之候、奥州塩松ニ、大内備前定綱代々居住、天正年中
伊達之御幕下ニ罷成候、右備前も義隆先祖ゟ分り申候、右之分流、仙台并御一門衆、
御下中ニも数多有之候事、
家之紋　唐菱ニ御座候事、

一七五　伊達政宗知行充行状

金山之内、目黒出雲守、四十九院源一郎、彼両人所領之通相除、其

外一宇、仍両人進退、為替地、保原之内、一市柳六千苅、同畠屋敷、一高橋仁千二百苅、一引地修理亮跡千九百苅、一福寿院分仁千百苅、一片平太郎右衛門尉跡仁千五百苅、同屋敷、一赤井平兵衛跡千五百苅、一斎藤五郎兵衛跡千八百苅、同屋敷、一五十嵐文二郎跡五百苅、一沼崎源七郎跡千七百苅、同屋敷、一石田弥左衛門尉跡七百苅、一高木出雲守跡六百苅、一氏家源左衛門尉跡五百五十苅、同屋敷、一日野六郎兵衛跡五百苅、以上、此通下置所、永代不可有相違者也、右證文如件、

天正十四丙戌九月廿三日　政宗（朱印）（○印文「竜納」）

中島伊勢守（宗求）殿

一七六　伊達政宗書状

急度用一行候、仍号越後会津間無事取刷、義重（佐竹）近日南郷へ出馬之由候、依之安積表雑言候キ、自然俄之事も叵計候、乍勿論其国境目ニ候間、無油断意得、千言万句候、替義候者、追而可申越候、恐々謹言、

（天正十五年）六月十五日　政宗（花押）（○花押、一覧になし）

中伊（中島宗求）

一七七　伊達政宗書状

幸便之条啓之候、仍去比者、安積口苑角之唱も候間、内々心待候処ニ、無何事候、乍去二塩（二本松塩松）境其外無油断候、其地下々共ニ、宿所も相定候哉、朝夕無心元次第ニ候、在地へも猶言懸、彼是賦等可為肝要候、相口之唱、中主（中島信貞）かたへ細々到来可然候、諸毎期重節候、恐々謹言、

（天正十五年六月）林鐘廿六日　政宗（花押）（○花押、一七六と同形）

中伊

追而近辺之事与云、互之為ニ候条、佐宮（佐藤宮内）江入魂可然候、其表之義、畢竟可相任候以上、

一七八　田村清通書状

態々貴札過分至極令存候、仍去刻太新（大和田新左衛門）帰路之時分、爰元様子、彼是頼入申達候、因茲此度被仰下候、一入恐悦不浅存候、其時節世間種々雑意申成候処ニ、彼一両輩之者共罷除候以来、世上如何も静謐候、可御心易候、珍敷儀も候者、追而可申達候条、令省略候、恐々謹言、

（天正十五年七月）文月廿二日　清通（花押）

田村右馬頭

米沢

参御宿所

一七九　伊達政宗覚書状

（端裏書）「写」

覚写

一対談之事

一佐・会通用之事口上
一太越(実頼)之事
一小野之事
一郡山之事
一富田・成田其外境目之事
一越国最上奥口之事、

以上

(十一月)霜月朔日

(包紙)「天正十五年之比霜月朔日近郡之諸侍江御使者被遣候覚書」

一八〇 伊達政宗書状

急度馳脚申候、仍田村抱安子島之地別心之由、其口ヘ如何様ニ相聞候哉、無心元可有之候条、及注進候、於于大崎ニ、人衆少々越度之義安積口ヘ其聞、二塩(二本松塩松)之牢人衆之所行候、別而床敷不可有之候、其口用心肝要第一候、恐々謹言、

(天正十六年)二月十四日 政宗(花押)(〇花押、一覧になし)

(中嶋宗求)中伊

追而

只今国分筋より如到来者、大崎新沼へ、氏家(吉継カ)自身打越、證人相渡、其上俵粮(兵)以可籠置之由候、今月中心安可相抱候、其内扱之義者手安候、以上、

一八一 伊達政宗書状

其口模様無心元候条、昨十四日馳脚力候キ、到着如何床敷候、然処ニ世上唱一々以高壱(高野親兼)申届候、万々合点之義共候、向後者実不実之無嫌、何事成共伝達所希候、其地普請之儀、近日東根之人数を以、一廉可相拵候、惣別名地与云、拵者尚用心等心安可有之候歟、当座之様ニ候得共、取分其身指置候上者、愛山石(岩)照覧、諸事ニ心安事共ニ候、昨日之書札ニ露之候ツ、南筋之事、二塩(二本松塩松)之牢人衆、於会津上下堪忍ニ余候而、安境(安積)ヘ打越、端々打散候得共、深事不可有之候、其元ニ而可有識察候、併諸口之賦等、手堅申付候条、可心安候、随而そミもしさかもし存分之事、一々聞届候、少々底意之様ニ取成、懇切尤ニ候、又さいかち沢之事、以見合相抱可然地形ニ候、以時分札ヲ可指越候、こま筋ミの筋(駒峯筋、蓑頭山筋)、其いり〳〵へも、兼日之心得肝心ニ候、彼文火中、恐々謹言、

(天正十六年)二月十五日 政宗(花押)(〇花押、一覧になし)

(中島宗求)中伊

追而

自筆与云、彼一書隠密勿論ニ候以上、

一八二 大内定綱書状(切紙)

如御悃書之、近年者御世上故、不遂会面、本意外ニ候、仍我等身上、御引立可預由承候、過分ニ候、貴所先々如御存知、御舘(政宗)御奉公存入候処、何ヶ不入如此之身上罷成候、併御一味中、御次を以、御引立可有之御存分頼迄候、憚之申事なから、我等無二御奉公申候ハ

〻、御舘御為ニも、可然御儀も可有之候歟、急度之間不能具候、恐々謹言、

（天正十六年）大二月廿一（日脱）　大　定綱（花押204）

（高野壱岐親兼）高壱

御報

追啓

奥筋苑角申来候、御様躰いかん、当境様子彼者申含候、

一八三　伊達政宗書状

彼者早疾可相還候処ニ、彼是取紛ニ付而、無其儀候、仍所々唱之義申越候、一段喜入計候、向後も度々箇様之唱等、申越候者、万端心得ニ可有之候、随而其地普請之事、近日代官可指遣候、東根之人数触出、如形も普請可申付候、万々其刻彼是可相理候、乍幾度其身地ニ指置、直様心静日数ヲ送候、真実偽ニ無之候、恐々謹言、

（天正十六年）三月十八日　政宗（花押）（〇花押、一八一と同形）

中伊

追而

佐竹筋之様子、其国へも其聞候哉、府中（府中大掾多気清幹）与号江戸与（重通）千戈出来無為之扱事切、義重自身被打出候由、唱承候、依之仙道筋、尚以無何事候、以上、

一八四　大内定綱書状

御舘（政宗）より直書過分之由任入候、殊ニ地行（知行）御書付披見申候、書中之ニ者いかん（如何）候まゝ、彼者ニこまかに申候、能々御たつね、御聞届候而御披露尤ニ候、急度之間、恐々謹言、

（天正十六年）三月十八日　大　定綱（花押204）

（高野親兼）高壱

参

返々申候、御世上種々申めくり候、いかやうニ可有之候哉、尤御塩味之上、重而可承候、

一八五　大内定綱書状

御書札奉披見候、殊ニ如前々、我等可被引出之由御意、猶地行御書付過分ニ候、彼是存知之儀共、高壱（高野親兼）可被申上候、以御塩味、重而仰可被下候、如此御自筆を以御意之上者、聊も御疑心中義無之候、巨細之段者、御披露御吉事〳〵、恐（々脱カ）謹言、

（天正十六年）三月十八日　大　定綱（花押204）

米へ

貴報人々御中候

一八六　伊達政宗書状

就其地普請ニ、乍少々人足指遣候、五郎左衛門尉（木内カ）談合候而、如形も成就所希候、番匠一両人遣候、随而昨廿三、二本松於于玉井ニ、草

調儀候而、玉井日向守為始、三百余人討取候、旁以可為満足候、相口（相馬口）唱珍敷事も候歟、此口無何事候、事々期後音候、恐々謹言、

（天正十六年）三月廿四日　政宗（花押）（○花押、一八一と同じ）

中伊（中島宗求）

一八七　伊達政宗起請文写

（端裏書）「貞山公御起請文写ニて上ル　大内太郎八」

起請文事

右意趣者、今度其方無二、当方被相憑候本懐事、向後於政宗、一点不可有別心候、夢疑心あるましく候、若又偽に候者、上梵天帝尺・四大天王・堅牢地神・熊野三所権現・八幡大廾（菩薩）、殊ニ当国之鎮守塩竈大明神、惣而日本国中大小之神祇冥道、各々可蒙御罰者也、仍如件

天正十六年戊子四月十二日　政宗

大内備前守（定綱）殿

（附箋）「右ハ熊野牛王江御直筆ニ而御血判共ニ被遊被下置候」

一八八　伊達政宗書状

如来札大内備前守（定綱）二本松（伊達成実）へ懸入、及侘言候条、令赦免候、依之彼表弥種々義共告来候キ、田（田村）之事も、三春上下爰元へ一味之旨候間、是又無心元不可有之候、其元静謐候哉、併例式無油断心得簡用候、書余期後音候、恐々謹言、

（天正十六年四月）卯月十四日　政宗（花押）（○花押、一覧183に類似す）

中島伊勢守（宗求）殿

一八九　伊達政宗書状

態用脚力候、仍石川弾正忠逆意ニ付而、近日向彼地可令出馬之由、各々申付候、其身之事者、境目之義ニ候間、無其義候、乍勿論、円森・小斎・曰理江も相談之上、無油断刷千言万句候、其境中へ為助懸、田手助三郎（宗実）方指置候、其分心得可有之候、恐々謹言、

（天正十六年）五月二日　政宗（花押）（○花押、前号と同形）

中伊（中島宗求）

一九〇　伊達政宗書状（案）

急度企脚力候、仍石弾（石川弾正）重々安外ニ付而、為糺明今月十四日令出馬候、随而一昨日、従白右（白石宗実）如到来者、月山ニ従相（相馬）警固被相籠候キ、去六日ニ自相、馬上百騎計、替番被相越、中途ニ備候而、俄之様ニ、本之警固泉方之衆五十騎計をも同心ニ、相衆悉皆被打返候由、手堅其唱候、余々不審千万ニ候、自然彼口へ出馬之刻、其口ヲ被擬候事可有之候歟、小斎（佐藤紀伊）へも相談候而、毛頭不可有油断候、惣別相之唱聞届候者、到来所希候、吉慶期重音之時候、恐々謹言、

（天正十六年）五月十二日　政宗（花押）（○花押、前号と同形）

中伊（中島宗求）

追而

仙道口近来、無何事候、可心安候、尤最口之事ハ、聊床敷事無之

候、仍佐宮(佐藤宮内)・黒中(黒木宗元)へ之簡書、其口より届申へく候、以上、

一九一　伊達政宗書状

則返札、幷ニ黒中(黒木宗元)・佐紀(佐藤紀伊)より之返状、慥相届候、相口様躰、其外顕帋(紙)中候、一段大慶候、明日者必定大森訖、先以令出馬候、随而今日従方々如到来者、於会津、猪苗代殿父子間ニ、六ケ敷義出来候而、当猪苗代殿(盛胤)黒河へ被打越候留守ニ、隠居盛国被打入、黒取乱之由候、結句会津後室(芦名盛隆室)、一昨十一日ニ御病死之由候、会津取乱不及是非候、就之安積口も不可有何事候歟、吉慶重而、恐々謹言、

(天正十六年)五月十三日　政宗（花押）(〇花押、前号と同形)

中伊

追而

猪苗代隠居実城へ被打入候由、堅々其聞候、但如何ゝ、以上、

一九二　田村顕康書状

態申達候、仍其口へ与風被移御馬候、御調儀之御様躰、単御床布奉憶候、内々令参、是等之様子申立度存候得共、当口無油断候間、乍存、無其儀候、全不如在候、然者南へ御目付被指遣候、安内者申付候処ニ、無相違被罷越、佐(佐竹)様躰被承候而帰路、令満足候、於様躰者、被指越候方可被申達候間、不及申上候、早々其元被御隙明、当口へ御出張所仰候、当方先以一両日者無何事候、可御心易候、御吉事重而、恐々謹言、

田宮

(天正十六年カ)五月十九日　顕康（花押）

米沢

御陣所参

一九三　伊達政宗書状

急度馳脚力候、仍昨廿一、向小手森、及調義候、尤敵不出合候間、三之構迄及箭入、麦作悉払地薙弃(棄)壚成置候、今日雨中ニ候間、明廿三猶向彼地、可及行候、然者義胤(相馬)百目木之地へ被打越候由、其聞候、此刻自其口、為内々草可指越候、先々尻籠なとハ無用ニ候、自相此口へ被打出候義共候間、如此候、其心得候て、草可指越候、吉事重而、恐々謹言、

(天正十六年)五月廿二日　政宗（花押）(〇花押、一八八と同形)

中伊

追而

此由佐紀(佐藤紀伊)へも相理度候、以上、

一九四　遠藤高康書状

態啓上仕候、向相馬ニ御出張之義、頃日従原田旧拙被申越候、其上乍雑説、御存分ニ候之由、一身之満足、不過之奉存候、如何様近日御陣家ニ致祇候、万悦可申上候、仍而大崎御無事之儀、先々如尊意候、可為御悦喜候、委曲之旨、小成田惣右衛門尉宜預御披露候之条、存略仕候、恐々謹言、

遠藤出羽守

（天正十六年）
五月廿三日　　高康（花押）

御陣所江
　参人々御中

（附箋）
「天正十六年」

一九五　伊達政宗書状

今日十二日、向小手森、及調義、則責落、相馬警固之面々為始、五百余人討取候、定而太慶ニ可有之候、此上打続、向石川可及動候、此刻自其元も、各々相談之上、懸引之刷仕置候、恐々謹言、

（天正十六年）
閏五月十二日　政宗（花押）（○花押、一覧183に似たり）

　中伊

一九六　伊達政宗書状

急度用脚力候、仍今日四日佐会陣所へ及行、義重旗本江切付、五十余人討取候、敵陣近候間、多不討取候事無念候、明日ハ彼陣所へ打懸、可及調義候、如此追日得勝利候間、於時宜可心安候、然者其境中、近日無何事候歟、乍勿論見合之上、無聊尓勝利之刷尤候、事々期後音候、恐々謹言、

（天正十六年）
七月四日未刻　政宗（花押）（○花押、前号と同形）

　中伊

一九七　志賀甘釣斎玄湖覚書状

内覚

一郡山之地、当座昭光（石川）・常隆（岩城）請取ニ、先以落居候、如此之上、則御当方へ相付可被申事、

一大越之義、当方へ越山果而、彼進退之義、以御作事取嗳（とりあつかい）可被申事、

以上

（天正十六年七月）
文月十日　　甘釣斎
　　　　　　玄湖（花押）

高野壱岐守（親兼）殿
大和田筑後守（忠清）殿
　御宿所

一九八　富田知信一白書状

（折封ウワ書）
「富田左近将監　一白
伊達左京大夫殿
　人々御中　」

猶以御鷹之鸖迄被相添、御進上之儀、別而被成御祝着候、其元御手透次第ニ、御出仕尤奉存候、以上、

従関白（秀吉）様御所望之御鷹御進上候、遂披露候処、別而被成御悦喜、御自愛不斜思召、則以　御書被　仰出候、猶以拙子相心得御礼可申入之旨、御諚候、随而国行之御太刀一振、被進之候、　殿下様一段与秘蔵之御太刀之事候間、　於其方も御秘蔵尤存候、　鍽ヒ国行与銘御座御候付而、鍽国行と申、天下無隠候、然者鍽本阿弥所にて、置所を失念仕候条、聴而尋出、重而自是可進之候、為其本阿弥一札取候て進入候、将又拙者へ兄鷹一織被懸御意候、恐悦之至候、弥　殿下様御前之儀、不存疎略候、爰元御用之儀、無御隔心可承仰候、委曲遠

藤若狭守方伴清三郎ニ申渡候、恐惶謹言、
（天正十七年カ）六月十一日　（一白）（花押445）
伊達左京大夫殿　人々御中

〇（参考）**本阿折紙**

城州国行
正真長サ弐尺参寸八分 少磨上無銘也
代金子百枚
貞享元年子 （十二月）極月三日　本阿（花押）

一九九　伊達政宗書状

其境中様躰、（中島信貞）主膳亮所へ申越候、委披露候、心安候、仍此表之義、定而無心元可有之候哉、（佐竹会津）佐会其外三四家以相談、向郡山ニ被及陣候、誠所希候之条、則打寄、相近及対陣候、雖然間切所ニ付而、互ニ無何事候キ、幾説も佐陣可為敗北之由告来候キ、於備可心安候、然者爰元へ人数之事無用候、覚計ニ候間、少々鉄放之事ハ可指越候、それも自躰早々可相返候、扨々両陣押引之様子、其身共ニ見せ度迄候、吉事期後音候、恐々謹言、
（天正十六年）六月十九日　政宗（花押）（〇花押、一九五と同形）
中伊

二〇〇　楯岡義久書状（岩城）

態令啓候、抑此般常隆以媒介、御当々被励和睦候、誠以珍重候、雖勿論候、於自今以後者、無異事可被仰合儀専一候、如斯之上、拙者相応之御用等、無御隔慮可蒙仰候、聊不可存疎意候、将亦具足一領令進覧之候、表御一礼迄候、恐々謹言、
（天正十六年七月）文月廿日　義久（花押）
伊達殿（政宗）御宿所

二〇一　北条氏照書状

重而以御使、御懇札之趣、一段本望令存候、於自分も、御書面之趣、殊刀一腰被懸御意候、畏入候、抑貴国佐竹御間之事、無事之様雖有之、御疑心而已ニ候而、可被及事切候哉、当方之儀者、当敵之事候間、貴国御作事次第、何分ニも弓矢達ニ可被取成候、貴国当方訖被仰合者、互御本意不廻踵候、然而為御音信、南蛮笠、幷唐錦三巻進入被申候、於自分も刀一腰景光令進入候、誠令表一義計候、御行之様子、猶為可被承届、御使僧ニ飛脚差副進入候、御懇答可為本望候、恐々謹言、
（天正十七年カ）七月廿九日　氏照（花押）
伊達殿　御報

二〇二　小宰相（田村隆顕後室）**消息**

（折封ウワ書）「こおり山御ちんへまいる　田村ひかしより」
（追而書）（〇折封の紙に書せり）

「よろつ御めてたさ、かさねて〳〵、
おつて申候、
そこもとへ明日きやうふ(橋本玉印)のせうまかりこし申へく候よし申され候ほとに、あらましの事をハ、かのものニ申こし候あひた、あハれ御ちきたんニ、御きかせられ候へかしとおもひまいらせ候、ひとい(ひカ)の御ふミ、ミつからハかり見申、きよいのことくニ申候かしく、」

尚々申まいらせ候、かの御かたミつからおやこニは、いかやうなるしゆくせ(宿世)のかたきにも候や、きよ(清)顕いのちをもとられ申候、そのうへなにのふそくも候ハて、いはい(位牌)まてけつ(削)られ申候、ひとへニ〳〵、御なさけなふおもひ申候、きよ顕かかたきにハ、かのかたニとゝめ申候、かやうニ申こし候事、いか〳〵のよし、おほしめされへく候へとも、たうはうにて、そのかくれなふ候間、申まいらせ候、さて〳〵あひ津いわき(岩城)ハかりにてもあらす、やすからぬさたけとの(佐竹殿)ハ、なん方と御とりあひ、かのたひちんたちニ御むかい、ちんをとらせられ、そのうへいつせん(一戦)ニもかたせせられ候へハ、京くわんたう(関東)まても、そのきこへふうひのよし承候へハ、ミつから一人ことに御うれしくおもい申候、うちかへし〳〵ひといハ、はしめさる御事なから、へつしてこまやかニ、御ふみ、いかほと〳〵御うれしくおもひまいらせ候、なにやらんたまハるへきよし承候、ちか比御うれしくおもひまいらせ候、せいしゐんの御座候ハゝ、たまハり候へかしとおもひ申候、かやうのきなれ〳〵敷申事ニ候へ共、ミつからてんちニもはなされ申候と、おもひ申候へハ、ひといの御ふミを見まいらせ候て、このころのくらうをもハすれ申候、はや〳〵こなたへ御こへ、よろつの御れいをも申たふおもひまいらせ候、

わさと申まいらせ候、さてはひとひ御てにて、御ふミこま〳〵としめしたまハり候、いかほと〳〵御うれしくおもひまいらせ候、すなハち御かへり事をも申べく候へとも、かいき(咳気)気ゆへおそなハり申候、さためてしよさいのやうニ、おほしめし候へく候、さて〳〵御ふしなとあひきれ申候よし、そのきこへ候、たゝしいかん〳〵、御ゆかしくおもひまいらせ候、御ふしにもまかりなり、はう(洞)〳〵の馬もかへされ候ハゝ、この方へ御むまをもよせられ候て、うつろ中のしおき(仕置)をもなし、おかれへきのよし承候、御うれしくおもひ申候、さりなから、かの御かた、やすからぬかたニおハしまし候ほとに、せう〳〵ニ御しおきなしおかれ候てハ、きよ顕すしめ(筋目)をおほしめされ、おくの御ゆミやを相すてられ、御ちしん(自身)御馬をいたされ候ゆへニ、かの御かたよし胤(相馬義胤)たんこうをもつて、たてをもり(守)かい(替)られへきよしおほしめし、あけ(挙)つち(土)まてうちいられ候ところニ、てん(天)たうミやうり(道冥利)の御かけをもつて、ふしきニおしかへし申候、その上ニも、かさねてひきいれ申へきよし、夜々〳〵さま〳〵たんこう、使ひきやくをさしこされ候よし承候て、あさゆふきつかひを申候、

そなたあひちか(相近)ニ御座候ほとに、たゝ今までもうちいられす候、これもひつきやう(必竟)御かけとハかりおもひ申まいらせ候、申までなふ候へ共、たゝ今の御くふう御かんゆふ(肝要)ニおもひまいらせ候、すこしも御ゆたん候てハ、このころの御しんらふも、むたことにまかりなり申へく候、なにとも〳〵たうはうのかた〳〵ハかりかたふ候あひた、うちかへしく〳〵、御くふう御たんこう、しかるへきおもひまいらせ候、よろつかさねて〳〵かしく、
(切封)
七月十四日　　こさいしやう

まさ宗へ
　まいる

二〇三　富田知信一白書状

「(折封ウワ書)
富田左近将監
片倉小十郎殿御宿所　　一白」
(切封)

返々具之儀、元越へ申入候、此辺御用之儀、如在有間敷候、政宗へも御返事申述候、時々可然様ニ、可預御心得候、以上、

先日坂東屋道有ニ、書状相添差下申候、定可為参着候、委細如申候、政宗御出仕之事、来春者御急候て可然存候、其子細者、始義光(最上)岩城方急与、可有上洛之由候、左候へは、連々爰元へ被仰通候筋目も徒罷成候、其上拙者儀も、輝宗之御時ゟ、別而御懇承仰候間、旁如此令申事候、　殿下様御前之儀、　毛頭不存疎略候条、御用等無御隔心可承候、委曲之段、元越へ申渡候、恐々謹言、

(天正十六年カ)
十月五日　　(一白)(花押445)

片倉小十郎(景綱)
　御宿所

二〇四　伊達政宗書状

雖無指儀候、染一翰候、相筋(相馬筋)唱、有増今度聞届候、此方江先達而告来候分者、岩へ種々計策之由其聞候、能々模様共聞届、追而到来相待候、至来春者、如何様何方へも可為出張候、当年中其身杯、塩味之入所ニ而候歟、返々此旨隠密尤候、随而当年始而於其口、若兒鷹出候、目出度候、重而も可為相登候、恐々謹言、

(天正十六年カ)
拾月十一日　　政宗(花押182)

中伊(中島宗求)

追而

南口無事ニ候、扨又庄内之儀、本庄へ無残所片付候、最上取乱無是非候、以上、

二〇五　伊達政宗書状

帰路以来無心元候処ニ、簡札祝着ニ候、仍而彼杉丹足弱之義、両所へ尋候キヤ、其返札共具ニ披見候、何様々々黒中(黒木宗元)へ可及閉目候、又中間手前ニ指置候者共、無沙汰之様ニ、可加下知候、扨又中村筋へ計策之義、尚々可然候、但夫ニ油断有間敷事、千言万句ニ候候、次ニ自岩城者、向ニ種々懇望之子細共候、珍敷義候者、追而可

及注進候、恐々謹言、

（天正十六年十一月）霜ノ十七日　政宗（花押182）

（中島宗求）中伊

二〇六　伊達政宗書状

幸便之条、染一簡候、抑田村仕置悉明隙候間、昨十七日当大森へ納馬候、今日米沢訖与覚悟ニ候、随而相馬江唱、近日無其聞候、珍敷事も候哉、何様用所共候条、従米沢可及音通候、有増之儀、（中島信貞）中主口上ニ可有之候、恐々謹言、

（天正十六年九月）菊月十八日　政宗（花押182）

（中島宗求）中伊

二〇七　斯波義近書状

（折封ウワ書）「謹上伊達左京大夫殿　義近」

遙雖不申通、伯蔵軒以坂東屋、理申候条、西向候、向後者、如前々、御入魂可為本望候、必道有指下、可申入候、猶彼口上申含候、恐々謹言、

（天正十七年カ）正月廿日　義近（花押）

謹上　伊達左京大夫殿

二〇八　富田知信一白覚書状（切紙）

覚

一目赤之鶴取急速御進上、可然存候、畢竟御為ニ候間、委細申宣候事、

付金上宗洗、先立被為指下候、然者宗洗を御機遣候ハんと存候間、巳来者、彼伴清三郎ニ、御用之儀、無御隔意、可被仰付候事、

一彼者罷上候砌、内意之御書付之通、一々承届候事

付口上

一拙者㝡上之奏者ニ候とて、御疑心ニ思食候者、号津田隼人正仁引副、御憑ニ付而者、不可存候疎略候事、

付春夏之間御上洛、若又於御遅延者、一途之仁、為御代官、為御上可然候事、

巳上

（天正十七年）正月廿八日　（一白）（花押445）

伊達殿

参人々

二〇九　伊達政宗覚書状

（端裏書）（常陸）「岩きへ」

書付

一岩瀬洞苑角ニ付而、御理之事、口上条々、

一数度如申尽、小野ニ牢人衆到于今挌護之事、

一於三春之地ニ、新町無事以来、何方へも計策縺有間布之由、以神血相定、其後小野重罪之事、

一先立御当へ神詞之事、口上

一小野江自佐会度々内通之事、

以上

天正十七年　二月廿一日

(和田筑前)
御使大八たちくせん
(内馬場能登尚信)
うちのはゝのとの守

二一〇　伊達政宗書状写

追而脚力本望満足ニ候、殊彼書札具ニ披見、祝着ニ候、自是今朝判形調、先立指遣候キ、急々可被届候、仍横之事尤可然候、彼方同心ニ、無二無三奉公候様ニ肝要ニ候、進退之事者、尤其方登之時、可得其意候、然者彼方事切之儀、今朝之書札ニ如露之、当方指図次第ニ被申候得と、再三理専一ニ候、随而如存分被成候ハヽ、其方ヘ者、任先約ニ、安子島之地一宇可進候、吉慶期後音候、

(天正十七年)
弐月廿五日午刻　政宗
(大内定綱)
廉也斎

二一一　伊達政宗書状写

急度單一札候、昨日自田村如到来者、一昨十五常隆(岩城)小野口必定出張之由候、岩扱更々覚外ニ候、去年中想(惣)和被介法、当時弓矢主ニ有之事、前代未聞候、如此之上、何共無拠候条、廿四日可令出馬候、于今過無擢候得共、是非共大森訖打出、旁可被相談候、仍片大江(片平親綱)今朝企使者、条々相理候条、事切之儀雖急度候、田之実否、如形之不見届候而者、安積口之調儀可為不自由候条、出馬之上可加下知之由、懇々相理候、可心安候、出馬廿四日雖事延候、其内悪日相続候条延引候、残吉重而、恐々謹言、

(天正十七年四月)
卯月十七日午刻　政宗
(大内定綱)
廉也斎

二一二　伊達政宗書状

細書之趣具ニ披見候、彼始末菟角ニ相拘可然候、其故者、一両ヶ所属手裏候共、南口取詰之上者、相口(相馬口)弓矢之義、如存分途行間敷候条、手前ニさへ無油断之上者、先以相之行ニ乗候而、境中取静可然候、随而常隆出張之由候間、過無拠候得共、今廿四日ニ大森ヘ打出、田口・安積筋可及其賦候、於時宣者、可心安候、次大崎無事、去十六日落着候、題目之事、一大崎向後者伊達馬打同前之事、一山形ヘ之縁辺被相切、当方ヘ縁約之事、一氏一統ニ向後も不可有違乱事、如此之題目、何も調候而成就候、定而可為満足候、残吉重而、恐々謹言、

(天正十七年四月カ)
卯月十八日戌刻　政宗（花押）（○花押、一九五と同形）
(中島宗求)
中伊

追而
自新地之到来ニ付而、返々不可有油断候く、何事も重而、以上

二一三　伊達政宗書状

急度企脚力候、仍先日之返札ニ、相境目先々取静可然由、相理候キ、能々塩味候ニ、今般之弓矢、於相馬ニ、とてもく見のかされ

ましく候間、中〳〵事切候而、境目相立可然候、曰理へ之理も不入候、彼始末早々相調尤ニ候、事延候者、必々可顕形候、円森・小斎、同者曰理、以相談候彼一儀、取扱可然候、各へ可及書札候得共、両地ニ其身手ヲ組者候間、其元へ先々相理候、円・小ニ而述懐無之様ニ、談合肝要ニ候、両所書中越可然事候者、返事ニ待入候、何篇其身作事次第ニ可有之候、次ニ田村神役(侯カ)へ、従岩去十八日被及進陣候、依之ニ明日廿二日可令出馬候、万吉大森へ返答可相待候、事々重而、恐々謹言、

(天正十七年)
四月廿一日　政宗（花押）（〇花押、一覧182に類似す）

(中島宗求)
中伊

追而

神役(侯カ)者大かた可為落居候、何共地形無揺候条、賦難成候、其外之地尤々可為堅固候、片平(親綱カ)之事、一筋ニ当方奉公ニて候、以上、

二一四　伊達政宗書状

急度馳飛脚候、仍兼々様々之以縺ヲ、相馬飯土(樋)居之地今朝懸取、桜田兵衛尉(元親)打入、堅固ニ相抱候、北草野も今明日ニ可為落居候、於飯土居ニ、相衆百余人討捕之由候、此由、曰理・金津・円森・小斎五六ケ所へ、其元注進可然候、急度之間不能別書候、恐々謹言、

(天正十七年)
五月朔日未刻　政宗（花押）（〇花押、前号と同形）

(中島宗求)
中伊

二一五　伊達政宗書状

(安子島高玉)安高両地属手裏候キ、先以彼口明隙候故、昨七日当地大森へ納馬候、然而駒峯新地両地之事能々調候者、五六日中鉄石〻〻其地へ越馬候而、無二可及取扱ニ候、其口へ陣越之事、返々〻〻〻〻〻おんミつ可然候、十二日か十三日ニ必定可取移候、但此口会津口ニ珍敷事候者、可延引候、何様〻〻其口稼継此時候、残吉重而、恐々謹言、

(天正十七年)
五月八日　政宗（花押）（〇花押、前号と同形）

(中島宗求)
中伊

追而、無手透候間、返事遅遣候、以上

二一六　伊達政宗領知朱印状

今度下置候通

一杉目上下　一宇

一小川　一宇

一あふと浜一宇

右三ケ所不可有永代相違候者也、仍如件、

天正十七年己丑

五月廿三日　政宗（朱印）（〇印文「龍納」）

中島伊勢守(宗求)殿

二一七　伊達政宗書状

急度及書状候、出馬六月十四日ニ令必定候、惣人衆之事者、同月廿日廿一日両日間ニ、黒川之地へ可為着陣候、陣廿日之支度可有之

候、騎馬鉄放(砲)野臥以下、分而今度可相連事、於此方も委細相理候キ、猶其心得干(肝)用候、恐々謹言、

(天正十七年カ)五月廿七日　政宗（花押）（〇花押、一覧182に類似す）

中島伊勢守殿

二一八　伊達政宗書状

雖可及脚力候、先相理候、只今如注進者、猪苗代(盛国)方向黒川(葦名義広)ニ及事切之由候、因之、自是人衆猪へ指遣候、明日二日本宮へ移馬、万々物近ニ可及其刷候間、於時宜可心安候、次舟之事、人足調候間、敵へとられす候やうに、曰理へも談合候て、番可被申付候、吉事重而、恐々謹言、

(天正十七年)六月朔日　政宗（花押）（〇花押、一覧183に類似す）

(黒木宗元)黒中

(中島宗求)中伊

追而

小舟之事、坂本なと談合候て、先々うちこへまハし然へく候、以上、

二一九　伊達政宗書状写

来札則令披見候、内々今日ニ其国へ可取越覚悟候処ニ、義信(佐竹義宣)父子昨日午刻須(須賀川)へ出馬、非本意候、乍此上境中及手賦、無二其口へ与身之事者雖存候、衆中一統ニ相抱候間、先任其意候、明朝之手扱より可取越候、自然堺目凶事出来得者、味方中之覚不可然候間、各々任意見候、此由可然様ニ、盛国(猪苗代)へ伝達任入候、吉事期来日候、恐々謹言、

(天正十七年)六月三日申刻　政宗

(大内定綱)廉也斎

二二〇　伊達政宗書状

昨日四日猪苗代江移馬候処ニ、今五日、不慮ニ義広(葦名)被及動候条、見合を以及一戦、金上(盛備)・針生方為始、馬上三百余騎、野臥共ニ二千余討取、此表明隙、明日者黒川迄可及調儀候、如此之上ハ、万方尚以輙候、可為大慶候、珍敷義追而可申越候、恐々謹言、

(天正十七年)六月五日　政宗（花押）（〇花押、二一八と同形）

中島伊勢守殿

追而

田手(宗実)方へも、此由心得任入候、以上、

二二一　伊達政宗書状

従両筋到来ニ付而御音信、田(田村)境中調儀必定可有之候与存候条、田へ被及早打、可然候、飄々無際限候、仍郡山よりも此方へ到来候キ、義重(佐竹)罷打出之由候、今朝須賀川より商人下向候、彼人者年々米沢へ参候者にて候、其雑談ニ者、義重可被打出事、毛頭無之候由物語候、併無油断候、扨又片平(親綱)へ調儀之由申候哉、先以明日者田へ可然存候、恐々謹言、

(天正十七年カ)五月十四日戌亥　政宗（花押）（〇花押、二一三と同形）

追而猪苗代之事、又句も不切候哉、□(無)心元存候、以上、
(伊達実元)
五郎殿

(押紙)
「天正十七年五月十四日」

二二二二 伊達政宗書状

内々雖可及使者之事延候条、先々脚力遣候、仍今度宇田口へ打廻、去十九駒峯無二ニ取刷、相衆普討取、属手裡、翌日廿日号簑項山(マヽ)及進陣、昼夜無油断取詰候間、是も無時刻入手裡、仕置等手堅申付、一昨日廿六当地大森へ納馬候、然者義重(佐竹)被打出之由候、尚必定之義、無嫌夜中之注進可有之候、兼又葛西(晴信)・大崎(義隆)其外奥口より、鉄放(砲)衆五百余丁昨日相登候、惣別手前之鉄放衆をも、数多可指入候間、於時宜心安候、尚吉事重而、恐々謹言、

(天正十七年)
五月廿八日　政宗（花押183）
(福原)
孤月斎
福原蔵人頭殿

二二二三 豊臣秀吉書状

(折封ウワ書)
「たてさ京の大夫
とのへ」

目赤鷂取鷹之儀、依被聞召及、被仰出候処、則進上、悦思食候、誠御自愛此事候、遠路別而入念、早速京着、殊彼鷹之鷂相副到来、御感不斜候、随而太刀一腰絹国行、被遣之候、猶富田左近将監(知信)可申候也、

(天正十七年カ)
六月九日　(秀吉)（花押）
伊達左京大夫とのへ

二二二四 富田知信一白書状（切紙）

(折封ウワ書)
「富田左近将監
伊達左京大夫殿　一白」
(切封)

去月十六日之御状、於京都、遂拝見候、抑会津表之儀、被及一戦、悉平均ニ被仰付之由、先以尤存候、就其会津之儀ニ、長尾方ゟ被申上ニ付、先度被成　御朱印候、則拙者も書状を相添候、被加御分別、御返事肝要存候、免角早々殿下様(秀吉)へ御入魂之御理、可然存候、拙子も関東境目之儀付、為御代官、来十五日ニ罷立候、下着之刻、以書状可申達候、委曲之段ハ彼客僧可被申上候、恐惶謹言、

(天正十七年)
七月十三日　(一白)（花押445）
伊達左京大夫殿

二二二五 前田利家書状

御飛札之趣具披閲、本懐之至候、仍今度於会津表、被及一戦、即刻被属一篇之由、尤珍重候、右通即達　上聞候之処、彼仁之事、最前関白様(秀吉)江御礼申上御存知之儀候、遠国付而、以私宿意不止欝憤之事、御不審被思召之旨、被　仰出候之条、此度之始末、様々御取成中上候、猶以達而御理被仰上可然存候間、急与被指上御使者候者、弥施薬院(全宗)・富田左近将監(知信)相談、可得御諚候、不可有御油断候、於様

子者、良岳(良覚院栄真)・坂東屋宗有申渡候之条、不能祥候、恐々謹言、

(天正十七年)七月廿一日　羽筑 利家（花押）

伊達左京大夫殿 御返報

二二六　施薬院全宗書状

(折封ウワ書)

「施薬院

伊達左京大夫殿 御報　全宗」

(切封)

御札令拝見、則披露仕候処、蘆名方事、連々御礼申上、御存之仁ニ候、不被経　上意、私之以宿意、今度及一戦、被打果、至会津居住之儀、　上意御機色不可然候、委曲良岳口上ニ申入候、随而今度被差上候御鷹、一段御自愛之儀候、御使者未下着候哉、猶期后音候、恐惶謹言、

(天正十七年)七月廿二日　全宗（花押）

伊達左京大夫殿 御報

二二七　施薬院全宗書状

(折封ウワ書)

「施薬院

片倉小十郎殿 御返報　全宗」

(切封)

富田為相州御使被下候之間、重而御返事可被申候、今度於会津、被及一戦、被属御本意趣、以飛脚被仰上候、蘆名方事、連々御礼申上、御存知之仁ニ候、以私之儀、被打果候段、御機色不可然候、以　天気、一天下之儀被　仰付、被任関白職之上者、相替前々、不被経京儀候者、可為御越度候条、被差上御使者、御断可被成候哉、不及其段候歟、御分別次第候、被懸御目候間、不残愚意申入儀候、猶良岳可被申達候、恐々謹言、

(天正十七年)七月廿二日　全宗（花押）

片倉小十郎(景綱)殿 御返報

二二八　坂東屋道有書状

(折封ウワ書)

「坂東屋

片倉小十郎殿人々御中　道有」

(切封)

今度於会津表一戦、被成悉一返之由、天下無隠其(衍カ)隠候、就其従政宗様、御両三人へ之御書、具相届申候処、則御報被申候、猶拙子罷下、爰許之様子、可得御意候、委者良覚口状ニ可被申述候、恐惶謹言、

(天正十七年)七月廿二日　道有（花押99）

片倉小十郎殿 参人々御中

二二九　岩城常隆書状(折紙)

返々内存之義候間、政宗御用候とて、一両日も過候歟、又彼帰路之刻なとも、可然候歟、万吉重而、

先達以御使、段々蒙仰候、満足此事候、因之今度企使候、殊存分申入義候間、御用与而若者一人被召出可然候、巨砕彼口門ニ申含候、恐々謹言

九月朔日　常隆（花押146）

「(切封ウワ書)
政宗江　常隆」

二三〇　上郡山仲為書状写

覚

一今度為御上使罷下ニ付、政宗一段祝着被申、即上洛之儀令治定処、伊達分領へ、自越後御詫之由ニて、被及手切ニ付、政宗上洛相延候事、

一対会津(蘆名義広)、政宗存分被申意趣者、政宗親父輝宗代ニ、政宗弟会津ニ可居申約束堅仕、其手筈を違、佐竹へ被組、剰義重(佐竹)息次男(義広)申請、会津にすへ申、其上あい津ゟ調略いたし、奥州之内にハ、白河・石河・岩城・岩瀬・相馬・おく郡にてハ大崎・黒河、其外所々相催、又於出羽者、山形相語、其上関東人数引出、既伊達を可打果と仕候、勿論政宗親之敵ト云、六七ケ年以来依鉾楯、今度会津仙道内被打果、被任存分事、

一奥州五十四郡之儀者、自前代伊達探題ニ付、諸事政宗申付儀、今以不可有其隠候処、隣国隣郡凶徒等遠国ニ付、恣申掠候之間、有様之次第、被召出、可被成御尋事、

一越後衆於会津表、被及一戦、越後衆はや失利、横田と申城を始而、三四ケ所被明還候由、於路次慥承候間、跡ゟ罷上、使者遅々仕候かと存事、

一会津被打洩人数共、越後へ悉廻、種々様々計策仕候事、

右条々、於御疑者、以神文可申上候、此等之趣、被達　上聞候者、可忝存候、やかて伊達使者、自跡々可罷上候間、巨細尚以可被申入候、以上、

上郡山右近丞
(天正十七年)九月三日　仲為在判

浅野弾正少弼(長政)殿

会津事、一往無御届被打果、政宗様御入城之儀、右近在国之刻、如此之段曲事之由、関白様(秀吉)依御腹立木弥一右(木村吉清)・和久宗是令相談、先右之通申上候之間、其案文写進上仕候、以上、

二三一　伊達政宗知行充行状写

任侘言、小島四郎右衛門分、二日町三千八(七)百苅、米十四駄、代物仁貫六百文、一宮田米一駄、一さんこうめん米三俵、代物百文、役代壱貫文、一柳たて野仁百文、一倉田弥六郎分十七貫三百七十文之所、各下置候、永代不可有相違者也、仍証文如件、

天正十七年九月十五日

小檜山右馬丞殿

二三三二　伊達政宗知行安堵状写

任本領、上野尻年貢十三貫八百四十文、夫丸仁人、一高名西町仁十壱貫五百仁十文、夫丸仁人、一中里仁壱貫五百文之所、各下置候、永代不可有相違者也

天正十七年九月廿二日

前田伯耆守殿

二三三三　伊達政宗書状

其後無音之間、及使者候、於近日、其境目弥静候哉、簡用候、仍会口(会津カ)之事、先立如聞候、今度於越後、会衆三百余人越度、因之、自彼控中種々告来義共候、又自岩安(岩瀬・安積カ)も、内々唱共候キ、併其衆中可従分別之由、覚悟候旨、然間、当奥口追日安全候、可心安候、委細尚彼任口上候、恐々謹言、

(天正十七年カ)拾月朔日　政宗（花押183）

新美

二三三四　伊達政宗安堵状写

(端裏書)「うつし」

会津とを(塔)寺の内、しゆとけさ(守塔カ)うゐんあひたて候、永代不可有相違者也、如件、

天正十七年己丑十月十七日

花蔵院

二三三五　伊達政宗知行充行状写

(端裏書)「うつし」

さいくなの事、年貢拾五〆六百文、居やしき壱〆五百文之所下置候、併来ル卯の年より、可致知行候、永代不可有相違者也、仍如件、

天正十七己丑年十月十九日

三橋ゑもん殿

二三三六　伊達政宗書状

今日廿六、須賀川打破、自岩城之警固竹貫、植田但馬守、自佐竹之警固百々寺為始、馬上三百騎討取候、足軽事者、不知其数候、於様躰ハ、彼者可為物語候、定而満足可有之候、此由黒上、其外駒ヶ嶺衆之警固之旁々へ理り候へく候、佐紀・高壱へも、あひきかせ度候、恐々謹言、

(天正十七年)十月廿六日　政宗（花押）（〇花押、二一八と同形）

中伊(中島宗求)

追而

曰理へ及便書候、則可被届候、以上、

二三三七　伊達政宗知行安堵状写

(端裏書)「うつし」

今度無二奉公可申之由候、依之此比其方父子抱之通、所領不可有相違候、殊二男(蓬田雅楽助)別而奉公可有之由、満足候、彼人進退之事、奉公之

躰ニより、一途可引立候、仍證文如件（於此義偽ニ）

天正十七年己丑十月廿八日　閑翁斎

蓬田下野守殿

（切封）

二三八　木村吉清清久書状

（折封ウハ書）
「伊達左京大夫殿　　木村弥一右衛門尉
　　参御報　　　　　　清久」

（切封）

御書忝存候、抑去夏上郡山右近丞(仲為)方被指下、被任首尾、遠藤下総入道被上置候、殊御一書之趣、即被達　上聞、浅弾少(長政)、富田左近(一白)御両人以御取合、御機嫌少相甘候、先以珍重候、尚々申上、時宜相調、不入斎(遠藤下総)為可被指下、被留置候、就中黄金十両拝受候、御懇之儀忝候、尚追々可得御意候、恐惶敬白、

(天正十七年)十一月十日　清（花押314）

伊達左京大夫殿
　参御報

二三九　浅野長政長吉・富田知信一白連署状（切紙）

（折封ウハ書）
「　　　　　　浅野弾正少弼
　　　　　　　富田左近将監
伊達左京大夫殿　　長吉
　御報　　　　　　　　」

（切封）

御一書通、具致拝見候、

一就今度会津被打入、関白様(秀吉)御腹立以外候、其故者、義広事被得上意之段、不可有其隠処、被果置儀無是非由　御諚候、乍去御理之通者、従会津仕懸候付而、被及合戦、雖被得勝利、従其方之御存分迄ニ而、会津之儀被仰付候へハ、日本儀者不及申、唐国迄も被得上意候者共之為候間、双方申分被聞食届、以其上何へ成共、会津儀可被仰付旨　御意候事、

一政宗御身上之儀も、別而被得上意之処、自然対伊達慮外之族仕懸、万一被及御迷惑之時、被成御見捨候者、連々被得　上意候儀、不入事候歟、爰以会津之儀ニ付而、御憤深事可有御分別候、

一右之通被成御思惟、双方被止弓矢、幾重も御理被仰上尤存候、猶重而可得　御意候、恐惶謹言、

(天正十七年)十一月十日　(知信)（花押445）
　長吉（花押）

伊達左京大夫殿
　御報

二四〇　木村吉清清久書状

（折封ウハ書）
「伊達左京大夫殿　　木村弥一右衛門尉
　　参御報　　　　　　清久」

（切封）

尚々斎藤九郎兵衛尉追々指下候、巨細之段、右近丞(上郡山仲為)・宗是(和久)自両人可申入候之間、不能一二候、以上、

御書長頂戴、忝存候、

一会津之儀被討果ニ付、殿下様御存分深重候、浅野弾正少弼守御機嫌、今度不入斎(遠藤)ニ被成御上候御条数之通、粗被申上ニ付、少(油)御気色宜候、先以珍重候、弥御取合被申上候様、無由断随分調策可仕候、於相済者、早速上郡山右近丞方、可被指下候之間、自然何方ゟ何角申候共、無御承引、右近丞可被成御待事肝要候、

一為御音問、黄金十両拝受候、御懇切之次第尤忝存候、

一上郡山右近丞方、被罷上之時分、御馬米谷鹿毛、一疋拝領候、別而秘蔵仕事候、誠毎々御懇儀恐悦候、尚追々可得御意候、恐惶敬白、

(天正十七年)十一月廿日　清(清久)(花押314)

伊達左京大夫殿
参御報

二四一　浅野長政長吉書状

(折封ウワ書)
「伊達左京大夫殿　　浅野弾正少弼
参御報　　長吉」

(切封)

尚々　上意相調、上郡山右近丞(仲為)可被罷下候、可被得其意事専要候、以上、

去夏比上郡山右近丞被罷下、様子申請之処、被任其旨、遠藤不入斎被指上、殊条々被仰上之趣、達　上聞候、

一今度会津被打果ニ付、関白様御存分深候、其故者、義広事被得上意之段、不可有其隠之処、被果置之儀、無是非之由、御諚候、乍去御理之通者、自会津仕懸候付而、被及一戦、雖被得勝利、自其方之御存分迄ニ而、会津之儀被仰付候へハ、日本之儀者不及申、唐国迄も得　上意候者共為候之間、双方申分被聞食届、以其上何へ成共、会津之儀被仰付之旨、御意候事、

一政宗御身上之儀も、別而被得　上意之処、自然対伊達、慮外之族仕懸、万一被及御迷惑之時、被成御見捨候者、被得　上意候事、不入事候歟、爰以会津之儀ニ付、御憤深事可被成御分別候、

一右之趣被成御思惟、双方被止御弓矢、幾重も御理被仰上尤好候、

尚追々可得御意候、恐惶謹言、

(天正十七年)十一月廿日　長吉(花押)

伊達左京大夫殿
参御報

二四二　上郡山仲為・和久宗是連署覚書状

覚

一会津(葦名義広)被封果ニ付、殿下様(秀吉)以外御腹立事、先書ニ浅野弾正少弼ゟ、粗雖被申入候、尚以巨細為可申上、斎藤九郎兵衛尉追下申候、先度犬飼罷下候刻、於此方以一書申上之趣、案文写進覧候つる、定可捧上候哉、然処御自筆之御一書被指上候、其始末同意之上、則

霜台以御取合、関白様（秀吉）少御気色和申候、然者双方御存分被聞召
届、可被相済之旨被仰出候事、
一北条事、年内上洛相違ニ付、来春彼表可被成　御動座之由、被仰
出候、一段可然砌候之間、此番不抜之様、毛頭無御由断、御調略
専要候、殊更御機嫌和申候ト云、又ハ被対北条御腹立之時節、弥
可被仰分事肝心候、自然此つかひ被成遅延候者、万事可為相違
候、為御心付、不顧憚申上候事、
一会津被打果事、　関白様御腹立之段、大形ニ思食候てハ、不慮可
為出来候哉、能々被成相談、早速此時分可被仰分候事、
一重而之御使者、可然仁可被成御上候、万一御使遅々候へハ、如何
候之間、其間ニ先此仁被指上、如案文　政宗様御書可被上置事、
一先書ニ以神文申上候、任其首尾如此候、追而之御札、片時も早く
可被上候、以其上各々相談、上郡山右近可罷下候事、

巳上

（天正十七年）十一月廿日　和久又兵衛入道

宗是（花押）

上郡山右近丞

仲為（花押）

桑折播磨守（宗長）殿
片倉小十郎（景綱）殿
原田左馬助（宗時）殿
人々御中

二四三　伊達政宗知行充行状写

（端裏書）「御判うつし」

就今度被抽奉公候、本地一畠田半分、其外本領為替地、一新田、一
あかし田、一畠田半分、又為加恩、一鏡沼、一谷沢、右始之下置
所、永代不可有相違者也、仍證文如件、

天正十七己丑年霜月（十一月）廿日

浜尾駿河守（盛泰）殿

二四四　伊達政宗知行充行状写

（端裏書）「うつし」

為加恩、伊貢（具）之庄とにむろ之内ニ仁（ヒ）十貫文之所、同伊具ニ横倉之内
ニ五貫文之所宛行候、永代不可有相違者也、仍證文如件、

天正十七年己丑霜月（十一月）廿二日

浜尾駿河守殿

二四五　伊達政宗知行充行状写

就今度抽奉公共ニ、本領之通、一むちな森千貫文、一大栗三百五十
貫文、一つゝみ三百五十貫文、一なとり百七十五〆文、并加恩、一あ
と田七百五十貫文之所宛行候、不可有永代相違者也、仍證文如件、

天正十七己丑年霜月（十一月）廿二日

矢部下野守殿

二四六　伊達政宗知行充行状写

就今度忠節ニ、本領之通、一ほとハら三百五十〆文、一きうらいし
七百〆文、給分五けん、五貫文、一高林五百貫文、并上高林相副、
此外加恩通、一白子三百五十貫文、一下松本やたの抱之通、百七十
五貫文之所進置候、永代不可有相違候、仍證文如件、

天正十七己丑年霜月(十一月)廿二日

保土原江南斎(行藤)

二四七　伊達政宗知行充行状写

(端裏書)
「うつし」

就今度抽奉公ニ、本領之通、一中しゆく三百五十貫文、一守や百七十五〆文、并加恩之通、一浜のせ七百貫文、一下小山田三百五十貫文之所宛行候、永代不可有相違候、仍証文如件、

天正十七己丑年霜月廿二日

守やちくご殿(後重)

二四八　某書状案

此方へ御ほうこう(奉公)之義申上候へハ、尤御悦喜ニ被思召候、併漸年中ハ、日数もなく候間、近日御入馬たるへきにて候、来春ハ松のうちニ、御馬をいたされへく候間、其刻けいこしゆ(警固衆)なりとも、城主なりともうち御申、御ほうくうニ候はゝ、相馬へてかたくきれ御申候しゆひニ候間、くさのゝち、さういなくくたされへきにて候、此とおりそれかしニ申こし候へく候きよひニ候間、かくのことく申ことハり候、此書中を御手書ニなされ、さしをかれ候へく候、此義御かつてん(合点)ニ候ハゝ、御てきれ時分の事ハ、此ほうしたひニあるへく候、仍而しうもん(証文)如件、

天正十七己丑年霜月(十一月)廿六日

二四九　伊達政宗知行充行状写

(端裏書)
「御判うつし」

任年来約束ニ、大越抱之事、今泉之地相除、其外近年大越知行之通進置候、永代不可有相違、仍證文如件、

天正十七己丑年霜月(十一月)廿七日

田村宮内大夫殿(顕頼カ)

二五〇　上郡山仲為・和久宗是連署状

(折封ウワ書)
「上郡山右近丞
和久又兵衛入道

片倉小十郎　宗是」

(切封)

先書具雖申上候、乍憚御為を存、捧愚札候、此砌是非共被成御上洛候者、殿下様御悦喜不斜、其上万事可被任御意事、案之内候、此刻御上洛、万一被成御遅引候てハ、如何之由被申、浅弾少御肝煎不常事候、東国御出馬依被仰出、はや公私之御用意非大形候、能々被成御分別、御上洛可被急事此節候、御進物之儀者、於此方いかやう共可安候、左様之儀者、聊不可被入御手間候、迚御上洛可被作と被思食候者、此番肝心候、搆而〱被成御由断候てハ、可為御後悔候、返々御為を存、追々申入事候、随而木弥一右(木村吉清)ゟ、以書状被申処、為御使至濃州罷下在之事候、就中北条かたへ被遣候御書之案、写進入候、無御疑心之様にと存、御朱印在之事候、尚委曲不入斎ゟ、可被得御意候、此等之趣、宣預御披露候、恐々謹言、

(天正十七年)十一月廿六日　宗是（花押）

仲為（花押）

（景綱）片倉小十郎殿

二五一　伊達政宗知行充行状案

一君田弥六郎分十七貫三百七十文、一塩田分吉田五貫八百四十文、一多々羅きのかミ分くつかた三貫八百十五文、以上仁十七貫二十五文之所、下置候、不可有相違者也、

天正十七己丑年十二月四日　政宗

小檜山右馬允殿

二五二　伊達政宗知行充行状案

（端裏書）「うつし」

就今度令奉公、本領中伊北五百分二間在家下置候、以上、

天正十七年十二月十一日

やな取ゑもん殿

二五三　豊臣秀次書状

（折封ウワ書）「伊達左京大夫殿　秀次」

音書之趣、委細遂披閲承悦候、殊馬一疋栗毛、被贈越候、誠遙々懇情、至快然候、随而北条事、可令上洛通、種々悃望儀付而、今度沼田之城、被渡下処、構表裏条、為御誅伐、来春可被出御馬旨候間、旁其節被対（秀吉）殿下、可被励（襃）忠儀事尤候、尚使者可演説候、恐々謹言、

（天正十七年十二月）極月五日　秀次（花押）

伊達左京大夫殿

二五四　前田利家・浅野長政長吉連署状

（切封）

（遠藤下総）猶々不入斎可有演説候、

追而令啓候、北条事年内可致上洛之旨、重々被申上、其手筈相違付而、来春被成　御動座、可被加御成敗分ニ相究候、北条方へ被遣御朱印、則写進之候、此砌早速於御上洛者、万事可被任御意候哉、異于他申合付而、存寄趣重畳申下候、御分別此節候、委細御返事可承候、以其上弥御取成可申上候、猶従上郡山右近丞（仲為）方可申入候、恐々謹言、

（天正十七年）十二月五日　長吉（花押）

利家（花押）

伊達左京大夫殿　御宿所

（折封ウワ書）「羽柴加賀中将　浅野弾正少弼

伊達左京大夫殿御宿所　利家」

二五五　前田利家書状

（切封）

御使札之趣、具拝披、本懐之至存候、殊御馬一疋、鹿毛、被懸御意、毎節御悃信、難申尽次第候、就中今度高松斎（遠藤平三カ）被指上、御覚書之条目両三通、并口上、御存分通逐一承届候、尤被存事候、拙子上洛遅候間、使者相添、浅弾正少弼・富左近将監方へ申理候処、則被達

上聞候、然処ニ義広連々得　上意、勿論常州之儀、累年守　御下知
候ニ付而、様々欝憤之御理申立、被成　御納得候上、雖　御逆鱗之
様候、某罷登、浅弾令相談、重而右様子、不残御心腹申上候処ニ、
御内証宜罷成候条、珍重存候、然者　北条事、年内可致上洛由、多
重申上、其手筈就相違、来春被成　御動座、可被加御成敗ニ相究
候、幸之儀候間、此節於御上洛者、万事可被任　御存分事、案之内
候、委曲高松斎可被申候条、不能細書候、恐々謹言、

(天正十七年)十二月五日　利家（花押）

伊達左京大夫殿　御返報

(折封ウワ書)「伊達左京大夫殿御返報　羽柴筑前守　利家」

二五六　斯波三松義近書状

為御音信、紬五端到来、畏入候、貴国様子一々各申合、達　上聞
候、一段御内證候、利家始、別而馳走申事候、被任異見、何様にも
早々被出頭、尤少も関東又昔国持相違表裏、聊不可有之候、御隔心
段可為沙汰限候、対貴家、於三松少も疎略不可仕候、懇々不入斎可
申入候、恐々謹言、

(天正十七年)十二月七日　(義近)(花押)

伊達左京大夫殿　進之候

(折封ウワ書)「伊達左京大夫殿　三松」

二五七　伊達政宗書状

幸便之条、用一翰候、仍南口至近日、如何ニも静謐ニ候小田原ヨリ
も被及音信候キ、其外結城(晴朝)・那須・糠田方々より、度々通信之義候、
岩城之事者、別而為御入魂、甘釣斎為使者被立越候、莵角春中者、
南口へ之可為出馬候、相口(相馬)計策ニ付而、其心得尤ニ候、南口只今之
分ニ而指置候者、諸味方中堅々可為相違候条、如此之分別ニ而候、
事々正月中来越之刻、可及閑談候、取紛ニ絶言句不具候、恐々謹
言、

(天正十七年カ)極月廿日　政宗（花押）(〇花押、二一八と同形)

中伊(中島宗求)

追而
扨も〱相へ之事も来春出馬千言万句ニ候処ニ、南之吉事故、相
之滅亡相延候事、無念之至候、以上、

二五八　伊達政宗書状

来章具ニ披見、祝着之至候、仍こより(駒峯カ)申寄事候哉、尤可然候、併出
馬も候者、こま(駒峯カ)之事者不及是非、ミのもし(簑歌山カ)もあつかひニより、一時
一刻ももちかね候へく候か、莵角之くもし(黒木カ)をとゝのへ候事、可為肝
要候、一二ヶ所之分計者、先以不及分別候、彼口摸様、始終共相
調、到来尤ニ候、万々正月中来越之刻、可及閑談候事候、中主可申
越候間、不能詳候、恐々謹言、

（天正十七年）
極月廿三日　　政宗（花押）
（○花押、前号と同形）

中伊

追而
如此之太事之義、常之用所之ことく、五三人申越事、如何ニ候歟、公辺之事者いかん大事之儀者、中主かたへ理可然候、又其外も一人なとハ不苦候哉、以上、

二五九　伊達・芦名両家関係覚書

（端裏書）
「長禄年中ゟ以後会津家と
伊達御家之事覚書」

覚

一後花園院長禄二年戊寅八月廿四日、会津之守護葦名下総守盛詮家来金上某を大将ニ被成、人数七千騎を被遣、伊達家と御合戦、金上不得利退申候由、会津地下之覚書ニ見え申候事、（長禄二年戊寅より、延宝四年丙辰まで二百十九年、）

一後土御門院文明三年辛卯
伊達家幷白川氏、会津之守護葦名氏と御参会之由、覚書ニ見え申候、是ハ此年古河之　公方家足利左兵衛佐成氏公と、上杉式部太輔顕定と御合戦、成氏敗軍、千葉江御没落之由、就之御参会ニ而、可有御座候、此比関東幷奥州羽州之諸大名衆、古河之公方家を御尊敬之由ニ御座候事、（文明三年辛卯より、延宝四年丙辰迄二百六年、）

一同十四年壬寅会津葦名盛高公、
伊達家と御縁組ニ付、盛高公長井江御越、御参会之由、覚書ニ見え申候、併いつれの御輿入申候哉、知れ不申候事、（文明十四年壬寅より、延宝四年丙辰迄百九十五年、）

一同帝明応三年甲寅四月十二日、
伊達家にて御父子（政宗氏宗）之間御合戦ニ付、会津猪苗代江御出奔、無程長井江御本位之由、覚書ニ見え申候、然共御父子之御内、いつれの御出奔とも知れ不申候事、
同五月十五日葦名盛高公、人数三千余騎にて、長井江御越、御取扱之上、廿余日之内、無事ニ罷成候由、
同六月五日、盛高公長井より御帰城之由、同十日盛高公御家来松本対馬為御名代、長井江出陣、竹森之城落申候由、右いつれも覚書ニ見え申候、併事詳ニ知れ不申候事、（明応三年甲寅より、延宝四年丙辰まで百八十三年、）

一後柏原院永正二年乙丑十月十四日、葦名盛高公と、御息盛滋公と御合戦ニ付、盛滋公長井江御出奔、越年被成候、家来西勝・佐野・栗村・松本等、御供申由、覚書ニ見え申候事、（永正二年乙丑より、延宝四年丙辰迄百七十二年、）

一同十七年庚辰六月廿一日、会津守護出羽判官盛滋公、
伊達家江御加勢被成、最上と御合戦之由、覚書ニ見え申候事、（永正十七年庚辰より、延宝四年丙辰迄百五十七年、）

一同帝大永元年辛巳五月二日、会津守護葦名遠江守盛舜公、会津南山長沼氏を攻て御合戦、去二月七日御舎兄盛滋公御逝去、近日百

ケ日之御法事ニ相当り申候、依之従　伊達家和睦之御取扱被成、盛舜公追付御帰陣之由、覚書ニ見え候事、（大永元年辛巳より、延宝四年丙辰迄百五十六年、）

一同二年壬午

伊達家と最上と御合戦之由覚書ニ見え申候事、（大永二年壬午より、延宝四年丙辰迄百五十五年、）

一後奈良院亨（享）禄元年戊子九月晦日、

伊達家より葛西を被領候由、葛西氏病死ニ付、如此之由、依之葦名盛舜公為御加勢、人数被遣候、始四番、後二番にして参候由、覚書ニ見え申候事、（亨禄元年戊子より、延宝四年丙辰迄百四十九年、）

一同帝天文三年甲午、

伊達家并会津・磐瀬・石川と御一同ニ、岩城・白川と御合戦之由、覚書ニ見え申候、是ハ岩城左京大夫重隆公之御息女様、晴宗公江御縁組致相違、稙宗公御出陣、岩城勢木戸川・金剛川ニ相走候而、御合戦有之時之事ニ而可有御座候、此忩劇之上、御縁組相調候節之御約束にて、晴宗公御嫡男、岩城之御家督御相続、親隆公と申候由ニ御座候事、（天文三年甲午より、延宝四年丙辰迄百四十三年、）

一同六年丁酉、会津守護葦名修理大夫盛氏公、伊達家と御縁組之由、覚書ニ見え申候得共、いつれの御輿入申候哉、知れ不申候事、（天文六年丁酉より、延宝四年丙辰迄百四十年、）

一同十六年丁未八月八日、葦名盛氏公

伊達家江御加勢、長井ニ而御合戦之由覚書ニ見え申候得共、詳ニ知不申候事、（天文十六年丁未より、延宝四年丙辰迄百三十年、）

一正親町院永禄元年戊午、

伊達晴宗公御息女様、葦名盛氏公御息盛興公江御縁組相調、為御使者、会津御家来松本大学、長井江参候由、覚書ニ見え申候事、（永禄元年戊午より、延宝四年丙辰迄百十九年、）

一同帝天正三年乙亥六月五日、会津守護葦名盛興公御逝去、御子無御座候ニ付、御隠居盛氏公、彼盛興公之御後室、晴宗公之御息女様を御養子ニ被成、磐瀬郡二階堂遠江守盛義之御息盛隆公を御聟ニ被成候而、御家督相続被成候由、申伝候事、（天正三年乙亥より、延宝四年丙辰迄百二年、）

一同十二年甲申十月六日、会津守護葦名盛隆公御生害、先月御息亀王様御誕生、御家督相続被成候由、亀王様ハ晴宗公之御孫之由、申伝候事、（天正十二年甲申より、延宝四年丙辰迄九十三年、）

一同十四年丙戌十一月廿二日、会津守護葦名亀王様御早世被成候由、申伝候事、（天正十四年丙戌より、延宝四年丙辰迄九十一年、）

一後陽成院同十五年丁亥三月三日、佐竹義重之御二男義広公、為御養子、会津黒川江御入部、是ハ亀王様之御姉様江御取合、御家督相続被成候由、申伝候事、（天正十五年丁亥より、延宝四年丙辰迄九十年、）

一同十六年戊子閏五月十一日、亀王様之御母公、晴宗公之御息女様御逝去被成候由、申伝候事、（天正十六年戊子より、延宝四年丙辰迄八十八年、）

一同十七年己丑六月四日之夜、

伊達政宗公猪苗代江御乱入被成候、義広公も夜中ニ御出陣、翌五

日之早朝より午刻まて、摺上原にて御合戦、義広公御敗軍被成、黒川之城江御退、同十日之夜御夫婦共ニ佐竹江御没落被成、明十一日

政宗公黒川江御乱入之由、申伝候、黒川ハ今之若松にて御座候事、

天正十七己丑より、延宝四年丙辰迄八十八年、

巳上

二六〇 伊達政宗書状

来札、殊自相（相馬）之内書披見候、無事頻望与相見へ候、於当方ニ、不通千万ニ候、雖然与釆所（遠藤釆女）へ懇切ニ返札候而、相之内意聞届度候、成実（伊達）引添之儀、先々無用ニ候、相之上下、如何様之以題目、可佗言存分ニ候哉、其方以塩味、相之内存共、始終共ニ聞届、追而注進待入候、遠釆所へ之返答之安文、自是可相越候得共、彼文中ニ、別而無相替儀之条、不及是非候、余事主膳可申越候、恐々謹言、

（天正十八年）正月三日　政宗（花押）（〇花押、二一八と同形）

中伊

追而

出合之事者、先以無用候、万々塩味共候、仍而南口無異儀候、吉事期後音候、以上、

二六一 伊達政宗書状

来札、幷自両人之一書、再三披見候、仍無事ニ付而、出合之儀、彼是以不可然候、其故者無事ニ可取成存分、毛頭無之候、然処ニ一和之下組ニ、其身抔指出シ、扨又不属一和ニ候時者、行末訖其身扱、於相馬洞無正路存候事候而者、計策之為ニも不可然候得共、又両人当方へ奉公之旨有之事難計候、其為ニ者指出シ候事可然候得共、当春南口へ之出馬、何共〱無拠候条、からくりたて、少はやく候、南口弓矢之手成ニ付而、春夏之間ニも、相口へ打まハし候事、あまりにたやすく候、然間出合先々延引可然候、併相之存分聞届度以存念ヲ、伊達東根へ近日手明之内一人指越候、其始末者、中村ニ不断在堪候右馬助与申人、従隆胤中途へも、又内郷訖も被相越、一和之摸様可被相理由、浜伊所へ内意候条、先以一両人、浜伊使ニ取成、相越候キ、六七日之内ニ可相帰候、珍敷一義も候者、可及注進候、南之弓矢為ニも候条、無為取組之様ニ、取成様躰可引見之為如此ニ候、譴無成就取組ヲ、其身ニ媒介なさせ候義、外内共如何ニ候之条、先以遠慮尤ニ候歟、毎事中主可申越候、吉事重而々々、恐々謹言、

（天正十八年）正月十四日　政宗（花押）（〇花押、前号と同形）

中伊

追而

上口与小田原御間不通相切之由、一手堅唱来候、依之ニ、当方之義、於京都不可有御如在之由風聞候、猶諸口弓矢当方如存分可有之由覚悟ニ候、但当年之弓矢、いかゝたるへく候や、

二六二 木村吉清清久覚書状

覚

一殿下様御内證、別而宜罷成候事、
一佐竹方へ、御使を以可被仰届事、
一伊豆表於　御出馬者、書中ニ如申入候、同者貴所為御使者、可有
御越事、此番々万事不可有御由断候、御方さへ無御違候者、殿下
様之儀、毛頭不可有御別儀候、定其元へも可相聞候、関白様一世
之間ニ、人御抜候事無御座候、以上、
(天正十八年)
正月廿日　　清(清久)(花押314)
原田左馬助(宗時)殿
片倉小十郎(景綱)殿
まいる

二六三　浅野幸長長継書状

(切封)
御状拝見申候、被仰上候之趣、親候者度々被達　上聞候、御身上儀、
弾正少弼(長政)不被存疎意候間、可御心易候、近日至小田原表、御出馬候
之条、自彼地、節々可申通候、恐惶謹言、
(天正十八年)
正月廿日　　長継(花押)
伊達左京大夫殿
御報

二六四　斯波義近覚書状

御返札令披見候、
一貴国無異儀之段、尤珍重事、
一三月朔日関白馬被出候、一刻早速御出馬覚悟尤候事、
一此方内々貴殿於御馳走者、定無異儀段各存事、
一坂東屋重々可令申入候事、
一茶進入候、いかゝ候事、
先書様子、不入斎懇ニ申入候事、
(天正十八年)
正月廿二日　　(義近)(花押)
伊達左京衛門大夫殿
ゝ
進之候

二六五　前田利家書状

(切封)
連々承及候条、自是、可令啓達刻、御札拝見、相叶本懐候、殊御馬
一疋栗毛被懸御意候、御懇切之儀、難尽書中候、仍高松斎被仰含、
被差越通、一々承届、筑前守(前田利家)被申聞候、就其旧冬上洛砌、御存分之
姿、重々達　上聞、御内證趣、委曲及御報候、猶以北条為御成敗、
近日可被成　御動座ニ相究候間、此節有御上洛、諸篇可被任御憤
事、専用存候、具高松斎可被説口上候間、不能細筆候、恐々謹言、
(天正十八年)
正月廿六日　　利長(花押)
伊達左京大夫殿
御返報
(折封ウワ書)
「羽柴孫四郎
伊達左京大夫殿　　利長
御返報　」

二六六　徳山則秀秀現書状

（切封）

年甫之嘉祥、万々申納候、仍去秋遠藤不入斎為御使節、被指上刻、羽柴筑前守（前田利家）江、御札并御馬御音物之趣申聞候、殊拙者江御書、為御音信黄金五両被贈下候、拝領過分至極存候、就其　関白様江可被仰上御条目三通、御口上、逐一被承届、浅野弾正少弼（長政）方江相添、書状不入斎先被指上、即一披露有而、筑前守上洛候而、多重被成御取成、達而被窺御気色、尽事言上被申付而、無御別条御内証相済申候段、御仕合与乍申、都鄙御外聞、御名誉与、諸人申沙汰候、右之条々淵底、不入斎可被申披候之条、不及展筆舌候、然者、北条出仕之儀遅参、依　御腹立、近々可被進　御馬之旨、被　仰出候、其以前被成御上洛、御昇殿可為珍重候、随而上辺弥静謐候、西国九州諸士祗候被申候、駿河之家康も為越年、上洛雖被申候、関東御陣付而御暇被下、頓而被到帰国候、筑前守も従信州口、直至上野可致出張之旨、依　御諚、近日京都罷立、下国之由申来候、拙者式も、雖為老足、出陣可同心之旨候、不入斎江具申候、爰元之馬、長道着陣不実候、彼表江逸物之馬一疋、於恩借者可忝候、先日良岳重而被差遣儀、被入御念、尤奉存候、其節御書頂戴、重々忝次第候、次乍憚褶拾端進上仕候、聊書状験迄候、此等之趣、宜預御披露候、恐惶謹言、

（天正十八年）正月廿日　　秀現（花押）

片倉小十郎殿

（折封ウワ書）
「片倉小十郎殿　　徳山五兵衛入道
　　　　　　　　　　　　秀現」

二六七　前田利家書状

重而良学被指越候ニ付而、御懇簡具拝披、本懐之至存候、如承候、寂前遠藤不入斎被指上条々、御存分之趣達　上聞候、委曲先書ニ如申伸候、御逆鱗雖不浅候、浅野弾正少弼（長政）方令相談、多重御理申上候ニ付而、会津之儀御別条有間敷之旨、御内證之通、不入斎へ懇ニ申渡、及御報候シ、就其先日も如申入候、北条表裏之緩怠、曲事ニ被思食、則被成御動座、可有御成敗ニ候、東海道之御人数、駿河大納言家康卿為御先手、当月五日ニ被打立候、其跡押続御出勢ニ候、依之拙者も加州能州越中之人数召連、十日ニ先勢相立、我等者廿日ニ致出馬候、信州通上野へ可押入候、真田（昌幸）并上杉（景勝）方を先勢ニと被仰出、是又同道へ被相働候、淵底良覚被聞届候、然上ハ此時候条、自会津口至下野、有御出馬、可被抽忠儀候、我等上野へ打入候者、其地へ物近候条、節々御飛脚被相越、可被示合事専一候、猶於巨細者、口状ニ申渡候間、不能詳候、恐々謹言、

（天正十八年）二月二日　羽筑　利家（花押）

伊達左京大夫殿
参御返報

二六八　河島重続書状

猶々今度不及御馳走候、御前之儀御取成所仰候、以上、

良学只今御下之儀候間、以一札申入候、

一今度御下国之刻、不及馳走、迷惑仕候事、

一筑前守（前田利家）人数、十日ニ先勢被相立候、利家ハ廿日ニ可罷立由候、段々出勢之様子書付候て、良労（学カ）へ相渡申候事、

一如此関東へ　御出馬相究候上ハ、政宗様下野へ御出張之事、専一ニ存候、此度於御由断ハ、前々被仰理候段も、相違之様ニ可被思召候条、其段具可被仰上候、政宗様御出馬ニ付而ハ、慥なる御使を、上野へ早々可被指越候、口状ニ懇ニ申渡候条、良学御相談肝用存候、

一寂前貴殿御上之時、被進之候御馬、一段能成申候、別而秘蔵被申候、被入御念たる義と、筑州良学ニ直ニ御礼被申候条、是又政宗様へ、能々御披露肝用存候、

一岡田長右衛門尉以書状可申候へ共、取乱候間、自拙者同事ニ可申入候由被申候、恐惶謹言、

二月二日　　重続（花押）

（切封ウワ書）

「　　　河島市佑

遠藤不入斎　　　　重続」

参人々御中

（包紙）

「加賀利家卿之家臣河島市祐重続ゟ遠藤不入斎江之書帖一通

天正十八年二月二日早々小田原御参陣可然由申来ル」

二六九　伊達政宗知行充行状

下長井しろうさきの内、一中里在家仁貫五百文、きり田壱貫文、一おきの在家仁貫文、きり田五百文、一半在家仁貫文、一そし方はきう分より水代仁百文、横沢分より水代仁百文、惣以上合而八貫四百文之所、下置候、永代不可有相違者也、仍證文如件、

天正十八庚刁年二月十日　　政宗（朱印）（〇印文「竜納」）

横沢三郎左衛門との

二七〇　結城晴朝書状

内々自是可申宣所存ニ候処、遮而預使者候、遠路御真実之所、祝着之至候、抑義宣去月八日北表出馬、雖然無指儀候哉、因茲御出勢、火急ニ可有之候歟、好个之時節、肝要至極候、弥以彼表可被納手裏義必然候、以書付、承意趣令得其意候、愚存及御返答候、委細口上ニ可有之候条、不能具候、恐々謹言、

（天正十八年）二月十二日　　晴朝（花押243）

伊達殿

追而具足一両越給候、目出度快然候、以上、

二七一　八島増行書状

（切封）

御書忝致拝見候、度々被仰上之趣、弾正少弼具被達　上聞候、於様躰者、御使者口上ニ被申渡候、早々至小田原表、被成御進発、御忠節尤存候、此等之旨、可然様御取成所仰候、恐々謹言、

（天正十八年）
二月廿一日　　増行（花押）

原田左馬助殿

（折封ウワ書）
「八島久右衛門尉

原田左馬助殿　　増行」

二七二　和久宗是・上郡山仲為連署状

（切封）

尚以委細口上可被申入候、於此方折角肝煎候段、九兵存知事候、可然候様、御取合可進入候、以上、

（斎藤九郎兵衛）
斎九兵留置、爰元様躰申含指下候、来月朔日御出馬治定候之間、被得其意、政宗様可被出御馬事肝要候、（浅野長政）霜台幷（木村吉清）木弥一右被申専要に候、小田原表早速被成御出陣、御忠節候者、万事可相済之由候、自然被見合、被成御由断候者、不可然之旨候、併不可過御分別候、恐々謹言、

（天正十八年）
二月廿一日　　宗是（花押）

（景綱）
片倉小十郎殿　　仲為（花押）
御報

（折封ウワ書）
「和久又兵衛入道

上郡山右近丞

片倉小十郎殿　　宗是」
御報

二七三　和久宗是・上郡山仲為連署状

（切封）

御書忝畏頂戴仕候、被仰聞之旨、即霜台・木弥一右へ具申入、御請被申候、巨細之段、彼書中露顕候之間、自両人不能再筆候、返々専要に、小田原表急速被成御出馬候者、万事可被任御意事、案之内候、此等之趣、宜預御披露候、恐々謹言、

（天正十八年）
二月廿一日　　宗是（花押）

仲為（花押）

（宗時）
原田左馬助殿

（折封ウワ書）
「和久又兵衛入道

上郡山右近丞

原田左馬助殿　　宗是」

二七四　木村清吉清久書状

（切封）

彼仁早速被指上、尊書拝受恐悦候、御書中之旨、幷口上之趣、別而令入魂、即被申上之処、尚以（秀吉）殿下様御内存宜候、大慶不可過之候、菟角詮用者、小田原表被成御着陣候者、不被移時日御出馬此時候、御忠節次第、会津之儀者不及申、国も可被参之旨候、随而越後堺之儀、無御気遣之様、申遣候間、可被成其意候、（秀吉）関白様御内證之通、彼仁具可被申入候、尚委曲自彼表可得御意候、恐惶謹言、

（天正十八年）
二月廿一日　　（清久）清（花押314）

伊達左京大夫殿
参御報

(折封ウワ書)
「　木村弥一右衛門尉
伊達左京大夫殿　清久
参御報　」

二七五　浅野長政長吉書状

（切封）

切々遠路之御使札、誠畏悦候、仍被仰上之始末、伺御機嫌、毎度令達　上聞之処、度々被申入候会津之儀、無御紕明、非可被仰付儀之由候之条、無御隔心、御動座之砌、至小田原表、早速有御進発、於御忠節者、万事可被任御心候哉、尚委曲御内証之通、御使者中含口上候、恐惶謹言、

(天正十八年)
二月廿一日　長吉（花押）

伊達左京大夫殿
御報

(折封ウワ書)
「　浅野弾正少弼
伊達左京大夫殿　長吉
御報　」

二七六　伊達政宗知行充行状写

(端裏書)
「簗取左馬允殿」

布沢之内、ひさ沢の事、うち地ハいつれも館へ知行ニ候へ共、わひ言ニまかせ、(替)かいの地として、上伊北之内やうとめ公文三百分之所下置候、永代不可有違乱者也、仍證文如件、

天正十八年庚寅三月一日　簗取

簗取左馬允殿

二七七　伊達政宗書状

如来札、今年之吉兆、更不可有休期候、因之扇子到来、為悦之至候、仍前日(小成田惣右衛門)小惣指下、万々及理候処、尤無異義、就中(氏家弾正吉継)氏弾為服其一味中、(留守政景)雪斎へ別而入魂ニ被相理之由候、於爰元満足此事候、乍幾度、其口之義、畢竟氏弾一味中、別可有之候条、何辺之義も、此方へ無隔意被相理候ハん事、可為本望候、尚彼口上ニ相含候、恐々謹言、

(天正十八年カ)
三月四日　政宗（花押183）

二七八　伊達政宗書状

相口之義ニ付而来札具披見候、仍彼しまつ、相よりあひさつかハり候や、今般出馬なとのへ候事、(佐竹)佐口よりとやかく相へことハりも候へく候と(推)すもし候、これらニつゐても、さやうニ候へく候、とかく無二ニきらし候て可然候、くれ〳〵無念にて候、しかしなから相のさた、(相馬盛胤)かねきうりやうのことくにて候、只々世間を見あハせられ候、もりたねてをきり、ほうこうあるへきなと〻のことハり、はや〳〵いつわりとミへ候、とかく兼日之かくこはとれ候はす候、万々(中島信貞)中大可相理候、恐々謹言、

(天正十八年三月)
弥生十日　政宗（花押）(〇花押、二一八と同形)

中伊

二七九　伊達政宗知行充行状写

徹書

此度其身ニ、野沢之地下置候、雖然彼地依有用所、替之地相渡候中
ニ、あさの地唯今境目ニ候而、難成知行候間、不及替之地候、以後
仁越国通途自由ニ候而、有所務之刻者、相当之かい(替)の地、并せきつ
りうのかハりをも、及校量可相渡者也、仍證文如件、

天正十八年
三月廿四日
平田不各斎(周防守殿)ミミミ

二八〇　伊達政宗土倉課役免除状写

としつき大まちのうちニ、かゝいのしちくら(質倉)しやくの事、わひこ
とうけたまハり候、さりかたく候まゝ、此のちさういなく、やくさ
しをき候、もし又よりところなきようちよも候ハゝ、たのしちくら
ニしゆん(准)せす、わけて申へく候、いこのため證文如件、

天正十八年
三月廿四日

二八一　伊達政宗書状

態用一行候、仍　関白殿(秀吉)向小田原ニ御動座候間、来月六日為後詰打
出候、依之駒之嶺番之義、其外助懸之事任置迄候、聊不可及御油断
候、事〳〵重而、恐々謹言、

(天正十八年)三月廿六日　政宗（花押）（〇花押、二一八と同形）
中島伊勢守殿

二八二　伊達政宗知行充行状写

(端裏書)「原田左馬助殿」
別而為加恩、一小川庄鳥居峠より下一宇、此内川瀬二ヶ所、館へ可
為知行候、一金上進退一宇下置候、永代不可有相違者也、仍證文如
件、

天正十八年庚刁二月九日
原田左馬助殿(宗時)

二八三　伊達政宗知行充行状写

会津北かた新宮之内、一めんてん、一松もと坊、彼二ヶ所、其身あ
つかりニくたしをき候、これニより、そのミかたへハ、けいとくま(マヽ)
す一斗入五たハら、并やしき二けんくたしをき候、尤其外年貢請物保
以下、何もたしかに可相澄者也、
仍如件、

天正十八年かのへとら二月十五日
経徳いなは(因幡)殿

二八四　伊達政宗役銭并年貢免除状写

(端裏書)「うつし」
自今、其方所被澄候役銭十三〆文并売地十貫文、以上合て仁十三〆
分ニ、一小池一宇、米五十六たん片荷、是ハ館へ下地共ニ被指上候、
一さの之内四十三たん片荷、是ハ其方へ預ニいたさせ候、右以上合
て米百たん、当知行三十貫文之所、館へ被指上候条、向後其身前よ
り出候役銭、売地の年貢之義相除候、然者陣参之義、任佗言ニ、騎

馬三騎たるへく候、其外ハ前々のことく可被遣候、仍證文如件、

天正十八年二月十九日

(佐野民部)
さのミんぶ殿

二八五　伊達政宗知行充行状写

(端裏書)
「原田藤ゑもん」

大ハらのうち、一いのちさハ当知行仁〆、こやく仁百文、(外屋敷)とやしき
しつ当知行七間、并おひら三百文下置候也、以上、

天正十八年二月廿三日

原田藤衛門

二八六　伊達政宗書状写

(端裏書)
「あんもん」

急度用脚力候、抑今般京都小田原鉾楯覃之、歎布候、当方之義、年
来関白へ申通之上、殊先達沼田我妻之地、以表裏被懸取候事無其
隠、右之意趣を以、自京都被打下之義無拠候歟、然条、当年之事
も、境目迄近日令出馬候、其方事ハ、近年別而当方入魂与云、少々
在所へも有帰城、相近ニ兵談所希候、如此之義、近比雖聊尓之様候、
及一筆候、旁以馳走、近辺之衆引汲之義、畢竟ニ之任入計候、急度
之間先令略候、恐々謹言、

(天正十八年四月)
卯月九日

(壬生義雄)
壬上

二八七　施薬院全宗書状

(切封)

(政宗)
太守へ可申上候へとも、無別条候間、可被御意得候、
今度道有軒下向ニ付令啓候、此表之儀、道有可被申入候之条、不能
詳候、先早々御上洛奉待候、小田原被取巻条之条、落居不可有其程
候哉、恐惶謹言、

(天正十八年四月)
卯月十日　全宗（花押）

片倉小十郎殿
人々御中

(折封ウワ書)
「施薬院

片倉小十郎殿
人々御中　全宗」

二八八　徳山則秀(秀現)書状

政宗様御書被下、我等式迄如此儀、忝奉存候、然ハ(前田利家)筑前守具被及御
返答候、殿下様江御礼ニ御越被成義、此砌可然被申義候、此等旨宜
預御披露候、恐々謹言、

四月十九日　秀現（花押）

徳山五兵衛入道

(切封ウワ書)
「片倉小十郎殿　秀現」

二八九　北条氏長書状

如貴札、未申達候処、思食寄、遠路是迄御音札、恐悦之至候、仍遠
藤若狭守去冬至于当表、被罷上、如御帋面、其国之御様子、委細被
中所承届候キ、仙道御出馬、被属御本意由、珍重存候、関東逐日氏

直如存分、静謐ニ候、別而可被仰合由、御肝要候、陸奥守申談御取成、聊も不可存如在候、随而御馬一疋鹿毛被懸御意候、畏入候、自是も虎猠一箱、令進覧候由、可得貴意候、恐々謹言、

（四月）卯月廿日　氏長（花押）

伊達 参貴報

二九〇　浅野長政長吉書状

（切封）

去月十五日御礼、当月十九日於小田原表拝見候、抑為後詰早速御出陳（陣）之由、無御由断之躰、不及是非候、乍去此表之儀、小田原二町三町之間ニ、被成御執詰、掘堀塀柵虎落五重六重被相付候、海上之儀者、四国西国鎮西之船等数千艘被浮置候之間、誠鳥之通も無之為躰候、一人も不残可被作干殺御調儀候之条、落去不可有程候、就中会津之儀、先書具如申入候、急度　殿下様へ可被上渡事専一候、以其上、此表へ早々御出馬可目出候、為其此使も不取敢下申事候、尚委曲任口上候、恐惶謹言、

（天正十八年四月）卯月廿日　長吉（花押）

伊達左京大夫殿

参御報

（折封ウワ書）

「浅野弾正少弼

伊達左京大夫殿　参御報　長吉」

二九一　浅野長政長吉書状

（切封）

追々御状拝見候、仍小田原之儀、委曲此使被見及候之間、具可被申入候、とかく会津之儀、関白様（秀吉）へ不被上渡候へハ、不相済事候、良覚院・上郡山右近ニ、重々申含候之条、被得其意、可被仰上事此節候、於時宜者、乍憚我々ニ被任置、早々会津被上渡、不移時日、当表政宗御出馬候之様可然候、為其此使も不取敢下申事候、尚追々可申承候、恐々謹言、

（天正十八年四月）卯月廿日　長吉（花押）

片倉小十郎殿

御返報

（折封ウワ書）

「浅野弾正少弼

片倉小十郎殿　御返報　長吉」

二九二　木村吉清清久・和久宗是連署状

（切封）

追々貴札忝存候、良覚院・右近（上郡山仲為）被罷下候砌、深重雖申入候、尚以霜台（浅野長政）へ御使引合、直被申始末、又以一書申入候、所詮会津之儀、関白様へ可被上渡事尤此時候、殊更会津之儀、霜台請取可申之旨、被仰出候時者、御分別次第、憶意御存分ニ可相済候、被得其意、早々御一筆可被越置候、万一此度御思案相違候者、不及是非候、尚追

々可得御意候、恐惶敬白、

（天正十八年四月）卯月廿日　宗是（花押）
（清久）清　（花押314）

伊達左京大夫殿
参貴報

（折封ウワ書）「木村弥一右衛門尉
和久又兵衛入道

伊達左京大夫殿　宗是
参貴報　」

二九三　木村吉清清久・和久宗是連署状

（切封）

尚々方々への御状共、可届申旨、九郎兵被申候へ共、さやうニ候へハ、此使被罷下候事、遅々候之間、不相届、先下申候、これハ其方之儀、為可急申候、以上、

御札拝見候、仍会津　関白様へ被上渡候段、於遅々者不可然候、乍去会津御上候とて、佐竹次男（蘆名義広）へ如元被成御返候へハ、御存分も可在之候哉、会津之儀者、弾正（浅野長政）請取可申旨、被仰出候時者、面白　御誂ニ候、いかやう共、政宗御身上事者、霜台へ被打任候之様ニ、能々可被仰入事此時候、今日まてハ、佐竹も当表へ無出馬候、いつれ〳〵も一番ニ、政宗此表へ御出陣候へかしと、待申事非大形候、尚委曲九郎兵口上ニ申含候、恐々謹言、

（天正十八年四月）卯月廿日　宗是（花押）
（清久）清　（花押314）

片倉小十郎殿
御報

（折封ウワ書）「木村弥一右衛門尉
和久又兵衛入道

片倉小十郎殿　宗是
御報　」

二九四　木村吉清清久・和久宗是連署状

（切封）

（斎藤）九郎兵衛尉近々被指下候之間、（浅野長政）浅弾少へ引合、直被申様躰、以一書申候之条、能々御披見候て、政宗へ可有御上候、専要に御両人へ如被申渡候、会津被上渡候御一筆、先早々可被越事此時候、去九日之夜、下野国住人皆河山城守（広照）与申仁百計にて、木村常陸介（重茲）手へ走入、被助命候之様にと、御侘言被申候、此仁ハ先年　（秀吉）関白様へ御太刀御馬進上之候、即被納候間、助命被申、家康へ被遣候、自今以後者、北条刎首持来候共、御同心有間敷候間、堅被仰出候、敵城中無正躰候之間、落去不可有程候間、政宗此表へ早々御出馬、可被相急事肝要候、委曲九兵口上ニ申含候、恐々謹言、

（天正十八年）四月廿日　宗是（花押）
良覚院　（清久）清　（花押314）

（仲為）上郡山右近丞殿
御宿所

（折封ウワ書）
「木村弥一右衛門尉
　和久又兵衛入道
良覚
上郡山右近丞殿
　御宿所　　宗是」

二九五　守屋意成・小関重安連署状

昨日廿日道有（坂東屋）申上候ける、定而彼書中よりおそく候へく候間、道有参候ハヽ、能々御たつね可被成候、其前良覚まかりくたり申候ニ、くハしく申上候よし、上右（上郡山仲為）被申候、よく〳〵良覚ニ御たつね可被成候、浅野たん正御まへも、よく〳〵承届候へとも、まかりこへ（罷越）、ちきたん（直談）可承候ためニ、上右同心ニ、小田原へまかりこし申候、御のほりか、少もおそく候ハヽ、何事もちかい可申と被申候、御やめ候事ハやすく候、まつ〳〵御したく候て可然候、少も御ゆたんあるましく候、御かくこのほかあるましく候と存候へとも、まつ〳〵御したく可然候、

一それかしの事ハ、五月晦日比ニハ参申へく候、其時分御たんかうも候へく候間、成実さま（伊達）白なとよひ御申、一日二日またせ御申候ても可然候、返々御ゆたん候てハ、いかゝにて候、

一物別地下の者まても、御ゆたん候ましく候、

一小十郎方ハたもしく候人しゆ、（の脱カ）てつほうしゆ、たくさんニよひ被申候而、なにとなくくろ川（黒）ニおき被申候而可然候、何事も如此御かくこ可然候、

一長井への出入、しほ川へハまハりすき申候間、いそき〳〵、ミつはし（三橋）をかけさせられ候へく候、これもなにとなく候へく候、いそき〳〵はし御かけ候へく候、

一返々このたひ、いかやうニも御くふう候て、御身上つゝかなき事か、御てからたるへく候、

一いつか〳〵まかり帰、小田原やう躰、御かたり申度候、

一申事はゝかりなから、此度よく〳〵せけんミあて申、罷下可申候、此よし御披露、恐々謹言、

返々
みつはし御かけ可然候、なにとなく可然候、以上、

　　　　しゆはく斎
（天正十八年）四月廿一日（青印）（〇意成の印章ならん）意成（花押）
　　　　小大
　　　　重安（花押）
人々御中

二九六　大橋吉景・伊藤勝久連署状

尚々拙者式迄、尊札たひ忝存候、追而可得貴意候、以上、

尊書畏致拝見候、今度於京都御仕合、重々無残所旨、被仰下候、拙者式迄恐悦此事候、随而御屋敷御普請、漸出来仕由（カ）、珍重奉存候、弾正事も御下向を被相待御事候、少も退屈不被仕候間、乍恐御心安可被思食候、誠ニ我等式迄、被入御心被示下候儀、過当至極候、近々可為御下国之条、万々其節可得尊意候、恐惶謹言、

(天正十九年四月)
卯月廿七日　　伊藤又兵衛
　　　　　　　　勝久（花押）
　　　　　　　大橋八蔵
　　　　　　　　吉景（花押）

政宗様
　尊報

二九七　河島重続書状

尚以巨細口上ニ申渡候旨、御取成所仰候、以上、

雖未申通候、致啓上候、

一今般御使僧被為指上、御状之通、即筑州(前田利家)ニ申聞候、各へ御状被遣候、然共小田原表迄ハ、程遠候間、先従此地被指返候、其子細ハ、小田原ハ去月上旬ヨリ、被為取巻候、堀塀丈夫ニ付廻シ、三重四重ニ御人数被押詰候、海方ハ舟数千艘被指浮、御人数弐万、日夜海上ニ在番候、城中より鳥之通も無御座躰候、様々御侘言申上候へ共、一切不被聞召入候、一人も不洩様ニとの御擬ニ候、下野国ノ侍皆川山城守(広照)走出申候、人数百計召連候、其外北条左衛門(氏勝)大夫命を被助候様ニと申上、無理ニ罷出候、左衛門大夫ハ、玉縄と申城ニ籠申候つる、小田原城内、無正躰、歴々者共懸出申候、然共此以後、一人も不罷出候、縦北条刎首持来候共、可被成御成敗との御法度を、被仰出候故、不及力躰候事、

一筑前守働之口、上野筋之儀、松井田城落居ニ付而、箕輪・厩橋・石倉・西牧之高田明渡、皆々被請取候、人数入置候、新田・ふか(深谷)や・おし(忍)・江戸・河越・佐野・足利已下悉相済、五三日之内ニ、何も人数を遣、可請取ニ候事、

一右分ニ御座候間、一刻も早く、政宗様御参陣之儀、急申度由被申候、依之先此御使被返候、遅々候てハ、御前御取成之段も難申ニ付而、如此ニ候、下野国端迄も、御出馬ニおゐてハ、筑州親類衆を御迎ニ可進上之由候、其段可御心安候、御注進次第ニ、慥なる近キ親類中を、可相越由候、左様之儀、一段被入精候、少も如在被申間敷候、片時も御急候て、三百騎四百騎程にて成共、御出馬肝用存候、不可有御由断候事、

一南部大膳大夫方も、出仕被申由候て、先ニ使者を被指上候、定而近日此地へ可為参着候事、

一守柏斎(守屋意成)、小関大覚(重安)方、去月廿一日此地へ被参候、翌日廿二日筑州被致同道候て、小田原へ被罷越、御存分之通、具言上被仕候、御用之子細候て被罷越候砌、彼御使者被参、一般可然仕合と申事候、拙者も為供、小田原面へ参上候キ、然者浅野弾正方ハ、去月廿六日鎌倉へ被相働候間、以相談御返事可申之由候而、御両使ハ鎌倉へ被通候、定而可為遅々之間、先此御使指返申候事、

一此面之儀、勿論筑前守惣奉行として、被　仰出候、出羽奥州之時宜、此度御仕置可被　仰付由候、幸筑州も其表棟梁ニ被罷越候、万端無御隔心、可被仰談事、御仕合と存事候、政宗様之儀ニおゐてハ身ニ懸、如何様ニも馳走可被申、臆意にて御座候、其段可御

心安候事、
一懇ニ書付申候儀も、不罷成候、大形口上ニ申渡候、扨又拙者儀、
弥御用等被　仰付候者、外聞旁不可存由断候、御取成偏奉頼候、
次先日自御両人、筑州へ御状、即申聞候、恐惶謹言、
（天正十八年）五月二日　重続（花押）
河島市佑
（切封ウワ書）
「（景綱）片倉小十郎殿　重続
（宗時）原田左馬助殿」

二九八　河島重続書状

去十一日之　御書、今二日上野松井田表へ到着、忝拝見仕候、仍筑
州へ御状之趣申聞、被及御返書候、次守柏斎・小関大覚方、御両使
被指越、去月廿一日此地へ参着被仕、是又御内證之通、一々申聞
候、殊拙者式へ御書、并大蠟弐百挺拝領、節々如此之儀、外聞実儀
忝奉存候、此表御手合之刻、旁可申上候、尚以此地之様子、其外別
帋ニ言上仕候旨、宜預御披露候、恐惶謹言、
（天正十八年）五月二日　重続（花押）
河嶋市佑
（切封ウワ書）
「片倉小十郎殿　重続
原田左馬助殿」

二九九　徳川家康書状

幸便之条、染一翰候、仍去秋源悦下候刻、委細令申候ッ、然者其方
（最上）義光御間柄之儀候間、弥以御入魂、於家康も大慶不可過之候、被対
山形、（秀吉）殿下一段御懇候之間、尚々無御別意、被仰談専肝候、尚具片
倉小十郎可申候、恐々謹言、
（天正十八年）五月三日　家康（花押）
伊達左京大夫殿

三〇〇　伊達政宗書状

為届遠路之脚力本望候、随而関白様種々御入魂之義、万々如存分之
成就候、其上木村弥一（吉清）右衛門与申仁、為案内者、関東ヲ直ニ、一両
日中下向ニ落着候、可為大慶候、扨又去比於于駒峯大利、不及是非
候、面々挊之義不珍候、毎事下国之刻、可及物語候、恐々謹言、
（天正十八年）六月十二日　政宗
中嶋伊勢守殿

三〇一　伊達政宗書状

当月三日之書翰、今日十四日相州於藤沢之地一覧、本懐ニ候、一去
五日ニ小田原江着陣、同九日巳刻令出仕、同十日朝ニ茶之湯ニ而被召
出、名物共御為見、就中天下ニ三ッ共無之御刀腋指懇談被下候、其
外御入魂之儀共、不及是非候、扨又為休息被相返候、今日従小田
原、当藤沢江相着候、廿四五日比者、黒河へ可相帰候、奥州五十四
郡、出羽十二郡、皆以仕置等被仰付候、会津之事者、一端被仰出候

条、先々　関白様御蔵所ニ被成候、万吉懇々可及閑談候、恐々謹
言、

（天正十八年）六月十四日□（亥カ）刻　　政宗（花押）
（〇花押、一覧213に類似す）

追啓
判形少違候、なをし候へはいかゝのまゝ、早々如此ニ候、

三〇二　増田長盛書状

至会津無異儀御帰着之由、珍重存候、此面御隙明候ニ付而、上様（秀吉）
来十五日時分ニ、此方被成御立候而、会津へ　御動座之事候、然間
其段木村弥一右衛門（吉清）かた迄申遣候、御座所以下之事、御馳走肝要
候、猶追而可得貴意候、恐惶謹言、

（天正十八年）七月朔日　　増田右衛門尉
長盛（花押）

伊達左京大夫殿
御報

三〇三　宮部継潤書状

（切封）

貴札之趣、両三人相談之申上候処、悦思召由候、近日会津可為　御
成候之間、其節諸式可被仰出旨候、誠今度不寄存、得芳意条々、御
懇之段、珍重候、猶追而可申達候、恐惶謹言、

（天正十八年カ）七月一日　　（宮部）継潤（花押）

政宗様
貴報

（折封ウワ書）
「中務卿法印
政宗様　　継潤
貴報」

三〇四　和久宗是書状

追而申入候、道作之五人御奉行衆へ、一人つゝニ御朱印被遣、御法
度直にもかたく被仰付候、其御朱印之案文、写令進入候、内々被得
其意、可被仰付候、先書ニ如申入候、此五人衆、いつれも御馬廻之
事候、被成御馳走可然存候、恐惶敬白

（天正十八年）七月三日　　和久又兵入道
宗是（花押）

政宗様
参人々御中

三〇五　豊臣秀吉朱印法度書写

従小田原面至于会津道作御法度事

一道作之為奉行、垣見弥五郎・水原亀介・西河八右衛門尉・杉山源
兵衛尉・友松次右衛門□（尉）□（等カ）□（五）人被指遣候、然に自当表会津迄
横三間之海道可作之事、
一道之手寄〳〵、百姓召出、道普請、其国郡々見計可渡宛事、
一少も礼銭礼物を取□用捨、又者不謂族於申懸者、奉行共可為曲
事、於以来も、被聞食付次第、可被加御成敗事、
一道普請無沙汰之百姓有之者、可被加御成敗条、所を書付可致言
上、為私成敗之儀、不可仕之事、

一船渡橋以下見計、橋□□へき所付しるし可申上事、
一橋之材木、其近所之山林にてきりよせさせ、可集置候、重而被遣御奉行、橋をかけさせらるへき事、
一会津までの道すち、御□（とカ）まり共、城々にても御座所之儀、城主幷在番之者共ニ可申付事、付道奉行五人、兵粮塩噌如帳面、城□手寄〳〵にて可請取之、次馬飼として大豆壱升、ひえ壱升つゝ被下候、幷町送人夫十人被仰付候、此外地下人百姓ニ、非分之儀不可申懸事、

天正十八年七月三日　御朱印

三〇六　浅野長政長吉書状

上様近日至其表、可被移　御座付而、路次通為奉行、御使番衆五人被相越候、然者其地御座所御普請之儀被仰談、可然様ニ御用意尤存候、次爰元之様躰、先書ニ申入候之間、不能再筆候、恐々謹言、

（天正十八年）七月九日　長吉（花押）

伊達左京大夫殿
御宿所

（切封ウワ書）
「伊達左京大夫殿　浅野弾正少弼
御宿所　長吉」

三〇七　木村吉清清久書状

尚以、中地・檜沢・赤津三ヶ村指出候儀、可被仰付候、弾正なとニ談合仕、上様へハ御耳へ入可申候、以上、

態令啓上候、
一御使番昨日十九日迄、此地ニ相留申候へ共、其方ゟ依差不越、今日廿日ニ其方へ被罷越候、御馳走尤為存候事、
一白川ゟ会津迄、道橋幷御座かたく被仰付尤存候、
一御上米急度可被仰付事、是又第一ニ候、
一中納言殿（豊臣秀次）来廿五六日比、至会津御着候由申来候、
一黒川御座所御普請、大形申付候間、可被御心安思召候、爰元普請出来候て、懸御目申度候、先書ニ如申上候、長井の城迄、此衆被参候ハゝ、可有御六ヶ敷候間、十里十五里程被成御立出、御対面候て、御朱印可被成御請取申候、則御使衆も其存分ニ候、追々可申上候、恐惶謹言、

（天正十八年）七月廿日　木村弥一右衛門尉（花押314）

謹上　政宗様
参人々御中

三〇八　文松次右衛門尉等五人連署状

一筆令啓上候、仍去十六日至于会津、致参着候、翌日其地へ可参様、心底候之処、木弥一（木村吉清）右被申分ニ、近日政宗従小田原面御下向之条、先御さ右を可申入之由にて、此地一両日令滞留候、今日其地参候之処、路次にて両人之御使ニ遂面談候、就其明日明後日中ニ　上様為　御迎、白川表可有御出之由被申候、左候へハ、貴殿御留守ニ参候ても如何と存、（守屋意成）又守柏を御供申、会津へ罷帰候、おい川ゟ（原田旧拙斎）九拙へ、

乍卒爾御朱印を相渡返し申候、旁以拝顔万々可得御意候、恐惶謹言、

（天正十八年）七月廿日　西川八右衛門尉（花押）（○実名書込以下同じ）

垣見弥五郎（花押）

杉山源兵衛（花押）

水原　亀介（花押）

丈松次右衛門尉（花押）

政宗様

人々御中

三〇九　蒲生氏郷書状

返々、相待候様ニと被仰候由、浅六右（浅野正勝）申候へとも、何之道ニも御一所と存候而、相働申候、以上

早速之御出馬、御手柄共候、殊ニ大雪ニ而候つる条、下々可難相着と、笑止存候、我等も無油断罷越候間、何事も可得御意候、先度之御報、一両日以前ニ拝見申候、御存分無余儀候、誠ニ御忠節之御心底不浅候、我等躰不及申候、以面上万吉可申述候、恐々謹言、

（天正十八年）十一月九日　氏（花押312）

（切封ウワ書）

「羽忠三

伊左京公

人々御中　氏」

三一〇　蒲生氏郷書状

返々、相待候様ニと承候へとも、早榊原（康政）其外少々関東衆下向之由候、左様候ハヽ、其衆被下候まて不相働ヽ内ニ居申候なと被申候てハ、おとこも不成候まヽ、さそく令出馬候以上、

其表如何、無御心元存候、我等も急申度候へとも、雪中を罷越候故、仁（人）馬無正躰草臥申候而、今日迄延引申候、乍去、無油断可罷下候まヽ、其以前、自然卒爾之御働無之様ニ尤存候、政宗へも其通申度候へとも、如何と加遠慮候、我等ニハ相待候やうニと承候へとも、何とも無御心元候而、内ニハ不被居候間、令出陣候、猶懸御目候而、可申入候、恐々謹言、

（天正十八年）十一月九日　氏（花押312）

（切封ウワ書）

「忠三

浅六右（浅野正勝）殿御宿所　氏」

三一一　蒲生氏郷書状

返々、横尾方一段被念入候事、非大形候、已上、

如尊墨、内々御一左右次第と存候処に、奥之儀余無心元存候而、与風ニ致出陣候、然処ニ為御案内者、横尾源左衛門尉方被差越候、殊更御念被入候段、過当候、随而木勢州（木村吉清）父子于今無別条候旨、先以大慶存候、無油断御陣所へ参候而、得御意、彼後巻可仕候、不及申候へとも、爰元為躰、不案内之我等候間、可随御指図候、飛立様ニ急申度候へとも、人馬草臥申候故、早速ニ不致着陣事、無念々々、以貴面、可得賢意候、恐々謹言、

（天正十八年十一月）
霜月十日　氏（花押312）

切封ウワ書
「　羽忠
伊左夫公　氏
人々御中　」

三一二　蒲生氏郷書状

尚々爰元之様子、政宗無御油断通、具ニ上ヘ申上候、次飛脚ニて申上候間、早速ニ可為上着候、可被御心安候、浅弾聽而可為御下向候、可有其御心得候、以上、

度々其表之様子示預、本望至候、政宗黒川江御陣替之由ニ候、先之儀無御心元存、以書状申入候、無御油断儀共候、我等も明後日者、其近辺迄可参候間、以面可申入候、恐々謹言、

（天正十八年）
十一月十三日　氏郷（花押312）

（浅野正勝）
浅六右殿　御宿所

切封ウワ書
「　羽忠三
浅六右殿御宿所　氏郷　」

三一三　蒲生氏郷覚書状

覚

一御調儀第一ニ存候事　付我等請取事
一御働之様子之事
一惣無事存知寄通申入候事
一葛西（晴信）身上之事
一関東衆御分別之通、尤無余儀候、猶上へも、御心中之趣申上候事

以上

（天正十八年）
十一月十五日　羽柴忠三郎　氏（花押312）

伊達左京大夫殿　御宿所

三一四　蒲生氏郷書状

返々、御情（精）被入候而、預示候事、本望々々、かしく、

芳墨拝見候、

一当地（玉造郡名生）一段可然城候間、後までも政宗可被相抱哉と存候而、普請丈夫ニ申付候事、
一明後高清水、政宗可有御責旨尤候、乍去人のそこね申候事、不可然候、仕寄にて火矢、せいろうなと可然候事、
一其城いかやうにも候て、城を御請取候か、又ハ人質を出候ハんならハ、また御分別にても御済、十分之御手柄候、何之道にても、其城御済可然候、高清水御責候ハんならハ、弥右通ニ尤候事、
一明後我等其地へ参候まて、政宗御待候様ニ頼申候、政宗御跡へ我等先手取つゝき働可申候事、
一先刻従是申入候中之目近辺、早速一刻も早、はか行候やうニ御才覚、貴所御分別にて候、はやく隙明候事候、久かゝり申候者、へたかたぎにて候、かしく、

「(切封ウワ書)

(天正十八年)十一月廿日　　氏（花押312）

忠三

浅六右殿　　氏

御返報」

三一五　蒲生氏郷書状

返々、向後も我等偽申ましく候、今日までも、我等心中ニ〇ハ偽申事ハ無之かと覚申候、以上、

只今御越、御大儀共候、其地御才覚にて、早速ニ御済可然候、先日の惣無事ハ、如何成行候哉、かたはしニ理申城なとハ、一刻もはやく御済可然候、寒天にて候まゝ、御急可然候〳〵、又唯今誓文ニ而申候通、今度政宗御忠節、中〳〵、不及是非候、南部なと躰を見申候ほと、政宗御手柄候、　御前ニ而是非とも〳〵、我等身ニ及申候ほとハ、御取成申候て、一かど馳走可申候、　八幡心中に、少も無偽候、返々城々證人等におよハす、城わたし候ハんならハ、御請取可然候、後ハ弥無異儀物にて候まゝ、当分はか行尤候、不可有御油断候、恐々謹言、

(天正十八年)十一月廿日　　氏（花押312）

忠三

「(切封ウワ書)

浅野六右殿　　氏

御宿所」

三一六　蒲生氏郷書状

猶々、今日者由断之様可思召候間、一等申入候、かしく、

今日之陣替、相煩候故、延引仕候、気色も好成候間、明日者其表陣替可仕候、懸御目旁可申述候、恐々謹言、

(天正十八年)十一月廿三日　　忠三 氏郷（花押312）

浅六右殿

御陣所

三一七　蒲生氏郷書状（折紙）

返々、腹中気ニ成候て、散々の躰ニ候、此通政宗公ヱ被仰入可給候、以上、

昨夕者気色少好候つる間、今日可参と申入候へ共、又夜中散々ニ煩申候て、おきあかり申儀不成候間、何共〳〵迷惑仕候、政宗公ヱ可然様ニ、御心得頼存候、

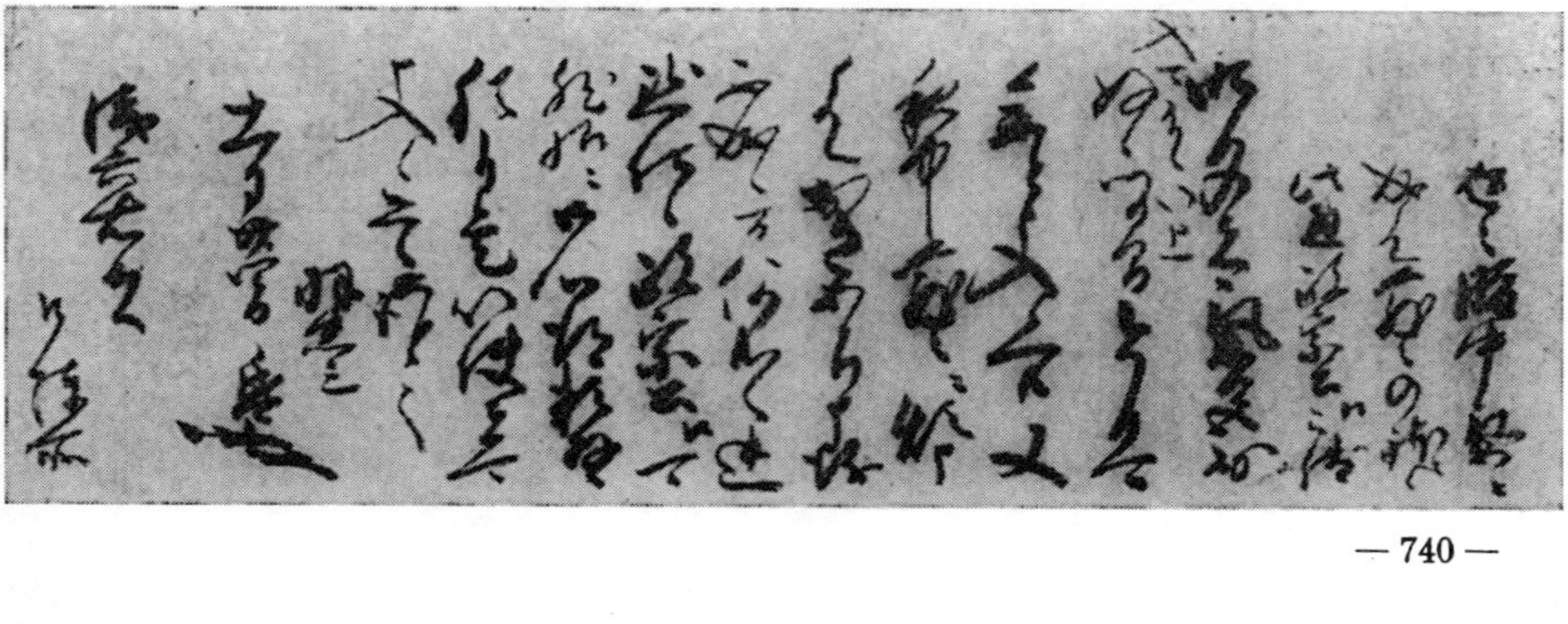

猶自是以使者、可
申入候、恐々謹言、

(天正十八年)十一月廿四日　羽忠三　氏郷（花押312）

浅六右殿　御陣所

三一八　蒲生氏郷書状

以上

佐沼江御手合之由、御手柄共無是非存候、早々上へ御注進尤存候、今朝以使者如申入候、散々ニ相煩申故、手ニ合不申儀、無念ニ存候、其元御仕置之儀、能々被仰付尤ニ存候、其付而先日ゟ如申入候、政宗御沙汰在之度事候ハゝ、御前儀者、何様ニも我等請取馳走可仕候間、其通能々政宗江可被仰入候、恐々謹言、

(天正十八年)十一月廿四日　羽忠三　氏郷（花押312）

(切封ウワ書)
「浅六右殿　御陣所　羽忠三　氏郷」

三一九　蒲生氏郷書状

以上

昨日以使者、如申入候、以外相煩申候故、昨日之手ニ合不申、無念此事、致迷惑候、早速ニ(木村吉清)伊勢守御手合之儀、御手柄共無是非次第ニ候、上江早々御注進尤存候、従我等も申上候へと思召候ハゝ、如何様ニも御指図次第ニ可申上候、御忠節中〱無申計候、爰元御仕置之儀、先日申通ニ可被仰付候、然者御内消次第ニ、何分ニも伊勢守江意見可申候、於様子者、先度申旧候之間、唯今不能巨細候、返々折節悪相煩申候而、昨日之手ニ相不申候事、是迄参候を無ニ成申候間、無念ニ存候、猶浅六右迄申越候、恐々謹言、

(天正十八年)十一月廿五日　羽忠三　氏郷（花押312）

(切封ウワ書)
「伊左京様　人々御中　羽忠三　氏郷」

三二〇　蒲生氏郷書状

返々、昨日上へも具ニ申上候、又浅六右へ口上申候キ、御おんミつ〱、以上、

従昨日(木村吉清)勢州・(浅野正勝)六右相談申候而、少気色取なをし申候、我等存分一書ニ申入候、具申度候へとも、ふせりなから如何申候哉、かしく、

(天正十八年)十一廿六　氏（花押312）

伊左京様　人々御中

(切封ウワ書)
「伊左京様　人々御中　羽忠三　氏」

三二一　蒲生氏郷起請文

起請文前書之事

一今度佐沼後巻仕而、政宗無二以御覚悟、我等同前ニ相働、木村伊勢守(吉清)父子助申儀、無比類次第、偏対　上様(秀吉)、御忠節之事、

一如此之上者、葛西大崎之儀、政宗江被預置候様ニ　上様江御取成可申上候事、

一此以来申談上者、自然申説等在之者、則其名指有姿申理、不可有疎略事、

右条々、対　上様於無御別心、少も偽不可有之候、此旨於相違、此起請文御罰可罷蒙者也、仍起請文如件、

羽柴忠三郎

天正十八庚寅年十一月廿八日　氏郷（花押血判312）

伊達左京太夫殿

参

…………………………（紙継目）

（○右紙継目には氏郷の花押あり、以下神文は熊野牛玉の裏に書す）

敬而申天罰起請文之事

上者梵天・帝釈・四天天王、物而日本国中大小神祇、殊ニ伊豆筥(根)権両権現・三島大明神・八幡大菩薩・愛宕山大権現・塩竈六所大明神・松島大明神・白鳥明神、氏神悉奉請、右意趣者、忝此起請文偽於在之者、起請之御罰可蒙深厚者也、

仍起請文如件、

羽柴忠三郎

天正十八庚寅年霜月(十一月)廿八日　氏郷（花押血判312）

伊達左京大夫殿

参

三一二　伊達政宗起請文案

起請文前書之事

一今度木村伊勢守(吉清)一揆蜂起付而、佐沼後巻仕、伊勢守親子助申儀、偏氏郷御働故与存之事、

一如此互申談上者、向後対氏郷へ、別心表裏不可有之事、

一此以来、氏郷政宗御間之儀、中説申族於在之者、尋分其名指、以可申理之事、

右条々

(天正十八年)月日　政宗御判

羽柴忠三郎殿

三一三　蒲生氏郷書状

返々、浅弾への御返事被遣候哉、かしく、

貴札拝見仕候、鷹之鴨三被贈下候、過分至極、則賞翫仕候、仍登米鷹之儀、早々居ニ被遣尤ニ存候、我等今日者又差返、散々煩申候、今朝従是以使者申入候間、委細可得御意候、勢州所へも又使者を遣候之条、明日定而当地江可被相越候、被越次第ニ御左右可申入候、恐々謹言、

(天正十八年)十一月廿九日　氏郷（花押312）

羽忠三

(切封ウワ書)
「

伊左京様
貴報　　　　　　　　　　氏郷
」

三二四　蒲生氏郷書状

（切封ウワ書）
「
浅六右殿
御宿所　　　　忠三
氏　」

返々、可然様ニ御指図憑申候、如昨日中舍候事、我等ハ今までの初ニ而候、自然〳〵片思候哉〳〵、かしく、

昨日者申承候、本望存候、殊更爰元之儀、大形相究候事尤候、為可得御意、又向後使者ニ可進と存、建部令史・永原孫右衛門尉両人進之候、可然様ニ被仰候而、御覧被知候様ニ、御取成頼申候、木勢州方ゟ返答之趣、是又口上ニ相含候、可得賢意候、恐々謹言、

（天正十八年）
十一月廿九日　　　　氏（花押312）

三二五　蒲生氏郷書状

返々、無御由断御急尤ニ候、

木勢州只今此方へ御越候、然者明日早々御越待申候、究之儀候間、相談申候、佐沼之儀、一刻も急可相究候、必々明朝御急候て、待入申候、恐々謹言、

（天正十八年）
十一月廿九日　　　　忠三
氏郷（花押312）
浅六右殿
御陣所

三二六　蒲生氏郷書状

返々、御煩之儀、時分柄候間、無御油断御養生、専用存候、随而御不自由之旨、尤無余儀存候、随分中納言様へ可申上候、可御心安候、以上、

二日之御札、今日拝見申候、唯今中納言様（秀次）至岩瀬、被成　御着候、明日二本松迄可被成御座候、早御煩躰浅弾少被申候、可御心安候、弾少我等躰も、従明後日可参候間、懸御目候而、万々可得御意候、今度者早速被仰付候事、御手柄候、猶面上之節可申達候、恐々謹言、

（天正十九年）
八月五日　　　　羽柴忠三郎
氏郷（花押312）
羽柴伊達待従殿
御返報

三二七　蒲生氏郷書状

返々、是迄示預候事、本望至極存候、以上、

十九日之貴札拝見仕候、就洪水二三日令逗留、今日廿三日和賀迄着陣仕候、九戸于今相拘在之由候、四五日中ニ参着と申候之条、彼表於着陣者、五三日中ニ可明隙候間、御気遣在之間敷候、　中納言様御前へ、切々御出仕由、尤ニ存候、此度之儀候間、随分御馳走専要ニ存候、猶追而可申承候間、令省略候、恐々謹言、

（天正十九年）
八月廿三日　　　　羽柴忠三郎
氏郷（花押312）
羽柴伊達待従殿
御返報

三二八　二本松配分之日記（横帳）

（表紙）
「二本松
　配分之日記
天正十四ひのへいぬ
　九月七日」

みのハ玄蕃をん所
一みのわの村　一宇
一たかこしの村　一宇
　以上二郷
ほり江しきふ
もとミや（大江）たいゑの内
一手さく　五千苅
　しほ田の村
一きり田　八百苅
一北の窪　仁〆六百文
（五百）いほ川の内
一いのはな　壱〆文
たいゑの内
一とうめき壱〆三百文
并加恩として
杉田之内
一ミやてん　仁〆文
一岩崎　仁〆五百文
一。さつく　四〆文
一。熊野田　仁〆四百文
一。太郎兵衛　壱〆文
　以上十六〆八百
ゆさの丹波守
杉田之内
一田かう　四貫文
一ひかし郡山三〆五百文
一かり山　三〆五百文
一田中　三〆文
一。おくり　五〆文
一。かきの木内三〆文
一。下町　三〆文
一。堀目　壱〆仁百文
一。藤の木下三〆文
一。ちうの岡壱〆文
一。池のした　八百文
一。九郎兵衛　七百文
　以上
并
もとミやの内
たいゑのむら
一とのうち　仁〆五百文
　同むら
一中野きり田四千苅
しほ田ニ
一手さく　千苅
一つち内　仁千苅
一ぬれち　仁〆五百文
一まへふたこ塚壱〆五百文
　以上三十八〆仁百
なハしろ田木工亟
なハしろたの内
一とのうち　九百文
一たかひたい七百文
一やなき内　七百文
一やさハ　壱〆文
一しんさ　五百文
一手作　壱万四千
苅、此外加恩として
杉田之内
一。かうをん寺　五貫文
一。あかとや　壱〆四百文
一。藤十郎　壱〆文
一。藤三郎　仁〆文
一。円命寺　六百文
　以上十三〆八百
加の孫ゑもん
　しほさハの内
一弥き内　壱〆八百文
一たこ内　仁〆文
一かち内　仁〆文
一中目　九百文

一卯八郎　百文
一わき在家はうやしき五百文
一同中やしき　三百文
　并彼一むら惣成敗
一しほ川の内ひかし
たこや
　以上七〆六百
　　氏家新兵衛
　　　もとミやの内
一やなか手作　六千苅
一しほ田之内　仁せん苅
一たいゐの内　千苅
　并ニ
一たいゐの内嶋仁〆三百文
一にしもろた　壱〆八百文
一いほ川之内　壱〆五百文
一新田やへもん六百文
一しほたの内さく田九百文
　同かをんとして
　　杉田之村
一山した　三〆五百文

一おほたハら　三〆文
一ミやと　壱〆文
一こかたきし　仁〆五百文
一。ふくろ内　三〆文
一。はゝ　壱〆五百文
一。にしこほり山仁〆四百文
一。ちやうちやのミや三〆文
一。下ちやう　四百文
一。町のうしろ四百文
一。与三兵衛　八百文
一。しもまち　八百文
一。町はたけ　七百文
一。さんかう面壱〆仁百文
　　以上三十壱〆三百
　ゆさの源左衛門
一しほ川のむらひかし
たこや計（ばかり）あひよかり候て其外一
宇
一吉くらの村　一宇
一よな沢の村　一宇
　以上三郷

をかた二郎ゐもん
玉井
　ほはしらの内
一かへし内　五〆文
なり田之内
一たかのす　仁〆五百文
　以上七〆五百
　もとミや衆
　　ほりゐ与三兵衛
一岩のさく　三〆五百文
一しほ田之内　てさく
千苅壱〆五百文
　以上五〆文
　　しほ田之内
国分藤ゐもん
一手さく千五百苅
壱〆七百文
　以上壱〆七百文
　国分木工助
一しほ田之内あらやしき
三〆文

一みなミの内壱〆五百文
　以上四〆五百文
　やき田しやうけん
一ふたこ塚　三〆五百文
一平九郎内　仁〆文
　以上五〆五百文
小田辺大学介
一北の内　三〆五百文
　同むら
一せい八郎内　仁〆五百文
一手さく　千苅壱〆文
一しほ田之内　てさく五百苅七百
文
　以上七〆七百文
　はつ取せん五郎
　　たいゐのむら
一大五郎内　壱〆文
一同むら手作三百苅三百文
　しほ田之内
一きり田八百苅壱〆文
以上仁〆三百文

大内すけ八郎
三ヶ一のむらの内
一杉の内　三〆五百文
おなし村
一小二郎内　仁〆四百文
以上五〆九百文
はつ取孫九郎
三ヶ一のむらの内
一おけ在家　三〆五百文
以上三〆五百文
さ川弥内
玉井たての村
一こいたハ　仁〆文
もとミやニ
一手さく　五百苅七百文
一ほはしらの内七百文
一なり田之村川前ねきしの内ニ壱
〆五百文
以上四〆九百文
落合しやうけん
一なか橋在家幷手作三千苅以上六
貫文
以上六〆文
みのハないき
一なかほ在家　三〆五百文
一との内　三〆文
一くほ　三〆文
以上九〆五百文
きふねはやと（木舟隼人）
成田之村ニ
一ねきし　千苅
一うちやとの内千苅
以上
かの下つけ
三ヶ一之内ニ
一かミの内　三〆文
以上三〆文
くらのすけ
成田ニ
一木舟田　千苅
以上
かすへニ
一ほとけさハ　壱〆五百文
成田之内ニ
一ひなた仁せんかり四〆
以上五〆五百文
木口太郎兵衛
たいゐの内
一うるしかき内　壱〆七百文
以上一貫七百文
ほりゐひこ一郎
同むらニ
一木のした在家三〆文
一きりた三百苅三百文
しほ田之内
一きり田五百苅
七百文
以上四〆文
さ藤孫一郎
一塩田の内切田五百かり
七百文
一たいゐの内切田千かり
壱〆文
以上壱〆七百文
かのゝ弥二郎
一たいゐの内まへ田在家
三〆五百文
以上三〆五百文
本田かものすけ（掃部助）
たいゐの内
一とうまん地仁〆文
塩田之内
一切田九百苅壱〆仁百文
以上三〆仁百文
安斎蔵人主
しほ田之内
一かなや　三〆五百文
玉井ニ
一さハさき　七百文
以上四〆仁百文
番匠外記介
成田之内
一うき内　壱〆文
一はねいしの内百かり五百文

一畠七百地三百五十文
杉田之内
一きり田三百苅壱〆四百文
一畠仁百五十地
成田之内
一宮まへ　三百苅壱〆四百文
以上四〆九百文
関や彦一郎
たいゑひの内
一ミやの下　三〆五百文
一同ひかしもろ田仁〆五百文
以上六〆文
さ藤孫兵衛
しほ田之内
一おなかさく　壱〆五百文
以上壱〆五百文
伊藤ひこ七郎
たいゑいの内
一ほし内　三〆文
以上三〆文
舟橋きん七郎

しほ田之内
一七百苅　九百文
たいゑいの内
一三百苅　三百文
以上壱〆仁百文
舟橋けん二郎
たいゑいの内
一おほ畠　壱〆文
同むら
一きり田三百かり三百文
塩田之内
一きり田八百苅壱〆文
以上仁〆三百文
(上遠野)かとをの大蔵
たいゑいの内
一下のたて　仁〆文
以上仁〆文
国分小八郎
たいゑいの内
一うしろ川仁〆五百文
塩田之内

一切田千苅壱〆五百文
以上四〆文
さハら藤八郎
たいゑいの内
一源八郎内　仁〆七百文
塩田之内
一手作八百苅壱〆文
以上三〆七百文
はつ取弥二郎
上川さき
一ひかし在家　三〆文
一さく内　壱〆文
以上四〆文
(図書)木むらつしよ
玉井ひらいの村
一たけの内　五〆文
塩沢之内
一ミやの下　壱〆五百文
以上六〆五百文
九月五日の御判
さ藤六郎さへもん
玉井ニ

一やなき田　四〆文
一大こく内　四〆文
一くら田　壱〆五百文
以上五〆五百
使行人ニ
玉井ニ
一とうくハう寺分仁〆文
以上仁〆
すゝき刑部さへもん
玉井ニ
一山口　壱〆五百文
一たかく　八百文
一たつの口　きりた仁たん三百文
巳上仁〆六百文
くハはらはやと
ほはしらの内
一たなか　仁〆五百文
以上仁〆五百
ゆさくらのかミ
下川崎之内
一藤内うち　三〆七百五十文

一やと　三〆七百五十文
一さんこ内　仁〆仁百文
一かミとの内仁〆仁百五十文
一てら　五百文
一ほつた　壱〆五百文
一とう入内　仁〆四百文
一おうち内　仁〆百卅文
一川つら　仁〆六百文
一とをきた　三〆七百五十文
一中北　三〆七百五十文
一ひかし坂　仁〆仁百文
一さかした　仁〆百卅文
一あミた堂　壱〆仁百文
一くほ　仁〆四百文
一かちや　壱〆五百文
一さくま　壱〆文
一ミや　壱〆五百文
一岩くら　仁〆文
一なめつ　壱〆仁百文
一しも杉之内仁〆六百文
以上四十六〆三百十文

巳上廿一間
ゆさ佐藤ゑもん
ゆわう田ニ
一上ゆわうた　仁〆五百文
一とをきた　仁〆文
一中北　仁〆文
まつハしニ
一町やしき　四けん八百つゝの所
合て三〆仁百文
同まつハしニ
本領
一町やしき壱けん八百文之所
以上十〆五百文
塩川左馬助
ゆいの内ニ
一やち　仁〆四百文
一二平内　三〆百八十文
一とつちろ(カ)内　五百文
以上六〆八十文
大河内はゝき(伯耆)
おほ沢むらニ

一なかの内　仁〆五百文
ゆわふ田ニ
一二ほん柳手作千苅
以上仁〆五百文
大槻甚ゑもん
上川崎之内
一中のさく　仁〆五百文
之所
以上仁〆五百文
荒井木工亟
一中林　五百文
一こつとう　五百文
一ちやうは　五百文
一かわ　五百文
一弥一郎　五百文
一中上　五百文
一ゑん藤　仁百文
一中山　六百五十文
一手作　壱万五千苅
たうちやう面
一中上　壱〆文

一せき内　壱〆文
一原　五百文
一上のふ内　九百文
一大郎さへもん百五十文
一のつへり　百文
一てさく　三百かり
以上七〆八百文
国分かけゆ
もとミやの内
一かふき　仁〆文
一二本なし　壱〆五百文
一手作　八百苅
一岩(かをん)のさく　四千苅
以上三〆五百文
二本松右馬助
青田之内
一ひつきさハ　壱〆三百文
一きのめた　壱〆仁百五十文
一うちごし　壱〆文
一黒内　七百文
一てさく　壱万六百

苅　以上三〆仁百五十文
やす田二郎ゑもん
一こやゆミち関一ヶ所
一こしよのミやゆい所
以上
同清太郎
一中かミう八地
下地共ニ七百文年具
一たかたいし上地下地
共ニ年具壱〆五百
之所以上仁〆仁百文
同蔵人主
長田之内
一やまの入六百文
以上六百文
あへ六郎兵衛
ゆいの内
一さハき　八百文
同むら
一さく　三〆文
以上三〆八百文

さ藤四郎兵衛
一おほくそ上地下地
共ニ
以上
同外記介
一あらやしき上所務
計くたされ候
高玉近江守恩所
一下かい沼　壱〆五百文
一中之内　四百文
一柳内　八百文
一ふたう　五百文
一ミねきし　五百文
一かミふかや　仁千苅
一下ふかや　仁千かり
一上かい沼　千八百苅
すか田之内
一中目　五〆文
一きり田仁万六百かり
高玉之内
一ゆき内　仁〆仁百五十文

一との内　仁〆仁百五十文
一中たう　仁〆仁百五十文
一あかめ（カ）内　壱〆六百五十文
一すもゝ田　壱〆六百五十文
一まの五郎内壱〆文
一あしたう内五百文
一あたミ内　壱〆五百文
一平三内　壱〆五百文
一山口　壱〆五百文
あへ六郎兵衛
一きり田　七百苅
一きり田　五千六百かり
一いしむちりニ三〆百文
関したの内
一田中　壱〆文
一たき沢　壱〆文
一からうすの宝壱〆文
一うそ五郎内五百文
一文六　五百文
一はちたう五百文
一九郎兵衛仁百文

一みと内　五百文
一惣ゑもん　五百文
一けん二郎　五百文
一けんたん　仁百五十文
一まみ　六百文
一七郎兵衛　三百文
一横川知行半分
以上三十五〆仁百文
さ藤文平
ゆいのむらニ
一やくし堂　仁〆五百文
之所
以上仁〆文
二本松之内下置候
所惣都合年貢
目
三百七十四〆仁百
四十文此分切田
五万四千八百苅
并　郷五かう
在家之数

仁百四十八間
以上
あこかしまへ
一横川半分

三二九　天正十四年霜月十四日配分日記

（○表題なし）

ゆさの源左衛門
吉倉のかハり
青木の内
一四〆文下はこや
一三〆文かミとの
たつこ山の内
一壱〆七百文かもやしき
一壱〆四百文まつほ
一壱〆仁百さくうち
たつこ山之内
一仁〆五百文めほそうち
ちんふ壱人同馬
一三〆仁百文なかしほ
ちん夫壱人
よな沢のかハり
一七百文はしかさく
ちん夫壱人

一おほきは四丁（十カ）
三〆文之所
以上
一壱〆八百文あらい
ちんふ壱人
一三〆文さかさ川
一五〆文さい（ハ）のうち
一四〆文かミはこや
しほ川のかハりニ
青木てさく
一七千八百かり年貢
十九〆五百文
一十貫地はた四十なり（カ）
一円寺てさく
一仁千苅五貫文
一仁〆八百文畠
一おほちのてさく千苅
仁〆五百文
一八百文　はた

一五百文　こふ木
一三〆文かちや
一仁〆五百文七くほ
一壱〆七百文かうちや
一仁〆五百文　かちかうち
以上八十壱〆八百文
氏家新兵衛分
たつこ山の内
一壱〆百文やるこ内
ちんふ壱人同馬
一壱〆文きりの木内
ちんふ壱人
一壱〆百文そねかさく
一壱〆百文なかの内
一八百文　みなミ
一七百文　はたけ中
一壱〆百文杉の内
ちんふ壱人
ちん夫壱人
一壱〆百文　ひやち
一壱〆文　ひかしおもて

一三〆文　新ゑもんやしき
一仁〆文　中森
一壱〆三百文とのいり
もとうち
一壱〆百文とちくほ
たつこ山てさくの内
一五千四百五十苅
年貢十三〆五百文
青木きりおんの内
一五千苅年貢
十仁〆五百文
一七百文　うきやう内
さハしりニ
たけの内はゝきてさく
一千七百五十苅
年貢四〆四百文
一三〆六百文はた
以上五十壱〆百文
ゆさの丹波守分
たつこ山ニ
一十五〆文六千苅
きり田に

一四〆三百文はつとう
くきちんふ壱人
一四〆文かミや
ちん夫壱人
一四〆五百文いさはう内
ちん夫一人
一壱〆五百文いぬかさハ
一仁〆文　くろうち
一五〆文　こまこめ
一壱〆八百文こふくろ内
馬一つ
一四〆五百文ちやくの内
一四〆文とうてはたけ
一三〆五百文とちくほ
一三〆文　とうにし
一壱〆五百文くわ（さ）のくほ
二百かりちんふ壱人
一壱〆五百文山くハ
以上五十五〆百文
荒井木工助
白根ミの丶介てさく
一三千九百苅年貢
十壱〆文
一四〆八百文はたけ
もと内かりんてさく
一千四百苅年貢
三〆五百文
一壱〆四百文畠
青木てさくの内
一千五百苅年貢
三〆七百五十文
以上仁十四〆四百五
十文
ほり江しきふ分
さハしりニ
一六千仁百苅てさく
年貢十五〆五百文
一七〆仁百文はた
一八百文　こうて
一壱〆五百文かミの宮
一壱〆三百文は丶やしき
一壱〆三百文あらやしき
一仁〆文　下のミや
ちん夫壱人
以上仁十九〆六百文
なハしろ田右馬助
さハしりニ
もと内てさく
一四千百五十苅
拾貫四百文
一四〆八百文　畠
もと内五郎ゑもん
てさく
一千八百苅四〆五百文
一九百五十文はた
一七〆文めくり田
はる田の内
一壱〆五百文あいたき
二間よりちんふ一人
一壱〆五百文きたむき
以上三十〆六百六十文
青木やまと分
秋山の内てさく
一三千苅かミさく
七〆五百文
一仁〆文あまわらい
ちん夫一人
一壱〆四百文太郎内
ちんふ一人
一仁〆五百文ほりの内
ちんふ一人
一仁〆文上くぬきたいら
一壱〆文みなミのさと
一千五百苅てさく
三〆七百五十文
以上仁十〆百五十文
かの丶孫ゑもん分
もとうち大炊助分
てさく
一仁千五百五十苅
はたさしそへ候て
九〆四百五十文
一仁〆五百たけの内
ちんふ
以上十壱〆九百五十文
天正十四ひのへいぬ霜月十四日

100 〔伊達天正日記〕 写本東京大学史料編纂所架蔵

一 玉日記（天正日記 五）

（とびら）「
天正十七年己丑
正月朔日
玉日記
」

百つゝ衆廿四人
仁千四百
二日
三十六人
三千六百
片倉上路（総カ）より請取
四日
十八人
千八百
横尾源左衛門尉より請取
五日
十六人
千六百
六日
廿五人
仁千百五十
此内五十衆七人
原田藤さへもんより請取
七日
三人
三百
八日
四人
四百
中津川丹波より請取
九日
仁人
百五十
此内五十衆一人
十日
廿四人
仁千三百
此内五十衆二人
松木伊勢より請取
十一日
三人
仁百五十
此内五十衆一人
十二日
百七十九人
九千三百
此内百衆七人
五十嵐豊前より請取
十三日
六十六人
三千四百五十
此内百衆三人
十四日
十一人
六百
此内百衆一人
片倉紀伊より請取
十六日
十九人
千七百五十
此内五十衆三人
今村日向より請取
十七日
一人
百
十八日
八人
六百
此内百衆四人
冨塚右近より請取
十九日
十一人
七百五十
此内百人衆四人
遠藤将監より請取
廿一日
四人
仁百

五十人衆
浜田備前より請取
廿三日四日平渡土佐御番不
参候
廿五日
四人
仁百
五十衆
廿六日
一人
百
片倉主殿より請取
廿八日
九人
四百五十
横尾源左衛門尉より請取
廿九日
二人
百
鹿役主殿より請取
二月一日
十六人
千五十
以上
中津河丹波より請取
以上十五日まで
御玉
以上三万三千六百

二　矢日記（天正日記　五）

(中とびら)「正月元三
御矢日記」
一日
五人
百五十
二日
十人
三百
片倉主殿より請取
四日
六人
百八十
横尾源さへもん請取
五日
八人
仁百四十
六日
十七人
五百十
七日
原田藤さへもんより請取
一人
三十
八日
一人
十五そや
九日
中津川丹波より請取
一人
三十
十日
四人
百卅
松木伊勢より請取
十一日
仁人
五十
此内廿衆一人
十二日
七十四人
千四百八十
五十嵐豊前より請取
十三日
廿四人
五百五ッ
此内三十衆三人
十五衆一人
十四日
十二人
百四十
片倉紀伊守より請取
十五日
二人
六十

十六日
十一人
三百三十
今村日向より請取
十七日
三人
七十
冨塚うこんより請取
廿日廿一日
十八人
五百五十
遠藤将監より請取
廿五日
二人
五十
片倉主殿より請取
廿八日
一人
三十
横尾源さへもんより請取
御矢
八人
以上四千八百四十

三　根日記（天正日記　五）

（見だし）
「正月四日根日記　」

四日
三人
三十
横尾源さへもんより請取
六日
一人
十
原田藤さへもんより請取
十一日
仁人
四十そや
十二日
十三人
八十五
此内百衆の四人
五十嵐豊前より請取
十三日
八人
四十
片倉紀伊守より請取
十七日八日
三人
七十
此内五十田手殿よりの袮(ね)請取
不申候
弓一丁　一人
火縄三ッ　一人
冨塚うこんより請取
廿日廿一日
一人
五ッ
遠藤将監より請取
廿九日
一人
十
松木いせより請取
二月一日
一人
五ッ
松木伊勢より請取
以上仁百九十

四　野臥日記（天正日記　六）

（とびら）
「天正十七年己丑
(四月)卯月十一日
里野臥日記　」

牛越内膳領分
一こかねた
上　まこさへもん
上　ひこさへもん
上　源ゑもん
上　彦兵へ
上　助兵へ
上　左馬助
上　喜八郎
上　けんたん
上　太郎さへもん
上　藤内
以上
御大領せの塚

上々廿人つめ衆
上　さ藤与一市
上　草かり蔵助
上　大村太郎兵へ
上　や四郎
上　小十郎
上　藤十郎
上　かんの弥七郎
上　さ藤二郎兵衛
上　きん三
上　我妻九郎兵衛
上　孫四郎
中　助ゑもん
上　をくの新兵へ
上　大沼平さへもん
上　与十郎
上　内匠守
上　甚内
上　斎藤五郎
中　弥四郎
一内田
上　大田弥一郎
上　まかべ又四郎
一森くぼ
上　かんの藤ゑもん
上　大浦弥さへもん
一ごたゞ
中　助兵衛
上　九郎ゑもん
上　四郎兵へ
一をかざる
上　あし立藤へもん
上　守や八郎さへもん
一さハ
上　をいつミ藤八郎
上　高橋藤十郎
一あをき
上　助十郎
上　与三ゑもん
一山の上
上　わたなへ文七
上　よしたふん三
上　助十郎
上　藤さへもん
中　や五郎
上　源さへもん
上　たんは
一屋代かけゆ御領
がろた
上　よしの二郎さへもん
上　あとべの源二郎
上　さ藤助七郎
上　吉の大郎兵へ
ミのハ玄蕃領分
一うすぎ
たちまこ兵へ
上　九郎兵へ
たり（ママ）九郎さへもん
上　七郎ゑもん
上　藤十郎
たち五郎兵へ
上　二郎さへもん
たち藤五郎
上　藤八
上　与三兵へ
上　四郎さへもん
中　助十郎
上　とのも
上　弥四郎
中　三郎ゑもん
小原竹鶴殿分
一屋月
我妻藤三郎
同　平さへもん
平間八郎さへもん
安藤かけゆさへもん
後部惣兵へ
山崎小六郎
山家の彦十郎
竹鶴なこ
大かく
源兵へ
彦十郎
老　彦兵衛

孫さへもん
与十郎
助一郎
一 けがや
上々つめ衆廿人
桜田彦七郎
上 目黒七郎さへもん
一との内
上 目黒彦ゑもん
下人助さへもん
同 助十郎
上 山田将監正
下 美濃守
一たまの木
上 さ藤甚内
上 大月平へもん
一中の内
上 井の六郎兵へ
下人や五郎
下 高橋奋
一せき

上 せうし花六郎
上 ひゑた帯刀
牢人日下孫兵衛
下人孫さへもん
同 助六
中 小の四郎兵へ
一岩沢
上 さ藤助七郎
なこ ひゑた平内
彦七
ふたん 大平越せん
同 同けん内
一新田
上 山田次郎へもん
なこ ひへだ孫さへもん
一あかた
上 高橋惣さへもん
老 いなは
上 さ藤平さへもん
一高成
いん居大月しなの(カ)
上 同内匠

下 さ藤三郎へもん
一女太郎
上 長山雅楽允
上 助太郎（山だ）
上 山田内匠守
いん居同ひせん
一さがりつぢ
上 大月藤三郎
上 しゝ戸平三
一にしのこし
上 さ藤藤二郎
上 山田四郎へもん
一うしろだ
上 大月源ゑもん
中 同 藤へもん
下人小八
一塩川
上 牛沢彦太郎
一ゑび穴
上 目黒惣さへもん
中 鈴木九郎さへもん

下人や五郎
一蔵崎
上 村屋十郎兵へ
上 赤地与一さへもん
老 いつミ
一どうごう内
上 目黒新兵へ
下 右馬助
一 請地
上 小の大かく
ろう人大月藤三郎
一御山
上御なかけ さ藤甚助
下人助さへもん
下人や七
下人助三郎
老 いなは
一上やき沢
原田小六郎分
上 大月孫さへもん

上　松の藤五郎
上　八嶋源さへもん
中　孫ゑもん
上　さ藤源二郎
　　彦ゑもん
上　大月与ごゑもん
上　さ藤与七郎
小六郎やと同藤さへもん
下　さの九郎ゑもん
一　まへ留
上　かぢか外記
下人ひこ七
上　大月太郎さへもん
父　同　たんこ
一大師か窪
上　斎二郎兵へ
いん居同越せん
一若松
上　さ藤新十郎
下　七郎ゑもん
一御大領

中　かぢか助ゑもん
下　与二郎
一　下やき沢
猪介父上塩子（マヽ）源内
夫丸上佐藤助ゑもん
上　さ藤十郎へもん
上　斎藤五郎さへもん
下人源七
一新やしき
上　ましこ二郎へもん
ろう人しなの
一ざせんや
上　斎杢助
一いやのくら
上　くらの助
一ミろく
　　原兵郎
上　鴫原彦十郎
上　大月九郎へもん
原兵郎一大倉畠
上　高の七郎さへもん

いん居ミの丶助
間助一郎分一しづ
上　大月平さへもん
間助分一いちの沢
御なかけてつ原田助三郎
上　藤三郎
熕　藤さへもん
　一大平
間助分八嶋甚助
　一ごうつ御大領
上　あへ惣さへもん
下人や四郎
原兵分一だい
上　大月八郎ゑもん
上　高橋平内
上　遠藤新兵衛
てつせんもち太郎さへもん
中間七郎さへもん
下人助八
下人彦三郎
下人や七

兵へ分一馬場
上　大月与三兵へ
一うバかふところ
（兵へ
夫丸油井源四郎
（兵へ同五郎兵へ
一かミどいし
中兵分助さへもん
一しく御大領
御なかけホ（上カ）星与三ゑもん
下人助太郎
下人助二郎
一中森
上　一条藤七
一松つか御大領
上　四郎ゑもん
上　大月彦へもん
上　同　彦さへもん
上太才二郎兵へ
一かきのさく
上　源七
一のため内

上　一条帯刀助
下人や七
一同
上　八嶋平内
一新田の沢
上　さ藤九郎へもん
いん居こしま
一扇子山
上なかけ　さ藤将監
上　同　や八郎
一池の入
上　弥六郎
一法師
御なかけ　さ藤備中
上代　さ藤平兵衛
中　同　源ゑもん
下人てゝ
一つきの木
上　一条又一郎
下人助十郎
上　平さへもん

いん居越せん
一花立
上　さ藤平へもん
一こしあて
上　さ藤駿河
上　さ藤藤六
中　さ藤助三郎
一やつだ
上　さ藤藤十郎
一萩保
上　細目小一郎
一しだ
上　三平文六
一大くぼ
中　さ藤藤十郎
一かにや敷
中　四郎さへもん
一ふかほり
上　大月越中
上　助さへもん
上　与七郎

牢人新兵衛
下人助九郎
一たぬかゑち
上　さ藤二郎へもん
上　同　与二ゑもん
上　助三郎
下人助二郎
一とやのまへ
上　さ藤新二郎
下人源三郎
一おつそは
上　助七
下人助八
一おや
中　さ藤孫兵へ
一ひいし坂
上　八嶋孫兵へ
一鍬台
上　やつ新三
上　さ藤新十郎
下人小七

いん居するか
一下ひま
上　小のかもさへもん
一上ひな
上　一条与二ゑもん
いん居同いつミ
原兵分一ほそ越
上　八嶋孫ゑもん
下人助六
下人や五郎
上　同藤五郎
一たかとのめ
上　小六
一北山御大領
上　あへかけゆさへもん
上　八嶋藤四郎
下人助二郎
下人助十郎
一とまだ
上　八嶋藤兵へ
一といば御大領

上　八嶋藤七郎
一くぬきの入
上　八嶋やさへもん
一南まん所てん
上　さ藤蔵人
なこ与一郎
一三沢
松木伊勢分
上　佐竹助さへもん
上　さ藤蔵助
上　細目三郎さへもん
上　さ竹平兵衛
ハん　斎九郎さへもん
下人や七
上　大月甚四郎
ハん　同　美濃
上　やつ弥九郎
上　石川与三兵へ
上　脇や惣ゑもん
上　遠藤弥一郎

上　松の助ゑもん
中　さ藤九郎兵へ
上　舟の藤七
上　遠藤助八
上　村上蔵助
上　菊口平ゑもん
上　さ竹外記
下人彦十郎
中　彦ゑもん
上松音寺分遠藤与四郎
下人小七
上いせ村上平さへもん
上いせ柴崎金三
ハん同　四郎兵へ
清蔵分いん居さ竹彦さへもん
上　同藤十郎
下人弥三郎
上てりこねこ（らカ）四郎へもん
もんせん石河藤兵衛
上　佐竹孫ゑもん
下人助七

下人介六
上　さ竹新介
下人助八
上　なんバ藤ゑもん
上　藤次郎
ふたん斎助一郎
夫丸　斎藤藤十郎
ねき井俣くない
上　さ藤与十郎
下人彦ゑもん
上　志村帯刀助
ハん同助さへもん
夫丸さ藤藤十郎
ハん同　やましろ
平てゝいつミ
下人助七
小の与三さへもん
夫丸同　与一郎
上なこ髙橋小一郎
上なこ助ゑもん
下人彦十郎

下人彦二郎
下人小七
いせふたん嶋貫平内
なこ上金三
上　松浦隼人
上松蔵分やつ新三
てゝ　さ竹新三
上　斎藤へもん
一堂川口（たつロカ）
上松蔵さ藤太郎兵衛
下人や三郎
ハんふんこ
松音寺分
一嶺
上　嶋貫藤三郎
ハん同いつミ
下人助太郎
一嶺
上しう一条又十郎
上　次郎ゑもん
一館三沢分

上　河辺弥七郎
下人弥三郎
　一きだはし
夫丸やつ助太郎
ハん越後
下人や八
　一づかうや布
　　一条十郎兵へ
夫　油井平さへもん
　一とうはち
夫丸一条四郎さへもん
上　同　十郎ゑもん
ハんびせん
上　木口二郎兵へ
上　あへ十郎さへもん
なこ中油井十郎さへもん
上　ひかこ帯刀
ろう人木口与四郎
下人助太郎
　一虎竹
夫　俵のはやと

上　同　又七
上なこ清の助十郎
下人彦さへもん
　一関せは
上　あへ与六郎
老下与三兵衛
同　助さへもん
下人さへもん二郎
上　九郎さへもん
　一深田
夫丸あへやさへもん
なこ中甚へもん
下人助五郎
下人や七
　一まミ穴
夫丸をふの九郎兵へ
上　同　助八
ハん三郎へもん
　一十文字
上　さ藤惣ゑもん
ろう人今ゑもん

下人源四郎
下人や七
　一やの口
夫丸さ藤源四郎
上なこ油井助太郎
下人彦さへもん
　一高田
上　さ藤弥八郎
上　同九郎さへもん
　一しほのた
夫丸さ藤与三さへもん
上　同藤さへもん
　一さなばら
近習屋敷さ竹平十郎
上　大月藤七
　一小在家
上　七郎さへもん
　一ひが沢
中　さ藤藤七郎
上　大月主計
上　同　助七郎

下人源さへもん
なこ分助十郎

五　野臥日記（天正日記　五）

（見だし）「四月十七日
野臥日記　　西祢」

一　いさ沢郷御大領
一柴崎
上　岡さきよ六郎
下　さ藤太郎兵へ
一やつ
上　藤原孫さへもん
一中嶋
上　さ藤小一郎
一山田
上　さ藤越せん
上　仁瓶（らカ）与一郎
一ハり
上　石わた藤七
上　源四郎
一うへ竹下分

上　引地藤八
一木口屋敷竹下分
上　さ藤源三郎
一岡崎御大領
上　さ藤与三兵へ
上　渡辺蔵助
上　小の藤七郎
一きだはし
上　岡崎彦へもん
一ミね
上　岡崎右馬助
上なこ弥七郎
岡崎平三
中　二平藤七
上　さ藤うたの助
上　後藤与一郎
上　片平助ゑもん
一備後やしき竜ほうし分
上　かつまた主計
中　さ藤平内
中　岡崎蔵人主

上　さ藤金三
上　やまき禰平
上　さ藤彦さへもん
上　岡崎惣太郎
上　さ藤助ゑもん
上　同与八郎
中　同惣太郎
上御なかけ岡崎十郎ゑもん
上　国井与一郎
上　かづまた七郎さへもん
下　岡崎九郎兵へ
上御なかけ同左近
上　同せうけん
上　しゝ戸満六郎
上　岡崎くらの助
上御なかけ同主計助
上御なかけ山路二郎ゑもん
上　岡崎与三郎
中なこ助ゑもん
上御なかけ岡崎助兵へ
一成田内竜ほうし分

上御なかけ　同新助
上なこ　須藤助三郎
一　竜ほうじ分
一　たき沢
上御なかけさ藤新さへもん
上なこ藤さへもん
一やぶれ沢
上　さ藤大かく
中　同彦へもん
罪人佐藤惣ゑもん
なこひこ兵衛
一ミはた
上　一条平ゑもん
上　木村八郎さへもん
一薬師どう内
上　岡崎三郎さへもん
上　同助八郎
中　彦兵衛
一鬼庭岩見
一下がなや
上御なかけ中村助一郎

上　さ藤彦十郎
一上がなや館
上　菅の禰（弥）十郎
一かいだの内きりが窪
上　彦六
上　後藤九郎ゑもん
一まや敷
上　後藤四郎さへもん
上　半沢源四郎
一ぼうの内
一きたあらい
御なかけあきは太郎兵へ
一北老（荒カ）井
かぢ源三
一大石郷
にし館主計分
上　大橋惣兵衛
上　同助十郎
下人小七
ハん　たんこ
一館の内

上　大はしはやと
中　かんのよ十郎
下人源六
一寺畠
上　大はし金三
一寺の入
遠藤平三
下人や十郎
一だいこう
御なかけ大橋左馬助
上
ハん　するか
下人助三郎
一中の内
上はん
上大はしや平
下人与一
下人源六
ハん　とのも
一あうの上
上　よるなし新兵へ
一いちの森

上　与七郎
一ハんじゆ門前
てんぼう五郎ゑもん
上　渡辺藤二郎
上　助十郎
上くり（カ）高橋助さへもん
中　新ゑもん
下人新六
上　藤十郎
一藤本門前
な上惣（ママ）ゑもん
下人
てんま助五郎
一北山上
上　かんの助一郎
なこ上惣ゑもん
下人助四郎
一上（ひかけ）ちばやさへもん
一きた山上
上ハんや一郎
境
上なこ藤五郎
一田代

上　小一郎
下境　新兵衛
上　彦兵衛
一まいぢ
上やくなし大内甚四郎
下人弥五郎
牢人甚介
一おさか
なこ上四郎ゑもん
一下人源六
一たき本
中人新十郎
一ゑぞ
上　石田新四郎
一はつせやわせ
上　新二郎
一ひなた
上御なかけ斎藤助六郎
ま丸（主計分）源四郎
一うしろ
上　遠藤監物

下人や十郎
一こうづばたけ
上　八　助七郎
下人や四郎
一竹の内
上　大はしさう兵へ
はん（カ）豊前
一下人や七
下人小七
一あざミのた
上　斎藤や一郎
一陣
上　大はし甚内
一きたむき
上　大はし藤八郎
なこ彦兵へ
上　藤十郎
下人孫さへもん
一小林
上　大はし源太郎
下人や二郎

下人十郎さへもん
一だい源三郎
上　ハらた
上　助兵へ
一孫四
上　大はし源さへもん
上なこ同弥八郎
下人源さへもん
下人たつぼう
一こ（カ）うご〆分
上　安久津一〆もん
一きたざく石分
人　彦さへもん
上御なかけ石もた惣一郎
下人や三
一さハ　石分
つしまより
上御なかけ引地四郎兵へ
ハん同次郎さ〆もん
下人まこさへもん
下人藤六
なこ助さへもん

人　藤〆もん
一きたの内
上　石もた左馬助
老　甚〆もん
下人彦〆もん
一寺の入石分
上　大い（かんの）の助
かん　かんの文十郎
一とよ内石分
館より
上御あん引地将監
上御なかけ一石もたや八郎
下人や八
なこ下惣さへもん
なこ横山はやと
下人小八
一松の木内
上　あくつかが
下人源六
下人藤十郎
下人留主ぼう
老　ぢい

一〆まかざ之内主計分
夫丸主計弥八郎
一館　石分
上　かんの新六郎
なこ甚内
一こあミ石分
上　かんの藤四郎
下人助八
一ふかさう同石分
老　大はしわかさ
一まへごあミ
下　平兵へ
一ごうがさき主計分
上　かすや七郎
馬（カ）一　坂
大はし彦一郎か中
かぢ与七郎
満地藤八郎
四郎さへもん
小の孫兵へ
助八郎

下人彦十郎
下人助十郎
平三
太郎〆もん
やさへもん
助へもん
藤さへもん
藤兵へ
馬（カ）一かんの源三か中
下人源六
下人助さへもん
下人や八
一高ばたけ
上　遠藤助さへもん
一かなく（カ）そいか分
夫丸ばくろ孫兵へ
一うへだ
上　や六郎
一いなり内主計分
上　石母田三郎さへもん
下なこ弥六

老　孫さへもん
一田沢
上御なかけかんの九郎さへもん
上なこ三郎ゑもん
下人助十郎
下人や五郎
人ひこ十郎
老　助ゑもん
老なこ彦さへもん
中
一との内
上　さゝ木彦六
上　新介
一上館淵　石川殿分
上　わかご六郎さへもん
上　弥平
上　平三
一どうぢやう主計分
下　かんの与二郎
一下館淵いし川殿分
上　与こゑもん
石分一新屋布石分

煩　かんの平三
御なかけ一はゝきや敷
かんの四郎兵へ
人　甚ゑもん
牢人金七郎
一あくと
上杉目
御なかけかんの源さへもん
人　ちゝ
下人や六
高森殿分
一どうの下
上　かんの五郎ゑもん
(カ)
馬上一平
上　菅の太郎兵衛
上なこ与十郎
上なこ源十郎
人　小六郎
一ひかし
上　かんのや八郎
下人藤七
人　藤八

一とみだや敷
上　彦兵へ
一嶺崎
御なかけ九郎さへもん
下人や五郎
人　いねほう
一竹の下
上御なかけ小の十郎兵へ
下人彦六郎
人　藤七郎
(カ)
一柳平
上　小の大かく
一みかハやしき
上　大ども十郎ゑもん
簗川御なかけ衆
きくた新助
斎藤源七
佐々藤さへもん
鹿俣雅楽助
新兵衛
遠藤主計

堀江与こゑもん
御酒被下候衆
木母津平兵衛
はたの九郎兵衛
片平甚三郎
かの又五郎ゑもん
桑嶋掃部亟
さ藤修理助
安部蔵人主
斎藤いなは
長岡図書助
竹下
人　源七
一くらなみ
上　かんの助五郎
上　一かんのや七郎
人　助八

六　野伏日記（天正日記　十）

（とびら）
「四月廿一日
　野伏日記」

一大石郷内
　とう嶺崎
上　かんの新助
梅沢杉山藤四郎御なかけ
かな原田きりない新さへもん
一その内
　菅の次郎ゑもん
上なこ外記
下人彦三郎
下人や十郎
一山岸
上　かんの五郎兵へ
一田中高森分
上　助三郎
なこ上惣さへもん
一山きしの内
新や敷
上　氏家新九郎
牢人源ゑもん（ゑそカ）
一悪ろ内

上　きりない藤さへもん
下人藤七
一竹下分川つら
上　かんの孫さへもん
一こや敷竹下分
上きりない新助
一きぬぶるいたか松分
上　きりない外記
一たきの平
　かんの備前
なこ源四郎
下人や十郎
　山の川之郷
一三けん在家対馬分
上夫丸　かんの惣兵へ
上　金三
一三けん在家
上　かんの助兵へ
　人や十郎
一どう沢かけゆ分
上夫丸かんの藤ゑもん

　かんの新助
人藤三郎
下人新二郎
一ねもとつしま分
　五郎さへもん
上助ゑもん
一梅木内かけゆ分
夫丸かんの大かく
上なこ与十郎
人源七
下人や十郎
一あの内かけ田分
夫　小手森大かく
上　もんまぬいの助
一関禰かけゆ分
夫丸かんの藤四郎
　かん孫七郎
下人ひこ次
下人や十郎
下人助三郎
下人助四郎

一みや下かけ内分
夫丸かんの藤八郎
なこ上助四郎
下人新十郎
下人助さへもん
下人新四郎
一しみつ内かけゆ分
上まん所かんのたんこ
ふたん助八郎
下人ひこさへもん
人　源さへもん
一ミそ目内
御なかけかんのや五郎
なこ上与三ゑもん
　人助五郎
下人とらほう
下人七郎ゑもん
下人惣ゑもん
一不動分かけゆ分
御なかけかんの助七郎
下人助ゑもん

御なかけうん次郎
なこ次郎兵へ
下人助六

一川くたり
一むちな入大波玄蕃分
上　甚助
上　惣ゑもん
一松山今村日向分
上　たんこ
一月崎御大領文七郎側
夫丸や平
老中助兵衛
一いを内日向分
上　杢助
上　三郎ゑもん
下人や十郎
一境の目御大領遠文側(ママ)
御なかけ手戸式部少輔
なこ上源ゑもん
なこ上与一郎
なこ上七郎兵へ

下人四郎ゑもん
下人助十郎
下人平六
なこ上主殿助
下人彦十郎
一目々沢隼人分
御なかけ小野弥平
一ていげつ屋布日向分
上助兵へ
一関ば日向分
はしり(カ)夫丸　彦兵衛
一こしいし
御なかけ三平源ゑもん
一関の上
御おん持手戸十郎ゑもん
なこ上藤さへもん
なこ上五郎兵へ
下人老孫ゑもん
なこ上菅の助十郎
下人越後
下人助七

一脇内日向分
十郎さへもん　近習
一そり田　玄蕃分
上　藤十郎
いかぢたんご日向分
一平次内　玄蕃分
上　彦十郎
一竹屋敷　玄蕃分
上　さ藤ゑもん
一中森日向　近習者
彦さへもん
助ゑもん
一きたむき　日向分
上　助兵衛
一村石
乙房　日向さへもんしゆ
一柿平　日向分
新八郎　きんしゆ
一古館　日向分
助兵衛　きんじゆ
一小屋　日向分

上　彦八郎
上　三郎さへもん
一竹の内御大領
上夫　平六
なこ縫殿助
なこ上藤八郎
上なこ五郎ゑもん
上なこ与七郎
なこ上助十郎
一境こばち内御大領
夫丸惣ゑもん
上なこ雅楽允
なこ老彦左衛門
下人源七
下人助七
上　又次郎
一畠中御恩持御大領
上　本田彦七郎
なこ上与十郎
下人や六
下人返源左衛門

上　弥内
下人新二郎
一高田御恩持
上　斎藤弥一郎
上　彦右衛門
上煩平十郎
一中小屋　大玄分
上　助一郎
上　五郎兵衛
一窪　日向分
上　源四郎
十郎左衛門
一境山犬飼大玄分
上夫丸藤十郎
上　与一郎
下人新十郎
上煩新四郎
上　助四郎
上　惣一郎
下人源六
下人弥八郎

上　小一郎
下人弥十郎
下人小五郎
日向分見粮（養）房門前
上　助七郎
一境三兵子　玄蕃分
上　彦七郎
一下そり田
上　六郎兵へ
一館のこし
上　彦兵衛
上　藤次郎
一野辺田
惣左衛門
一長はたけ　日向分
ツメ夫丸今内
上なこ又一郎
老　十郎ゑもん
上藤七郎　玄蕃分
上与七郎
上藤五郎

今村日向分
十一人
大なミ玄蕃分
十九人
御大領
十九人
一小嶋町
代官源次郎
上　九郎衛門
上番八嶋藤十郎
下人助兵衛
上　平左衛門尉
上煩さ藤ゑもん
かぢ助八郎
上　弥七郎
中　源左衛門尉
上　平兵衛
上　蔵の助
けん（たカ）しん三郎さへもん
下　平ゑもん

上　彦一郎
下人彦三郎
上　彦左衛門
上　橋本文次郎
上　藤内
上　村上新二郎
上　甚介
上　小一郎
上　助四郎
中　彦兵衛
上　喜七郎
上　彦兵衛
上子細有新左衛門
上　助兵衛
森　助三郎
夫　甚九郎
上炊弥六郎
メ夫源七
上やと与十郎
下夫又十郎
若狭守

上　田代半内
なこ藤ゑもん
煩上外記介

小嶋之郷
一屋場
丸ツメ弥一郎
なこ中彦七郎
一池の入
夫はしり（カ）　源七
下人助八
一岸波
上　や八郎
一橋本
夫丸弥平ハシリ
下人与一郎
一古内
はしり　平三
夫
一竹かや敷
上　弥平
下　助十郎
上　蔵人主

一深海
夫丸ハシリ　平ゑもん
上　弥さへもん
上　孫七郎
老　太郎さへもん
一こが坂
夫丸ツメ藤次郎
上煩太郎兵へ
下人小六
老　たんこ
上老源右衛門尉
一藤内屋敷
上　弥八郎
一吉か作
上　みブ
上　藤八郎
下人与四郎
一みなミ
上　文三
なこ中藤八郎
一ひくにが入

夫ツメ　七郎さへもん
一岩前
上　新助
上　孫ゑもん
一中屋布
上　二郎兵へ
下人や七
一おきの窪
上　小五郎
上　助七郎
一どう平
夫丸六郎兵へ　ツタ
下人藤十郎
下人二郎ゑもん
一ふざ又
中　二郎兵へ
一きたむき
夫めし　源兵衛
下人助四郎
下人朔日
上なこ藤八（カ）

なこ中十郎さへもん
一ひかし
上　藤ゑもん
下人弥六
上　九郎ゑもん
一新関
夫めし　蔵の助
なこ中平兵へ
上なこ小三郎
老　助兵へ
老　孫さへもん
下人与八
下人源六
下人二郎
一上田
夫丸ツノ（ママ）源ゑもん
牢人助兵へ
一田代境目相馬
金三
源兵へ
一うつの　境目

弥八郎
一羽田伊藤七郎分
一仁松沢
上　五郎さへもん
一あらいの内
上　藤六
中　太郎兵へ
一うるかぶろ内
夫　弥平さへもん
上　助三郎
中　彦三郎
下人藤八
案外人いつも
上　新五郎
一からすご内
七郎
ふたん　縫さ藤さへもん
上なこ孫兵へ
上なこ甚内
下人や〵十郎
一たいようぼう
上　十郎ゑもん

老孫〵兵へ
一赤坂
上　弥平
上なこ藤八郎
下人彦〵左衛門
下人助〵四郎
ハん〵ゑちせん
下人新〵三郎
近習弥〵太郎
一上赤坂
夫丸彦〵兵衛
上　七郎兵へ
一ひろ町
はしり（カ）
ふたん　蔵〵人主
下人　藤〵八
下人彦〵三郎
上　半内
下人二〵郎ゑもん
下人与〵四郎
一俵水
老縫殿助

上や平
下人源〵十郎
一柿のさく
上源七郎
なこ上藤さへもん
一寺
上　太郎〵兵へ
中　甚〵七
上平ゑもん
一とねや布
老十〵郎ゑもん
下人源六
下人孫〵左衛門尉
下人なこ（カ）助〵二郎
一ミや袮きなこ
上　助九郎
一宮のわき
ツメ〵
夫丸掃部
上なこ八郎兵衛
上なこ新六
下人助九郎

一ぞハもち
上　藤左衛門
上　外記助
一ほうの木さく
夫源〵次郎
上源さへもん
中老〵五郎ゑもん
一にいとの内
上　五郎兵衛
上　惣ゑもん
上　太郎ゑもん
一　さんごう屋敷
上　十郎ゑもん
一　粮内
上　藤四郎
上　弥左衛門
老　六〵郎左衛門
一中の内
上老四郎左衛門
上なこ助九郎
下人源〵次郎

下人七郎さへもん〵
一　平柴
　　藤十郎〵
上　蔵の助
上　彦七郎
下人ひこ十郎〵
下人や六〵
下人新四郎
一せび内
上　惣ゑもん
上　太郎さへもん
一くぬきの内
上　隼人正
老　備後〵
一どうのさく
上　平さへもん
上なこ小六郎
下人彦三郎〵
　以上七十六人
　上々衆四十人(之カ)

一大蔵右馬助抱
一ふくれむき内
上御なかけ源内
一きたむき
下　彦兵へ
上御なかけ新さへもん
下人さへもん太郎
　　御やしき外
　右馬助か中
　　十一人
一白はた
上　藤五郎
一こちかみしんせい分
上　藤六
一さんこ
上御なかけ蔵の助
下人藤七
下人彦十郎
一東さやとのと分
夫丸四郎兵へ
上なこ与一郎
上　五郎さへもん

上なこ源兵へ　〻夫六郎次
一西さやど
上　惣兵衛
一池の入　しんせい分
御なかけ四郎兵衛
一竹の内　右馬允分
御なかけ平さへもん
一の〻内　右馬允分
御なかけ七郎ゑもん
下人小八郎
一赤坂　　右馬允分
御なかけ十郎ゑもん
一つはき沢　大甚四郎分
御なかけ九郎ゑもん
夫丸助十郎
上なこ源六
なこ上源ゑもん
上なこ弥一郎
一境　　能登分
上　かけゆ
夫　や一郎

一くぼ　内のと分
上　藤次郎
　大窪町
上　新さへもん
上　太郎兵へ
上　新二郎
山ふし大もん
上　さ藤さへもん
かぢ六郎ゑもん
上　五郎兵へ
下　与七郎
はひたんこ(はカ)
上　七郎ゑもん
上　や七郎
上　源次郎
上なこやさへもん
上　ひこ十郎
上　与十郎
上　源ゑもん
上なこ文七
上　源さへもん

上　弥八郎
上　与十郎
上熕　弥十郎
上　や八郎
上　平兵へ
上　九郎兵へ
上　しなの
上　孫兵へ
上なこ源一郎
一むかいど
上　孫ゑもん
上　や八郎
一上小池　右馬助分
上　助十郎
一越中や敷　右馬分
上　やさへもん
上　はやと
一　ゆ（やつカ）川　右馬分
助七郎
一くぬき山　のと分
上　大かく

上　孫一郎
館の内　召つれ申分
五郎さへもん
や平
小一郎
藤ゑもん
小六郎
助七郎
藤七
新兵へ
与三兵へ
十郎ゑもん
助七郎
雅楽助
助ゑもん
蔵の助
助八郎
惣さへもん
一こやと　右馬助分
上　弥七
一をりの内　右馬分

上　惣ゑもん
一こやた　右馬分
上　彦兵へ
一にし
上　源さへもん　右馬允分
一中田
夫ツメや平
一飯の町御大領
上老彦兵衛
上　藤七
上　甚助
上　助兵へ
上　弥七郎
上老藤さへもん
上　ぬいの助
上　六郎兵へ
上　藤二郎
上　うたの助
老　孫さへもん
上　十郎さへもん
上　ひこゑもん

上　五郎兵へ
上一　けんたん文ゑもん
上　たしま　ちん所
上　半内
上　弥平
上　今内
上　藤七郎
老　いつみ
同　藤さへもん
上　十郎兵へ
上　彦十郎
上　大かく
上　甚助
上　源さへもん
上　さ藤ゑもん
老　孫兵へ
四郎ゑもん
九郎さへもん
一小国之郷
一ちんぢやう
上　孫さへもん

上なこ　二郎ゑもん
一山かみ在家　御大領
夫　藤六
上　与三さへもん
上　惣ゑもん
上　藤十郎
老　出雲
老　太郎兵衛
一きた
上　源七
上なこ　や十郎
上なこ　九郎さへもん
上　源三郎
一包ミ
上　や平さへもん
上　七郎ゑもん　備後
上　源さへもん　孫兵へ
上　藤十郎
一中内
上　斎藤小一郎
一　祢(ね)こ内

上　右馬助
ハん　越せん
一上竹内
上　藤ゑもん
上　や一郎
上　十郎ゑもん
上　外記
煩上　藤二郎
上　藤六
一下竹内
上　四郎ゑもん
上　甚助
上　半六
一かやかさく
上煩　惣ゑもん
一ひがしこまば　大(カ)波分
上　惣ゑもん
上　や七郎
一西こまは
上　金七郎
一小池夫丸(ママ)ソメ

上　助七郎
上なこ小一郎
一ミやのわき
上　藤兵衛
上　孫兵へ
下人　彦さへもん
一みやうち　右京分
上　助ゑもん
下人　助五郎
下人　与四郎
一柿の内
上　三郎さへもん
上　藤二郎
一ゑ下
上　や平
下人　助さへもん
下人　源五郎
一上寺夫丸
上なこ雅楽允
中　や十郎
一下きた

上　与一郎
一高橋
上　藤六
上　帯刀
一きとの内
上　縫殿助
上　助ゑもん
一とうの下
上　源六郎
一みなくち
上　木工助
上　新五郎
一原
上　源次郎
上　源十郎
一上まつ坂
上　小一郎
なこ源次郎
一下まつさか
上　蔵人主
　助十郎

一上馬場
上　縫殿助
上　惣兵へ
上　太郎兵へ
　　藤二郎
一ミろく
上　十郎ゑもん
一あんよう寺
上　彦七郎
一ぼんぢやう内　大玄分
夫　や八郎
上　惣さへもん
上　彦さへもん
上　助十郎
一けん八内
上　彦八郎
一松の木内
上　源一郎
たよう　弥平
一かぢや　大波分
上　や一郎

上　四郎兵へ　大分
上　藤十郎
上　与二郎
　大なミ殿分
上　寺嶋二郎兵へ
上　大波与三さへもん
上　わく沢新兵へ
上　助ゑもん
上　たんは
山伏　大泉房
上　新さへもん
上　や一郎
一目々沢隼人分
夫　はやと
　源五郎
上　十郎さへもん
上　太郎兵へ
上　助九郎
一　若みや御大領
御なかけ源五郎
　家五ッ大波分

二ッ
一中嶋大波分
上十郎ゑもん
上惣さへもん
御なかけ
　てらさき弥七郎
同
　かんのとさの守
十五日　高田神主
御なかけ
　さいかちさこん
御なかけ新藤彦さへもん
御なかけ渡辺藤右兵衛
⊘　石田佐土守
⊘わつらい大和田河内
御なかけ　さ藤二郎ひようへ
⊘　くちら岡しゆせん
　ほんまの下つけ
　中野大かく
⊘　本沢平左衛門
御なかけかの又うたの助

御なかけさ藤源七
　成田右馬かみ
　桑嶋掃部
御なかけきくち新兵衛　煩
御なかけきくた藤左衛門尉
　中　名　殿
なかけ
　三橋右衛門尉
⊘　山内たくミ助
⊘　ひの原左京助
⊘　すなこ原四郎左衛門尉
⊘　宮下弾正
御なかけ
　梶原右衛門尉
⊘　山内さまの助
⊘　舟はさま左衛門尉
　斎藤六郎兵へ
　い新左衛門尉
　さ藤や平左衛門尉
　舟山太郎兵へ
御なかけ

鈴木二郎兵へ
梅沢平兵衛
御なかけ
大内
片平甚三郎
安部蔵主
鹿俣惣九郎
羽田又一郎
御なかけ

重蔵(金カ)大かく助
遠藤つしま
御なかけ
長沢主計助
御なかけ　かけゆしなん
二宮八郎さへもん　不参候
御なかけ　同
さかい与四郎
御なかけ　同

安部金三　　西方藤六
⊘　ほしなせう　　小成田しなん
いゝさかしゆ　　八嶋与左衛門
浜田とさ　　かけゆしなん
同　　安田神助　不参候
安部三かハ　　我妻蔵助
御なかけ　　青きいつみ
五十嵐弥七郎　　みやさきとさ
御なかけ　　いからしや七郎

在馬に候、始右馬頭殿五十余人被相除候、菟角政宗之事者、一両年に御座候、御弓矢、如願、可被成由申成候、此旨三郎殿へ被申、可然候、

滝田土佐守殿

(○松藩捜古これを掲載し、「船津村里正滝太兵衛家蔵」と注す、なおこれと同一文書を湖南村小池蔵之輔所蔵す)

101 〔滝田文書〕 安積郡湖南村佐藤新寿所蔵

一　猪苗代盛種書状

使候条、啓之候、細々為脚力キ、可申理候処に、爰元取籠故、不能其儀候、此由三郎殿へ心得任入候、于(於)向後も、尚御懇意儀、旁々馳走之外、不可有之候、爰許唱之儀、定而左馬助物語に可被申候、満足ニあるへく候、珍敷義候者、追而可申越候条、不能細書候、恐々謹言、

八月十二日　　盛種（花押）

追而申候、幾度之申事なから、かねのまかりの地うち入、隣郡之覚申も、畢竟三郎殿御稼ニ存候、其故、当筋へ罷越、各々御懇切ニ候も、旁々馳走故令存候、随而田村之養子(様カ)、于今政宗御

102 〔小池文書〕 安積郡湖南村小池蔵之輔所蔵

一　猪苗代盛種領知判物

此度奉公に付、うしろめ半分本所へ指添進候、さんくら甚右衛門屋敷・右馬允屋敷差添候、仍状如件、

天正十六戊子三月九日　　盛種（花押）

小池近右衛門殿

二　芦名亀王丸・猪苗代盛種連署証状

小田須川野役被申付而、東条兵庫介名代所領共ニ進之置候、殊ニ後日地須川野小田之役指添、進置候、於末代、無相違為ニ、仍證文如件、

天正十八年庚刁十二月十三日　平盛種（花押）

亀王丸　判

小池近右衛門尉殿

103〔千手院文書〕安積郡福良村千手院所蔵

一　蒲生氏仕置奉行連署寄進状（折紙）

以上

福浦之千手観音堂地、御年貢銭六百五拾文之儀、則被成御寄進候、就其千手院へ、両人ゟ折紙を遣候条、可有其御心得候、恐々謹言、

慶長七　町左近（町野）

十二月廿一日　繁仍（花押）

岡半兵

重政（花押）

吉村宗兵衛殿

御宿所

二　蒲生氏仕置奉行連署寄進状（折紙）

以上

福浦之千手観音堂地、御年貢銭、千手院噯（あつかい）分六百文者、為御寄進、観音江被付候間、仏前燈明以下、無懈怠被参、秀行様御祈念、可為肝要候、恐々謹言、

慶長七　町野左近助

十二月廿一日　繁仍（花押）

岡半兵衛

重政（花押）

福浦

千手院

御坊中

三　蒲生氏仕置奉行連署寄進状（折紙）

以上

先年　秀行様御時、観音江為燈明、永楽六百五拾文之所、其方於手前、被成御寄進候、然者去年、福浦村小打被仰付候処、右六百五拾文之内ゟ出目分弐百拾八文在之ニ付而、御理被申上候、則本出分合八百六拾八文之分、無御別儀、被成御寄進候之条、弥燈明無懈怠、（蒲生忠郷）下野様御息災之御祈念、可被仕義肝要ニ候者也、

元和元年　町野長門守

十二月五日　幸和（花押）

稲田数馬助

貞右（花押）

福浦

千手院

104〔富田文書〕安積郡富田村富田勝美所蔵

一　芦名氏方書状

此間意外無音打過候、弥密々諫談毎に候処、伊達ニ而茂、委曲鉤月斎中噺候処、具ニ就預返翰候、兼々書翰、伊輝江も為差越候之間、近日塚原之方、会面之砌、必々御談専一ニ候、猶姉ヶ嶋(安子島)も入手、安積表江一味之者も、数多相究候之上者、来陽者必盛氏、両方手当之砌、本望之時節、其内貴辺書余相計へ、可預諫談候、今度鈴木縫殿、為罷越候間、密談専要ニ候、恐々謹言、

十月三日　　芦名東(芦名盛氏庶兄山城守氏方)氏方（花押268）

まつゐ

富田大学殿

（○福島市富田等弘所蔵「富田文書」に同文の文書あり）

105〔長沼文書〕東京都目黒区長沼富雄所蔵

一　長沼宗政譲状

譲渡　嫡子四郎左衛門尉時宗

下野国長沼庄・同国小薬郷・同国御厩別当職・陸奥国南山・美濃国石太郷・五里郷津布良・美作国西大野保内円宗寺・備後国内平野保・武蔵国柏原郷・淡路国守護職・同国地頭職幷京鎌倉屋敷等事

右、於所領等者、相副御下文等、永所譲与于時宗也、悉可令知行者、但至于庶子等、就万事可致支配、若及異儀庶子等出来者、為惣領、時宗可令領知之、於諸御公事者、任先例可令勤仕之云々、然間無他妨可知行、仍為後日證文、譲之状如件、

寛喜二年八月十三日　淡路守藤原宗政（花押）

二　長沼宗秀譲状案

(外題)「任此状、可令領掌之由、依仰下知如件、

正和元年四月廿二日　相模守(北条煕時)在判
陸奥守(北条宗宣)在判」

譲渡　又五郎藤原宗実

陸奥国長江庄内奈良原郷地頭職権藤太跡如忍一期之後可知行

美濃国石太郷地頭職

淡路国賀茂郷半分地頭職

右所領等、譲渡宗実也、若背譲状、成違乱者、宗実所領惣領満法師可申賜也、満法師無男子志天令死去者、満法師所領、宗実令領知可為惣領也、仍状如件、

正和元年四月十四日前淡路守宗秀在判

三　長沼宗実譲状案

譲渡

一奥州長江庄内奈良原郷地頭職事

一美濃国石太郷地頭職事

一淡路国賀茂郷半分地頭職事

一まめわたしるしハ長犬いち後の後ハ五郎高宗可知行、長田の村五郎とらほうしはんふんつゝちきやうして、いち後の後ハそうりや

う高宗のかたへわたすへし、手つき證文をあひそゑて譲うへハそ
のさまたけあるへからす候ニ仍状如件、
元徳三年九月十五日
安芸権守宗実在判

四　長沼宗実申状

長沼安芸権守宗実謹言上
欲早被経御　奏聞、下賜安堵　綸旨、備向後亀鏡、陸奥国長江
庄内奈良原郷幷同庄内長田村大豆綿村志那友、美濃国石太郷、
淡路国賀茂郷半分、以下地頭職等事
副進
二通外題安堵譲状（正和元年四月廿二日・元亨二年五月廿五日）
右所々者、亡父淡路前司宗秀所領也、而譲与于宗実之間、正和元年
四月廿二日元亨二年五月廿五日申賜安堵外題、宗実当知行于今無相
違、然早下賜安堵　綸旨、為備向後亀鏡、誠惶誠恐謹言、
元弘三年九月　日

五　足利尊氏御教書

奥州凶徒対治事、長沼新左衛門尉相共、可致忠節之状如件、
観応三年四月十六日　（足利尊氏）（花押17）
長沼安芸五郎左衛門尉殿

六　仁木頼章施行状

結城弾正少弼顕朝申、陸奥国信夫庄余部地頭職事、任今月十日御下
文之旨、石河孫太郎入道相共、莅彼所、沙汰付下地於顕朝代官、可
被執進請取之状、依仰執達如件、
文和二年四月十三日　散位（仁木頼章）（花押）
長沼淡路守殿

七　吉良貞家書状

長沼安芸守朝実申、陸奥国会津南□（山カ）内本知行分安堵事、申状幷具書
案一巻、謹令［　］朝実為寂初御方、於所々致戦功候、［　］
顕信卿以下［　］凶徒対治之処、進置子息小五郎顕宗幷若党等抽戦
忠□（候カ）、然者急速可被経御沙汰候、［　］朝［　］偽申候者、
八幡大菩薩御罰於可罷蒙候、以此旨可有御披露候、恐惶謹言、
文和二年六月廿□（五カ）日右京大夫貞家（吉良）（花押54）
進上　仁木兵部大輔殿

八　長沼朝直譲状

譲渡　長沼安芸七郎朝秀
［　］奥国長江庄南山内
［　］奈良原郷
［　］大豆綿村しるしを加
［　］長田村是ハ長田三郎同七郎一期分たる間死去後惣領として知行也
美濃国
石大郷不知行たりといゑとも惣領淡州申談て申給るへし
淡路国

賀茂郷半分同前

右実□(子なカ)きあいた、舎弟七郎朝秀を養子として譲渡処也、女子ハ朝秀かはからいとしてふちすへし、仍譲状如件、

永和二年五月廿六日藤原朝直（花押）

九　藤原定頼書状案

今度、就小栗御退治之事、南山入道方代官忠節無是非候、仍御感事申御沙汰候ハゝ可然存候、恐惶謹言、

(応永二十五年)七月十日　藤原定頼判

一〇　伊達輝宗書状案

就自奥鷹被為相登候、両度之来翰具令披見候、仍当口雖鷹留ニ候、承候儀無拠候条、無異儀相通候、書余期後音之時、不能細書、恐々謹言、

(十二月)極月廿二日輝宗（印）（〇印彩香炉）

永沼弥七郎殿

106〔芦名文書〕

一　将軍家(守邦親王)政所下文案

将軍家政所下

可令早三浦介時明(法名道朝)領知、村井小次郎知貞跡事、

右為出雲国金沢郷田地替、可被宛行也者、早守先例、可致沙汰之状、所仰如件、以下、

延慶二年八月廿四日　案主菅野

知家事

令左衛門少尉藤原

別当相模守平朝臣(師時)花押

陸奥守平朝臣(宣時)同

107〔芦名古文書〕

一　足利直義下知状

可令早三浦介時継法師(法名道海)領知武蔵国大谷郷(足立郡)(下野右近大夫将監跡)・相模国河内郷(渋谷遠江権守跡)地頭職事、

右為勲功賞、所宛行也者、早守先例、可令領掌之状、依仰下知(成良親王)如件、

建武元年四月十日　左馬頭源朝臣(足利直義)（花押18）

108〔秋田藩家蔵文書 芦名文書〕秋田県図書館所蔵

一　芦名盛高加判桂林寺住持屋敷売券案

(注)「屋敷売渡状　角館瓜生文書

芦名修理大夫盛高判」

うりわたす屋しきの事

(芦名盛高)(花押270)

右彼さい所ハ、みなミやすミみなミこうちの内六間地の所、当寺さ

うゑいのため、用要あるに、(ママ)御判形を申請、永代六貫文にうりわた
す所実也、依為後日之状如件、

時代官佐瀬平左衛門尉

文亀三年癸亥十一月三日　久常（花押291）

桂林寺住持

苽生解勘由殿

二　芦名盛高加判伊藤忠景田地売券

(注)「土地売渡状　角館瓜生文書

芦生修理大夫盛高判」

(芦名盛高)（花押270）

売渡申永代地之事

右彼在所者、奥州会津大沼郡上柳田之村之内、手代木分年貢伍貫文
之所、依有用要、御屋形様御判形申請、次当守護人松本又太郎宗
輔相添判形、寄得共永代現銭五拾貫文売渡申所実也、依為後日證文
如件

守護人松本又太郎　宗輔（花押306）

売主伊藤孫次郎　忠景（花押）

永正八年辛未卯月十九日

苽生勘解由左衛門尉殿

〔瓜生氏系図所収文書〕秋田県図書館所蔵

三　芦名盛高・同盛滋加判深沢盛春在家売券案

(注)「土地売渡状　角館瓜生文書

芦名修理大夫盛高判　子息出羽判官盛滋加判」

(芦名盛高)（花押270）(芦名盛滋)（花押280）

売渡申永代地之事

右、奥州会津西十二村之内下荒田之村之内、宮下在家年貢三貫文之
所、依用要、御屋形様御判形申請、次守護人富田左近将監滋実相副
判形、永代参拾貫文売渡申所実也、依為後日之證状如件、

守護人富田　左近将監滋実（花押294）

売主　深沢小次郎盛春（花押）

永正十四年丁丑六月一日

苽生勘解左衛門尉殿

四　芦名盛滋加判伊藤忠景田地売券案

（○以下第七号までは、秋田県図書館所蔵瓜生系図所収なれど、便宜ここに掲載す）

(芦名盛滋)（花押）

売渡申永代地之事

右彼所者、奥州会津大(ママ)郡上柳田之村之内、手代木分年貢伍貫文之
所、依有用要、　御屋判形申請、次当守護人松本又太郎宗輔相副判
形、寄得共永代現銭五拾貫文売渡申所実也、仍為後日證文如件、

守護人松本又太郎　宗輔

売主伊藤孫次郎　忠景

永正十五戊寅八月二十五日

菰生勘解由左衛門尉殿

五　芦名盛滋加判三平光実在家売券

（芦名盛滋）
（花押280）売渡す永代地之事

右、奥州会津西十二村上荒田之村之内、二平在家年貢一貫五百文、同下荒田之内、塚原将監在家年貢一貫文、合弐貫五百文所也、公事ハ両所共以段銭計候、依有要用、当　御屋形様之御判形如斯申請、次守護人富田美作守相添判形、寄得共永代現銭弐拾五貫文売渡申所実也、依為後日之證状如件、

守護人 前美作守盛実

売主 三平右京進光実 無判

永正十五年戊寅八月廿五日

菰生勘解由殿

六　芦名盛舜・同盛氏加判針生七郎屋敷売券

（芦名盛舜）
（花押279）（○これは盛氏判形（ママ））一

依有田用々、御　屋形様、同四郎殿御父子共之申請御判物、又見者(ママ)自民部太輔所永代買申候、当八角之内、東条屋敷年貢弐貫文之所、十六貫仁永売渡申候、因茲見候者手形も相添売渡候、為後證一筆如件、

売主 針生七郎

天文二年癸巳十二月廿九日

爪生式部少輔殿 進候

七　佐竹義重覚書

覚

一此度之仕合、無是非次第候事、

一各各一統若子被守立之由、於義重茂大慶此事ニ候、口上、

一各證文之事、口上条々、

一於自今以後も、御当方江無二可申合、逼塞之事、口上、

一須賀川之事、口上、

一田村無為之事、口上条々、

一二本松・塩松へ及使者之事、口上、

以上

（天正十二年）
十月十六日 （佐竹義重）（黒印）

八　芦名盛氏止々斎証状

（注）
「芦名盛氏書　湯沢上遠野文書」

右懇(カ)望ニより横みね・松のいり二ヶ村、道堅於無還往者、相違あるへからす候、後日の為、證文如件

永禄十年

九月二日　止々斎（花押277）

上遠野藤兵衛殿

九　芦名盛氏書状

（注）
「芦名盛氏書　田代文書」

来札披閲、抑其以降御床敷存候之砌為御音信薬、如書中到来大悦此事候、因玆、薄板物一端令進之候、余事期来信候、恐々謹言、

神無月（十月）廿三日　盛氏（花押273）

左月庵（茂庭）

一〇　芦名盛隆書状

（注）「芦名三浦之助盛隆書　安嶋文書」

態（使）為夫令啓之候、前段常隆如申届候、今度所労気ニ付而令帰城、意外之至候、其表調義、被任御存分候上、漸常隆可有御納馬之段、存候処、被搆被取候事御簡要ニ候、併無際限御陣労察入斗候、当手之衆悉為手合残置、無疎意之様申付候条、可御心安候、尚彼口上可有之候条不具候、恐々謹言、

五月十八日　盛隆（印）（〇印形壺）

四倉大膳亮殿

一一　芦名盛隆書状

（注）「芦名三浦之助盛隆書　安嶋文書」

今度常隆此表長々御在陣、数日令調儀、傍御辛労不及是非候、取籠故、別而不及執成、意外此事候、何様調儀之様躰迄（追）而可申談候、猶此口上可有之候、恐々謹言、

五月三日　盛隆（花押283）

四倉殿

（注）「（上包）」
「四倉殿　従須賀河」（〇盛隆まだ二階堂氏を称したころのものか）

一二　芦名盛隆書状

（注）「芦名三浦介盛隆書　塩文書」

前日者、以松平右近尉申届候処、従常隆条々御懇答祝着候、来六日儀定令出馬候、依之猶万々為相談、以書付申述候、執成任入候、委由猶任彼口上、不能具候、恐々謹言、

卯月（四月）三日　盛隆（花押283）

浄休斎

一三　芦名盛隆書状

（注）「芦名盛隆書　蓮沼文書」

来月七日出馬候、今般ハ相当ニ別而足軽等召連奉公管用候、五日ニ黒河迄、無嫌風雨、着陣可申候、於如在ハ、不可然候、任置迄候、謹言、

六月廿八日　盛隆（花押283）

蓮沼右衛門殿

一四　芦名盛隆書状

（注）「芦名盛隆書　角館岩橋文書」

彼状共相調之後之書中披見候、先達之仕合ニ其身かせき之体、不及是非候、及聞令満足、今度すこしなから鉄炮越候しゆひ相立候、畢竟其方挊（かせぎ）故ニ候、猶近日替番とて可（カ）越候、様躰仰出可申越候、万々重而、又（カ）気合よく候、可心安候、日々義重へ罷出候由、左候てく／＼浦山しく候、江より彼一義申越され候哉、其身之口外たる可候由存

候、恐々謹言、
（天正十二年）六月十三日　盛隆（花押283）
（注）岩弥へ
「（上包）」「岩弥　参」

一五　芦名義広書状

（注）「芦名平四郎義広書　湯沢小川文書」

急度為使者、用一札候、抑其元在陣辛労之儀、不及是非候、明日者、及調儀候条、其用意可然候、恐々謹言、

五月六日　義広（花押285）

小川上総介殿

109〔初瀬川文書〕会津若松市小谷 初瀬川健治所蔵

一　芦名盛氏止々斎書状

近日之動ニ田村江被及御合力候、近日如此之時節、進退大切之儀間、更々不苦儀候、西方一ヶ所御落居候者、縦田（田村）へ被及御合力候共、御滅亡之儀者不可有程之由、於吾々者令分別候、何分ニも以御分別、佐竹へ無二御懇望之儀肝要令存候、従当方者道堅憑入、差越申候、只今之刻可入御分別境候歟、然者山内之儀其聞候哉、長沼へ預御到来候、本望至極候、併一向偽候、横沢方之儀も黒川へ被罷越候、扨又たか之儀承候、盛隆（芦名）手前ニ四も五も所持候条、差越可進之由、雖催促申候、不通申相越不申候、近比無曲由存候、余無心許候条、老子近習之者所持申候を、致所望候而差越進上候、恐々謹言、

三月十日　止々斎（花押）（○一覧276・277に類似す）

二階堂殿

二　伊達政宗書状

態為使者、用一行候、抑去秋者、晴信（葛西）江可令対談之由、雖相違候、東山不慮之干戈故、無其儀候事、意外事候、然者太崎拘中取乱之由音来候、乍勿論、彼口へ、自其元、御刷之儀、何篇当方江被及逼塞候様ニ、一廻旁御前可有之候、尚委細以条書、彼口上ニ相含候間、令略筆候、恐々謹言、

追而仁折□、□一端進之候　以上、

（十二月）極月廿五日政宗（花押183）

赤井備中守殿

110〔小荒井文書〕宮城県角田市島田 小荒井快三郎所蔵

一　佐原宗連軍忠状

目安

佐原遠江四郎左衛□□（門尉カ）宗連軍忠事

右、去年（観応三）四月廿八日馳参安積郡部屋田御陣、同六月廿七日佐々河御発向之間、供奉仕、同七月三日阿武隅（隈）河越、追落田村六日市座凶徒等、同七日自新御堂御陣供奉仕、至于所々御陣、矢柄城致警固忠節畢、同八月埋峯八田河口取陣、同九月六日夜戸帳合戦時、連（宗脱）若党小鹿弥次郎景康城内切入、放火一城、散々戦間、被□右膝口畢将又若狭守守護代、同若狭五郎左衛門尉相共、可向河曲口之由被仰下之間、十月十日馳向河曲口之処、御敵出帳之間、終日致合戦追返畢、同夜御敵寄来之間、宗連捨命致合戦之処、宗連被射右朱施崎（ママ）、同方小鬢以鉾被築（突）、同弓手膝口被築之条、侍所御奉行山名野州実見畢、其後宗連為療治給暇之間、差進代官監物左衛門尉之処、当年（文和二）二月廿六日被付于細川総州畢（手カ）、同廿八日河曲口合戦致軍忠、同四月五日石森下取陣、十五日責上石森峯、打破一木戸、致合戦之条、守護代葦名次郎左衛門尉朝貞見知□、次埋峯没落之刻、宗連馳参于御陣、佐々河供奉仕上者、下賜　御判、為施弓箭面目、恐々言上如件、

文和二年五月日

「一見了（花押）」（証判）（吉良貞家）

111　〔東明寺文書〕　会津若松市弘長寺所蔵

一　芦名盛氏（止々斎）書状

急度為脚力令啓之候、二本松方息遠行候、依玆為弔憑入候、一刻も早く被打越可給候、為其状進置候、香代之事三貫文三郎左衛門ニ御理、可被為取寄候、只之儀無之候間、片時も早く被打越可給候、恐々謹言、

七月廿二日　止々斎（花押）

当麻へまいる

112　〔示現寺文書〕　耶麻郡熱塩加納村示現寺所蔵

一　吉良貞家・畠山国氏連署吹挙状

（端裏書）「貞和四年八月十二日（国氏・貞家）武蔵守　利根河證文」

三浦大炊小太郎左衛門尉盛通妻平氏申、陸奥国耶摩郡内下利根河村当知行分安都（堵）事、申状壱通謹進覧之、子細載于状候、以代官、令言上候、可被経御沙汰候哉、以此旨、可有御披露候、恐惶謹言、

貞和四年八月十二日　右馬権頭国氏（畠山）（花押56）

右京大夫貞家（吉良）（花押52）

進上　武蔵守殿（高師直）

二　ゑかく譲状

（端裏書）「しもとね河のゆつり状　利根河證文」

ゆつりわたす、しもとねかわ（下利根川）のむらの事、

ミきかのところ（右彼所）、くはうにおいて、ゑかくあんとの御くたしふミ（下文）を

たまわるのミならすちう(重代)たいさう(相伝)てんのところなり、ゑかくいちこののちハ、しそく三ろうのきやうふのたゆふとのに、もんしよをあいそへて、ゆつりわたすところなり、のちのために、ゆつりしやう、くたんのことし、

やうわくわんねん(永和元年)十一月十日　ゑかく（花押）

三　正秀寄進状

奉寄進

陸奥国会津那(耶)摩郡岩崎村内、宇津野坊平水沢事、但於彼所者、万雑停止、示現寺限永代、奉所寄進也、仍状如件、

永和二年壬七月五日

正秀（花押）

（○裏花押あり、正秀花押と相異す）

四　芦名盛次沙弥正乗寄進状

「示現寺寄進状太郎丸入道　山四所證文」

奉寄進、示現寺所領之事、

右耶摩郡岩崎村内、限山、在家四間、於永代、為正乗二親菩提、所寄進申也、若於彼所、正乗子々孫々中、到競望輩出来者、永為不孝子、正乗所領之中、少不可有知行事者也、仍為後日、寄進状如件、

応永二年乙亥六月十三日

沙弥正乗(芦名盛次)（花押278）

五　芦名盛次沙弥正乗寄進状

（端裏書）「寄進　示現寺」

寄進

陸奥州会津那(耶)摩郡新田惣領迹、小塞村之内事、

合田四千苅者

右件之田者、雖為惣領配分之処、為十貫文借銭之奉償之者也、且那太郎丸入道沙弥正乗子孫知行之間、不可有異儀申候、仍以此旨、寄進之状如件、

応永十一年甲申十月初七日旦那太郎丸入道沙弥正乗(芦名盛次)（花押278）

六　芦名盛政寄進状

陸奥会津那(耶)摩郡内、下利根河村・猪苗代本知行分事、熱塩示現寺奉寄進所也、早守先例、可被致沙汰之状如件、

応永廿九年二月九日修理大夫(芦名盛政)（花押281）

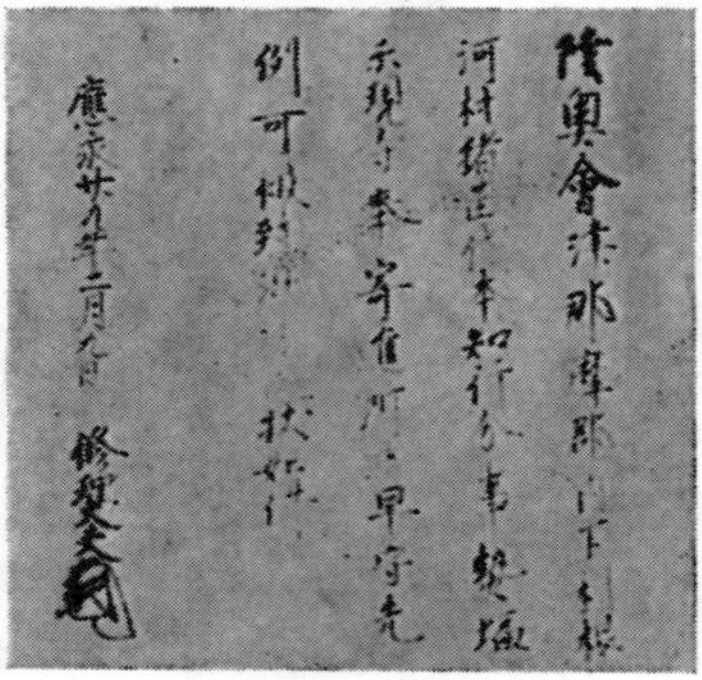

七　沙弥心高打渡状

陸奥会津那(耶)摩郡内、下利根河村事、任応永廿九年二月九日御寄進状・同御施行等旨、下地於渡付

示現寺代管ニ候畢、以此旨、可有御披露候、恐惶謹言、

応永廿九年二月十一日　沙弥義高（心）（花押381）

進上　御奉行所

八　芦名盛高寄進状

補任示現寺寄進事、右会津那（耶）摩郡小田付之村、花積恩地道覚在家壱間、年貢弐貫六百文之所、永代寄進申所也、於子孫、不可有相違、仍而為後日之状、如件、

永正六年己巳閏七月五日

（芦名）盛高（花押270）

九　芦名盛高棟別免許状

示現寺領中、棟別事、永代令免許候、并自然雖勤進等申方候、不可有御信用候、然者於子孫、不可有違変者也、仍為後日之状如件、

永正拾年癸酉八月十八日盛高（花押270）

示現寺当住桃渓　進覧

一〇　芦名盛滋諸役免許状

奉寄進

陸奥国会津示現寺於領中、守護不入、幷棟別・段銭、何事も永代令免許候、仍為後日之状如件、

永正拾四年きのとのうし六月廿三日

（芦名）盛滋（花押280）

一一　三光庵玄乙手形案

（端裏書）「三光庵永代之手形　小田付村甚衛門」

右者、飯舛斗税一斗六舛入壱駄、於永代、長臥預置申候、小田付之村、道覚在家百姓甚衛門於子孫、無沙汰為有間敷、手形之状、置上申候、為二親之霊供分、毎月三日十五日、　玄乙判

于時天文廿三年甲寅三月十四日

一二　芦名盛隆証状

右利根河年貢、新田伊賀守無沙汰申候条、任御理、及成敗候、於向後異、年貢無沙汰之族候者、可被仰理候、則成敗可申候、仍為後日、進置證状、如件、

天正拾一年癸未三月十七日（芦名）盛隆（花押283）

示現寺

進覧之候

一三　富山実泰寄進状

示現寺之内、笑月庵へ、御寺領代田柴之内、寺社少所之処、為寄進、被付置候、尤於野拙、別心存間敷候、御存分次第ニ可有之候、為其、如此申宜候事候、恐々謹言、

富山

天正十一癸未五月廿七日実泰（花押308）

富田能登守殿
御宿所

一四　芦名盛隆加判冨田能登守寄進状

（印文「止々斎」）（芦名盛隆）
（印）（花押283）

右、耶摩之郡下柴之内、高松寺分七百廿苅・案楽寺分五百苅・白山めん田六百五十苅・天神めん（免）田百卅苅、合而仁千苅之所年具八駄、河沼之庄より田之内阿弥陀めん田年貢仁駄、両所合而十駄之所、永代示現寺之内、嘯月院江令寄進所也、於向後、為不可有相違　御判形申請所進也、仍如件、

冨田能登守

天正十二年九月十七日

嘯月院江　参

（押紙）「盛氏ゟ申請候事」

一五　三光庵納帳

（端裏書）「納帳」

三光庵皆納之事

一年貢弐貫五百文
一蠟一斤　一栗之分豆二升
一蕷一把　一野老
一第二荷　一梅墻之木二荷
一柴二荷モギシバ也　一番連推之時飯米
一開山忌之酒尤作之　一蠟燭十挺正・四・七・十二月共二合
一漆一盃

示現寺住持太虚円和尚誌之

（異筆）「当山四世也」

一六　蒲生氏郷袖判寺領目録

（蒲生氏郷）（花押312）

慈現寺領目録

百石者　於慈現寺門前

以上

天正十八年九月十二日

一七　蒲生秀行知行充行状（折紙）

会津分領知行五拾石進之候、如目録、全可有領知者也、

慶長六

十月十八日秀行（印）（〇印文「秀行」）

示現寺　参

一八　保科正之知行充行状（折紙）

陸奥国会津領耶麻郡（ママ）示現寺村、高五拾石、如先規、寄附之訖、全
可有収納者也、
肥後守（保科正之）
寛永廿年
十一月十五日（印）（○印文「正之」）
示現寺

113〔法用寺文書〕大沼郡永井野村 法用寺所蔵

一 吉良貞家書下

陸奥国会津大沼郡、法用寺別当職事、任相伝之旨、寺務管領不可有
相違、弥可被致祈禱精誠、状如件、
観応三年十月廿四日右京大夫（吉良貞家）（花押54）
葦名禅師御房

二 芦名盛舜判物

陸奥会津法用寺
別当職事者
右、彼所権大僧都法印長源、為寺務知行不可有相違、於御祈禱者、
任先例、可被致丹誠、状如件、
天文八年八月三日
遠江守盛舜（花押279）
法用寺別当権大僧都法印

三 松本氏輔証状

御寺領之内、依有闕所少々、家風中ニ宛行之候、彼者共事茂衆徒中
被勤候、寺役ニ不可相替候、若於有違背之族者、審愚所江、可承
候、急度可申断候、仍為後日、一行如件、
元亀元年庚午
十二月十六日 松本図書助
氏輔（花押304）
法用寺御同宿中

114〔仁王寺文書〕大沼郡尾岐村 仁王寺所蔵

一 芦名盛舜判物

（芦名盛舜）（花押279）
右大沼之内おまたの村仁王寺門前、家五之事、御むねやく六まハり
之分、薬師へ御立願所なり、別而抽精誠、御祈禱専要ニ候、
天文三年甲午七月晦日

二 芦名盛氏加判佐瀬大和等二人連署寄進状写

（芦名盛氏）（花押274）
右仁王寺分千仁百かり、致御免きしん申候、乍去、公方へ三度御田
銭ハ、相すまし可被申か為、御免申請□又三度も、めんきよ可申
候、きしんの分にハ、毎月八日ニハ、十人してくり十万返つゝ、永

代弓矢名賀(冥加カ)正下(上カ)和合、御きねん御油断、不可有之者也、仍如件、

永禄五壬戌年二月三日　佐大□□(佐瀬大和)（花押292）

御平
氏慶判

仁王寺　参　壬付常光院 此度不申候

三　蒲生秀行伝馬手形

（印）

伝馬壱疋、京より会津まて可出也、仍如件、

慶長十一年
午四月　右宿中

115 〔八角神社文書〕会津若松市八角神社所蔵

一　芦名氏加判逸見実能所領売券

（印）（印文「止々斎」）

右用所あるにより、かんのうのうちなミさくらの地、米八駄之所、ふうしゆ院(宝寿院)へ永代うりわたし申候、こと更　月しんさま御につ(カ)はいのため、かいをかれ候間、たとひいか様之儀候とも、まつ代相違あるましく候、為後日、　御はんぎやう申うけ、あひわたし申候所実也、仍如件、

天正十四年丙戌十二月廿二日　逸見宮内左衛門尉 実能（花押）

宝寿院　参

二　伊達政宗知行充行状

一太沼(ママ)之内、入田沢七貫文、同おさハの内、六く面(大供免)壱貫五百文、一せいくわんし分、米仁十三駄片荷、代物四百文、一たきさはすハ分三百六十文、一いもたに権現分、仁貫九百文、一しほい米四ッ、一かんほう之内なミさくら、年貢三貫文、此外ニ三貫文、役銭に相除候、以上、右各々宛行所、永代不可有相違、仍証文如件、

天正十七己丑十二月十四日政宗（印）（〇印文「龍納」）

宝寿院

三　蒲生秀行秀隆知行充行状（折紙）

会津於分領、知行五拾石、令扶助訖、如目録、全可領知者也、

慶長六
十月十八日（印）（〇印文「秀隆」）

八角宮
喜福院

四　加藤明成知行寄進状（折紙）

会津山之郡、半在家村之内を以、知行高五拾石、令寄進訖、全可有収納者也、

寛永五年
十月十八日明成（花押317）

八角宮
別当

五　保科正之知行寄進状（折紙）

為八隅社領、陸奥国会津領、河沼郡高畑村内、高五拾石、如先規、
寄進之訖、全可有収納者也
肥後守（保科正之）
寛永廿年
十一月十五日（印）（〇印文「正之」）
別当
亀福院

116 〔千代文書〕大沼郡本郷町 千代宇八郎所蔵

一　某知行充行状

右、南山領中之間、弐疋弐駄之役所御免ニ千代和泉守出之者也、如
件
（花押448）
天正十七年己丑　九月吉日

117 〔簗田文書〕会津若松市 簗田英雄氏所蔵

一　芦名盛氏・同盛隆連判下知状

（〇壺形・印文「止々斎」）
（印）（花押283）
（芦名盛隆）
駄賃とり荷物已下少□無沙汰申候者、無持尻堅□（可カ）為成敗者也、仍下
知如□（件カ）、
天将（正）四年
九月十六日
簗田藤左衛門　［　］

二　金上盛満証状

駄賃［　］以下無沙汰申候者、
□持尻不上役人其分ニ代物五十
□従商人差上、賊役人請取候
者、□主者何成共不綺沙汰、無
相違□可罷通候、荷物致宿候
者、盗□不存［　］別条候、
於于同心者□為罪過候、仍如件、
天正四年丙子
十一月十五日　盛満（花押290）
簗田藤左衛門尉との

三　平田尚範・同舜範連署証状

駄賃取荷物以下無沙汰申候□、持尻不上役人其分ニ代物五十□従商
人指上、賊役人請取候者□主者何成共不綺沙汰、無相違□（則カ）可罷通
候、荷物之致宿候者、盗□不存候者、不可有別条候、於于内［　］
可為罪過候、仍如件、
天政（正）四年丙子
霜月（十一月）拾七日　弾正忠尚範（花押301）

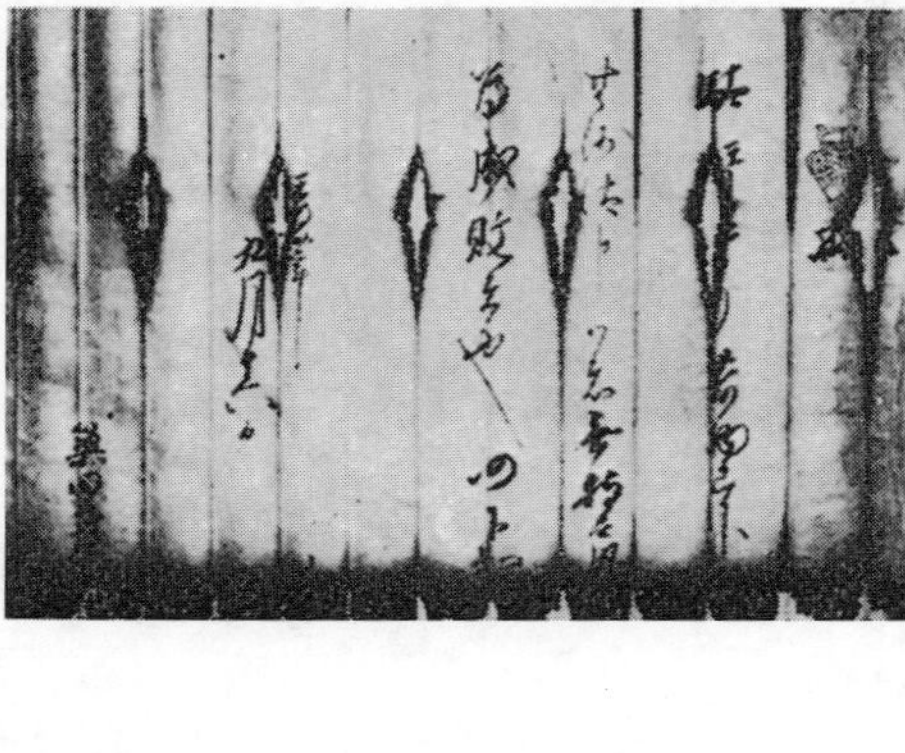

弥次郎舜範（花押300）

簗田藤左衛門尉殿

四　芦名盛氏条目

（芦名盛氏）
（花押277）

一　高荷ニ三文充可取事、

一　相物荷ニ三文□取事、

一　塩荷拾駄ニ可為三盃事、

　付さしはた子とか□

駄賃取荷物以下無沙汰申候者、其持尻不上役人其分ヽ代物五十疋従商人差上、賊役人請取候□何成共不綺沙汰、無相違則可罷透候、荷物致宿候者、盗賊□可有別条候、於于同心者、可為罪科者也、仍如件、

天正五年丁丑

拾月□

簗田藤左衛門との

五　北条氏繁書状

依奥口所用有之、脚力差越候之処、被聞召届、貴札到来、幷也三也令披読候、殊更御鷹一もと被懸芳意候、御厚志と云、地鷹と云、自愛無他事候、此等之趣必々以使者可申入候、仍麦作為払捨可申越河、于今水海と申地簗田在地、戸張際ニ令陣取候、作毛悉壚ニ被致之候、当月中者幸嶋ロ張陣可有之分ニ候、兼又其許御様子如何承度被存候、節々氏政へ御通用可為専一候、対盛氏無二可申談心底逼塞被申候、猶以御鷹拝受、本望更以難尽筆舌候、令帰陣上、急度以使者可申述候、自陣中申入之間、聊先及尊答候、恐々謹言、

五月二日　（北条）北左　氏繁（花押）

岩崎江

貴報

六　金上盛満証状

（一）□船賃拾五銭宥□五文ヽ相定候事、

（一）□惣関銭荷物壱ヽ□免之事、

（一）□就御免舟而、荷物如近年者相拘間敷事、

右三ヶ条、於末代不可有違儀者也、仍如件、

旹天正十一年癸未卯（四月）月十四日　盛満（花押290）

京衆

伊勢衆

関東衆

此外諸他国衆

当所簗田

七　伊達政宗証状写

一於会津中、市町可立之事、

一簗田諸商人おやかたニ候間、諸商買之儀、簗田可申付事、

一諸商人於会津中ニ山賊盗賊ニあい候者、代物五百文礼儀候而、荷

物無相違可通之事
一於諸関、簗田手前免許之旨、不可有相違者也、仍證文如件
天正十七年己丑七月十三日
　簗田藤左衛門尉

118〔反町文書〕慶応義塾図書館所蔵

一　伊達政宗知行充行状（折紙）

一かな川
一三つはし
一しほ川
一べつふ
一はまさき
右五ケ所くたしおき候、くハしくせうなこん（少納言）ニあひことハり候、
仍如件、
天正十七年己丑
　拾月十九日（印）（〇印文「龍納」）
　片倉小拾郎殿

119〔塔寺八幡神社文書〕坂下町心清水八幡宮所蔵

一　伊達政宗証状

会津遠寺御子大夫以上仁十六人、如前相立候、尤神事祭礼、如先規相勤、其上南方（当カ）ニ脚力一年ニ五度可相立者也、仍證文如件、
天正十八年庚刁三月六日　政宗（印）（〇印文「龍納」）
　遠寺

120〔佐藤次文書〕大沼郡永井野村佐藤次所蔵

一　伊達政宗証状

松沢寺寺領うち、門前八人之手作三貫文之所さきわけ、山屋敷差添
付置候、永代不可有相違者也、仍證文如件、
天正十八年庚刁四月十四日　政宗（印）（〇印文「龍納」）
　松沢寺

121〔円蔵寺文書〕柳津町円蔵寺所蔵

一　上杉謙信輝虎書状

急度以使者、申遣候、
仍関東之事、過半静謐
之形候、信州之義、隣
国与云、三州物裏与
云、旁以来秋者、先
彼口へ可成行儀定候、
然者雖相頼他之助成、

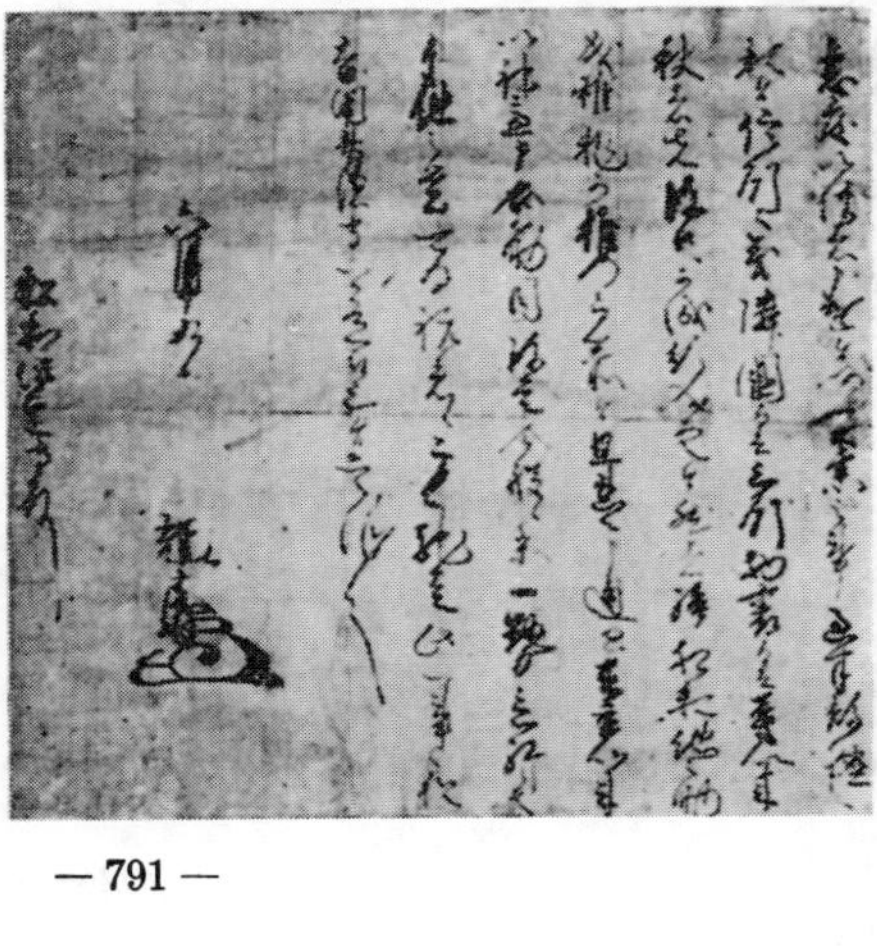

雖非可権門弓箭候、且連々申通乞(カ)去年以来、以神慮、申合筋目、彼是今般候条、一勢立祈候者、自他之覚、可為祝着候、方々馳走、此一事候、猶吉田美濃守、可有口上候、恐々謹言、

六月十九日　　輝虎（花押87）

松本伊豆守殿

二　上杉謙信書状

初秋至于越中、出馬、彼国之義者、不及申、賀刕(州)迄令放火、納馬、翌日関東江越山、敵城数ヶ所攻落、其上味方中仕置堅固ニ申付、帰馬候、関東備之模様、被聞届、定而可為大慶候、然者為音信、紅端百挺給之候、本望候、扨亦見合候間、巻物壱つ進之候、猶万吉重々、恐々謹言

極月(十二月)十五日　　謙信（花押87）

三　蒲生氏郷知行寄進状（折紙）

以上

為楊津領、弐百石、幷当所屋地子、近年納来分、永代令寄進了、今度御検地屋地子出分等、対坊中地下、令免除者也、

天正十八年

九月朔日　氏郷（花押312）

楊津本願

四　豊臣秀次知行寄進状（折紙）

巳上

為楊津領、弐百石、幷当所屋地子令寄進訖、全被寺納、無油断建立尤候、猶羽柴忠三郎方へ申渡候、謹言、

天正十八年

九月三日秀次（花押）

楊津本願

五　上杉景勝書状（折紙）

去秋頼入、宝前参籠、被抽精誠、成就之巻数守、幷五明紅燭送給、目出欣然之至候、弥武運長久之懇祈任入候、恐々謹言、

二月十四日景勝（花押88）

塔之坊

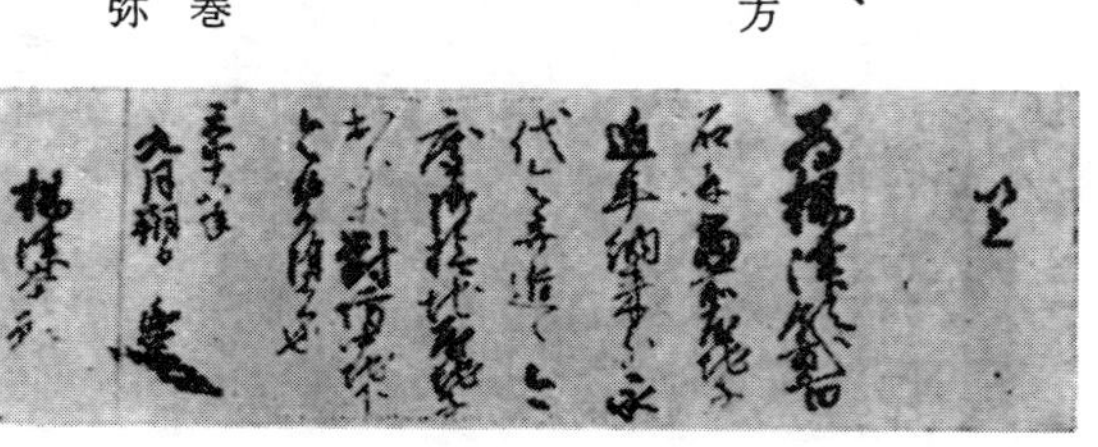

六　蒲生秀行知行寄進状（折紙）

為楊津領、弐百石永代令寄進訖、幷当所屋敷方加地子出分、対坊中地下、令免除者也、

慶長六

十月廿二日　秀行（花押313）

楊津
　別当坊

七　加藤嘉明知行充行状（折紙）

為楊津領、知行弐百石、如先規、全可有寺納者也、

寛永五年
十月十八日　加藤左馬助
　　　　　　嘉明（花押316）

楊津
　円蔵寺

八　加藤嘉明書状（折紙）

以上

貴簡拝見忝奉存候、先以両御所様御機嫌能、被成御座候由、被仰聞候、目出度奉存候、然者、私儀息災にて罷在候哉と御尋御懇之御事ニ候、弥無支罷在候、乍恐御心安可被思召候、随而楊屋、去冬竜安寺へ被罷上候ニ付而、当地実相寺看坊之儀、慶首座ニ被申付候間、不相替様ニ被蒙仰候、楊屋被罷上候趣者、一旦竜安寺へ罷上、当二三月之比者、又爰元可有下向様ニも、為被申由候、左様之儀ニ付而、此沙汰延引申候、自貴老様、被仰越儀ニ御座候間、則如前々可申付候、可被成其御心得候、猶追而可得貴意候、恐惶謹言、

　　　　加藤左馬助
七月三日　嘉明（花押316）

国師様

九　加藤嘉明書状（折紙）

以上

一書令啓候、然者柳津領、氏郷・秀行二代之間寄進状之写、守岡主馬佑・青木佐左衛門方迄、就被相渡、二三日以前ニ為持越候、今郡廻於郷中、遂披見候、此寺領之儀、勿論可為如先規候、拙者方ゟ可及其沙汰処ニ、万端支多取紛、左様之儀不存書候、右両人依答(カ)候へ共、代官為申付由候、努々我等非存儀候、但又貴老些右之趣可被兼知事歟、令日従津河・野沢迄相越、何ニ而も被年寄、右之様子存知之御坊達一両人ニ、二代之本書、幷下野殿(蒲生忠郷)継目之墨付迄も為持、けた(気多宮)の宮迄、明廿九日ニ可被相越候、為其如斯候、恐々謹言、

　　　　加左馬助
八月廿八日　嘉明（花押316）

柳津
　別当

一〇　加藤嘉明書状（折紙）

巳右

預使僧、殊祈禱之御札、幷為歳暮之祝儀、榕柑一折送給、令祝着候、猶期面之節候、恐々謹言、

(十二月)　加左馬
極月廿二日　嘉明（花押316）

円蔵寺
　床下

一一　加藤嘉明書状（折紙）

為歳暮之御祝儀、御使僧、殊御祈禱之(カ)御札幷うしきつ一折、送給、
令祝着候、猶改可申承候、恐々頓首

十二月廿七日　加左馬　嘉明（花押）

円蔵寺
　御返答

122〔磯部文書〕会津若松市 磯部常松所蔵

一　上杉景勝書状

其以来者、其表不聞届、無心元迄候、然者先日書中差越、堺目無事之段、目出ニ候、弥無油断、普請以下早々出来候様ニ、相稼専用ニ候、直路之事も偏に入念、自其地も、意見候て簡要候、此由治部少輔かたへも可申越、猶目出万々、重而謹言、

猶々与部ざとう、早々人被申付、うふわせ(ママ)可被相越候、自以前度々、自三村かたも、申越候へ共とゝかす(カ)、かやわミへす候、かならす与いちさしこすへく候、以上

三月卅日景勝（花押89）

深沢刑部少輔殿

二　直江兼続書下

一弐千七百卅三石八斗壱舛六合弐勺五才　山岸分
右之地深沢刑部被下候条、早々可引渡者也、

二月十日　兼続（花押95）

志駄修理亮殿

123〔大石文書〕福島市 大石大助所蔵

一　上杉景勝書状

脚力到来仍而［　］諸堺、仕置、堅固に申付、普請等、無油断由御肝要候、此方弥無事候条、可心易候、揩於相所替義者、急度可申下候、謹言、

(慶長四年カ)十月十三日　景勝（花押88）

大石播磨守(元綱)とのへ
岩井備中守(信能)とのへ
安田上総介(能元)とのへ

二　石田三成書状

尊書幷為御使者被差上、大石播磨守方、御太刀一腰・御馬一疋鴾毛、則申聞候処、御懇慮之段畏存之通、被及御報候、就其向後相改、別而御入魂旨、逐一被得其意、以誓帋(紙)被申入候、大播請乞、以筋目弥幾久、被仰通、目出可存候、将又私へ御馬一疋河原毛・白布五十端、被遣下候、忝次第候、此等之趣、宜預御取成候、恐々謹言、

六月廿八日　(石田)三成（花押）

直江山城守(兼続)殿

狩野隠岐守殿

124〔興徳寺文書〕会津若松市興徳寺所蔵

一　蒲生秀行秀隆知行寄進状（折紙）

会津於分領、知行弐百石進之候、全可有所納候、恐々謹言、

慶長六
十月十八日　秀行（印）（〇印文「秀隆」）

興徳寺

二　加藤明成知行寄進状（折紙）

会津山之郡之内を以、知行高弐百石、令寄附畢、如目録全可有収納之状如件、

寛永五年
十月十八日　明成（花押317）

興徳寺

三　蒲生氏仕置奉行連署状

尊書令拝見候、仍貴寺　勅額之御願望候而、近日可有御　上洛之由候、就其浄花院へ折紙之事、蒙仰候、則進候、向炎天旁大儀共候、御仕合能目出、頓而御帰寺奉待存候、恐惶謹言、

（四月）
卯月廿九日　岡半兵衛 重政（花押）
町野左近助 繁仍（花押）

融通寺
貴報

四　保科正之知行寄進状（折紙）

陸奥国会津領、河沼郡郡山村内百石、同郡高畑村内百石、高合弐百石、如先規寄附之訖、全可有収納者也、

寛永廿年
十一月十五日（印）（〇印文「正之」）（保科正之）肥後守

興徳寺

125〔伊佐早文書〕米沢市伊佐早謙所蔵

一　芦名盛高知行充行状

（花押270）（蘆名盛高）

ちふせつに依、小川・岡さハ・大田おんにいたし候、大田七貫五百文之所、御めんしいたし候、子々そん〳〵において、さをひあるへからす候、如件、

明応九年かのへさる七月卅日

小田切小次郎方へ

御しなん平田左京亮

二　芦名盛氏止々斎書状

其元在陣辛労之至候、仍昨日覃調儀之由候、内々無心元候処、少々勝利之由申候、近比祝着候、家中ニ手負等も候哉、能々養生可然候、下々迄も辛労之由申度候、其口近日動之由申候、人衆可差越候間、其時分可申候、恐々謹言、

（永禄七年カ）（四月）
夘月十六日　　止々斎（朱印）（〇印形壺）

小田切弾正忠殿

三　武田信玄条書

条目

一上州表悉静謐之事、
一長尾于今沼田在陣、猶令張陣者、相・甲相談、倉内へ可取詰之事、
一来四月至越国、可令乱入候、此時手合之動、不可有猶予之事、

付条々

一盛氏無二ニ御同心候様ニ、馳走肝要之事、
一会津依于御擬、奥越後之儀、可申合旨之事

以上

（永禄十一年カ）
正月廿一日　（武田信玄）（朱印）

小田切治部少輔殿
同弾正忠殿

四　芦名盛氏止々斎書状

先立如申越候、今般之手切曾無用之由申候処、一向無信用如此之儀、更前代未聞之由（憶カ）慥候、自越其口へ被及扱候哉、無是非候、前後始末も無之、如此之刷之間、越国之扱更遺恨も無之候、当方之儀者、東口弓箭手透無之間、何共合力之儀成間敷候、恐々謹言、

（永禄十一年）
六月三日　　止々斎（花押276）

小田切孫七郎殿

五　芦名盛氏止々斎書状

重而越国口様子到来、大悦候、謙信遠行必然候哉、併於爰許者、実（難）否叵計候、能々聞届、重而到来待入候、自本庄（繁長）、鮎川（盛長）へ取刷候哉、無心元候、万端重而注進待入候、恐々謹言、

（天正六年）
三月廿六日　　止々斎（花押276）

小田切孫七郎殿

六　上杉景勝景虎書状

未申届候処ニ、来札披見祝着此事候、仍爰許就不思議鉾楯、別而馳走、殊更安田地被乗捕、其上山浦衆引付、其元安田地金上□ニ在城、堅固ニ被申付由、誠以大慶過之候、向後之儀、万端可頼入所存候、委曲重而可申届候、恐々謹言、

（天正六年カ）
九月十四日　　景虎（花押）（〇一覧88と相異す）

小田切孫七郎殿

七　芦名盛隆書状

松本左馬助新発田へ指越候、上下之路次中無相違様、懇切馳走尤候、彼口滞留中脚力以下往還、猶以任置候、恐々謹言、

二月廿六日　　盛隆（花押283）

小田切弾正忠殿

八　芦名盛隆書状

（光頼）
須江大隅守為使越府へ差越候、上下路次中無相違様、懇切馳走尤

候、彼口滞留中飛脚以下往還儀、猶以任置候、恐々謹言、

二月廿六日　　盛隆（花押283）

小田切弾正忠殿

九　芦名盛隆書状

越国口之事、則到来、祝着ニ候、猶珍敷儀候者、重て到来可待入候、自爰元身不申越間ハ、双方へ間々為望も、一騎一人越候事、不可然候、何辺自爰元之作事次第ニ可有之候、恐々謹言、

（天正十年カ）
四月二日　　盛隆（花押283）

小田切弾正忠殿

一〇　芦名盛隆書状

書札委曲披見候、景勝新発田筋へ出張候哉、依之、自越衆書状披見候、舟之儀借候事、返々無用ニ候、委松本伊豆守ニ申理候間、可申越候、細事之儀候共、越国へ一旦之忠節、慮外之至候、向後其分其断而可申付候、恐々謹言、

（天正十年）
八月十六日　　盛隆（花押283）

小田切弾正忠殿

一一　芦名盛隆書状

（ウワ書）
「小田切弾正忠殿」

如例年之魚壱掛到来、悦目之至候、然而近日越国口之儀、無異儀候哉、珍敷子細候ハヽ、注進尤候、恐々謹言、

（天正十一年カ）
（十一月）
霜月十三日　　盛隆（黒印）（〇印形香炉）

小田切弾正忠殿

一二　芦名盛隆書状

（ウワ書）
「鷗閑斎殿」

前日者為御使被打越、大儀之至候、返答如申渡、今度堺之者共申付差越候、可然様執合尤候、義重任懇望、前立足軽等差越候、旁取紛放、無人数之式意外候、猶追々可申候、恐々謹言、

（天正十一年）
五月十九日　　盛隆（花押283）

（道喜）
鷗閑斎

一三　芦名盛隆印判状

急度啓之候、塩松境之者共一両ヶ所心替候、因之無拠候間、来十八日無嫌風雨出張候、無済限大儀ニ候共、早々被相立可然候、恐々謹言、

十月十五日　　盛隆（黒印）（〇印形香炉）

小田切但馬守殿

一四　芦名盛隆書状

急度用一札候、来月七日必定出馬候、五日ニ此方迄打着候様、支度専用候、今度ハ足軽等別而召連、奉公可然候、如在候而ハ、可無曲候、恐々謹言、

六月廿八日　　盛隆（花押283）

小田切但馬守殿

一五　芦名盛隆書状

急度用脚力候、来七日無嫌風雨出張候、六日ニ此方へ可被越候、兼而支度之義理候間、六日必々可被越候、恐々謹言、

八月二日　盛隆（花押283）

小田切但馬守殿

一六　芦名盛隆書状

前日様躰度々申越候、岩城江相談之儀相調、来月六日出馬候、四日ニ黒川迄打着、別而走廻肝要候、以油断延引候而者、無曲候、猶松本伊豆守可申候間、不具謹言、

三月廿一日　盛隆（花押283）

小田切安芸守殿
小田切但馬守殿

一七　芦名盛隆書状

為青陽之祝義、御籠壱躰到来、目出之至候、自是態計朱燭廿挺進之候、誠祝義迄候、恐々謹言、

二月十一日　平盛隆（黒印）（〇印形香炉）

一八　芦名盛隆書状

如御来章、当口懸引、無油断付而、無音罷過候処、態々御使僧謹以本望無申事候、然者中郡御出張之由承、御大儀存候、定而万方可為如思食候、重而向田村、明日令出馬候之間、御使別而不及御執成候、乍幾度申事、隣国与申、自今以後、弥以無二可申合外無之候、大細事無御腹蔵、彼仰合候者、可為本望候、如何様帰陣之時分、以使万端可申述候、恐々謹言、

追啓、為御音信、矢籠五預候、一段祝着候、

（天正十二年）卯月十六日　盛隆（花押283）

上杉殿
御宿所

一九　富田氏実書状

尊札拝見過分奉存候、抑今般為御使、条々盛隆所江被仰越候、本望至極被存候、御面上口御堅固之由、可然奉憶候、殊下郡江御出張之由、近比御太儀之至候、雖無申迄候、能々御兵談、乍憚御肝要之至候、義重向小山被打出候、為此御届与力立越被申候条、御当へ少々御加勢を可被申候、舟之儀も被申付候相調可申候、一点於愚拙、不可有如在候、鉄放被懸御意候、外聞実儀恐悦奉存候、猶鴫閑斎憑入候条、可被達御申候、此旨宜預御披露候、恐々謹言、

（天正十二年）五月拾日　富田美作守
氏実（花押293）

直江山城守殿（兼続）

二〇　佐竹義重書状

如芳墨、去年以来令絶音問（マヽ）候之内々、無御心元存候之処、預使僧

候、誠以本望之至候、抑御当国悉平均被取成之由、自何以専要候、殊上口之様子、具蒙仰候、何も令得其意候、将亦去年上州表へ令出勢、新田・館林両地之間、号多々木山所ニ張陣、彼両城堀際へ詰寄、日々立備候之処、城主閉門戸、敵一騎一人不出合候之間、万方へ賦武勇、郷村無一宇も撃砕揚放火、悉蒸民等押払絶人家候之条、可成亡国事、不可有程候、聞召可為御太慶候、然者近年於奥口、田村方対当方不儀連続遺恨深重之間、芦名盛隆令相談、其外之諸士引率、去春一同ニ靡軍旗候之条、不突楯、即時悃望、其上田村方於拘も、岐之城々十二三ヵ所、被明渡候間、爰元無拠上、遂和睦候、然間奥州皆以令一統候様子、可被及聞召候歟、如斯之上、御当国以御手透、武・上之間へ、至御越山者一途可及御手合候条、於御本意者不可有疑候、余事猶彼舌端任入候間、令略候、恐々謹言、

追而、為遊山与風、会津へ打越候、於様躰者彼口上可有之候、

以上、

拾月五日　　義重（花押72）

山内殿
御報

二一　芦名盛隆覚書

覚

一大窪之地、十月中為相渡可申事、

一到于飯野堺目、慮外有之間敷事、付境目互以代官、可被為見事、

一大窪破却之事、

一如斯申合上者、大窪之者、如何様ニ申寄越候共、御合点有之間敷事、

一従青木・竜子山、慮外無之様、被仰付可預事、

一寺坂摂津守親子、御追放之事、

一当以取刷落着之上者、兼日如御理、大内江御入魂之儀、并可預御助引之事、

七月十五日（印）（芦名盛隆）（○印形香炉）

二二　某書状

急度令啓候、先日使者差登候砌、越中表へ敵出張之由、一段無御心元候、依之及脚力候、其節何分候哉、彼口之御備可為簡要候、一信州之儀旧冬已来、依御計策、所々属御手之由可然候、扨又関東之儀、氏政父子上州へ進発之処ニ北条安芸、御当方へ帰参之刷被聞及、南陣退散之由、自他之覚不可過之候、一此間従新発田、弥彦筋其外川辺放火之由申候、彼行依無其聞、従爰元、不致後詰之動候、苑角御陣留守之砌者、如斯之行可有之候間、右ニも左ニも新潟之御擬、可為肝要候、一旧冬伊達、会津へ為御音通、板倉方被差越候、彼御回答宜候間、於我等も令満足候、此上之儀会津へ之御計策、可為専要候、新発田物裏之様ニ候条、偏彼口を相憑之由申候、左様故歟、若

又御疎想ニも候歟、会津上々下々之者共、当国悪致批判由申候、只今之境簡要之間、先以彼口被引付、可為尤候、旁御前ニ可有之候、於会津も金上方如何ニも、御前之儀、可然様ニ取成之由、承及候、猶以彼方へ御入魂専一候、一先日申達候ッ下口へ到々　御出馬由、中条表新発田境ニ、寄居可取立由、為申登候処ニ、上口依御隙御馬遅々之間、先以雖物浅歟、中条領余亡所与而敵へ之覚与而築地へ申之儀、去月十二日ニ寄（〇後欠）

126 〔新編会津風土記所収文書〕 巻之三 山内滝口所蔵文書

一 芦名盛氏止々斎書状

孟春御吉事珍重ニ候、仍先立脚力以使僧雖申入候、山中深雪故歟、未[ ]余ニ無心元存、追而申候、近日之陣中単御床布候、雖無申迄候、堅固之御刷可目出度候、草（早）々被御隙明、小宮辺被御陣寄白川進退候度、被引立可預候、近年頼入候御首尾、今度相極候、何様□是非之御刷専一ニ存候、尚味方中被申越候、恐々謹言、

正月朔日　止々斎（花押277）

山内殿

御宿所

二 芦名盛氏止々斎書状

新春之為御吉事弓預之、多幸ニ候、因之同弓進候、聊表空書計候、尚永日可申承候、恐々謹言、

正月十五日　止々斎朱印

謹上　山内刑部太輔殿

三 芦名義広書状

急度為脚力申越候、先立当十一日出馬ニ付而申届候処、于今不被打越候、案外之由存候、今度初而打出候条、縦深不申理候共、被打出、可被及意見候処、御遅延口惜候、今明日中安積表へ取越候間、一刻も被引詰、被打越候へく候、越国境へ者百万返差越被成候間、更以気遣有間敷候、万々自富田所可申越候間、不能具候、恐々謹言、

（天正十六年）閏五月十六日　義広（花押285）

横田刑部太輔殿

四 上杉謙信景虎書状

就関左令張陣、芳書殊紅端如員数贈給候、遠境御懇意難尽謝次第候、諸毎期来臨之時候、恐々謹言、

二月十七日　（上杉謙信）景虎（花押87）

山内刑部太輔殿

五 石田三成書状

態預飛札快然至極候、抑去夏以来被対義広無二御忠功之段、誠以無比類候、則遂言上候処、御感不斜候、弥丈夫ニ水窪・大塩両城

共ニ可被相拘事専一之旨、御諚候、然者北条相背御下知故、来月上旬ニ、始家康・景勝御人数被差遣、三月朔日ニ有御出勢、北条御成敗議定候間、其直ニ黒河江被成乱入、政宗可被代刎首落着候、然時者、今少之儀候条、其元之儀無油断事肝要候、将又大沼郡伊北地、御舎弟大覚助殿身上之事、承候条々令得心候、窺御透令言上、重而御朱印相調可進之候、加様之儀をも只今雖可相究候、其表之儀無御心元候、殊飛脚も急候間返遣候、猶井口清右衛門可申越候、恐々謹言、

（天正十八年）正月十三日　三成（花押）

山内刑部大輔殿

御返報

六　伊達政宗書状

〔新編会津風土記〕巻之五 福王寺辰四郎所蔵文書

幸便之間啓之候、仍当陣於近日無異儀、太閤様于今摂州大坂ニ御滞在ニ候、年中此口江御下向叵計候、但如何可有之哉、次長々在陣万端不調故、今度保無別而申越候、首尾無心元事候、吉事重而謹言、

十月十三日　政宗（花押）（○花押、変形せり）

平田周防守殿

七　山県昌景書状

〔新編会津風土記〕巻之六 小田切三之丞所蔵文書

如御札小田切方向越国被及行、敵城両地乗執、堅固被相拘候由、因茲御息并金兵・松右御出陣之由、心地好存候、仍去月十八野尻（信濃）落居、城主以下数多討捕、至越乱入所々郷村放火、其口手合被相待候処ニ、遠路故歟無其聞候条、信・越堺指置人衆、上州越山諸城之普請被申付候処、其筋既如此之上者、重而至越府被動干戈候、然者盛氏無御猶予御出張簡要之由被存候、委曲可被顕直書候之間、不能具候、恐々謹言、

（永禄七年四月カ）卯月廿八日　昌景（花押）

山県三郎兵衛尉

鵜浦左衛門入道殿

御館

（○会津四家合考九、卯月廿日武田信玄書状参照）

八　伊達輝宗書状

〔新編会津風土記〕巻之六 松本与大夫所蔵文書

態為使者用一簡候、到今春田境中無異儀候上、塩口之事自是及意見迄候、可心安候、然者盛隆近日可為出馬候由候条、万端相談之事、各々別可有之候、於当方者、無事念願之外無之候、扨又相・当方之儀、常隆任御寿策候分ニ、題目（マヽ）ニ于今首尾不合候、急速相調候之様ニ、馳走任入候、猶内馬場能登守任口上候、恐々謹言、

（天正十二年カ）三月廿五日　輝宗（印）

（○本号宛所欠）

九　芦名盛氏（止々斎）書状

就帰陣態之御届本望至極候、今般出馬如形取成、令納馬候キ、定而可存御大慶候歟、其上真崎・三丁之目速被如意申候、其御心得専一ニ候、御当・佐未遂会顔事、不可然候、岩城より意見一計被背候而、後日之儀不可然候、疾々先々一端無事成就肝要ニ候、将又那須与御当方無事疾々可然候、如之御境少も有御油断口惜候、疾々其刷有御悃望可然候、可被急候、吉事重而恐々謹言、

五月晦日　止々斎（花押）

（〇この花押、一覧274〜277に相異すれど、同傾向なり）

門舟院

一〇　佐竹義久書状

可被出備之由意懸候処、更無其儀被再入（ママ）候、無僉浅敷被存候者、昨九日向南陣及被調義、終日諸事備懸、被相待候へ共、一騎一人雖代と不出候、不及是非次第ニ候歟、義高不扱之模様不可有其隠候、然者御当表之儀、近日被属堅慮之趣専用ニ候、随而御代田大和守方所へ、自当方猶以御かけ悃切候様之御取成伺置候、万々近々可申候、恐々謹言、

五月十日　義久（花押71）

富田美作守殿

一一　佐竹義久書状

急度令啓候、其已来者不申通候、意外之至候、一河内之□已前ハ手彼口堅固之御仕置有之、御帰馬之由、誠以珍重候、一南衆当表へ越河、就之為可被付是非、義重即刻被出馬候処、敵敗北候、如此之上、向小山被及行候、味方中一同ニ有張陣、被相談候間、於備者可御心安候、一従甲州南方へ事切、当方勝頼無二可有入魂ニ候、被使者以来返未来之儀被申詰候、内々当口を雖可相透候、即彼間事切付、北国筋を被透候、其筋無相違様、御指南単任入候、殊ニ申書如何ニ候へ共、彼使者ニ伝馬以下借預（ママ）候、可為本望候、恐々謹言、

九月六日　義久（花押71）

金兵

富田将監殿
御宿所

追啓、盛氏御父子へも御心得候而、彼使無相違様任入候、

一二　本庄繁長（雨順斎全長）書状

年頭之御嘉祥、雖漸事旧候、至々重々珍重猶不可有尽際候、仍為御祝儀与海苔参袋進之候、壱儀迄候、然而貴国弥御安全之段、目出ニ候、自何白川口之御備之儀、無御心元候、当国之儀豊暁（ママ）ニ候、可御心易候、関東之儀遠境故、聢与無其听候、当生余無心元候条、及脚力候へ共、于今無帰路候、其元へ致説も候者、精示預回章可為本望候、諸毎期后音不具候、恐々謹言、

二月十四日　雨順斎
全長（本庄繁長）（花押96）

鵜浦入道殿

一三　大縄義興書状

急度奉啓上候、仍先立如被申入、安積表雅意、近日無相止事候、分而竹平方従可被及事切外申唱候、近日者竹平方富作・国上被相頼候申分ニ候、然処至五三日中、彼刷も事切候様ニ候、如此之上ハ、可為実儀候由存候間、至其時者可被註進之間、須賀川表へ自御当御人衆御立越可預候由、被申事候、如何様以使者可被申届候間、事々其時分可得貴意候、恐惶謹言、

三月廿三日　義興（花押）

大縄讃岐守

御辺

御館

参人々御中

〔新編会津風土記〕巻之七 会津郡中荒井村小森与平次所蔵文書

一四　芦名盛氏止々斎書状

来札快然之至候、仍先般内々湯本辺へ可打越之段雖存候、走足叵叶候間、令延引候、然者其後御当口静ニ候、肝要之至候、無油断加之之(マヽ)、御手透之刻、御要害普請可然候、士ハ在城之外無之候、乍幾度岩へ御悃切専一候、関東口近日氏康出馬由申唱、万方珍敷子細候ハ、可示預候、念中迄ニ候、吉事重而恐々謹言、

十月十一日　止々斎（花押277）

(義親)白川殿

〔新編会津風土記〕巻之七 会津郡吉高村大法院所蔵文書

一五　二階堂盛義証状

立岩郷先達職事、前代雖無之候、以公儀内儀郷中相調候、此上之事者、速行南坊江守秡之御使可被仰付事、御同意専一候、恐々謹言、

(四月)卯月四日　盛義（花押231）

薬師寺

御同宿中

〔新編会津風土記〕巻之七 会津郡古町村円城院所蔵文書

一六　伊達輝宗書状

追啓、近日者御当方諸境中無何事之由、其聞肝要之至候、当方之事も万方静謐ニ候、可御心安候、年中者無余日候条、於来春万々可申承候、恐々謹言、

(十二月)極月晦日　輝宗（印）（〇印形香炉）

蘆名殿

一七　芦名盛興書状

態為使僧啓入候、抑輝宗向信夫ニ出張候由、其听候、旁身煩察之、先立申届候キ、親子御間之事候間、一和之外不可有之候、先以互ニ動等被相止候様、諫言任入計候、猶竜興院口状ニ申含候、恐々謹言、

五月八日　盛興（花押272）

(久仲)牧野弾正忠殿

一八　二本松盛国書状

就当口仕合態之御使、一段本望之至存進候、仍去五無曲田地へ打懸被申候処、輝宗被助合候き、若面々聊尓故十余人越度被申候、詫言存候、定而可為御同意候、義国心底之旨、為使可被申届候、於于其時者、御納得尤之至候、万々彼任口上、不能一二候、恐々謹言、

二本松右馬頭
六月八日　盛国（花押）

蘆名殿
御報

一九　相馬義胤書状

内々近日御無音、其元御様子無御心許候つる刻、巨細被露紙上候、然者向石川口、可被及兵断之由、尤肝要候、雖無申訖（迄）候、其一味中堅固被廻御計、御手始此時候、聊到于御聊尓者、覚等無御心元候、抑此刻事、当堺可動干戈候由、一段申合、就中好味異他候、争可有疎意候哉、雖然於其口も、其唱外不可有之候歟、輝宗本宮当北境へ取刷、無二之段在之候、如此之上其外於爰元、不得油断候、併彼口手刷見合候上者、何篇ニも可申談事無如在候、石口御出頭之上、珍重ニ可承候、又事可申述候、期後日之時候之条、不能審候、恐々謹言、

（四月）卯月廿六日　（相馬）義胤（花押）（〇花押、一覧102に類似す）

（盛隆）蘆名殿

二〇　結城晴綱書状

急度以脚力令啓候、抑先立以使者申宣候之処、□答本望之至候、仍御挨拶之趣昨日泉（岩城重隆）へ以両使申理候、至事之儀者、先以可被相切結相見得候、何様明徹覚悟承届、是非儀随而、以使可申越候、然者木崎・矢田野ニ被致在陣候岩城面々、泉へ細出入様ヶ間敷由、及承候、殊隠密ニ人衆野臥等被相招候之由申候、万一横田へ被入寿物候ニ歟、又以行御陣中之衆、引出被及刷候歟、何辺不可有御油断候、将又伊達屋裏様躰、前々晴宗返書具令一覧候、二本松衆越度之由其聞候、但実否前彼書中則火中尤候、恐々謹言、

六月九日　晴綱（花押）（〇この花押、一覧になし）

蘆名殿

追而
明徹与風西方へ被打越事、可有之由及承候、為御心得、申届候、

〔新編会津風土記〕巻之七 耶麻郡小洗村小洗寺所蔵文書

二一　佐竹義重書状

近日者無音意外之至候処、条々簡札本望之至候、如承意越国御当方間之儀ニ付而、景勝へ以使者申述候処、於越府者速預返答候、雖然御当方ニ而菟角故、未落居案外ニ候、乍此其元依様子、重而可及籌策候、於委細者、小貫大蔵丞可申越候間、不具候、恐々謹言、

（十一月）霜月七日　義重（花押72）

富田美作守殿

二二　富田実勝書状

態令啓候、仍近年ニ御懇切、別而此度被仰立儀共、於当方深々満足被存候、然者以刷伊達当方属平和候、被聞食及候歟、以悦喜可被思召候、殊与佐骨肉重縁ニ候、別而当方名跡ニ居置申候間、行衛共惷陣之儀有間布ニ候、是以御大慶可為候、先立者遠く馬鷹被指越候、一段見事之由、各々被申事ニ候、如此御懇切共毎年ニ候、祝着不浅存候、将又越国口無静謐御座候、新発田方懇切之間、是ハ逼塞之前ニ候、委細者松右可被申候間、不具候、恐々謹言、

（天正十五年）
四月十七日　　富左
　　　　　　　　実勝（花押 298）

岩城御館
　　人々御中

〔新編会津風土記〕巻之八 大沼郡永井野村善十郎所蔵文書

二三　芦名盛氏止々斎書状

御老父代ニ者種々御懇切雖申承候、当代未申入候、今度乍聊尓申定候、於向後者遠境ニ候共、御入魂可為本望候、将又刀一腰国信作令進入候、是者別而老子雖秘蔵ニ候、自今以後無二可申合覚悟候者、味令進之候、御秘蔵可為本望、仍当口日夜懸引ニ乗馬一向持絶候、同可然馬一疋給候者、大慶可存候、勿論当口御用等聊不可存疎意候、万吉重而可申伸候条、令省略候、恐々謹言、

正月廿三日　　止々斎（花押）
（○この花押、一覧274〜277に相異すれど、同傾向なり）

謹上
　大崎殿

〔新編会津風土記〕巻之八 河沼郡笈川村磯部近内所蔵文書

二四　芦名盛隆書状

前日者進御使僧、貴札段々御懇切之御届、誠以畏悦奉存候、如及尊答候、此表調儀追日任存分候、近日常隆も可被致出張之由候、猶令相談可及行候、於備者可御心安候、開陣之上、以参拝一やう可得貴意、恐惶敬白、

八月十四日　　盛隆（花押 283）

興徳寺
　　侍者禅師

猶々、雖軽微候、海松一籠（ママ）ニ進献之候、松在山上、什麼在海中焉

〔新編会津風土記〕巻之八 河沼郡坂下村幸左衛門所蔵文書

二五　北条氏照書状

以別紙申入候、義広貴国御家相続、珍重之意趣、疾雖可申達候、令怠過候之処、此度長沼方有御相談、態預御内儀候、貴国之儀者盛氏・盛隆御以来、当方も三代御間之御取次、我々馳走申、此所無失都、預指南候、芳情下知所謝候、次佐竹・当方御間之無事、被取扱度之由、度々披露書面候、以前も如及御報、於当方可致敵対意趣無之候、如此被隔候、従貴国真実之御媒介就可有之者、可然存候、貴辺於御同意者、引詰而可預使候、於此方之儀者、我々馳走可申候、此度者先御一義申入迄候、飛脚同然之以使申述候、有得心御取成尤ニ

候、恐々謹言、
（天正十五年）八月九日　氏照（花押）
富田美作守殿 参

〔新編会津風土記〕巻之八 河沼郡塚原村勘左衛門所蔵文書

二六　岌州書状

尚々、以使僧可申入候、
重而以別紙令申候、仍殿下様江当年之御礼、馬鷹計ニ而可然歟与存候、将又越後之儀、濃国之間、無御等閑様肝要候、不入申候へ共、小田原之儀者半取之、各可被成御推量、今度万其国御気色御感不恒候、弥無由断御忠節専要候、恐惶謹言、
（天正十七年）三月十一日　岌州（花押282）
平田左京亮殿
富田美作守殿
針生民部大輔殿
各御中

二七　石田三成書状

御状畏悦之至候、抑去冬金上殿為御代官、被差上候処ニ、殿下（秀吉）種々被加御懇意候処、御満足之旨尤候、如此候へハ、早々義広御上洛肝要候、自然於御由断（油）ハ、御為不可然候、義広御若年之儀候間、畢竟貴所御分別ニ可有之候条、急速御供候て、御上国専一候、猶一丹斎寺田織部可申越候、恐々謹言、
（天正十七年）三月廿四日　三成（花押）
富田美作守殿
御返報

二八　徳芳・清源連署書状

貴札忝拝見仕候、御屋形様為御名代、金上遠江入道殿御上洛之処、殿下様被加御懇意候、併貴国之御名誉不可過之候、就中当年義広様被成御上洛、各モ有御供可然之由、従寺織讃斎我等相心得可申上之旨候、自然義広様御上洛於難成者、富田殿御父子ニ御一人御上洛候而、
殿下様御前可然様ニ御取成之段、随分申理候、其御分別専用候、民部法印増田殿御返事候、御朱印之時同然ニ可進候、御上洛御急候様ニ、先治部少輔（三成）御返事ニテ飛脚差下可申旨候間、如此候、越国境目之儀付而、治部少輔申聞候処ニ、御入精越国江申理候、則書状写進之候、猶奉期後音候、恐惶謹言、
（天正十七年）三月廿四日　徳芳（花押386）
清源（花押383）
平田左京亮殿
富田美作守殿
針生民部大輔殿
貴報

二九　芦野某書状

追而、将監殿白ニ御滞留候、別而御懇切之間、相当之儀可定ニ
候、以上
急度以使啓述候、仍其口御仕合不及是非、付之於于身躰御機遣無之
候、早片付尤存候、如此之儀則申入度候、通行不自由之間、令遅々（早カ）
候、無申迄候へ共、御用等も候者、可草行候、万々急度之間、不能
具候、恐々謹言、
六　十五
（切封ウワ書）
「富田殿　御宿所　蘆野」

〔新編会津風土記〕巻之八　河沼郡長井村佐藤惣左衛門所蔵文書

三〇　松引実重書状

今般夏井殿御仕合之一儀、更ニ言語道断千万次第ニ候、昨夜晩承候
間、驚入為使申断候、如何様帰陣之時分可申事候、早々恐々謹言、
松引
（三月）弥生十六日　実重（花押）
平田弥次郎殿

三一　山内舜通書状

松沢御召仕候木村藤六御折檻、種々雖致詫言候、無御納得之候条、
不図此口罷越、尽意相憑候間、此一言申宣候、急度之御詫言憑入計
候、仍其口長々御在陣御床敷候条、以書中申述候、定可為参着候、
委曲彼口上申含候間、不能具候、恐々謹言、
山内
五月十七日　舜通（花押203）
佐瀬玄蕃頭殿
御陣所

三二　沢井綱親書状写

態奉啓上候、抑今般義親（白河）兵談為可被申、与風罷越候、雖無申迄候、
畢竟御竟見之外、不可有之候由奉存候、仍次郎旧冬以来被指置候、
幸此度義親被罷越之上、御談合候而、何篇も彼身躰御落居候者、可
為過分候、於義親も何ヶ度無別条候様被申、於御当地深御疑心侘言
至極存候、到此上も御疑心候者、子ニ候者ヲ館樫（ママ）而指置可申、其上
於無御納得候者、左衛門大夫子を次郎内蔵館ニ指置可申、但左衛門
大夫深御疑心候由及承候、其分ニ候者、大夫罷越祗候可申届存詰
候、同者次郎可被指置候者、御不断ニも被召仕御扶助候者、可為本
望、委曲陶弾正左衛門尉所江申越候間、宣可被高聞達候条、奉存
略、恐々謹言、
沢井下総入道
四月三日　綱親
岩崎江
人々御中

三三　千本芳隆書状

態御札畏入再三令披見候、其以後者御陣中御様躰是非不承候間、内

々可被申入由、資晴被存候処、御陣中無御手透時分、代始之為御祝
儀、資晴所へ種々御越、千秋万歳目出度奉存候、於吾々も畏入候、仍
自田村二本被越候哉、将又御当方・佐竹御無事念願之由被申候、何
様此条可被申入候、被抛万事、平之御刷、可然之由存候、如何様佐
陣も此趣可被申届候、事々重而可申述候間、令省略候、恐々謹言、

千本
八月九日　芳隆（花押）

岩崎
御陣江 御報

追而
資晴尚々資胤同前ニ無沙汰被存間敷候、

三四　佐瀬常慶書状案

此間者具ニ御返答被下候、以真実大慶過分奉存候、然者夏井殿御遠
行被成候由承候、暮々口惜次第此事候、取分於御就中も、不安御方
ニ御座候へハ、さそや御侘言可有之候、万端奉察入候、我々式迄侘
言千万ニ存計候、只〳〵早〳〵御帰陣被成候得かしと念頭迄存候、
御家風亦御懇之方、如此御座候へハ、偏ニ殿御父子之御なかあしき
と奉存候、吉事重而可申候条、恐々謹言、

佐瀬源三
三月十六日　常慶判

平田弥次郎殿
人々

〔新編会津風土記〕巻之八 蒲原郡津川町勘之丞所蔵文書

三五　上杉景勝知行充行印判状

昼夜奉公神妙之間、万(曼)荼羅寺出置候、弥膝下ニ可相詰事肝要候也、
仍如件、

天正七年
八月十三日　景勝（朱印）
(山内)舜長

〔新編会津風土記〕巻之十二 若松本二之丁諏方神社職諏訪近江家所蔵文書

三六　芦名盛政判物

盛政判（花押 281）

会津分郡御子沙汰事
任先例、為(諏訪)陬波祝前可理非分、自今以後、於及違儀仁等、異可致沙
汰之状如件、

応永卅年六月廿六日
(諏訪)陬波祝殿

三七　芦名盛高寄進状

盛高判（花押 270）

右門田之内手嶋分四千弐百苅、諏訪江致寄進所也、段銭諏訪用等可
為皆御免也、仍執達如件、

文亀元年辛酉閏六月三日

三八　芦名盛舜証状

諏波御社頭造営付而勧進之義、至于来年伊奈川之庄棟役可進納候、
為不可有失念、先相渡一筆者也、
天文五年丙申六月廿四日　盛舜（花押279）
祝　殿
佐久大夫殿
兵衛大夫殿

三九　芦名盛氏止々斎願文

来廿七日出陣候、因之祈念之為、具足・馬如先年進納可申、如之御
神前へ立願記ニ任申候、
正月廿四日　止々斎（花押277）

四〇　芦名盛氏奉納状

当月之祈念之為、鳥目五百進之候、能々任申候、
五月朔日　（芦名盛氏）（花押277）

四一　芦名盛氏止々斎奉納状

去比打越候、近比大儀之至候、仍陣中祈念之間、鳥目五百遣之候、
御神前任入候、恐々謹言、
五月廿六日　止々斎（花押）（〇花押、277に似たり）

四二　芦名盛氏止々斎願文

出陣々中之為祈念、帰陣候迄、馬・具足進納可申、立願頼入候、吉
事重而、
未（永禄二年十二月カ）極月廿九日　止々斎（花押277）
諏波（訪）
祝殿

四三　芦名盛氏奉納状

五貫文如毎年進之候、於神前弥々祈念任入候、
（十二月）極月晦日　（芦名盛氏）（花押）（〇花押、277と異なれども同傾向）

四四　芦名盛氏書状

岩崎新町立候、其普請可申候、日ヲ見可給候、雁一遣候、万歳々
々、
十月四日
祝殿
（〇本書差出所を欠くも、芦名盛氏のものなるべし。）

四五　方慶請文

御一子候ハぬについて、それかしの子ひこ二郎を御ミやうたいにな
しをかれへきよしうけ給候、しんしやくのよし申候へとも、おほし
めし候事くわふんに存候、又あふき殿御いんきよ御ことハりと申、
御一筆のことく御しうてんになんし候、さ候ハヽ、そしふんをあつ
かり、御ねんころあるへし、いこゝとに御ことも候とも、このもの
にハミやうたいわたされへき事さういあるましく候、かのひこ二郎
身の子に候とて、御ミやの義あひさたまり候事、すこしもわたくし
の義申事あるましく候、御貴所よりもわたくしの義なされましく
候、あひたかひにさたまり候をきてのことくにあるへく候、将又御

うつろ（洞）へいろいたて申ましきよしうはかし候へとも、いろい申まし
く候、仍為後日如件、
天正丙子（四年）
三月十日　方慶（花押287）
御使宗右衛門
祝殿人々甚兵衛
助兵衛
興次郎

四六　閻魔堂宥海契状

一正月御礼ニ参候時、代五十銭もたせ申候、指南へも廿銭進候、
一同十六日ニ御籠候時、人数以上拾人、
一肴にさうに、御酒ハへいち三具、以上此外何事成共御六ヶ敷事有
間敷候、為其一筆進之候、
一十六日御籠候時、そない一ッ、御酒一具、あかし此分取持候、為
後日如件、
天正拾六戊子正月十五日　炎（閻）魔堂
宥海（花押）
祝殿まいる

四七　諏訪社祝某契状

一正月之御礼ニ代物五十文、同指南ニ廿文、
一同十六日ニこもり之時、人かす以上十人、
一さかなにさうに、同御酒へいち三く、以上此外何にても此外ニむ
つかしく有間敷候、其ためニ一筆進候、
天正十六年正月十五日
ゑんま道（堂）江参

四八　伊達政宗知行充行状

一仁貫八百文東山、一壱貫五百文山本、一壱貫文あら田、一仁貫文
かなさハ、一壱貫八百文むろや、
一米四ッみつしま、一五千七百苅すはうしろ田、一仁百地畠、以
上、
右有之下置所、永代不有相違者也、仍證文如件、
天正十七己丑年七月廿四日　政宗（朱印）（〇印文「竜納」）
諏訪ほふりへ

四九　諏訪神社祝分所領得分注文案

すはほふり分そこ〳〵にて御かんかへ候へハ、申候へ共、あつめ
て御目にかけ候、
きたかた　一ノ関　十四貫三百米（四貫五十文）
山あり　いあわせ　四貫五百文米（廿七）
印　きたかたかんのうの内　山もと　壱貫七百文（一貫いろ十二）
印　かなさハ　壱貫文
印　あらた　壱貫文

かいつ　米六 九百
いな・いほうのさかい さか井　十貫
越後さかい 印むろや　壱貫八百文
印ひかし山　三貫二百文
印水嶋　米四 六百
すはのうしろ 印田四千かり　米五十 七貫五百
ゆ川はた 印はた　三百□

右判をおし申候とをりは、政宗代以来之所務仕候分にて候、以上、

五〇　諏訪神社領収納日記

天正十四年正月廿日

取長日記

一関年貢十三貫文、其内水銭一貫文、大ますにて米代三斗、中ますにて一斗七しう、こますにて一斗六しう、きたのさいけより此分にて候、大ますにて米代三斗、中ますにて一斗七しう、こますにて一斗六しう、

うちにてさくはかりみとろ九ツ一ツと

合十二(ママ)三しう

百文節句代、三度すミ段もち百廿文、一やちより米四、一百五十文そなへの代やちより、一さんくうめん三貫文、

一関のうち五百かり、五郎右衛門尉とさとの四郎左衛門尉かた出し申候、田中よりまいるやく五百文、大工めん四貫文、同米四ッ、

一正月礼に、一関四郎さへもん廿文つゝ酒代、

一三合年貢日記、

ねんく四貫文、米三段、節句代二百文、三度すミ持百五十文、一田五百かり、代百文さんくう面、畑二百文か所五百かり、介右衛門心さし、一四百五十かり、庵房すゝきて前より七月二百文年貢、

一馬引屋敷六百文か所、新右衛門尉心さし、小二百かり、甚左衛門尉もいたし候、一堂免七十文かり、

一山本二貫文、うるし一はい、あかり物祝言ともに二百文つゝ、かゝり代二貫の内、五百文さんくうめんなり、

一かなさは二貫文か所、まめ一段、(あかりもの)さんくう面七百文か所、うれひ祝言ともに代百五十つゝ、

一荒田一貫文か所、四月礼代七十五文、さんくう面に百文いたし申、一貫文のうちを百文いたし、てまへさ九百文とるなり、

一かひつ米六半のところを、半をはさんくう面にいたし候て、手前さは六ッとるなり、うれひ祝言にやく百五十文、かせつほとていね五そくつゝ

一さかひ年貢八貫五百文にて候を、五百文さんくうへゆる

天正十七年より、さかひ年く七貫六百文にて候、其故ハ、御たてよりいたかひなされ候て、三百文、川くつれに百文

し、今ハ八貫文いたし候てとるなり、是ハ太郎右衛門尉にはかり宥申候、以上さんくう面は公儀みたるふんハ二貫文にて候、かなひとくハ割十文、あかりもの松せ、をひうを十、あハ八はい、大まめ八はひ、まつたけ卅本、へらひ五連、手すな二筋、くうしき二本、うちむき正月廿日五百文、あふの宮より百文、以上正月廿にうちむき六百文なり、うちたかひにはしかあかりなり、手さくの田よりも米三段一斗、四月必くるな（祈カ）也、祝言ともに五百文つゝやく申かけるなり、松一くみ七月参なり、手前の年くのうちを関に百文かけるなり、あふのみやへもくちなと申かけるなり、

一すハのうしろの田日記　申□すきと□

杉のさき千かり八百かり、石田五百かり、西四（百脱カ）かり、上七百かり、下七百かり、すのちかくの三百かり七十かり又七十かり、大和殿のうしろなる田三百かり、二百かり、

一大江五百文かところ、

川原二百かり、畑三百文か地、さかひの米一段、下七百かり大方へ、上七百文見なミへ、川原田二百かりハ孫右衛門尉、二百かり助七、三百かり弥左衛門尉、又三百かり内記殿、

一むろや年貢日記、二貫二百文、うちむき百五十文、師子三、ゑたかは一まひ、つのつけて、うをひとつ、うちかたへはゝきめん五百文か所、あかりものハ夏すし一まひ、

天正十五年よりも両百姓ニ者二百文ツヽ、宥免仕候而、一貫八百文とり申候、

一ひかしやま日記年貢の事、山田より（与七郎）三百文、九郎兵衛より三百文、筑後（はら）三百文、宮主田より七百五十文、をのうらより五百文、さんくうめん七百文（五十文）か所、此うち宮主をはいとく院へ進置なり、をのうらをは庵訪へ進置なり、

正月廿五日にうちむき百文、

一太郎兵衛（ひかしやまはら）に三百文か心さし、

一山本一貫五百文さくとのへ進置なり、はらひてんにて候、むかひのやしきも二けん、これハ山本三貫五百文のところを分て進置申候なり、やく銭三百文さくとのより参なり、

一柳井上、禰きにもみこやく心さしにいたし申候、

一ぬさは筋よりも出るなり、

一水嶋ハ、前代ハ二貫文たつといへとも、いま米五つにて候、五まん堂へのきしんに御座候、

手前へとる田千かり、八百かり、石田五百かり、西田百

かり、百四十かりかけの上のはたけ、七十かりのそはなるはたけ、さて下の七百かりはとし月の心さしをうけたる首尾と申、万端のために右衛門尉母のふちのふんにこし申候か、後ハ不知候、
一さかひよりの手作の米ます数一こく、よく〳〵はかり候へハ、とりに五ッ八ッ、
一四月一日にすハ大く火をいたし申候て、身躰きり候とき、むらにこめを置候を、いつよりいろいたても成す候て、たてより人をこしなされ候へとも、たなはしを以侘言申候ハ丶、九日に米も返し候し也、
一うつろの日記、こと〳〵く村しまつ、
一やち四段太郎兵衛、
一大江五百文か所弥十郎、
一三合五百かり助右衛門、
一さかひの一段六郎左衛門、
一正月の支置之事、
弥勒寺より二百文年く、正月七日に直談御もたせ候事、
一いとくいんより正月四日に五十文もたせ候事、指南に廿文、
一正月四日五十文、指南に廿文円摩堂より、さくとのより百文、衛門とのより百文、そなへの代参なり、
一よろつのと丶けに右衛門尉より百文つ丶参なり、
一しめとのへかと神心さしに御座候、
一上野の前の三百かりの田、いといんへの心さしにて候、（く脱カ）
ひかしやまより七百文あらた、
一めての心さしにて候なり、
一御神前より参代物は（ママ）
一五月御はつほ一貫文、
一正月十三日一貫文御はつほ、これハ御たちへ七百文かへるなり、
一よひのまつりと申て、代物一貫五十文参なり、馬引代とて一貫五百文五月七日参なり、
一つこもりに御はつほ一貫文、
一籠代とて十二月廿二日に一貫三百文参なり、百文ひきものに、五十文も代かけて参候ものにいたし候て、さくとのへ五百五十文、てまへさ五百五十文つ丶とるなり、さくとのよりも夫に十五文たしかに預候なり、
一しめをろしに、二度に四百文つ丶、八百文とるなり、又あけるとき百文とるなり、七月も五月も此分にて候、
一十二月廿七日に御たちにて、かまよめに二百文、御座一まひ、うをのかしらをとるなり、
一三合に四く、一荒田一く丶、（さけの数）

一関へ四くミ、やちへ一く半、金沢三く、やま本へ三く、やま本へ三く、かひつへ三く、さかひ五く、東山へ三く、むろや三く半、

慶長六
十月十八日　秀行（花押313）
諏訪
社人中

五一　蒲生氏郷知行寄進状

諏訪宮江、知行百石令寄進候、永代不可有相違者也、
天正廿年
二月二日　（蒲生氏郷）（花押312）
祝部
右衛門大夫
作大夫

五二　蒲生秀行知行方目録

御知行方御目録
安積郡
小原田ノ内
百石
已上
蒲生左兵衛
文禄三年八月十四日　重長（花押）
玉井数馬助
貞右（花押）
諏訪宮

五三　蒲生秀行知行寄進状

会津於分領、御知行百石寄進候、全可所納者也、

五四　蒲生秀行知行方目録

諏訪之宮神領目録
いな川
参拾九石壱斗壱升　十日町ノ内
大沼
六拾石八斗九升　赤井ノ内
合百石
慶長六年十月十八日　岡半兵衛（花押）
町野左近助（花押）
諏訪宮
社人中

五五　加藤明成知行寄進状

会津山之郡半在家村之内を以、知行高百石令寄進訖、全可収納者也、
寛永五年
十月十八日　明成（花押317）
諏訪宮
社家中

〔新編会津風土記〕巻之十二 若松二之丁諏方神社佐久上総所蔵文書

五六　某判物

（花押）

補佐　刑部律師什明

諏方社務職事　千四百束苅 吉田村三百文

大沼郡松岸諏訪田　三貫文大沼郡堺野村内五百苅 蜷河庄萱津村内五貫文

西明寺領　千五百束苅

伊佐須美二月祭日在（ママ）　千五百束苅

道祖神々田　在下黒河 四百束苅

小白山神田　在小楢村 三百束苅

黒岩大明神々田　在青木村二 千二百束苅

天満大自在天神々田　在深沢 五百文

右、於彼寺社等者、所令補任什明也、知行不可有相違、至御祈祷者、守先例可致誠之状如件、

明徳二年五月十三日

（○本書疑問あり）

〔新編会津風土記〕巻之十二 若松二之丁諏方神社神職笠原幸之丞所蔵文書

五七　松本良輔・栗村盛種連署裁許状

就諏波御社頭進納物、今般相論之儀落着之事、

一玉はしよりうちへまいり納神馬の事、

はふり殿へおちつき候、若又兵衛大夫殿しられす候てハ、玉はしを引こし候共、子細あるへからす候、

一社内へまいり候物の事、祝殿ヘ共、兵衛殿へ共申、てつしよにまかせ、菟角あるへからす候、

一御社内、兵衛大夫との取刷上古よりの事候上、後代におゐて不可有異義候、此条相違候者、可承候、厳重可及其刷候、富作・松豆各指南之上、彼義御披露候条、我々如此取刷候、仍為後證一筆如件、

松本備前守

天文二年五月　日　良輔（花押）

栗村下総守

盛種（花押）

兵衛大夫殿

五八　芦名盛舜・同盛氏連署判物

（芦名盛舜）（花押279）（芦名盛氏）（花押273）

右、門田庄・耶摩郡両所之諏訪用等、五月七日察（祭）礼以前如頭人、至末代当行兵衛大夫所明鏡也、於斯儀各免許不可有之也、

天文七年戊戌卯月（四月）一日

兵衛大夫殿

五九　芦名盛氏禁制

（芦名盛氏）（花押274）

於御諏訪掟之条々

一らく書不可致之事、
一松杉にさハるへからさる事、
一下草不可苅取事、
一参籠之人不及其届事、
一狼藉仁之事、
一自祭礼外、牛馬入へからさる事、
一番衆懈怠之事、
右、於背此旨輩者、無甲乙嫌、慥可処厳科者也、仍如件、
天文拾九年庚戌四月廿七日
笠原右兵衛大夫殿

六〇　芦名氏掟書

細工之間法度之事
一郡中之番匠為一人十日充可成之事、
一日出候ハぬ以前より、日の入候まて可成之事、
一こちやうハ可為一食事、
一細工万端右兵衛大夫以意見、可成之事、
右条々、相背此旨候者、慥可処厳科者也、仍如件、
天文拾八年九月十八日

六一　伊達政宗証状案

一十四貫文すはゆうと設(段)銭、まつり相立候年ハ可令知行候、祭如前之不相立候年者、知行可相止候、一田かつら太夫へあひくはり、四千三百苅、一畠四まい、一田七百苅、并とかくし明神分、一六百文やしき、一壱貫文関、
以上、右条々下置所、永代不可有相違者也、
仍證文如件、
天正十七己丑年七月廿四日　政宗印
諏訪
右衛門大夫へ

六二　実国書状

態為使者申理候、富田煩気付而、代物一貫文之てかた指越申、能々御念候て、御守はらひ指越可賜候、単任入候、彼使へ申含候間、不能具、目出度重而恐々謹言、
五月十五日　実国（花押）
右衛門大夫殿
追而申候、従陣中、帰陣候刻ハ、則代物届申候へく候、能々御祈念憑入候、めてたく〳〵、

六三　某奉納状

為祈念、脇指一明神奉上候、退諸病候様、祈念任入候、脇(差脱カ)老子秘蔵候、其心得可有之候、
(禄脱カ)永七年

十二月廿七日

六四　芦名盛氏奉納状案

為祈念、鳥目壱貫文進納之候、神前へ任入候、

三月六日　従岩崎

右衛門大夫殿

六五　某書状案

馬屋こぼし候、吉日見可給候、二三日之内を亦岩崎ニ立申、立吉日見可在之候、今月之末ニ廿七八日比ニ、其前も、

菊月十八日

右衛門大夫殿

六六　止子書状案

尚々、吉方之儀如何可有候、何違可申候哉、

今度限水ニ黒川へ必還甫可申ニ候、併吉方無撰之由申候、何者爰元申候、可移申候哉、仍病気もいえ候、爰元任之申候、

右衛門大夫殿　止子

六七　某書状案

家もたゝミ、黒川へ可越候、日を見可給候、草々可越候、其心得可然候、

八月八日

左衛門大夫殿

〔新編会津風土記〕巻之十三 若松興徳寺文書

六八　後陽成天皇綸旨写

興徳寺住持職之事、殊賜御前紫専仏法紹隆、宜奉祈宝祚延長者、天気如此、仍執達如件、

慶長十二年丁未

正月十日　藤原右少弁明広

逸伝　和尚禅室

六九　後陽成天皇綸旨

妙心住持職之事、所有　勅請也、殊専仏法紹隆、可奉祈宝祚延長者、依　天気執達如件、

慶長十三年

十二月廿三日　頭左中弁（花押）

逸伝和尚禅室

〔新編会津風土記〕巻之十五 若松大町弥勒寺

七〇　蒲生忠郷母某寄進状

みろくしへ高五十石の御ちきやう、まいらせられ候、まへねんわたしまいらせられ候へく候、そのためニて申候、

元和弐年ひのへたつ正月十一日印有　つほね（局）

野なかとゝのへ

いなた

かつまとのへ　まいル

七一 沙弥某寄進状

寄進

河沼郡藤蔵村内浅野権現堂、大沼郡長岡村内金俣所、門田中荒居

内三所宮事、

右、融通寺令寄補（ママ）所也、守先例可被致沙汰状如件、

応永十八年十月十一日　沙　弥（花押449）

七二 融通寺掟書

勅願所融通寺法度之事

一禁裏御祈念之事、

一将軍御祈念之事、

一守護不入之事、

一殺生禁断之事、

一下馬尤之事、

右、所定如件、

慶長九年六月吉日

七三 浄花院良久書状案

融通教寺

勅願所之儀、早々相調、珍重不過之候、自是以来之儀、万事者宗門之法度可然様、可被仰付候、委曲者此長老宜説、不能具候、恐惶敬白、

五月廿八日　浄花院良久判

融通寺

侍者御中

七四 蒲生忠郷知行充行状

昌清院殿依為御牌所、為寺領知行弐百石相付候、如目録全可有領知者也、

元和五 三月廿一日　忠郷（印）

融通寺

七五 蒲生氏知行方目録

御寺領目録

六拾九石者　河沼郡 竹之内村

七石六斗者　同 高畠村

弐拾三石五斗者　稲川郡 十日町村

四拾九石四斗者　山郡 能力村

五拾石五斗者　下岩崎村

合弐百石者　町野長門守

元和五年二月廿一日　幸和（花押）

稲田数馬助

貞右（花押）

融通寺

〔新編会津風土記〕巻之十五　若松大町実成寺文書

七六　芦名盛舜加判九郎左衛門尉田地売券

（芦名盛舜）
（花押279）

依有要用、東黒川之内千本木御箸田三千苅之田地、永代売渡申所実也、然者彼地之事、為実成寺御寄進、周防殿召置候、尤於子々孫々不可有違乱候、御屋形様御判形於申請、進献仕候、仍後證之一筆如件、

指南
佐瀬大学助
御小者
九郎左衛門尉

天文元年壬辰八月吉日

御館
周防との
参御中

七七　芦名盛舜加判佐瀬常教田地寄進状

（芦名盛舜）
（花押279）

東黒川之内法花堂南堀際百五十苅、并石塚之南弐百苅、合参百五十苅之田地、長谷川清兵衛尉之買得、実成寺へ永代致寄進所実也、然者向後為不可有相違、申請御判形渡進者也、仍証文之一筆如斯、

申続御たてすわう
佐瀬
大隅守常教

天文四年乙未五月三日

実成寺日東上人
進上

七八　芦名盛舜諸役免許状

（芦名盛舜）
（花押）

法花堂実成寺之儀ハ、無縁所候て、諸役令免許畢、自然寺中に非分之儀候者、住待（持）可被相計候、此旨子々孫々まて相違有間敷候也、

指南佐瀬大隅

天文五年丙申六月　日

申次周防

実成寺
まいる

七九　芦名盛氏（止々斎）書状

今度鷹之儀申越候処ニ、即御替預置候、近比本望無是非申事候、併於御当間御覧不付候故、眼悉損申たかに候、迷（惑カ）之事ニ候也、とても御覧付間布（ママ）候、因之返之申候、如之随成由可披取置候歟、乍去自損申迄当之用ニ罷立間布候、老子進置申候たか成共、今一御越候由申上た（か脱カ）成共、可預候、其元清顕・老子随意成申事無之様ニと心得、単ニ頼入迄候、然者山王山之事、源三方（北条氏照）小田原へ退散之人衆之由申候、義重（佐竹）去十五日結城・小田へ之剛ニ出馬必然候、其上小田原・甲州手切ニ候上、関東中悉越国一味ニ可有之候、本庄之事悉手詰ニ候、小田原筋ニいたりて余日不可有之候、其元たか被下候ハヽ、左衛門大夫より居手参候ハヽ、即老子所より二も三も越可申候、縦老

子もとに者たか共死申候共、老子ハ約束之程到来次第ニ越可申候由
存申候、吉事重而恐々謹言、

正月十六日　止々斎（花押277）

田村北殿

尚々、老子進申候たか成共、亦其元ニ御所持候成共、可預候、さてもく〵眼御覧不付候故、能ハ成申間布候たかニ候

八〇　蒲生氏郷判物

当寺堂塔屋敷之事、令免除上者、永代不可有相違也、

天正十九

五月十六日　氏郷（花押312）

実成寺

〔新編会津風土記〕巻之十六 若松大町簗田仙右衛門文書

八一　芦名盛氏止々斎書状案

漆屋山臥共悪布由候間、可造直候、番匠共ニ謂付候間、談合可申候、地之事も謂付候、仍此口可床布候、今朔清顕与対談候、定而一両日中働可有候、恐々謹言、

十月朔日　止々斎　印

八二　小貫頼如書状案

御状奉拝見、恐悦之至存候、去比者以使、条々彼仰聞候、義重存分之通被及返答候、因茲御指南之旨被仰越候、本望ニ被存候、仍自田村、佐々川へ被及取扱候哉、無是非次第ニ候、無二不可及糺明候、殊ニ長沼より御出馬与承筋候、是亦人衆可被遠慮候、此由恐々謹言、

七月十日　小貫佐渡守

頼如判

会津

御館貴面人々御中

八三　上杉謙信書状案

一就越山態預脚力候、本望候、当口之様子盛氏及直報候間、不能再筆候、如何様当口明隙、東方調儀御手合憑入候、猶重而可申候、恐々謹言、

（元亀二年カ）
極月十九日　謙信　判

（盛興）
蘆名四郎殿

八四　永真書状

羽越前

其以来者何角無音背本意候、于今、無御出仕候哉、一人之様候、笑止千万存候、仍我等事御暇被下、明日在所へ罷下事ニ候、頓而罷上、可遂面談迄ニ候哉候へ共、小袖一重任折節進候、空書之験迄候、恐惶謹言、

正月晦日　永真（花押384）

八五　杉山吉右衛門申渡状

以上

すわの明神、於社前、三人［　　］仰付候間、まさかり三ッ、当町
中鍛冶屋ゟ仕可出候、廻り垣并棚、材木屋中ゟ可仕候、扨めんく
可取戻候、さんはうハひもの屋より可出候、手袋布はしちや(ゟカ)□可
出、右之通可被申触候、恐々謹言、

六月廿六日　杉山吉右衛門
　　　　　　　宗北(カ)（花押）

大町
馬場町
新町
後町
　御年寄衆中

〔新編会津風土記〕巻之十七 若松五之町実相寺

（○以下「実相寺文書」、疑問の余地あれど、一括してこれを収載す）

八六　佐原高明寄進状案

奉寄進安吉山実相禅寺
陸奥国加納荘内鷲田村内中在家一宇、同空性房在家一宇、拜(并カ)仁、
針生村内笠張在家一宇、合三間之事、坪付在別、
右所者、高明重代相伝所領也、然間為高明菩提、大光禅師為開山依
有志、件田在家限永代、所寄進申彼寺也、若於此所、子孫中有為違
乱煩輩者、為不孝仁、当村内雖段知行分於一円仁申給、可為寺家進
退也、敢不可有妨状、如件、

康安元年辛丑十月六日　領主佐原十郎高明　実相禅寺

八七　賀納庄内鷲田村中在家・空性房在家坪付案

奉寄進安吉山実相禅寺
陸奥国賀納荘鷲田村内中在家、同空性房在家、合二間坪付之事、
九貫文　中ノ在家一宇作人仏玄
参貫文　空性房屋敷田中
　合拾二貫文
　此内
百弐十四文　九月イヤサワノマトノツカイノ方へ
壱貫文　フユキナッキノ分ニ領家方へ
百文　領ノテマエ
　合壱貫弐百弐十四文　公事分
定得分　拾貫七百七十六文

康安元年辛丑十月廿日　領主佐原十郎高明

八八　左衛門尉基清寄進状案

寄進タテマツル実相寺領陸奥国会津蜷河シヤウカヤツノ村ノウチモ
トキヨカチキウフン在家二宇田三町事、
右ノトコロハ、基清ヂウダイサウテンノ地タル間、大クワウゼンシ
（此間ノ数字蠹テ全カラズ）当村ノウチノチキヤウブンヲ一ブンモノコサズ、カノ実
相寺へ永代キシン申トコロナリ、田サイケノインジユ本モンショニ

見ヘタリ、ツキニ御クウ事ニヲヒテハ、センレイニマカセソロ、ソノサタアルヘクソロ、モシカノトコロニヲヒテ、基清カシソンノ中ニ一フンモケイボウヲイタサントモカラハ、フケウノシンタルヘシ、此ホカヒブンノ仁トシテ、一ゾクノ中ニイギヲ申事アリトイフトモ、後日ノキケウノタメニ守護方ヘフレ申ウヘハ、アヘテ他ノサタゲアルヘカラス、仍寄進状如件、

康安二年十一月二日　　左衛門尉基清

八九　三善康秀寄進状案

奉寄進安吉山実相寺

陸奥国大会津郡内八角之田地、坪付在別紙之

右件田地者、康秀重代相伝之所領也、然間為開山大光禅師割分当村之内、依有志停止諸公事、以彼田地、限永代所寄進彼寺申処実正也、若於康秀之子孫之中為違乱煩之輩者、為不孝仁、当村内雖為段歩以知行之分一同申給、可為寺家進退者也、其上触申守護之御方之上者、敢不可有他妨之状如件、

貞治二年癸酉十月廿六日　　三善康秀

九〇　五郎盛忠・左衛門尉氏盛連署請文案

大アヒツヤスミノムラノ内

実相禅寺ノ寺リヤウテン

三千三百カリノ注文在之事

右カノ所ハ、サキダテカウヤマノセン又六ヤスヒデジッサウゼンジニキシンセシムルアヒダ、シケノチキヤウサウイナキトコロニソロ、イササカケイヤクノキアルニヨッテ、カノ所ノホンシユカウヤマノ大タイラノハヤトノスケヤスナノ寺シソク五郎モリタダニアツ(ママ)ケヲクアヒダ、ダイクハンヲ入ヲワンヌ、ヨッテゼン日ノキシンジヨウメイバクタルウヘハ、アヘテイキニヲヨバサルトコロナリ、シカレハ五郎ハンギヤウヲクワフルアヒタ、寺家ノサタトシテエイタイリヤウチノデウシサイアルヘカラサル状如件、

貞治三年三月日　　五郎モリタタ

サヘモン尉氏盛

九一　氏盛寄進状案

奉寄進奥州会津八角村内乗願作伍百刈、実相寺永代令寄進所也、仍寄進状如件、

貞治三年甲辰九月十五日　　氏盛

九二　大葉景兼在家売券案

沽却　陸奥国会津河沼郡藤倉村内了仙在家一宇田一町事、

右件田畠在家者、景兼重代相伝之地当知行于今無相違処也、然而依有要用、銭十玖貫文限永代所令手継証文等相副沽却実也、但於御公事者、京進用途為八十文毎年役、惣領方可被出候、万一於子孫等中致違乱煩輩出来者、任法可被申行所当罪科、若於向後下地煩出来候者、訴公方、景兼所持自余所帯可被押知行申候、其時就公私惣別不可申一言子細候、仍為後日放券之状如件、

貞治三甲辰十月七日　売主大葉帯刀左衛門景兼

九三　大葉景兼寄進状案

奉寄進大会津郡小高木惣領帯刀左衛門景兼之知行分田地之事、合田四百刈者、　惣領屋敷之前早田也

右件之田者、依有志前住実相寺紹豊和尚為月忌料、限永代奉寄進実相寺者也、若於彼田地有違乱申子孫者、為不孝之仁、不可持景兼者也、仍為後日亀鏡寄進状如件、

貞治四年乙巳九月十六日　　平景兼

九四　平井明秀寄進状案

奉寄進陸奥会津門田実相寺一切経輪蔵田地事、合長橋在家一宇田一町三千刈畠二面在所付

右所者、

奥州会津蜷河荘内萱津村一分之地頭平井次郎三郎日奉明秀、重代相伝知行于今無相違所也、然間知行分内在家一宇田一町畠二面大会津郡内門田奉向実相寺一切経輪蔵、永代寄進申所也、其志者代代亡父并仁舎兄次郎有信為菩提也、此之上者明秀子孫一族等中為他人共、於彼寺領者不可致異儀歟、到末代背命於輩者、不孝之仁トシテ明秀跡ヲ一分ナリトモ知行スヘカラス、違乱輩之跡ヲソヘテ実相寺一切経輪蔵被成御領候、可有永代御知行候、仍永代寄進状如件、

貞治二(四)乙巳十一月十三日　萱津村一分地頭平井
次郎三郎日奉明秀

（〇参考）　平井明秀沽却田在家坪付注文　（会津旧事雑考）

萱津村内平井郎(治)郎三郎明秀知行分コキヤク申トコロノ田在家坪付事

合長橋在家一宇

一長橋之分　　二段六百刈　　代一貫五百文
一アイノ田　　二段六百刈　　同代一貫五百文
一ヨモキ田　　二段六百刈　　同代一貫五百文
一マチ田　　二段六百刈　　同代一貫二(五)百文
一クワンシヤウ作一ヲモテハヤシキ分／一ヲモテ八代二百分
已上一年得分七貫百文之処(所)也
一キヤウシンノ御年貢　　百文
一エシロハルノ分三百八十文　秋ノ分ニ四十二文
一ヤフサメヨウト　　六十文三年ニ(ナシ三)一度也

(貞治四年十一月十三日)
同日　　同人

九五　前伯耆守武連書下

陸奥国会津大沼郡矢木沢村内福泉寺別当職事、任大弐法橋成慶之寄進状旨、於実相寺末寺可致沙汰如件、

貞治五年七月十七日　　前伯耆守武連

九六　沙弥義一寄進状案

奉寄進実相寺

陸奥国大会津石塔村内薬師堂堂(ママ)并半在家一宇田畠以下事

右所者、為実相寺末寺之奉寄附之処也、任凡海越前入道性観例、不

可有相違之状如件、

貞治六年九月二日　　沙弥義一

九七　芦名詮盛寄進状案

奉寄進実相寺長老、可被早領掌陸奥会津郡加納荘内上野村勝満寺領田畠事、

右以彼寺務職所寄附之也者、任先例可有御知行状如件、

応安二季(年)二月廿七日　　左衛門尉平詮盛

九八　兵部少輔盛代寄進状案

奉寄進奥州大沼郡之内橋爪村高蔵寺観音堂、同堂職免事、

右於彼堂幷堂職免者、依有志門田実相寺所奉寄附也、且祖母為且亡父菩提、雖為末代、敢不可有子細、仍寄附之状如件、

応安三(四)年卯月九日　　兵部少輔盛代

九九　刑部大輔盛親寄進状案

奉寄進会津実相寺

陸奥国会津大沼郡中河村内正智房在家一宇事右所者、盛親当知行無相違地也、然而為亡母聖妙大師幷聖心禅尼之菩提、奉寄進実相寺処実正也、若号盛親子孫成違乱妨者、永可為不孝之仁、仍為後日寄進如件、

応安三(四)年九月五日　　刑部大輔盛親

一〇〇　佐原高明寄進状案

寄進会津門田実相寺輪蔵

陸奥国会津加納荘内鷲田村内海法屋敷、同往番田千刈事、

右所者、高明重代相伝于今無相違地也、然而依有志永代所奉寄進彼寺輪蔵実也、若号高明子孫成違乱妨者、永可為不孝之仁、仍為後日寄進状如件、

応安三(四)辛亥九月十二日　　佐原十郎高明

一〇一　芦名詮盛寄進状案

奉寄附大会津東田連内阿弥陀堂事

右於当寺者、実相寺之末寺所奉寄附也、御領知不可有相違、仍於祈祷者、守先例可被致精誠之状如件、

康暦二年三月九日　　弾正少弼詮盛

得分六貫百文　此内壱貫文阿弥陀堂附之

一〇二　足利政氏判物案

奥州安吉山実相寺之事

可為関東十刹之列之状如件、

永正十一年甲戌三月廿日　　左馬頭(足利政氏)（花押27）

当寺住持泰夫和尚

一〇三　蒲生秀行知行充行状

会津於分領知行百□□如目録、全可有領知候、恐々謹言、

慶長六年

十月十八日　秀行（印）

実相寺

まいる

一〇四　加藤明成知行寄進状

会津河沼郡之内を以て知行高百五拾石事、目録別紙相副、令寄附畢、全可有収納之状如件、

寛永六年

十月十日　明成（花押317）

実相寺

一〇五　加藤明成知行方目録

知行所高目録

一、八拾九石弐斗五升者　川沼郡 藤倉村の内

一、六拾石七斗五升者　同郡 倉道村内

高合百五拾石

寛永六年

十月十日（印）

実相寺

一〇六　秋道書状

侍中へ未参候、無沙汰之様候、明日明後日間、自是御左右可申候、御同心所仰候、其後者御床敷申候処、如何被成候哉、吾候哉、可有御意候、かしく、

（封）　新右　秋道居士（花押）

〔新編会津風土記〕巻之十七 若松五之町高巌寺文書

一〇七　芦名盛舜寄進状

寄進状之事、

右、門田之庄東黒川之内高巌寺屋敷、并門前田百五十苅、合三貫文之所、守護不入末代令寄進者也、於子々孫々不可有相違、仍状如件、

太（大）永弐年壬午三月廿八日　盛舜（花押279）

一〇八　芦名氏加判三瓶上野守・同虎丸連署屋敷売券

（朱印）（〇印文「止々斎」）

右、永代売渡申候屋敷事、彼在所者、高巌寺大門大町西石塚屋敷、南ハ石橋迄也、従路東三間口、地子参百文、自路西仁間口、地子四百文、是に賀藤屋敷之内壱間地差添、地子百廿五文也、大門之西東ヲ合以上六間口、地子八百廿五文之所、永代諸役夫公事御免、守護不入ニ、代物五貫参百文ニ永売渡申事実也、於子々孫々、全此地不可有相違者也、仍為後日之状如件、

天正十三年乙酉三月七日　売主 三瓶上野守

同　虎　丸

高巌寺学天和尚参

一〇九　加藤明成知行寄進状

会津山之郡稲田村之内を以、知行高百石、令寄附畢、全可有収納者也、

寛永五年

十月十八日　明成（花押317）

高厳寺

〔新編会津風土記〕巻之十八 若松博労町自在院文書

一一〇　猪苗代兼載書状

（封紙ウワ書）
「猪□（苗代カ）
塩谷雅楽助殿□　兼載」

昨日、致湯治候、先日菊池方便風ニ進状候ツ、其後細々雖申通度候、何方にても無寸暇候まゝ、乍存疎略之様候、心外候、非面者難申述候、入道とのへも此よし申度候、巨細北森殿ニ申候間、令略候、恐々謹言、

三月二日　兼載（花押286）

〔新編会津風土記〕巻之十九 若松市北小路町小池伝吉文書

一一一　芦名盛氏止々斎屋敷地充行状案

其方屋敷之事、うしろ町ニ可遣候、請取草々夫ニ被越可在候、左候ハヽ、合力可遣候、かしく、

止々斎判

小池方へ

〔新編会津風土記〕巻之十九 若松七日町常光寺文書

一一二　大僧正天海判物写

会津黒川今号若松常光寺、雖為大乗律、近年紛乱之間、属旧規度之由、就訴訟、称山門直末、自今以後弥以御門流之顕密相続、不可有怠慢之旨、宜承知者也、

元和九癸亥年四月廿四日

山門探題大僧正天海判

〔新編会津風土記〕巻之十九 若松道場小路観音寺文書

一一三　芦名盛舜判物

右、観音寺無縁所候間、人々寄進之地、買得之地、不可有違乱、仍為後日之状如件、

大永三年癸未九月二日　盛舜（花押279）

観音寺

一一四　岡崎盛道公事免許判物

右大和田之地ニ付て、末代諸公事不可有之候、於子々孫如此たるへく候、もしこの旨そむき候ハヽ、此状を先として仰分られへく候、仍為後日如此候、

天文廿一年壬子拾二月九日

岡崎盛道（花押）

観音寺へ　参

一一五　仁和寺御室令旨

当山者吾祖弘法大師之御開基、本尊則御作之灵（霊）像也、然中絶成顕宗、久没密咒、至時賢明之清秀、引尋其来由、再還此山密家伝聞翫広沢之法流云々、依之、前別当此事雖願達、

惣法務之上聞、短命而不遂願望、今別当継其遺志悲之、爰以一天之
惣法務仁和寺御室御所成直（カ）、未猶上洛節遂言上、令旨可申下者也、
仍為後日如件、
元和八年
十月廿六日
高雄山上人
竜厳（花押）
柳津別当
法印俊精御房

〔新編会津風土記〕巻之十九 若松大和町金剛寺文書

一一六　芦名盛舜判物

金剛寺之内明王坊買得之地付段銭、幷銭子只昔（借カ）等、不寄甲乙、於末
代も致無沙汰於違乱輩者、縦令退散在地何方候共、為先此一書可被
催促事、尤不可有余儀候、於亀若丸も存知之事候、又時代移替、至
于乱世得世（徳政カ）候而も、以不可相替候之也、仍為後證加所判形如件、
太（大）永五年乙酉霜月（十一月）廿三日　平盛舜（花押297）
金剛寺之内明王坊

一一七　芦名盛舜諸役免許判物

（芦名盛舜）
（花押297）
於岩沢権現之御領分幷矢流鏑馬役田等、棟役・段銭、如前々可為皆
免許候、為後証所書進也、仍後日之状如件、
大永二年壬午十一月日

一一八　豊臣秀次印判状

使僧幷鼠（ママ）燭百挺到来、遠路志事、被悦思食候也、
三月廿四日（印）（〇印文「豊臣秀次」）
柳津
円蔵寺

一一九　蒲生秀行書状

為見舞、利季一折到来候、懇志之至候、別而令祝着候、猶森権六可
申候、恐々謹言、
羽藤三
十一月六日　秀行（花押313）
楊津
別当坊

〔新編会津風土記〕巻之二十二 若松材木町天照寺文書

一二〇　後水尾天皇綸旨

沙門形躰之事、尤以神妙也、弥以法可被致興隆之状、仍執達如件、
元和六年七月　日　右中弁（花押）
上人御采

〔新編会津風土記〕巻之二十三 若松滝沢町南岳院文書

一二一　芦名義広書状

急度以脚力申届候、仍此度令出陣候処ニ、為届鑓越給候、目出祝着
之至候、将又此度政宗可決実否之処ニ、自岩城被及媒介□間、先以
任其意候、万々追而可申宣候間、不能具候、恐々謹言、
（天正十六年）
七月廿三日　義広（花押285）

永沼殿

〔新編会津風土記〕巻之二十四 若松千石町分成願寺文書

一二二　蒲生秀行知行寄進状

会津於分領、知行弐百石進覧候、如目録、全可有御領知候、恐惶謹言、

慶長六
十月十八日　秀行（花押313）

成願寺
参

一二三　加藤明成知行寄進状

会津山之郡（耶麻）半在家村之内を以、知行高百五拾石令寄附畢、状如件、

寛永五年
十月十八日　明成（花押317）

成願寺

〔新編会津風土記〕巻之二十七 会津郡原組中田村

一二四　芦名義広受領免許状案

此度安積於郡山伊達対陣之砌、粉骨之動不及是非候、因茲受領進之候、恐々謹言、

（天正十六年）
六月四日　義広（花押）（〇この花押、一覧285と少し相異す）

鵜浦甲斐守殿

〔新編会津風土記〕巻之三十 会津郡下荒井村蓮華寺文書

一二五　蒲生秀行知行寄進状

会津於分領、御知行五拾石、奉寄進候、全可社務者也、

慶長六
十月十八日　秀行（花押313）

飯（豊）出山
別当坊

〔新編会津風土記〕巻之三十二 会津郡北青木村恵倫寺文書

一二六　蒲生氏郷書状写

亡父恵倫寺住持之義、奉預候之条、仏事厳行等被仰付可給候、委稙村大蔵入道可有演説候、恐惶謹言、

十一月朔日　氏郷判

存鶴和尚
待者御中

一二七　蒲生秀行知行寄進状写

会津於分領、知行百石進候、如目録、全可有領知候、恐々謹言、

慶長六寅
十月十八日　秀行印

恵倫寺
参

〔新編会津風土記〕巻之三十二 会津郡天寧村天寧寺文書

一二八　蒲生秀行知行寄進状写

会津於分領中、知行百石進入候、如目録、全可有領知者也、

慶長六
十月十八日　秀行印

天寧寺

〔新編会津風土記〕巻之三十三 会津郡闇川村肝煎穴沢治五右衛門文書

一二九　某軍役支配状

定

壱騎　　自身　指物四方

弐丁　　鑓

以上三人、但腰指者何もうちハ

右、拘来知行不可有相違、軍役如此、厳密可走廻、稼次第可重恩賞者也、仍如件、

（朱印）
天正十一年癸未三月二日

小滝豊後守殿

〔新編会津風土記〕巻之三十九 会津郡田島村田出宇賀神社文書

一三〇　蒲生秀行秀隆判物写

彼祝守陰陽之儀仕間敷候、其外八郷之大夫衆ハ陰陽可任候、祝守八郷之可為頭候、

以上

御師

三日市大夫次郎

秀隆判

慶長六辛丑年七月吉日

〔新編会津風土記〕巻之四十 会津郡河島組糸沢村龍福寺文書

一三一　長沼盛勝諸役免許状案

竜福寺宮領かいこめんになし置申候、此内小御家風又誰人成共、被指置候共、別条不可有候、仍為後日如件、

長沼盛勝判

永録元年戊午十二月吉日

一三二　景国諸役免許状

竜福寺之領悉有免許進置候、御かゝへえ地内ニ、人被指置候共、不可有別条者也、為永代判形如件

天正十八年庚寅三月十二日　景国（花押385）

竜福寺 参

〔新編会津風土記〕巻之四十一 会津郡高野組高野村大竹正蔵文書

一三三　長沼盛秀元服理髪状

撰吉良辰

元服

藤原朝臣盛秀（花押234）

源秀定

仍元服理髪状如件

大永六年ひのへいぬ正月十一日

一三四　長沼盛秀知行充行状

まつ〻ニ三十苅、くとれさし廿かり、同そてつのはたけ一枚、大竹
右京亮久恩ニいたし候也、仍而為後日如件、
（長沼盛秀）
判同上
天文二年癸巳拾月四日

一三五　某証状

右、やはきたちハき所領之内、まとはの森はたけ五十銭文所、大竹
つる二郎末代かいとり候也、仍而為後日如件、
（花押）
天正四年ひのへね六月吉日

一三六　某知行充行状

右、ならはら橋吉左衛門所帯、大竹左京助ニ御めんニ出し候、幷林
共ニ別条有間敷候、仍而為後日如件、
判同上
天正七年つちのとえ卯極月吉日
〔新編会津風土記〕巻之四十二　会津郡熨斗戸組湯入村日光神社文書

一三七　長沼盛秀知行寄進状案

敬白
つゝら村弐百八かり、御けんニきしん令申候、為後日如件、　盛秀
太（大）永六年ひのへいぬ五月廿四日
〔新編会津風土記〕巻之四十三　会津郡古町組古町村法導院文書

一三八　佐竹義宣書状

先立便札之旨具披見、本望之至候、如承□候、従　京都も義広ニ本
意□□越国へ被及御催促ニ付而、既先衆数千余伊北口へ□立越之
由、簡用之至候、此節猶景勝直馬之儀為可申理、今度企使僧候、先
書如申届、北布弓矢、於当方聊無手延候、委細清音寺可有演説候
間、不能言説候、恐々謹言、
（天正十七年）
九月廿三日　義宣（花押76）
河原田治部大輔殿
〔新編会津風土記〕巻之四十三　会津郡古町組落合村長次右衛門文書

一三九　芦名義広書状

尚々、自越国、鉄炮被及御助力候哉、近日可及使者候間、委細
可及□候、返々如此世上相調之上、曾本意不可有程候条、其内
其地堅固之儀、可任入進候、
如来章之、年頭之吉慶珍重多幸如承意ニ候、其以往□遠境故音絶、
其表毎事無心元候処、委細承候、祝着之至不浅候、一当方へも正月
下旬、小田原悪逆連続之間、可有御誅伐之由、自殿下様被成下御朱
印候、因之義宣事も速可及御手合之由、被及御請候、其外此表諸家
中へ、右之段被成御朱印候間、御動座之節、此表一統可及御手合、
其支度一三味候、可御心安候、一会津本意之儀、自川崎口南山へ調
略可然之段承候、尤以得其意候、御動座候上、何篇ニ石治少へ及御
相談、可及其刷候、一其地抱之儀、近日以使者越国へ可憑入候間、
是亦可御心安候、一旧冬政宗為計策、原田旧拙・西海枝小次郎被差

越候哉、雖然堅固被申払之段々、対義広候者無二大忠、更々難尽筆頭候、一正月五日、針生民部大輔(盛信)・富田左近将監上洛之間、其表之儀専ニ令御相談、申理候間、可御心安候、如此大達(ママ)相調、殿下様御動座火急之上、会本意可為春度之旨候条、其地無油断仕置相極候、一二月中旬義宣向白川御辺被調儀、三十三間へ押詰、蜂(放)火敵数輩討捕、其上彼境堅固仕置被申付候て、納馬候、諸(書カ)余以使者可申述候間、令期来信之時候、恐々謹言、

二月廿七日　　義広（花押285）

河原田治部少輔殿

〔新編会津風土記〕巻之四十五 会津郡簗取村次兵衛所蔵文書

一四〇　伊達政宗安堵状

就今度令奉公、本領中伊北五百分二間在家下置候、永代不可有相違、仍證文如件、

天正十七己丑年十二月十一日　政宗(印)(〇印文「竜納」)

簗取右衛門殿

〔新編会津風土記〕巻之四十五 会津郡簗取村(旧事雑考所載)

一四一　伊達政宗安堵状写

就今度令奉公本領

一、中伊北弐貫分　信濃
一、中伊北五百分　簗取
一、下伊北一貫分　大蔵

右名々下置所、永代不可有相違、仍證文如件、

天正十七己丑年十二月十一日　政宗

簗取弥七郎殿

一四二　伊達政宗安堵状写

布沢之内久沢事、売地候上館召上候共、侘言任、為替之地、伊北之内八乙女公義(文カ)三百分之所下置候、永代不可有相違者也、仍證文如件、

天正十八年庚寅三月朔日　政宗

簗取左馬丞殿

一四三　伊達政宗過所手形写

簗取留守中之間、俵物無相違可相通者也、如件、

天正十八年庚寅三月廿八日　政宗

簗取通

一四四　松本実輔理髪状写

元服

吉日良辰

簗取弥七郎殿

藤原実通

松本伊豆守
源実輔

右理髪之状、如件、

天正十年壬午卯月廿三日

〔新編会津風土記〕巻之四十九 耶麻郡猪苗代西勝寺文書

一四五　光台院亮淳証状

今度当寺逗留之儀、種々御馳走、無是非候、向後異于他、為当流之末葉仏法相承之儀、不可有異儀候、雖然於葉嶋金剛定寺、自他無隔心可被申通候、仍状如件、

天正十一年　光台院
七月三日　法印亮淳（花押）
稲苗代
神野寺

〔新編会津風土記〕巻之五十一 耶麻郡川東組下舘村隣松院文書

一四六　猪苗代盛国書状写

御芳問送預候、一段過当無極候、仍為御音信、竹葉御肴被下候、是又不浅令存候、如承意之無事落着之上者、近日大槻之地へ打入、聽而納馬申、遂尊顔、万醻可申達候条、拋筆候、恐々謹言、

（四月）卯月廿四日　盛国　判
隣松院
尊酬

〔新編会津風土記〕巻之五十三 耶麻郡大寺村恵日寺文書

一四七　蒲生秀行知行寄進状写

会津於分領、知行五拾石令寄進候、全可有領知者也、

慶長六
十月十八日　秀行判
大寺薬師別当坊

一四八　蒲生氏奉行知行目録写

御知行目録
五拾石　山郡一ノ戸之内
以上

慶長六　岡半兵衛尉判
十月十八日　町野左近助判
大寺薬師
別当坊
参

〔新編会津風土記〕巻之五十四 耶麻郡新井田村肝煎田辺新左衛門文書

一四九　伊達政宗朱印状写

会津山之郡にいたの内、興徳寺わき寺家さいせういん分ゆい所之事、

年貢壱〆文館江之役銭五百文、惣役壱〆仁百三十文、合て仁〆七百三十文之所、知行誰ニ下置候とも、

右之年貢役之外、違乱あるましく候、依之其身何もさうさをい鉄杖与（ママ）持、可致在陣者也、永代不可有相違候、仍如件、

天正十七年己丑八月十七日　朱印
田那辺五郎左衛門とのへ

〔新編会津風土記〕巻之五十五 耶麻郡金川村文書

一五〇　金川新堀江代之記事

奥州会津ふもとのさと金川之新堀之事、殊外依日照、九か村殿を始として、ゑした談合をもつて金川石井方江こんはう申、下荒井殿へ御わひ事あつて、水した分散つもりニゑしろ(江代)分付申、其ゑりう田之事、

さかひ　三百かり三橋より大寺分
橋もと　二百かり　同
同　七十かり　同
長堤　四百かり　同
同　小二百かりふか沢分
弁ニ　四百かり大寺分
関根　八百かりふか沢分
同　四百かりちしやういん分
くね崎　百卅かりたけや分
同　三百かり　同
同　七百かり　同
垣崎　千かり　同

以上江代分四千九百苅分ニ而侘言落着申、然ニ新関ハ大もちさかの弁とやの下駒かたのつゝき、むちな石のすそのより水あかり、新堀ほれ候、然ニかの堀あまたの領分ほれるによつて、境之問答出来申、然間、従御館、為見分(カ)の青木殿被指越候、各々宿老中よりは

松本殿之御代官
　松本弥五郎殿
富田殿より
　星　藤七郎
平田殿より
　山内彦衛門
佐瀬殿より
　佐瀬太郎衛門尉殿
下荒井殿より
　安在孫左衛門
　花積勘解由左衛門

金川古人ニハ大河原二郎四郎罷成候、水下よりハ九箇村殿金川石井や古人を先達、三橋ハ白鞍淵の上つほ沼のおちしり、ねむちり堀の北むかい、深田七十苅同台田七十苅穴田七百苅の北の堀をのほりに宇(カ)田ハ境(カ)堀道をのほりにはしくたり、小丸山をつゝこしニ柳沢の田かまち、しもハせき下、上ハやちをのほりニ堀むかひハやひしろくほのすそたいら也、

〔新編会津風土記〕巻之六十二 耶麻郡小荒井村小荒井山三郎文書

一五一　芦名盛舜・松本宗勝加判塚原光久田地売券

松本図書助
宗勝（花押）

（芦名盛舜）
（花押279）
依有用々売渡申田地之状之趣、

右、山那(郡)たけ屋九ヶ村之内南ふかさハ十貫文之所、山共に七十五貫文ニ、乙酉年より永代売渡申所実也、彼所ハ公方役以下棟役共、皆御免候、仍而為後日之状如件、

太(大)永五年乙酉十二月六日　塚原中務丞 藤原光久（花押）

小泉伊賀守殿

一五二　富田実持証状

右

山郡たけ屋九ヶ村之内、塚原中務之所帯、南ふか沢拾貫文之所、山共ニ七十五貫文に、乙酉年より永代売渡申所実也、依中務指南申置候、一筆添申候、仍為後日之状如件、

太(大)永五年乙酉十二月六日

富田左近将監
実持（花押297）

小泉伊賀守殿

一五三　盛純田地売券案

依用々有、常世之内形(刑)部左衛門尉かたへ小原年具(貢)四貫処、代三十二貫にうり渡候、五年之内本銭すまし候之上、其上ハ二貫分をハ子関方へ心指渡可申候、代ますし不申者、永代知行可被申候也、年具(貢)之事もみつのとのうしのとしより、形(刑)部左衛門方より直談可致ニ候、此方いろい有間敷候、為後日一書遣申候也、

天文十一年みつのへとら六月廿六日　盛純

風間隼人助殿

一五四　三橋盛吉請文

彼問答申候山之事、并近年三橋きりおこし申候畠之事も、貴殿御領中ニ落着申候、佐野殿・富田藤六殿・松本左馬助殿・七宮杢助殿・同平兵衛殿為御取刷預置候、為此御礼常世之内広畠五百地進置候、風間披(被)官年月作申候畠候之事者、末代共ニ其分ニ可有之候、かつしきの事者林ニ立申候、外ニてからせられ候へく候、於向後者別而御懇切ニ可申承候、為其御一筆申請文進置候、

永録十二年巳つちのと六月廿二日

三橋盛吉（花押309）

常世殿

一五五　芦名盛氏書状

近日者猶以津労(身)之由其听候、御大儀候、先書如申定候、人衆等罷帰候由承候、厳密付意(カ)候而、一人も不可被返候、若又此段無信用候而無理帰候者、路次中歟於此方申付、可及沙汰候、為心得申入候、恐々謹言、

八月廿九日

盛氏（花押）（○この花押、一覧274に類似す）

中目六郎殿

小松七郎殿
小荒井殿
追而、野臥等迄一人も不被返、奉公千言万句存候、

一五六　芦名盛氏（止々斎）書状案

〔新編会津風土記〕巻之六十三　耶麻郡小荒井組柴城村慶徳善四郎文書

好便之書中細披見申、亦以好便申、大窪之義通用無之候歟、寔以窮屈無是非候、如何様ニも候而、玉薬可被入義と相究候、須賀川ヘ通用無撰候哉、働（ママ）言（ママ）就候、因玆佐太ヘ書中差越候、無油断手賦簡用候、亦横田之義固堅寄特成刷共候哉、乍不初義無申事存候、又木崎之義無心元候、如何様ニ候間、證人をも取候而可然候、其元ヘ自方々玉薬之儀申候哉、令推量候、何趣ニも只今簡用境候間、不惜手賦簡用候、鉄炮就衆も払而基地ヘ差越候、爰元ニ而一丁も不相残候、亦窪新之事、少々ニ存候間差越申、国藤中合返申候而可然候、定其地ヘ可為働候哉、乍幾度之儀無凶事様、此節相究候、無凶事義其身国藤前ニ可有候、亦自佐太書中、白川之義能者不听候、如其听者泉崎ヘ芳賀左舟中被差入候者、寔以不可然義候、於白石地ニ家老之面々佐竹ニ而押置候義ニ、無後悔寔ニしとけなき地ニ、義親手をも可曳者共被差籠候事、無是非迄候、小屋之儀、堅固ニ可被抱事簡用候、亦自佐太書中定可床敷候間、其元ヘ差越候、乍幾度之義敵困刷（ママ）白川其元人数手賦国藤相談申候而、何趣ニも可然候、今日松源も可為着陣候、恐々謹言、

返々、其元無凶事義ニ相究候、

八月十一日　止々斎　印
（平田）是亦斎

一五七　沙弥玄湖書状

年甫之御慶千喜万幸、如佳例常隆所江祝着之御届、吾等迄五明紅燭芳贈、乎以目出令祝着候、仍同一本、海栗醤桶一進之候、補御祝詞迄候、残賀期永日時候、恐々謹言、

（正月）孟春十八日　沙弥玄湖（花押）
謹上　平田殿御報

一五八　相馬義胤書状

〔新編会津風土記〕巻之六十四　耶麻郡五目組五目村慶徳与市文書

其以往者無音耳、心外之至候、今度示承候、本望此事ニ候、頃日ハ当表無何事由、肝要至極ニ候、当口諸境無異義候、听召可為候、大慶殊ニ従義広以書付条々蒙仰候、尚致得心候、万々応答ニ及候、定而可為才覚候、心事期後音之時候条、不具、恐々謹言、

三月十日　義胤（花押）（〇この花押、一覧101102と相異す）
平田左京亮殿

一五九　蒲生氏奉行連署状

〔新編会津風土記〕巻之六十五　耶麻郡半在家村肝煎原平次郎文書

山郡半在家村高五百弐石弐斗之内、宝正寺寺屋敷之地、物成永楽百文之所、寺領ニ付置候間、年々右之分者、本貢可被致候、為其如件、

慶長六年十一月十一日　　菅　助七 一成(花押)

町　左近

吉　助作

蒲生(カ)(ママ)　江戸 成信(花押)

宝正寺

きもいり平右衛門

同　助七郎 まいる

〔新編会津風土記〕巻之六十七 耶麻郡慶徳組新宮村熊野宮文書

一六〇　熊野宮相撲田楽日記案

一番　かんなう

二番　かひぬま

三番　かなう

四番　あらきひかし(にし)うちか　□

五番　あかけし

六番　よろいのめ

七番　あらわけ

八番　なかむら(うち)一のせき(ちかい)

九番　あやかね

十番　たふらまる

十一番　たかき

十二番　をふせ

十三番　なかを

十四番　つかはら

十五番　もんてん

定 本荘・東荘・加納荘・松野、六月会相撲日記

一番　右かひぬま　左まつの

二番　右にしをふき　左ふしさハ

三番　右まんりき　左をくかハ

四番　右つかはら　左なかを

五番　右ひかしをうき　左たかよし

六番　右にしをうき　左あやかね

七番　右あかほし　左あらわけ

八番　右よろいのめ　左たかき

九番　右あらわけ　左たかき

十番　右あらわけ　左のふりき

十一番　右ひかしなかを　左のふりき

十二番　　右いちのせき
　　　　　左けいとく
十三番　　右かなう
　　　　　左けいとく
十四番　　右かなう
　　　　　左もんてん
十五番　　右かなふ
　　　　　左もんてん
右所定　如件
田楽之日記
万力　能力　高木　経徳より、
衆徒四、人数合八人、
奥州会津新宮熊野山長吏
天文十四年己巳正月吉日　写之、

一六一　富田氏実書状

□（カ）没新宮・田原問答之河原、某為取嗳、免御領所下地田原之分相付申候、雖然従新宮無相違彼河原江被入、従田原被防（妨）間敷之由、申理候、其上彼地互田畠聊茂不可相起候、平左・同弾御間歎敷存候故、及御異見候処、御納得祝着之至候、為後日如此一筆相渡申候、恐々敬白、

元亀三年壬申　　富田
七月十三日　　氏実（花押）（〇一覧293に類似す）
新宮三別当
進覧

一六二　蒲生秀行知行寄進状写

会津於分領、御知行五十石寄進候、全可令収納者也、

慶長六
十月十八日　秀行花押
新宮別当坊

〔新編会津風土記〕巻之六十九　耶麻郡大谷組八重窪村間氏与次右衛門文書

一六三　芦名盛氏領知判物

上ニ朱印ヲ押ス
（花押277）
（芦名盛氏）

（耶）那麻郡之内上嶋のうき徳分六貫七百文の所、永代武藤中務丞に宛行之也者、守先例可令奉公、於彼下地者、末代不可有相違也、仍證状如件、

天文廿三甲寅年九月廿八日

〔新編会津風土記〕巻之七十四　大沼郡高田組高田村喜三太家所蔵文書

一六四　芦名盛氏加判平田宗範田地売券

（芦名盛氏）
（花押273）

依有要用、大沼之郡高田之村御供田之内年具（貢）四貫五百所、御判物を申請、永代売渡処実也、縦如何様之儀候共、於子々孫々不可有違乱之状如件、

平田五郎左衛門尉
天文拾三年甲辰十二月晦日　宗範（花押302）
渋河源左衛門尉殿

一六五　芦名盛氏諸公事免許判物

（芦名盛氏）
（花押273）

大沼之郡高田村其身城之内、棟役幷公事永代宥免候、仍会津之於内(マ)成者(マ)、縦余之村居候共、相違有間敷也、為後之状如件、

天文廿二年癸丑二月廿日

渋川源左衛門

一六六　氏常・不及斎連署知行充行状

□地付は蔵人問答申候条、自　御館乞置申候、仍其身ニ恩ニいたし候、おき目□くつれ候よし申上候間、彼地をおき目ニさしそへ、此度よりおんニいたし候、向後者如在なく陣参等之奉公きゝ(ママ)くとたしなミ可申候、永代相違有間布候、仍為後日状如件、

氏常（花押388）

天正元年癸酉八月五日

不及斎（花押389）

渋川源左衛門尉殿

一六七　金上盛備書状

罷帰候以来者、手之様如何候哉、無手透まゝ不及書札候、雖無申迄候、養生簡用候、此元之儀床敷可被存候、御無事半ニ候、定而落着可申候様、殊有之可申候、恐々謹言、

七月十三日　盛備（花押）（〇一覧288に類似す）

渋川源左衛門尉殿

（切封ウワ書か）
「渋川源左衛門尉殿　金上」

一六八　某知行充行状

五貫四百三十くほ(ママ)、永代相違有間敷候也、仍如件、

（花押450）

天正十七年己丑七月六日

渋川源左衛門尉

〔新編会津風土記〕巻之七十九　大沼郡冑村（旧事雑考所載）

一六九　伊達政宗過所手形写

俵物八十荷、無相違、可相通者也、如件

三月二十八日　政宗

小俣通

〔新編会津風土記〕巻之八十三　大沼郡大石組沼沢村医師玄純所蔵文書

一七〇　沼沢実通書状

追而(カ)、ちよさい候ハヽ、両人へきふ(ママ)へ(ハ脱カ)申つかし候、心へ尤候、

返々、ちゆせいにねんくとゝのへ、かたく〳〵こし候へく候、

ちよさいあるましく候、

ない〳〵そこもとへより候て、ねんくの儀申つけへきよしおもひ候へとも、いそきの用所候あいた、すくにかへり候、いせんなとのやうにおもひては、くちおしく候、よろつてつまりにて候間、とうねんなとすこしもかけ候事なるましく候、ちよさいに候ハヽ、十人も二十人もこしてしちをひかせ候へく候、こめの事ハしたいにたかく

なり候へく候、さうく〱のほり候て、さへはい申へく候、とうねんあたらしくきふく申やうにおもひ候へく候間、たゝいまよりきふく申候、ちうせきのもの共、何もいまにきりふをもいたし候ハす候、ちゆせいもこし候間、ねんくとゝのへ、かたく〱こし候へく候、ちよさいあるましく候、かたく〱、かしく、

いつも

（十一月）霜月九日　実通（花押）

いせ殿

とさ殿

〔新編会津風土記〕巻之八十四　大沼郡大塩組大塩村太郎左衛門家所蔵文書

一七一　山内氏勝証状

右両関奉行之事、無油断可申付、為一筆相渡、仍件（如脱カ）

天正十六年戊子　書是

十二月七日　氏勝（花押）

横山能右衛門殿

〔新編会津風土記〕巻之八十八　河沼郡笈川組勝常村勝常寺文書

一七二　芦名盛舜寄進状

右河沼之郡勝常寺薬師之本地領、二十貫之所、永代別而判形寄進申候実也、於子孫不可有相違候、仍状如件、

盛舜（花押279）

太永五年乙酉五月廿三日

一七三　芦名盛舜加判某売券

（芦名盛舜）（花押279）

右彼在所者、河沼之荘笠之面之内年貢合而五貫文之所、御判形を申請、永代売申処実也、於子孫不可有相違候、仍状如件、

（大）太永七年丁亥八月廿一日

一七四　芦名盛舜加判某売券

（芦名盛舜）（花押279）

右河沼之郡勝常寺之村智徳寺、年貢四貫文之所、永代御判形申請、四十貫文ニ売渡申処実也、於子孫不可有相違候、仍状如件、

大永八年戊子五月廿二日

〔新編会津風土記〕巻之八十九　河沼郡青津組青木村正徳寺文書

一七五　岌州書状写

貴札具令披見喜悦之至候、仍其国不慮之儀出来付而、以使僧成共、無御心元由可申候処、老耄病身旁以取乱、不能其儀背本意候、剰伊達逆心候而、北方乱入事、政宗被背本意候儀、言語道断次第候、然処不移時剋御出馬、数人被討捕候事、心地好、国中大慶他国之覚何事如之哉、併御分別御手柄と存候、弥以国家安全之儀不可有御油断候、将又近衛左大臣関白殿下藤原秀吉、前代未聞之御果報無程太政大臣可被成と天下唱候、諸国之武士在大坂馳走申候、従九国遠島捧物如作市候、当年月迫候間、来年御音信可然候歟、如御書中大燭令納所候、払底之折節一入貫翫不可過之候、是任見来ニ而扇子并一軸

送進之候、取分彼一軸之賛我朝之作者九万里之自筆自賛、一生涯之
内作色中此賛無比類候、天下之褒美無其隠候、余所へ不被遣候、折
々御覧候ハヽ、可為本望候、毎度重畳可申承候、恐惶謹言、

十月六日　前知恩寺 岌州

金上遠江守殿 御報

〔新編会津風土記〕巻之九十 河沼郡坂下組坂下村定林寺文書

一七六　芦名盛隆加判平田輔範売券

蘆名盛隆判（花押283）上ニ朱印ヲ押ス

右舟越之地五貫文之所、永代売渡申処実也、御判形之上、於末代不
可有相違者也、仍證状如件、

平田尾張守

天正九年二月廿九日　輔範（花押303）

栗村殿 参

〔新編会津風土記〕巻之九十一 河沼郡牛沢組上金沢村九兵衛家所蔵文書

一七七　栗村堰用水契状案

永久用水證文之事

一金沢村領分之内押切淵より長土路迄六百七拾間余之処、栗村堰堀候
ニ付、金上御役所へ迷惑之次第被達候、尤之御意之由、依之金沢
領分ハ不及申、矢目村領分田方江之用水、如何様ニ茂堰上懸可被
申候、右之通末々迄相違無之候、證文仍而如件、

元亀元年庚午三月　日

水下惣代判

栗村下総守内
笠間平太夫判

金沢村 美濃殿
伊勢殿
矢目村戸（土カ）佐殿

〔新編会津風土記〕巻之九十二 河沼郡牛沢組塔寺村金子新吉所蔵文書

一七八　伊達輝宗書状

御来簡具令披見候、仍安子嶋之地速被入手裡之由候、簡要第一ニ候、
於此上者、安積中悉可任御下知事無疑候、然者釣月斎被指越候趣、
先立及挨拶之間、不能再書候、猶彼任口上候、恐々謹言、

八月八日　輝宗（花押178）

蘆名東殿

一七九　佐竹義重書状

如来意太手口調儀属存分、納馬候、因茲懇切之届本望候、然者須賀
河表之儀彼是以書付承候、令得其意候、委細口上可有之候、恐々謹
言、

三月四日　義重（花押72）

富田美作守殿

〔新編会津風土記〕巻之九十三 河沼郡牛沢組柳津村円蔵寺桜本坊所蔵文書

一八〇　芦名盛氏止々斎書状案

当月番之開帳、鳥目進之候、於御宝前能々祈令頼入候、尚吉事重而
恐々謹言、

六月廿三日　止々斎判

桜本坊

一八一　芦名盛隆書状案

自佐竹之使、御造作ニ候共、一宿之儀頼入候、委自出雲所可申越候
間、早々恐々謹言、

八月五日　盛隆判

桜本坊

一八二　伊達政宗書状写

態用一行候、当寺衆徒中分限ゟ畳百三十状被越候様、塔之坊相談之
上、可被及理候、其内少々敷候共、不苦候、早々相越候様ニ可有之
候、吉事重而恐々謹言、

六月廿八日　政宗判

桜本坊

〔新編会津風土記〕巻之九十四 河沼郡野沢原町与兵衛文書

一八三　伊達政宗俵物預状写

借　帳

俵物百五拾六俵、其身預置候也、仍如件、

天正十七己丑六月廿八日　政宗印

野沢政所伊勢

〔新編会津風土記〕巻之九十五 河沼郡野沢組片門村渡守次郎兵衛家文書

一八四　芦名盛高判物

（花押270）

かたかと（片門）のわたし守の事、別人望申上候といへとも、先代の時関東
よりの御判今に所持仕候、道理分明なるによつて、ふるき例にまか
せ判形を遣所也、自今以後ハ親類なり共、余人望有へからす、於子
孫書（マヽ）相違すへからさる者也、仍如件、

永正三年丙寅十月廿八日

〔新編会津風土記〕巻之九十六 河沼郡野沢組下野尻村満田和助所蔵文書

一八五　芦名盛氏感状案

此度大槻等謀叛、不党当表へ令参会候段、忠義之志神妙之至候、仍
而状如件、

天正六戊寅二月十七日　盛氏

満田主計とのへ

〔新編会津風土記〕巻之九十七 河沼郡白坂村照谷寺文書

一八六　聖護院門跡令旨

奥州之内、小川年行事職之事、被仰付候訖、全可令知行之由、依
聖護院御門跡御気色、執達如件、

慶長拾四年七月四日　法眼（花押）

法印（花押）

小川
　定蓮院

〔新編会津風土記〕巻之百一　越後国蒲原郡津川町

一八七　豊臣秀吉朱印状案

従会津使者金上遠江入道下国之間、於其元宿等并其方領内、人夫伝
馬以下入候者申付、可有馳走候也、

十一月廿三日　　朱印

羽柴北庄侍従（丹羽長重）とのへ

〔新編会津風土記〕巻之百一

一八八　素休・徳子・潜斎連署書状

猶々、爰元之様子具雖可申入候、荒外様・本右様御両人具申入候
間、不能巨細候、猶近々可申入候、以上、
（以下行間書）
追申入候、兵粮等於御用者、早々可被仰上候、於越後可被申付
候、以上、

雖未申通候如此候、仍今度御親父様不慮之段、中々不及是非次第
候、乍去被対義広御忠節之段、無其隠候、

一其表御備太儀ニ付、一段治部少輔入精被申、則越後への始末共被
申越候間、従彼方御馳走定而御由断（油）有間敷候、

一其許為様子慎（随）成以使者、治部少輔被申越候事、

一先御手前へ御用ニも立可申かと、鉄炮百丁・鉛・ゑんせう・いわ
う被遣候、則越後まて船にて越被申候間、参着次第其方へ可相達
候、

一義広江此等通御取成所仰候、其外何へも以書状可申入候へ共、急申
候間、被成御意得可被下候、渋助左へも別紙雖可申入候、右通奉
願候、

一被達　上聞候間、定伊達曲事旨、可被仰出候間、御本意程有間敷
候、少間無緩御かせきなされ、無異儀様ニ御才覚尤候、治部少輔
入精候段、右通日本国神不偽候、定而御手前可為御取乱候へ共、
此節候間、態飛却（脚）被仰付、様子被仰上候、可然存候而、具承度候、

恐惶謹言、

（天正十七年）
七月朔日　　素休（花押）

　　　　　　徳子（花押）

　　　　　　潜斎（花押）

金上平六郎殿

　　人々御中

〔新編会津風土記〕巻之百一

一八九　素休・浄源・徳子連署書状

尚々令申候、各へ以別紙可申候へ共、此等之趣同前ニ御伝言尤
候、於其方中目殿各御入魂候て、御調儀可然由被申候間、可被
得其意候事肝要存候、以上、

追而申候、各御退散之衆御兵粮之儀、景勝様江被申越候間、定而可

被参候、自然於相違者、従治部少輔先五百石可被参由、其御心得尤
候、委細段者中目殿江被申間、御行之儀景勝様次第ニ可被成候、猶
与一郎方へ申渡候、恐惶謹言、

素休（花押）
浄源（花押）
（天正十七年）七月十二日　徳子（花押）

金上平六郎殿
人々御中

一九〇　石田三成書状

追而、貴所御為迄に寺内織部佐差下候、何様ニも可被仰談候、
以上、

去六日之書状今日廿六日京着、御書中并使者口上一々令得心候、抑
今度御親父討死之儀、不慮之次第難尽紙面候、併被対義広御忠節、
且京家御奉公、且御手柄都鄙無其隠候、然而貴所事、去比御親父拙
者任口入、対越国御約束候旨無相違、景勝御手前偏御頼在之通、無
余儀候、義広御供無之儀ハ不可成御越度候、兎角御手前之御計策専
一候、公儀御取成并於其伺、兵粮米等今日此方差下候、鉄炮玉薬
之事、何ケ年も候へ御難儀之中以可相積候間、可御心安候、乍去御
本意幾程在之間敷候、委曲使者可為演説候間、令欠略候、恐々謹
言、

（天正十七年）七月廿六日　（石田三成）（花押）

金上六郎殿
御返報

〔新編会津風土記〕巻之百二 越後国蒲原郡上条組払川村日光寺文書

一九一　金上盛備書状

先度ハ火事ニ付而、自途中預御届候、祝着至極ニ候、仍板度々所
望申候へとも、今度之義ハ余之事ニ替候間、乍御造作大数急度被為
取可預候、爰元ニ一向無之候、自其元人足申付、やとうく為登申候
間、其次而ニ為登可申候ても可被下候ハヽ、はやく可預候、遅々候
てハ、夏中之用所ニハ罷立間敷候、兼而被下候者尺たり不申候間、
御造作請、是迄為登候ても無曲候、能々被仰付、間ニ合候様ニ候迄
可被下候、恐々謹言、
尚々、今般之義ハ御ふしやうニ候間々、急度被下候候（マヽ）ハヽ、一人
可為祝着候、
四月八日　盛備（花押288）

日光寺
御衆中
〔新編会津風土記〕巻之六 水野主典所蔵文書

一九二　岩城常隆感状

竹貫三河守下ニ水野主典、此度之高名不及是非次第、就其為褒美、
板之物弐端出置候、

天正九年巳
二月十七日　（岩城）常隆（花押145）

水野主典

一九三　岩城常隆感状

数度之於合戦、致高名事、不及是非、就之名を替、為祝儀、太刀壱腰出之置候、

天正九年巳
九月十八日　常隆花押

水野大学助へ

一九四　岩城常隆感状

以上

態申入候、扨々此度南郷より働申処に、竹三為助勢被打越為処に羽黒之城代越前方、両人致討捕申手柄、不始と乍謂、高名弥々不及是非仕合存候、古事重而、恐々謹言、

三月廿七日　常隆花押

水野大学殿

一九五　岩城常隆感状

態以脚力、申入候、仍南郷より赤坂江押寄、働申処、為加勢被打越候、御太儀千万に存候、左候得者、羽黒之城主越前方、水野大学・同但馬両人致討捕申事、乍謂数度之高名、此度之儀は不及是非、仕合共候、於貴方も祝着迄候、此方江両人之者共、可被召連候、其刻具に相尋可申候事候、重々恐惶謹言

三月廿七日　常隆花押

竹貫三河守殿

〔新編会津風土記〕巻之六 猪狩惣右衛門所蔵文書

一九六　岩城親隆領知判物

このたひはまのたく（おカ）にをゐてほうくう之義、無是非次第候、これにつゐて三ケ村のせいはいのうち、うみ山さんやきうおんにゐたし候、このすへ弥々ほうかふ可致事、為後日一筆いたし候、

文明六年十月七日　（岩城）親隆（花押）（〇一覧150と相異す）

いかりちくこのかみとのへまいる

一九七　岩城親隆知行充行状

いわかさきこもたのむら北かきさく一けん、みなみかきさく一けん、北ならは大屋日のさいけ一けん、あわせて三けん、きうおんに出し候、

文明六年十一月吉日　親隆花押

いかりちくことのへ

一九八　岩城親隆覚書

覚

乍（カ）わひ（カ）事よきなく候へとも、別て相頼候之上、河内番こともはうはい衆、以談合相つとめ候へき事、各奉公をも申候上、弓矢本意之上ハ、いさみことも可相付候、二番目三番目こともも持候ハんかた

ハ、いよ〳〵奉公をも可申事、一次男三男自余へけいやくの事、
以上　（印）（〇印文「親隆」）

一九九　岩城重隆証状

親類之者共、昼夜之身労忝候、就中むそくの者共、かせき悦入候、然は其由本意之上、何にも走廻にしたかい申候而、いさみをも可相付候、委両人に申付候儀共、悃に可被届候、為後日、一筆如件、

拾月二日　重隆（岩城）（花押142）

猪狩紀伊守殿
同　将　監　殿

二〇〇　岩城重隆書状

別（カ）以切紙、申遣し候、其口別之事相任許候、人数之事、依一左右可指越候、定てあてかいにも可有之候、縦顕胤（相馬）罷帰候共、不可有指義候、仍彼仁其地閣候前は、よしみも無之候、懇に引まはし相頼候、嫡々別心不可有之候、親類者共何にも此分可被心得任入候、謹言、

弐月廿六日　重隆花押

猪狩将監殿
同源十郎殿

二〇一　岩城重隆書状

神事之時分、刷も可有之候歟、然者大野衆に、少々人数打加、明日可指遣候、小楢葉之者共も、十二三日比より其地にしかと候て、動をも相待候様に可然候、町なとへ罷越候はん事、可口惜候、能々可被申付候、右衛門大夫方事も、別て無指義候者、神事には返被申候て可然候、但やう躰によるへく候、祝言之時分、人数とも手あつにさしおくへく候、謹言、

八月十日　重隆花押

猪狩紀伊守殿
同　筑後守殿

二〇二　岩城重隆書状

先日あひ被煩ける哉、無心元と、不心得候間、いかゝ共不申遣候、早々被取直候よし申候、心安候、仍其後は北口やう躰めつら敷しさいも候哉、西山之事者、追て晴宗（伊達）本意之由、此間度々注進候、可為悦候、親類之者共其外へも昼夜之身労忝候由、可被届候、然て于今不在城者も候歟、きふへも申付可然候、其上にも兎角申者候は、可被申趣候、直に可申付候、相馬之衆事は、悉被返候而、顕胤計懸田に在陣之由、自西山到来候、其地用心、不可有油断候、将又彼者に申越候旨、たん合候て可被相調候、任入候、謹言、

十一月廿一日　重隆花押

ゐかり将監殿

二〇三　岩城重隆明徹証状

於なら葉三ケ村成敗之儀、山野用水ともに為自今以後存候て、詫言申候歟、勿論代々之儀と言すほの地相のこりなく不可有別条、仍て

為後日、□件、
天文十八年（十二月）極月廿日　（重隆）明徹（花押142）
猪狩将監殿

二〇四　岩城重隆明徹書状

当乱に致打死候者共、為名代、女子そうそくに立置候キ、万一女房を如在申候者、従両人所可致披露候、於其時者、名代之儀自余可申付候、為心得申遣候、謹言、
（十二月）極月廿八日　明徹花押
猪狩紀伊守殿
同　筑後守殿

二〇五　岩城重隆明徹書状

其地富岡へ罷越、万々用金下候歟、和州へ申合候由、自和承候、忝次第候、此由親類之者共、何へも同前に申候、西陣之事者、別而無子細候、太田之外者如何にも無別条候、心易可被存候、委細和へ申候間不具候、謹言、
五月三日　明徹（花押142）
ゐかり中務少輔殿

二〇六　伊達晴宗道祐書状

来章祝着之至候、仍相当一和之儀、親隆被及調法候畢（カ）、然者彼口へ細々打越馳走之由、其所無済限劬労、難尽筆紙候、爰許速に落着之念望候、諸毎彼口状に申含候間、不能細説候、恐々謹言、
五月十二日　（伊達晴宗）道祐（印）（〇印形香炉）
猪狩中務少輔殿

二〇七　岩城常隆書状

就今度出陣、態脚力祝着至候、一昨日九日新町□地、及調儀、小野郷村無残所放火、昨日十田原谷之地へ相動、以見当、手重に取扱候之間、乗取百余人面々者共打取、其外雑人不知数候、彼地昨日打入無相違抱置候、爰元備方弥々可心安候、其元各伝覧可為肝要事候、取籠候間、恐々謹言、
三月□日　常隆（花押146）
猪狩中務少輔殿

二〇八　岩城常隆証状

ゐかり大和、同両各字之間、於此已後、公義内義とも即今無等閑、諸事申合可致奉公候、所帯のさかいさんやにつけても、内義をさしをき致披露、以公義可申合候、其外雑務喧嘩事理非の事、うち置計をいたし候はん人躰に及生涯□、為後日證文、謹言、
十月四日　常隆（花押144）
猪狩石京進殿
同　筑後守殿

二〇九　岩城隆衡書状

今度従御当方□被打越御取稼（カ）故、曰□申於義胤、本望不及

□足迄ニ候、自仰(カ)当地ニ□取籠与云、毎物如在之□帰路以後爰元静謐□間布候、珍儀候者、追而可□不具候、恐々謹言、

(十月)初冬朔日　隆胤（花押113）

猪狩中務忠殿

追啓細々当方へ被打越候儘、御隔心不存候、如在之儀覚悟之外ニ候、将又御家風之儀顕(カ)聊余内意申候分ニ候、御合点畏入候、郡山与次郎へ申御無意重而者被成間布候者也、

〔新編会津風土記〕巻之六　松本与大夫所蔵

二一〇　伊達輝宗書状

追而相当弓矢中、以連判、当方へ被引立、存分共承候間、憑敷候、如何様於向後、別而可申合候、以上、

態為使者用一簡候、仍相当一和付而、近年不打置、従常隆被及調策候間、条々抛不足、任御意ニ候、則雖可及一礼候、彼境中普(カ)請以下付而、近日令入馬候条、遅引非如在候、此由御取成憑入候、猶石川右衛門佐、任口状候、恐々謹言、

八月十七日　(伊達)輝宗（花押178）

（○宛所欠）

二一一　相馬義胤書状

常隆媒介以惣和成就之上、早々入馬来候、態々来簡一段祝着候、尤諸境無何事候、可被心安候、兼而者張(ママ)へ大路次中無相違様、被加内意候、弥本望候、毎事重而可申述候条、不具候、恐々謹言、

八月朔日　(相馬)義胤（花押）（○一覧101 102と相異す）

（○宛所欠）

127　〔会津旧事雑考所収文書〕

一　三善康秀田地売券案

依有要用、奥州大会津郡東十二村之内、八角之邑一分之地頭神山善六之知行之田地之事、合二段六百苅者坪付、中島二百卅苅、細田三百七十苅、

右件田地者、康秀為重代、于今無相違所領也、六百刈一年得分二貫四百文、以直銭十貫八百文、限永代停止公方之諸御公事、所売渡申実正也、但自十五年内者、以一倍之結解廿一貫六百文可買(賣)返申候、若於子孫之中、為彼所違乱煩事候者、康秀之知行無残分、可有御管領候、其時、更々不可異義申也、仍為後日売券之状如件、

貞治二年癸卯十月廿五日　三善康秀

（花押282）

二　芦名詮盛判物

補任　刑部律師什明

諏(訪)方社務職事

大沼郡松岸諏方(訪)田　千四百束刈吉田村二百文　大沼郡境野村五百刈三貫文蜷河荘(川庄)萱津村内五貫文

西明寺領　千五百刈

伊佐須美二月祭田　在千五百束

道祖神神田　在下黒河〔川〕　四百束刈

小白山神田　在小稲村　三百束刈

黒岩大明神神田　在青木　二千百束刈

天満大自在天神神田　在深沢　五百文

右於彼寺社〔社寺〕等者、所令補任什明也、知行不可相違、至御祈祷者、守先例可致精誠之状如件

明徳二年十三日

（雑考注）
「若松諏訪佐久祝家伝牒云、何人判未詳、然此頃概当芦名詮盛也」

三　妙法寺日什置文案

日什跡之事

右、於日什門徒之付弟嫡弟トテ、不可有一人定置事、但誰ニテモ門徒間之僧衆之中、致京都弘通、諸宗堕獄、限法華宗計、可為成仏堅〔入〕申候、人門徒之崇僧俗共、可捧供養給候、亦同器用之人候者、一夏一会打代打代可為弘通候、如此弘通候ソ〔是〕ヲ、日什可為真実弟子候、仍為後日、置文状、如件、

明徳三年正月二十日　日什

（雑考注）
「（○右同年）二月二十八日妙法寺日什寂、寿七十九歳、葬于滝沢、今妙国寺廟是也、近年多信什派流院宇、及武総之間于〔千〕七百余寺也、」

四　芦名盛政寄進状

寄進　河沼郡藤倉村内浅野権現堂、大沼郡〔内〕長岡村内金俣所門田中荒井内三所宮事、

右融通寺令寄補所也、守先例、可被致沙汰状、如件、

応永十八年十月十一日　沙弥（花押）（○一覧281とやや相異す）

五　芦名盛政判物

（盛政）
（花押281）

会津分郡御子沙汰事、任先例為陬波祝前可理非分、自今以後於及違儀仁等者、可致沙汰之状如件、

応永三十年六月二十六日

諏波〔訪〕祝殿

（雑考注）
「盛政賜諏方祝子牒」

六　田中神太郎売券案

合本〔木〕直銭七貫伍百文

右彼林之事、於私子孫候而、又〔亦〕異人何申候共、先判形〔像〕候間、先此状知行可有候、全其所之地頭政所〔当世郷頭〕長抔、違乱有間敷候、仍売切之状、如件、

売主越後国蒲原郡小川荘
鹿瀬村田中
神太郎

文明二年庚寅八月二十三日

清掃部助入道浄金
御方

七　波多野盛泰屋敷田地売券

判（此頃主芦名盛高也）
奥州会津東十二村南滝沢内、波多野近江守盛泰之知行分之内、石塚屋敷並田地六百七十刈所、合直銭十四貫文、永代法華宗妙法寺之住持日飛売渡申所、実也、
右於此所、私公事並就細事等、不可有違乱候、但公方段銭者、可為如御法候、仍為後代之状、如件、
延徳二年庚戌十月十五日
（雑考注）「妙法寺相伝牒」

八 芦名盛高判物

判（文亀記載故略焉）（○雑考文亀の条の盛高花押は、一覧270なり）
方門渡守之事、別人望雖申上候、先代之時、自関東之御判、于今所持仕候、道理分明成、依而任古例、判形所遣也、自分以後親類成共、余人不可有望、於子孫不可（有）相違者也、依如件、
永正三年丙寅十月二十八日

九 芦名盛高・同盛滋連署判物案

十二村郷之内、田村山之内在家二間之所、妙法寺依（者依）御所望、代物七拾貫文永代申合所也、於子子孫孫、不可有相違巨細猶富田美作守可申、仍為後日之状、如件、
盛高
盛滋
永正三年丙寅十一月十五日
（雑考注）「賜于妙法寺牒」

一〇 富田盛実副状案

妙法寺御買徳田地之事
合七拾貫文者
右、奥州会津十二村郷内田村山之内在家二間、年貢九貫五百、公事銭壱貫五百文、石米三斗此外上物少々有之、然者御判形申請、永代申合所也、於子子孫孫不可有相違、仍為後日状、如件、
同日 富田美作守
永正三丙寅十一月十五日 盛実

一一 富田実持加冠状

元服 山内藤八郎殿
吉日良辰 藤原実俊
右以吉日良辰理髪之状如件
大永五年乙酉五月三日 富田左近将監実持

一二 芦名盛舜判物

（盛舜）判（先壬午紀載焉故欠左皆準焉）（○雑考に掲げる盛舜花押は、一覧279なり）
東黒川之内田町六百刈本年貢弐貫文之所、永代富田左近将監実持申合所実也、於子子孫孫、不可有違乱候、為後日如件
大永五年十二月二十四日

（雑考注）「盛舜賜于妙法寺牒」

一三　芦名盛舜判物写

判盛舜也

右、飯豊山仙達（ママ）之事、如前代被宛行宝泉坊権大僧都祐順者也、者（テイレハ）
守先例、不可有相違之状、如件、

天文八年己亥四月十一日

一四　芦名盛氏加冠状写

元服　　猪苗代平太郎殿

吉日良辰　　平盛国

平盛氏判

右理髪之状如件

天文二十年十一月二十四日

一五　芦名盛氏判物写

判

耶麻郡之内上島之浮徳分六貫七百文之所永代武藤中務丞宛行之
也者、守先例、可令奉公、於此下地者、末代不可有相違也、仍證
状如件、

天文二十三年九月二十八日

一六　西海枝盛秀売券

耶麻郡之内上島浮徳分、永代武藤中務丞殿ニ売渡申候処実正也、代
五貫文堂（当）地面一貫文、漆二十盃・陣夫六人、其外浮徳分悉有之儘、
売渡申候、御判形之事者、御西様（按葦名氏代々父子在則城裏東西相離居焉故或東或西称者多）被指下候之
間、副状相渡申候、又（亦）御寺様御年貢上物尤上申月、其外皆皆参候
分、日記申書渡候云々、仍為後日、文證状如件、

同日　　西海枝宮内少輔盛秀

武藤中務丞殿

一七　田村郡大元明王大般若経奥書

大般若経奥書

田村平朝臣義顕

梁山聖棟居士謹（花押209）

永禄二年己未十月吉日書写畢

大般若経櫃三合弐百巻入折本、蓋書付有写

大般若書写之人数

天沢　天庵（沢）和尚
恕悦
紫陽薩摩之住　慶儔
同日向之住　京文
同肥後之住　昌恵
美濃之住　善培
貞悦　禅伯
舜悦　宗達

監松之端応院　長虎
円通庵　宗虎
下野之住　昌秀
松本坊　紹鑑
心雄
堀越之慈宝院　春佐
凌雲庵　祖淳
宿庵宗泉並料紙拵之助成
同可福斎藤三郎左衛門
紙漉大越徒渡辺源右衛門
一万三千三百五十枚求候
同動人数之事
禅金　清鑑　道円
其外数多
同塗師宗元相楽雅楽允
其外数多
並番匠十人紙打人四百余人
于時
永禄弐季己未十月吉日

一八　芦名盛氏・同盛隆連署事書

今度雙方御問答落着之題目之事
一十一日不限座敷之次第之事、
一客居者金上殿、付先御出座之事、
一主居者針生殿、付則御出座之事、
一十一日飯之初献於館始思指金上殿ェ可参事、
一同二献目金上殿可被相始之事、
一肴之時初献針生殿可被相始之事、
一召出者針生殿可被相始事付御肴之上之御酒召出共二献相定事、
一自国他国共御出合之時者打互相定事、
一祝言次愁共万之役並使物以下可打互之事、
一彼文言相逊候事者依其目目自館可申合事、
右此十箇条相定、天寧東堂並如法寺被加尊意候、為後日諏方御神内納之置所也、
盛　隆（花押283）
天正四年丙子正月二十五日
止々斎（花押277）

一九　松本実輔加冠状

進納諏方大明神御宝前
簗取弥七郎殿
元服
吉日良辰
藤原実通
松本伊豆守
源　実輔

右理髪之状如件

天正十年壬午卯月二十三日

二〇 石田三成書状

其面(表)之義、急速以使者、御見廻可申処、其元之様子承届、達上聞、請　御諚、為可申下、少遅延候、乍去、早早慥使者差下候、陸地遣候間、路次滞留可行存、越国在京人千坂対馬守従者一人、其元堺目等案内者之事候条、則申付自敦賀津、船而先達中(而)越候、仍而鉄砲百丁(挺)同合薬百斤・鉛五拾斤、鋳鍋鋳形相添、送進之候、乍勿論、堅固御抱専要候、此等(之)趣義広宜預御披露候、恐々謹言、

(天正十六年)
七月五日　三成（花押）

金上平六郎殿
富田美作守殿
平田周防守殿
針生民部少輔殿

二一 佐野天徳寺実衡書状

自伊達、慮外働之様子、従越府註進被申候、依之能能被聞召届、可被仰出之由候間、石治(石田三成)・増右(増田長盛)被企使者候、然処、路次断絶之由、其聞候間、先以御力、被申述候、然者景勝有出勢、其許介抱可被致之由、以御朱印、被仰出候、此上御人数可被立下之由、被思召詰候、通路於有之者、彼使者急度可被指下候、為案内者、折田九右衛門尉差添申候、猶令期其節御意候、不能具候、恐々謹言

(天正十六年)
七月十六日　実衡（花押）森本コノ花押ナシ

金上平六郎殿
富田美作守殿
平田周防守殿
針生民部少輔殿

二二 芦名義広判物

(芦名義広)
(花押)

右、今般無二被抽忠信候之事、奇特大慶之至候、依之、東山初五拾貫之所、速進置候、如此之上者、猶以可有奉公事、可為肝要者也、

天正十七年六月九日

赤津弾正忠殿

128 〔会津四家合考所収文書〕

一 沙弥某遵行状案

新田兵部太輔経家代寂心申、行方郡千倉荘事、同本阿弥陀仏其身者称在府、以代官構城郭、及合戦企候間可加治罰之由、就今月十九日国宣、相催庶子等、来三日令発向彼荘、可致其沙汰之旨、検断岩城弾正左衛門尉隆胤施行如此、急速被相催庶子、可被莅彼所候、不可有緩怠之儀候、

一、朝敵与党人等、多以落下当国之由、就今月十六日国宣警固路次、

於有其疑之輩者、可召捕其身之由、同所被施行也、可被致其用意候、仍執達如件、

建武元年三月廿八日　　　　沙弥判

鯨岡孫太郎入道殿乗隆

二　願真代隆経奉書

為津軽凶徒追罰、不廻時日令発向、可抽軍忠之由、所国宣使也、相催庶子等急速可被進発之状如件、

建武元年八月二日　　　　願真代隆経

鯨岡孫太郎入道殿

三　鯨岡行隆目安案

目安

岩城郡鯨岡孫太郎入道乗隆代子息孫次郎行隆謹デ申ス、

欲早於度々城郭捨身命抽軍忠上者、下給御判施弓箭面目間事、

右行隆、八月十九日、自常州橋本宿陣立云々、同廿日田村の城同廿三日両日小栗城、同九月十七日押寄宇都宮城於楯際埋堀、散々及矢戦、迄今月八日合戦、抽軍忠上者、給御判為伝向後亀鑑、恐々目安如件、

延元元年十月　日　　　　承判

四　某遵行状案

新田兵部大輔経家代寂心申、行方郡千倉庄事同本阿弥陀仏、其身者称在府、以代官構城郭及合戦企候間、可加治罰之由、就今月十九日国宣、相催庶子等来三日令発向彼庄、可致其沙汰之旨、検断岩崎弾正左衛門尉隆胤施行如此候、急速被相催庶子、可被莅彼所候、不可有緩怠之儀候、

五　芦名詮盛寄進状案

奉寄附　大会津郡東田連内、阿弥陀堂事、

右於当寺者、為実相寺之末寺、所奉寄附也、御領知不可有相違、仍於祈祷者、守先例可被致精誠之状、如件、

康暦二年三月九日　　　　弾正少弼詮盛

六　細川藤孝幽斎書状案

珍札披見本懐候、厥后従此方可令啓之処、依不得風便不任心中候、抑先年之御一巻相違之由、甚以珍重候、御書中之趣、紹巴へ面之刻可申届候、其辺不被得寸隙之中、風雅御心懸殊勝千万候、連々可申通候、於京都相応之仔細承、不可有疎意候、次白鳥一送給候遠路御志不浅候、猶追々可申述候、恐々謹言、

百万遍可申談候、私古今集之事、先年三条亜相被成御相伝候、去年

実澄俄被相煩御遠行候、其刻被召寄、当流相承之説、御息中納言殿へ可還送之由御遣戒候、依之、当年我等中納言公国卿へ相伝申候、誠家之面目満足候、不入雖申条候、別御数奇之事候間如此候、巨細申度候得共、近日出陣之仔細候間、取乱シ書中不詳候、事々期来信候、

七月十日　藤孝

金上兵庫頭殿御返報

七　武田信玄書状案

雖未申通候、令啓候、抑向後盛氏為可申承、乍聊示、以使者申候、宜御馳走可為本望候、仍絵一幅布袋和尚筆進之候、委曲令附興桜田口上条、不能具候、恐恐謹言、

三月廿一日　信玄

鵜浦入道殿

八　武田信玄書状案

去年者、以使者申候砌、馳走故盛氏御入魂本望此事候、重而愚意之旨、令附与桜田大隈上、弥宜御取成簡要候、次庖丁刀五枚進之候、猶期来信候、

三月三日　信玄

佐瀬大学助殿

九　武田信玄書状案

小田切向于越国及行、敵城攻落、堅固相抱候、因兹御息并金上・松本両手出陣之由、本望満足候、去頃野尻落去、城主巳下数輩討取、至于越国乱入、所々郷村撃砕、則越信之堺差置人数、上州越山諸城之普請申付候処、其筋既如此之上者、重而越国可動干戈候、猶盛氏無猶予出張、所希候、委細彼使者可申候、恐々謹言、

(四月)卯月廿日　信玄

鵜浦左衛門入道殿

一〇　上杉謙信書状案

去頃者盛氏父子へ及使僧候処、雖不始儀候、色々馳走之由、祝着至極候、自今以後弥入魂候様、取成簡要候、仍盛氏向佐竹出張之由候条、内々無心元候処、仕合可然由預脚力候、別而申談事候間、満足此事候、万吉自是可申候、恐々謹言、

五月九日　謙信

松本右京亮殿

一一　芦名盛氏止々斎書状案

爰元牀敷可有之候、尚一戦之様子聞度可取置候、具申候、寺山清顕盛興馬廻ヲ以テ押置キ羽黒及行、作毛苅引除候処、敵二千追添候、返合押崩、山へ追上セ以外木立候上、多打留不申無念候、其上若者共早返候而如之候、験五十二、生取十一人、其家内十余人打捨、五百余人打候、南郷在中遂一戦如之事、老子本望無申事候、御大慶令察候、次之日羽黒及備候、一人不出候上、馬上折立両戦、無残作毛田畠苅捨候、両日揺刷共懸御目度迄候、田衆寺山虎口之仕合被申候、

是見事之刷不及是非迄候、尤一人手負等無之候、只乍大切、揺程面白物者無之候、亦自那須大関百騎計打越候、座敷之前軍申勝申候、一期之本望迄候、未那須与力之儀在馬候、亦去廿日、八丁目へ、二本松・塩ノ松少々苅田与力之由申候、如之上行末如何様成行候、令窮屈迄候、輝宗千騎不足、八丁目衆五百騎ト申候、亦岩崎町前早々入馬念望ニ候、恐々謹言、隆顕病気以ノ外候、二三日中田へ打越候、

八月廿四日　　止々斎

鵜浦入道殿

一二　芦名盛隆書状案

為敕使、御斎曾御再興之段、被仰下候、即去年目出之由申上候処、重而被任三浦介之由、御綸旨奉拝領、於末代、家之面目不過之候、為御祝儀、金子三十両奉進上候、宜被達叡聞之条、可得御意候、恐惶謹言、

（天正九辛巳年）
八月廿九日　　三浦介盛隆

万里小路殿

一三　伊達輝宗書状案

御来簡令披見候、仍安子ノ島の地、速被入手裡之由候、簡要第一候、於此上者、安積中悉可任御下知事無疑候、然者釣月斎被差越候趣、先立及御挨拶候間、不能爾書候、猶彼任口上候、恐々謹言、

八月八日　　輝宗

蘆名東殿

一四　上杉謙信（輝虎）書状案

度々以使者御懇意、本望至極候、向後弥別而可申談心底候、自兹只今以使者申宣候、委砕吉田美濃入道令附与口上候、恐々謹言、

十一月廿五日　　藤原輝虎

謹言蘆名修理大夫殿

一五　上杉景勝書状案

自是欲令啓之処、従盛隆預脚力喜悦之至極、仍新発田事、信甲備依無正体、出馬之儀有間敷之由思詰候哉、今般武色（ものいろ）不苦候、仮令彼者其以前抽似合之奉公之間、垂不便候、於此度者、無是非可打果候、為不令直馬、遂対治、様子共兼日ト置候間、余最安候、自何以貴所内々入魂故、此度無二盛隆無御別条義、不浅次第候、将又上口信州表之仕置、堅固申付候、縦凶徒如稲麻竹葦襲来候共、於防戦者諸国定置条、可御心安候、何条従是以使可申述候、恐々謹言、

（四月）
卯月十二日　　景勝

金上兵庫頭殿

一六　太田道与書状案

当春者未申承候、抑義広、貴国へ御移、以御稼、如此之由承及、奇特迄候、春夏之間、以使可申送候云々、恐々謹言、

（天正十五年）
三月七日　　三楽斎道誉

金上殿

一七　岩城常隆書状案

就今度出陣、態脚力祝着之至候、一昨日九日新町之地及調義、小野郷村無残処放火、非日十日田原谷之地相動、以見当手繁取扱候間、乗取、百余人面之者共打取、其外雑人不知数候、彼地昨日打入、無相違拘置候、爰元備方弥可心安候、其元各伝覧可為肝要候、事々取籠候間早々、恐々謹言、

三月十一日　常隆

猪狩中務少輔殿

一八　伊達政宗書状案

今度向中新田之地、被及調義、各々如存分雖取成候、物深付而兎角之体候、就中雪斎覚悟之外ヘ被相除候哉、様子単ニ無心元次第候、至此上弥先立如相理候、彼表之義何分ニモ雪斎泉安浜伊令談合、可然候様其身可走廻候、尚万々両使口上相含候間令略候、謹言

二月七日　政宗

(原田)
旧拙斎

追而

中山口、如何ニモ静謐候、南筋も同前候、可心安候、縦何事候共其覚悟候条不苦候、扨々雪斎兼日之御存分、此刻可相見候、今度一途之儀無之候者、其身モ可帰者存間敷候、無痛口ニテ理リ候様に候へ共、見所外間(ママ)ニ候歟、

一九　伊達政宗書状案

来札委令披見候、仍横田口刷付而、布沢へ早々打寄候、御大儀迄候、併彼間悪所之義候間、先々地形を見届、被及地利可然候、於其上取詰候者、落居不可有程候、爰元塩味可有之候、万吉期後音候、恐々謹言、

七月廿八日　政宗

長沼弥七郎殿

二〇　足利義氏書状案

悃切言上忻入候、抑越国之凶従、至于上州令出張候、依之、長尾一類両三人致同意候、指義無之候、氏康松山令在城、及其備候間、心易可被存候、仍佐竹・白河間之義、前日以代官言上之間、以御使節被仰出候、于今滞留、度々加註進者、義昭堅固申払之由、無是非次第候、追日寺山城及難儀由候、一途時綱被加意見可然候、委曲瑞雲院可被申遣候、謹言、

七月廿五日　義氏

蘆名修理大夫殿

二一　北条氏康書状案

芳翰披閲、殊以佐瀬源兵衛、討方佐竹也条々蒙仰候、何レモ令得其意候、如来意、今度佐竹・白河再乱不及是非候、然者両家和睦之御下知、去頃以御使節佐陣へ被仰出、義昭不被応上意段、無曲存候、雖然、此度自其地承儀候間、重而一和ノ御下知、急度可致言上候、白河之儀、於氏康自分年来知音申候条、如何様ニモ無相違様念願候、随而太刀一腰・大鷹一本贈給候、珍重候、何様御礼自此可申述候、

猶可有彼口上候、恐々謹言、

九月廿二日　　左京大夫氏康

謹言　蘆名修理大夫

二二　**北条氏政書状案**

重而以使申候、抑三日以来者、毎日結城・山川押詰、竹木等迄伐払候、於今度者、幾日遂長陣、一功候様可抽粉骨候、然者年来申合処、極此度候、自然大形御取成、今度当方一廉之弓矢無之者、自他可失面目哉、畢竟其口之御行無二候者、当方可為存分候、貴国当方本意之是非、当夏相究候、為其、具其方へ申候、返々不譲他義候間、涯分何方迄可押詰候、能々御父子奏達専一候、恐々謹言、

五月十九日

（荒井）釣月

二三　**北条氏政書状案**

先般釣月斎帰洛之砌、委組雖申達候、重而以使者申届候、御行浅深之是非、具於仰蒙者、可為本望候、度々如申入、御行者極此度候、同者一途被思召詰、至于御取成者、本意眼前候、猶陸奥守可申候、恐々謹言、

六月十三日　　氏政

蘆名殿

二四　**北条氏政書状案**

其以来者、関東変化故絶音問意外候、然者以不思議之仕合、五十公野ニモ、佐野山城其口へ彼罷越、貴辺頼入、在所へ可達本意由候間則差越候、於御入魂者、於氏政可為本望候、猶以長尾輝虎、関東我儘之振舞成之間、涯分及防戦、至于当夏者、無残所当口令静謐、剰始毛利丹後守越兵迄、属当手候、自今以後者、如前々申合、必越国本意之事、互ニ可申合候、御同意可為肝要候、委細弟ニ候源三可申入候、恐々謹言、

五月十四日　　氏政

蘆名殿

二五　**北条氏照書状案**

今度佐竹義重、向白河之地、被相働処、会津被仰合御加勢、於諸口敵被討捕之旨、下移時日、義重敗走之由其聞候、雖不始義候、心地能御仕合、大慶存候、猶於珍義者、可蒙仰候、恐々謹言、

二月廿二日　　氏照

田村殿

二六　**北条氏照書状案**

急度以使被申達候、抑当行（てだて）之事、去十五日以来、結城山川之間へ打入、毎日彼領中被打散候、於今度者被遂長陣、如何様ニモ当表一功有之様、可被取成存分候、如御兼約早々有御出陣、深々ト御手分肝要候、于今御遅々、外聞実儀口惜存候、就中佐竹義重、先日之儘宇都宮在地、近日者東表凶徒相集之由其聞候、委曲使者口上申含候、恐々謹言、

五月十九日　　氏照

蘆名殿

二七　北条氏照書状案

急度以使被申達候、抑去十五日以来、結城山川之間被打入、彼両地毎日被打散候、於今般者、当表長陣一切可被付存分候、御無約之事、此度相極候間、早々盛氏御父子有御出陣、深々ト御手合、外聞実儀肝要ニ存候、如何様ニモ馳走任セ置キ候、尚使者口上申含候、恐々謹言、

五月十九日　　氏照

釣月斎

二八　北条氏照書状案

去頃者道無相違帰国候ツル哉、無心元候、然者長尾輝虎生害之由、方々同説候、実儀定而其地へ可聞召候、委細可披露回報候、恐々謹言、

（天正六年）三月廿五日　　氏照

釣月斎

二九　北条綱成書状案

其以後者、路次断絶ニ付而、不能音問候、於心底毛頭非存疎略候、仍此方当秋之弓矢、既駿申相談可被打出砌、七月下旬洪水以外候、以此妨于今延引不及是非候、至于十月中旬者、利根川浅瀬可為出来間、必駿甲一同可為越河候、其口之事偏頼入候、岩城・田村被仰談、必一途之御行、於我等モ令念願候、委細直書可被申入候、恐々謹言、

九月九日　　北条左衛門大夫綱成

会津御宿老中　参

三〇　石田三成書状案

態預飛札快然至極候、抑去夏以来、被対義広無二御忠功之段、誠以無比類候、則遂言上候処、御感不斜候、弥丈夫水窪・大塩両城共、可被相抱事専一之旨、御諚候、然此（北）条相背御下知故、来月中旬始、家康・景勝御人数被差遣、三月朔日有御出勢、北条御成敗評定候、自其直、黒川御乱入、政宗可被刎首落着候、然時者、今少之義候間、其元之義、無由断事、肝要候、将又大沼郡伊北地、御舎弟大学助殿身上之事承候、条々令得心候、窺御透令言上、重而御朱印相調、可進之候、加様之義、只今雖可相極候、其表之義、無御心元候、殊飛脚急候間返遣候、猶井口清右衛門可申越候、恐々謹言、

（天正十八年）正月十三日　　三成

山内刑部大輔殿御返報

三一　芦名義広書状案

如来意、年頭之吉事珍重候、然者去年以来、河原田方無二之忠信、更以不及是非候、畢竟旁馳走故に候、当春自京都、数度被仰下候、春夏之間、会津本意之義、是非可被仰付由、今度之分其理迄候、殊更北条為御退治、御出張之由申候、如此之上者、会津乱入之義、不

可有程候、従景勝重畳懇切之理共に候、毎事於様体者、可心安候、漸消雪之時分候間、定而政宗可被及調義候、無油断、其心懸専要候、諸毎其口之儀旁任置候、恐々謹言、

（天正十八年）
二月廿七日　　義広判

小塩弾正忠殿
河原田大炊亮殿
青柳掃部丞殿
白沢大学助殿

129〔山内文書〕南会津郡南郷村 山内武行氏蔵

一　芦名盛高判物

（盛高）
（花押270）

会津大沼郡田沢村之内、山内筑前守館辺之田地三千三百苅、同屋地買地、令永代買得上者、子々孫々執務不可有相違状、如件、

文明拾五年癸卯十月十日　（〇宛所なし）

（〇以下、第九号まで、本書に非ざるごとし）

二　政輔代銭請取状

売地之代四百弐拾貫文、慥請取候、為後日如此一筆進之候、恐々謹言、

文明十九年丁未九月廿二日
政輔（花押）

山内信濃守殿

三　芦名盛高加判某在家売券

（盛高）
（花押270）

奥州会津小河庄大田村内縁阿弥在家、砂原蔵助知行地、本年貢四貫五百文也、然於伺　上裁、永代売渡也、山内八郎盛通代四十五貫文ニ買取上者、於子々孫々、執務不可有相違状、如件、

長享二年戊申三月五日　（〇差出所なし）

四　兵庫助政輔判物

奥州会津大沼郡中津河之村之中のしりのむら、かい御めんになし候、たんせんしやうさいともニ、子々孫々におき候て相違あるへからす、仍執達如件、

兵庫助政輔（花押）

長享二年戊申八月廿三日

五　芦名盛高加判某売券

（盛高）
（花押270）

奥州会津伊北之郷之中、小河之村年貢公方一貫文之所、西方知行之地、依譲目ニ、代を借シ候、不及勘定候間、彼之地伺　上裁、永代取候上者、於子々孫々、執務不可有相違也、仍執達如件、

延徳三年辛亥卯月三日

六　芦名盛高加判某売券

（盛高）
（花押270）

大沼之郡神山之内屋き沢(や)に二間、大谷に彦兵衛在家一間、来乙丑之年より、売渡申候所実也、仍證文之状如件、

文亀元年辛酉十二月廿七日　(○差出所宛所ともに欠)

七　芦名盛高判物

(盛高)(花押 270)

大沼中津川之内野尻村、春秋之段銭壱貫七百文宛者、如前々沙汰可申、臨時之段銭之事、永代御免許所也、仍為後日、證文状如件、

永正十一年甲戌卯(四月)月十三日

八　佐竹義重書状

急度令啓候、仍今度北口張陣之砌、節々預届候事、本望候、奥州悉属無事、去七日納馬候、定可御心安候、近日者西口無異儀候哉、簡用之至候、珍儀候者、可被寄廻答候、恐々謹言、

五月十二日　　義重(花押 72)

芳賀右馬允殿

九　武田信玄書状

珍札披見快意之至、無他候、仍関東表静謐候条、不図越国江可及行候、此趣先日黒川江も申通候処、預同意候候キ(ママ)、此節候間、近辺之衆被相催、手合之動肝要候、猶自今以後、無心疎、可申談候、具城(見城・具状カ)対島守可申候、恐々謹言、

(四月)卯月十七日　信玄(花押 98)

山内信濃守殿

(○右と同文の「横田石見守殿」宛の信玄書状一通あり)

130〔高祖遺文録〕

一　関東御教書案

関東宣旨御宣旨

隆寛律師事、右大弁宰相(平範輔)家御奉書披露候畢、件律師、去七月比令下向、雖経廻鎌倉近辺、任京都制符、被追放念仏者之間、念流浪奥州方云々、早尋捜在所、任被仰下之旨、可追遣対馬嶋也、以此趣、可令言上之状、依鎌倉殿仰、執達如件、

嘉禄三年十月十五日　武蔵守(泰時)判

相模守(時房)判

掃部助(時盛)殿

修理亮(時氏)殿

131〔正木文書〕東京都 新田俊純所蔵

一　相馬能胤譲状案

ゆつりたてまつるとよこせん(土用御前)のそちの事

行方郡内千倉庄加比草野定(萱カ)、御くりや(下総国相馬御厨)のうちニ、てか(手賀)・ふせ(布施)・ふちこゝろ(藤心)・のけさき(野毛崎)

以上五か所也

右ところハ、とよこせんのりやうとして、ねうはう(女房)のさたうへきことしちなり、ちやくしちやくなんといふ、(とも脱カ)さまたけおいたすことあ

らんニおきてハ、いかなるけんもんニもよせて、ねうはうのさた〻るへし、よつてこにち(後日)のさたのため、ゆつりしやうおたてまつる事如件、

嘉禄三年十二月　日　平能胤

二　将軍家(藤原頼経)政所下文

将軍家政所下　平氏子字土用

可令早領知陸奥国行方郡内千倉庄(加比草・野萱)、幷下総国相馬御厨内手加(賀)・布勢(施)・藤意(心)・野介崎地頭職事、

右人、任父能胤嘉禄三年十二月日譲状、可領知之状所仰如件、以下、

貞永元年十一月十三日　案主左近将監菅野

知家事内舎人清原

令左衛門少尉藤原(北条時房)

別当相模守平朝臣(北条泰時)

武蔵守平朝臣

三　真如譲状案

□(譲渡)　女子藤原土用御前所

□(かうつけのくに)にたの(新田)しやうのうちなりつかの□(かう)、□(す)かしほ(萱塩)のむら、□(か)なやのむら、□(せんさ)いのかう、にゐしま(新島)のむらのうちくわん□(のカ)んハうのちきやのさいけ(う脱カ)

□(下総)国さうまの御くりやのうちふち心(藤)の郷、□かうハんふん、東方やなとのむらハんふん

□(讃)岐国よし(吉野)の〻かう

□乃御せんそさうてんの所りやうたる□(あいたカ)(岩松時兼カ)、親父ならひに母堂(平土用カ)祖母(平土用ノ母カ)のゆつりしせうもん(証文)らをあいそへて、一子たるによりて、とよわう(土用王)御せんになかくゆつりわたし□(ところカ)しちなり、さらにたのさまたけ□(あ)るへからす、くうし(公事)においてハハ(所カ)、せんれいによつてた(そカ)のさたをいたすへし、よつてゆつり□(状カ)如件、

弘安五年十一月十二日　尼真如在判

四　尼妙蓮譲状

ゆつりわたすやうし(養子)三郎たゝくに(岩松直国)にしよりやうの事

一かうつけのくに(上野国)につた(新田)のしやう(庄)の中なりつか(成塚)のかう(郷)、かなやのかう(金谷郷)、すかしを(萱塩郷)のかう、

一をなしきくにせんさい(千栽郷)のかうの中にいし(新島)□(まカ)かうのさいけ、

一をなしきいはまつ(岩松)のひんかしのやに□

一をなしきくにふたこつか(二子塚)のかう上下

一下つさのくに(下総国)みなみさうま(南相馬)の中ふち心(藤)のかう、てかはふん(手賀)(ん脱カ)、ひかしかたふせ(布施)の□

一さぬきのくに(讃岐国)よしの〻かう(吉野郷)

みきのところ〱ハあま(尼)めうれん(妙蓮)かおさな□(なカ)とよわう(土用王)かちうたいさうてんのしよりやうなり、しかるにこなきあいた、たゝくに(直国)にやうし(養子)として、たい〱のてつき御下ふみをあいそへて、なかくゆつりわ

たすところしち也、たのさまたけあるへからす、よつてのちのため
にゆつり上(状)くたんの五(こ)とし、
けんむ(建武元年)くわんねん十二月廿一日　あまめうれ(藤原尼妙蓮)□(んカ)

五　尼妙蓮譲状

□(ゆつりカ)わたすみなもとのとよわうとの丶ところ、
一□(かうカ)つけのくににつたのしやううちなりつかのかう、
一□(をなカ)しきかなやのむら、をなしきすかしほのむら、
一□(せんカ)さいのかうのうちにいしまのかうのさいけ、
一□(をカ)なしきいわまつのひんかしのやしき、を□(なしカ)きふたこつか
の上下、
一□(下カ)つさのくにみなみさうまのミちふちこ(うカ)丶ろ□(かカ)う、おなしきて
かハんふんひんかしかたいひむら、ふせのむら、
□(みきカ)のところ〳〵は、あまめうれんかおさなな□(とよカ)わうか、せ
んそさうてんのそりやうなり、しかるを□しるによつて、とよ
わうとのをやうしとして、□(たい〳〵カ)のてつき御くたしふみをあいそへ
て、ゑいたひ□(ゆつカ)りわたすところしちなり、たのさまたけなく
□(ちきやカ)うせられへきしやうしやうくたんのことし、
けんむ(建武元年)くわんねん十二月廿一日　あまめうれん(尼妙蓮)

132〔小山文書〕栃木県小山市 小山小四郎蔵

一　小山朝政譲状

「(附箋)寛喜二年小山朝政ゟ嫡孫長村江所領譲帖(状)」
「(端裏書)下野入道譲状惣領分」
譲渡　生西所領所職事
　嫡孫五郎長村
合
一下野国
　権大介職
　寒河御厨号小山庄、重代屋敷也、
　国府郡内
　　日向野郷・菅田郷・蕗鳴郷・古国府・大光寺・国分寺敷地・
　　惣社敷地同惣社野荒居・宮目社・大塚野、
　東武家郷
　中泉庄加納
一武蔵国
　上須賀郷
一陸奥国
　菊田庄加湯竈郷定
一尾張国
　海東三箇庄除太山寺定
一播磨国
　守護奉行職

高岡庄

高岡北条郷

右件所領所職等、云生西重代相伝、云将軍家之御恩賜、知行無相違、然嫡男左衛門尉朝長在生時、譲与之処、早世畢、然朝長子息之中、以五郎長村立嫡男、可令相継家業之由、平生之時令計置畢、仍任其趣、為長村嫡々相承、件所領所職等、云重代相伝證文、云将軍家代々御下文、調度之以所譲与也、但生西一期之間、可進退知行也、於没後者任譲状、無他妨長村可令領掌知行之状、所譲渡如件、

寛喜二年二月廿日　　（花押）

前下野守藤原朝政入道生西

133〔宇都宮文書〕茨城県真壁郡田村 小田部庄左衛門蔵

一　関東御教書

御公事間事、於遠江前司盛連跡者、可為次郎左衛門尉光盛支配之由被定下了、至兄弟等新給相模国所々者、為大介沙汰随分限令支配、自今以後相具盛連跡可被勤仕之状、依仰執達如件

建長元年八月十日　　相模守（北条時頼）（花押3）

陸奥守（北条重時）（花押4）

三浦介殿（盛時）

二　足利尊氏下文

（足利尊氏）（花押17）

下　三浦介平高継（芦名）

可令早領知、相模国大介職幷三浦内三崎松和金田菊名網代諸石名、大礒郷在高麗寺俗別当職、東坂間三橋末吉、上総国天羽郡内古谷吉野両郷、大貫下郷、摂津国都賀庄、豊後国高田庄、信濃国村井郷内小次郎知貞跡、陸奥国糠部内五戸、会津河沼郡議（蟻カ）塚、幷上野新田父介入道々海跡本領事、

右以人為勲功之賞、所宛行也者、守先例、可致沙汰之状如件、

建武二年九月廿七日

三　宇都宮広綱書状

急度□（啓カ）□承候、本望ニ候、将亦至于上州御□義重相談可及手合之由、承候上、任其意、義重へ秀□（綱カ）有同意、成諌言候之間、速可被及手合之由返答然間、近日当表へ、可被打出候、諸篇ト合、可及其刷候条、御調儀之模様、御回章、可得其意候、義重先月以来、向白川口、出勢屋裏及十ケ城、被属手裏、白川義親在城之地計ニ、被取来之上、不遁、此節雖可被打詰候、既有御越山、半途ニ御張陣之上、先以一両日之内帰馬候、万々以使者、可申届之上、不能一二候、恐々謹言、

二月廿八日　　（宇都宮）広綱□

山内殿

御陳（陣）所

134〔由良文書〕

一　後醍醐天皇綸旨

伊勢国笠間庄　維貞跡
遠江国渋俣郷　泰家法師跡
同国蒲御厨　泰家法師跡
同国大池庄　高家跡
駿河国大岡庄　泰家法師跡
甲斐国安村別府　同跡
陸奥国泉荒田　同跡
出羽国会津　顕業跡
播磨国福居庄　維貞跡
土左国下中津山　泰家法師跡

右、所々地頭職可令管領者、天気如此、仍執達如件、

元弘三年七月十九日　式部少輔（花押）

（岩松経家）
兵部大輔殿

135〔門司氏文書〕門司郷土叢書所収

一　門司親胤申状案

（外題）
「任　宣旨状、早々可令案（安）堵也、
八月廿日
判　」

下総次郎三郎親胤謹言上
欲早下賜安堵綸旨、致奉公、陸奥国会津内上荒田村田畠在家等事、

右当村者、依蒙古人警固之忠、去正応年中令拝領之、当知行于今無相違者也、爰為非常御徳政、云本領、云武家給恩之地、皆以、下賜安堵綸旨上者、任諸人之例、被成下綸旨、任安堵之思、欲致奉公、為一所之所領上者、若不安堵者、忽令餓死之条不便次第也、就中於（ママ）不下綸旨所々者、不狼藉断絶歟、云彼云是、被撫民御沙汰者、尤所仰也、将又不知行所領、当知行之由、令言上、可被処其咎也、但於当所文書者、令置遠所之間、不持参、追可令出帯也、仍言上如件、

元弘三年八月　日

136〔留守文書〕岩手県水沢市公民館所蔵

一　陸奥国宣

（北畠顕家）
（花押 36）

会津河沼郡高久村内伊賀弥太郎跡、為勲功賞、可令知行者、依国宣執達如件、

建武二年十月一日　右近将監清高奉

（家任）
留守次郎兵衛尉殿

137　〔真壁文書〕　茨城県真壁郡田村　小田部助左衛門所蔵

一　真壁政幹代薄国幹着到状

着到

奥州会津蜷河庄勝方村地頭摩訶部小太郎政本代薄彦五郎国本、謹言上、

右、藤田城馳参、至(致)忠節之処、河俣城可馳参之由、被仰下之間、罷向之、大将畠山彦三郎殿(国氏)付御手、致忠節候畢、仍着到如件、

貞和三年八月　日

(証判)(石塔義房)「一見了（花押45）」

二　真壁政幹代薄国幹着到状

着到

会津郡内蜷河庄勝方村地頭摩賀辺小太郎政幹代薄彦五郎国幹

右、去自正月三日、守護人等令同心、所々合戦致忠節候畢、将又府中参、致于今警固候畢、仍着到如件

観応二年五月　日

(証判)「承了（花押）」

三　真壁政幹代薄景教軍忠状

摩訶部小太郎政基代薄三郎次郎景教申

右軍忠者、自去正月五日属三浦若狭守御手、会津郡所々城墎合戦仕了、河沼郡金河浜崎城、次蜷河庄政所楯、至同牛沢城堤次郎左衛門尉(ママ)討治之時、致度々合戦軍忠仕了、仍賜御證判為備向後亀鏡、恐々目安如件

観応三年五月廿一日

(証判)「承了（花押）」

四　真壁広幹訴状

(端裏書)「真壁兵庫助訴状　□□(文和)五四□八」

真壁兵庫助広幹(元孫太郎)代良勝謹言上

欲早被停止税所十郎(不知実名)違乱、任祖父真壁小太郎政幹譲状、仰御使、被打渡常陸国真壁郡内山田郷事、

副進

一巻譲状御感御教書・大掾入道浄永證判等案（〇裏花押あり）

右所者、為譜代相伝所領、広幹去観応三年十二月十三日譲得之知行無相違之処、税所十郎仮家督大掾入道浄永権威、去年(文和四)三月晦日打入当所、致押妨狼籍上之(之上カ)、剰擬令押領下地之条、無謂次第也、広幹為父子、各別常州居住之間、就浄永并惣領真壁河内守高幹催促、観応三年九月於下野国西明寺城、自最初至于御敵等没落之期、致忠節之間、浄永證判分明也、就中文和二年七月　将軍家御上洛之時、令供奉上、去年亦就京都御合戦馳参之間、預御感御教書訖、而父祖縦雖致不忠、争可被混彼咎哉、将亦父子各別之時者、相互不被懸其咎之条、為旧例上之(之上カ)、近来其例不可勝計、仍被止彼違乱、仰御使被打渡下地、為全知行、恐々言上、如件、

文和五年三月　日

138 〔皆川文書〕 栃木県下都賀郡皆川村 皆川肅一所蔵

一　後醍醐天皇綸旨

下野国長沼庄、并小薬郷、陸奥国長沼庄南山内古々有郷・湯原郷等
地頭職、五条東洞院西南角地等、可令管領者、天気如件（此カ）、悉之、以
状、

建武元年八月廿八日左衛門権佐（岡崎範国）（花押）

長沼越前権守（秀行）館

二　将軍足利義詮感状

去月廿七日、奥州石河庄内、行方野合戦之時、若党等、或討死或被
疵之由、尾張式部大夫宗義所注申也、神妙弥可抽戦功之状如件、

貞治二年八月廿五日（足利義詮）（花押14）

長沼淡路五郎（宗秀）殿

三　長沼義秀譲状

□（譲）孫子亀若丸所、

下野国長沼庄地頭職、
陸奥国南山八郷地頭職・同国安積郡部谷田地頭職、
美濃国いそほ（石太）五里つふら（津布良）堀内地頭職、
美作国円宗寺上中下三ヶ所地頭職、
淡路国守護職、
京都・鎌倉屋地等事、

右件の所領等ハ、重代相伝の地たる間、代々りんし（綸旨）・御下文以下の
證文等を相副て、嫡子五郎満秀に譲渡もの也、爰令早世間、不及力
次第也、然間其子亀若丸に処分の御證判を申て相副て、悉譲渡うへ
ハ、他人の妨なく可令知行也、但不知行の地においてハ、上裁落居
の後これを可知行、次息女二人・後家分においてハ、一期分として
これをゆつるものなり、又孫子宮つる女・千代若丸にハ、限永代ゆ
つりあたうるもの也、更以惣領亀若丸いきあるへからす、仍為後日
證文ゆつり状如件、

応永廿年六月廿五日　沙弥義秀（長沼）（花押）

四　足利持氏軍勢催促状

岩松一類白河辺排回之由其聞候、致了簡候、可討逐候、於忠賞者、
可有殊沙汰候、謹言、

三月八日（足利持氏）（花押30）

長沼淡路入道殿

五　足利持氏軍勢催促状

畠山修理（満慶）大夫合力事、早速馳向太郎丸城、可抽戦功也、若令遅引
者、可有殊沙汰之状如件、

応永廿二年三月廿九日（持氏）（花押30）

長沼淡路入道殿

六　足利持氏軍勢催促状

如被仰先度、為退治右衛門佐入道禅秀（上杉氏憲）、昨日廿三、已所進発也、馳参早速可抽戦功之状如件、

応永廿三年十二月廿四日　（持氏）（花押30）

長沼淡路入道殿（義秀）

七　足利持氏判物

陸奥国南山庄、幷下野国長沼庄諸公事等事、所免除之状如件、

応永廿五年七月廿一日　（花押30）

長沼淡路入道殿

八　某軍忠状

（〇前欠）

致合戦之間討死仕訖、又矢田貝兵庫助者□井左馬権頭入道若党豊田修理亮討之有御実検、仍満重御対治之上者、忠節異于他也、又［　］月宇都宮右馬頭持綱郎等白久但馬入道、京都江為使懸南山内伊北罷上之間搦捕討之、持綱御対治後、彼仁家人等懸南山内立岩落行之間、越路備中守・岡本蔵人・大山田甲斐守・矢板修理亮討之、進上仕之間、所詮給御證判、為備後證亀鏡、恐々言上如件、

応永卅年十一月　日

（証判）「承候了（花押）」

139　〔国分文書〕　仙台市国分行道所蔵

一　伊達持宗施行状

陸奥国信夫庄

保木田郷内

一宇須河波田

右為勲功之賞、可令支配由、依仰執達如件、

文安二年十月十七日　大膳大夫持宗（花押）

国分筑後殿

140　〔土井文書〕　仙台市土井七兵衛所蔵

一　伊達政宗書状（切紙）

自南都も境中へ、少々人衆参此方之者、度々被討申候へ共、此方よりハ不得御意候条、一切不存躰ニ而、指置申候、具之儀、宗くん所へ申遣候、返々会津へ御手遣之義、とても〳〵近々ニ御坐有間敷と、佐竹・会津にても、取沙汰仕之由、申［　］、二三日中、白石江可罷出与存候、縦中納言様御下向少延候共、御老衆成共、先江戸迄も被相下候様ニ仕度候、返々無御油断、早々被仰付様ニ、可然候、以上、

羽越前

三月廿二日　政宗（花押）

井伊兵少様人々御中

追而、以飛脚申入候、□（景カ）勝上洛相止（カ）候事一定ニ候、佐竹より何かと被申ニ付而、□之由申候、佐竹・岩城城普請専之由候、先

書ニ如申入候、御人衆早々被相下候者、又景勝御□□(佗事カ)申為ニモ
罷成与存候、此分ニ而、上洛今［　　］申延候者、近辺之面
々、城なと丈夫ニ拵□候者、少御手間之入事も不存候、今少被
入御急候へハ、即時ニ無残所、相澄申事候、是非共達而、被仰
上可然□(候カ)、恐惶謹言、

141 〔大島文書〕栃木県那須郡芦野町 大島徳三郎所蔵

一 岡部内膳等三人連署感状

こんとせきさんか、又白川かにおいて、御はたらきのきさみ(刻)、ちう(注進)
しんあるへきの由かんし入候、此儀相調に付而者、知行分のそみの
ことく可出候、たとい御無事になり候共、右之忠心之所、大納言様
へ申立急度身上引立可申候、以上、

五月二日
服部一郎左衛門（花押）
大関左衛門（花押）
岡部内膳（花押）

大島源六郎殿

142 〔滝田(為四郎)文書〕栃木県那須郡七合村 滝田為四郎所蔵

一 白河義親不説書状

如承宣之今般向田村、義重被致出張候間、愚之事も、令同陣候、依
之態預簡札候、一段祝着之至候、内々貴殿も御出陣可有之由存候之
処、無其義候、如被露紙面候、来秋重而義重可被致出馬候間、其刻
於御同陳(陣)者、以会面、諸事可申承候条、不能具之候、恐々謹言、

閏月十一日　不説(白河義親)（花押）

那須殿

143 〔佐竹文書〕東京都 佐竹義春所蔵

一 足利尊氏充行状案

御判

校正訖

下　佐竹上総入道々源(貞義)

可令早領知陸奥国雅楽荘地頭職事

右為子息等討死之賞、所充行也、早任先例、可致沙汰之状、如件、

建武四年三月廿六日

二 足利尊氏袖判御教書案

(校正訖)
同前

陸奥国雅楽庄地頭職事、任御下文、可致沙汰仕(被カ)于(付カ)佐竹上総入道々源
代官之状、依仰執達如件、

建武四年三月廿六日　武蔵権守(高師直)在判

少輔四郎入道殿

三 佐竹義篤譲状案

御判校正事

譲与　嫡子佐竹左近大夫将監義香所

一常陸国佐都西郡内太田郷、同国久慈東郡内高倉郷、同国那珂西郡、同国久慈荘、同国多珂荘、同国石崎保、同国那珂東郡之内戸村之内、同郡小場県

一陸奥国中野村、同国小堤村、同国佐渡南方、同国江名村、同国絹谷村、

一越中国下坐与河村、加賀国中林村、

右所領等代々相伝、御下知安堵御下文御下状相副之、（ママ）嫡男義香ヒ永代、所令譲与也、（ママ）更不有佗妨、但此内庶子等分、以同筆面々譲之、此又不可成違乱煩、凡於本知行分者、代々譲公験分明也、至于新恩地者、悉上方（公カ）御存知之間、為後證書置之、所申与御判也、守此旨、可令知行仍状如件、

文和四年二月十一日右馬権頭義篤在判

（注）「永禄九年迄八二百十二年カ」

年号月日住署（ママ）、以自筆書之

四　岩城・佐竹・伊達好身筋目条書

岩城・佐竹・伊達御好身筋目之覚

岩城左京大夫法名明徹道号月山（重隆）

一明徹之御息女数多御座候内、御嫡女伊達胤（稙）宗公御祝言にて候、御祝言之刻御約束ニハ、此御腹御男子出来候者、御嫡子成共岩城へ引取、御名跡ニ相立可有御申由、堅胤宗之御親晴宗（ママ）へ被仰定候故、御嫡子ヲ岩城越御申候、親隆与申候ハ、此御事ニて御座候、

一御一人之御息女ハ、佐竹義昭公へ御祝言、是則義重様御母公ニて御座候、義重様御兄弟、小場殿御女子、宇津宮殿御祝言、国綱様・景済様・芳賀左兵衛様、何も御同腹也、親隆之御台と、御胤腹御同前ニて御座候、

一親隆之御台ハ義昭公之御息女、義重様之御妹、御いとことし御夫婦ニて御座候、此御腹ニ常隆御出生被成候、亦常隆之御台ハ岩瀬二階堂殿之御息女、是も御いとことし御夫婦にて候、二階堂殿之御台ハ親隆之御妹、義重様御台様芳寿院様ニハ御姉ニて御座候、亦義重様与芳寿院も御いとことしの御夫婦ニて御座候、芳寿院様ト二階堂殿御台御両人共ニ、伊達胤宗公之御息女ニて御座候、

一田村へも可山（常隆、享禄三年死去）之御息女御祝言にて御座候、正宗様之御台様ニハ御祖母ニて御座候、同御一人之御息女ハ、中山右衛門之先祖へ祝言にて御座候、

五　新発田忠敦書状

如仰今年之御吉賀珍重奉存候、御貴札拝見、御当方輝虎無二可被仰合之段、一身之大慶不可過之候、当方之儀共、不被存別意候、若従何方於廻謀略者、有之儘可申上候、先達游足庵、松本右京亮方へ、以飛脚申宣候キ、定而可被及御披露候、然間東口以御専功、御存知之儘御静謐、奇特奉存候、将又鷹御競望之由、被仰下候、在府以来一

向無所持候、併奥口辺相尋馳走可申候、此旨可得御意候、恐々謹
言、

二月十九日　　新発田尾張守
　　　　　　　　忠敦（花押）

蘆名殿

参人々御中

（○「越佐史料」四巻永禄十年十一月廿五日条に本号を掲載す）

六　沢井重次書状

盛氏遠行為御届御使、殊ニ御中途之段、真実以畏入候之由被申候、
如被仰下、諸境仕置堅固ニ被申付候、其上近日出馬、物深之調儀可
被申逼塞被申候、自御当方之御出張、早々念願ニ被存候、巨細河相
可被御披露候際、奉存略候、恐々謹言、

（天正八年）
六月廿八日　　（沢井）
　　　　　　　沢越中
　　　　　　　　重次（花押）

（佐竹義重）
太田江
参貴報人々御中

七　佐竹義重書状

急度申越候、仍塩松之（大内定綱）仕合、不及是非ニ候、如此之上其表備方為可
申談、今日納馬候、於委細者、（岩城）常隆へ申届候間、不能具候、恐々謹
言、

（天正十三年）
十月一日　　（佐竹）
　　　　　　義重（花押72）

金上遠江守殿

八　佐竹義重書状

態令啓候、仍其已来奥口之模様、一向無其聞候条、相馬江及使者
候、先立如申談、当方同意ニ有之、相馬へ之御理尤ニ候、於存分
者、彼口上可有之候間、不能具候、恐々謹言、
追而、先日者御朦気付為脚力申届候処、聊被得元気之由各返答
候、自何以簡用此事ニ候、猶御養生ニ相極候、以上

（十一月）
霜月十日　　（佐竹）
　　　　　　義重（花押72）

岩城殿

九　佐竹義重書状

此度当表弓箭ニ付、（岩城）常隆へ令内談存分申述候処、速證人、岩城へ被
指越候、不初御入魂之至候、雖勿論候、於自今以後、猶以無二可申
合候、縦世上如何様之侫人候共、以其筋目、則可及糺明候、将亦御
意趣之儀、連々可逮馳走候、恐々謹言、

（十一月）
霜月廿日　　（佐竹）
　　　　　　義重（花押72）

石河殿

一〇　佐竹義重書状

急度申届候、昨日当地須賀川へ進馬候、明後十一日小原田表へ可令
張陣候、早速爰元へ御着候而、同日野陣へ被取越毎事被相詰候者、

可為本望候、委細猶於陣中可申合候間、不能具ニ候、恐々謹言、

（天正十六年）
六月九日　義重（花押72）

石川殿

一一　佐竹義重書状

態為脚力申届候、仍今度小田氏治向在城、令出馬候処、則預届候キ、実以本望之至候、其節如及廻報候、戸崎・宍倉両地、速ニ属手、證人等取之、其外残所々郷村、悉成墟去十二納馬候、寔可為御太慶候、将亦伊達二本松和与之之（衍）儀付、段々承候キ、其已来是非無其聞候、自陣中相立候飛脚、未帰着候、依御返答可得其意候、殊更兼日如申合、来月下旬ニ白川筋可令出馬候間、万端其時分可申合候、恐々謹言、

八月十六日　義重（花押72）

田村殿

一二　佐竹義重書状

如尊意此度北表在陣付而、各以媒介及心令和睦候事、誠以本望之至候、如斯之上於向後者、無二可申談外無之候、乍勿論御同意尤候、委細猶中務大輔可申届候間、不能具候、恐々謹言、

五月十六日　義重（花押72）

田村殿

一三　結城晴朝書状

如承意、佐江御一和之儀、以使可令申届候処ニ、以種々題目、返答ニ候、其元無意趣之義、晴朝助言深令遠慮候、委細義親江申送候間、定可為演説候条、不能細意候、恐々謹言、

正月廿三日　晴朝（花押243）

田村殿

一四　芦名盛氏（止々斎）書状

先日示預候条、自盛隆所使遅々申候間、以脚力喝食殿へ申述候、吾々之事閑居之身ニ候条、不申入候、爰元ニ御在留ニ候ハヽ、尚以使可申候、老事無如在様ニ御心得、単ニ任入迄候、吾々之事ハ、言語道断、令老衰散々ニ候、洞中之者参会申事無之候、先日無理ニ脇被罷返事近比御無躰ニ候、其後可然者可預由、被申候処ニ、無其儀候、定而自佐竹、色々珍敷物共、可参候、ありきも不不（衍）罷成候、炉辺ニ計送申候、茶之湯道具一ッ、可然を何成共可預候、馬・鷹も曾用所無之候、仍自田于今佐竹遠隔筋通用之由申候、新城辺へ御断、速之御刷頼申候、さりとてや、老々可被捨ニも無之候故ニ分別万吉、重而恐々謹言、

（天正八年）
正月九日　（芦名盛氏）止々斎（花押）（〇花押109—一と同形）

白川江

一五　新城盛継書状

追而為脚力、被申達候、抑今般大槻備前守、為使被申届候処御懇答、殊更其表追日如被思召、御仕置之由、御目出度御肝要之至奉存候、早々御隙被明御開陣、乍恐念願事ニ候、此口様子先以何事無御座候、自旧冬尾浜(小浜)之地ニ政宗雖御在陣候、至今日御調儀等無之候、方々御計策一三昧ニ候、幾度乍申事、無御済限(際)御陣労、乍憚不及是非申上候次第候、同安積中為御抱之御座候条、先以早々申候、自岩城被打出候様ニ、是も御当方より御意見、可為御肝要之由被存候、万々御納馬被承届候時分、可被申達候条、不能具候、恐々謹言、

(天正十四年)二月朔日　新城盛継（花押）

太田
御陣所参

追而申上候、今度我等所迄御細報、一段過当、不及是非令存候、当表ハ御出張之前、無何事相抱申度、念願被申迄候、此等之段、宜々所仰候、

一六　芦名盛隆書状

今度岩橋弥左衛門尉を以、存分申理候処ニ、不始御懇答、真実以大慶無申事存候、然而自田村、佐々川(笹河)之地江忍之刷候、兼而彼控被取静可預之由、申述候処ニ、如斯之義案外ニ候、乍此上、御使被相重、無何事之様ニ、任入迄候、猶様躰、自各可申越候条、不具候、恐々謹言、

(天正十二年)七月六日　(芦名)盛隆（花押283）

佐竹殿

追啓、自御代田筋部所へ之書中、具披見越申候、

一七　芦名義広書状

年甫之御吉兆千喜万悦、猶更不可有休期候、因玆為御祝儀、合歓一本鱈(カ)□之候、誠表靏年之御一儀迄候、諸毎期永日之時候、恐々謹言、

正月七日平義広（花押285）

謹上　佐竹殿

一八　田村清顕書状

先立御開陣付而、以脚力申理候処、即御懇答、令満足候、如覃先書候、此度一和成就之上御納馬、於当方本望不過之候、仍盛隆常隆以相談、日々被及行候、悉事難計候、併諸堺于今堅固候、先以可御心易候、此刻無済限(際)、雖御陣労候、以前之被任御首尾、当方可被引立事此時候、事々期後音之時候、恐々謹言、

(天正八年)八月十四日　清顕（花押211）

(義重)佐竹殿

一九　田村顕康書状

態令啓達候、抑三箱へ為御湯治、御出張之由、承及候処ニ、好間方不儀之操候哉、就可被加退治、于今御在馬之由承候、忱（マヽ）無済（際）限御陣労、御大儀之至奉存候、裡々面々へ之儀迺可申達候、此口堺目事候間、暫時も不得手透候旨、乍存、遅々無御心許候、其表御様子御床布計候、恐々謹言、

（十一月）霜月八日　田村孫三郎
顕康（花押）

佐竹御陣所江参

二〇　石川昭光書状

態以脚力令啓候、抑南衆越河ニ附而、宮領ニ長々御在馬、単ニ御床敷存候処ニ、無何事御入馬之段承及、目出度簡用迄候、将亦去時分者使者ニ預候、于今祝着之至候、岩瀬へ助力之儀、聊無如在候、随而可為其听候歟、常隆田村へ之調儀、被属存分候而、先大事訖取馬帰候、听召可御心易候、如何様近日以使、万々可申承候条、不能一二候、恐々謹言、

六月三日　（石川）昭光（花押）

佐竹殿江

二一　伊達晴宗書状

当春未申承候、御祝義千喜万幸、抑此口之事、旧冬已来、相替義無之候、不可御床敷候、今春中相馬口刷之事、岩城へ申届候、然共彼口へ有御合力、一途御刷も候者、於晴宗可為大悦候、頼入外無他候、定而巨細重隆可被申合候間、不能具候、恐々謹言、

正月廿三日　晴宗（花押）

佐竹殿

二二　伊達輝宗書状

如御音問之、其以往者、依無差儀、無音ニ過来候、意外不浅候、抑去秋已来会田和談之上、御本意御拵候、誠可然時節ニ候、無油断御籌策千言万句候、仍当表之事、追日敵地取詰候、於備者可御心易候、書余彼任口状候、恐々謹言、

（天正五年）五月二日　輝宗（花押178）

白川殿

二三　伊達輝宗書状

就今度当表動ニ、態々御使祝着之至候、敵地麦作悉擲弃（棄）、如存分執成候、聞召可為御悦喜候、委曲彼口上ニ可有之候間、不具候、恐々謹言、

五月十八日　輝宗（花押178）

田村殿

二四　伊達輝宗書状

御来翰具令披見候、仍御当北口境目之儀、于今未落居之由承候、種々雖及意見候、不被致信用候ニ付而者、不及是非候、併重而涯分可令催促候、書余期後音候、恐々謹言、

（天正八年カ）五月一日　輝宗（印）（〇印形香炉）

田村殿

二五　遠藤基信書状

態令啓達候、抑甲州相破、上州表迄上方軍勢乱入之由候、其後関東中御備無相替儀候哉、御床敷之由、正印被申入候、北国口之事者、柴田修理亮為始、到越中ニ被打出候、当方へも節々自安土御理候条、羽奥両州諸家、過半被申合御挨拶被申候、年来信長様御入魂ニ候条、弥々天下一統之御馳走可被申候、併甲刕御滅亡歎ヶ敷之由被存候、於于向後者遠国ニ候共、御当之方異他被仰合候者、自然之可立御用ニ候歟、何之御国も不可有御油断候、扨又去春、為御使相当無事之儀、被仰越候、当方存分始中終及御挨拶候キ、被聞召届候哉、相御荷担之御意見、単ニ案外之由、御恨言被申候、書余期後音之時候、恐々謹言、

（天正十年）
六月一日　遠藤山城守
基信（花押）

佐竹
御所
御宿所

二六　伊達政宗書状

態令啓之候、抑旧冬本城江相移候刻、自是雖可申入候、所労気故、令遅引候処、遮而御使令祝着候、仍而馬一疋・鷹一居・段子一端令進之候、聊表一儀迄候、雖勿論、如前代、弥々可申合候、御咾啄可為本望候、猶大和田新右衛門尉任口上候、恐々謹言、

（文禄元年カ）
正月廿四日　藤原政宗（花押）（〇一覧182〜184と相異す）

謹上　岩城殿（常隆）

二七　伊達政宗書状

急度為使者啓之候、抑今度小野太越向三春ニ、手切之義前代未聞ニ候、尤御当方到迄も、相背事外聞歎布候、如此之上、骨肉之筋目殊仰了、別而申合候、首尾無二彼両所へ、可被及後詰候ハん事、条々以墨付申理候、御塩味所希、尚太筑口上ニ相含候間、不具候、恐々謹言、

正月七日　政宗（花押183）
（〇本号充所を欠く）

二八　伊達成実書状

如御尊墨之到近日迄不申談候、意外迄候、仍老父（実元）于今在陣被申候、彼和睦之儀、御取曖之由、可然令存候、随而遠山口へ御書中被差越候、悩ニ今日差越申候、御返答自是可相届之条、可御心易候、事々期来談之時、令省略候、恐々謹言、

追啓、羽国長井へ罷越候而、不及御返章候、

（十一月）
霜月廿九日　（伊達）成実（花押）

田村殿

二九　二階堂照行書状

態申入候、抑去比当口仕合付而、半途へ御出馬、殊此方へ御人数被差越候歟、尊徳故当口于今堅固之分ニ候、本望至極候、然者来炑（秋）此

ロへ御出張之義、拙子罷越可令懇望由存候処、南北之刷、少も依無手透、老母被打越候、速有御納得、而御出頭候者、可為本懐候、万端遠藤長門守附与口裏、不能詳候、恐々謹言、

六月晦日　藤原照行（花押229）

謹上　岩城殿

三〇　二階堂行政書状

態被申入候、抑去比、当口不慮之仕合付而、被申演候処、則半途御出馬、特此方へ御人衆差越御申候キ、尊徳故当口于今堅固之分ニ候、本望被存候、仍而来烁(秋)此口、就御越馬之義、御当方へ照行罷越可被致懇望分候処、南北之刷、少も無手透候、因茲老母被打越候、速有御納得、乍御大義、被進高駕候者、可目出候、万吉遠藤長門守・高林新蔵人佐可達高聞候間、奉存略候、恐々謹言、

六月晦日　宮内大輔行政（花押）

謹上　岩城御館 人々御中

三一　二階堂続綱書状

態被申入候、抑去比当口不慮之仕合付而、被申事候、而即半途へ御出馬、殊此方へ御人衆差越御申候者、尊徳故当口于今堅固之分ニ候、本望ニ被存候、仍而来烁此口、就御越馬之義、御当方へ照行罷越可被致懇望分候処、南北之刷、少も無手透候、依之老母被打越候、速有御納得、乍御大義、被遂高駕候者、可目出候、万吉遠藤長門守高林新蔵人佐可達高聞候間、奉存略候候(衍)、恐々謹言、

六月晦日　(二階堂)備前掾続綱（花押）

謹上　岩城御館 人々御中

三二　二階堂照重書状

態令申達候、抑去比当口不慮之仕合付而、即半途へ御出馬、当地へ御人衆差越御申候歟、故当口于今堅固之分ニ候、被存本望候、仍而来烁(秋カ)此口へ就御越馬、為競望、照行御当地へ可被罷越分ニ候歟、併南北之手透ニも可有之候間、老母被罷越候、速ニ有御納得而、被進高駕候者、猶可為御厚志由被存候、爰許遠藤長門守・高林新蔵人佐可達上聞候間、奉存略候、恐々謹言、

六月晦日　修理亮照重（花押）

謹上　岩城御館 人々御中

三三　二階堂照綱書状

態令申入候、抑去比当口不慮之仕合付而、被申演候処ニ、即半御出馬、特此方へ御人衆差越御申候歟、尊徳故当口于今堅固之分ニ候、本望被存候、仍来烁(秋)此口、就御越馬之義、御当方へ照行罷越可被致懇望分ニ候処、南北之刷、少も無手透候、因茲老母被打越候、速有御納得、乍御大義、被進高駕候者、可目出候、万吉遠藤長門守・高林新蔵人佐可達高聞ニ候間、奉存略候、恐々謹言、

（六月）
晩夏卅日　右京亮照綱（花押）

謹上　岩城御館
人々御中

三四　江戸重通書状

如貴札、今般義重父子出陣、一昨朔日、切所取越号玉里新城及近陣、郷村無残所打散、府中宿町許ニ被押詰候、玉城際へ今日猶々、詰寄、無ロニ張陣、日夜手を可取刷候間、一落居不可有程候、然者従太田被申請候条、速ニ有御入眼御加勢、鉄放衆・御弓等数百張御助力、敵味方之覚与申、於自分も御芳情不浅、畏入奉存候、当表如被存有之、義重開陣之上、自愚所も急与為代官、御礼可申達候、委者従太田陣可被申候条、早々奉省略候、恐々謹言、

江戸但馬守
三月三日　重通（花押）

岩城殿
貴報

三五　岩城重隆書状

追而、色々御身労、彼是如存、取成大悦此事候、納馬候者、後是以為此礼可申入候、

御悃切之尊書畏入候、佐竹内河取合ニ苦労御懇之御祈念之事奉任、各々さいそくの事被仰出候、是も能々可申置候、仍世務之儀付而、御身労忝有かたく存候、佐藤雅楽丞同心申候事、偏ニ心易本望候、弥後貴可加不敏事、不可有無沙汰候、又文七郎弟之進躰之事、尤無余儀候、如前々雅楽丞奉公をも申候由相当候、窺所も出来申候上、彼身躰も相立可申候、爰元能々可被仰聞候、万事何事も目出度可有と存候、恐々謹言、

七月晦日　重隆（花押）

薬王寺
御返究

三六　岩城常隆書状

態壱啓、抑義重数日之御張陣、地形柄令窮屈候処、被属無事被納馬候、真実以目出度、於于常隆大慶満足此事候、如此之儀為可申届、聊企使者候、彼是猶白土遠江存口上ニ可有之候之条、不能具候、恐々謹言、

（カ）
文月晦日　常隆（花押146）

小田野刑部少輔殿

三七　白土隆貞書状

預貴札候、過分至極奉存候、抑以御書付、条々被仰越候、何も令得其意候、於様躰者、被及御返答候之間、奉省略候、此旨可得御意候、恐々謹言、

白土右馬助
（四月）
卯月廿五日　隆貞（花押）

佐竹
貴報

三八 白土隆貞書状

急度申達候、爰元様子不相残、為可被申宣、梅庵指越被申候、於存分者、先立以好雪斎申上候キ、常隆存意之通、委曲今度尚被申入候、御塩味之儀、可然奉存御、此旨可得御意候、恐々謹言、

（十一月）霜月拾六日　白土摂津守
隆貞（花押）

佐竹御陣所

三九 茂木治良書状

態御脚力畏入奉存候、仍政宗片平表、就被打着、明日廿五可被出御馬候哉、我等所へハ、御様子蒙仰候、一両日以前、北東へ以代官使者申述候、巨細和田安房守方可被申達候間、奉省略候、恐々謹言、

（十月）小春廿四日　茂木
治良（花押）

太田江
貴報

四〇 佐竹東義久書状

如承意、其以来者不申承候、無御心元候、仍当表之事者、政宗于今須賀川ニ在陣汰（仕カ）候、仕置之由候、殊更当口へ御調儀、白川・石川ニ被相稼之由候、併爰元御備方堅固ニ被仰付候間、可御心安候、然者去六日、自白川致伏兵候間、懸合数多討捕候、听召可為御大慶候、万々急度之間、不具候、恐々謹言、

（天正十七年）十一月十六日　義久（花押）（〇一覧71より変形）

式部太輔殿
御報

四一 義像書状

如尊意之、先日者御越候へ共、普請申付候刻之間、乍存如在之躰、于今失面目迄候、仍而去比白川へ被及御調儀、在如思召御入馬候、旁迄も可為御満足候、殊ニ拙者事者岡田之普請申付、于今無手透候、爰元に而之辛労不敏ニ可思召候、其元御透ニ此口へ御入来候者、涯分之其方御すき之馳走可申候、我々も爰元隙ヲ明、驪而可罷越候、其時分以面万々可申承候間、令略候、恐々謹言、

二月廿四日　弾正
義像（花押）

金法
御報

四二 小田氏治書状

去十五之御返報、慥到来再三披閲、仍其表之模様被顕之候、令得心候、如申来者白川之城落居、其外数ヶ所被打、義重敗北之由□、不始雖御戦功候、心地能次第候、其口御弓箭相募処、畢竟拙者本意之基候、大慶可過賢察候、拙者本意之是非者、佐竹ニ相極之上、偏貴辺可在御拵、抑御当方当方之事者、累代道遠境別而申談候、取分御老父政治入魂無其隠候条、此所非当意之申事候、御塩味所仰候、将又氏政此度向結城張陣、去五日結城衆三百余人、当陣へ被討捕候、結城之様躰不可過御挍量候、宇都宮之事も当方一味、関東無残候、佐竹一ヶ所ニ候条、氏政被仰合、自其口於御拵ニ者、拙者本意不可

有程候、佐竹ニ者其口間近之上、可被入御念事□入迄候、白川落居之間、路次不可有相違候条、向後者節々兵義等可得御意見候、御同意可為本望候、委曲期来信候、恐々謹言、

雖憚多候、武用之馬競望之趣月斎へ及内義候、於御入眼ニ者可為祝着候、兼又結城表□(一カ)所も不残被打散之上、氏政者九日開陣、放生会前後ニ必可有出張由約諾候、定此所貴方へも可為被申合候、如何様於珍義者、重而可申届候、以上、

壬七月十三日　氏治（花押）

田村殿

四三　多賀谷重経書状

其以往万事無御心元時節、御札一入快然之至候、然而太田へ御懇望之趣、度々頼候者之所へ被相届候、尤無御余義次第候、雖然太田江御懇望之子細、筋目一向於吾等不承届候、若向後至于可蒙仰者、御存意具可被顕回面候、其義附而者、不数身上迄も佐へ馳走令逼塞候、併若輩与云存分無躰之処、可為御識察候、路次大切之上、不能一二候、恐々謹言、

拾月一日　多賀谷 重経（花押）

田村殿 御報

追而先年地白之大鷹、被懸貴意候、壱段振舞之上、太田へ令進上候、不可有其隠候、如何々至于今、執心多候、以上、

四四　宇都宮国綱書状

如承意之、去秋者以壱札申届候処、預回答候間、真実以祝着之至候、仍由信長新帰城之上、両地当方へ明渡候儀、無是非次第候、得両城、普請出来之上、五三日中、可為帰陣之由其聞候、佐皆其以往、弥々仕置等堅固候、可御心安候、義重為代官、先佐左・佐中在宮候条、備方無由断被相談候、然者奥口無相替儀之由、肝要此事ニ候、両所江之書中、即刻相届候、委細令期来音之時候、恐々謹言、

二月五日　国綱（花押）

（白河義親）不説斎江

四五　小高義秀書状

態奉啓達候、抑御当表江、被出御馬候、御大儀ニ奉存候、有如被思食、被納御馬儀、奉念願候、此段可然様ニ、被達　上聞儀頼入候、御吉事重而、可申達候条、奉省略候、恐々謹言、

正月廿日　小高 義秀（花押）

太田御陣所江　参

四六　結城晴綱書状

態以使僧申届候、抑今度其地御湯治之由、其聞候、簡要之由存候、仍見来之条、樽ニ双烏賊二百枚進候、啻一儀計ニ候、書余尚万松庵任口上、不能一十候、恐々謹言、

九月四日　晴綱（花押246）

佐竹殿

四七　北条氏康書状

去月以来、向白川御張陣由候、養躰（容カ）如何無御心元候、因兹関宿様被成和睦御下知由被仰下候、哀々任上意、被申念願候、委曲新介方申候、恐々謹言、

九月十九日　　氏康（花押）

佐竹殿

四八　豊臣秀吉禁制

奥州内佐竹知行
滑津
赤館
南郷中

禁制

一軍勢甲乙人等濫妨狼藉事、

一放火事、

一対地下人百姓、非分之儀申懸事、

右条々、堅令停止訖、若於違犯之輩者、速可被処厳科者也、

天正十八年七月日（豊臣秀吉）（朱印）

四九　金上盛満書状

従関白様義広所へ、忝上意御悦喜之段、態為御使者蒙仰候、因兹尊書并御太刀一腰送候、誠以畏悦之至奉存候、如被仰下、殿下様御下知を以、越国此方和睦之儀、可為御大慶候、将又御書付を以条々被仰下候、委曲各被及御返答候、雖無申迄候、当東口無御油断、御味方中へ可被仰合候、尚前沢筑後守方憑入候間、可得貴意候、恐惶謹言、

二月廿二日　　金上遠江守
盛満（花押290）

佐竹殿
参尊答

五〇　渋河常則書状

一札奉啓候、仍為代官金上上洛被申候間、拙者供可仕之由、被申付候、雖然万遠慮之儀共候間、種々侘言申候へ共、頻而被申付候間罷上候、当年極月之時分歟、至来春者、罷下、事々可申上候、尚此由可得貴意候、恐惶謹言、

（天正十五年）九月十三日　　渋川助左衛門
常則（花押）

御南様
参人々御中

五一　豊臣秀吉朱印状

在陣上下令退屈、逃走由候、然間無手判輩、一切不可通用候、若不審族於在之者、搦取可相越候、勿論隠置付而者、聞出次第、一在所可被加御誅罰候、然者人留番所見計、其領主として堅番衆申付、則此朱印相写、高札可立置候也、

文禄弐年二月十四日（豊臣秀吉）（朱印）

南関城
留守居

五二　豊臣秀吉書状案

至于会津面、伊達相動候旨、越後宰将(上杉景勝)申越之趣、被聞召候、則伊達かたへ被成下御書候、若於相背御掟、始越後宰将被指越御人数、急度可被仰付候条、蘆名事無異儀相抱候様、令相談可申付候事、肝要候、越後宰将かたへも、可加勢之由具申遣候、猶増田右衛門尉・石田治部少輔可申候也、

(天正十七年)七月四日　(秀吉)御判

佐竹常陸介(義重)殿

五三　豊臣秀吉書状案

至于会津表乱入之由、如何子細候哉、蘆名事者、数年別而得御掟、御礼等申上候儀候条、宿意於有之者及言上、有様可被仰付候処、此度之動、無是非次第候、雖有私之遺恨、猥之儀可為越度候、早々人数等可打入候、若於相背掟者、始越後宰将被指遣、御人数、急度可被仰付候、可成其意候、尚以其方儀連々上意次第之由候処、彼面へ動、不実思食候、具可有言上候、委細富田左近将監可申候也、

(天正十七年)七月四日　(秀吉)御判

伊達左京大夫(政宗)殿

五四　豊臣秀吉書状案

至于会津面、伊達相動之由、被申越候通被聞召候、則伊達かたへ被成御書、得其意、相動尤候、人数等入候者、何時も其方次第、追而可指遣候、蘆名事、無異儀相抱候様、助勢専一候、佐竹へも被仰付候間、相談肝要候、猶石田治部少輔・増田右衛門尉可申候也、

(天正十七年)七月四日　(秀吉)御判

羽柴越後(上杉景勝)宰将(相)殿

五五　上杉景勝書状案

(芦名)義広黒河退城付而、被成下御書、伊達人数可打入之由、　仰出候、若於背御下知者、貴辺申合、義広本意可申付之旨、先々伊達へ之御書相届、御掟之趣具申遣候、被返答次第、当境目可出人数候条、被聞召合、御手合専一候、将亦去月拾二佐州へ令渡海、同十六於国中及一戦、悉討果根本人、羽茂三州一類拾余人生捕、はた物に揚、仕置等如形成就候条、可御心安候、尚令期後音候、恐々謹言、

(天正十七年)七月廿日　景勝

佐竹次郎(義宣)殿

五六　上杉景勝書状

尚々両通之状返進候、已上、

昨日者、被入御念示預候者、令存候、則如及御報、政宗へ様子申届候得者、如此御返状ニ候条、吾等儀も野須(那カ)辺迄相詰、政宗次第、可逗留覚悟ニ候、為其以脚力申伸候、恐々謹言、

米沢中納言

五月十一日　景勝（花押88）

佐竹右京大夫（義宣）様

御宿所

五七　上杉景勝書状案

遙久絶音問、本意之外候、併万方取籠故、乍存打過候、全不可被処疎遠候、仍甲州之儀、無是非次第候、依之当方可無御心元之条申述候、上口信刕表仕置、手堅申付、諸図段々申置条、於時宜者、可御心安候、次其表模様、曾不相聞候、東八刕之儀、勿論無其唱条、令承知度候、将亦会津之儀、為先代首尾、不相替此節入魂、奇特千万候、就中景勝好時代出生、携弓箭、六拾余州、以越後一国相支、遂一戦、可令滅亡事、死後之思出景勝悩ニ者（ママ）、甚不相応候歟、若又出万死、於令一生者、日域無雙之可為英雄歟、死生之面目、歓悦天下之誉、人々其羨、可為巨多歟、兼亦常州之儀、頼朝已来承伝子細、今以可為御同篇候哉、猶彼僧可為演説候、恐々謹言、

五月朔日　景勝

佐竹次郎殿

144〔上杉文書〕米沢市上杉憲章所蔵

一　上杉謙信書状

（○前欠）

□□ニ返可申処□□□白川江盛氏（芦名）父子被出馬、仕合能、結句義重（佐竹）乗向候処ニ、父子御擬故、敵敗北、誠心地好無比類候、一白川被渡不背ニ候間、愚之越山無之者、可被遂無事由候歟、尤ニ候、雖然浮沈共□盛氏父子ニ当方申談処、敵味方無其隠候条、帰馬之上、其方招候而、始末談合申、其上兎も角も父子可為御分別候、越山之有無□□□□者不及申、深谷（武蔵）羽生可引助処、存詰之間、父子之御分別尤候、一三楽（太田資正）以稼義重・盛氏一和雖取嗳、当方江之届計ニ一和仰切之由、難尽筆帋候、（○中略）一東方此上盛氏於談合申者、何も別義有間布歟、氏政江為同心由候得共、氏政以下手作、旧冬東方へ打出候ニ付而、東方何も敵ニ作立候条、縦東方之衆盛氏愚老かたへ為同心間敷分別ニ候共、はや氏政ニ手切之上者、此方江為下取付不叶候歟、（○後略）

（元亀四年）三月五日　謙信（花押87）

游足庵（淳相）

二　上杉謙信書状

（端裏押紙）「芦名平次郎江」

春中其家中何与哉覧御取乱之様ニ候つる条、半途迄及出勢処、為其礼義游足庵被差越、条々向後迄入魂之筋目承、令啐啄之上、謙信事も聊心馳之処、入魂申候、弥々御分別可為大慶候、猶游足庵可有口舌候、恐々謹言、

七月三日　謙信（花押87）

蘆名平次郎（盛興カ）殿

追而、折節見来之間、雖左道候、扇子みかきつけ拾本進之候、以上、

三　上杉謙信輝虎書状

（端裏切封）

急度馳筆候、仍旧冬自盛興被及誓詞候間、其返答相調、遊足庵へ指渡候、弥別而入魂候様ニ、各取成任入候、輝虎愚意之通彼方可被申分候条、能々被聞届、馳走可為喜悦候、恐々謹言、

五月廿二日　　輝虎（花押87）

佐瀬源右兵衛尉殿

四　上杉景勝書状

態啓述、仍去月十三謙信不慮之煩不被取直遠行、恐怖可有御察候、爾而任遺言、景勝移実城、万方仕置等謙信在世ニ不相替申付候、可御心安候、扨亦其国別而深重之筋目、淵底見聞、当代猶以不可有別儀之条、弥入魂可為快悦候、随而見合候之条、具足一領甲一刎進之候、猶両使可申候、恐々謹言、

追啓、雖無見立候、寒物一ッ進之候、御自愛可為喜悦候、以上、

（天正六年四月）
卯月三日　　景勝（花押88）

（盛氏）
蘆名四郎殿

五　平田常範書状

石川口悉如被存取成、帰陣被申ニ付而、盛興父子所御使、一段大慶被存候、乍勿論、貴国当方無二無三入魂ニ可申談之由、被存詰候、然者尊書幷段子一巻拝受、寔々過当無極奉存候、諸毎河田豊前守（長親）方へ申届候条、可被達上聞候、恐々謹言、

八月廿日　　平田是亦斎
常範（花押）

（長親）
河田豊前守殿

六　芦名盛氏止々斎書状

如御来札遙々不申通候之処、態々御使僧殊更閑居迄御音信、誠快然之至候、乍幾度之儀、間近与云、盛隆所へ如前々、大細事於被仰合者、可為祝着候、対御当方、於当方一点如在之儀不可有之候、於爰元者可御心安候、盛隆事者、重而及出陣候之条、御使別而不及御執成候、如何様帰陣之時分、以使御礼可申述由存候、恐々謹言、

（天正八年四月）
卯月十六日　　止々斎（花押）

（景勝）
上杉殿
御宿所

追啓、中郡御出張之由、誠目出度存候、

七　栗村範通書状

尊書忝奉存候、御当（方脱カ）御備追日如思食之段、乍恐珍重目出存候、盛隆備之義有被如存入馬、是又可為御満足候、此上御前代之御筋目与云、弥々御入魂御肝要奉存候、於盛隆一点如在被間布候、委曲時武式部丞口上憑入候、此段宜御披露所仰候、恐々謹言、

（天正八年カ）
六月五日　　栗村藤兵衛尉
範通（花押）

（親憲）
大関弥七殿

八　上杉景勝覚書案

覚写

一田村口追日被属存分之由珍重之事、
一佐竹へ弥御入魂肝要之事、条々口上、
一越中表備堅固之事、
　付、伊達之事、
　以上、
五月九日（墨印）（○印文「止々斎印形香炉」）
　会津へ

九　白河義親不説書状

如蒙仰未申通之処、御懇切簡札、殊具足申越預候、一段令祝着候、如被露紙面、於自分以後者、無二可申談候、此所御同意可為欣然候、如何様自是以使者、彼等之義可申入候、自何其表御静謐之由、肝用之至候、当口之事者、義重、盛隆申合候、可御心易候、委細者林泉寺(宗鶴)相雇御口問申候条、□□(不能)具候、恐々謹言、

(天正十年)弐月拾日　不説（花押）
(景勝)山内殿
　御報

一〇　芦名盛隆書状

態以使者令啓達候、今般以林泉寺(宗鶴)段々御懇切之御届、御真実之至祝着候、雖申旧候、自今以後猶以無二可申談外無之候、兼亦神血可預之由候、今度待入候、随而新発田因幡守(重家)被抛御不足、御和睦念願候、依之条々須江大隅申含候間、不能具候、恐々謹言、

(天正十年)二月廿六日　盛隆（花押）
(景勝)山内殿
　御宿所
追啓、任見来、具足一領令進入候、

一一　芦名盛隆書状

近日其表模様無御心元候之条、自是可申届之覚悟候之処、芳翰本望之至候、信州大半被属御手裏之由、誠以肝要之至候、然上有御納馬、下郡(新発田)へ可被打出之由承候、尤以可然候、猶其節彼是可申入候之条、不能具候、恐々謹言、

(天正十年)八月十二日　盛隆（花押）
(景勝)山内殿
　御報

一二　須江光頼書状

乍恐令啓上候、御納馬以来、水原筋(越後)之儀種々申来候、無御心元被存、被申届候、内々御陣中ゟ彼是為可被申届、使僧被申付、既相立被申刻御開陣之由候間、先以相止被申候、万々追而可被申述候、将亦前日従白河被御使僧候、其刻捧愚札候、定参着可申候、此旨宜預御披露候、恐々謹言、

須江大隅入道
(天正十年)十月廿四日　光頼（花押）
(兼続)直江与六殿

一三　富田氏実書状

尊書拝見、忝過分至極奉存候、抑向後可被仰合之由、重而為御使被仰越旨、於盛隆一段太慶之由、被存候、依玆彼御使験(検)使之上、以神血被申入候之、如斯之上者、猶以御甚深、乍恐御簡要之段、奉存候、将又御刀兼光作被掛御意候、寔以其恐不少之由、奉存候、此等之趣、宜預御披露候、恐々謹言、

(天正十年十一月)
霜月朔日　　富田美作守
　　　　　　　　氏実（花押）
(政繁)
上条殿

一四　針生盛信書状

（端裏切封）

去夏被仰合為一儀御使者、於盛隆目出悦被存候、仍為御祝儀太刀一腰、鳥目三百疋并三種二荷被懸御意候、珍重奉存候、何様御祝儀自是可申達候、委曲吉田肥前守方頼入候、恐々謹言、

(天正十年)
十月十八日　　盛信（花押）
春日山
　参貴報

一五　富田氏実書状

態為御使僧条々御懇意之儀共、於盛隆本懐、我等事者不及是非候、重而其表被属御静謐之由、近比御簡用之至候、随而当口之義、御床布可被思召候、盛隆事者不被罷出候、去七日諸勢遣被申候、永沼作調儀、払地被申候、如此之上、彼一ヶ城不可有程候、尤境中無異義候、殊佐へ当方御入魂候様、為御使御媒介、近比可然本望被存候、巨細彼御使僧可被御申達候間、此旨宜御披露、恐々謹言、

(天正十二年七月カ)
文月拾八日　　富田美作守
　　　　　　　　氏実（花押）
直江山城守殿

一六　石田三成・増田長盛連署副状

尊書之趣具遂披露候、則以　御書被仰出候、

一(重家)新発田事被責詰、近々可有一途之由、尤被思召候、様子木村弥一衛門尉ニ被仰含、被差遣候キ、何之道ニも、急度被明隙候様ニ被仰付尤候事、

一(昌幸)真田事、是又最前如被仰出候、表裏者候ニ付而、御成敗之儀、雖被仰付候、先今度之儀、被加御遠慮候事、

一関左并伊達、会津辺御取次之儀ニ付て、御朱印相調進上候、御才覚専一存候事、

猶条々追々可得御意候、恐惶謹言、

(天正十四年)
九月廿五日　　長盛（花押）
　　　　　　　三成（花押）
謹上　上杉少将殿

(折封ウワ書)
「　　　石田治部少輔
　　　　増田右衛門尉
謹上　上杉少将殿(景勝)　　三成」

一七 **豊臣秀吉書状**
（端裏切封）
去月七日返札到来、遂披見候、仍会津（盛重）与伊達（政宗）累年鉾楯由候、天下静謐処、不謂題目候、早々無事段馳走肝心候、境目等事、往当知行可然候、双方自然存分於在之者、依返事可差越使者候、不斗富士可一見候条、委曲期其節候也、
（天正十七年）四月十九日　（秀吉）（花押）
佐竹左京大夫殿

一八 **豊臣秀吉書状**（折紙）
書状加披見候、伊達左京大夫（政宗）事、何事ニも上意次第之旨、御請通、被聞召候、乍去、会津之儀於不返渡者、被差遣御人数、急度可被仰付候条、成其意、堺目等之儀、佐竹（義重）相談、丈夫可申付候事肝要候、猶以会津之事、如前々被仰付候ハてハ不叶儀候条、佐竹可有上洛候由候共、彼面於猥者、先無用、得其意、堅固行専一候、委細増田右衛門・石田治部少輔可申候也、
（天正十七年）九月廿八日　（秀吉）（花押）
羽柴越後宰相中将（上杉景勝）とのへ

一九 **豊臣秀吉朱印状**（折紙）
急度被仰出候、会津宰相（蒲生氏郷）不慮之病死、不及是非候、彼跡職、息鶴千（秀行）世雖為幼少、氏郷ニ別而被懸御目、不便ニ被思召候条、不相替相続之儀、被仰付候、然者隣国衆存其旨、可有入魂候、自今以後、公事懸組等無之様ニ、前廉可相嗜候、自然中分於出来者、五々之儀ハ不及申、四六之雖為理非、鶴千世理運ニ、可被仰付候、大閤御取立之鶴千世事候間、若申事仕出候ハヽ、五々之為道理者、其相手可被行曲事候、如此跡目被仰付候儀ハ、何も国持共之進退心持ニも可成候、可守其趣事肝要候也、
（文禄四年）二月九日　（秀吉）（朱印）
羽柴越後中納言（景勝）とのへ

二〇 **豊臣秀吉朱印状**（折紙）
今度会津江国替ニ付而、其方家中侍之事者不及申、中間小者ニ至る迄、奉公人たるもの一人も不残可召連候、自然不罷越族於在之者、速可被加成敗候、但、当時田畠を相抱、年貢令沙汰検地帳面之百姓ニ相究ものハ、一切召連間敷候也、
（慶長三年）正月十日　（秀吉）（朱印）
羽柴越後中納言（景勝）とのへ

二一 **徳川家康書状**（折紙）
（端裏押紙）「「天和四年御尋ニて、大公儀江写ニて差上ル十弐通之内なり」
慶長三年上洛之上、翌年八月中会津江御下り、其上以書面、
中上候返翰」
内々自是可申入処、遠路御札、本望之至候、路次中無何事御下国之儀、珎重候、然者、此間大坂へ罷下、仕置等申付候、無相替儀候

条、可御心安候、猶期後音候間、令省略候、恐々謹言、
（慶長四年）
九月十四日　家康（花押）
（上杉景勝）
会津中納言殿

二二　**徳川秀忠書状**（切紙）

御飛札本望之至候、如承意其以来不申通、所存之外候、然ハ其元御普請以下被仰付由、尤存候、将亦上方弥静謐之由申来候、可御心安候、猶珍儀候者、可申述候、恐々謹言、
（慶長五年）
三月廿一日　江戸中納言
秀忠（花押）
（上杉景勝）
会津中納言殿
御報
（〇本号、もとは切紙なるべし）

145 〔歴代古案〕米沢市上杉憲章所蔵

一　**上杉謙信輝虎書状**

以別紙啓之候、仍従会津菅名之庄（越後中蒲原郡）令乱入、号神洞井電（雷）地利制候之処、当手之者遣、追払凶徒、五百余人討捕候、定而可為大慶候、猶巨細彼使者可有口上候間、不具候、恐々謹言、
（永禄七年）
五月二日　輝虎（花押87）
（民部）
上郡山殿

二　**上杉謙信輝虎書状案**

以前之書中ニハ明日と申越候得とも、廿日ニ当府打立、柏崎江廿四可打越候、如仰先書当国ニ而人留於成之者、其庄江之往覆可為不自由候間、其庄諸口可相留候、従今津其庄、於本庄者甲州之使自由成候由申候、是丈々入念人を可撰候、会津口をハ相留事ハ無用候、併十日、十五日之内ハ、きふく一人留可成候、謹言、
永禄十一
十月十六日　輝虎
（景繁）
松本石見守殿
（重親）
河田伯耆守殿
小中大蔵丞殿
新発田右衛門大夫殿
追而、四人ニ申付候、以上

三　**遊足庵淳相書状案**

内々本庄口無御心許存候刻、示給一段大慶無申事候、仍本庄追日手詰候由、於当方本望被存候、依之御無事計策可被申由、被存候而、此度堺指越被申候、依御回答急度一途可及取刷候、爰元巨砕彼口舌可有之候間、不具候、恐々謹言、
（永禄十一年十二月）
極月廿八日　遊足庵
淳相
（豊守）
山吉殿
（景綱）
直江殿
（景家）
柿崎殿

御返報

四　伊達輝宗書状案

態々御来翰快然之至候、仍隆顕（田村）御所労気単無御心元候処、漸御平喩（癒）之由承候而、一身之満足之候、雖勿論候、猶々無油断可被加養生事千言万句候、然者盛氏永沼へ出馬之儀、其聞候、此刻当口之動可申合候間、速ニ御相談可為本望候、毎事国新任口才候、恐々謹言、

以上、

（元亀二年）八月十五日　　輝宗

（隆顕）田村殿

追啓

可然巣鷂御所持之由及承候、一居越領之候者、可為本望候、

五　北条氏政書状案

急度令啓候、抑已前度々如申達候、為麦秋行、至野州口近日可致出張候、内々以使始中終処存雖申述候、路次不自由之間、不及了簡候、顧者至中旬、向佐竹御出張所希候、若替儀有之者、重而可申入趣、委細弟源三（氏照）可申候、恐々謹言、

三月廿二日　　（北条）氏政

（盛氏）蘆名殿

六　北条氏政書状案

急度令啓候、抑疾可令出張処、雖去子細有之而遅々、全非油断候、然者来廿六七之間、必令出馬候、兼日如申合、不移時日宇都宮へ雖可取詰候、越国輝虎尾州之信長相談、当秋向甲・相、可動干戈由申来間、依之甲・信両国之人数悉盆前駿州へ発向、駿・遠之境ニ被築余利候、加様之処無心元間、内々敵之是非承届候上、雖可令出張、地手延候条、先利根川端へ打出、各味方中相談一動成之、来月中旬迄も西北至于無事者、申合行無二可存詰候、如此委細申届意趣者、此方出馬与有之而、被及卒爾之御行、此方之首尾不合者、後日氏政相違之様ニ候而者、口惜候条、有之儘存分申届候、猶自陣中可申達候、被遂御塩味、何分ニも御指引肝要候、同者早速佐竹へ御手切外聞実儀所希候、委細源三（北条氏照）可申候、恐々謹言、

（天正元年）七月廿三日　　氏政

（盛氏）蘆名殿

七　上杉景勝（景虎）書状案

就謙信遠行之儀、預使僧忝候、仍先段如申入候、少弼（景勝）無曲擬故、去十三当館江相移、備堅固候、春日山之儀押詰不為開外張候、爰許様体可御心易候、殊更甲府無二申合候之条、武田左馬助（信豊）方為物主、人数信堺迄被立置候、就貴国之儀、従前前互ニ深申談候意趣者、相府被仰合筋目者、於向後者弥入魂可申覚悟候、御同意ニ付而者、可為本望候、此時候間、一途御取持候者、自他之覚不過之候、尚彼使僧口上申含候条、不能細筆候、恐々謹言、

（天正六年）五月廿九日　　景虎

（盛氏）蘆名修理大夫殿

八　上杉景勝書状案

（盛氏）
御養父為遺物刀一腰送給、并愁傷不浅候、先達如令申、在世中別而云申談、身之事云若年、旁異見等可頼入之由深思詰候処、不慮遠行落力候、恐怖御同前候、然而当方之儀、不替先代無二可令入魂之由、勿論之儀候、将亦盛氏逝去『天正八年六月十七日盛氏卒』以来東口被及行之由、無心元処、仕置堅固被成置納馬之由、令安堵候、尤此等之旨可申述之処、到越中境出馬故、遅々本意之外候、猶彼可有舌頭候、恐々謹言、

（天正八）
十月廿八日　景勝

（盛隆）
蘆名四郎殿

九　上杉景勝書状案

盛氏為遺物刀一腰送給候、令愁傷候、先而如令申、在世中別而被申談、身之事若年、旁異見等可頼入之由、深思之処、不慮遠行落力候、然者当方之儀、不替先代可令入魂之由、勿論候、万端謙信代之筋目不可違之由、堅取置胸臆之条、此旨同意可為怡悦候、謙信如何被思候哉、其段淵底令見聞之間、対盛隆其首尾不可有相違候、此等之趣能々才覚肝要候、将又盛隆東口被進馬之由、物初之義候間、無心元之処、仕置堅固被成置納馬之由、珍重候、早々以脚力可申述候処、越中境就出馬、遅々心外候、尚可有彼口上候、恐々謹言、

（天正八）
十月廿八日　景勝

松本又八郎殿

一〇　富田氏実書状案

尊書拝見、忝過分至極奉存候、抑向後可被仰合之由、重而為御使被仰越候、於盛隆一段大慶之由被存候、依玆彼御使御験使之上、以神血被申入候、如斯之上者、猶以御甚深、乍恐御簡要之段奉存候、将又御刀兼光作被掛御意候、寔以其恐不少之由奉存候、此寺之趣、宜預御披露候、恐々謹言、

（天正八年十一月）
霜月朔日　富田美作守

氏実

上条殿

一一　上杉景勝書状案

去年両度以使者申届処、盛隆則御啐啄、殊神血給之、併各取成故与快然之至候、一儀以林泉寺令申之間、弥可然様取持任入候、恐々謹言、

（天正九年）
正月九日

転輪寺

追而、見来候間、巻物差越之候、以上、

一二　金上盛満書状案

貴札委曲令披見候、信州大半如被思食之由、誠以目出珍重候、然者近日有御納馬、新発田江可被進御馬之由候、御肝要之至候、其刻盛隆以使者可被申述候、不時日彼表落居可有之候、万々其節可申達候間、奉省略候、恐々謹言、

金上遠江守

（天正十年ヵ）
八月十二日　　盛満

（上杉景勝）
春日山
参貴報

146〔別本歴代古案〕

一　須江光頼書状案

乍便令啓候、先日為御使御越候、以下慮之儀、懸御目候得共、御急候間、散々不及御馳走候、于今無念此事候、其以来自路次中御一筆預候、片便之旨不及御返書候、向後者当口相応之儀、無御隔心可被仰付候、御当口之儀勿論可頼入候、将又御帰以来、従新発田も使被越候様子、林泉寺へ細申上候、又彼御使僧も、彼口之儀具御雑談申候、被聞召届、御油断有間敷候、林泉寺之為御首尾、涯分随身之御奉公可申由存候、猶万々重而可申承候、恐々謹言、

十月五日　　須江大隅守
　　　　　　光頼

鷗閑斎
御宿所

147〔謙信文庫所蔵文書〕新潟県高田市同文庫所蔵

一　上杉謙信（輝虎）朱印状

覚

一疾ニも上口帰□□居処ニ、少令所労延引之事、

一上口先以存□□帰馬之事、

一（曹名）（佐竹）盛氏・義重□□届候、愚僧被為免、万端周旋候而、落着□□□大慶事、

一義重幷□□謙信書中条目、盛氏披見尤候事、

一此度被差堪□□一和者、愚口之可為御志事、

一去秋以来□□対（曹名）盛氏、無等子細之事、

一結城之晴朝幷□□氏政手前ヲ引切、義重□□之事、

以上

六月　（上杉謙信）（朱印）

148〔読史堂古文書〕米沢市伊佐早謙旧蔵

一　長尾高景書状案

其後久不申承候、于今背本意存候、抑如地近江四郎憑会津新宮打出候由聞候、雖不始事、其方諸事御一人御心労之由承候、随而親衛（上杉憲栄）モ悦喜被申候、何様依国之体、可罷下候、其時懸御目、此間之義可申承候、雖無于今事候、評（マヽ）有之時者、相構可承候、飛脚候間、不能委細、万事期後信候、恐々謹言、

六月十八日　　高景花押

謹上　和田下野守殿（茂実）

二　伊達尚宗書状案

以旁御動、揚北一篇加地庄張陣之由候、無是非次第候、依之早速合力之事承候、尤雖可成其行候、可諄定実（上杉）一切無御余儀之由度々披露

書中候、然処蘆名(盛隆)方和談之儀可有之之由、以小倉軒被申越候間、相
任(候)然儀候、雖然自然有相違及鉾楯、自越中至御入国者、一事可得御
意候、恐々謹言、

(永正六年)九月十八日　尚宗

黒川(盛実)弾正左衛門尉殿

中条(藤資)弾正左衛門尉殿

三　伊達尚宗書状

態啓候、仍蘆名修理大夫(盛高)方廻計略、安達郡向二本松、就可被致張
陣、猪苗代迄去廿日被出馬候、言語道断次第、然者戸部(上杉房能)江御合力之
事、定速可有其御触候、不移時日小河口(越後東蒲原郡)御調儀、并手子(出羽米沢)へ御合力、
旁御談合以御揺可為専一候、恐々謹言、

(文亀三年)七月廿三日　(伊達)尚宗（花押）

中条殿

149〔村上文書〕長野県西筑摩郡日義村 村上弥惣右衛門所蔵（信濃史料所収）

一　三木良頼書状

去月廿六日、芳札幷輝虎ヨリ以飛脚承候付而、重而示預候、委細令
披見候、

一其表之趣、本庄(繁長)逆心ハ、初冬ゟ到只今、輝虎(上杉)御在陣無手透、被取
詰、外廻輪悉放火、近日可有落居由、珎重候、就而者、伊達(輝宗)・会(蘆名盛興)津相頼種々懇望之由承候、慥成證人、於有之者、赦免之儀、可然
候乾(歟)、此段直書令申候也、

一駿甲取合之儀、当口信州通路一円、依無之、慥成義者、不相聞
候、乍去取沙汰之躰、武田信玄以調儀、駿府へ被相働、悉放火
候、仍氏真(今川)遠州之内懸河之地入城候処、然所北条氏政、為後詰、
被相働、其外甲州組之衆手替ニ而、甲府ヨリ通路被切、在陣之
衆、令難儀候間、新道ヲ切、雖通融候、不自由之由、近日取沙汰
ハ、武田信玄紛夜、被入馬候而、敗北之由候、東美濃遠山少々人
数立置候得共帰陣ニ候与申鳴之儀、如此ニ候歟、

一京都合戦之儀差上候使者近日下国ニ候、書付下候通為令披見進之
候、牢人衆、雖出陣候、上意様(足利義昭)以手拭(ママ)、被遂御一戦、随分之者共
悉被討捕、無残処、属御本意由候、委細口上申含候而、可申入
候、

一岐阜甲州挨拶之儀、甲府より使者付置、可有入魂之由候、其子細
者、織弾忠(織田信長)、被対駿府遺恨在之事候、可為不向之躰候、輝虎不可
混善悪、岐阜被仰通者、書状を取替可然候歟、別而被申通事間、
不残心底、令申候、此由御取成可為祝著候、

一馬一疋鹿毛給由快然候、若菜内證候、為□着下(ママ)候、

一中房之房鞦送給喜悦候、自是塩硝弐斤進之候、乍軽微書状之験迄
候、

一切々可申通処、去年両度以使者申上候処、越中金山(椎名康胤)及兎角不審候

而、着返答候而、路次不成合期候、万疎意罷成積欝之処、遠路急
与示預本望候、猶期来信候、恐々謹言、

（永禄十二年）二月廿七日　（三木）良頼（花押）

（国清）村上殿

150〔堀江文書〕仙台市 堀江源之允所蔵

一　伊達政宗書状

関白様会津へ御下向ニ付而、昨廿三打出候、先立白河へ可被越申之
由、雖申理候、相止候、此間大軍之水之手相切候間、落居程有間布
候、雖然于今相支候間、及加勢候条、早々可相登之事、不可有由断
候、謹言、

（天正十八年）七月廿四日　政宗（花押）

堀江長門守殿

二　伊達政宗書状

相馬出張之儀、兼而相届候、然処大里于今相支候間、惣勢を以、早
々可打巣（果）覚悟を以、何も相立候、支度之儀、可為用意候間、人衆鉄
放（炮）、能々調候而、十六日七日ニ大里へ打着候様ニ、堅々可被立候、
聊不可有疎意候、謹言、

（天正十八年）七月七日　政宗（花押）

堀江長門守殿

返々、其口之者共何も此由能々相理尤候、

三　最上義光書状

其元取乱之状相听候之間、急度令啓之候、然者在地被取退候由、佗
言千万候、乍去北目聚野方引級之由候之条、本意幾程有間鋪由令存
候、依之此方所用之儀於有之者、何時成共可得其意候、無隔心可被
申越候、爾々乍次承申理候、近年者疎遠ニ打過候、心事雖無等閑
候、我々ニ不忠之天童三郎就致滞在候、令疑心候キ、只今於其方
者、聊無別儀候、此旨塩味之上、一入此方へ被申合可然候、将亦今
度聚野方へ雖可及一封候、未能通用、聊爾ニ存候間、無其儀候、其
方於取合者、重而可申届候事候、其許之様子、委被顕返章候者、可
為祝着候、万々期重信候、恐々謹言、

五月十一日　義光（黒印）

堀江長門守殿

151〔米良文書〕和歌山県東牟婁郡市野々村 米良十方主所蔵

一　浄乗坊幸理檀那職売券

合参貫弐百文定

永売渡申旦那之事

右件旦那者、中院浄乗坊重代之奥州岩瀬の道者、其外奥州之国旦那
一人ももれす、永代実報院ニうりわたし申処実正也、滴子（ママ）孫ニいつ
くの国より候とも、奥州之旦那先達引において（カ）ハ、御□有人々（カ）
と同頭にあいそゑ申候てまいらせ候、若此旦那に御つれよりいらわ（違乱煩）

つらい出来候者、浄乗坊ミのちやり申へく候、仍為後日、如状件、

浄乗坊幸瑾（花押）

永享二年卯月廿八日

二　仙良院有義檀那職売券

永代売渡申檀那之事

合せ五貫文者

右件旦那者、奥州白河庄ヒ大嶋別当引、薬師堂別当引、長充坊引、其外越後法印へ付来候分、一円依有要用、実報院へ直銭廿五貫文ニ、永代売渡申処実正也、聢（カ）他之妨あるへからす、仍為後日、永代売券之状、如件、

文明七年乙未八月廿七日　仙良院 法印有義（花押）

彼壇那者、越後法印より浄意坊へ相伝之旦那ニて候、

三　勝覚院良尊旦那職売券

売渡中本銭返の旦那之事

合拾八貫文者（彼白川道者ハ浄意坊知行の分一円たるへし）

右件の旦那ハ勝覚院重代相伝なりといゑ共、依有要用、奥州おかしま別当の引旦那を一円に丙申年より来巳年まて実報院へ十カ年をかきり売渡申候所実正也、但禅良坊・光明坊両人の御口入ニより候て状を仕候、十カ年をすき候て本銭にてうけ可申候、仍而為後日、状如件、

又弐貫文か四貫文ニなり候状をも一度ニ渡（カ）可申候、仍而状如件、

売主勝覚院

良尊（花押）

文明八年丙申三月晦日

四　熊野檀那交名

陸奥伊達之住在地、出羽之内上長井庄米沢

中野常陸介

藤原朝臣宗時

大塚左近将監

藤原朝臣繩頼

天文十八年己酉極月一日

五　熊野檀那交名

奥州岩城檀那

岩城 玉山左近太夫

隆広（花押）

岩城九郎左衛門尉

隆実（花押）

熊野参詣之時願文

御師実報院御同宿中

天正三年乙亥七月十二日

六　奥州旦那証文注文

一奥州旦那證文

一南部　数通

一岩城　弐通 文明十八ト延徳三
一伊達郡一通
一田村
一葛西　七□
一大崎　五□
一白川　六通
一津軽并ゑそ嶋一円
一奥州持分一円春也□寛正二年
一同　三通□□
一宇田中村
一栗原郡迫ハサマ
一宮城国分八幡松嶋郷
一北郷十八郷
一ふかや一通
一同　三通
一及川一族
一雑五通

七　熊野諸坊檀那注文

（〇前略）（押紙）「御前庵之分」
二本松一円　塩之松一円
安積郡一円　東安達郡一円　西安達郡一円
仙台伊具郡一円　柴田郡一円　車郡一円
福島信夫郡一円　岩城菊田郡一円　会津南山一円 但何郡ニ而□
右、竜寿院分
岩瀬郡一円　石川郡一円
右弐郡　宝如坊分
白川郡一円　実方院
田村郡一円　実方院
福島伊達郡西根東根一円　実方院
内　小手郷　川又除
相馬志根輪郡但芝根とも云　一円
同楢葉郡　一円
同宇田郡仙台ニも有之　一円
（〇後略）

八　小田苗字記録

おわすよりわかたり候、又上野の一宮からしら石、これもしら河の山、しら石からわかたて、
一下野国なすのせんほん、もてきこもり、これも小田にて候、
一奥州のたて殿内、しゝとこほり中のめニ御座候、いくの小田殿、
一出羽の長井のこす気の下野殿、是もしゝとのけうりやくにて候、
一さぬきの国原田殿、しゝと上村殿と申、
一山城国ニ京一条の一井殿と申、是も小田名字也、
一伊賀国こう津殿と申、これも小田也、

一奥州相津黒河之内寺崎高森、これも小田にて候、
一越後国かんはらこうりニ、小田名字候、
一越中国宮崎の庄ニ二かしら候、これもにて候、
一佐渡国はたみうらニ一円ニ山居候、
一越前国府中ニ小田家にて候、
一みまさか国にしみかも新しやう本しやう、これもしらとにて候

152 〔潮崎稜威主文書〕和歌山県東牟婁郡市野々村 潮崎稜威主所蔵

一 前之坊行良旦那職売券

(端裏書)「南山
本銭返売券之状
前之坊」

本銭返売渡申旦那之事
合拾五貫文
右彼旦那者、前之坊雖為知行、依有要用、相津(会)井(猪)苗代地下一族共在所
一円ニ半分を、又南山之地下一族其々知行分是も半分、何之先達も
引候へ、廓之坊江売渡申処実也、若従何方違乱煩出来候ハヽ、(為脱カ)本主
而道遣可申候、仍為後日、本銭返状如件、
永正七年庚午六月廿日
売主前之坊
行良(花押)

153 〔三宝院文書〕京都府 醍醐寺三宝院蔵

一 堯雅僧正関東下向記録

(端裏書)「堯雅僧正関東御下向四度之記」

堯雅僧正関東御下初度
五月八日発足歟
天文十九庚戌壬五月十六日ヨリ
印可ノ日壬五月十六日歟
於会津金剛寺印可
六月十四日
於相馬観音寺印可
八月三日
於岩城薬王寺印可
同十四日
於名塚法鷲院印可
九月十七日
於普済寺印可常州河原子
同九月九日
於大田一乗院水丁這儀大阿僧正初度云々
岩両寺同(月ニ)十七日普済寺九日一乗院ト有前後之日記如何
同月廿四日
於小松寺印可
同月晦日
於下総国結城玄福寺印可

以上初度之日記書抜之、然而自酉酉（醍醐）首途之日、又帰寺之月日
不被記之不審、但五月八日発足歟、余所ニ被書付之、
此時越年之事無之

第二度之御下向

永禄三（庚申）二月廿八日発足歟
但三月十日発足歟、両様ニ有之不審
三月廿日
於信州仏法寺印可
四月六日
於上州佐貫遍照寺印可
同十四日
於野州密蔵寺印可十七日立此所
同廿日
於同国佐野仙波金蔵院印可
同廿四日
於（同国）薬師寺竜興寺印可
五月三日
於下総国大方郡今里円福寺印可
五月十二日
於同国古河（コガ）昌福寺印可
六月朔日
於（常州）鹿嶋言庁堂印可
六月十日
於（同国）湊花蔵院印可
寺沼如意輪寺へ御立寄トアリ月日無之
六月廿八日
於常州花園山印可
七月十六日
於奥州田村明王別当印可
八月八日
於同国岩城薬王寺印可
八月廿一日
於常州山尾法鷲院水丁大阿雅僧正歟
於久米弥勒院平座万タラ供執行云々
月日無之
九月廿三日
於常州佐竹積徳寺水丁
永禄四（辛酉）年正月
正月十七日　久慈郡
於久米弥勒院印可

二月十五日　佐竹

於小松寺印可

同晦日

於同所印可

三月　日付ハ忘却云々

於成願寺下野也印可

同月廿一日

於宇都宮印可

此記ニモ上洛之月日不被記之、但四年十月三日上洛入寺云々、

此月日年代記ニアリ、

自永禄三年二月至今年四十今月迄留歟

第三度之下向

元亀元庚午六月廿六日ヨリ下向云々

七月廿八日

於信州長命寺印可

九月廿一日

下野鍋山宝蓮寺印可

於此所越年云々

同二年辛未

正月下旬於出(流)□別当坊印可

三月二日於下野宇都宮慈心院印可

三月廿五日於同国田原密興寺印可

四月二日於同所印可

同六日於同所印可

同廿日於奥州長江荘田嶋薬師寺印可

同廿九日於同州田村明王別当印可

五月九日於同州相馬観音寺印可

同廿四日於同所二重印可

此所ニ松嶋見物云々

六月九日於同所重位等云々

十六日被立此所由也

同廿日於岩城八茎薬王寺隠居印可

同廿五日花園へ登山至七月廿七日逗留此間ニ印可有之

八月廿七日於常州鹿嶋印可

九月廿六日常州額田八幡別当印可

自廿二日至廿八日逗留云々

十月四日於額田大音院但印可事不見

同八日野口蓮覚寺江移住
廿一日於此所印可
廿三日於同所印可
元亀三年壬申壬正月七日
正月
於小里隆真院印可
三月ニ花蔵院伝受等之事之小里ヘ来臨ト見タリ
同十一日鹿嶋神宮寺来臨伝受云々
七月廿二日湊花蔵院見舞云々
八月十五日重位印可云々、然者此比迄逗留歟
九月十九日於会津金剛寺印可
廿九日同所於自在院
十月朔日　同所於観音寺
　同所於弥勒院（但水丁證明云々日付不被記之）
同二日南山薬師寺ヘ移住云々
　此所ニテ水丁證明云々日付無之
十二月六日移住宇都宮於慈心院越年
元亀四癸酉

三月八日御移田原密興寺
十三日於此所印可
十八日於此所慈伝受云々
廿一日印可
四月四日又御移慈心院云々
六日　印可
十一日印可
十二日印可但水丁次且（ママ）ゝ次
十月廿五日普済寺修生院見廻云々
此所宇都宮歟、書記不分明間、難意得、
道場野州出流山慶月坊トハカリ、被書も是又月日モ無之不審
也、
以上自四月迄十月也、此中間月日無之宇都宮ニ逗留歟、
上洛之月日無之、順路モ無之、自元亀元年至同四年四国
　第四度目下向
天正四丙子六月十二日立酉酉云々
先雖被趣（赴）中山道依不通、又自伊勢乗船、着武州品（シナ）川云々、
自科（シナ）川着、下総国栗橋実相寺五日逗留、水海（ミツミノ）昌福寺ニ十日、古河（コガ）

ノ□福寺ニ四日逗留云々
自此所付山川ノ結城寺四日逗留也
八月廿日
於結城寺印可
九月六日
於下野成願寺印可
同廿一日
於同国密興寺印可
十一月十日去三日御付云々
於佐竹鏡徳寺印可
於此所越年
天正五丁丑年
二月十五日
於佐竹岩崎宝前院
同廿六日
於花園山（常州）
三月六日
移住八茎寺但薬王寺ニ御逗留歟
自八月移住出流山、翌年至二月御逗留也、

天正六戊寅年
二月廿一日
於野州出流山結縁水丁執行大阿尭雅僧正也
去年八月六日ヨリ、今月迄凡弐百日余此所ニ御在留云々
三月廿一日
於同国仙波金蔵院印可
同廿三日
於佐野密蔵院印可
四月一日　去廿五日ヨリ在留云々
於鑁阿寺千手院印可ニ三云々（足利也）
上洛之順道并月日無之、去自天正四年六月十二日発足至同六年御在国也
右尭雅僧正、関東御下向四度也、授与記三帖之内、年月日計抜書之、彼記有前後亘見分所及愚推書之、予去々年寛永二夏之比趣(赴)武州江戸、以其次下総・常陸・奥州・下野・上野之末寺歴覧之、猶依テ伺知順道ヲ、勘見彼三帳ヲ而記之、
寛永四丁卯四月日勘之　尭円

154〔浅野文書〕東京都 浅野長武所蔵

一　豊臣秀吉朱印状

猶以、此越其口へ相動来、不残念を入可申届候、返事同前ニ可
　申上候也、
態被仰遣候、
一去九日至于会津、被移御座、御置目等被仰付、其上検地之儀、会
津者中納言(秀次)、白川同其近辺之儀者、備前宰相(宇喜多秀家)ニ被仰付候事、
一其許検地之儀、一昨日如被仰出候、斗代等之儀、任御朱印旨、何
も所々、いかにも入念可申付候、若そさうニ仕候ハヽ、各可為越
度候事、
一山形出羽守(最上義光)、并伊達(政宗)妻子早京都へ差上候、右両人之外、国人妻子
事、何も京都へ進上申族者、一廉尤可被思召候、無左ものハ、会
津へ可差越由、可申付事、
一被仰出候趣、国人并百姓共ニ合点行候様ニ能々可申聞候、自然不
相届覚悟之輩於在之者、城主にて候ハヽ、其もの城へ追入、各相
談、一人も不残置、なてきりニ可申付候、百姓以下ニ至るまて、
不相届ニ付てハ、一郷も二郷も、悉なてきり可仕候、六十余州堅
被仰付、出羽奥州迄そさうニハさせらる間敷候、たとへ亡所ニ成
候ても不苦候間、可得其意候、山のおく海ハろかいのつゝき候
迄、可入念事専一候、自然各於退屈者、関白殿御自身被成御座候
ても、可被仰付候、意与此返事可然候也、
　　(天正十八年)八月十二日(秀吉)(朱印)
　　　浅野弾正少弼(長政)とのへ

二　豊臣秀吉朱印状

去九日八町目(信夫郡)江相着候由、書状之通、於会津披見候、最前如被仰
出、能々可申付候、委細之儀者、木村伊勢守(吉清)被仰含候、会津之儀、
松坂少将(蒲生氏郷)ニ被下候、検地之儀者、中納言(秀次)被仰付候、其国々儀も検地
之事并御置目等条数被差遣候、得其意、入念堅可申付候、猶山中
橘内(長俊)・木下半介(吉隆)可申候也、
　　(天正十八年)八月十一日(秀吉)(朱印)
　　　浅野弾正少弼とのへ

155〔秋田藩家蔵文書〕一〇 横手久之丞家蔵文書

一　芦名盛氏止々斎書状

態為使令啓之候、親隆小野口へ出張之由、其聞驚入候状、急用脚力
候キ、内々即長沼へ令出馬、可及後詰之刷由、雖存候、先々申合、
即可罷出由、赤雅以申候、無御隔意可承候者、当方へ成共、直石川
へ刷成共、速ニ可成之候、万々因御回章、即刻令出馬存分候、条々
赤雅口舌有之候、尚吉事重而、恐々謹言、
　尚々関東口近日悉相替候、細ニ口上ニ申付候、
　　(九月)菊月晦日　止々斎(花押)

二　佐竹義重書状写

態申届候、仍盛氏永沼在城之由候、万一其筋へ計策不被相知候条、鉄放衆十人羽黒之地ニ差置候、用所も候者、則自其方彼地御注進候者、早速可馳付候、為心得申届候、敵中珍子細も候者、無嫌夜中可承候、恐々謹言、

五月十三日　義重

赤坂左馬助殿

三　佐竹義重書状

如来意、岩城仕置如存知有之者、可納馬候、定而可御心安候、将又盛氏洞中ニ有相違儀、令入馬之由、当口へも其聞候、実事如何、重説も候者、重而可承候、当秋調義一途可成之拵候、其以前其元無油断様、千言万句候、万々梅江斎(禅哲)可令申越候間、不能具候、恐々謹言、

七月九日　義重（花押72）

赤城宮内大輔殿

四　佐竹義重書状写

態為使申届候、仍従白川其地江被相動之由、無是非候、其以来之様子、単無心元候、盛氏到出張者、則令出馬、可及防戦候、被聞届、御注進可得其意候、恐々謹言、

卯月(四月)七日　義重

赤坂宮内大輔殿

五　佐竹義重書状

如来意、今度当口仕置各々可申合、与風越馬候、何も無二被走廻候間、爰元堅固ニ有之、軈而可納馬候、可御心易候、将又盛氏于今永沼在陣候哉、別而不可有子細候、其口無相替儀之由、管用之至候、尚以不可有油断候、恐々謹言、

六月十四日　義重（花押72）

赤坂宮内大輔殿

六　佐竹義重書状

来札之趣具披見祝着候、仍盛氏出馬必然候歟、就之道堅(石川晴光)無事被取成候哉、無是非候、寺山へ動候者、自身令出馬、万従半途可申合候、為代官又七郎南郷へ在陣之上、毎事可被相談候、珍布儀候ハヽ、急度御注進尤候、恐々謹言、

卯月(四月)廿七日　義重（花押72）

赤坂宮内大輔殿

七　佐竹義重書状写

当口様子莵角其听候哉、依之条々悃(懇)札本望候、爰元別而無相替儀候、可御心安候、将又盛氏出張之由候条、此刻尚以朝川(浅川)へ自身在番、万被相談任入候、恐々謹言、

卯月(四月)十五日　義重

赤坂宮内大輔殿

〔秋田藩家蔵文書〕二六 船尾靫負家蔵文書

八　佐竹義重起請文

起請文

一去年会(蘆名)・田(田村)へ一味之砌、被及晦如首尾、今度白川方・当方無事被相調候、祝着之事、

一於于向後者、無二可令入魂事、

一自今以後、猶以白・当甚沢之所、可有馳走事、此儀於偽者、

上者梵天・帝尺・四大天王、下者堅牢地神・熊野三所大権現・日光三所権現・当国鹿島大明神・八幡大井(菩薩)・愛宕大権現、惣而日本国中大小神祇、則可蒙御罰者也、仍如件、

天正六年八月十七日　義重（花押72）（血判）

舟尾山城守殿

九　佐竹東義久書状

一塩松・石川、伊(伊達)・田(田村)へ事切之由候、此時者会津・相へも可為手合候歟、一自伊及、当陣中へも以脚力被相届候、其方如帋面、於爰元も大ニ分別候て、随其義及挨拶候、幸其刻、自会津も為使者荒井長門守在陣之間、自伊届之様子、又挨拶之段々、令相談候、是亦可御心安(カ)候、更々政宗計策之御扱共、不成大形義共ニ候、乍勿論、只今之事者吉凶共義広御為之所、白(白川)ニも可為御同意候間、諸篇被遂御相談候、猶旁御前ニ可有之候、何篇当口被明隙帰陣之上、可被申合候、恐々謹言、

（天正十三年四月カ）
卯月十六日　（佐竹東四月）義久（花押70）

舟山

回章

一〇　佐竹義広書状

追而、為以後一筆進之候、以上、

巳前白川へ移候事も、其方稼若輩より苦労辛労候而、被引立候之事、縦会津へ打越候而之上ニも、争其志可忘乎、此巳後猶而親子へ懇切可申候、白川同前奉公尤候、末々者其方意趣之所、其心得可申候、近年若干之奉公聊不可致失念候、三七ニ弥懇切可致之候、恐々謹言、

天正十五年丁亥

二月廿一日　（佐竹）義広（花押）

舟尾山城守殿

同　三　七殿

一一　佐竹義重室小大納言消息

尚々するのために、一筆とり向まいらせ候、以上、

このたひよし広(義)、おもひの外にあひ津(会)ミやう(名)跡に移□　このとし月、ちやくはいのもりをたのミまいらせ、くらうしんらう候て、奉公さま〳〵のきつかい候事、この方にてハ申におよはす、よしひろもちやくはいなから、その心さし、いかてわすれへく候哉、しせ□

よこあいにて申へたて候ハヽ、こなたよりいけん候て、それふしへなを〳〵ねん比に申理へく候ゆゑ、われと仕置をも申候ハん時分ハ、此ほとのしんらうのかせきのこゝろさしをも申候やう、とりなしまいらせへく候、あい津へもたひ〳〵うちこしたまひ候て、したかひ候奉候ハん事、うちたのミまいらせ候、めてたさかしく、

てん正十五年丁亥二月廿一日

(切封ウワ書)
「［　　］ろとの　小大納こん」

一二　佐竹義重室小大納言消息

かへす〳〵、よろつ口上ニ申まいらせ候まゝ、のこしまいらせ候、

(喝食)(義広幼名喝食丸)
かつしきこのたひあひ津へふとうつり候、よろつとりこミ、すかし候へく候、これにより候て、ミつからおやこかたより、一ふての事承候、いかはかりしんらうくらう候て、もり申候事、わすれかたふ候まゝ、あん文のことく候へく候、くハしくはあわち申へく候、めてたさかしく、

(切封ウワ書)
「ふなを山しろとのへ　こ大なこん」

一三　佐竹義重室小大納言消息

かへす〳〵おなしいつれをもとゝのい、いそき〳〵御こし候へく候、すき候も、御もしせし(を)不申候やうにて候間、まつ〳〵すこしつゝも、かならす〳〵、

わさとつかいをまいらせ候、日とひもおほなわさぬきとのニ申候ことく、このほと中おこし候へく候、はたけよりのねんくのこと、あい津へうちすへニつゐて、うへしたのすこしつゝの用しよをも、たし申へく候ほとに、いそき〳〵とゝのい候て、こし候へく候、これにてもあい津へのせう儀もの、まんひきにあまり候て、したくにて候、めてたさかさねてかしく、

(切封ウワ書)
「ふなを山しろとのへ　小大なこん」

一四　佐竹義重室小大納言消息

さためてあひ津、すか川なとより、こすもしまいらせ候、さしたる事ハあるましく候へ共、ゆたんなきやう、御かせきにきわまり候、めてたさかさねてかしく、かへす〳〵きあひけのよし、よく〳〵やう生候へく候、

わさとひきやくして申まいらせ候、さてはきあひけにおハしまし、御かへりのよし、うけ給候、おとろきまいらせ候、いかゝ候や、日とへに〳〵心もとなふ候、申まてなふ候へ共、よく〳〵やう生候へく候、ことにしら川さかひめとかくのよし、申きたり候、心もとなく候、ゆたん申さす候やう御へんへ御いけん候へく候、

(切封ウワ書)
「ふな尾山しろとのへ　小大なこん」

〔秋田藩家蔵文書〕二一　安藤太郎左衛門家蔵文書

一五　佐竹東義久書状

急度申越候、会津へ為御手合、南郷保高倉衆被指越候、今宮をも越被申之、南郷惣之足軽いつものことく催促可然候、手つもり之儀者、赤館・寺山・羽黒辺之衆をも一手ニ可然候、其方事者、其儘滞留尤候、十日巳前御手合たるへく候間、よをもつて日をつき、さいそく候へく候、羽黒之儀者、近比ニ談合可被致之候、ありさか程近候間、用心の心へも有へく候、恐々謹言、

（天正十七年カ）七月六日　義久（花押）

安藤肥前守殿

〔秋田藩家蔵文書〕二一　小野崎権大夫家蔵文書

一六　佐竹義重書状

急度申遣候、仍盛氏去七日永沼へ出馬之由候、如此之上、義重事も寺山筋へ打出、可及防戦候、北口事者、手前之事ニ候条、随而人衆足軽以下引揃、出陣候而、一入馳走尤候、日限之事者、無嫌夜中及注進候、聊も無油断支度候而、出馬之砌、即刻出陣尤候、謹言、

（天正二年）七月十日　義重（花押72）

小野崎越前守殿

156〔黄梅院文書〕所蔵不詳

一　波多野高経着到状案

着到

相模国波多野小次郎高経申

右去二月廿八日、為小山若犬丸御対治、自野州同奥州田村城、御発向以来、於鎌倉相催一族、属当御手、昼夜致宿直警固之上者、早賜御判、為備後證着到、如件、

応永□三年六月　日

（承判）「承了在判」

157〔大庭文書〕鎌倉市鶴岡八幡宮大庭義師蔵

一　足利満兼御教書

奥州凶徒対治事、今月廿日、所差遣右衛門佐氏憲（上杉）也、殊可被致祈祷之精誠之状如件、

応永九年五月三日（足利満兼）（花押）

若宮小別当御房

158〔園城寺文書〕大津市別所園城寺蔵

一　将軍家（久明親王）政所下文

将軍家政所下

可令早左衛門尉藤原宗秀領知美濃国石太・五里両郷、同国津布良庄、下野国長沼庄、（古布嶋者後家一期之後可知行之由載後家所帯譲状、）同国小薬郷、陸奥国長江庄、（号南山、権藤太跡者後家一期之後可領知之由載同譲状、）淡路国守護職、笑原・上田両保、同国

東神代郷、西神代郷、富永名者有夜叉一期之後可知行之由有夜叉所帯譲状、湊村賀茂郷、同国内
膳庄有夜叉一期之後可知行之由載同譲状、等地頭職事
右任亡父左衛門尉宗泰法師法名覚源去弘安六年三月廿七日五通譲状、
津布良者廖尼王一期之後可知行之由載裏書、守先例、可致沙汰之状、所仰如件、以下、

正安元年十二月六日　案主菅野

令前出羽守藤原朝臣　知家事

別当　相模守平朝臣（北条貞時）（花押7）

陸奥守平朝臣（北条宣時）（花押6）

159 〔仙台白河文書〕 仙台市白河親光所蔵

一　伊達持宗書状

石川治部少輔方身上事、雖斟酌候、令申候処、彼方被閣陰居之篇二郷、御渡候之由承候、先以畏入候、仍石川方被参候、如何様此等之御礼、態自是可申入候、如此之子細、金沢上総守可申披候、恐々謹言、

六月十二日　大膳大夫持宗（花押）

謹上　白川殿御宿所

二　伊達稙宗書状

態之御音問、祝着之至候、殊更練（マヽ）如印数贈給候、是又芳志不浅次第候、就中任現来香炉青磁進之候、寔一儀計候、随而自今以後御当方与此方吉凶無二可被相談之由、彼顕希上候、尤本懐候、於稙宗も毛頭無隔心、可申合候、兼又家中無道之者共、依所行如斯忩劇、絶言語候、併至于時去朔日令帰城候上、東西南北共ニ、追日静謐之形候、寔可為大慶候、心緒猶期後信之時、不能祥候、恐々謹言、

林鐘（六月）二日　左京大夫稙宗（花押187）

謹上　白川殿

三　伊達晴宗書状

雖未申通候、令啓候、抑御当之方別申談度旨、斑目下野守方ヘ、連々令閑語候き、定其旨、可被存候、自今以後、一入懃切御通用、可快然候、仍閣次平筆一幅出水人形進之候、累年持来絵ニ候、御秘蔵候者、可為祝着候、万端下野守方江申越候条、任伝達抛兎亳候、恐々謹言、

五月二日　晴宗（花押179）

白川殿

四　伊達晴宗書状

態令啓候、洞中無道者共候之間、取籠各為致涯候、乍去討漏候衆、定其口可罷通候、一人も不漏之様ニ境中へ被仰付、被討留候之者、可為専悦候、縦請拠之由申候共、不可為実儀候、能々御下知干心候、恐々謹言、

七月十日　晴宗（花押179）

白川殿

五　伊達輝宗書状

態用脚力候、抑向寺山衆、及事切候之由其听候、就中去十五被遂

一戦、佐衆宗与之者共、数多被打取之由、目出度肝要ニ候、雖勿論候、弥御兵談千言万句候、然者当口不慮ニ鉾楯候之処、盛氏親子、無二被加助成候之間、万方本意ニ取成候、如此弓矢一統之上、向後者御当方へも、順逆可申合候間、同意可為本望候、恐々謹言、

（天正元年）五月廿九日　輝宗（花押178）

白河殿

六　伊達輝宗書状

態之御音問具披見、祝着不浅候、如承候、其口御滞在之上、近辺と貫、盛氏江別而申合候、筋目と言、何事ニ付而も、不可有御隔心候、書余彼御使、任口状候、恐々謹言、

（天正元年十一月カ）霜月廿八日　輝宗（花押178）

白川殿

七　伊達政宗書状

以上

為見廻、遠路預飛脚候、駿河之内於藤枝参着、令披見候、如承候、大坂表相済先以珍重ニ存候、軈而其元可令下向候者、万々期其節候、恐々謹言、

三月十五日　正宗（花押）

白川不説斎

八　伊達政宗書状

以上

今度陣立ニ付而、飛脚給令祝着候、大坂之儀早速落居公私之大慶ニ候、頓而可為下国候間、万事期其節候、猶（奥山）出羽守所より可申候、恐々謹言、

五月廿八日　正宗（花押）

白川不説

九　伊達政宗書状

以上

遠路飛脚祝着申候、爰元御普請、追日出来申候、可御心易候、猶奥山出羽守、可申越候、恐々謹言、

五月十三日　正宗（花押）

白川不説

一〇（参考）伊達綱村覚書

覚

先年白河伝来之文書（箱四箇追而一箇加之）預置遂吟味、可進与存候へ共、当家之儀、未終功候故、延引之事ニ候、当家之儀ニも、入用有之事ニ候間、先々預置候、当地者火事、無心元候間、其方持参下向、納蔵大切可申付候、来年下、可令見分候、白河家へも可被申伝候也、

九月十九日

（柴田宗意）中務殿

（包紙）「綱村公御書」

160 〔二階堂文書〕 徴古文書纂 家わけ第五

一 二階堂基行（行阿）譲状

譲渡

相模国懐島殿原郷
参河国重原庄
尾張国西門真庄
伊勢国益田庄
肥前国鏡社
陸奥国信夫庄内鳥和田村

右兵衛尉行氏　加進（花押）

右件所々、相副御下文、所譲与也、不可有他妨之状如件、

仁治元年十月十四日
沙弥（二階堂行阿）（花押）

二 将軍家（藤原頼経）政所下文

将軍家政所下　左兵衛少尉藤原行氏

可令早領知肥前国鏡社、（可守永平并行阿例也、）伊勢国益田庄、尾張国西門真庄、参河国重原庄、相模国懐島内殿原郷、陸奥国信夫庄内鳥和田村等地頭職事、

右人、任親父左衛門尉基行法師（法名行阿）今年十月十四日譲状、守先例、可令領知之状、所仰如件、以下、

仁治元年閏十月廿日　案主左近将曹菅野　知家事弾正忠清原

令左衛門少尉　藤原
別当前武蔵守平朝臣（北条泰時）（花押）

三 二階堂氏知行注文（断簡）

（○前欠）

陸奥国奥玉保
安房国北郡内吉浜村
延寿御前御方
伊勢国益田庄内深矢部郷
万寿御前御方
安房国北郡内下尺万郷
同内夢島
千寿御前御方
安房国日本寺
伊勢国益田庄内北別所院主職
同内蓮寺
金寿御前御方
安房国北郡内本名村

（○後欠）

161 〔上平文書〕 石城郡小川町 二屋神社上平孝秀所蔵

一 岩城隆忠証状案

（端裏書）
「文安三年九月十日　下総守隆　　」

三坂七郎殿

右渡進　所領之事、

奥州岩城之郡之内、三坂小嶋□（田十日カ）まちなか井孫四郎殿知行分

□あゐそへ候て、三坂七郎殿渡進候処実也、もしなか井方（カ）と

かくの儀□被申候ハゝ、七郎殿与同心に弓箭を可取申候、仍為

後日證文状如件、

文安三年
九月十日　下総守隆忠

三坂七郎殿

二 岩城親隆証状案

せんたちしよくの事、親隆□はい領之内ハ親候者はんき□

のことくよけす、御ひき□へく候也、仍為後日如件、

文明五年ミつのとのミ七月廿五日

平親隆

上平式部殿

三 慶乗奉書

奥州岩城楢葉・椎葉先達職□

一隆賢死去定日事

一隆賢譲状六通同筆事

此外、尚以、可被申子細在之者、於国相届、悉以證拠、来年両人

共、可被申明候由、被仰出候也、

文明六年九月十一日　慶乗（花押）

上平式部律師御房

四 岩城由隆証状

二箭一山下知成敗之事、先祖代々仕来之条、不可有別条候、為後日

一書進候、仍如件、

永正八年九月十日　由隆（花押155）

上平式部卿

（包紙）
「二箭山下知状

上平式部卿江 被下」

五 大館隆雄書状

今度先達職ニ付而、速ニ由隆様・政隆様両代之御判形之事申請候

て渡進候、又由隆様御判之事ハ、彼御代之時の御判形を申成候て

すゐさせ申候、此分為後日、御心得尤候、恐々謹言、

享禄元年十二月廿日　大舘左衛門太輔 平隆雄（花押）

上平式部卿　参

六 秀栄書状（折紙）

（端裏書）
「天文十五年六月三（ママ）日

上平山城尊報　秀栄」

就今度飯野殿熊野参詣、先達職桜山与雖及相論、自他證文無之上者、来年両(ママ)共於帯證跡、可申明之由候也、恐々謹言、

天文十五
六月廿三日　秀栄（花押）

上平山城御房

七　岩城重隆明徹証状案

熊野御林之事、実山(岩城隆忠)證文候之上、於于愚老も不可有別条候、被帯彼一書、可有成敗候、為已後一筆如件、

天文廿二年五月廿九日　明徹(岩城重隆)御判

八　大僧正増鎮御教書

（端裏書）「天正十五年九月廿九日
上平山城守」

岩城之郡熊野参詣之輩、如前々、任案堵旨、可有引導之旨、可被得其意者也、仍執達如件、

天正十五年九月廿九日大僧正増鎮（花押）

上平山城御房

九　某判物写

本知行廿壱貫文之所遣之候、後日被軍役□致候者也、

文禄二年
卯月(四月)十九日　書印
上平山城守
参

一〇　三上定応等三人連署奉書（折紙）

追啓、彼同行之儀ニ付、宮林此節迄相詰、訴訟被致候得共、□御取上ケ無之事ニ候、以上、

一筆令啓達候、去比者上京、得芳意候、長途無恙下着可被成与弥重存候、然者去年中宮林来泉寺ゟ御自分江差遣候同行之儀、思召入有之ニ付□此方江御預リ被成候間、左様ニ御心得尤ニ存候、若此儀ニ付所存□之候共、右之通被仰出候上者、被得其意、可然候、右之□可申達旨被仰付、如此ニ候、不宣謹言、

三上治□
十一月十五日　秀□（花押）
伊藤大蔵
信務（カ）（花押）
三上民□(部)
定応（花押）

上平
光明寺御房

一一　快弘・鎮承連署状（折紙）

以事次、令啓候、仍而岩城殿御伺候之輩よむきた(蓬田)殿・おたゐら(大平)殿・竹貫殿・上遠野殿、其外熊野参詣之輩、任御案堵(ママ)之旨、可有御引導事肝要候、恐々謹言、

九月十九日　鎮承（花押）
快弘（花押）

上平山城守殿

一二　岩城常隆証状

宮林まへ〱ひかれ候た□(ん)なの事、上平へ付□ 彼宮林之いせき(遺跡)の事、あひたてへからす□ 一とかく申たんな候ハゝ□(披カ)露あるへく候、為以□(後一カ)筆進之候、

十一月廿二日常隆（花押144）

上平

進之候

一三　**岩城常隆書状**（折紙）

幸用一管候、仍先達以脚力、申届候キ、到着如何無心許候、申越候ける子細、已後兎角無之、速ニ取刷、畢竟別ニ可在之候、将亦其爰許出仕之儀、相調候哉、如何々、早速帰宅待入候、恐々謹言、

□月一日常隆（花押145）

上平山城守殿

追而、□之労煩大義、不及是非次第候、以上、

162　〔川辺八幡神社文書〕補遺

一　**足利満貞知行安堵状**（〇62―三二参照）

当知行地事、如元不可有相違之状如件、

応永九年十二月廿四日（足利満貞）（花押33）

石河掃部助殿

二　**足利尊氏奥判川辺八幡宮由来書**

一宮八幡宮由来

一後冷泉院御宇奥州□ 貞任・鳥海三郎宗任有乱逆事、源朝臣頼義公蒙凶徒追罰宣旨給、福田二郎頼遠・同源太□ 奥州有御下向、石川郡藤田着給、則当処山之上被成御陣、麓有□西之麓逢隈川也、従藤田城□ 有光近所取陣、頼義朝臣、貞任宗任御追罰、為御祈祷□(岩清水) 八幡宮有御勧請、藤田□ 大将御陣之少東社有御建立、八月十五日放生会被行、其歳□ 二月初卯之祭御社□(参) 安達原被移御陣、従敵引伊達刈田境追迫責戦、終柴田□ 怺国府中山之城物見岡□ 傾度之軍御勝、貞任引籠厨川、終責落、数年之欝憤開□ 同国会津河沼郡内□ 石川郡仙石村・板橋村・大畑村・急当村・沢尻村并当八幡□ 寄附福田二郎頼遠・田村□ 者頼基中山之物見岡□ 雖為勇戦、終厨川合□(カ) 討死、源太有光依度々之□ 奥州石川・大沼郡、羽州海鳥(カ)□ 三郡宜領、其後前陸□ 源朝臣義家公、清原武衡家□ 御追罰之時、当所□ 御陣当八幡宮江有御奉□ 御陣所之下小河有橋丸木□ 削渡候ヲ有御覧而□

石川の館の麓の丸木橋削らて懸し惜はしかな

詠給、其後武衡無程亡給、御□ 伊達郡牛坂村・泉沢村、石川郡蒲□

観応三年　　御寄□

七月廿八日

正二位源朝臣（足利尊氏）（花押）（〇この花押大部分欠損しているが、一覧17とみえる）（〇書風その他から推して江戸時代のものとみられる）

163〔蠹簡集残編〕一〇土佐

一 足利直義感状

常陸国凶徒対治之間、致軍忠之条、尤以神妙也、於恩賞者、追可有
其沙汰之状如件、

建武四年正月十日 （足利直義）（花押18）

伊賀式部三郎殿

164〔潮崎稜威主文書〕補遺

一 奥州岩城願文

奥州岩城願文

舟後殿

次良さへもん殿　孫へもん殿

永春　蔵助殿

太良さへもん殿　三良太良

太良兵衛　馬々五郎

八良三郎　明春

孫太良　七良太良

妙厳先達上たいら

永正十一年八月十日

御師 廊之房

165〔奥相志所収文書〕

一 法印永慶証状案 日光院文書

宇多廿八箇村

右任先例、所相渡于日光坊證状云々、

天文廿一年林鐘（六月）一日

月山執行法印永慶在判

二 宝善坊慶俊執達状案

奥州行方郡并椎葉霞事

右任先例、今度為修験中行人道者先達職之旨、執達状云々、

天正十四年丙戌六月吉日

羽黒山大先達法印

宝善坊慶俊在判

奥州相馬日光坊

166〔金沢文庫所蔵文書〕横浜市称名寺金沢文庫所蔵

一 宝寿抄奥書

此抄広沢為本、云当流也［　］□□交載故両流書也、於奥州岩城郡
薬王寺宝寿院禅弁改名禅意大徳口筆也、真源於座下記之、故名宝寿抄也、
仰云、付法若写瓶之仁非不可輙授与之云々、後葉可存此旨也、

永仁三年三月始授之

附録

花押一覧

例言

一、第二編所収文書に関する主要な花押をここに掲載する。

一、掲載順序は、おおむねつぎによっている。まず幕府・関東管領・奥州探題および福島県周辺の諸家を掲げ、ついで県内の諸家を浜通り・中通り・会津の順に掲げ、各家のなかでは音読の五十音訓に配列した。さらに、諱・官名のみ判明するもの、および氏名未詳のものを掲げ、これに関係する文書番号を示した。

一、写本から採用され、正確を保しえないものには、氏名の傍に*印を付してその旨を示した。また氏名の推定の不確実なものについては氏名を（　）で囲い、氏名の読みが不確実なものは、その文字の下に（カ）を附した。

花押一覧

1　北条高時

2　北条時宗

3　北条時頼

4　北条重時

5　北条政村

6　北条宣時

7　北条貞時

8　北条貞顕

9　足利義教

10　足利義教

11　足利義持

12　足利義政

13　足利義政

14　足利義詮

15　足利義満

16　足利義満

17　足利尊氏

18　足利直義

19　高　師直

20　高　師冬

21　足利基氏

22　足利義氏

23　足利高基

24　足利高基

25　足利成氏

26　足利成氏

27　足利政氏

28　足利晴氏

29　足利晴氏

30　足利持氏

31　足利持氏

32　足利満直

33　足利満貞

34　桃井憲義

35　右中将家房

36　北畠顕家

37　北畠顕信

38　*北畠顕信

39　北畠親房

40　*春日顕国（のち顕時）

41　*春日顕時（初め顕国）

42　千種忠顕

43　石塔義憲

44　石塔義元

45　石塔義房

46　*石橋尚義

47　*石橋尚義

48　石橋和義

49　吉良治家

50　吉良治家

51 （吉良治家）

52 吉良貞家

53 吉良貞家

54 吉良貞家

55 吉良貞経

56 畠山国氏

57 岩松持国

58 畠山持国

59 斯波家長

60 斯波直持

61 斯波棟義

62 氏家道誠

63 中賀野義長（中金）

64 （広橋経泰）

65 簗田晴助

66 簗田清助

67 簗田道珊

68 佐竹氏義

69 佐竹義久

70 佐竹義久

71 *佐竹義久

72 佐竹義重

73 佐竹義俊

74 佐竹義舜

75 佐竹義舜

76 佐竹義宣

77 佐竹義篤

78 佐竹義篤

79 佐竹義隣

80 佐竹勝義

81 小河義雄

82 小山秀綱

83 小山持政

84 那須資晴

85 那須政資

86 小田政治

87 上杉輝虎（謙信）

88 上杉景勝

89 上杉景勝

90 上杉憲実

91 上杉朝宗

92 上杉朝良

93 *上杉房顕

94 長尾能景

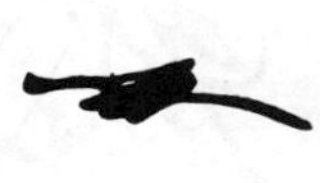
95 直江兼続

96 *本庄繁長

97 小田切政長

98 武田晴信（信玄）

99 坂東屋道有（名字書込）

100 相馬胤頼

121 伊賀盛光

116 伊賀光政

111 相馬盛胤（弾正大弼）

106 相馬重胤

101 相馬義胤

122 好島泰行

117 伊賀光泰

112 相馬通胤

107 相馬親胤

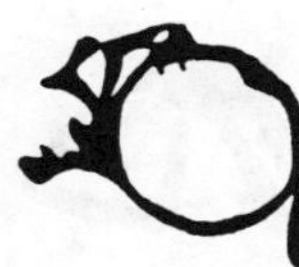
102 相馬義胤

123 伊賀隆泰

118 伊賀光貞

113 相馬隆胤

108 相馬親胤

103 相馬行胤

124 飯野光隆

119 伊賀光貞

114 目々沢道弘

109 相馬政胤

104 相馬憲胤

125 飯野隆光

120 伊賀盛光

115 伊賀光宗

110 相馬盛胤（大膳大夫）

105 相馬光胤

126　飯野隆至

127　好 島 某

128　好島隆熙

129　岡本重親

130　岡本重親

131　岡本禅哲（梅江斎）

132　岡本隆信（道金）

133　岡本良円

134　宅部家信

135　藤原直広

136　岡本隆弘

137　岡本隆重

138　金成隆親（蓮生）

139　岩城行隆

140　岩城行隆

141　岩城重隆

142　岩城重隆

143　岩城重隆

144　岩城常隆（下総守）

145　岩城常隆（左京大夫）

146　岩城常隆（左京大夫）

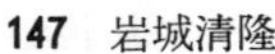

147　岩城清隆

148　岩城清隆

149　岩城政隆（成隆）

150　岩城親隆（下総守）

171 白土隆良　166 白土隆慶　161 岩城隆忠　156 岩城由隆　151 岩城親隆（左京大夫）

172 竹貫重元　167 白土隆顕　162 岩城隆忠　157 岩城隆久　152 岩城親隆（左京大夫）

173 竹貫重光　168 白土隆弘　163 岩城隆忠　158 岩城隆兼　153 岩城貞隆

174 竹貫広光　169 白土隆実　164 *岩城隆忠　159 岩城隆衡　154 岩城貞隆

175 禅長寺顕材　170 白土隆綱　165 岩城代官某　160 （岩城）隆親　155 岩城由隆

176 門舟院道海（結城義綱）237参照

177 鳥居忠政

178 伊達輝宗

179 伊達晴宗

180 伊達晴宗

181 伊達政宗（大膳大夫）

182 伊達政宗（「独眼龍」）

183 伊達政宗（「独眼龍」）

184 伊達政宗（「独眼龍」）（名字書込）

185 伊達宗遠

186 伊達稙宗

187 伊達稙宗

188 伊達稙宗

189 伊達実元

190 留守政景

191 桑折宗長

192 懸田俊宗

193 富塚仲綱

194 桑島敏時

195 西大枝景政

196 守屋親成

197 石母田時頼

198 下郡山長綱

199 亘理元宗

200 白石宗実

221 東条基宗　**216** 田村顕広（月斎）　**211** 田村清顕　**206** ＊新城心安斎　**201** 牧野常仲

222 東条常安　**217** 石川昭光　**212** 田村清顕　**207** 田村胤成　**202** ＊大内顕綱

223 常葉光貞　**218** 石川昭光　**213** 田村宗顕　**208** 田村義顕　**203** ＊山内舜通

224 伊東高行　**219** 石川持光　**214** 田村隆顕　**209** 田村義顕　**204** 大内定綱

225 伊東高行　**220** 大越顕光　**215** 田村隆顕　**210** 田村盛顕　**205** ＊大内能登守

226 ＊伊東重信

227 伊東祐信

228 二階堂為氏

229 二階堂照行

230 二階堂盛義

231 ＊二階堂盛義

232 二階堂成藤

233 長沼盛秀

234 ＊長沼盛秀

235 結城氏広

236 結城氏朝

237 結城義綱
（隆綱）
176参照

238 白河義親

239 白河義親

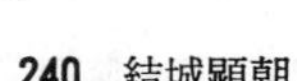

240 結城顕朝

241 結城顕朝

242 小山高朝

243 結城晴朝

244 結城晴綱

245 結城晴綱

246 結城晴綱

247 結城晴綱

248 結城政朝

249 結城宗広

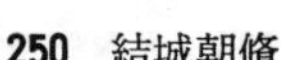

250 結城朝脩

271 芦名盛興 266 泉崎直満 261 斑目政基 256 大田和常広 251 結城直朝

272 芦名盛興 267 菅生衡益 262 斑目朝基 257 和知秀頼 252 結城満朝

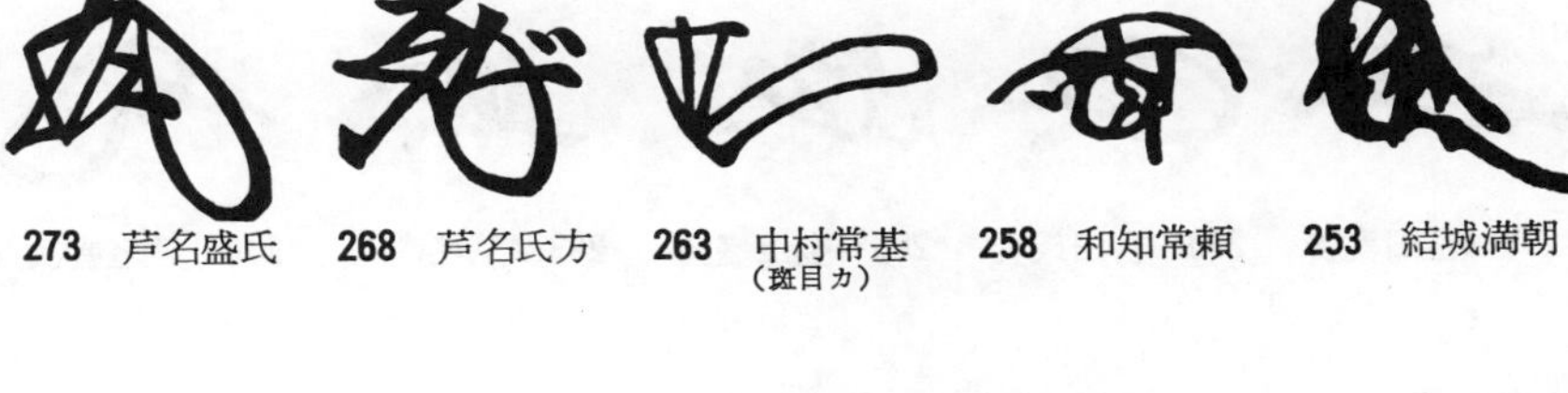

273 芦名盛氏 268 芦名氏方 263 中村常基（斑目カ） 258 和知常頼 253 結城満朝

274 芦名盛氏 269 芦名盛顕 264 斑目常基 259 和知直頼 254 *結城朝治

275 芦名盛氏 270 芦名盛高 265 斑目直政 260 和知直頼 255 結城隆朝

296 *富田光輔

291 佐瀬久常

286 *猪苗代兼載

281 芦名盛政

276 芦名盛氏

297 *富田実持

292 佐瀬大和

287 *金上盛貞

282 芦名詮盛

277 芦名盛氏

298 *富田実勝

293 富田氏実

288 *金上盛備

283 芦名盛隆

278 芦名盛次

299 富塚重綱

294 富田滋実

289 *金上盛備

284 佐竹義広（芦名盛重）

279 芦名盛舜

300 平田舜範

295 富田氏祐

290 金上盛満

285 *佐竹義広（芦名盛重）

280 芦名盛滋

301 平田尚範

302 ＊平田宗範

303 平田輔範

304 松本氏輔

305 松本舜輔

306 松本宗輔

307 ＊松本輔次

308 富山実泰

309 ＊三橋盛吉

310 経徳実頼

311 ＊山内氏勝

312 蒲生氏郷

313 蒲生秀行

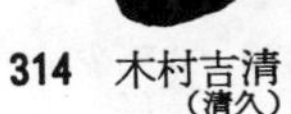
314 木村吉清（清久）

315 田丸具直

316 加藤嘉明

317 加藤明成

318 越後守道信 6の141・156(カ)

319 前讃岐守隆栄 6の181

320 左衛門尉泰隆 7の3

321 須賀清秀

322 ＊三河守広房 45の138

323 ＊宮内少輔定経 45の143

324 ＊三河守満怡 45の149

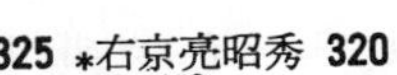
325 ＊右京亮昭秀 45の150

326 ＊佐竹義成
45の154・175

327 ＊保土原満種
45の157

328 但馬守与定
45の170

329 ＊孫四郎継朝
45の176

330 ＊岩城隆清

331 ＊近江前司教久
49の48

332 ＊伊勢貞孝
49の65

333 石見守通隆
49の69

334 ＊芦名盛起

335 ＊内蔵助宗国
49の80

336 ＊山城守隆照
49の82

337 富田滋実

338 左衛門尉通賢
49の126

339 式部少輔常行
61の21

340 田須(カ)義安
62の29

341 須郷□頼
62の30

342 沙弥清光
1の117

343 沙弥行円
6の46・47

344 法眼行慶
6の75,7の7・8

345 左衛門尉家頼
6の82

346 有資
6の106

347 朝円
6の108

348 基頼
6の130

349 沙弥宗海
6の139

350 沙弥元久
6の176

351 相　阿 6の186

352 島田重政

353 く　や 8の9

354 重　円 8の48

355 弘　喜 8の59

356 裕　公 8の64

357 行　法 8の64

358 沙弥道秀 8の66

359 道　間 10の6

360 長　怡 10の72

361 朝　良 35の2

362 明　朝 35の17

363 長　矩 35の91

364 *沙弥法超 45の75

365 法眼宣宗 45の76・77 47の53～62・66 51の23

366 沙弥長建 49の127

367 沙弥禅芳 45の145

368 満　臣 45の155

369 *綱　弼 45の158

370 沙弥法泰 45の185

371 光　庵 48の10

372 義　護 49の60

373 周　興 49の85

374 *等　因 49の121

375 田村義喬

376 天　庵
49の140

377 道堅・道阿
49の76, 58の2
64の2・3

378 岫　雲
58の5
61の5

379 常　次
61の9

380 *宗　祐
92の8

381 沙弥心高
112の7

382 *炭　州
126の26

383 *清　源
126の28

384 *永　真
126の84

385 *景　国
126の132

386 *徳　芳
129の28

387 *方　慶
129の45

388 *氏　常
129の166

389 *不及斎
129の166

390 左衛門尉
1の61, 6の100・
101・109・111

391 左衛門尉・駿河権守光□
6の93・94・
119・120

392 斯波詮持（カ）
1の119
49の

393 散　位
6の29・32

394 左近将監清高
6の43

395 武石胤顕
6の45

396 弾　正忠
6の66

397 大和権守
6の78

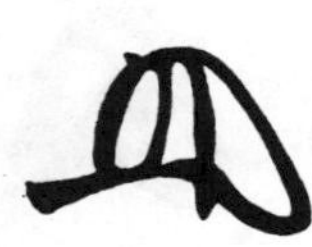

398 中務大輔
6の137
45の103
99の6

399 宇都宮氏広（カ）

400 下野守
6の126・127

401 下野守
7の11・12

402 美作守
8の35

403 左衛門尉
7の11・12

404 左衛門尉
7の12

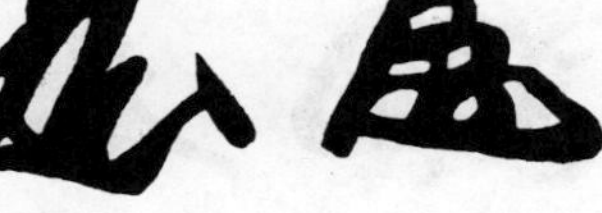

405 佐竹貞義(カ)
6の48

406 左衛門尉
6の40・53〜55
49の15

407 源
6の66・81

408 左衛門尉
6の86

409 左衛門尉
経満
6の92・99

410 大膳大夫
48の3

411 (斯波詮持)
49の21

412 美濃守
49の42

413 兵衛尉
50の10

414 某
1の39, 3の9
6の60

415 陸奥国司某
1の65〜67・
71・72・75

416 某
4の11

417 某
4の11

418 某
6の18

419 某
6の19

420 法印
6の26

421 沙弥
6の30

422 某
6の29・32・154

423 某
6の40

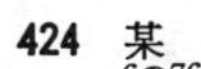

424 某
6の76

425 中務大輔
6の35

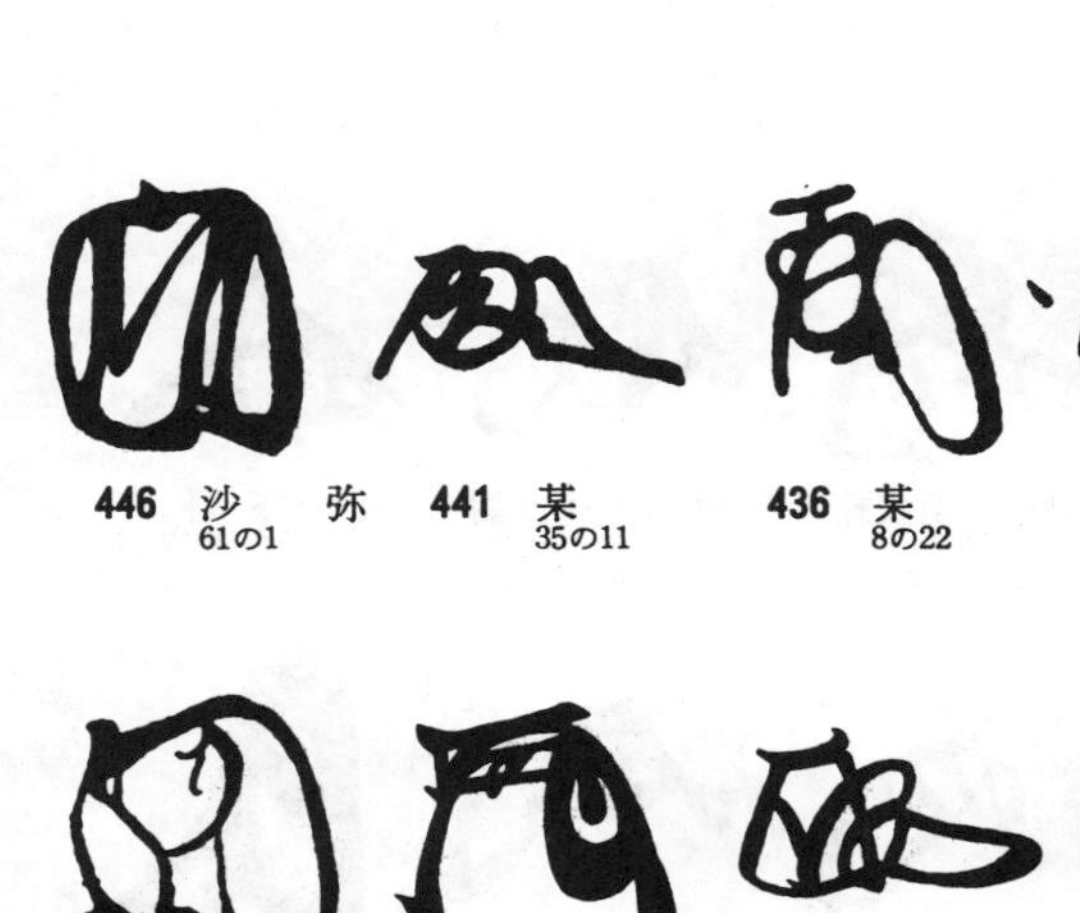

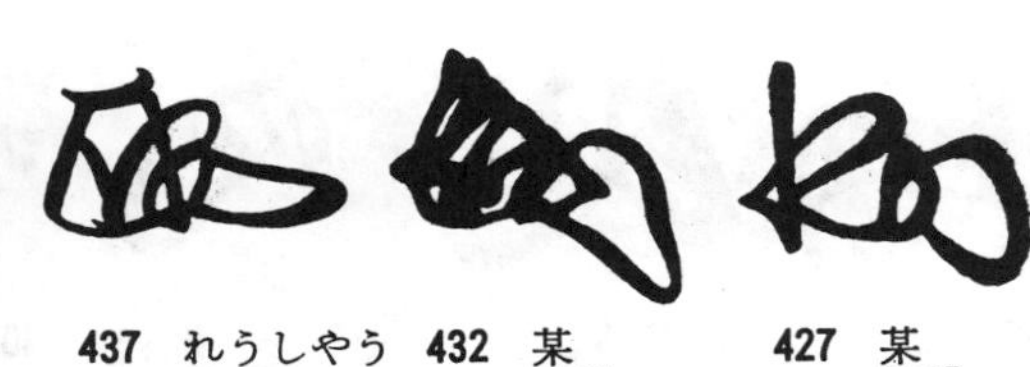

426 某 6の52

431 某 6の77

436 某 8の22

441 某 35の11

446 沙　弥 61の1

427 某 6の57

432 某 6の57 8の37

437 れうしやう

442 某 36の3

447 （畠山義継） 84の1 92の14

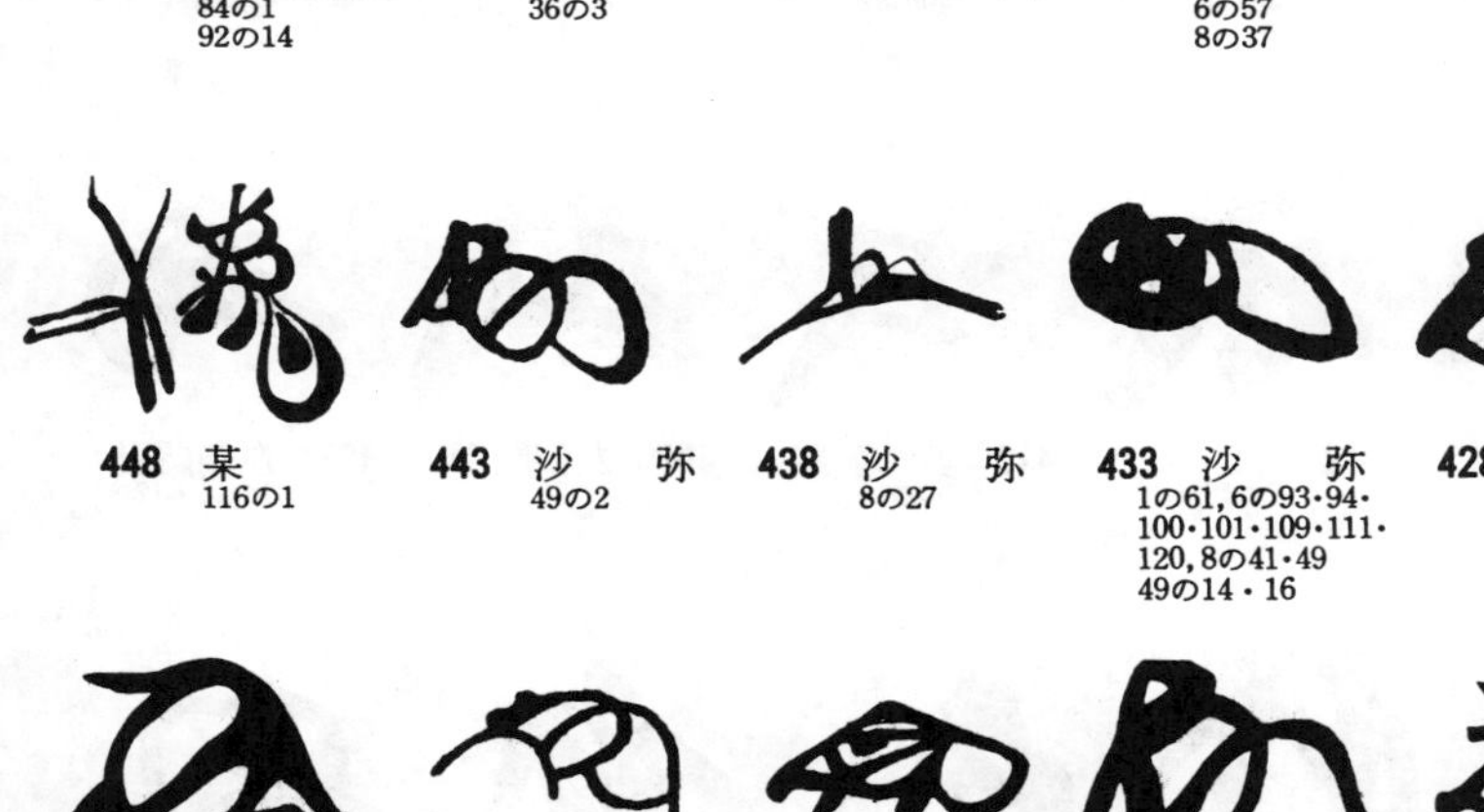

428 某 6の59 8の28

433 沙　弥 1の61, 6の93・94・100・101・109・111・120, 8の41・49 49の14・16

438 沙　弥 8の27

443 沙　弥 49の2

448 某 116の1

429 某 6の74

434 某 6の114

439 舜　秀 16の3

444 沙　弥 49の42

449 *沙　弥 126の71

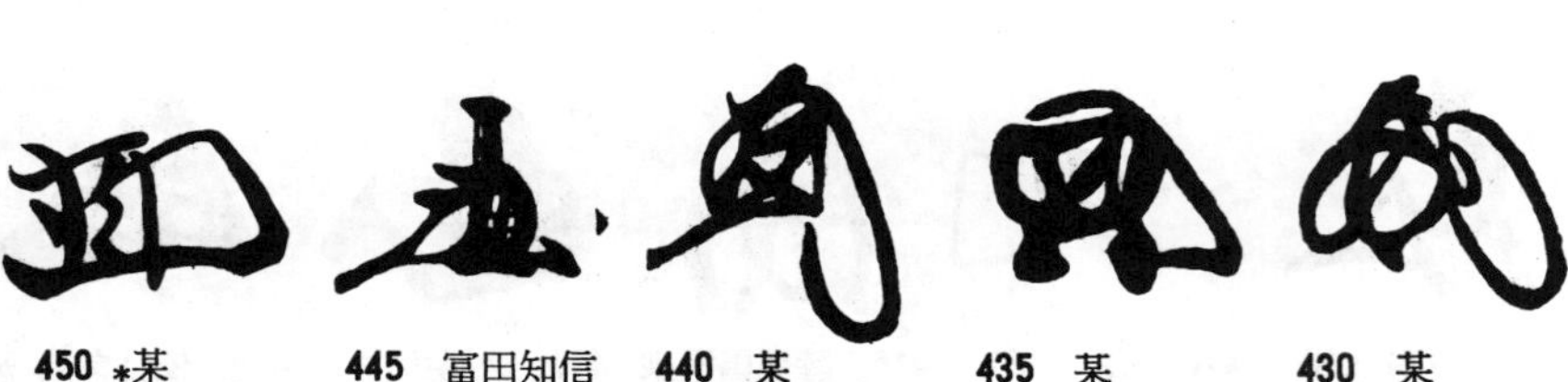

430 某 6の76

435 某 6の170

440 某 35の7

445 富田知信

450 *某 126の168

第三編　金石文

浜通り地方

一　紫竹供養塔銘　（石城郡四倉町字紫竹　佐藤松平）

建長四年壬子六月　日

□□□界

大日坊鍐阿

二　恵日寺木造阿弥陀像銘　（石城郡四倉町大字玉山字牧ノ下　恵日寺）

（胎内墨書銘）

奉迎　文永元甲子年十一月十五日　仏子正慶

（注　重要美術品、県史6　一二九二図）

三　熊野神社鐘銘　（旧　相馬市中野字堂前　熊野神社）

宇多庄熊野堂鐘一口　檀那藤原□次善光

文永九大歳壬申　三月　日

改請旦那　大勧進阿闍梨良円、

正和二年歳次癸丑三月十九日

大工源行延　平五次郎

（注　亡失、奥相志による）

四　薬王寺供養塔銘　（石城郡四倉町大字薬王寺字塙　薬王寺）

為悲母尼

弘安八年乙酉二月九日

第三ヶ年

（注「弘」の字は「安」の字の左右に、「八」は年の左右に割書きとし、「二月」「九日」は横書である。県史6　一二一五図）

五　安養寺供養塔銘　（石城郡小川町下小川字上平　安養寺）

右当先師聖霊四十九日之忌

造立如件伏冀憑兹善

功早帰寂時冥海息四生

（レンザ）

弘安八年六月十日　沙門快円敬白

漉復之波速開我性心蓮

円三身究竟之果上窮銀

漢下開金輪均施利益矣

六　薬王寺供養塔銘　（石城郡四倉町大字薬王寺字塙　薬王寺）

七月三日

加（弘）安十年

一百ヶ日

（注　県史6　一二一三図）

七　薬王寺供養塔銘　（石城郡四倉町大字薬王寺字塙　薬王寺）

六月廿一日
加(弘)安十一年　一周忌辰
為
願蓮也

八　薬王寺供養塔銘　（石城郡四倉町大字薬王寺字塙　薬王寺）

為源資守
正応三年(庚寅)七月十五日
三十五日

（注　「十五日」は「十」の左右に「五」と「日」を配す）

九　常勝院供養塔　（平市中平窪字岩間六一　常勝院）

十一月十五日
正応四年辛卯
為僧藤円百ヶ日

（注　この石塔と共に、無年号二基あり、次に配列する）

一〇　常勝院供養塔　（平市中平窪字岩間六一　常勝院）

為四十九日

一一　常勝院供養塔銘　（平市中平窪字岩間六一　常勝院）

為三十五日

一二　薬王寺供養塔銘　（石城郡四倉町大字薬王寺字塙　薬王寺）

為母尼
正応四年辛卯十二月十八日
一百ヶ日

一三　八茎供養塔銘　（石城郡四倉町大字八茎字片倉　不動堂）

三十　為明(空)□
正応四年□月
五日　房也

（注　三十五日を左右に割書する）

一四　薬王寺供養塔銘　（石城郡四倉町大字薬王寺字塙　薬王寺）

正安四九□
為現当二世所願
成就也

一五　如来寺銅造阿弥陀像銘　（平市山崎字矢ノ目　如来寺）

（中尊背部刻銘）

大工藤原国永□□
於相州鎌倉住吉谷令修覆畢　嘉元二年甲辰四月八日
願主沙弥蓮仏比丘尼真戒

（注　重要文化財、県史6　一二四六図）

一六　高平供養塔銘　（原町市高平字如来堂　東禅寺）

（レンザ）　嘉元二年甲辰七月二十四日

（注　奥相志によると如来堂に真言宗の田中山または東光山と号する東善寺があり石碑三と見える。これであろう。他にもう一基あり、同じ種子の上左右を二重の罫で囲み、下端は崩壊しているが、かつては銘文を存したのであろう。
また近くの字「堂後」にも同形式のものがあり細字が見えるが、判読困難のよし、傍にもう一基がある。）

一七　薬王寺供養塔銘　（石城郡四倉町大字薬王寺字塙　薬王寺）

僧都
（円相種子）　嘉元三年乙巳十月四日
一百ヶ日

一八　薬王寺供養塔銘　（石城郡四倉町大字薬王寺字塙　薬王寺）

右為過去正空
相当千一百ヶ日
嘉元三年乙巳十月十七日　仏子敬白
成仏正覚乃至
法界平等利益

一九　青滝観音堂棟札　（平市草野字絹谷　観音堂）

（棟札一）
嘉元十年三月二十八日

（棟札二）
元亨二年二月十八日　平朝臣左馬助隆久

（棟札三）
（文殊）
（釈迦）　青滝寺上□奉修造長亨弐稔戊申二月廿一日畢
（梵天）

（棟札四）
奉上文正元年丙戌□月　日
奉修覆□文正元年丙戌霜月　日
大旦那　郡主岩城殿隆忠
大工　道祐
左藤□□　三郎五郎

（棟札五）
本願矢目良智和尚并矢目十六代良□供養□
于時　永禄十三年庚午二月廿五日
青滝寺上葺成就処也
（裏面）
青滝寺上葺
大旦那　平朝臣貞隆

小旦那　佐藤貞信　（以下略）

（注　棟札一、二は社記による。三以下は現存、文字多数あるが省略）

二〇　柳生院供養塔銘　（石城郡四倉町紫竹　柳生院）

為真戒
徳治二年丁未四月廿日孝子等敬白
百ヶ日

（注　上部欠失）

二一　石神供養塔銘　（原町市石神長野木工正内）

（種子不明）　徳治二年

（注　年紀改削して今なし、奥相志による）

二二　薬王寺供養塔銘　（石城郡四倉町大字薬王寺字塙　薬王寺）

為真戒
徳治三年戊申正十日
一周忌

二三　常勝院供養塔銘　（平市中平窪字岩間六一　常勝院）

右志者為□（祈）妙
延敬三年庚戌三月十八日
比丘尼聖霊也

（注　延敬の「敬」は「慶」のあて字であろう。延慶三年として配列した。□字は「祈」か「祐」か不明）

二四　長隆寺供養塔銘　（石城郡四倉町大字長友字大宮作二一八　長隆寺）

為妙□百
正和二年正月卅日
ヶ日一周忌也

二五　長隆寺供養塔銘　（石城郡四倉町大字長友字大宮作二一八　長隆寺）

為慈父第
正和二年三月五日
三年敬白

二六　諸荷供養塔銘　（平市大字赤井字諸荷　観音寺）

右志者為聖霊
正和二年癸丑十二月九日　孝子敬白
往生極楽也

二七　柳生院供養塔銘　（石城郡四倉町紫竹　柳生院）

右能化逆修也
正和三年十月四日
円一
百日頼舜阿闍梨

二八　柳生院供養塔銘　（石城郡四倉町紫竹　柳生院）

（梵字）　右悲母逆修

正和三年十月四日　孝子等百日

二九　薬王寺供養塔銘　（石城郡四倉町大字薬王寺字塙　薬王寺）

（梵字）　右為覚妙

正和六年五月四日　成仏第三週

（注　県史6　一四六八図）

三〇　長谷寺木造十一面観音銘　（常磐市大字上湯長谷字堀ノ内　長谷寺）

（背部墨書）

現在結縁人々律師隆□幷悲母娘同妻小野泰隆但（マヽ）後氏女覚雲房

仏師大輔法橋能慶

幷法師良善和尚位収円律師上人位現在隆義行泰仲原氏女大仲□□女僧隆宗

文保二年戊午二月十日壬□時日？　右造立志者為慈父幷法眼□印相当七ヶ年幷現在悲母明心比丘尼

明連比丘尼

奉造立長谷寺十一面観世音形？僧幷祖父隆泰隆時隆総泰久祖父永真祖母　造立檀那滝山千日大堂？　※

法印比丘

□丸□松丸□□丸鬼若丸辰？法師也

僧宗継？□？左

卯？文大進房

地獄衆六道薫累同成仏道

同行小□房　大輔房　鍛冶平三郎

※僧？祇行人大阿闍梨頼賢慶南房　世界房　杣山弥三郎　金□

同行覚法房　□円房　法界衆生平等利益也

（注　脚掌裏にも「慶南房　云々」と長文の銘文あり不明の点あり省略、銘文は胎内にあり判読困難につき誤読あり、再調を要す。

県重要文化財、県史6　一二九〇図）

（腹部墨書）　文保弐年戊午二月十日奉造立所
奥州東海道岩崎郡長谷村観音堂徳一大師建立所也
同戊午三月十七日成為畢

□　□　□　律師　千秀房
人夫　□（不明）□　□　律師　秋野　其時乞食二僧……（以下不明）
□　□　□　法師　母

三一　安養寺供養塔銘　（石城郡小川町字上平　安養寺）

施主
元応元己未六十九日
敬白

三二　石那坂供養塔銘　（平市神谷鎌田字石那坂　阿弥陀堂）

右志趣者過去
悲母幽霊之相
元応二年五月廿五日　孝子敬白
当一百ヶ日忌
景所造立如件

（注　傍に同時代の五輪塔がある。県史6　一三八八図、一三八九図）

三三　薬王寺供養塔銘　（石城郡四倉町大字薬王寺字塙　薬王寺）

右為願西成仏
元亨二季十一月八日
相当三十五日

三四　円応寺供養塔銘　（相馬市川原町　円応寺）

元亨(亨)三年癸亥六月十日

（注　もと藩家老泉田家の手洗鉢として使用）

三五　薬王寺供養塔銘　（石城郡四倉町大字薬王寺字塙　薬王寺）

右奉為法印
元亨三癸亥季十二月三日百日
寛忠成仏也

（注　県史6　一二一四図）

三六　元植田薬師堂銅造阿弥陀像銘　（群馬県高崎市　秋池陽一郎）
（旧　勿来市植田町岩間　薬師堂）

（中尊背部刻銘）

正中二年乙丑二月一日於奥州　光円　平氏女　良信　紀左一氏女
菊田庄滝尻宿奉鋳之　檀那　大工又太郎　銀才工円心（桐紋）
空禅　紀左一六郎　能円

（注　重要美術品、盗難にあい高崎市の秋池家に移る。県史6　一二四八図）

三七　保福寺木造薬師像銘　（磐城市住吉字新町　保福寺）

（胎内銘）

岩崎郡□□（住吉）村保福寺□□□薬師如来
□□（正中）三年丙寅□月廿八日　比丘善来　生年七十□
檀那　隆□（蓮）比丘善来
仏子　院誉

（注　他に朱書の真言咒文あり）

（膝裏修理銘）

応永二十一年十月十二日

（他二行に墨書あり不明）

（注　重要美術品　認定当時「文永三年」と推定したが、常磐市湯本惣善寺阿弥陀像銘文により「正中三年」と訂正する）

三八　白山権現御正体銘　（相馬市山上字遠藤一五三　万蔵院）

（修理銘、墨書）

嘉応（暦）二年丁卯　師馳十八日□
信心大施主清元□
奥州宇田郷山上村
白山大権現
別当　満蔵院秀定
大檀那相馬長門守平朝臣勝胤公御子孫繁昌処
万治二季己亥二月三日

（注　銅製御正体の裏板破損し万治二年に修理を行なった際旧銘を採録したものである。「嘉応」の「応」は「暦」の誤字である。「嘉応二年」の干支は「庚寅」であるが、嘉暦二年なら「丁卯」で正しい。なお同院に鉄製馬頭観音の御正体があり銘に「奉造立馬頭観音別当海蔵院」とある。県史6　一三八一図）

三九　青滝観音寺供養塔銘　（平市草野字絹谷青滝観音寺跡）

□

嘉暦三年十月五日
戊辰

四〇　薬王寺供養塔銘　（石城郡四倉町大字薬王寺字塙　薬王寺）

（種子）　嘉暦三年戊辰

（注　亡失）

四一　物善寺木造阿弥陀像銘

（常磐市大字湯本字三函三一七　物善寺）

（膝裏墨書銘）

元徳二年庚(午)　十二月廿日　比丘善来七十□(九)

建武弐年乙(亥)　正月廿四日　比丘善来需識　春秋七十九

□　七十九時　□　浅□ヱ門

政幸　亡□

元徳三年辛(未)十二月　□　善来

弓忍慈父□□　悲母阿弥陀仏

師道　□　□

建武　□　□

（注　墨色うすく判読困難である。この像は元徳二年にはじめ両親菩提のため建武二年に完成し、比丘善来が銘文を書いたという意であろう。善来は住吉保福寺薬師銘文に見える。県史6 一二九五図　口絵参照）

四二　妙音寺供養塔銘　（石城郡四倉町大字駒込字戸沢　妙音寺）

往生極楽乃至法界平等利益□

右志者為過去慈父聖霊出離□(皆)空

元(弘)三癸酉十月廿二日　三十　孝子

三年　敬白

四三　薬王寺供養塔銘

（石城郡四倉町大字薬王寺字塙七四　薬王寺）

建武元年□□八月□日　逆修四十九日

右比丘尼

四四　薬王寺供養塔銘　（石城郡四倉町大字薬王寺字塙　薬王寺）

建武三年丙子八月十日　右比丘尼妙阿

相当百日

四五　薬王寺供養塔銘

（石城郡四倉町大字薬王寺字塙七四　薬王寺）

右奉為備前守政隆

暦応四季辛巳十一月卅日　平隆氏敬白

一百ヶ(日)□

法名願西成仏

（注　薬王寺石段の右側にあり裏に「下乗」の後刻があり、背面に建てて「下乗の碑」と称している。）

四六　仲禅寺木造十一面観音像銘　（双葉郡双葉町大字寺沢字唐沢一八七　仲禅寺）

（胎内銘）

性内房　下郡
五郎二郎　平三太郎
四郎二郎　乗円房妻
熊女　辻祖母
犬若女　室原後家
平六　高瀬女
三郎五郎入道　下浦
平二郎入道　鴻草七郎
平太四郎妻　渋河妻内方
平氏女　羽鳥孫太郎入道
孫太郎後家　谷田孫四郎
亀千代　小野田待従房
平氏女　谷田殿
源松王丸　寺内
明性房　下浦井小二郎
平太二郎入道　郡山四郎
平氏女　井森

康永弐年癸未六月六日
執筆　乗円
栗原修理進
平氏女　旦那
平経行

（注　前記以外にも人名が記されているが省略した。）

四七　虚空蔵堂木造虚空蔵像銘　（双葉郡川内村大字上川内字三合田　虚空蔵堂）

（膝裏墨書銘）

康永三かのへさる年二月筑前法橋銓□

（注　県重要文化財、修理銘と考えられる。）

四八　浄日寺薬師像銘　（平市大字上高久字作の入吾　浄日寺薬師堂）

（膝裏銘）

仏子孫四郎
奉修福（復）　文和二癸巳　□
六月一日　□
絵師覚山

（注　県重要文化財、修理銘と考えられる。県史6　一二八六　**図**）

四九　薬王寺供養塔銘　（石城郡四倉町大字薬王寺字塙　薬王寺）

（種子）

右之造立者□追
文和三年甲午二月十八日
一週忌辰如件

（注　亡失、大須賀筠軒の調査による）

五〇　薬王寺供養塔銘　（石城郡四倉町大字薬王寺字塙七四　薬王寺）

右為(顧)□法一百
延文五庚子□月廿日　施主
敬白
(日)□忌辰成仏

五一　諸荷供養塔銘　（平市大字赤井字諸荷　虚空蔵堂）

（レンザ）（レンザ）（レンザ）

延文六辛丑年二月十日
(尼忍)□□□
(禅心)□□

（注　稜父青石塔婆で、いわゆる関東型板碑である、他に次の延文銘のものと共にある。県史6　一四六七図）

五二　諸荷供養塔銘　（平市大字下平窪字諸荷　虚空蔵堂）

延文六年二月十日

（注　稜父青石塔婆、県史6　一四六七図、ただし同書に「文和四年」とあるは、誤りにつきここで訂正する。）

五三　薬王寺供養塔銘　（石城郡四倉町大字薬王寺字塙七四　薬王寺）

右為文阿弥
康安二壬寅二月七日
第三ヶ年忌

五四　成徳寺鐘銘　（注　県史6　一四六六図）

（旧　双葉郡広野町大字折木字舘三三一　成徳寺）

奥州会津□□郡□□山（中略明滅字数一百余）
大工平盛継　大檀那藤原盛広　住持比丘広誓
貞治癸卯九月初五日記
奥州東皆道(ママ)　標葉庄長徳寺之常住
脱三界苦　証大菩提　晃鐘也
永享二年　大才庚戌五月四日
本願聖人栄鏤　聖隆
大旦那道果　（下略）

（注　亡失、『大日本地名辞書』吉田東伍著による）

五五　薬王寺供養塔銘　（石城郡四倉町大字薬王寺字塙　薬王寺）

貞治二乙二巳年十一月十三日　敬白

五六　地蔵板木刻銘　（相馬郡鹿島町小島田字東立谷　遠藤貞義）

（像の右左に陰刻）

貞治戊申卯月日
右志者為慈父悲母奉開之僧正純

（注　県重要文化財、県史6　一三〇六図）

五七　忠教寺鐘銘　（旧　平市四ッ波字石森　忠教寺）

（第一区）
忠教寺鐘
奥州岩城郡
石森忠教寺
常住之大鐘
大檀那
常州久慈西横瀬大工円照
応安元戊申小春日

（第二区）
奥州岩城郡赤井郷
浅口東禅寺大鐘者
本石森之鐘也
永和二丙辰暦買取為
海雲山東禅寺常住
公用也
住持比丘希潤
勧進僧希燈
永和二年小春日

（注　亡失、市川寛斎翁蒐集拓本による。白水阿弥陀堂に移り、亡失した。）

五八　薬王寺供養塔銘　（石城郡四倉町大字薬王寺字塙七四　薬王寺）

右為□阿□
（種子）　応安元年十一月廿□
乃至法界衆生

五九　薬王寺供養塔銘　（石城郡四倉町大字薬王寺字塙七四　薬王寺）

右□了縁禅定
応安三庚戌七廿九
尼　七々辰立之

（注　追刻か、原銘がかすかに見える）

六〇　薬王寺供養塔銘　（石城郡四倉町大字薬王寺字塙七四　薬王寺）

右当□仁庵
栄公禅定門
七々辰造立塔
婆荘厳報地者
応安二辛亥六月廿七□(日)

（注　県史6　一二一六図）

六一　広畑供養塔銘　（石城郡小川町字広畑九九　草野泰）

一周忌
応安二辛亥七月廿五日
施主
敬白

六二　薬王寺供養塔銘　（石城郡四倉町大字薬王寺字塙　薬王寺）

応安七□甲寅八月十

右為常津

六三　薬王寺供養塔銘　（石城郡四倉町大字薬王寺字塙　薬王寺）

応安八四月廿一日
一周忌辰

六四　薬王寺供養塔銘　（石城郡四倉町大字薬王寺字塙七四　薬王寺）

右当浄光月岩
居士七々之辰所修
報之塔婆也方願
幽霊永離冥道蓮
坐仏界矣
永和三□□孟夏廿一日

六五　満照寺鰐口銘　（石城郡田人村大字黒田字別当六三　満照寺）

（表銘）
羽黒山満照寺法印宥保開山
（裏銘）
明徳二辛未年
（注　県重要文化財、県史6　一三二一図）

六六　禅長寺滝見観音銘札　（磐城市林城字大門　禅長寺）

（表書墨書）
西方仏師
備後律師院尊作之
（裏書墨書）
応永第十七正月十三日
造立了（花押）
（注　県重要文化財、県史6　一二九四図）

六七　相馬妙見歓喜寺鐘銘　（相馬市小泉字高地前　相馬妙見歓喜寺）

奥州宇多郡久保山安養
寺相馬累代之願寺也簴
梵鐘於宝殿記曰応永卅
二季前霜台隆泰捨貲鋳
之所施也年来及大破因
玆挙自大望請他小施已

而新鐘成矣銘辞在古鐘
直勅之掛著于安養精舎
（中略）
元禄十丁丑歳　三月　日
見住法印俊光
冶工
斉藤利左衛門安盛
同　弥次衛門盛恒
同　与五衛門久盛
（注　亡失、元禄十年再造のもの。）

六八　大聖寺両界曼荼羅銘（双葉郡浪江町北幾世橋字北原六　大聖寺）

（胎蔵界　余白墨書）
文明六甲午五月九日梵絵共に事伝書之
奥州行方岡田白楽院□家ニテ
□信生ル□卅八歳　実名清雅
（金剛界　全白に）
奥州行方飯崎安養寺居住ノ時書之
梵絵共ニ事伝書之　下野国府中
勝光寺滝月坊住僧也
（注　県重要文化財）

六九　仲禅寺鐘銘（双葉郡双葉町大字寺沢字唐沢一八七　仲禅寺）

（第一区）
仲禅寺鐘銘并序
吾聞竜頭山仲禅寺創建於大同時
而在昔傑閣峥嵘僧房成列　蓋或性或
相教宗処棲止也　其改為禅刹也実権
輿乎諸　同慶代四代天巌禅師為第一
祖自時厥後　逓代相承出自其系既今
殆幾二百年処　若夫創建以来　年代遼
邈寺之廃興不可識　而其処鋳之鐘成
毀不亦伝　処伝者文亀癸亥檀越泉田
氏胤清作銅鐘而懸之　星霜屢遷鐘漸
以毀越百七十余年至延宝甲寅伯雄
禅師当時住是寺受天桂禅師命兼募
諸檀合旧鐘新之而鐘復成　然敲撃不
謹三十余霜之間　鐘復毀矣　今玆宝永
乙酉見住景卓思法器之廃不可不興
故捐衣資新添銅若干斤　粔旧為一　命
鳧氏改鋳焉　鐘成徴銘於余厥志欲与
（第二区）

銘伝之無極以鎮山門也

（中略）

宝暦八戊寅十一月二十八日

上浦住

巧冶　大和田勘太郎尉

政重

同姓　卯八郎尉

昭重

（注　延宝・宝暦改鋳銘を省略）

七〇　国魂神社鐘銘　（勿来市窪田町字馬場　国魂神社）

（第一区）

御神慮照覧在前

右為現当両益也

銘文曰

諸行無常　是生滅法

生滅々己　寂滅為楽

国玉大明神

（第二区）

奉鎔鋳

東山道陸奥菊多郡窪田

国玉大明神御神前推鋳

于玆

往昔大旦那　平朝臣昌清

大永元年壬午鋳建草創也

（第三区）

貞享四丁卯赤津氏光寛

弁能住再興肆亦建破廃

村隣受助志諗建願成就

（第四区）

于時

天明元年歳次辛丑十一月之吉

施徳院　覚弁代

願主隠居竪者法印義弁敬白

同国岩城平住

大工職鋳物師椎名浅右衛門藤原義雅

（注　重要美術品）

七一　如来寺月形筥銘　（平市大字山崎字矢ノ目九二　如来寺）

（内筥　墨書）

右老抑客月寿公上人之重書作不思議□縁良卜之

方江以致到来令営作月形之箱致書於全部而奉安置之

然□以寿公上人御慈悲御手印計奉頂戴也

感応時至山崎専称寺之第六住良大上人以不慮縁熟

手印幷重書不残□□許処也然於不相伝人扱壱箱
輩者神罸冥罸不可有齢若於某無抑資法器者伝故
本寺江可被末弟納者也

鎮西善導寺末流　良卜（花押）

老父道秀老母妙円為往生極楽也

大工　吉田次郎左衛門

大永六年丙戌七月二日

七二　阿弥陀寺鐘銘

（相馬郡鹿島町大字南屋敷字前畑一六八　阿弥陀寺）

（第一区）

諸行無常　是生滅法
生滅々己　寂滅為楽
大日本国奥州真野郷
行方郡千倉庄中目山
道空院阿弥陀寺四世住
良照上人師檀合心鋳於
洪鐘掛于仏前矣厥后星
霜積年破壊焉于時
大檀越朝散大夫兵部太輔
平顕胤朝臣再鋳於華鯨
寄附于当山矣旹当住持

九世良周上人也

奉行　米々沢盛清

桑折左馬助久家

于時

享禄二巳丑中秋十日

（中略）

旹

寛延元竜次戊辰後秋初旬

冶工　上浦住

大和田勘太郎

当山現住二十八世

賢蓮社良普正上人守信

慈海謹識

（注　亡失、寛延再鋳銘は省略した）

七三　保福寺雲板銘

（磐城市住吉字小川　保福寺）

（旧所有　遍照院）

（表銘）

奥州磐崎住吉遍照院寄進之施主妙椿

（撞座）

于時天文五丙申歳三月二十三日

（裏銘）

旧彫刻如右今依

及大破藤義概命
冶工新鋳之以令寄
進者也

（撞座）

于時寛文丁未歳
八月日

七四　妙見堂華鬘銘（石城郡四倉町字舘下一二三番番　妙見堂）

天文五年
岩金山本願祐西
今月吉日

（注　県重要文化財）

七五　馬玉観音堂巡拝納札銘（常磐市大字馬玉字寺作四七　観音堂）

十羅刹女　奥州菊田庄　小川高松
（漆　書）
海道三十三所巡礼　鈴木重安
同　亀子
三十番神　天文八年大才己亥九月十七日

（注　裏面に墨書銘あり不明）

七六　住吉神社鐘銘（旧　磐城市大字住吉字住吉一　住吉神社）

（第一区）

敬白
奉鋳造奥州岩崎郡住吉
大明神御宝前大鐘一首
十方諸衆請助力大願成就
本願聖脈善脇聖鏡印小聖三位十人
時別当坊法印賢賀
大旦那平朝臣重隆
時神主平朝臣隆健

（第二区）

助成且越那智阿弥
大工健田　脇大工蔵助
小工廿余人
天文九年庚子十一月十五日

（注　亡失、東京国立博物館　市川寛斉翁旧蔵拓本による）

七七　梵音寺木造地蔵尊台座銘（常磐市下船尾字作　梵音寺）

岩崎梵音寺
左住納
常州府中
国分寺邑
九品作
天文十六年七月

七八　熊倉神社棟札

（石城郡川前村大字小白井字将監小屋　熊倉神社）

（棟札一）

大旦那佐藤伊勢守藤原行信御息重信

奉造立御社　于時天文十七年三月廿七日

山城守藤原政信

木屋奉行　根本丹波信秀

願主　根本監物

大工　石見隆家　大工　鈴木丹後信秀

（棟札二）

願主　三之守

奉造立御社　于時元和三年五月十二日　山城守藤原政吉

（外に寄進者名略）　筆者光慶

七九　飯野八幡宮鐘銘　（旧　平市字八幡小路八四　飯野八幡宮）

（第一区）

竊以

椎槌一打　三千之衆　雲集

霜鐘　三振四生之苦氷銷矣

爰南部州扶桑朝陸奥国

於岩城郡飯野村八幡宮而

奉再造洪鐘之所

大檀越左京大夫平重隆

竝鶴千代丸命于鋳工而令

鋳造之遂而功成既而銘之云々

爰知

（第二区）

蓋鎮護国之霊神也

㝡深固信心之主姓也

是豈不撓感之孰乎

是豈非鐘谷之応乎

観夫

和光之影輝玉棲

利物之声転花鯨

伏願

天長地久而退衆怨於四方

子繁孫栄而溢名誉於八境

重乞

（第三区）

雁宇影不傾　添応神威光

梟鐘声无盡吐如来梵響

而已

神主　藤原隆至

鋳工　対馬守重善

聖　泉海房

于時天文廿年辛亥十二月十四日

謹誌之

脇檀那　岡田伊豆守信家

□本願　吉田十良兵衛

（注　東京国立博物館蔵　市川寛斎の拓本による。明治戊辰に亡失）

八〇　楢葉八幡神社棟札

（双葉郡広野町大字上北迫字石名坂五七　楢葉八幡神社）

聖主天中天

迦陵頻伽声

卍

奉造立　八幡宮　大檀那平朝臣重隆公諸願成就所

哀愍衆生者

我等今敬礼

天文廿一年壬子九月十六日

神主　猪狩出雲守貞高

八一　諏訪神社御正体銘（平市豊間町字下ノ内一〇〇　諏訪神社）

奉懸奥州岩城之郡豊間之

諏訪大明神御宝前御正躰

大旦那志賀右衛門尉

助力之旦那

遠藤三郎兵衛

敬白　塩家

本願大峯大夫新伊守久吉

小大夫吉広

大工重吉

永禄九年丙寅十二月十三日

（注　県重要文化財、新伊守は紀伊守、大夫の夫を「支」とする。県史6　一三八二図）

八二　波立寺木造御正体銘（双葉郡久之浜町大字田之網　波立寺）

（表　刻銘）

□　□楽尉　（右、欠失して不明）

維永禄十一年戊辰六月晦日（左）

四倉村寛延六年十月（外周にある追刻）

（裏銘）

寛延六年十月吉日　（追刻）

塗師□　（漆書）

奉□　□

右護持施主并□房息災延命二世悉地故也

奉再興四倉住人新妻雅楽尉比渡六代子孫二世安楽所

施主　新妻平四郎

平次郎

金□

（注　御正体右一部缺欠、寛延六年の修理銘を追刻す。県史6一三八五図）

八三　長友地蔵錫杖銘　（石城郡四倉町長友　長隆寺）

（刻銘）

大地蔵井（菩薩）　長友之村

本願行海十穀

造工　源一郎

永禄十二年六月一日

八四　浄国寺供養塔銘　（相馬郡小高町大字南小高字関場一五四　浄国寺）

椎大僧都実照法印菩提也

（金剛界大日種子　蓮座）

元亀二年辛未八月日大僧都春済

立之

八五　元法用寺不動画像表装銘（石城郡川前村小白井　酒井泰長）

（表装　裏面墨書）

作者　日光山住弁成坊

法用寺　護摩不動　法印長慶

天正七年己卯九月廿九日

宝永元年甲申十月十九日

会津若松ニテ表具ス

右軸ニ書記アリ

（注　宝永元年に表具の際、軸に初出の三行の銘文が記されていたとの意で、もと会津高田町法用寺の「護摩不動」といわれた什宝である）

八六　満照寺不動尊脇侍銘　（石城郡田人村大字黒田字別当　満照寺）

八七　勝軍地蔵厨子銘　（相馬市中村城跡内　中村神社）

于時天正十五丁亥年四月十九日敬白

七条大仏師

宮内卿法印

康清作

天正拾五年八月吉日

八八　満願寺棟札　（磐城市上釜戸字堤内　清谷寺）

（棟札一）

奉造立満願寺一宇

文禄五年丙申卯月五日

本願　高木越中守

同　対馬守

（棟札二）

奉再建聖学山万宝寺不動堂一宇

于時　正保三年丙戌三月二十八日

八九　馬玉観音堂棟札　（常磐市大字馬玉字寺作四七　観音堂）

慶長拾七年壬子本願金□院（蔵）

卍　岩崎馬玉之村観音堂成□之所（下に九行二列に人名あるが略す）

二月拾七日　敬白　安□坊

九〇　星神社棟札　（相馬郡小高町大字行津字宮下　星神社）

四ヶ村惣鎮守　大守公御武運長久祈所

祠官　天野遠江

社頭康栄

奉造替星宮大明神宮

宮中繁昌

滑津村　四郎兵衛

慶長十七壬子九月十三日　下浦村　勘兵ェ

氏子頭　浦尻村　治兵ェ

耳谷村　十郎右ェ門

九一　飯野八幡宮墨書銘　（平市八幡小路八四　飯野八幡宮）

（本殿柱墨書　一）

元和元年六月廿四日

此みやをたて申候なり

大工　ひらさわたくみ

同　与蔵　同　かめ丸　十七のとし

（本殿柱墨書　二）

元和弐年八月十一日

平沢内匠

むねあけいたし申候

同　与蔵　廿五のとしたち申候

（注　県史6　一二六一図）

補一　諏訪神社鰐口銘（双葉郡川内村上川内）

嘉吉二年三月十八日

補二　神山権現鰐口銘（相馬郡鹿島町神山権現）

天文六年十二月十三日　平朝臣胤慶

補三　諏訪神社棟札（相馬市黒木字諏訪前）

天文七戊戌年四月十九日

大檀那藤原朝臣若狭守弼房　地頭神主太夫民部卿

柱立三月六日　棟上四月七日申刻

大工内匠助　惣番匠三百五十人

本山百人　代物五十貫　白米十石

（注　亡失、社記による。疑問の点があるが収録する）

中通り地方

九二　阿邪訶根神社供養塔銘（郡山市大重町九二　阿邪訶根神社）

経　番　沙弥
阿闍梨□□　□□□□光明
僧□□　目代　息通
僧　教観　沙弥　弥陀
（妙）（法）
□□蓮華経　僧　近阿　比丘尼　諸因
僧　□□　□□　成仏
僧　□乗　□□　発心
僧　□□　□□　養□
（法華曼荼羅）僧　□□　□□　柔苦
僧　隆舜　沙弥　成道
僧　良弁　沙弥
僧　徳弁　沙弥　（欠失）
僧　□親　沙弥
治暦三丁未二月　僧　□円　沙弥
僧　頼円　沙弥
律師覚勝　沙弥

（注　集古十種・平安遺文に所載されているが、「治暦」は後刻であり問題が存するが一応治暦として配列した。県重要文化財。県史6　一四四三図）

九三　天王寺陶製経筒銘（福島市飯坂町字天王寺　天王寺）
（陰刻箆書）

敬白
奉施入
信夫御庄天王寺如法堂銅一口
大勧進聖人僧定心
大檀主藤原真年縁友作者代
同姓代同姓代
小勧進白井友包糸井国数
藤原貞清縁友源代
藤井末遠日田部貞家
小太良殿
仏子僧宴海僧慶勢
僧竜鑒
稲石丸犬子丸
源長宗縁友
右志者為慈尊三会之暁同令
一仏浄土往生也
承安元年歳次大歳辛卯八月十九日
取筆僧　長筌

（注　重要文化財、明治三十二年天王寺経塚より出土。米山寺経筒、平沢寺経筒と共に著名である。県史6　一三四三号）

九四　米山寺陶製経筒銘　（須賀川市西川字山寺坂上二一　日枝神社）

（篦書銘）

敬白
　奉施入
磐瀬郡米山寺如法
　経銅
大勧進聖人僧行祐
大檀主　僧円珍
糸井国数藤原貞清
白井友包藤井末遠
右志者為慈尊三会
　暁同一仏浄土往生也
　　承安元歳次辛卯八月廿八日
　　　　　　　　辛午

（注　重要文化財。八月廿八日は庚午が正しいが辛午と誤っている。伊達郡平沢寺経筒は承安元歳次辛卯八月廿八日庚午と拓本にあるこの方が正しい。県史6　一三三九図）

九五　平沢寺陶製経筒銘　（伊達郡桑折町大字睦合（字一本松）出土）

　敬白
　　奉施入
伊達郡平沢寺如法銅
大勧進聖人僧長胤
大檀主僧永釜
糸井国数藤原貞清
白井友包藤井末遠
右志者為慈尊　暁
　一仏国土往生也
　承安元年歳次辛卯八月
　　二十八日庚午

（注　氏家正利蔵拓本による。県重要文化財、県史6　一三四六図）

九六　岩法寺五輪塔銘　（石川郡玉川村大字岩法寺字竹ノ内　岩法寺）

（地輪刻銘）

施主□□入道
治承五年辛丑十一月　日
為源基光□

（注　石川基光墓、重要文化財。県史6　一三九〇図）

九七　上糠田供養塔銘　（旧　伊達郡月館町　上糠田躍坊）

（種子不明）　元暦元年甲辰

（注　亡失、信達一統志による「文暦甲午」のあやまりかという説もあり、一応収録する）

九八　立ヶ岡磨崖供養塔銘　（石川郡石川町立ヶ岡）

建久□

「　」光忠也

（注　大正十五年破壊され、「光忠也」の文字のみあり、「建久」の年紀に問題があるが、一応収録する）

九九　東福寺舎利塔内石仏銘　（石川郡玉川村大字南須釜字久保田三〇　東福寺）

（大日如来石像背銘）

開山宥元代

元久二年乙丑

（注　指定史跡舎利塔内にある。「元久」の年紀に問題があるが、一応収録する。県史6　一四〇〇図）

一〇〇　如宝寺供養塔銘　（郡山市堂前五二　如宝寺）

（前面）

右志者為慈父也

（阿弥陀如来坐像）　承元二年大歳戊辰八月十一日

施主華慶造立

（右側面）

一持秘密呪

生々而加護

奉仕修行者

猶如薄伽梵

（注　国重要文化財、県史6　一四一六図）

一〇一　如宝寺供養塔銘　（郡山市堂前五二　如宝寺）

建保七年己卯二月　日

（注　浮彫閻魔天曼荼羅。銘文を失なう。集古十種による。俗に釜堂の碑という。県史6　一四一八図）

一〇二　八槻都々古別神社木造十一面観音台座銘　（東白川郡棚倉町大字八槻字大宮　都々古別神社）

（墨書銘）

敬白

奉造立

十一面観世音菩薩像

成弁修行三十三所観音

霊地之□（間）於八溝山観音堂

上院参籠三百ヶ日之□□

□□□□当社別当之□

□□大和国長谷之

本仏之威儀所□（奉）造立之

状如件

天福二年七月十九日

願主別当少僧都□意

為六罪菩提沙門成弁

（注　重要美術品。県史6　一一六三図）

一〇三　景政寺仮名書供養塔銘　（西白河郡矢吹町大字三城目字上町　景政寺）

クハンレアフツハウ　カテイ二子ンヒノエサル
カキヌレクタウハウ　六月二十六日

（注　集古十種による。原碑を失い今のものは模刻である。年紀は「嘉禎二年丙申」であり、原供養塔が確認されれば、本県最古の供養塔に属する。）

一〇四　木造阿弥陀像銘　（福島市太田町　油井宇助）
（旧　安達郡岩代町戸沢　某寺）

右奉造立阿弥陀仏者為師長父母出離生死
登蓮台兼又法界衆生平等利益也
暦仁二年己亥［　　］日（以下不明）
常念敬白
半破仏之上造次之建立［　　］
仏子西広
元亀四年癸酉四月吉日

一〇五　下白山供養塔銘　（福島市飯坂町平野字下白山　香積寺）

右志者為過去
建長五年大才癸丑十月廿日　聖霊成仏得道

（種子　不動尊）　出離生死頓証（菩提）
願以此功徳　普及於一切　我等与衆生　皆共成仏道

（注　巨大な石塔で、中央に不動の種子長さ一、四メートルの大文字を刻み、その左右に趣旨、願文がある。県史6　一四三六図）

一〇六　中新城供養塔銘（西白河郡大信村大字中新城字入塩鍋山）

性海
大歳
建長八年
丙辰
聖霊

一〇七　大森城山供養塔銘　（信夫郡信夫村大字大森字椿館　墓地内）
（注　県史6　一四五六図）

右志者為慈父也
正嘉二年大才戊午九月三日
敬白

（注　大森城跡、観音堂の下もと常栄寺跡にあり、城主芋川家墓所の下にあたる。この付近には供養塔が非常に多い。敬白の上に「戦死」の字があったといわれるが認められない。）

一〇八　陽泉寺供養塔銘

（信夫郡信夫村大字下鳥渡字寺東　陽泉寺）

右志者為悲母也　平氏女敬白

（阿弥陀三尊来迎の浮彫像）

正嘉二年大蔵戊午九月十八日

（注　阿弥陀三尊来迎浮彫像として著名なものであり、銘文は左右に陰刻してある。左傍に地蔵の浮彫像があり無年号、右に乾元元年の板碑がある。国指定史跡、県史6　一四二〇図）

一〇九　北島供養塔銘　（信夫郡信夫村大字下鳥渡字北島　神明神社）

右者為慈父也

正嘉二年戊午

初冬上旬

一一〇　阿弥陀堂供養塔銘　（西白河郡矢吹町寺内　あみだ堂　阿弥陀堂）

弘長元年八月廿二日

一一一　長命寺供養塔銘　（岩瀬郡岩瀬村大字畑田字橋本五〇　長命寺）

右志者□慈父幽霊（菩提）也

（阿弥陀三尊浮彫）

弘長二年大才壬戌四月日敬白

一一二　下白山供養塔銘　（福島市飯坂町平野字下白山　香積寺）

右志者奉為過去慈父

若有重業障　彼岸第六番八月八日也　孝子

無生浄土因　弘長二年歳次壬戌九月十二日

乗弥陀願力　□時之命終也　敬白

必生安楽国　禅門聖霊成仏得道也

（注　県史6　一四三六図）

一一三　医王寺供養塔銘　（福島市飯坂町平野字寺前　医王寺）

弘長二年大才壬戌十月十二日

（注　医王寺の所在する平野・余目地区は板碑の多い地帯である。医王寺薬師堂の後方には六〇余基が建て並べられている。附近から発掘したものも集められており、その中に、佐藤継信・忠信の墓ならびに庄司基治夫妻の墓と称するものがあるが、中世の板碑で、上部三角形をなすもの二、三ある外は東北型の厚石板碑で、種子はあるが、多くは銘文を失っている。県史6　一四三一図）

一一四　梅の木供養塔銘　（岩瀬郡岩瀬村大字梅田字梅の木　中学校校庭）

弘長三年癸亥　□

一一五　明新供養塔銘　（西白河郡矢吹町大字明新字館山　馬頭観音堂）

右志者為信心□塔（尼）

時正

白敬

弘年二二年甲子大才弐月□日

第六番

起立所願成就也

孝子

（注　県史6　一四五五図）

一一六　下白山供養塔銘　（福島市飯坂町平野字下白山　香積寺）

□江乗　□　□

□本　□　□

（本）□来具足三身徳　□　□

常住妙法　□　□

三十七尊位心城　文永元年甲子十月廿日施主敬白

□□□諗諸三味　先考□弥西入尼□

□法然具　生之間自然依

無江□海本□満　易□生

近当切札心□仏　□　□

（種子剥落）

（注　県史6　一四三六図）

一一七　下白山供養塔銘　（福島市飯坂町平野字下白山　香積寺）

（種子剥落）　文永元年十月廿一日

一一八　富岡供養塔銘　（郡山市三穂田町富岡字阿弥陀二ノ三）

文永二年八月時正第一番

（阿弥陀三尊来迎浮彫像）

右志者為過去□（悲）母往生□（仏）国也

（注　浮彫三尊像左右に刻銘があり、元禄十五年建立の石塔中に安置されている。松藩捜古・相生集・県史9　一四二六図）

一一九　山王塚供養塔銘　（信夫郡信夫村大字成川字門屋敷二六　俗称山王塚）

文永三年丙□（寅）

右志□

一二〇　文知摺供養塔銘　（福島市岡山大字山口字高森　墓地）

文永四年丁卯大才七月日

（注　文知摺観音堂の近くにあり、俗に虎女墓という、外に二基あり。）

一二一　前田供養塔銘　（信夫郡信夫村大字大森字前田　八幡神社）

右志者妻□

(種子不明)　文永五年閏正月廿五日

□

(注　亡失か)

一二二　大谷地供養塔銘　(郡山市安積町大谷地)

右相当悲母幽儀

文永六年四月三日　孝子敬白

一周之遠忌造立之

一二三　寺崎供養塔　(旧　福島市余目大字宮代字寺崎)

(種子不明)　文永七年

(注　亡失)

一二四　城裏口供養塔銘　(信夫郡信夫村大字山田字丸山)

(レンザ)

(右志)□為　蓮比丘尼

沙弥蓮持　逆修之也

孝子等

敬白

文永八年辛未二月十二日

(注　種子蓮座優れている。「志」の字上半が見えない。県史6　一四三二図)

一二五　成川供養塔銘　(信夫郡信夫村大字成川字地蔵前八)

右志者慈父

文永八年二月

(注　旧赤川村名主善右ェ門の旧墓地にあり)

一二六　石田供養塔銘　(岩瀬郡岩瀬村大字柱田字石田)

(阿弥陀三尊浮彫)

文永八年大歳辛未八月廿七日施主敬白

一二七　代畑供養塔銘　(西白河郡中島村代畑字御城)

文永九年二月十八日

(注　館跡に十数基の板碑群、石仏がある)

一二八　常林寺供養塔銘　(須賀川市仁井田字館内一九二　常林寺)

文永九年大才壬申四月廿五日

結衆三十

余人敬白

一二九　山田供養塔銘　(信夫郡信夫村大字山田字細谷脇)

右志為父五七日也

(種子)

文永九年壬申十二月廿□

（注　年月日は筆を異にする。後刻であろうが、大日の種子、造塔趣意は創建当時のものである）

一三〇　念仏橋供養塔銘　（福島市御山字西坂）

右志者為□母□之時□
文永十年癸酉十月□□　孝子等敬白
□□菩提門造立之如件

（注　もと信夫山下の字橋本一の泉川の橋となっており、「念仏橋の碑」の名が生じた。もと信夫山上にあったものであるから、現在山上の薬王寺参道に再建され、傍に「再建の碑」がある、信夫山上にはこの他に「弘安四」「弘安」の二つの板碑がある。県史6　一四三〇図　文永四年は誤り）

一三一　北館供養塔銘　（信夫郡信夫村大字大森字北館八四ノ四）

孝子
文永十年歳次癸酉十一月廿五日
敬白

一三二　北館供養塔銘　（信夫郡信夫村大字大森字北館八四ノ四）

□□　孝子
文永十二年一月廿三日
□□　敬白

一三三　台畑供養塔銘　（信夫郡信夫村大字大森字台畑）

右志者為
建治元□(年)十二月
□

一三四　代畑供養塔銘　（西白河郡中島村代畑字御城）

建治二年二月一日

一三五　如宝寺供養塔銘　（郡山市堂前五二　如宝寺）

建治二年丙子
夫以卒塔婆者三
世諸仏内証功
徳得道群類□
（阿弥陀曼荼羅）
抜苦□(指)□□礼
離三悪造立生
九品仍当悲母
三月六日
三七日所立如件孝子敬白

（注　国重要文化財。上部に阿弥陀曼荼羅の種子を刻し、その左右に年記があり、下に願文を刻す。県史6　一四四二図）

一三六　玉森供養塔銘　（信夫郡信夫村大字下鳥渡字玉森九ノ二）

建治二年丙子九月十三日

一三七　代畑供養塔銘　（西白河郡中島村代畑字御城）

一結衆徒

（摩崖浮彫阿弥陀座像）　建治二戊寅年造立

三十

一三八　関根供養塔　（郡山市西田町三町目字関根）

弘安元年大才戊刀（寅）四月　日

（注　県史6　一四四八図）

一三九　宮代供養塔銘　（福島市余目大字宮代字屋敷畑二一三）

右奉為過去先妣聖霊
捨五障苦域之身速届九
品浄刹之土乃至六趣有
情四生含識離苦得脱同
円種智而已于時弘安元
暦戊寅夷則上旬之候為
永代課紫台誌之

左衛門尉源朝定敬白

（注　集古十種所載、俗に「縁切仏」といわれ土俗信仰がある）

一四〇　代畑供養塔銘　（西白河郡中島村代畑字御城）

弘安□（元）戊寅八月　日

一四一　小高供養塔銘　（石川郡玉川村大字小高字向五五）

九月
弘安元年
六日

一四二　羽黒神社鐘銘　（福島市信夫山　羽黒神社）

奉鋳羽黒大権現鐘　一口

弘安三庚辰年三月廿日

（注　亡失、信達風土雑記による）

一四三　光岩寺木造阿弥陀像銘　（田村郡三春町大字三春字亀井二一二五　光岩寺）

（胎内墨書銘）

（腹部）

南閻浮提大日本国鎮西肥後国宇土郡内
馬瀬住人　得万太郎

弘安三年五月十四日　明融房西範

（背部）

肥前国高木郡多比良之村

瑞雲山用林寺　住持瑞雲元禎

時慶長四年己亥九月吉日　敬白

（注　重要美術品、はぎ目剝離し損傷がある。銘のとおり肥後国において造顕され、後肥前に移り、さらに茨城県結城郡弘経寺に安置され、三春秋田公移封の際、三春に移された。銘文の外頭部その他に光明真言など数十の梵字がある）

一四四　台畑供養塔銘　（信夫郡信夫村大字大森字台畑）

右志者為

弘安三年庚辰八月卅日

亡夫之也

（注　亡失、大森城跡の北方、元新城一所有畑にあった。）

一四五　法光寺供養塔銘　（須賀川市滑川字中ノ内　法光寺）

志趣母光礼仏

弘安二三月二日九日四十

三世成仏得□

（注　上・下部欠失）

一四六　白山寺供養塔銘　（福島市荒井字寺屋敷白山寺門前　白山寺）

弘安五年壬午八月十五日

一四七　田鍬供養塔銘　（須賀川市稲字田鍬）

右志者為過去

尊霊出離生死

□□（往生）極楽証□

弘安六年正月廿三日

敬白

一四八　成田供養塔銘　（郡山市安積町成田字成田　阿弥陀堂）

右逆修者為時阿弥陀仏成仏

（レンザ）

弘安六年癸未二月十五日□敬白

（注　種子上半および右側欠損）

一四九　大仏城跡出土宝塔銘（信夫郡信夫村大字平石字西ノ内）

（軸部銘）

（基台銘）

弘安六年癸未四月廿日

孝子

□□（敬白カ）

（注　大仏城跡＝県庁附近から発掘し、犬塚又兵衛より小島万吉貰いうけ、後現在地に移る。九輪笠部を失い、軸部に阿弥陀の種子、基礎に年記があり、字体整美である。県史6　一三九三図）

一五〇　宝光寺供養塔銘　（郡山市安積町荒井字東屋敷　宝光寺）

（レンザ）

右立婆意趣者先考和泉荘司　藤原

弘安六年癸未四月廿八日

祐重　敬白

禅門当百ヶ日忌辰奉為成仏也

（注　もと郡山市安積町荒井の安養寺にあり、「安養寺の碑」とも呼ばれる。県史6　一四四五図）

一五一　高久田供養塔銘　（岩瀬郡鏡石町大字鏡田字高久田）

□過去為阿闍□□□

（阿弥陀三尊浮彫）

一五二　岩崎山供養塔銘　（岩瀬郡長沼町大字木之崎字岩崎山　愛宕神社）

弘安六季大才癸未四月日

右志者為印範□□房

敬白

（レンザ）　（光明真言）　弘安六季大才癸未八月廿二日

□良等

聖霊出離生死往生極楽也

（注　洞くつの奥壁に陰刻してある。種子と年紀の間に「光明真言」の梵字が三行にある）

一五三　上舞木供養塔銘　（郡山市上舞木　阿弥陀）

右志者為過去慈父幽霊

孝子

弘安六年大才甲申正月廿五日

敬白

出離生死往生極楽也

（注　県史6　一四四六図）

一五四　形見供養塔銘　（石川郡石川町大字形見字大工内）

右志者為

弘安七年大才甲申十一月廿日

亡姉成仏也

一五五　諏訪内供養塔銘　（郡山市富田町諏訪内）

弘安八年九月廿三日

（阿弥陀三尊浮彫）

為比丘尼聖霊也

（注　県史6　一四二五図）

一五六　信夫山供養塔銘　（福島市信夫山甘糟）

右志者為過去幽儀成仏

孝子等

弘安八年乙酉十月廿四日

敬白

得道所造立之如件

（注　信夫山東展望台に行く路の傍にあり、「甘糟の碑」といわれ、「念仏橋の碑」と共にあった。もう一基、羽黒神社参道山王社の上大杉の根元にある二十三夜塔の碑に「弘安右為」の数字逆さに見られる）

一五七　法久寺供養塔銘　（郡山市山崎三八五　法久寺）

（元　郡山市日和田町八丁目恵日山）

右当先考一十
弘安九年酉戌六月四日敬白
三年忌辰為成仏

（注　もと日和田町八丁目より移す。松藩捜古・相生集にあり県史6　一四四七図）

一五八　上野寺供養塔銘　（信夫郡吾妻町大字上野寺字大林　菅原神社）

弘安十年大才丁亥二月時正　孝子
敬白

一五九　崇徳寺供養塔銘（石川郡大東村大字狸森字横石　崇徳寺）

右為相当過去幽儀
光明遍照　十方世界　四十九日忌辰奉□
弘安十年大才丁亥四月三日　孝子
敬白
念仏衆生　摂取不捨　造処也仍得生仏□
乃至法界平等利益也

一六〇　関下供養塔銘　（須賀川市仁井田字関下　公民館前）

弘安十一年戊子三月八日　相当一百ヶ日造立之

一六一　踏瀬磨崖供養塔銘　（西白河郡泉崎村踏瀬観音山）

右志者□
弘安□

（注　軽居沢川河岸の岩壁に数十基の磨崖供養塔が、板碑型に刻まれている。多くは種子のみで、彩色図絵の来迎供養塔もあり、その中に墨書で、「弘安」の文字がある。県史6　一四五七図）

一六二　不動堂供養塔銘　（安達郡本宮町大字仁井田字西町　不動堂）

右志者為悲母
正応元年戊子
逆修善根故也

一六三　信夫塚供養塔銘　（信夫郡信夫村大字上鳥渡字藤南一七）
（元　同村大字上鳥渡字樋ノ口一三）

右志者過去先考幽
正応二年大才己丑二月十八日　孝子等　敬白
儀出離生死往生極楽也

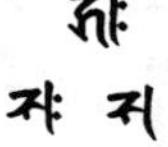

（注　信達一統志に「豊口にあり」と見える。明治四十年頃耕地整理の際現在地に移す。この地を信夫塚城ノ内という。近くに四面石幢あり蓮座の上に種子を刻む）

一六四　平阿弥陀堂供養塔銘　（郡山市西田町三町目字　清水堂）

（梵字）

右志者為意趣

（追刻）
一翁無休居士菩提也

（応）
正暦弐年大才□寅三月廿日

（注　居士銘は追刻であり、「暦」は「応」の改刻である）

一六五　光台寺供養塔銘　（伊達郡伊達町大字伏黒字北屋敷　光台寺）

（梵字）

正応二年己丑三月廿一日

一六六　光台寺供養塔銘　（伊達郡伊達町大字伏黒字北屋敷　光台寺）

（梵字）

右志者為過去

亡魂五七日立之也

正応二年己丑五月七日　敬白

一六七　光台寺供養塔銘　（伊達郡伊達町伏黒字北屋敷　光台寺）

（梵字）

一百ヶ日立之

正応二年己丑七月十一日　敬白

一六八　日吉神社供養塔銘　（郡山市安積町日出山字日出山　日吉神社）

（梵字）（レンザ）

正応二七月日

（注　日枝神社参道に十数基の板碑が保存されている。）

一六九　池上供養塔銘　（須賀川市池上町（旧道場町））

右志者為菩提

（阿弥陀三尊浮彫）

正応二年八月廿五日

一七〇　五輪山供養塔銘　（須賀川市仁井田字関下　熊野神社）

右当先考五七日

（梵字）

正応二年己丑九月廿九日　敬白

為成等正覚也

（注　県史6　一四五二図）

一七一　川辺供養塔銘　（石川郡泉村大字川辺字宮ノ前）

（梵字）

十一月□

正応二丑□

一七二　明神前供養塔銘　（岩瀬郡岩瀬村大字滝字明神前）

（梵字）

正応三年庚刀（寅）十一月八日敬白

（注　俗称「ありがんとう」と称し、昔堂宇があったという。「姉願堂」の字を当てる）

一七三　仁井田供養塔銘　（安達郡本宮町仁井田字申七二）

（梵字）

為□□□

正応三年九月六日

一七四　明神前供養塔銘　（岩瀬郡岩瀬村大字滝字明神前）

（梵字）

正応三大歳庚刀（寅）十一月八日　敬白

一七五　明神前供養塔銘　（岩瀬郡岩瀬村大字滝字明神前）

（梵字）　妹比丘尼是阿弥陀仏

（梵字）　昔紀州高野山僧侶□観

今□□石姫山住僧□人

正応六年□巳二月十五日

（梵字）　□□禅尼□阿弥陀仏

（注　県史6　一四四九図）

一七六　西町供養塔銘　（安達郡本宮町字西町七二）

右志者為慈母

（梵字）

正応二年二月廿五日

逆修善根也

一七七　庚申供養塔銘　（安達郡本宮町大字仁井田庚申）

右志者為□西方井（菩提）

（梵字）

正応二年六月

法界往生極楽也

一七八　笹木野供養塔銘　（信夫郡吾妻町大字笹木野字小針　延命地蔵堂）

（道）□妙　七ヶ

（梵字）

正応四辛卯八月廿三日

（注　地蔵堂の裏にあり、傍に大日種子の供養塔あり）

一七九　形見供養塔銘　（石川郡石川町大字形見字大工内）

右志者為□（慈）

（梵字）

正四九月大才辛卯十日

父□（亡）霊往生也

（注　「正」は正応四年の略。付近に供養塔多し）

一八〇　舘供養塔銘　（安達郡本宮町青田字舘四〇）

（種子）　右志者為妙阿弥陀仏
正応四年十月二十八日
逆修善根也

一八一　新昌寺供養塔銘　（安達郡本宮町大字仁井田字東六四　新昌寺）

石志者為過去
正応四辛□年十一□□

一八二　申供養塔銘　（安達郡本宮町仁井田字申一一九）

右志者為過去悲敬
止応五年六月五日　白
母聖霊□□也
（注　県史6　一四四〇図）

一八三　天性寺供養塔銘　（郡山市安積町笹川字御所前　天性寺）

右志者為
□(正)応五壬辰年
二世悉地
（注　上部・下部欠失）

一八四　西町供養塔銘　（安達郡本宮町大字仁井田字西町）

右志□
正応□□

一八五　井戸神供養塔銘　（安達郡本宮町大字高木字井戸神）

正応□

一八六　禰宜内磨崖供養塔銘　（郡山市湖南町福良字禰宜内）

永仁二甲午
蓮阿

一八七　金沢供養塔銘　（信夫郡松川町大字金沢）

永仁二乙□□

一八八　田村大元神社松喰鶴鏡銘　（田村郡三春町大字三春字山中　田村大元神社）

（墨書）
大元明王
永仁三年七月十日

（注　重要美術品　県史6　一六六六図）

一八九　鍛冶山田供養塔銘　（須賀川市仁井田字鍛冶山田　通称昆沙門）

（種子）　永仁三乙未大才十月七日

（注　種子の上部欠失）

一九〇　徳定供養塔銘　（郡山市田村町徳定）

右志者

衆不捨□　永仁三年

幽儀□

（注　徳定は甚日寺の旧跡で、一名護摩堂跡といわれる所を中心として古供養塔が多い）

一九一　代畑供養塔銘　（西白河郡中島村代畑字御城）

永仁四年二月十九日

一九二　阿弥陀寺供養塔銘　（郡山市富久山町久保田　阿弥陀寺）

奉転読法花経

（千）□部右志者聖霊

永仁四年六月日

現当二世悉地　敬

乃至法界衆生也　白

（注　種子上半部より欠損）

一九三　釈迦の入供養塔銘　（須賀川市塩田字釈迦の入）

永仁二二年丙申十二月八日

一九四　日吉神社供養塔銘　（郡山市安積町日出山　日吉神社）

永仁四年

一九五　日吉神社供養塔銘　（郡山市安積町日出山　日吉神社）

逆修者為　善□

永仁五丁酉四月日

現当二世　敬白

一九六　阿弥陀寺供養塔銘　（郡山市富久山町久保田　阿弥陀寺）

一九七 下八島田供養塔銘（福島市野田町下八島田清合内）

（梵字）
石意趣者為二世
永仁五年大才丁酉九月日 敬白
悉地法界衆生也
（注 俗に「かさかさぼとけ」という）

一九八 三町目供養塔銘（郡山市西田町三町目字関根 日本武尊神社）

（梵字）
永仁五年大歳丁酉□月□日

一九九 久保田供養塔銘（郡山市富久山町久保田）

（梵字）
永仁六年大才戊戌二月十二日 敬白

二〇〇 高木寺供養塔銘（安達郡白沢村大字高木字船場六〇 高木寺）

（梵字）
右志意趣者□
永仁六戊戌年九月
□□成仏聖霊

（梵字）
右志者為
永仁六年 十一月十九日
過去妻女也

二〇一 塩沢供養塔銘（石川郡石川町大字塩沢字竹之内）

（梵字）
右志者為
永仁六年大才戊戌十一月日

二〇二 永井川供養塔銘（信夫郡信夫村大字永井川字中西田）

（梵字）
□□□借命 右志者為慈父
無□□□門
□依□廻向 永仁七年大才己亥七月日 □□
□□無生身 往生極楽□□也 孝子敬白

（注 俗称「おし殺」という所にあり、また「つる供養」ともいう。文覚上人に因む文覚田というものがあり、他に徳治嘉暦の塔がある）

二〇三 五百川供養塔銘（安達郡本宮町大字仁井田字五百川）

（梵字）
右志者為過去門中無縁
正安元年二月十四日 宗安 敬白
仏往生極楽法界衆生也

二〇四 塩田の供養塔銘（須賀川市塩田字高山）

（注 文和四年の塔の傍にあり）

相当第三年
正安三年辛丑五月廿八日
相当百ヶ日

大施主
正安元年己亥大歳九月十日
敬白
為先婦之也

（注　正安元年に亡妻百ケ日の供養に造顕し、さらに同三年の三年忌を追善供養したもので、このような形式は例が少ない）

二〇五　下村供養塔銘（福島市佐倉大字下字浜田三一　稲荷神社）

正安元年己亥十二月十七日

二〇六　阿弥陀寺供養塔銘　（郡山市富久山町久保田　阿弥陀寺）

□（レンザ）

「　」
□□極楽□□
悉地□□□□
正安二庚子四月相当
時正
忌辰□□阿
敬白

（注　上部欠失）

二〇七　神宮寺供養塔銘（安達郡本宮町大字荒井字荒井　神宮寺）

右趣者過去「　」
正安二年庚子五月廿四日　敬白
迂遠三十五日忌辰日

二〇八　堂坂供養塔銘　（郡山市富久山町堂坂　観音堂）

右志者為□□
結衆現当二世
正安二庚子八月八日
滅□□□彼岸
□□□挙□敬白

（注　集古十種に「堂坂妙音寺碑」とあるが、記銘の一部のみ収録してある。所在不明であったが昭和三十八年畑より発見）

二〇九　阿弥陀寺供養塔銘　（郡山市富久山町久保田　阿弥陀寺）

右「　」
正安二
「　」

二一〇　蛇骨地蔵堂供養塔銘　（郡山市日和田町）

□志趣者□悲母□□
正安二庚子□□□日
□□廾（菩提）□□□□

二一一　白山供養塔銘　（安達郡本宮町大字荒井字白山）

古志者為
□（正）安二□「　」
「　」也

二一三　太郎丸供養塔銘　（安達郡本宮町字太郎丸一）

石志者為

正安三年九月

（注　左半分をかく、もと日記沢より出土。「石井清水考」「本宮町史」は「右は石ゐ」とよんで「石井の清水」の道しるべとして「ゐしゐ」と読んでいるが、誤りで、左半分を欠失した供養塔である）

二一四　地蔵田供養塔銘　（須賀川市塩田字広久保）

（円相内に五智如来の種子あり）

正安三年卯月十四日

（注　上部に五智如来の種子を円形内に刻む）

二一五　山田供養塔銘　（信夫郡信夫村大字山田字細谷脇）

右志者悲母□（成）仏

孝子

正安三辛丑年十一月廿二日

敬白

（レンザ）

□利益也

二一六　日枝神社供養塔銘　（郡山市富久山町久保田字山王館　日枝神社）

右意為［　　］

正安三辛丑年

覚霊成仏［　　］

（注　県史6　一四四一図）

二一七　下小屋供養塔銘　（西白河郡大信村大字下小屋字宮沢　熊野神社）

［　　］

正安四年大才壬寅第二月廿一日

孝子

敬白

□十三年忌辰□

二一八　西光寺供養塔銘　（東白川郡古殿町大字田口字久保田　西光寺）

比丘尼見仏

正安四年壬寅七月六日

覚霊仏躰也

（注　上部欠失しているが種子は阿弥陀であろう。当寺付近に数基の板碑がある。県史6　一二三五図）

二一九　仁井田供養塔銘　（安達郡本宮町仁井田字清水）

右志者為過去

正安四年十一月二日　敬白

二二〇　申供養塔銘　（安達郡本宮町仁井田字申一〇八）

右志者為妙□(安)尼

正安四年十二月二日

逆修善根也

二二一　白石田供養塔銘　（郡山市富久山町福原字白石田）

孝子

正安四年十二月二十七日

敬白

二二二　五百川供養塔銘　（安達郡本宮町大字仁井田字五百川）

右志□

正安四□

仏□

（注　塔身下半をかく）

二二四　神宮寺供養塔銘　（安達郡本宮町荒井字荒井　神宮寺）

□

右志者

正安□年二月廿□日

（注　裏面に「延享四年三月初七日安養院中光道照居士霊位」と後銘して墓碑に利用。）

二二五　来迎寺供養塔銘　（安達郡大玉村大字大山字東　来迎寺）

正安□□□□

二二六　陽泉寺供養塔銘　（信夫郡信夫村大字下鳥渡　陽泉寺）

乾元元年(大才/壬□)五月十七日

二二七　形見供養塔銘　（石川郡石川町大字形見字形見）

乾元二年(大才/癸卯)五月　日

二二八　天王寺供養塔銘（福島市飯坂町天王寺　天王寺）

諸行無常　右志者為過去所天□□（聖霊）往生

是生滅法

生滅々已　嘉元二年甲辰七月廿五日

寂滅為楽　極楽及以法界□（平等利）益也

（注　集古十種所載、薬師堂の裏に三基がある。県史6　一四三五図）

二二九　日輪寺供養塔銘（安達郡本宮町大字本宮字山田　日輪寺）

右志者為悲母

嘉元二年　十月

十三ヶ年成仏也　十五日

二三〇　御霊神社供養塔銘（伊達郡川俣町大字川俣字大作　御霊神社）

嘉元二年甲辰十一月十日　敬白

二三一　常泉寺跡供養塔銘（伊達郡川俣町大網木常泉寺跡　薬師堂）

嘉元二年□辰七月卅日

（注　他に「アク」の種子をもつもの二基がある）

二三二　鍋石供養塔銘（岩瀬郡鏡石村大字鏡田字鍋石）

右志者相当性□

奉造立石塔　嘉□（元二年）

ヶ日忌敬為往生□□

（注　他に二基の石塔あり）

二三三　松岩山供養塔銘（東白川郡古殿町大字鎌田字下房）

嘉元二年甲辰

四月二日

（注　一名観音山という山頂に四基の供養銘があり、一つに「忌辰敬白」と見える）

二三四　小砂田供養塔銘（田村郡船引町大字門鹿字小砂田）

釈念西春秋七十一

嘉元乙巳三正月廿日

遷化石土木終功

畢而己良智性智

二三五　安積国造神社供養塔銘（郡山市稲荷町）

嘉元三乙巳年　孝子

比丘尼性阿

敬白

三月十二日

（注　市内鶴之巣出土）

二三六　五斗蒔供養塔銘　（岩瀬郡鏡石町大字鏡田字五斗蒔）

□我得仏十方衆
生至心信楽慾生　　右志趣者為□□
奉造立石塔一本　嘉元三年乙巳三月十四日
我国乃至十念若
不生者不取正覚　　現世安穏□世善□

（注　種子上半分ない）

二三七　相応寺供養塔銘

（安達郡大玉村大字玉ノ井字南町　相応寺）

□(藤)平太郎
奉施法花経一(部)了籾五石
旦那妙円
相応寺　嘉元三年乙巳七月八日
右願者為天長地久御願円満也

（注　元相応寺経塚より移す。集古十種にあり、「藤平太郎」は後刻。県史6　一四六九図）

二三八　六角供養塔銘　（安達郡岩代町大字西新殿字六角）

竊以夫願阿比丘尼没
後春秋六十一嘉元第三番
南無阿弥陀仏　甲辰七月十六子剋色真
身舎利仏石土木終功畢而巳

（注　断片残すのみ、松藩捜古による）

二三九　大綱木供養塔銘

（伊達郡川俣町大綱木字高屋敷　常楽寺跡）

嘉元三年□辰七月

（注　三年に見えるが、「辰」は二年に当り、「三辰」は嘉暦三戊辰となるが、一応ここに配列する）

二四〇　宮ノ前供養塔銘　（石川郡玉川村大字岩法寺字宮ノ前）

（左側面）

奉建立薬師寺嘉元三年乙巳十一月廿三日　観念
敬白

（正面）

右志者為沙弥□(観)□(念)
［　(欠落)　］

応長二年壬子正月廿一日　観念
敬白
乃至法界衆生平
等利益故也

（右側面）

応長二年壬子正月廿一日　観念
敬白

（注　左右の側面にも銘文がある）

二四一　太子堂供養塔銘　（郡山市音路太子堂）

右志者為過去慈父聖霊
出離生死往生極楽故也
嘉元三乙巳年十一月十四日
忌辰相当
一百ヶ日　孝子敬白

二四二　静堂供養塔銘　（郡山市大槻町針生字静堂　静御前堂）

石為高父当
嘉元三乙巳年十一月日　敬
十三年成仏　白

二四三　芦田塚供養塔銘　（須賀川市芦田塚　国立療養所）

□比丘尼逆修善根　願以此功徳等発菩提心衆生利益成仏道
（阿弥陀三尊浮彫あり）
嘉元三年乙巳□月廿五日相当三十五日敬白
（阿弥陀三尊浮彫あり）
□（欠損、不明）□

（注　県指定史跡、願文偈文難解である。月を「極月」「九月」と読むいづれか。双式浮彫三尊として注目される。県史6　一四二七図）

二四四　中ノ目供養塔銘　（西白河郡矢吹町大字中野目）

（阿弥陀如来浮彫）
（レンザ）　（レンザ）

二四五　不動堂供養塔銘　（郡山市片平町中村　不動堂）

嘉元乙巳三年
右志者為過去
嘉元四季二月日　中冬　敬
九日　白

二四六　八幡内供養塔銘　（福島市荒井字八幡内　八幡神社）

慈父三十五日忌辰
七日□　孝子
嘉元四年丙午三月廿日　敬白
□

二四七　虎丸供養塔銘　（郡山市虎丸町）

右志者為慈父供
嘉元二年丙午七月十二日
（養）粮忌辰成仏故也

二四八　太子堂供養塔銘　（郡山市音路　太子堂）

（注　亡失）

右志者為□□□□

嘉元四丙午十二月十二日

覚霊成仏得道故也

二四九　新宅供養塔銘　（郡山市安積町笹川字新宅）

嘉元四丙午年

二五〇　関根五輪塔銘　（郡山市西田町三町目字関根）

（五輪塔形種子）　嘉元

□仏　□

極楽　□

二五一　台畑供養塔銘　（信夫郡信夫村大森台畑）

嘉元乙□十二月

二五二　越田和供養塔銘　（田村郡船引町長外路字越田和）

嘉元

二五三　甚日寺供養塔銘　（郡山市田村町御代田字北町　甚日寺）

右志者為法界　一結衆

徳治二年丁未三月十五日　敬白

衆生平等利益也　廿五人

二五四　永井川供養塔銘　（信夫郡信夫村大字永井川字中西田）

右志者為過去悲母幽儀

（種子欠）　□二年丁未十月一日孝子敬白

□（出）離生死往生極楽也

（注　塔上半を欠く。年号二年とすれば「徳治二」であり、六年と見るものは「貞治六年」とする）

二五五　味戸内前供養塔銘　（西白河郡大信村大字隈戸字味戸内前）

徳治三年戊申大才

右奉為慈父　孝子敬白

二月十六日

二五六　石母田供養塔銘　（伊達郡国見町大字石母田字中ノ内）

竊以妙体本無相仮相以度生真理亦絶言憑言以顕

道緜茲先仏

後仏出興無息半満権実鑑機揆時世尊昔起道機乍
首鹿苑路逢
于二商主説法度彼絳摺伽梨安地上一卓金錫覆鉢
盂乃象妙体
留為益末来今此塔婆以是為規本見之者永離苦趣
造之者必生
楽邦粤当于尊親一百諱辰潰於鐫鑿建造志願心冀
感通以靡忘
妄尽以証真旨徳治三年十一月廿日　智瑝謹誌
一山一寧書

（注　元僧寧一山の書として知られる種子の下に六行に願文あり。国史跡指定、県史6　第一四三三図）

二五七　山王供養塔銘　（郡山市三穂田町川田字日向）

徳治三年戊申

二五八　代畑供養塔銘　（西白河郡中島村代畑字御城）

（レンザ）
右志者為□
孝子
延慶元戊申八月廿二日
敬白
出離得道往生極楽也

二五九　十日森稲荷供養塔銘　（石川郡玉川村大字小高字西屋敷川　十日森稲荷神社）

延慶二年乙酉二月日
「　」
成仏得道故也

二六〇　関根供養塔銘　（郡山市西田町三町目字関根　山墓地内）

延慶二年己酉二月日

二六一　新昌寺供養塔銘　（安達郡本宮町仁井田字東町六四　新昌寺）

延慶二年癸酉三月七日
（阿弥陀三尊浮彫像）

（注　現在紀年名見えず。「元禄九年安達郡仁井田村堂社寺記上状」に「弥陀三尊彫刻之石塔延慶二癸酉年三月七日を書付有」と見える。この塔か）

二六二　横内供養塔銘　（岩瀬郡天栄村大字下松本字横内）

諸行無常　妙阿弥陀仏
是生滅法　孝子等
延慶二年己酉六月八日　敬白
生滅滅已　四十九日
寂滅為楽

二六三　桝井戸供養塔銘　（須賀川市仁井田字桝井戸一一七）

右為志□□（先考）聖霊相
延慶二己酉七月日敬白
当七七日忌辰成仏也

二六四　桝井戸供養塔銘　（須賀川市仁井田字桝井戸）

即此阿字
大日種子

（レンザ）

二六五　富岡供養塔銘　（東白川郡棚倉町高野　塩倉温泉）

（不明）　延慶二八月廿七日

二六六　桜川供養塔銘　（伊達郡川俣町大字飯坂字桜川　観音堂）

延慶二年九月廿八日　百ヶ日　孝子敬白

二六七　霊山寺供養塔　（伊達郡霊山町大字大石字倉波　霊山寺）

光明遍照
十方世界
念仏来生　延慶三年庚戌二月三日

（注　上部欠失して、種子、偈文の一部を失なっている）

二六八　高石仏供養塔銘　（福島市平野字高石仏一ノ一）

右為逆修現当二世　願主妙比丘尼
南無阿弥陀仏
延慶三年大才庚戌三月十三日

（注　現在八基の板碑がある。このうち土中より石製蔵骨器が発見されている。この地の板碑は「南無阿弥陀仏」の名号を刻したものが多いのは注目する必要がある。本塔は堀井繁太郎の写生図には「建治三」となっている。他に、延文、応永の年号がある）

二六九　真浄院供養塔銘　（福島市清明町二一　真浄院）

延广（慶）三年戌□八月十日

（注　杉妻大仏城内より発見したといわれ、二つに折れて、干支の所で接合してある。寺伝によると「广」の字を「暦」と誤読し「延暦の碑」と称しているが、「延慶三年庚戌」が正しい）

二七〇　篠坂供養塔銘　（郡山市中田町駒坂字篠坂観音堂入口）

（種子不明）　延慶

二七一　阿弥陀前供養塔銘　（白河市久保字阿弥陀前）

一念弥陀仏　右為於此所被断罪聖霊出離生死法界利益故也
即滅無量罪　願以此功徳

現受無比楽　（線刻阿弥陀像一尊）

後生清浄土　延（慶）□　頓証菩提□

（注　阿弥陀如来独尊の来迎線刻画像石で、年紀は左に「延」の一字のみであるが「延慶」と考証されている。）

二七二　矢柄城跡供養塔銘　（須賀川市塩田字木曾）

右志者為弥四良入道　敬

応長元年辛亥八月日施主

現当二世悉地成証　白

二七三　龍崎供養塔銘　（石川郡玉川村大字龍崎）

（墨書銘）

季于□

［　　］

［　　］

応長元年辛亥大才

念仏世界□□□

□通達□

平等速証大菩提也

（注　種子のみ陰刻で、他は墨書である）

二七四　中島供養塔銘　（大東村大字下小山田字中島　真光寺跡）

□□□

□□□

□□□　一結衆

□□□　明範

□□（寅）良□　各施主

応長元年　応永五大歳戊寅八月二廻

明弘　重範　良海

悉地法界也　□範　秀円

□□　八郎

□□　応阿

□□　良阿

（注　応長元年の造塔後応永五年に追刻したものであろう）

二七五　向田供養塔銘　（田村郡三春町大字斎藤字馬上田向田）

応長弐年壬子二月

二七六　十日森稲荷供養塔銘　（石川郡玉川村大字小高　十日森稲荷神社）

（墨書銘）

福□禅定尼

応長二年

依此功□

二七七　普応寺供養塔銘　（須賀川市北町　普応寺）
（旧　郡山市荒井　安養寺）

為悲母成□(仏)
応長二□
奉造立□(也)

（注　「相生集」にある「荒井応長二年の碑」がこれか、宝光寺の「弘安六年藤原祐重敬白」の供養塔と同所にあったものとみられる）

二七八　普応寺供養塔銘　（須賀川市北町　普応寺）

帰命頂来
虚空蔵菩薩

二七九　愛宕山供養塔銘　（須賀川市大字森宿愛宕山山頂　愛宕神社）

奉為一百ヶ日　□(孝)子等
応長□(二)□(年)□(五)月十二日
敬白
成仏造立之也

（注　集古十種「須賀川愛宕山碑」として所載。今年紀不明。なお集古十種は「十二日」を脱落している）

二八〇　万福寺供養塔銘　（田村郡船引町大字文殊字南　万福寺）

正和元季壬子六月　日

二八一　五百川供養塔銘　（安達郡本宮町仁井田字五百川　国分富雄）

右志者為□□(過去)亡霊卅五
正和元壬子七廿八孝子敬白
日頓証艹(菩提)仏果円満也

二八二　池上供養塔銘　（須賀川市池上町(旧道場町)　市原家）

正和元年七月二十八日

（注　もと鹿島山妙勝寺跡にあったものといわれる。白河風土記による）

二八三　下村供養塔銘　（福島市佐倉下村）

右一結構衆者為
六親□(昇)天生死
正和元年壬子十一月□日　敬白
解脱有縁無縁
皆成仏道也

二八四　太子堂供養塔銘　（郡山市音路　太子堂）

正和元壬子年　[　　]

二八五　篠坂供養塔銘（郡山市中田町駒坂字篠坂　稲荷神社境内）

（レンザ）

正和元年壬子　[　　]

二八六　赤沼供養塔銘（郡山市中田町赤沼字杉並）

右志者為過去幽霊出離　施主
正和二年癸丑八月下旬　敬白
生死乃至頓証菩提故也

二八七　中山供養塔銘（石川郡大東村大字雨田字中山）

右志者為□□□□□
正和二年癸丑九月十□日　敬
逆修□□□□成仏也　白

（注　双式板碑）

（レンザ）　（レンザ）

二八八　医王寺供養塔銘（福島市飯坂町平野字寺前　医王寺）

[識]　右造立趣者為悲母逆修抜
[除]
[理]　正和二年癸丑十月上旬日
[如]　善業兼法界明寸(等)正覚故也

（注　集古十種所載、中央の年記を板碑型に線刻し、左右の願文および、上方の頌文は線刻して整美である。ただし上部を欠く。県史6　一二五三図）

二八九　医王寺供養塔銘（福島市飯坂町平野字寺前　医王寺）

願此功徳　普及於一切
五大皆有響　右志趣者為慈父蓮仏
十界具言語
六塵悉文字　正和第二年大才癸丑□月□日
法身是実想　逆修善根乃至法界衆生也
我等与衆生　皆共成仏道

（種子）

（注　種子は一字金輪のボロンで円相の中にあり、さらに外に四角のわくがある）

二九〇　西飯野供養塔銘（伊達郡飯野町大字西飯野字源三郎内二六　観音堂）

右為□□(蓮華)阿弥陀仏□□(幽霊)
正和三年甲寅六月廿日
三十五回　孝子等　敬白

二九一　大久保供養塔銘（伊達郡飯野町大字大久保字普門　大桂寺）

正和三年甲寅十一月十六日　祀

（注　五年との報告あり、十六は「廿六」とも見える）

二九二　山王供養塔銘　（郡山市三穂田町川田字日向）

[ ]　施主

正和四大才乙卯三月　日

[ ]　敬白

二九三　長谷観音供養塔銘　（安達郡安達町大字油井字桑原　長谷堂観音）

為行慶逆修

正咊(和)四乙卯厂　行慶供養

右年号ゟ宝暦七丑年迄

四百四十三年也　施主

遊佐清兵衛

（注　「行慶供養右年号」より以下は後刻。「厂」は暦である）

二九四　北ノ内供養塔銘　（石川郡大東村大字下小山田字北ノ内）

（真言）[ ]

右為[ ]

（大日如来報身真言）[ ]

正和二二年乙卯[ ]

（真言）[ ]

（注　年紀の上に大日如来三身の真言が三行に刻まれている）

二九五　代畑供養塔銘　（西白河郡中島村代畑字御城）

過去慈父聖霊

□(正)和五年大才丙辰七月十日

成仏也

二九六　太子堂供養塔銘　（郡山市音路　太子堂）

光明遍照　十方世界

念仏衆生　摂取不捨　孝子

(レンザ)

正和五年丙辰八月彼岸第一番

右志者為性法聖霊□　敬白

往生極楽平等利益也

二九七　代畑供養塔銘　（西白河郡中島村代畑字御城）

□(正)和五年大才

二九八　行屋供養塔銘　（西白河郡矢吹町大字三城目字行屋）

正和五年

二九九　笹川供養塔銘　（郡山市安積町笹川字篠川東館）

（梵字）

文保元丁巳年四月日　□□為悲母□

三〇〇　北小泉供養塔銘　（郡山市富久山町北小泉）

右志者為過去息女無生死□□□□後世安□

（曼荼羅）　文保元戊午年八月廿四日　四十九日　施主

頓証（菩提）法界衆生平等故也

（注　上部に金剛界大日を中尊とする曼荼羅を刻す。県史6第一四四四図）

三〇一　北井供養塔銘　（郡山市安積町荒井字北井）

（梵字）

□者為過去慈父聖霊

文保元丁巳年九月十一日

□　□

（注　上部缺欠、虚空蔵尊として信仰）

三〇二　日向供養塔銘　（西白河郡表郷村字大字番沢日向）

（梵字）

文保元十一月日

三〇三　富岡供養塔銘　（東白川郡棚倉町高野大字富岡字塩倉寺ノ前）

（梵字）

（梵字）（梵字）

文保二戊午年二月　二十四日

（注　他に延元四年のものも同所にあり）

三〇四　阿弥陀堂供養塔銘　（郡山市田村町徳定　阿弥陀堂）

右志者□今

文保二戊午卯月□

世安穏後生善所

三〇五　岩峯寺開山供養塔銘　（石川郡玉川村大字中字下谷地）

（梵字）

□　□

□（光明真言）□

□　□

□　□

奉為巌峯開（山）空谷禅師

第三年忌景

文保二戊午年五月十五日

大勧進観念

大和尚尊霊荘厳報地矣

（注　種子の下に「光明真言」を四行に刻む、笠塔婆。県史6第一四五〇図）

三〇六　谷地中供養塔銘　（郡山市片平町谷地中）

右志者為□□

（梵字）

文保二年戊午八月晦日

四十九日崇仏

三〇七　中野供養塔銘　（福島市飯坂町中野字岸　薬王子神社）

（右志）　（身一）

［　　　　　　　］

［　　　　　　　］

［　　　　　　　］

［　　　　　　　］

［　　　　　　　］

［　　　　　　　］

（願籍全得之）

（法爾円　　敬白）

文保二戊午九月中旬

（注　三つに折損し、上部をかき、八行にわたる願文は判読困難である。）

三〇八　日枝神社供養塔銘（郡山市富久山町久保田字山王館）

文保二戊午年　月日　敬白

（注　県重要文化財　県史6　一四四一図）

三〇九　西光寺供養塔銘（東白川郡古殿町大字田口字久保田　西光寺）

比丘尼光蓮

文保三年己未正月廿日

成仏躰也

三一〇　西飯野供養塔銘（伊達郡飯野町大字西飯野字南小戸明利三）

文保三年己未四月廿日

三一一　笹川供養塔銘（郡山市安積町笹川字高清水）

文保［　　］

三一二　笹川供養塔銘（郡山市安積町笹川字篠川）

文保［　　］

三一三　味戸内前供養塔銘（西白河郡大信村大字隈戸字味戸内前）

元応元年己未壬大才　七月

為慈父三十五日

敬白

元応元年己未大才七月　廿八日

為悲母　孝子

（注　双式板碑）

三一四　久田野磨崖供養塔銘　（白河市久田野石切山）

元応

元応元年七

（注　双式の磨崖供養塔、他に種子のみのもの数個あり）

三一五　元相応寺跡供養塔銘　（安達郡大玉村元相応寺跡）

元応元年己未十月十七日

三一六　荷市場供養塔銘　（東白川郡古殿町荷市場）

（原銘）　元応元年大才己未十月廿六日

（追刻）　元応元己未年

市神

十月十六日

（注　原銘の上に後世追刻して市神碑と称しているが、注意すれば原銘は明らかに見える）

三一七　住吉山供養塔銘　（伊達郡飯野町大久保住吉山）

（レンザ）

右志者為□

元応三年辛酉二月廿八日　□

三一八　和田供養塔銘　（安達郡白沢村大字和田字舘ヶ岡四十四ノ一）

右志為先考　時正

元応三辛酉二月　敬白

覚霊之位也

（注　集古十種に「和田村碑」と所載）

三一九　味戸内前供養塔銘　（西白河郡大信村大字隈戸字味戸内前）

元応三年辛酉五月二十四日敬白

三二〇　西光寺供養塔銘　（東白川郡古殿町大字田口字久保田　西光寺）

元亨元年辛酉五月廿八日

三二一　阿弥陀坂供養塔銘　（岩瀬郡鏡石町大字笠石アミダ坂）

元亨元年七月四日

三二二　古陣場供養塔銘　（郡山市湖南町福良字古陣場）

（レンザ）

右志者為悲
（花瓶）　母成仏得道
及普利故也
（　　）　元亨二壬戌　二月　敬
右志者為慈　白

（レンザ）
（花瓶）　父往生極楽
及普利故也

（注　双式板碑、種子、蓮台の下に左右に花瓶中央に　水が刻まれている。この地方の特色ある表現として注目される。県史6　一四五八図）

三二三　地蔵山供養塔銘　（郡山市湖南町福良字寺前　千手院）

（レンザ）（レンザ）
元亨二壬戌八月
（注　双式板碑）

三二四　原田供養塔銘　（伊達郡飯野町原田）

元亨（亨）二年壬戌□月□日

（注　「六月十五日」と読めるが「六」「十」ともに不明瞭）

三二五　鶴田供養塔銘　（伊達市川俣町鶴田　稲荷祠）

（不明）　元亨二戌年

三二六　代畑供養塔銘　（注　所在不明）　（西白河郡中島村代畑字御城）

妙円
元亨二二年甲子十一月八日
敬白

三二七　天王寺供養塔銘　（福島市飯坂町字天王寺　天王寺）

是諸衆生
聞是法也
現世安穏
後生善処
元亨（亨）第四甲子十一月十三日　敬白

（注　集古十種に、年紀のみ収録されている。「亨」を「亭」とあやまる）

三二八　代畑供養塔銘　（西白河郡中島村代畑字御城）

□亨（元）□年一月　三十五日　二十六日　成仏也

三二九　大竹供養塔銘　（岩瀬郡天栄村大字下松本字大竹）

光明遍照　十方世界
念仏衆生　摂取不捨
元亨（亨）□

三三〇　岩峰寺供養塔銘　（石川郡玉川村大字岩峰寺字関根）

正中二年乙丑三月十日 敬白

三三一　鎌田八幡供養塔銘　（東白川郡古殿町大字鎌田字長光地　八幡神社）

嘉暦元年四月八日

三三二　三城目供養塔銘　（西白河郡矢吹町大字三城目字本城館）

嘉暦二年二月時正

（注　上部欠失）

三三三　小作田供養塔銘　（石川郡大東村小作田）

（種子不明）　嘉暦二年二月

三三四　護摩堂跡供養塔銘　（郡山市田村町御代田字護摩堂跡）

右為法橋性公禅者頓成無上正覚

妻子珍宝及王位
臨命終時不随者
四十八日称名忌
（曼荼羅）　仏結衆百人
唯戒及不放□
今世後世為伴侶

旹嘉暦丁卯二□(季)肆(四)月二十八日

（注　塔の上部三方を二重の罫で囲み、上部に蓮座にのる阿弥陀種子を中尊とする蔓荼羅を図絵し左右、下部に銘文をかく。護摩堂は甚日寺遺跡である）

三三五　護摩堂跡供養塔銘　（郡山市田村町御代田字護摩堂）

□(右)□(為)法橋□性荘厳仏果

地蔵真大士
現声聞□(色)救
施諸衆生等
救脱三有苦

旹嘉暦丁卯二□(季)卯月下澣　［　］

（注　細破し、阿武隈考古館等に分蔵されている。上部に二重円相内に「黒衣地蔵」の種子を刻し、その左右、下部に銘文を刻む）

三三六　中島供養塔銘　（伊達郡川俣町中島）

嘉暦二年丁卯五月廿六日

（注　建武の塔と並ぶ）

三三七　宝川院供養塔銘　（岩瀬郡鏡石町大字鏡石　宝川院）

嘉暦二年丁卯五月日

三三八　西光寺供養塔銘　（東白川郡古殿町大字田口字久保田　西光寺）

為覚禅門霊位現当

（レンザ）

嘉暦二年丁卯閏九月廿二日

二世頓証井（菩提）故也

三三九　上の台供養塔銘　（郡山市安積町笹川字上の台）

□□□□□□忍逆修

嘉暦弐十月二日　施主

敬白

善根乃至法界平等極□□（楽也）

三四〇　上の台供養塔銘　（郡山市三穂田町八幡字上の台）

光明遍照　右志者為経厳

十方世界　大法主井（菩提）

□□□□五月日

念仏衆生　敬白

摂取不捨　阿闍梨聖霊也

三四一　上萱沼供養塔銘　（郡山市日和田町高倉字上萱沼）

嘉暦二年□□九日

三四二　深谷供養塔銘　（郡山市日和田町八丁目字深谷）

右志者為性妙比丘

頓証井（菩提）成仏故也

（注　郡山法久寺弘安九年石塔はもとこの地にあったといわれる）

三四三　双石供養塔銘　（白河市双石大門）

嘉暦二年

三四四　永井川供養塔銘　（信夫郡信夫村大字永井川字中西田）

嘉暦三年戊辰十二月六日

三四五　形見供養塔銘　（石川郡石川町中谷大字形見字形見三八）

□□（法）

嘉厂四己巳二月八日□□

成仏

三四六　成川供養塔銘　（信夫郡信夫村大字成川字地蔵前八）

己巳二月時正第七
嘉暦四年

三四七　天王寺供養塔銘　（福島市飯坂町字天王寺）

弘誓□　右造立塔之旨趣□過去頼暹尊霊□
似多与子仏　□　自為之康　□　内
聞□人見　嘉𠩄第四天卯月二十日
必念□　□□無漏之地速　□
能□諸有　□　□得

三四八　平塚供養塔銘　（福島市飯坂町平野字平塚）

（注　県史6　一四三五図）

□是念
□衆生　元徳元歳次己巳十月十六日
□上道
□道

（上部欠失）

（注　畑より掘出し上部をかき、種子不明、偈文、年紀に罫線をほる。一見して医王寺正和の供養塔にによる手法である。）

三四九　蛇石磨崖供養塔銘　（須賀川市稲字蛇石）

□　□
元徳元年己巳　□　□

（注　磨崖の双式供養塔）

三五〇　天王山供養塔銘　（西白河郡中島村二子塚天王山）

元徳二年庚午三月卅日

三五一　横内供養塔銘　（岩瀬郡天栄村大字下松本字横内）

（注　他に数基種子のみの供養塔がある）

逆修　養父教寛
元徳二庚午八□中日

三五二　開運稲荷神社供養塔銘　（郡山市田村町細田字向堀　開運稲荷神社）

右趣被当功徳奉　衆生□□通恕　□
元徳二九下旬
諸根善根清浄者　廻□　□

（注　種子の上に五輪塔の梵字五字あり）

（五輪の梵字）
□□□□□

三五三　霊山寺供養塔銘　（伊達郡霊山町大字大石字倉波　霊山寺）

光明遍照　右志者為先考亡魂
十方世界　孝子
元徳三辛未三廿二
念仏衆生　敬白
摂取不捨　往生極楽法界衆生也

（注　集古十種に「下大石村古碑」として所載、傍に同形式の板碑と四面の石幢がある）

三五四　東円寺供養塔銘　（伊達郡川俣町字寺久保　東円寺）

元徳三辛未十十六日

三五五　立ケ岡供養塔銘　（石川郡石川町字立ケ岡五六九）

（注　朝日館の麓河岸より移す。二つに折れ接合してある。県史6　一四三四図）

三五六　枡井戸供養塔銘　（須賀川市仁井田字枡井戸一一七）

右旨趣者　廿
元徳三年辛未十　三月
悲母成仏

三五七　三城目供養塔銘　（西白河郡矢吹町大字三城目）

元徳三年辛未　□　□

三五八　寺山供養塔銘　（東白川郡棚倉町大字寺山　芳松寺）

□徳三年十月日
（注　元徳三年か）

奉右造立卒塔婆者
元徳四年壬申六月十二日
生霊逆修乃至平等利益也

三五九　代畑供養塔銘　（西白河郡中島村代畑字御城）

元徳二壬二申

三六〇　景政寺供養塔銘　（西白河郡矢吹町大字三城目　景政寺）

（種子）　元弘元年三月

三六一　岩峰寺供養塔銘　（石川郡玉川村岩峯寺　岩峰寺）

元弘二年十一月十三日

三六二　弥陀内供養塔銘　（郡山市湖南町福良字弥陀内六六の一）

（レンザ）　（花瓶）
過去廿二年
願以此功徳
普□
元弘二年
（レンザ）　（花瓶）
□　□　□

（注　他の「元亨」二基と共に湖南地方特有の双式板碑で、左下部剥落しているが新編会津風土記の記述により「元弘二年」とする）

三六三　立ヶ岡供養塔銘　（石川郡石川町立ヶ岡五六九）

右志□(者)為主君
元弘三年癸酉十月十二

三六四　御所宮磨崖供養塔銘（一括）　（須賀川市森宿字下宿　愛宕神社）

元弘三年十月廿二日　往生極楽

元弘□年十二月廿日

元弘四年

元弘三年癸酉十月二十五日　趣意逆修

暦応二

元弘三年癸酉正月十五日　相当四十九日

暦応二辛巳七月十八日三十三年造之

元弘三年癸酉十一月廿四日　四十九日

延元三年戊寅八月十四日　三十三年

延元元年丙子十一月　日

（双式）

右志者為慈父
建武五年戊寅八月十五日白敬
聖霊

右志者為悲母
建武五戊寅年八月十五日白敬
聖霊往生極楽也

（双式）

右志者為浄阿逆修
成仏平等利益也　白敬
文和二年癸巳十月廿日　造立
右志者為円道逆修
成仏平等利益也　白敬

貞和五年己丑十月七日□十日

貞和五年己丑十月七日

文和五年丙申七月十六日四十九日

キリーク　観応元年庚寅十月廿日　十三ヶ年
サ　観応元年庚寅十月廿日　十三年回向

（双式）

サ　□九月十二日　逆修
サ　□暦元十月廿九日　造立
サ　□応□十月□
キリーク　□逆修善根□
観応辛卯二年九月□日　造立
サ　文和三年甲午十月八日
サ　文和二二乙未八月一日　造立
ア
サ　観応二十月十二日
サ　観応二十月十二日
サ

（双式）

ア　延文二年丁酉十月
サ　延文四己亥八月十七日
ア　ウーン　文和二二年乙未十一月
キリーク　延文
ア　延文五庚子八月二日一百ヶ日
キリーク　八月二日
サ　康安二壬寅十月日　造立

（注　須賀川市の北、旧国道に添つた丘陵の末端にある愛宕神社参道の登り口から、参道の右側に、露出する岩壁、および転落した岩石に数多くの供養塔銘が刻まれている。本編収録は古い順のグループ毎にのせたが風蝕して誤読もあろうし、脱落もある。この地を「御所宮」と称するいわれも判然としない。）

三六五　代畑供養塔銘　（西白河郡中島村代畑字御城）

孝子
（大日如来真言）　元弘二二年甲戌二月八日
敬白

（注　上部に大日如来法身の真言を円相内に図絵してある）

三六六　薬王寺仁王般若経板木銘　（石川郡石川町大室　薬王寺）

（巻末陽刻）

以此一善　普及□
功徳無量　利益無辺
正慶元年壬申九月廿九日
顧主　悉地
金剛　頼弁

（注　県重要文化財。県史6　一三〇九図）

三六七　五輪坊石幢塔銘　（須賀川市前田川愛宕山）

（第一区）
諸行無常　大勧進沙弥
阿闍梨□□

（第二区）
是生滅法　逆修結衆
三千五十人

（第三区）
生滅滅已　四世四恩四聖霊
及至法界円満也

（第四区）
寂滅為楽　正慶元壬申年
諸衆生
霜月十日　白敬

（注　四面石幢で笠部を失なう。四面にそれぞれ陰刻す）

三六八　中島供養塔銘　（伊達郡川俣町中島）

建武元甲戌十一五日　仙海

（注　傍に「嘉暦二年」の塔がある）

三六九　午沢供養塔銘　（伊達郡川俣町午沢）

建武元年甲戌十一月十一日　仙海

（注　亡失か、所在不明）

三七〇　代畑供養塔銘　（西白河郡中島村代畑字御城）

大才　敬
建武元年甲戌十一月廿五日
白

三七一　小綱木供養塔銘　（伊達郡川俣町大字小綱木）

建武元年　青海

（注　亡失か、所在不明）

三七二　医王寺供養塔銘　（福島市飯坂町平野字寺前　医王寺）

建武二乙□二月廿六日
十三年　□

三七三　護摩堂跡供養塔銘　（郡山市田村町御代田護摩堂跡）

（種子）

于時建武二季乙亥肆月

三七四　立ヶ岡供養塔銘　（石川郡石川町字立ヶ岡）

（種子）

右息男
建武二乙亥十月廿九
成仏也

三七五　代畑石仏銘　（西白河郡中島村代畑字御城）

建武二年

（注　石造地蔵像背面銘）

三七六　地蔵堂供養塔銘　（伊達郡飯野町西飯野字源三郎内　地蔵堂）

建武四年

三七七　馬場都々古別神社供養塔銘　（東白川郡棚倉町　都々古別神社）（旧　棚倉城跡）

（種子）

右志者為過去上庵
禅定門出離生死頓
証菩提乃至（法界乗）□敬白
建武五年戊寅十月三　孝子
（生平等利益故也）

（注　集古十種に「馬場近津明神境内所掘出碑」とあるが、旧都々古別神社は今の棚倉城跡にあり、築城に際し、神社と共に現在地に移る。県史6　一四五三図）

三七八　八幡神社供養塔銘　（須賀川市塩田字大草　八幡神社）

（種子）

建武□　□

三七九　一本柿供養塔銘　（須賀川市小倉字一本柿）

（種子）

延元元年五月日

三八〇　中島供養塔銘　（石川郡大東村大字下小山田字中島）

（種子）

延元弐年丁丑七月廿日

三八一　行人山田供養塔銘　（須賀川市堤字行人山田）

（種子）

延元二年丁丑九月十二日

三八二　下枝供養塔銘　（郡山市中田町下枝字馬石）

右建為□阿
弥陀仏逆修
延元三季戊寅四月　日
善根乃至頓
証菩提故也

三八三　下枝供養塔銘　（郡山市中田町下枝字馬石）

右意趣者［　　］
□成仏法界利益也

三八四　平鉢供養塔銘　（西白河郡矢吹町中畑字平鉢）

延元亖季己卯十一月三日

（注　傍に復碑があり「延元二年」とあやまる）

三八五　武光地蔵供養塔銘　（白河市小田川字小田ノ里）

延元亖年己卯
十一月
十三日

三八六　富岡供養塔銘　（東白川郡棚倉町富岡字寺ノ前五五二）

延元亖年己卯十一月廿七日

三八七　景政寺供養塔銘　（西白河郡矢吹町大字三城目　景政寺）

延元癸未八年

三八八　清光寺位牌銘　（白河市田島字黒谷　清光寺）

暦応元戊寅天
捐館清光寺殿古開基結城広堯鉄関宗無大居士　神儀
二月二十日

三八九　関根供養塔銘　（郡山市西田町三町目字関根、山墓地内）

暦応二季大才己卯十一月十日

三九〇　明堂山供養塔銘　（郡山市三穂田町八幡字明堂山）

暦応二年大才己卯□□

三九一　山形供養塔銘　（石川郡石川町大字山形字岸久内）

右志者為
興国元年十一月二十八日
成仏得道

（注　南朝年号）

三九二　中田供養塔銘　（石川郡石川町中谷大字中田字高野）

二月
興国三年
二日

（注　南朝年号、傍になお一基あり）

三九三　寺内供養塔銘

（郡山市田村町下道渡字寺内　横田家墓地）

志趣□弥陀聖霊
維興国六乙酉年
二月二十四日奉
□七年□月施主
□二年三月称仏
為善根往生極楽
相当百ヶ日忌辰

（注　南朝年号の板碑）

三九四　寺内供養塔銘　（郡山市田村町谷田川字寺内　薬師堂）

釈迦如来　右□
久遠成仏　□
法界衆生　檀越施入
念□□来
（仏）（結）

（注　年号不明）

三九五　岩崎山磨崖供養塔銘（岩瀬郡長沼町大字木之崎　愛宕神社）

（陰刻）

趣逆修作善因
期来世之妙果
康永元年壬午五月日

（墨書）

三九六　籾山供養塔銘　（須賀川市森宿字籾山（通称十三仏））

逆修七分全得之故也
右志為者施主等
康永二年癸未十月十七日
結衆四十余人□敬白

三九七　稲村供養塔銘　（須賀川市稲字新城舘）

右志者為慈父往生極楽也
（阿弥陀三尊浮彫あり）
康永三甲申三月□□日

（注　元普応寺跡）

三九八　籾山供養塔銘　（須賀川市森宿字籾山（通称十三仏））

[illegible]　良覚大徳

（注　年号なし）

三九九　岩崎山磨崖供養塔銘　（岩瀬郡長沼町大字木之崎字岩崎山　愛宕神社）

（陰刻）亀松丸　（墨書）亀松丸之□

（陰刻）[illegible]　（墨書）康永三年六月廿□日

四〇〇　下宿供養塔銘　（須賀川市森宿字下宿）

南無阿弥陀仏　（阿弥陀三尊浮彫あり）

四〇一　熊耳供養塔銘　（田村郡三春町大字熊耳字寺屋敷墓地）

康永四乙酉年

[illegible]

古志者
和尚大
貞和二年丙戌三月□
真澄□
□□法

四〇二　開運稲荷供養塔銘　（郡山市田村町細田字向堀　開運稲荷神社）

[illegible]

貞和五己丑年四月十日

四〇三　寺山供養塔銘　（東白川郡棚倉町大字寺山　芳松寺）

[illegible]

貞和五季大才己丑八月時正　孝子
一百日
敬白

四〇四　阿弥陀湯供養塔銘　（西白河郡矢吹町中畑の阿弥陀の湯壺）

[illegible]

貞和六年大歳庚寅二月十八日

四〇五　阿弥陀湯供養塔銘　（西白河郡矢吹町中畑阿弥陀の湯壺）

[illegible]

貞和六年大歳庚寅二月十八日

四〇六　首切地蔵供養塔銘　（石川郡石川町大字立ヶ岡）

（墨書銘）

□立造現□
物故性全禅□
観応元三十二
出離生死頓証菩提
平等利益也

（上部欠）

（注　上部を欠く断碑で墨書銘。種子のみのもの四基ある）

四〇七　籾山供養塔銘　（須賀川市森宿字籾山（通称十三仏））

観応二年庚刁（寅）正月十日　一百日

四〇八　跡見塚供養塔銘　（岩瀬郡岩瀬村大字柱田字跡見塚）

観応二年辛卯二月四日　敬白

（注　双式板碑）

四〇九　田中稲荷供養塔銘　（安達郡本宮町大字仁井田字上ノ台田中稲荷神社境内）

右趣志者為六親眷属
□者亡魂速成
観応二天辛卯四月日彼岸一番　敬白
済生無死証卄（菩提）乃至
法界平等利益故也

四一〇　徳定供養塔銘　（郡山市田村町徳定）

右志趣者□　□
観応二年辛卯八月二日
也仍為自他成仏成道□　□

四一一　堤山供養塔銘　（白河市双石大字古屋敷字堤山）

□辛卯二十六

（注　観応二年辛卯十月六日のことか）

四一三　稲荷神社供養塔銘　（安達郡本宮町大字仁井田字田中　稲荷神社）

右志者為□亡魂
観応二年□月　日
生死頓証□

四一四　神宮寺供養塔銘　（安達郡本宮町大字荒井字荒井）

右志者為法一
観応二年八月廿六日　敬
尼公逆修如件　白

四一五　来迎寺供養塔銘　（須賀川市舘岡字本郷　来迎寺）

観応□□四月□日

四一六　坂ノ下供養塔銘　（石川郡大東村大字狸森字坂ノ下）

十月
文和二年癸巳
二十五日

四一七　関根供養塔銘　（郡山市西田町三町目字関根）

文和三年甲午四月十四日　施主
敬白

四一八　形見供養塔銘　（石川郡石川町中谷大字形見字小原）

右志者□
文和三年甲午十一月十日
□

四一九　五百川供養塔銘　（安達郡本宮町大字仁井田字五百川）

右志者為合力諸人成仏
文和四年乙未八月十三日　敬
乃至法界衆生平等利益也　白

（注　県史6　第一四三八図）

四二〇　明堂山供養塔銘　（郡山市三穂田町八幡字明堂山）

右志者為慈父聖霊往生極楽
光明遍照
十方世界　一百ヶ日
文和二年大才乙未八月十四日
念仏衆生　施主等敬白
摂取不捨
乃至法界衆生平等利益故也

（注　上部欠損し種子をかく）

四二一　胡桃沢供養塔銘　（郡山市大槻町胡桃沢）

延文元年丙申二月日

四二二　笹川供養塔銘　（郡山市安積町笹川字高石坊）

右志者信阿聖霊□□

（梵字）　延文元年丙申中冬下旬

□仏乃至為平等利益也

四二三　笹川供養塔銘　（郡山市安積町笹川字高石坊　墓地）

意趣逆修

施主

□□(冬)中旬天

敬白

証菩(菩提)也

四二四　笹川供養塔銘　（郡山市安積町笹川字高石坊　墓地）

百ヶ日頓証菩

敬白

（上部欠失）　日　孝子

平等利益也

四二五　宝沢沼水神供養塔銘　（郡山市富久山町福原）

（梵字）　延文二年正月

（注　「延文」を「延久」と改刻）

四二六　陽泉寺木造釈迦像銘

（信夫郡信夫村大字下鳥渡字寺東　陽泉寺）（旧　湖山寺）

（胎内銘）

延文二年七月十八日事始

大檀那藤原朝臣二階堂民刀大輔時世法名済元

本寺開山大同喆禅師

大日本国奥州湖山禅寺本尊像

旹住時比丘第三世嗣法可真竜江叟

大仏師　大夫法眼円勝

同　法教　乗円

応安二年六月八日誌

（注　重要文化財　県史6　一二九三図）

四二七　戸塚供養塔銘

（東白川郡矢祭町大字戸塚字上ノ平　観音堂）

（梵字）　延文三年戊戌四月廿九日

四二八　金山供養塔銘　（西白河郡表郷村大字金山）

為覚法海

（梵字）　延文三年六月　日

施主等敬白

（注　頭部をかく、もと字五輪座にあったもの）

四二九　静堂供養塔銘　（郡山市大槻町針生字静堂　静御前堂）

キリーク
右志者悲母過去
□□聖霊
戊戌八月日
延文三年　敬
孝子等　白
出離生死
頓証菩提法界
□□念仏衆生
敬白

四三〇　法久寺供養塔銘（郡山市山崎　法久寺）

キリーク
二□
延文二
ア
二人為逆修也

（注　双式板碑、郡山市指定文化財、もと市内大町六影山宅にあったもの）

四三一　寺山供養塔銘（東白川郡棚倉町大字寺山　芳松寺）

キリーク
延文五年庚子二月　敬
□

四三二　薬師堂供養塔銘（東白川郡塙町上渋井字寄居　薬師堂）

延文五年庚子三月大才彼岸三日

四三三　万蔵寺供養塔銘（郡山市田村町下道渡字寺内　万蔵寺）

延文五大才庚子年四月日

四三四　上道渡供養塔銘（郡山市田村町上道渡字坂の下）

（キリーク）
奉為善根

四三五　稲村供養塔銘（須賀川市稲）

キリーク
延文五七月日

（注　集古十種「磐瀬郡稲村碑」とあり、所在不明）

四三六　笹川供養塔銘（郡山市安積町笹川字高石坊）

キリーク
右志者為覚阿一百ヶ日
延文五年十二月十七日孝子　敬
白
法界衆生往生極楽故也

四三七　近津供養塔銘（東白川郡棚倉町近津寺内）

□（延）文五年庚子
孝子敬□

四三八　高石仏供養塔銘　（福島市飯坂町平野）

右□辰□聖霊之□

施主妙□

南無阿弥陀仏

延文六年大歳辛丑三月十□日

四三九　静堂供養塔銘　（郡山市大槻町針生静堂　静御前堂）

右志為相当□　□

延文六年辛丑五月廿三日

（注　阿良久地内より移す）

四四〇　太子堂供養塔銘　（郡山市音路　太子堂）

延文□

四四一　袖山供養塔銘　（石川郡浅川町大字袖山）

延文□□

四四二　笹川供養塔銘　（郡山市安積町大字笹川字篠川）

右志趣者為□　孝子

康安元年八月廿三日　敬白

□乃至□也

四四三　笹川供養塔銘　（郡山市安積町大字笹川字篠川）

孝子

康安元年辛丑八月廿□日

敬白

四四四　笹川供養塔銘　（郡山市安積町大字笹川字篠川　熊野神社）

右為□

□

（阿弥陀三尊浮彫像）

（注　三尊浮彫像の右上部方形の輪廓内に銘文あり、不明）

四四五　日籠供養塔銘　（西白河郡大信村日籠和田山）

趣□

庚安二年壬刁（寅）二月頓正菩提也

四四六　羽山神社供養塔銘　（安達郡大玉村大字大山字高屋敷　羽山神社）

康安二壬刁（寅）年十月廿三日

四四七　戸塚供養塔銘　（東白川郡矢祭村戸塚上ノ平　観音堂）

光明遍照　過去慈父生霊オ三回忌菩提
十方世界
右志者為　康安三年癸卯二月六日　孝子
　　　　　　　　　　　　　　　　敬白
念仏衆生
摂取不捨　乃至法界衆生平等利益故也

（注　種子と中央の年記のみ刻字で、他は墨書である。）

四四八　板橋供養塔銘　（石川郡石川町山橋大字板橋字北浮処）

康□（安）□

（注　下半をかく、「安」の字かすかにあり「康安」であろう。他に一基あり、長者屋敷の伝説がある。）

四四九　竜台寺木造虚空蔵像銘　（東白川郡古殿町竹貫　竜台寺）

（膝裏墨書銘）
奉造立虚空蔵菩薩尊像
旹　貞治二年□□□月廿六日
願主　比丘行□頂秀

四五〇　善性寺木造阿弥陀像銘　（二本松市根崎　善性寺）

（胎内銘）
作者　定朝門弟子大夫法眼於令成僧号道円而作之
　　　並　治部法教乗円添之作也
大檀那　加藤左衛門尉法名禅幸禅門志願成之
大勧進沙門　湖山住持比丘可真成之
干時　貞治二二年九月十九日　合斯像　（注　県史6　一二九一図）

四五一　中島供養塔銘　（石川郡大東村大字下小山田真光寺跡）

貞治四年乙巳年□月十八日　敬白

四五二　松山供養塔銘　（石川郡大東村大字下小山田字松山）

道智

四五三　石仏供養塔銘　（郡山市田村町御代田石仏　共同墓地）

貞治二二年乙巳

四五四　籾山供養塔銘　（須賀川市森宿字籾山（通称十三仏））

貞治五年丁未正月十二日　円性　第七相当

四五五　堀込供養塔銘　（石川郡大東村大字上小山田字堀込）

円阿弥陀仏
第七ヶ年
貞治五八月

四五六　籾山供養塔銘　（須賀川市森宿字籾山通称「十三仏」）

貞治五年十月五日第三相当

四五七　下糠田供養塔銘　（伊達郡月舘町下糠田）

（種子不明）　貞治六年二月三日

（注　亡失）

四五八　亀河内供養塔銘　（郡山市田村町上行合字亀河内）

右為先高□
成仏得道
（真言）　応安戊歳□七日
乃至法界
利益証大菩提

（注　上部に大日如来法身の真言五字を円相内に刻す）

四五九　富岡供養塔銘　（郡山市三穂田町富岡字鯨）

志為成□□
三世一切仏
応安二己酉年三月
応当如是観
心造諸如来

四六〇　不動堂供養塔銘　（郡山市片平町中村　不動堂）

（金剛界大日如来真言）　応安三年庚戌五月　日

（注　上部に金剛界大日如来真言を円相内に刻す）

四六一　鹿島神社旧蔵経文奥書　（白河市年貢町　竜蔵寺）
（旧　白河市鹿島　鹿島神社）

（墨書）
大般若波羅蜜多経巻第一百八十一
□
応安三年庚戌七月廿□(九カ)日金剛仏子□

四六二　阿弥陀堂供養塔銘　（郡山市田村町徳定　阿弥陀堂）

右志者為過去悲母性□□□□(阿弥陀仏)
□□
敬白
応安三年庚戌八月三十□
聖霊出離生死頓証菩提往生也

四六三　西光寺木造阿弥陀像銘　（東白川郡古殿町大字田口字久保田　西光寺）

（胎内墨書銘）

大檀那田口村西光寺□

応安二年辛亥十二月　日

大仏師治部法橋乗円

（注　県重要文化財。県史6　一二三二図）

四六四　西光寺木造地蔵像銘　（東白川郡古殿町大字田口字久保田　西光寺）

（胎内墨書銘）

大たんなん

たくち西光寺

応あん七年八月二十八日

仏しん　ちふほきう　乗円

（注「大檀那田口西光寺　応安七年八月二十八日　仏師　治部法橋乗円」の意、同寺阿弥陀像「応安四年」よりおくれること三年である）

四六五　笹川供養塔銘　（郡山市安積町笹川字高石坊）

（種子）　応安

四六六　谷沢供養塔銘　（石川郡石川町大字谷沢字坂ノ下）

四六七　坂路供養塔銘　（石川郡石川町大字坂路字五百目）

（種子）　永和二年三月廿八日

□道実禅門

（曼荼羅）　十五

相当頓証菩□

（注　年号不明、字五百目に五基あり）

四六八　天王山供養塔銘　（西白河郡矢吹町大字寺内字天王山）

（種子）　永和二年丙辰八月三日

（注　外に種子のみのもの三基あり）

四六九　稲村供養塔銘　（須賀川市稲字平）

（種子）　右志者

永和二年丙辰十月

如阿聖人

（注　集古十種にあり。傍に阿弥陀三尊来迎浮彫塔あり）

四七〇　代畑供養塔銘　（西白河郡中島村滑津代畑御城）

（種子）　永和四年戊午二月十九日

四七一　谷沢供養塔銘　（石川郡石川町大字谷沢字戸賀　薬師堂）

[種子]

永和二年二月廿一日

四七二　谷沢供養塔銘　（石川郡石川町大字谷沢字戸賀　薬師堂）

[種子]

永和二年二月□

四七三　稲村供養塔銘　（須賀川市稲字門ノ内）

右志者為相当（過去）□□

[種子]

永和四年戊午六月　日　敬白

慈母聖霊一周忌故也

（注　集古十種「稲村碑」として所載されている。この地を尼寺の跡という、傍に阿弥陀種子等二三基あり）

四七四　高久田供養塔銘　（岩瀬郡鏡石町大字鏡田字高久田）

于時康暦元己未年念仏供養二十四人

○[種子]

（真言）

四七五　薬王寺法華経板木銘　（石川郡石川町字大室　薬王寺）

（巻末陽刻）

助縁　養堂医公大禅定尼

奥州白川小比丘妙英

命工板行願以一実

康暦二年庚申重陽

東奥仏法弘通檀林石川薬王寺大坊蔵板

康暦二年庚申九月筆者白川小比丘妙英

（注　県重要文化財。県史6　一三一〇図）

四七六　広渡寺鐘銘　（郡山市西田町鬼生字前田　広渡寺）

（陰刻）

大日本国陸奥州田村県

広度禅寺住持比丘応衡

本寺檀那平遠長

結縁之衆二十一人

大工秦景重

永徳二年壬戌十一月八日奉行比丘証本

（注　県重要文化財。竹内理三編「平安遺文」金石文編に「永保」とあるが、「永徳」が正しい。）

四七七　鹿島大明神鍵銘　（白河市鹿島　大森常信）

（表）奥州白川郡大村郷鹿島大明神御宝前鍵

神主藤原忠泰

（裏）永徳二年壬戌十二月六日鍛冶大工藤原守吉

（注　県重要文化財）

四七八　笹川供養塔銘　（郡山市安積町笹川字篠川）

（種子）

右志者過去聖霊

三十三年

永徳三年七月十八日　施主敬白

成仏得道為也

四七九　鎌足神社供養塔銘　（須賀川市中宿　鎌足神社）

（種子）

永徳二二年甲子二月　日

四八〇　小深田供養塔銘　（須賀川市塩田字小深田）

（種子）

至徳二年乙丑十月廿八日

四八一　釈迦の入供養塔銘　（須賀川市塩田字釈迦の入）

（種子）

一年丑三月卅日也

悲母幽儀往生

四八二　南山形供養塔銘　（石川郡石川町大字南山形字折木）

（種子）

至徳二年

四八三　仲作田供養塔銘　（須賀川市塩田字仲作田）

（種子）

嘉慶二年大才戊辰八月二十二日造立

四八四　滝輪観音堂石幢銘　（石川郡浅川町滝輪　滝輪観音堂）

（一　面）

我之名号二経其耳

十郎次郎

（種子）

衆病悉除身心安楽

（二　面）

（種子）

和泉大徳性観大徳□仙大□（徳）

楽順大徳俊芳禅師美濃大徳

三位大徳慈仙大徳孫太郎

刑部大徳乗性大徳左近太郎

（三　面）

（種子）

（未調査につき不明）

（四　面）

諸行無常　是生滅法

生滅々己　舛（寂）滅為楽

行円大徳

善□

嘉慶三年大才己巳二月十□

孫□

（注　高さ八二センチほどの角状切石の四面に刻銘がある。三面は調査者岩越二郎が確認していない。供養塔としては異例の形式である）

四八五　形見供養塔銘　（石川郡石川町大字形見字古市場）

（梵字）

康応二年庚午八月五日　孝子敬白

四八六　笹川供養塔銘　（郡山市安積町笹川字高石坊）

（梵字）

右立為□

明徳□

四八七　稲村供養塔銘　（須賀川市稲）

（種子不明）　明徳三年壬申八月　日

□　□

四八八　常在院源翁和尚頂像銘　（西白河郡表郷村大字中寺字屋敷　常在院）

（胎内銘）

（応永）□□三丙子正月四日□

二代　大仙□□（碩叟）

於□□高木三拾貫寺領

□　□大和尚二代大仙□

（源翁能照大和尚行状之記　奥書）

法石山常在院二代大仙碩叟記之

維持　永享元年己酉正月十五日

四八九　清水内供養塔銘　（郡山市大槻町清水内）

（梵字）

応永二丁二丑八月日

四九〇　高石仏供養塔銘　（福島市飯坂町平野）

（梵字）

応永四

光明遍照

十方世界

念仏衆生

摂取不捨

四九一　妙昌寺供養塔銘　（伊達郡霊山町大字掛田妙昌寺）

施主

応永八年十月十□日

敬白

大旦那雅西

(石川郡王川村岩峰寺　岩峰寺)

四九二　岩峰寺鐘銘

奥州石河庄

大貫山岩峰禅寺鐘

住持比丘法遜鋳之

首坐法中

幹縁比丘監寺法文

上岩寺慈興

大工沙弥慈竜

応永十一年卯月八日

(注　亡失、集古十種所載)

四九三　石都々古別神社鰐口銘

(石川郡石川町大字石川字下泉　石都々古別神社)

(旧　棚倉町八槻　寅卯大明神)

奥州高野郡八槻寅尾大明神

(撞座)

于時応永十二年十月廿日

(注　寅尾大明神は八槻の寅卯大明神のことである)

四九四　染供養塔銘　(石川郡浅川町染)

応永十三年大才丙戌五月十□

(注　近くの石窟内に多数の梵字が刻まれ、中に応永十年の紀年銘、人名がある。県史6　一四五四図)

四九五　静堂供養塔銘　(郡山市大槻町針生静堂)

空円禅門　応永十七年大才庚刁(寅)

四九六　八槻都々古別神社銅鉢銘

(東白川郡棚倉町大字八槻字大宮　都々古別神社)

(刻銘)

敬白

奥州高野郡

南郷八槻近津宮

奉造立御鉢

大檀那　沙弥道久

橘氏女

千代松

沙弥宗心

別当良賢

聖越後律師長栄

大工　沙弥勝阿弥
応永十八年大才辛卯十月十八日
○
敬白
奉造立近津宮
御鉢
聖越後律師長栄
大工　沙弥勝阿弥
（注　五口あり、うち二つに銘がある。重要文化財。県史6　一一五七、一一五八図）

四九七　馬場都々古別神社鐘銘　（東白川郡棚倉町馬場　都々古別神社）

（陰刻）
敬白
奥州高野郡北郷馬場
近津大明神御宝前
推鐘
大旦那藤原氏満政
別当良聖
聖源
大工秦順重

右意趣者天長地久御願
円満殊聖金剛仏子聖契
所願成就并一紙半銭輩
現世安穏処願成就後世善
所之故也
于時応永十八年　拾月廿三日
敬白
（注　明治の廃仏棄釈の際亡失した。集古十種にあり）

四九八　上野寺供養塔銘　（信夫郡吾妻町大字上野寺字大林　管原神社）

（種子不明）　□　□敬白
応永二十一年□十月

四九九　石都々古別神社鰐口銘　（石川郡石川町大字石川字下泉　石都々古別神社）

奥州石川庄泉村舘之八幡宮之鰐口也
（撞座）
応永卅年癸卯卯月五日大旦那源持光別当重慶
敬白
（注　県重要文化財。県史6　一三二一図）

五〇〇　三城目供養塔銘　（西白河郡矢吹町大字三城目字下町）

□崇道□門

三十三年忌□

[梵字]　応永三十三

五〇一　王宮経塚出土鏡銘　（郡山市片平町）

（針書銘）

如法経

(応永卅)大才
□□□四年二月七日
口未

僧　理円

（注　県史6　一三四七図）

五〇二　日枝神社供養塔銘　（郡山市富久山町久保田字山王館　日枝神社）

[梵字]

□□□□□□□

□□□□□□

□□□□□□□□

日
□　□

（注　県重要文化財。上部にある阿弥陀如来の種子の下に梵字二十字を三行に刻み、中央下端に「日」の字の左右に梵字各一字を配する。中央の梵字については、「板碑概説」は年号を表現したものと見て「応永」と読んでいる。右行は観音真言であるから、阿弥陀三尊を表現しているものであろう。県史6　一四四一図）

五〇三　八幡宮供養塔銘　（西白河郡西郷村大字羽太字虫笠）

[梵字]　永享三年辛亥

五〇四　熊野神社御正体銘　（西白河郡大信村下小屋字宮沢）

（刻銘）

永享五癸丑三月廿三日

（注　亡失、白河風土記による、無年号の御正体数口あり）

五〇四（2）　白川城跡石塔銘　（白河市搦目出土）

(右)□造立石塔一基

逆修者現世安穏

後生善処之故也

然間依修善願主

本久証大菩提果

永享六年甲刁二月十日　（注　所在不明）

五〇五　八幡宮供養塔銘　（西白河郡西郷村大字羽太字虫笠）

願主　浄国

左衛門二良

[梵字]（レンザ）　于時文安二乙子春

道替

平八

五〇六　金秀寺石幢銘　（伊達郡伊達町字広前　金秀寺）

寛正甲申四月八日

（注　俗に笠塔婆、一町仏といわれる。七角の石柱上に笠石をつけた石幢で六面上部に龕があり六地蔵がほられている）

五〇七　伝来寺鐘銘　（伊達郡桑折町大字桑折字道場前　伝来寺）

（第一区）　（元東昌寺鐘）

諸行無常　是生滅法
生滅々已　寂滅為楽
文正改元丙戌霜月廿五
大工　藤原正綱
主事僧　士英
大檀那円崇住山円良
奥州伊達郡無為山東
昌禅寺鐘

（第二区）

如右此洪鐘東昌禅寺
鐘也然当前代乱邦之
時節遠移来高掛奥州
苅田郡白石城内而以
来年深月久終打破畢
矣故寛文元年辛丑閏
八月穀日藤原朝臣第
三代之片倉景長再鋳
成焉者也
有司
大河内外記吉成
副司
門間善兵右衛
実次
治工　早山弥五助

（注　三区以下改鋳銘を省略す）

五〇八　峯全院雲板銘　（西白河郡表郷村大字番沢字里見）

（表面）

奥州白河之荘小峯集雲山峰全院

（撞座）

応仁元年丁亥八月壱日　大工弥次郎

（裏面）

禅□（格）建立之

（注　県重要文化財。県史6　一三一九図）

五〇九　木幡山弁天堂棟札　（安達郡東和町大字木幡字治家　隠津島神社）

（棟札一）

大行事帝釈天　大旦那源朝臣家博　大内備後顕祐　治郎左衛門安吉
封　聖主天中天　今日戒師文殊利菩薩　大内備前守宗政　大阿弥丸　惣大工　太郎左衛門
伽陵頻伽声　惣戒師釈迦牟尼仏　大林坊祐興　当山大工　周防助　隼人広安
参　碑文　本願聖人　岩本坊行英　道林　雅楽助
哀愍衆生者　証誠師大梵天王　一肩坊祐泉　次郎四郎　六郎五郎
封　我等今敬礼　諸行事普賢菩薩　文明十肆年壬子十二月廿日　次郎左衛門　平駄三郎
戒行事観世音菩薩　大泉坊行融　久存　左衛門太郎
時院主　小聖　宝積坊行恰　八郎次郎　左衛門次郎
知応殊光
道栄　左衛門次郎　百童

（注　亡失、松藩捜古による）

（棟札二）（前文略）
当旦那大内備前守　同太郎左衛門顕徳
当奉行　石川相模守宗昌
出時当院主法印祐尊
遷宮導師学頭坊弁祐法印
当願主　院主代法印行乗
天正五年丙子九月晦日

（棟札三）（前文略）
遷宮導師　当山院主学頭坊　尊堪法印
本願　　刑部石谷式部　竹中左衛門
衆徒御子十八人相談造営之
元和八年壬戌八月一日

五一〇　大鏑矢神社鉄鉢銘

（田村郡船引町大字船引字竹の内　大鏑矢神社）

（錫鋳銘）

敬白
※州奥鉢御神大矢鏑大鋳奉
（←―）
国朝引船庄村田※
（←―）
日一月六未丁季九十明文
（←―）
於日谷田根岸大工秀次
（―→）

（注　重要美術品。県史6　一三一三図。書き順右書きと左書き混同する、三行。）

五一一　戸沢熊野神社棟札　　（安達郡岩代町北戸沢字宮内）

上
聖主天中天　迦陵頻伽声　大檀郡源氏大内備前守宗政
弐種梵天　碑文　熊野権現　延徳弐年庚戌卯月八日
之中帝釈　哀愍衆生者　我等今敬礼　大工　安義
鍛冶　平駄三郎

（注　亡失、松藩捜古による）

五一二　大蔵寺千手堂鰐口銘　　（宮城県船岡　妙立寺蔵）
（元福島市渡利小倉寺　大蔵寺）

（陰刻）
願主捴朝敬白鰐口宝城山大蔵寺住持比丘奥州信夫里余目里千手堂
（撞座）
安積郡部谷田住仁大工高久殿守三郎左衛門于時福徳三年辛死（亥）六月日

（注　銘文から察すれば福島市大蔵寺千手観音堂の鰐口と考えられるが、「信夫里余目村」については研究を要する。鋳工住の「部谷田」は今の日和田である。福徳三年は私年号で延徳三年「一四九一年」にあたる。）

五一三　王子神社棟札（田村郡船引町大字門鹿字宮林　王子神社）

（墨書）
明応七稔戊午十月吉日

（注　他に記述あり。年号のみ収録）

五一四　八槻都々古別神社釣燈籠銘　　（東白川郡棚倉町八槻　八槻淳良）

（底部刻銘）
近津宮寄進別当良賢
文亀□年辛酉霜月廿一日
〇
尊護寺重法

（注　県重要文化財。辛酉は文亀元年であるが、銘は「二」と見える。別のものに「尊護寺重法」とある。）

五一五　八槻都々古別神社御正体銘　　（東白川郡棚倉町大字八槻字　都々古別神社）

（虚空蔵　十一面観音　阿弥陀　三尊御正体銘）
奥州高野郷
八槻近津宮
沙門道全

大旦那願主物部朝臣
阿弥道本

五一六　善通寺雲板銘　（西白河郡中島村滑津字元村　善通寺）

常瀬山善通寺直室置之
大檀那船尾下野守
（撞座）
大工根本若狭守
文亀四年癸五月吉

（注　文亀四年は永正二年甲子に当り干支をあやまる。「癸酉」は文亀三年である。昭和二十七年焼失）

五一七　清光寺位牌銘　（白河市田島字黒谷　清水寺）

清光寺殿小峯政朝亀山道綱大居士　尊儀
永正七庚午白
九月十日
（表）
大徳山清光寺
位
中興開基小峰政朝公
（裏）
小峯政朝永正七庚午九
中興開基九月十日逝去
大徳山

五一八　都々古別神社八幡宮御正体銘　（石川郡玉川村大字南須釜字八又　都々古別神社）

大旦那源脩光
八幡宮之御正躰
永正十五季戊寅応鐘十四日
本願　良尊
同　権守政家

（注　亡失）

五一九　東福寺十二神将修理銘　（石川郡玉川村大字南須釜字久保宿　東福寺）

（十二神将中摩虎羅胎内銘）
永正十七年かのとたつ十月一日
十二神之内一躰不絶之所再興
本願岩城恵日寺常住密如坊東
福寺之坊之脩時仏子佐竹ノ住人
宥成　大旦那脩光並一体
一文之結縁無疑者　敬白
会結縁中野孫太良
（木簡）
○
今此薬就尊并日光月光十二神将数百歳

以前恵心僧都之御作与聞伝其後永正年中
再興有之由卯神御腹中ニ相見候而テ今
度享保三歳八月結縁仏子宥専再興之
抑惣テハ天下泰平別テハ当村豊楽当寺
興隆院主宥専現当二世如意満足故也
　仏子　小野仁井町　野原市郎平

（注　木簡は後世のものであるが、併せてのせる）

五二〇　稲沢春日神社棟札

（安達郡白沢村大字稲沢字春日　春日神社）

　永正拾八年　祠官　伊藤相模守
奉建立春日大明神
　辛巳四月十日

（注　松藩捜古による）

五二一　高木寺鰐口銘（元通里権現鰐口）

（安達郡本宮町大字高木字舟場　高木寺）

懸奉鰐口カツラウ通里権現大旦那カケ由助
（撞座）
時　大永二二年十二月　日　大工大和秀次

（注　大旦那カケ由助は葛尾村の「松本勘解由助」であろう。高木寺の有となつた経過は明らかでない。県史6　一三一二図）

五二二　鹿島神社鰐口銘・棟札

（郡山市熱海町上伊豆島字町屋　鹿島神社）

（鰐口銘）
奉掛享禄三庚寅施主
　上伊豆嶋村　藤原親祐

（棟　札）

社檀者前五大胎蔵界五理諸尊之曼茶羅也
神者識大金剛界五智諸尊曼茶羅也然則
上津嶋村大小之氏子鹿嶋大明神社頭造立　鹿島大明神棟札也
加持力以現世也安穏子孫繁昌後生善処五知五仏
其身加持而己自他安全平等吉祥

奥州安積郡上津島村　大工　須田上総守
　鍛冶　国分与左衛門
　　下津島平左門
導師八幡寺
　旦那　添田喜左衛門重宝

（注　亡失、松藩捜口による）

五二三　元長禄寺鐘銘

（旧　須賀川市　長禄寺）

奥州磐瀬郡牛袋村広福山長禄禅寺

住持　忠誉玄信
大檀那　藤原続義
宿老道俗男女以助縁鋳直之
本願　須田備前守
享禄四年辛卯四月八日
（注　会津恵日寺有となり亡失す。会津旧事雑考による）

五二四　鹿島最勝寺弥勒堂経櫃銘　（白河市鹿島　鹿島神社）
（漆書）
奉□大般若経全部
奥州白川鹿島大明神　（表）
于時天文五年
芳賀□朝臣　（裏）
（注　亡失）

五二五　虚空蔵堂鰐口銘　（東白川郡古殿町大久田字下大久田）
奉上御宝前
天文六年酉三月吉日下大久田中

五二六　熊野神社御正体銘　（東白川郡古殿町大久田字下大久田）
為　乙女并□心
成仏
平氏女敬白
（注　年紀なし、形式は室町上期である。付近に前記の虚空蔵堂あり、ここに配列する　県史6　一三八〇図）

五二七　八溝山下の坊鐘銘　（茨城県久慈郡黒沢村　慈雲寺）
唐有八丈溝矣　常州八溝山亦拠此境得名乎
寺曰南院　須闕苾蒭申百八鐘声者久兮故化
縁苾蒭児鉄鞋不倦　霜辛雪苦　募十方衆縁
功情命鉄匠洪々鐘成就揚雲興岫求我願既
満之語　因為銘其詞曰
常陽勝境　八溝山雄　絶頂安立　大士円通
作家手改　層稜鐘洪　煉碧眼鉱　脱白丁叢
上界下界　尊躬下躬　寿伝万代　功響無窮
天文竜集戊戌冬十月吉辰謹銘仏日増輝　諸
天威邪　従鎖魔外降
前福源晨神叟比丘周瞠書乎平等下
皇帝万歳　重臣千秋　風調雨順　国泰民安
大檀那　源朝臣義篤謹白
慈雲寺法印宥意
別当　善蔵坊
松溪斎　昌訓

勧縁江州住　比丘尼　妙心

小善聖心並妙善

大工　石川静阿弥

奥州白河大檀那

藤原朝臣　直広

地頭　深谷顕衡並重安

金藤　掃部助

（注　亡失、茨城県分であるが、旧白川領であり銘文重要につき採録する）

五二八　鹿島最勝寺鐘銘　（白河市鹿島　鹿島神社）

（陰刻第一区）

奥州白川庄竹原郷

鹿王山最勝寺鹿島宮鐘

奉造鋳願主清眼大徳

大檀那

藤原朝臣左兵衛佐義綱

同左京大夫　晴綱

南左馬頭　恵綱

新小菅雅楽頭篤綱

（第二区）

奉□（行）

橘朝臣　斑目十郎広基

源朝臣　和知右馬助直頼

大工

米村早山但馬守　清次

同字切

于時天文十三年甲辰潤十一月十一日　敬白

（注　十一面観音堂にかけてある、集古十種所載）

五二九　六角石幢銘　（西白河郡大信村大字隈戸字上小屋）

（梵字）　天文十七年八月十□

本願弥三□

諸旦那□

（注　六地蔵形式の石幢である。上下を欠く）

五三〇　古殿若宮八幡棟札　（東白川郡古殿町大字山上字古殿　古殿八幡神社）

大行事帝釈天王　奉修覆若宮八幡社頭一

聖主天中天　封　碑文殊師利井　別当不動院

迦陵頻伽声　参　惣戒師釈迦如来　大檀那源朝臣参川守重光

哀愍衆生者　証戒師大梵天王　天文廿年辛亥霜月十五日

我等今敬礼　封　諸行事普賢井　大工　本田美濃守

戒行事観世音井　鍛冶　本郷新左ェ門

預以比功徳　普及於一切
宮
石川□中　□
嫡家隆光第二愛千代御三男□四郎（花押）
岩瀬長禄寺大工
木屋大工内匠助
我等与衆生　皆共成仏道

（注　墨色うすく判読困難な所あり。裏に「種子」がある）

五三一　西光寺棟札（東白川郡古殿町大字田口字久保田　西光寺）

（棟札一）

（表）

（石）
奥州路石川庄竹貫郷田口村　田口山西光禅寺乃
摂取吉日良辰以而奉建立□弥陀道場于時
公座元禅師大檀越源氏朝臣中□大輔重光積善余
遇西方十万億土有仏号弥陀□
（水）
于時天文廿四年乙卯梅天廿四日　田口山西光禅寺

至十方檀那□
住持笑庵公
慶□
□敬白
住持比丘珠闍

（裏）

小旦那道椿禅門妙立禅尼
尊仁坊　星石　刀川九郎左衛門　清右ェ門　新右ェ門　三郎右ェ門　大炊亮

（棟札二）

（前文略）
奥州路石川庄竹貫田口村田口山西光禅寺
于時永禄十二己巳年五月廿八日

（棟札三）

（空）
奥州路石川庄竹貫村田口山西光禅寺住持
海舟説西和尚檀那田口村百姓中以助成弥
陀道場奉建立上葺者也　家門経曰
過去西方弥陀発心如来　（以下略）
奉行　意林書記　（花押）
于時慶長拾年乙巳二月拾五日葺手高野和泉守

（裏）

葺手礼銭三百文也和泉守（中略）
縄二万五千三百也　筆者　東禅寺宗益（花押）
地頭　大田原備前守

（棟札四）

（前文略）
于時慶長拾五年庚戌卯月三日田口山西光禅寺

住持　海舟説西

仏師　宝庵法師　源蔵坊

渡辺蔵人

（棟札五）

寛永四年卯三月八日　（全文略省）

五三二　田村大元神社大般若経奥書

（田村郡三春町大字三春字山中　田村大元神社）

（奥書）

田村平朝臣義顕

梁山聖棟居士謹跋（花押）

永禄二年己未十月吉日奉写畢

――――

（大般若経櫃三合弐百巻入折本蓋銘）

大般若奉写之人数

天沢　天庵和尚

恕悦

紫陽薩摩之住　慶儔

同　日向之住　京文

同　肥後之住　昌恵

美濃之住　善培

貞悦　禅伯

舜悦　宗達

塩松之瑞応院　長虎

円通庵　宗虎

下野之住　昌秀

紹鑑

松本坊　心雄

堀越之慈宝院　春祐

凌雲庵　祖淳

宿庵宗泉並料紙拵之助成

同可福斎藤三郎左衛門

紙漉大越村渡辺源右衛門

一万三千三百七十枚求候

同勧人数之事

禅金　清鑑　道円

其外数多

同塗師宗元　相楽雅楽允　其外数多

並番匠十人紙打人四百余人

于時永禄弐季己未十月吉日

五三三　治隆寺木造弁財天像彩色銘

（安達郡東和町大字木幡字山本　治隆寺）

（膝裏銘）

採色二本松
鏡石寺法印秀担

永禄三庚申二月十九日　木幡山治隆寺　祐尊

願主　松本院主

二度之採色松雲公

文禄三年甲午十一月一日厂尅成就

五三四　岩蔵寺木造薬師像銘　（安達郡東和町大字太田字岩前　岩蔵寺薬師堂）

日本奥州安達郡塩松山海蔵禅寺

住持比丘対山叟祥厳

檀那式部法印高□（存）

□禄二年六月初□

（脇侍背銘）

月光遍照菩薩

寛永十九季壬午四月三日

祐山東助和尚

（注　年号は永禄か文禄か不明であるが、永禄の時期として配列した。）

五三五　三島神社毘沙門天厨子銘　（二本松市矢ノ戸　三島神社）

為当郡安楽故也

大檀那源大内壱岐守高政

[illegible]

奉新造八戸大明神御本躰□

永禄九丙寅九月吉日

開眼　法印　秀曁

五三六　三島神社田楽面銘　（二本松市矢ノ戸　三島神社）

塩松太平

大明神

（三島）
□□神力坊

（注　他の一面にも「同文」の墨書銘がある。年号不詳であるが、前記本地仏厨子銘に次いで配列した。）

五三七　東光寺木造阿弥陀像修理銘　（郡山市湖南町中野字堰内　東光寺）

（胎内補材墨書銘）

（正面）

羽州住修覆工作人金色取持候　為後代記之畢
後見人□石田名字也

天台沙門権大僧都法印栄淳也

于玖　永禄六年昭陽大淵献蕤賓吉日

本願　道安禅門

（左面）

永禄十一年今月今日共仮功工候

御髪スエ申候　番匠　祐次　石田名字

仏子　一伝（花押）　其下番匠道貞　光之

（右面）

被為押工溥修

済家僧是也　宗元作之　鈴木名字人

（裏面）

当所大檀那藤原盛祐　嫡子盛恒

家風　平治貞

走回人　岩瀬住人須田祐綱

滝田名字黒河住　長助

上州住人　小野為繁

為人々為後代書

是皆以手刀仏像候徒取給仕人

（注　中野大仏といわれる古仏修理銘、県重要文化財）

五三八　田村神社漆絵馬銘（郡山市田村町山中字本郷　田村神社）

（絵馬一）

敬白

奉上

明王権現

御宝前

神馬一疋

□息之延命

子孫繁昌

所願成就

皆令満足

為由如件

元亀元年庚午十二月十三日　木村右兵衛尉景重（花押）

（絵馬二）

敬白

奉上

大元明王之

御宝前

神馬一疋

元亀二年辛未六月十五日　長谷川丹波守秀次（花押）

（注　二面とも県重要文化財、木村景重は平泉漆笘銘に見える

県史6　一三〇五図）

五三九　古殿八幡神社棟札（東白川郡古殿町大字山上　古殿八幡神社）

（棟札一）

聖主天中天　大行事帝釈天王　八幡別当不動院□此寺[　　　　]十郎左衛門子大卯□

迦陵頻伽声

参　種碑文殊師利菩薩

大檀那源之朝臣重光幷甚四郎息□延命子孫繁昌武運長久如意満足之処也

哀愍衆生者　惣戒師釈迦牟尼如来　大工根本伊与守　幷子息内匠□舎弟孫十郎□水野□
我等今敬礼　天中諸行事普賢菩薩　息新五郎　生田目因幡守　子孫藤八郎
戒行事観世音菩薩　鍛冶大工　本郷新兵エ
白金細工　有賀和泉守
合（カ）□　□　大聖坊生田目□守　吉田肥後守　同観喜寺
坂本右衛門　□　□　大竹肥前守
右此上葺者当社之□　□
元亀四年癸酉卯月十四日
午刻入神　浄光院住僧権大僧都法印大和尚位亮実□

（棟札二）

封　聖主天中天　大行事帝釈天王　八幡別当大夫□源大□
今日戒師弥勒菩薩　大檀那　小檀那　別当　宮守　善兵衛幷松田新蔵　小川□守
参　迦陵頻伽声　碑文珠師利菩薩　大工水野掃部幷□藤源衛門　同水野源蔵　中居矢内茂左衛門
鍛冶　本郷対馬守幷大平孫衛門　同石□源七郎
惣戒師釈迦牟尼如来　合力方　水野梅蔵　同庄右ェ門□鈴木源ェ□
哀愍衆生者　大竹□水野但馬守　勧進本願念仏衆
天中諸行事普賢菩薩　大檀那　小檀那　荒井半衛門幷□
慶長拾五年庚辰
封　我等今敬礼　証誠師大梵天王　霜月十七日午克入神　満勝院権大僧都法印□

（注　江戸以降のもの十余枚あり、略す）

五四〇　青竜寺棟札　（岩瀬郡天栄村大字牧ノ内字竜生　青竜寺）　（墨書）

封　　　　　　　　　　　　　　　　　　　　封
聖主天中天　大行事帝釈天　願以此功徳　大檀那新国上総守殿　大良左衛門
迦陵頻伽声　今日戒師弥勒菩薩　普及於一切　二良左衛門
　　　　　今我師文殊師利菩薩　　　　　　　五日
参　惣戒師釈迦牟尼如来　奥州岩瀬郡牧之内村太永山聖竜寺造立　天正八年庚辰供養同六月信日
　　天中証誠大梵天王
哀愍衆生者　諸行事普賢菩薩　我等与衆生　願主　重秀
封　我等今敬礼　戒行事観世音菩薩　皆共成仏道　大工　監物
　　権大僧都法印重秀　　　　　　　　　　　封

五四一　都々古別神社八幡宮駒犬銘　（石川郡玉川村大字南須釜字八又　都々古別神社）

天正六年八月十五日
　　大野次宗作

五四二　都々古別神社鰐口銘　（石川郡玉川村大字南須釜字八又　都々古別神社）

奥州一之宮奉懸石河八幡宮
鰐口一打安養寺殊者信心之大檀那
源清光寄進之所也
天正九年辛巳霜月一日　敬白
　　岩城之大工重吉作之也

五四三　都々古別神社御正躰　（石川郡玉川村大字南須釜字八又　都々古別神社）

（裏銘）
敬白御正躰一懸
奉鋳奥州一之宮御宝前石河安養寺
依之信心之大檀那源朝臣清光子孫繁昌故也
天正十年壬午九月吉日
　　岩城大工長山対馬守重吉造之
（注　重要美術品）

五四四　諏訪神社御幣柄　（二本松市原瀬字諏訪　諏訪神社）

于時　天正十年酉十一月　二本松城畠山右京亮義継勧請
（注　松藩徴古による）

五四五　千手院棟札　（郡山市湖南町福良字寺前　千手院）

（表）

聖主天中天　迦陵頻伽声
哀愍衆生者　我等今敬礼

閑居以休夫婦実恒夫婦
大檀那　盛恒夫婦宝勝寺宥源
盛重夫婦

願主別当沙門尾州住大法師長円奉造之
大公石田平兵衛助次　鍛冶宗片清兵衛助宗
于時天正十二稔木猿三月九日奉棟上福良郷

（裏）

願主父母守家妙仙柱二本右近殿　百五十文妙泉　穀一俵武藤外記助穀一　武藤大隅　板一間　守子　石田彦十郎
穀一　宗左衛門　板一間　書記　与五右衛門
奉加助成衆　武田縫殿助　穀一俵大蔵坊　布一遠藤之氏名　番匠名
柱十本常久　板二間　七郎右衛門　布一　亀　孫左衛門
和泉
内樒十二丁盛重穀一中地簾中穀一俵大蔵氏女板三間武藤信州板一間　八郎右衛門　孫右衛門

五四六　高木神社鰐口銘　（田村郡三春町大字実沢字宮脇　高木神社）

（表）

奥州田村庄実沢村帝釈天の鰐口
奉鋳　大檀那大膳大夫田村清顕

（裏）

天正十二甲申年　大祥院別当諦濡敬白

（注　亡失、高木神社はもと「帝釈天」といった。県史6　一三二一図）

慶長三□年五月日

新発田住　道利
奉世話人　三春　刀屋　国蔵
納　高橋栄治郎
三春住　三城喜七吉国
宗像彦右ェ門　当拾枚
古山定蔵
高橋民三郎
佐久間助ェ門
皆川新之丞

五四七　観音堂釈杖銘　（郡山市湖南町浜路字稲宝　観音堂）

松屋彦三郎
嶋田屋留蔵

五四八　川辺八幡宮棟札　（石川郡玉川村大字川辺字宮ノ前　八幡神社）

奉棟札　正八幡宮武運長久祈
慶長四己亥十月日　云々
（注　八幡神社記録による）

五四九　竜蔵寺鍍金装笈銘　（白河市金屋町　竜蔵寺虚空蔵堂）

（刻銘）
常州住
筑波山
快智上人
慶長六今月日
（注　重要美術品。県史6　一三二〇図）

五五〇　専念寺供養塔銘　（白河市横町　専念寺）

万部聖勤息徳庵行之
妙法蓮華経
慶長六辛丑年吉日

五五一　役小角像銘　（東白川郡矢祭町下ノ関河内　菊池武比古）

（胎内銘）
于爰奥州高野郡近津大明神宮中御座行者
代末棄断破□雖然成天下□(泰)□(平)□家康公
□男秀忠開□持□時将軍家□公方の間
不肖仁儀礼□神領□自開仙八槻鎮良
僧都蒙印判作之　宮内諸造立不知法
一、仏□法界□悉皆成仏
本願八槻別当　権大僧都法印鎮良
于旺　元和八暦壬戌霜月吉祥日

補四　湯野不動寺供養塔銘　（福島市飯坂町湯野不動寺）

□□大師　□□椅□□示悟入諸仏知悉以了　金剛仏子舜□
□□無辺□□教垂無窮莫尊於妙　金剛仏子良誉
□□□哉高誉不然定性乎中路品　金剛仏子明尊
道無性矣□宝輪玉髻中曾有一顆　金剛仏子湛空
□善大師　□珠焉長者目前本不見乎於窮□　金剛仏子滝円
□是以□□□必□権心南岳□　金剛仏子賢信
□　□快便乎□　金剛仏子弁□
□于然□□童子送供行□□　□　□
□　□果位於□　□　□
大檀那　正和(二)□年
□　□　金剛仏子隆□
□　□　□　□
□　□　□　□
(藤)□原氏□　□　□　海尊
□□□其為　□　□神　□　□
□以春　□　□
□　□　□　□
沙弥□□　□　□　聖人　行恵
聖人　蓮仲
（註、上部欠失して種子をかく。下半および左半分剥落して銘文不明、僧侶名は不動寺縁起により補足した。）

会津地方

五五二　松野千光寺経塚石櫃銘　（喜多方市慶徳町松野　経塚出土）

大治五年歳次庚戌
大檀越財主平孝家
辛酉　四月二日
散位源朝臣俊邦　縁(文)友同代
（注　寛文九年発見昭和九年再発掘、県史6
一三二二図および解説七一）

五五三　新編会津風土記所載経筒　（旧　会津藩士　平田新五右衛門蔵）

保延五年八月四日
如法経　勧進聖人　静賢
日奉近貞記是正
物部収戌北主則恒吉野双紙
小野荘返日奉貞房錦図武
僧定意
（注　亡失、）

五五四　恵日寺請雨経奥書　（耶麻郡磐梯町大字磐梯字本寺上　恵日寺）

正四位下位下行美濃守藤原朝臣家長
仁平四年五月二十日
（注　亡失、会津旧事雑考による。）

五五五　延寿寺熊野宮宝器箱銘　（会津若松市小田垣　熊野神社）

奉図
身中奉
蓋云
身外奉蒔善
経求供養法和
現空中金字
本鏡者是尊
已而弟子珍慶依思彼遺
打顕尊勝曼陀羅像筥表
黄金
頭塔婆或以丹青図絵
則依
善根力早離六趣
助妙果矣于時仁平四
奉供養之
（注　亡失、会津旧事雑考によるとたて六寸二分横四寸三分の箱に仏像を図絵し湖州鏡があった。）

五五六　新宮熊野神社御正体銘

（喜多方市慶徳町新宮字熊野　熊野神社）

（御正体一）

勧請　新宮小守宮　地頭代　左兵衛少尉藤原知盛
　地頭代　右兵衛　平国村
弥勒元辛卯年二月二十二日

（御正体二）

勧請十五所宮
会津新宮　大勧進　僧浄尊
弥勒元辛卯年二月二十二日
横三郎　壬部　広末

（注　旧事雑考は弥勒元年を承安元年と考証し、承安に地頭の号あるを疑問とし「地頭代左兵衛少尉藤原知盛、小守宮預所代右兵衛少尉平国村」「大勧進僧浄尊証一」とする。弥勒の私年号は、永正・享録にも用いられた。亡失、新宮雑葉記による。）

五五七　新宮熊野神社長床鰐口銘

（喜多方市慶徳町新宮字熊野　熊野神社）

熊野山新宮宝前　奉施入　周　四尺五寸鰐口　一口
治承三年八月日　僧　伊勢

（注　亡失、新編会津風土記、新宮雑葉記による。）

五五八　熊野神社仁王銘札

（喜多方市上三宮町大字吉川字堂前　熊野神社）

奉造立金剛力士形像各一軀
大仏工　僧仁助　木図造僧果成　大旦那僧琳覚
建久六年大歳乙卯二月吉祥日始之

（注　亡失、新編会津風土記による）

五五九　恵日寺刺繡障子残片銘

（耶麻郡磐梯町大字磐梯字本寺上　恵日寺）

奉施入障子一本
薬師如来御宝前
承久三年辛巳正月日
施主　蓮阿　生年七十

（注　亡失、新編会津風土記による）

五六〇　照国寺木造阿弥陀像銘

（南会津郡伊南村大字古町字小沼　照国寺）

嘉禄三歳三月□□村有
元禄十丁丑歳極月二日
再興ノ中興
当寺十七代信通大阿流海見了代
惣旦那奉加

（注　仏像背銘朱書、「嘉禄」「元禄」ともに同筆であるが、一応採録した。）

五六一　旧大光寺供養塔銘

（大沼郡会津高田町大字藤家館字藤田　大光寺墓地）

延応二年 二月 十九日

（注　この板碑を中心として十数基の供養塔があるが、種子のみである。）

五六二　羽黒神社御正体　鉄鉢銘

（会津若松市東山町大字湯本字寺屋敷　羽黒神社）

（御正体銘）

奉造琢大会津湯上羽黒三社権現
正（聖）観音御正体願主　有慶　細工願主施主善承（性）房観阿
弘長三壬亥年十一月十六日

（鉄鉢銘）

奥州大会津郡湯上羽黒大権現御宝前
弘長三年十一月十六日

（注　亡失、新編会津風土記による）

五六三　安穏寺銅造阿弥陀像銘　（耶麻郡猪苗代町裏町　安穏寺）

（背部刻銘）

文永八年辛未八月十一日　仏至　正観

（注　重要美術品、善光寺式阿弥陀如来で脇侍を失なう。県史6　一二九九図）

五六四　弘安寺銅造十一面観音像銘

（大沼郡新鶴村大字米田字根岸　弘安寺）

（背面刻銘）

敬白
此井（菩薩）像若有寄進寺領
田畠杭違令破壊御堂
時打鐘仏具共可奉渡
法用寺仍之状如件
文永十一年甲戌八月八日
善仏
敬白

（注　重要文化財、県史6　一二四三・一二四五図）

五六五　恵日寺田植歌奥書

（耶麻郡磐梯町大字磐梯字本寺上　恵日寺）

右五首御田植謌
内二首虫蝕纔残二十有余文
字不可解依而除之可惜
建治元年二月　日
磐梯山恵日寺廿五葉正座主
慶有写之

（注　県重要文化財、県史6　一一一一号）

五六六　法幢寺銅造阿弥陀像銘　（大沼郡高田町字法幢寺南　法幢寺）

（背部刻銘）

奉鋳金銅善光寺阿弥陀如来
右志者為父母二親幷常願藤原氏
乃至法界平等利益也
　建治弐年丙子二月時正初番

（注　重要文化財、善光寺式阿弥陀中尊に銘あり。県史6　一二九七図）

五六七　勝観音堂毘沙門天像銘　（喜多方市関柴町上勝　観音堂）

（背板内面墨書銘）

　右奉造立不動幷昆沙門天王木造釆絵
　　用途二十貫也
弘安二年己卯三月二十九日
　右造立勧進僧隆尊　幷檀那明尊
　教阿弥陀仏　仏師永慶長寂長信

（注　県重要文化財、県史6　一二六九図）

五六八　勝観音堂不動明王像銘　（喜多方市関柴町上勝観音堂）

右奉造立不動明王幷毗沙門天王
形像造立釆絵用途二十貫也
弘安二年己卯四月一日
　右造立勧進僧隆尊幷檀那
　比丘尼教阿弥陀仏仏師僧永慶

（注　県重要文化財、県史6　一二五八図）

五六九　仁王供養塔銘　（大沼郡会津高田町大字吉田字仁王）

（種子欠失）
（蓮座）　弘安十年丁亥八月廿八日

（注　「左谷ヶ地道」「右大岩道是より二十六丁十五間」と追刻し、道しるべに使用）

五七〇　岩倉山供養塔銘　（会津若松市湊町大字静潟岩倉山）

為西院
正応元年
往生也

五七一　東田面供養塔銘　（会津若松市湊町東田面）

（種子）　正応二年十月十四日
志者為慈父十三年

五七二　岩倉山供養塔銘　（会津若松市湊町大字静潟字岩倉山）

為悲母
正応三年庚寅三月　日
聖霊也

五七三　岩倉山供養塔銘　（会津若松市湊町大字静潟字岩倉山）

為地主西信
正応三年刁广三月□日
往生浄土也

五七四　館山供養塔銘　（会津若松市湊町大字共和字館山丙）

正応二年　八月□日

五七五　館山供養塔銘　（会津若松市湊町大字共和字館山丙）

正応二年□□月五日

五七六　石動木前供養塔　（会津若松市湊町大字静潟字石動木前）

正応二年 □

（注　他に一基あり）

五七七　金剛寺金銅双竜双鳥文磬銘　（会津若松市大和町　金剛寺）

（陽鋳銘）
（表銘）
持仏堂磬
正応六年十月日

（裏銘）
阿仏
大工伴貞吉

（注　本磬をかけるものに「奥州会津若松宝蓮院大僧都旭栄造立之　慶長十五年庚戌正月吉日」とある。重要文化財、県史6一三一八図）

五七八　西町供養塔銘　（会津若松市湊町大字平潟字西町四九）

右志者為也
正応三年□月十四日
慈父十三年

（注　他に三基あり）

五七九　恵日寺勧請祝詞奥書　（耶麻郡磐梯町大字磐梯字本寺上　恵日寺）

永仁二年三月　日
磐梯山恵日寺座主二十六世善源行年□五歳

（注　亡失　新編会津風土記による）

五八〇　半在家宝篋印塔銘　（耶麻郡熱塩加納村半在家）

右志者為性阿
永六八月四日
□

（注　会津葦名氏祖三浦義連の墓といわれる。県指定史跡、銘文は明らかでないが、明暦三年盛定原家上帳によると「永六」とあり「永仁六年」の意であろう。県史6　一四〇三図）

五八一　諏訪神社鉄注連銘　（会津若松市栄町五一一　諏訪神社）

奉観請（ママ）諏方大明神

永仁二年八月　日

神主佐久祝本願

（注　県重要文化財）

五八二　磐椅神社御正体銘

（耶麻郡猪苗代町大字猪苗代字西峰　磐椅神社）

敬白

奉懸岩椅大明神本地御正体一面

右志趣者為心中所願成就円満

乃至法界平等利益所奉表如件

永仁三年閏二月十八日

藤原氏女　敬白

（注　亡失、新編会津風土記による）

五八三　新宮熊野社御正体銘

（喜多方市慶徳町新宮字熊野　熊野神社）

敬白　先達吽慶　奉懸　会津新宮　若王子御正体

一宇　物部氏女（友安）　藤原氏女

永仁四年丙申正月十五日

（注　同一のもの証誠殿、中之御前宮と三面があったという。新宮雑葉記には「物部友安」とある。新編会津風土記による）

五八四　高堂太供養塔銘　（喜多方市豊川町高堂太）

（種子）　右意趣者

（蓮座）　永仁五年三月十一日

為藤原□臣也

五八五　示現寺供養塔銘

（耶麻郡熱塩加納村大字熱塩字熱塩　示現寺）

諸行無常　是生滅法

正安三年七月廿三日　孝子

生滅々已　寂滅為楽　敬白

（注　県史6　一二五五図）

五八六　坂本供養塔銘　（会津若松市湊町大字原字坂本二九四）

（レンザ）

（レンザ）（レンザ）

嘉元二七十七

（注　徳治三年の塔が並立している）

五八七　実成寺棟札　（会津若松市名子屋町　実成寺）

大旦那永徳院殿前相公遠山日秀大居士
従五位兼日向守藤原実成
嘉元二甲辰八月　日
玉野阿闍梨法印日尊
（注　亡失、新編会津風土記による）

五八八　町島田前供養塔銘　（耶麻郡猪苗代町大字磐里字町島田前二八五二）

右奉造立石塔婆一基
両面志者為慈父悲母
逆修離苦得脱□仍決
定往生極楽証大菩提
乃至法界平等利益也
嘉元三年太歳乙巳四月十五日
□□孝子　敬白
（レンザ）
（レンザ）
（注　双式板碑）

五八九　岩倉山供養塔銘　（会津若松市湊町大字静潟字岩倉山）

為先給主道忠　四十九
徳治三六二逝去　七月一
禅門出離生死也

五九〇　坂本供養塔銘　（会津若松市湊町大字原字坂本一一九四）

□□
□□
□□
□□
右為先□
徳治三戊甲八十
禅門□

五九一　中善寺薬師如来像胎内木札銘　（喜多方市関柴町関柴字権現沢二〇三三　中善寺）

（表銘）
耶麻郡関柴邑関堂山中善寺本尊
薬師如来像并日光月光両脇士十二神将者昔日
行基菩薩之作也　延慶三庚戌年四月廿五日沙門
忍阿再興焉爾已来正当四百年而今度不残
奉再興修造者也旹宝永四年次丁亥春三月十有
五日入仏供養矣乃至鉄囲裟界平等利益

（裏銘）
供養之導師本寺弥勒寺廿二世大阿闍梨法印品充
本願建立主中善寺現住金剛仏子阿闍梨円真栄昶
造立仏師　大宮方定朝六十三代法橋浄慶弟子
大堀左近定勝
我此各号一経其耳衆病悉除心身安楽敬白
（注　像は重要文化財、県史6　一二八三図）

五九二　成法寺木造観音像銘（南会津郡只見町大字梁取　成法寺）

（膝裏銘　墨書）

奥州伊北郷
梁取村成法寺
応長元年大歳辛亥七月二十日
大檀那藤原三河権守宗景
住持遍照金剛仏子良信

彩色少輔公永賢
円秀

（注　県重要文化財、県史6　一二四〇図）

五九三　代田供養塔銘（河沼郡河東村代田）

右志者為
（種子）　応長二壬丑三月三十日
妙円大姉

（河沼郡河東村代田）

五九四　法用寺厨子棟札銘（河沼郡会津高田町大字雀林　法用寺）

聖主天中天　大行事帝釈
伽陵頻伽声　今日戒師阿弥陀
碑文師文殊廾　自弘仁二年
参〻　奉造立法用寺御宮殿正和三年大歳甲寅四月廿八日　大勧進
僧了性
比丘尼妙法
哀愍衆生者　証誠師大梵天王　至五百年
我等今敬礼　戒行事普賢廾
大行事伊佐須美大明神

大檀主行阿弥陀仏
檀主藤原氏女
大工兵衛属源国貞
檀主沙弥善仏
大檀主源氏

院頭源家延
小工行田
小工小佐田正友
小工五郎三郎
小工平次郎
小工二郎三郎
小工彦五郎
小工藤原吉造
院頭藤原吉宗

（注　厨子重要文化財、県史6　第二三五図）

五九五　釜井供養塔銘（耶麻郡猪苗代町大字長田字古屋敷）

（レンザ）（レンザ）

正和二年癸丑十月十八日

（注　双式板碑、県史6　一四六〇図）

五九六　新宮熊野牛王板木宝印銘（喜多方市慶徳町　熊野神社）

（板木銘）

奉寄進牛王形木　願主　知城房
刻主　禅覚房
文保二年戊午十一月二日

（宝印銘）

新宮熊野山常住之牛王宝印
作者　山岸坊　上野
永享二年庚戌正月吉日

五九七　新宮熊野神社御正体銘　（注　県重要文化財、県史6　一一八七図）

（喜多方市慶徳町新宮字熊野　熊野神社）

（御正体一）

熊野山新宮　証誠殿　御正体　願主　城仙房
妙性尼

元亨三年癸亥十二月二十四日

（御正体二）

熊野山新宮　西宮結御前　御正体　願主　城仙坊
妙性尼

元亨三年癸亥十二月二十四日

（御正体三）

熊野山新宮　中宮結御前　御正体　願主　城仙坊
妙性尼

元亨三年癸亥十二月二十四日

（注　亡失、新編会津風土記による）

五九八　新宮熊野神社御正体銘

（喜多方市慶徳町新宮字熊野　熊野神社）

敬白　奥州会津熊野山新宮証誠殿御宝前
奉懸　三尺御正体一面　右志趣者為天長地久御願
円満別者当庄地頭領家山門繁昌之殊者先長吏
尊性竜華必開覚悟被敬奉鋳文也而已
願主　比丘尼法明　敬白
大旦那比丘尼従満
大旦那左衛門尉平時明
元亨四甲子季晩夏二十八日　助成結縁衆一万三百三十三人
大勧進比丘尼道仙並道観
筆者　入寺住寺希雪

（注　新宮雑葉記による誤写あり）

五九九　新宮熊野神社御正体銘

（喜多方市慶徳町新宮字熊野　熊野神社）

敬白　奥州会津新宮御宝殿　右奉鋳懸十一面御正体
意趣者為当荘惣地頭平時明并一族等□
別者大檀那比丘尼観全□
鋳師　兵衛尉助成
正中二季晩冬十五日　大旦那　比丘尼観全
大観進　比丘尼道観

（注　亡失、会津旧事雑考による）

六〇〇　小塩丸山供養塔銘

（南会津郡伊南村大字小塩字丸山　山神社）

（花瓶）
(レンザ)
(レンザ)(レンザ)
元徳三年九月
（花瓶）

（注　上下を失った断碑で青石のいわゆる関東型板碑である。
館岩虚空蔵の「貞和五年」のものと共に後世移入された疑があ

る。）

六〇一 沖舎利塔銘（耶麻郡塩川町大字堂島字吉沖　元随願寺）

元徳
第四壬申
六月一日
（種子）開山
比丘
円乗
所造
立也
（注　県史6　一三九五図）

六〇二 観音寺供養塔銘（耶麻郡猪苗代町大字川桁字荒野　観音寺）

恵鑑禅師
元弘元
（注　亡失、会津旧事雑考による）

六〇三 建武雲版銘（喜多方市慶徳町　外島政衛）

建武元年

六〇四 新宮蔵骨器銘（東京都台東区上野公園　東京国立博物館）

諸行無常　是生滅法
生滅々己　寂滅為楽
生年四十三　法名　城永
建武二年乙亥
八月　日
（注　大正四年喜多方市慶徳町新宮字畑中二二二八番より出土）

六〇五 諏訪神社鉄鉢銘（会津若松市栄町五一一　諏訪神社）

建武亖年丁丑三月日
成就円満故
者二世悉□（地）
右趣志之□
大旦那　平行信
大旦那　藤原氏女
諏方宮　御鉢
敬白
（注　亡失、新編会津風土記による）

六〇六 塩釜明神御正体銘（大沼郡会津高田町高田字宮林　伊佐須美神社）

建武四年丁丑八月廿六日
（注　亡失、新編会津風土記による。）

六〇七 羽黒神社鉄鉢銘

（会津若松市東山町大字湯本字寺屋敷　羽黒神社）

敬白　大会津郡
奉施入　羽黒山権現御鉢
大檀那　藤原氏女
大檀那　平　行信
右志者二也悉地成就円満故也
建武五年七月五日

（注　新編会津風土記に建久とあるが旧事雑考の「若松諏訪神社」の御鉢銘により「建武」と改む。）

六〇九　羽黒神社御正体銘　（会津若松市東山町大字湯本字屋敷　羽黒神社）

奥州大会津湯上羽黒御正体　別当　明尊
檀那具性房　暦応二己卯二月十八日施主敬白

（注　亡失、新編会津風土記による）

六一〇　新宮熊野神社御正体銘　（喜多方市慶徳新宮　熊野神社）

陸奥国会津　山郡熊野山新宮
証誠殿御鉢　大旦那妙悟
暦応四年辛巳六月三日大勧進比丘尼明月
大旦那　平内次房?（郎?）
大工　円阿
同子息　定能

結縁衆十万人

六一一　延命寺供養塔銘　（河沼郡河東村大字倉橋字藤倉　延命寺）

（注　国重要文化財、県史6　一一八六図）

暦応五年二月　敬白

六一二　泉光寺銅磬銘　（南会津郡岩村大字塩ノ原字古布沢　泉光寺）

康永二癸未年五月泉光寺

（注　磬の上縁に刻みつけてある）

六一三　田出宇賀神社御正体墨書銘　（南会津郡田島町大字宮本　田出宇賀神社）

奉懸御聖躰　花聖
右為禅尼覚円出離生死
往生極楽也　沙弥敬白
康永三年甲申四月十一日　禅尼妙覚
和泉国近木庄住人

（注　田島祇園社といわれる本社には御正体が多い。中に「奉懸御正体　長元二己巳年九月吉日長張国住人佐瀬宮内少輔平正勝敬白」と「奉上本地御正体三尊康和二年九月九日源貞明」の銘を有するものがあるが、形式は鎌倉末―室町期のものであるから採録しない。写真は県史6　一三八七図）

六一四　熊野神社御正体銘　（南会津郡田島町大字田島宮本　熊野神社）

熊野大権現
　奉懸御正体一面
右志者為信心大施主無病悉地心中所願
皆令満足殊有宗大平故也
　貞和元年十一月二日
　　願主　源有宗敬白

（注　田出宇賀神社と並んでいる本社にも御正体が多い。県史6　一三八七図）

六一五　如法寺鰐口銘　（耶麻郡西会津町野沢字如法　如法寺）

貞和二年丙戌七月十七日
　野沢如法寺執金剛鰐口

六一六　八幡宮御正体銘　（大沼郡会津高田町字宮林　伊佐須美神社）

　　貞和二年丙戌八月一日
　神主渡辺五郎源長
　子息彦五定吉
八幡宮御正体
右意趣者為末代
奉造立之処
　　檜枝　鬼氏久光
　　大工　円阿弥
　藤原氏女

（注　亡失、伊佐須美神社社記・新編会津風土記による）

六一八　森戸虚空蔵堂供養塔銘　（南会津郡館若村大字森戸字中ノ林　虚空蔵堂）

（レンザ）
（花　瓶）　逆修　貞和五□（年）三月日

（注　虚空蔵堂本尊として秘蔵されている。緑泥片岩製の関東型板碑で、後世移入されたものであろう）

六一九　新宮熊野神社鐘銘　（喜多方市慶徳町新宮　熊野神社）

（第一区）　（撞座）
奉冶鋳
奥州会津熊野山
新宮社之鐘一口
（縦帯）
（第二区）
一山衆徒三十人
同地頭平朝臣明継
大旦那従満大姉
阿闍梨覚賢
結縁衆百余人
　大工　景政　（撞座）
貞和五己丑七月廿一日

（注　重要美術品、県史6　一一八五図）

六二〇　沖供養塔銘　（耶麻郡塩川町大字堂島字吉沖）

（種子）　貞和五年己丑廿五日
沙弥
山口道光

六二一　熊野神社獅子頭木簡　（南会津郡下郷町大字大松川字宮ノ後　熊野神社）

奉熊野三所御獅子
貞和五年庚寅八月
大檀那　慈悲阿弥陀仏
藤原国□　同勝馬命夫
（注　亡失、新編会津風土記による）

六二二　道東供養塔銘　（会津若松市湊町大字共和字道東一三五）

今此三界
皆是我有
観応元年庚寅七月　日
其中衆生
悉是吾子

六二三　布流供養塔銘　（喜多方市関柴町布流）

大聖無動
無□住□　咸信
（種子）　観応三年壬辰四月九日
唯在衆生　□□
一念心中

六二四　八葉寺供養塔銘　（河沼郡河東村大字広野字冬木沢　八葉寺）

右為慈父朗満
願以此功徳　金剛仏子
普及於一切
観応四癸巳白冬秋廿九敬白
我等与衆生
皆共成仏道　阿闍梨深海
十三ケ年故也

六二五　勝常寺鐘銘　（河沼郡湯川村大字勝常字代舞　勝常寺）

奉鋳勝常寺鐘一口勧進
別当妙俊幷義綱
檀那沙弥道通幷円海
大工　在原正信
文和二年癸巳五月八日
（注　亡失、会津旧事雑考による）

六二六　熊満寺木造不動明王像銘　（喜多方市岩月町大字大都字東村　熊満寺）

文和癸巳暦　奉新造立
不動明王　大檀那法眼豪祐
大仏工　法橋乗円

（注　亡失、新編会津風土記による）

六二七　西堂寺太子像銘　（大沼郡本郷町　西堂寺（宝幢寺））

（背銘）
延文二丁酉年三月十日
檀主小松金家住人法心妙円二人也

（注　亡失、新編会津風土記による。隣村の「下小松村」に館跡あり。小松禅正正包の館と伝えられている。また、常徳寺に五輪塔二基あり、小松殿の墓といい同寺に古位碑二がある。）

六二八　左下観音銅板銘　（大沼郡本郷町大字大石字東左下り　観音寺）

左下観音縁起天長七年四月十四日弘法
大師開山延長二年三月十三日号無類観
音延文三年八月供養創建禅院大檀那富
用祐義藤原氏女法名　浄仙　興行　比丘慈昭
永享八年九月十七日前立聖像並不動毘沙門造
立供養同十年十月七日三十三身大帝並達摩
造立供養勧進比丘玄明明珍依造立玄明
衣食旦那平朝臣　沙邑　同氏桂正
自天長七年永享十年凡六百十年

（注　会津旧事雑考による）

六二九　布流供養塔銘　（喜多方市関柴町布流）

諸行無常　咸信禅門
是生滅法　延文六年辛丑二月九日　孝子敬白
生滅々己　為三十三年
寂滅為楽
（三尊種子）

六三〇　出原天神社宝器銘　（耶麻郡西会津町下谷出原　天神社）

延文六年寅十一月六日

（注　亡失、会津旧事雑考による）

六三一　延命寺供養塔銘（河沼郡河東村大字倉橋字藤倉　延命寺）

（上部欠失）　康安元年六月日

六三二　真福寺木造地蔵像銘　（耶麻郡西会津町松尾字門前　真福寺）

（胎内墨書銘）
大奉行周珉　旦那宇多河道忠

沓　康安二年壬寅奉八月廿四日　造立松尾山真福寺住□

大仏師　法橋乗円

（注　県重要文化財、県史6　一二二九図）

六三三　恵倫寺（元宝寿寺）鐘銘　（会津若松市門田町大字黒岩　恵倫寺）

奥州会津郡下荒居村

康寧山宝寿禅寺洪鐘壱口

住持恵静

檀那　左金吾盛久

大工　景広

康安壬寅年仲呂日

（注　亡失、新編会津風土記による）

六三四　如法寺銅鐘銘　（耶麻郡西会津町大字野沢字如法）

奥州会津野沢如法寺大鐘

伏願皇家万歳檀門千秋　軒縁緇索志願成就

貞治二年癸卯十月日

比丘法羽謹誌

（注　亡失、新編会津風土記による）

六三五　金上寺薬師像銘　（所在不明）

貞治二卯年安置

住持雲道（通）

（注　亡失、新編会津風土記による）

六三六　菅井供養塔銘　（喜多方市豊川町菅井）

奉為慈

多宝如来　父三十三

年造立

南無妙法蓮華経

孝子道妙

釈迦牟尼仏　敬白

貞治三年

八月一日

六三七　布流供養塔銘　（喜多方市関柴町布流）

一切衆生　為聖照尼

皆如来像　孝子

貞治三年甲辰八月十七日

普賢菩サ（薩）　敬白

自躰遍故　一周忌辰

六三八　実相寺鐘銘　（会津若松市馬場上五ノ町　実相寺）

日本国奥州路　会津県安吉山実相禅寺大鐘

貞治三年甲辰九月初六日　鋳造

大工　円覚

藤原氏女　浄仙
大檀那　富田祐義
住持比丘　広育

（注　亡失、新編会津風土記による、会津旧事雑考に「日本国」なし）

六三九　布流供養塔銘　（喜多方市関柴町布流）

三十一 □

□　□

（種子）　貞治五年丁未八月十三日

□　□

□　□

六四〇　下利根川供養塔銘　（耶麻郡塩川町大字姥堂字下利根川）

若持八万　右為威行
四千法蔵
貞治六丁未八月二十八日
十二部経　三十三年也
為人演説

六四一　布流供養塔銘　（喜多方市関柴町布流）

諸行無常　道信禅門
是生滅法

（円相種子）　貞治七年戊申四月二日　敬白
生滅々己　為百ケ日
寂滅為楽

六四二　布流供養塔銘　（喜多方市関柴町布流）

□迦如来
□遠成□
応安二年己酉三月十四日　敬白
□存□□
一念□□

六四三　竜泉寺仏像銘　（喜多方市岩月町宮津字林添　竜泉寺）

（胎内銘墨書）
応安二年己酉五月十二日
御供養也
造立願主
竜□（繁）

六四四　如法寺鉄製銅羅銘　（耶麻郡西会津町大字野沢字如法　如法寺）

奉施入観音尊宝前
応安二年五月日源朝臣貞世敬白

六四五　西勝供養塔銘　（喜多市関柴町西勝）

（種子）
□□□意禅門
□敬
応安二年己酉三年　□□
□白
三十三年故也

六四六　熊野権現鉄鉢銘　（元会津若松小田垣　熊野権現社）
（陽鋳銘）　（東京都　某家）

奥州大
会津郡
小高木村
熊野権
現御鉢
　檀那
　妙浄
応安七甲寅
年十二月

（注　喜多方市某氏が売却し、現在国重要文化財指定、県史6
一三一四図）

六四七　東明寺鐘銘　（会津若松市大町名古屋町　東明寺）

日本国奥州大会津黒河
奉懸東明寺大鐘事
右志趣者為法界平等利益也
　幹縁浄阿弥陀仏　大工　円聖
大檀那下津珠阿　敬白
　住持重阿弥陀仏
応安八年乙卯四月廿三日鋳造

（注　亡失、会津旧事雑考による）

六四八　立木観音鰐口銘　（河沼郡会津坂下町大字塔寺字上ノ山　恵隆寺）

奥州会津蜷川荘恵隆寺
奉懸鰐口事
永和三年丁巳　大旦那平次郎

（注　亡失、新編会津風土記による）

六四九　新宮熊野神社鰐口銘　（喜多市慶徳町新宮字熊野　熊野神社）

奥州会津新宮荘
熊野山　鰐口一口
　願主　伊予阿闍梨
康暦三年正月十一日

（注　亡失、会津旧事雑考による）

六五〇　浄泉寺木造阿弥陀像銘　（河沼郡会津坂下町大字青津字本丁　浄泉寺）

（背銘）

左少弁法眼

康暦二庚申南呂吉旦造畢

（注　亡失、会津旧事雑考による）

六五一　小野観音鰐口銘　（南会津郡下郷町湯野上　小野観音堂）

石川牧村善勝寺常住　大旦那広充

康暦三年二月十七日　白敬（ママ）

（注　県重要文化財、石川牧村については諸説がある。）

六五二　田嬴岡稲荷神像板絵銘

（大沼郡本郷町大字永玉字岩屋丁三三八　稲荷神社）

（裏　銘）

津不良岡薬師堂勧請神此依有志初

奉造栄（営）所也義薬敬白

康暦三年辛酉六月一日

六五三　八角神社石造層塔銘　（会津若松市鳥居町　八角神社）

永徳四年

大旦那 □

（注　若松市指定、県史6　一四〇一図）

六五四　心清水八幡宮鰐口銘

（河沼郡会津坂下町塔寺　心清水八幡神社）

奥州会津蜷河庄塔寺八幡宮之鰐口奉鋳大檀那三浦葦名因幡前司

入道性覚

同子息式部大輔盛義舎弟神主初王丸

大工　円性

（撞座）

聖　頼円

至徳二二年丁卯十一月十五日

右意趣者奉為天長地久御願円満殊者庄内安穏諸人快楽故弁之檀

那衆徒敬白

（注　重要文化財、集古十種所載、県史6　一一九五図）

六五五　旭田寺観音堂不動像光背銘

（南会津郡下郷町大字中妻字家ノ上　旭田寺）

（光背、墨書銘）

同檀那源七

弁其子義乗月尊

同檀那藤平次

嘉慶二年戊辰九月同日敬白

西光寺　大檀那良智別当

（注　安置する建物は重要文化財、光背写真　県史6　一二四二図）

六五六　新宮熊野社鰐口銘　（喜多方市慶徳町新宮）

（表　銘）
奥州会津新宮熊野山両所鰐口一口
敬白大旦那沙弥正宗　康応二年庚午壬三月三日
（閏）
（裏　銘）
在歴慶無彫字高頼小旦那御子別当吉原
大工願清
（注　県重要文化財、県史6　一一八八図）

六五七　妙国寺日什聖人五輪塔銘
（会津若松市箕八幡字滝沢　妙国寺）
明徳三大歳壬申年
日什聖人
二月二十八日
（注　日什上人廟内の五輪塔「地輪」にある。県史6　一三九四図）

六五八　漆供養塔銘
（耶麻郡北塩原村漆）
一念弥陀仏　即滅無□□
応永二年九月□
□　□

六五九　元円福寺経巻奥書
（耶麻郡西会津町野沢　円福寺）
（大般若経　巻末奥書）
奥州会津野沢大槻円福寺常住
応永第七天庚辰六月廿日
右筆　金資良鏡
当山四十世覚幻修補之
（注　会津若松市興徳寺に移り亡失。新編会津風土記による）

六六〇　八所宮鰐口銘
（南会津郡只見町大字黒谷字西山　八所神社）
奉懸　奥州南山伊北郷八所宮
于時応永八辛巳年十月八日　大旦那長江六郎敬白
（注　亡失、会津旧事雑考による）

六六一　新宮熊野神社提経筒銘
（喜多方市慶徳町新宮字　熊野神社）
妙法連華経
応永十年癸未六月廿九日
筆者　慶海　作者　禅藤
申口所弘尊取持
（注　「六月」は「二月」とも読まれている。県史6　一一八九図）

六六二　下荒田八幡神社棟札

（北会津郡北会津村大字下荒田字宮ノ西　八幡神社）

（棟札一）

（表書）
迦陵頻迦声結縁之初普及於一切　勧進沙門阿闍梨豪
仙子息平義
（梵字）奉修理八幡宮御社一宇　宮主平守光　応永十年癸未
八月六日
大工　太郎兵衛入道沙弥平祐勝　彦太郎　兵衛四郎

（裏書）
（梵字）会津西十二村内下荒井百姓同心造之

（棟札二）

（表書）
　　　　　　富田美作守藤原滋実（花押）
　　　　願者
　　　　　　日出山豊後守平実顕（花押）
（梵字）卍　奉修理八幡宮御社一宇
　　　　　　大工井上内匠助平宗儀

（裏書）
天文廿四年乙卯九月廿九日
奥州会津西十二村之内下荒井

（注　亡失、新編会津風土記による）

六六三　森戸虚空蔵堂鰐口銘　（南会津郡館岩村森戸　虚空蔵堂）

奥州南山立岩円福寺虚空蔵堂鰐口也
于時応永十一年甲申五月十三日大旦那唯善房 並諸旦施主各人　敬白

（注　県重要文化財、県史6　一三二一図）

六六四　恵日寺大多坊面銘（耶麻郡磐梯町大字磐梯字本寺　恵日寺）

（内面墨書）
（梵字）
応永十三年十二月十三日法印　権大僧都宥快

（注　新編会津風土記による）

六六五　観音寺仏涅槃図銘　（会津若松市道場小路　観音寺）
（旧　耶麻郡磐梯町　恵日寺）

（墨書銘）
（奥州会津河沼）□郡恵日寺為常住（公物）□
奉施入此尊像也　本願聖人（加賀）□阿闍梨
宥尊　応永十五仲秋十日

（注　不明の字句は新編会津風土記により補った。県重要文化財、県史6　一三〇三図）

六六六　観音寺宝篋印塔銘　（耶麻郡猪苗代町大字川桁　観音寺）

応永十八年十月吉日
卅三年忌　唯明為
川桁山主□

（注　県重要文化財、県史6　一四〇四図）

六六七 禅定寺鐘銘　（河沼郡湯川村大字田川字作園　禅定寺）

奥州会津河沼郡聖会山禅定寺
洪鐘二十緡　住山祖祐宝中
　勧進　隆赤　大工道性
応永二十二年八月二十四日
（注　天寧寺に移り近世に亡失、会津旧事雑考による）

六六八 木流薬師像銘　（会津若松市高野町大字木流　薬師寺）

　応永二十二年
大旦那五郎左衛門
　（以下不明）
（注　亡夫、会津旧事雑考による）

六六九 興徳寺鐘銘　（会津若松市栄町字新栄町　興徳寺）

日本国奥州路会津県瑞雲山興徳禅寺大鐘
応永廿三年丙申六月十五日鋳造
　為鐘之用　幽顕倶利
　断現世迷　除多劫睡
　煩悩所離　菩提玆至
　一紙半銭　助化策志
　二聴五観　御神驚智
　深契正縁　妙符真理
　誓証仏身　広済群類
　虚空有消　比願無棄
　法界可窮　斯文不墜
住持　審中叟謹銘
大檀那　沙弥祐仁
　都寺　義乗
　化主　詰阿
　大工　円乗
（注　亡失、会津旧事雑考による）

六七〇 稲荷神社鰐口銘　（大沼郡会津高田町小名台　稲荷神社）

応永廿二年十一月十六日敬白

六七一 野老沢薬師堂棟札　（河沼郡柳津町大字野老沢）

（表書）
応永三十三年丙午八月二十二日
徳阿弥陀仏　平内次郎　荒分覚賢
　　　　云々
（裏書）
寛正四癸未九月三日
大旦那　盛詮造立　云々
（注　亡失、新編会津風土記による）

六七二　富岡観音堂鰐口　（大沼郡会津高田町大字富川字富岡　福生寺）

奥州会津大沼郡富岡村妙福寺
観世音御宝前鰐口
応永三十三年丙午夏　願主　本願聖人重範　光成
別当　舜成

（注　亡失、新編会津風土記による）

六七三　板沢虚空蔵銘　（耶麻郡山都町板沢　虚空蔵堂）

永享三年辛亥八月

（他不明）

（注　亡失、新編会津風土記による）

六七四　鷲大明神鰐口銘　（南会津郡田島町大字塩江字宮ノ下）

鷲大明神鰐口奥州長江庄田嶋郷二崎
永亮（享）亖年壬子十一月廿一日敬白　大旦那猪股憲頼

（注　県重要文化財、県史6　一三二一図）

六七五　恵日寺鉄鉢銘　（耶麻郡磐梯町大字磐梯字本寺　恵日寺）

（陽鋳）

大才乙卯八月日
永享七年
其外諸
旦那等
現世安
穏後生
善処
大工
円乗（花押）
智阿弥
同尼公
（薬師三尊種子）
恵日寺
金堂鉢
天長地
久御願
円満殊
願主正
座主法
印玄然
檀那妙
円尼公
素光盛
重行重

（注　重要美術品、文字配列前後あり。県史6　一一〇二図）

六七六　新宮熊野神社北宮鰐口銘　（喜多方市慶徳町新宮字熊野　熊野神社）

（表銘）

奥州会津熊野山若一王子御前鰐口也

永享七年乙卯十二月二十七日

旦那申口所亳順彫工

（裏銘）

若一王子　旦那　熊宮秀家

六七七　大岩観音堂鰐口銘（大沼郡会津高田町尾岐　大岩観音堂）

永享十年戊午六月一日大勧進聖賢重

大檀那比丘尼　大工□

（注　亡失、会津旧事雑考による）

六七八　弥勒寺十六善神画像銘　（会津若松市大町堅町　弥勒寺）

（裏銘）

東奥会津黒川総鎮守諏波（ママ）大明神宝殿

永享十一年己未九月廿七日

大檀那　葦名修理大夫盛政施入之般若経

六百巻　幷十六善神什宝也

神主　佐久祝　敬白

賜紫衣秀哉大僧都開眼供養也

六七九　弥勒寺大般若経奥書　（会津若松市大町堅町　弥勒寺）

奉施入大般若経　本願秀哉

旦那　妙寿　同旦那　令阿弥陀

奥州黒川諏波（ママ）常住

永享拾一年己未九月廿七日

（注　亡失、新編会津風土記による）

七八〇　大和田供養塔銘　（河沼郡河東村大和田）

（種子）　文安二年乙丑閏四月四日

六八一　熊野神社御正体銘　（南会津郡田島町字宮本　熊野神社）

宮本熊野本宮産社

文安三□月九日

星　弾正

六八二　熊野神社鰐口銘　（南会津郡舘岩村木賊新屋敷　熊野神社）

奉懸信心　国森　敬白

文安四丁卯年三月吉日

（注　新編会津風土記による）

六八三　伊佐須美神社香炉銘

（大沼郡会津高田町高田字宮林甲　伊佐須美神社）

文安五年五月三日

源　行吉

（注　亡失、文禄元年葦名氏寄進という。社記。）

六八四　延命寺鰐口銘（大沼郡三島町大字石田字上居平　延命寺）

大石沢虚空蔵御宝前奉懸鰐口一面

観（勧）進比丘明徳　大工塩又七郎　敬白

于時宝徳二天庚午八月十日誌之

六八五　八幡神社鰐口銘

（耶麻郡猪苗代町大字八幡字宮ノ腰　八幡神社）

奉上秋中寺徳林寺常住　村人敬白

享徳元年壬申十月二日

（注　亡失、会津旧事雑考による）

六八六　磐椅神社狛犬銘

（耶麻郡猪苗代町大字猪苗代字西峰　磐椅神社）

享徳三戌五月九日奉納

（注　亡失、新編会津風土記による）

六八七　熊野神社鰐口銘

（南会津郡田島町大字滝原字宮中　熊野神社）

滝原権現□鉤御宝前氏神

文正二年五月十三日

六八八　心清水八幡宮鉄鉢銘

（河沼郡会津坂下町大字塔寺字松原　心清水八幡神社）

二田御鉢三者郡上町□願主宗吉

応仁二六月

（左文字陽鋳）

（注　県重要文化財　県史6 1196図）

六八九　樋渡薬師堂墨書銘

（河沼郡会津坂下町若宮（旧稲川郡樋渡村）　薬師堂）

文明三年十月廿八日

領主　円光坊　等覚坊　林泉坊　山内又七（赤）

（注　亡失、新編会津風土記による）

六九〇　法用寺鐘銘

（大沼郡会津高田町大字雀林字三番山下　法用寺）

於奥州会津大沼郡

法用寺奉鋳鐘一口

大旦那　平朝臣盛□

別当法印権大僧都儼海比丘

本願聖人　長岡先達頼円

小聖智範

大工越後国蒲原郡大崎住
　妙実
火玉大工相合奉鋳也
文明六年甲午六月廿一日
　諸旦那等　敬白

（注　会津旧事雑考に左記銘文がある。
「小川荘西山日光寺鐘成銘曰
敬白　西山　日光寺　本願頼言
大沼郡火玉大工　藤内次郎家貞」（県重要文化財）

六九一　如法寺大般若経奥書
（耶麻郡西会津町大字野沢字如法　如法寺）

建仁元年八月三日於奥州会津
書永慶後住貞俊書次曰
文明十五年十一月廿四日　貞俊卅六歳
（注　亡失、新編会津風土記による）

六九二　如法寺経櫃銘　（耶麻郡西会津町大字如法　如法寺）

延徳元年己酉二月吉日始之
大檀那諏訪祝刑部三郎森定
指賛□足一貫文米□一俵
其時地頭　大槻藤原朝臣長門守盛定
当寺住持　貞俊阿代也
大工　小工委注□也

六九三　法用寺仏壇厨子修理銘
（会津高田町大字雀林字三番山下　法用寺）

（朱漆銘）
仏旦塗　旦那　梁田住仁源性珠禅尼葦田輔行治郎衛門
延徳二年庚戌三月吉日　別当　長満　敬白
令法久住利益人无故也
（注　県史6　一一三三図。厨子重要文化財）

六九四　田中権現鰐口銘　（南会津郡田島町大字福米沢）

奥州南山大鹿原村田中権現　敬白
明応三甲寅　大旦那　頼家
（注　亡失、大鹿原村は福米沢の古称、寛永八年改名した。新編会津風土記による）

六九五　鹿島神社鰐口銘
（南会津郡館岩村大字熨斗戸字沢ノ目　鹿島神社）

明応七年三月二十四日　梅宮鰐口
大旦那七郎兵衛
（注　新編会津風土記によれば、木賊の熊野神社の明応六年九月の御正体に「本村七郎兵衛秀勝」とあり同一人作か。）

六九六　新宮若一王子社棟札　（喜多方市慶徳町新宮　熊野神社）

多門　持国
聖衆天中天
迦陵頻伽声
□参誠戒師釈迦牟尼仏
哀愍衆生者
我等今敬礼
増長　広目

諸成事大梵天王
諸戒事阿弥陀如来
碑文師文珠師利井
戒行事善賢井
大行事観世音井
諸行事釈天王

当寺守護西海枝※
大旦那行次
大旦那祖母
葦名修理大夫
新田筑後守※
熊鶴丸ノ母
行次長吏所
行次子五郎

※駿河守

子申口所　新宮北御前若一王子奉造立
同母二十二歳

明応九大歳庚申六月朔日

本領　祐尊十穀

※新宮千日

大工越後国鯖瀬住人　祝藤貞吉
其子　亦五郎　其子徳四郎　弥治郎
次東左衛門次郎　彦四郎　小次郎　小五郎
右麻五郎　彦九郎　弥五郎　大工祖母　彦四郎

鍛冶大工黒川住人　右麻多郎　杣取五十人申口弟子
山城土□式部栄厳　近江宰相左京　越後二位
三位掃部　二位少弐　仏阿弥少弐　四位定等尾張申口
之擁護　三合左衛門　五郎□　其外下人百四人
筆者　了通

（注　亡失、新宮雑葉記による）

六九七　新宮熊野神社証誠殿棟札
（喜多方市慶徳町新宮字熊野　熊野神社）

当寺守護西海枝駿河守
祐尊聖
（上文略）
奉造立新宮証誠殿二間一面一宇　大檀那　簗田右京亮
文亀二天大歳壬戌二月五日　同大旦那之母
旦那之子申口
同子長吏其子源四郎

鍛冶大工　右麻太良　弥太良　彦四郎　左衛門　五郎　太良
五良　三郎　治良
大工　越後国鯖瀬住人　祝藤貞吉　其子又五郎
小工彦五郎　左門四郎
旦那眷属近江

（注　亡失、新宮雑葉記による）

六九八　竜興寺両部曼荼羅裏書

（大沼郡会津高田町大字高田字竜興寺北　竜興寺）

文亀三年癸亥九月二十七日

六九九　新宮熊野神社経文唐櫃銘

（喜多方市慶徳町新宮字熊野　熊野神社）

文亀二甲子五月吉日　簗田右京

七〇〇　磐椅神社銅製釣燈籠銘

（耶麻郡猪苗代町大字猪苗代字西峰　磐椅神社）

永正三年丙寅四月十五日

檀那平朝臣盛為

願主　笠間但馬

（注　亡失、新編会津風土記による）

七〇一　迎接寺仏像墨書銘

（大沼郡新鶴村大字和田目字南村中　迎接寺）

永正五戊辰六月十七日造之

七〇二　出戸虚空蔵・毘沙門天像銘

（耶麻郡西会津町奥川大字高陽根字出戸　虚空蔵堂）

（虚空蔵像銘）

十石伴越後本村住人也　永正八季辛未四月十三日

伊勢外宮住人真海十穀　宝冠之五大仏幷不動

明王毘沙門造顕之後具可有廻向候 □

（毘沙門天銘）

仏師阿州府中住人筌暁

真海十石居住造建之五十七歳

七〇三　法用寺鉄鉢銘

（大沼郡会津高田町大字雀林字三番山下　法用寺）

法用寺　鉢常住　大旦那　新国又七　長谷川四郎衛門

大工彦次（ママ）　卓山次郎左衛門

永正八天辛未十一月一日

（注　亡失、新編会津風土記による）

七〇四　恵日寺永正古図表装銘

（耶麻郡磐梯町大字磐梯字本寺上　恵日寺）

（墨書）

永正八年辛未於高野山令修覆之

奥州会津耶麻郡尾寺邑

依勅願大同年中恵日寺建立也

遍照光院権大僧都寛尊

古来依横折損多故　享保七壬寅年横物令表具者也

当山五十六世中興実賀

文政九丙戌年三月修覆之節右書筆上令裏打者也

現住　戒忍代

嘉永三庚戌年七月当領主
寄敬公当寺御入之砌令修覆焉者也
現住　実賢代

（注　重要美術品、県史6　一〇九七図）

七〇五　兼載八代集秀逸奥書

（耶麻郡猪苗代町大字中小松字西浜　小平潟天満宮）

右定家卿撰也
此一冊不顧悪筆
為嶋崎武庫周隆
書之者也
永正十卯冬至日
耕閑　兼載（花押）
奥州会津猪苗代小平潟奉
聖廟宝前
安永二癸巳年六月
東都士官
柳田左兵衛富教（花押）

（注　県重要文化財）

七〇六　観音寺木造聖観音像銘

（南会津郡南郷村大字下山字下山　観音寺）

再興奥州伊保郷下山願主　常金
妙巡
永正十一甲戌年

七〇七　真福寺花瓶銘

（耶麻郡西会津町大字尾野本字門前　真福寺）

（朱銘）

永正十二乙亥
住持聖悦

七〇八　伊佐須美神社奥之院鐘銘

（大沼郡会津高田町大字高田字宮林　伊佐須美神社）

奥州会津大沼郡　高田　伊佐須美大明神
社内之鐘（御本地文珠堂之鐘）　奥之院
大旦那　平盛高　同　平盛安（なし）
本願（なし）権少僧都智鏡
別当　滝竜寺□□（円須法師）
同旦越　新右衛門尉　源左衛門尉（汝河源左衛門）
諸旦那等法善結縁
大工掃部助兼次
永正十亖天　丁丑　卯月十九日

（注　亡失新編会津風土記による。会津旧事雑考と異同あり、傍字はそれによる）

七〇九　五職神経筒銘

（耶麻郡西会津町上野尻　西会津町立群岡中学校保管）

（経筒一）

奉納六十六部之
如法経一部願主
石州之住人
源心　敬白
文正十五戊寅年三月十八日
本願　檀那　妙仲

（経筒二）

奥州会津参州行人　野尻山本
永正十六年己卯五月廿七日
奉納
六十六部（之）□如法経曰　幻心聖人云旦那
善宥阿闍梨

（経筒三）

六十六部如法経旦那
□
□住人
永正十六年乙卯五月十六日

七一〇　高巌寺木像法然上人像銘

（会津若松市馬場下五ノ町　高巌寺）

□□丸伊□
□
文安五季戊辰十一月廿一□（日）
□彩色□□
金剛仏子
秀慶

七一一　安養寺十王像銘

（喜多方市熊倉町大字新合字辻道下　安養寺）

（背銘）

大永元年辛巳三月廿三日

（注　亡失、新編会津風土記による）

七一二　高柳阿弥陀堂墨書銘

（喜多方市熊倉町大字都字高柳　西光寺）

（堂内墨書）

開基大永元年辛巳三月廿四日　文一聖人

（注　亡失、新編会津風土記による）

七一三　松沢寺五輪塔銘

（大沼郡会津高田町大字松沢字寺ノ内　松沢寺）

大永二年六月十七日

七一四　常楽寺鰐口銘
（大沼郡会津高田町大字藤家舘字中田尻　常楽寺）
大永三年癸未二月十五日
（注　亡失、新編会津風土記による）

七一五　船渡真徳寺仏像銘
（耶麻郡高郷村船渡　真徳寺）
（背銘）
大永三癸未年三月二十四日造立
仏師　治部七郎

七一六　竜泉寺仏像銘
（喜多方市岩月町宮津字林添　竜泉寺）
（胎内銘）
大永四年甲申
光明遍照
道安
念仏衆生
奉報謝
法主隆
実
（下半部破損につき不明）

七一七　伊佐須美神社横管銘
（大沼郡会津高田町字宮林甲　伊佐須美神社）
（横管一　銘）
大永五年　葦名盛安　進
（横管二　銘）
文明十三年　黒川町大町　佐野七郎忠重　上

七一八　伊佐須美神社神輿銘
（大沼郡会津高田町字宮林甲　伊佐須美神社）
大永六年丙戌八月吉日
大旦那　平　盛安
同　盛常
（注、神輿は重要文化財、本銘は現在見当らず新編会津風土記による。県史6　一一五三図。）
七一九　鷲神社銅製廻国納札
（南会津郡田島町大字川島字蟹沢　鷲神社）
西国三十三度　順礼結願所
出羽国　大宝寺住前一房
享禄二年　正月十八日

七二〇　満福寺鐘銘（旧恵日寺鐘銘）
（会津若松市馬場名子屋町　満福寺）
（旧　耶麻郡磐梯町本寺　恵日寺）
（第一銘）
陸奥州会津城北磐梯山恵日寺之
大鐘往代享禄四年四月八日
大檀那藤原続義一家宿老道俗
男女之助縁本願須田備前守寄

附之今也及破壊再陶溶鉱銅而
新造鋳之呂奉掛薬師仏堂之楼
上也　伏祈

（第二銘）

醒無明夢　現不朽功
子孫長久　与此鐘同
延宝七年己未六月十二日

（第三銘）

当寺五十五世　現住
真言比丘尊悦誌
本願主
田辺市左衛門重秀
冶工　早山清左衛門常次

（第四銘）　（撞座）

檀信徒ノ熱意ヲ籠
メ献納ス
然ルニ由緒ニヨリ帰還ノ恩命
ニ浴セリアダカモ大詔奉戴
記念日ニアタル
満福寺十八世　政美
総代　栗林惣治
市橋仙治郎
近藤兵衛
小林要二
原　熊蔵

（注　第一鐘は須賀川二階堂氏ゆかりの鐘であったが、会津恵日寺に移り、さらに満福寺が買とり、戦時中供出されて返還された由を追銘としてある）

七二一　弘安寺奥之院経筒銘　（大沼郡新鶴村大字米田　弘安寺）

十羅刹女　奥州住人　道珍
奉納大乗妙典六十六部
三十番神　享禄五天拾月吉日

七二二　三島神社鰐口銘　（大沼郡会津高田町大字西本字冑　三島神社）

大沼荘神山村赤木大神明
天文七戊戌卯月平盛幸

（注　亡失、会津旧事雑考による）

七二三　諏訪神社棟札　（会津若松市栄町　諏訪神社）

天文九年庚子　遠江守盛舜（花押）　大工新二郎　廿五歳
聖主天中天　迦陵頻伽声　哀愍衆生者　我等今敬礼
二月二十七日　修理太夫盛氏（花押）　本願　兵衛太夫方茂
卅七歳

門田荘黒川諏方大神宮

西海枝宮内大輔盛輔
塩田源輔尚
平田左京亮舜範
佐瀬信濃守常和
佐瀬大和守種常
平田左衛門尉輔範
萩野右馬亮興網
平田石見守盛範
栗林下総守盛種
松本伊豆守輔光
富田左近将監滋実
松本図書助舜輔

天文九年庚子二月二十七日　本願　兵衛　大夫方茂

（注　会津旧事雑考による）

七二四　久山寺仏像銘（耶麻郡熱塩加納村大字米岡字寺ノ前　久山寺）

天文十二癸卯年十月十八日

七二五　梁田氏墓碑銘（大沼郡新鶴村大字立石田字梁田　墓地内）

天文十八年五月
慶雲院殿徳厳源祐居士

千代和泉守包直

七二六　万願寺釣燈籠銘（南会津郡下郷町大字弥五島　万願寺）

（第一区）

十二神将

（第二区）

雪下政次作
天文二十天十月日

（注　県重要文化財　県史6　一三一六図）

七二七　手児神社神額・棟札（大沼郡会津高田町大字松岸　手児神社）

（神額）

（表書）
大宮山　手児大明神

（裏書）
奉　素盞嗚牛頭天王　天文二十辛い冬
十二月　権少僧智鏡

（棟札一）

聖主天中天　大旦那宗輔大工蔵助殿小工十余人結縁　封
迦陵頻伽声　本願当社神主成田助左衛門山取□人
衷愍衆生者　右当社番匠二百六十余人　鍛治左衛門五郎
我等今敬礼　時享禄二天己丑九月廿七日敬白　封

（棟札二）

（前文略）

奉建立天政参年乙亥霜月十一日

福田助兵衛　大工斎藤蔵助

小旦那　佐藤彦右衛門尉

大旦那　萱彦左衛門殿

（棟札三）

奉上葺手子之宮　本願成田忠右衛門尉

但当社禰宜也

時　元和五年己未十一月九日　旦那　助右衛門

清右衛門

七二八　法幢寺位牌銘　（大沼郡会津高田町大字高田字法幢寺南　法幢寺）

（表書）

当寺三世智鏡上人之位

（裏書）

天文廿二天八月廿九日

七二九　塩釜神社鰐口銘　（南会津郡只見町大字蒲生字嶽ノ腰　塩釜神社）

天文廿三年甲寅正月廿日　大工　守田又次郎

（注　新編会津風土記による）

七三〇　楢原八幡神社棟札　（南会津郡下郷町大字豊成字八幡山　八幡神社）

弘治二年八月廿八日

（上部省略）南山奈良原村八幡宮

草創大檀那　藤原朝臣成吉

（注　亡失、新編会津風土記による）

七三一　古四王神社棟札　（喜多方市慶徳町松舞家　古四王神社）

大納言　藤原伊藤義貞

大工　越前国浅倉太郎左衛門

檀那　三瓶常実

弘治三年八月吉日

（注　亡失、社記による。問題の点があるが一応採録）

七三二　恵日寺胎蔵界曼荼羅銘　（耶麻郡磐梯町大字磐梯字本寺上　恵日寺）

（墨書銘）

胎曼荼羅　恵日寺　光明院常住

会津黒川福聚山宥鎮書進之

弘治四年　戊午三月廿一日

（注　亡失、新編会津風土記による）

七三三　浮身観音像銘　（大沼郡会津高田町東裏　浮身観音堂）

永禄二己未三月十七日

七三四　諏訪神社鉄燈籠銘　（会津若松市栄町　諏訪神社）

奥州会津　黒川諏訪　御宝前常住
大檀那　平朝臣盛氏
　願主　森田彦兵衛内女
　大工　藤原　早山善次
永禄四年辛酉八月日

（注　亡失、会津旧事雑考による）

七三五　新宮熊野神社棟札　（喜多方市慶徳町新宮字熊野　熊野神社）

（前文略）
奉葺社一宇
永禄六癸亥年四月十日奉遷宮
　勝常寺賢性
当時屋形盛氏嫡男　盛典
寺奉行　平田常範
上葺求　簗田政秀
三別当　長吏寛成
左庁　真宗
申口　勝秀
庄内役人　宗右衛門
仁兵衛
三良左衛門
申口弟子大円宝蔵文識祐海一位申口内儀母
平田駿河内　曰内儀（以下略）竜蔵院　経徳殿　武藤和泉

（注　亡失、新宮雑葉記による）

七三六　湯殿山神社経筒銘　（喜多方市松山町村松字馬道上　湯殿山神社）

十羅刹女　上州之住 □
（種子）　奉納大乗経
三十番神　永禄六年吉日

（注　文化十二年境内より発掘）

七三七　如法寺鉄製釣燈籠銘　（耶麻郡西会津町大字野沢字如法　如法寺）

（第一区）
奥州会津
稲河之荘
如法寺之
御堂之金

（第二区）
灯炉之奇
進大旦那
鍛冶渡辺
孫　兵衛

（第三区）
長吉作同
内□取持 戈
猪野弥五良
房宗金之
（第四区）
　旦那
永禄七年甲子
五月十七日
奉懸之也

（第五区）
当住寺頼
貞之御代
鍍旦那長治
大良衛門通寿
（笠の上部）
奉執金剛
大槻刑部少輔
　与定

（注　重要美術品の認定物であったが、所在不明である。県史6　一三一五図）

七三八　下中津川熊野社棟札　（大沼郡昭和村大字下中津川字熊野堂　熊野神社）

永禄七年八月二十四日
大沼郡中津川下村熊野権現社造営
　邑主　佐瀬源兵衛
　代官　入善三郎右衛門本願也
　　（注　亡失、会津旧事雑考による）

七三九　勝福寺鐘銘　（喜多方市関柴町三津井字堂ノ前　勝福寺）

奉鋳鐘一口
奥州会津耶麻郡勝之村
勝福寺別当満勝院
本願観行坊慶算当寺
大旦那平盛興並隠居盛氏
鋳師大工早山主殿助並小工太郎左衛門
銘帳切手兼定
　諸行無常　是生滅法
　生滅々已　寂滅為楽
並諸旦那等現世安穏後生
善所無疑者也
永禄七年甲子季夏日
　（注　県重要文化財　県史6　一二六七図）

七四〇　恵日寺薬師経奥書　（耶麻郡磐梯町大字磐梯字本寺上　恵日寺）

（裏書）
関左常陽之産　雪螢書　永禄第八竜集木牛卯月初三
伊達政宗会津え打入之時分　大寺院家光明院質置
被流候を□新寄進明円坊澄舜　為現世
安穏後生善処也
　（注　亡失、新編会津風土記による）

七四一　柳津弁天堂墨書銘（河沼郡柳津町柳津字門前町　奥之院）

永禄八年五月廿□

（注　背面壁板墨書）

七四二　八葉寺奥院鰐口　（河沼郡河東村広野字冬木沢　八葉寺）

（表銘）

□□□郷目礼山熊野宮檀那□□視大夫

永禄八年乙丑六月吉日

（裏銘）

（梵　字）　奥州会津八葉寺鰐口

旦那念仏衆

天正十三年乙酉七月廿五日

機興即生□一餞半文之助成

重為自証化他善根抜苦与楽也

願主　遠藤半内

（注　亡失、新編会津風土記による）

七四三　滝沢寺鰐口銘

（会津若松市一箕町大字八幡字八幡道下　八幡神社）

陸奥　会津　布引山毘盧舎那殿鰐口五之内

国土太平　葦名修理大夫盛氏寄進

羽黒三山両峯司宿老一箕山滝沢寺

永禄九丙寅年七月大吉祥日

（注　亡失、新編会津風土記による）

七四四　磐椅神社御膳突重銘

（耶麻郡猪苗代町大字猪苗代字西峰　磐梯神社）

永禄十丁卯年八月二十日

大檀那盛国

本願俊久

（注　亡失、新編会津風土記による）

七四五　諏訪神社上葺棟札　（会津若松市栄町　諏訪神社）

永禄十丁卯年　平朝臣盛興（花押）一之関井合御免許守護不入

諏訪大明神御宮上葺事

十月九日　　平朝臣盛氏（花押）藤原御免許守護不入

祝　実方

（注　亡失、会津旧事雑考による）

七四六　諏訪神社鰐口銘　（会津若松市栄町　諏訪神社）

大檀那　平朝臣盛舜

同　　盛氏

本願左近太夫薄上旦那

（注　亡失、会津旧事雑考による。）

七四七　伊夜彦神社鰐口銘　（大沼郡金山町大字横田字中丸　伊夜彦神社）

奉寄進弥彦大明神奥州会津横田

山内越前守藤原俊泰

于時永禄十年丁卯十一月吉日願主敬白

（注　亡失、会津旧事雑考による）

七四八　田子薬師堂墨書銘　（大沼郡新鶴村大字新屋敷字村中　常福院）

同行五人□(永)

禄十一年辰三月□

黒川治衛

源二郎

□　（注　厨子の天井板に墨書）

七四九　金峯神社棟札　（会津若松市大戸町雨屋字若の平　金峯神社）

（表書）

大檀那平朝臣盛興

元亀元年庚午九月十七日

（裏書）

願主　亮濯　本願伝海

三嶽山平楽寺

（注　亡失、銘文は新編会津風土記によったが、前記銘文以外に梵字が多数書かれているとある。）

七五〇　西勝寺供養塔銘　（耶麻郡猪苗代町大字猪苗代字新町　西勝寺）

天正七年己卯

当寺　逆修善根

百八躰

住僧　祐栄菩提

奉造立石仏

七五一　蘆名盛氏像厨子銘　（会津若松市天寧寺町　宗英寺）

（右扉裏銘）

天正八歳

瑞雲院殿竹巌宗関大庵主

辰六月十七日

（左扉裏銘）

桓武天皇十一代佐原十郎左衛門尉義連十六代

三浦蘆名修理大夫平朝臣盛氏

（背　銘）

帰命□□□□（アバムウンケン）（真言）三宝守護所

粤天正八季庚辰六月十七日蘆名盛氏竹巌庵主

依御逝去奉造立木像御影於当院令安置処也是
偏顕落命地宥繁一世令報謝恩顧者也依之後代
大檀越並寺住之法主影前礼奠無懈怠者弥以可
為繁栄者乎
竹巌宗関庵主
願主権大僧都宥繁東館之内宝寿院欽志
(注 重要文化財)

七五二 葦名盛氏の五輪塔銘 (会津若松市小田山下 葦名家墓)

竹岩
主也大菩提
(地)
時 天正八年
癸辰 六月十七日

七五三 羽黒神社鉄燭台銘 (会津若松市東山町大字湯本字寺屋敷 羽黒神社)

奉 奇進 会津羽黒山常住
天正九年辛巳九月
(台の裏に)
大町雪下政家作
藤 左衛門
(注 亡失、新編会津風土記による)

七五四 成法寺観音堂墨書銘 (南会津郡只見町梁取 成法寺)

(柱・板壁に墨書)
天正十年
天正十七年四月十五日
慶長拾年 六十六部
元和六年 菊月拾四日
寛永二年 伯州住人 永海上人
(注 観音堂は重要文化財)

七五五 白津八幡神像銘

(耶麻郡猪苗代町大字八幡字宮ノ腰 八幡神社)

奉造立白幡八幡大菩薩
現世安穏後生善処子孫繁栄也
天正十一年癸未三月十五日
平盛国 同盛胤
(注 亡失、新編会津風土記による)

七五六 文珠石仏銘 (耶麻郡猪苗代町大字磐瀬見禰 神宮寺跡)

天正十五年丁亥七月十八日
神宮寺隠居祐栄
(注 資料番号七五九の天正十六年銘普賢石像と対をなすものである。所在不明、新編会津風土記による。)

七五七 柳津虚空蔵堂鰐口銘

（河沼郡柳津町大字柳津字寺家　円蔵寺）

奉掛鰐口諸願成就皆令満足之所也
仍檀那　細越村猪俣美濃守吉種。
于時　天正十五年丁亥十月七日
　大工　藤原氏早山彦八郎定継

（注　亡失、新編会津風土記による）

七五八　塔寺経筒刻銘（河沼郡会津坂下町塔寺　長谷川富士太郎）

天正十五丙寅年十月絵満堂造之
天下泰平　為祝賀万歳

（注　天正十五年は丁亥で、干支相違する。湖州鏡を伴出）

七五九　安穏寺普賢石仏銘　（耶麻郡猪苗代町名小屋町　安穏寺）

奉造立逆脩当所住僧祐栄神宮寺隠居
于時天正□（十六）年戊子八月二日

（注　亡失、新編会津風土記による）

七六〇　法用寺番板

（大沼郡会津高田町大字雀林字三番山下　法用寺）

（墨書　後に刻文とした。）

昼夜不退番帳　鬮次不同
一番　良泉坊　　二番　沢之坊
三番　玉水坊　　四番　桐下坊
五目　杉下坊　　六番　安楽坊
七番　竹内坊　　八番　大巽坊
九番　普門坊　　十番　梅下坊
十一番　妙行坊　　十二番　大井坊
十三番　玉蔵坊　　十四番　浄水坊
十五番　池之坊　　十六番　宝持坊
右所定若斯
　天正十八年庚寅正月一日

（注　亡失、新編会津風土記による）

七六一　徳昌寺五輪塔銘　（南会津郡田島町大字田島字寺前　徳昌寺）

右志者　為花翁正雪禅定門
□□□　塔婆者也
于時　天政十八年三月二日施主敬白

（注　長沼盛秀墓）

七六二　栂尾恵果和尚絵巻奥書（耶麻郡猪苗代町都沢　区長保管）

（旧　猪苗代町都沢　正福寺）

（奥書）

天正十八年庚刁五月九日角宿水曜己丙大朔日　比行
状記　当寺到来悦余光隆也
野州足利庄嶋田郷覚来寺第十二代住寺

法印権大僧都秀海求之修復交合し了
為興隆門中繁昌之　義元款言

七六三　恵日寺大師行状記奥書　　（耶麻郡磐梯町大字磐梯）

欽薬師御宝前奉献納之者也
図画十巻恵日寺常住玄弘法印代新
寄進持参一家成仏
于時　天正十九辛卯　岡村兵部丞忠久
同　甚左門常久
（注　亡失、新編会津風土記による）

七六四　旭田寺観音堂墨書銘（南会津郡下郷町大字中妻　旭田寺）

天正廿年
正月八日
（注　西側壁板墨書）

七六五　法用寺縁起奥書　（大沼郡会津高田町大字雀林字三番山下　法用寺）

（奥書）
天正乙丑年伊達政宗打入彼縁起乱物ニ申白川
へ罷越候　恵日寺ノ住物成上に申乞請申候得者
法用寺之住物ニ御座候　右為末代之新寄進ニ
帰令進候　ウラ打イタシ申候

文禄癸巳二年壬九月吉日
法印玄弘花押
従得一大師四十六代也
（注　明治時代に亡失、新編会津風土記による）

七六六　蒲生氏郷墓（五輪塔）銘　（会津若松市栄町字新栄町　興徳寺）

（前面）
空風火水地
（左側面）
文禄四年乙未
二月七日
（注　県史6　一二七三図・一四〇五図）

七六七　観音寺供養塔銘　（耶麻郡猪苗代町大字川桁字荒野　観音寺）

（正面）
孤庵浄雲禅尼
慶長二酉年五月廿六日
（右側面）
為慈母造立之
（左側面）
難波茂左衛門

七六八　恵日寺　前机銘（耶麻郡磐梯町大字磐梯字本寺　恵日寺）

奥州会津恵日寺大師堂の前机

慶長五庚子八月朔日　玄弘之二□(脚)同脇机
一つ求之

七六九　融通寺額

（注　亡失、新編会津風土記による）

（表書）　（会津若松市大町名古屋町　融通寺）

融通寺

（裏刻銘）

稲村十郎　作者義徹
後藤助左
木沢
荒川
大工　木下
水野円西

大檀那　羽柴秀行　本願簗田通有
右勅額者為守護当国当寺勅(許)居之当寺十三代浄蓮社　文誉（花押）敬白
助力　良寿
慶長九甲辰年六月五日甲申書之勅下之代僧　円芸良善　意得
妙心
寺僧　教春
妙教
筆者文王

（注、県重要文化財）

七七〇　冬木沢阿弥陀堂棟札

（河沼郡河東村大字広野字冬木沢　八葉寺阿弥陀堂）

金剛寺看伝上人　同年二王堂□也
奉上葺如来堂　河沼郡念仏衆　于時慶長十一季丙午三月廿日
発起者看遍　草大工次郎左ヱ門　源兵ヱ

（注　阿弥陀堂は重要文化財に指定されている）

七七一　福生寺納札銘

（大沼郡会津高田町大字富川字富岡　福生寺観音堂）

（納札銘）

十羅刹女　会津大沼郡富岡妙福寺　敬白
奉果満秘鍵千百巻院内安全所
三十番神　慶長十一年丙午夷則吉日　円誉

（観音堂内墨書銘）

慶長□二月二日　□
同道　□
あいずのさと　いな川の
住人□長十郎

七七二　柳津虚空蔵堂鐘銘（河沼郡柳津町大字柳津字寺家　円蔵寺）

大日本国会津県太守大檀那藤原朝臣羽柴飛騨守秀行公

奉鋳大鐘柳津霊巌山円蔵寺文庵叟叔　結縁助成同利益

願主　見正

冶工　早山掃部助定次

惟時慶長十一丙午年十月十三日

（注　亡失、新編会津風土記による）

七七三　飯豊山神社銅鉢銘

（耶麻郡山都町大字一ノ木字飯豊山　飯豊山神社）

奉納　飯豊山御鉢八ケ内慶長拾三年八月一日

鳥居町

かゝミ屋

木ノ瀬

甚右衛門（花押）

七七四　恵日寺塔跡供養塔銘

（耶麻郡磐梯町大字磐梯字本寺　恵日寺跡）

造立本願主座主

玄昌上人為現世安

穏後生善所也

慶長十六天五月吉日　玄昌

（注　県史6　一一〇〇図）

七七五　弘真院蒲生秀行五輪塔銘

（会津若松市南町　弘真院）

（地輪銘）

奉造立五輪塔者過去

弘真院殿前拾遺

覚山静雲大禅定門

奉為　冒地多一心也

乃至法界平等普成

慶長十七年壬子文月五日　孝子等　敬白

七七六　愛宕神社鰐口銘

（南会津郡田島町大字田島字愛宕山　愛宕神社）

奉寄進愛宕山鰐口　田島城主　蒲生主計助　敬白

慶長十八年五月吉日　大工若松住　長谷川清六

（注　亡失、新編会津風土記による）

七七七　如法寺観音堂棟札

（耶麻郡西会津町大字野沢字加法　如法寺）

慶長十六年辛亥年八月廿一日辰剋大地震有之御堂摧破伇

右建立成就者大檀那岡野半兵衛殿現世安穏後生善生□如意所

御本尊執金剛神　金剛山如法寺別当贈権大僧都頼誉

一紙半文助成輩同遊九品蓮台上生乃至有無縁群衆生平等利益

時慶長十八年癸丑七月廿一日建立成就攸　敬白

（注　亡失、新編会津風土記による）

七七八　羽黒神社鰐口銘

（会津若松市東山町大字湯本字寺屋敷羽黒神社）

奥州大会津羽黒山大権現御宝前之鰐口　本願盛長公　野口外記
慶長十九甲寅年五月五日　別当法印春盛上人敬白

（注　亡失新編会津風土記による）

七七九　新宮熊野神社長床再興棟札

（喜多方市慶徳町新宮字熊野　熊野神社）

夫当山由緒者熊野三所権現奉勧請三所権現是也
本宮者弥陀如来応用摂取不捨大願光明遍照威光也
新宮者医王善誓化現一経其耳衆病悉除如来　那智
千手観音分身慈眼視衆生福衆海量是故応頂礼
尊主也
然所慶長十六年八月二十一日巳刻大地震故悉以大破依去
雖為五濁乱満暁季当村衆並耶麻郡群類道俗男女
衆力集我木石俄従卯月至当月造畢也
依之今月今日新長床供養会津郡中参諸群頼人人続
跡如稲麻竹葦数万諸衆無生雲外郭士同証仏果
起因也尚以神前参諸万人永家門栄花子孫増壊
災与楽徳益積万代不朽珍宝倉庫孕溢基也
殊当所静謐安穏無為社内安全百姓人民如意飽
足如件従往昔任先例医王山勝常寺法務日道上人
惟諸衆起三昧法事並本願長吏左庁申口大同寺
養林房竜蔵院滝本坊別当大夫安済老
于時慶長十九年甲寅林鐘十五日
当時御館　下野守殿将軍家康公ノ御孫也
三奉行　町野長門守稲田数馬之助岡越後守
御城代　内堀伊予守
当所給人　卅七人肝煎三人
殊大工　七良左衛門　葺手　掃部之助　鍛冶彦
七郎
脇常寺常住　日道上人

（注　亡失、新宮雑葉記による）

七八〇　妙国寺開山堂棟札

（会津若松市一箕町大字八幡字村西　妙国寺）

慶長十九年甲刁七月九日
此建立者不受余之力日学甚深之志以力而造立之
為後年存知書之置者也
生年六十八歳卅二之年当寺持也
参内権大僧都法印
妙法寺
曼荼羅　日学（花押）
宝塔山

妙国寺常住也

酬此功徳者門流繁栄諸末寺安穏

僧檀息災長久之守護本尊也

（注　亡失、新編会津風土記による）

七八一　宝積寺鐘銘　（会津若松市門田町大字黒岩　宝積寺）

南閻浮提大日本国奥州会津大沼郡若松郷

願主当郡大守松平下野守阿孃源女性

為御願円満寄進焉　仰願因玆好主功徳

現世安穏而門葉栄天下寧謐後世善処

而来世成仏

慶長十九年甲寅年菊月吉日

前永平如意輪山宝積寺住持比丘戈庵叟代

鋳物師　長谷川勝左衛門

（注　亡失、新編会津風土記による）

七八二　会津東照宮燈籠刻銘　（会津若松市　東照宮）

奉造立　東照大権現御宝前

元和□年□□八月十□日

稲田数馬助□□

奉上石燈籠　東照大権現御宝前

北川土佐守

寛永元年甲子六月吉日

（注　亡失、新編会津風土記による）

補五　喜多方山王神社鰐口銘　（喜多方市東町山王社）

天正七年五月吉日

奉

寄進玉屋徳右衛門

補六　興徳寺御霊屋棟札　（会津若松市大町　興徳寺）

大日本国奥州路会津郡若松荘蒲生二従藤原秀隆公前先考昌松院殿　前参議

従四位高岩宗忠大禅定門造建玉屋寄置無縫塔之欠謹集合山請衆設水□会以述供養者也

瑞雲山興徳禅寺住持逸伝祖応誌焉　大工江州住人竹本利右衛門藤原意蔵□文禄五年丙申七月十二日

（注　亡失）

補七　曲木供養塔群（石川郡石川町曲木字坂ノ下（旧字大道））

（レンザ）

右志者為祐光
建治三年十二月
聖霊頓証菩提也

右為平三郎
正安元年乙亥八月廿三日
往生極楽也

主公□□
正応四二十四
成仏□

右逆修
正安二年□
為信阿

右□
正応癸巳三月廿七日
父□

（三尊種子）　正安二年九□

正□

補八　宇佐神社棟札（田村郡滝根町大字広瀬字小山崎　宇佐神社）

（棟札一）

増長天　多聞天　馬一疋　大工□
聖主天中天　迦陵頻伽声　大旦那常葉小輔　馬一疋　鍛冶隼人助
八幡宮御修造棟札　明応六年丁巳九月十九日　本願熊谷聖人　十穀
哀愍衆生者　我等今敬礼　敬白
広目天　持国天　大旦那平朝臣　同名丹後守宗秀□　□

（棟札二）

増長天　多聞天　地蔵菩薩　大旦那平朝臣神俣左衛門尉顕宗□悉請取其上五百文　馬一疋　御上五百文
聖主天中天　迦陵頻伽声　観世音菩薩　大工加茂河内守　細工大平源兵衛尉　同藤五郎
文珠師利菩薩　蔭居三百文米銭悉以
八幡宮□（従）地立修理畢　御棟札之事　永録三大歳庚申五月五日　本願熊谷蔵人直光　別当玉鋪昌珠院主
哀愍衆生者　我等今敬礼　普賢菩薩　小観進（ママ）衆広瀬之郷中禰宜僧侶皆有之　並馬一疋
得大勢至菩薩
広目天　持国天　弥勒菩薩　礼銭合力也
熊谷蔵人　広瀬城主皆以在之
大渡寺　普賢寺　入水寺　鍛冶隼人助

（棟札三）

敬　増長天　多聞天　灑水極楽寺　大工先崎右衛門尉　甚七郎
聖主天中天　伽陵頻伽声　小観進（ママ）　広瀬郷中僧侶皆以有之
本願主　熊谷主計　同川崎和泉守　吉田彦右衛門
八幡宮□（従）地立修理畢御棟札　慶長四己亥四月朔日
同期衆村上新助　同勘解由　鍛冶熊谷賢物尉
白　哀愍衆生者　我等敬礼
本山　根本三郎兵衛
広目天　持国天
並新足拾疋　井田弥兵衛尉　禰宜

（棟札四）

大旦那　松下石見守殿　岩城大工　平沢匠助　同木右衛門　同藤右ェ門　同源太郎　同久作　中田孫三　高萩三吉

御家中衆　合力之人　（十一名略）　一結以上　工数四百人

聖主天中天　地蔵菩薩　願以此功徳

迦陵頻伽声　文珠菩薩　普及於一切

奉　新造立　八幡宮一宇安穏所　寛永十七庚辰八月吉日本願神主　熊谷掃部左ェ門

哀愍衆生者　普賢菩薩　我等与衆生　同　猪之助

我等今敬礼　勢至菩薩　皆共成仏道　敬白

広瀬村大旦那助成人　（十名略）　菅谷村米二俵　大棟木神俣村中　材木本願徳右衛門

鍛冶衆先崎新兵衛　同六郎兵衛　熊谷次郎右衛門

解説

第一編　記録〔古代〕解説

福島県に現存する古代史に関する文献・記録は、口碑・伝説のたぐいを記載した後世の編纂物以外には、まことに乏しい。従って、ここでは古代史に関する正史記録等のうちから、本県の歴史に必要と思われるものを抄録することとした。たとえば、六国史のほか、『太政官符』『延喜式』『政事要略』『公卿補任』『吾妻鏡』などの記録、また『中右記』『小右記』『貞信公記』『師記』などの公卿の日記類、あるいは『十訓抄』『今昔物語』などの文学作品などにも及んでいる。採録されたものの、史料としての信憑性の吟味は、通史編にゆずることとして、ここではできるだけ多くの史料を網羅することにつとめ、また若干のものは便宜上他に譲ったものもある。たとえば、第一編は、文治五（一一八九）年源頼朝の奥州藤原征伐を以って下限とすることを原則としたが、この時期のものでも、飯野文書・上遠野文書等は、第二編文書（中世）にいれ、福島県の古代史に忘れることのできぬ僧徳一に関する大部分のものは、他編——たとえば『第21巻文化2』「宗教編」等に割愛した。しかし『吾妻鏡』については便宜上、康元元（一二五六）年十一月廿三日の記事まで採録した。なお、末尾に、当時の為政者とそれをめぐる人々の、東北に関する理解の程度を知るために『和名抄』を収録した。

採録にあたっては、もちろん福島県史に直接に関係あるものを選択することを原則とした。しかし、古代の記録に見られる人名・地名等に必ずしも明確でないものがあり、また現存の福島県という行政区劃を超えて、単に「道奥」「陸奥」のように、極めて漠然とした記載のものもあり、明確に本県に関連するか否か、にわかに判定しがたいものも少なくない。かかる特質から、採録したもののなかには、陸奥国南部に関する史料という視点で選択したものもある。

東夷の一部として日高見の国に限定されていた蝦夷は、大化改新後には道奥の住人とされるにいたっている。しかも『続日本紀』の神亀元年十一月の太政官奏が「上古の淳朴、冬は穴にし夏は巣にす」として、太古の一般的風習をもって蝦夷人風習を説明しているのは、蝦夷に対する夷狄観のあらわれにほかならない。蝦夷に対する無道・非礼・無秩序などの評価は律令制定後も強く征服者たちのあいだに存し、地域的には東北地方の土地および住民に限って使用されていたようである。

大化改新以前の福島県南部に部民制が存したらしいことを記紀の記載から察知しえないでもないが、福島県の北部に関しては奈良時代以降について推定する以外に方法はない。養老二年に陸奥国から石城・石背の二国を割いて独立させていること（資料番号六五）は、この地方が東北の他地方に比して若干早期に、中央政府の支配下にはいったことを意味するものであろう。しかし、独立したばかりの石城・石背の二国が、その後数年にして陸奥国に再統合されているのは奈良政府の北進が宮城県にまで到達したためではないかと推測される。

このような奈良政府の北進を物語る史料として「正倉院文書」の中に、陸奥国印をおした年月未詳の戸籍残簡が二通ある（資料番号七七）。この戸籍残簡は、いずれの土地のものであるものであるかも明確ではないが、少なくとも陸奥国の一角――恐らくはその南部において既に早く造籍が行なわれていたことを示しているといえよう。しかも、そのなかに「死亡」「移出」「移往」「出往」「分拆移来」などの言語があり、これらから当時の戸口の異動を知ることができるだけではなくて陸奥国の里村形態を察知しえようし、律令体制の浸透ぶりをも知ることもできる。

「夷をもって夷を制す」政策も道島御楯の大国造就任を頂点として蝦夷民が高度の権力集中によって組織化されるにつれ、中央に対する憤懣や支配の矛盾が、寛容や示威などによってはおさえることができず、宝亀十一年の伊治公砦麻呂の反乱（資料番号一六二）として爆発したのである。

しかし、これに対して、政府は純然たる軍事征服に従来の方針を一変させたが、現地軍は妥協的に事態を収拾しようとした。しかし逆にその弱点をつかれ戦線が拡大したので、延暦十二年に「征東使」の呼称を「征夷使」に変えるなどして征討目標を完全に統一し固定して胆沢を中心に大戦闘を展開するにいたり磐城郡の人丈部善理・会津壮麻呂らが戦死している（資料番号二〇八）。また『三代格六』「大同五年五月十一日太政官符」のなかに「何者苅田以北近郡稲支軍粮、信夫以南遠郡稲給公廨」（資料番号二五三）とあるように、福島県は内地化され、兵站地化されていたのであるが、「延暦廿四年十一月十三日停陸奥国部内海道諸郡伝馬、以不要也、」（資料番号二四四）または弘仁二年四月廿二日の条にある「廃陸奥国海道十駅、更於通常陸道、置長有・高野二駅、為告機急也、」（資料番号二五九）は同じ県内でありながら、兵站地的役割りの分野を知ることができないだろうか。

蝦夷に対する大征討も元慶二年をもって終結しているが、この間延暦元年に外大初位下安倍信夫臣東麻呂は軍粮を献じたことで外従五位下になり（資料番号一八三）、延暦十六年には白川郡人外□八位□大伴部足猪らに大伴白河連、行方郡人外少初位上大伴部兄人らに大伴行方連、安積郡人外少初位上丸子部古佐美　大田部山前　富田郡人丸子部佐美　小田郡人丸子部稲麻呂らに大伴安積連、磐瀬郡人□に大伴宮城連を賜わっている（資料番号二三二）のは、大なり小なりこの戦闘の前後に奈良の勢力に貢献したものであろう。

この改氏改姓は族長層に多く、しかも奥羽南部地区を主としているようである。おそらくは族長層が中央の貴族とのあいだに集団的に何等かのつながりがあったことを示しているものとして注目されねばならない。

しかし、これをもって東北人が、中央貴族に完全に制約されたと解するのは早計であり、これは文化的な一形態であると解すべきである。

この第一編の延喜以後には、馬に関する史料が饒舌にわたるのではないかと思われるほど集められている。

東北地方の産出物は、米・馬・金が中央の大きな経済収入である。

奥六郡の一部を除いての水稲農業の農耕化はかなり早くから行なわれていたことは弥生式土器の分布状況から察知されるとともに『続日本紀』の記事より陸田農業より水稲農業に主力があったようであるが、原始的な山地農耕も等閑視するわけにはいかない。この山地農耕と平行し牧畜農耕も実施されたことは容易に推定することができるが、この牧畜は主として馬であり、馬の生産である。

もちろん、記録を見るに陸奥国に官牧があったことは知ることができないが、現在なお県内に「牧」を地名としたものが点在するのは私牧の姿を現わしているのではあるまいか。

『類聚三代格』の延喜の格には奥羽において中央貴族や国司たちが、官物たる綿や冑鉄をもって馬や奴婢を買いあさり、害悪がはなはだしいので、これを三回にわたって禁止しているが、奴婢については、弘仁・貞観の格からは消えて、馬に関するもののみが取りあげられている。

しかし、その取り扱いについても、延喜の格では蝦夷対内国であり、弘仁・貞観の格では陸奥対内国の関係に変化してきている。延喜の格の場合は馬を交易の対照としており、蝦夷が冑鉄や綿を馬と交換して農耕生活に必要な農具や衣服を調達し、本格的農耕段階形成に努力している姿勢を伺い知ることができるが、政府側にしてみれば、「害たる極めて深し」といっているのである。

これは蝦夷社会の農耕化が、抵抗集団としての政治力に脅威を感じたためではなかろうか。

しかし、弘仁・貞観の場合はこれと異なり、馬は国衙の収取体制のなかにあり、蝦夷そのものの独立性を失ってき、その生活さえ圧迫されてきている。陸奥国の軍団が、中央の使者が買いあさるため馬の価格があがり、軍用に供する強壮な馬をうることができないので、国堺を出してはならないといい、「陸奥国内がおさまらないのは、大半、馬を不当に買いあさるからだ」とまで極言していることは留意すべきことであり、陸奥における蝦夷統治のありかた、馬の収取の仕方などに重要な問題がふくまれているので饒舌にわたるような馬の史料を集録したのである。

もちろん、福島県内もその範囲のなかにあることは言をまたない。

近時福島県内で、古代寺院探求のため、二つの発掘調査が行なわれた。

一つは福島市教育委員会の腰ノ浜古代寺院跡の調査であり、一つは郡山市教育委員会の清水台古代寺院跡およびそれに附属する瓦窯跡の調査であるが、いずれも考古学的には大きな成果があった。

しかし、それに対する裏付けになる記録史料は全くない。ただ不確実なものではあるが腰ノ浜寺院跡に関するものとしては『紀略』に「天長七年十月十九日、山階寺僧智興、造建陸奥信夫郡寺一区、名菩提寺、預定額寺例」（資料番号二八九）とあり、清水台寺院跡については『三代実録』に「元慶五年十一月九日、以陸奥国安積郡弘隆寺為天台別院」（資料番号三九一）」と見えるのが、わずかに関連史料と考えられている。

これら二つの寺院跡の調査の結果、極めて雄大なプランに成る寺院の存在が明かにされ、奈良〜平安の交に寺院が創建された事実が証明されている。ここにその背景となる当時の福島県内の仏教の隆盛を見逃すわけにはいかない。

『延喜式』の巻三（資料番号四二八）によれば浜通りの神社が一七社、中通りが一六社、会津が僅かに二社となっている。これらの神を分析してみると、明らかに中央よりの伝来神、いわゆる外来神が意外に少なく、地主神が多い。

また、会津の式内社が極めて少なく、恵日寺に関する記録が間接的に『今昔物語』にあるのみで他の記録にも少ないのは会津対中央との関係を一応整理する必要があると考えられる。

前九年後の安倍氏に関する記録は、本県関係が少ないといって等閑視するわけにはいかない。安倍氏が兼帯した「六箇郡の司」というのは正式に奥六郡の郡司ではないにしても、実質的には奥六郡の郡司にあたる権力を保有していたことには変りはなかろう。

『延喜式』「式部上」によれば「すべて郡司は一郡に同姓を併用することをえず、もし他姓中に人の用うべきもなくば、同姓と雖も同門を除くの外の任をゆるせ」（資料番号四二八）と規定してはあるが、辺要とよばれる陸奥の国は律令制の崩壊により、中央政権の統治力が減退するにつれて、在地権力者となる可能条件は十分に備わっていたのである。

一体、郡は上古国造が支配していた地域を継承したものであり、郡司は国造家のうちから選任されるのが慣例になっていた。しかも終身制であり世襲制である。加えて土地の私有を、大領・小領は三〇町歩まで認容されていたのである。

『延喜式』の「郡司」に関する規定（資料番号四二八）は一郡一族の支配態勢の出現を防止するためのものであるが、神郡と「陸奥縁辺郡」と屋久島・多褹島の西南諸島等については例外を認めているのである。「陸奥縁辺郡」とは奥六郡を指しており、例外として同姓同門の併用が公認されたのである。加えて安倍氏の経済力の蓄積である。延喜のころには下野・駿河からも金を産したが、依然として陸奥が第一位であり、地下資源開発経営は民営である。鉱山経営の苦心と危険の負担を国家が回避し、民間から調庸として収納していた。ここに安倍氏の産金支配の可能性が強まってくるのであり、馬についての支配力も考えられるのである。

こうして安倍氏の氏族的権力が強大になるにつれて、生産品を支配下に入れ、その勢力が倍加していくことになる。

そして遂には、安倍氏の勢力は強力な軍事的同族連合体として、坂東武士集団の攻撃に対応し、長年月にわたり執拗な抵抗を宮城県の栗原郡にまでに及ぶ広地域のうえで機動力のある戦闘を持続したのである。また清原氏について云えば、前九年の役の軍功により陸奥における安倍氏の遺領を手中に収め、奥羽にわたる勢力圏を形成してから後三年の役で没落するまでは、二五年にすぎない。しかし、平泉藤原氏の権力構造を理解するためには貴重なる四半世紀である。わずか四半世紀のうちに、清原氏権力は初期の同族連合的軍事主従体制から嫡宗主従主義体制に変質し、変質したこの権力体制を藤原氏にひきつぐのである。

〔執筆者　佐藤堅治郎〕

第二編　文書〔中世〕解説

第二編文書（中世）は、凡例に記したように天正十八年（一五九〇）豊臣秀吉の奥羽仕置より以前の文書を収録している。そのほとんどすべてが中世に属するものである。また天正十八年以後の文書でも、中世と深く関連するものは、これを収録している。

文書の採録の基準は、福島県地方の歴史に関係するもの、という点におかれている。かつては県内に所在しながら今は県外に在る伊達文書・結城文書などは、勿論採録の対象とし、また米良文書のように終始県外に存在するものでも、福島県の歴史に直接に関連するものは収録した。これに反して、たとえば安積文書のように、『新編会津風土記』に掲載され、今なお県内に存在する文書であっても、その内容が福島県の歴史と直接に関係をもたないものは、これを除外した。

つぎに採録文書の取り扱いについてのべよう。文書には本書（原本）と写（案文・草案）がある。文書の本書には花押あるいは印章のあることが通例である。「在判」と記されたり、また花押・印章を欠くものは、写であることが普通である。けれども、花押をすえた写も、また少なくはない。

たとえば飯野文書や結城関係文書のなかには、本文・花押ともに本書と区別がつかぬまでに筆跡の酷似した写しのあるものが、数組現存する。また、郡山市湖南町の滝田文書に収める猪苗代盛種書状と、内容・宛所ともに全く同一で、かつ花押をすえたものが、同じ湖南町の小池蔵之輔の所蔵となっている。両方の筆跡などを比較すると、小池文書の方が本書に近いようではあるが、いずれも共に写とみられるものである。

このように、本書と同じ内容体裁を採る写は少なくない。本書があるために写であることが疑いない場合よりも、現在では本書のない場合がより多いことは、いうまでもないところである。本資料編に収録した文書のなかにも、本書の形を採りながら、実は写かとみられるものが、数多く存在する。

しかしこの資料編では、本書と写との区別を、記載形式の上における相違のみによっておこなうことにとどめた。本書の形式を採った写であることが明白である場合は、その旨を按文（あんぶん）で注記したが、その他はこれを注記せずに本書として取り扱った。

右のような原則にしたがって編集した各家文書について、これをいくつかの関係文書にまとめながら、簡単な紹介を以下におこなうことにする。

一　相馬関係文書　1相馬文書・2相馬岡田文書・3相馬雑文書・4大悲山文書・5岩崎文書は、あわせて相馬関係文書とよぶことができよう。1相馬文書は、旧藩主相馬家の所蔵であったが、戦災で焼失したため、東京大学史料編纂所架蔵の影写本によって採録した。2・3の岡田文書は、相馬一族の岡田家に伝わる文書で、東京都世田谷区岡田幸胤氏の所蔵である。4大悲山文書は同じく相馬一族の大悲山家に伝わる文書で、現在相馬郡小高町の小高神社（相馬胤敏）の所蔵である。右の各家文書には、鎌倉末から南北朝にかけての文書が多く、相馬地方にとってはもちろん、広く東北地方にとっても、その政治的社会的諸事情を究明するための貴重な根本史料である。

これらの諸文書は、豊田武・田代脩によって、東北大学『日本文化研究所研究報告——別集第三集』に、懇切な解説とあわせて編集掲載されている。本資料編はこれに大きな便宜を与えられた。なお右の報告には相馬文書1—三五の沙弥が石塔義房とされているが、これが氏家道誠であることは、その花押によって知られるところである。

5岩崎文書は、相馬家のあつい帰依をうけた修験上之坊（寛徳寺）の伝来文書である。

二　飯野・国魂文書　6飯野文書・7国魂文書は、ともに平市に所在する飯野八幡神社（飯野盛男）および国魂神社（山名隆之）の伝来する文書である。広義には岩城氏関係文書とすることも可能であるが、いずれも独自の内容をもち、とくに飯野文書は、南北朝以前における好島庄およびその預所であった伊賀氏の動向を伝え、また相馬文書・結城文書などとあわせて関東・東北地方の南北朝時代史を明らかにする貴重な史料である。

この両者はかつて諸根樟一によって編集刊行されている。ここにその業績に対して敬意を表したい。なお本資料編は、諸根による配列を改めて概ね年代順とし、また誤読・誤植および書名などを訂正した。

三　岩城関係文書　8岡本元朝家蔵文書・9岩城文書・10秋田藩家蔵文書岩城文書・11白土文書・12小西家文書・13岩淵文書・14三坂文書・38野中文書・15如来寺文書・16禅福寺文書・17禅長寺文書・18薬王寺文書・19長福寺縁起所収文書・20越田和文書・21磐城鹿島神社文書・22磐城熊野神社文書・23山部文書・25光明寺文書・26大宝院文書・27勝浄院文書があげられる。

まず岡本文書は、六一冊に及ぶ秋田藩家蔵文書（秋田県立秋田図書館蔵。東大史料編纂所ではこれを採集文書とよんでいる）の第一巻に当り、鎌倉時代以来石城地方の一地頭であった岡本氏の所領形態や南北朝時代の動向などを知らせるもので、奥羽地方の地頭領主の史料としては、最も密度の高いものに属する。

10秋田藩家蔵文書岩城文書は、いわゆる採集文書とは別個で、もっぱら家蔵文書（秋田図書館・東京大学史料編纂所のいずれにおいても）とよばれるものであり、「採集文書」各巻および秋田藩以外の諸家から採集した岩城氏関係文書（その多くは岩城家から他家に差しだされた文書）を集成したものである。本資料編に収録するにあたっては、岡本文書との重複分を除いた。

14三坂文書は、三坂氏の保料家への仕官に伴って会津に移り、『新編会津風土記』に収録され、現在も関牧太郎の所蔵として会津若松市にある。その内容は云うまでもなく、石城地方の旧族でありまた岩城氏の麾下に重きをなした時代の三坂氏に係るものである。

15如来寺文書以下の寺院・神社史料のうちでは、如来寺・禅福寺・禅長寺および薬王寺の各文書が好史料である。禅福寺文書は高萩精玄の発見紹介によるものである。長福寺縁起所収文書は、本書ではないが内容的には小川氏に関するすぐれた文書である。越田和文書は相馬の岩崎文書とあわせて、浜通り地方の修験関係文書として貴重である。

なお、『新編会津風土記』に収められた鯨岡文書に花園神社を加えて、ここに収録した。その内容・体裁には疑問の余地が存するけれども、その決定は後考にまちたい。

四　奥州文書・上遠野文書　33奥州文書一・34奥州文書二は共に秋田藩家蔵文書で、主として佐竹家中の所蔵文書を集成したものである。一は浜通り地方および中通り地方の諸家に、二は主として会津芦名家に、それぞれ関連している。上遠野文書は岩城・白川両氏に関係するものとして、ここに配列した。この文書は本書に当たることができず、東京大学史料編纂所の影写本によった。なお、同所の影写本によったものは、この他にも少なくない。

五　都々古別神社関係文書　35八槻文書・36馬場都々古別神社文書・37高松文書・39近津文書。東白川郡棚倉町には馬場都々古別神社（上宮）および八槻都々古別神社（中宮）の二つの古社がある。八槻文書は後者の別当大善院に伝来する文書であり、馬場都々古別神社文書および高松文書は前者に関係する文書である。いずれも白河結城氏から差し出された文書を収める。なお茨城県久慈郡の石都々古別神社（下宮）が所蔵する近津文書をも、便宜ここに収めた。

八槻文書は、飯倉（旧姓栢野）晴武によって東北大学『東北文化研究室紀要第四集』に、中世関係の全部が編集掲載されている。本資料編は飯倉の業績に負うところが大きかった。なお本資料編では、飯倉の編集に欠けている端裏書などを補充した。

六　白河結城関係文書　40沢井文書・41高田文書・42和知文書・43大竹（房右衛門）文書・44大竹（貞幹）文書・45（伊勢）結城文書・46相楽文書・47（有造館本）結城古文書写・48（秋田藩家蔵文書）白川文書・49（遠藤）白川文書・50（熱海）白川文書・51（松平）結城文書・52結城神社文書・54白河古事考所収文書一、附白河証古文書・55結城小峯文書・56白河古事考所収文書二・160仙台白河文書。以上はあわせて結城関係文書と呼ぶことができよう。

これらのうち、45結城文書以下はとくに重要である。白河結城氏は、戦国時代から江戸時代にかけて内紛と没落の途をたどり、その結果、文書は秋田白川（結城）家と仙台白川家および西白河郡に分散し、明治以後さらに離散を重ねた。45結城文書は本家である秋田白川（結城）家にのこされたもので、そのなかばまでは南北朝時代、その他は室町・戦国時代のもので、それぞれの時代における白川氏の態容および関東・東北地方の諸家の動向をうかがわせる。

48秋田藩家蔵文書白川文書（白川七郎兵衛家蔵文書）は、いわゆる採集文書の一冊であり、右の結城文書の南北朝時代のものについての写である。本資料編はこれを採録するにあたって、原則として結城文書との重複を避け、結城文書にみえないもののみを掲載した。

49遠藤白川文書および50熱海白川文書は、仙台白川家の文書が明治以後に分散したものである。前者は石川蒲田文書を収めるほか、東北・関東地方の諸家からの来状を多く収めている。後者は室町幕府および関東管領からの来状を多く含み、南北朝時代の文書を収めない。両者いずれも、他の文書との重複がなく、すべてを採録した。

46相楽文書は、白川家の分家である相楽家（須賀川市）に伝わるものでほとんどすべてが、北畠親房から結城親朝に宛てられた文書である。本書は水戸徳川光圀に献上され、精写本を伝えている。

47有造館本結城古文書写は、南北朝時代の結城氏宛の文書を筆写集成した写本で、国会図書館所蔵。もと津藩主榊原家（初め白河藩主）の藩校有造館において文政年間（一八一八〜二九）のころ採訪筆写されたものとされてきたが、結城錦一らはこれを有造館開設以前の正保・慶安（一六四四〜五一年）のころの古写本と推定している（『結城宗広』）。しかし有造館本はその筆跡からみて正保、慶安ころの写本とするにはやはり難点がある。他方、津市結城神社には、有造館本よりも遥かに古いとみられる同一内容の写本が存在する。おそらくは、結城神社本を参考とした幕末期の写ではあるまいか。本資料編は、これを採録するにあたり、有造館本のうちで45結城文書および46相楽文書と重複するものを除外した。

51松平結城文書は、白河結城氏の本家である下総結城家（松平氏）の所蔵文書である。松平氏は元禄五年（一六九二）以後約五〇年にわたって白河藩主であったが、この文書はその期間に白河の地で採写された写本であるとされている。

52結城神社文書は、明治以降仙台白川・秋田白川（結城）の両家および品川弥十郎から同社に寄贈されたものと伝える。53結城大蔵結城文書は、水戸藩士結城大蔵家に伝来した文書であるが、本書に当たることができず、『続群書類従』によって収録した。

54白河古事考所収文書一附白河証古文書には、さきの諸文書と重複しない南北朝時代の文書を抄出して収め、65白河古事考所収文書二には、室町戦国時代の文書を収めた。55結城小峯文書は、白川結城家の庶流に当たる小峯家に伝わる文書である。

右の白河結城関係文書は、相楽文書・有造館本結城古文書写および秋田藩家蔵文書白川文書を除いて、他はいずれも東京大学史料編纂所の影写本によった。また国史資料研究所編『結城古文書纂』に負うところがあった。

七　二階堂関係文書　160二階堂文書・57長禄寺文書・60浜尾文書がそれである。近世を迎えることなく滅亡した二階堂家に係る文書は、きわめて少ない。須賀川市の長禄寺に伝わる文書と、伊達家に内応した二階堂家旧臣浜尾氏の文書、および「二階堂文書」（徴古文書纂所収）があるにすぎない。但し断片的には、諸家の文書のなかに二階堂氏から差し出された文書が収められていることは云うまでもない。

八　石川関係文書　61角田石川文書・62首藤石川文書・63石川頼賢文書・64吉田光一文書・65川辺八幡神社文書・66川辺八幡関係文書・67浅川文書がある。まず61角田石川文書は、石川昭光が伊達政宗に臣従して宮城県角田市に移ったのに伴ってここに移ったが、近年宮城県図書館に移管されたものである。この石川文書の収録にあたっては、『東北文化研究室紀要　第四集』の大石直正の編集に係る「石川文書」に大きな便宜を与えられた。なお、本資料編では、大石の編集にもれた伊達政宗書状一通（口絵10）を補充した。

62首藤石川文書は、二階堂・田村・芦名・岩城・佐竹諸家から石川家に宛てた文書を収める。写しとみられるものもあるが、角田石川文書の欠を補う貴重な史料である。63石川頼賢文書は、石川郡の修験大蔵院（八大坊）に伝わる文書である。八槻文書および後述の青山文書とあわせて、中通り地方の修験関係文書としても重要である。

67浅川文書は、石川郡浅川城主の浅川家に係る文書で、同家と共に角田市に移っている。65川辺八幡神社文書・66川辺八幡関係文書は、写とみられるものもあるが、南北朝以後の文書を収めている

九　田村関係文書　69青山文書・70蓬田文書・72安原文書・73福聚寺文書・76橋本治男文書・77中村文書・78添田文書・編纂所所蔵文書・80橋本正三文書・81木目沢文書・82安斎文書・84小沼文書などは、一括して田村関係文書とよぶことができよう。青山文書はもと修験大祥院の伝来文書で、大祥院文書と呼ばれるべきものであるが、明治年間に青山正（『仙道田村荘史』の著者）に移管されたまま福井県に移り、現在その一部が郡山市吉田豊（夫人は大祥院の後裔）にもどっているにすぎない。本資料編への収録に当たっては、その多くを東京大学史料編纂所の影写本によった。

橋本治男文書は、写とみられるものもあるが、その内容は貴重である。橋本正三文書は二点にすぎないが、内容筆跡ともにすぐれた好史料である。なお橋本治男文書・橋本正三文書および安斎文書などには、伊達関係文書が含まれている。

一〇　伊東・畠山関係文書　伊達氏に服属した伊東家、伊達氏に滅された畠山家、ともに関係史料は少ない。前者にはわずかに90相殿八幡神社文書が、後者には92松藩捜古がある程度にすぎない。『松藩捜古』には畠山氏から差し出された文書の他に田村・伊達などの諸氏から出された文書も収められている。家別文書として出されているものについては、重複をさけて『松藩捜古』から除外した。

一一　伊達関係文書　88伊東文書・89橋元家文書・91富塚文書・93関文書・94長倉文書・95陽林寺文書・96田手文書・97高野文書・98西牧文書、99伊達文書・100伊達天正日記がある。

右の伊達関係文書の大宗をなすものは、いうまでもなく伊達文書であり、本資料編に収める家別文書のうちで数量的に第一位を占める。もと仙台藩主伊達伯家蔵、現在は仙台市立博物館の所蔵であり、『大日本古文書』の『伊達家文書』一〇巻として刊行されている。本資料編への採録に当たっては、福島県地方の歴史に比較的密に関連するものに限定した。それに含まれている『塵芥集』(伊達氏御成敗式目)は、最近佐藤進一・百瀬今朝雄・池内義賢による『中世法制史料集　第三巻』に厳密な校訂と注解によって掲載刊行されているので、これを割愛した。

伊達文書のうちに収めた天文七年段銭古帳および天正十四年二本松配分之日記は、『大日本古文書』には掲載されず、本資料編によってその全容を初めて公にされるものである。100伊達天正日記もまた初めて上梓されるものであるが、紙数の関係から野伏日記のうちの県内関係部分を収録するにとどまった。なお二本松配分日記については『福島大学学芸学部論集』一七の一、天正日記については『福大史学』創刊号が、それぞれ小林の紹介と分析を掲載している。

一二　会津芦名関係文書　101滝田文書以下129山内文書に至る各文書は、いずれも会津関係文書である。そのなかには123大石文書のように、もっぱら上杉氏に関係する文書や、また124興徳寺文書のように蒲生・加藤・保科の諸氏に関係するものもあるが、その多くは中世を通じて会津地方を領した芦名氏に係るものである。

これらのうち108秋田藩家蔵文書芦名文書は、佐竹氏に従って秋田に移った芦名義広の家系に伝わるもので、家蔵文書(採集文書)に収録されたものである。112示現寺文書は、現存する芦名関係文書のなかでは、量質ともに最高のものに属する。117簗田文書は近世のものとあわせて尨大な文書群を構成するが、凡例に示したとおり、本資料編では近世の部分を除外した。

126新編会津風土記所収文書・127会津旧事雑考所収文書・108会津四家合考所収文書に掲載された文書のうち各家別文書に収められているものは、重複をさけて風土記などから除外した。また、風土記・旧事雑考・四家合考などで相互に重複する文書は、風土記・旧事雑考の順に採録して重複を避けた。総じて重複などについては、その旨を注記した。

なお会津関係文書の編集には、『会津若松史古代中世史料集』(高橋富雄・豊田武・大石直正・小林清治編)に大きく依拠したことを特記したい。

一三　県外所在文書　中世の時期に県外地方に所在しながら県内の諸家に関係する文書をここに収録した。130高祖遺文録以下がそれである。それらの多くは、直接本書に当たることができず、東京大学史料編纂の影写本によって採録した。152米良文書は司東真雄の示教によって収録した。

本資料編(第二編文書)は、いうまでもなく福島県関係中世文書の集成として初めて刊行されるものである。前述のように相馬文書・飯野文書・国魂文書・石川文書・八槻文書など個別的には、すぐれた編集によって公にされたものは既にあった。本資料編はそれらの恩恵をうけながら、個別文書群を県段階ないしは南奥羽の規模で集成することによって、個別文書各個の研究のみでは果しえないものを加えるべく努力した。一例をあげるならば、かつて編者は、『仙台市史』(資料編一)に大悲山文書(4—一三)を収録しながら、その差出所の一人を「沙弥某」としたのであるが、このたびは飯野文書などとの照合によって、これが伊賀光泰であることを明らかにすることができた。このような利点は、他にも少なくないはずである。

本資料編(第二編文書)は、編者の浅学を以て、また孤立的な環境(中世史研究に関する限り)において編纂された。多くの人々の援助をいただきながらも、なお右の条件を克服できなかったかをおそれている。ただし、編集の未熟さはあるにせよ、本資料編は広く県民及び研究者の今後の究明の資となる点では遺漏なきことを努めた。編末に収めた花押一覧は、この努力の一端である。それは、氏名の明らかな人物の花押とあわせて氏名未詳者の花押を可能な限り収録することによって、将来の研究の礎石となることを願うものにほかならない。南奥羽諸家の個別研究及び奥州探題乃至は関東管領の研究が、本資料編によって進展することを期待したい。

なお附記すれば、各家別文書の名称は、その家に伝来する文書はその家の名称を採ってたとえば相馬文書と記し、のちに現蔵者の所蔵となったものはたとえば橋元家文書とした。また同一名称となる文書については、所蔵者の氏あるいは氏名を採って、例えば遠藤白川文書と熱海白川文書、あるいは橋本正三文書と橋本治男文書という区別をおこなった。ただし、すでに文書の名称が確定したと判断されるものはこれを改めなかった。たとえば、三坂文書は現在関牧太郎の所蔵となっているが、その名称は旧にしたがって変更を加えなかった。

第二編の編集は小林が担当したが、原稿筆写については高橋明、花押一覧については若松富士雄がこれを助けた。東京大学史料編纂所の菊地勇次郎・新田英治・百瀬今朝雄・林幹弥は、校正刷閲読と県外文書の採録について、また田中正能は安積・安達地区の文書採訪について、それぞれ援助を惜しまれなかった。

終わりに、御援助を仰いだ別掲の方々、および直接間接の学恩をこうむった方々に改めて感謝の意を表する。

〔執筆者　小林清治〕

第三編　金石文解説

福島県下の金石文について一わたりみると金属や石陶類は比較的保存に耐えるものでありながら、亡失する例が多く、慶長以前の金文・石文・木文類が現存しているものはきわめて少ない。しかし金石文の史料価値は、文書・記録とはまた異なった内容・性格をもち、貴重なものが少なくないので、今回不備を顧みず収録した。

一　金石文の収集と研究　本県の金石文の調査・編纂は、白河城主松平楽翁の『集古十種』をもって嚆矢とする。『集古十種』はその名の示すごとく、肖像・扁額・文房具・碑銘・鐘銘・銅器などの模写、拓本を収録したものであるが、本県のものが数多くとり上げられ、中には現在失われたものもあり、現存するものは国の文化財として指定されているものも少なくない。

『集古十種』編纂と前後して藩や学者の地誌編纂が行なわれた。『新編会津風土記』『白河風土記』『奥相志』『松藩捜古』などがそれであり、会津においてはすでに寛文年間に『会津旧事雑考』が出されて、多くの金石文が収められている。

これらの中には、後世の手になるものも二三散見する。郡山市田村町の田村（大元）神社にある大同の碑、同じく大同の御正体は会津高田町の伊佐須美神社に、田島町の田出宇賀神社には長元・康和の御正体があり、大沼郡三島町西隆寺聖徳太子像には弘仁二年の銘、会津若松市神指町福昌寺には金売吉次の承安銘の墓石がある。これらはその一例にすぎないが、銘の示す時代のものではないので、収録しなかった。

偽作ではないが一部改作を行なったものや、後世追刻されたものもある。郡山市阿邪珂根神社の治暦の碑、郡山市富久山町の延久の碑（延文）、逢隈三丁目の正暦の碑（正応）等がこれである。また研究家の誤解がそのまま一部の者に信ぜられている例もある。本宮町の正安四年の阿弥陀三尊種子の供養塔が、近世の学者により石井の清水の道しるべとされ、それが再び『本宮町史』により正当化されようとしたことや、福島市真浄院の延暦の碑（延慶）、西会津町宝坂の延文の石塔（延享）は見あやまりで、こうした例は金石文研究にままあることである。

本県において本格的な金石文の研究が行なわれたのは、今の文化財保護法の前身である史蹟名勝天然記念物保存法が施行された大正十一年以降で、当時の調査員であった故小此木忠七郎、故八代義定、故堀江繁太郎らが、拓本による収集研究を行なった。特に堀江繁太郎の研究が光っている。『会津銘文集』を出した故二瓶清も功労者の一人で、これらの先人の資料が本編の基礎資料となった。

本編の編纂にあたっては、県南方部の調査を岩越二郎・田中正能、浜通り地方の調査を佐藤巌、県北地方の調査を渡辺敬造・梅宮茂が行ない資料の補足と訂正を行なった。しかし、金石文の研究、考証は、特殊な面があり、磨滅して、判読困難な文意、さらに異字・当字が多く、読解することに根本的な困難があり、正確を期することは至難といえよう。その上調査が不十分であり、かくれた資料が数多く残存しているものと思われる。特に相双地区と、県南地区・会津地方の一部に調査の手が及ばない所があり、編集者として必残りを感ずるものである。

既に亡失したものについては前記の編纂された文献によったが、さらに東京国立博物館所蔵の市川寛斎翁が収録した拓本を岩越二郎の手を煩らわして収録したものもある。

二 本県金石文の概観

本県の金石文の資料は、会津・中通り・浜通りの三地区ごとに、判然と区劃し得る時代的特徴、形式がみられる。最も資料が多いのは中通りで、会津がこれにつぎ、浜通りが少ない。この意味において本編は三地区に分けて編纂を行なった。

時代別にみると、古代に属するものは一二点、鎌倉時代三六一点、南北朝時代二三〇点、室町時代以降二〇四点となる。圧倒的に多いのは、鎌倉・南北朝で、室町時代が案外少ないのは、この期の戦乱の影響のためといえようし、文化的に衰微していることを如実に示すものである。藤原以前のものは、大治銘の千光寺経塚出土品と、いわゆる承安元年銘の三経筒に、治承の石川氏の五輪塔等が現存しているにすぎない。このことは、中央よりへだたっている東北文化の一般的傾向といえよう。記録に見える亡失資料は、磐梯町の恵日寺、喜多方市の新宮熊野神社、柳津町の円蔵寺、会津高田町の法用寺・伊佐須美神社、会津坂下町の心清水八幡宮、猪苗代町の磐椅神社、会津若松市の東山羽黒神社、会津若松市の諏訪神社など会津の古社寺が多く、会津文化の層の厚さを示している。中通り・浜通り地方は、中世から近世にかけて戦乱が相つづいて散失したのが多いことも一因であろうが、一社寺にまとまって金石文がないのは他にも原因があるようである。しかし、中通り地方には、いわゆる東北型板碑といわれる供養石塔が多く、また石城は薬王寺中心の北石城に供養塔が密に分布しているのは特に印象的である。まずこの石造美術から、本県金石文の一端を解説してみよう。

1 板石塔婆（供養石塔）

板碑の範疇に入れられる板石塔婆(供養塔）類は、いわゆる東北型が圧倒的に多く、関東にある青石塔婆といわれる薄手板状のものは、石城地方二、南会津地方に二を存するのみである。最古のものは、県南・会津地方に遺存し、石城にも建長のものがある。こうしたことは本県に板石塔婆造立の風が、各地区ほぼ同じ時期に移入されたことを示しているのであろう。

前期のものは郡山の如法寺の「釜堂の碑」といわれる承元・建保が筆頭で、ついで建治になる。さらに年紀不明であるが、文化年間無琴道人が拓したものによると阿弥陀三尊浮彫像が、釜堂の碑として存在していたようだが、どうしたことか安積地方には、これに次ぐ古式のものがなく、中期の弘安年間に下る。これにかわって矢吹町・岩瀬村付近に古式のものがある。

前期に属する塔婆が綿密に分布しているのは県北地方で、下白山供養塔群を中心とする福島市飯坂町の平野地区と、信夫村の大森・鳥川・山田地方が、時代・量ともに他の群をぬいている。

中期以降のものが特に分布しているのは、石川・安積地方で、部分的には、伊達郡川俣・安達郡仁井田に多いのが注目されよう。これらのうち本県板碑の特色とされるものは、阿弥陀三尊来迎像の浮彫石塔と、曼荼羅石塔が多いことである。

来迎浮彫像の最古のもので、しかも最高傑作として全国に冠たるものは、正嘉二年銘の信夫村の「下鳥渡供養塔」である。浮彫像は県北地方には二例を存するのみで、時代が下ると全く絶えてしまう。これに次ぐのは弘長二年銘の岩瀬村柱田、郡山市三穂田町の文永二年、鏡石町の弘安二年の順で、安積・岩瀬・石川・西白河郡下に数多く分布し、本宮町仁井田新昌寺の延慶二年のものが安積と信夫の連けいを保っており、数多くの無年紀のものを含めると、阿武隈流域に分布している浮彫三尊仏は、本県中世文化史上特筆すべきものであろう。また、この浮彫石塔の中に、夫妻（父母）の逆修供養の意味で造顕した双式のものが、岩瀬郡に限って存在している。双式種子供養塔は、これよりはいくらか広い範囲に分布するが、西安積、猪苗代湖畔の南北岸にそれぞれ異なったタイプをもっているのも注意したい。

諸種の曼荼羅や、真言を図絵（刻画）したものは、旧郡山市と対岸の田村町の一部に限られて十数基がある。これも本県の一特色である。自然に露出した岩壁に、種子・願文・偈頌を連続して刻み、あるいは塔婆型に彫りくぼめて、造塔供養を行なうものを「磨崖供養塔」と名づけたのであるが、これは安積・岩瀬・西白河地方に限って存在しているが、本県板碑の圧巻といってよかろう。この中には踏瀬観音山磨崖供養塔の如く彩色による阿弥陀三尊来迎を図絵したものや、墨書による「弘安」銘がある。墨書や彩色は普通の供養塔にも採用されているが、その分布も前記の地方にみられる。

如法寺承元銘の笠塔婆の形式は安積地方に若干分布しているが、これに類する四面の石幢が数基あり、特殊な銘文を刻している。六面石幢は中世末になって六地蔵の形態をとる。とにかく、阿武隈川流域地方には、全国最古とはいえないが、古式のものがあり、形式の多彩なことと、数多く分布していることなど、石造美術史上、全国的な視野から考究する必要がある。

会津地方の石塔婆は、延応二年の元大光寺のものを最古とし、高田藤川付近に若干遺存しているが、紀年銘のあるのは少ない。次に古いものとして猪苗代湖南岸の会津若松市湊地区に、正応年間のものが密に分布しているのに驚かされる。喜多方市の南部地区は鎌倉末から南北朝にかけて小型のものが多く分布している。中にひげ題目ではないが、日蓮宗の塔婆（貞治三年）があることも注意したい。

会津地方は「仏都会津」といわれる程、彫刻・建築が多く、高く評価されているが、その割に石塔婆が部分的に分布しているのみで、真言、天台の古刹といわれた恵日寺や法用寺・勝常寺・恵隆寺附近には一基もないことは、別に論考する要があろう。

浜通り地方では、四倉の薬王寺が圧倒的に多く「宝治二年」の開山塔は、手法が下るので、本編からは除外したが、建久から南北朝に及び、分布範囲は平市の北部という極めて狭い地域に限られており、しかも形状は自然石の面に二条の線が刻されたもので、中通りや会津地方の一部にあるような、頭部を三角形とし、額部がつき出し、基台をもつような板碑風に加工されたものは見当たらない。ただ上平窪諸荷の延文塔二基のみが、関東式で、しかも石質も秩父青石系で、薬王寺形式とは全く縁がないことは、この二基は異質のものとして処理しておきたい。

相馬地方は従来板石塔婆はないものとされ、わずかに『奥相志』に原町市石神のものが紹介されてあったが、同市上高平にもあり、相馬市中村からも報告され、その形式は他の地方と異なるタイプをもっている。

板石供養塔婆は、南北朝の争乱期に栄え、応永から下降して文安、永享に姿をひそめてしまう。しかし塔婆のもつ銘文には、中世期の信仰、特に密教文化の多面性を伝えており、造塔願文、施主の名を明らかにするものがあり、藤原祐重・源資守・平氏女らの名があって文書資料の欠を補い、きわめて重要である。

2 金工類　金工類では、鏡・鰐口・御正体(懸仏)・仏餉器・灯籠の類が多い。現存の銅鐘は貞和の新宮熊野と、永徳の田村広渡寺がこれに次ぎ、他は室町期に下る。

亡失したもので銘文の明らかなものは、『奥相志』に見える宇多熊野堂の文永九年のもので、他に福島市の信夫山羽黒山の弘安三年のものがあった。市川寛斎の拓本によって磐城の三鐘（忠教寺の応安四、住吉明神の天文、飯野八幡の天文二十）が紹介することができたのも、本書の収獲である。広渡寺永徳の鐘は県重要文化財に指定されているが、『平安遺文』は「永延二年」と誤っている。これは博物館蔵の古拓本を見誤ったもので、大工奏景重の作品は藤沢市羽鳥にある元香取大神宮の至徳二年の大鐘があり、都々古別神社の応永十八年の「奏順重」はその近親であろう。

仏餉器といわれる鉄鉢・銅鉢が多いことも本県金石文の一特色で、都々古別・新宮熊野・元小田垣熊野神社のものは国の重文に指定されている。鰐口・御正体が多いのは会津地方で、御正体の中には藤原以前の年紀をもつものがあるが疑わしいので除外した。鰐口で重要文化財指定になっている著名なものは心清水八幡宮のものでしかも鋳工の円性は、会津東明寺鐘の円聖、石城忠教寺鐘の円照と同人で、円性の本貫は常陸国久慈西横瀬の人であった。

このように同一人の作品は他にいくつかある。永享の恵日寺鉄鉢と、興徳寺鐘の円乗、天文二十年の飯野八幡鐘の重善は豊間諏訪御正体、亡失した玉川都々古別八幡御正体・同社の重要美術品の御正体の重吉と同一人か父子の関係にあるものと見られる。重要文化財新宮熊野神社の暦応四年の銅鉢の大工円阿は、亡失した東山羽黒神社の御正体、伊佐須美神社旧蔵の塩釜明神鐘の円阿弥と同人であり、しかも円阿は常陸那珂大湊華蔵院の鐘も造っている。

県下の古い鋳物師は郡山市日和田町、東白川郡の上石井、白河の米（西郷村）、大沼郡本郷町の火玉、会津若松市等の各地に知られ、近世にいたると、伊達郡梁川、小高町の下浦、平市・会津塔寺等に知られる。船引大鏑矢神社鉄鉢銘の「日谷田（日和田の旧名）根岸大工秀次」（文明十九年）、福島大蔵寺旧蔵鰐口（部谷田（日和田の旧名）福徳三）旧葛尾村通里権現鰐口（現本宮高木寺、大永四、大工大和秀次）は、いずれも日和田の鋳工である。

天文十三年の白河市鹿島神社の鐘は米村早山但馬清次とある通り、早山の本貫は白河在の米村であるが、早く会津に及んでいる。永正八年の法用寺鉄鉢（早山次郎左エ門）高田文珠の鐘の掃部助兼次も早山と見られ、会津若松市諏訪神社の鉄灯籠（早山善次）、勝観音堂（早山主殿助）、柳津虚空蔵鰐口（彦八郎定継）みな早山の作品で、近世に及んではおびただしい。勝の鐘銘に「銘切兼定」とあるのは、鹿島神社鐘の「同字切」と同意で、銘文を切る人は鋳工の場合と、銘切の専門家を依頼することがあるよい例である。銘を切った「兼定」は刀工として著名な初代古川兼定と見られる。

会津地方には、雪下・渡辺・長谷川の鋳造家があり、雪下家は『新編会津風土記』によると、高久組鋳物鍛冶部落を形成している。康暦元年葦名直盛下向の時、鎌倉雪下から伴なってきた鍛冶であると説明され、その作品は、県重要文化財の万願寺釣灯籠や東山羽黒神社の燭台を作っている。

金工類のうち鐘銘は特に長文であり史料価値が高い。

3　仏像銘文　仏像彫刻で銘文をもつものはいたって少ない。会津・信夫・石城地区には平安時代の著名な仏像群があるが、この時代の銘文をもつ仏像は見当たらない。福島市岩谷観音本尊には大同二年空海作とほりつけてあり、大沼郡三島村の西隆寺には弘仁の銘をもつものがあるが、手法からみてそれほど古いものではない。『会津旧事雑考』に、岩沢熊野神社の仁王に「建久六年」の銘があり仏師は「仁助」となっている。七条仏師に「仁」の字を冠するものがあるので、この銘は信がおける。伊南照国寺仏に「嘉禄三年」とあるが、元禄修理の際の後銘である。会津地方現存のものでは、猪苗代町安穏寺の金銅仏弥陀の背にある「文永八年」を最古とし、弘安寺十一面観音、高田法憧寺弥陀、勝観音の不動毘沙門等は文永・弘安・建治の銘があり知られる。

しかも前三者は銅造であり、特に安穏寺、法幢寺は共に善光寺式阿弥陀であるのを注意したい。本県は山形県と共に善光寺式三尊の多い地域として知られ、会津地方にはこの外に三例計五例、中通り地方四例、浜通り地方三例の銅造がある。石城には、鎌倉住吉谷で造った如来寺の嘉元銘のものと、盗難にあった勿来市岩間の、正中銘のものがある。これは滝尻宿で鋳造したもので、銘文に「紀左一氏」の名が見えるのは、『和名抄』の石城郡下の郷名にある「私部」に関連のあるものとして注目すべきである。

会津地方の木彫仏は、弘安以降になると、有銘のものが多くなる。応長元年の只見成法寺観音には、彩色者永賢円秀の名があり、大檀那三河権守宗景は長沼系図に見え、梁取付近が長沼領であったことを示しているようである。康安二年の西会津町真福寺地蔵の作者「乗円」は喜多方天井沢能満寺の不動をつくり、岩月竜泉寺仏も同人の作と見られる。乗円の作品は中通り地方にもあり、信夫村の陽泉寺釈迦、二本松市善性寺弥陀、県南の古殿町竹貫西光寺弥陀、同地蔵三尊も彼の作品であり、三春町雪村庵観音も同作であろう。(ただし双葉仲禅寺仏の乗円は別人である。)乗円の経歴は明らかでないが、三条仏師円派の一人と見られ、会津・中通り地方の禅宗系の寺院で製作しているのは注意したい。

石城地区には、南北朝期に七条大宮仏師の院派がはいっている。住吉保福寺薬師は「院誉」で、湯本惣善寺弥陀は仏師名が見えないが、執筆者が前記仏と同一の善来である。林城禅長寺本尊滝見観音には「応永十七年備後律師院尊」の銘札があり、鎌倉東慶寺水月観音に似た宋朝様式で、本寺は鎌倉建長寺と密接な関係がある。石城地区にはこれ以前の鎌倉期の仏像中在銘のもの二、三あり、その中で常磐市長谷寺十一面観音には、長文の銘があって、檀那は岩崎氏関連の人で、史料として価値がある。相双地区には古仏像は少ないが、仲禅寺十一面には、人名が一二〇余名胎内に書かれてあり、中に標葉氏関係の名が記されている。

4 棟札その他 金文・石文以外のもので史料価値が高いのは、前記仏像銘と共に社寺造営の来由を記した棟札である。本書においては調査不十分のため収録はわずか一部にすぎなかった。南会津界の鹿島神社に天養年間の棟札があるといわれるが、これは除外した。現存のもので最古のものは法用寺厨子の正和三年のもので檀主に源氏、藤原氏女等が列記されている中に「善仏」の名がある。これは弘安寺の十一面観音の銘にある「善仏」で法用寺弘安寺の関連を示している。新宮熊野神社の若一王子の明応棟札の写しには、大工は越後鯖瀬の人、弘治三年の喜多方市古四王社棟札写しには、越前朝倉の某となっている。法用寺の大工は源国貞・院頭源家延・藤原吉宗・小工小佐田正友らの名が見える。会津地方の古建築は指定物件が一二棟もあり他に室町末の未指定が数棟あって、いずれも本格的な、和様・唐様の手法を示しているが、これらの工人は前記棟札に見える通り、中央またはその流れをくんだ者の手になったものであろうことが推察される。さらに棟札には大檀那として領主の名が必ずあげられ、あるいは地方の有力者の名が見える。会津地方には商人司として大きな勢力をもっている簗田氏の名が散見するのはその一例であろう。

『松藩捜古』所載の社寺の棟札には、東安達の領主である石橋・大内氏の名が見え、猪苗代湖南の千手院には伊東氏の一族、天栄の青竜寺には新国上総守が見える。石城地区の絹谷青竜寺棟札には、岩城氏各代の名がある。また田村郡滝根町宇佐八幡の棟札は特に史料価値が高い。

古建築にある墨書の落書には、当時の信仰と巡礼者の動静が示されている。廻国の徒の納札、奉納絵馬もまたそれをよく裏付け、田村（大元）神社の文亀の漆絵馬の人名は、平泉に奉納されている絵馬にもみえる。

廻国六十六部行者の手になるものにはさらに経塚がある。経塚出土品では、承安三経筒は別格としても、会津地方にある室町期の経筒は、石州・参州・上州の人々の名が見えるのも面白い。

本編に収録した金石文は完璧とはいえない。今後さらに増補訂正を行なう必要がある。いわば、本編が今後の金石文研究の基礎となり将来集大成される一つの手がかりになれば編者の幸とするものである。

本編の編纂にあたっては県下の数多くの研究家の御協力を仰いだが、ページ数の関係から収録し得なかったものも多い。ここに不敏のいたす所をおわびし、心から感謝の意を表する。

〔執筆者　梅宮茂〕

索引

（第二編　文書編年索引
　第三編　金石文市町村別索引）

文書編年索引

○は閏月を表わす
※は口絵写真掲載
*は本文中写真掲載

年月日	文書名	巻—号
永仁7・2・11	*関東下知状	6—一七
正安1・12・6	将軍家政所下文	160—一
正安2・4・23	関東下知状	1—一〇
正安4・9・7	関東下知状	7—二
徳治2・6・13	岩城隆衡和与状	6—一八
延慶2・8・24	将軍家政所下文案	106—一
応長1・8・7	関東下知状	2—四
正和1・4・14	長沼宗秀譲状案	105—二
正和2・11・23	相馬通胤譲状	4—二
正和2・11・23	*相馬通胤譲状	4—三
正和4・2・15	好島庄浦田検注目録注進状案	6—三
正和4・2・15	好島庄検注目録注進状案	6—四
正和4・4・13	伊賀頼泰譲状	54—五
正和4・8・7	尼妙悟(胤顕後家)譲状	2—五
正和4・8・7	尼妙悟(胤顕後家)譲状	2—六
正和5・9・4	*沙弥某召文	6—一九
文保1・3・1	伊賀光貞下文	6—二〇
文保2・2・16	関東下知状	50—一
元応2・3・2	関東下知状	6—二一
元応2・6・8	尼専照(胤盛後家)譲状	2—七
元亨1・12・7	関東下知状	6—二二
元亨1・12・17	相馬重胤申状	1—二
元亨2・⑤・4	関東御教書	1—一二
元亨2・7・4	関東御教書	1—一三
元亨2・10・11	金成親隆妻譲状	8—三
元亨2・10・29	伊賀頼泰譲状案	6—二三
元亨2・	長崎思元代良信申状	1—一四
元亨4・6・2	関東下知状	3—三
元亨4・12・7	関東下知状	6—二四
正中1・2・9	小河義綱寄進状	19—一
正中1・2・9	小河義綱寄進状	19—二
(正中1)・9・26	結城宗広書状案	48—一
正中1・12・23	関東下知状	6—二五
嘉暦1・11・28	沙弥某奉書	8—八
嘉暦1・12・28	法印某請取状	6—二六
嘉暦1・12・29	くうや譲状	8—九
嘉暦2・6・14	北条守時等連署軍勢催促状案	47—八九
嘉暦2・7・16	伊賀光貞譲状	6—二七
嘉暦2・10・25	沙弥某奉書案	14—三
嘉暦2・12・23	佐竹入道代小林入道請取状	6—二八
嘉暦3・7・21	散位某等連署奉書	6—二九
嘉暦3・8・8	沙弥某奉書	6—三〇
嘉暦3・9・20	佐竹入道代小林入道請取状	6—三一
嘉暦4・1・20	金成隆親譲状	8—一〇
嘉暦4・1・20	金成隆親譲状	8—一一
嘉暦4・1・20	金成隆親譲状	8—一二
嘉暦4・3・23	*散位某等連署奉書	6—三二
元徳2・6・	捜取色々物注進状	6—八二
元徳2・7・	藤原氏女代盛時訴状	6—三三
元徳2・8・4	某催促状	6—三四
元徳3・9・15	長沼宗実譲状案	105—三
元徳3・9・26	相馬胤康譲状	2—八
元徳3・9・26	相馬胤康譲状	2—九
元弘2・12・	濫妨放火軍勢交名注進状	14—四
元弘3・1・12	後醍醐天皇綸旨案	45—一二
元弘3・1・18	後醍醐天皇綸旨案	45—一三
(元弘3)・3・15	大塔宮護良親王令旨案	45—一
元弘3・4・1	後醍醐天皇綸旨案	45—六
元弘3・4・17	後醍醐天皇綸旨案	45—二
元弘3・4・17	後醍醐天皇綸旨	48—二
元弘3・4・17	後醍醐天皇綸旨	52—四
元弘3・4・21	大塔宮護良親王令旨	8—一五
元弘3・5・9	結城宗広請文案	45—四

元弘3・6・3 結城宗広請文案 45—八
元弘3・6・3 結城宗広請文案 45—二
元弘3・6・3 結城宗広請文案 48—三
元弘3・6・5 地頭代超円着到状 1—一五
元弘3・6・9 結城宗広請文案 45—五
元弘3・6・11 相馬長胤着到状 3—四
元弘3・7・5 後醍醐天皇綸旨 99—二
元弘3・7・12 岡本良円軍忠状 8—一六
元弘3・7・17 後醍醐天皇綸旨 1—一六
元弘3・7・17 後醍醐天皇綸旨 1—一七
元弘3・7・19 後醍醐天皇綸旨 134—一
元弘3・7・26 官宣旨案 1—一八
元弘3・7・26 官宣旨案 2—一〇
元弘3・7・26 官宣旨案 6—三七
元弘3・7・26 官宣旨案 8—一七
元弘3・8・18 後醍醐天皇綸旨 45—九
元弘3・8・ 門司親胤申状案 135—一
元弘3・9・3 陸奥国司（北畠顕家）御教書案 45—三
元弘3・9・ 岡本重親申状 8—一八
元弘3・9・ 長沼宗実申状 105—四
元弘3・10・5 陸奥国宣 47—九一
元弘3・10・8 *岡本隆広着到状 8—三
元弘3・10・ 岡本蓮生後家尼蓮心代隆広申状 8—一九
元弘3・10・ 岡本蓮生後家尼蓮心代隆広申状 8—二〇
元弘3・10・ ※石河義光軍忠状 61—一
元弘3・11・16 伊賀盛光代盛清申状 6—二八
元弘3・11・30 岡本隆弘着到状 8—三
元弘3・12・18 北畠顕家下文案 48—三
元弘3・12・18 北畠顕家下文 52—五
元弘3・12・18 北畠顕家下文 55—四
元弘3・12・ 相馬重胤代親胤申状 1—一九
元弘3・12・ 相馬長胤申状 3—五
元弘3・12・ 濫妨放火軍勢交名注進状 14—四
元弘4・1・20 某下文案 47—八四
元弘4・1・23 岡本重親譲状 8—三
正慶1・8・18 中務大輔施行状 6—三五
（建武1）・3・1 北畠顕家吹挙状案 12—一
建武1・3・17 後醍醐天皇綸旨 8—一四
建武1・3・18 後醍醐天皇綸旨案 45—一九
建武1・3・28 沙弥某遵行状案 128—一
建武1・4・6 陸奥国司下文案 45—一七
建武1・4・10 足利直義下知状 107—一
建武1・4・16 陸奥国宣案 45—一八
建武1・6・13 後醍醐天皇綸旨案 53—九
建武1・6・25 某下文案 47—八六
建武1・8・1 *北畠顕家下文 2—二
建武1・8・2 願真代隆経奉書 128—二
建武1・8・11 後醍醐天皇綸旨案 45—一五
建武1・8・28 後醍醐天皇綸旨 138—一
建武1・8・ 結城宗広代惟秀申状 45—一四
建武1・9・7 八幡宮造営注文 6—三九
建武1・9・10 *北畠顕家下文 99—三
建武1・9・11 雑訴決断所牒案 45—一六
建武1・11・1 相馬政胤打渡状 4—四
建武1・12・21 尼妙蓮譲状 131—四
建武1・12・21 尼妙蓮譲状 131—五
建武1・12・ 伊賀光俊軍忠状 6—四〇
建武1・12・ 伊賀光俊軍忠状 6—四一
建武2・1・18 北畠顕家下文 52—六
建武2・3・25 北畠顕家下文 2—三
建武2・5・13 北畠顕家下文案 6—四三
建武2・6・3 陸奥国宣 1—二〇

建武2・6・3　陸奥国宣　1—二
建武2・6・29　左近将監清高奉書　6—四三
建武2・7・3　陸奥国宣　4—五
建武2・7・3　後醍醐天皇綸旨　52—七
建武2・7・5　左衛門尉泰隆打渡状　7—三
建武2・7・6　弾正忠某施行状　6—四四
建武2・7・6　後醍醐天皇綸旨案　45—二〇
建武2・7・28　相馬重胤打渡状　4—六
建武2・8・9　陸奥国宣案　48—一四
建武2・8・9　陸奥国宣　52—八
建武2・8・10　足利尊氏軍勢催促状　47—一〇八
建武2・8・12　某契状案　45—一三
建武2・8・17　陸奥国宣案　48—一五
建武2・8・17　陸奥国宣　52—九
建武2・8・17　陸奥国宣　55—五
建武2・8・28　武石胤顕軍勢催促状　6—四五
建武2・8・　足利尊氏下文　49—一
建武2・9・6　陸奥国宣　8—一三
建武2・9・24　陸奥国宣案　45—二四
建武2・9・27　足利尊氏下文　133—二
建武2・10・1　陸奥国宣　136—一
建武2・10・5　某下文案　47—八七
建武2・10・5　後醍醐天皇綸旨　48—三
建武2・10・26　陸奥国宣案　45—五一
建武2・11・2　足利直義軍勢催促状　47—一一三
建武2・11・15　太政官符案　45—五三
建武2・11・15　太政官符案　48—一六
建武2・11・15　太政官符　55—六
建武2・11・20　相馬重胤譲状　1—一三
建武2・11・20　相馬重胤譲状案　1—一三
建武2・11・20　相馬重胤譲状　1—二四
建武2・11・20　相馬胤治譲状　3—六
建武2・11・20　相馬重胤譲状　4—七
建武2・12・2　岡本親元室譲状　8—二四
建武2・12・20　相馬胤康譲状　2—一三
建武2・12・20　相馬行胤・同朝胤着到状案　3—七(イ)
建武2・12・24　伊賀盛光等四人着到状　6—四六
建武2・12・28　沙弥行円軍勢催促状　6—四七
建武3・1・10　佐竹貞義奉書　6—四八
建武2・12・29　北畠顕家御教書　52—一九
建武3・1・12　義良親王令旨案　45—二五の二
(建武3)・1・13　北畠親房御教書案　45—二六
(建武3)・2・2　北畠親房御教書案　45—二四
建武3・2・5　相馬重胤譲状　1—二五
建武3・2・6　後醍醐天皇綸旨案　45—二五
建武3・2・8　某書下案　45—二七
建武3・2・13　某書状　45—二八
建武3・2・18　相馬重胤事書目録　1—二六
建武3・2・18　某軍勢催促状案　3—七(ロ)
建武3・3・3　相馬光胤着到軍忠状　1—二七
建武3・3・　相馬長胤軍忠状　3—八
建武3・3・3　石河義光寄進状案　65—七
建武3・3・17　相馬光胤軍忠状　1—二八
延元1・3・20　義良親王令旨　48—四
建武3・3・28　相馬光胤軍忠状　1—二九
延元1・4・2　結城宗広譲状案　54—一
建武3・4・11　斯波家長施行状　1—三〇
建武3・4・25　沙弥某預ヶ状　49—二
延元1・4・26　北畠顕家御教書　1—四三
延元1・4・26　＊北畠顕家下文　7—四
建武3・5・3　左衛門尉為盛披露状案　2—一四
建武3・5・9　相馬光胤軍忠状　1—三一
建武3・5・20　相馬光胤譲状　1—三二

年月日	文書名	巻—号
延元1・6・19	陸奥国宣案	45—三〇
建武3・6・25	れうくう譲状	3—二三
建武3・7・	伊賀盛光着到状	6—四九
建武3・7・	岡本良円軍忠状	8—二五
建武3・7・	石河義光若党屋葺川頼道軍忠状	61—二
延元1・8・26	相馬胤平軍忠状	1—四
建武3・8・	伊賀盛光軍忠状	6—五〇
建武3・9・3	足利尊氏感状	8—二六
延元1・10・	鯨岡行隆目安案	128—三
延元1・11・12	後醍醐天皇綸旨案	45—三一
建武3・11・22	斯波家長施行状	1—三三
延元1・12・25	後醍醐天皇宸筆案	45—三二
延元1・12・25	御醍醐天皇綸旨案	45—三三
建武3・12・	伊賀盛光軍忠状	6—五一
(建武3)	相馬胤家代恵心申状	2—一五
延元2・1・1	北条親房書状案	45—三四
建武4・1・16	伊賀盛光代麻続盛清軍忠状	6—五二
建武4・1・16	伊賀盛光代麻続盛清軍忠状	6—五三
建武4・1・16	伊賀盛光代麻続盛清軍忠状	6—五四
建武4・1・18	沙弥某奉書	8—二七
建武4・1・27	氏家道誠軍勢催促状	1—三五
建武4・1・	相馬頼胤(松鶴丸)着到軍忠状	1—三四
延元2・2・3	後醍醐天皇綸旨案	45—三六
建武4・2・6	氏家道誠施行状案	1—三六(イ)
延元2・2・9	後醍醐天皇綸旨案	45—三五
延元2・2・19	後醍醐天皇綸旨案	45—三七
建武4・2・22	相馬親胤軍忠状	1—三七
建武4・2・22	伊賀盛光代難波本舜房軍忠状	6—五五
建武4・2・27	伊賀盛光代難波本舜房着到状	6—五六
延元2・3・16	後醍醐天皇綸旨案	45—四九
建武4・3・17	伊賀盛光着到状	6—五九
建武4・3・20	某着到状	3—九
建武4・3・22	岡本隆広着到状	8—二八
建武4・3・26	足利尊氏充行状案	143—一
建武4・3・26	足利尊氏袖判御教書案	143—二
延元2・3・29	北畠顕家軍勢催促状	47—七
建武4・3・	伊賀盛光軍忠状	6—五八
建武4・3・	伊賀盛光軍忠状	6—五七
延元2・4・5	後醍醐天皇綸旨案	45—三九
延元2・4・9	北畠顕家軍勢催促状	47—八
建武4・4・17	斯波家長披露状	2—一六
(延元2)・4・28	後醍醐天皇綸旨案	45—四〇
建武4・4・	相馬胤時軍忠状	1—三八
建武4・4・	伊賀盛光代難波本舜坊軍忠状	6—六〇
建武4・5・2	斯波家長披露状	3—一〇
(延元2)・5・6	後醍醐天皇綸旨案	45—四二
延元2・5・14	後醍醐天皇綸旨案	45—四一
建武4・5・20	佐竹義篤披露状	6—六四
建武4・5・	某軍忠状	1—三九
建武4・5・	伊賀盛光軍忠状	6—六一
建武4・5・	伊賀盛光軍忠状	6—六二
建武4・5・	伊賀盛光軍忠状	6—六三
(延元2)・6・9	北畠親房御教書案	45—四七
延元2・6・25	北畠顕家御判御教教書案	45—四四
延元2・6・26	鎮守軍監有実奉書案	45—四三
延元2・6・28	陸奥国宣案	45—四五
延元2・6・28	陸奥国宣案	45—四六
建武4・6・	伊賀盛光申状	6—六五
(延元2)・7・11	北畠親房御教書案	45—四八
建武4・7・28	弾正忠某・源某連署奉書	6—六六
建武4・8・3	中賀野義長打渡状	6—六七
建武4・8・18	斯波家長申状	2—一七
延元2・8・22	陸奥国宣案	45—五〇

年月日	文書名	巻—号
建武4・8・	相馬朝胤軍忠状	4—八
建武4・9・1	斯波家長奉書	6—六八
建武4・10・15	伊賀盛光代贄田盛行軍忠状	6—六九
延元2・11・12	恒良親王令旨案	45—五三
建武4・11・21	相馬行胤譲状	4—九
建武4・11・	岡本隆弘代国近軍忠状	8—二九
建武4・12・1	足利直義感状	6—七〇
延元2・12・	国魂行泰軍忠状	7—五
(建武4・)	相馬乙鶴丸代妙蓮申状	2—一八
(建武4・)	相馬乙鶴丸代祐賢申状	2—一九
(建武4・)	相馬竹鶴丸軍忠状	3—一一
(建武4・)	相馬成胤子息軍忠状	3—一三
延元3・1・25	北畠顕家御教書	47—九
(ママ)略応1・2・10	忠紀判物	31—二
建武5・2・15	足利直義軍勢催促状	49—三
建武5・3・21	岡本良円着到状	8—三〇
延元3・3・	国魂行泰軍忠状	7—六
建武5・3・	石河兼光軍忠状	49—四
建武5・4・24	石塔義房施行状	2—二〇
建武5・5・6	相馬朝胤申状	4—一〇
建武5・6・11	相馬親胤打渡状	6—七一
延元3・6・15	某下文案	47—八五
建武5・7・8*	相馬親胤打渡状	6—七二
建武5・7・24	沙弥某感状写	2—二
建武5・7・	伊賀盛光軍忠状	6—七三
建武5・7・	岡本良円着到軍忠状	8—三一
延元3・7・26	後醍醐天皇綸旨案	45—五六
建武5・⑦・	岡本良円軍忠状	8—三二
建武5・⑦・26	足利尊氏下文	99—四
建武5・8・	石河兼光軍忠状	49—五
延元3・9・3	後醍醐天皇綸旨案	45—五七
(延元3)・9・29	北畠親房袖判秀仲奉書	51—一
延元3・11・6	北畠親房御教書	51—二
暦応1・11・10	石塔義房軍勢催促状	1—四五
延元3・11・11	北畠親房袖判宗心書状	51—三
暦応1・11・17	石塔義房軍勢催促状	2—三
暦応1・11・21	伊賀盛光代川中子与三五郎着到状	6—七四
延元3・12・3	北畠親房御教書	51—五
(建武5・)	相馬朝胤申状	4—一〇
(延元4)・1・7	北畠親房袖判秀仲奉書	51—六
(延元4・2)・12	春日顕時(顕国)書下	45—六〇
(延元4)・2・22	北畠親房袖判宗心書状	51—七
(延元4)・2・25	沙弥宗心書状	51—八
暦応2・3・1	権少僧都隆賢檀那譲状	25—一
暦応2・3・13	法眼行慶打渡状	6—七五
暦応2・3・20	氏家道誠注進状案	1—四六
延元4・3・20	北畠親房袖判秀仲書状	51—九
暦応2・3・23	佐竹勝義・法眼行慶連署打渡状	7—七
暦応2・3・23	佐竹勝義・法眼行慶連署所領中分坪付注文	7—八
暦応2・3・	相馬頼胤(松鶴丸)軍忠状	1—四七
暦応2・3・1	権少僧都隆賢檀那譲状	26—一
(延元4)・5・4	北畠親房袖判沙弥宗心書状	46—四
延元4・5・4	北畠親房官途推挙状	46—七
(延元4カ)・5・10	沙弥宗心奉書	53—一
延元4・7・6	北畠親房御教書	47—一〇
暦応2・7・16	相馬長胤後家尼着到状	3—一三
延元4・7・18	伊達為景相博状	53—二
延元4・7・	伊達行朝申状	47—六四
延元4・8・15	後醍醐天皇綸旨	51—一〇
延元4・8・21	北畠親房御教書	45—五八
(延元4)・8・21	北畠親房御教書	46—一三
(延元4)・8・21	北畠親房御教書	51—一二
延元4・8・21	北畠親房御教書	51—一三

文書編年索引

【上段】（右から左へ）

年月日	文書名	巻	頁
（延元4）・9・10	北畠親房御教書	46	三六
延元4・9・14	北畠国宣	46	二
延元4・9・16	陸奥国宣	95	五三
延元4・9・17	陸奥国宣	47	三
延元4・9・28	源英房書状	46	三
延元5・1・12	北畠親房御教書	47	五
興国1・1・22	北畠親房袖判秀仲奉書	46	三
興国1・1・22	北畠親房袖判宣宗書	51	三
興国1・3・1	北畠親房軍勢催促状	47	四
暦応3・3・25	石塔義房軍勢催促書	8	十七
暦応3・3・28	伊賀盛光代細野政義着到状	6	十七
興国1・4・9	岡本隆弘軍忠状	45	五
興国1・5・16	北畠親房直書	51	三
興国1・5・16	北畠親房書状	46	六
興国1・6・1	北畠親房書状	51	九
興国1・6・29	北畠親房袖判宣宗書状	47	六
延元5・7・3	状	51	三〇
興国1・7・19	北畠親房御教書	47	三六

年月日	文書名	巻	頁
（興国1）・7・20	北畠親房袖判宣宗書	51	三
暦応3・7・23	石塔義房軍勢催促状	1	四六
暦応3・7・25	法眼宜宗書状	8	三二
暦応3・8・2	岩崎隆連女子弟熊訴状	51	三二
暦応3・8・2	関東召文御教書	51	三六
興国1・10・10	北畠親房袖判宣宗書	47	三〇
興国1・10・18	北畠親房官途推挙状	48	四五
興国1・10・24	蔵人藤原宗心奉	47	三六
興国1・11・24	案人藤原朝臣奉口宣	51	三六
興国1・11・26	書北畠親房袖判秀仲奉書	51	三六
興国1・11・27	蔵人藤原朝臣奉口宣	79	一
暦応4・11・5	四条隆資直書	21	一六
延元5・12・5	後醍醐天皇綸旨	51	三六
延元・5・23	状	47	三六
興国2・1・13	北畠親房袖判秀仲奉書	51	三九
興国2・1・13	石塔義房軍勢催促状	8	三九
暦応4・2・7	岡本隆広軍忠状	45	六〇
（興国）2・2・26	五辻清顕書状	46	三三

年月日	文書名	巻	頁
（興国2）・3・24	北畠顕信御教書	45	六六
暦応2・4・5	北畠親房軍勢催促状	51	四三
暦応2・④・2	高師冬奉書	49	六〇
暦応2・5・20	五辻清顕書状	45	四三
暦応2・5・4	法眼宜宗書状	51	三九
暦応2・7・6	五辻清顕御教書	45	三六
暦応2・7・8	豊間勝義譲状	25	二七
暦応2・7・22	五辻清顕書状	46	三三
暦応2・8・17	五辻清顕書状	1	五
暦応2・10・19	北畠親房御教書	46	一七
暦応2・10・25	石塔義房軍勢催促状	6	一七
暦応4・11・6	好島庄雑掌光智申状	1	一七
興国2・11・11	状	47	三〇
興国2・12・21	北畠親房家御教書	46	四〇
興国3・1・14	北畠親房御教書	46	四九
暦応5・1・26	大和権守某奉書	6	六七
（興国3）・3・4	北畠親房御教書	51	四三

年月日	文書名	所収
暦応5・3・22	石塔義房軍勢催促状	6─七九
(興国3)・3・28	北畠親房御教書	46─一三
暦応5・4・27	足利尊氏御教書案	54─二
(興国3)・5・6	北畠親房御教書	46─二〇
暦応5・6・17	*石塔義房下知状	6─八〇
暦応5・6・19	左衛門尉某・沙弥某連署施行状	6─八一
(興国2)・6・20	北畠親房御教書	46─三一
暦応5・7・3	左衛尉家頼打渡状	6─八二
康永1・10・17	岡本重親代山田重教軍忠着到状	8─三七
康永1・11・2	岡本重親代山田重教軍忠状	8─三八
康永2・2・25	某軍勢催促状	45─一三一
康永2・3・2	石塔義房軍勢催促状	1─五一
康永2・4・19	足利尊氏御教書案	45─一三〇
康永2・6・10	石塔義房軍勢催促状	47─九六
(興国4)・7・3	北畠親房御教書	46─八
興国4・7・12	北畠親房御教書	47─二四
(興国4)・7・12	北畠親房事書	51─三五
康永2・7・30	石塔義元軍勢催促状	1─五二
康永2・8・3	石塔義房充行状案	1─三六(ロ)
康永2・8・10	相馬親胤寄進状	6─八四
康永2・8・21	石塔義元軍勢催促状	1─五三
康永2・9・17	岡本隆弘着到状	8─四一
康永2・9・	結城親朝注進状案	45─八三
康永2・10・2	石塔義元禁制	1─五四
康永2・10・2	石塔義元軍勢催促状	37─一
康永2・10・2	石塔義房軍勢催促状案	45─八四
康永2・11・7	沙弥某・左衛門尉某連署施行状	4─二
康永2・11・17	石塔義元感状	49─七
康永2・11・18	石塔義元軍勢催促状	1─五五
康永2・11・18	左衛門尉某奉書	6─八五
康永2・11・18	石塔義元書下	45─八五
康永2・11・20	足利直義下知状	8─三九
康永2・12・6	石塔義元書下	49─八
康永2・12・14	石塔義元書下	49─九
康永3・1・13	高師冬奉書	74─一〇一
康永3・3・6	石塔義元下知状	49─一〇
康永3・4・12	石塔義元軍勢催促状	1─五六
康永3・4・12	石塔義元軍勢催促状	6─八六
康永3・4・19	石塔義房寄進状	6─八七
康永3・4・22	石塔義元軍勢催促状	1─三七
康永3・4・26	相馬親胤打渡状	6─八八
康永3・5・13	相馬親胤打渡状	6─八九
康永3・6・18	相馬朝胤着到状	4─一三
康永3・6・	国魂行泰着到状	7─九
康永3・7・4	散位某奉書案	8─四二
康永3・8・20	石塔義元軍勢催促状	1─五八
康永3・9・24	結城文書正文目録	45─八七
康永3・11・15	岩城隆親打渡状	14─五
康永3・12・2	石塔義元軍勢催促状	1─五九
康永4・6・27	相馬親胤打渡状	6─九〇
康永?・11・28	結城親朝譲状案	45─一三三
貞和1・11・12	足利尊氏下文	8─四三
貞和1・12・6	武蔵守高師直施行状	8─四五
貞和2・1・	岡本重親申状	8─四四
貞和2・2・9	吉良貞家軍勢催促状	1─六〇
貞和2・2・9	吉良貞家軍勢催促状	6─九一
貞和2・4・	佐藤十郎左衛門入道性妙軍忠状	79─二
貞和2・6・27	畠山国氏書下	45─八九
貞和2・6・29	左衛門尉経満避状	6─九二
貞和2・7・16	吉良貞家書下	45─九〇
貞和2・7・22	沙弥某等連署奉書	6─九三
貞和2・7・22	沙弥某等連署奉書	6─九四
貞和2・7・27	伊賀光泰置文	6─九五

年月日	文書名	巻—号
観応2・7・8	*吉良貞家書下	2—二三
観応2・8・3	足利尊氏軍勢催促状	47—一〇九
観応2・8・4	足利直義御教書	47—七六
観応2・8・15	足利尊氏知行安堵状	47—一一〇
観応2・8・16	*足利尊氏御教書	46—三〇
観応2・9・15	吉良貞家施行状	2—二四
正平6・10・2	北畠顕信御教書	45—九九
観応2・10・9	吉良貞家書下	1—七〇
観応2・10・9	吉良貞家知行安堵状	4—一五
正平6・10・11	陸奥国宣	1—七一
正平6・10・18	陸奥国宣	1—七二
観応2・10・25	吉良貞家書下案	1—九二(ロ)
観応2・10・25	吉良貞家施行状	2—二五
観応2・10・25	吉良貞家奉書案	47—一一六
観応2・10・26	吉良貞家書下	1—七三
観応2・11・21	吉良貞家寄進状	6—一一六
正平6・11・21	北畠顕信御教書	47—三八
観応2・11・26	吉良貞家施行状	1—七四
正平6・12・4	陸奥国宣	1—七五
観応2・12・7	吉良貞家施行状	1—七六
観応2・12・7	吉良貞家禁制	6—一一七

年月日	文書名	巻—号
観応2・12・9	足利直義感状	1—七七
正平6・12・9	足利義詮御教書	47—七七
正平6・12・13	陸奥国宣	1—七八
正平6・12・15	陸奥国宣	1—七九
正平6・12・15	*陸奥国宣	2—二六
観応2・12・	留守美作二郎跡注文	6—一一八
正平7・1・12	陸奥国宣	1—八〇
正平7・1・18	足利尊氏軍勢催促御教書案	8—五五
正平7・2・29	吉良貞家軍勢催促状	1—八一
正平7・②・7	吉良貞家軍勢催促状	6—一二一
正平7・⑥・16	陸奥国宣	1—八二
観応3・2・13	結城顕朝書状	45—一三九
正平7・3・7	吉良貞家軍勢催促状	1—八三
観応3・3・15	足利尊氏軍勢催促状	1—八四
観応3・3・17	足利尊氏書状	46—九
正平7・3・18	吉良貞家軍勢催促状	1—八五
正平7・3・24	吉良貞家軍勢催促状	1—八六
観応3・4・1	岡本親季申状	8—五二
観応3・4・1	岡本隆弘申状	8—五三
観応3・4・13	岡本良円軍忠状	8—五四
観応3・4・13	吉良貞家吹挙状案	56—一

年月日	文書名	巻—号
観応3・4・16	足利尊氏御教書	105—五
観応3・4・23	下野守某等二人連署禁制	7—二
観応3・5・11	下野守某等二人連署禁制	7—三
観応3・5・15	※足利尊氏御教書	7—一四
観応3・5・21	真壁政幹代薄景教軍忠状	137—三
観応3・7・5	吉良貞家軍勢催促状	1—八七
観応3・7・5	吉良貞家禁制	91—二
観応3・7・8	吉良貞家寄進状案	65—一
観応3・7・8	吉良貞家披露状案	66—一
観応3・7・20	沙弥某等連署施行状	6—一二〇
観応3・7・28	足利尊氏寄進状	65—二
観応3・8・3	*足利尊氏袖判吉良貞家奉書	65—三
観応3・9・20	吉良貞家感状	47—一一七
観応3・9・29	吉良貞家書下	6—一二二
観応3・10・13	吉良貞家書下	6—一一二
観応3・10・17	足利尊氏感状	99—五
観応3・10・24	吉良貞家書下	113—一
観応3・10・29	吉良貞家吹挙状	45—一二六
観応3・11・22	吉良貞家披露状	1—八八
文和1・12・3	吉良貞家書下案	65—四
文和1・12・7	吉良貞家施行状	49—一三

年月日	文書名	巻—号
康安1・10・6	佐原高明寄進状案	126—八六
康安1・10・20	賀納庄内鷲田村中在家・空性房在家坪付案	126—八七
康安1・12・15	吉良治家諸公事免許状	7—一九
康安2・4・15	結城資高譲状	55—三
康安2・11・2	左衛門尉基清寄進状案	126—八八
康安2	斯波直持書下	1—一〇四
貞治2・7・11	斯波直持充行状	1—一〇五
貞治2・8・15	斯波直持書下	1—一〇六
貞治2・8・18	相馬胤家譲状	2—二八
貞治2・8・18	相馬胤家譲状	2—二九
貞治2・8・18	相馬胤家譲状	2—三〇
貞治2・8・18	*相馬胤家譲状	2—三一
貞治2・8・25	将軍足利義詮感状	138—二
貞治2・9・3	相馬胤家請文	3—一八
貞治2・9・30	伊賀盛光代光政着到状	6—一四〇
貞治2・9・	斯波直持禁制	6—一三九
貞治2・10・13	斯波直持施行状	6—一四一
貞治2・10・25	三善康秀田地売券案	127—一
貞治2・10・26	三善康秀寄進状案	126—八九
貞治3・3・	五郎盛忠・左衛門尉氏盛連署請文案	126—九〇
貞治3・4・28	斯波直持召文	6—一四二
貞治3・7・26	*斯波直持官途推挙状	2—三二
貞治3・8・3	吉良満家官途推挙状	2—三三
貞治3・8・11	吉良満家感状	2—三四
貞治3・9・11	沙弥真季打渡状	1—一〇七
貞治3・9・15	氏盛寄進状案	126—九一
貞治3・10・7	大葉景兼在家売券案	126—九二
貞治3・12・26	斯波直持施行状	6—一四三
貞治3・12・29	斯波直持施行状	6—一四四
貞治4・9・16	大葉景兼寄進状案	126—九三
貞治4・10・3	斯波直持年貢催促状	6—一四五
貞治4・10・3	斯波直持年貢催促状	6—一四六
貞治4・10・26	斯波直持施行状	6—一四七
貞治4・11・8	石河義光譲状	49—一九
貞治4・11・13	平井明秀寄進状案	126—九四
(貞治4・11・13)	平井明秀沽却田在家坪付注文	126—九四付
貞治4・12・9	伊賀盛光申状	6—一四八
貞治4・12・23	舜秀遵行状	16—三
貞治5・3・18	斯波直持施行状	6—一四九
貞治5・4・2	斯波直持施行状	6—一五〇
貞治5・5・12	斯波直持施行状	6—一五一
貞治5・7・17	前伯耆守武連書下	126—九五
貞治5・12・9	吉良治家知行安堵状	7—二〇
貞治6・1・25	斯波直持施行状	1—一〇八
貞治6・2・19	足利義詮御教書	50—四
貞治6・4・5	足利義詮御教書	49—二〇
貞治6・4・28	吉良治家施行状	1—一〇九
貞治6・4・28	吉良治家施行状	1—一一〇
貞治6・8・23	相馬胤頼譲状	1—一一一
貞治6・8・23	相馬胤頼譲状	1—一一二
貞治6・8・23	相馬胤頼譲状	1—一一三
貞治6・8・23	相馬胤頼譲状	1—一一四
貞治6・8・23	相馬胤頼譲状	1—一一五
貞治6・8・25	足利義詮感状	55—三
貞治6・9・2	沙弥義一寄進状案	126—九六
貞治6・9・3	斯波直持施行状	6—一五八
貞治6・9・21	散位某奉書	2—三五
応安2・2・27	芦名詮盛寄進状案	126—九七
応安3・6・8	上杉朝房奉書	32—三
応安2・6・19	結城顕朝譲状案	54—三
応安3・7・27	沙弥某奉先達職安堵状	63—一
応安3・8・10	伊賀光政和与状案	6—一五九
応安3・8・10	伊賀隆泰請文	6—一六〇

年月日	文書名	番号
応永1・2・1	相馬憲胤知行安堵状	3—三
応永2・3・10	裕公等鶴岡八幡宮修理析納状	8—六四
応永2・6・13	芦名盛次寄進状	112—四
応永2・8・28	沙弥賢雄年貢請取状	33—四
応永2・9・26	宇都宮氏広?安堵状	49—三三
応永2・9・30	宇都宮氏広?官途推挙状	6—一六八
応永2・10・7	宇都宮氏広?感状	6—一六九
応永2・10・21	相馬憲胤譲状	1—一二五
応永2・10・21	相馬憲胤譲状	1—一二六
応永2・10・21	相馬憲胤譲状	1—一二七
応永2・	下総国南相馬郡等田数注進状案	1—一二八
応永3・6・7	波多野高経着到状案	156—一
応永4・5・22	足利氏満御教書案	1—一二九
応永4・7・8	足利氏満御教書	45—一〇五
応永4・7・22	足利氏満御教書	45—一〇六
応永4・10・21	結城満朝譲状	54—四
応永4・11・23	鎌倉当参合力銭請取状	6—一七〇
応永6・11・21	足利義満軍勢催促状	32—六
応永7・3・8	足利満貞書下	45—一二
応永7・3・22	前下総守某打渡状	32—七
応永7・4・8	足利満貞書下	50—五
応永7・9・28	足利満貞書下	45—一二三
応永8・1・29	足利満兼感状	45—一二三
応永8・①・15	飯野八幡宮閏月祭礼役配分目録	6—一七一
応永8・5・21	頼長・家氏連署請取状	33—六
応永8・9・24	宇都宮氏広?施行状	32—八
応永9・2・19	足利満兼感状	45—一二四
応永9・3・20	足利満貞書下	45—一二七
応永9・3・30	小河久義寄進状	19—七
応永9・4・14	足利満貞軍勢催促状	45—一二八
応永9・5・3	足利満兼御教書	157—一
応永9・5・14	相馬胤久譲状	2—四〇
応永9・5・14	相馬胤久譲状	2—四一
応永9・8・25	飯野光隆譲状	6—一七三
応永9・12・24	足利満貞判物	62—三
応永10・3・27	兵部少輔資朝契状	49—二四
応永11・7・	仙道諸家一揆傘連判	47—一〇七
応永11・7・	小峯満政等二十人連署一揆契状	92—一九
応永11・8・6	源定詮施行状	32—九
応永11・10・7	芦名盛次寄進状	112—五
応永11・10・13	上杉朝宗料所預ケ状	32—一〇
応永12・3・22	某寄進状	35—七
応永15・12・29	小河源正寄進状	19—八
応永16・2・9	*小河源正証状	19—九
応永17・2・30	五郡諸族連判一揆契状	1—一三〇
応永17・8・18	足利義持感状案	30—一
応永18・10・11	沙弥某寄進状	126—七一
応永18・10・11	芦名盛政寄進状	127—四
応永19・4・13	*庄司宗秀寄進状	19—一〇
応永20・6・25	長沼義秀譲状	138—三
応永20・9・2	沙弥某請文案	45—一二四
応永20・9・14	結城満朝書下	35—八
応永20・10・21	足利持氏軍勢催促状	45—一三
応永20・12・29	足利持氏軍勢催促状	47—九九
応永22・2・10	*良賢譲状	69—二
応永22・3・29	足利持氏軍勢催促状	138—五
応永23・12・24	足利持氏軍勢催促状	138—六
応永24・1・7	宇津宮某書状案	47—一〇六
応永24・3・27	室町将軍家御教書	47—一二〇
応永24・4・26	飯野光隆光清軍忠状	6—一七四
応永24・5・1	浄祐譲状	69—三
応永24・7・28	隆基等四人連署一揆契状	33—八
応永24・9・20	結城満朝寄進状	35—九

文書編年索引

年月日	文書名	番号
（応永25）7・10	藤原定頼書状案	105—九
応永25・7・21	足利持氏判物	138—七
応永25・8・12	乗々院御房御教書	35—一〇
応永25・9・18	朝吽先達職渡状	35—一一
応永26・12・21	結城氏朝納状	35—一二
応永27・11・15	結城氏朝寄進状	35—一三
応永28・9・12	※小河源正寄進状	19—二
応永28・9・17	石河持光条書	64—一
応永28・10・27	蔵人藤原俊国奉口宣案	55—二四
応永28・10・27	蔵人藤原俊国奉口宣案	52—二三
応永28・12・13	結城氏朝置文	55—二五
応永29・2・9	※芦名盛政進状	112—二三
応永29・2・11	沙弥心高打渡状	112—二六
応永30・6・26	芦名盛政判物	126—二
応永30・6・23	芦名盛政判物	127—五
応永30・8・23	乗々院役僧奉書	69—四
応永30・9・2	祐和銭借状	69—五
応永30・9・12	祐季銭借状	69—六
応永30・9・30	足利持氏預ヶ状	49—七
応永30・11・	某軍忠状	138—八

年月日	文書名	番号
応永31・6・13	足利持氏充行状	49—一
応永2・9・17	※預祐玄熊野先達代官職請文	69—八
応永6・2・18	牧朝基請文	45—一六
応永6・6・5	目々沢道弘所領預状	62—一
応永8・11・1	芦名盛政讓状	49—二三
応永9・3・3	小河道弘畠地売券	1—二三
応永9・3・2	真光起請文	52—一六
応永10・2・4	結城氏朝証状	55—一四
応永10・10・25	※結城氏朝壁書	35—六
応永11・2・13	結城直朝寄進状	49—三
応永11・3・7	小河道弘川得分売券	49—三〇
応永11・3・18	冨田氏祐置文	52—二
応永11・10・10	室町将軍家御教書	6—一三
応永11・10・16	兵衛尉某施行状	52—三
応永12・3・17	足利義教御内書	35—五
応永12・3・28	足利安王丸軍勢催促状	61—五
応永12・4・28	桃井憲義副状	61—六
応永12・5・10	結城氏朝上洛進物次第	61—七
応永12・5・10	足利安王丸軍勢催促	61—八
応永12・5・10	桃井憲義副状	45—一三
応永12・7・8	足利安王丸感状	61—六

-1113-

(永享12)・7・8 桃井憲義副状 61—二九
(永享12)・7・11 結城氏朝副状 61—三〇
永享12・8・24 足利義政感状 30—二
(永享12)・9・2 細川持之書状 61—三一
(嘉吉1)・1・30 等持院主周操書状 61—三二
(嘉吉1)・2・1 系種書状 61—三三
(嘉吉1カ)・7・10 沙弥禅元書状 61—三四
(嘉吉1)・7・27 岩松持国書状 61—三五
嘉吉1・10・2 乗々院役者連署奉書 69—一〇
嘉吉2・12・13 岩城隆忠寄進状 6—一七六
嘉吉2・12・23 岩城隆忠寄進状 6—一七七
(嘉吉2)・12・29 万寿王丸軍勢催促状 61—三六
嘉吉3・1・11 岩城隆忠寄進状 19—一四
(嘉吉3)・1・18 岩松持国副状 61—三七
嘉吉3・1・19 岩城清隆判物 10—一
嘉吉3・2・22 保土原満種一揆契状 45—一五七
嘉吉3・3・26 岩城隆忠知行渡状 14—六
嘉吉3・4・26 岩城清隆去状 32—二
嘉吉3・5・10 沙弥某奉書 28—一
嘉吉3・5・10 室町将軍家御教書 61—三八
(嘉吉3)・5・18 細川持賢施行状 61—三九
嘉吉3・4・15 小河浄宗寄進状 19—一五
文安1・8・25 結城直朝証状 35—二〇
文安1・8・25 結城直朝証状 35—二一
(嘉吉)4・10・29 岡田左京亮活却状 2—四二
文安2・10・17 伊達持宗施行状案 99—一六
文安2・10・17 伊達持宗施行状 139—一
文安3・6・8 小河浄宗等二人連署寄進状 19—一六
文安3・7・5 岩城清隆去状 32—三
文安3・11・8 岩城隆忠寄進状 18—一
文案4・②・18 *岩城隆忠寄進状 6—一七八
文安4・7・12 結城直朝寄進状 35—三
(文安)4(カ)・7・22 岩城清隆去状 32—一三
文安4・9・22 乗々院御房御教書 35—二三
文安4・10・20 刑部大輔昌隆押書 49—三八
文安6・8・27 岩崎清隆去状 49—三九
文安6・8・27 岩城清隆去状 54—六
宝徳3・5・27 結城直朝書下 35—二四
宝徳3・6・1 好島隆衡去状 49—四一
宝徳3・6・1 好島隆衡去状 54—七
宝徳4・3・10 蔵人勧修寺経茂奉口宣案 52—一七
宝徳4・3・10 蔵人勧修寺経茂奉口宣案 55—二五
宝徳4・4・2 足利義氏知行充行状 50—三
宝徳4・7・5 美濃守某等連署奉書 49—四二
享徳2・3・23 芦名盛詮書状 49—四三
享徳3・7・11 道金譲状 8—六五
享徳3・8・21 田村直顕証状 69—二
享徳3・8・23 岡田盛胤契納状 3—三
康正2・4・1 沙弥道景去状 49—四四
康正2・10・1 乗々院役者連署奉書 69—三
康正2・10・26 細川勝元施行状 50—三
康正2・12・27 京極持清遵行状 49—四五
(康正3)・7・16 細川勝元書状 61—四一
康正3・7・29 *岩城清隆寄進状 35—二五
(長禄2)・2・9 小山持政書状 61—四二
長禄2・9・10 僧都了賢請文 69—一三
長禄2・11・6 足利義政御教書 50—三
長禄3・8・23 飯野隆光置文 6—一七九
寛正3・9・8 乗々院御房御教書 35—二六
寛正3・9・8 乗々院御房御教書 35—二七
寛正3・9・24 熊野総検校等連署下知状 63—一五
寛正4・7・12 斑目直政寄進状 35—二八
寛正4・9・28 室町幕府奉行連署過所 35—三〇

寛正4・10・13 蔵人町広光奉口宣案 52—一八
寛正4・10・13 蔵人町広光奉口宣案 55—二六
寛正6・5・19 室町将軍家御教書 61—四三
寛正7・2・1 沙弥道秀知行安堵状 8—六六
文正2・2・25 目々沢道弘預置文書目録 1—一三三
文明2・6・ 相馬隆胤契状 49—五四
文明2・8・23 田中神太郎売券案 127—六
文明6・1・20 相馬親隆書状 49—五五
文明6・10・7 岩城親隆知行充行状 126—一九六
文明6・11・吉 岩城親隆知行充行状 126—一九七
文明7・8・27 仙良院有義檀那職売券 151—二
文明8・3・30 勝覚院良尊旦那職売券 151—三
文明9・7・18 *若王寺役者連署奉書 5—一
文明9・9・6 乗々院御房御教書 35—三一
文明10・6・7 前讃岐守寄進状 6—一八〇
文明10・9・30 室町幕府奉行連署過所 35—三二
文明13・3・23 第一日一万句発句之次 45—一三三
文明15・10・10 芦名盛高判物 129—一
文明16・3・11 岩城親隆寄進状 19—一七
(文明16)・8・20 慶俊・慶乗連署状 35—三三
文明16・9・3 乗々院御房御教書 35—三四
文明16・9・3 乗々院御房御教書案 35—三五
文明16・10・2 乗々院御房御教書 35—三六
文明16・10・6 三上式部法橋慶儀請取状 35—三七
文明16・11・15 斑目政基書状 35—三八
文明18・10・26 慶俊・慶乗連署奉書 35—三九
文明19・9・22 政輔代銭請取状 129—二
長享2・3・5 芦名盛高加判某在家売券 129—三
長享2・8・23 兵庫助政輔判物 129—四
長享3・9・12 岩城親隆・同常隆連署判物 19—一八
延徳1・2・吉祥 陸奥国信夫郡稲荷大明神棟札写 99—一七
延徳1・10・8 慶俊・慶乗連署状案 35—四〇
延徳2・⑧・15 法眼慶乗・法橋慶俊連署奉書 69—一九
延徳2・9・21 蔵人藤原守光奉口宣案 45—一二四
延徳2・10・15 波多野盛泰屋敷田地売券 127—七
延徳3・4・3 芦名盛高加判某売券 129—五
(明応3)・8・16 小野崎朝通・同親通連署起請文 8—一〇〇
(明応3)・8・19 慶俊書状 35—四一
明応4・7・12 大嶋別当良尊契状 35—四二
明応4・8・15 室町幕府奉行連署過所 35—四三
明応4・8・28 乗々院御房御教書 35—四四
明応4・8・28 乗々院御房御教書 35—四五
明応5・②・17 結城政朝書状 35—四六
明応5・7・1 東条常安・同基宗連署寄進状 35—四七
明応6・2・12 結城政朝寄進状 35—四八
明応6・3・14 浄月院祐鎮書状 35—四九
明応6・8・13 *岩城親隆請文 6—一八一
明応7・⑩・10 長尾能景過所 35—五〇
明応8・6・1 岩城常隆置文 6—一八二
明応8・7・2 相馬盛胤先達職安堵状 5—二
明応8・9・16 若王寺役者連署奉書 63—二
明応9・2・13 結城政朝書下 35—五一
明応9・7・30 芦名盛高知行充行状 125—一
明応9・11・1 結城政朝寄進状 35—五二
文亀1・⑥・3 芦名盛高寄進状 126—二七
文亀1・12・27 芦名盛高加判某売券 128—六
文亀2・3・17 斑目政基売券 35—五三
文亀2・3・17 斑目宗祥売券副状 35—五四
文亀2・3・20 結城政朝書下 35—五五
文亀2・12・27 岩城常隆判物 10—二
文亀3・6・28 相馬信胤沽却状 2—四三
(文亀3)・7・23 伊達尚宗書状 148—三
文亀3・8・12 結城朝脩寄進状 35—五六

年月日	文書名	番号
文亀3・11・3	芦名盛高加判桂林寺住持屋敷売券案	108—一
文亀4・4・7	相馬信胤田地売券	2—四四
(永正4)弥勒2・2・22	岩城親隆書状	6—一八四
永正2・3・12	結城政朝寄進状	35—五七
(永正2)・7・23	秀栄・善順連署奉書	35—五九
永正2・7・吉	岩城常隆願文	6—一八三
永正3・10・28	芦名盛高判物	126—一八四
永正3・10・28	芦名盛高判物	127—七
永正3・11・15	芦名盛高・同盛滋連署判物案	127—八
永正3・11・15	富田盛実副状案	127—九
永正4・4・26	*結城顕朝書状	35—六〇
永正4・5・15	結城政朝書下	35—六一
永正5・10・23	結城朝脩披露状案	45—一四〇
(永正)・6・1	小田政治書状	8—一二九
(永正6)・3・13	大内義興書状	99—三
(永正6)・7・10	政盛署判過所	35—六二
永正6・閏7・5	芦名盛高寄進状	112—八
永正6・8・3	秀栄・善順連署奉書	35—六三
(永正6)・8・24	秀栄奉書	35—六四
(永正6)・9・18	伊達尚宗書状	148—二
永正7・3・10	結城政朝書状	35—六五
永正7・6・20	前之坊行良檀那職売券	152—一
永正7・7・吉	結城政朝寄進状	35—六六
永正7・12・2	佐竹義舜起請文	8—九四
永正8・4・19	芦名盛高加判伊藤忠景田地売券	108—二
永正9・④・6	佐竹義舜書状	8—九一
永正8・8・3	常陸国依上保目録	35—六七
永正8・9・吉	和知秀頼寄進状	35—六八
永正10・3・28	*桜田宗敏寄進状	95—一
永正10・8・18	芦名盛高棟別免許状	112—九
永正11・3・20	足利政氏判物案	126—一〇三
永正11・4・13	芦名盛高判物	129—七
永正12・7・5	佐竹義舜証状	35—六九
永正12・10・4	伊達稙宗安堵状案	99—二二
永正12・12・26	伊達稙宗安堵状案	99—二三
永正13・4・23	伊達稙宗安堵状案	99—二四
永正13・6・18	伊達稙宗安堵状案	99—二五
永正13・12・吉	妙誉譲状	8—九二
(永正14カ)・3・9	細川高国書状	99—二七
(永正14)・3・9	細川高国書状	99—二八
(永正14)・3・9	伊勢貞陸奉書	99—二九
(永正14)・3・9	寺内通隆奉書	99—三〇
(永正14)・3・9	新開隆実奉書	99—三一
(永正14)・3・27	伊勢貞陸書状	99—三二
(永正14)・3・27	伊勢貞隆披露状	99—三三
永正14・6・1	芦名氏加判深沢盛春在家売券案	108—三
永正14・6・23	芦名盛滋諸役免許状	112—一〇
(永正14)・10・?	伊達稙宗披露状案	99—三四
(永正14)・10・?	伊達稙宗書状案	99—三五
(永正6〜14)3・21	足利義稙御内書	99—三六
(永正15カ)・4・5	細川高国書状	99—三七
(永正15カ)・4・5	寺町通隆奉書	99—三八
(永正15カ)・4・5	新開隆実奉書	99—三九
永正15・4・17	伊達稙宗安堵状案	99—四四
(永正15カ)・4・19	細川尹賢書状	99—四〇
(永正15カ)・4・20	伊勢貞辰書状	99—四一
(永正15カ)・5・3	富松氏久書状	99—四二
(永正15カ)・5・23	道増准后書状	99—四三
永正15・6・	相馬義胤質券	2—四五
永正15・8・25	芦名盛滋加判伊藤忠景田地売券案	108—四
永正15・8・25	芦名盛滋加判三平光実在家売券案	108—五
永正15・12・22	聖栄売券	69—二〇
永正15・12・28	結城義綱充行状	33—二

永正15・ 中村常基袖判証状 41—一
(永正16)・3・3 上杉朝良書状 8—九三
永正16・3・23 伊達稙宗安堵状案 99—四五
永正16・3・24 伊達稙宗安堵状案 99—四六
永正16・3・24 伊達稙宗安堵状案 99—四七
永正16・10・9 伊達稙宗安堵状案 99—四八
永正16・12・20 岩城由隆証状 10—四
永正17・4・1 伊達稙宗安堵状案 99—四九
永正17・4・2 伊達稙宗安堵状案 99—五〇
永正18・11・ 結城隆朝証状 35—七〇
大永2・3・28 芦名盛舜寄進状 126—一〇七
大永2・4・9 舟引某売家 69—三
大永2・11・ 芦名盛舜諸役免許判物 126—一一七
(大永2)・12・7 細川高国書状 99—五四
(大永2カ)・12・7 新開隆実奉書 99—五五
(大永2カ)・12・7 寺町通隆奉書 99—五六
大永3・③・12 和知常頼書状 35—七二
大永3・4・1 岩城由隆証状 19—一九
大永3・4・23 金山盛貞等十人連署証状 92—三
大永3・9・2 芦名盛舜判物 126—一一三
大永4・7・吉 和知常頼書状 35—七三

大永4・7・吉 和知常頼書状 35—七四
大永4・7・吉 結城義綱書下 35—七五
大永5・5・3 富田実持加冠状 127—一〇
大永5・5・23 芦名盛舜寄進状 126—一七二
(大永5)・8・27 細川高国書状 99—六〇
(大永5)・8・27 新開隆実奉書 99—六一
(大永5)・8・27 伊勢貞忠書状 99—六二
(大永5)・8・27 富松氏久書状 99—六三
(大永5)・8・27 寺町通能奉書 99—六四
大永5・9・21 小祭覚清売券 69—三
大永5・10・8 岩城常隆証状 10—八
大永5・11・11 伊達稙宗安堵状案 99—五七
大永5・11・23 芦名盛舜判物 126—一一六
大永5・12・6 芦名盛舜・松本宗勝加判塚原光久田地売券 126—一五一
大永5・12・6 富田実持証状 126—一五三
大永5・12・24 芦名盛舜判物 127—二
大永6・1・11 長沼盛秀元服理髪状 126—一三三
大永6・5・24 長沼盛秀知行寄進状 126—一三七
大永7・8・21 芦名盛舜加判某売券 126—一七三
大永7・9・5 伊達稙宗安堵状案 99—五八
大永7・10・23 伊達稙宗安堵状安 99—五九

大永8・5・22 芦名盛舜加判某売券 126—一七四
大永8・2・20 牧野常仲寄進状 95—二
享禄1・⑨・12 *足利義晴御教書 17—二
享禄2・5・28 乗々院御房御教書 35—七六
享禄3・1・吉 和知常頼書状 35—七七
享禄3・1・吉 結城義綱寄進状 35—七八
享禄3・9・23 道間知行充行状 10—六
天文1・8・吉 芦名盛舜加判九郎左衛門尉田地売券 126—一七六
(天文初)・11・27 伊達稙宗書状 8—一一〇
天文2・3・13 ※金沢宗朝等六人連署※土倉条目 99—六七
天文2・5・ 松本良輔・栗村盛種連署裁許状 126—五七
(天文10)命禄2・6・26 竹貫隆光・同広光連署状 49—五六
天文2・8・20 *相馬基胤田地売券 2—四六
天文2・10・4 長沼盛秀知行充行状 126—一二四
天文2・12・29 芦名盛舜・同盛氏加判針生七郎屋敷売券 108—六
天文3・2・吉 大田和常広寄進状 35—七九
天文3・4・29 伊達稙宗安堵状案 99—六五
天文3・4・29 伊達稙宗安堵状案 99—六六
天文3・7・30 芦名盛舜判物 114—一
天文3・11・1 佐竹義篤安堵判物 8—一〇八
(天文4カ)・3・5 足利晴氏書状案 61—五三

年月日	文書名	出典
(天文4)カ・3・8	足利晴氏書状	61—五四
(天文4)カ・3・8	足利幸千代王丸書状	61—五五
(天文4)カ・3・8	簗田晴助書状	61—五六
(天文4)カ・3・8	簗田道珊書状	61—五七
(天文4)カ・3・9	簗田清助書状	61—五八
天文4・3・吉	棟役日記	99—六八
天文4・5・3	芦名盛舜加判佐瀬常教田地寄進状	126—七七
天文4・6・吉	田村義顕売券	69—一三
天文4・10・18	伊勢太悦寄進状	35—八〇
天文4・11・24	和知直頼添状	35—八一
天文4・11・吉	結城義綱寄進状	35—八二
天文4・12・20	相馬義胤田地充行状	2—四七
天文5・4・29	伊達稙宗棟役免除状	95—三
天文5・6・24	芦名盛舜証状	126—三八
天文5・6・?	芦名盛舜諸役免許状	126—七六
天文5・10・7	二階堂続義知行充行状案	56—一〇
天文5・10・7	二階堂続義感状	59—一
天文5・12・16	岩城重隆寄進状	17—三
天文6・6・4	岩城重隆証状	19—二〇
天文6・12・吉	芦名盛氏契状	69—二四
天文7・3・吉	上石盛重売券	69—二五
天文7・4・1	芦名盛舜・盛氏連署判物	126—五八
天文7・9・3	天文七年段銭帳	99—六九
天文7・10・10	某代銭請取状案	69—二六
天文7・10・吉	上右房売券案	69—二七
天文8・4・11	芦名盛舜判物写	127—三
天文8・5・29	伊達稙宗寄進状案	99—七一
天文8・8・3	芦名盛舜判物	113—二
天文10・4・26	田村隆顕起請文	99—七三
天文10・5・23	田村義顕・同隆顕連署証文	99—七四
天文10・5・23	田村義顕・同隆顕連署証文	99—七五
天文10・5・23	田村義顕・同隆顕連署証文	99—七六
(天文10)・9・30	岩城重隆書状	8—一三六
(天文10)・12・6	藤原直広書状	8—一四三
(天文10)・12・23	藤原直広書状	8—一四四
天文11・6・26	盛純田地売券案	126—一五三
天文11・7・24	乗々院御房御教書	35—八三
(天文11)・7・24	秀栄・快弘連署奉書	35—八四
(天文11)・10・5	門舟院道海(結城義綱)書状	8—一四五
(天文12)・3・20	伊達晴宗書状	8—一二一
天文12・6・16	大崎義宣起請文	99—七七
天文12・7・27	田村義顕等三人起請文	69—二八
天文12・7・27	田村隆顕起請文	69—二九
(天文12)・9・20	大館晴光書状	8—一三九
(天文13)カ・4・7	最上義守書状	99—八二
天文13・7・3	常葉光貞・大越顕光連署起請文	61—五九
天文13・12・18	伊達晴宗安堵状写	99—八五
天文13・12・30	芦名盛氏加判平田宗範田地売券	126—一六四
天文14・1・吉	熊野宮相撲田楽日記案	126—一六〇
天文14・4・7	伊達稙宗証状	94—一
天文14・5・2	※伊達晴宗知行充行状	93—一
天文14・9・3	二階堂?照行感状	59—二
天文14・9・吉	石橋尚義知行充行状	92—六
天文14・10・1	伊達晴宗知行安堵状	93—二
天文14・10・	結城晴綱証状	35—八五
天文14・11・16	田村隆顕知行充行状	69—三〇
天文14・12・13	岩城重隆知行安堵状	10—九
天文15・3・6	伊達晴宗知行安堵状	94—三
天文15・4・1	足利晴氏御教書	17—四
(天文16)カ・4・10	小川隆敦等三人連署状	99—八六
天文16・5・	聖護院道増修験中法度	69—三三
(天文16)・6・17	伊達晴宗書状	99—八七
天文16・7・5	山城卿奉書案	20—二

年月日	文書名	番号
天文16・7・15	若王寺役者連署奉書	63—三
(天文16・17)・8・8	足利義輝御内書	69—三
(天文17カ)・3・9	岩城重隆書状	99—八八
(天文17カ)・5・3	足利義輝御内書	99—八九
(天文17カ)・5・3	大館晴光奉書	99—九〇
(天文17カ)・11・13	巣林庵等祥書状	99—九一
天文17・11・14	菅生衡益押書	35—八六
天文17・12・13	斑目常基証状	35—八七
天文18・3・5	田村隆顕知行充行状	76—一
天文18・4・3	連歌師千佐歌書抜書	99—九二
天文18・9・18	芦名氏掟書	126—六〇
天文18・12・1	熊野檀那交名	151—四
天文18・12・20	岩城重隆証状	126—一〇三
天文19・4・27	芦名盛氏禁制	126—五九
天文19・10・12	伊東高行証状	92—五
天文19・12・11	伊東高行知行安堵状	90—二
(天文20)・2・7	足利晴氏書状	61—六三
天文20・3・	結城晴綱等二人連署判物	33—二
天文20・9・26	足利晴氏御教書	17—五
天文20・11・11	民部卿奉書案	20—三
天文20・11・24	芦名盛氏加冠状案	127—一四
天文20・12・5	聖護院門跡役者連署奉書	5—三
天文20・12・8	*足利晴氏御教書	17—六
天文20・12・11	聖護院門跡役者連署奉書	5—四
天文20・12・27	結城晴綱書状	33—一七
天文21・1・16	聖護院門跡役者連署奉書	69—二三
天文21・12・9	岡崎盛道公事免許判物	126—一一四
(天文21)・9・1	伊達晴宗書状	99—九三
(天文21)・8・5	道増准后書状	99—九四
天文21・12・6	懸田等山領知充行状	99—九五
天文22・1・17	伊達晴宗安堵状	34—二三
天文22・1・17	伊達晴宗知行充行状	94—四
天文22・1・17	伊達晴宗買地安堵状	94—五
天文22・1・17	伊達晴宗証状	96—一
天文22・1・17	*伊達晴宗知行安堵状	99—九
天文22・1・17	伊達晴宗安堵状	99—九六
天文22・2・20	芦名盛氏諸公事免許判物	126—一六五
天文22・9・17	道阿寄進状	64—二
天文22・9・	結城晴綱寄進状	35—八八
天文22・9・	結城晴綱定書	35—八九
天文22・9・	結城晴綱書下	35—九〇
天文23・1・15	石橋尚義知行充行状	92—七
天文23・3・14	三光庵玄乙手形案	112—二
天文23・4・10	長矩書状	35—九一
天文23・9・28	芦名盛氏知行充行状	126—一六三
天文23・9・28	芦名盛氏判物案	127—一五
天文24・2・吉	結城晴綱書状	33—一八
天文24・5・14	伊達晴宗?安堵状案	99—九七
天文24・10・12	*下郡山長綱等六人連署田銭免除状	99—九九
(弘治1カ)・4・3	道増准后書状	99—九八
(弘治2)・3・20	北条綱成書状	49—八八
(弘治2)・3・20	北条氏康書状	49—八九
(弘治2)・3・20	北条綱成書状	49—九〇
(弘治2)・4・4	北条氏康書状	49—九一
(弘治2)・4・12	太田資正書状	49—九二
(弘治2)・7・25	慶就書状	49—九四
(弘治2)・7・22	北条綱成書状	49—九三
(弘治2)・9・23	小田氏治書状	49—九五
(弘治2)・11・29	結城政勝書状	49—九六
弘治2・12・2	伊東高行知行安堵状	90—三
弘治3・3・吉	大内四郎衛門・同常陸等連署下地借状	92—一八
弘治3・4・吉	田村隆顕条書	73—一
弘治3・10・8	赤坂綱光譲状	33—二三

弘治4・2・ 結城義綱判物 37―二
弘治4・2・? 結城晴綱判物 37―三
永禄1・12・吉 長沼盛勝諸役免許状案 126―一三
永禄2・8・13 陸奥国信夫郡稲荷大明神棟札写 27―一
永禄2・10・吉 田村郡大元明王大般若経奥書 127―一七
（永禄2カ）・12・29 芦名盛氏願文 126―四二
永禄3・1・吉 結城晴綱書状 35―九三
（永禄3）・2・18 北条氏康書状 49―九八
（永禄3）・6・9 江戸忠通書状 49―九九
永禄4・11・吉 和知直頼書状 36―一
永禄5・2・3 芦名盛氏加判佐瀬大和等連署寄進状案 114―二
永禄5・4・23 佐竹義憲知行黒印状 18―七
永禄5・9・21 道阿請文 64―三
永禄6・⑫・18 相阿証状 6―一八五
（永禄7カ）・4・16 芦名盛氏書状 125―二
（永禄7カ）・4・28 山県昌景副状 126―七
（永禄7）・5・2 上杉謙信書状 145―一
永禄7・6・26 *聖護院役者書状 20―一
永禄7・10・15 足利義氏御教書 17―七
永禄7・10・ 芦名盛氏判物 36―二
永（禄脱カ）7・12・27 某奉納状 126―六三

永禄8・6・23 伊達晴宗領知充行状 99―一〇〇
永禄8・11・20 相馬盛胤伝馬役免許状 5―五
永禄9・1・10 芦名盛氏起請文 99―一〇一
永禄9・1・10 富田滋実等四人連署起請文 99―一〇二
永禄9・2・1 芦名盛興起請文 99―一〇三
永禄9・3・11 岩城親隆判物 64―四
永禄9・6・吉 芦名盛氏・同盛興連署証状 35―九四
永禄10・9・2 芦名盛氏証状 34―一
禄永10・9・2 芦名盛氏証状 108―八
（永禄10）・9・15 *岩城親隆寄進状 18―二
永禄9・9・25 北綱弼等十一人連署状 45―一五八
永禄10・11・15 芦名盛氏起請文 40―一
（永禄11カ）・1・12 武田信玄条書 125―三
永禄11・5・16 芦名盛氏起請文 40―二
（永禄11）・6・3 芦名盛氏書状 125―四
永禄11・7・9 岫雲寄進状 64―五
永禄11・7・吉 熊野山新宮年貢帳 69―三五
永禄11・10・16 上杉謙信書状 145―二
（永禄11）・12・28 遊足庵淳相書状案 145―三
（永禄12）・2・27 三木良頼書状 149―一
（永禄12カ）・6・1 大館昭長奉書 99―一一四

永禄12・6・10 岩城重隆知行宛行状 10―一〇
永禄12・6・22 三橋盛吉請文 126―一五四
永禄12・8・4 北条氏印判過所 63―五
（永禄12カ）・8・15 芦名盛興書状 99―一一五
永禄12・11・3 岩城親隆起請文 6―一八六
永禄13・4・27 *相馬義胤寄進状 5―六
永禄13・5・9 白河義親証状 33―一四
元亀1・3・ 栗村堰用水契状案 126―一七七
元亀1・12・16 松本氏輔証状 113―三
（元亀2）・5・21 白河義親書状 33―二六
元亀2・2・吉 *田村清顕加冠状 62―七
元亀2・6・30 佐竹義重書状 32―一五
（元亀2）・8・15 伊達輝宗書状案 145―四
元亀2・9・5 今川氏真過所 63―六
元亀2・9・ 法印増堅熊野先達職安堵状 69―三六
元亀2・11・4 白河義親書状 33―二九
（元亀2カ）・12・19 上杉謙信書状案 126―八三
元亀3・5・3 武田氏印判過所 63―七
（元亀3カ）・6・7 上杉謙信書状 99―一一六
元亀3・7・13 富田氏実書状 126―一六一
元亀3・8・6 *織田信長先達職安堵状 69―三七

(天正7)・5・17 岩城常隆書状 10—四三
天正7・7・12 *正親町天皇綸旨 17—九
天正7・8・13 上杉景勝知行充行状 126—三五
天正7・9・吉 某知行方判物 84—一
天正7・9・吉 畠山義継？知行充行状 92—一四
天正7・12・吉 某知行充行状 126—一三六
(天正8)・1・9 芦名盛氏書状 143—一四
天正8・2・5 岩城常隆判物 22—二
(天正8)・4・16 芦名盛氏書状 144—六
(天正8)・5・1 伊達輝宗書状 143—二四
(天正8)・6・5 栗村範通書状 144—七
(天正8)・6・28 沢井重次書状 143—六
天正8・7・ 白河義親黒印状 33—三三
(天正8)・8・14 田村清顕書状 143—一八
天正8・8・15 蔵人頭藤原定藤奉口宣案 18—五
(天正8)・10・28 上杉景勝書状案 145—八
(天正8)・10・28 上杉景勝書状案 145—九
(天正8)・11・1 富田氏実書状案 145—一〇
天正8・12・20 白河義親書状 35—九九
(天正9)・1・9 上杉景勝書状案 145—一一
天正9・2・17 岩城常隆感状 126—一九二
天正9・2・29 芦名盛隆加判平田輔範売券 126—一七六
(天正9)・4・16 本荘繁長書状 99—一三四
(天正9)・5・14 芦名盛隆書状 99—一四一
(天正9)・8・29 芦名盛隆書状案 128—一三
天正9・9・18 岩城常隆感状 126—一九三
(天正10)・2・10 白河義親書状 144—九
天正10・2・17 田村清顕名跡安堵状 69—四一
(天正10)・2・26 芦名盛隆書状 144—一〇
天正10・2・吉 田村清顕掟書 73—二
天正10・2・吉 田村清顕置文 77—一
(天正10カ)・3・14 小貫頼安書状案 99—一四二
(天正10カ)・3・14 小田野義忠書状 99—一四三
(天正10カ)・3・14 好雪斎顕逸書状 99—一四四
(天正10)・4・1 芦名盛隆書状 99—一四六
(天正10カ)・4・2 芦名盛隆書状 125—九
(天正10カ)・4・9 伊達輝宗書状 99—一四五
(天正10)・4・13 大内定綱書状 99—一四八
天正・10・4・23 松本実輔理髪状案 129—一四四
天正10・4・23 松本実輔加冠状 127—一九
(天正10)・5・11 田村清顕書状 99—一四九
(天正10)・5・11 田村清顕書状 99—一五〇
(天正10)・5・11 勝光寺正寿書状 99—一五一
(天正10)・5・11 勝光寺正寿書状 99—一五二
(天正10)・5・20 石川昭光書状 33—三四
(天正10)・6・1 遠藤基信書状 143—二五
(天正?)・8・6 伊達政宗書状 80—二
(天正10)・8・12 芦名盛隆書状 144—二
(天正10カ)・8・12 金上盛満書状案 145—三
(天正10)・8・16 芦名盛隆書状 125—一〇
天正10・9・5 薄次忠置文 90—四
(天正10)・10・18 針生盛信書状 144—一四
(天正10)・10・24 須江光頼書状 144—三
天正10・10・ 田村清顕知行安堵状 92—九
(天正10)・11・1 富田氏実書状 144—一三
(天正10)・11・5 田村清顕書状 34—三
天正11・3・2 某軍役支配状 126—一二九
天正11・3・5 大内能登知行充行状 85—一
天正11・3・17 芦名盛隆証状 112—三
(天正11)・4・12 岩城常隆書状 99—一五九
天正11・4・14 金上盛満証状 117—六
(天正11)・5・19 芦名盛隆書状 125—三
天正11・5・27 *富山実泰寄進状 112—一三

年月日	文書名	番号
(天正15)・6・26	伊達政宗書状	99—一七七
(天正15)・7・22	田村清通書状	99—一七八
(天正15)・8・9	北条氏照書状	126—二五
(天正15)・8・20	一休斎善通書状	33—五二
(天正15)・9・13	渋河常則書状	143—五〇
天正15・10・7	岩城常隆知行安堵状	10—五三
天正15・10・?	田村清顕知行安堵状	92—九
(天正15)・11・1	伊達政宗覚書状	99—一七九
天正15・12・14	岩城常隆証状	10—五四
天正15・12・14	岩城常隆証状	10—五五
天正15・12・26	大平坊田地売券案	69—四四
天正16・1・15	閻魔堂宥海契状	126—四六
天正16・1・15	諏方社祝某契状	126—四七
(天正16)・2・14	伊達政宗書状	99—一八〇
(天正16)・2・15	伊達政宗書状	99—一八一
(天正16)・2・21	大内定綱書状	99—一八二
天正16・3・9	猪苗代盛種領知判物	102—一
(天正16)・3・18	伊達政宗書状	99—一八三
(天正16)・3・18	大内定綱書状	99—一八四
(天正16)・3・18	大内定綱書状	99—一八五
(天正16)・3・24	伊達政宗書状	99—一八六

年月日	文書名	番号
(天正16)・4・6	富田知信書状	49—一一七
天正16・4・12	伊達政宗起請文案	99—一八七
(天正16)・4・14	伊達政宗書状	99—一八八
(天正16)・5・2	伊達政宗書状	99—一八九
(天正16)・5・11	伊達政宗書状	99—一九〇
(天正16)・5・13	伊達政宗書状	99—一九一
(天正16カ)・5・19	田村顕康書状	99—一九二
(天正16)・5・22	伊達政宗書状	99—一九三
(天正16)・5・23	遠藤高康書状	99—一九四
(天正16)・⑤・12	伊達政宗書状	99—一九五
(天正16)・⑤・16	芦名義広書状	126—三
(天正16)・6・4	芦名義広受領免許状案	126—二四
(天正16)・6・9	佐竹義重書状	143—一〇
(天正16)・6・17	貞慶書状	69—四七
(天正16)・6・19	伊達政宗書状	99—一九九
(天正16)・7・4	伊達政宗書状	99—一九六
(天正16)・7・5	石田三成書状	127—二〇
(天正16)・7・10	志賀甘釣斎玄湖覚書状	99—一九七
(天正16)・7・16	佐野天徳寺実衡書状	127—三
天正16・7・20	*伊達政宗過所	86—一
(天正16)・7・20	楯岡義久書状	99—二〇〇

年月日	文書名	番号
天正16・7・23	慶忠書状	35—一〇一
(天正16)・7・23	芦名義広書状	126—一三
天正16・7・25	前大僧正増鎮安堵状	35—一〇二
(天正16)・9・18	伊達政宗書状	99—二〇六
天正16・9・30	白河義親判物	33—四〇
(天正16カ)・10・5	富田知信書状	99—二〇三
(天正16カ)・10・11	伊達政宗書状	99—二〇四
(天正16)・11・17	伊達政宗書状	99—二〇五
天正16・12・7	山内氏勝証状	126—一七一
天正17・1・1	玉日記	100—一
天正17・1・1	矢日記	100—二
天正17・1・4	根日記	100—三
(天正17カ)・1・20	斯波義近書状	99—二〇七
(天正17)・1・28	富田知信覚書状	99—二〇八
天正17・2・10	白河義親書状	33—四七
天正17・2・21	伊達政宗覚書状	99—二〇九
(天正17)・2・25	伊達政宗書状案	99—二一〇
天正17・3・3	佐竹義久書状	35—一〇三
(天正17)・3・11	岌州書状	126—二六
(天正17)・3・24	石田三成書状	126—二七
(天正17)・3・24	徳芳・清源連署書状	126—二八

文書編年索引

年月日	文書名	番号
天正17・4・11	野臥日記	100—四
天正17・4・11	伊達政宗書状写	99—三一
天正17・4・18	豊臣秀吉書状	144—一七
天正17・4・19	伊達政宗書状	99—三二
天正17・4・21	伊達政宗書状	99—三三
天正17・5・1	伊達政宗書状	99—三四
(天正17)・5・8	伊達政宗書状	99—三五
(天正17)・5・14	伊達政宗書状	99—三三
天正17・5・21	伊達政宗書状	98—一
天正17・5・23	伊達政宗知行充行状	99—三六
天正17・5・27	伊達政宗書状	99—三七
天正17・5・28	伊達政宗書状	99—三三
(天正17)・6・1	伊達政宗書状	99—三三
(天正17)・6・3	伊達政宗書状案	99—三九
(天正17)・6・5	伊達政宗書状	99—三〇
(天正17)・6・5	佐竹義久感状	34—四
(天正17)・6・8	豊臣秀吉書状	99—三三
(天正17)・6・9	芦名義広判物	56—二
(天正17)・6・9	富田知信書状	127—三
(天正17)・6・11	伊達政宗俵物預状写	99—一六
天正17・6・28	伊達政宗俵物預状写	126—一三
(天正17)・7・1	素休・徳子・潜斎連署書状	126—一八
(天正17)・7・29	北条氏照書状	99—二一
天正17・8・4	岩城常隆寄進状	6—一六
天正17・8・17	伊達政宗朱印状案	126—一九
天正17・8・18	田村宗顕証状	81—一
天正17・9・3	上郡山仲為書状行	126—二〇
(天正17)・9・11	伊達政宗知行充状行	99—三二
(天正17)・9・15	岩城常隆書状	10—四六
(天正17)・9・22	伊達政宗知行充状行案	127—三
(天正17)・9・23	佐竹義宣書状	126—三
(天正17)・9・28	豊臣秀吉書状	144—一六
(天正17)・10・1	某知行充行状	116—一
(天正17)・10・17	伊達政宗書状	99—三五
(天正17)・10・19	伊達政宗知行充行状	99—三三
天正17・10・26	伊達政宗書状	118—一
天正17・10・28	伊達政宗安堵状案	99—三七
天正17・10・吉	白河義親書状	33—一〇四
天正17・10・吉	白河義親証状	35—二
天正17・11・4	伊達政宗起請文	61—一七

—1125—

年月日	文書名	番号
天正17・11・10	伊達政宗条書	67—四
(天正17)・11・10	吉村吉清清久書状	99—二三八
(天正17)・11・10	浅野長政長吉富田知信一白連署状	99—二三九
(天正17)・11・16	佐竹義久書状	143—四〇
(天正17)・11・20	木村吉清書状	99—二四〇
(天正17)・11・20	浅野長政書状	99—二四一
(天正17)・11・20	上郡山仲為・和久宗是連署覚書状	99—二四二
天正17・11・20	伊達政宗知行充行状案	99—二四三
天正17・11・22	伊達政宗知行充行状案	99—二四四
天正17・11・22	伊達政宗知行充行状案	99—二四五
天正17・11・22	伊達政宗知行充行状案	99—二四六
天正17・11・22	伊達政宗知行充行状案	99—二四七
天正17・11・26	某書状案	99—二四八
天正17・11・27	伊達政宗知行充行状案	99—二四九
(天正17)・11・26	上郡山仲為・和久宗是連署状	99—二五〇
天正17・12・4	伊達政宗知行充行状案	99—二五一
(天正17)・12・5	豊臣秀次書状	99—二五三
(天正17)・12・5	前田利家・浅野長政連署状	99—二五四
(天正17)・12・5	前田利家書状	99—二五五
(天正17)・12・7	斯波三松書状	99—二五六
天正17・12・11	伊達政宗知行充行状案	99—二五二
天正17・12・11	伊達政宗安堵状	126—一四〇
天正17・12・11	伊達政宗安堵状案	126—一四一
天正17・12・14	伊達政宗知行充行状	115—二
(天正17カ)・12・20	伊達政宗書状	99—二五七
(天正17)・12・23	伊達政宗書状	99—二五八
天正17・12・27	伊達政宗起請文	67—五
天正17・12・28	※伊達政宗書状	61—七五
天正17・?	二階堂為氏書状	57—一
(天正18)・1・3	伊達政宗書状	99—二六〇
天正18・1・6	石川昭光起請文	67—六
(天正18)・1・13	石田三成書状	126—五
(天正18)・1・13	石田三成書状案	128—三〇
(正18)・1・14	伊達政宗書状	99—二六一
(天正18)・1・20	木村吉清覚書状	99—二六二
(天正18)・1・20	浅野幸長書状	99—二六三
(天正18)・1・20	徳山則秀書状	99—二六六
(天正18)・1・22	斯波義近覚書状	99—二六四
(天正18)・1・26	前田利長書状	99—二六五
(天正18)・2・2	前田利家書状	99—二六七
(天正18)・2・2	河島重続書状	99—二六八
天正18・2・9	伊達政宗知行充行状案	99—二八二
(天正18)・2・10	伊達政宗知行充行状	99—二六九
(天正18)・2・12	結城晴朝書状	99—二七〇
(天正18)・2・13	伊達政宗書状	44—一
天正18・2・15	伊達政宗知行充行状写	99—二八三
天正18・2・19	伊達政宗役銭幷年貢免除状案	99—二八四
(天正18)・2・21	八島増行書状	99—二七一
(天正18)・2・21	和久宗是・上郡山仲為連署状	99—二七二
(天正18)・2・21	和久宗是・上郡山仲為連署状	99—二七三
(天正18)・2・21	木村吉清書状	99—二七四
(天正18)・2・21	浅野長政書状	99—二七五
天正18・2・23	伊達政宗知行充行状案	99—二八五
(天正18)・2・27	芦名義広書状案	128—三一
(天正18)・2・29	伊達政宗書状	34—三五
天正18・3・1	伊達政宗知行充行状案	99—二七六
天正18・3・1	伊達政宗安堵状案	126—一四二
(天正18カ)・3・4	伊達政宗書状	99—二七七
天正18・3・6	伊達政宗証状	119—一
(天正18)・3・10	伊達政宗書状	99—二七八
天正18・3・12	景国諸役免許状	126—一三
天正18・3・24	伊達政宗知行充行状案	99—二七九
天正18・3・24	伊達政宗土倉課役免除状案	99—二八〇

(天正18)・4・10 施薬院全宗書状 120—一	(天正18)・7・24 木村吉清書状 人連署状 99—二〇七	(天正18)・11・24 ＊蒲生氏郷書状 99—二三六	
(天正18)・4・14 浅野長政書状 96—二〇	(天正18)・8・丁松次右衛門尉等五 1—一三三	(天正18)・11・25 蒲生氏郷書状 99—二三七	
(天正18)・4・20 伊達政宗証状 99—二一〇	(天正18)・8・7 豊臣秀吉朱印状案 150—一	(天正18)・11・26 蒲生氏郷起請文 99—二二九
(天正18)・4・20 浅野長政書状 99—二一二	(天正18)・8・11 豊臣秀吉朱印状 32—二六	(天正18)・11・28 蒲生氏郷起請文 143—四八	
(天正18)・4・20 木村吉清・和久宗 99—二一三	(天正18)・8・12 豊臣秀吉禁制 154—二	(天正18)・11・29 蒲生氏郷書状 154—一	
(天正18)・4・21 是木連村署状・和久宗 99—二一四	(天正18)・8・14 豊臣秀吉禁制案 121—三	(天正18)・11・29 蒲生氏郷書状 121—四
(天正18)・5・2 連守屋意成・小関重安 99—二一五	(天正18)・9・12 豊臣秀次知行寄進状 112—一	(天正18)・12・7 ＊案豊臣秀吉朱印宛行状 102—二	
(天正18)・5・3 河島重続書状 99—二一六	(天正18)・9・20 録蒲生氏郷袖判領知目 37—四	(天正18)・12・13 伊達政宗起請文案 69—三三	
(天正18)・5・18 徳川家康書状 11—二五	(天正18)・10・30 佐竹義宣判物 92—一七	(天正19)・①・3 盛種連署証状 案芦名亀王丸・猪苗代 1—二五
⑤・26 豊臣秀吉書状 11—一八	(天正18)・11・9 蒲生氏郷書状	(天正19)・1・30 田村宗顕書状 72—五	
(天正18)・6・12 豊臣秀吉書状 64—九	(天正18)・11・10 蒲生氏郷書状 99—二〇〇	(天正19)・3・13 白河義親書状 33—一	
(天正18)・6・14 伊達政宗書状 99—二〇一	(天正18)・11・13 蒲生氏郷書状 99—二〇二	(天正19)・3・19 田丸具直扶持方黒印 状 58—二
(天正18)カ・7・1 増田長盛書状 99—二〇二	宮部継潤書状 99—二〇三	(天正19)・5・16 島田重親書状 15—二	
		蒲生氏郷判物 126—六	

—1127—

年月日	文書名	出典
天正19・7・7	豊臣秀次掟書	32—二七
天正19・7・26	白土隆良書状	10—六九
(天正19)・8・5	蒲生氏郷書状	99—三六
(天正19)・8・23	蒲生氏郷書状	99—三七
(天正19)・10・9	白土隆良書状	
(天正19)・11・2	岩城貞隆(能化丸)書状	10—六七
(天正19)・12・24	坂兵隆長・佐藤貞信連署状	10—七一
天正20・2・2	蒲生氏郷知行寄進状	126—五一
天正20・11・21	内膳等連署証状	92—四
(文禄1)・1・24	伊達政宗書状	143—二六
文禄2・2・14	豊臣秀吉朱印状	143—五一
文禄2・3・19	田丸具直知行宛行状	77—二
文禄3・6・27	坂左常清等連署書状	6—一九〇
文禄3・8・14	蒲生氏知行方目録	126—五三
(文禄4)・2・9	豊臣秀吉朱印状	144—一九
文禄4・8・24	伊達氏老臣連署誓詞案	34—三七
文禄4・8・28	和田安房守・人見主膳奉知行充行状	37—五
文禄5・4・23	佐竹義忠知行黒印状	18—七
文禄5・4・23	佐竹義憲知行充行状	6—一九一
文禄5・5・3	佐竹義忠知行寄進状	17—二
(文禄5)・⑦・13	佐竹義忠領知黒印状	32—二六
(慶長3)・1・10	豊臣秀吉朱印状	144—二〇
長慶4・③・20	小田切政長書下	90—五
(慶長4)・9・14	徳川家康書状	144—三
(慶長4カ)・10・13	上杉景勝書状	123—一
慶長5・2・20	岩城貞隆知行充行状	10—九八
慶長5・2・20	岩城貞隆知行充行状	10—九九
慶長5・3・6	岩城貞隆知行充行状	10—一〇〇
(慶長5)・3・21	徳川秀忠書状	144—三
慶長5・6・9	岩城貞隆知行充行状	10—一〇一
(慶長5)・7・19	上杉景勝書状	34—二
(慶長5)・7・28	上杉景勝書状	34—三
(慶長5)・8・1	小田切政長奉書	90—六
(慶長5)・8・19	上杉景勝書状	34—三
慶長5・9・27	岩城貞隆知行充行状	10—一〇三
(慶長5)・9・30	伊達政宗書状	61—七三
慶長5・12・吉	安積郡八幡宮掟書	90—七
(慶長5)・12・吉	小田切政長奉寄進割符状	90—一〇
慶長6・4・10	須田長義証状	93—三
(慶長6)・7・2	直江兼続書状	34—一四
慶長6・7・吉	蒲生秀行判物写	126—一三〇
慶長6・10・18	蒲生秀行知行充行状	112—一七
慶長6・10・18	蒲生秀行領知黒印状	115—三
慶長6・10・18	蒲生秀行知行寄進状	124—一
慶長6・10・18	蒲生秀行知行寄進状	126—五三
慶長6・10・18	蒲生氏知行方目録	126—五四
慶長6・10・18	蒲生秀行知行充行状	126—一〇三
慶長6・10・18	蒲生秀行知行寄進状	126—一三三
慶長6・10・18	蒲生秀行知行寄進状	126—一三五
慶長6・10・18	蒲生秀行知行寄進状写	126—一三八
慶長6・10・18	蒲生秀行知行寄進状写	126—一三七
慶長6・10・18	蒲生秀行知行寄進状写	126—一四七
慶長6・10・18	蒲生氏奉行知行目録写	126—一四八
慶長6・10・18	蒲生秀行知行寄進状写	126—一六三
(慶長6)・10・20	満田内長書状	90—八
慶長6・10・22	蒲生秀行知行寄進状	121—六
慶長6・11・11	蒲生氏奉行連署状	126—一五九
(慶長6)・11・15	満田一長書状	90—九
(慶長6)・⑪・21	岩城貞隆証状	22—三
(慶長6)・⑪・21	*岩城貞隆証状	23—一
(慶長7)・8・4	岩城貞隆書状	10—一〇三
(慶長7カ)・9・5	岩城貞隆書状	10—一〇四
(慶長7)・9・27	岩城貞隆書状	10—一〇五

?・1・7　伊達政宗書状　67—七
?・1・7　佐竹義重判物案　69—四九
?・1・7　伊達政宗書状　143—二七
?・1・8　白土隆貞書状　11—一六
?・1・10　佐藤貞信書状　10—七六
?・1・10　田村隆顕書状　34—二〇
?・1・11　上野秀光書状案　8—一四八
?・1・11　源秀能書状　45—一六〇
?・1・12　左中将某奉書　48—八
?・1・12　左衛門尉通賢書状　49—一三六
?・1・13　足利高基書状　99—一九
?・1・14　相馬盛胤名字状　2—四八
?・1・15　後醍醐天皇綸旨　47—一〇三
?・1・15　伊達政宗書状　76—四
?・1・15　米沢氏秀書状　92—四三
?・1・15　芦名盛氏書状　126—二
?・1・16　春日顕時書状　47—四五
?・1・16　細川勝元書状　49—四〇
?・1・16　安房守政仲書状　49—一五三
?・1・16　白芦斎道与書状　49—一六〇
?・?・1・16　伊達政宗書状　67—八

?・1・16　伊達政宗書状　75—二
?・1・16　芦名盛氏書状　126—七九
?・1・17　伊達政宗書状　76—三
?・1・17　箭田野顕義書状　92—四〇
?・1・18　法印隆宗書状　45—一八三
?・1・18　田村清顕書状　69—五三
?・1・18　沙弥玄湖書状　126—一五七
?・1・20　上杉憲房書状　9—二
?・1・20　小高義秀書状　143—四五
?・1・22　沙弥長建書状　49—一二七
?・1・23　竹貫重光起請文　10—四二
?・1・23　芦名盛氏書状　126—一三
?・1・23　結城晴朝書状　143—三
?・1・23　伊達晴宗書状　143—一一
?・1・24　田村清顕書状　99—一六三
?・1・24　芦名盛氏願文　126—三九
?・1・25　左衛門権少将奉書　45—七八
?・1・25　北畠顕家書状　47—六
?・1・25　村田政重書状　99—一〇九
?・1・26　法眼宣宗書状　47—六五
?・1・26　大田原詠存書状　49—一五八

?・1・26　藤原高資書状　49—一六一
?・1・26　伊達輝宗書状　69—五〇
?・1・27　田村清顕書状　49—一一一
?・1・28　佐藤貞信書状　10—七七
?・1・28　大塔西室忠雲書状　45—六三
?・1・29　前伊豆守常次奉書案　61—九
?・1・29　足利持氏書状　61—一〇
?・1・29　足利政氏書状　8—七七
?・1・30　二階堂照行書状　49—七四
?・1・30　二階堂照行書状　49—七五
?・1・30　伊東重信書状　92—三六
?・1・30　永真書状　126—八四
?・2・1　門舟院道海（結城義綱）書状　8—一四六
?・2・1　田村清顕書状　34—一五
?・2・1　右馬助修頼書状案　45—一五六
?・2・1　春日顕時書状　47—三九
（天文10）・2・1　岩城重隆書状　49—五九
?・2・1　芦名盛舜書状　49—一二八
?・2・3　結城氏広書状　49—五〇
?・2・4　竹貫重元書状　10—八六
?・2・4　佐竹義久書状　32—一四

文書編年索引

?・2・4　刑部大輔秀親書状　47―八一
?・2・4　足利成氏軍勢催促状　61―一四
?・2・5　左衛門尉広光書状　47―八六
?・2・5　足利満貞書状　61―一二
?・2・5　芦戸盛隆書状　62―三二
?・2・5　散位貞行書状　61―三一
?・2・7　宇都宮国綱書状　143―一四五
?・2・7　築田晴助書状　8―一七
?・2・7　白河義親書状　33―二〇
?・2・9　伊達政宗書状　99―二〇
?・2・9　伊達晴宗書状案　128―六
?・2・10　田村義喬書状　8―六〇
?・2・10　足利政氏書状　67―六六
?・2・10　石川昭光書状　94―六
?・2・11　太山義在書下　33―四
?・2・11　直江兼続書下　122―二
?・2・11　内藤義概書状　19―二五
?・2・11　成綱書状　49―三五
?・2・11　芦名盛隆書状　125―一七
?・2・12　結城晴朝書状　42―一

?・2・12　法眼宜宗書状　47―六一
?・2・12　道堅書状　61―六四
?・2・13　伊達晴宗書状　47―六六
?・2・13　北条氏直書状　61―八六
?・2・14　上杉景勝書状　121―三
?・2・14　本庄繁長書状　126―一〇五
?・2・16　芦名盛氏書状　99―四
?・2・17　上杉謙信書状　8―七五
?・2・17　足利政氏書状　126―二〇
?・2・18　孝哲書状　9―七
?・2・19　岩城親隆書状　14―五
?・2・19　新発田忠敦書状（天文11）?・2・19　143―七
?・2・20　岩城親隆書状　9―六
?・2・20　岩城重隆書状　10―五
?・2・21　足利持氏書状　61―六
?・2・22　金上盛満書状　128―四八
?・2・22　北条氏照書状案　11―二五
?・2・23　某書状　60―一
?・2・23　芦名盛氏書状　45―一三六
?・2・24　和田昭行書状

?・2・24　佐竹義重書状　47―六六
?・2・24　弾正義像書状　49―三七
?・2・25　沙弥禅芳書状　34―五六
?・2・25　式部大輔宗政書状　99―一一七
?・2・26　五辻清顕書状　121―三
?・2・26　岩城重隆書状　126―一〇七
?・2・26　芦名貞隆書状　125―八
?・2・26　芦名盛隆書状　99―六
?・2・26　結城政朝書状　126―三
?・2・27　法眼宜宗書状　9―一〇
?・2・27　芦名義広書状　14―七
?・2・27　岩城重隆書状　6―七
?・2・27　佐藤貞信・根本里行連署状　143―六
?・2・28　伊達輝宗書状　10―六
?・2・28　片倉景綱書状　128―四八
?・2・28　宇都宮広綱書状　11―三
?・3・1　石田三成書状　49―一二五
?・3・2　他阿弥陀仏書状　60―一
?・3・2　岩城貞隆書状　45―一二六

10―六　結城晴朝書状
8―四九
33―二〇
11―一四
133―三
67―一五
34―三三
10―三
126―八二
49―一二九
47―六三
35―三二
125―八
125―七
20―一〇〇
126―六
48―一五
45―一五四
143―四二
49―一三

年月日	文書名	出典
?・3・2	某安堵判物	49—一六三
?・3・2	猪苗代兼載書状	176—一二〇
?・3・3	武田信玄書状	8—一二八
?・3・3	吉良貞家書状	45—九六
?・3・3	法眼宣宗書状	47—八三
?・3・3	中務少輔家持書状	49—三五
?・3・3	武田信玄書状案	128—八
?・3・3	江戸重通書状	143—三四
?・3・4	白土右馬助消息	11—一七
?・3・4	田村清顕書状	34—一六
(興国3)カ・3・4	北畠親房御教書	51—三四
?・3・4	佐竹義重書状	126—一七九
?・3・5	右馬守修頼書状案	45—一六四
?・3・5	右馬守修頼書状案	45—一六五
?・3・5	若王寺役者連署奉書	63—四
?・3・6	前備前守持明書状	33—三
?・3・6	芦名盛氏奉納状案	126—六四
?・3・7	足利晴氏書状	61—八三
?・3・7	足利晴氏書状	61—八六
?・3・8	佐藤貞信書状	10—七五
?・3・8	足利晴氏書状	61—六四
?・3・8	二階堂盛義書状	62—二〇
?・3・8	伊達政宗書状	75—一
?・?・3・8	足利持氏軍勢催促状	138—四
?・3・9	岩城隆清書状	45—一八〇
?・3・9	田村顕広書状	49—一二九
?・3・9	田村清顕書状案	56—四
?・3・10	田村清顕書状	34—一七
?・3・10	伊達実元書状	34—二六
?・3・10	岩城常隆書状	70—五
?・3・10	平賀氏信書状	92—四四
?・3・10	芦名盛氏書状	109—一
?・3・10	相馬義胤書状	126—一五六
?・3・11	岩城親隆書状	10—三四
?・3・11	長怡書状	10—七三
?・3・11	春日顕時書状	47—四六
?・3・11	岩城常隆書状案	128—一七
?・3・12	尚国書状	49—一三三
?・3・12	田村義顕書状	62—四
?・3・13	下野守成長書状	8—一三一
?・3・13	金上盛満書状	11—三
?・3・13	田丸具直扶持方黒印状	58—一
?・3・13	伊達輝宗書状	70—六
?・3・14	上杉朝宗書状	8—八三
?・3・14	岩城常隆書状	14—三
(天正2)カ・3・15	上杉謙信書状	49—一二五
?・3・15	※田村清顕書状	80—一
?・3・15	伊達政宗書状	159—七
?・3・16	岩城常隆書状	10—五六
?・3・16	松引実重書状	126—二〇
?・3・16	佐瀬常慶書状案	126—三四
?・3・17	岩本定次書状	45—一七四
(天文11)・3・17	好島隆熙書状	49—六四
(弘治2)・3・17	北条氏康書状	49—八六
(弘治2)カ・3・17	北条氏康書状	49—八七
?・3・18	某書状	33—一六
?・3・18	右馬助政春書状	49—一八三
?・3・18	石川満持証状	66—三
?・3・19	岩城常隆書状	14—一三
?・3・19	足利基氏御教書	50—四〇
?・3・20	岩城親隆書状	10—三六
?・3・20	三河守広房書状	45—一二八
?・3・20	宮内少輔定経書状	45—一四三

?・4・5　岩城親隆(宣隆)書状　10―二六
?・4・5　沙弥法超書状　45―七五
?・4・5　前美作守定詮書状　45―一六八
?・4・5　伊達輝宗書状案　92―二九
?・4・6　伊達政宗書状　11―三
?・4・6　右京亮照秀書状　45―一五〇
?・4・6　備前掾続綱書状　45―一五九
?・4・6　二階堂照行書状　49―一五一
?・4・6　芦名盛氏書状　69―四五
?・4・7　佐藤貞信・根本里行連署状　10―八二
?・4・7　五辻顕尚書状　47―五三
?・4・7　法眼宣宗書状　47―五四
?・4・7　佐竹義重書状案　155―四
?・4・8　吉良貞家書状案　45―九一
?・4・8　吉良貞家書状案　45―九二
?・4・8　吉良貞家書状案　45―九四
?・4・8　左衛門佐広光書状　47―七九
?・4・8　岩城常隆書状　99―一五八
?・4・8　金上盛備書状　126―一九一
?・4・9　石川昭光書状　33―四五
?・4・9　足利満直知行充行状　45―一六七
?・4・9　伊達政宗書状　67―九
?・4・9　伊達輝宗書状　92―三〇
?・4・10　光庵書状　48―一〇
?・4・11　岩城重隆書状　19―二
?・4・11　右京大夫政長書状　32―三三
?・4・11　牛来胤清書状　33―一四
?・4・11　伊達政宗書状　34―三九
?・4・11　白河義親書状　53―八
?・4・12　沙弥宗心奉書　47―三三
?・4・12　上杉景勝書状案　128―一五
?・4・12　吉良貞経披露状　7―一三
?・4・13　佐竹義久契状　49―一二三
?・4・13　佐久山資信書状　49―一五六
?・4・14　岩城重隆書状　10―一六
?・4・14　何斎定真書状　45―一四四
?・4・14　竹貫広光書状　49―七七
?・4・15　六二入道道円書状　47―八三
?・4・15　沙弥顕勝書状　49―三三
?・4・15　田村清顕書状　76―二
?・4・15　佐竹義重状　155―七
?・4・16　上遠野大炊頭書状案　20―七
?・4・16　水野光道書状　46―一七
?・4・16　春日顕時書状　47―四一
?・4・16　前上総介宗元書状　49―三四
?・4・17　結城晴朝書状　50―三八
?・4・17　野伏日記　100―五
?・4・17　武田信玄書状　129―九
?・4・18　山川刑部大輔書状　20―八
?・4・19　佐藤貞信・根本里行連署状　10―七九
?・4・19　足利政氏軍勢催促状　50―二四
?・4・19　徳山則秀書状　99―二八八
?・4・20　岩城重隆書状　38―一
?・4・20　北条氏長書状　99―二八九
(天正18)・4・20　木村吉清・和久宗是連署状　99―二九四
?・4・20　武田信玄書状案　128―九
?・4・21　足利政氏書状　50―二六
?・4・21　野伏日記　100―六
?・4・22　足利藤氏書状　8―八六
?・4・22　足利藤氏書状　8―八七
?・4・22　北畠顕信御教書　45―七四
?・4・22　伊達政宗書状案　69―五三
?・4・23　足利高基書状　99―二〇

年月日	文書名	所収
?・5・11	上杉景勝書状	143—五六
?・?・5・11	最上義光書状	150—三
?・5・12	吉良貞家書下	45—一〇四
?・5・12	芦名盛興書状	62—二
?・5・12	伊達晴宗書状	126—一〇六
?・5・12	佐竹義重書状	129—八
?・5・13	流斎書状	34—四三
?・5・13	義安書状	62—二九
?・5・13	佐竹義重書状案	155—二
?・5・13	伊達政宗書状	159—九
?・5・14	北条氏政書状案	128—二四
?・5・15	実国書状	126—八三
?・5・16	法眼宣宗書状	47—八六
?・5・16	佐竹義重書状	143—三
?・5・17	岩城常隆書状	94—七
?・5・17	山内舜通書状	126—三一
?・5・18	芦名盛隆書状	34—四
?・5・18	伊達輝宗書状	34—三一
?・5・18	芦名盛隆書状	108—一〇
?・5・18	伊達輝宗書状	143—三三
?・5・19	岩城重隆書状	8—一三三
?・5・19	前越前守盛清書状	33—一五
?・5・19	春日顕時(顕国)書状	48—二
?・5・19	北条氏政書状案	128—三
?・5・19	北条氏照書状案	128—二六
(永禄7)・5・19	北条氏照書状案	128—二七
?・5・20	芦名盛隆書状	61—七一
?・5・21	上杉朝良書状	8—九七
?・5・21	岩城成重書状	10—五
?・5・21	伊達稙宗書状	99—八〇
?・5・22	白河義親書状	33—五〇
?・5・22	畠山平石丸書状	45—一〇一
?・5・22	足利義持御内書	55—一八
?・5・22	経徳実頼書状	62—一九
?・?・5・22	上杉謙信書状	144—三
?・5・25	右衛門権少将書状	47—七二
?・5・25	細川晴元書状	50—二九
?・5・25	豊臣秀吉朱印状	50—三三
?・5・25	田村隆顕書状	62—五
?・5・25	長泉寺他連署覚書写	67—一八
?・5・26	岩城重隆書状	10—二〇
?・5・26	沙弥聖顕書状	45—一八二
?・5・26	足利持氏書状	61—一三
?・5・26	足利満貞感状	61—一四
?・5・26	芦名盛氏奉納状	126—四一
?・5・27	石堂義房書状	47—一〇三
(永禄7)・5・27	結城晴朝書状	49—一〇五
?・5・27	小田氏治書状	49—一〇六
?・5・27	*伊達成宗書状	61—四五
?・5・28	大塔西室忠雲書状	
?・5・28	他阿弥陀仏書状	45—一四八
?・5・28	春日顕時書状	47—四〇
?・5・28	足利義満御内書	49—三六
?・5・28	浄花院良久書状案	126—七三
?・5・28	伊達政宗書状	159—八
(天正17)・5・29	相馬義胤書状	70—一
?・5・30	足利義政軍勢催促状	50—一四
?・5・30	芦名盛氏書状	126—九
?・5・吉	某書状	62—二八
?・⑤・8	簗田清助書状	61—六〇
?・6・1	芦名盛興書状	62—三
?・6・2	足利政氏書状	8—七五
?・6・2	足利義教御内書	47—一三一

? ・6・21 北畠親房御教書 47―二六
? ・6・21 宇都宮隆綱書状 49―八一
? ・6・21 伊達政宗書状 72―二
? ・6・22 岩城親隆書状 10―三三
? ・6・22 好島隆熙書状 49―八三
? ・⑥・23 足利政氏書状 8―八一
? ・6・23 岩城親隆(宣隆)書状 10―二九
? ・6・23 岩城貞隆書状 10―八九
? ・6・23 伊達政宗書状 34―四〇
? ・6・23 岩城重隆書状 49―八三
? ・6・23 芦名盛氏書状案 126―一八〇
? ・6・24 足利政氏書状 8―六六
(元亀2)・6・24 北条氏舜書状 49―一一〇
? ・6・24 芦名盛氏書状 62―九
? ・6・25 某覚書 62―三一
? ・6・25 伊達政宗書状 67―一一
? ・6・26 法眼宣宗書状 47―五三
? ・6・26 杉山吉右衛門申渡状 126―八五
? ・6・27 富塚仲綱書状 49―七三
? ・6・27 石川成光書状 61―七五
? ・6・28 芦名盛隆書状 34―七

? ・6・28 吉良貞家書状 61―三
? ・6・28 芦名盛隆書状 108―一三
? ・6・28 石田三成書状 123―二
? ・6・28 芦名盛隆書状 125―一四
? ・6・28 伊達政宗書状写 126―一八三
? ・6・29 但馬守与定書状 45―一七〇
? ・6・29 法眼宣宗書状 48―九
? ・6・29 富田滋実書状 49―八四
? ・6・29 田村顕広書状 49―一六七
? ・6・30 岩城常隆書状 8―一二七
? ・6・30 二階堂照行書状 34―三
? ・6・30 二階堂照行書状 143―二九
? ・6・30 二階堂行政書状 143―三〇
? ・6・30 二階堂照重書状 143―三三
? ・6・30 二階堂照綱書状 143―三二
? ・6・30 二階堂統綱書状 143―三一
? ・6・30 荒木高村書状 69―六六
? ・6・ 上杉謙信朱印状 147―一
? ・⑥・15 佐竹義昭書状 27―一
? ・7・2 足利政氏書状 8―八三
? ・7・2 畠山国氏書状 47―一〇〇

? ・7・3 足利尊氏書状 1―九六
? ・7・3 晴仙院澄存書状 63―一〇
? ・7・3 加藤嘉明書状 121―八
? ・?・7・3 上杉謙信書状 144―二
? ・7・4 結城晴朝書状 50―三九
? ・7・4 松本舜輔書状 62―一七
? ・7・4 伊達政宗書状案 76―二
(天正18)・7・4 伊達政宗書状 87―一
? ・7・5 足利政氏書状 8―六九
? ・7・5 伊達行朝書状 45―六四
? ・7・6 増田長盛書状案 8―一五三
(天正10)・7・6 明善書状 70―四
? ・7・6 芦名盛隆書状 143―一六
? ・7・7 足利政氏書状 8―七九
? ・7・7 足利成氏書状 11―一
? ・7・7 春日顕時書状 47―四七
? ・7・8 法眼宣宗書状 47―五五
? ・7・8 北条氏政書状案 56―三
? ・7・8 北条氏政書状 70―二
? ・7・9 佐竹義重書状 155―三
? ・7・10 岩城常隆書状 10―五七

年月日	文書名	出典
?・8・2	芦名盛隆書状	125—一五
?・8・3	岩城貞隆書状	10—九二
?・8・3	田中文六郎書状	33—五三
?・8・3	結城晴朝書状	69—五四
?・8・4	岩城常隆書状	14—一〇
?・8・4	伊達政宗書状	76—六
?・8・4	*伊達政宗書状	88—一
?・8・4	伊達政宗書状	92—三
?・8・5	岩城貞隆書状	10—九三
?・8・5	足利高基書状	61—四八
?・8・5	壱岐守清秀書状	45—九五
?・8・5	*足利高基書状	61—四七
?・8・5	伊達政宗書状写	76—二
?・8・5	伊達政宗書状	92—三七
?・8・5	芦名盛隆書状案	126—一八一
?・8・6	那須政資書状	8—一三
?・8・6	岩城貞隆書状	10—九四
?・8・6	小田氏治書状	49—一〇七
?・8・7	足利晴氏書状	8—八五
?・8・7	前出羽守盛忠書状	49—一六九
?・8・8	伊達輝宗書状	32—二五
?・8・8	某書状案	126—六七
?・8・8	伊達輝宗書状	126—一七八
?・8・8	伊達輝宗書状案	128—三
?・8・9	足利政氏書状	9—五
?・8・9	白河義親書状	33—四三
?・8・9	前越後守某書状	45—一六六
?・8・9	前越後守資之書状	47—一三六
?・8・9	足利持氏感状	55—二〇
?・8・9	千本芳隆書状	126—三
?・8・10	佐藤貞信・根本里行連署状	10—八四
?・8・10	那須資胤書状	49—一五五
?・8・10	岩城重隆書状	126—二〇一
?・8・11	芦名盛氏書状案	126—一五六
?・8・12	芦名盛隆書状	99—一五五
?・8・12	猪苗代盛種書状	101—一
?・8・13	他阿弥陀仏書状	49—一四六
?・8・13	岩城重隆書状	62—三
?・8・14	上杉朝良(建芳)書状	8—九九
?・8・14	伊達輝宗・同政宗連署状	34—三
?・8・14	周興書状	49—八五
?・8・14	足利義氏書状	50—三一
?・8・14	田村清顕書状	99—一六四
?・8・14	芦名盛隆書状	126—二四
?・8・15	芦名盛詮書状	49—五三
?・8・16	石田三成・増田長盛連署条書	11—二
?・8・16	沙弥法泰書状	45—一八五
?・8・16	佐竹義重書状	143—二
?・8・17	近江前司教久書	49—四八
?・8・17	伊達輝宗書状	126—二一〇
?・8・18	足利持氏感状	55—二
?・8・18	新城心安斎書状	92—三
?・8・19	佐藤貞信・根本里行連署状	10—八〇
?・8・19	刑部少輔政広書状	49—一三七
(天正17)・8・19	那須資晴書状	69—五五
?・8・20	平田常範書状	144—五
?・8・21	岩城貞隆書状	10—九五
?・8・21	法眼宣宗書状	47—六四
?・8・21	岩城常隆書状	49—一七〇
?・8・21	岩城常隆書状	62—二四
?・8・22	岩城常隆書状	32—三
(天文10)・8・22	義護書状	49—六〇
?・8・22	船田弥兵衛書状	69—六六

文書編年索引

?	?	?	?	?	?	?	?	?	?	?	?	?	?	
・8	・8	・8	・8	・8	・8	・8	・8	・8	・8	・8	・8	・8	・8	
29	29	28	28	28	27	27	26	25	24	24	24	23	23	23

春日顕時書状　岩城常隆書状　加藤嘉明書状　聖護院役者増貞書状　細川勝元書状　足利成氏御教書　足利義政軍勢催促状　某奉書　田村盛顕書状　上杉房顕書状　太孫義則書状　芦名盛氏書状案　田村清顕書状　足利義教御教書　某書状　白石宗実書状　春日顕時書状　北畠親房御教書　北畠親房御教書　岩城常隆書状　細川勝元書状　徳川秀忠黒印状

47	10	121	69	50	50	50	47	35	49	45	128	92	69	47	99	47	47	47	8	1
ー三	ー四	九	一七	一七	一五	一七	九七	七	一	一〇三	二	一〇	九	一四	一六	一六	二	一三四	一四	

?	?	(永禄3)	?	?	?	?	⑧	⑧	⑧	?	?	?	?	?	?	
・9	・9	・9	・9	・9	・9	・9	・8	・8	・8	・8	・8	・8	・8	・8	・8	
5	5	4	4	4	3	2	1	16	12	9	30	30	30	29	29	29

飛鳥井雅康免状　某書状　結城晴綱書状　北条氏康書状　岩城貞隆書状　岩城常隆書状　某請文案　左衛門尉景信書状　小山持政書状　田村清顕書状　石川満持書状　某書状案　某披露状案　古河満持書状　春日顕時書状　佐竹義成書状　芦名盛氏書状　細川勝元書状

-1141-

日付	文書名	出典
?・9・14	石河光重申状	33—五
?・9・14	春日顕時書状	47—四三
(永禄7)・9・15	弾正左衛門尉資矩書状	49—一〇八
?・9・15	太孫義則書状	49—一三九
?・9・16	田村隆顕書状	34—一八
?・9・17	足利政氏書状	8—七〇
?・9・18	佐竹義重条目	8—一二三
?・9・18	岩城重隆書状	10—一三
?・9・18	前美作守忠増書状	55—一四
?・9・18	伊達稙宗書状	99—五一
?・9・18	某書状案	126—六五
?・9・19	芦名盛隆書状	62—一五
?・9・19	北条氏康書状	143—四七
?・9・19	伊達綱村覚書	159—一〇
?・9・20	右衛門佐某奉院宣案	6—一六三
?・9・20	足利義晴御内書	8—六七
?・9・20	佐竹義重書状	8—一一四
?・9・20	大館晴光書状	8—一四〇
?・9・20	橋本顕徳書状	92—三
?・9・22	聖護院役者連署状	20—五
?・9・22	結城氏朝書状案	33—一〇
?・9・22	信太治房書状	49—一〇一
?・9・22	富塚仲綱書状	62—三
?・9・22	北条氏康書状案	128—三
?・9・23	小田野義正書状	49—七〇
?・9・23	岡本禅哲書状	49—七一
?・9・23	某書状	69—一五
?・9・23	伊達稙宗書状	94—二
?・9・24	岩城由隆書状	10—三
?・9・24	佐藤貞信・根本里行連署定書	10—七八
?・9・24	佐竹義隣書状	35—九二
?・9・24	式部少輔常行書状	61—三
?・9・24	※足利義輝御内書	99—一〇五
?・9・25	おちやち消息	8—一五六
?・9・25	伊達政宗書状案	76—一三
?・9・26	法印某書状	47—九六
?・9・26	足利成氏御教書	50—五一
?・9・28	小山秀綱書状	8—一一六
?・9・28	伊達稙宗書状案	99—七〇
?・9・29	石田三成書状	11—一五
?・9・29	小峯満朝道久書状	45—一三七
?・9・29	他阿弥陀仏書状	45—一四六
?・9・29	他阿弥陀仏書状	45—一四七
?・9・29	小山持政書状	50—五三
?・9・30	芦名盛氏書状	155—一
?・9・吉	某書状	62—二七
?・10・1	岩城親隆書状	10—三〇
?・10・1	芦名盛氏書状案	126—八一
?・10・1	岩城隆衡書状	126—二〇九
?・10・1	多賀谷重経書状	143—四三
?・10・2	岩城重隆書状	10—二
?・10・2	足利氏満書状	45—一〇九
?・10・2	細川高国奉書	99—一四
?・10・2	岩城重隆証状	126—一九
?・10・3	岩城隆兼書状	6—一六一
?・10・3	禅長寺顕材書状	8—一三六
?・10・3	芦名氏方書状	104—一
?・10・4	佐藤貞信・根本里行連署状	10—八五
?・10・4	寺町通隆書状	50—五三
?・10・4	大内顕綱書状	92—四二
?・10・4	芦名盛氏書状	126—四四
?・10・4	岩城常隆証状	126—二〇八
?・10・5	佐竹義宣書状	8—一五四

(天文11)・10・26 伊達貞孝書状 49―六六
?・10・26 天庵書状 49―一四〇
?・10・26 足利満直書下 50―七
?・10・26 足利満直書下 50―八
?・10・26 足利満兼安堵状 55―一九
?・10・27 白河義親書状 33―四三
?・10・27 足利満直書下 50―九
?・10・27 田村隆顕書状 62―六
?・10・27 *田村顕広書状 69―五七
?・10・28 好島隆家書状 49―一四一
?・10・28 結城晴朝書状 50―五四
?・10・29 足利氏満書状 45―一一〇
?・11・1 足利義教御教書 50―一一
?・11・1 蒲生氏郷書状写 126―一三六
?・11・2 岩城貞隆書状 10―一〇七
?・11・2 志賀甘釣斎玄湖等三人連署状 62―二五
?・11・3 上杉氏憲書状 32―三四
?・11・3 左中将道世書状 46―一〇
?・11・3 片倉景綱書状 69―五六
?・11・3 田村顕広書状 92―二四
?・11・6 越後権守秀仲書状 47―二九
?・11・6 沙弥宗心書状 47―三四
?・11・6 佐竹義俊書状 49―五七
?・11・6 蒲生秀行書状 126―一一九
?・11・7 足利成氏御教書 50―二〇
(天正19)・11・7 蒲生氏郷書状 92―四一
?・11・7 佐竹義重書状 126―三
?・11・8 最上義光書状 14―三三
?・11・8 田村顕康書状 143―一九
?・11・9 沼沢実通書状 126―一七〇
?・11・9 民部少輔朝宗書状 33―三三
?・11・10 畠山盛宗書状 61―四〇
?・11・10 伊達政宗書状 61―七四
?・11・10 石川昭光証状 64―七
?・11・10 木村吉清書状 99―一三八
?・11・10 佐竹義重書状 143―八
?・11・12 足利満貞書状 45―一一五
?・11・12 法眼宣宗奉書 47―五六
?・11・12 斯波直持書下 53―五
?・11・13 若王寺書状写 20―四
?・11・13 小田氏治書状 32―三
?・11・13 足利満貞書状 45―一一九
?・11・13 源義行書状 53―七
?・11・13 佐竹義重書状案 56―六
?・11・13 亘理元宗・同重宗連署状 99―一一三
?・11・15 小山秀綱消息 8―一一八
?・11・15 岩城貞隆能化丸書状 10―六八
?・11・15 伊達輝宗書状 61―六九
?・11・15 桑折宗長書状 99―一五四
?・11・16 足利満貞預ケ状 45―一三〇
?・11・16 白土隆貞書状 143―三八
?・11・17 岩城重隆書状 10―一一
?・11・18 春日顕時書状 47―五〇
?・11・20 将軍足利義昭御内書 8―一四一
?・11・20 細川藤孝書状 8―一四二
?・11・20 佐竹義重書状 143―九
?・11・21 北畠親房加判秀仲書状 46―二七
?・11・21 佐竹義憲書状 49―一三四
?・11・21 佐竹義憲書状 49―一三五
?・11・21 義種書状 49―一五二
?・11・21 那須資之書状 55―一五
?・11・21 岩城重隆書状 126―二〇二
?・11・21 織田信長書状案 11―五

?・11・22 佐竹義昭書状 32―一七
?・11・22 徳寿丸書状 32―二九
?・11・23 伊達政宗書状案 67―三
? ?・11・23 豊臣秀吉朱印状案 126―一八七
?・11・25 吉良貞家書状 45―一〇〇
?・11・25 長頼・藤之連署状 69―一六
?・11・25 伊達政宗書状 83―三
?・11・25 上杉謙信書状案 128―一四
?・11・26 足利尊氏御教書 47―一二一
?・11・27 芦名盛詮書状 49―五三
?・11・27 長沼宗秀書状 49―六一
?・11・27 二階堂照行書状 49―一四八
?・11・27 二階堂照行書状案 56―七
? ?・11・27 某覚書 99―一三六
?・11・28 石田三成書状 1―一三九
?・11・28 北畠親房御教書 46―二
?・11・28 法眼宣宗書状 47―五七
?・11・28 沙弥道真書状 49―一四三
?・11・29 満臣書状 45―一五五
?・11・29 伊達成実書状 143―二八
?・11・30 好島隆家書状 49―六七

?・12・1 具信書状 47―七八
?・12・1 畠山義継書状 49―一五四
? ?・12・1 某覚書写 99―一三七
? ?・12・1 某覚書写 69―一三八
?・12・2 結城宗広道忠書状 47―九三
?・12・2 足利義教感状 47―一二四
?・12・2 足利義晴御内書 99―七八
?・12・3 富田知信書状 1―一四〇
?・12・3 豊臣秀吉書状 11―九
?・12・3 田村隆顕書状 34―一九
?・12・4 結城晴綱書状 33―一九
?・12・4 岩城重隆書状 49―一四三
?・12・5 岩城常隆書状 10―六一
?・12・5 岩城重隆書状 49―六八
?・12・7 後醍醐天皇綸旨 47―五
?・12・7 石見守通隆書状 49―六九
?・12・7 寺町通隆奉書 99―五三
?・12・9 岡本禅哲書状 45―一七三
?・12・9 佐竹義廉書状 49―一一四
?・12・10 嶋田重政等二人連署状 6―一九五
?・12・10 芦名盛隆書状 14―一六

?・12・10 岩城常隆書状 14―一七
?・12・11 足利尊氏御内書 1―九五
?・12・13 前三河守満怡請文 45―一四九
?・12・13 石川昭光書状 67―一七
?・12・14 法眼宣宗書状 47―五八
?・12・14 二階堂照行書状 49―一四九
?・12・14 須田照秀書状 49―一七六
?・12・14 細川尹賢書状 99―五三
?・12・15 石河持光祢宜役安堵状 64―八
?・12・15 上杉謙信書状 121―二
?・12・16 田村清顕書状 99―一五七
?・12・17 岩城親隆書状 10―三七
?・12・17 佐竹義隣書状 49―六三
?・12・17 佐竹義篤書状 49―一七四
?・12・18 関豊盛書状 49―一七五
?・12・19 和泉守氏久書状 45―一八七
?・12・19 二階堂照行書状 49―一五〇
?・12・21 足利高基書状 8―八四
?・12・21 飯尾之種書状 49―一四四
?・12・21 田村清顕書状 78―一
?・12・21 田村清顕書状 92―三

年月日	文書名	巻—番号
?・12・22	相馬盛胤書状	49—五八
?・12・22	伊達輝宗書状案	105—一〇
?・12・22	加藤嘉明書状	121—一〇
?・12・23	足利政氏書状	9—四
?・12・23	足利政氏書状	50—二八
?・12・23	某状書	53—六
?・12・24	白河義親書状	33—二六
?・12・24	足利満貞感状	45—一二六
?・12・25	豊臣秀吉朱印状写	1—一三八
?・12・25	五辻清顕書状	45—一七三
?・12・25	重吉等連署年貢銭請取状	45—一六一
?・12・25	平虎王丸書状案	49—一七三
?・12・25	結城晴朝書状	50—三四
?・12・25	田村清顕書状写	76—九
??・12・25	伊達政宗書状	109—二
?・12・26	松下之郷書状	69—六九
?・12・27	佐竹義舜書状	8—八八
?・12・27	某起請文案	8—一〇三
?・12・27	徳川家光御内書写	11—二八
?・12・27	某奉書	33—七
?・12・27	加藤嘉明書状	121—一
?・12・28	岩城常隆書状	14—一八
?・12・28	岩城重隆書状	126—二〇四
?・12・29	斯波直持書状	6—一五七
?・12・29	岩城常隆書状	10—六三
?・12・29	*岩城常隆書状	14—一九
?・12・30	海老名政貞書状	8—一三四
?・12・30	伊達輝宗書状	126—一六
?・12・30	芦名盛氏奉納状	129—四三
?・12・吉	白河義親加冠状	33—三八
?・11	北畠親房御教書	45—六一
?・2	白河義親書状	33—二五
?・21	田村清顕書状案	76—一〇
?・29	中津川親宗書状	92—二五
?・25	伊達政宗書状	92—三三
?・○・28	芦名盛氏書状	99—一三九
?・○・11	白河義親書状	142—一
?	相馬系図	1—四〇
?	相馬一族闕所地注進状	1—四一
?	相馬胤村譲状（案カ）	1—四三
（年未詳永徳頃カ）	石橋和義宛行状	1—一三
?	六波羅沙汰目安	6—三六
?	伊賀盛光代正法申状	6—一三二
?	伊賀盛光代正法申状	6—一五五
?	伊賀盛光代性法申状	6—一五四
?	伊賀盛光代祐円申状	6—一五三
?	飯野八幡宮閏月祭礼役配分目録	6—一七二
?	足利直義書状	8—四〇
?	足利政氏書状	8—七三
?	小野崎父子・江戸父子連署起請文案	8—一〇一
?	某起請文案	8—一〇三
?	竹隠軒書状案	8—一〇四
?	源真書状案	8—一〇七
?	源真書状	8—一〇八
?	某書状	8—一〇九
?	孝哲書状	8—一一九
?	某起請文案	8—一五三
?	岩城重隆書状	10—一三
?	岩城親隆書状	10—一九
?	岩城親隆書状	10—三一
?	岩城親隆室（桂樹院）消息	10—三八
?	岩城親隆室（桂樹院）消息	10—三九
?	岩城親隆室（桂樹院）消息	10—四〇

年月日	文書名	番号
?	願入寺歴代住持記録	68—二
?	田村盛顕売券	69—一八
?	某覚書	69—三八
?	安積南郷北郷田地注文	90—二
?	村田政義等三人連署状	99—一〇八
?	伊達・芦名両家関係覚書	99—三五九
?	三光庵納帳	112—一五
?	諏方神社祝分所領得分注文案	126—四九
?	止子書状案	126—六六
?	芦名盛氏屋敷地充行状案	126—一一二
?	金川新堀江代之記事	129—一五〇
?	秋道書状	126—一〇八
?	岩城親隆覚書	126—一九八
?	西海枝盛秀売券	127—一六
?	某遵行状案	128—四
?	岩城・佐竹・伊達好身筋目条書	143—四
?	某書状	125—三
?	奥州檀那証文注文	151—六
?	熊野諸坊檀那注文	151—七
?	小田苗字記録	151—八
?	佐竹義重室小大納言消息	155—三
?	佐竹義重室小大納言消息	155—一三
?	佐竹義重室小大納言消息	155—一四
?	二階堂氏知行注文	160—三

〔補遺〕

年月日	文書名	番号
永仁3・3・?	宝寿抄奥書	166—一
建武4・1・10	足利直義感状	163—一
観応3・7・28	川辺八幡宮由来書	162—二
応永9・12・24	足利満貞知行案堵状	162—一
文安3・9・10	岩城隆忠証状案	161—一
文明5・7・25	岩城親隆証状案	161—二
文明6・9・11	慶乗奉書	161—三
永正8・9・10	岩城由隆証状	161—四
永正11・8・10	奥州岩城願文	164—一
享禄1・12・20	大館隆雄書状	161—五
天文15・6・23	秀栄書状	161—六
天文21・6・1	法印永慶証状案	165—一
天文22・5・29	岩城重隆証状案	161—七
天正14・6・吉	宝善坊慶俊執達状案	165—二
天正15・9・29	大僧正増鎮御教書	161—八
文禄2・4・19	某判物写	161—九
? 9・19	快弘・鎮承連署状	161—二
? 11・15	三上定応等三人連署本書	161—一〇
? 11・22	岩城常隆証状	161—一二
? ・1	岩城常隆書状	161—一三

金石文市町村別索引

浜通り地方

相馬市

(名称)	(年号)	(収録番号)	(所在)
熊野堂鐘銘	正和 二年	三	堂前
円応寺供養塔銘	元亨 三年	三四	川原町
白山権現御正体銘	嘉暦 二年	三八	遠藤
相馬妙見歓喜寺鐘銘	応永三年	六七	高地前
勝軍地蔵厨子銘	天正一五年	八七	城跡内
相馬郡鹿島町			
地蔵板木刻銘	貞治 七年	五六	東立谷
阿弥陀寺鐘銘	享録 二年	七三	前畑
原町市			
高平供養塔銘	嘉元 二年	一六	如来堂
石神供養塔銘	徳治 二年	二一	木工正内
相馬郡小高町			
浄国寺供養塔銘	天亀 二年	八四	関場
星神社棟札	慶長 七年	九〇	宮下
双葉郡浪江町			
大聖寺両界曼荼羅銘	文明 六年	六六	北原
双葉郡双葉町			
仲禅寺木造十一面観音像銘	康永 二年	四六	唐沢
仲禅寺鐘銘	文亀 三年	六九	〃
双葉郡川内村			
虚空蔵堂木造虚空蔵像銘	康永 三年	四七	三合田
双葉郡広野町			
成徳寺鐘銘	貞治二年	五四	館三三一
楢葉八幡神社棟札	天文二年	八〇	石名坂五七
双葉郡久之浜町			
波立寺木造御正体銘	永禄二年	八三	波立寺
石城郡四倉町			
紫竹供養塔銘	建長 四年	一	紫竹
恵日寺木造阿弥陀像銘	文永元年	二	牧ノ下
薬王寺供養塔銘	弘安 八年	四	塙七四
薬王寺供養塔銘	弘安一〇年	六	〃
薬王寺供養塔銘	弘安一一年	七	〃
薬王寺供養塔銘	正応 三年	八	〃
薬王寺供養塔銘	正応 四年	一一	〃

銘文	年代	頁	所在
八茎供養塔銘	正応四年	一三	片倉
薬王寺供養塔銘	正安四年	一四	塙七四
薬王寺供養塔銘	嘉元三年	一七	塙七四
薬王寺供養塔銘	嘉元三年	一八	〃
柳生院供養塔銘	徳治二年	二〇	宮ノ下一三
薬王寺供養塔銘	徳治三年	二三	塙七四
長隆寺供養塔銘	正和二年	二四	大宮作
長隆寺供養塔銘	正和二年	二五	〃
柳生院供養塔銘	正和三年	二七	宮ノ下一三
柳生院供養塔銘	正和三年	二八	〃
薬王寺供養塔銘	正和六年	二九	塙七四
薬王寺供養塔銘	元亨二年	三三	〃
薬王寺供養塔銘	元亨三年	三五	〃
薬王寺供養塔銘	嘉暦三年	四〇	〃
妙音寺供養塔銘	元弘三年	四二	戸沢
薬王寺供養塔銘	建武元年	四三	塙七四
薬王寺供養塔銘	建武三年	四四	〃
薬王寺供養塔銘	暦応四年	四五	〃
薬王寺供養塔銘	文和三年	四九	〃
薬王寺供養塔銘	延文五年	五〇	〃
薬王寺供養塔銘	康安二年	五三	〃

銘文	年代	頁	所在
薬王寺供養塔銘	貞治四年	五五	塙七四
薬王寺供養塔銘	応安元年	五八	〃
薬王寺供養塔銘	応安三年	五九	〃
薬王寺供養塔銘	応安四年	六〇	〃
薬王寺供養塔銘	応安七年	六二	〃
薬王寺供養塔銘	応安八年	六三	〃
薬王寺供養塔銘	永和二年	六四	〃
妙見堂華鬘銘	天文五年	七四	舘下
長友地蔵錫杖銘	永禄三年	八三	長隆寺
平市			
常勝院供養塔銘	正応四年	九	岩間六一
常勝院供養塔銘	年号不明	一〇	〃
常勝院供養塔銘	年号不明	一一	〃
如来寺銅造阿弥陀像銘	嘉元二年	一五	矢ノ目
青滝観音堂棟札	嘉元一〇年	一九	絹谷
常勝院供養塔銘	延慶三年	二三	岩間六一
諸荷供養塔銘	正和二年	二六	諸荷
石那坂供養塔銘	元応二年	三一	石那坂
青滝観音寺供養塔銘	嘉暦三年	三九	絹谷
浄日寺薬師像銘	文和二年	四八	作の入五〇
諸荷供養塔銘	延文六年	五一	諸荷

中通り地方

（名　称）	（年　号）	（収録番号）	（所　在）
福島市			
天王寺陶製経筒銘	承安元年	九三	天王寺
木造阿弥陀像銘	暦仁元年	一〇四	太田町
下白山供養塔銘	建長五年	一〇五	下白山
下白山供養塔銘	弘長二年	一一二	〃
医王寺供養塔銘	弘長二年	一一三	寺前
下白山供養塔銘	文永元年	一一六	下白山
下白山供養塔銘	文永元年	一一七	〃
文知摺供養塔銘	文永四年	一二〇	高森
寺崎供養塔銘	文永七年	一二三	寺崎
念仏橋供養塔銘	文永一〇年	一三〇	西坂
宮代供養塔銘	弘安元年	一三九	屋敷畑二三
羽黒神社鐘銘	弘安三年	一四二	御山
白山寺供養塔銘	弘安五年	一四六	白山寺門前
信夫山供養塔銘	弘安八年	一五六	甘糟
下八島田供養塔銘	永仁五年	一九七	下八島田
下村供養塔銘	正安元年	二〇五	佐倉字浜田
天王寺供養塔銘	嘉元二年	二二八	天王寺
八幡内供養塔銘	嘉元四年	二四六	八幡内
高石仏供養塔銘	延慶三年	二六八	高石仏
真浄院供養塔銘	延慶三年	二六九	清明町
下村供養塔銘	正和元年	二八三	佐倉字下村
医王寺供養塔銘	正和二年	二八八	平野字寺前
医王寺供養塔銘	正和二年	二八九	〃
中野供養塔銘	文保二年	三〇七	中野字岸
天王寺供養塔銘	元亨四年	三一七	天王寺
天王寺供養塔銘	嘉暦四年	三四七	〃
平塚供養塔銘	元徳元年	三四八	平野字平塚
医王寺供養塔銘	建武二年	三七二	平野字寺前
高石仏供養塔銘	延文六年	四二八	平野
（大蔵寺千手堂鰐口銘）	福徳三年	五一二	県外
伊達郡国見町			
石母田供養塔銘	徳治三年	二五六	中ノ内
伊達郡桑折町			
平沢寺陶製経筒銘	承安元年	九五	一本松
伝来寺鐘銘	文正元年	五〇七	道場前六
伊達郡伊達町			
光台寺供養塔銘	正応二年	一六五	北屋敷
光台寺供養塔銘	正応二年	一六六	〃

阿弥陀寺供養塔銘　正安二年　三〇六　久保田五二

堂坂供養塔銘　正安二年　三〇八　堂坂

阿弥陀寺供養塔銘　正安二年　三〇九　久保田五二

日枝神社供養塔銘　正安三年　三一六　山王館一九

白石田供養塔銘　正安四年　三一一　白石田

北小泉供養塔銘　文保元年　三〇〇　北小泉

日枝神社供養塔銘　文保二年　三〇八　山王館

宝沢沼水神供養塔銘　延文二年　四二五　福原

日枝神社供養塔銘　応永　五〇三　山王館

（郡山市片平町地区）

不動堂供養塔銘　嘉元四年　二四五　中村

谷地中供養塔銘　文保二年　三〇六　谷地中

不動堂供養塔銘　応安三年　四六〇　中村

王宮経塚出土鏡銘　応永二年　五〇一　片平町

（郡山市旧市内）

阿邪訶根神社供養塔銘　治暦三年　九二　大重町九二

如宝寺供養塔銘　承元二年　一〇〇　堂前五二

如宝寺供養塔銘　建保七年　一〇一　〃

如宝寺供養塔銘　建治二年　一三五　〃

上舞木供養塔銘　弘安七年　一三三　阿弥陀

法久寺供養塔銘　弘安九年　一五七　山崎三八五

安積国造神社供養塔銘　嘉元三年　二三五　稲荷町

太子堂供養塔銘　嘉元三年　二四一　太子堂

静堂供養塔銘　嘉元三年　二四二　静堂

虎丸供養塔銘　嘉元四年　二四七　虎丸町

太子堂供養塔銘　嘉元四年　二四八　太子堂

太子堂供養塔銘　正和元年　二八四　〃

太子堂供養塔銘　正和五年　二九六　〃

胡桃沢供養塔銘　延文元年　四二一　胡桃沢

静堂供養塔銘　延文三年　四二九　静堂

法久寺供養塔銘　延文四年　四三〇　山崎三八五

静堂供養塔銘　延文六年　四三九　静堂

太子堂供養塔銘　延文　四四〇　太子堂

清水内供養塔銘　応永四年　四八九　清水内

静堂供養塔銘　応永一七年　四九五　静堂

諏訪内供養塔銘　弘安八年　一五五　諏訪内

（郡山市中田町地区）

篠坂供養塔銘　延慶　二七〇　篠坂

篠坂供養塔銘　正和元年　二八五　〃

赤沼供養塔銘　正和二年　二八六　杉並一九〇

金石文市町村別索引

項目	年号	頁	所在	項目	年号	頁	所在
下枝供養塔銘	延元三年	八二二	馬石	大谷地供養塔銘	文永六年	一三三	大谷地
下枝供養塔銘	元三	八三	〃	成田供養塔銘	弘安六年	一九六	成田
（郡山市田村町地区）				宝光寺供養塔銘	弘安六年	一九五	東屋敷
徳定供養塔銘	永仁三年	一八〇	徳定	日吉神社供養塔銘	正応二年	一六六	日出山
甚日寺供養塔銘	徳治二年	一九五	北町一三	天性寺供養塔銘	正応三年	一六九	御所前二八
阿弥陀堂供養塔銘	文保二年	二〇四	徳定	日吉神社供養塔銘	永仁四年	一八四	日出山
護摩堂跡供養塔銘	嘉暦二年	二二二	御代田	日吉神社供養塔銘	永仁五年	一九五	〃
護摩堂跡供養塔銘	嘉暦三年	二二三	〃	新宅供養塔銘	嘉元四年	一九八	新宅
開運稲荷神社供養塔銘	元徳二年	二三二	向掘	笹川供養塔銘	文保	二一一	高清水
寺内供養塔銘	建武二年	二三七	御代田	北井供養塔銘	文保元年	二九九	北井
寺内供養塔銘	興国六年	二五二	寺内	笹川供養塔銘	文保元年	二九九	篠川東館
護摩堂跡供養塔銘	貞和五年	二六二	向掘	笹川供養塔銘	嘉元元年	二九八	篠川
徳定供養塔銘	観応二年	二七〇	徳定	笹川供養塔銘	嘉暦二年	三二九	上の台
万蔵寺供養塔銘	延文五年	二八三	寺内	上の台供養塔銘	延文元年	三三二	高石坊
上道渡供養塔銘	貞治四年	二八四	坂の下	笹川供養塔銘	延文六年	三四六	〃
石仏供養塔銘	応安元年	二八五	石仏	笹川供養塔銘	康安元年	四二二	篠川
亀河内供養塔銘	応安三年	二八二	亀河内	笹川供養塔銘	康安元年	四二三	〃
阿弥陀堂供養塔銘	応安	二八二	徳定	笹川供養塔銘	応安	四六四	高石坊
田村（大元）神社漆絵馬銘	元亀元年	三二六	本郷				
（郡山市安積町地区）

笹川供養塔銘	永徳 三年	四七八	篠川
笹川供養塔銘	明徳	四八六	高石坊
（郡山市三穂田町地区）			
富岡供養塔銘	文永 二年	一一八	阿弥陀
山王供養塔銘	徳治 三年	二五七	日向
山王供養塔銘	正和 四年	二九二	〃
上の台供養塔銘		三四〇	上の台
明堂山供養塔銘	暦応 二年	三五〇	明堂山
明堂山供養塔銘	文和 四年	四二〇	〃
富岡供養塔銘	応安 二年	四五九	富岡
（郡山市湖南町地区）			
祢宜内磨崖供養塔銘	永仁 二年	一八六	祢宜内
古陣場供養塔銘	元亨 二年	三一三	古陣場
地蔵山供養塔銘	元亨 二年	三一三	寺前
弥陀内供養塔銘	元弘 二年	三六二	弥陀内
東光寺木造阿弥陀像修理銘	永禄 六年	五一七	堰内
千手院棟札	天正三年	五四五	寺前
観音堂釈杖銘	慶長 三年	五四七	浜路
須　賀　川　市			
米山寺陶製経筒銘	承安元年	九四	山寺坂ノ上
常林寺供養塔銘	文永 九年	一三八	館内一九二
法光寺供養塔銘	弘安 四年	一五五	中ノ内
田鍬供養塔銘	弘安 六年	一四七	田鍬
関下供養塔銘	弘安二年	一六〇	関下
池上供養塔銘	正応 二年	一六九	池上町
五輪山供養塔銘	正応 二年	一七〇	関下
鍛治山田供養塔銘	永仁 三年	一八九	鍛治山田
釈迦の入供養塔銘	永仁 四年	一九三	釈迦の入
塩田の供養塔銘	正安元年	二〇四	高山
地蔵田供養塔銘	正安 三年	二一四	広久保
芦田塚供養塔銘	嘉元 三年	二四三	芦田塚
桝井戸供養塔銘	延慶 二年	二六三	桝井戸
桝井戸供養塔銘	□	二六四	〃
矢柄城跡供養塔銘	応長元年	二一三	木曾
普応寺供養塔銘	応長 二年	二一七	荒井
普応寺供養塔銘	□	二一八	北町
愛宕山供養塔銘	応長 二年	二一九	森宿
池上供養塔銘	正和元年	二八二	池上町
蛇石磨崖供養塔銘	元徳元年	三四九	蛇石
桝井戸供養塔銘	元徳 三年	三五六	桝井戸
御所宮磨崖供養塔銘	元弘 三年	三六四	下宿
五輪坊石幢銘	正慶元年	三六七	愛宕山

横内供養塔銘　元徳 二年　三五一　横内
青竜寺棟札　天正 八年　五四〇　竜生

白　河　市

阿弥陀前供養塔銘　延慶　二七一　阿弥陀前
久田野摩崖供養塔銘　元応元年　三一四　石切山
双石供養塔銘　嘉暦 二年　三四三　大門
武光地蔵供養塔銘　延元 四年　三六五　小田ノ里
清光寺位牌銘　暦応元年　三六八　黒谷
堤山供養塔銘　観応 二年　四二二　古屋敷
鹿島神社旧蔵経文奥書　応安 三年　四六一　年貢町
鹿島大明神鍵銘　永徳 二年　四七七　鹿島
清光寺位牌銘　永正 七年　五一七　黒谷
白川城跡石塔銘　永享 六年　五〇四(二)　搦目
鹿島最勝寺弥勒堂経櫃銘　天文 五年　五二四　鹿島
(八溝山下の坊鐘銘)　天文 七年　五二七　県外
鹿島最勝寺鐘銘　天文一三年　五二八　鹿島
竜蔵寺鍍金装笈銘　慶長六年　五四九　金屋町
専念寺供養塔銘　慶長 六年　五五〇　横町

西白河郡矢吹町

景政寺仮名書供養塔銘　嘉禎 二年　一〇三　上町
阿弥陀堂供養塔銘　弘長元年　一一〇　寺内
明新供養塔銘　弘長 四年　一一五　館山
中ノ目供養塔銘　嘉元 三年　二〇四　中野目
行屋供養塔銘　正和 五年　二九八　行屋
三城目供養塔銘　嘉暦 二年　三三三　本城館
三城目供養塔銘　元徳 三年　三五七　三城目
景政寺供養塔銘　元弘元年　三六〇　三城目上町
平鉢供養塔銘　延元 四年　三八四　平鉢
景政寺供養塔銘　延元 八年　三八七　三城目上町
阿弥陀湯供養塔銘　貞和 六年　四〇四　中畑
阿弥陀湯供養塔銘　貞和 六年　四〇五　〃
天王山供養塔銘　永和 二年　四六八　天王山
三城目供養塔銘　応永三三年　五〇〇　三城目下町

西白河郡大信村

中新城供養塔銘　建長 八年　一〇六　入塩錫山
下小屋供養塔銘　正安 四年　二一七　宮沢
味戸内前供養塔銘　徳治 三年　二二五　味戸内前
味戸内前供養塔銘　元応元年　三一三　〃
味戸内前供養塔銘　元応 三年　三一九　〃
日籠供養塔銘　康安 二年　四四五　日籠和田山
熊野神社御正体銘　永享 五年　五〇四　宮沢
六角石幢銘　天文一七年　五二九　上小屋

銘	年号	頁	所在
崇徳寺供養塔銘	弘安一〇年	一九九	横石
中島供養塔銘	応長元年	二七四	真光寺跡
中山供養塔銘	正和 二年	二八七	中山
北ノ内供養塔銘	正和 四年	二九四	北ノ内
小作田供養塔銘	嘉暦 二年	三三三	小作田
中島供養塔銘	延元 二年	三八〇	中島
坂ノ下供養塔銘	文和 二年	四一六	坂ノ下
中島供養塔銘	貞治 四年	四五一	真光寺跡
松山供養塔銘	貞治	四五三	松山
堀込供養塔銘	貞治 五年	四五五	堀込
石川郡玉川村			
岩法寺五輪塔銘	治承 五年	九六	竹ノ内
東福寺舎利塔内石仏銘	元久 二年	九九	久保田三〇
小高供養塔銘	弘安元年	一四一	向五五
宮ノ前供養塔銘	応長 二年	二四〇	宮ノ前
十日森稲荷供養塔銘	延慶 二年	二五九	西屋敷川
龍崎供養塔銘	応長元年	二七三	龍崎
十日森稲荷供養塔銘	応長 二年	二七六	小高
岩峰寺開山供養塔銘	文保 二年	三〇五	下谷地
岩峰寺供養塔銘	正中 二年	三三〇	岩峰寺関根
岩峰寺供養塔銘	元弘 二年	三六一	〃
岩峰寺鐘銘	応永二一年	四九二	岩峰寺関根
都々古別神社八幡宮御正体	永正一五年	五一八	南須釜
東福寺十二神将修理銘	永正一七年	五一九	久保宿
都々古別神社八幡宮駒犬銘	天正 六年	五四一	南須釜
都々古別神社鰐口銘	天正 九年	五四二	〃
都々古別神社御正体	正天一〇年	五四三	〃
川辺八幡宮棟札	慶長 四年	五四八	宮ノ前
川辺供養塔銘	正応 二年	一七一	〃
石川郡石川町			
立ヶ岡磨崖供養塔銘	建久	九八	立ヶ岡
形見供養塔銘	弘安 七年	一五四	大工内
形見供養塔銘	正応 四年	一七九	〃
塩沢供養塔銘	永仁 六年	二〇一	竹之内
形見供養塔銘	乾元 二年	二二七	形見
形見供養塔銘	嘉暦 四年	三四五	〃
立ヶ岡供養塔銘	元徳 三年	三五五	立ヶ岡
立ヶ岡供養塔銘	元弘 三年	三六三	〃
薬王寺仁王般若経板木銘	正慶元年	三六六	大室
立ヶ岡供養塔銘	建武 二年	三七四	立ヶ岡
山形供養塔銘	興国元年	三九一	岸久内
中田供養塔銘	興国 三年	三九二	高野

八槻都々古別神社銅鉢銘 応永一六年 四九六 八槻大宮
馬場都々古別神社鐘銘 応永一六年 四九七 馬場
八槻都々古別神社釣灯籠銘 文亀□年 五一四 八槻大宮
八槻都々古別神社御正体銘 五一五 八槻

東白川郡塙町

薬師堂供養塔銘 延文 五年 四三一 寄居

東白川郡矢祭町

戸塚供養塔銘 延文 三年 四二七 上ノ平
戸塚供養塔銘 康安 三年 四四七 〃
役小角像銘 元和 八年 五五一 河内

会津地方

耶麻郡熱塩加納村

半在家宝篋印塔銘	永仁 二年	五六〇	半在家
示現寺供養塔銘	正安 三年	五五五	熱塩
久山寺仏像銘	天文二三年	七二四	寺ノ前

耶麻郡山都町

板沢虚空蔵銘	永享 三年	六七三	板沢
飯豊山神社銅鉢銘	慶長一三年	七七三	一ノ木

耶麻郡西会津町

如法寺鰐口銘	貞和 二年	六二五	如法
出原天神社宝器銘	延文 六年	六三〇	下谷出原
真福寺木造地蔵像銘	康安 二年	六三三	門前
如法寺鐘銘	貞治 二年	六三四	如法
如法寺鉄製鉦鑼銘	応安 二年	六四四	〃
如法寺大般若経奥書	文明一五年	六九一	〃
如法寺経櫃銘	延徳元年	六九二	〃
出戸虚空蔵・毘沙門天像銘	永正 八年	七〇二	出戸
真福寺花瓶銘	永正一三年	七〇七	門前
五職神経筒銘	永正一五年	七〇九	上野尻
(如法寺鉄製釣燈籠銘)	永禄 七年	七三七	県外
如法寺観音堂棟札	慶長一八年	七七七	如法

耶麻郡高郷村

船渡真福寺仏像銘	大永 三年	七一五	船渡

喜 多 方 市

松野千光寺経塚石櫃銘	大治 五年	五五二	松野出土
新宮熊野神社御正体銘	(承安元年)	五五六	熊野
新宮熊野神社長床鰐口銘	治承 三年	五五七	〃
熊野神社仁王銘札	建久 六年	五五八	堂前
勝観音堂毘沙門天像銘	弘安 二年	五六七	上勝
勝観音堂不動明王像銘	弘安 二年	五六八	〃
新宮熊野神社御正体銘	永仁 四年	五八三	熊野
高堂太供養塔銘	永仁 五年	五八四	高堂太
中善寺薬師如来像胎内木札銘	延慶 三年	五九一	関柴
新宮熊野神社牛王板木宝印銘	文保 二年	五九六	熊野
新宮熊野神社御正体銘	元亨 三年	五九七	〃
新宮熊野神社御正体銘	元亨 四年	五九八	〃
新宮熊野神社御正体銘	正中 二年	五九九	〃
建武雲版銘	建武元年	六〇三	慶徳町
(新宮蔵骨器銘)	建武 二年	六〇四	(新宮出土)
新宮熊野神社御正体銘	暦応 四年	六一〇	熊野
新宮熊野神社鐘銘	貞和 五年	六一九	〃
布流供養塔銘	観応 三年	六二三	布流
能満寺木造不動明王像銘	文和 二年	六二六	東村

会津若松市

羽黒神社御正体	暦応 二年	六〇九	東山
道東供養塔銘	観応元年	六三一	共和
恵倫寺(元宝寿寺)鐘銘	康安 二年	六三三	黒岩
実相寺鐘銘	貞治 三年	六三八	馬場五ノ町
(熊野権現鉄鉢銘)	応安 七年	六四八	(小田垣)
東明寺鐘銘	応安 八年	六四七	名古屋町
八角神社石造層塔銘	永徳 四年	六五三	鳥居町
妙国寺日什聖人五輪塔銘	明徳 三年	六五七	滝沢
元円福寺経巻奥書	応永 七年	六五九	新栄町
観音寺仏涅槃図銘	応永一五年	六六五	道場小路
木流薬師像銘	応永三三年	六六八	町北
興徳寺鐘銘	応永三三年	六六九	新栄町
弥勒寺十六善神画像銘	永享一一年	六七八	大町聖町
弥勒寺大般若経奥書	永享一一年	六七九	〃
高巌寺木造法然上人像銘	文安 五年	七一〇	馬場五ノ町
満福寺鐘銘(旧恵日寺鐘銘)	享禄 四年	七二〇	名古屋町
諏訪神社棟札	天文 九年	七三三	栄町五一一
諏訪神社鉄燈籠銘	永禄 四年	七三四	〃
滝沢寺鰐口銘	永禄 九年	七四三	八幡道下
諏訪神社上葺棟札	永禄一〇年	七四五	栄町五一一
諏訪神社鰐口銘		七四六	〃
金峰神社棟札	元亀元年	七四九	雨屋
蘆名盛氏像厨子銘	天正 八年	七五一	天寧寺町
蘆名盛氏五輪塔銘	天正 八年	七五二	小田山下
羽黒神社鉄燭台銘	天正 九年	七五三	東山
蒲生氏郷墓(五輪塔)銘	文禄 四年	七六六	新栄町
融通寺額	慶長 九年	七六九	名古屋町
弘真院蒲生秀行五輪塔銘	慶長一七年	七七五	允殿館跡
羽黒神社鰐口銘	慶長一九年	七七八	東山
妙国寺開山堂棟札	慶長一九年	七八〇	滝沢
宝積寺鐘銘	慶長一九年	七八一	黒岩
会津東照宮燈籠刻銘	元和	七八二	

北会津郡北会津村

下荒田八幡神社棟札	応永一〇年	六六二	宮ノ西

河沼郡河東村

代田供養塔銘	応長 二年	五九三	代田
延命寺供養塔銘	暦応 五年	六一一	藤倉
八葉寺供養塔銘	観応 四年	六二四	冬木沢
延命寺供養塔銘	康安元年	六三一	倉橋藤倉
大和田供養塔銘	文安 二年	六八〇	大和田
八葉寺奥院鰐口銘	永禄 八年	七四二	冬木沢
冬木沢阿弥陀堂棟札	慶長一一年	七七〇	〃

浮身観音像銘　永禄二年　七三三　東裏
法用寺番板　天正一八年　七六〇　雀林
法用寺縁起奥書　文禄二年　七六五　〃
福生寺納札銘　慶長二年　七七一　富岡
（元法用寺不動画像表装銘）　（宝永元年）（八五五）（現在石城郡川前村）

大沼郡新鶴村

弘安寺銅造十一面観音像銘　文永一一年　五六四　根岸
迎接寺仏像墨書銘　永正五年　七〇一　南村中
弘安寺奥之院経筒銘　享禄五年　七二一　堂ノ後
梁田氏墓碑銘　天文一八年　七三五　梁田
田子薬師堂墨書銘　永禄一一年　七四八　新屋敷

大沼郡三島町

延命寺鰐口銘　宝徳二年　六六四　上居平

大沼郡昭和村

下中津川熊野神社棟札　永禄七年　七三八　熊野堂

大沼郡金山町

伊夜彦神社鰐口銘　永禄一〇年　七四七　中丸

南会津郡下郷町

熊野神社獅子頭木簡　貞和五年　六三二　松川
小野観音鰐口銘　康暦三年　六五一　湯野山
旭田寺観音堂不動像光背銘　嘉慶二年　六五五　中妻
万願寺釣燈籠銘　天文二〇年　七三六　弥五島
楢原八幡神社棟札　弘治二年　七三〇　八幡山
旭田寺観音堂墨書銘　天正二〇年　七六四　中妻

南会津郡田島町

田出宇賀神社御正体銘　康永三年　六一三　宮本
熊野神社御正体銘　貞和元年　六一四　〃
鷲大明神鰐口銘　永享四年　六七四　塩江
熊野神社御正体銘　文安三年　六八一　宮本
熊野神社鰐口銘　文正二年　六八七　滝原
田中権現鰐口銘　明応三年　六九四　福米沢
鷲神社銅製廻国納札　享禄二年　七一九　川島
徳昌寺五輪塔銘　天正一八年　七六一　寺前
愛宕神社鰐口銘　慶長一八年　七七六　愛宕山

南会津郡南郷村

観音寺木造聖観音像銘　永正一一年　七〇六　下山

南会津郡伊南村

照国寺木造阿弥陀像銘　嘉禄三年　五六〇　古町
小塩丸山供養塔銘　元徳三年　六〇〇　丸山

南会津郡舘岩村

泉光寺銅磬銘　康永二年　六二三　塩ノ原
森戸虚空蔵堂供養塔　貞和五年　六一八　中ノ林

補足

協力者名（敬称略）

有我一二
岩越二郎
岩崎敏夫
梅宮博
金子一郎
金沢春友
上条弥八
加藤義久
菊地勇次郎
木口勝弘
木田一
越田和文雄
木目沢伝重郎
佐藤巌
佐藤公彦
司東真雄
首藤保之助
鈴木啓
鈴木光四郎
鈴木安信
曾我伝吉
高萩精玄
高橋明
高橋丑太郎
田代脩
田中正能
田村誠
円谷善人
永山倉造
新国西新
西徹雄
新田英治
林幹弥
藤木久志
誉田宏
百瀬今朝雄
山本明
若松富士雄
渡辺敬造
松本秀信

東京大学史料編纂所
国立国会図書館
秋田県立図書館
仙台市立博物館
会津若松史出版委員会
常磐市教育委員会
平市教育委員会
古殿町教育委員会
三和村教育委員会
大信村教育委員会
磐城市教育委員会
久之浜町教育委員会
遠野町教育委員会
会津若松市教育委員会

（五十音順）

福島県史編纂委員

会長（知事）　木村守江
副会長（副知事）　佐久間敏
副会長（福島大学）　庄司吉之助

一般学識経験者（五十音順）

会津短期大学長　阿部久次
福島県教育委員長　今泉修二
福島県教育委員　太田緑子
福島県議会議長　鈴木省吾
福島民報社主　飛島定城
福島大学長　(故)服部英太郎
福島民友新聞社長　和久幸男

歴史専門家（五十音順）

国学院大学　岩崎敏夫
福島県教育委員会　○梅宮茂
東京大学　大石嘉一郎
福島大学　大竹正三郎
福島市立第三中学校　大村三良
東白川郡塙町長　金沢春友
福島大学　菊池貴晴
福島県立図書館長　桑原善作
福島大学　○小林清治
福島市史編纂委員　○佐藤堅治郎
平市教育長　鈴木光四郎
郡山地方史研究会長　田中正能
福島県文化財専門委員　(故)二瓶清
福島大学　星埜惇
福島大学　松井秀親
福島大学　安田初雄
会津若松史編纂主任　山口孝平
亜細亜大学　山口弥一郎
福島大学　山田舜

福島県関係者

福島県総務部長　松原善司
福島県財政課長　岡田宗治
福島県文書広報課長　佐藤宗光
福島県教育長　折笠与四郎
福島県社会教育課長　丹野清栄

編纂会議事務局員　宗像喜代次
目黒吉明
鈴木俊夫
清野彦吉
佐藤友治
遠藤靖子

（○印は本巻担当委員）

福島県史

第7巻 資料編 2

古代・中世資料

定価 二、六五〇円

発行 昭和四一年三月三一日

編集・発行 福島県（文書広報課）

福島県外発売元

東京都千代田区神田神保町二の二

有限会社 厳南堂書店

印刷所

福島市陣場町九の三

小浜印刷株式会社

装丁：辻　聡

福島県の古代・中世文書
―福島県史資料編―

二〇一七年一月二〇日　復刻版発行

編　纂　福島県
発行者　伊藤光祥
発行所　戎光祥出版株式会社
東京都千代田区麹町一―七
相互半蔵門ビル八階
電　話　〇三―五二七五―三三六一㈹
ＦＡＸ　〇三―五二七五―三三六五
製作　株式会社イズシエ・コーポレーション
印刷・製本　株式会社モリモト印刷

ISBN978-4-86403-232-2